苗学通论再论

MIAOXUE TONGLUN ZAILUN

石朝江 著
贵州省民族古籍整理办公室 编

上海文艺出版社

石朝江

石朝江,苗族,贵州省社会科学院二级研究员,中国少数民族哲学及社会思想史学会顾问、西南民族学会副会长。主要从事苗族历史文化研究,出版有《中国苗学》《中国苗族哲学社会思想史》《世界苗族迁徙史》等10部著作,发表学术论文、调研报告400余篇,主持完成国家社科基金项目3项。获吴玉章人文社会科学优秀成果奖1项、贵州省社科一等奖1项、贵州省社科二等奖2项。

前　言

这是我的苗学通论系列中的第三部。通论信息量大，气势壮阔，规模宏博。既有最新的研究成果，又有一些过往稿件，既有学术理论上的深入探讨，又有生活随笔、散文、个人传记，还有学术争鸣与商榷等。由于文章大都是独立成篇（书中每篇文章都交代其来源或用场），故观点、资料难免有重复之处。是对是错，是好是坏，读者可自由评说。

在中国56个民族中，苗族不但历史悠久，而且文化厚重，苗族先民曾驰骋中原，留下了辉煌的记载。我有幸在贵州省社会科学院工作，立志一生研究和梳理苗族的历史与文化。我28岁大学毕业分配到贵州省社会科学院，今年75岁了，虽然年轻时曾服从组织安排调去外单位几年，还曾经到基层担任过县委副书记，但我的志向不在仕途，而在科研。在县委任职期满后，我又义无反顾地要求调回贵州省社会科学院从事研究工作。我的一生主要是在社科院度过的。

迄今为止，我的研究计划已经基本完成。研究计划是在研究过程中逐步地形成和完善的，是一个体系：《中国苗学》；三部专史：《中国苗族哲学社会思想史》《世界苗族迁徙史》《战争与苗族》；三部100万字的通论系列：《苗学通论》《苗学通论续论》《苗学通论再论》；一部苗族7000年简史读本：《从蚩尤九黎城说苗族》；一部上古史读本：《中国史前史读本》（因为苗族从上古走来）；一部文化大系读本："中华民族文化大系"《上古的记忆·苗族》（主编）；受聘于九黎旅游控股集团顾问期间撰就的"九黎苗族历史文化"丛书三卷本：《探考伏羲》《解读九黎》和《话说三苗》。此外，我还研究撰写了一个贵州名人传记：《晚清名臣石赞清传》；研究撰写社科院发展历史：主编《贵州省社会科学院院史》；主编《贵州特色文化研究》卷1、卷3；主编《贵州就业与再就业研究》；参与主编《苗族文化研究》《布依族文化研究》等。

以上研究计划，除《苗学通论再论》和九黎丛书三卷本（《探考伏羲》《解读九黎》和《话说三苗》）外，其他都已经公开出版发行。《苗学通论再论》也即将由上海文艺出版社出版。

《苗学通论再论》由第一、第二两大部分组成，共计162篇文章。内容大致分为八大类：一是作者承担完成的国家社科基金项目和贵州省省长资金项目的研究成果；二是深度研究苗族历史文化的论文；三是苗族历史、哲学、文化的讲座稿件；四是参与苗学研究的争鸣与商榷；五是介绍作者从事苗学研究的过程；六是评审、推荐、书评、书序、课题设计等文稿；七是石氏文化及晚清名臣石赞清的事迹；八是生活中的一些随笔及散文。作为收官作品之一，基本反映出作者对苗学研究的深度与广度，反映出作者的成长过程及价值观、人生观。

研究苗族悠久的历史与文化，必然涉足上古史，而且作者是下足了功夫的。《斯文鼻祖》与《人文祖母》等文稿，从我国史籍记载、民族心史记载、学人研究考证、考古资料印证，比较详尽地考察了伏羲与女娲的历史贡献，将中华民族可考的历史上溯到7000年前。《文明始祖（一）》《文明始祖（二）》《文明始祖（三）》也详尽地考察了神农炎帝、轩辕黄帝、蚩尤大帝的丰功伟绩。《部落战争（一）》《部落战争（二）》《部落战争（三）》则力图复原中国历史上三次大的部落战争，即九隅之战、阪泉之战和涿鹿大战。

我们知道，要客观反映出上古时期那段波澜壮阔的历史故事，要把决定中国日后发展格局的涿鹿大战搬上银幕，甚至把更早的伏羲与女娲的故事搬上银幕，就必须要实现文学与史学的有机结合。希望有志的文学家或编剧，在尊重历史的基础上，把中华民族的斯文鼻祖、人文始祖的历史故事搬上屏幕，以期弘扬中华民族英雄祖先的精神，吸收先人之智慧，凝聚中华民族向心力，努力实现伟大复兴的中国梦。

目录

前言 ··· 003

第一部分　历史·哲学·政治

○○一　斯文鼻祖 ··· 003
○○二　人文祖母 ··· 023
○○三　史籍记载 ··· 029
○○四　民族传说 ··· 037
○○五　学人考证 ··· 047
○○六　民俗资料 ··· 056
○○七　考古印证 ··· 063
○○八　文明始祖（一） ·· 068
○○九　文明始祖（二） ·· 073
○一○　文明始祖（三） ·· 086
○一一　部落战争（一） ·· 090
○一二　部落战争（二） ·· 096
○一三　部落战争（三） ·· 101
○一四　心史记载 ··· 119
○一五　东蒙由来 ··· 139
○一六　东蒙源头 ··· 149
○一七　西羌源头 ··· 160

○一八　东蒙蚩尤 …………………………………… 165
○一九　九黎之君 …………………………………… 169
○二○　九黎地望 …………………………………… 173
○二一　蚩尤归属 …………………………………… 179
○二二　三苗苗民 …………………………………… 184
○二三　三苗地望 …………………………………… 189
○二四　袭九黎制 …………………………………… 193
○二五　三苗甄微 …………………………………… 197
○二六　古今三苗 …………………………………… 202
○二七　中外考察 …………………………………… 212
○二八　东夷论坛 …………………………………… 223
○二九　兄妹结婚 …………………………………… 226
○三○　哲学讲稿 …………………………………… 228
○三一　哲学评价 …………………………………… 238
○三二　苗族史稿（一） …………………………… 243
○三三　苗族史稿（二） …………………………… 256
○三四　苗卷方案 …………………………………… 270
○三五　主编概述 …………………………………… 273
○三六　发展历程 …………………………………… 278
○三七　成果简介 …………………………………… 289
○三八　项目绪论 …………………………………… 294
○三九　项目尾声 …………………………………… 303

目录

○四○ 项目后记 ……………………………… 306
○四一 修改报告 ……………………………… 309
○四二 课题说明 ……………………………… 316
○四三 结缘苗学 ……………………………… 322
○四四 续论后记 ……………………………… 327
○四五 访谈记录 ……………………………… 329
○四六 气势磅礴 ……………………………… 333
○四七 儒学苗学 ……………………………… 336
○四八 苗族红军 ……………………………… 349
○四九 通史活页 ……………………………… 354
○五○ 学术商榷（一）………………………… 361
○五一 学术商榷（二）………………………… 366
○五二 学术商榷（三）………………………… 370
○五三 学术回应（一）………………………… 374
○五四 学术回应（二）………………………… 377
○五五 学术回应（三）………………………… 380
○五六 学术回应（四）………………………… 383
○五七 学术回应（五）………………………… 386
○五八 苗学研究（一）………………………… 390
○五九 苗学研究（二）………………………… 393
○六○ 苗学研究（三）………………………… 395
○六一 苗学研究（四）………………………… 398

○六二 苗学研究（五） …………………………………… 401
○六三 苗学研究（六） …………………………………… 403
○六四 苗学研究（七） …………………………………… 406
○六五 苗学研究（八） …………………………………… 411
○六六 苗学研究（九） …………………………………… 414
○六七 苗学研究（十） …………………………………… 417
○六八 六十周年 ………………………………………… 421
○六九 千年不败 ………………………………………… 424
○七○ 宝刀未老 ………………………………………… 430
○七一 蚩尤研究 ………………………………………… 434
○七二 蚩氏族谱 ………………………………………… 438
○七三 海外文献 ………………………………………… 441
○七四 点评苗史 ………………………………………… 444
○七五 评审意见 ………………………………………… 445
○七六 东山圣公 ………………………………………… 447
○七七 民族国家 ………………………………………… 448
○七八 英语译苗 ………………………………………… 449
○七九 丛书后记 ………………………………………… 454
○八○ 古史重建 ………………………………………… 459
○八一 大战定义 ………………………………………… 465
○八二 蚩尤故乡 ………………………………………… 467
○八三 龙场九驿 ………………………………………… 469

目录

○八四　苗疆走廊 …………………………………… 473
○八五　丛书绪论 …………………………………… 475
○八六　新福书评 …………………………………… 487
○八七　苗族史歌 …………………………………… 491

第二部分　经济·文化·其他

○八八　生态伦理 …………………………………… 499
○八九　三月芦笙 …………………………………… 501
○九○　重要抓手 …………………………………… 502
○九一　茶籽化石 …………………………………… 504
○九二　服饰传承 …………………………………… 507
○九三　迁徙农耕 …………………………………… 510
○九四　旧州座谈 …………………………………… 514
○九五　兴仁建议 …………………………………… 518
○九六　黄平苗语 …………………………………… 520
○九七　福建交流 …………………………………… 522
○九八　市政建设 …………………………………… 525
○九九　龙之差异 …………………………………… 530
一○○　文化讲座 …………………………………… 532
一○一　文化基因 …………………………………… 543
一○二　特色文化 …………………………………… 545

一〇三	丛书推荐	547
一〇四	纪实后记	549
一〇五	御点状元	551
一〇六	丛刊座谈	553
一〇七	征程诗韵	555
一〇八	治华书序	558
一〇九	指尖之花	560
一一〇	最好老师	562
一一一	推荐出版	564
一一二	赞清目录	565
一一三	出生寨勇	570
一一四	投亲贵阳	573
一一五	塾师招婿	576
一一六	进士赴任	579
一一七	四县知县	582
一一八	永定同知	585
一一九	通永霸昌	588
一二〇	天津知府	591
一二一	顺天府尹	612
一二二	护理巡抚	622
一二三	太常寺卿	627
一二四	工部侍郎	633
一二五	皇帝祭文	636

目录

一二六 归葬宅吉 …………………………………… 640

一二七 备受推崇 …………………………………… 644

一二八 石馆建议 …………………………………… 650

一二九 赞清馆建 …………………………………… 654

一三〇 石馆展陈 …………………………………… 656

一三一 大名赫赫 …………………………………… 661

一三二 石氏文化 …………………………………… 665

一三三 谱系样稿 …………………………………… 667

一三四 五十周年 …………………………………… 672

一三五 难忘恩师 …………………………………… 674

一三六 怀念母校 …………………………………… 675

一三七 逍遥随笔 …………………………………… 678

一三八 何止于米 …………………………………… 680

一三九 牵手老伴 …………………………………… 681

一四〇 住院随笔 …………………………………… 683

一四一 家人小聚 …………………………………… 686

一四二 老有所乐 …………………………………… 687

一四三 悼念志毅 …………………………………… 688

一四四 悼念廷贵 …………………………………… 690

一四五 回忆老杨 …………………………………… 693

一四六 绪凡点滴 …………………………………… 695

一四七 联谊纪实 …………………………………… 697

一四八 聚会侧记 …………………………………… 700

一四九 合川之行	702
一五〇 聚会散记	704
一五一 一封书信	708
一五二 回应质疑	710
一五三 又一封信	714
一五四 如履平川	716
一五五 时代楷模	718
一五六 西苗故里	721
一五七 正确认识	724
一五八 乌江研究	727
一五九 文明星火	728
一六〇 甲秀讲座	732
一六一 海岱文化	751
一六二 同学情深	755

主要参考文献 ………………………………………… 758

后　　记 ……………………………………………… 770

Preface ·· 003

Part I History, Philosophy and Politics

1. Grandfather of Politeness ·· 003
2. Grandmother of Humanities ·· 023
3. Historical Records ··· 029
4. Ethnic Legend ··· 037
5. Textual Research of Scholars ··· 047
6. Folk Material ·· 056
7. Archaeological Confirmation ··· 063
8. The Ancestor of Civilization I ·· 068
9. The Ancestor of Civilization II ·· 073
10. The Ancestor of Civilization III ·· 086
11. Travian I ··· 090
12. Travian II ·· 096
13. Travian III ··· 101
14. Historical Records in hearts ··· 119
15. Origin of Dongmeng ·· 139
16. Source of Dongmeng ··· 149
17. Source of Xiqiang ··· 160
18. Dongmeng Chiyou ·· 165
19. King of Jiuli ·· 169
20. Distribution of Jiuli ··· 173
21. Attribution of Chiyou ·· 179

22. Sanmiao	184
23. Distribution of Sanmiao	189
24. Hereditary Jiuli System	193
25. Screening Sanmiao	197
26. Ancient and Modern Sanmiao	202
27. Chinese and Foreign Investigation	212
28. Dongyi Forum	223
29. Brother and Sister Marriage	226
30. Philosophical Lecture Notes	228
31. Philosophical Evaluation	238
32. Historical Lecture Notes I	243
33. Historical Lecture Notes II	256
34. Scheme of Miao Volume	270
35. Overview of the Editor in Chief	273
36. Development History	278
37. Introduction to Achievements	289
38. Project Introduction	294
39. End of Project	303
40. Project Postscript	306
41. Modify Report	309
42. Subject Description	316
43. Associated Study of Miao	322
44. Afterword	327
45. Interview Records	329
46. Grand and Momentous	333

47.Confucianism and Miao Studies	336
48.Miao Red Army	349
49.General History Sheet	354
50.Academic Discussion I	361
51.Academic Discussion II	366
52.Academic Discussion III	370
53.Academic Response I	374
54.Academic Response II	377
55.Academic Response III	380
56.Academic Response IV	383
57.Academic Response V	386
58.Miao Studies I	390
59.Miao Studies II	393
60.Miao Studies III	395
61.Miao Studies IV	398
62.Miao Studies V	401
63.Miao Studies VI	403
64.Miao Studies VII	406
65.Miao Studies VIII	411
66.Miao Studies IX	414
67.Miao Studies X	417
68.60th Anniversary	421
69.Millennium Unbeaten	424
70.Old but still Vigorous in Mind and Body	430
71.Chiyou Research	434

72. Chi Family Tree ·· 438

73. Overseas Literature ··· 441

74. Comment on Miao History ·· 444

75. Evaluation Comments ·· 445

76. Dongshan Saint ·· 447

77. National State ·· 448

78. English Translated to Miao's Language ····································· 449

79. Postscript to the Series ··· 454

80. Reconstruction of Ancient History ··· 459

81. Definition of the War ·· 465

82. Chiyou's Hometown ·· 467

83. Nine Post Stations in Longchang ··· 469

84. Miaojiang Corridor ·· 473

85. Introduction to the Series of Books ·· 475

86. A book review written for Wu Xinfu ·· 487

87. Historical Songs of the Miao Ethnic Group ································ 491

Part II Economy, Culture and Others

88. Ecological Ethics ·· 499

89. Lusheng in March ··· 501

90. Important Grip ··· 502

91. Tea Seed Fossil ·· 504

92. Clothing Inheritance ·· 507

93. Migratory Farming ·· 510

94. Forum in Jiuzhou …… 514
95. Xingren Suggestion …… 518
96. Huangping Miao Language …… 520
97. Communication in Fujian …… 522
98. Municipal Construction …… 525
99. Differences of Dragons …… 530
100. Cultural Lectures …… 532
101. Gene of Culture …… 543
102. Characteristic Culture …… 545
103. Recommendation of the Books …… 547
104. Documentary Postscript …… 549
105. Imperial Champion …… 551
106. Series Discussion …… 553
107. Journey Poetry …… 555
108. Preface for Zhihua's book …… 558
109. Flowers on Fingertips …… 560
110. The best Teacher …… 562
111. Recommended Publication …… 564
112. The Catalogue of the Book about Shi Zanqing …… 565
113. Born in Zhaiyong …… 570
114. Be in Trouble in Guiyang …… 573
115. A Private Tutor Recruits a Son-in-law …… 576
116. Jinshi to Take Office …… 579
117. Magistrates of Four Counties …… 582
118. Yongding Official …… 585

119.Tongyongdao	588
120.The Magistrate of Tianjin	591
121.The Governor of Shuntian Mansion	612
122.Serve as Xunfu	622
123.Temple Minister	627
124.Vice Minister of Public Works	633
125.Memorial Service Written by the Emperor	636
126.Be Buried in Zhaiji	640
127.Highly Respected	644
128.Suggestions on the Memorial of Shi Zhanqing	650
129.Construction of the Memorial of Shi Zanqing	654
130.Exhibit in the Memorial of Shi Zanqing	656
131.Illustrious Name	661
132.Culture of Shi	665
133.Sample Manuscript of Shi Genealogy	667
134.50th Anniversary	672
135.Unforgettable Mentor	674
136.Miss Alma Mater	675
137.Carefree Essays	678
138.Live over 88 Years Old	680
139.Holding Hands with My Wife	681
140.Inpatient Essays	683
141.Family Reunion	686
142.Have fun in Old Age	687
143.Mourning for Long Zhiyi	688

Contents

144. Mourning for Tinggui ············· 690
145. Recall Lao Yang ············· 693
146. Thoughts ············· 695
147. Friendship Documentary ············· 697
148. Party Sidelights ············· 700
149. Hechuan Trip ············· 702
150. Party Notes ············· 704
151. A Letter ············· 708
152. Respond to Questions ············· 710
153. Another letter ············· 714
154. Like Walking on Flat Ground ············· 716
155. Role Model of the Times ············· 718
156. Hometown of Ximiao ············· 721
157. Correct Understanding ············· 724
158. Research on Wujiang River ············· 727
159. Civilization Spark ············· 728
160. A Lecture Held in Jiaxiu Building ············· 732
161. Haidai Culture ············· 751
162. Deep affection between classmates ············· 755

Reference ············· 758

Postscript ············· 770

translated by Shi Li

01
历史·哲学·政治

〇〇一 斯文鼻祖[①]

在我国，史家稽古，多从伏羲氏开始。有文字记载最早的斯文鼻祖是伏羲。伏羲之前虽有盘古氏开天辟地、燧人氏钻木取火、有巢氏上树栖居，盘古、燧人、有巢，是否确有其人，年代久远，难以详究。可距今7000年的伏羲氏，应该说是确有其人。

早在先秦时期，伏羲就已经被国人确认为中华民族的斯文鼻祖。《尚书》："古者伏牺氏之天下王也，始画八卦，造书契，以代结绳之政，由是文籍生焉。"《世经》："炮牺氏继天而王，为百王先，首德始于木，故为帝太昊。"伏羲对人类的贡献可谓是功盖百王、德配天地。

司马迁《史记·太史公自序》明言："余闻之先人曰：伏羲至纯厚，作《易》八卦……于是卒述陶唐以来，至于麟止，自黄帝始。"司马迁明确地告诉后人，他只写"上起黄帝，至于麟止"的历史，他听人说之前还有伏羲作《易》八卦。鲁迅先生曾评说：司马迁"终成《史记》一百三十篇，始于黄帝，中述陶唐，而至武帝获白麟止"。[②]

中国有文字记载最早的原始部落或部族，是距今7000年前的上古东方"蒙人"即伏羲太昊群团。该原始部族的大酋长是伏羲。伏羲时代即开始了一系列的中华文明大创造，中国史籍尊称伏羲为"百王之先""三皇之首"。

中华民族是一个富于创造性的民族，我们绝不能低估了祖先的智慧。根据先秦史籍资料记载和考古发现，早在10000多年前后，居住在我国东部的人类族群就已经走出最初的渔猎时代，进入畜牧时代，并已开始烧制陶器，开始"口朝黄土背朝天"地经营最初的稻作农业了。农业的出现就是文明的根，文明的起源。中华文明就是从农业文明开始起步的。

中国史籍《纲鉴合编》记述了伏羲氏的历史功绩："三皇之世，世尚洪荒。文明犹未开，颛蒙犹未启也。伏羲先天而兴，实为万世文明之主。因河洛，画八卦，后世之彖爻实祖之；造书契，代结绳后世之篆隶实祖之；作甲历，为历象之祖；制嫁娶，为大婚之祖；正姓氏，为氏族之祖；作荒乐歌扶侎，网罟，为乐歌之祖；制桐为琴，絙丝为瑟，则簧，桴，土鼓之习渐革；造网罟，养六畜，则茹毛饮血之民庶得以沐其鲜食之利。"

[①] 本文系作者承担的国家社科基金项目《我国典籍载苗族早期历史资料整理与研究》（批准号：11btq017）的研究成果之一。
[②]《鲁迅汉文学史纲要》，江苏文艺出版社，2008年版。

伏羲继天而王，有圣德。按位在东方，兼有太阳的光明，所以又称作太昊。由于上古时代没有文字，先民事迹多赖后人一辈辈口耳相传，加之古今方俗之异，后来见诸文字，便出现同名异姓现象。同一位伏羲，春秋战国以来的各种古籍中便有不同的写法。伏羲、伏戏、包牺、庖牺、炮牺、伏牺、虑羲、虑戏、宓羲、宓戏等，均属音同音近相代。又随着社会发展，文化进步，不同时期的学人对历史人物从不同角度进行研究和评价，便出现同人异号现象，所指实一。如太帝、太昊、太皞、春皇、木皇等，均属于因事立称。所说的都是伏羲太昊氏。

我们将伏羲的创造发明分为八大组来研究阐述。

一、观天象 制历算

伏羲太昊或伏羲太昊时代的第一组大发明，是观天象、制历算。

众所周知，天文历法是人类科技文化史上诞生最早的一门科学。古希腊人、古罗马人、古埃及人、古巴比伦人、玛雅人都曾创制和使用过不同性质的天文历法。中国 7000 年前也有自己的天文历法，是伏羲太昊氏或伏羲太昊时代发明的。

中国史籍记载，伏羲太昊之前的人们，对自然界的认识是模糊的，没有天地四时的概念。伏羲通过仰则观象于天，俯则观法于地，指出了什么是天，什么是地，什么是白天，什么是黑夜，白天为阳，黑夜为阴，春夏秋冬周而复始，并根据日月的变化，分出年月日，这就是中国历法的肇始。历法的出现给人们的生产和生活带来了极大帮助，人们可以根据四时变化安排农事，这大大推动了社会的进步和生产力的发展。

（一）观天象

《论衡·齐世》："故夫宓牺之前，人民至质朴，卧者居居，坐者于于，群居聚处，知其母不识其父。"

《韩非子·五蠹》："古者丈夫不耕，草木之实足食也；妇人不织，禽兽之皮足衣也。不事力而养足，人民少而财有余，故民不争。是以厚赏不行，重法不用，而民自治。"

《庄子·盗跖》："民知其母，不知其父，与麋鹿共处。"

《易·系辞》："古时包牺氏之王天下也，仰则观象于天，俯则观法于地，观鸟兽之文，与地之宜，近取诸身，远取之物。"

《易乾凿度》："方上古之时，人民无别，群物无殊，未有衣食器用之利。于是伏羲乃仰观象于天，俯观法于地，中观万物之宜。"

《史记·补三皇本纪》："太皞庖牺氏，风姓，代燧人氏继天而王……仰则观象于天……以龙纪官，号曰龙师。"

《管子·轻重戊》："作造六峜，以迎阴阳。作九九之数，以合天道。"

《易稽览图》:"天地开辟,五纬各在其方,至伏羲氏乃合,故历以为元。"

《三国志·魏书》:"造八卦作三画,以象二十四气。"

《晋书·历律志》:"仰观俯察谓以天之七曜二十八星(宿),周于穹圆之度,以丽十二位。"

《周髀算经》:"作十言之教,曰:乾、坤、震、巽、坎、离、艮、兑、消、息,无文字,谓之《易》。"

从上述资料记载可知,上古之时,人民无别,群物无殊,人们相安无事地吃睡在一起,成群结队地住在一块,未有衣食器用之利,包牺氏之王天下也,仰观象于天,俯观法于地,中观万物之宜,作造六畚,以迎阴阳,作九九之数,以合天道,作八卦三画,以象二十四气,谓以天之七曜二十八星(宿),周于穹圆之度,作乾、坤、震、巽、坎、离、艮、兑、消、息十言之教。

观天象、正农时,是中国开始由牧畜社会进入农业文明的标志。以观象而助耕殖稼穑,当为发展农业生产的重大突破。抬头看天,低头看地,没有耳目聪明生而不看天看地的人。然而,七千年前通过"观天文、察地理"而创造出中国历法的正是伏羲太昊氏。正如河南淮阳伏羲陵园解说词所说:"仰观俯察,象天法地。阴阳既判,蓍龟助之。"诚如王大友在《三皇五帝时代》中考证说:"伏羲太昊氏,仰观天象,俯察地理,近取诸身,远取诸物,视灵龟则河图,悟天道创八卦,太极宇宙全息模式,亘古真理,中华开国第一君,建木榆中勾股仪,规天矩地百王先,首创上元太初历。"[①]

(二)制历算

《周髀算经》:"伏羲作历度。"

《路史·后纪一》注引《历书序》:"伏羲推策作甲子。"又引《随志》:"盖天者,周髀也,本庖牺民立……古时庖牺立周天历度。"

《易通卦验》:"伏羲方牙精作易,无书,以画事。"

《春秋内事》:"伏羲推列三光,建分八节,以爻应气。"

《易坤灵图》:"伏羲立九部,而民易理。"

《广博物志》引《物原》:"伏羲初置元日。"

《三坟》:伏羲"命臣潜龙氏作甲历"。

《汉书·律历志》:"自伏羲画八卦,由数起。"

《易赞》:"易,一名而含三义。易简,一也;变易,二也;不易,三也。"

---

① 王大友:《三皇五帝时代》(下)第567页,中国时代经济出版社,2005年版。

《管子》："虙戏作造六峜，以迎阴阳。作九九之数，已合天道。"

从上述记载可知，伏羲太昊根据日月的运行规律，并结合农作的生产规律，创造了最初的农历、制定了最初的节气，这无疑是农业发展的需要和产物，由此人们开始从事比较稳定而有规律的生产活动。农历节气的制定促进了农业生产的进一步发展。正如河南淮阳伏羲陵园解说词说："甲子乙丑，日月配之。寒暖有序，渔之牧之。"

张碧波在《三皇文化论》一文中，曾据汉代高诱注称，"娲，古和字"，认为《山海经》所言"女和月母当指女娲，娲与和音近假用，则女娲又作女和。伏羲之后裔为羲，而女娲之后裔为和……（黄帝）唐尧时之羲、和均保持其先祖名号，而世代司天……历象日月星辰……执掌天官之事"。[①] 我们认为，张碧波的研究考证是有道理的。

我们知道，宇宙天体的运动是有规律的。白天，太阳高挂天空，光芒万丈，给人类光明和温暖。夜晚，苍穹上布满繁星，争相生辉，出现时圆时缺的月亮，为大地洒下柔和的月光。这种昼夜交替的自然现象，对远古的人们来讲也是自然而然的，昼与夜的概念就显而易见地产生了。狩猎是远古人类的一项重要的获取生活资料来源的活动。活动往往在月光下捕捉野兽，对月亮的圆缺变化自然非常关心，月夜景象历历在目，月亮由圆到缺再复圆，有明显的周期性，约30天，最初的"月"的概念就这样形成了。日、月的概念建立以后，春夏秋冬，寒来暑往等都具有周期性，最初的农历产生了。天文学家蒋南华教授在《光辉灿烂的古代天文历法》中就说："我国是世界上最早的农业国，出于生产和生活的需要，七八千年以前我国先民就已懂得了观象授时，并在长期的生活实践中从经验上升到理论，发明创造了以推步为手段的四分术法及其记历法。"[②]

《左传·僖公十五年》："龟，象也。筮，数也。物生而后有象，象先而后有滋，滋先而后有数。"

《正义》："卜之用龟，灼已出兆，是龟以金木水火土之象而告人。凡是动物飞走之物，物既生讫而后有象，既为形象而后滋多，滋多而后有头数。其意言龟以象而示人，筮以数而告人。"

《系辞传》："天一，地二；天三，地四；天五，地六；天七，地八；天九，地十。天数五，地数五，五位相得而各有合。天数二十五，地数三十，凡天地之数五十有五。此所以成变化而行鬼神也。"

《系辞传》："乾之策二百一十有六，坤之策百四十有四，凡三百有六十，当期之日。二篇之策，万有一千五百二十，当万物之数也。"

---

① 张碧波：《三皇文化论》，载《天水行政学院学报》2008年第3期。
② 蒋南华：《光辉灿烂的古代天文历法》，载《梵净武陵——中华文明之源初探》，贵州人民出版社，2015年版。

《系辞传》:"乾为天,坤为地,宸为雷,巽为风,坎为水,离为火,艮为山,兑为泽。"

《汉书·律历志》引《尚书·虞书》:"虞书曰:乃同律度量衡,所以齐远近立民信也。自伏戏画卦,由数起,至黄、尧、舜而大备。三代稽古,法度章焉。"

从上述记载可知,伏羲太昊氏还是算数的发明者。随着社会的发展,人们的认识能力的提高,对数的认识增强了,需求也增多了。正如恩格斯在《反杜林论》中说:"为了计数,不仅要有可以计数的对象,而且还要有一种在考察对象时抛开对象的一切特征而仅仅顾及数目的能力,而这种能力是长期的以经验为依据的历史发展的结果。"[1]

二、结网罟 驯家禽

伏羲太昊或伏羲太昊时代的第二组大发明,是结网罟、驯家禽。

中国史籍记载伏羲之前或较早的远古时代,人们的生活环境十分恶劣,生产力水平极其低下,人们以草木果实为生,同时兼有最原始的狩猎,人力以棍棒、石块、石斧等为工具,捕猎的动物十分有限,根本就满足不了人们的生活。到伏羲太昊成为人们的首领的时候,他发明制造了网罟,捕捉到了更多的动物,他还教人们把吃不完的动物饲养起来,这就是我国畜牧业的发端。

(一) 结网罟

《易传·系辞下》:"包牺氏之王天下也……作结绳而为网罟,以佃以渔、盖取诸离。"

《古史考》:"伏羲氏作网。"

《抱朴子》:"太昊师蜘蛛而结网。"

《尸子·君治》:"伏羲氏之世,天下多兽,故教民以猎。"

《文子》:伏羲氏"枕石寝绳"。

《易·系辞》:"作结绳而为罔罟,以佃以渔。"

从上述记载可知,伏羲氏作网,太昊师蜘蛛而结网,结绳而为网罟,教民以猎,以佃以渔,说明伏羲带领部族不断地认识自然和改造自然。当时由于环境恶劣,不能得到充足的食物。伏羲通过观察蜘蛛结网可以捕食飞虫,从中受到了启发,于是教大家用植物的纤维结网去捕

---

[1]《马克思恩格斯全集》第20卷第41页,人民出版社,1971年版。

鱼狩猎，这要比过去用石块和棍棒去猎取动物获得的多了，这样一来大大提高了捕获猎物的效率。部落里衣食丰足还常常有节余了。网罟的发明，使人们天上能捉飞禽、地上可擒走兽、水中可捕游鱼。有力地推动了生产力的发展。正如淮阳伏羲陵园解说词所说："飞走游蠕，常使我饥。观蛛结网，衣食可余。"

（二）驯家禽

　　《路史·后纪一》：伏羲"豢养牺牲，服牛乘马，草鞭皮蒙，引重致远，以利天下，而下服度"。
　　《易·系辞》：伏羲"而为罔罟，以佃以渔"。
　　《新论》："伏羲之制杵舂，万民以济。"

　　网罟发明以后，捕获的飞禽走兽出现了剩余，于是伏羲就教大家把吃不完的动物饲养起来，这就是我国畜牧业的发端。到了冬天，伏羲的部族就可以丰衣足食。河南淮阳伏羲陵园解说词说："鸟兽鱼兮，入我圈兮。星河东矣，衣食足兮。"

　　我们知道，原始人类在网罟没有发明之前，捕到了动物就吃，捕不到就饿着，生活没有一点保障。史籍记载网罟发明以后，捕获的飞禽走兽出现了剩余。"伏羲氏作网""太昊师蜘蛛而结网""豢养牺牲，服牛乘马，草鞭皮蒙，引重致远，以利天下，而下服度"。于是伏羲教人们"养六畜，以充庖厨"。把吃不完的动物饲养起来，这就是我国畜牧业的发端。牺牲本来指祭祀用的纯色全体牲畜，色纯为"牺"，体全为"牲"，这里指被饲养供食用的家畜。以网捕兽，把猎获的动物放牧喂养，加以饲养驯化，发展畜牧业，开辟了原始畜牧业的新时代。

　　网罟的问世，可以猎获更多的活猎物，故而可以饲养或驯养牛、马、猪、羊、犬等及鸡、鸭、鹅等。不但在陆地上捕获猎物，还进一步大捕获水中的鱼类水产，由此人类生活资料进一步丰富了。史书载"以佃以渔"就是概括说明网罟使用的范围。人类为了纪念发明制造网罟的伏羲太昊氏，又称他为庖犠氏或包犠氏。

　　蒋南华教授在《中华文明七千年初探》中考证说：我国驯养禽兽的历史，几乎同农耕种植的历史一样悠久。近几十年的考古发掘资料说明：与人关系最为密切的猪、狗、牛、羊、鸡等，早在七八千年乃至九千年以前的河南舞阳贾湖、河北武安磁山、甘肃秦安大地湾、河南新郑裴李岗、湖南澧县梦溪镇和浙江余姚河姆渡等文化时代，驯养已相当普遍。根据迄今为止已出土的动物骨骼资料，"我们可以确切无疑地说，距今9000年左右的河南舞阳贾湖遗址出土的狗，是中国最早的家畜"[①]。用河北武安磁山、甘肃秦安大地湾、河南新郑裴李岗以及湖南澧县和浙江余姚河姆渡等遗址出土的狗、羊骨骼的分析化验证实，距今七八千年以前

[①] 袁靖：《略论中国古代家畜化进程》，《光明日报》2000年3月17日。

家狗和羊的饲养,在各地已相当普遍。[①]而在距今八千年左右的河北武安磁山遗址,不仅发现了80个放有小米,其总重量达5万公斤的土坑,有的土坑里在小米之下还放有一头完整的猪骨;而且还发现了距今八千年左右的家鸡骨骼。[②]

三、兴庖厨 行医药

伏羲太昊或伏羲太昊时代的第三组大发明,是兴庖厨、行医药。

正如河南淮阳伏羲陵园解说词所说:"天赐我火,去腥臊兮。疗我疾兮,壮我身兮。"

(一)兴庖厨

《韩非子·五蠹》:"上古之世……民食果蓏蚌蛤,腥臊恶臭,而伤腹胃,民多疾病。"

《易系辞传》:"古者包牺氏之王天下也"。

《三皇本纪》:伏羲"有圣德……养牺牲于庖厨"。

《拾遗记》:"庖者包也,言包含万象,以牺牲登荐于百神,民服其圣,故曰庖羲,亦谓伏羲,变混沌之质文,宓其教故曰宓羲。"

《帝国世纪》:"取牺牲也供庖厨,食天下,故号曰庖牺氏。"

《汉书·律历志》载刘歆《世经》:"作网罟以田渔取牺牲,故天下号曰炮牺氏。"

上述记载的包牺、庖厨、庖牺、牺牲、炮牺等,均属音同音近相代,是说伏羲太昊发明了火烧动物吃,熟吃动物肉,去腥去臊,促进了人类的进化与健康。

正如袁珂考证说:"伏羲对人民贡献最大的,恐怕就是把火种带给人民,让人民都能吃到烧熟的动物肉,以免使大家生胃病,闹肚子吧。取火这件事,史传上有记载到燧人名下,也有的记载到伏羲名下,更有的记载到黄帝名下,可见古来原无定说。伏羲又叫'庖羲'或叫'炮牺',那含义就是'取牺牲以充庖厨'(《帝王世纪》),'变茹腥之食'(《拾遗记》)的意思,要想达到上述的目的,一定得有火才成,所以炮牺(烧动物肉)的发明,其实也就是取火的发明。燧火人钻木取火,其目的也正是为了'炮牺'。伏羲在神话传说中是雷神的儿子,他又是管理春天的东方的上帝,和树木的生长很有关系,我们想:雷碰树木将会发生怎样的景象?那毫无疑问,将会燃烧起来,发生炎炎大火。伏羲的出生和他的神职联想起来,很容易得到火的概念。所以说我们把取火的发明,归之于伏羲,似乎更为妥当。"[③]

[①] 浙江省博物馆自然组:《河姆渡遗址动植物遗存的鉴定研究》,载《考古学报》1978年第1期。
[②] 河北省文物管理处等:《河北武安磁山遗址》,载《考古学报》1981年第3期。
[③] 袁珂:《中国古代神话》第50页,中华书局,1960年版。

（二）行医药

《淮南子》："古者民茹草饮水，采树木之实，食蠃蚘之肉，时多疾病毒伤之害。"

《孔丛子·连丛子下》："伏羲始尝草木可食者，一日而遇七十毒，然后五谷乃形。"

《太平御览》引《帝国世纪》："伏羲尝味百药，而制九针，以拯夭枉焉。"

《国语·楚语》："民神杂糅，不可方物，夫人作享，家为巫史，无有要质。民匮于祀，而不知其福，蒸享无度，民神同位，民渎齐盟，无有严威。"

《世说新语》："吾闻古之为医曰苗父。苗父之为医也，以菅为席，以为刍狗，北面而祝，发十言耳。诸扶之而来者，举而来者，皆平复如故。"

尝百草，制九针。伏羲太昊氏首创发明医药，解救人们疾病痛苦，延长人之生命。故上古"东蒙"人就有"不死民""君子不死国"之称。西汉刘向《说苑·辨物》考证说："吾闻古之为医曰苗父。苗父之为医也，以菅为席，以为刍狗，北面而祝，发十言耳。诸扶之而来者，举而来者，皆平复如故。""苗父"何其人也？近人刘镜如在《中医史话》说："苗父是远古时代居民，苗黎族的巫师。"

四、画八卦 造书契

伏羲太昊或伏羲太昊时代的第四组大发明，是画八卦、造书契，取代结绳记事。

（一）画八卦

《易·系辞》："古者包牺氏之天下王也，仰则观象于天，俯则观法于地，观鸟兽之文与地之宜，近取诸身，远取诸物，于是始作八卦，以通神明之德，以类万物之精。"

《礼含文嘉》："伏羲乃则象作易卦。"

《尸子》："伏羲始画八卦，别八节，而化天下。"

《三坟》："龙马负图，盖分五色，文开五易，甲金崇山，天皇始画八卦。"

《宋书符瑞志》："受龙图，画八卦，所谓河出图者也。"

《史记·太史公自序》："伏羲至纯厚，作《易》八卦。"

《系辞传》："是故易有太极。是生两仪。两仪生四象。四象生八卦。"

《古今图书集成·职方典》："上古伏羲时，龙马负图出河，其图之数，一六居下，二七居上，三八居左，四九居右，五十居中，伏羲则之，以画八卦。"

《礼记·礼运篇》注引《中侯握河纪》:"伏羲氏有天下,龙马负图出于河,遂法之画八卦。"

《绎史》:"虽其时有画无文,文即在画之中也。逮其后,文王、周公系之,孔子赞之,人更三圣,事历三古,故易之道大矣。"

伏羲太昊根据天地间阴阳变化之理,创造了八卦,即以八种简单却寓意深刻的符号来概括天地之间的万事万物,揭示事物的运动变化规律。八卦是文明的重要标志,也是人类文化史上伟大的创举,它来自于长期生产生活的实践,完成于肇始文明的伏羲太昊或伏羲太昊时代。诚如河南淮阳伏羲陵园解说词所说:"结绳记事,我心乱矣。二爻象之,书画代之。"

淮阳伏羲陵建有"先天八卦坛"。该坛与寝殿相距5.22米,青石垒砌,为直壁式等边八角形,直径4.45米,高0.74米,周有青石压条。坛面砌先天八卦图,卦序为乾、兑、离、震、巽、坎、艮、坤。中间的圆形图案是伏羲氏一画开天的形象表达,也就是我们平常说的阴阳八卦,中间这条曲线叫交合线,这两点像鱼的眼睛,象征两条鱼在交尾,预示繁衍出新生事物。先天八卦坛是通过一套符号系统演绎了太极生两仪、两仪生四象、四象生八卦的原理,这也是伏羲文化的精髓。

(二)造书契

《周易集解》:"古者无文字……事大,大其绳,事小,结其绳。结之多少,随物众寡。"

《易·系辞》:"上古结绳而治,后世圣人易之以书契。"

《尚书·序》:孔安国"伏羲氏以书契代结绳之政"。

《文子》:伏羲氏"枕石寝绳"。

《拾遗记》:"蛇身之神,即羲皇也……于时未有书契,观天为图,矩地取法,视五星之文,分晷景之度,使鬼神以致群祠,审地势而定川岳。"

《三坟》:伏羲"命臣飞龙氏造六书"。

《易·系辞》:"河出图,洛出书,圣人则之。"

《礼含文嘉》:"伏羲德合上下,天应以鸟兽文章,地应以河图、洛书。"

以上记载可知伏羲太昊始造书契,用于记事,取代结绳记事。伏羲太昊时期最初的文字就已经产生。

过去有黄帝时代仓颉造字的说法,现在只能看作是一种传说。但殷墟发现的甲骨文绝非中国最早的文字却是不争的事实。半个世纪以来,不少古文字学家已经越过甲骨文,把探索的目光投向更古老的文化遗存中出土的各种刻画符号。最早的像河南舞阳贾湖发现的龟甲残片上类似文字的符号，距今已8000年。而距今6000年的半坡遗址中陶器上的刻画符号，1963年出版的发掘报告，就指出可能与文字起源有关。大地湾遗址中出土的一组礼仪陶器上的十几种彩绘符号，有的学者推测可能是中国文字的雏形。可以认为，伏羲"画八卦，造书契"是可信的，它揭开了中国古代文明的序幕。

贾湖遗址出土的刻在龟甲、骨器、石器、陶器上的契刻符号表明，在距今8000年的贾湖文化已出现了原始文字性质的符号。这些符号分别刻于14件龟甲、骨器、石器和陶器上。其中龟甲符号9例，骨器符号2例，石器符号2例，陶器符号3例。有些符号从其形状看，具有多笔组成的结构，应承载契刻者的一定意图。如刻于龟下腹甲右侧的近似甲骨文的"目"字、刻于残腹甲上的"曰"字等。这些符号与商代甲骨文有某种联系，而且很有可能是汉字的滥觞。这为研究我国文字的起源提供了重要资料。2003年4月17日，英国广播公司（BBC）中文网站发表了一则惊人消息："在中国河南贾湖发现的乌龟壳上的符号，很可能是迄今为止人类所知最早的文字。"目前，世界上公认最早的文字是出现在古代中东地区的楔形文字，距今5000—6000年，而贾湖甲骨的年代却距今8000年以上。

关于我国文字的起源问题，蒋南华教授在《中华文明七千年初探》中考证，《尚书·序》云："伏羲氏之王天下，始画八卦，造书契，以代结绳之政。由是文籍生焉。"《易纬·乾凿度》认为"八卦"就是"天""地"等八个字的"古文"。郑樵《通志·六书略·第五》因文成像图肯定"天""地"等字均出自相应之卦形。清末民初学者刘师培亦认为："八卦为文字之鼻祖，乾坤坎离之卦形即天地水火之字形。"[①]《尚书·序》曰："伏牺（羲）、神农、皇帝之书，谓之三坟，言大道也。少昊、颛顼、高辛、唐虞之书，谓之五典，言常道也。""文"是文字，"籍"是书籍。孔颖达疏："伏牺时始有文字以书事，故曰由是文籍生焉……又依易纬通卦验燧人在伏牺前表计宾其刻曰：苍牙通灵，昌之成孔，演命明道经。"郑玄注云：刻谓刻石而记赞之。扰此伏牺前已文字矣。……又《易·系辞》云："河出图，洛出书，圣人则之。是文字与天地并与焉。"今天我们使用的中文方块字，是中华民族数千年前约定俗成的伟大创造，它随着中国社会历史的发展进程行用至今，千秋万代永无穷尽。它不曾因秦汉之兴而兴，亦不因秦汉之亡而亡。它也绝非汉民族的发明专利，早在汉民族产生之前的几千年前特别是距今六七千年以前，以"东蒙"为主体居民的河姆渡文化及其稍后的良渚文化时代，它就在中华大地产生和行用了。它是中华各民族几千年前祖先的伟大智慧的结晶，是中华各民族的共同财富。

[①] 刘师培：《中国文学教科书》"象形释例"节，引自阴法鲁等《中国古代文化史》第2卷第126页，北京大学出版社，1991年版。

五、定姓氏 制婚娶

伏羲太昊或伏羲太昊时代的第五组大发明，是定姓氏、制婚娶。

"同姓毋婚，俪皮聘之。女有家兮，男亦有室；交无序兮，弱我子女。方定姓氏，伦理始矣。"河南淮阳伏羲陵园解说词如是说。

（一）定姓氏

《吕氏春秋·恃君览篇》："昔太古尝无君矣，其民聚生群处，知母不知父，无亲戚、兄弟、夫妻、男女制之别。"

《路史后纪·太昊纪上》：伏羲"正姓氏，通媒妁，伏以重万民之俪，俪皮荐之，以严其礼，示何姓之难拼，人情之不渎"。

《史纲评要·太昊伏羲氏》："帝生于成纪，以木德继天而王，故姓风。"

《左传·昭公十七年》记载："任、宿、须句、颛臾，风姓也。实司太昊与有济之祀。"

《潜夫论》："太昊之后，有庖国，后以国为氏。"

《路史》："包羲氏后有包氏。"

《姓氏考略》："出自太昊氏。太昊氏裔孙后照，其后世子孙以后为姓。"

《风俗记》："伏羲之后，帝出于震，位主东方，子孙因氏焉。"

《通志·氏族略》："风姓伏羲氏后，封颛臾，为鲁国附庸国，子孙以国为氏。"

《路史》："巴木，伏羲之后；或以为出春秋巴子。"

《路史》："希氏，伏羲之后，希羲古通用。"

《姓氏考略》："系出风姓，太昊后。"

《集韵》："宓与伏同。"

《颜氏家训·书证》："孔子弟子宓子贱为单父，即宓羲之后，俗字为宓……云济南伏生即子贱之后，乃知宓与伏通。俗误以为宓也。"

《姓氏考略》："伏羲之后，封于宿，其后以国为氏。"

《姓氏考略》："咸鸟生乘厘。伏羲孙也。"

《路史》："巴木，伏羲之后；或以为出春秋巴子。"

《路史》："伏羲后，有朐氏，朐以地为氏。"

《古史》："太昊元妃生倍伐，降处婚渊，封于葴，为葴氏。"

《新语》：伏羲"以定人道，民始开悟，知有父子之亲，君臣之义，夫妇之道，长幼之序"。

据说，太昊伏羲氏之前，人们无名无姓，过着群居杂居的生活，人伦不分。随着社会的进步，分工的出现，这种状态已与现实生活极不协调。于是，伏羲根据各个部落和氏族的不同特点和爱好，给人们确定代号，这就是姓。伏羲氏认为风的威力很大，能飞沙走石，因此自姓为风。风姓是中国第一姓。于是姓氏逐步发展起来。春秋时，任、宿、须名、颛臾四国皆为风姓。据有关史料记载，出自风姓的有：庖氏、伏氏、宓氏、韦氏、希氏、任氏、宿氏、昌氏、胸氏、东方氏、皇氏等二十多个姓。因此，伏羲是万姓之根。

（二）制婚娶

《管子·君臣》："古者……未有夫妇妃匹之合，兽处群居，以力相争。"

《白虎通·德论》："谓之伏羲者何？古之时未有三纲六纪，民人但知其母不知其父……于是伏羲……因夫妇，正五行，始定人道……治下伏而化之，故谓之伏羲也。"

《论衡·齐世》："宓牺之前，人民至质朴，卧者居居，坐者于于，群居聚处，知其母不识其父。至宓牺时，人民颇文，知欲欺愚，勇欲恐怯，强欲凌弱，众欲暴寡，故宓牺作八卦以治之。"

《古史考》："伏羲制嫁娶以俪皮为礼。"

《风俗通》："伏羲以人事纪，故托戏皇，盖天非人不固，人非天不成也。"

《新语》："民始知有父子之亲……夫妇之道，长幼之序。"

《礼记·月令》："伏羲制以俪皮嫁娶之礼。""执伏牺牲。"

《风俗通义》："女娲祷祠神而为女媒，因制婚姻。"

《与马异结交》："女娲本是伏羲妇。"

据说伏羲生活的时代是母系氏族社会向父亲氏族社会过渡时期，人们过着群婚乱配的生活。群婚乱婚，给人类繁衍带来极大危害，伏羲当了氏族首领后，他通过观察，发现族内婚和近亲通婚所生育的子女或智力低下，或四体不健。因此，他在定姓氏的基础上，又制定了嫁娶制度，规定同姓的不能通婚，同氏族的不能通婚，禁止群婚乱配，实行对偶婚，并把婚姻固定下来。之所以同姓不能通婚，是因为那时女生为姓，即一个母亲生的一个姓，一个姓是一个血统。氏是父亲社会的产物，男子称氏，贵者有氏，贱者有名无氏。进入父亲社会以后男子在社会中处于主导地位，姓氏又颠倒了过来。嫁娶制度的确立是当时文明的一大发展，改善了人伦关系，使血缘婚改为族外婚，结束了子女只知其母不知其父的原始群婚状态。这对人类的繁衍、氏族的强盛、人体素质的健康保证以及发展生产都有着极为重要的意义。

杨庆林等著的《中华民族通史论纲》说："传说婚姻制度是伏羲氏的发明。当然，这不可能由伏羲一人来完成，他只不过是当时推行婚配制的代表人物而已。婚配制度使家庭成为社会的基本单位，古苗人的生产、生活都以家庭为单位，使私有制的产生成为可能，并且促进了古人类的繁衍和身心健康。因此,这一制度的建立和推行也是初级文明史的标志之一。"[1]

六、兴管理 造干戈

伏羲太昊或伏羲太昊时代的第六组大发明,是兴管理、造干戈。"立九部而民易理。""列八节而化天下。""造干戈以饰武……礼乐于是兴矣。"

(一) 兴管理

《论衡·齐世》:"故夫宓牺之前,人民至质朴,卧者居居,坐者于于,群居聚处,知其母不识其父。至宓牺时,人民颇文,知欲诈愚,勇欲恐怯,强欲凌弱,众欲暴寡,故宓牺作八卦以治之。"

《列子汤问》:古时"长幼齐居,不君不臣"。

《管子·君臣》:"古者未有君臣上下之别……兽处群居,以力相争。"

《易经》:"观乎天文,以察时变;观乎人文,以化成天下。"

《孝经援神契》:"伏羲画地之制,凡天下约五千三百七十,居地五十六万四千五十六里……"

《易纬·坤灵图》:"伏羲立九部,而民易理。"

《易通卦验》:"伏羲方牙苍精作易无书以画事。"郑玄曰:"宓羲时质朴作易,为政令而不书,但以画其事之形象而已。"

《新语》:"于是百官立,王道乃生。"

《淮南子》:"今易之乾坤足以穷道通意也……然而伏羲为之六十四变。""伏羲女娲,不设法度而以至德遗于后世。"

《册府元龟》:"太昊帝庖牺氏继天而王为百王先,首德始于木,故为太昊帝。"

《山海经》:"女娲之肠化为神,处粟广之野。"郭璞曰:"粟广野名也。"

《荀子成相》:"文武之道同伏羲。"

《战国策》:"伏羲神农教而不诛。""伏羲立九部,而民易理。""文武之道。""百官立,王道乃生。"

《路史·太昊纪上》:"立九部而民易理。"

《春秋命历序》:"伏羲始画八卦,列八节而化天下。"

上述记载资料告诉我们,上古人类至质朴,自然而生,自然而死,是没有什么管理的。至7000年前伏羲太昊氏之前,已经有了原始社会以氏族、胞族而形成的管理。是伏羲太昊

---

[1] 杨庆林等:《中华民族通史论纲》第39页,当代中国出版社,2012年版。

氏把原始社会的氏族、胞族管理上升为部族的管理。伏羲太昊观乎天文,以察时变;观乎人文,以化成天下。画地之制,立九部,百官立,文武之道,继天而王,为百王先,王道乃生,而民易理。这些记载说明,伏羲时代已经初步进入了最初有序的管理社会了。设立管理者,必有管理对象和范围。分部而治是国家行政管理的最初形式,这与原始社会以氏族、胞族而形成的管理组织相比又前进了一大步,也为后代治理社会提供了借鉴。

(二) 造干戈

《吕世春秋》:"凡人之性,爪牙不足以自守卫……"

《管子·君臣》:"古者未有君臣上下之别……以力相争。"

《三坟》:"伏制牺牛,冶金成器……命火龙氏炮冶器用。因居方而置城廓,天下之民,号曰天皇太昊伏羲有庖升龙氏,本通姓氏之后。"

《拾遗记》:伏羲"礼义文物,干兹始作,去巢穴之居,变茹腥之食,立礼教以导文,造干戈以饰武,丝桑为瑟,均土为埙,礼乐于是兴矣"。

伏羲之前的时代,兽多为患,人类常受其害,同时,氏族、胞族之间也常常发生争斗。为此,伏羲便教人们磨制石器,用木棍绑之,用以对付凶恶的野兽,用以保护由氏族、胞族而组成原始部族的利益。造干戈以饰武,这也是兵器的起源。兵器的发明,为部落的强盛,促进中华民族的统一,起到了重要作用。诚如伏羲陵园解说词说:"干戈饰武,攻之伐之。天空地旷,任我骋之。"

根据中国史籍记载,伏羲之后的神农时代,还没有发生什么大的部落之间的战争,当5000年前的"东蒙"人蚩尤和"西羌"人黄帝崛起时,后世神农即炎帝榆罔已经开始衰退了。这就是司马迁《史记》记载的"轩辕之时,神农氏衰,诸侯相侵伐,暴虐百姓,而神农氏弗能征……蚩尤最为暴,莫能伐",乃至最终发生三场大规模的部落战争。

七、化蚕制衣 制乐创歌

伏羲太昊或伏羲太昊时代的第七组大发明,是化蚕制衣、制乐创歌。

(一) 化蚕制衣

《吕世春秋》:"凡人之性……肌肤不足以扦寒暑。"

《路史·后纪五》注引《皇图要览》:"伏羲化蚕桑为穗帛,西陵氏始养蚕。"

《路史·后纪一》注引《白氏六帖》:"伏羲作布。"

《古文考》:"伏羲造布。"

《白虎通·号篇》:伏羲"衣皮革"。

《世本·作篇》:"伏羲以俪皮制嫁娶之礼。"

《广博物志》卷五十引《皇图要览》:"伏羲化蚕,西陵氏始养蚕。"

人类早期以树叶兽皮做衣御寒,"伏羲化蚕为丝"后,教人们用蚕丝、植物纤维纺线、编网、织布、制衣着装,人类抵御寒冷的能力有了提高,文明程度进一步发展。蒋南华教授在《中华文明七千年初探》中考证说:"1926年,我国古考学家还在山西夏县西阴村,距今五千至六千年以前的仰韶文化遗址中,发现了先民们加工抽丝剩下的半个蚕茧。更令人惊叹的是,1958年在浙江吴兴钱山漾遗址出土的一块绢片和一些丝带和丝线。这些丝带、丝线和绢片的确切年代,经中国科学院考古研究所测定:距今为五千年以前。更令人惊奇的是,据纺织学专家鉴定,这块绢片经纬平直而均匀,密度为每厘米40根,达到了很高的工艺水平。这说明当时不仅已经有了很高的缫丝技术,而且也已经有了相当好的织绸工具和织绢技术。这些文物和史料十分雄辩地证明:我国不仅是世界上最早的桑蚕和丝绸之国,而且远在五六千年以前的帝喾和尧舜时代,我国先民就已熟练地掌握了养蚕缫丝和丝绸纺织技术,并且达到了令人叫绝的工艺水平。"[1]从我国考古资料看,贾湖文化、后李文化、北辛文化、河姆渡文化、良渚文化等,是上古"东蒙"人创造的文化。秋阳考证说:"考古学家夏鼐说,'中国是全世界最早饲养家蚕和缫丝制绢、长期从事这种手工业的唯一的国家。'并引用他人之说,认为'丝绸或许是中国对于世界物质文化最大的一项贡献'。此话并非空穴来风。良渚文化河姆渡遗址出土的一种距今约7000年前的原始织机的部件,有丝麻,然后才有织机。可见,良渚文化时期,早在织机出现之前,就已经有了麻和蚕丝。江苏吴县草鞋山遗址出土的葛布,距今6000多年。浙江吴兴钱山漾出土的丝线、丝带和绢片,经鉴定为距今4000多年前的家蚕丝。"[2]

蒋南华教授在《中华古帝与文明研究》中说:"距今六七千年的河姆渡、良渚、马家浜和大溪、庙底沟文化时期,已出现了纺织业等各种手工业。如考古学家在七千年以前的马家浜遗址发现了罗纹编织物;在六千多年前的良渚文化遗址出土了苎麻织品;1955年在西安半坡遗址出土了六千二百年前的骨针和布纹陶钵。"[3]

(二)制乐创歌

《世本·作篇》:"伏羲作琴瑟。"

《说文》:"瑟,庖牺所作弦乐也。"

---

[1] 蒋南华:《中华文明七千年初探》第77—78页,北京:人民出版社,2002年版。
[2] 秋阳:《蚩尤与中国文化》第165页,民族出版社,2015年版。
[3] 蒋南华:《中华古帝与文明研究》第11页,贵州人民出版社,2009年版。

《广雅·释乐》:"伏羲氏瑟长七尺二寸,上有二十七弦。"

《皇王世纪》:"太昊帝庖牺氏……作瑟三十六弦。"

《世本》:"庖牺氏作瑟,五十弦。瑟洁也,使人清洁于心,谆一于行。"

《史记》:"太帝使素女鼓五十弦瑟,悲帝禁不止,故破其瑟为二十五弦。"

《楚辞·大招》:"伏戏《驾辩》,楚《劳商》只。"王逸注:"伏戏,古王者也。始作瑟。《驾辩》《劳商》,皆曲名也。言伏戏氏作瑟,造《驾辩》之曲,楚人因之,作《劳商》之歌,皆要妙之音,可乐听也。"

《礼记·曲礼》:"伏羲作琴瑟以为乐。"

《礼记·乐记》:"伏羲乐名《立基》。"

《太古遗音》:"伏羲见凤集于桐,乃象其形。""制以为琴。"

《孝经钩命诀》:"伏羲乐曰《立基》,一云《扶来》,亦曰《立本》。"

《拾遗记》:"礼仪文物于兹始作……立礼教以导文……桑为瑟,均土为埙,礼乐于是兴矣。"

以上记载可知,伏羲发明陶埙、琴瑟等乐器,创作乐曲歌谣,将音乐带入了人们的生活。正如河南淮阳伏羲陵园解说词说:"衣食足之,我心忧之。埙瑟成之,歌且舞之。"

据相关资料介绍,按琴界先德的记述,琴文化的起始,可以上溯到约公元前三四千年的伏羲琴。《琴操》认为,当初伏羲造琴,是为了"反其天真"。用琴声将人们被囚禁心灵呼唤到大自然中去,让人们的情感自然而然地抒发出来,就像春天的花、夏天的风、秋天的雨和冬天的雪。据百科词条介绍,黄帝战胜蚩尤后,上古神器落入民间,其中伏羲琴被敦煌千佛所保管。为了封印天之痕,宇文拓将伏羲琴从敦煌取出,列成"失却之阵"。成功封印天之痕后,古月圣将大隋郡主,即西方女魔将——独孤宁珂的灵魂注入伏羲琴中,为了净化她的灵魂以完成她的愿望,由宇文拓带往西方,自此不知去向。

7000年前的伏羲太昊造琴,在一定程度上也得到了考古资料的证明。1984年,河南省贾湖遗址发掘出了迄今为止世界上最早的可演奏乐器——骨笛。发现分属于贾湖早、中、晚三期的二十多支五孔、六孔、七孔和八孔骨笛。经研究已具备了四声、五声、六声和七声音阶,并出现了平均律和纯律的萌芽。贾湖骨笛是我国出土年代最早而且还演奏的乐器实物,被称为"中华第一笛",被专家认定为世界上最早的吹奏乐器。把我国的音乐史推进到八九千年前。九千年前,生活在中国淮河流域的贾湖人创造出的文化,超乎现代人的想象。其稻种文化、音乐文化和宗教文化已相当发达,表明淮河流域是中华民族摇篮的重要组成部分。这是考古专家在对舞阳贾湖遗址进行7次大规模考古发掘和研究后得出的结论。而河南省贾湖遗址,正处于7000年前的伏羲太昊势力范围。

姚政在《先秦文化研究》中指出:"考古发现在距今8000年的裴李岗文化河南舞阳贾湖遗址的墓葬里,出土用鸟腿骨管制成的骨笛十余支。管壁上多钻七孔。测试表明,音质较好,有的可能是七声齐备的、古老的下徵调音阶。这就有可能将我国七声音阶的发明时代上溯至距今七八千年前。在中国音乐史和世界音乐史上占有特别重要的地位。考古出土材料证明，我国古代早在七八千年前就能用七孔骨笛吹奏出七声音阶和古老的下徵调。而古文献记载却说，距今 4500 年左右黄帝时代的伶伦才作吕律。此为附会之说，也是显而易见的。"①

八、建都宛丘 以龙纪官

伏羲太昊或伏羲太昊时代的第八组大发明，是建都宛丘，以龙纪官。

据说伏羲生于"雷泽"，刘俊男《华夏上古史研究》曰："古洞庭湖又曰雷泽。"刘志一《神农氏炎帝考》一文亦曰："伏羲氏族的最早发祥地'雷泽'，是南方的洞庭湖……在古代湖南与湖北两地交界的洞庭湖，不仅称为'雷泽'，还称为'南海'。"② 伏羲氏统一东亚平原后，建都于宛丘，即今河南淮阳区，画地之制，"立九部，百官立"，并根据需要建立起最初的管理制度，以龙纪官，用龙来命名管理各个方面的官。

（一）建都宛丘

伏羲统一"东蒙"后，成为"东蒙"人的至上君长，被称为"人皇"。"人皇"伏羲建都于宛丘。

《抱朴子·诘鲍》："曩古之时，无君无臣，穿井而饮，耕田而食，日出而作，日落而息，泛然不系，恢尔自得。不竞不营，无荣无辱。山无蹊径，泽无舟梁。川谷不通，则不相并兼。士众不聚，则不相攻伐……势利不萌，祸乱不作，干戈不用，城池不设……夫身无在公之役，家无输调之费，安土乐业，顺天分地，内足衣食之用，外无势利之争。"

《礼记·礼运》："昔者先王未有宫室，冬则居营窟，夏则居橧巢。"

《易辞》："上古穴居而野处，后世圣人易之以宫室，上栋下宇，以待风雨。"

《帝王世纪》："太庖羲氏，风姓，代燧人氏继天而王。母曰华胥，履大人迹于雷泽而生庖羲于成纪，蛇身人首，有圣德，仰则观象于天，俯则观法于地，观鸟兽之文与地之宜，近取诸身，远取诸物，始画八卦，以通神明之德，以类万物之情。造书契，以代结绳之政。于是始制嫁娶，以俪皮为礼。结网罟，以教佃渔，故曰宓羲氏。养牺牲，以充庖厨，故曰庖牺。有龙瑞，以龙记官，号曰龙师。作

---

① 姚政：《先秦文化研究》第 43 页，巴蜀书社，2004 年版。
② 蒋南华：《中华文明源流新探》第 18—19 页，贵州人民出版社，2013 年版。

三十五弦之琴……都于陈，东封太山，立一十一年崩。"

人类学的资料告诉我们，最初的人类从动物界进化开来后，主要是群居于洞穴中或野外，至7000多年前的伏羲太昊时代之前的古人类，人类已经有了简陋的居室，但没有所谓的都和宫室。伏羲太昊氏统一了东部的原始群团后，在东部平原条件比较优越的宛丘建立了最早的都，有了最初的宫室。当然，伏羲太昊氏所建立的都或宫室，与后来人们建立的都或宫室是不一样的。

据相关资料介绍，伏羲所处的时代，人们的生活环境十分恶劣，生产力水平极其低下，只能逐水草而居，就是哪里有水喝，有鱼吃，有野果有动物，他们就奔向哪里，过着游牧生活。伏羲带领他的氏族部落，沿黄河游牧东下，到达宛丘这个地方后，见有高丘可居，水草丰美，野果动物充足，便安居下来，在此建立了中国历史上第一个都城。宛丘就是今天的河南淮阳，宛丘遗址在县城东南四公里的地方。或许伏羲出生在西北，但他的活动和事迹却在东部，是"东蒙"人的首领。

无论7000年前伏羲太昊在宛丘建立的都或宫如何，宛丘遗址都成为了中华文明中华民族的起端。数千年来，宛丘遗址成为人们祭祀祖先的场所。据相关资料介绍，建于宛丘的太昊伏羲陵庙，系中国十八大名陵之首，占地875亩，规模宏大，肃穆庄严。伏羲陵庙始建于春秋，增制于盛唐，完善于明清，历代帝王51次御祭。时任政治局常委、国务院副总理的朱镕基，虔诚谒陵之后，一改从不题词的常规，欣然题写"羲皇故都"匾额。民间祭祀活动绵延数千年而历久不衰，每年的初春时节，二月二庙会达30万人，历时一个月。农历每月初一、十五，均有盛大祭祀活动。伏羲太昊陵祭祀活动，作为中国规模最大的民间庙会已列入我国非物质文化遗产，伏羲太昊陵是全国重点文物保护单位。

宛丘遗址历数千年的伏羲太昊陵，陵高20多米，方座周长200米，上圆下方，取天圆地方之意。这是全国唯一的一座上圆下方形制的陵墓。伏羲太昊陵的午朝门正中间的匾额是宋朝高宗皇帝赵构书写的"龙师人皇"；右面是全国政协原副主席钱伟长书写的"中华始祖"，左面是欧阳中石书写的"昊德宣猷"；东西面是宋代理学家朱熹书写的"观法于天""观象于地"；背面是民国总统黎元洪书写的"象天法地"。这些题词从不同侧面褒扬了人祖伏羲氏的历史功绩。

此外，还有时任全国人大常委会委员长李鹏题写的"万姓同根"；时任政治局常委李长春题写的"人文始祖"；时任全国人大常委会副委员长李铁映题写的"道天理地"；国家文物局专家罗哲文题写的"华夏文明三始祖，淮阳伏羲第一人"等。这些题词也从不同侧面褒扬了人祖伏羲的历史功绩，彰显了伏羲在中国历史上的崇高地位。

王大友在《三皇五帝时代》中考证说："伏羲时代（公元前7724—前5008年），中国上古文明的奠基时代，继承发展了燧人天人合一时代的文明成果，把河图洛书宇宙模式转化为太极八卦信息程序系统可控工程，作宇宙观、认识论、方法论，应用于各个方面；进入家居舍饲庖厨熟食的猎渔牧农综合经济时代；首创龟卜契刻文字和象形指事文字，以建木为天文观测仪器，创立柱下史巫觋制度，进入文献典籍成文史时代；传《易经》，授时《八卦太阳历》和《上月太初历》，首以立建木地表地为都，名陈，筑坛垣，立紫微垣天象历法系统，首承燧人氏木德王天下，为百王先，立国约3000年，传图腾徽铭制，立姓氏，别婚姻，风姓，母系下传时代。"[1]王大友强调说："因为这些业绩，使得伏羲氏在上古人类集团中，成为开化程度最高的氏族，进入文明阶段，继天而王，以理海内，首德于木，为百王先，故《易》称帝出于震，建寅孟春，都于陈，东封泰山，禅云云。"[2]

（二）以龙纪官

据说伏羲太昊建都于宛丘后，又以龙纪官。所谓以龙纪官，就是以龙来命名官名。中华民族自誉为龙的传人，据说是来自7000年前的伏羲太昊以龙纪官。龙图腾的形成，象征着中华民族的汇聚和文化的奠基。

《左传·昭公十七年》："太昊氏以龙纪，故为龙师而龙名。"

《帝王世纪》："太庖羲氏，风姓……有龙瑞，以龙记官，号曰龙师。"

《竹书纪年》："伏羲太昊氏，风姓之祖也，有龙瑞，故以龙命官。"

《易坤灵图》："伏羲立九部，而民易理。九部之立，以兄弟九头，各理一方，故得此数。"

《三坟》：伏羲"命臣飞龙氏造六书，命臣潜龙氏作六甲……命降龙氏倡率万民，命水龙氏平治水土，命火龙氏炮治器用……"

《乾隆御批纲鉴》："太昊因龙马之瑞，故以龙名官，号为龙师。春官为青龙（又曰苍龙）氏，夏官为赤龙氏，秋官为白龙氏，冬官为黑龙氏，中官为黄龙氏。"

上述资料告诉我们，伏羲太昊氏统一了东部的原始群团后，为了加强团结，增进合力，使大家有一个共同标志，综合了各氏族的图腾特点，如马的头、鹿的角、蛇的身、鱼的鳞、鹰的爪等，把它们结合在一块，形成了一个各氏族部落共同的图腾——龙。这就是龙的来历，龙的含义。伏羲以龙纪官，分理海内，命朱襄为飞龙氏，造书契；昊英为潜龙氏，造甲历；大庭为居龙氏，造屋庐；浑沌为降龙氏，驱民害；阴康为土龙氏，治田果；栗陆为水龙氏，疏导泉流。以春官为青龙氏，夏官为赤龙氏，秋官为白龙氏，冬官为黑龙氏，中官为黄龙氏，等等。正如闻一多在《伏羲考》中说：龙是"由许多不同的图腾糅合成的一种综合体，因

---

[1] 王大友：《三皇五帝时代》（下）第549页，中国时代经济出版社，2005年版。
[2] 王大友：《三皇五帝时代》（上）第103页，中国时代经济出版社，2005年版。

部落的兼并而产生的混合的图腾。"从此,中国龙腾起在世界的东方,成了中华民族的象征和共同的族徽,中华民族的子孙始称为龙的传人,伏羲被称为龙师人皇,淮阳被称为龙都。龙的精神一直是鼓舞中华民族自强不息的动力,是促进全国统一的旗帜,是增强民族团结的灵魂。

伏羲太昊陵统天殿檐下最中间的"宝笈渊源、名迹久传"是乾隆十二年乾隆皇帝的御笔；左面的"羲皇故都"是时任政治局常委、国务院副总理的朱镕基所题；右面的"万姓同根"为时任全国人大委员长的李鹏所题；"人文始祖"是时任政治局常委李长春所题；"道天理地"为时任全国人大副委员长的李铁映所题。大门两边的对联："华夏文明三始祖,淮阳伏羲第一人"是国家文物局著名专家罗哲文所题。从这些题词上可以看出伏羲氏在中国历史上的崇高地位。

伏羲太昊氏凭借上述如此多的创造发明,因此,中华民族自古以来就尊称伏羲太昊为"始祖",为"斯文鼻祖",为中华民族共同的祖先。诚如伏羲陵园解说词说："龙官八方,羲皇驭之。炎黄膜拜,永垂万世。"

梁启超在《论中国成文法编制之沿革得失》中说："我族与苗族为剧烈之竞争,卒代之以兴。于是彼族之文明,吸收以为我用。"费孝通先生在叙述中华民族的形成过程时说："在相当早的时期,距今四千多年前,在黄河中游出现了一个由若干民族集团汇集和逐步融合的核心,被称为华夏,像滚雪球一般地越滚越大,把周围的异族吸收进入了这个核心。它在拥有黄河和长江中下游的东亚平原之后,被其他民族称为汉族。汉族继续不断吸收其他民族的成分而日益壮大,而且渗入其他民族的聚居区,构成起着凝聚和联系的网络,奠定了以这个疆域内许多民族联合成的不可分割的统一体的基础,成为一个自在的民族实体,经过民族自觉而称为中华民族。"[①] 由此看来,中华民族自古以来就是多元一体,源于7000年前的"东蒙"人伏羲太昊成为中华民族共同的"始祖""斯文鼻祖",也是自然而然的了。

---

① 引自祁庆富《记述中华民族历史的开山之作》,载《民族》2001年2期。

○○二 人文祖母[①]

伏羲与女娲的故事，在中国可以说是家喻户晓。中国史籍《独异志》载："昔宇宙初开之时，只有女娲兄妹二人在昆仑山，而天下未有人民，议以为夫妻，又自羞耻。兄即与其妹上昆仑山，咒曰：'天若遣我兄妹二人为夫妻，而烟悉合；若不使，烟散。'于是烟悉合，其妹即来就兄。"这兄妹，说的就是伏羲与女娲。

《淮南子·览冥篇》载：女娲"考其功烈，上际九天，下契黄垆；名声被后世，光辉重万物"。具体地说，女娲的贡献与功绩主要是：抟土造人，创造人类；炼石补天，拯救人类；兄妹成婚，繁衍人类；制定婚姻，教化人类；创造笙簧，娱乐人类；包牺氏没，女娲氏作。女娲的人格力量在于她同伏羲一样，建立了齐天盖地的功勋。女娲氏以其劳苦功高而被尊称为中华民族的祖母神。当然，女娲作为女祖先，其历史功绩自有其特别之处。

一、抟土造人 创造人类

中国史籍记载，盘古开天辟地后，世人却没有人类，是女娲用泥捏造了人类。

《太平御览》卷七八引《风俗通》："俗说天地开辟，未有人民，女娲抟黄土作人，剧务，力不暇供，乃引绳于泥中，举以为人。"

传说天地开辟后，是女娲用黄土捏成团造成了人。她干得又忙又累，竭尽全力干还是造不了多少人。于是她就把绳子投入泥浆中，举起绳子一甩，泥浆洒落在地上，就变成了一个个人，大地上人就多起来了。

马克思在谈到希腊艺术时曾指出："任何神话都是用想象和借助想象以征服自然力，支配自然力，把自然力加以形象化。"[②]由此可知，神话是带有浓厚的幻想色彩的。而女娲作为

---

① 本文系作者承担的国家社科基金项目《我国典籍载苗族早期历史资料整理与研究》（批准号：11btq017）的研究成果之一。
② 马克思《〈政治经济学批判〉导言》，《马克思恩格斯选集》第2卷第113页，人民出版社，1972年版。

女祖先，在她的身上"幻想色彩"则更加浓厚罢了。

据说开天辟地后，虽然大地上已经有了山川草木，甚至也有了鸟兽虫鱼，可是没有人类，世间仍旧荒凉而且寂寞。行走在这一片荒寂的土地上的女娲，她的心里感觉着非常的孤独，她想了想，就在一处水池旁边蹲下身来，掘了池边地上的黄泥，掺和了水，仿照水里自己的形貌，揉成第一个娃娃样的小东西。刚一放在地面上，说来也奇怪，这小东西就活了起来。女娲对于她这一优美的创造品非常满意，便又继续用手揉团掺和了水的黄泥，造成功许多男男女女的人。赤裸的人们都围绕着女娲跳跃、欢呼，然后或单独、或成群地走散了。①

女娲抟土造人，祖祖辈辈都是这样传说的。不管其科学性如何，祖先是这么传下来，后人也没有否认祖先的说法。数千年来，中华民族即龙的传人，津津乐道女娲抟土造人的故事。

正如袁珂在《中国神话传说》中列举了人类诞生的几种故事后说："倒是在这类纷纭的说法当中，出现了一种说法，说是人类原是前面说的那个叫女娲的女神独立创造的，这个传说既不平凡而又很人情，结果赢得了大家的相信，女娲造人的故事便这样流传来了，成为我们神话中一根富有诗意的琴弦。"②

值得一提的是，女娲抟土造人在哲学的基本问题上坚持了"物"为第一性，直接否定了上帝创造人类的传说。

二、炼石补天 拯救人类

中国史籍记载，女娲不仅抟土造人，还炼石补天，拯救了人类。

《三皇本纪》：女娲"当其末年也，诸侯有共工氏，任智刑以强，霸而不王，以水乘木，乃与祝融战。不胜而怒，乃头触不周山，天柱折，地维缺。女娲乃炼五色石以补天。断鳌足以立四极，聚芦灰以止滔水，以济冀州。于是地平天成，不改旧物"。

《帝王世纪》："于是女娲炼五色石，以补苍天。"

《淮南子·览冥训》："往古之时，四极废，九州裂，天不兼覆，地不周载……于是，女娲炼五色石以补苍天，断鳌足以立四极，杀黑龙以济冀州，聚芦灰以止滔水。苍天补，四极正；滔水涸，冀州平；狡虫死，颛民生。"

《路史·发挥一》罗苹注引《尹子·盘古篇》："共工触不周山，折天柱，绝地维。女娲补天，射十日。""世遂有（女娲）炼石成霞，地势北高南下之说。"

---

① 袁珂：《中国神话传说》第103、104页，中国民间文艺出版社，1984年版。
② 袁珂：《中国神话传说》第80页，中国民间文艺出版社，1984年版。

据说，当人类繁衍起来后，忽然水神共工和火神祝融打起仗来，他们从天上一直打到地下，闹得到处不安宁，结果祝融打胜了，但失败的共工不服，一怒之下，把头撞向不周山。不周山崩裂了，支撑天地之间的大柱折断了，天倒下了半边，出现了一个大窟窿，地也陷成一道道大裂纹，山林烧起了大火，洪水从地底下喷涌出来，龙蛇猛兽也出来吞食人民。人类面临着空前大灾难。女娲见她的儿女们即将失去生存条件，着急万分，就决心炼石补天。

可去哪里炼石呢？女娲遍涉群山，选择了天台山。这里山高顶阔，水足石多，是炼石的理想地方。女娲不仅熔炼五色石来修补了苍天，而且杀死了许多恶兽猛禽，确保了她的儿女们的生存安全。

袁珂在《中国神话传说》中也说："女娲费了很大的辛苦把天补好，地填平，灾难平息了，人类获得重生，大地上又有了欣欣向荣的景象。"[①]

"女娲补天"的传说感动着一代又一代的人们，女娲敢为天下先的精神也一直为后人所歌颂。

三、兄妹成婚 繁衍人类

中国史籍还记载说，伏羲女娲兄妹成婚，繁衍了人类。伏羲女娲夫妇，成为再造人类的始祖。

《三坟书》："（伏羲）后，女娲。"
《玉川子集》："女娲本是伏羲妇。"
《唐书·乐志》："合位娲后。"
《淮南子》："古未有天地之时……有二神混生。"

伏羲女娲合婚后，伏羲女娲氏族形成。据王大友在《三皇五帝时代》中考证："《长沙子弹库帛书·乙篇·第一节》中说：伏羲女娲合婚后是生四子□是襄，天践是格，参化法兆，为禹为万（契）以司堵（土），襄晷天步。显然，这四子即羲仲、羲叔、和仲、和叔。"[②]

这与苗瑶等族所传洪水故事与兄妹结婚基本一致。不同的是，苗瑶等族说是上古时期因涨了一次大洪水，世上只有伏羲女娲兄妹二人了，两兄妹无奈只好通过滚磨、点烟等形式结成夫妻，再造人类，繁衍人烟。

庄寿雨在《我知道的地名——被遗忘的历史》中说："在中华民族的传说时代，伏羲与女娲是最早的始祖了。伏羲是男性，女娲是女性，他们是兄妹。在洪水中其他人都被淹死了，

---

① 袁珂：《中国神话传说》第106页，中国民间文艺出版社，1984年版。
② 王大友：《三皇五帝时代》第105页，中国当代经济出版社，2005年版。

只剩下兄妹二人，于是他们结了婚，孕育了中华民族各族。"①

王大友还考证说："蚩尤为伏羲族裔，自泾洛迁于莱芜、沂源附近的苗山、九山、鲁山……传说苗族祖先之一伏羲女娲大洪水之后，于昆仑山兄妹为婚，再传人类。以地察之，西有雷泽、泰山、徂徕山，东有高密（虞氏之阜邑）、莱夷、黄夷，北有嵎夷，与伏羲氏、女娲氏故地毗邻，所以得到发展。"②

四、制定婚姻 教化人类

是女娲抟土造人也好，抑或是女娲兄妹成婚繁衍人类也好，反正我们的祖先就是这么传说的。还传说是女娲创建了婚姻制度，民始知有父子之亲。

《管子·君臣》："古者……未有夫妇妃匹之合，兽处群居，以力相征。"
《吕氏春秋·恃君览篇》："昔太古尝无君矣，其民聚生群处，知母不知父，无亲戚、兄弟、夫妻、男女制之别。"
《风俗通》："女娲祷神祠，祈而为女谋，因置婚姻"。
《新语》："民始知有父子之亲……夫妇之道，长幼之序。"

传说女娲造了女人和男人，考虑到人要代代相继，繁衍不绝，要知其母也要知其父，于是创建了婚姻制度，促使男子与女子结合以生儿育女，于是女娲就成了第一个媒人，被后世尊奉为媒神，又称"高禖"。女娲"高禖"或许反映出母系氏族社会中婚姻以妇女为中心，女族长掌握着全族的婚姻大事。

"女娲祷神祠，祈而为女谋，因置婚姻。"女娲是祷祠神，祈求她做媒人，这才有了婚姻。《路史后记》中说：因为女娲做媒人，所以后世人建立国家就把她祀为媒神。《礼记》记载：仲春二月，用太牢的礼节，在高媒庙祭祀。《周礼·媒氏》也记载：仲春之月让男女相会交合。在这时候，对私奔的也不禁止，主张就是相对固定的男女结合。

袁珂在《中国神话传说》中说："女娲因为替人类建立了婚姻制度，使男女们互相配合，做了人类最早的媒人。所以后世的人把女娲奉为高媒，高媒就是神谋，也就是婚姻之神的意思。"③

由上可以看出，女娲氏不但造了人类，还是人类的婚姻之神。所以，世人为求佳偶或夫妻渴望得力，都会参拜、祭祀女娲。

---

① 庄寿雨：《我知道的地名——被遗忘的历史》第50页，时代文化出版社，2011年版。
② 王大友：《三皇五帝时代》第105页，中国当代经济出版社，2005年版。
③ 袁珂：《中国神话传说》第104页，中国民间文艺出版社，1984年版。

五、创造笙簧 娱乐人类

中国史籍还记载说，女娲创造了笙簧、瑟、埙等乐器，将音乐和欢乐带给了她的子女们，带给了人类。

《史记》："太帝使素女鼓五十弦瑟，悲帝禁不止，故破其瑟为二十五弦。"

《帝王世纪》："女娲氏，风姓，承疱羲制度，始作笙簧。"

《路史·女皇氏》：女娲"乃命臣随作制笙簧，以通殊风，以才民用。命娥陵氏制都良之管，以一天下之音。命圣氏制颁管，以合日月星辰，以易兆之晨作充乐。用五弦之瑟，于泽丘动阴声，极其数而为五十弦以交天；侑神听之悲不能克，乃破为二十五弦，以仰其情。具二均声，乐成，而天下幽微亡不得其理"。

《礼记正义·明堂位》："女娲之笙簧。"

《博雅》引《世本》云："女娲作笙簧。笙，生也，象物贯地而生，以匏为之，其中空而受簧也"。

袁珂在《中国神话传说》中说："女娲看见她的孩子生活得好，自己心里也很喜欢，据说她造了一种叫笙簧的乐器，其实就是笙，簧只是笙里的薄叶，使笙一吹就发出声音来……女娲做的笙，如今西南苗侗等族人民仍然吹着它，叫作芦笙，只不过它的做法和古代的笙略有些不同罢了。古代的笙是用葫芦（和伏羲女娲曾经在葫芦里避洪水的传说当然有关），现在已经改用挖空的木头，管子也少了几支，大体上还保留着古制的遗迹。"[①]

六、包牺氏没 女娲氏作

中国史籍记载，包牺氏没，女娲氏作。即说伏羲氏驾仙去后，女娲氏代之为王。

《三皇本纪》："女娲氏亦风姓，蛇身人首，有神圣之德，代宓牺立，号曰女希女。"

《春秋运斗枢》："伏羲、女娲、神农是三皇也。"

《春秋纬》注《礼记》："女娲，三皇承伏羲者。"

《通鉴外纪》："包牺氏没，女娲氏作，元年辛未。"

《通鉴外纪注》："包牺氏没，女娲氏代立，号女帝。"

《路史·女皇氏》：女娲"特佐伏羲，以定九州而已……制度承庖瞻彼女希。迪主东方"。

[①] 袁珂：《中国神话传说》第106—107页，中国民间文艺出版社，1984年版。

《淮南子·说林训》:"女娲王天下者也。"

《水经注》:"庖羲之后,有帝女娲焉,与神农为三皇矣。"

《风俗通义·皇霸篇》引《春秋运斗枢》:"伏羲女娲神农为三皇。"

《世本姓氏》:"女娲,天皇封弟娲于汝水之阳,后为天子因称女皇。"

《册府元龟》:"庖牺氏没,女娲氏立为女皇(一云女帝)。"

《列子》:"庖牺、女娲,神农、夏后……"

《帝王世纪》:"女娲氏亦风姓也,承庖牺制度亦蛇身人首,一号女希,是为女皇。"

《山海经》:"女娲之肠化为神,处粟广之野。"郭璞注:"女娲古神女而帝者。"

《通鉴外纪》:"伏羲神农共工三皇。"

《遁甲开山图》:"女娲氏没,大庭氏王有天下……凡十五代皆袭疱牺之号。"

《淮南子览冥训》:"伏羲女娲不设法度而以至德遗于后世。"

《春秋元命苞》:"伏羲女娲神农为三皇。"

《汉书古今人表》:"首列帝宓羲氏,次女娲氏。"

《三皇本纪》:"伏羲女娲神农,女娲亦木德王。"

上述记载明确告诉后人,女娲有圣德,曾佐伏羲氏定九州,包牺氏没了,女娲氏代立,在伏羲崩逝后登上王位,是中国历史上的第一位"女王""女皇"。女娲氏以其功高而充任上古三皇之一。

《中国那些事儿·夏商周》中说:"女娲立下一系列不朽功勋后,就驾雷车,驭巨龙,由白螭在前开道,腾蛇在后面护卫,登上了九重天,成为天上的女娲娘娘,受到人们世世代代的顶礼膜拜。她和哥哥伏羲氏、遍尝百草普度众生的神农氏,一起被尊为上古三皇,成为中华民族的祖神。"[1]

王大友在《三皇五帝时代》中说:"伏羲死,女娲时年52岁,代伏羲摄政天下,伏羲二世、三世皆听命于女娲,称女皇,死葬凤陵渡。"[2]

袁珂在《中国神话传说》中也说:"世世代代的人们,对于这功劳上达九天,下到黄泉的慈爱而谦逊的伟大的人类母亲女娲,才这样地感念不置,使她永远活在众人的心里。"[3]

---

[1] 线装经典编委会编:《中国那些事儿·夏商周》,云南人民出版社,2017年版。
[2] 王大友:《三皇五帝时代》第113页,中国当代经济出版社,2005年版。
[3] 袁珂:《中国神话传说》第108页,中国民间文艺出版社,1984年版。

○○三 史籍记载[①]

林惠祥认为民族史中要"着眼历史上民族"和"注意于现代民族",这两种民族分类方法是并行不悖的。他说:"盖民族史内对于民族之分类应有一种历史上的分类,复有一种现代的分类。历史上之各民族混合分歧之结果便成为现代之民族,故此二种分类可由于指出其民族变化之线索而接连之,不致互相枘凿……民族史若不能将历史上之民族指明与现代民族之关系,则民族之演变终不能明。故民族史宜略偏重历史上之民族,就历史上民族而分类及叙述,但亦应顾及现代民族之分类,以及其与历史上民族之关系。"[②]

我们前面叙述了斯文鼻祖伏羲太昊氏、人文祖母女娲氏的历史功绩。中华民族源自伏羲与女娲,这绝不是空穴来风,而是有着大量的先秦资料和民俗资料记载的。

"太古之世,无所谓政治,亦无所谓君主,各分部落,不相统一。剥林木以为兵,用水火以胜敌,强凌弱,大吞小。不知经历若干之岁月,始就由众部而集中为大群。"[③]柳诒徵在《中国文化史》中如是说。

中国众多的文献资料记载,上古时期,在我国东部平原地带,就"始就由众部而集中为大群",史籍将这个"大群"称之为"东方君子国""不死国"或"伏羲太昊部族",专家研究考证时将这个"大群"称为"东方夷国""东方夷族""东方夷人"或"东蒙"。在这些称谓中,我们倾向于使用"东蒙",即上古时期居住在我国东部的古苗人。"东蒙"与夏商周时才形成的"东夷"是有区别的,它们泛指的历史时代和部落人群是不同的。

大量史籍资料记载中国经历了"三皇五帝"时代。"三皇五帝"的说法很多,从古至今,人们倾向于伏羲、女娲、神农为"三皇",黄帝、颛顼、帝喾、尧、舜为"五帝"。三皇时代距今六七千年,五帝时代则在五千年前左右。东方"东蒙"人的祖先伏羲太昊为什么进入到汉文献记载的三皇之首,百王之先?我们认为,这是因为中国古代战争促成部落联合、文明共享、文化通融的结果。炎黄蚩时期黄帝打败蚩尤,尧舜禹打败三苗,春秋战国时秦国灭掉

[①] 本文系作者承担的国家社科基金项目《我国典籍载苗族早期历史资料整理与研究》(批准号:11btq017)的研究成果之一。
[②] 林惠祥:《中国民族史》第6—7页,上海书店出版社,2012年版。
[③] 柳诒徵:《中国文化史》第20页,东方出版中心,1988年版。

楚国，伏羲太昊的后裔绝大部分都融入华夏族中去了，中华民族自古以来就你中有我，我中有你。随着华夏族与东蒙族的交融与和合，上古"东蒙"人的祖先伏羲太皞也纳入了中华的古帝系列。正如梁启超所说："自黄帝迄今于舜禹，我族与苗族为剧烈之竞争，卒代之以兴。于是彼族之文明，吸收以为我用。"

中国史籍记载上古"东蒙"即"伏羲太昊部族"的资料比较多，一是记载上古时期我国东方有个"君子国"，"君子国"的首领或酋长号伏羲；二是记载伏羲女娲系兄妹，他们无奈结为夫妻，繁衍了人类。

记载"东方君子国"的资料：

"东方君子国""不死国"，最早是出现在《山海经》中。《山海经》约成书于战国初年到汉代初年之间，应是由不同时代的巫觋、方士根据当时流传的故事编选而成，是中国古代保存神话故事资料最多的著作。全书共分山经五卷、海外经四卷、海内经五卷、大荒经四卷，内容极其驳杂，除神话传说、宗教祭仪外，还包括中国古代地理、历史、民族、生物、矿产、医药等方面的资料。

《山海经·海外东经》："有东口之山。有君子之国，其人衣冠带剑。"

《山海经·海外南经》："不死民在其东，其为人黑色，寿，不死。"

《山海经·大荒东经》："东海之外，大荒之中，有山名曰大言，日月所出。有波谷山者，有大人之国。""有大人之市，名曰大人之堂。有一大人踆其上，张其两耳。"

《山海经·大荒东经》："君子国在其北，衣冠带剑，食兽，使二大虎在旁，其人好让不争。有薰华草，朝生夕死。一曰在肝榆之尸北。"

从上述《山海经》记载中可知，上古时期，我国东方有一个"君子国""不死国""大人国"。那里的人皮肤是黑色的，个个长寿，人人不死。李贤注引《山海经》曰："不死人在交胫东，其为人黑色，寿不死。"袁珂考证说："东方的君子国……人人寿命都很长，他们除了吃家畜或野兽之外，更把国内盛产的木槿花蒸来当作日常食品。木槿花是一种灌木树上开的花，有红有紫有白……可是这美丽的花却开得不长久，早晨开花，不到晚上便枯萎了……君子国的人们把这短命的花来做他们的食品。说来奇怪，吃了短命的花的他们，人人却又都长寿。这或者不关于花，而关于他们那种作为君子品德的仁爱的胸怀吧。据说仁爱的人寿命都很长的。"[①]

继《山海经》之后，"君子不死国""大人国"就相继出现在大量史籍中。

《淮南子·地形训》："东方有君子之国。"

---

① 袁珂：《中国古代神话》第244页，中华书局，1960年版。

《说文》:"凤,神鸟也。""凤之象也……燕颔鸡啄,五色备举,出于东方君子国。"

《后汉书·东夷传序》:东方"仁而好生,天性柔顺,易以道御,至有君子不死之国焉"。

《太平御览》卷八六九引《王子年拾遗记》:"……其人不死,厌世则升天。"

从以上引文可知,东方有君子之国,神鸟凤出于东方君子国,其人不死,厌世则升天。

《易传》:"帝出于震。""东方曰夷。"

《帝王世纪》:"帝出于震,未有所因,故位在东方。"

《礼记》:"东方叫夷。"

《易传》中的"帝出于震",帝指太阳神伏羲,震当译作晨,就是日出于晨,日出于东方,就是指东蒙人的首领伏羲出现在东方。"东方曰夷",诚如范文澜在《中国通史简编》中说:"居住在东方的人统被称为'夷族'。太皞是其中一族的著名酋长。"[①]"夷俗仁,仁者寿。""夷"字在古文中是"人"和"二"二字的合文,也就是"仁"。古人排列五行方位,东方是木,木代表春天,而春天是万物萌生、促成新生、爱护新生、帮助生长的季节,后人由此引申出"仁者爱人"。

在这里特别需要指出的是,上古"东蒙""东方夷人"与后来华夏族入主中原后,中原被看作中心地区,将居住在四方的人们分别被称为东夷、南蛮、北狄、西羌之中的"东夷"不是一回事。上古"东蒙""东方夷人"即"伏羲太昊部族"是中国有文字记载最早的原始部落群团。华夏集团入主中原后所称之"东夷"只是上古"东蒙""东方夷人"的一部分后裔。这一部分后裔即夏商周所称之"东夷"的人们,后来全都融入华夏族或别的族群了。

先秦文献记载上古"东蒙""东方夷人"好礼让不争,天性柔顺。

《博物志》:"君子国人,衣冠带剑,使两虎,民衣野丝,好礼让不争。土千里,多薰华之草。民多疾风气,故人不蕃息。"

《后汉书·东夷传序》:东方"仁而好生,天性柔顺,易以道御"。

《说文》:"东夷从大人也。夷俗仁,故有君子不死之国。""凤,出于东方君子之国。""东方之人。"

因为上古"东蒙""东方夷人"的风俗是仁,生性温柔和顺,通情达理,民风清淳,所以《山海经》《淮南子》《后汉书》等古籍称古东方夷人为"君子国"或者"大人国",因为

[①] 范文澜:《中国通史简编》第88页,人民出版社,1965年版。

仁者长寿,所以"东蒙""东方夷人"又有"君子不死之国"之称号。"凤,出于东方君子之国","凤"是风姓集团特有的标记。古文献证实,风姓集团确实位于上古"东蒙""东方夷人"地区,与黄帝发生战争的蚩尤,就出自上古"东蒙""东方夷人"的风姓集团。故可知《说文》的"君子之国"就是上古"东蒙""东方夷人",且就是风姓诸国的部落群团。因为"仁义"是"东蒙""东方夷人"的礼俗,这也是"东方君子国""大人国""不死国"名称的由来。正如袁珂在《中国神话传说》中考证说:"东方的君子国,就是长寿国家中的一个,这国的人,人人寿命都很长,他们除了吃家畜野兽外,更把国内盛产的木槿花蒸来当作日常食品。木槿花是一种灌木树上开的花……可是这美丽的花却开得不长久,早晨开花。不到晚上就枯萎了……吃了短命的花的他们,人人却又都长寿。这或者不关于花,而关于他们那种作为君子品德的仁爱的胸怀吧。据说仁爱的人的寿命都很长的。"[1]

因为凤鸟出于东方君子之国,中国史籍还将"君子国""不死之国""不死民"又称为"羽民"或"羽民之国"。

《山海经·海外南经》:"羽民国在其东南,其为人长头,身生羽。一曰在比翼鸟东南,其为人长颊。"

《山海经·大荒南经》:"有羽民之国,其民皆生毛羽。"郭璞注曰:"(羽民国人)能飞,不能远,卵生,画似仙人也。"

《山海经·海外东经》:"毛民之国在其北,为人身生毛。一曰在玄股北。""劳民国在其北,其为人黑。或曰教民。一曰在毛民北,为人面目手足尽黑。"

《淮南子·原道训》:"朝羽民,纳肃慎,未发号施令,而移风易俗者,其唯心行者乎!"高诱注:"羽民,南方羽国之民。"

《楚辞·远游》:"从羽人于丹心兮,留不死之旧乡。"东汉王逸注:"《山海经》容有羽人之国,不死之民。或曰人得道,身生毛羽也。"

《游天台山赋》:"访羽人于丹丘,寻不死之福庭。"

《山海经·大荒南经》:"有羽民之国,其民皆生毛羽。"

《山海经·海内西经》:"洋水、黑水出(昆仑山)西北隅,以东,东行,又东北,南入海,羽民南。"

《山海经·海外南经》:"羽民国在其东南,其为人长头,身生羽。一曰在比翼鸟东南,其为人长颊。"

《淮南子·地形训》:"洋水出其(昆仑山)西北隅,入于南海羽民之南。"

《淮南子·原道训》:"(尧舜时代)夫能理三苗,朝羽民,纳肃慎,未发号施令,而移风易俗者,其唯心行者乎!"高诱注:"羽民,南方羽国之民。"

---

[1] 袁珂:《中国神话传说》第361页,中国民间文艺出版社,1984年版。

《楚辞·远游》:"从羽人于丹心兮,留不死之旧乡。"东汉王逸注:"《山海经》容有羽人之国,不死之民。或曰人得道,身生毛羽也。"

晋郭璞引《归藏·启筮》:"羽民之状,鸟喙赤目而白首。"

可知"君子不死之国"又称为"羽民之国",都是泛指上古"东蒙""东方夷人"。古人将"不死"与"羽民"对举,可理解为"不死"与"羽民"之所以能相互联系,实为羽化之后能登仙之缘故。"不死国""羽民国",实际上反映上古时期人类群团的自尊观念和感情。他们因其文化上的优越和先进于西北部人们的群团,因而自视为"君子国""大人国""不死国"。

关于"东蒙"人即"君子不死之国""羽民国"的首领,或王或酋长,先秦典籍有诸多记载,即是伏羲,又称太皡(或作太昊),这是中国典籍记载最早的天下王。

《易系辞传》:"帝出乎震。""古者包牺氏之王天下也。"

《淮南子·时则训》:"东方之极,自碣石山,过朝鲜,贯大人之国,东至日出之次,榑木之地,青土树木之野,太皡、句芒之所司者万二千里。"高诱注:"太皡,伏羲氏,东方木德之帝也,句芒,木神。"

《释文》:"包,本就作庖。郑云:取也。孟、京作伏。牺,郑云:鸟兽全具曰牺。孟京作戏,云伏,服也;戏,化也。"

《白虎通义·号篇》:"下伏而化之,故谓之伏羲也。"

《拾遗记》:"庖者包也,言包含万象,以牺牲登荐于百神,民服其圣,故曰庖羲,亦谓伏羲,变混沌之质文,宓其教故曰宓羲。"

《白虎通义》引《含文嘉》:"伏者,别也,变也;戏者,献也,法也。伏羲始别八卦,以变化天下;天下法则;咸伏贡献,故曰伏戏也。"

《礼记·月令疏》引《帝国世纪》:"取牺牲也供庖厨,食天下,故号曰庖牺氏。""太昊庖牺氏,风姓,有景龙之瑞,故以龙纪官。"

《汉书·律历志》载刘歆《世经》:"作网罟以田渔取牺牲,故天下号曰炮牺氏。"

《拾遗记》:"以木德称王,故曰春皇,其明睿照于八区,是谓太昊。昊者,明也,位居东方,以含养蠢化,叶于木德,其音附角,号曰木皇。"

《左传·昭公十七年》:"郯子曰太皡以龙纪。"

《荀子·正论》云:"自太皡燧人莫不有也。"

《吕氏春秋·十二纪》载:"太皡伏羲氏。"孔颖达《左传疏》云:"太皡身号,伏羲代号。"

《吕氏春秋·孟春纪》:"其帝太皡。"高诱注:"太皡,伏羲氏。"

《拾遗记·卷一》:"昔者人皇蛇身九首。"

《拾遗记·卷二》:"蛇身之神,即羲皇也。"

《路史·太昊》:"伏牺人头蛇身,以十月四日人定时生,帝女游于华胥之渊,感蛇而孕,十二年而生庖牺。"

《简易道德经》:"世物,唯日光明,世人,唯羲磊落。齐奉羲如天上之日,始之号昊。"

从上述诸多引文可知,"东蒙"即"君子不死国"的首领为伏羲。伏羲生活于东方,兼有太阳的光明,所以又称作太昊。由于上古代没有文字,先民事迹多赖后人一辈辈口耳相传,加之古今方俗之异,后来见诸文字,便出现同名异姓现象。同一位伏羲,春秋战国以来的各种古籍中便有不同的写法。伏羲、伏戏、包牺、庖牺、炮牺、伏牺、虙羲、虙戏、宓羲、宓戏等,均属音同音近相代。又随着社会发展,文化进步,不同时期的学人对历史人物从不同角度进行研究和评价,便出现同人异号现象,所指实一。如太帝、太昊、太暤、春皇、木皇等,均属于因事立称。所说的都是伏羲氏。伏羲是"东蒙"人即"君子不死国""羽民国"之大首领、大酋长,也是中华民族的"斯文鼻祖"。

记载伏羲女娲的资料:

伏羲女娲的故事,源自上古时期的"东蒙"群团。甲骨文金文都没有记载。直到战国时期的史籍文献才把"东蒙"群团的这一传说人物纪录下来。而有关"东蒙"人南下的后裔苗、瑶、畲等民族,则通过《洪水故事与兄妹结婚》一直在流传着他们的故事(后叙)。

古文献记载伏羲女娲二人的关系,大致有三种说法,一是兄妹,二是夫妇、三是中国三皇五帝中的二皇。

《淮南子·览冥训》:"往古之时,四极废,九州裂,天不兼覆,地不周载;火爁焱而不灭,水浩洋而不息;猛兽食颛民,鸷鸟攫老弱。"

《独异志》:"昔宇宙初开之时,只有女娲兄妹二人在昆仑山,而天下未有人民,议以为夫妻,又自羞耻。兄即与其妹上昆仑山,咒曰:'天若遣我兄妹二人为夫妻,而烟悉合;若不使,烟散。'于是烟悉合,其妹即来就兄。"

《风俗通》:"俗说天地开辟,未有人民。女娲抟黄土为人,剧务,人不暇供,乃引绳于泥中,举以为人。"

上述记载大概是说,上古时期涨了一次大洪水,世上只有伏羲女娲兄妹二人了,这两兄妹无奈结成夫妻,再造人类,繁衍了人烟。当然也有记载说女娲抟黄土变人。这是伏羲女娲再造人的传说大略。

《风俗通义》:"女娲伏希之妹。"

《春秋世谱》:"华胥生男子为伏羲,女子为女娲。"

《路史》:"女皇娲、太昊氏之女弟。"
《广韵》:"女娲,伏羲之妹。"
《世本姓氏篇》:"女氏:天皇封弟娲于汝水之阳。"

以上记载,伏羲与女娲为兄姊关系,这与苗瑶等族所传绝大多数洪水故事基本一致。苗瑶洪水故事也有说是兄妹关系或姊弟关系。兄妹关系或姊弟关系并不重要,重要的是苗瑶等民族一直流传着洪水故事与兄妹结婚或姊弟结婚(后叙)。

《淮南子》:"古未有天地之时……有二神混生。"案指伏羲女娲。
《三坟书》:"(伏羲)后,女娲。"
《玉川子集》:"女娲本是伏羲妇。"
《唐书·乐志》:"合位娲后,同称伏羲。"

以上记载,可知伏羲女娲是夫妻。苗族、瑶族等族的传说,都说是兄妹结婚,姐弟结婚,考古发掘的伏羲女娲画像、汉代长沙马王堆帛画、东汉武梁祠石室画像以及重庆盘溪后壁伏羲女娲石刻、重庆沙坪石棺上伏羲女娲石刻、合川东汉画像石墓伏羲浮雕等,也说明伏羲女娲是夫妇。

《风俗通义·皇霸篇》引《春秋运斗枢》:"伏羲女娲神农为三皇。"
《世本姓氏》:"女娲,天皇封弟娲于汝水之阳,后为天子因称女皇。"
《册府元龟》:"庖牺氏没,女娲氏立为女皇(一云女帝)。"
《列子》:"庖牺、女娲,神农、夏后……"
《帝王世纪》:"女娲氏亦风姓也,承庖牺制度亦蛇身入首,一号女希,是为女皇皇。"
《山海经》:"女娲之肠化为神,处粟广之野。"郭璞注:"女娲古神女而帝者。"
《通鉴外纪》:"伏羲神农共工三皇。"
《遁甲开山图》:"女娲氏没,大庭氏王有天下……凡十五代皆袭疱牺之号。"
《淮南子览冥训》:"伏羲女娲不设法度而以至德遗于后世。"
《春秋元命苞》:"伏羲女娲神农为三皇。"
《汉书古今人表》:"首列帝宓羲氏,次女娲氏。"
《三皇本纪》:"伏羲女娲神农,女娲亦木德王。"

上述诸多记载,可知伏羲女娲是三皇中的二皇。伏羲女娲是兄妹,是夫妻,是三皇中的二皇,从社会发展情况看并不矛盾。伏羲女娲原为兄妹,洪水之后成为夫妇,而伏羲女娲代表人类与自然作斗争创造了不少奇迹,因而伏羲女娲被推举为一个时期的首领或酋长。

伏羲的名号，古籍中有许多写法，除"伏羲"外，又作伏牺、包羲、庖羲、庖牺、伏戏、宓戏、炮牺、太昊、太皞、春皇、木皇等。

《易系辞传》："古者包牺氏之王天下也。"

《释文》："包，本就作庖。郑云：取也。孟、京作伏。牺，郑云：鸟兽全具曰牺。孟，京作戏，云伏，服也；戏，化也。"

《白虎通义·号篇》："下伏而化之，故谓之伏羲也。"

《拾遗记》："庖者包也，言包含万象，以牺牲登荐于百神，民服其圣，故曰庖羲，亦谓伏羲，变混沌之质文，宓其教故曰宓羲。"

《白虎通义》引《含文嘉》："伏者，别也，变也；戏者，献也，法也。伏羲始别八卦，以变化天下；天下法则；咸伏贡献，故曰伏戏也。"

《礼记·月令疏》引《帝国世纪》："取牺牲也供庖厨，食天下，故号曰庖牺氏。""太昊庖牺氏，风性，有景龙之瑞，故以龙纪官。"

《汉书·律历志》载刘歆《世经》："作网罟以田渔取牺牲，故天下号曰炮牺氏。"

《拾遗记》："以木德称王，故曰春皇，其明睿照于八区，是谓太昊。昊者，明也，位居东方，以含养蠹化，叶于木德，其音附角，号曰木皇。"

《左传·昭公十七年》："郯子曰太皞以龙纪。"

《荀子·正论》："自太皞燧人莫不有也。"

《吕氏春秋·十二纪》："太皞伏羲氏。"

《左传疏》："太皞身号，伏羲代号。"

从上述记载可知，"东蒙"族的祖先，传入华夏族后，古籍中就出现了许多的写法。中国的文明历史主要发源于伏羲女娲时代。

伏羲生活在远古时期。他的出生很富有传奇色彩，据说，华胥氏在雷泽践履了一个巨大的足迹，始怀身孕，结果生下伏羲。他的相貌奇特。《春秋纬》这样记述他："伏羲龙身牛首、渠肩、大腋、山准、日角、大目、珠衡、骏毫、翁鬣、龙唇、龟齿。"身"长九尺一寸，望之广，视之专"。伏羲氏的婚姻传说也很多，最多的要数兄妹成婚之说了。相传，伏羲同女娲本是兄妹，一场凶恶的洪水过后，人类濒临灭绝，只剩下他们兄妹二人。为了人类的繁衍，才无奈结为夫妇。因此，伏羲就有了繁衍人类的功绩，这也是后世称他为"人祖"的缘由。"造书契，以代结绳之政。于是始制嫁娶，以俪皮为礼。结网罟，以教佃渔，故曰宓羲氏。养牺牲，以充庖厨，故曰庖牺。有龙瑞，以龙记官，号曰龙师。作三十五弦之琴……都于陈，东封太山，立一十一年崩。"伏羲氏不仅创始了龙图腾，而且以龙纪官，所以他被尊为"龙祖"，中华民族被称为龙的传人。

○○四 民族传说[1]

马克思在论述日耳曼的歌谣时说过："古代的歌谣是他们（指日耳曼人）唯一的历史传说和编年史。"高尔基则说："从远古时代起，民间创作就不断地和独特地伴随着历史……俄罗斯的歌谣就是俄罗斯的历史。"[2] 由此可见，研究和梳理一个民族的早期发展历史，除了依据典籍记载、考古发现外，民族的民间传说也有着不可替代的作用。

由于数千年来，因为古代"西羌"人的黄帝打败"东蒙"人的蚩尤，大禹打败"东蒙"人南下的"三苗"，秦国灭掉楚国，上古"东蒙"人即伏羲太昊部族的后裔，绝大部分都融入华夏族中去了，中华民族自古以来就你中有我，我中有你。一部分从北而南而西南，甚至一部分逃亡至海外。澳大利亚著名的人类学家格迪斯通过在中国和东南亚国家的实地考察，著《山地的移民》一书，他说："世界上有两个苦难深重而又顽强不屈的民族，他们是中国的苗族和分布在世界各地的犹太族。"四处迁徙的苗族没有产生自己的文字，可却把伏羲与女娲的故事、涿鹿大战、苗族的迁徙路线、苗医苗药……一句话，把苗族悠久历史文化带到了四面八方，甚至带到了海外。现在国外有200多万苗族，美国就有30多万，美国苗族还穿着苗族服饰，家家还挂着芦笙，老人逝世后，要让巫师超度其亡灵沿着迁徙路线回到中国东部与其祖先团聚。苗族由于不断地辗转迁徙，各部分彼此隔绝，以致形成了许多方言和土语。据新中国成立后我国语言学家的调查研究，苗语共分为三大方言（即西部方言、中部方言和东部方言），七个次方言，十八种土语。

在苗族传统社会，创世神话《洪水故事与兄妹结婚》，几乎无人不知晓。它是苗族人民流行最广泛最古老最庄严的民族民间故事与传说。中国历史学家经过认真研究与考证，认为我国先秦文献记载之伏羲与女娲，就是根据苗族创世神话《洪水故事与兄妹结婚》而为书的。苗族的心史记载资料，我们就以创世神话《洪水故事与兄妹结婚》为主，兼以苗族直接记忆伏羲的民间故事与传说。

《洪水故事与兄妹结婚》，在苗族三大方言区广泛流传。是叙述洪水始末和作为洪水遗

---

[1] 本文系作者承担的国家社科基金项目《我国典籍载苗族早期历史资料整理与研究》（批准号：11btq017）的研究成果之一。
[2]《高尔基与民间文学》中国民间文艺出版社，1980年版。

民的两兄妹如何结婚、创造人类、繁衍子孙的神话。有传说故事，有叙事诗歌，基本内容情节相同。虽然各地区所流传的资料、名称和体裁等不尽相同，它们的母题却是相同的，那就是：由某种斗争而引起洪水，由洪水劫难而引起洪水遗民的兄妹结婚，再造人类。

一、西部方言苗族心史记载资料

在苗族西部方言区，关于洪水故事与兄妹结婚方面的创世神话，我们收集到的资料主要就有：云南文山地区的《伏羲姊妹造人烟》《黄水潮天》《起祖歌》等3份，云南东北部地区的《洪水滔天》歌4份，传说故事《洪水的故事》5份；贵州西北部地区的《伏羲姊妹制人烟》《洪水滔天歌》5份、传说故事《人祖神话》《苗族祖先的来历》等6份。

以下是流传在贵州西北部地区的神话故事《伏羲姊妹制人烟》：

传说盘古王开天辟地以后，地上就有人了，但那时候的人们虽有名字，却不知道姓什么。有一家二老，年纪已经很大了，忽然生下一对双胞胎，一男一女；男的是哥哥，取名叫伏羲；女的是妹妹，取名叫女娲，两兄妹十多岁时，到野外去玩耍，忽然捡得一颗葫芦籽，拿回来栽在房前的泥土里。不久，这颗葫芦籽便发芽牵蔓，藤子一直长到房上去，夏天开花，秋天结了个大葫芦。等到葫芦长老以后，两兄妹便把它摘下来滚着玩。一天他们在地上滚葫芦正玩得起劲，葫芦突然讲起话来："你们两兄妹快把我放好，不久便会有大用处。"两兄妹感到很奇怪，马上拿葫芦跑去告诉了自己的爹妈。他俩的爹妈听说葫芦会讲话，根本不相信有这回事，但一想到"不久便会有大用处"这话，就把葫芦甩到楼上搁起来。

不久，有一天，天突然变得十分阴暗，满天乌云密布，狂风呼啸，拔树倒屋，好像宇宙的末日即将来临。大风过后，天不停地下起了瓢泼一般的暴雨，一下就是七七四十九天。江河之水泛滥成灾，淹没了大地，淹没了高山，一直淹到天门，洪水滔天了。这一场灾难，地上的人全都淹死了，飞禽走兽也无一幸存者，只剩下伏羲和女娲兄妹两个。说也奇怪，当洪水淹到他们家门前时，一口大风把房子吹倒了，柱头、茅草和橡角也全被冲走了，唯独那个大葫芦水漂不走，他们兄妹俩正没法逃命时，大葫芦又说话了："你们两姊妹跑过来，我搭救你们。"他们一看，大葫芦在水里变成更大了，并且在腰间开了一个大孔，正一摇一摆地向他俩飘了过来。他俩不顾一切地浮到大葫芦身边，一头钻进了大葫芦里，就昏昏沉沉地任凭洪水漂荡。他们在大葫芦里飘啊，飘啊，不知飘了多少天，大葫芦才停住，不知又停了多少天，他们才从大葫芦里钻了出来。

他们兄妹俩从大葫芦里钻出来以后，认不出是在什么地方，见到的是四周洪水退潮后留下的黄汤汤的惨象：人没有一个，鸟兽也没有一只，花草树木都全部被淹死了。太阳从黄泱泱的天边爬出来，慢慢地升到他们的头顶上，晒得他们全身发烫，口干舌燥，难以抵挡。几天以后，他们开始往远处走，要去找寻有人活着的地方，可是，他们不知走了多少年，也不知走了多少地方，始终没有找着一个人。花草长出来了，树木也逐渐复活了，飞鸟走兽也逐渐出现了，就是见不到一个人。

一天，他们翻过了重重大山，来到了一个一望无边的平原上，在一个草木繁茂，鸟语花香的山岗下找到了一座盘古庙。房屋上的泥浆虽然被雨水冲洗掉了，可庙内盘古王塑像上却还残留着好几处洪水潮天时遗留的干泥浆。当年百姓们敬奉这个开天辟地之主的香，也还有不少存放在神座前。因而他们两兄妹便在盘古庙中住了下来。

花开果熟，春去秋来，不知反复了多少次。哥哥伏羲远出寻找人烟还没有回来，女娲很着急。一天夜里，伏羲回来了，女娲正在庙里烤火。她一见到哥哥，抢先就问找到人烟没有。伏羲说他走遍了有江有河的原野，根本找不到一处有人的地方。他低头呆望着火堆说："妹妹，世上根本没有人了，洪水退潮以后，剩下的人只有我们两个，为了把人烟传下去，除了我们兄妹成亲，再无别的办法……"女娲说："自从盘古开天地，哪有兄妹成亲的道理。"伏羲说："那我们就求一求上天吧，只要上天准许，我们还是成亲，继续把人烟传下去。"女娲问他怎么才能知道上天的准许。他说："我们兄妹俩各人在盘古王塑像前拿上一炷香，你上南山，我上北山，各人在山顶把香点燃，若是两股香烟能在天上合拢来成为一股，那就是上天准许我们兄妹成亲。"女娲同意了哥哥的办法，他们各人拿了香爬上南山和北山。香点燃不一会儿，两股青烟就升上空中，逐渐靠拢，最后在天上合拢成一股。他们回到盘古庙，哥哥伏羲高兴地说："上天准了，我们成亲吧！"女娲说："天是准了，还有地没有求准，若是地不准，我们兄妹还是不能成亲。"伏羲又想出了求地准许的办法，他说："那边还有一对洪水潮天时前人们丢下的磨子，我们兄妹各人背一扇，你上南山，我上北山，同时把磨子从山顶滚下来，若是两扇磨子合拢成一副，就是地也准许我们兄妹成亲。"女娲同意了哥哥的办法，他俩各人背起一扇磨子爬上南山和北山，他们把两扇磨子从山顶上放滚下来，结果滚到山下长满了花草的坝子中间便合成了一副。他们回到盘古庙，哥哥伏羲高兴地说："天准了，地也准了，我们兄妹成亲吧！"女娲说："天地是准了，但我们还要商量一下，订个规矩，是多生男的还是多生女的呢？"伏羲说："要多生男的才好。"女娲说："这不好，要多生女的。"伏羲说："要多生男的才好。"女娲说："那样不好，多生男的人伦要乱，还是多生女的。"伏羲争执不过，只好答应了，所以现在书上还有"伏羲制下人伦案，多生女子少生男"的歌词记载呢。伏羲和女娲两兄妹成亲以后，多年不生娃娃。一年，正春暖花开，桃李争艳，百鸟欢唱的时节，女娲偷偷地告诉哥哥说她身怀有孕了，伏羲听了以后非常高兴。可是一直怀了三年零六个月，生下的却是一个大肉球。伏羲又惊又气，目瞪口呆，不知怎么办。女娲在昏迷中说："是个男的还是女的？"伏羲说："不是男的，也不是女的，是个大肉团。"女娲说："你把它砍成几块，盘古王塑像前搁四两，刑天王弓上挂半斤，花红树上挂四两，苦李树上挂半斤，剩下的砍成肉浆浆，把它洒上天去，再落下地，以感天地准许我们兄妹成亲的盛德深恩。"说完就躺着不说话了。

伏羲按照女娲说的去做了，天黑了才回到盘古庙。第二天天才蒙蒙亮，女娲就叫伏羲去看看到底是什么情况。伏羲刚起来，就看到盘古王塑像前火烟秋秋的，四个娃娃正围着烤火。他高兴地转脸向女娲说："盘古王塑像前的肉变成四个娃娃了。"刚说到"王"，那四个小娃娃就跳起来说："我们姓王，我们姓王。"并急忙跑过去喊爹妈。女娲一听，急忙起来拉着四个娃娃，高兴得只会笑，又急忙叫伏羲出去看。伏羲出去不多时回来，开口说话刚说到"刑天王的那张弓"的"张"字时，八个小孩就跑进庙来拉住女娲说："我们姓张，我们姓张。"七嘴八舌地喊爹喊妈。女娲急忙跑出庙来，伏羲跟出来说话，刚说到花红树的"花"字时，又有四个小孩跑出来说他们姓"花"了；刚说到苦李树的"李"字，又有八个小娃娃跑出说他们姓"李"了。接着就有成百上千的小孩从四面八方跑出来，有的说姓这，有的说姓那，伏羲和女娲简直听不清楚。女娲笑着说："你们都有姓，人伦不会乱，你们去吧！"她一挥手，数不清的娃娃光屁光股地就跑走了，只剩下不多的几个在她身边。从此，世间又有了人，并且每人都有了姓。

后来，伏羲和女娲的子孙有一个叫轩辕的制成了衣服，大家不再光着身；有一个叫神农的尝百草，制成了五谷，大家不再吃野果。所以现在民间都流传着"伏羲姊妹制人伦，轩辕黄帝制衣襟；神农黄帝尝百草，制下五谷养万民"的说法。

西部方言苗族的《伏羲姊妹制人烟》对洪水的患难兄妹直接称伏羲和女娲。我们特别注意到最后一段，"后来，伏羲和女娲的子孙有一个叫轩辕的制成了衣服，大家不再光着身；有一个叫神农的尝百草，制成了五谷，大家不再吃野果。所以现在民间都流传着'伏羲姊妹制人伦，轩辕黄帝制衣襟；神农黄帝尝百草，制下五谷养万民'的说法。"体现出远古时期的各部族人民，共同生活在中国这块土地上，很早就存在共同的来源和文化上相互影响和吸纳。

以下又是流传在黔西北、滇东北的一首叙事诗歌《洪水滔天歌》：

万物茂茂的太初，物事悠宁的太古。天地无纷无攘，生息融融，无忧无患。天开地辟万物蒸蒸，辟出世公与世婆。两人遂生二男一女，长男名叫愚皇，次男名叫智莱，幼女名叫易明，人神和爱物事泰宁，共戴日天万息赖以生。世公与世婆，命令愚皇与智莱，"你等两人往耕田，耕田耕地要勤劳"。愚皇智莱奉命耕田去，万顷荒原即日成沃田。谁想更深夜静里，安乐世君遣使名仙明，命他手持谕旨与神杖，告诉愚皇与智莱："世界洪水快泛滥，你等何必辛又苦？"愚皇智莱仍忙碌，不曾遵奉安乐世君的谕旨；他们耕田碌朝朝，他们种地忙日日，却早触动安乐世君的大怒，更深夜静里复来，安乐世君命仙明，命他手捧谕旨与神仗，即将耕田地点弄复原，于是草卉丛莽又复生，愚皇智莱二人怎甘心，深更半夜一同去伺守，捉了仙明——安乐世君的使者，愚皇说："把他治死罪。"智莱说："我们暂且审问他根由。"仙明促促点头道："十三个时辰轮到的今朝，凄惨黯淡天将变色，那时洪水将要怒号，那时洪水将要显验，洪水将人世尽淹灭。"但是愚皇智莱不相信。日天循循年月互互又今日，已是十三个时辰轮到的今朝，看哪！洪水要淹灭这茫茫人世，这时世人也可知道安乐世君的神威，愚皇怀心狠且毒，安乐世君赐他予铁舟，智莱怀心慈且善，安乐世君赐他予杉舟，铁舟泱泱沉重而没，杉舟荡荡轻而浮。世界只有智莱两兄妹，世界鸟兽也被淹没，智莱杉舟仅有蛟白卵，兄妹把卵孵在肘腋里，舟中孵了几个小雏鸡。浩浩汪洋人影早绝迹，鸡犬禽兽已杳无，万籁俱静无声又无息，仅有智莱兄妹伴语声，仅有卿卿鸡微鸣声，世界人类已绝迹，智莱无何乃请示，请于安乐世君使者——仙明："世人已尽灭，只剩我们两兄妹，我们兄妹将何以度生？""天下人类已尽灭，你们兄妹可成婚，你们将作世人的万代祖。""人伦哪有兄妹可成婚？安乐世君的命令我们难遵照。""你们如果不信的话，你们兄妹将磨分两扇，分由河东河西试滚下。"于是智莱匆匆回到舟里来，照命把磨滚下河边去，谁想双扇滚来结合了。照样滚了一番又一番。他们兄妹既已成了婚，智莱回首望着水岸边，见只野鸡立在石头上，他便拾起铁石击野鸡，谁想击在岩石微缝处，于是石缝发出火星来，火星引燃岩上的艾草，这时烟火弥漫吹上天空去，智莱兄妹便有火来饮饭羹。天下太平无纷无扰，物事悠宁又复太初。人神敬睦万物茂茂，洪水消尽世界转安泰，智莱兄妹恩爱爱互互绵绵，驹光流水竟已生儿育女，长男名照荣，次男名照扬，幼男名照耀，世界人民都是他的万世孙。①

我们特别注意到，《洪水滔天歌》中的患难兄妹叫智莱和易明。兄妹俩还有一个哥哥叫愚皇，哥哥心不好，洪水来临时安乐世君命仙明赐他铁舟，赐智莱和易明杉舟。铁舟沉重而没，杉舟荡荡轻而浮，智莱两兄妹得救，但世上只剩两兄妹，经安乐世君使者——仙明指点，滚磨为婚，繁衍了人类。

---

① 杨汉先译，载大夏大学社会研究部所主编的《社会研究》副刊第9期。

二、中部方言苗族心史记载资料

在苗族中部方言区，关于洪水故事与兄妹结婚方面的创世神话，我们收集到的资料主要就有：黔东南的《洪水滔天》《兄妹结婚》等叙事古歌8份，《姜央兄妹》《洪水故事与兄妹结婚》《祖先的传说》《奶奶的故事》《奶奶的来历》等传说故事11余份；广西西北部的《洪水滔天与兄妹结婚歌》等2份。

在中部方言区的资料中，黔东南的《洪水滔天》和《兄妹结婚》这两首叙事诗歌是最精彩的。《洪水滔天》歌从人对雷公的斗争叙述到雷公发动洪水报仇。故事情节是这样的：雷公和姜央原是兄弟。雷公分得了天上，而且把所有的家禽家畜都带走，只留下一条狗给姜央。姜央无法耕种，过着饥饿的日子，为了惩罚凶恶贪婪的雷公，姜央以借牛耕地为名，把雷公的牛杀吃了。待雷公来要牛的时候，姜央又尽情地戏弄他。雷公恼羞成怒，要用雷火劈姜央。姜央用计将雷公捉住，关进谷仓，要雷公搓满一仓绳才释放他。姜央使用计谋，在仓底凿一个洞，雷公搓了一寸，姜央便拉出一寸，永远也搓不满。一日，姜央外出耕作，雷公哄骗小孩们给他酸汤喝，才发动雷火，劈开谷仓逃走。姜央早已料及雷公将发动洪水报仇，遂种下葫芦种子，三日后得一大葫芦，挖空为船，收藏了天下的种子，洪水来时，便和妹妹一齐逃难。姜央随洪水到了天上，放出马蜂螫雷公，迫使雷公息了洪水，送他返回地上。

《兄妹结婚》是连接《洪水滔天》的。洪水消除后，姜央回到地上，和妹妹作了洪水遗民，大地上只有他们兄妹二人了。为了繁衍子孙，再造人类，姜央无奈何地提出要与妹妹成婚。但兄妹结婚不合伦常，妹妹提出种种条件阻拦，如骑马相追，高坡滚磨相合等，但都没有难住姜央，于是兄妹结了婚。婚后，生一无手无足的怪胎，姜央把怪胎砍碎，撒满坡上。每块碎肉居然都变成了人，大地上又才有了人类。

下面是流传在雷公山地区的洪水故事与兄妹结婚的传说。

很古老的时候，有两位老人，养了两个儿子，一个姑娘。没过多久，两位老人先后去世，就留下三个孩子。两个儿子经常与天赌气，天气很冷下着大雨的时候，他们说太热了，就用扇子扇着上山；天气很热的时候，他们又要到河边去烧大火烤。后来天干了七年，草根吃完了。天冷了七年，牛马牲口都杀吃完了，接着洪水又淹没了整个大地。老大老二就做了两个鼓，准备在上面任其去漂流。老大做的是只够一个人坐的铁鼓，老二做的是一个大木鼓，他喊妹妹与他坐在里面。

洪水越涨越高，老大的鼓没有多一阵子就不见了，老二和他妹妹坐的木鼓随着水位越升越高，一直升到天上顶着天，发出咚咚的响声，天老爷听到响声就派天兵天将察看，这时知道洪水已经漫到天上来了。于是命天兵天将放出龙猪到地上来拱，拱出许多大沟大凹大洞让水漏走。老二和妹妹的木鼓也落下了地。地上的人全部都死光了，就剩下他们兄妹二人。在这种情况下，老二向妹妹说："妹妹，地上的人都死光了，看来只有我们两个成亲了。"妹妹说："成亲倒可以，怕天地不容。"老二说："老天会答应的，天底下的人都没有了，还有什么办法。"妹妹说："既然是这样，我们就用面前这盘磨来试试。你背着上边那片从对面山上滚下来。我背着下边那片从这边山上滚下来。如果磨心插在磨眼上就成亲。"哥哥背着上边那片从对面山上滚下来，妹妹背着下边这片从这面山上滚下来，结果磨心恰恰插在磨眼上。妹妹还是不放心，又对哥哥说："我拿着一根针从这边扔下来，你拿着线从那边扔过来，如果线穿在针眼上就可以成亲了。"他们一个拿着针，一个拿着线，各从一边扔下来，一找，果然线也就穿在针眼上，他们就成亲了。

兄妹俩成亲后，三年先后生了三个儿子都不会说话，很想知道要如何办才好，有一天晚上，妹妹在睡梦中遇到一个天神，她把情况告诉了天神，天神告诉他，你们两个多拾一些柴烧一块大石头，要烧得烫烫的，你就把三个娃娃从大到小抱来烫他的屁股，看是哪样原因。

第二天，妹妹把自己做的梦告诉哥哥，两人就照着去做，把一块大石头烧烫后，首先把大的那个抱来烫，屁股一落在石头上就喊"哎哟呐"，兄妹听到喊声才知道这个是苗族；接着又抱第二个来烫，屁股一落在石头上就喊"哎哟咧"，兄妹听到喊声又知道这个是彝族；最后抱第三个来烫，喊"哎哟嫫"，兄妹才知道这个是汉族。第四年，他们又生了一个不像人的东西，没有脚也没有头，是个肉球。放在地上会来回滚动。有一天晚上，妹妹做梦又看见天神，天神又教他们方法。第二天一早，老二找来一把大刀在磨石上左磨右磨，大刀磨得很锋利，于是把那个大肉球剁成细细的一大盆，两人拿去撒到漫山遍野。落在桃树上的就姓（陶），落在李子树上的就姓（李），落在什么东西上的就姓什么，最后一点撒完了就姓（王），过了两天，凡是撒到的地方都有人家，到处都是房子，都在生火煮饭吃。从此，人类才慢慢地发展起来。

上述流传在中部方言雷公山地区的"洪水故事与兄妹结婚"，说洪水淹没了整个大地，越涨越高，老大乘的铁鼓没有多一阵子就不见了，老二和他妹妹坐的木鼓随着水位一直升到天上，天老爷命天兵天将放出龙猪到地上来拱，拱出许多大沟大凹大洞让水漏走。老二和妹妹的木鼓也落下了地。地上的人全部都死光了，就剩下他们兄妹二人。最后兄妹通过滚盘磨、穿针眼，无奈结为夫妻，繁衍人类。

三、东部方言苗族心史记载资料

东部方言区，关于洪水故事与兄妹结婚方面的创世神话，我们掌握的资料主要有：叙事诗歌《奶傩栳傩》1份，传说故事《德龙爸龙》《雷公和高比比武》等4份。在苗族东部方言区的湘西、鄂西、渝东和贵州的松挑等地，洪水神话中的兄妹二人称奶傩栳傩，又称傩母傩公或傩娘傩公，或圣母圣公。有的地方称"东山老人、南山小妹"，有的地方则称"盘哥与瓠妹"，都泛指苗族洪水神话中的兄妹两人。传说果索、果贝闹翻后，果索涨洪水淹没果贝，引起洪水泛滥，洪水淹没了人间，洪水淹没了大众，只剩下姐弟俩，躲进瓜里随水漂泊。洪水退后，世上再无他人。哥哥提出和妹妹结婚，妹说："除非你追我而对面相逢，竹子破而又合，磨子散开又相重。"于是三者应验，终于成亲，不久妹妹生下一个肉块，二人用刀剖割抛撒。凡抛肉块的地方就有人烟，有的说吴、石、龙、麻、廖诸姓就由此而来，或说苗、汉各族皆是如此产生的。这兄妹俩，就是后世苗人奉祀为神的傩公傩母。清初陆次云在《峒溪纤志》中说："苗人腊祭曰报草。祭用巫，设女娲、伏羲位。"可见，苗人奉祀的傩公傩母，就是伏羲与女娲。

《奶傩枴傩》的故事梗概是这样的：在远古的时候，果索、果贝生活在吉吴水乡边的地方。果索是大浜天国的雷公，果贝是大兜地国的尊长。两人相好交上亲密的朋友，两人像亲戚一样来往。后来果贝亡了伴偶，给他留下一女一儿；果贝跟果索借了谷粮，抬家去把亡妻安葬；借了没有稻谷来还，借后没有米粮来偿。因为债务问题，果索和果贝闹翻了。在经过一系列的斗争较量以后，果贝用铁锅捕捉住了果索，把果索关入坚固的铁仓。一次果贝外出，让女儿和儿子看守铁仓。果索向姐弟乞求一口水喝，姐弟以为洗锅水是脏的，送了一碗洗碗水给果索喝。果索得水有了狠劲；声惊雷劈开果贝的铁仓，果索乘云雾飞到天上。果索连响九年的惊雷，果索下了九年的暴雨；声声惊雷要劈死果贝。果索涨洪水淹没果贝。结果是洪水淹没了洼地平原，洪水淹没了高山峻岭。洪水淹没了人间，只剩下姐弟俩躲进瓜里随水漂泊。洪水消退世上已没有人烟。只剩下果贝和姐弟回到人们居住过的地方。果贝对一双儿女讲，现在世上已没有人烟，你俩要配成美满的一对，你俩要成相好的夫妻。姐听了没有话说，可弟听了不愿意。果贝请来算命的神仙，神仙人说姐弟是命中注定的夫妻。果贝请来开山大神，逗着两人有了笑意，两人响起了欢喜的笑声。姐弟成婚姐很高兴，弟姐同居弟红了脸皮。姐弟俩结成夫妻，姐弟俩成了世上的人家。姐弟俩生了一个娃崽，那娃婴没长鼻子，没长眼睛，没有手脚，没有脸嘴。弟要用刀把它割成颗颗，用斧把它砍成坨坨。一颗甩往一个地方，一坨抛往一个廊场。过了一些年月，在扔下肉坨坨的地方，到处冒起了世上的炊烟；在抛下肉颗颗的廊场，遍地燃起了人间的烟火。又过了一些岁月，人发展多起来，兄妹俩也老了。两老相商来当王，两老相议来称帝。弟称为圣公，姐称为圣母。圣公圣母当了帝王，坐管苗人旱地平原的社会，坐守苗众水田之乡的人间。从此每年秋后，仡熊苗人的子孙，都兴"朝傩"祭拜圣母圣公；从此秋后的十冬腊月，仡熊苗人的后裔，兴还傩愿祭祀两位圣神。这就是苗人向始祖许愿的开头，这就是苗众"朝傩"还愿的原根。苗人称圣母为奶傩，苗众称圣公为枴傩；奶傩就是傩母，枴傩就是傩公。又叫作南山圣母，又称为东山圣公。[①]

[①] 石宗仁搜集整理。传诵人：麻文顺、龙巴德、龙玉六等。流传地区：湖南省花垣县两河乡和贵州省松桃苗族自治县臭脑乡仁芭芭村等地。

从上述我们可以看到，苗族三大方言区都普遍流传着洪水故事与兄妹结婚的创世神话，这绝不是偶然的现象。说明在上古时期，苗族还居住在东部平原时，就已经产生了洪水故事与兄妹结婚的传说。因为在部落战争中遭受败绩，苗族从中国的东北部迁徙到西南部，同时也把洪水故事带到了南方。尽管三大方言区神话的名称不尽相同，酿成洪水泛滥的原因不同，兄妹及有关神话中人物的称谓以及繁衍人类的成分多寡也不同，但它们的母体却是相同的。这就是：由于其中关系的神或人作斗争而引起洪水毁灭世界，洪水中幸免于难的两兄妹成婚，再造人类，繁衍人烟。

值得指出的是，苗、瑶、畲同源，都是上古"东蒙"人遗留下来的后裔，都追崇伏羲、蚩尤为先祖。在瑶族、畲族中也广泛流传着《洪水故事与兄妹结婚》的神话故事。瑶族古歌《发习冬奶》讲述伏牺兄妹结婚的故事：

妹打主意难哥哥，各人爬上一高坡。
对山烧火火烟绞，两烟相绞把亲合。
两股火烟相绞了，妹妹还是不愿合。
妹想合亲急出火，出点主意逗哥哥。
隔河梳头隔河拜，头发绞合亲也合。
哥哥下水就过河，哥上一坡妹一坡。
隔河梳头隔河拜，哥妹头发绞成坨。
头发成坨妹又变，看哥硬石几经磨。
隔河种竹隔河拜，竹尾相交把亲合。
哥也拜来妹也拜，两根竹尾绞成坨。
哥哥你莫喜欢早，我的主意有蛮多。
对门对岭对过坡，各把磨石滚下坡。
两扇磨石叠合起，磨石相合人也合。
哥妹对山滚石磨，果然磨石叠合了。
两扇磨石合拢了，看妹主意有好多。
磨石合了我不合，围着大树绕圈捉。
若是哥哥追着我，妹拉哥哥把亲合。[①]

畲族也有古歌《洪水故事与兄妹结婚》，不再赘述。苗、瑶、畲同源共祖，都是上古"东蒙"人即伏羲太昊部族，以及蚩尤九黎部落、三苗集团遗留下来的后裔，都追崇伏羲、蚩尤为祖先。其实，历经数千年，伏羲部族、九黎部落、三苗集团的大部分后裔，都融合到历史上称为华

---

① 袁珂：《中国神话传说》（上），第86—87页，中国民间文艺出版社，1984年版。

夏、百越、氐羌、百濮等集团发展演变成的各民族中去了。中华各民族自古以来就血肉相融，文化相依，是一个不可分割的共同体。

石宗仁在《荆楚与支那》中说："从以上多种有关伏羲、女娲的文化形态，亦可以看出苗族洪水兄妹傩公傩母神话（即伏羲女娲神话），对苗族的社会历史、文化艺术、宗教信仰，有着广泛而深刻的影响。也可以看出伏羲、女娲（圣公、圣母）在苗族文化中的特殊地位及子裔苗族对其神圣的崇拜与虔诚信仰心理。"[1]

综上所述，苗族三大方言区都流传着洪水故事与兄妹结婚的神话故事，虽然各地区神话故事的名称和体裁等不尽相同，但它们的母题却是相同的，亦即由某种斗争而引起洪水，由洪水劫难而引起洪水遗民的兄妹结婚，再造人类。这就说明，苗族还生活在东部沿海边时，"东蒙"族群就产生了共同的祖先传说，后来"东蒙"人的风姓集团在古代部落战争中一败再败，他们从北而南而西南，四处逃亡的苗民把《洪水故事与兄妹结婚》、伏羲与女娲、涿鹿大战、迁徙路线等带到了四面八方，苗族三大方言区都流传着神话故事《洪水故事与兄妹结婚》绝非偶然。

---

[1] 石宗仁：《荆楚与支那》第37页，民族出版社，2008年版。

○○五 学人考证[①]

中国炎黄蚩时代之前还有伏羲时代、神农时代。国内外学界根据中国史籍记载和苗族的心史叙述，将苗族的历史上溯到距今7000年前左右的"东蒙"人即伏羲太昊部族，认为中国史籍记载之伏羲与女娲，是根据苗族创世神话而记之为书的。

一、考证确有伏羲太昊时代的资料

著名历史学家夏曾佑1904年和1906年两次由商务印书馆排版印刷《最新中国中学历史教科书》，1933年加标点改名为《中国古代史》，作为大学丛书。胡适曾评价说："读过夏曾佑的《中国古代史》之后，深佩夏先生之功力见地。"苏双碧则评价说："夏曾佑的《中国古代史》，开创了以新的章节体裁撰写通史的先例，成为20世纪中国史学家编写史书的主要体裁。"[②]2010年岳麓书社将其列为民国学术文化名著再版。

夏曾佑先生在《中国古代史》中这样写道："包牺氏蛇身人首，风姓，都于陈；华胥履迹，怪生皇牺；结绳而为网罟，以畋以渔；制以俪皮嫁娶之礼；以木得王；始作八卦；以龙纪宫，故为龙师而龙名；在位一百一十年，或云一百一十六年。案包牺之义，正为出渔猎社会，而进游牧社会之期，此为万国各族所必历。但为时有迟速，而我国之出渔猎社会为较早也。故制嫁娶，则离去知有母而不知有父之陋习，而变为家族，亦为进化必历之阶段。而其中至大之一端，则为作八卦。"[③]夏曾佑根据中国史籍记载，确认中国上古时期确实经历了游牧社会的伏羲时代，并肯定了伏羲或伏羲时代的卓越贡献。人类由渔猎社会进而发展为游牧社会，夏先生强调："而我国之出渔猎社会为较早也。"

法国牧师萨维纳在中国西南苗族地区传教20多年，他向苗族学习苗语，用苗语深入苗族村寨调查，收集了大量的苗族古史传说，并广泛阅读中国古籍记载资料，潜心研究苗族的

---

① 本文系作者承担的国家社科基金项目《我国典籍载苗族早期历史资料整理与研究》（批准号：11btq017）的研究成果之一。
② 胡适、苏双碧评语，参见夏曾佑：《中国古代史》一书的封底，岳麓书社，2010年版。
③ 夏曾佑：《中国古代史》第9—10页，岳麓书社，2010年版。

历史，于1924年在香港出版了中外第一部《苗族史》。"他虽然身在教会，但其学养无疑与他那个时代的人类学民族学研究国际水平相接轨。"①萨维纳在《苗族史》中说："戴遂良说，有三个人的名字，可以用来概括中国的史前史历史——伏羲、神农、黄帝。"他还引自中国史籍《通鉴纲目》，列出中国早期历史纪年表：

伏羲（fou-hi）游牧时代	公元前4477年
神农（chenn-noung）农业时代	前3217年
黄帝（hoang-ti）建立帝国半史时代	前2697—前2479年②

萨维纳认为伏羲时代是游牧时代，神农时代是农业时代，黄帝时代是建立帝国半史时代，中国百年来的考古发现证明，伏羲时代也开始农业时代了（在后面我们将叙述）。萨维纳没有列出早于伏羲之前的时代，因为中国历史纪年只列到了伏羲时代，伏羲之前肯定还有很久很久的历史，但已经不可知了（或至少现在不可知）。一个外国人，到中国传教学习了中国文化，充分肯定中国确有伏羲时代，而且是中国有历史纪年的第一个时代。

萨维纳在《苗族史》中还说："中国人从文化上将远古时代分成三个时期，可以同我们的考古学相对应，伏羲（fou-hi）时代，已经制造了必不可少的工具……蚩尤时代的工具则是金属的。相对于世界上其他民族，中国人经历了一系列的进步，在中国的第一次文化进步结束得也更早一些。当整个西欧还处在原始状态的时候，中国人在4000前就已经开始书写自己的历史了。"③萨维纳与夏曾佑的看法是一致的，夏先生认为"而我国之出渔猎社会为较早也"。萨维纳则说，"在中国的第一次文化进步结束得也更早一些"。实际上都是说中国率先由渔猎社会走向了游牧社会的。

中国人书写的盘古氏开天辟地、燧人氏钻木取火、有巢氏上树栖居，年代久远不可考也，而有历史纪年的第一个时代即伏羲时代，应为信史。

范文澜被誉为新史学一代宗师，他主编了《中国通史简编》和《中国近代史》。范文澜先生在《中国通史简编》中说："居住在东方的人统被称为'夷族'。太皞是其中一族的著名酋长。太皞姓风，神话里说他人头蛇身（一说龙身），可能是以蛇（或龙）为图腾的一族。陈（河南省周口市淮阳区），相传是太皞之墟。春秋时期，山东还有任、宿、须句、颛臾四个小国，说是太皞的后裔。相传伏羲画八卦，按伏羲与太皞向来被当作同一个人的名号，事实上伏羲是指远古开始有畜牧业的一个时代，太皞则可能实有其人。"④范文澜先生所说的"东方夷人"即伏羲太皞部族，不是华夏族人主原后，从夏商开始按地域和方位形成的"东夷""南蛮""北

---

① 萨维纳：《苗族史》第9页，贵州大学出版社，2008年版。
② 萨维纳：《苗族史》第143—147页，贵州大学出版社，2008年版。
③ 萨维纳：《苗族史》第143—147页，贵州大学出版社，2008年版。
④ 范文澜：《中国通史简编》第88页，人民出版社，1965年版。

狄""西戎"中的"东夷"。伏羲画八卦，伏羲与太皞同一个名号，伏羲是远古开始有畜牧业的一个时代，这些都是有大量中国古籍资料记载着的。

郭沫若曾任中国科学院院长，他曾主编《中国史稿》《甲骨文合集》等，全部作品编成《郭沫若全集》38卷，是新中国成立后中国史学的引领人。郭沫若在《中国史稿》说："太皞，号伏羲氏。据说：'伏羲作卦'，已是父系氏族社会的事了。据记载：'陈，太皞之墟也'，在河南周口市的淮阳区。那么，太皞应该是淮河流域的氏族部落想象的祖先了。又有记载说：'任、宿、须句、颛臾，风姓也，实司太皞与有济之祀，已服事诸夏。'任、宿、须句、颛臾，是残留到春秋时代的几个夷人小国，在今山东曲阜附近一带。他们奉太皞为主，当是从淮河流域发展到那里的。稍后的记载中说，从黄河下游到江淮流域是东夷和淮夷活动的地方，共有九部：畎夷、于夷、方夷、黄夷、白夷、赤夷、玄夷、风夷、阳夷，合称'九夷'。传说太皞是风姓，应同九夷中的风夷有更直接的关系。风夷在夷人氏族部落中居于首要地位，因而太皞又是所有夷人想象中的祖先。"[①]

郭沫若与范文澜说的基本是一致的。范文澜称"居住在东方的人统被称为'夷族'"，郭沫若则称为夷人，都没有直接用"东夷"二字，因为"东夷"是后来黄帝打败蚩尤、大禹打败三苗后的事。东方夷人、东方夷族即伏羲太昊时期，那时还没有形成华夏族，又哪来的夏人居"中土"，夷、蛮、戎、狄处"四方"的概念呢？我国学界包括主流学者，总是以处"四方"的蛮、夷、戎、狄来划分我国少数民族的源流与归属，其实，事情并不这么简单。郭沫若特别强调说："稍后的记载中说，从黄河下游到江淮流域是东夷和淮夷活动的地方，共有九部：畎夷、于夷、方夷、黄夷、白夷、赤夷、玄夷、风夷、阳夷，合称'九夷'。"这稍后记载的"东夷"淮夷共有九部，九夷，这应该是指华夏族入主中原后的事情。这九夷，九部应是上古"东蒙"人即伏羲太皞部族遗留下来的后裔。

伏羲时代是指中国远古开始有畜牧业的一个时代，伏羲群团人口相对较多，分布较广阔。后来，庞大的伏羲太皞部族的后裔到哪里去了？郭沫若考证说：由于蚩尤被黄帝战败，给夷人的发展造成了新的局面。在此后的夷人中，融入华夏族的有四支。其中一个分支是皋陶，皋陶的后裔有英氏、六、蓼和群舒，群舒为舒蓼、舒鸠、舒鲍、舒庸、舒龙、舒龚。群舒显然是六个近亲氏族发展而来的。当六和蓼灭亡的时候，有人曾说："皋陶，庭坚不祀，忽诸！德之不建，民之无援，哀哉。"（《左传·文公五年》）意思是说，六和蓼内不建德，又无外援，遭到灭亡，皋陶和庭坚一下子绝祀了，真是一件令人悲哀的事。六、蓼、英氏和群舒，都在江淮之间今安徽六安、舒城一带地方。

伯益是较早融入华夏族的又一个夷人的分支。传说中伯益的后裔，有徐氏、郯氏、莒氏、终黎氏、运奄氏、菟裘氏、将梁氏、黄氏、江氏、修鱼氏、白冥氏、蜚廉氏、秦氏、赵氏。其中除秦、赵为周代建立的国家外，其他的都相当古老。如运奄氏，即商朝的奄国，在今山

[①] 郭沫若：《中国史稿》第111、112页，人民出版社，1976年版。

东曲阜市。徐氏，即商朝的徐国，在今鲁南和苏北地区。终黎氏，也作钟离，在今安徽凤阳县。黄氏，到周代时为黄国，在今河南横川县。江氏，在今河南正阳县。他们活动的地区，从今山东直到河南东南部。在传说中的皋陶后裔北侧的一条弧线上。据说皋陶是偃姓，伯益是嬴姓。偃、嬴，一音之转，当是由两个近亲氏族部落发展下来的。夷人较早融入华夏族的，还有颛顼和帝喾两个分支。①

郭沫若说得非常清楚，"由于蚩尤被黄帝战败，给夷人的发展造成了新的局面。"这个"新的局面"，就是"夷人"的大部分都融入华夏集团中去了。上古"东蒙"人即伏羲太昊部族，也是汉族的一个重要来源。

上古"东蒙"人即伏羲太昊部族，大部分都融入华夏族即汉族中去了，也有少量的融合到其他少数民族，比如由百越、百濮、氐羌集团发展演变而来的一些民族。没有融入的一部分，后来迁徙到神州大地的西南方，逐渐演变为今天的苗、瑶、畲三个民族。

综上所述，我们可以看出，中国确实经历了7000多年前的伏羲太昊时代。是中国畜牧业的一个时代，这个时代是居住在东方的"东蒙"人创立的，那时开始有了最初的农耕（在第二章研究叙述）。

二、考证苗族源自伏羲太昊部族的资料

最早提出苗族源自伏羲氏族部落的首推法国牧师萨维纳，他以第三者的身份和眼光，比较客观地考证了苗族的源流与演变。萨维纳在《苗族史》的序言中开头即说："远古时期，中国就生活着一个我们今天已经遗忘了其根源的人们。他们至今仍生活在崇山峻岭当中，远离于别的亚洲人群。这个族群说着一种特殊的、其他民族不知道的语言，他们身上所着的衣服尤其特别，这在世界上其他任何地方都是看不到的……这些人用 hmong 来称呼他们自己。在远古时期的中国，他们的祖先最初曾出现在黄河下游区域和淮河流域……中国人习惯称他们为'苗'，中国五千年的古老文化中，一次次地记录下了这些东亚的高山人。标识着中国史籍所记载的第一个历史时期的，正是这些苗人。"②

如前所述，萨维纳为了证明苗族悠久的历史渊源，他依据中国史籍《通鉴纲目》列出中国早期历史纪年表，伏羲游牧时代：公元前4477年；神农农业时代：前3217年；黄帝建立帝国半史时代：前2697—前2479年。萨维纳列表后说："我们没有列出更早的时代，因为表上列的从公元前4477年到前1888年这段时间，已经足够向我们显示：苗族祖先在东亚早期历史上留下的足迹。"③萨维纳强调说："中国的历史纪年也见证了苗族在中国的生存开

---

① 郭沫若：《中国史稿》，第113—114页，人民出版社，1976年版。
② 萨维纳：《苗族史》第1—6页，贵州大学出版社，2008年版。
③ 萨维纳：《苗族史》第146—147页，贵州大学出版社，2008年版。

端……鲍迪埃先生称之为'一个真实的历史现象'。"①中国史籍纪年的第一个历史时期，正是公元前4477年的伏羲游牧时代。

萨维纳还特别指出："苗族的居住地——所有我们引述的文字中，只要时间超出黄帝之前，就不会提到那时苗族的居住地……苗族人的品德——从中国的史书记载看，苗族的民族性格简直是一无是处。古代汉族并没有平等地书写历史……尤其要公平地看待苗族人。"②

萨维纳强调说："如果一个年长者可令人尊敬，如果一段古老的家庭历史可令一个家族尊贵，那么悠久的历史也可以使一个民族引人注目……他们（苗族）在华夏族的祖先的前面就来到了中国，他们的历史应该比汉人的史书记载还要古老。"③

由此可以看出，萨维纳以一个法国牧师兼学者的身份，审视中国史籍记载资料，结合苗族的心史记载与传说，比较客观地反映出苗族真实发展的历史。

马克思说过，"统治阶级的思想在每一个时代都是占统治地位的思想……支配着物质生产资料的阶级，同时也支配着精神生产的资料。"中国数千年来，"胜者为王，败者为寇"，法国牧师萨维纳也深深地感受到了这一点。比如，苗族的英雄祖先蚩尤，不少史书斥之为倡"乱"者，是十恶不赦的人物。在中国共产党领导下，还历史以公正，1997年河北涿鹿隆重举行中华三祖堂竣工暨三祖塑像揭幕典礼，奉炎黄蚩为共祖。

如果说萨维纳是个外国牧师和学人的话，那么，我们再看中国近现代史学大家们又是怎么说的。

王献唐，中国杰出的历史学家，文献学家，曾任中央国史馆副总纂修，出版《山东古国考》《炎黄氏族文化考》《中国古代货币通考》（上、下）、《那罗王室稽古文字》等14种。我们知道，"蒙"，是苗族族群的自称。王献唐先生根据《尚书·禹贡》《诗经·鲁颂》和《左传·哀公十七年》等先秦文献记载，在《炎黄氏族文化考》中考证了蒙人的来源。他在考证了蒙人与伏羲的关系时说："伏羲亦作伏牺，《伪三坟》作伏戏，《左传·僖公二十年》释文又作头炮牺，《汉书》作包羲，《易·系传》作庖牺，《帝国世纪》《拾遗记》作庖羲，《世本》作瑟戏，《管子》《庄子》作瑟仪，《诗含神雾》《尸子》作宓牺，戏、牺、仪三字同音，伏瑟与包，庖为双声音转，皆以音同或音通通用。包与伏，瑟俱属重唇，犹冯犹冰，俱牟之音转也……蒙阴一带，初皆蒙族聚处之所……所居之地名蒙，所处之山亦名蒙。""伏羲后裔，周有密须四国，为东蒙主……知东蒙一带，固伏羲子孙旧壤也。伏羲之后，有东蒙氏……东为方名，殆对宋国诸蒙在西者而言，又知蒙为伏羲族氏矣。族以蒙名，所居之地，故以名蒙。蒙在东方，故言东蒙，合地名氏名以证伏羲，知伏羲为蒙族。"④王献唐将上古时期居东方的伏羲太昊部族称为"东蒙"，我们认为这是符合历史实际的。我们在全书中采用"东蒙"或"东蒙"人，以示与夏商周才逐渐形成的"东

---

① 萨维纳：《苗族史》第3页，贵州大学出版社，2008年版。
② 萨维纳：《苗族史》第188页，贵州大学出版社，2008年版。
③ 萨维纳：《苗族史》第326页，贵州大学出版社，2008年版。
④ 王献唐：《炎黄氏族文化考》第297—307页，青岛出版社，2006年版。

夷"概念相区别。夏商周的"东夷"人是上古"东蒙"人的后裔，夏商周三代或稍晚全部融入了华夏族或其他族，苗族是上古"东蒙"人与炎黄逐鹿中原的风姓那一支的后裔。

范文澜在《中国通史简编》中说："如果八卦确是一种记事符号的话，按照传说，当是出于太皞或太皞族……八个卦形，每一个卦代表当作同一属性的若干事物。如乾为天、父、玉、金，坤为地、母、布、斧，这种记事方法，比结绳进了一步。后来黄帝族发明象形文字，借它作筮的符号，才失去了原来作为记事符号的意义。"① 我们可以看出，范文澜没有把黄帝族归于太皞或太皞族，他充分肯定了太皞发明八卦记事符号的意义，后来黄帝族发明象形文字，还借八卦作为筮的符号。黄帝和太皞不仅不是一个部族，而且黄帝族要比太皞族晚得多。

郭沫若在《中国史稿》则说："太皞，号伏羲氏……传说太皞是风姓，应同九夷中的风夷有更直接的关系。风夷在夷人氏族部落中居于首要地位，因而太皞又是所有夷人想象中的祖先。"② 这里说的"因而太皞又是所有夷人想象中的祖先"，结合前面郭沫若说的"由于蚩尤被黄帝战败，给夷人的发展造成了新的局面。在此后的夷人中，融入华夏族的有四支"，这就明显看出，郭沫若认为太皞是所有夷人的祖先，夷人中的蚩尤被黄帝战败后，夷人中有四大支融入华夏族中去了。我们注意到，郭沫若所说的"夷人"实际是上古东方的"蒙人"，因为在伏羲太皞时代甚至蚩尤九黎时代，那时还没有"夷人"或"东夷"的概念，"夷人"或"东夷"是华夏入主中原至夏商周才产生的。

郭沫若说蚩尤被黄帝战败后，融入华夏族的有四支。这只是有史料记载的。可以想象，经历一场残酷的战争后，强大的九黎遭受败绩，人口众多的"东蒙"人，融入黄帝族即后来华夏族的，肯定比见诸史料记载的要多得多。加之后来大禹又灭三苗，"东蒙"人后裔融入华夏族的更多了。或许正是大量"东蒙"人融入华夏族，"东蒙"人中早于神农、黄帝的祖先太皞（太昊）甚至少皞（少昊），才进入到了后来华夏文字记载的"三皇五帝"谱系中。正如梁启超在《论中国成文法编制之沿革得失》一文所说："自黄帝迄今于舜禹，我族与苗族为剧烈之竞争，卒代之以兴。于是彼族之文明，吸收以为我用。"我们认为，中华民族历经几千年的交融和合，你中有我，我中有你，伏羲（太昊）是中华民族共同的祖先。

王桐龄是我国著名的历史学家，也是我国在国外专攻史学的第一人。先后著有《中国史》《东洋史》《中国民族史》《中国历代党争史》等。1934年文化学社出版了王桐龄著的《中国民族史》，2010年吉林出版集团列入民国学术丛刊再版。这是我国的第一部《中国民族史》。如前所述，王桐龄在书的开篇即说："现在中国动言五族平等，所谓五族，即汉满蒙回藏族。譬如一家人，汉族是长兄，满蒙回藏族便是幼弟，是为现在人的观察。若照历史上观察，中国之民族，除了汉满蒙回藏以外，还有一位长兄，即是苗族。"③ 在这里我们特别注意到，王桐龄是把苗族当成是长兄来看待的。当然有一个前提，那就是"若照历史上观察"。历史上

---

① 范文澜：《中国通史简编》第89页，人民出版社，1965年版。
② 郭沫若：《中国史稿》第111、112页，人民出版社，1976年版。
③ 王桐龄：《中国民族史》第1页，吉林出版集团有限责任公司，2010年版。

苗族在中国这块土地上发祥较早，对中华早期文明做出过重要贡献。他接下来说："就领土之广，户口之众，传世之久，文化程度之高言之，当然承认汉族为嫡长子，为元子；若但就移入内地之先后次序言之，毕竟系苗族先入中国。"① 王桐龄说汉族为"元子"，当是华夏族入主中原后的事情。他肯定苗族先于华夏族移入内地。先移入必然是先开发，这是没有疑问的。所以他说，若照历史上观察，还有一位长兄，即是苗族。接下来王桐龄又说："后来苗族子孙，有一大部分完全同化于汉族；其中不肯同化之一小部分，逐渐迁到中国西南各省（云、贵、广西、云南等地）深山中，与木石居，与鹿豕游，不肯与汉族杂居，不肯与汉族结婚，文化程度逐落后于汉族之后，到现在反成为不开化之民族矣。"② 我们认为，王桐龄于1934年出版的中国第一部《中国民族史》，基本反映出中国苗族真实发展的历史。

梁聚五是苗族第一代知识分子，著有《苗族发展史》《贵州苗族人民在反清斗争中跃进》《黔南各族生活剪影》等。他在《苗族发展史》中考证苗族为"神州之土著"后说："若以王桐龄氏所说的一段话来佐证，更知道神州大陆，早已为苗族所占领……他说：'西洋学者，谓此族（苗夷）为中国本部之主人，有史以前，曾占优势地位'……这样说来，苗夷民族，还是汉满蒙回藏族族的长兄。这长兄——苗夷民族之为神州土著，当无疑义！"③

综合上述历史学家的考证，苗族源自上古"东蒙"人即伏羲太昊部族，为中国本部最古老的土著原住民，这是历史的真实情况。

三、考证伏羲与女娲源自苗族创世神话的资料

在这里，我们还要特别指出，一批主流历史学家通过考查研究，认为中国史籍记载之伏羲与女娲，源自苗族的《洪水故事与兄妹结婚》。也就是说，伏羲与女娲的传说，是根据苗族创世神话而记之为书的。

认为中国史籍记载的伏羲与女娲，源自苗族的创世神话《洪水故事与兄妹结婚》的首推前辈学者闻一多先生。在他所著的《伏羲考》中，闻先生在使用双重论证方法的同时，又引入了民俗学的研究方法，对伏羲神话做了深入而独到的研究。闻一多先生此文前半部分从传世文献中搜集了大量有关龙蛇的记载，加上当时已发现的汉代画像砖石，证明伏羲为龙图腾；后半部采集了近50则西南少数民族关于伏羲女娲在洪水过后兄妹婚配再造人类的故事和民俗资料，并加以语音训诂，证明伏羲是南方苗蛮各族的祖先神。闻一多先生通过研究得出三个结论：第一，伏羲、女娲为人首蛇身，这是上古时代的图腾遗迹。他认为伏羲氏族是蛇部落或龙部落。他说：从伏羲、女娲人首蛇身（或龙身）外表形象的神话来看，"不但是褒之二龙以及散见于古籍中的蛟龙、腾蛇、两头蛇等传说的共同来源，同时它也是那人首蛇

---

① 王桐龄：《中国民族史》第5页，吉林出版集团有限责任公司，2010年版。
② 王桐龄：《中国民族史》第5—6页，吉林出版集团有限责任公司，2010年版。
③ 梁聚五：《苗族发展史》第13页、15页，贵州大学出版社，2009年版。

身的二黄——伏羲、女娲，和他们的化身——延维或委蛇的来源。神话本身又是怎样来的呢？我们确信，它是荒古时代的图腾主义的遗迹"。第二，伏羲、女娲是葫芦的化身。闻一多先生在引用了伏羲、女娲与葫芦关系的各种传说之后指出："综观以上各例，使我们想到伏羲、女娲莫不就是葫芦的化身，或仿民间故事的术语说，是一对葫芦精。于是我注意到伏羲、女娲二名字的意义。我试探的结果，伏羲、女娲果然就是葫芦。"闻一多先生主要用民间传说与民俗实例证明他的观点，并加以概括说："至于为什么以始祖为葫芦的化身，我想是因为瓜类多子，是子孙繁殖的最妙象征，故取以相比拟。"第三，伏羲、女娲是兄妹关系，在特殊情况下结为夫妻，使人类不断滋生繁衍。第四，伏羲、女娲本当是苗族的祖神。①

马长寿先生采用与闻一多相似的方法研究西南民族神话，体现在他所著《苗瑶之起源神话》一文。他运用考古学、史学、训诂学、神话学的多重互证与古今及相邻民族的综合比较，探讨与苗瑶神话起源有关的问题。他以"综合"之法和多重互证比较研究后认为："中原神话中的包羲与女娲原为楚籍，系楚中苗族创世之祖……自中原与楚苗交通后，汉苗文化交流，于是楚苗之古帝王及主神，不特通行于苗族，汉族亦从而假借之。时代匪远，于是中原人士不复知伏羲女娲为楚苗之始祖矣。盖汉族之假借苗族伏羲神农为古帝王，亦犹苗傈之祀孔子，与夫汉族之以瑶祖盘古为开辟之神，其例相同。"②

芮逸夫先生和凌纯声先生一道，受命于蔡元培先生到湘西调查苗族，之后二人共同出版了《湘西苗族调查报告》。逸夫先生通过在湘西的实地调查，在中央研究院主办的《人类学集刊》第1卷第1期撰文，题目为《苗族洪水故事与伏羲、女娲的传说》。他说："现代的人类学者实地考察，才得到这是苗族传说。据此，苗族全出于伏羲与女娲。他们本为兄妹，遭遇洪水，人烟断绝，仅此二人存。他们配为夫妇，绵延人类。"

侯哲安先生在《伏羲女娲与我国南方诸民族》一文中则考证说："伏羲、女娲都是传说人物，甲骨文、金文没有记载。直到战国时期著作中才把这一传说人物记录下来，而有关的少数民族如苗族瑶族则一直流传着他们的故事。伏羲、女娲代表着一个相当长的历史阶段，从母系氏族社会到父系氏族社会的开始。伏羲、女娲关于兄妹结婚到禁止相婚的传说，标志着原始社会中由群婚制转为族外婚制。他们的许多创造性发明，代表着当时社会生产力的发展程度。伏羲、女娲的传说，不是无稽之谈，而是有所本，从民间传说反映到历史文献中来。《庄子》中记载最为详细，《人间世》《大宗师》《缮性篇》《田子方篇》都提到伏羲。庄子是楚人，《左传·昭公十七年》说：'陈，太皞之墟也。'说明伏羲在楚，所以伏羲传说最先或最普遍地保留在楚国境内各族人民的记忆中。今日的苗族、瑶族分布甚广，但主要来源于楚地五溪地区，后来逐步分散迁徙。苗、瑶族的来源，与伏羲、女娲有着十分密切的联系。伏羲、女娲的后裔从春秋时代的任、宿、须句颛臾来看，一部分在古代就已经融合于华夏集团之中。

---

① 闻一多：《伏羲考》，上海古籍出版社，2006年版。
② 马长寿：《苗瑶之起源神话》，载中南民族学院民族研究所编《南方民族史论集》，1996年。

至于没有融合的，就成为后来的所谓三苗、蛮，为南方少数民族苗、瑶的先民。"[1]

陈国钧先生撰文《生苗的人祖神话》，他列举了苗族的三则人祖神话后说："不用说上面三则神话在表面上有很多差异，其实本是同一个神话，是经过后来的人增加了些次要的情节。此三则神话的共同点是：'古时候曾经有一次洪水泛滥，世上人类全被淹死，只有两个兄妹躲过，后来洪水退却，这对兄妹不得已结成夫妻，他们生了一个瓜形儿子，气得把这瓜儿用刀砍成碎片，散在四处，这些碎块即变成各种人了。'像这样的神话，也不是生苗所特有，就笔者调查许多种苗族，都发现类似上述的内容。可以说是苗族共同的人祖神话。"[2]

吴泽霖先生则在《贵阳革命日报·社会旬刊》第四、五期，撰写发表《苗族中祖先来历的传说》一文，列举了花苗的传说、八寨黑苗中的传说、短裙黑苗中的传说后，在结论中指出："苗族神话的兄妹结婚，妹都不愿。一再提出条件后，始勉强答应。这很可能证明在这些神话形成的时候，兄弟姊妹间的婚姻已不流行或已在严厉禁止之列。否则何必出几种几乎无法履行的条件呢？"[3]

石宗仁在《荆楚与支那》一书中也说："我国著名学者闻一多、徐旭生、凌纯声、芮逸夫、马学良、马长寿等，均认为伏羲女娲是苗民的始祖。对此，笔者已在《苗、楚的始祖伏羲女娲》中作了论证。除了前辈学者的论述与实地调查外，清代的《峒溪纤志》《宝庆府志》及贝青乔的《苗俗》等地方志，均有伏羲女娲为苗民始祖的记述，并受到苗民虔诚至极的供奉和祭祀。由于伏羲女娲是苗民的始祖，因而在苗族民间有神话传说故事，宗教祭祀还傩愿、傩公傩母史诗、精美的木雕'有首无躯的男女神偶'等多种文化形态，共同对伏羲女娲始祖地位进行颂扬。"[4]

综上所述，我们有理由相信，先秦文献记载伏羲与女娲兄妹婚的传说，是源自苗族洪水故事与兄妹结婚的创世神话。苗族与上古时期的伏羲与女娲有密切的关系。当然，中华民族用神话的方式来记载伏羲与女娲，因为他们在中华文明的早期阶段做出过重大贡献。现代知识告诉我们，人类社会的发展历史不可能是像神话中所叙述的那样，一场洪水把世上的人都淹没死了，又由幸免于难的两兄妹成婚，再造人类，繁衍人烟。但先秦时代的人们就是这么说的。不仅中华民族这么说，世界上许多民族也这么说。或许这是折射人类经历过杂婚兄妹婚的阶段。我们要说明的是，不管其历史的真相如何，中国史籍确有伏羲女娲兄妹婚的记载，且经过专家们考证，中国史籍记载之伏羲与女娲，是源于苗族的创世神话《洪水故事与兄妹结婚》。正因为伏羲、女娲兄妹成婚，共同繁衍了人类，因此，他们是中华民族付诸文字记载最早和最具广泛代表性的人文始祖、斯文鼻祖。

---

[1] 侯哲安：《伏羲女娲与我国南方诸民族》，载《求索》1983年第4期。
[2] 吴泽霖、陈国钧等著：《贵州苗夷社会研究》第119页，民族出版社，2004年版。
[3] 吴泽霖、陈国钧等著：《贵州苗夷社会研究》第104页，民族出版社，2004年版。
[4] 石宗仁：《荆楚与支那》第130页，民族出版社，2008年版。

○○六 民俗资料[1]

苗族中广泛流传着伏羲与女娲的故事，苗族与上古"东蒙"人伏羲太昊部族的渊源关系，我们还可以用人类学的田野材料来加以说明。人类学的田野材料主要来源于苗族的心史记载与习俗。

在中部方言区，流传在黔东南的苗族古歌《跋山涉水》这样唱道：

> 来唱五支奶，来唱五支祖，
> 歌唱远祖先，经历万般苦，
> 迁徙来西方，寻找好生活。
>
> 从前五支奶，居住在哪里？
> 从前六支祖，居住在哪里？
>
> 从前五支奶，居住在东方；
> 从前六支祖，居住在东方。
> 挨近海边边，天水紧相连。
> 波浪滚滚翻，眼望不到边。

古歌是苗族最古老的歌，我们从歌词中得知，苗族祖先原居住在东方，挨近海边边，天水紧相连，波浪滚滚翻，眼望不到边的地方。贵州省民间文学工作组编著的《苗族文学史》中说："苗族《跋山涉水》歌把苗族的老家称为'东方'……历史学家说：卵生的神话是古代东方民族的传说，苗族认为自己的祖先是从十二个蛋中生出来的。苗族认为伏羲是他们的祖先，但这个伏羲也正是古代东方民族的太昊。"[2]

---

[1] 本文系作者承担的国家社科基金项目《我国典籍载苗族早期历史资料整理与研究》（批准号：11btq017）的研究成果之一。
[2] 贵州省民间文学工作组编：《苗族文学史》第83页，贵州人民出版社，1981年版。

《苗族史诗·溯河西迁》这样唱道：

> 来看看五对爹娘，
> 六对西迁的先祖，
> 在那生疏的年代，
> 祖先住地在何处？
> 祖先住在欧整郎，
> 波光潋滟与天连；
> 大地平坦如晒席，
> 像盖粮仓的地盘。
> ……
>
> 在那遥远的年头，
> 你我共的一个祖，
> 同个妈妈来生出。
> 共用一盆洗身水，
> 同包一块青蓝布，
> 祭祖神肉共一份，
> 敬鬼敬神一串肉，
> 分居分了成村寨，
> 人丁多了变生疏。
> 一朝你我得相遇，
> 说起往事摆起古，
> 嘴巴甜甜如吃蜜，
> 一谈开了就难收。

"祖先住在欧整郎"，欧整郎是什么地方？苗语意译是水与地相平的地方，也就是"波光潋滟与天连"的地方。

《迁徙史歌》也反复唱道："从前老家乡，就在海边边。"苗族最古老的祭祖歌《吃牯脏歌》，反复7次唱到东方老家乡："水牛乘着河浪走，水牛到海水日出处，富裕海边老家乡。"黔东南苗族说自己的祖先来自日出的地方，在十三年一届的杀牛祭祖时，未把牛砍死以前，必须把牛头扭向东方，表示祭祀日出地方的祖先。《迁徙史歌》唱到他们祖先是"翻过水山头，来到风雪坳"，先后渡过"河水黄泱泱""河水白生生""河水稻花香"的三条大河南下，然后又"沿着稻花香河"西进，"经历万般苦，迁徙来西方，寻找好生活"。歌中以很长的篇幅，表述了他们的祖先南渡黄河和西进的历史过程。

据广西社科院过竹先生调查，广西苗族口传神话云，居住桂北地区的苗族原先是居住在东方的大海边，后来人口繁衍多了，住不下了，就往西南迁徙，沿途而来，十族一百支人一路走一路留下：古足古浩部落在"乌嗨乌里"（大河沿岸之意，疑为海河地区）住下；戈约响谢部落在"芬榜培留"（大平地之意,疑为华北平原）住下；迎相迎通部落在"乌叟乌溜"（很大的浊水河，疑为黄河）住下；伊吉尹闹部落在"乌吉阿叭"（大的江水之意，疑为长江）住下；榜舍榜科部落在"芬巴芬桑"（雪山地带之意，疑指秦岭、大巴山地区）住下；高遮高郭部落在"芬光芬雍"（陡峭的地方之意，疑指武陵山地区）住下；抵未抵助部落在"左翁扭溜"（大塘大湖之意，疑指洞庭湖）住下；古卡古模部落在"芬党芬诺"（崇山峻岭之意，疑指贵州高原）住下；芒刀芒努部落在"芬败芬那"（丘陵地带之意，疑为南岭地区）住下；兄耶兄抗伊吉尹闹部落在"培乌培佳"（荒坡地方之意，疑为桂北大苗山）住下……由于上叙的分散过程相当早，因而各地的苗族在不同的地理、历史、社会条件下发展了各自的文明，呈现出内部支系的多条状和内部经济发展的不平衡。[①]

吴永章教授在《畲族与苗瑶比较研究》中说：在苗族流行的《古歌》中，通述远祖从湖泊多的平原，历经千难万险才流徙到今日居地。其中咏道：

> 要述诵苗人迁徙的史诗，
> 要传颂苗众迁徙的故事；
> 古时苗人住在广阔的水乡，
> 古时苗人住在水乡的地方；
> 打从人间出现了魔鬼，
> 苗众不得安居，
> 受难的苗人要从水乡迁走
> 受难的苗众要从水乡迁走。

又唱道：

> 日月向西走，
> 山河往东走，
> 我们的祖先啊，
> 顺着日落的方向走，

[①] 过竹：《苗族神话研究》第1—2页，广西人民出版社，1988年版。

跋山涉水来西方。①

在西部方言区,黔北苗族的《芦笙古歌》这样唱道:"从前,黄河十二岔,我们苗家十二支,六支住在银大坝,六支住在金大坝……天不热,地不寒,雨不多,水平静,山青翠。庄稼若箐林,牛羊布满山,苗家有吃又有穿。"

英国牧师塞缪尔·克拉克在《在中国的西南部落中》中说:"鸦雀苗的兄妹结婚传说中,哥哥的名字叫伏羲,妹妹的名字叫女娲……有些作者把伏羲称为中国的诺亚,在鸦雀苗的传说中,伏羲即是他们的诺亚。"②

据王万荣调查,云南文山苗族有尚东的文化习俗,主要体现在祭祖、婚俗、丧葬方面。文山苗族的族祭,是通过一年一度的"踩花山"这一节日活动来进行的。在这一节日活动中,从立杆到祭杆都体现了苗族的尚东文化。立杆要将杆顶从东方立起,因为苗族的祖先起源于东方。祭祀者要面对东方,站立于杆前,烧香化纸,一祭天地,二祭蚩尤,三祭列祖列宗。文山苗族的婚姻习俗,当男方的接亲队伍将新娘接到新郎家,必须从东方进家。若男方家没有路从东方进家,新辟路径也得照此规矩办事。文山苗族的丧葬为仰身直肢葬,死者头部向东。在苗族的观念中,苗族是太阳之子,其祖居地是太阳升起的东方,死后要将头枕东方,才能回到祖先的发源地,与列祖列宗一起团聚。③

贵阳市高坡一带的苗族,老人去世要请巫师唱《焚巾曲》,超度其亡灵回东方老家与祖先团聚,死者亡灵回东方故地要经过32段路程。巫师在一切安排就绪后,就对死者说:

死者,现在我同你讲,你去会祖先的路不是一般的路啊!那是一条坎坷难走的路,一条艰难重重的路。要经过32段路程:

第一段路,你首先走到一个三岔路口,你须记清楚,一定要走中间那条路,这是苗家走的路,你才能找到老祖宗;

第二段路,你开始爬坡了,这坡叫"寸把寸地",很难爬,你要咬紧牙关爬过去;

第三段路,你要经过一个光坡坡,那坡光秃秃的,什么也没有;

第四段路,你要穿过一片竹林,那里有很多竹笋,若喜欢吃,可摘一部分带走;

第五段路,你将走的一个藏粮村,这村叫"嘎斗嘎对",那里有粮食卖,你要买点带着走;

第六段路,你走到鼓架和停木鼓的地方,你要停下来,敬鼓后再走;

第七段路,你走到牛圈和马厩,你要用草喂牛喂马,把它们喂饱后再走;

第八段路,你走到存放木鼓的地方,你要去鼓敬祖宗后再走;

---

① 吴永章:《畲族与苗瑶比较研究》第22—23页,福建人民出版社,2002年版。
② 塞缪尔·克拉克:《在中国的西南部落中》第31—32页,贵州大学出版社,2009年版。
③ 王万荣:《苗族历史文化探考》第173—174页,云南民族出版社,1914年版。

第九段路，你走到一个名叫"密马密斗"的地方；

第十段路，你走到一个名叫"嘎所噶基"的地方，这两段路都很险要，你要挺身走过去；

第十一段路，你将走到"谷燃不绕"，看到姨妈姐妹们在那里哭丧，这是她们来送你的，你莫伤心，要继续往前走；

第十二段路，你要翻越一座大山，那里山高路滑，走路要小心；

第十三段路，你要路过阳雀村，那里阳雀很多，听到阳雀叫你别伤心，停下来休息一下再走；

第十四段路，你将走到布谷鸟村，听到布谷鸟叫，别人插秧，你也要插秧；

第十五段路，你要经过毛虫寨，那里毛虫很多，不要怕，鼓起勇气往前走；

第十六段路，你要经过老虎林，那里老虎很多，很凶猛，你必须勇敢地走过去，有祖宗保佑你，不要怕；

第十七段路，你要走到对面的垭口，那儿有一棵大树，根深叶茂，树上开着各色各样的花，红花是金花，白花是银花，黄花是铜花，黑花是鬼花。你可摘红花、白花、黄花，但不能摘黑花，务必要记清楚；

第十八段路，你要走到一个路口，名叫"岔蒙蒙必圣"，这是你去西方世界必经之路，要注意莫走错；

第十九段路，你走到了人们穿衣打扮的地方，你要在那里休息一会，要收拾打扮后再走；

第二十段路，你要走到一个有男有女，相互交换手镯、银器的地方。你到了这里，交换了银器再走，过了此地，就找不到银器交换了；

第二十一段路，你走到马郎坡，你可以停下来休息，与你喜欢的人儿谈情说爱，可别忘了继续往前走；

第二十二段路，你走到吃午饭的地方，看到别人吃饭时，你也要把自己包的饭拿出来吃，再往前走；

第二十三段路，你走到洗嘴巴的地方，你看到别人洗嘴漱口，你同样把嘴洗干净了再走；

第二十四段路，你走到寒水洞，那里水很凉，不要喝生水，当心感冒；

第二十五段路，你走到一个人们换衣服的地方，你看到别人换衣服，你要把红绸袍换上再继续往前走；

第二十六段路，你走到了阎王坝，那里有大蟒蛇蜈蚣，还有鬼吹芦笙、跳舞等。鬼叫你跳舞你不要跳，叫你向相反方向跳你也不要跳，你要朝正的方向跳三步，这样做了，阎王才让你过去；

第二十八段路，你经过一个卖布卖绸的场坝，你可停下来休息，买点需要的布料再走；

第二十九段路，你要路过卖糖的场坝，你要买一些糖去阴间哄小孩送亲友；

第三十段路，你走到一个垭口，有鬼叫你用口含泥，你不要含，坚持往前走；

第三十一段路，你走到了天盖头地盖脚的地方，注意不要迷失方向，只管向前走；

第三十二段路，是最后的一段路，你已经到了另外一个世界，抬头看，白雪皑皑，一片银色世界；低头看，春意盎然，百花尽开。这时你自然不知去向，但不要担心，会有一个白胡子老人来给你指路，你务必按他指的方向走去，就到达了东方祖先们团聚的地方。那里有着你的许多亲人。不要难过，不要悲伤，放心地走吧，去和祖先们一道生活。

英国牧师塞缪尔·克拉克在《在中国的西南部落中》说：苗族"出殡由巫师开路，巫师先告诉死者如何进行一次抵达东方祖先处的长途旅行，他念道：现在我们送你到祖先那儿去，在路上，你要闯过很多难关，当你走过蜈蚣岭时，上面布满了许多蜈蚣，但你不要害怕，只管前进，当你爬雪山时，也不要怕冷。到了天国大门，守门老头会拦住不让你进去，你就告诉他，你是谁，以及你祖先的名字，他就会放你进去的。进入天国，你父母以及其他亲属，都会来迎接你，你将幸福地同他们一道生活"。[1]

苗族从远古走来，其文化巍然保存。无论是中国的苗族或迁徙到海外的苗族，族中老人去世要请巫师或歌师唱古老的焚巾曲、指路歌，指引其亡灵按照祖先迁徙的路线，一步一个地名地返回东方故地投祖，然后从那里升天，到天上去与死者的众祖先亡魂团聚，而后过着犹如阳间一样的温馨、祥和的生活。在苗族人的观念里，死亡被认为是一次美妙的、通往生命之源的旅行。当然，暴死者或者死得太年轻的人，是没有资格回东方老家与祖先团聚的。

在东部方言区，清初陆次云在《峒溪纤志》中说："苗人腊祭曰报草。祭用巫，设女娲、伏羲位。"湘西苗族流传的史诗《休巴休玛》，记录了苗族先民不断迁徙的历史。当他们还定居在"占楚占菩"（江汉江淮流域）的年代，"繁衍如鱼如虾，收获堆积如山；人数越来越多，队伍越来越坚；生活越来越好，树屋盖瓦砌砖；女的戴银戴金，男的穿绸穿缎；牛马满坡满岭，猪羊满栏满圈"。后来遭到恶鬼"枷嘎""枷狞"的破坏，被迫离开富饶的平原，迁往"高戎霸凑"（武陵山区边缘地带），在泸溪峒重新建设新的家园，"男的又来立家立业，女的又来绩麻纺线"，"五谷丰登，六畜兴旺；炊烟绕过九十九岭，歌声响彻万里长天"，不料恶鬼追赶而来，"祸害遍及九十九岭，世上人间住不成家"。苗族七宗七房反抗失败，只得像"河里的鱼逆水而上"，从大河边被赶到小河边，从小河边被赶到小溪边。一次又一次地创业，带来的是一次又一次向更贫瘠的地区迁徙。

---

[1] 塞缪尔·克拉克：《在中国的西南部落中》第37—38页，贵州大学出版社，2009年版。

我们知道，还傩愿是东部方言区苗族对傩祭、傩仪和傩戏的统称。张应和在《湘西苗族还傩愿源流考》中说："傩祭、傩仪和傩戏崇拜的始祖神叫'傩公傩母'，按苗族民间传说，他们是伏羲女娲的俗称……这进一步说明伏羲女娲当是苗族的始祖，还傩愿正是苗族祭祖的一大宗教活动。"[①]周明阜在《湘西巫傩民俗探微》中说："凤凰苗傩主要流行于凤凰、吉首、泸溪和怀化的麻阳等县市，傩公傩母与大庸高傩、花垣苗傩、保靖堂郎苗傩一样，皆源于伏羲、女娲兄妹成婚的故事。"[②]

苗青在《战争与西部苗族大迁徙》中考证说：在那悠悠昊天的东方寰区，在那茫茫旷世的大地中间，有两条河，一条叫浑水河，一条叫清水河……很久很久以前，大约距今有数千年以上时间，浑水河和清水河流域一带，早就有人居住了。

那个时候，人们是一个群体一个群体和一个部落一个部落地驻扎在大地上。他们相依为命，日出而猎而耕，日落而归而宿，最早是以游牧为主，后来才发展为农耕氏族或民族。据苗族先辈的老人们代代相传下来，最早住在浑水河和清水河流域大平原里的，是一个叫"蒙（hmongb）"的大的部落部族。这个大的部落部族，居住地域方圆数千里，各地的音略有不同。其中的"蒙（hmongb）"与"卯（hmaob）"只是一音之差……这"蒙（hmongb）"的名称算是最古老的了。[③]诚如王献唐先生考证说："蒙在东方，故言'东蒙'，知伏羲为蒙族。"

---

① 张应和：《湘西苗族还傩愿源流考》，载《吉首大学学报》社科版1991年第4期。
② 周明阜：《湘西巫傩民俗探微》，载《民族论坛》1992年第1期。
③ 洞庭西子·苗青：《苗族文学论稿》第289—290页，现代出版社，2015年版。

○○七 考古印证[①]

从我国考古发现来看，上古"东蒙"即伏羲太昊部族文化，从距今约 9000 年前的贾湖文化起，历经后李文化（距今约 8300 年）、北辛文化（距今约 7300 年）、河姆渡文化（距今约 7000 年）、良渚文化（距今约 6500 年）、大汶口文化（距今约 6000 年）等，都是上古时期"东蒙"即古苗人所创造出来的不同历史阶段的文化。

贾湖遗址位于河南省舞阳县北舞渡镇西南 1.5 公里的贾湖村，保护区面积 5.5 万平方米，是一处规模较大、保存完整、文化积淀极为丰厚的新石器时代早期遗存。从 1983 年至 2001 年，河南省文物研究所、中国科技大学经过 7 次发掘，共揭露面积 2700 平方米，清理房基 53 座，陶窑 13 座，灰坑 336 座，墓葬 445 座，瓮棺葬 32 座，出土文物 4700 多件，主要是反映贾湖先民用于生产生活的陶、石、骨以及反映农业特别是稻作农业起源的碳化稻米、植物果核等。

发现珍贵文物标本 3000 余件。器形种类主要有：陶鼎、陶罐、陶壶、陶碗、陶杯、骨鱼镖、骨镞、骨针、骨锥、骨刀、权形器、骨笛、石磨盘、磨棒、石斧、石镰、石铲、石凿、石刀、石钻、石砧、砧帽、石环等。发掘出的文物中有反映稻作农业起源的大量炭化稻粒、豆粒等植物种子，及石磨盘、磨棒、石铲等农具，以及各类鱼、鳖、龟、鹿、猪、狗等动物骨骼。还发掘出迄今为止世界上最早的可演奏乐器——骨笛，经研究这支骨笛已具备了四声、五声、六声和七声音阶，被专家认定为世界上最早的吹奏乐器。还发现了具有文字性质的甲骨契刻符号，刻在龟甲、骨器、石器、陶器上。

据测定，贾湖文化存在的年代为距今 9000 年至 7800 年。贾湖遗址发掘出来的实物，与中国史籍记载伏羲太昊的一系列创造发明基本吻合。从地理学上看，贾湖遗址距伏羲都陈（淮阳）不远，虽然我们目前还没有掌握直接的证据，但贾湖文化是上古时期"东蒙"人所创造出来的文化应该是没有疑问的。从发掘物来看，有许多东西在伏羲太昊之前就已经发明了。如前所述，我们绝不能低估了祖先的智慧。

[①] 本文系作者承担的国家社科基金项目《我国典籍载苗族早期历史资料整理与研究》（批准号：11btq017）的研究成果之一。

2001年6月，国务院将贾湖遗址确定为第五批全国重点文物保护单位，被确定为20世纪全国100项重大考古发现之一，并被镌刻在北京"中华世纪坛"青铜甬道的显要位置，垂青史册。

后李文化因首次发掘山东淄博市齐陵镇的后李家村而得名。该文化分布范围主要在泰沂山系北侧的山前地带。经过正式发掘的遗址主要有临淄后李、潍坊前埠下、张店彭家庄、章丘小荆山、西河、邹平孙家、西南村、长清月庄等。经碳十四测定，其年代大约距今8500—7500年之间，前后延续约一千多年时间。遗迹主要有房址、壕沟、灰坑和墓葬等。房址均为半地穴式，居住面有的经过烧烤，多发现灶址和一些陶、石器等生活用具。墓葬流行长方形土坑竖穴，排列比较整齐，个别挖墓室，均未见葬具。死者头向多朝东，有的向北。葬式多单人仰身直肢葬。多无随葬品，少数放置蚌壳，个别见有陶支脚。陶器以红褐陶为主，红、灰褐、黑褐、青灰褐陶次之。制作工艺为泥条盘筑，器表多素面，器形以圜底器为主，仅发现少量平底器和圈足器。器类主要有釜、罐、壶、盂、盆、钵、碗、形器、杯、盘、器盖和支脚等。后李遗址所在地是上古"东蒙"人活动的地方，后李人死者头向朝东埋葬，现苗族老年人寿终正寝时头向东，唱《焚巾曲》指引亡魂，返回东方故地投祖。《焚巾曲》所说的东方，亦指太阳升起的地方，即指"东蒙"人之古地。

北辛遗址的发现和北辛文化的命名，揭示了七八千年前我们的祖先在此定居并繁衍生息的生活情形，为中华东方文明找到了渊源。第一，从出土的石铲、石斧、石磨盘、石磨棒、鹿角锄、蚌镰和窖藏的谷物来看，当时的农耕生产从耕作、播种到收割、加工已有一套较为完备的工具，原始农业已初具规模。第二，通过出土的家猪型动物骨架和鸡、狗等动物遗骸来看，当时的家畜驯化已经开始，畜牧养殖业已近雏形。第三，从出土的陶网坠、鱼镖来看，当时的捕鱼技术已相当高超。第四，从出土的骨针、石纺轮来看，当时开始用野生纤维和动物绒毛进行纺线或编织，北辛先民由身披兽皮过渡到穿衣的文明阶段。第五，从出土的骨器、牙器、蚌器来看，当时的生产工具中截、劈、削、刮等器物已初步成型，制作石器、陶器已有专门分工，手工业已较为发达。第六，从出土的盖鼎、红顶钵、指甲印纹钵、红陶壶来看，当时的制陶烧陶技术已比较先进，这些器物不仅讲究生活的实用性，而且还讲究审美的艺术性。特别是红顶钵，据考古学家说，为东方的彩陶找到了渊源；在一件陶器的底部还发现了一对酷似鸟足的刻画符号，被文字学家和历史学家誉为"文字的起源""文明的曙光"。因此说，北辛文化代表了中华民族辉煌的历史文明。

北辛文化已形成完整的聚落，房址均为半地穴式建筑，墓葬流行长方形土坑竖穴墓，无葬具，生产工具主要是石器，骨、角、牙、蚌器十分发达，制作工艺以磨制为主。一般认为北辛文化的年代在距今7300—6100年之间，早期约在距今7300—6800年，中期距今6800—6400年，晚期距今6400—6100年。

河姆渡文化是中国长江流域下游地区古老而多姿的新石器文化，1973年第一次发现于浙江余姚河姆渡，因而被命名。它主要分布在杭州湾南岸的宁绍平原及舟山岛，经科学的方法进行测定,它的年代为公元前7000年至公元前5300年。它是新石器时代母系氏族公社时期的氏族村落遗址,反映了约7000年前长江流域氏族的情况。遗址发掘出了距今7000年前的生产工具、生活器具、各类艺术品等文物6700余件,以及丰富的栽培稻谷、驯养的猪、狗、水牛和捕获的禽兽的骨骸以及榫卯接合等工艺成熟、建筑结构复杂、有廊有柱的干栏式分间房屋等。专家们研究发现:河姆渡先民建筑住房时,先在地面打下密密麻麻的木桩,然后在上面架设地龙骨,再铺设地板,然后立柱架梁盖顶,构成底层高于地面的住房。这种既可防潮又能防止野兽侵袭的干栏式建筑,至今可在我国南方特别是少数民族聚居地区看到它的传承,成了苗楚文化中独具特色的艺术建筑风格。① 现在苗族聚居的黔东南,尤其是在雷山、台江、凯里一带,随处都可以见到干栏式建筑——吊脚楼。苗族吊脚楼是一种纯木结构建筑,大多依山而筑,建在斜坡面上,后部与坡坎相接,前部用木柱架空。无论梁、柱、枋、椽、檩、榫,都是木材加工而成。采用穿斗式,不用一钉一铆,全靠木尖锁眼架牢。苗族吊脚楼是河姆渡干栏式建筑的传承。根据现在所知的出土考古资料,上古鸟纹,所见最早的是在河姆渡文化遗址。河姆渡遗址的发掘物陶器上有双头鸟的纹饰,同现今黔东南苗族蜡染双头鸟的纹饰是一模一样的。

良渚文化是一支分布在太湖流域的古文化,距今5300—4000年。考古研究表明,在良渚文化时期,农业已率先进入犁耕稻作时代;手工业趋于专业化,琢玉工业尤为发达;大型玉礼器的出现揭开了中国礼制社会的序幕;贵族大墓与平民小墓的分野显示出社会分化的加剧;刻画在出土器物上的"原始文字"被认为是中国成熟文字出现的前奏。良渚文化是高于周边的区域文化,并且进入了早期方国阶段。但是,对中华文明产生过重大影响的良渚文化不知为何突然间就衰落了,引起了当今学术界的关注。古史传说中大致与良渚文化时期在时间与空间上吻合的部族有蚩尤、防风氏、羽民国等部族。因此,学术界主张良渚人属于上述任何一个部族的都有。但是良渚人究竟是古史传说中的哪一支部族或方国,到底可不可以与某一方国、部落或部落联盟对上号、挂上钩呢?在良渚文化玉器上有一个非常神秘的图案不断地反复出现,这个图案的形态特别像一尊英武的战神,不由得使人联想到好战的蚩尤。古史传说中的蚩尤是中国东南方的蛮夷,非常英勇好战,为了扩大势力范围,不断地与其他的部族发生地盘争夺战,屡战屡胜,被尊为战神。但是当他与中原南下的黄帝部族开战时,终于失手。这一则传说与良渚文化的族属、地望和传说极其吻合:良渚文化中石钺非常发达,表明良渚人也好勇强悍。蚩尤战争节节胜利之时,也正是良渚文化非常发达之时,而蚩尤最终被黄帝打败的时候,又正是良渚文化衰败的时候。纪仲庆在《良渚文化的影响与古史传说》中说:"我认为良渚文化很可能就是古史传说中的蚩尤部落集团……战争和水灾使良渚文化的人们遭受到毁灭性的打击。幸存的人们,可能流落到四方,逐渐被周围诸文化所同化,但同时他们又在我国广大的区域内留下了他们影响的痕迹。"俞美霞在《陶匏祭天的鸟纹符号

---

① 天木:《河姆渡遗址》,载《贵州日报》1997年2月24日。

探析》中说："杭州湾地区的河姆渡文化、良渚文化，不仅有其文化上先后的传承关系，同时，在鸟纹图像上也有其密切的历史渊源。尤其是河姆渡文化中象牙蝶形器上所刻绘的双鸟朝日或双凤朝阳图像，以及1990年浙江余杭安溪百亩山出土的一件良渚文化玉璧，其刻符号外围是三层高台，至于其内部则明显是一只飞鸟，都有极为传神的鸟纹图案在其中……只是河姆渡文化的祭祀符号多是刻在象牙蝶形器上，而良渚文化的刻绘符号则多是在玉器上。"

秋阳在《蚩尤与良渚文化》中考证说："红山文化和良渚文化发现后，'好事者'们经过考察研究认为，红山文化属于黄帝族的源头，而良渚文化则是蚩尤族的遗存。此说一出，得到更多人的认同……良渚人，应该说九黎，是个智慧而强悍的民族。他们在长江下游创立以稻作为主的农耕基业，建木屋为居，造舟船以渡河。由于生产工具的改进，又有发达的手工业，收益不仅能自给，且有盈余，进而由石器时代发展到陶器和玉器时代。由于经济的富有而筑城的防护，这就为'接近文明社会的门槛'打下了基础，创造了条件。"[①]

上古"东蒙"人的文化遗存还有大汶口文化、龙山文化等，不再赘述。

侯哲安在《伏羲女娲与我国南方诸民族》中考证说："伏羲女娲的活动范围，文献只说是都陈，即今河南淮阳之地，但从他们的后裔来看，就可以明了其分布和活动地区相当广阔……伏羲中心势力在淮水流域，其后裔分散地域很大。与考古资料相印证，不仅与大汶口文化有密切联系，而且与江汉地区新石器时期屈家岭文化同样是联系着的。因此，不能说伏羲仅属东夷。把他作为东部南部的首领，是比较恰当的。当然，伏羲、女娲分布地区不是没有其他的氏族和部落，伏羲、女娲及其后裔不过是我国东部南部比较著名的部落联盟。其中一部分与其他族融合，随后形成了一个民族（汉族），其余的一部分一直成为汉族以外的少数民族，但与汉族的相互影响是长期的、广泛的，这就充分证明了中华民族的整体性。"[②]

此外，蚩尤源自"东蒙"群团，是伏羲太昊氏、少昊氏的族裔，专家还论述了蚩尤九黎的考古发现。

王子明在1995年7月25日《扬子晚报》上，发表了题为《南博发掘阜宁陆庄遗址，首次解开蚩尤部族良渚文化消失的千古之谜》的文章。文章说："我国古代最发达、文明程度最高的良渚文化4200年前突然在太湖地区消失，成为考古学界的'千古之谜'……阜宁县张庄遗址的发掘，首次在江淮地区发现良渚文化遗址，探明良渚文化在太湖地区消失后由南向北迁徙……从而解开了这一'千古之谜'……这一发现还对研究文明的起源、国家的产生具有重要意义。据《史记》记载，在公元前21世纪之前，良渚文化部族首领蚩尤曾与轩辕黄帝发生一场战争——涿鹿之战……这一发掘，印证了蚩尤部族的北上……。"[③]

何驽先生认为，良渚文化即是蚩尤文化，良渚玉器流行的那种神人兽面图像即是蚩尤像，

---

① 秋阳：《蚩尤与中国文化》第53—57页，民族出版社，2015年版。
② 侯哲安：《伏羲女娲与我国南方诸民族》，载《求索》1983年第4期。
③ 王子明：《南博发掘阜宁陆庄遗址，首次解开蚩尤部族良渚文化消失的千古之谜》，载《扬子晚报》1995年7月25日。

当然河南龙山文化就是黄帝集团，良渚文化的衰亡就是黄帝大战蚩尤的结果。[①] 将河南龙山文化视为黄帝集团，则黄帝文化自然应该是王湾类型，蒋乐平先生正是这样推定的，而且他也认为良渚文化为蚩尤文化，良渚文化的衰亡与黄帝战蚩尤有关，当然陕西龙山文化及河南龙山文化三里桥类型则被推测为炎帝文化。[②]

王大有在《蚩尤氏在中华文明史上的杰出地位论纲》中指出："苗族都是头戴飞鸟形凸玉冠上插羽毛，这种玉冠，首见于河姆渡文化（距今7000多年），发达于良渚文化（距今6500—4200年）—大汶口文化（距今6500—4500年）—龙山文化（距今4500—4000年）的陶器、玉器上，尤其集中于玉圭、玉钺、王冠上。"[③]

---

① 何驽：《文献考古方法刍论》，载《华夏考古》2002年第1期。
② 蒋乐平：《文明起源研究略说》，载《考古与文物》1993年第5期。
③ 王大有：《蚩尤氏在中华文明史上的杰出地位论纲》，载《先秦史研究动态》1996年1期。

○○八 文明始祖（一）[①]

炎黄神农

中华民族尊伏羲、女娲为斯文鼻祖，尊神农炎帝、轩辕黄帝、蚩尤大帝为三大文明始祖。炎帝、黄帝、蚩尤是早期的部落大酋长即领袖，在中华早期文明中劳苦功高，作出了卓越的历史贡献。

史籍记载，神农炎帝在早期中华文明创建中，因为功劳巨大而被列为"三皇"之一。根据史籍提供的资料，我们认为，神农源于西部氐羌集团，虽有"神农播百谷，囚苗以为教"的记载，这"囚苗"二字或者与苗族没有关系，或者因为各部族相互融合而有关系。但苗族与神农部族却没有渊源上的关系，且神农是多代，我们这里要说的是神农第一代。与黄帝、蚩尤逐鹿中原的炎帝，已经是后世神农榆罔了。

司马贞补《史记·三皇本纪》："女娲氏没，神农氏作。"《易·系辞》："神农氏没，黄帝、尧、舜氏作。"说明神农是继伏羲、女娲之后的中华文明中华民族又一鼻祖。传说太阳神又兼农业之神的神农炎帝，他教人们播种五谷，他尝百草始有医药，人们为了感谢他的功德，便尊称他为"神农"。该部族后来的首领，沿袭"神农"称号。

神农氏的历史功绩，中国史籍有诸多的记载，概括起来主要有五大组发明。

一、"修火之利，以火德王"

如前所述，说燧人氏发明火，太遥远了，恐人类的记忆远不可及。说伏羲兴庖厨，火烧动物吃，值得相信。但是火的广泛利用，特别是将火广泛用于生活与生产，应当首推神农炎帝。

[①] 本文原题目为《炎帝黄帝蚩尤的历史贡献》，系作者承担的国家社科基金项目《我国典籍载苗族早期历史资料整理与研究》（批准号：11btq017）的研究成果之一。

《左传·哀公九年》:"炎帝为火师,姜姓其后也。"

《艺文类聚·食物部》:"神农时,民食谷,释米加烧石上而食之。"

《礼记·礼运篇》:"修火之利……以炮以燔,以烹以炙,以为醴酪。"

《帝王世纪》:"火德王,故曰炎帝,以火名。"

《后汉书·荀爽传》"在地为火,在天为日。"

《管子·轻重戊》"作钻燧生火,以熟劳臊,民食之无兹胃之病,而天下化之。"

古人把神农炎帝神化为"火神"和"太阳神",据相关资料介绍,关于神农炎帝和太阳的关系,流传有两则故事。一说,太阳躲在汤谷一棵扶桑树上睡大觉,懒得出工,闹得天下一片黑暗,五谷不生,野兽横行。神农为民请命,从西王母处得到伸缩木杖,拨开云雾,赶出太阳,百姓得救。二说,神农炎帝把丹雀鸟赐给的五谷种子分给先民,但下种后不开花结果,颗粒不收。炎帝用八卦占卜演算,找出"阴阳有差",即五谷得到的阳光不足。在天神的帮助下,神农炎帝骑着五色鸟飞往东海蓬莱岛,抱着太阳赶回,把太阳挂在姜氏城头,从此五谷丰登,万民安乐。

虽然传说中言炎帝"钻燧取火",但今天的考古发现证实,火的发现远远早在几十万年前。但对火的广泛利用,尤其用于生活与生产,可能起始于神农炎帝。

王大友在《三皇五帝时代》中考证说:炎帝"既取火,然而传之,为圣火。圣火有火种,传而长久保存,使利众生,设专司取火、存火、掌火、用火的长老,名为'火正'。夜以照明,为火烛,为烛阴;冬以取暖,为烛融,寒山不寒;在舍居堂屋中心设火塘,为灶;松明火把、木炭自氏族长中心火塘取,传于氏族各屋,分祠分掌,为社火;主火塘火灶为灶主、社主、总社烛火、总名火主、社火主。炎帝红蛇为号,故族人图腾像人面、蛇身而赤色,龙身无足,小龙之故,尊为烛龙,犹言火龙、赤龙、融龙,以烛龙为大祝,为火正,故官名祝融,以掌祈福祥瑞。于是祝融世掌火司火,举火把,传火种……"[①] 可见,神农将火广泛用于生活与生产,推动古代人类文明实现了一次划时代的重要进步。

二、"始制耒耜,教民稼穑"

从今天考古发现来看,早在神农之前,我们的祖先就已经播种五谷了。但可能是神农发明或改造了农耕工具,为先民们进行原始农业提供了强有力的生产手段。

《易·系辞》:"包牺氏没,神农氏作。揉木为耜,揉木为耒,耒耨之利,以教天下,盖取诸益。"

《吕氏春秋·慎势》高诱注:"神农,炎帝也。农植嘉谷,化养兆民,天下号

---

① 王大有:《三皇五帝时代》(上册) 第174页,中国时代经济出版社,2005版。

之曰神农。"

《周易》:"神农氏作,斫木为耜,揉木为耒,耒耨之利,以教天下。"

《汉书·食货志》:"民有业辟土植谷曰农。"解释农义,至为精审。神之,故曰神农。

《淮南子·修务训》:"神农乃使教民播种五谷。"

《白虎通义》载:"古之人民皆食禽兽肉,至于神农,人民众多,禽兽不足,于是神农教民农作,神而化之,故谓之神农也。"

《淮南子》:"神农播百谷也,因苗以为教。""神农乃始教民播种五谷,相土地宜。"

《绎史》引《周书》:"神农之时,天雨粟,神农遂耕而种之,然后五谷兴助,百果藏实。"

《拾遗记》:"炎帝时有丹雀衔九穗禾,其坠地者,帝乃拾之,以植于田,食者老而不死。"

《管子·轻重戊》:"神农作,树五谷淇山之阳,九州之民乃知谷食,而天下化之。"

《管子·形势解》:"神农教播种五谷,相土地宜燥湿肥浇高下。"

《拾遗记》:"时有丹雀衔五穗禾,其坠地者,帝乃拾之,以植于田,食者老而不死。"

《白虎通》:"古之人民皆食禽兽肉,至于神农,人民众多,禽兽不足,于是神农因天之时,分地之利,制耒耜,教民农作,神而化之,使民宜之,故谓之神农也。"

由此可见,神农炎帝发明或改造了农耕工具,使原始农业前进了一大步,社会生产力进一步发展了。

诚如王大友在《三皇五帝时代》中考证说:"神农的主要贡献是缔造了上古中华农业文明:斫木为耜,揉木为耒,耒耨之利以教天下;为耒耜锄耨,始教耕,以垦草莽,烈荒畲田,相土相宜,燥、湿、肥、浇、塬、坝、丘之高下平阔,因宜教田辟土耕作;作种粟黍稷菽豆五谷于淇山之阳(今河南禹州市),教民播种五谷,百姓乃知谷食,于是五谷兴助,百果藏实,百蔬既成,以致民利;首轫谷粟,教民辨识莨(稂,狼尾草)、莠(狗尾草),栽培莱麦,开花为华,吐穗为秀,结实为秂,(秂有孕为秀),摩蜃蚌镰莩收割穗为秂;沟洫凿井,灌溉排涝,汲水抗旱;辨水泉甘苦,令人知避就;植田界,树界石,阡陌交通,农丈是司。"[①]

三、"织麻为布,成作衣裳"

据说神农炎帝时不仅开辟了农业时代,而且还发明了纺织技术。

《商君书·画策》:"神农之世,男耕而食,妇织而衣,行政不用而治,甲兵不起而王。"

---

① 王大友:《三皇五帝时代》(上册)第194页,中国时代经济出版社,2005版。

《庄子》:"神农氏……甘其食,美其服,乐其俗,安其居。"

据相关资料介绍,我国新石器遗址中出土纺织工具陶纺轮、石织轮等,穿梭工具有骨针、骨梭、骨锥等缝制工具。传说炎帝神农时,住屋以一根大木柱作中柱,再以中柱为中心,环绕捆绑小木柱,上覆茅草成顶棚,作圆状半地下围屋,仰韶文化半坡、临潼姜家寨民居皆作此形。中堂立柱直伸出棚顶,称"仙人柱",亦名"天梯""通天柱",顶端或立相凤鸟,或饰氏族标识,又名图腾柱。在屋内柱下设火塘,火不熄灭,氏族成员围中柱、火塘而食而居,围火塘织麻为布,制作衣裳。

还传说炎帝神农腊祭八神:先穑一,司穑二,农三,邮表四,猫虎五,坊六,水庸七,昆虫八。八祭推行四海,使下四方百姓都能安居乐业,使各农官田正都作尽职;敬神尽事两不误,制八腊祭教民恪尽职守,勤于耕作,男耕女织,怀仁诚之心,甘雨时降,五谷丰登,民不忿争而财足,不劳形而功成,无有相害之心,刑政不用而治,甲兵不起而王,卧则居居,起则于于,至德之隆。

四、"尝百草味,始有医药"

如前所述,伏羲时代即初有医药了,大概是神农炎帝把医药进一步发展扩大了。医药的发明与发展,为原始先民解除疾痛,从而增强身体素质和与自然的抗争能力。

《淮南子·修务训》:"神农……尝百草之滋味,水泉之甘苦,令人知其所避就,当此之时,一日而遇七十毒。"

《史记·补三皇本纪》:"神农……始尝百草,始有医药。""以赭鞭鞭草木,未知药石,乃味草木之滋,察寒温之性,而知君臣佐使之义。"

《帝王世纪》:炎帝"尝味草木,宣药疗疾,救夭伤人命"。

《搜神记》:"神农以赭鞭鞭百草,尽知其平毒寒温之性。"

《述异记》:"太原神釜冈,有神农尝之鼎存焉。成阳山中有神农鞭药处,一名神农原药草山。"

传说神农炎帝为了救民疾苦而舍生忘死,鞠躬尽瘁。诚如王大友在《三皇五帝时代》中考证说:"神农时,依山地河谷草甸而居,多虫蛇。于是神农用一红色鞭子,鞭打草莽,惊走蛇毒虫害,在草莽中寻觅可供食用的各种植物的根、茎、叶、花、果,品尝它们各自的味道,酸、甜、苦、辣、腥,以及寒、凉、温、热、平,体会在自己身上的反映,确定百草的性状和用途。结果发现有的可以作粮食,采其果实引种为五谷;有的可以作蔬菜,采其果实引种为百蔬,以辅助五谷不足;有的可以治疗疾病,内病外伤,以百草相施,疾病自除。

又观那赭鞭，抽打不同草物时，留在鞭上的草汁叶痕不同，同时散发的草味不同，草味同时伴有光色。原来神农有玲珑玉体，内视透视功能，能见肝胆五脏，当尝百草之时，皆可见草味性循经人脉息走向，穴位光球，皆像网络小管，呈白、黄、红、绿、黑、灰诸色，犹如气体流动传递全身，入内脏。又见百草百味不出此五色大类，且同色相召相合而入脉脏腑，健者更健，病者自愈。凡有病之躯，食有某味某草，即可见其味伴气入病位，可见其化解过程。于是神农由尝百草，品其平毒温燥湿之性，诸嗅味所主，辨百草药性，始有医药，宜药疗疾，救夭伤，疗众疾，究脉息，察穴位，制砭石针灸，作巫方，始有医。"①

五、"以日为市，各得其所"

传说神农炎帝发明和改造了农耕工具，食物多了起来，他看见人们衣食虽然丰足了，但却不能互通有无，生活上有些不方便，于是就叫人们成立市场，把彼此需要的东西拿到市场上去互相交换。

《庄子·盗跖》："神农之世，卧则居居，起则于于，民知其母，不知其父，与麋鹿共处，耕而食，织而衣，无有相害之心，此至德之隆也。"

《孟子·滕文公上》："有为神农之言者许行……其徒数十人，皆衣褐，捆屦织席以为食……贤者与民并耕而食，饔飧而治。今也滕有仓廪府库，则是厉民而以自养也，恶得贤。"

随着社会生产力的发展和生产行业的分工，一些产品出现剩余，开始萌发以物易物、互通有无的交换活动。这种交换，首先是在部落内部进行，后来发展到部落与部落之间、产业与产业之间进行。为了便于人们进行物品交换，神农想到了在部落的中心设立"墟场"，并约定在太阳照在头顶上的时候，让大家都到墟场上进行交换，这就是"日中为市"。

随着可供交换的产品日益增多和产品品种的日益丰富，交易规模不断扩大，集市时间也不断增长，于是便有人在墟场上建造房屋，叫"列廛设市"，"墟"成为具有交易和聚居两个功能的场所。交易的产生，不仅满足了人们对生产资料和生活资料的需要，而且进一步刺激了生产分工和技术进步。同时也增进了人们相互交往和各种文化的交流与融汇，为形成广大地域的共同经济与文化提供了条件。

《中国那些事儿·夏商周》中就说道："神农氏掌管天下时，人们男耕女织，安居乐业，民无相害之心，是盛传中的天下大治。"②

---

① 王大友：《三皇五帝时代》（上册）第195—196页，中国时代经济出版社，2005版。
② 线装经典编委会编：《中国那些事儿·夏商周》，云南人民出版社，2017年版。

〇〇九 文明始祖（二）[1]

兵主蚩尤

  国学大师顾颉刚说："各民族有她自己的文化，在民族的融合过程中，各民族的文化也随着融合而成为一个民族的文化，那就成为中国的正统文化，此后也就忘却了追溯它的源头了。这个追溯的责任当然应由历史学者负担着，只是以前的历史学者还没有想到这件事，他们把这块丰腴的园地留给我们了。我们现在明白了许多中国文化并不是发生于华夏族的，我们就得从其他民族中找去。"[2]

  大量中国史籍资料记载，5000多年前，蚩尤或蚩尤所统领的九黎部落集团，就有四组大发明，即发明冶炼，造立兵器；整治部族，创制刑法；信鬼好巫，发明宗教；使用甲历，种植水稻。

一、发明冶炼 造立兵器

  《吕氏春秋·荡兵》："未有蚩尤之时，民固剥林木以战矣，胜者为长。"
  《尸子·地数》："造冶者，蚩尤也。"
  《管子·地数篇》："葛卢之山发而出水，金从之，蚩尤受而制之，以为剑、铠、矛、戟，是岁相兼者诸侯九；雍狐之山发而水，金从之，蚩尤受而制之，以为雍狐之戟、芮戈，是岁相兼者诸侯十二。"

  以上史料告诉我们，蚩尤之前的人们，以木、石等为自卫的武器，磨制石器，用木棍绑之，用以对付凶恶的野兽，用以保护氏族、胞族免受异族的侵犯。那时人们以木、石战矣，胜者为长、为酋、为王。九黎集团崛起时，蚩尤在葛卢之山发现铜水或天然铜，然后用火烧冶而

---

[1] 本文原题目为《炎帝黄帝蚩尤的历史贡献》，系作者承担的国家社科基金项目《我国典籍载苗族早期历史资料整理与研究》（批准号：11btq017）的研究成果之一。
[2] 顾颉刚：《从古籍中探索我国西部民族——羌族》，载《社会科学战线》1980年第1期。

制成剑、铠、矛、戟，有了这些利器，是岁相兼者诸侯九，又是岁相兼者诸侯十二，从而使得九黎集团发展很快，势力很强盛。

《管子·地数篇》："蚩尤受金作兵。""蚩尤受庐山之金，而作五兵。""蚩尤受葛庐之金而作剑铠矛戟。"

《龙鱼河图》："蚩尤兄弟八十一人……造五兵：仗、刀、戟、大弩，威震天下。"

《越绝书》："黄帝之时以玉作兵。"

《太平御览》："黄帝与蚩尤九战九不胜。"

《中华古今记》：蚩尤"造立刀戟、兵杖、大弩"。

蒋南华教授在《中华文明七千年初探》中考证说："以铜为代表的金属冶炼及其金属制品的出现，不仅是社会物质文明的重要表征，而且也是时代技术进步的总体反映……《山海经》不仅记载了蚩尤（以金）作兵伐黄帝的历史故事，还详细记载了铜矿和其他金属矿藏的出产地，如《南山经》记载有铜矿产地17处；《西山经》记载有铜矿产地25处，铁矿产地8处，银矿产地4处。"①

王大友在《三皇五帝时代》中考证说："蚩尤在祭天寮祭或烧陶制器时，发现葛卢山的石头熔化以后，有铜（葛卢之山，发而出水，金从之），蚩尤拿来制成剑、铠、矛、戟，当年用此金兵兼并诸侯九位。蚩尤又发现雍狐山的石头熔化后，同样有铜（雍狐山发而出水，金从之），蚩尤采炼雍狐戟、芮戈，这一年兼并诸侯十二位。于是蚩尤声威大震。"②

徐晓光等主编的《苗族习惯法》则考证说："史载，最先创制兵器的，就是九黎之首领蚩尤。《管子》说：'蚩尤受金作兵。'《龙鱼河图》说：'蚩尤兄弟八十一人，兽身人语，食沙石，造五兵：仗刀、戟、大弩，威震天下，诛杀无道，万民钦命。'所谓'兄弟八十一人'，乃八十一个氏族首领；所言'兽身人语''铜头铁额'，当指甲胄之物。所以，被称为蛮族的黎族和苗族，先进入中原地区，其次进入中原地区的是羌族中炎帝族。在蚩尤集团先进入中原时期，武器精良，所向披靡，于是兼并了不少势力弱小的氏族部落，炎帝族作为一支较大的力量也被打败。炎族向黄族求援，然后炎黄两族开始联合和融合，共同抗强大的苗族，就连黄帝也是'九战九不胜'。"③

梁聚五在《苗族发展史》中也考证说："古代发明的兵器，当然不能与今人相比拟，但在当时，却是难能可贵了。兹将蚩尤发明兵器之可考者，略述如次：《管子》：'蚩尤受庐山之金，而作五兵。'《山海经》：'黄帝令应龙攻蚩尤，蚩尤请风伯雨师以从，大风雨！'《史记》：'黄帝与蚩尤战于涿鹿之野，蚩尤作大雾，军士皆昏迷。'陈安仁说：'黄帝率领汉族，置其中原，

---

① 梁聚五：《苗族发展史》第55页，贵州大学出版社，2009年版。
② 王大友：《三皇五帝时代》（下册）第210页，中国时代经济出版社，2005版。
③ 徐晓光、吴大华等主编：《苗族习惯法研究》第2页，华夏文艺出版社，2000年版。

与苗民相战,苗民首领为蚩尤,有猛将夸父,创制刀、戟、大弩之武器,先与神农分占江山,成汉苗对峙之新局势。神农死后,蚩尤率领部族叛乱,出洋水,发九淖,伐神农后裔于空桑;神农后裔避居于涿鹿。'从上述几段零碎资料看来,也可想见苗夷始祖九黎之君的蚩尤,确是一位不平凡的人。尽管他后来失败了,可是他所发明的刀、戟、大弩、大雾、大风雨……的成绩,是始终在中国历史上照耀着!"[①] 当然,"蚩尤率领部族叛乱"一句,不是梁聚五先生的发明,是中国几千年来"炫汉官功勋也"(石启贵语)。梁老充分肯定蚩尤发明的刀、戟、大弩等,"始终在中国历史上照耀着"。

在汉代的画像石上常有蚩尤战神的雕像,其手中和身上总佩持着多种兵器,象征以金作兵的业绩,这些兵器中就有剑和刀。在我国古代是把蚩尤作为英武的战神加以崇拜的。中国军事博物馆记述"蚩尤造兵器",文字表述是:"传说,蚩尤既聪明又勇敢。他将牛角装在头上,作为兵器使用;为了鼓舞士气,他又用兽皮制成大军鼓,军鼓发出响雷般的声音,曾让黄帝的军队胆战心惊。他制五兵,造九冶,对中国兵器的发展有过重大贡献。人们将蚩尤与天、地、日、月诸神并列,称其为'兵主之神'。"[②] 蚩尤发明冶炼和兵械,从而推进了中华大地从此进入冷兵器时代。

二、整治部族 创制刑法

根据中国史籍记载,蚩尤在发明青铜兵器,兼并许多氏族部落的基础上,严加管束自己的部族,并在此基础上创立了刑法,对不服从管理的狂徒施以徒刑。蚩尤对其统领的"九黎"集团最早使用刑法,是中国法律文明起源最早的人们共同体。

《尚书大传》:"苗民用刑,而民兴相渐。"
《周书·吕刑》:"苗民弗用灵,制以刑……遏绝苗民,无世在下。""蚩尤对苗民制以刑。"

苗民弗用灵,制以刑,蚩尤对苗民制以刑,而民兴相渐,遏绝苗民,无世在下。说明蚩尤已用"纪律"来管理自己的部属。上古"东蒙"人的伏羲太昊虽然兴管理,立九部,但还没有使用刑法的记载,而蚩尤统领的"九黎"集团在管理中却使用了刑法,说明"九黎"苗民当时处于中华法律文明的最前列。

有了"纪律",大家必然要遵守,这使得九黎部族战斗力很强,发展得很快。梁聚五在《苗族发展史》中引用徐松石、童书业、钱穆等的资料考证说:"九黎区域,可能西至宝鸡,东

---

① 梁聚五:《苗族发展史》第54页,贵州大学出版社,2009年版。
② 中国军事博物馆展示"蚩尤造兵器"的文字说明。

至嵩山，北至怀来，南至信阳。黄河由北而南，抵潼关，折而东，构成'乙'字形，贯通九黎全境。"①

蚩尤所统领的"九黎"集团，率先发明和使用刑法，得到了众多学人的首肯。夏曾佑在《中国古代史》中说："盖所谓墨劓宫大辟诸刑，本黎民苗民之法。"②章钦在《中华通史》中引《尚书·吕刑》有关苗族发明刑法的记载后说："是则肉刑之创始起于苗族。自黄帝以来，至于唐虞，本族与苗族竞争方烈，本族卒代之而起，沿用苗族之刑法以制苗民……而其后，渐用其法以制本族。于是，肉刑之制立，而后也沿袭以行矣。"③

据《尚书》《周书》《吕氏春秋》《墨子》等史籍资料记载，蚩尤对苗民制以刑，刑法极其苛毒。

《尚书·吕刑》："蚩尤惟始作乱，延及于平民，罔不寇贼，鸱义奸宄，夺攘矫虔。苗民弗用灵，制以刑，惟作五虐刑曰法，杀戮无辜。爰始淫为劓、刵、椓、黥，越兹丽刑，并制，罔差有辞。"其注云："蚩尤作乱，当是作重刑以乱民，以峻法酷刑民。"

《周书·吕刑》："王曰，若古有训，蚩尤惟始作乱，延及于平民……苗民弗用灵，制以刑……遏绝苗民，无世在下。""蚩尤对苗民制以刑。""苗民否用练，折则刑，惟作五杀之刑，曰法。"

《墨子·尚同中》："昔者圣王制为五刑，以制天下。则此其刑不善？用刑则不喜也。是以先王之书，《吕刑》之道曰：苗民否用练折则刑，惟作五杀之刑，曰法。则此言善用刑者以治民，不善用刑者以为王杀。"

上述记载资料可知，蚩尤对其统领的"九黎"集团所使用的刑法，其中的肉刑就有四类：劓、刵、椓、黥。据相关文字介绍，这是相当残酷的四类刑法。至于"蚩尤作乱，延及于平民"，"作重刑以乱民"，"以峻法酷刑民"的说法，这要么是人们对蚩尤率先发明和使用刑法不理解，要么就是"胜王败寇"的记录，胜利者总是斥失败者为"乱"罢了。否则，发明刑法以治理和壮大部落，怎么成了"作乱"和"乱民"了呢？

王大友在《三皇五帝时代》中考证说："蚩尤作五刑，始'为劓、刵、椓、黥，越兹丽刑'，起因是'苗民弗用灵，制以刑，惟作五虐之刑，曰法'(《尚书·吕刑》)。苗民不用的'灵'，应是蚩尤作为总监大临颁布的新历或敬七神七主的制度。因为九黎联盟建立不久，各氏族尚不适应统一的集权管理，联盟制度实施有困难，也会有抵触，这就是'苗民弗用灵'。蚩尤为推行联盟制，制定违逆处罚条例，制五刑，曰'法'，就是法律，强制执行。或灾害，

---

① 梁聚五：《苗族发展史》第20页，贵州大学出版社，2009年版。
② 夏曾佑：《中国古代史》第18页，岳麓书社，2010年版。
③ 章钦：《中华通史》第1册第184页。引自梁聚五《苗族发展史》第55—56页，贵州大学出版社，2009年版。

或异族相挤，掠他人财物者，皆被制以刑，以稳定内部。"①

中国史籍记载"蚩尤为九黎之君"。九黎之君，对九黎黎民制以刑，有刑法必有罪奴，必有压迫，本在情理之中。率先在部族内使用刑法，证明蚩尤所统领的九黎部落集团，其社会生产力已经比较发展，已经紧靠阶级社会的门槛，跨过门槛，就是阶级社会和国家的时代了。但是，历史就是历史，率先发明冶炼和兵械，率先发明刑法和宗教的蚩尤九黎部落，在古代部落或原始民族的征战中却遭受到败绩，不得不离开自己的中原祖居地，而向南方节节败退。

徐晓光在《中国少数民族法制史》中考证说："传说苗族始祖蚩尤既是战神又是刑神。《鹖冠子·世兵》：'蚩尤七十（战）。'《太平御览》卷三三九引《兵刑》：'蚩尤之时，烁金为兵，剥带为甲，始制为兵。'上古兵刑同制，'刑起于兵'。蚩尤又是五刑的创造者。"②

《墨子·尚同中》："昔者圣王制为五刑，以制天下。"

《逸周书·逸文》"火能变金色，故墨以变其肉；金能克木，故劓以去其骨节；木能克土，故刖以去其鼻；土能塞水，故宫以断其淫；水能灭火，故大辟以绝其生命。"

《尚书·夏书》："先王克谨天戒，臣人克取常宪，其或不恭，邦有常刑。""羲和尸厥，官罔闻知，昏迷于天象，以干先王之诛……先时者杀无赦，不及时者杀无赦。"

上述记载可知，后来王朝所采用之五刑，源于蚩尤九黎之刑法。诚如王桐龄所说："后来汉族所用之五刑、兵器及甲胄，而信奉之鬼神，大抵皆苗族所创，而汉族因袭者。"③

夏曾佑在《中国古代史》中也说："盖所谓墨劓宫大辟诸刑，本黎民苗民之法。"他紧接着说："即以其人之法，还治其人之身。今欧人之驭殖民地之土人，莫不然也。中国古人，设此分人等法，原为黄帝蚩尤战后，不得已之故。"④

章钦在《中华通史》中则说："是则肉刑之创始起于苗族。自黄帝以来，至于唐虞，本族与苗族竞争方烈，本族卒代之而起，沿用苗族之刑法以制苗民……而其后，渐用其法以制本族。于是，肉刑之制立，而后也沿袭以行矣。"

李发刚在《蚩尤文化概要》中说："蚩尤是建立法规、实行法制的最早创造者和施行者。蚩尤首创法规，实施刑事法，三苗依纲纪。对于唐代正史《路史·后纪四·蚩尤传》曾有注者曰：'蚩尤天符之神，状类不常，三代彝器，我著蚩尤之像。为贪虐者之戒。'这说明，蚩尤首创和施行的刑法产生了深远的影响。有的史料还说，兵器和刑法是蚩尤发明的，后来被黄帝部

---

① 王大友：《三皇五帝时代》（下册）第210页，中国时代经济出版社，2005版。
② 徐晓光：《中国少数民族法制史》第6—7页，贵州民族出版社，2002年版。
③ 王桐龄：《中国民族史》第5页，吉林出版集团有限责任公司，2010年版。
④ 夏曾佑：《中国古代史》第18页，岳麓书社，2010年版。

落效法。"

总之，根据中国史籍记载和学人之考证，5000多年前，蚩尤所统领的九黎苗人部族，率先发明和使用刑法，后来夏商周"圣王制为五刑以治天下"（墨子语），源于蚩尤九黎创制的刑法，五刑之治是"以其人之法，还治其人之身"也好，或"渐用其法，以治本族"也好，这都表明，那时的中国已经进入阶级、国家的时代了。

三、信鬼好巫 发明宗教

马克思、恩格斯曾把原始人的意识归结为宗教意识。马克思说："宗教是这个世界的总的理论，是它的包罗万象的纲领。"① "宗教本身是没有内容的，它的根源不是在天上，而是在人间。"② 恩格斯亦说："一切宗教都不过是支配着人们的日常生活的外部力量在人们头脑中的幻想的反映。在这种反映中，人间的力量采取了超人间的力量形式。"③ 在原始社会时期，人们总是把异己力量幻想为超自然的力量。蚩尤所统领的九黎部落集团，不仅率先发明了兵器和刑法，而且还率先发明了宗教。从中国史籍记载来看，蚩尤所统领的九黎部落发明的原始宗教即是巫教。

《国语·楚语》："少皞之衰，九黎乱德，民神杂糅，不可方物，夫人作享，家为巫史，无有要质，民匮于祀。而不知其福。烝享无度，民神同位。民渎齐盟，无有严威。神狎民则，不蠲其为。"

这段史料反映了蚩尤所统领的九黎部落集团的宗教生活状况。"民神杂糅""民神同位""民匮于祀""家为巫史"，说明九黎部落已经盛行原始宗教，最初的"天神"观念和原始巫术已经发生。在当时人的心目中，作为人的崇拜对象的"天"似乎是人人可以接近并与之相沟通的，还没有后来那种高高在上的权威与威严。而与天沟通的中介即是巫，当时的巫也不具有特殊的身份和超出常人的技能，宗教文化成为一种普遍的民间文化已经存在了。

中国史籍记载，蚩尤在与黄帝的战争中曾使用了战争巫术手段。

《广博物志》卷九引《玄女兵法》："蚩尤幻变多方，征风招雨，吹烟喷雾，黄帝师众大迷。"

《述异论》："蚩尤能作云雾。"

《山海经·大荒北经》："蚩尤请风伯雨师纵大风雨。"

---

① 马克思、恩格斯：《马克思恩格斯选集》第1卷第1页，人民出版社，1972年版。
② 马克思、恩格斯：《马克思致柯·卢格》，《马克思恩格斯选集》第27卷，人民出版社，1972年版。
③ 马克思、恩格斯：《马克思恩格斯选集》第3卷第354页，人民出版社，1972年版。

上述记载可看出，蚩尤在与黄帝的战争中使用了战争巫术手段，"请风伯雨师纵大风雨""变幻云雾""征风招雨"等自然神灵和实施本族团巫术手段攻伐黄帝。据说风伯雨师是农耕蚩尤部落专司气象的巫师，后为农业气象神，立有庙，岁时奉祠。

袁珂在《中国古代神话》中考证说："有一次，当双方的军队在原野上战斗正酣的时候，蚩尤不知弄了一种什么魔法，造起了漫天遍野的大雾来，把黄帝和他的军队团团围困在核心，不辨东西南北方向。在这一片白茫茫的大雾中，一个个铜头铁额、头上生角的蚩尤士兵就更加可怕了。他们在雾中或隐或显，时出时没，逢人便砍，见人便杀，只杀得黄帝的军队马嘶人叫，虎窜狼奔。"[1]

由于人类在宇宙大自然中显得十分微弱，原始宗教思想一旦形成，这个"包罗万象的纲领"就会在族群中长期地沿袭下去。大量中国史籍记载在九黎部落集团原始驻地后来还盛行着关于"天神"的原始宗教思想和巫术。

《礼记·郊特牲》："郊之祭也，迎长日之至也，大报天而主日。"注曰："天之神，日为尊。"

《汉书·地理志》："始桓公兄襄公淫乱，姑姊妹不嫁，于是令国中民家长女不得嫁，名曰'巫儿'，为家主祠，嫁者不利其家，民至今以为俗。"

《后汉书·襄楷传》："《太平清领书》，其言以阴阳五行为家，而多巫觋杂语。""专以奉天地顺五行为本，亦有兴国广嗣之术。"

《管子·心术上》："虚无无形谓之道，化育万物谓之德。""道也者，动不见其形，施不见其德，万物皆以得，然莫知其极。"

《宙合》："道也者，通乎于上，详乎无穷，运乎诸生。"

《管子·乘马》："春秋冬夏，阴阳之推移也；时之短长，阴阳之利用也；日夜之易，阴阳之化也。"

《四时》："阴阳者，天地之大理也；四时者，阴阳之大经也；刑德者，四时之合也。刑德合于时则生福，诡则生祸。""阳为德，阴为刑。""德始于春，长于夏；刑始于秋，流于冬。"

可以看出，九黎部落原始住地的齐鲁之邦，后来还盛行着关于"天神"的原始宗教思想和巫术。因为居于齐鲁大地后来被称为"东夷"的人们，也是蚩尤九黎的后裔。

中国史籍记载，数千年来，蚩尤九黎南下的后裔一直盛行着"天神"的原始宗教思想和巫术，以信鬼好巫而闻名于世。

---

[1] 袁珂：《中国古代神话》第114页，中华书局，1960年版。

《后汉书·南蛮》:"未有君长,俱事鬼神。"

《楚国录》:"楚上游,民祷天地,巫蹈影绰,咒语莫测。"

《楚辞·九歌·东皇太一》:"灵偃蹇兮皎服。"王逸注:"巫也。"

《云中君》:"灵连蜷兮既留。"王逸复注:"楚人名巫为灵子。"

《说文》:"灵,巫也,以玉事神。"

《经籍篡诂》引《商书·伊训》:"时谓巫风。"传:"巫者,事鬼神,祷解以治病请福者也。男曰觋,女曰巫。"

《隋书·地理志下》:"大抵荆州率敬鬼,尤重祠祀之事。"

《襄阳记》:"(襄阳之俗)信鬼神。"

《宋书·刘清元传》:"鄂俗计利尚鬼,病者不药而听于巫。"

《赛神》:"楚俗不事事,巫风事妖神。事妖结妖社,不问疏与亲。年年十月暮,珠稻欲垂新。家家不敛获,赛妖无富贫。杀牛贳官酒,椎鼓集顽民。喧阗里闾隘,凶酗日夜频。"

《岳阳风土记》:"荆湖民俗,岁时会集或祷祀,多击鼓,令男女踏歌。"

《楚书》:明代保靖、永顺之俗,"疾病则击铜鼓沙锣以祀鬼神"。

《赠医者汤伯高序》:"楚俗信巫不信医,自三代以来为然,今为甚。凡疾不计久近浅深,药一入口不效,即屏去。至于巫,反覆十数不效,不悔,且引咎痛自责,殚其财,竭其力,卒不效,且死,乃交责之曰,是医之误,而用巫之晚也。终不一语加咎巫。故功恒归于巫,而败恒归于医。"

《苗防备览·风俗上》:苗疆"其俗信鬼尚巫,有病不用医药,辄延巫宰牛禳之,多费不惜也"。"苗中以做鬼为重事,或一年三年一次,费至百金或数十金,贫无力者,卖产质衣为之。"

《苗荒小记序引》:"苗人崇信神巫,尤胜于古,婚丧建造,悉以巫言决之。甚至疾病损伤,不以药治,而卜之以巫,以决休咎。"

可以看出,从4000年左右的三苗一直到明清时代,苗族都一直盛行着蚩尤九黎族的原始宗教的巫文化。民国时期,北京大学校长蔡元培派凌纯声、芮逸夫到湘西调查苗族,他们在《湘西苗族调查报告》中说:"苗人鬼神不分。凡是在他们神圣领域之中,而认为有超自然能力,无论是魔鬼、祖灵或神祇都称之为鬼……他们在日常生活中,如发现有奇异的现象或反常的状态,以世俗领域中的智识能力不能去控制解释,就以为有鬼在作祟。于是有所戒慑或希望,有所祈祷或反抗,其唯一方法,便是乞灵于有超自然能力的鬼而祭鬼。"[1]

民族人类学资料告诉我们,1949年前,苗族还停留在万物有灵的原始宗教阶段。苗族

---

[1] 凌纯声、芮逸夫:《湘西苗族调查报告》第127—128页,南天书局有限公司,1978年版。

认为造福于人类的灵是"神",给人带来灾难、疾病、瘟疫和不幸的灵是"鬼"。平时所祭祀的"神"主要有天神、雷神、地神、太阳神、月亮神、风神、雨神等等,所祭祀的"鬼"主要有东方鬼、西方鬼、迷魂鬼、勾魂鬼、游尸鬼、干痨鬼、坐月婆鬼、替死鬼、落水鬼、落岩鬼、凶死鬼、刀伤鬼、饿死鬼、吊死鬼、过路鬼、雷鬼、风鬼、泉鬼、古树鬼等等。鬼的种类繁多,各地名称不同,每类鬼还包括为数不等的集团,比如贵州省台江县交下乡羊达寨的鬼集团共有43个,每个鬼的集团各有名称,各有活动地点。① 丹寨县苗族信奉的共有10个鬼系,101种鬼。② 湘西有36堂神,72堂鬼。③

苗族分布在中国的十多个省市自治区,国外苗族分布在四大洲的十多个国家,他们之间相隔数百里、数千里、上万里,但他们在文化上一个共同的特征,就是信鬼好巫、多神崇拜。

以上可看出,蚩尤率先发明的宗教即是原始巫教。九黎族原始巫教对华夏族与其他部族影响至深,诚如盛襄子在《湖南苗族史述略》中说:"今征之古史,苗瑶盖为中国巫教的首创者,今汉族通行的道教——巫教犹有往茅山——苗山学法之说,是可证明。"④

对蚩尤九黎族率先发明兵器、刑法和宗教,国学大师王桐龄在《中国民族史》中是这样说的:"当时苗族文化,相当发达,第一发明刑法,第二发明兵器,第三发明宗教。后来汉族所用之五刑、兵器及甲胄,而信奉之鬼神,大抵皆苗族所创,而汉族因袭者。"⑤

国学大师宋文炳在《中国民族史》中也考证说:"苗夷文化,在现代似无可称述,惟于上古时期,极为发达,影响汉族亦很大。简单叙述,约分为:一、刑法。书吕刑'苗民弗用灵,制以刑,惟作五虐之刑,曰法。爰为劓刵椓黥,越兹丽刑'。是刑法为苗族所发明,汉族沿袭其用;二、兵器。史称'蚩尤好兵作乱,作刀戟大弩'。又管子地数篇'蚩尤受金作兵'。蚩尤在黄帝时,为苗族酋长,是兵器亦为苗族所发明。三、宗教。楚语:'少皞之衰,九黎乱德,民神杂糅,不可方物,夫人作享,家为巫史,无有要质,民匮于祀。'是宗教为苗族所发明。兵器乃自卫武器,刑法、宗教,亦维持社会治安不可缺少的东西。此三件,均为苗族发明,有裨益于汉族甚大!"⑥

四、使用甲历 种植水稻

中国古代是通过六十年甲子循环的方法进行纪年的,"天干地支"甲历纪年法是中华民族最早的纪年方法。所谓甲历,即用甲子来记载岁时的日历。从中国史籍记载来看,是伏羲最早发明了甲历,所以甲历又称伏羲历或上元历、太初历,它是中华民族最早发明使用的历法。

---

① 李廷贵等主编:《苗族历史与文化》,中央民族大学出版社,1996年版。
② 王凤刚:《丹寨苗族鬼巫文化一瞥》,载《苗侗文坛》1990年第3期。
③ 湖南省少数民族古籍办公室主编:《中国少数民族古籍:苗族古籍之二——古老话》,岳麓书社,1990年版。
④ 盛襄子:《湖南苗族史述略》,载民国《新亚细亚》第13卷第4期。
⑤ 王桐龄:《中国民族史》第5页,吉林出版集团有限责任公司,2010年版。
⑥ 梁聚五:《苗族发展史》第55页,贵州大学出版社,2009年版。

《历书序》:"伏羲推策作甲子。"

《周髀算经》:"伏羲作历度。"

《管子》:"虙戏作造六峜,以迎阴阳。作九九之数,已合天道。"

《古三坟》:"伏羲氏木王月命臣龙潜氏作甲历。"

《玉海·历法》:"外纪伏羲纪阳气之初为律法,建五气,立五常,定五行有甲历五运。"

《贞元改元大赦制》:"凡为择人,其在精核……所司依资叙注拟,便于甲历之内,具标举主名衔,仍牒报御史台。"

从上述记载看,是伏羲发明了甲历,伏羲时代就开始使用甲历了。而蚩尤九黎是伏羲太昊氏、少昊氏的族裔,使用伏羲甲历当在情理之中。诚如王大友在《三皇五帝时代》中考证说:"东夷(蒙)民族原来的文明程度就比其他民族高,少昊保留了鸟官制和太昊历法,又实行金星历、日月阴阳合历。太昊、少昊、蚩尤保留在黄河中下游的族裔原来就营建垒壁城,就有自己天文观测中心和各种祭祀天、地、山川、河流、日、月、五星、四时等的灵山、灵台、坛、圜丘。少昊时代各氏族分衍后,都设立自己的祭坛、神位,祭祀各自的祖先,按自己的传统行事,神训政令不一。各国族围绕祭祀中心,营建高、昌(尚、常、宜、古)、个、亭、京(景)章(障、嶂),立天表,称为都,成为巫、政、教中心。"① 他还说:"蚩尤继承伏羲太昊四陆二十八宿系统,并完善这一系统……有了先进的历法,统一的历法,蚩尤颁布,使百姓知民时,蚩尤民不误农时,农业、渔业大发展。发明水田牛耕,水牛稻作农业……民知风雨阴晴幻变,充分利用天时地利,发展成为九黎八十一个兄弟氏族联盟。黎者黍稻犁耕,遍布九夷,故名九黎,经济实力最为雄厚。"② 我们认为,王大友先生的考证应是符合历史实际的。虽然他也习惯用"东夷"的说法,实际上"东蒙"即古苗人,因为太昊、少昊、蚩尤时还没有"东夷"的称谓概念,也还没有严格意义上的华夷之分。

唐春芳在《论苗族祖先蚩尤在中国历史上的功绩与地位》中考证说:"蚩尤是公元前26世纪初人,姜央、耇尤、伏羲出生要比蚩尤早。为什么这些苗族祖先能这样早就发明历法呢?这是由于苗族先民在距今约七八千年前的新石器时期,就在现今的黄淮大平原从事农业生产,而农业生产受季节、气候等自然因素的制约极大。在生产力极为低下,人类驾驭自然能力极为薄弱的古代更是如此。因此,苗族先民自从事农业生产的母权制时代开始,即开始注意观察季节、气候的变化,研究冷、热、阴、晴、干、湿、风、云、雨、雪、霜、雾以及旱涝形成的原因,从中摸出大自然的规律,以便安排农事,乃是必然之事。"③

蒋志华主编的《中国世界部落文化》说:"蚩尤战败后,依附他的部落自然也就作鸟兽散。

---

① 王大友:《三皇五帝时代》(下册)第372页,中国时代经济出版社,2005年版。
② 王大友:《三皇五帝时代》(下册)第207—209页,中国时代经济出版社,2005年版。
③ 唐春芳:《论苗族祖先蚩尤在中国历史上的功绩与地位》,载《南风》1996年第2期。

黄帝把他们分别进行了安置：降服归顺的迁到'邹屠之地'，也就是今天的山东一带；野蛮而不服归顺的流牧到'有北之乡'，也就是北方寒冷的不毛之地。但很多有能力的人也得到重用，有的人还被黄帝用来观测天文，以指导农时，这也说明当时九黎部落对天文历法已有一定的研究。而大部分的九黎部人南迁，成为三苗部落的来源之一。"① 又说："从游牧走向农耕是黄帝部落一大进步。也许是他们尝到了农耕的甜头，不用再东奔西跑，于是黄帝部落舍弃采集、狩猎和游牧的生产生活方式，开始焚烧山林，驱逐出森林里的猛兽，开辟农田。此后其他的部落也渐渐有了自己固定的农业区域，每个人也有了自己的农田，据说后来井田制就是从这时候萌芽的。"② 也就是说，黄帝部落尝到农耕的甜头，是在打败"东蒙"蚩尤后的事情。

杨庆林等著的《中华民族通史论纲》也考证说："古苗人崇尚科学、崇尚英雄、善于发明创新……干支纪年法中反映了古苗人的科学思维及研究能力：第一，当时的古苗人已经能够对长期观测到的天文现象进行系统记录并分析；第二，当时的古苗人已经掌握了排列组合的数学方法，认识到了十进制、十二进制和六十进制这些计数方法，并加以应用；第三，当时的古苗人已经认识到，自然界事物的发展存在周期性循环往复的规律，并将这一思想应用到纪年中。现代物候学的研究成果表明，中国古代的气候存在约50年一个小周期，100年一个大周期的规律（这一发现已被中国科学家竺可桢教授撰写成论文《中国近5000年来气候变迁的初步研究》，发表在《中国科学》杂志上），这一规律与古苗人用六十年一个甲子纪年法所形成的60年小周期和两个甲子120年为一个大周期规律十分接近。因此，我们认为，古苗人可能通过长期的观测加分析发现了这种周期性变化规律。"③

《山海经·大荒南经》："苗民……继宜秬穄是食。"

《公羊·庄七年传》："无苗。"注："苗者，禾，生曰苗，秀曰禾。"

《说文》："苗，草生于田者。"

《吕氏春秋·勿躬》："管子复于桓公曰：'垦田大邑，辟土艺粟，尽地力之利，臣不若宁遬，请置以为大由'。"注："大由，大农也。"

《韩诗外传》："东西耕曰横，南北耕曰由。"

《管子·省官》说："相高下，视肥瘠，观地力，明诏期，前后农夫，以时均修焉；使五谷桑麻，皆安其处，由田之事也。"

《广雅·释古三》："苗，众也。"

《法言·重黎》："秦楚播虐于黎苗。"

《后汉书·和熹邓后纪》："以赡黎苗。"

---

① 蒋志华主编：《中国世界部落文化》第12页，时事出版社，2007年版。
② 蒋志华主编：《中国世界部落文化》第4—5页，时事出版社，2007年版。
③ 杨庆林等：《中华民族通史论纲》第38—39页，当代中国出版社，2012年版。

上述记载告诉我们,"东蒙"取名为苗,与其种田农耕有关。苗生于田,禾曰苗,尤又作由,意为农,大由,大农也,使五谷桑麻,皆安其处,由田之事也,苗,众也。对此,杨万选考证说:"据典籍所载,中国土人,实为苗族。按:苗,从草从田,谓草生于田也。其初本会意字,如诗《硕鼠》'无食我苗',《公羊·庄七年传》'无苗'。注:'苗者,禾,生曰苗,秀曰禾。'其后或以禾黍油油之意。"①日本著名学者鸟居龙藏在他出版的第一部《苗族调查报告》中引用他人的话说:"云南、广西及贵州之山地住有许多苗子之部落,'苗'字二字可译为'力田之人'。"②

盛襄子在《湖南苗史述略》中说:"《说文》:苗,草生于田者曰苗,凡草初生亦曰苗,故知古代称东南方土著人民曰苗,实显该族能深耕细耨,勤力农事,以农业为生活之根本,与我上古游牧之汉族不同,并无何种轻侮之意存乎其间……吾人根据古史之记载,此族为中国之古土著民族,曾建国曰三苗。对中华文化之贡献约有五端:发明农业,奠定中国基础一也;神道设教,维系中国人心二也;观察星象,开辟文化园地三也;制作兵器,汉人用以征伐四也;订制刑罚,以辅生王礼制五也。"③

上古时期,"东蒙"古苗人就生活在长江中下游和黄河下游一带,他们已经进入定居的农耕生活,人们以血缘结成人群共同体。原始农业、畜牧业、手工业已经诞生,尽管这些行业在当时的社会生产中不是占据着绝对的主导地位,但它们的出现,标志着古苗人已由自然寻食的采集、狩猎阶段进入创造生活必需品的种养阶段。他们不仅开始栽培粟、稷和水稻等谷类作物,而且开始饲养猪、马、牛、羊、狗、鸡了。他们将土地割裂成碎块,在一定的区域内以血缘关系为纽带构成氏族公社,"一帮帮地聚居,一群群地生活"。在生产中互助合作,"耙公整山岭,秋婆修江河,绍公填平地,绍婆砌斜坡,才有田种稻,才有地种谷"。

日本佐佐木乔主编的《稻作综合研究》就认为:"中国自古以来就有野生稻生长的记载,不能认为是古代从印度及越南,老挝、柬埔寨等传入。1940年,盛永氏认为,中国稻的真正起源,应当追溯太古时生活于扬子江与黄河之间的苗族所写的历史。"④

从我国考古资料看,从距今约9000年前的贾湖文化、后李文化（距今约8300年）、北辛文化（距今约7300年）、河姆渡文化（距今约7000年）、良渚文化（距今约6500年）、大汶口文化（距今约6000年）等,都是上古时期"东蒙"即古苗人所创造出来的不同历史阶段的文化。

秋阳在《蚩尤与中国文化》中考证说:"良渚文化在时间上虽然晚于北辛文化,因其是在以稻作为基础兴起的,其文化程度更高。有考证说,世界水稻源于中国,长江中下游应是稻作农业起源的一个重要的中心（苏秉琦语）。良渚文化遗址发现的稻作遗存,存在的时间

---

① 杨万选:《贵州苗族考》第9页,贵州大学出版社,2009年版。
② 鸟居龙藏:《苗族调查报告》第14页,贵州大学出版社,2009年版。
③ 盛襄子:《湖南苗史述略》,载民国《新亚细亚》第13卷第4期。
④ 参见伍略《苗族是中国历史上最早种植水稻的族群之一》,载石莉等主编《石朝江苗学研究评论集》第168页,中国言实出版社,2015年版。

最为久远,存量最多,分布最广。浙江的浦江上山,与湖南道县玉蟾岩,以及江西万年仙人洞,都发现距今万年前的稻作遗存。浙江余姚河姆渡遗址,普遍存在稻谷、谷壳、稻秆、稻叶等的堆积。它们不仅是我国最早的栽培稻之一,也是亚洲最古老的稻谷实物遗址……后来的苏杭能成为鱼米之乡,实非偶然。"[1] 秋阳强调说:"长江下游良渚文化区域的先民——蚩尤九黎,是以稻为主的农耕部落族群。考古学界一般认为,其文化水平高于全国三大文化系统(其他两大文化系统为仰韶文化及西辽河红山文化系统)之首。"[2]

梁聚五在《苗族发展史》中讲了一段话,我们深以为然。他说:"鉴于以往的错误,我们叙述苗夷民族的发展史,要扫除狭隘的民族意识,争取互助的共同生存。不管是甲民族,或乙民族,是好的应该说好,是坏的应该说坏,不宜颠倒是非,直闹到底。即以蚩尤、黄帝、尧、舜、禹来说,他们对于人类的贡献,却是不小!我们要赤裸裸地抬将出来,让大家有个了解。如蚩尤之发明刑法、兵器、宗教,黄帝之发明缝制、指南车,尧舜之嬗让,夏禹之治水,真值得我们研究,也值得我们学习!不要因为我属苗夷民族,我只知崇拜蚩尤;你属于华夏民族,你只知崇拜黄帝、尧、舜、禹。甚至崇拜这一人,而侮辱那一人,制造民族与民族间的隔膜,以妨碍大家的进步与发展,便失去了读历史的意义。因为民族的历史,是客观的事实,是指导人类向着最高理想迈进的方针。"[3]

综合全文,蚩尤九黎部落发明了兵器、刑法、宗教和农耕,这些文化当时来说是最先进的,为后来崛起的炎、黄部落所汲取和发扬,为整个古老的中华文明的创造和发展奠定了坚实的基础。范文澜说:"古代学者承认黄帝为华族始祖,因而一切文物制度都推原到黄帝。"[4]而事实上,黄帝是在继承先进的"东蒙""九黎"文化的基础上开创中华文物制度的。

蒋志华主编的《中国世界部落文化》也说:"东夷(蒙)部落为我国早期文化的发展和推进起到了很大的作用,中原华夏文明就是文化相对落后的西部华夏族吸收先进的东夷(蒙)部落文化后进入文明社会的。"[5] 只不过蒋志华等所说的东夷,应为"东蒙"或"九黎"才对。因为炎帝、黄帝、蚩尤时期,华夏还未居中土,又哪来的夷蛮处四方?华夷五方格局是黄帝打败蚩尤入主中原后,至夏商周时期才形成的。

---

[1] 秋阳:《蚩尤与中国文化》第163页,民族出版社,2015年版。
[2] 秋阳:《蚩尤与中国文化》第183页,民族出版社,2015年版。
[3] 梁聚五:《苗族发展史》第53页,贵州大学出版社,2009年版。
[4] 范文澜:《中国通史简编》第90页,人民出版社,1965年版。
[5] 蒋志华主编:《中国世界部落文化》第12页,时事出版社,2007年版。

○一○ 文明始祖（三）[①]

轩辕黄帝

在上古炎帝、黄帝、蚩尤三始祖中，影响最大的是黄帝，他打败炎帝、蚩尤后，统一了中原地区，建立了最初的国家雏形。

按照马克思主义的观点，原始社会基本组织的氏族进而发展成为部落，部落结成部落联盟。当部落联盟趋于壮大和稳定，下一步历史发展的方向，就必然是民族与国家的出现。中国也不例外，也是按照这一历史规律发展的。

据司马迁《史记·五帝本纪》记载，黄帝姓公孙，名轩辕，邑于涿鹿之阿。黄帝一生做成两件大事，其一是经过阪泉之战，打败了炎帝，建立了黄炎联盟；其二是经过涿鹿之战，擒杀了九黎之君蚩尤。以后，"诸侯咸尊轩辕为天子……是为黄帝"。是黄帝统一了中原地区，在中原地区建立了最初的国家雏形。苏秉琦教授所说的"五千年的古国"，指的就是黄帝建立了最早的国家雏形。

黄帝是中华民族的三大人文始祖之一，先秦文献诸如《逸周书》《易·系辞》《国语》《左传》《老子》《庄子》《管子》《韩非子》《商君书》《吕氏春秋》《竹书纪年》《世本》《战国策》等都辑录了他的事迹。1972年山东临沂银雀山汉墓出土竹简《孙膑兵法》有"黄帝伐斧（补）遂"之句。1993年湖南长沙马王堆汉墓出土有《黄帝四经》。战国齐威王所铸铜器《陈侯因𦮼敦铭》文，刻铸有继承"高祖黄帝"事业的字样。这就说明，黄帝不是神话，而是真有其人，真有其事。

我们知道，在发明文字以前，口耳相传的历史是人类唯一的记忆形式。在文字未成为人类历史的载体以前，世界上任何民族的历史，都是从世代口耳相传的事迹中清理出来的。尽管传说中免不了掺入神话的色彩，或不可靠的成分，但在一定程度上却包含着真实的历史。高尔基说过："一般说来，神话乃是自然现象，是对自然的斗争，以及社会生活在广大的艺

[①] 本文原题目为《炎帝黄帝蚩尤的历史贡献》，系作者承担的国家社科基金项目《我国典籍载苗族早期历史资料整理与研究》（批准号：11btq017）的研究成果之一。

术概括中的反映。"说明神话的产生，是基于现实生活，而非出于人类头脑的空想。

记载黄帝建立国家雏形最权威的是司马迁的《史记·五帝本纪》。司马迁写道："黄帝者，少典之子，姓公孙，名曰轩辕……轩辕之时，神农氏世衰……以与炎帝战于阪泉之野。三战，然后得其志……黄帝乃征师诸侯，与蚩尤战于涿鹿之野，遂擒杀蚩尤。而诸侯咸尊轩辕为天子，代神农氏……天下有不顺者，黄帝从而征之……东至于海，登丸山，及岱宗。西至于崆峒，登鸡头。南至于江，登熊、湘。北逐荤粥，合符釜山，而邑于涿鹿之阿……官名皆以云命，为云师。置左右大监，监于万国。万国和，而鬼神山川封禅与为多焉……获宝鼎，迎日推策。举风后、力牧、常先、大鸿以治民。顺天地之纪，幽明之占，死生之说，存亡之难。时播百谷草木，淳化鸟兽虫蛾，旁罗日月星辰水波土石金玉，劳勤心力耳目，节用水火材物。有土德之瑞，故号黄帝。"

从上述司马迁《史记·五帝本纪》的记载中，我们可以得到以下重要信息：

第一，阪泉和涿鹿之战后，"诸侯咸尊轩辕为天子"。

黄帝与炎帝阪泉之战，黄帝三战得其胜，实现了黄炎联盟。著名的涿鹿之战，黄帝转败为胜，最终擒杀了九黎部落的首领蚩尤。黄帝两战皆捷后，势力大增，声威四方。"诸侯咸尊轩辕为天子。"诸侯应为黄河流域的其他部落或所有部落。也就是说，各氏族部落都推崇轩辕为大首领，也就是天子，尊为黄帝。正如《淮南子·天文篇》载："中央土也，其帝黄帝，执绳而治四方。"这就说明，此时的轩辕黄帝已经不是单纯的黄帝部落的首领了，而是黄河流域的其他部落或所有部落的首领。

第二，黄帝"邑于涿鹿之阿"。

"邑于涿鹿之阿"，就是定都于涿鹿。在今河北涿鹿古战场，至今还遗留有黄帝城、黄帝泉、蚩尤寨、蚩尤泉等遗址。据任昌华等在《涿鹿三祖文化简介》中说："黄帝城尚存，地面暴露出大量陶片，大部分发现是泥质灰陶和红陶，出土石器很多，有石杵、石斧、石凿、石环、石纹轮、石镞等。三祖时期的发明创造与征战的兵器，在黄帝城的出土文物中都能找到佐证。国家和省文物局都有过小规模发掘。著名历史学家、考古学家罗哲文、安志敏、王北辰，台湾学者李实等六十多名知名学者专家实地考证，都认为这座城是五千年左右的建筑。"

第三，"合符釜山"，成就了一统大业。

司马迁明确告诉我们，黄帝代神农氏后，天下有不顺者，黄帝从而征之，东至于海，西至于崆峒，南至于江，北逐荤粥。黄帝征之的结果，是"合符釜山"，成就一统大业。

"釜山"是地名，在今涿鹿县，是黄帝北逐荤粥后，与各部落举行结盟联合之地。"合符"，即统一符契，共同联盟。任昌华等在《涿鹿三祖文化简介》中说：釜山，据《后魏舆地风土记》载："此山形似覆釜，故以名之，其上有舜庙，瞽叟祠存焉。"此山即黄帝统一各部落，合符结盟之地。赵满柱、张存英在《试论涿鹿在中华文明发展史上的地位》中说："釜山，在今涿鹿县保岱镇窑子头村，村后有一座山，圆整如覆釜，故名釜山。当年黄帝曾于此处会诸侯合符契。"由此可见，黄帝"合符釜山"是一项重要的政治活动，是黄帝以"盟主"身份会同各部落联盟首领之大会，黄帝开部落部族融入联合之先河。

第四，"官名皆以云命""置左右大监，监于万国"。

上古时期，部落联盟喜欢以某物来命名部落的管理人员。比如，伏羲太昊以龙纪官，用龙命名自己的官员，少昊则以凤鸟命名自己的官员。司马迁记载黄帝"官名皆以云命"，即以云来命名自己的官员。黄帝是怎样以云来命名自己的官员的，司马迁没有详细记载，也未见诸其他先秦史籍资料记载。但司马迁的"官名皆以云命""置左右大监，监于万国"，已经说明黄帝在政治方面设官职、立法制、订纪纲，建立最初的国家雏形了。

司马迁《史记·五帝本纪》说到的"诸侯"与"万国"，当然泛指的是氏族、部落或部落联盟。当时的中华大地正处于原始社会末期，并无所谓的国家、诸侯与民族，只不过是大大小小林立的氏族、部落或部落联盟。黄帝打败炎帝和蚩尤后，中华大地再也没有可以与之匹配的部落联盟了，加之"天下有不顺者，黄帝从而征之"，于是"诸侯咸尊轩辕为天子"。天下大势已定于黄帝手中。黄帝顺势建立国家雏形，"官名皆以云命""置左右大监，监于万国"。黄帝成为天下共主，为建立中华国家迈出了最坚实的一步。

王祖武在全国首届涿鹿黄帝、炎帝、蚩尤三祖文化学术研讨会上的闭幕词中说："涿鹿地望从《史记》确立起，一直未变。发生在这里的阪泉之战、涿鹿之战是为信史。炎帝、黄帝、蚩尤在涿鹿的军事、会盟和融合，是我国原始社会时期部落联盟的大统一。这种大融合、大统一，奠定了中华民族的根本，它是中国历史上的一件大事。"

第五，"天下有不顺者，黄帝从而征之"。

"天下有不顺者，黄帝从而征之。"这是建立国家雏形之必须。黄帝征讨天下不顺者，东至于海，西至于崆峒，南至于江，北逐荤粥。这里约略可见黄帝时代的疆域。"平者去之，披山通道，未尝宁居。"也就是说，黄帝平定一个地方之后就离去。一路上劈山开道，从来没有在哪里安定地居住过。加之"轩乃修德振兵，治五气，执五种，抚万民，度四方"。黄帝采取一系列措施安抚民众，这也是"诸侯咸尊轩辕为天子"的直接原因。诚如《管子》曾说："黄帝之治天下也，其民不引而来，不抵而往，不使而成，不禁而止。"

除司马迁《史记·五帝本纪》告诉我们上述基本的情况外，大量的先秦资料也有关于黄帝建立国家雏形的记载。从相关资料介绍来看，主要体现在：

首先，治文明方面。

《帝王世纪》载："黄帝以风后配上台，天老配中台，五圣配下台，谓之三公。其余知名、规纪、地典、力牧、常先、封胡、孔甲等，或以为师，或以为将。"《路史·疏仡纪·黄帝》也说，黄帝立"四辅、三公、六卿、三少、二十有四官，凡百二十官，有秩以之共理，而视四民"。

其他典籍还记载，黄帝划野分疆。八家为一井，三井为一邻，三邻为一朋，三朋为一里，五里为一邑，十邑为一都，十都为一师，十师为一州，全国共分九州。提出以德治国，"修德振兵"，以"德"施天下，一道修德，惟仁是行，修德立义，尤其是设立"九德之臣"，教养百姓九行，后土担任狱官，对犯罪重者判处流失，罪大罪极者判处斩首等。

其次，精神文明方面。

记载黄帝发明历数、天文、阴阳五行、十二生肖、甲子纪年、文字、图画、著书、音律、乐器、医药、祭祀、婚丧、棺椁、坟墓、祭鼎、祭坛、祠庙、占卜等。

再次，物质文明方面。

记载黄帝在农业生产方面有许多创造发明，其中主要有实行田亩制。黄帝之前，田无边际，耕作无数，黄帝以步丈亩，以防争端，将全国土地重新划分，划成"井"字，中间一块为"公亩"，归政府所有，四周八块为"私田"，由八家合种，收获缴政府，还穿土凿井。对农田实行耕作制，及时播种百谷，发明杵臼，开辟园、圃，种植果木蔬菜，种桑养蚕，饲养兽禽，进行放牧等。

缝织：发明机杼，进行纺织，制作衣裳、鞋帽、帐幄、毡、衮衣、裘、华盖、盔甲、旗、胄。制陶方面，制造碗、碟、釜、甑、盘、盂、灶等。

冶炼：炼铜，制造铜鼎、刀、钱币、钲、铫、铜镜、钟、铳等。

建筑：建造宫室、銮殿、庭、明堂、观、阁、城堡、楼、门、阶、蚕室、祠庙、玉房宫等。

交通：制造舟楫、车、指南车等。

兵械：制造刀、枪、弓矢、弩、六纛、旗帜、五方旗、号角、鼙、兵符、云梯、楼橹、炮、剑、射御等。

日常生活：熟食、粥、饭、酒、肉、称尺、斗、规矩、墨砚、几案、毡、旃、印、珠、灯、床、席、蹴鞠等。

当然，史书记载上述黄帝的一系列创造发明、历史贡献，大有史官或史家将一切功劳都归于胜利者之嫌，人们将古人的许多创造发明都集中到这位"英雄时代"的代表人物黄帝身上。其实，有许多东西并不是黄帝创造发明的。但黄帝作为中国（中原）一统之第一人，建立了最初的国家雏形，使得中华早期文明在伏羲、神农时代的基础上，又迈上了一个新的台阶。

〇一一 部落战争（一）[①]

九隅之战

范文澜在《中国通史简编》说："中国中部黄河南北，是平原肥沃的地区。住在周围的各种族，都想迁徙进来。因此，成了各种族斗争的舞台，也成了不同文化相互影响的场所。"

郭沫若在《中国史稿》中说："在通往华夏族形成的道路上，传说有三次大规模的部落战争。"[②] 中国古代的三场部落战争，即九隅之战、阪泉之战和涿鹿大战。

"综观东亚的历史，逐草而徙的游牧民与营田而居的农耕民在冲突与融合的过程中，演出了一幕幕动人心魄的悲喜剧，构筑起这一区域混合文化的基调。"[③]

中国有文字记载的第一场部落战争，是蚩尤逐炎帝出九隅之战，使之九隅无遗。

一、关于炎帝其人

要解读蚩尤与炎帝的"九隅之战"，首先要说一下炎帝。炎帝的称号是对某一个人还是对若干世代的部落首领的称呼？炎帝和神农是什么关系？我国学界对这些问题存在着争论。我们认为，炎帝是对若干世代的部落首领的称呼，神农炎帝一世源于西部氐羌集团，与伏羲、女娲被古人奉为三皇之一，为中华文明中华民族做出过重大贡献。如果说伏羲太昊是代表中国的畜牧时代，那么神农炎帝就是代表中国的农业时代了。虽然 7000 年前的伏羲时代已经有了农业，已经开始种植水稻，但 6000 多年前的神农时代，中国的农业已经发展得相对比较完备了（这已经得到了考古实物的证明）。神农时代是个伟大的时代，神农继续了伏羲时代的一系列创造发明。

神农时代是继伏羲时代后的一个较长的历史时代，中国史籍大多把神农和炎帝一块记

[①] 本文原题目为《中国古代的三场部落战争》，系作者承担的国家社科基金项目《我国典籍载苗族早期历史资料整理与研究》（批准号：11btq017）的研究成果之一。

[②] 郭沫若：《中国史稿》第 122 页，人民出版社，1976 年版。

[③] 徐静波、胡令远主编：《东亚文明的共振与环流》第 1 页，上海社会科学出版社，1996 年版。

载的，我们认为神农炎帝或炎帝神农是对若干世代的部落首领的称谓。中国史籍有记载神农炎帝七十世代的，十七世代的，八世代的，而学界则大多倾向于八世代。

史籍记载黄帝时期的炎帝叫榆罔，传说炎帝榆罔是神农第八代，即末代神农。因为神农在中华文明早期阶段功劳巨大，该部族后来的首领都谓之为"神农"。所以史籍泛称"神农炎帝"或"炎帝神农"。我们认为炎黄蚩尤时期的炎帝是八世神农榆罔。

史籍记载神农炎帝的资料比较多，哪些是记载前世神农的，哪些是记载后世神农的，不可能也没必要全部查列出来，只选录一些可能是记载后世炎帝榆罔的资料。

《易·系辞》疏引《帝王世纪》："炎帝之号，凡传八世：帝临、帝魁、帝承、帝明、帝直、帝犛、帝哀、帝榆罔。至帝榆罔之世，始见蚩尤部浇崭露头角。"

《庄子·盗跖·释文》："榆罔与黄帝合谋，击杀蚩尤。"

《三皇纪》："炎帝之后凡八代，五百余年，轩辕氏代之。"

从上述史籍资料记载看，炎帝之号，从神农一世即启用，传八世，即帝临、帝魁、帝承、帝明、帝直、帝犛、帝哀、帝榆罔，后轩辕氏代之。炎帝榆罔是神农第八世。

"至帝榆罔之世，始见蚩尤部浇崭露头角。"因此，才出现蚩尤逐炎帝出九隅之战，才出现"榆罔与黄帝合谋，击杀蚩尤"。

王大友在《三皇五帝时代》中考证说："见诸文献，以'神农氏十七世有天下'，较为可信。然而这十七世，仅见八世相传。皇甫谧《帝国世纪》：'神农氏在位一百二十年而崩。纳奔水氏女曰听谈，生帝临魁，次帝承、次帝明、次帝直、次帝来、次帝厘、次帝榆罔，凡八代，及轩辕氏。'马骕《绎史》世系图：神农—帝临魁—帝承—帝明—帝直—帝来—帝厘—帝榆罔八世。"[①]

萨维纳在《苗族史》中说："姜氏族——神农（姓伊耆或者称姜姓，别称为炎帝、烈山氏），在他的氏族中有六个皇子做他的继承人，他们的统治从公元前3077年到前2698年，共历时380年。最后一任是榆罔。"[②]

一世神农与伏羲、女娲一样，因为在中华文明的启史阶段功劳巨大，被奉列为"三皇"之一。八世神农炎帝榆罔也是上古时期一个了不起的人物，对中华文明中华民族也作出重大历史贡献，后人以之为中华民族的三始祖之一。

综观中国史籍记载，伏羲、女祸、神农是中华文明中华民族的三大斯文鼻祖，炎帝（榆罔）、黄帝（轩辕）、蚩尤是中华文明中华民族的三大人文始祖。

---

① 王大友：《三皇五帝时代》（上册）第191页，中国时代经济出版社，2005版。
② 萨维纳：《苗族史》第151页，贵州大学出版社，2009年版。

二、炎帝榆罔的辉煌时期

如前所述，八世神农炎帝榆罔也是上古时期一个了不起的人物，为中华民族的三大人文始祖之一。

以炎帝榆罔所统领的西羌部族，因来自西部而被称为西羌或羌族。西羌是一个了不起的部族。《后汉书·西羌列传》载："西羌……以战死为吉利，病终为不祥。耐寒苦同之禽兽，虽妇人产子，亦不避风雪。性坚刚勇猛，得西方金行之气焉。"

《史记·三皇本纪》："炎帝，神农氏，姜姓，母曰女登，有蜗氏之女，为少典妃，感神龙而生炎帝，人身牛首，长于姜水，因以为姓。"

《帝王世纪》："炎帝，神农也。母曰任姒，有蟜氏之女，名女登，为少典妃，游于华阳，有神龙首，感女登于常羊，生炎帝，人身牛首，长于姜水，因以姓焉。有圣德。"

《路史·炎帝神农氏纪》："炎帝，神农氏……母安登，感神于常羊，生神农于烈山之石室。"

《春秋元命苞》："少典妃安登，游于华阳，有神龙首，感之于常羊，生神子，人面而龙颜，好耕，是为神农。"

《绎史》引《帝国世纪》："炎帝神农氏人身牛首。"

《国语·晋语四》："炎帝以姜水成……炎帝为姜。""昔少典娶于有蟜氏，生黄帝、炎帝。"韦昭注："炎帝，神农也。"

《白虎通义》："炎帝者，太阳也。"

上述资料有的不一定是记载八世神农炎帝榆罔的，但可以看出，炎帝榆罔源于神农氏族，是后世神农。炎帝榆罔生于姜水，以姜为姓。"人身牛首"，说明是个农业部族，以牛为图腾物。史籍记载神农炎帝对中华文明功劳巨大，至于哪些业绩是一世神农创造的，哪些业绩是后世神农创造的，我们今天是很难区别开来了。

传说太阳神又兼农业之神的一世"神农"，他教人们播种五谷，他尝百草始有医药，人们为了感谢他的功德，便尊称他为"神农"。从史籍记载来看，当一世神农出现在世间的时候，大地上的人类已经生育繁多，自然界自生的食物不够吃，仁爱的神农不但教人们怎样播种五谷，用自己的劳力来换取生活的资料，而且又祈告太阳发出足够的光和热来，使五谷孕育生长。因此，人们誉神农一世为太阳神、农业神。以至该部落的若干世代的部落首领都称呼为神农炎帝。

中国史籍记载炎帝神农盛世时兼并不少小部族：

《战国策·秦策一》:"神农伐补遂。"

《吕氏春秋·用民》:"夙沙之民,自攻其君而归神农。"高诱注曰:"夙沙,大庭氏之末世也,其君无道,故自攻之。神农,炎帝。"

《帝王世纪·炎帝神农氏纪》:"诸侯夙沙氏叛,不用命,箕文谏而杀之。"

《逸周书·史记解》:"昔者质沙三卿朝而无理,君怒而久拘之,哗而弗加,三卿谋变,质沙以亡。"

《淮南子·主术训》:"神农之治天下也,月省时考,岁终献功,以时尝谷,祀于明堂。明堂之制,有盖而无四方。"

由此可见,炎帝神农盛世之时,曾吞并了不少氏族部落,"神农伐补遂""夙沙之民,自攻其君而归神农"等,炎帝神农的势力发展很快。

《盗跖》云:"神农之世,卧则居居,起则于于……与麋鹿共处,耕而食,织而衣,无有相害之心,此至德之隆也。"

《商君书·画策》曰:"神农之世……刑政不用而治,甲兵不起而王。"

《潜夫记·五德志》载:"神农是以日为市,致天下之民,聚天下之货,交易而退,各得其所。"

上述记载也可能是整个神农时代的情况,但不乏折射出发祥于中原地区的蚩尤部落和从西部进入中原的炎帝部落曾经有过一段和平相处的时期,至少还不是炎帝部族东进时就遭遇到了蚩尤部落的阻挡。当蚩尤部落和炎帝部落共同生活于中原地带时,黄帝部族还居住在涿鹿地方的山湾里,过着来往不定迁徙无常的游牧生活。诚如范文澜在《中国通史简编》中说:"九黎族最早进入中部地区。""炎帝姓姜……姜姓是西戎羌族的一支,自西方游牧先入中部。""黄帝族原先居住在西北方,据传说,黄帝曾居住在涿鹿地方的山湾里,过着来往不定迁徙无常的游牧生活。"

由此可见,最早占领中国中部黄河流域的,是蚩尤所统领的九黎部落和炎帝榆罔所统领的炎帝部落。蚩尤部族发祥于中原,或最早进入中原,而炎帝族则是后来从西部进入中原。

三、蚩尤、黄帝崛起时,炎帝榆罔开始衰退了

中国史籍记载,蚩尤、黄帝崛起时,炎帝开始衰退。炎帝年龄可能要比黄帝、蚩尤大得多。

《尸子·地数》:"造冶者,蚩尤也。"

《管子·地数篇》:"葛卢之山发而出水,金从之,蚩尤受而制之,以为剑、

铠、矛、戟，是岁相兼者诸侯九；雍狐之山发而水，金从之，蚩尤受而制之，以为雍狐之戟、芮戈，是岁相兼者诸侯十二。"

以上史料告诉我们，蚩尤率先发明冶炼，蚩尤在葛卢之山发现铜水或天然铜，然后用火烧冶而制成剑、铠、矛、戟，有了这些利器，是岁相兼者诸侯九，又是岁相兼者诸侯十二，使得九黎集团发展很快，势力很强盛。

《史记·五帝本纪》："轩辕之时，神农氏衰，诸侯相侵伐，暴虐百姓，而神农氏弗能征……蚩尤最为暴，莫能伐……"

即说轩辕黄帝、蚩尤崛起时，炎帝榆罔即后世神农已经衰退了，各诸路部族相互侵伐和吞并，神农炎帝榆罔也没有办法对付，尤其是"蚩尤最为暴，莫能伐"。这里的"最为暴"，应该理解为最强大。"莫能伐"，应该理解为炎帝榆罔对付不了强大的蚩尤部族。

《竹书纪年》："蚩尤……作刀戟大弩，以暴虐天下，并诸侯无度。炎帝榆罔不能制之。"

《龙鱼河图》："蚩尤有兄弟八十一人。"

可见，蚩尤率先发明兵器后，并诸侯无数，"有兄弟八十一人"，"炎帝榆罔不能制之。"从中国史籍记载看，蚩尤部族和炎帝部族同在中原地带度过一段和平期后，随着"神农氏衰"和蚩尤部族的日益强大，终于发生了羌苗两族争夺生活空间的战争。

四、九隅之战是蚩尤与炎帝榆罔之战

九隅之战是蚩尤与炎帝榆罔之间的战争，大家都是为了争夺中原这块肥沃的土地。九隅之战黄帝部落没有参与。

《逸周书·尝麦》："蚩尤乃逐帝。争于涿鹿之阿，九隅无遗。"
《帝王世纪》："蚩尤氏强与榆罔争王于涿鹿之阿。"
《庄子·盗跖》："蚩尤氏强，与榆罔争王，逐榆罔。"
《路史·后记蚩尤传》："蚩尤产乱，出洋水，登九淖，以伐空桑，逐帝（炎帝）而居于涿鹿。"

史籍记载炎帝之"九隅"，当然不可能是后来"九州"之地盘，且"九州"的许多地方本来就是蚩尤九黎部落的根据地。合理的解释应是，古时以"九"为多，"九隅无遗"，也就是指炎帝曾经占有的大片疆域，被蚩尤所统领的"九黎"集团夺去了。

"九隅"，后来引申出"九州"。《尔雅》曰："九州：两河间曰冀州，河南曰豫州，河西曰雍州，汉南曰荆州，江南曰扬州，济河间曰兖州，济东曰徐州，燕曰幽州，齐曰营州。"

从史料记载来看，两族之争，蚩尤部族获胜。据说蚩尤部族勇猛剽悍，骁勇善战，而且又善于制作精良坚利的兵器，"以金作兵"，战斗力很强，"威震天下"。炎帝族根本抵挡不住，地盘全失，被迫撤离"九隅"，向西北败退，在阪泉遭遇到黄帝部族。

李学勤主编的《中国古代文明与国家的形成研究》就说："由于东夷（应为东蒙）集团生产力水平较华夏集团略高一等，致使炎帝节节败退，'九隅无遗'也是不奇怪的了。"[1]

徐晓光等考证说："在部落联盟争战时期，由于九黎集团在战争中首先取得优势，为夺取更多的财产，同时也就不断地扩大了自己的疆土。"[2]

姚政教授考证说："《逸周书·尝麦》载：'蚩尤乃逐帝。争于涿鹿之阿，九隅无遗。''九隅无遗'是指炎帝统辖下的九块地方，全被蚩尤侵占了。炎帝把他统辖的土地划分为九块，应是后来九州之说的滥觞。"[3]

张岂之主编的《中国传统文化》也考证说："在姜水、姬水流域发展起来的炎、黄部落各有一支向东迁徙，进入了中原地区。炎帝部落东迁的路线偏南，顺着渭水东下，再沿着黄河南岸向东发展。黄帝部落迁徙的路线偏北，顺着北洛水南下到今陕西大荔、朝邑一带，东渡黄河，再沿着中条山、太行山向东北走。炎、黄两个部落进入中原以后，与晋、冀、豫交界地区的九黎部落相遇，发生了军事冲突。先是炎帝部落被九黎部落打败。"[4]

总之，我们认为，中国史籍记载蚩尤逐炎帝出九隅之战，应当是信史。或许正是因为蚩尤逐炎帝出九隅之战，司马迁才在《史记》中记载"神农氏衰，诸侯相侵伐，暴虐百姓，而神农氏弗能征……蚩尤最为暴，莫能伐"。或许正是因为蚩尤逐炎帝出九隅之战，才引发黄帝与炎帝阪泉之战，黄、炎与蚩尤涿鹿大战，从而加快了原始各部族的大融合，才奠定了中华民族的基础。

---

[1] 李学勤主编：《中国古代文明与国家的形成研究》第228页，云南人民出版社，1998年版。
[2] 徐晓光等：《苗族习惯法研究》第8页，华夏艺术出版社，2000年版。
[3] 姚政：《先秦文化研究》第23页，巴蜀书社，2004年版。
[4] 张岂之主编：《中国传统文化》第10—11页，高等教育出版社，2003年版。

〇一二 部落战争（二）[①]

阪泉之战

中国有文字记载的第二场部落战争，是黄帝与炎帝阪泉之战。

一、阪泉之战促成黄、炎联盟

根据史籍资料记载，阪泉之战是在黄帝部族与炎帝部族之间发生的，没有蚩尤部族参与。阪泉之战黄帝"三战得其志""三战而克之"，最终促成了黄帝、炎帝两部族的联盟，而后共同对付强大的蚩尤九黎部族。

中国史籍记载，黄帝轩辕与炎帝榆罔同源，都起自西部黄土高原，炎帝支沿渭河、黄河南岸而入中原，黄帝支沿黄河北岸向东北发展而到达燕山南北地带。这在学界几无异议。

蒋志华主编的《中国世界部落文化》说："早期的黄帝部落是一个游牧部族，依河流水草四处漂泊。最初，黄帝部落从今陕西北部向东迁徙，沿着洛水南下，又渡过黄河沿着中条山和太行山西麓向北，最后沿着桑干河走出山岭，在今河北北部的平原上定居。"[②]

史籍记载炎帝被蚩尤逐出九隅后向西北面败退，在涿鹿阪泉遭遇到黄帝部族，黄帝与炎帝战于阪泉之野。黄帝"三战，然后得其志""三战而克之"。

《史记·五帝本纪》："炎帝欲侵陵诸侯，诸侯咸归轩辕。轩辕乃修德振兵，治五气、蓺五种，抚万民、度四方，教熊、罴、貔、貅、䝙、虎，以与炎帝战于阪泉之野……教熊罴貔貅虎，以与炎帝战于阪泉之野，三战，然后得其志……而诸侯咸尊轩辕为天子，代神农氏，是为黄帝。"

《列子·黄帝》："黄帝与炎帝战于阪泉之野，帅熊、罴、狼、豹、䝙、虎为前

[①] 本文原题目为《中国古代的三场部落战争》，系作者承担的国家社科基金项目《我国典籍载苗族早期历史资料整理与研究》（批准号：11btq017）的研究成果之一。

[②] 蒋志华主编：《中国世界部落文化》第3—4页，时事出版社，2007年版。

驱,雕、鹖、鹰、鸢为旗帜。此以力,使禽兽者也。"

《淮南子·兵略篇》:"兵之所有来者,远矣。黄帝,尝与炎帝战矣……夫兵者,所有禁暴,讨乱也。炎帝为火灾,故黄帝擒之。"

《太平御览·皇王都四·黄帝轩辕氏》:"黄帝于是乃驯兽,与神农氏战于阪泉之野,三战而克之。"

《太平御览》卷七九引《归藏》:"昔黄帝与炎帝斗涿鹿之野,将战筮于巫咸。"

《论衡·率性篇》:"黄帝……教:熊、罴、貔、虎,以战于阪泉之野。三战,得志。炎帝败绩。"

上述诸多记载说明,黄帝教熊罴貔虎,与炎帝战于阪泉之野,由于黄帝族是游牧族,因此必定具有狼一样的猛兽性格。传说中,黄帝的军队是一支凶猛可怕的猛兽之师,带有鲜明的游牧军队特性。黄帝轩辕氏在与炎帝榆罔氏的争斗中,正是凭借着畜牧者擅长驾驭猛兽的力量,以及游牧文化与生俱来的刚劲和强勇,"三战,然后得其志""三战而克之",战胜了农耕部族的炎帝榆罔。

夏曾佑《中国古代史》第一章第十二节,标题即是"黄帝与炎帝之战"。他说:"黄帝姓公孙,生于姬水,故姓姬,是本姓公孙,后改姬姓。名曰轩辕,少典之子……以土德五,以云纪官,故为云师而云名。案黄帝之时,荤粥在北,九黎在南,黄帝与炎帝,并居于黄河流域。而黄帝兴于阪泉、涿鹿之间,地在北,炎帝在旧都陈,地在南,故黄帝此时,欲兼并四方,首当合同种之国为一,而后南向以争殖民地……及与炎帝战于阪泉之野,三战而后得其志。夫曰得其志,则黄帝之谋炎帝也外矣。盖普鲁士不合日耳曼列邦为一统,不能大胜法兰西也。"[1]

夏曾佑肯定了黄帝与炎帝阪泉之战的存在,而且是发生在涿鹿大战之前。

李学勤主编的《中国古代文明与国家形成研究》第二章第一个标题,即是"阪泉之战"。李学勤等考证说:阪泉之战的传说由来已久,后来司马迁曾"西至崆峒、北过涿鹿、东渐于海、南浮江淮",收集古史传说,据古文并诸子百家论说,择其言语典雅者,故著为《五帝本纪》,在《史记》百三十篇之首,较详细地记述了阪泉之战的过程……黄帝、炎帝的远祖是从同一个母氏族中分裂出的女儿氏族,分别居于姬水和姜水。据考姬水很可能就是源于今陕西麟游西偏北杜林、于武功入渭的漆水。姜水在今陕西境内的渭水上游,今宝鸡尚有清姜河。在漫长的历史进程中,分裂出很多新的氏族、部落,散布到广阔的中华大地,成长为两个"异姓""异德""异类"的古族。距今5000年前的黄帝、炎帝,就是其中东向发展的两个支系。[2]

李学勤等认为,联系阪泉之战虽经再三较量,却没有残酷杀戮的记忆,而且通过较量

---

[1] 夏曾佑:《中国古代史》第13—14页,岳麓书社,2010年新版。
[2] 李学勤主编:《中国古代文明与国家形成研究》第216—217页,云南人民出版社,1998年版。

归于相亲，共同对付所谓"作乱"的蚩尤，也应与他们属于远缘亲属部落有关。所以黄帝、炎帝为"同胞兄弟"或黄帝、炎帝两族先祖为"同胞兄弟"的传说，不足以否定阪泉之战的历史真实性。相反，它表明最早一批通过相争相亲建立联盟者，是在血缘和文化传统上有一定渊源的部落……阪泉之战是部落联盟形成和扩大过程中一次有代表性的战争，从而也成为这一历史进步的标志。①

我们认为，李学勤等上述对阪泉之战的考证，是比较符合客观的。

梁聚五则考证说："榆冈既衰微，而且无道，不但先入黄河流域之君长蚩尤，应当向他进攻，就是后来跨进黄河流域之一群，也不肯放过这良好机会的。《史记》说：'轩辕教熊、罴、貔、貅、䝙、虎，以与炎帝战于阪泉之野，三战然后得其志。'得其志，就是打败炎帝榆冈。"②

从中国史籍资料看，炎帝无道未见诸记载，炎帝衰微可能是年龄偏大而力不从心吧，也就是史籍记载的"诸侯相侵伐，虐百姓，而神农氏弗能征"。炎帝要比同时代的黄帝、蚩尤要年长得多。

如前所述，阪泉之战是同一部族的黄帝与炎帝的战争，没有蚩尤部族的参战。正如罗琨在《阪泉之战与涿鹿之战在中华文明形成过程中的历史地位》一文中说："黄帝、炎帝的阪泉之战是华夏集团内部争雄争长的战争。有人说他们既然都是少典和矫氏之后，同源共祖，阪泉之战不可能发生在炎、黄之间，这实是历史的误会。因为，第一，阪泉之战距离这两个部落的先祖从同一母系氏族中分离出来，又沿着不同路线东迁的时代已非常遥远了。这时私有财产的发展已经瓦解了血缘亲属同生共死的古老团结，远缘亲属部落为争雄而战，在英雄时代应不足为奇。第二，这场战争在传说中虽有反复较量，"三战，然后得其志"，却没有残酷杀戮的记忆，也可证明是一场内部争雄的战争。战争以黄帝胜利而告终。此后，炎黄两个部落连同他们的从属部落一起形成了一种超越亲属部落联盟的共同体雏形，拉开了英雄时代，亦即黄帝时代的帷幕。华夏集团正是在这个基础上日益强大起来。"③

二、阪泉之战的遗址在涿鹿

那么，黄、炎阪泉之战的地址在何处呢？《中国军事通史》认为学术界尚未有定论，应有河北西北部的"涿鹿说"、河北中部的"中冀说"、河北南部的"巨鹿说"，或其附近的"延庆说"等，还有在江苏徐州的"彭城说"等。而根据大多数史籍记载，我们趋向于阪泉河北西北部的"涿鹿说"。而从学术界来看，持"涿鹿说"是主流。

我们看中国史籍是怎样记载的。

---

① 李学勤主编：《中国古代文明与国家形成研究》第219—224页，云南人民出版社，1998年版。
② 梁聚五：《苗族发展史》第17—18页，贵州大学出版社，2009年版。
③ 罗琨：《阪泉之战与涿鹿之战在中华文明形成过程中的历史地位》，载《先秦史研究动态》1996年第1期。

《史记·五帝本纪·集解》:"涿鹿,山名,在涿郡。""涿鹿在上谷。"

《太平寰宇记》:"涿鹿山下有涿鹿城,城东二百步有阪泉。"

《后汉书·郡国志》:"《帝王世纪》曰:黄帝所都,有蚩尤城,阪泉地,黄帝祠。"

《魏土地记》:"下洛城东南六十里有涿鹿城,城东一里有阪泉,泉上有黄帝祠。"

《水经注》:"涿水出涿鹿山,世谓之张公泉,东北流经涿鹿县故城南……黄帝与蚩尤战于涿鹿之野而邑于涿鹿之阿即是处也。其水又东有阪泉水合,水导源县之东泉……涿水又东北经亭北而东北入漯水。"

上述诸多史籍记载,足见阪泉即在涿鹿。

李先登写了《黄帝是信史 帝都在涿鹿》一文,他说:"黄帝时期的两次大事,一件是与炎帝之间的阪泉之战。根据实地考察与研究,阪泉在今河北省涿鹿县矾山镇西南上七旗村口,位于黄帝城遗址西南3公里处。另一件是黄帝在涿鹿之野擒杀蚩尤……根据学界历来们研究就在今河北省涿鹿县城东南的矾山镇地区。这一点不仅在学术界没有歧义,而且业已被新中国成立以来的考古调查所证实。"[1]

三、也有说败退的炎帝族向黄帝族求救

中国史籍记载资料中,也有说向西北败退的炎帝族,同时向同集团的黄帝族求救。

《逸周书·尝麦篇》:"蚩尤乃逐帝,争于涿鹿之河,九隅无遗。赤帝大慑,乃说于黄帝。执蚩尤,杀之于中冀。"

《庄子·盗跖·释文》:"榆罔与黄帝合谋,击杀蚩尤。"

到底是向西北败退的炎帝在阪泉遭遇黄帝族,黄帝"三战,然后得其志",或是炎帝族为了维持生存,遂向同集团的黄帝族求援?从大多中国史籍记载资料看,我们也与大多数学者一样,倾向于前者。也有学者倾向于后者,认为被蚩尤打败的炎帝向黄帝求救,黄帝为了维护华夏集团的整体利益,就答应炎帝族的请求。

郑洪春在《炎黄二帝的历史功绩及意义》中说:"炎黄二帝时代,为了本部落的生存,不断向外发展……蚩尤是大体居住在今山东、江苏北部一带地区九黎族的首领,他联合80多个小部落组成联盟,相继兼并了周围附近部落后,向北发展,进入黄河中下游地区,遇到了由渭水向东发展的炎帝族部落而发生冲突,结果炎帝族败北,被驱逐到桑干河流域。炎帝并不甘心失败,炎帝凭借他与黄帝的关系,向黄帝求助支援,炎黄两部落结成联盟,共同对

---

[1] 李先登:《黄帝是信史 帝都在涿鹿》,载《先秦文化研究动态》1996年第1期。

付蚩尤。当蚩尤率其联合部众向空桑（今河南开封陈旗镇）进发到涿鹿（今涿鹿县）时，黄炎二帝联合部落向蚩尤九黎部落发动猛攻。"①

也有说阪泉之战发生在涿鹿大战之后的，是黄帝、炎帝打败蚩尤后，为争盟主地位而发生的。但因资料证据不足，故不能成立矣。

总之，阪泉之战促成了黄、炎联盟；阪泉之战的遗址在涿鹿；无论是黄帝"三战得其志"，或是炎帝向黄帝求救，反正在涿鹿大战之前，黄帝、炎帝两大部落联合起来了。

---

① 郑洪春：《炎黄二帝的历史功绩及意义》，载《先秦史研究动态》1996年第1期。

〇一三 部落战争（三）[①]

涿鹿大战

中国有文字记载的第三场部落战争，即是黄帝、炎帝与蚩尤涿鹿大战。在涿鹿大战之前，虽已发生蚩尤逐炎帝出九隅之战和黄、炎阪泉之战，但真正打开战争这个"潘多拉"魔盒的，是涿鹿鏖兵—黄帝炎帝与蚩尤涿鹿大战，这称得上是揭开中国古代战争史帐幕的一战，它最终决定了谁是中原的主人，也决定了中国后来的历史发展格局。

《史记·五帝本纪》："黄帝，少典之子也，曰轩辕。"黄帝"而邑于涿鹿之阿，迁徙往来无常处，以师兵为营卫"。

《史记·三皇本纪》注释："炎帝黄帝皆少典之子，其母又皆有娲氏之女……黄帝之母又是神农母。"

《山海经·西山经》："又西四百八十里，曰轩辕之丘。"郭璞注："黄帝居此丘，取西陵氏女，因号轩辕丘。"

《穆天子传》："天子生于昆仑之丘……知帝即黄帝。"

《国语·晋语四》："昔少典氏娶于有蟜氏，生黄帝、炎帝。黄帝以姬水成，炎帝以姜水成。成而异德，故黄帝为姬，炎帝为姜。"

以上文献记载告诉我们，"黄帝，少典之子"，生于"昆仑之丘"，"炎帝黄帝皆少典之子""黄帝以姬水成，炎帝以姜水成""黄帝为姬姓，炎帝为姜姓"。可知姬姜二帝同出于西部少典氏，黄帝与炎帝同属于一族，同起源于西北高原的西羌或氐羌。

王钟翰主编的《中国民族史》中考证说：氐羌与炎帝、黄帝有密切的渊源关系。章太炎在《检论·序种姓》中已指出："羌者，姜也。"后来傅斯年在《姜原》中进一步论证："地

[①] 本文原题目为《中国古代的三场部落战争》，系作者承担的国家社科基金项目《我国典籍载苗族早期历史资料整理与研究》（批准号：11btq017）的研究成果之一。

望从人为羌字，女子从女为姜字。"顾颉刚在《九州之戎与戎禹》中更指明："姜之与羌，其字出于同源，盖彼族以羊为图腾，故在姓为姜，在种为羌。"①

徐旭生在《中国的古史传说时代》中考证说："黄帝族的发祥地，在今陕西黄土高原上，畔姬水，得姬姓。炎帝族则在今陕西境内渭河上游，畔姜水，得姜姓。此后，两族中各有一部渐地东移，炎帝族顺着渭水、黄河两岸，一直发展到今河南及河北、山东三省的交界地域。黄帝族顺着北洛水、渭水及黄河北岸，随着中条山、太行山脉，直到今北京附近。"②

范文澜在《中国通史简编》中也考证说："黄帝族原先居住在西北方，据传说，黄帝曾居住在涿鹿地方的山湾里，过着往来不定迁徙无常的游牧生活。"③

李学勤主编的《中国古代文明与国家形成研究》说："《国语·晋语四》有昔少典氏娶于有蟜氏，生黄帝、炎帝。黄帝以姬水成，炎帝以姜水成。成而异德，故黄帝为姬，炎帝为姜……可知黄帝、炎帝的远祖是从同一个母氏族中分裂出的女儿氏族，分别居于姬水和姜水。据考姬水很可能就是源于今陕西麟游西偏北杜林、于武功入渭的漆水。姜水在今陕西境内的渭水上游，今宝鸡尚有清姜河。"④

由此可以看出，中国史籍记载及学人考证，黄炎部族发祥于西部。在涿鹿大战前，黄帝部族已迁徙至燕山以南地区，即今河北涿鹿一带，过着往来不定迁徙无常的游牧生活。

《山海经·西山经》："海内昆仑之墟，在西北，帝之下都。""西南四百里曰昆仑之丘，是惟帝之下都。"

《庄子》："昆仑之墟，黄帝之所休。"

《淮南子》高诱注："昆仑墟中有五城十二楼。"

《搜神记》："昆仑之墟，地首也，是惟帝之下都。"

《史记·五帝本纪》：黄帝族"迁徙往来无常处，以师兵为营卫"。"有土德之瑞，故称黄帝"。

《史记》注释："有土德之瑞，土色黄，故称黄帝。"

上述记载资料又告诉我们，黄帝起于西北，首建墟、都于昆仑。而土色黄，黄色之土乃游牧之地西北黄土高原。诚如萨维纳在《苗族史》中所说："最初的华族是流浪的流牧部族，他们以畜牧、打猎、捕鱼为生；接着是血亲关系和同盟者组成的半游牧部族，他们已经有了一些固定土地和草场；最后他们定居在一片土地上，由一个共同推举的大首领统治，建立了叫华夏的国家，部落联盟是这样的国家，各部族的酋长成了诸侯。那么，华夏又是从哪

---

① 王钟翰主编：《中国民族史》第99页，中国社会科学出版社，2010年版。
② 徐旭生：《中国的古史传说时代》第5页，文物出版社，1985年版。
③ 范文澜：《中国通史简编》第90页，人民出版社，1965年版。
④ 李学勤主编：《中国古代文明与国家形成研究》第216页，云南人民出版社，1997年版。

里来的呢？他们又是如何迁徙的呢？极有可能，几乎可以肯定，他们来自西北方，顺着渭河，沿黄河南岸直到迁徙到淮河流域，正是在那里，他们遇到了另一个人群——苗族。"①

何捷在《华夏始祖黄帝》中也考证说："黄帝出生于黄土高原，其黄帝部族均为黄种人群，加之黄河带着黄色之水从黄土高原流过，因此，其先民们认为这些黄土、黄水就是他们繁衍生息、土生土长之源，故而崇拜黄土、黄水的颜色……黄帝生而具土德，土为黄色，部落首领自称帝，故而其名为黄帝。"②

徐旭生在《中国古史的传说时代》中还说："综括说起，华夏集团发祥于今陕西省的黄土高原上，在有史以前已经渐渐地顺着黄河两岸散布于中国的北方及中部的一部分地区。"③

以上史籍记载资料及学人研究考证资料，将黄帝族的源流和先前的活动范围说得很清楚了。黄帝起于西北，与炎帝同源，是流牧部族。距今5000年前，黄帝、炎帝，是同源向东发展的两个支系。他们向东发展挺进中原时，在那碰到了苗族的先民——蚩尤所统领的"东蒙"人九黎部族集团。

如前所述，九黎部族是神州之土著，是最先进入中原的原始部族，炎帝族后来也进入了中原地带，为了争夺中原这块肥沃的土地，先是发生了蚩尤逐炎帝出九隅之战，炎帝向西北败退，在阪泉又遭遇与黄帝之战，黄帝"三战得其志"。黄、炎阪泉之战，最终促成黄、炎联盟，共同对抗强大的九黎部族，并最终导致在今河北涿鹿，发生了著名的决定中国后来走势的涿鹿大战。

中国史籍记载涿鹿大战的资料相对较多，我们分门别类加以整理和研究。

一、涿鹿大战的起因和地点

涿鹿大战是在什么背景下发生的，也就是说，是什么原因促成了揭开中国古代战争史序幕的涿鹿大战？中国史籍记载资料比较多，也比较混乱，史学家考证也是仁者见仁，智者见智。

我们认为，是因为先后崛起的几大部落为了争夺中原这块肥沃的土地，强大的蚩尤部族打败炎帝部族后，踌躇满志，主动向黄、炎部族发起进攻，最后在黄帝的老巢涿鹿遭受败绩，蚩尤被擒杀。涿鹿大战是一个分水岭，至此形成了中国国家后来发展的历史格局。

涿鹿大战的起因，我们来看中国史籍是怎么记载的？

《史记·五帝本纪》："轩辕之时，神农氏衰，诸侯相侵伐，暴虐百姓，而神农氏弗能征。于是轩辕乃习用干戈，已征不享，诸侯咸来宾从。而蚩尤最为暴，莫能伐。

---

① 萨维纳：《苗族史》第143—144页，贵州大学出版社，2009年版。
② 何捷：《华夏始祖黄帝》第21页，贵州出版集团，2010年版。
③ 徐旭生：《中国古史的传说时代》第48页，文物出版社，1985年版。

炎帝欲侵陵诸侯，诸侯咸归轩辕。轩辕乃修德振兵，治五气，蓺五种，抚万民，度四方，教熊罴貔貅䝙虎，以与炎战于阪泉之野，三战，然后得其志。蚩尤作乱，不用帝命，于是黄帝乃征师诸侯，与蚩尤战于涿鹿之野，遂擒杀蚩尤。而诸侯咸尊轩辕为天子，代神农氏，是为黄帝。天下有不顺者，黄帝从而征之，平者去之，披山通道，未尝宁居。""黄帝邑于涿鹿之阿，迁徙往来无常处。"

《太平御览·黄帝轩辕氏》："蚩尤有兄弟八十一人，并兽身人语，铜头铁额，食沙石子，造立兵杖刀戟大弩，威震天下。诛杀无道，不仁不慈，万众欲令黄帝行天下事。黄帝仁义，不能禁止蚩尤，遂不敌，乃仰天长叹。天遣玄女授黄帝兵信神符，制服蚩尤，以制八方。蚩尤殁后，天下复扰乱不宁，黄帝遂画蚩尤像，以威天下，天下咸谓蚩尤不死，八方万邦皆为殄伏。"

《竹书纪年》："蚩尤……好兵喜乱，作刀戟大弩，以暴虐天下，并诸侯无度。炎帝榆罔不能制之，令居少昊，临西方。蚩尤益肆其恶，出洋水，登九淖，以伐炎帝榆罔于空桑，炎帝避居涿鹿。轩辕乃征师诸侯，与蚩尤战于涿鹿之野。"

可以看出，上述史料把战争起因归于"蚩尤最为暴，莫能伐""诛杀无道，不仁不慈""好兵喜乱"；而歌颂"黄帝仁义""修德振兵，治五气，蓺五种，抚万民，度四方""万众欲令黄帝行天下事"。很明显，这是"胜者为王、败者为寇"的记录。虽歌颂胜者黄帝、贬毁败者蚩尤，但上述史料还是向我们透露了许多历史信息。

司马迁说，"轩辕之时，神农氏衰，诸侯相侵伐"，是说轩辕黄帝崛起之时，神农炎帝已经衰退了，各大小部落之间相互侵伐和吞并。"蚩尤最为暴，莫能伐"大概是说，当时蚩尤所统领的九黎部族最为强大，谁都战胜不过他。"蚩尤作乱，不用帝命。"司马太史令的记载是带有倾向性的。蚩尤与炎帝、黄帝的征战，是部落之间为了扩大自己的土地和势力范围而发生的战争，何来的"蚩尤作乱"？当然也可以理解为蚩尤进攻炎帝、黄帝为"作乱"。当时各部落之间互不统属，互相征战，何来的蚩尤"不用帝命"？"黄帝邑于涿鹿之阿，迁徙往来无常处。"大概是说黄帝游牧于涿鹿一带，在涿鹿建邑居住。"与蚩尤战于涿鹿之野，遂擒杀蚩尤。"司马太史令明白告诉我们，战争是在黄帝老巢涿鹿打响的，最终是"黄帝擒杀了蚩尤"。

《太平御览·黄帝轩辕氏》记载的"蚩尤有兄弟八十一人……造立兵杖刀戟大弩，威震天下"，大概是说蚩尤统领的九黎部落人口众多，由81个兄弟氏族组成联盟，造的兵器有杖、刀、戟、大弩等，威震天下，所向披靡。"黄帝……不能禁止蚩尤，遂不敌，乃仰天长叹。"这大概是说，黄帝眼看蚩尤的势力越来越大，占领的地方越来越宽广，又感觉到自己的势力敌不过蚩尤，打不过他，只能对天叹息了。

《竹书纪年》记载的"蚩尤……好兵喜乱，作刀戟大弩，以暴虐天下，并诸侯无度"，可能是说强大的蚩尤部族兵力多，拥有刀、戟、大弩等较为先进的武器，横霸天下，兼并的中小部族无数。"炎帝榆冈不能制之。"可能是说炎帝榆冈根本不是蚩尤的对手。"蚩尤益肆其恶，出洋水，登九淖，以伐炎帝榆冈于空桑，炎帝避居涿鹿。轩辕乃征师诸侯，与蚩尤战于涿鹿之野。"这大概是说，蚩尤依仗强大的兵力和先进的武器，从洋水出发，经过九淖，打败炎帝榆冈于空桑，炎帝逃到涿鹿。涿鹿是黄帝族的据点，蚩尤追到涿鹿，黄帝动员了许多部族与蚩尤大战于涿鹿这块地方。

孟世凯在《从"涿鹿之战"看涿鹿》一文中考证说："黄帝、炎帝、蚩尤以前，遍布于祖国大地的大大小小的氏族、部落，已在多种形式地组合，以地域为主的部落联盟相继产生。这些部落联盟都有自身特点的文化……其后伴随着黄帝部落联盟的发展壮大，向南进入中原地区，在黄河中、下游的氏族、部落先后加盟黄帝部落，最后形成最早的华夏部落联盟。"[①]

综上可以看出，发生在黄、炎与蚩尤之间的涿鹿大战，是黄炎与蚩尤两大部落联盟为了扩大自己的土地和势力范围而发生的战争，大家都是为了争取本族团的生存空间，都是为了争夺适于放牧和浅耕的土地。当时蚩尤部族强于黄、炎部族。蚩尤先是打败炎帝，可能是追逐炎帝至涿鹿，涿鹿是黄帝老巢，在那里发生了一场恶战，最后拥有先进武器且兵力强过黄帝的九黎部族，却打了一个大败仗，其首领蚩尤都被擒杀了。著名的涿鹿大战是在黄帝的老巢涿鹿开战，黄帝打败蚩尤后才进入中原地区。

二、战争双方兵力和武器

根据中国史籍资料记载和学人考证，涿鹿大战的双方，兵力或武器上，大概是这样的。我们首先看蚩尤九黎部族方面：

《吕氏春秋·荡兵》："未有蚩尤之时，民固剥林木以战矣，胜者为长。"

《尸子·地数》："造冶者，蚩尤也。"

《世本·作篇》："蚩尤以金作兵。"

《龙鱼河图》：蚩尤"造立兵杖、刀、戟、大弩，威震天下"。

《管子》："蚩尤受葛卢之金而作剑铠矛戟。"

《公羊》："甲午祠兵。祠者，祠五兵：矛、戟、剑、盾、弓矢，及祠蚩尤之造兵者。"

《春秋·元苞命》："蚩尤虎卷威文立兵。"

以上记载，大概是说蚩尤之前，民固剥林木以战，蚩尤最先发明冶炼，提炼金属，蚩尤部族的军队，已经是"以金作兵"，有矛、戟、剑、盾、弓等利器。正如夏曾佑在《中国

---

① 孟世凯：《从"涿鹿之战"看涿鹿》，载《先秦文化研究动态》1996年第1期。

民族史》中说："夫蚩尤受金，作兵，伐黄帝。是地质学家所谓铜刀期矣。"①

蒋志华主编的《中国世界部落文化》说："蚩尤得到青铜制造的锋利兵器后开始大肆扩张和掠夺。这个时间大抵还在新石器时代，其他部落的武器还只是一些石器和木器，蚩尤部族的战斗力当然要强过他们许多。蚩尤部落在战斗中不但使用铜兵器，还用些铜块铜片包在头上，成了最原始的头盔。也许在与黄帝打仗的时候，他们还用头上的铜片像牛角一样抵人，于是就有人说他们是'铜头铁额'。因此，其他部落都对蚩尤又恨又怕。以致到了后来都把他们当作一种可怕的怪物。"②

《龙鱼河图》："蚩尤有兄弟八十一人，并兽身人语。"

《国语·楚语》注曰："九黎，黎氏九人，蚩尤之徒也。"

《鹖冠子·世兵》中说："黄帝百战，蚩尤七十二。"

《通典·乐典》："蚩尤氏帅魑魅与黄帝战于涿鹿，帝令吹角，作龙吟已御之。"

《路史》："蚩尤乃驱魍魉，以肆志于诸侯。"

《史记·五帝本纪》索隐引服虔："魑魅，人面兽身四足，好惑人。"

上述记载，大概是说蚩尤部族的军队，除有九九八十一个兄弟氏族，还有魑、魅、魍、魉等山精水怪，可能是一些小的氏族，可谓人数甚多。正如段宝林教授在《蚩尤考》中说：蚩尤九黎部落亦曾居住在山东、河南、河北一带，他们有很多部落，也有许多图腾，"兄弟七十二人"或"八十一人"，正是说明其联盟中部落氏族之多。③侯哲安先生在《中国南方古代传说人物考》中说："九黎者，形容其参加联盟者之多，蚩尤有兄弟八十一人，或曰七十二人，也说大夫七十二人，即由八十一个或七十二个部落首领所组成。"④

我们再看黄帝部族方面：

《越绝书》："黄帝之时，以玉作兵。"

《易经》："黄帝弦木为弧，炎木为矢。"

《越绝书》记载"黄帝以玉作兵"，玉即是石，是坚硬的石头，诚如范文澜在《中国通史简编》中说："古书中有关黄帝的传说特别多，如用玉（坚石）作兵器……"⑤《易经》记载："黄帝弦木为弧。"说明黄帝部族是以木石制作兵器的。

---

① 夏曾佑《中国民族史》第14—15页，岳麓书社，2010年版。
② 蒋志华主编：《中国世界部落文化》第11页，时事出版社，2007年版。
③ 段宝林：《蚩尤考》，载《民族文学研究》1998年第4期。
④ 侯哲安：《中国南方古代传说人物考》，见贵州省民族研究所编《民族研究参考资料》第6辑。
⑤ 范文澜：《中国通史简编》第90页，人民出版社，1965年版。

夏曾佑在《中国民族史》中就说："而吾族剥林木以为兵，铜木之间，利钝殊焉。蚩尤胜而黄帝败，殆无疑义。然而成败相反，此何故哉？"[1]在夏曾佑看来，应是拥有先进武器的蚩尤胜黄帝，然而成败却相反，而以木石为兵器的黄帝反而胜了以金作兵的蚩尤。

《史记·五帝本纪》：黄帝"教熊罴貔貅䝙虎……与蚩尤战于涿鹿之野"。
《竹书纪年》："黄帝轩辕氏……攻蚩尤，战虎豹熊罴四兽之力。"
《路史》："熊罴貔貅以为前行，雕鹖雁鹊以为旗帜……"
《列子·黄帝篇》：黄帝"帅熊罴狼豹䝙为前驱，以鹛鹖鹰鸢为旗帜"。
《太平御览》："黄帝以雷精起。""轩辕，主雷雨之神也。"

上述记载，大概是说黄帝的军队，除熊、罴、貅、貂、虎等氏族外，还有八方鬼神和野兽，大概是黄帝动员了众多的小部落氏族参战。黄朴民在《涿鹿之战论析》中明确说："在战争双方的整体实力上，蚩尤部族曾处于明显的优势地位。"[2]

综上我们可以看到，中国史籍记载著名的涿鹿大战，无论是兵力或是武器上，蚩尤部族都强过黄帝部族。无论是蚩尤或黄帝，都神通广大，能指挥天神下来，帮助自己以制服对方。残酷激烈的部族战争，被蒙上了神秘色彩，这正是古人思想状况的反映。上古人想象他们的首领或酋长，就是具有这样神一般的威力。

正如钱穆在他系列作品《黄帝》中说，据说山上骤发大水，金属矿随水流出，蚩尤得到它制造兵器。一个强悍好斗的部族，又有犀利的兵器，对于当时的骚扰，可想而知：人们也把他们看成一种恐怖的怪物。后来的传说中，他们就真成了怪物。他们似乎有许多部落，酋长都叫蚩尤，于是后来就传说他兄弟八十一人。他们或者身上雕着花纹和穿着奇特的衣服，于是就说他们"兽身人语"。他们战斗时或者用铜块铜片保护头部，有简单的头盔，于是就传说成"铜头铁额""牛耳，鬓如剑戟，有角。与轩辕斗，以角抵人"等等说法，不一而足。

三、由于实力悬殊，大战初期黄帝曾九战九不胜

黄帝战胜蚩尤并非轻而易举。史籍记载黄帝曾九战九不胜，大战初期老是打败仗。

《太平御览》："黄帝与蚩尤九战九不胜，黄帝归于大山，三日三夜，雾冥。"
《路史·后记蚩尤传》："三年九战，而城不下。"

---

[1] 夏曾佑：《中国民族史》第15页，岳麓书社，2010年版。
[2] 黄朴民：《涿鹿之战论析》，载《先秦文化研究动态》1996年第1期。

上述记载大概是说，黄帝经多次与蚩尤正面交锋，都胜不了蚩尤。于是，黄帝躲在大山中去，三天三夜都睡不着觉，也可能是黄帝在苦苦寻思战胜蚩尤的谋略。三与九是形容词，就是说黄帝经过多次交锋，就是攻不破蚩尤的阵营，而且老是败下阵来。

对此，袁珂考证说："战争进行的开始，果然表现出了蚩尤方面的强悍，黄帝虽然有一群野兽冲锋陷阵，又有四方的鬼神和下方一些勇敢的氏族来帮他的忙，究竟也还不是蚩尤的敌手，所以连吃了好几个败仗，情形是相当狼狈的。"袁珂强调说："由于蚩尤冒了炎帝的名号，所以黄帝和蚩尤的这场战争，有人竟把它当作是黄帝和炎帝的战争了，其实这是弄错了的。"①

《广博物志》引《玄女法》云："蚩尤幻变多方，征风召雨，吹烟喷雾，黄帝师众大迷。"

《太平御览》引《志林》："黄帝与蚩尤战于涿鹿之野，蚩尤作大雾，弥三日，军人皆惑，黄帝乃令风后作指南车以别四方。"

《舆服志》："指南车，上有仙人，车虽转而手常南指。"

《春秋元命苞》："蚩尤作雾，黄帝作指南车。"

这大概是说，蚩尤变幻多方，他能征风召雨、吹喷烟雾，使黄帝的军队在战场上困顿迷惑起来，处于一种被动挨打的局面。

对此，袁珂也考证说："当双方的军队在原野上战斗正酣的时候，蚩尤不知弄了一种什么魔法，造起了漫天遍野的大雾来，把黄帝和他的军队团团围困在核心，不辨东西南北方向。在这一片白茫茫的大雾中，一个个铜头铁额、头上生角的蚩尤士兵就更加可怕了。他们在雾中或隐或显，时出时没，逢人便砍，见人便杀，只杀得黄帝的军队马嘶人叫，虎窜狼奔……正当黄帝愁眉不展的时候，他的一个名叫风后的臣子……很快为黄帝做了一辆指南车。这车子的前面，有一个铁制的小仙人，伸出手臂，正指向南方。靠了这辆车子的引导，黄帝才能率领着他的军队，冲出大雾的重围。"②

李发刚在《蚩尤文化概要》中说："蚩尤发现发明了金属冶炼和金属兵器的制造，在战争史上应重书一笔。先秦史官修撰的《世本·作篇》记载'蚩尤以金作兵'。翦伯赞在《中国史纲要》中亦写道：'据说蚩尤以金作兵，是金属冶炼的最早发明者'。这些表明，蚩尤部落用金属铜生产、制造的剑、铠、戟、刀和大弩等兵事利器，是当时战场上未曾出现过的先进兵器，在战争中蚩尤部落以此发挥了前所未有的战斗力。武器的先进水平直接决定了当时生产力发展的先进水平，如果没有金属铜的出现，何谈先进的铜兵器。正是武器性能的提高而使战斗力骤然提升，蚩尤部落在战争中方能遥遥领先。"

---

① 袁珂：《中国神话传说》第185页，中国民间文艺出版社，1984年版。
② 袁珂：《中国神话传说》第185页，中国民间文艺出版社，1984年版。

《中国那些事儿·夏商周》也考证说："蚩尤与黄帝各率大军在涿鹿展开激战。蚩尤的部下奋勇杀敌，将黄帝麾下的熊、虎、狼、豹和各路天神打得溃不成军。蚩尤伺机而动，从鼻孔中喷出阵阵浓黄的烟雾，固住黄帝的兵马，蚩尤的手下乘机率领着苗民与鬼怪，扑入黄帝的兵营大肆屠戮。黄帝的部队被漫天浓雾围困，束手无策，只能眼睁睁看着对方的兵刃飞来。黄帝急了，不停高叫：冲啊！冲出雾阵！可是漫天遍野都弥漫着浓雾，人们分不清东西南北。"①

从上述史料记载及专家考证看，涿鹿大战初期，由于双方势力之悬殊，黄帝总是打败仗，黄帝不得已逃到"大山"里去。蚩尤军队强悍，蚩尤变幻多方，有征风召雨、吹喷烟雾的本领，使得黄帝的军队在战阵中困顿迷惑，一筹莫展。是黄帝阵营的风后发明了指南车，黄帝才能率领着他的军队，冲出蚩尤的重重包围。这虽然是以神话的方式记载下来的，但由于双方力量之悬殊，中国史籍披露出战争初期黄帝老打败仗，这应该是真实的。诚如郭沫若在《中国史稿》中说："据说'蚩尤作兵'，武器较好，又是在优势条件下同黄帝开战的，因而黄帝开始处于守势。"②

四、黄帝得天玄女和应龙帮助，转败为胜，擒杀蚩尤

中国史籍资料记载，屡遭失败的黄帝后来得天玄女和应龙的帮助，才转败为胜，最终擒杀了蚩尤。

> 《黄帝玄女战法》："黄帝与蚩尤九战九不胜。有妇人人首鸟形，是为玄女，授黄帝战法。"
>
> 《龙鱼河图》："天遣玄女下授黄帝兵信神符，制服蚩尤。"
>
> 《史记·正义》引《龙鱼河图》："天遣玄女下授黄帝兵符，伏蚩尤。"
>
> 《太平御览》引《黄帝玄女战法》："有一妇人，人首鸟形，黄帝稽首，再拜伏不敢起。妇人曰：'吾玄女也，子欲何问？'黄帝曰：'小子欲万战万胜。'遂得战法焉。"
>
> 《天中记》引《黄帝内传》："黄帝伐蚩尤，玄女为帝制夔牛，鼓81面，一震500里，连震3800里。"
>
> 《山海经·大荒北经》："蚩尤铜头啖石，飞空有险，以夔牛皮为鼓，九击止之，尤不能飞走，遂杀之。"
>
> 《山海经·大荒东经》："东海中有流波山，其上有兽，壮如牛，苍身而无角，一足，出入水则必风雨……黄帝得之，以其皮为鼓，橛之以雷兽之骨，声闻500里。"郭璞注："雷兽即雷神也。"

---

① 《中国那些事儿·夏商周》第46页，云南人民出版社，2017年版。
② 郭沫若：《中国史稿》第123页，人民出版社，1976年版。

《山海经·大荒北经》:"应龙蓄水,蚩尤与风伯雨师纵大风雨,黄帝乃令天女曰魃雨止,遂杀蚩尤。"

《山海经·大荒东经》:"应龙处南极,杀蚩尤与夸父。"

"天遣玄女下授黄帝兵符,伏蚩尤""玄女为帝制夔牛""应龙处南极,杀蚩尤与夸父""应龙蓄水,蚩尤与风伯雨师纵大风雨,黄帝乃令天女曰魃雨止,遂杀蚩尤"等记载,可知黄帝得天玄女和应龙的帮助,才转败为胜,最终擒杀蚩尤。

对此,梁聚五在《苗族发展史》中考证说:"具有三大发明天才的蚩尤,率领铜头铁额的兄弟,负着刀、戟、大弩,而又能使用大雾、大风雨,以昏迷黄帝军士,必然歼灭不少敌人,赢得不少胜仗!然而成败相反……蚩尤失败了,蚩尤在中冀战死了……或云黄帝使应龙杀蚩尤,或云黄帝使玄女杀蚩尤,或云黄帝受玄女之兵符杀蚩尤。"①

秋阳在《蚩尤与中国文化》中考证说:"蚩尤的优势,概括起来,无非是两条:其一,其族善造兵器,号称'五兵',即戈、矛、戟、酉矛和夷矛;其二,蚩尤所统领的九黎族群,英勇善战,顽强拼搏,故而多次取胜。最后之所以失败,是因为黄帝得到'玄女'授以兵法,将蚩尤的战阵攻破。另有一说,在战争中,蚩尤作大雾,士兵皆迷,黄帝令风后(或玄女),作指南车,以示四方,遂杀蚩尤。可见,蚩尤与黄帝的对阵,各显神通。黄帝之所以擒住蚩尤,在很大程度上是凭借外力之助。"②

黄帝无论是得到天玄女和应龙的帮助,抑或是靠计谋,战争的最终结果是,黄帝部族获胜,强大的九黎部族战败了,其首领蚩尤被擒杀了。但涿鹿之战实为中华民族在发轫时期决定日后面貌的大事。倘若蚩尤得志,中国历史也许完全是另一回事了。

五、涿鹿大战惨烈无比,杀戮十分残酷

涿鹿大战之前的九隅之战,蚩尤部族将炎帝部族赶跑而以阪泉之战促成黄、炎联盟,这两场战争都没有留下血腥的记忆,涿鹿大战却惨烈无比,杀戮十分残酷。

《管子·地数篇》:"黄帝战涿鹿之野,流血百里。"

《庄子·杂篇》:"黄帝不能致德,与蚩尤战于涿鹿之野,血流百里。"

《庄子·盗跖篇》:"世之所高莫若黄帝,黄帝尚不能全德,而战涿鹿之野,流血百里。"

《绎史》引《黄帝内传》:"黄帝杀蚩尤,蚕神献丝,乃称织维之功。"

---

① 梁聚五:《苗族发展史》第60页,贵州大学出版社,2009年版。
② 秋阳:《蚩尤与中国文化》第43页,民族出版社,2015年版。

《史记》:"黄帝乃征师诸侯,与蚩尤战于涿鹿之野,遂杀蚩尤。"

《路史·后纪四》:"传战执尤于中冀而殊之,爰谓之解。"

《梦溪笔谈》:"解州盐泽,卤色正赤,里俗谓之'蚩尤血'。"

《史记·正义》引《龙鱼河图》:"傅战擒蚩尤于中冀,而诛之,爰谓之解。以甲兵释怒,用大政顺天思叙,记于太常,用名之曰绝辔之野,身首异处。"

《云及七笺》:"黄帝出兵伐蚩尤于绝辔之野,以铜鼓为警。"

《意林》:"白龙赤虎,战斗俱怒,蚩尤败走,死于鱼口。"

《广成子卷》:"蚩尤铜头啖石,飞空走险,以魌牛皮为鼓九击止之,尤不能飞走,遂杀之。"

《拾遗记》:黄帝"迁其民之善者于邹鲁之地,迁恶者于有北之乡"。

"黄帝战涿鹿之野,流血百里""黄帝乃征师诸侯,与蚩尤战于涿鹿之野,遂杀蚩尤""解州盐泽,卤色正赤,里俗谓之'蚩尤血'""用名之曰绝辔之野,身首异处",足见涿鹿大战之激烈和严酷性。这是蚩尤逐炎帝出九隅之战,黄帝、炎帝阪泉之战所没有的残酷记忆。

我们还特别注意到,黄帝对蚩尤九黎族的残酷屠杀,一些史籍对黄帝也颇有微词,明显地同情蚩尤。比如《庄子·杂篇》"黄帝不能致德",《盗跖篇》"黄帝尚不能全德""血流百里"等。

拥有九九八十一个兄弟和先进武器的蚩尤,是战死,是谋杀,或是另有别的原因,现在是难以考证了。总之,"逐鹿中原",蚩尤失败了。九黎部族因而最终遭致败绩,丧失了控制中原地区的历史性机遇。

黄帝"迁其民之善者于邹鲁之地,迁恶者于有北之乡",即把那些顺服的九黎部落安置在比较好的地方,而把那些顽抗的九黎部落迁徙到北方寒冷荒凉的不毛之地。

对此,梁聚五考证说:"这样看来,大家对蚩尤之死,都感觉有些神秘。这不一定注意他个人,而是注意他八十一个铜头铁额的兄弟和着他成千成万的徒步短兵,及一般拥戴他的九黎苗民。否则,蚩尤一死,战争即告结束。黄帝当着战争结束之日,应该不分畛域地发出安民布告,使战败国的士兵,也得解甲归农,饲养牲畜,种植植物,过着安定生活,以繁衍其子孙。殊黄帝计不出此。"梁聚五引用夏曾佑的话说:"迁其类之善者于邹鲁之乡,其不善者,以木械之,而命之曰民。己之族,则曰百姓。民之曰冥,言其未见仁道也。百姓,言天下之所生也。"[①]

六、黄帝遂画蚩尤像以威天下

黄帝不愧于是胜利者,蚩尤也不愧于是失败的英雄。中国史籍记载,蚩尤兵败被杀后,

---

① 梁聚五:《苗族发展史》第60—61页,贵州大学出版社,2009年版。

黄帝遂画蚩尤像以威天下。

《龙鱼河图》："伏蚩尤之后，天下复扰乱，黄帝遂画蚩尤像以威天下，咸谓蚩尤不死，八方皆殄灭。"

《管子·五行》："昔者黄帝得蚩尤而明于天道，得大常而察于地利，得奢龙而辨于东方，得祝融而辨于南方，得大封而辨于西方，得后土而辨于北方。黄帝得六相而天地治，神明至。"

这大概是说，黄帝擒杀强大的蚩尤后，人们都震惊了，天下又乱起来了，黄帝很佩服对手蚩尤，于是想出了一个办法，借蚩尤之威平天下，遂画蚩尤形象，并说蚩尤没有死。天下人都以为蚩尤还活着，并且还居于黄帝之幕府，于是八方万邦皆为弭服，不再起来造反了。

由此可见，蚩尤这位失败了的英雄，在天下人面前具有着崇高的威望和地位。黄帝这位胜利者，十分敬佩蚩尤，擒杀蚩尤后，还要借助蚩尤的威望来平天下。诚如唐善纯说：蚩尤以"作兵者""兵主"的身份，不仅在后世一直受人供奉，而且就在当时，也是被看成"不死"之神的。《太平御览》卷七九引《龙鱼河图》记载，黄帝得玄女兵信神符而擒杀蚩尤之后："天下复扰乱不宁，黄帝遂画蚩尤形象，以威天下，天下咸谓蚩尤不死。"可见蚩尤神威力之大，不只在九黎部落之内，而且八方万邦，对他都非常崇敬，使黄帝要画出他的神像来，才能服天下。[1]

前所述及，著名历史学家夏曾佑曾感叹说："夫蚩尤受金，作兵，伐黄帝。而吾族剥林木以为兵，铜木之间，利钝殊焉。蚩尤胜而黄帝败，殆无疑义。然而成败相反，此何故哉？"[2]在夏曾佑看来，该胜利的却失败了，该失败却胜利了，落后的部落打败了先进的部落。以金作兵的蚩尤被以木石作兵的黄帝打败了，这就是历史。5000年前的这一历史真实，或许有人异议，先进的部落怎么会被落后的部落打败呢？我们认为这是不足为奇的。犹如后来之刘邦打败项羽。历史就是历史。落后战胜先进，弱者打败强者，中外历史上比比皆是。这也说明，战争双方拼的不完全是实力，更重要的是智慧。

黄朴民考证黄帝转败为胜的原因时说："在涿鹿之战中，黄帝族及其炎帝族之所以由弱胜强，以少克众，反败为胜，取得最后的胜利，关键就在于其战争指导要比蚩尤部落来得高明卓越……蚩尤部族方面尽管兵力雄厚，兵器装备优于自己的对手，但由于一味迷信武力，连年对外扩张，侵凌其他部族（氏族），故国虽大，好战必亡。"[3]我们认为，黄朴民的考证虽然有现代分析的因素，但从根本上来说，应该是符合涿鹿之战胜败双方的实际情况的。

---

[1] 唐善纯：《原形是野水牛》，引于山川唐的博客。
[2] 夏曾佑：《中国民族史》第15页，岳麓书社，2010年版。
[3] 黄朴民：《涿鹿之战论析》，载《先秦文化研究动态》1996年第1期。

七、蚩尤桎梏化为枫木

据史籍记载，黄帝擒杀蚩尤之桎梏而化为枫木。

《云笈七签·轩辕本纪》："黄帝杀蚩尤于黎山之丘，掷械于大荒之中，宋山之上，后化为枫木之林。"

《山海经·大荒东经》："有宋山者，有赤蛇，名曰青蛇，有木生山上，名曰枫木。枫木，蚩尤所弃之桎梏，是为枫木。"

《山海经·大荒南经》："枫木，蚩尤所弃之桎梏，是为枫木。"郭璞注云："蚩尤为黄帝所得，械而杀之，已摘弃其械，化而为树也。"

上述记载可看出，蚩尤是神一般的人物，黄帝杀蚩尤掷械化为枫木之林，蚩尤所弃之桎梏，是为枫木，蚩尤为黄帝械而杀之，摘弃其械，化而为树也。远古华北平原枫木茂盛，北京西郊尚存大片枫木。枫树树干高大挺拔，苗汉先民古时视枫木为吉祥树，而蚩尤在苗汉先民心中形象高大，喻蚩尤为枫木，寄托哀思，崇拜蚩尤，推崇枫木，文献才留下这些记载。湖南城步苗族有祭"枫神"为人驱除疫鬼的习俗。祭祀时要人装扮成"枫神"，头上反戴铁三脚架，身上倒穿蓑衣，手持圆木棒，俨然说是铜头铁额的远祖蚩尤。黔东南苗族中流传着古老的《枫木歌》，说从枫木树心里生出"蝴蝶妈妈"，"蝴蝶妈妈"和"水泡"游方，生出12个蛋，最后从12个蛋中孵出苗族的始祖"姜央"。这首歌把苗族的始祖直接同蚩尤的化身"枫木"联系起来。

著名学者余秋雨在《爬脉梳络望远古》中考证说："据《山海经·大荒南经》及郑玄注，蚩尤被黄帝擒获后戴上了木质刑具桎梏（锁脚的部分叫桎，锁手的部分叫梏），从今天河北北部的涿鹿县，押解到今天山西西南部的运城地区。这条路很长，要穿过河北省的一部分，山西省的大部分，将近两千华里。蚩尤的手足，都被桎梏腐烂了，桎梏上渗透了血迹。为什么长途押解？为了示众，为了让各地异心归服。终点是现在运城南方，中条山北麓的一个地方，那儿是处决蚩尤的刑场。处决的方式是'身首解割'，因此这地方后来很长一段时间被称为'解州'。蚩尤被杀后，桎梏被行刑者取下弃之山野。这副桎梏本来已在长途押解中渗满血迹，此刻更是鲜血淋漓，它很快就在弃落的山野间生根了，长成一片枫林，如血似火。"[①]

八、秦始皇、刘邦、李世民尊蚩尤为"兵主"

据史籍记载，著名历史人物秦始皇、刘邦、李世民等尊蚩尤为"兵主"，即战争之神。

---

① 余秋雨：《爬脉梳络望远古》，载《当代贵州》2008年第7期。

《汉书·郊祀志》:"秦代祀东方八神将,三曰兵主祠蚩尤。"

《史记·封禅书》:"祀八神,三曰兵主,祀蚩尤。""天下已定……令祝官主蚩尤之祠于长安。""徇沛,为沛公,则祠蚩尤。"

《史记·高祖本纪》:"祭蚩尤于沛庭而衅鼓。""沛公祠黄帝蚩尤于沛庭旗帜皆尚赤。"

《汉书·地理志》:"宣帝在尤冢建蚩尤祠。"

《宋史·礼志》:"太宗征河东……祭蚩尤于玛牙。"

以上说明蚩尤作兵,善战,被秦始皇、刘邦、唐太宗尊之为"兵主"。秦始皇祀八神,第三为"兵主"蚩尤。刘邦夺取天下后首先祭蚩尤。唐太宗征河东前,先祭祀战争之神蚩尤。历代帝王为什么敬重涿鹿大战的失败者蚩尤,因为蚩尤领兵善战,或许在帝王们看来,蚩尤兵败被杀只是出于历史的偶然,在他们心中,蚩尤就是一个战神,就是一个了不起的民族英雄。

秋阳在《蚩尤与中国文化》中说:"蚩尤虽然战败了,但其所建的战功,不可磨灭。历史上曾经将黄帝和蚩尤的兵法合而成集,题目《黄帝蚩尤兵法》,以资借鉴;又有《蚩尤传》一书,记述其生平业绩,以为效法的楷模,可惜已经失传……蚩尤因其在战争中所显示的卓越才能,受到后世的尊崇,奉其为'兵主''战神',而敬重之,祭奠之。"[1]

李学勤主编的《中国古代文明与国家形成研究》说:"东夷之族以它高度发展的文化,在地区文化的交流、融合、组合和重新组合的过程中,起了重要作用,这就是在神话传说中蚩尤虽死犹生的根本存在。"[2] 这里的"东夷"应为"东蒙"。

《吕氏春秋·明理》:"有其狀若众植华以长,黄上白下,其名蚩尤之旗,类彗而后典,象旗。"

《隋书·天文志》:"旋星,散为蚩尤旗。""蚩尤旗如箕,可长三丈,末有星。"

由此可见,蚩尤还被后人奉为天上的星宿之一。王大友在《三皇五帝时代》中考证说:"蚩尤继承太昊伏羲的木星,少昊玄枵的金星水星观测系统,创立苍龙星座(木星、大火星)为主观测系统的天市垣星象坐标历法系统,完善了四陆二十八宿天象定位坐标。"[3] 蚩尤系上古"东蒙"伏羲太昊、少昊的族裔,他是否创立了苍龙星座并不重要,重要的是他被后人奉为天上的星宿之一。

唐善纯在《青鸟之所栖》中说:蚩尤在神话中也是耀眼的星星。"司兵之星名蚩尤。"(《经史答问》)天上的彗星被说成是"蚩尤之旗","蚩尤之旗,类彗而后曲,象旗,见则王者征

---

[1] 秋阳:《蚩尤与中国文化》第37页,民族出版社,2015年版。
[2] 李学勤主编:《中国古代文明与国家形成研究》第227—228页,云南人民出版社,1982年版。
[3] 王大友:《三皇五帝时代》(下册)第549页,中国当代经济出版社,2005年版。

伐四方"（《史记·天官书》）。①

蒋志华主编的《中国世界部落文化》说："我国中原一带的民间也一直流传着有关蚩尤的传说，在今河北冀州等地仍有不少蚩尤祠，当地设坛为祭，祭祀蚩尤神。于每年十月祀之，谐以乐章，象以戏舞。据说有时候祭祀时会有红色气体出现，一些古书上称：'有赤气出，如匹绛帛，民间称之为"蚩尤旗"。'但有古人又称彗星为蚩尤旗，见之必动干戈。相传黄帝还曾画蚩尤像以威天下，后世于是以蚩尤为战神。冀州民间还有蚩尤戏，即角抵戏，将蚩尤神化为有牛耳、牛角、牛蹄、鬓如剑戟、以角抵人的形象，表演者头戴牛角，两两相抵。这些大者说明了东夷部落的好战和勇猛。"②如前所述，"东夷"应为"东蒙"。

九、蚩尤冢在东郡寿张县

传说蚩尤身首异处以后，九黎民把他的头颅和身子，抬回苗族老家现今的山东省，头颅埋在寿张县（今山东西部黄河北岸，1964年撤销县治，并入阳谷县和河南范县），身子埋在巨野县。后人对蚩尤祠之祭祀不绝，对蚩尤之冢也有着深切的怀念。

《太平御览》引《皇览·冢墓记》："蚩尤冢在东郡寿张县阚乡城中，高7尺，民常以10月祀之。有赤气如绛，名曰'蚩尤旗'。"

《史记·集解》引《皇览》："蚩尤冢在东平郡寿张阚乡城中……肩髀冢在西阳郡巨野县重聚，大小与阚冢等。传言黄帝与蚩尤战于涿鹿之野，黄帝杀之，身首异处，故别葬之。"

《汉书·地理志》："蚩尤祠在（东郡寿良县）西北涑上。"

《十三州志》："寿张有蚩尤祠。"赵一清曰："汉志东郡寿张县蚩尤祠在西北涑上。"

以上记载，蚩尤冢在东郡寿张县阚乡城中，肩髀冢在西阳郡巨野县重聚，黄帝杀蚩尤，身首异处，故别葬之。根据史料记载、考古发现及专家研究考证，今山东阳谷县十五里园是埋葬蚩尤首级的地方。2014年5月1日，山东阳谷蚩尤陵在十五里园镇正式落成，结束了蚩尤只有坟没有陵的历史。蚩尤陵将同黄帝陵、炎帝陵、中华三祖堂一样，是中华民族祭奠共同祖先的神圣场所。正如任昌华等在《涿鹿三祖文化简介》中说："蚩尤虽然被黄帝擒杀于涿鹿，但他作为赫赫始祖，功不可没。"③

---

① 唐善纯：《青鸟之所栖》，引自川山唐的博客。
② 蒋志华主编：《中国世界部落文化》第4—5页，时事出版社，2007年版。
③ 任昌华等：《涿鹿三祖文化简介》，载《先秦史研究》1996年第1期。

十、蚩尤战败被妖魔化

虽然黄帝敬佩蚩尤，秦始皇、刘邦、李世民等尊蚩尤为"兵主"和"战神"。但数千年来在"胜者为王、败者为寇"的思想影响下，一部分史官歌颂胜者黄帝是对的，但对败者蚩尤似乎却很不公平，他们斥蚩尤为"倡乱"者、"暴徒"，把黄帝战蚩尤被看成是"正义"对"邪恶"的"讨伐"，是"仁德"战胜"暴虐"，把"平定蚩尤乱"说成是黄帝的伟大功绩，甚至连蚩尤的名字也作出了相当丑恶的解释。

《史记·五帝本纪》："轩辕之时，神农氏衰……而蚩尤最为暴，莫能伐……蚩尤作乱，不用帝命。"

《太平御览·黄帝轩辕氏》："蚩尤有兄弟八十一人，并兽身人语，铜头铁额，食沙石子。"

《归藏·启筮》：蚩尤"八肱八趾疏首"。

《竹书纪年》："蚩尤……好兵喜乱。"

《广雅释诂》："蚩，乱也。"

《方言》卷十二："蚩，悖也。"

《六书正伪》："凡无知者，皆为蚩名之。"

"蚩尤最为暴，莫能伐""不用帝命，好兵喜乱""兽身人语""食沙石子，八肱八趾疏首""蚩，乱也""悖也""凡无知者，皆为蚩名之"。可见史官们尽其力量丑化蚩尤，诋毁蚩尤，把他说成是妖魔鬼怪，是"邪恶"，是"暴虐"。总之，是一个十恶不赦的反面人物。时至今日，丑化、诋毁蚩尤的说辞还在流传，比如蒋志华主编的《中国世界部落文化》说："而传说中的蚩尤是十分凶狠、邪恶的，所以打败蚩尤的黄帝就成了惩罚邪恶的正义化身。"[①]

秋阳在《蚩尤与中国文化》中说："汉族奉黄帝为自己的老祖宗，而黄帝就是以战胜蚩尤而有天下的王者，于是就要彪炳于史册。蚩尤既然被打败了，无力再回天，于是欲加之罪何患无辞。古代的典籍大多是汉人用汉字写成，因而对于黄帝与蚩尤，厚此薄彼、是非莫辨、褒贬偏颇，比比皆是，也就不奇怪了。然而，尽管权势者们如何处心积虑，始终抹杀不了蚩尤的功绩，涂改不了蚩尤的本来面目。"[②]

梁聚五在《苗族发展史》中说："黄帝与蚩尤的战争，在黎族，也可以说是苗夷民族，相互传说的真个不少，而且说的都是苗夷民族祖先的战绩。但是这些战绩，中国的历史上都缺少记载。这也许是翦伯赞氏说的中国历史，是一部'大汉族史'吧？然而我们所采用的资料，

[①] 蒋志华主编：《中国世界部落文化》第4页，时事出版社，2007年版。
[②] 秋阳：《蚩尤与中国文化》第15页，民族出版社，2015年版。

还是出自中国史。这些史，对于汉族以外的各民族，多以禽兽目之。如《王制》所说：'东方曰夷，被（同披）发纹身；南方曰蛮，雕题交趾；西方曰戎，被发衣皮；北方曰狄，衣毛羽穴居'。古代人类生活，大抵如此，用不着诧异！如果在今天，还根据这些史料，来看待华夏族以外的其他民族，真是说不过去了。自己攻击别人，便说是'讨'，是'伐'，是'平'；别人向你还一还手，便说是'侵'，是'寇'，是'犯'。这种头脑，在今天，是千万使不得的。"①

田玉隆在《蚩尤研究资料选》前言中说："蚩尤和炎帝、黄帝，在中国传说时代，是三位显赫人物，开始普无轩轾，其地位悬殊乃儒者所为。"②

左丘明为《春秋》作传，吕不韦著《吕氏春秋》，司马迁写《史记》，孔颖达和马融等为《尚书》作传注，黄帝被定为一尊，黄帝族系被奉之为正统，而对蚩尤则是一片骂倒之声，所加给蚩尤的"罪名"也越来越多。如《吕氏春秋·孟秋记》云：蚩尤"始作乱，伐无罪，杀无辜……为之无道"；《国语·楚语下》曰："九黎乱德，民神杂糅""蒸享无度，民匮于祀。"特别是从《春秋左氏传》到宋代罗泌《路史·蚩尤传》，更是将诬毁蚩尤的"贪者""无厌者"加以引申和发挥，把蚩尤比于"饕餮"，描绘成长"肉翅""虎爪""食人肉"的贪婪的怪兽等。

余秋雨在《爬脉梳络望远古》中也说道："总之，这场战争打得惨烈无比，千钧一发。极有可能是蚩尤获胜，那么中华历史就要全面改写。正因为如此，黄帝及其史官必须把蚩尤说成是妖魔，一来可以为黄帝久攻不下辩解，二来可以把正义拉到自己一边，杜绝后人设想万一蚩尤胜利的另一种前途……这个意图没实现，因为蚩尤的部族很大。他是'九黎族'的首领，九黎族生活在今天山东西南部、江苏北部以及山西、河北、河南的黄河流域，人口众多，当然是诛不尽的。因此黄帝只能向他们宣告，他们以前的首领是妖魔，现在应该服从新的统治者。"③是不是黄帝宣告蚩尤是妖魔，我们没有查到这方面的史籍资料，倒是查到黄帝尊重敬佩对手的资料。如前所述，《龙鱼河图》："伏蚩尤之后，天下复扰乱，黄帝遂画蚩尤像以威天下，咸谓蚩尤不死，八方皆殄灭。"贬低和丑化失败者蚩尤。把蚩尤妖魔化的还不是黄帝，而是后来的史官们。

中国历史上著名的涿鹿大战，以黄帝胜蚩尤败而告终。涿鹿大战堪称为我国古代战争的滥觞。大量史籍资料记载，黄帝战胜蚩尤邑都涿鹿后，继续了中华文明的大创造，司马迁《史记》载："官名皆以云命，为云师。置左右大监，监于万国。万国和，而鬼神山川封禅与为多焉。举风后、力牧、常先、大鸿以治民。顺天地之纪，幽明之止，死生之说，存亡之难。时播五谷草木，淳化鸟兽虫蛾，旁落日月星辰水波土石金玉，劳勤心力耳目，节目水火财物，有土德之瑞，故号黄帝。"《淮南子·天文篇》载："中央土也，其帝黄帝，执绳而治四方。"这说明政治方面黄帝设官职、建军队、立法制、订纪纲，建立了最初的国家雏形；经济文化方面建宫屋、制陶器、行耕种、织蚕丝、做衣裳、置市井、创文字、立货币、定音律、推历数、

---

① 梁聚五：《苗族发展史》第52—53页，贵州大学出版社，2009年版。
② 田玉隆编著：《蚩尤研究资料选》第4页，贵州民族出版社，1996年版。
③ 余秋雨：《爬脉梳络望远古》，载《当代贵州》2008年第7期。

论婚丧、规礼仪。中华早期文明在伏羲、神农时代的基础上，又迈上了一个新的台阶。

　　早期中华文明的主体是居于东方的"东蒙"伏羲太昊部族，涿鹿大战黄帝打败蚩尤后，强大起来的黄帝部族代之而成为中华文明中华民族的主体。诚如蒋志华主编的《中国世界部落文化》说："随着这两次战争（指阪泉之战、涿鹿大战）的胜利，黄帝部落得以吞并了炎帝部落和东夷部落，实力大增。据《史记·五帝本纪》记载：黄帝在战胜蚩尤之后，"合符釜山，而邑于涿鹿之阿，迁徙往来无常处，以师兵为营卫"。随后，黄帝部落在大大小小的战争中也屡屡获胜，史称："天下有不顺者，黄帝从而征之，凡五十二战，天下大服。"黄帝部落由此发展为中国大地上最强大的部落，成为早期中华民族的主体。"①

　　古代部落战争加强了两大源头文化的碰撞。李学勤等指出："黄河中游和下游史前文化的接触、交流，有着极为悠久的历史，据考古学揭示'中原地区的原始文化较周围地区要成熟得早一些'，距今6000多年前大汶口文化早期时，黄河下游地区明显受到中游仰韶文化影响，到了大汶口文化中期时，逐渐加强了对中原文化影响，从距今5000年以降，大汶口文化陶器数量和品种又都减少了，'分布范围明显扩大，已达到洛阳和信阳地区'，反映出两种文化在中原地区逐渐趋于融合，这种变动的轨迹，指示出原始社会末期华夏、东夷两大集团的融合，虽不始于涿鹿之战，但涿鹿之战却对融合起着强大的推动作用。所以涿鹿之战应是作为两大部集团融合的标志而载入史册的。"②

　　范文澜在《中国通史简编》中说："黄帝族与炎帝族，又与夷族、黎族、苗族的一部分逐渐融合，形成了春秋时称为华族，汉以后称为汉族的基础。"③范文澜这里所说的夷族，黎族，苗族，实际上都是"东蒙"古苗人。"东蒙"古苗人也是汉族最重要的一个来源。

---

① 蒋志华主编：《中国世界部落文化》第4页，时事出版社，2007年版。
② 李学勤主编：《中国古代文明与国家形成研究》第230页，云南人民出版社，1998年版。
③ 范文澜：《中国通史简编》第91—92页，人民出版社，1965年版。

〇一四 心史记载[①]

马克思在论述日耳曼的歌谣时说过:"古代的歌谣是他们(指日耳曼人)唯一的历史传说和编年史。"高尔基也说:"从远古时代起,民间创作就不断地和独特地伴随着历史……俄罗斯的歌谣就是俄罗斯的历史。"[②]

著名的涿鹿大战,蚩尤的直系后裔也有自己的记载与传说,而且与中国史籍记载基本相吻合。诚如李学勤主编的《中国古代文明与国家形成研究》中说:涿鹿大战后,九黎"战败的余部引而远去,将蚩尤的英雄故事带到四面八方。如苗族以蚩尤为始祖,在他们的古歌中记述,从前的'五支奶''六支祖',都'居住在东方,挨近海边边,天水直相连'。后来'经历万般苦,迁徙到西方'"。

法国牧师萨维纳在中国西南苗族地区传教20余年,他从比较语言学角度研究苗族,于1924年出版了中外第一部《苗族史》。他感叹说:"语言的命运与操语言的民族的命运往往是一致的。弱小民族或早或迟会学说强大民族的语言;战败者会要说胜利者的语言;而在历史中消失的民族的语言就会成为死的语言。唯有强大的、勇猛的、坚持不懈的种族的语言才能征服数个世纪。例如,在欧洲,有凯尔特语和巴斯克语;在亚洲,有苗语。苗语中的一些词汇在阳光下经历了50个世纪都没有变色。"[③]

经历了50个世纪的苗族语言,确实给我们留下了许多资料信息。萨维纳的《苗族史》之所以被学界引用得比较多,并得到苗族人的基本认同,主要是因为他学会了苗族语言,调查掌握了大量的苗族"心史"口碑资料,结合中国史籍资料研究苗族悠久的历史。因此,他研究得出来的结论,比较客观,也比较符合历史的真实。

笔者收集到苗族心史记载的涿鹿大战,就有《蚩尤神话》《祭神礼辞》和《西部苗族古歌》3个版本。

[①] 本文系作者承担的国家社科基金项目《我国典籍载苗族早期历史资料整理与研究》(批准号:11btq017)的研究成果之一。
[②] 皮科萨诺夫:《高尔基与民间文学》,中国文艺出版社,1980年版。
[③] 萨维纳:《苗族史》第2—4页,贵州大学出版社,2009年版。

一、《蚩尤神话》记载的涿鹿大战

由苗族老艺人王顺清（1893—1983）讲述，罗仕新翻译，杨朝文整理的《蚩尤神话》，[①]全文30000多字，比较全面地记叙了著名的涿鹿大战。

《蚩尤神话》开头即说：

> 在古老的时候，有十八寨苗民居住在黄河边上平原里，蚩尤就诞生在这里的苗民中。苗民们称自己寨子为阿吾十八寨，称黄河边上的平原为蚩尤坝，称黄河上游耸立的崇山峻岭为芭茫芭冒。

直接记载十八寨苗民居住在黄河边上的平原上，蚩尤就诞生在苗民中，苗民称自己寨子为阿吾十八寨，称黄河边上的平原为蚩尤坝，紧接着用相当的篇幅叙说蚩尤长大后外出学艺，黄龙公的妹妹即赤龙公的老婆垂耳妖婆，趁蚩尤外出学艺，使妖法侵犯阿吾十八寨，杀了不少人，将许多人都捉去了。蚩尤学艺归来，设计用宝剑杀死了垂耳妖婆，并救出了被捉去的苗民。黄龙公得知自己的妹妹垂耳妖婆被蚩尤杀了，遂亲自挂帅，派自己的三个外甥（垂耳妖婆的三个妖娃）为将，兴起龙兵，打着黄旗，顺黄河径直往阿吾十八寨而来。这样，一场打龙战争就发生了。

蚩尤智慧超群，妙算入神。他知道黄龙公要兴兵报仇，攻打阿吾八十一寨，所以造了铜武器，组织苗兵，作好迎战准备，还指令益果鸟在天空巡视，汇报敌情。一天，益果鸟飞来报信："龙来了，龙来了。"黄龙公带领的黄龙兵朝阿吾八十一寨而来。蚩尤命令其兵抵抗黄龙兵。蚩尤的兵将走入阵地，只见前方，乌云一网网地崩塌下来。天崩地黑的情景，使阿吾八十一寨的苗民感到极度恐慌，男女老幼同声呼唤："天反了，天反了，龙来了。"蚩尤安慰说："老幼乡亲们，不要怕，黄龙公惯用的这一招，没有什么可怕。"蚩尤头戴牛角帽，身披牛皮战袍，手持铜宝剑，站在苗兵前头。他的九子和七十二将共八十一个首领分别站在他的左右。蚩尤将铜宝剑伸往天空，口中念念有词，吹一口气，铜宝剑发出强烈的光亮驱散乌云，穿着黄服、打着黄旗的黄龙兵将显露了出来。

无论中国史籍记载或是苗族口碑史记载，涿鹿之战都被披上了宗教神话的色彩。这种情形的出现，主要是古代社会生产力低下，人们征服自然的力量薄弱，有时完全匍匐在自然力量的威慑之下，这样一来，人间的力量就以非人间的力量出现。所不同的是，中国史籍记载的是："蚩尤幻变多方，征风召雨，吹烟喷雾，黄帝师众大迷。"苗族口碑史记载的是，"黄龙公使乌云一网网地崩塌下来，天崩地黑的情景，蚩尤将铜宝剑伸往天空，铜宝剑发出强烈的光亮驱散乌云，穿着黄服、打着黄旗的黄龙兵将显露了出来。"

[①] 潘定衡等主编：《蚩尤的传说》第1—62页，贵州民族出版社，1989年版。

蚩尤鼓舞士气说："弟兄们，我们苗家历来住此地，不侵犯别人；如今，黄龙公兴兵攻打我们，屠杀我们的亲人，掠夺我们的财产，侵占我们的土地，我们要齐心协力把他打败，把他赶走。"蚩尤的话音刚落，一阵"打龙"的喊声震天动地。蚩尤的九子每个指挥八员大将，带领苗兵冲向敌阵，以铜武器同操竹木武器的黄龙公兵将大战。龙兵败阵，伤亡惨重。黄龙公见势不好，下令残兵败将撤退，苗兵跟踪追击。黄龙兵败走远了，蚩尤下令苗兵撤回，做好准备，以防敌兵再犯。

黄龙公兵将被蚩尤打败了，他很不甘心，经过一段时间准备，又兴兵逆黄河而上再次进犯阿吾八十一寨。益果鸟又飞来报信："龙又来了。"蚩尤发布命令，全体苗兵严阵以待。瓢泼大雨从天而降，洪水涌向阿吾八十一寨，黄龙兵乘洪水前来。蚩尤目睹洪水涌进苗兵阵地，毫不慌张，沉着应战；他将铜宝剑伸向天空，口中念念有词，大雨立即停止，洪水涌退，丢下黄龙兵。蚩尤兵将冲出阵地，杀得黄龙兵喊妈叫爹，逃窜而去。黄龙公虽多次失败，但仍不甘罢休，继续设法再犯阿吾八十一寨，进攻蚩尤。

中国史籍记载"蚩尤以金作兵""造立兵杖、刀、戟、大弩，威震天下""蚩尤有兄弟八十一人，并兽身人语""黄帝之时，以玉作兵""黄帝弦木为弧，炎木为矢""黄帝与蚩尤九战九不胜，黄帝归于大山，三日三夜，雾冥""三年九战，而城不下"。苗族口碑史记载蚩尤"以铜武器同操竹木武器的黄龙公兵将大战""蚩尤的九子每个指挥八员大将，带领苗兵冲向敌阵""龙兵败阵，伤亡惨重""杀得黄龙兵喊妈叫爹，逃窜而去"。这些大概都是共同的记忆。不同的是，中国史籍记载"蚩尤最为暴，莫能伐""蚩尤作乱，不用帝命""诛杀无道，不仁不慈，万众欲令黄帝行天下事"。苗族口碑史记载"我们苗家历来住此地，不侵犯别人""黄龙公虽多次失败，但仍不甘罢休，继续设法再犯阿吾八十一寨。"亦是亦非，并不重要，重要的是黄龙公和蚩尤的后裔都把著名的涿鹿大战记录下来了。

《蚩尤神话》叙说黄龙公三次被蚩尤打败，他求助于雷老五，雷老五替黄龙公找到了真铜武器。

黄龙公三次被蚩尤打败，早已怀恨在心……他对雷老五说："雷老弟，蚩尤小子确实厉害，我打不过他，损兵折将；你打不过他，被他弄成这副模样。我看，我们两个共同设法打败他。"雷老五和黄龙公的想法不约而同。雷老五对黄龙公说："三年前，蚩尤打败你，杀了你许多兵将，我为你抱不平，吃他的亏。你说要设法打败他，正合我意。我特意来与你商讨打败蚩尤这件大事的。"黄龙公询问雷老五："你有能打败蚩尤的办法吗？"雷老五指着他两只脚挟的铜板斧对黄龙公说："蚩尤是用这种颜色造出的武器使你吃亏打败仗的。"黄龙公接过铜板斧反复观看后，觉得雷老五的铜板斧和蚩尤所用武器的颜色确实是一样，便问道："你在什么地方得的铜板斧，有这种颜色的东西叫什么？什么地方才有这种东西？"雷老五洋洋得意地说："我是在岜茫岜冒蚩尤老师那里得的板斧，造板斧的东西叫铜，这种铜藏在地下，把它挖出来冶炼就可以造武器。你这里的地下也有铜。我们去挖来冶炼武器，配上你的龙兵，合力去攻打阿吾八十一寨，必定能把蚩尤打败。"黄龙公忙问雷老五："我的地方哪里有铜？"

雷老五:"我带你去找,定能找到。"一天,雷老五带黄龙公外出,走到一座大山上,他用铜板斧劈开山,里面尽是铜矿。他们叫黄龙公的兵将把铜矿挖回来,雷老五教会黄龙公的兵将把铜矿冶炼铸造武器。黄龙公有了铜武器,他的兵将很高兴地说:"这回我们不再吃蚩尤的亏了。"

可是,有了真铜武器的黄龙公,联合了雷老五,还是打了败仗。

雷老五又给黄龙公出主意:"黄龙公,听说赤龙公是你的亲戚,我想去同他商议,请他也参加我们一同攻打蚩尤,更有把握打败他,踏平阿吾八十一寨,你看如何?"黄龙公:"赤龙公和我是郎舅。我的幺妹嫁给他,因他不管我的幺妹,我的幺妹去什么地方也不知下落,我对他不满。我幺妹的三个儿子来我这里同我共同生活,我才知道他们母子住在阿吾八十一寨附近的山洞里被蚩尤杀害了。我为幺妹报仇,兴兵攻打现在的阿吾八十一寨,没有请他帮忙。雷老五:"啊!原来是这样。你的幺妹是赤龙公的妻子,被蚩尤杀害了,赤龙公定对蚩尤有仇。我想他会和我们合力打蚩尤的。我去请赤龙公来,我们三人商议,各由一方攻打蚩尤,他非败不可,你意如何?"黄龙公认为有道理,便说:"好,你去请。"雷老五去请赤龙公。赤龙公对雷老五说:"蚩尤打败黄龙公,我是听说了的。我很想去助他一力,不过他的幺妹垂耳妖婆嫁给我,不知去哪里了?我去怕他向我要人,无法交代,所以就没有去。"雷老五鼓动赤龙公说:"怕什么?我明白告诉你,蚩尤杀死黄龙公的幺妹,黄龙公是为了替他的幺妹、你的妻子——垂耳妖婆报仇,才兴兵攻打蚩尤,因他的武器不好,力量有限,被蚩尤打败。现在你的三个儿子都在黄龙公那里任大将,带兵打仗。你不要怕,跟我去,黄龙公正需要你帮忙。"雷老五凭三寸不烂之舌说服了赤龙公,解除了他的顾虑,他大胆跟雷老五来到黄龙公家。二龙公相见,不提往事。黄龙公叫三个外侄来认识自己的父亲,又将垂耳妖婆被蚩尤杀害的详情告诉赤龙公。黄龙公、赤龙公和雷老五三人共同策划进攻阿吾八十一寨这件大事。他们决定:黄龙公逆黄河而上攻去,赤龙公由陆上攻来,雷老五由空中往下攻。他们认为这个办法万无一失,很是得意。

蚩尤得知黄龙公联合赤龙公和雷老五,知道对方力量强大了,要认真对待。开战时,黄龙公的盟军还是抵挡不住蚩尤的布阵,龙兵龙将还是尸横遍野,狼狈败逃。

蚩尤明白这次敌人的力量强大,要认真对待。他把阿吾八十一寨的全体青壮年苗民武装起来,人人配上铜武器,头戴牛角帽,身披牛皮;把牛群也武装起来,将铜武器拴在牛角上,作好准备,迎战来敌。黄龙公、赤龙公和雷老五联合进攻阿吾八十一寨的大战开始了。鸟益果在空中报警:"龙来了,由三个方向攻来。"蚩尤指令九帅七十二将带领熊兵扎营于阿吾八十一寨周围,自己居中指挥。黄龙公穿黄衣打黄旗,赤龙公穿红衣打红旗,包围了阿吾八十一寨,蚩尤的兵将全面出击。武装的牛群攻击在前,苗兵跟后冲入敌阵。这次黄、赤二龙公的兵也都操铜武器,但仍抵挡不住蚩尤的布阵,牛头上的利剑将龙兵龙将开膛破肚,人倒肠流。九帅七十二将领着雄兵与来敌展开厮杀。不一会,龙兵龙将尸横遍野,狼狈败逃。

《蚩尤神话》叙说的涿鹿大战波澜壮阔,黄龙公吃了不少败仗。但是,最后黄龙公、赤龙公和雷老五各自使出自己的绝招,终于转败为胜,蚩尤的九帅七十二将全部战死,黄龙公联合赤龙公、雷老五,最终还是擒杀了蚩尤。

黄、赤二龙公见他们的兵败如山倒,便各自将其绝招拿出来。赤龙公作法,口吐烈火,顿时火苗四起,直往阿吾八十一寨烧来,阿吾八十一寨周围的参天古树被烧成火海。蚩尤沉着应战,不慌不忙,手持铜宝剑伸天,口中念念有词,瓢泼大雨下来,浇灭了烈火。黄龙公见赤龙公的绝招已失算,便把他的惯计施展出来,一口唾沫喷去,洪水推波逐浪而来。正当蚩尤持铜宝剑伸天开口念咒退水时,雷老五持板斧从天空劈开,蚩尤顾不得念咒,顺势将铜宝剑挡住雷老五的板斧,与他厮杀。汹涌的洪水不断涌来,淹没了阿吾八十一寨,苗兵及男女老幼苗民都被洪水淹没。九帅七十二将踩水与黄、赤二龙公及其兵将搏斗,蚩尤踩水与雷老五厮杀。七十二将在搏斗中丧生,九帅与黄、赤二龙公边打边靠近蚩尤,保护最高首领。

苗民苗兵被水淹没了,有的随水波浪起伏漂在水面上,蚩尤感到他的形势已不行,现在是救苗民要紧。他令九帅与二龙公相搏,自己边与雷老五搏斗,边用复生药塞入死去的苗民苗兵口中,指挥复生的苗民苗兵骑牛群跑去高处。雷老五见黄、赤二龙公抵挡不住九帅,便调头向九帅砍去,九帅的铜宝剑被砍落在水中后,仍以头上的牛角帽与二龙公和雷老五奋战,终因寡不敌众牺牲了。此时,蚩尤救苗民苗兵,被雷老五一板斧砍来,将他的宝剑砍落水中,黄、赤二龙公由两边合力围来,捉住了蚩尤。蚩尤大义凛然,横眉怒眼,几个哈哈之后说:"你们砍我的头,要是眨眼不算好汉,我死了要叫你们无藏身之地,那时才知道谁是大哥!要杀,就杀!"黄、赤二龙公不敢杀他,将他捆绑走了。蚩尤与二龙公和雷老五的大战,从此结束。在强大的敌人面前,蚩尤失败了。

中国史籍记载涿鹿之战"遂杀蚩尤""蚩尤血""身首异处""血流百里"。苗族口碑记载"苗民苗兵被水淹没了,有的随水波浪起伏漂在水面上""七十二将在搏斗中丧生""九帅……终因寡不敌众牺牲了""黄、赤二龙公由两边合力围来,捉住了蚩尤""为了苗家的生存,蚩尤全家人献出了生命"。

《蚩尤神话》接着叙说,蚩尤全家人献出了生命后,苗民们在一位老翁的帮助和指引下,放弃了蚩尤坝,告别了可爱的阿吾八十一寨故土,南迁渡过黄河,开始了迁徙的旅程,最后来到鬼方又叫黑洋大箐的地方。

老生翁对余生苗民说,黄、赤二龙和雷老五退回去了,你们还是有生路的,不过不能再住此地了,要迁到太阳落的那边去居住。那里叫鬼方,是黑洋大箐。鬼方是这样的地方:山高雾沉沉,深冲冷冰冰。箐林密且深。到处有鬼哭,虎吼地要崩。鬼方的野生动物很多,不过它们都归我管,它们听我的话。你们迁徙行走时,只要有苗家礼规的响动,如吹芦笙、打鼓之类,它们听到了,知道是苗民就不会伤害你们。我把我使用的五叶竹拐杖送给你们,你们在路上遇到难关时,它会帮你们的忙。过了黄河,再经过罩雾山、风雨关、清水江和毛虫冲。余生苗民听了老生翁的指点,感激地向老生翁跪拜告别。老生翁将使用的五叶竹拐杖送给余生苗民,迈步回岜茫岜冒去了。余生苗民开始了迁徙的旅程。

余生苗民按老生翁指点，放弃了蚩尤坝，告别了可爱的阿吾八十一寨故土，来到黄河岸边，黄河水面很宽，浑浊得很，不知深浅，走在前面的人被黄河激流冲走了。他们用老生翁送的五叶竹拐杖打水，现出大道，于是顺利通过了黄河。继续前进，有座高大的山岭挡住去路，半山以上被雾罩着，这就是罩雾山。大家走到山脚下，商议行走路线时出现不同意见：有的主张由山右走；有的主张由山左走；有的主张爬山越过去。意见不一，只好分三路走。主张越山而过的苗民爬上罩雾山，雾大看不见路。他们拿五叶竹拐杖打雾不散，有人无意中发现持有鸟益果羽毛的苗民身边没有雾，他们就把鸟益果的翅膀拿出来扬，管用了，雾散两边，又顺利地通过了罩雾山。他们前进到风雨关，风大雨急，眼睁不开，气换不出，又拿鸟益果的翅膀来扬，急风骤雨停止，继续前行。过了风雨关，行至清水江，江面宽，江水清澈见底，深得很。他们用五叶竹拐杖打水，也顺利通过了清水江。过了清水江，走进一条全是毛虫的大冲，走在前面的人被毛虫伤害不少。毛虫挡住去路，无法前进。他们拿出五叶竹拐杖扒开毛虫，最后也通过了毛虫冲。经过了长途跋涉，艰难险阻，到达鬼方时人已经不多了。鬼方是一片黑洋大箐，豺狼虎豹很多，鬼怪不少，但它们听到芦笙、打鼓的响声，就都藏了起来，余生苗民在这里定居，立家创业。

《蚩尤神话》最后以这么一句意味深长的话来作为结束语，或许是反映出蚩尤后裔发展演变的情况。

> 走到罩雾山时，因意见不一致，往左、右走的两股苗民都不知去向，从此没有了他们的下落。

这没有下落的往左往右走的两股苗民，极可能指的就是与苗族同源的瑶族和畲族。祥草在《一本书与一种忧虑》一文中考证说：自商、周征"蛮荆"，历经春秋战国、秦、汉、两晋南北朝，直至唐、宋、元、明朝，历时三千多年的时间，"荆蛮"完成了中国历史上规模巨大、路程迢迢的分流运动，逐渐形成了如今的畲、瑶、苗的分布形态。这次长距离长时间的迁徙分流大致按照三条路线展开："荆蛮"的一部分由湘西西行，进入贵州北部和西部、四川南部、云南东部、广西西部，以川滇黔湘桂交界的山区为中心，形成如今的苗族；一部分由湘南越岭，进入粤北和桂北地区，活动在湘粤桂三省交界的山区，结成了稳定的共同体，此为瑶族；还有一支由湘南东迁，进入闽浙赣三省交界处聚居，结为畲人。[①]

综观苗族心史口碑记载中的涿鹿大战，以及大战后的部族迁徙与分离，与先秦文献记载的之涿鹿大战，及其后来蚩尤部族发展演变的情况，大致基本吻合。这绝不是偶然的。难怪萨维纳在《苗族史》中这样说道："苗族那些宗教和非宗教的传说是以歌谣的形式传到我们耳朵里的。我们生平第一次听到这些人用一种世界上还不知道的语言唱出了影响整个人类

[①] 祥草《一本书与一种忧虑》，载《书屋》2004年第4期。

历史的大事件：创世，人类的堕落，诺亚时代的洪水，巴别塔，语言的混淆和种族的分散。当我们听到这些时，别提我们是如何地惊奇和如何地欣喜了……这些宝贵的信仰在这些非凡的人群中，不借助任何文字，却被这样保持了50多个世纪……这个失去了故土永远在其他民族中游荡的民族是原始人类的鲜明证明。"①

苗族人民为什么一代接一代地津津乐道唱述《涿鹿大战》？因为那是他们祖先的经历，是他们真实的历史。

二、《苗族祭神礼辞》记载的涿鹿大战

由苗族祭司马朝妹演唱，由苗族女学者杨照飞搜集译注的《苗族祭神礼辞》②，叙说蚩爷的父亲叫杨劳，蚩爷子承父业，厦姑爷把蚩爷一家撵向高山，蚩爷一次钻进悬崖下找水喝，发现溪水是红颜色的，原来是一片铜矿。蚩爷把铜矿放在炉火里烧，让身边的能人制成了一把阳剑阴刀。蚩爷制好剑返回乡，叫来能工巧匠，开山劈石，架起火炉，锻造兵器。接下来就分为"造兵器""硝烟起""战神""厦败""战袍""金银碳粉""中计全军覆没""阴魂不散""雕像""诱导儿孙""西迁"等章节，比较全面地记载了中国古代那场浩劫天宇的涿鹿大战。

"造兵器"是唱述苗族先民开山劈石，把铜矿挖出来，把铁矿挖出来，架起火炉朝外面，把铜放进铁焊的炉子，架起火炉朝外面，把铁矿放进铜焊的炉子，炼出铜花飞舞，炼出铁水奔流，造出许多的刀剑，也制得许多的金衣银衣。这些心史记载资料与中国史籍记载"造冶者，蚩尤也""蚩尤受金作兵""蚩尤受庐山之金，而作五兵""蚩尤受葛庐之金而作剑铠矛戟""蚩尤兄弟八十一人……造五兵：仗、刀、戟、大弩，威震天下"是相吻合的，这绝不是偶然的巧合，而是苗族先民的亲身经历。

"硝烟起"唱述蚩爷制好刀剑返乡来安家，厦姑爷高兴不起来，蚩爷用剑去与厦姑爷相比，拿刀去与厦姑爷相拼，蚩爷把厦姑爷他们赶跑，赶得厦姑爷躲朝山里面，蚩爷把厦姑爷他们追打，打得厦姑爷躲朝深谷里，蚩爷占领厦姑爷的坝子。反映出蚩爷制造刀剑后，就与厦姑爷相比相拼，甚至还占领了厦姑爷的坝子，这与中国史籍记载的"蚩尤……好兵喜乱，作刀戟大弩，以暴虐天下，并诸侯无度""蚩尤最为暴，莫能伐"也是相吻合的。

"战神"唱述"蚩爷将剑挂背上，跟厦姑爷交战，把弓举在前面，跟厦姑爷去用兵"好似一副战神的形象。心史记载反复提到九个媳妇和姑娘，或者是暗指中国史籍记载的蚩尤有九九兄弟八十一兄弟。"厦姑爷用崴剑换了蚩爷的神剑，蚩爷的神剑落到厦姑爷手上。"这却是未见中国史籍之记载的。

"厦败"唱述虽然厦姑爷用崴剑换了蚩爷的神剑，但神剑到厦姑爷手中都没有派上用场，

---

① 萨维纳：《苗族史》第124—125页，贵州大学出版社，2009年版。
② 杨兆飞编译：《西部苗族古歌》（川黔滇方言），云南出版集团公司，2010年版。

"厦姑爷用神剑剑不显神威，厦姑爷用神剑剑不听使唤。蚩爷的兵多又多，厦姑爷毫无办法，厦姑爷撒腿往回跑，把厦姑爷他们撵朝高山，蚩爷的兵去追赶，厦姑爷的兵死的死逃的逃。"这与中国史籍记载"黄帝与蚩尤九战九不胜，黄帝归于大山，三日三夜，雾冥""三年九战，而城不下""黄帝……不能禁止蚩尤，遂不敌，乃仰天长叹"不谋而合。

"战袍"唱述蚩爷士兵"把铜衣穿在身上，把铁衣缠在身上，铜衣来穿好，铁衣来缠牢"，这与中国史籍记载"蚩尤有兄弟八十一人，并兽身人语，铜头铁额"是相吻合的。"蚩爷勇士神剑搭上臂，缭绕的云雾让出路。厦姑爷把神剑搭上臂，狂风大作不把路开。"这与史籍记载"蚩尤幻变多方，征风召雨，吹烟喷雾，黄帝师众大迷""蚩尤作大雾，弥三日，军人皆惑"是相吻合的。"蚩爷他们打得狠，伤透厦姑爷他们的心，这回我厦姑爷要去骗大婆巨，要她老人给点金银碳粉开山崖。"这与中国史籍记载"九战九不胜"的黄帝，最后"天遣玄女下授黄帝兵符，伏蚩尤"也基本相符合。

"金银碳粉"说"厦姑爷要去骗婆巨，要她金银碳粉用。背上背一桶油。手里提一壶酒，要接大舅爷杀猪吃，要接大舅爷喝杯酒。从此后不与蚩爷他们动兵。从今后不与蚩爷他们厮杀"，折射出屡遭失败的黄帝开始用计谋，武力胜不过大舅爷，于是接大舅爷杀猪吃，接大舅爷喝杯酒，商议不再用兵，麻痹大舅爷，玩的是要智取。大舅爷果然上当。

"中计全军覆没"唱述："蚩爷他们不知是计，还围着九十九张大木桌，吃得正高兴. 肉还未吃上两口，酒也未喝着两杯，厦姑爷放金银碳粉来引爆，碳粉化作熊熊烈火在燃烧，把蚩爷家的兵烧死。""铜衣要了我蚩爷八十一位弟兄的命，铁衣让我蚩爷七十二位统兵倒毙，天哪！我们彻底完了！我蚩爷家的兵全军覆没。"这与中国史籍记载"流血百里""遂杀蚩尤""蚩尤血""身首异处"也是相似的。只不过是蚩爷家的兵没有全军覆没，还有一部分南迁至长江流域，后又建立起三苗国。李廷贵教授考证说："九黎部族的一部分从黄河中下游南下长江中下游，同已生活在那里的南方人，建立起三苗国，范围在洞庭湖、鄱阳湖一带，即今湖北、湖南、江西、安徽、江苏等广大地区。"[①]

"阴魂不散"唱述蚩爷虽然用计打败，"厦姑爷的兵从梦中惊醒，听见蚩爷说：伙伴们起来了，天要变地要翻。厦姑爷的兵从梦中惊醒，鬼哭狼嚎地叫道：蚩爷他们又活过来了！厦姑爷的兵迅速起来与之厮杀，看上去是人，刀砍剑刺全无踪影。看去走路蹒跚，刀砍剑刺去很快消失，看准了却抓不着，抓着了再看却又没了，原来蚩爷他们心不死。"反映出厦姑爷虽然用计谋打败了强大的蚩爷，可厦姑爷及他的兵士却经常做噩梦：蚩爷他们又活过来了。

"雕像"说"厦姑爷心想：树大好遮阴，我要砍下树根锯成筒，把树梢来砍削，树根雕出蚩爷的形象来放着，树梢凿出蚩爷家的兵来存着。从此大地才开始复苏，从此苍天才开始明朗，这回厦姑爷的生活才平稳。"这与中国史籍记载："伏蚩尤之后，天下复扰乱，黄帝遂画蚩尤像以威天下，咸谓蚩尤不死，八方皆殄灭"也是不谋而合。

---

① 李廷贵：《田野文钞》第110页，中国科学技术出版社，2010年版。

"诱导儿孙"说"杨劳把草鞋倒着穿，纵身跳入浑水河，把蓑衣反着披，魂魄飘飘荡荡飞上天堂；大家扶老携幼逃向远方，厦姑爷追不着，大家扶老携幼逃向天的尽头（日落之地），厦姑爷撵不到，是你们繁育后代的道路，是你们开垦种植的地方。祖纽老下套索祖先受骗上当，竖起耳朵来专心地聆听啊！"折射出苗族人民一代又一代地传承着涿鹿大战的故事。

"西迁"唱述厦姑爷"烧死我无数的勇士，铜衣脱不掉要了我蚩爷的命，毁坏我城池无数座，烧死我斗士几大营。大家扶老携幼逃向天的尽头（日落之地），（那里）是你们生根繁衍后代的大道，（那里）是你们开垦种植的地方"。《西迁》反映出涿鹿大战后，苗族从此迈向了千年迁徙路。李廷贵教授考证说：根据苗族史诗和传说，参照汉文文献资料，对于苗族迁徙可以这样推断：九黎部落被战败后，他们南迁于"左洞庭、右彭蠡"之地，形成强大的三苗国。"三苗"被禹打败，作为三苗国部落之一的苗瑶畲先民，就离开洞庭湖和鄱阳湖而西迁了。这段时间可能是夏商周时期，到了春秋战国之际，楚国不断与中原各国发生战争，此时，一大部分苗族融合为汉族，另一部分苗族相率迁徙，其中大部分迁到"五溪"地区定居下来。此后，在秦、汉两代的几百年间，他们的大部分留在这个地区，有一部分移到清水江和都柳江流域，一部分进入夜郎地区。贵州从江苗族的巫词中说："我们的祖先由都柳江上游移往加勉已一千多年。"①

或许有人提出疑问，苗族《祭神礼辞》演唱的是不是真实的？是不是文人编造的？我们的回答是：演唱内容真实，不是文人编造的。由苗族祭司马朝妹演唱、苗族女学者杨照飞搜集译注，用苗汉两种文字公开出版。苗族祭司唱的是祖辈流传下来的古歌，生长在云南山区的苗族女祭司咋知道中国史籍记载的"涿鹿大战"？我们还特别注意到，涿鹿之战的历史记忆，主要流传在操西部方言的苗族中。西部方言的苗族或是蚩尤的嫡系和尧舜时"窜三苗于三危"的那一支苗族的后裔。

三、西部苗族古歌记载的涿鹿大战

英国牧师柏格理在《苗族纪实》中也说道："一代又一代，花苗没有留下文字记录的历史，仅在本民族内部交往，他们依靠老人将早期的传统文化相传下来，普遍传说格蚩尤老是他们的英雄祖先。"②

根据我们收集到的资料，流传在川黔滇方言区的苗族古歌或史诗，反映苗族居住黄河大平原、涿鹿之战、迁徙与逃亡体裁的就有：《根爷耶劳与根蚩耶劳》《根爷耶劳、根蚩耶劳、嘎骚髳髬的故事》《革缪耶劳的故事》《则嘎老》《直米利地战火起》《格耶爷老、格蚩爷老》《格武爷老、格诺爷老》《嘎骚卯碧》《格资爷老、格米爷老、爷觉毕考》《格米爷老时代》《铁

---

① 李廷贵：《田野文钞》第117页，中国科学技术出版社，2010年版。
② 柏格理：《苗族纪实》，参见东达人、东旻翻译注释的《在未知的中国》第101页，云南人民出版社，2002年版。

株悲歌》《龙心歌》《爷觉黎刀》《格自则力刀》《苗家来到骚铩地》《怀念失去的地方》《怀念失去的古物》《悼念格蚩爷老》《迢䔲奘丘》《苦难岁月》《平定天下的人》《古博阳娄》等作品。这些作品古老而又深沉。苗族用自己古老的语言和歌词,记录了本民族那段波澜壮阔的历史。

西部苗族古歌反映苗族居住在黄河大平原时的首领,有着不同的称呼,或许是不同时期的首领,或许是对蚩尤的不同称谓,或许是对九黎部落其他首领的称谓,但出现最多的称谓是"格蚩爷老"。

西部苗族古歌《迢䔲奘丘》,翻译成汉语即是《战争与迁徙》。《迢䔲奘丘》这样唱道:

蒙博娄拓地开荒,在滔滔黄河岸边,开拓了丘丘良田;蒙尤娄辟地开疆,在滚滚浑水河畔,开垦了垄垄沃土。蒙博娄建起了城池,太阳出来城头金光闪闪;蒙尤娄筑起了城郭,月亮出来城里月光朗朗;城头金碧辉煌,城尾银光灿烂。蒙博娄繁衍在城中,儿女像沙石一样众多;蒙尤娄生息在城里,儿女如蜜蜂一样兴旺。蒙博娄像挺拔的枫树,屹立于雄伟的城头;蒙尤娄像威武的青松,耸立在壮丽的城尾。蒙博娄在滔滔黄水河畔,洗线浣纱;蒙尤娄在滚滚浑水河岸,浣纱洗线;黄水河上游晒满纱,浑水河上游晒满线。黄水河流十二曲,那是蒙博娄耕种的田园;浑水河流十二湾,那是蒙尤娄劳作的地方。

《迢䔲奘丘》一开头即详细地记载了苗族的两位老祖先蒙博娄与蒙尤娄,他们率领氏族和族群,在滔滔黄河岸边,在滚滚浑水河畔,辟地开疆,建立城池,开垦良田,筑建了城郭,黄河十二弯是蒙博娄耕种的田园,是蒙尤娄劳作的地方,他们在那里浣纱洗线,亮丽光彩,繁衍生息,人丁兴旺。结合苗族其他记叙涿鹿之战的资料,蒙博娄可能是蚩尤之父杨劳,蒙尤娄即是蚩尤。

《根爷耶劳与根蚩耶劳》这样唱道:

根爷耶劳博学有知识,根蚩耶劳聪明善谋断。根爷耶劳有威望,根蚩耶劳勇猛又善战。根炎敖孜劳,从蔡塞咪夫氏过来;根炎敖孜劳渡过大河,来到了笃那依模。这里是根爷耶劳的地方,这里是根蚩耶劳的家乡。根炎渡过河,要来抢夺城池和财物。根爷耶劳心不甘,根蚩耶劳不答应,男女老幼心不服。他们造利剑,他们造梭镖。找来青石块,磨得利剑亮堂堂;找来粗石块,磨得梭镖闪青光。

由于苗族语言形成不同的方言和土语,《迢䔲奘丘》记载的是两位祖先叫蒙博娄与蒙尤娄,《根爷耶劳与根蚩耶劳》记载的叫根爷耶劳和根蚩耶劳,这可能是指蚩尤父子两人。蒙尤娄、根蚩耶劳,显然是指蚩尤。"根爷耶劳博学有知识,根蚩耶劳聪明善谋断。根爷耶劳有威望,根蚩耶劳勇猛又善战。"两位老祖先都是了不起的人物。"根炎敖孜劳,从蔡塞咪夫氏过来。"根炎敖孜劳可能是指炎帝。"根炎敖孜劳渡过大河，来到了笃那依模。"这与史籍记载"炎帝以姜水成"，以及专家考证炎帝从西部渭水而入中原不谋而合。笃那依模是根蚩耶劳的家乡，根炎渡过河，要来抢夺城池和财物。于是，引发了战争。

《根爷耶劳、根蚩耶劳、嘎骚髳彪的故事》这样唱道：

> 根蚩耶劳住金坝，根爷耶劳住银坝……根炎敖孜劳从敖城来，沙兆玖帝敖从蔡塞咪夫氏来，他们要抢占根蚩耶劳的大平原，他们要主宰这片平原。根爷耶劳不甘心，根蚩耶劳不答应。这是祖宗世代开发经营之地，这是世世代代养育儿孙之地，阿髳对每寸土地都有深厚的感情，阿髳的每片土地都是用血汗换来的。男女老幼都知道，这片土地决不能轻易放弃；飞禽走兽也知晓，谁要来强占都不合理。他们挺起胸膛站起来，协同一心去战斗，战斗在笃那依摸大江边，战斗在山边山坳山垭口。

"根蚩耶劳住金坝，根爷耶劳住银坝"，这是指苗族祖先原居住在黄河大平原。"根炎敖孜劳从敖城来，沙兆玖帝敖从蔡塞咪夫氏来，他们要抢占根蚩耶劳的大平原"。如前所述，根炎敖孜应指炎帝，这里的沙兆玖帝敖应该是指黄帝。他们要抢占根蚩耶劳的大平原，男女老幼协同一心去战斗，战斗在笃那依摸大江边，战斗在山边山坳山垭口。战争就这样打响了。

《直米利地战火起》这样唱道：

> 直米利在北方中心地，直米利平原大又宽，直米利地方气候暖。那个地方产棉花，棉桃果果大如碗，棉桃开放犹如簸箕圈。是谁先来居住在这里，是谁居住在这大平原？格蚩爷老、格娄爷老率先来这里，二位爷老率先住在大平原。他们开山采石来修建，建了一座金色大城垣。城外修成九道拐，城内修成九道弯；城墙粉刷上青灰，城内铺垫青石块。城门塑起九头狮，城内铸起九条龙；平原金城光闪闪，金城灿烂映青天。

直米利传说是北方的中心地——大平原之地。格蚩爷老与格娄爷老率领族人最先来到直米利平原。那里方气候暖，盛产棉花。他们修的城池是"九道湾""九道拐"，城墙粉刷上"青灰"，城内铺垫的是"青石块"，城门还塑起了"九头狮"，城内还铸起了"九条龙"。他们平安地生活着。可过了一些年，歹毒的异族头领沙蹈爵氏敖要来霸占直米利。格蚩爷老邀约大将嘎骚卯碧来商议，请来理老共决策，推举嘎骚卯碧统大军，积极操练和迎战。

> 格蚩爷老、格娄爷老下命令，各处青年快聚齐；嘎骚卯碧来操练，统领兵马来演习。沙蹈爵氏敖派兵遣将来进攻，吹着牛角相呼应。格蚩爷老吹起龙角来指挥，

兵马将帅冲上阵,势如雷吼震天地;格蚩爷老的兵将勇猛鏖战激,沙蹈爵氏敖兵败只好撤回去。沙蹈失败心不甘,重整旗鼓派兵来,黑压压的兵马扑境到。嘎骚卯碧率军穿插猛冲击,沙兵败倒一片片,剩下残兵速逃回。沙蹈爵氏敖横暴想称霸,重派兵马绕道来,来兵密密麻麻如蚂蚁。格蚩爷老、格娄爷老统一下战令,命令嘎骚卯碧统兵去包围;格蚩爷老、格娄爷老齐上阵,杀得沙蹈兵将死成堆。格娄爷老连发七箭中七个,格蚩爷老连射七弩中七双。沙蹈兵马战不胜,败兵只好又撤回。

异族的沙蹈爵氏敖要来霸占直米利,格蚩爷老亲自上阵,"吹起龙角来指挥,兵马将帅冲上阵,势如雷吼震天地,格蚩爷老的兵将勇猛鏖战激。沙蹈爵氏敖兵败只好撤回去。""沙蹈失败心不甘,重整旗鼓派兵来,黑压压的兵马扑境到。嘎骚卯碧率军穿插猛冲击,沙兵败倒一片片,剩下残兵速逃回。""沙蹈爵氏敖横暴想称霸,重派兵马绕道来……格蚩爷老、格娄爷老齐上阵,杀得沙蹈兵将死成堆。格娄爷老连发七箭中七个,格蚩爷老连射七弩中七双。沙蹈兵马战不胜,败兵只好又撤回。"可见,当时以格蚩爷老为首的苗部族战斗力十分强盛。这与中国史籍记载"黄帝与蚩尤九战九不胜""三年九战,而城不下"极相似。

上面几则苗族古歌,直接将战争起因归于异族根炎敖孜、沙兆玖帝敖或沙蹈爵氏敖的入侵,而《革缪耶劳的故事》又将战争起因归于郎舅关系的闹翻。《革缪耶劳的故事》这样唱道:

> 古老古时候,沙族和髳族,杂居在一处。婚丧娶嫁事,互相求帮助。有次沙族要祭祖,逼兹耶劳去帮厨。宾客已上席,马上要开宴。沙族旧规矩,要用猪心祭祖先。猪心猪肉同时煮,为何猪心独不见?逼兹耶劳去帮厨,猪心放在锅里煮,并无外人来插手,翻盘倒碗找不出。逼兹耶劳小男娃,跟着爹爹去帮厨,此刻正在灶门前,端着小碗在吃肉,沙族老爷发火道:"猪心是他吃下肚!"逼兹耶劳心不服,百般辩解无用处,争吵不休各有理,双方几乎要动武。沙族老爷要猪心,逼兹耶劳交不出。逼兹耶劳横下心,要让是非见分明。一怒杀了自家娃,剖开肠肚让他寻。只见酥肉、鸡肉和豆腐,翻肠倒肚不见心。原来猪心贴在大锅底,至此曲直已分明,可惜孩子已丧命,逼兹耶劳心如焚!这是祖先伤心事,他给夫人讲分明:"你们舅家不讲理,我们祖宗不答应。"夫人获机密,差人回娘家,悄悄送消息。舅家得消息,心中真高兴:从此将他置死地,我们太幸运。舅家急急忙忙,招兵买马纳将,白天黑夜练兵,准备杀向髳疆。果然没过多久,沙兵前来犯境,到处抢劫财物,到处掳掠妇女。革缪耶劳发命令,聚集各部将领,奋力迎战敌兵,不让敌人得逞。

《革缪耶劳的故事》告诉我们,沙族和髳族同时居住在浑水河流域即黄河流域,沙族应指炎黄部族，髳族指蚩尤九黎部族。髳族部落和沙族部落是联姻的部族，有着郎舅的关系。一次沙族部落祭祖，髳族部落的逼兹耶劳同时带着他的儿子去帮厨。沙族杀猪祭祖，用大锅煮炖猪肉。不料，猪心粘在了锅底。沙族硬说是逼兹耶劳的小儿子偷吃了专门用来祭祖的猪心。正直的逼兹耶劳感到莫大耻辱。为了雪耻，他亲手杀了自己的亲生儿子，剖开肠肚，只见鸡肉和豆腐。逼兹耶劳的儿子死得太不值，他决心要报仇，不料他的来自沙族的妻子将此消息告诉了舅家。舅家急忙招兵买马，先下手为强，沙族举兵杀向髳疆，到处抢夺财物，掳掠妇女。至此髳族和沙族结下深仇大恨，战争连续不断。

西部苗族古歌记录的涿鹿之战起因，不管是异族入侵或是郎舅关系闹翻，总之，是中国古代那场浩劫天宇的部落战争终于发生了。

战争的场面和双方战斗的激烈程度又是怎样的呢？《根爷耶劳与根蚩耶劳》唱道：

> 根爷耶劳把黑漆弯弩挎肩上，根蚩耶劳把箭筒挂腰间，带领大队兵马开向前，决心和根炎敖孜劳来周旋。根爷耶劳弯腰用脚尖奋力张弩，根蚩耶劳弯腰用手指稳当搭箭，一声弩发箭飞驰，一声弩发箭如雨，花绿绿铁箭飞向敌人头，花绿绿铁箭飞向敌胸膛。根炎敖孜劳兵马死伤过半，根炎敖孜劳往回逃窜。根炎敖孜劳不甘心，根炎敖孜劳有谋算。造了七十只木筏，造了七十只战船。木筏战船拴篾索，木筏战船紧相连；笃那依摸大江心，木筏战船连成片，木筏战船来回渡，渡来兵马万万千。兵如蚂蚁密密麻麻，兵如蚂蚁盖地遮天。根爷耶劳火燃眉毛，根蚩耶劳火燃眉毛，他们召集大队兵马，专等敌兵来到。不久敌兵来到，双方厮杀恶战。一方如蛟龙出海，一方如猛虎下山。根爷耶劳纵身上了枣色骡，杀得敌人尸骨成山；根蚩耶劳带兵冲进敌阵，杀得敌人心惊胆寒。根炎敖孜劳定要占领络锅，他命令兵士从外包抄，他命兵士从里冲击；根爷耶劳遭到夹攻，根蚩耶劳前后受敌。牛角处处响，军号声声急。两位耶劳奋力拼杀；无奈敌人太多，无奈敌兵声势浩大，两位耶劳力尽被捉，双双死在敌人刀下。根爷耶劳战败，阿髳溃不成军，只好放弃络锅，全体退守络里。

《根爷耶劳与根蚩耶劳》告诉我们，苗族的两位祖先根爷耶劳和根蚩耶劳都参加了战争，"根爷耶劳弯腰用脚尖奋力张弩，根蚩耶劳弯腰用手指稳当搭箭，一声弩发箭飞驰，一声弩发箭如雨，花绿绿铁箭飞向敌人头，花绿绿铁箭飞向敌胸膛，根炎敖孜劳兵马死伤过半。根炎敖孜劳不甘心，造了七十只木筏，造了七十只战船，木筏战船来回渡，渡来兵马万万千。双方厮杀恶战。一方如蛟龙出海，一方如猛虎下山。根炎敖孜劳命兵士从外包抄，根爷耶劳遭到夹攻，根蚩耶劳前后受敌。两位耶劳奋力拼杀，无奈敌人太多，无奈敌兵声势浩大，两位耶劳力尽被捉，双双死在敌人刀下。阿髳溃不成军，只好放弃络锅，全体退守络里。"

《根支耶劳、革缪耶劳和耶玖逼蒿的故事》唱道：

> 马桑神弩显神威，射出七箭死七人，发出七弩死七双。沙兆玖帝敖，横尸一大片，尸首堆成山。鬼哭狼嚎往回跑，缩头不敢再挑衅。沙兆玖帝敖，到底会盘算，武打得不赢，便来攻心战。派人来议和，派人来谈判：划分管辖区，互相不侵犯；凡事讲道理，从此永休战。革缪耶劳受欺骗，从此不再把兵练。沙兆玖帝敖，乘机诱他去交谈，说是要立约，大家保平安。谁知入陷阱，革缪一去不回还。沙族大举兵，山坡平坝都摆满，烧杀掳掠逞凶狂，阿髳地盘被强占。

以上又告诉我们，先是沙兆玖帝敖的人横尸一大片，"尸首堆成山，鬼哭狼嚎往回跑。沙兆玖帝敖到底会盘算，武打得不赢，便来攻心战。派人来议和，革缪耶劳受欺骗，从此不再把兵练。沙兆玖帝敖又趁机诱他去交谈，说是要立约，大家保平安。谁知入陷阱，革缪耶劳一去不回还。沙族大举兵，山坡平坝都摆满，烧杀掳掠逞凶狂，阿髳地盘被强占"。这里叙说阿髳的首领只有一位，即是革缪耶劳。

《革缪耶劳的故事》接着唱道：

> 革缪耶劳有强兵，沙兆玖帝敖，累战不能胜，另想好主意，妙计送美人。沙族女子真漂亮，两眼闪亮有波光。身材匀称又丰满，性格潇洒又爽朗，人见做梦也难忘。沙族爱施美人计，革缪耶劳早认清；自量内心不糊涂，坦然接纳作夫人。夫人来到髳疆，遍游城池村庄，了解阿髳习俗，熟悉地理风光，掌握阿髳脾性。历次沙髳战争，她要摸清战情：阿髳主将是谁？何以屡战屡胜？沙兆玖帝敖，施展美人计，来收髳帅心。经过长时期，美人摸清底，设法来勾魂。革缪耶劳勇无敌，勇猛之心变软心；革缪耶劳意志坚，坚强之心变软心。革缪耶劳魂已丢，舅家通知去议和，革缪耶劳被杀头，沙族接着举大兵，髳族溃败不成军，魂不附体败亡尽。

这又告诉我们，"革缪耶劳有强兵，沙兆玖帝敖，累战不能胜，另想好主意，妙计送美人。革缪耶劳自量内心不糊涂，坦然接纳作夫人。夫人来到髳疆，遍游城池村庄，了解阿髳习俗，熟悉地理风光，掌握阿髳脾性。历次沙髳战争，她要摸清战情：阿髳主将是谁？何以屡战屡胜？更重的是沙族美人来到髳疆后，革缪耶劳勇猛之心变软心，意志坚强之心变软心，革缪耶劳魂已丢，舅家通知去议和，革缪耶劳被杀了头，沙族大举进兵，髳族溃败不成军。"髳族最终被打败。络钨被占领，髳族部落撤到一个叫络里的地方。

5000年的那场浩劫天宇的涿鹿之战，战争场面之大，战斗之激烈，斗智又斗勇，西部苗族古歌描绘得有声有色。

上述西部苗族古歌唱述记载的，尽管方言土语不同，对首领的称呼不同，战争起因不同，地名不同，但所记载的都是著名的涿鹿之战。战争的情节、场面和结果，与中国史籍记载基本吻合，这绝不是偶然的。

四、英雄祖先

燕宝先生在《苗族族源初探》中说："人们会思考这样一个问题：这些苗族人历史上并不曾读汉书，更不知道史料上记载黄帝与蚩尤大战涿鹿之野这回事，但在他们创作的史歌中，苗族三大方言区怎么会有那么多类似蚩尤形象的影子？至于在苗族的生活习俗中，只要留意，这个影子随处都可发现……我们可以得出充分的结论，蚩尤就是苗族的英雄祖先。"[1]

蚩尤是苗族的英雄祖先。直到现当代，苗族三大方言仍把自己的祖先称为尤公。黔东南方言称蚩尤为榜香尤，湘西方言称剖尤和绞黎够尤（即九黎蚩尤），而川、黔、滇方言则直接称蚩尤。四川南部和贵州北部、西部的苗族地区建有蚩尤庙。黔东南流传的苗族史诗《榜香尤》，说香尤是苗族的第一位祖先，人们在唱歌或对话中，听到榜香尤的名字，都要肃然起敬。湘西、黔东北苗族祭祀祖先"剖尤"或"绞黎够尤"时，要用竹子编成山洞状，糊以纸，巫师坐"洞"旁敲竹筒，摇铃铛，不能敲鼓。据说，当年祖先剖尤是战败而退入山沿林箐的，击鼓易被人察觉。

贵州丹寨、凯里的一部分苗族会举行一年一度的"祭尤节"，直接祭祀蚩尤和他的9位部落首领。我们亲赴丹寨调查，丹寨扬颂、腊尧苗族过的"祭尤节"，祭奠的祖先叫"告尤"。他们说，很久很久以前，苗族先祖"告尤"居住在"河水黄泱泱"的河岸上，他天生怪异，勇猛异常，曾率领9位部落首领一起与炎帝、黄帝在中原一带交战，"告尤"打了许多胜仗，但后来"告尤"被诱杀了，他的9位部落首领率领部族沿河向西一路不停地迁徙，有的来到了黔东南，来到了丹寨，来到了扬颂和腊尧，世代繁衍生息，他们就是"告尤"的后裔。"祭尤节"就是祭祀蚩尤和他的9位部落首领。"祭尤节"要用牛来祭奠，要蒸糯米饭和打粑粑，要盘好一坛"苗酒"，要罩来田中鲤鱼，而更为独特的是，要到野外摘来枸树叶等植物贡品，要全族人举行祭祀仪式。祭祀开始，先是打火镰取圣火、鸣铁炮、鸣大号，然后在神龛下安祭桌、摆祭品。于地下摆祭师占卜用竹片两片，一把祖传砍刀；祭桌上摆9个土碗，分别斟上甜辣酒；9张枸树叶、9张青菜叶、9条鲤鱼，三种食品的堆放层顺序为：先树叶，后菜叶、鲤鱼放上面。摆成9份。摆好后，即请祭师念诵祭词。扬颂、腊尧苗家老人逝世，满27天要"送水吃"要由祭师导引其灵魂东去，去到那条"水浪滔滔"的河边去归祖，与祖先团聚。这与史籍记载蚩尤部族发祥于黄河长江中下游，九黎联盟由九个部落组成，每个部落又有九个氏族，九九八十一个兄弟氏族是相一致的，这绝不是巧合。扬颂、腊尧的"祭尤节"与蚩尤部落是有历史渊源的。

贵州三穗县寨头建有蚩尤庙，据三穗县苗学会万昌胜会长调查，寨头蚩尤庙建于明正

---

[1] 燕宝：《苗族族源初探》，载《民间文学论坛》1987年第3期。

统十三年（1448年）。当地苗族敬祭蚩尤庙，可以说一年365天都有人来敬，香火不断。特别是月半节和除夕日，家家户户都拿着猪头、公鸡、刀头酒礼、米粑等祭物到庙堂敬祭。1958年在"破除迷信"口号影响下，将其称为"黑神庙"。1966年"文革"时期，在"破四旧"中，蚩尤庙全被毁掉。党的十一届三中全会后，即在20世纪90年代初期，又由当地苗族人民自发捐款捐物重新恢复蚩尤庙。2011年9月7日至8日，中央电视四台播出走遍中国"千里寻蚩尤"节目，即播有寨头蚩尤庙祭祀活动场面。①

黔东南榕江县古州城边西山上，有一座"苗王庙"。当地苗族古歌唱道："故尤他老人家，有9万子孙，7万生在宽宽的平原，住在那美丽的东方。"战乱后大迁徙，来到今榕江古州城区和车江大坝，建了一座祖庙，雕个木像老人，纪念故尤千万年。其中所说的"故"为当地苗语qe的音写，即祖公，尤即蚩尤。有人推论榕江"苗王庙"建庙时间已近2000年，即西晋以前。②

马克思在《德意志意识形态》中说过："统治阶级的思想在每一个时代都是占统治地位的思想……那些没有精神生产资料的人的思想，一般是受统治阶级支配的。"中国几千年封建社会，记录历史都是为统治者服务的。

最典型的记录黄帝与蚩尤之争，即记录历史上著名的涿鹿大战，大多把战争起因归于"蚩尤最为暴，莫能伐""诛杀无道，不仁不慈""好兵喜乱""犯上作乱"；而歌颂"黄帝仁义""修德振兵，治五气，蓺五种，扶万民，度四方""万众欲令黄帝行天下事"。中国封建社会信奉"胜者为王、败者为寇"。黄帝因在"涿鹿之战"中打败蚩尤，被儒家看作是正义战胜邪恶，是仁德战胜暴虐，是受命天子对作乱臣子的"征讨""平乱"。胜者一方受到热烈的歌颂与夸张粉饰，失败一方则被贬斥和丑化。由于历史是胜利者们写下的，因此，那些失败民族的英雄就变成凶残丑恶的叛逆者了。

19世纪末20世纪初，西方人类学民族学传入中国，境内一大批汉族大学者充分肯定了苗族悠久的历史与文化，但还没有人站出来为蚩尤说句公正公平的话。为蚩尤鸣不平是由苗族第一代知识分子发起的。民国时期，针对几千年封建社会的不实记录，第一代苗族知识分子梁聚五驳斥说："蚩尤承继伏牺作网罟、神农作耒耜……而发明了刑法、武器、宗教以后，关于饲养牲畜、种植植物的农业生产事业，同时，也促进了一步。这进步，迫使当时人群拼命地寻找土地，尤其是适宜于饲养牲畜、种植植物的土地……大家都为生活而战争，为夺取黄河流域肥沃土地而战争。这战争，质言之，是为饲养牲畜，种植植物，各自繁殖其子孙。即使蚩尤怀挟野心，想统治其他民族，充其量，也不过像黄帝的行动一样。"他特别强调说："老实说一句，大家都是争取黄河流域一块肥沃的土地，什么'暴虐百姓''侵凌诸侯'……都是一派骗人的鬼话。这鬼话，不知害死古今多少人。"梁聚五接着说："大家对于蚩尤之死，

---

① 万昌胜：《神话与传说》第60—64页，中国文联出版社，2015年版。
② 唐善纯：《原形是野水牛》，引自川山唐的博客。

都感觉有些神秘！这不一定注意他个人，而是注意他八十一个铜头铁额的兄弟和他成千成万的徒步短兵，及一般拥戴他的九黎苗民。否则，蚩尤一死，战争即告结束。黄帝当着战争结束的当日，应该不分畛域地发出'安民'布告，使战败国的士兵，也得解甲归农，饲养牲畜，种植植物，过安定生活，以繁殖其子孙。殊黄帝计不出此，而且'迁其类之善者于邹屠之乡；其不善者，以木械之，而命之曰民。己之族，则曰百姓。民之言冥，言未见仁道也。百姓，言天之所生也'。"梁聚五又特别强调说："黄帝既杀死蚩尤于中冀，已算达到自己的目的，又何必迁怒九黎的苗民，'以木械之，而命之曰民'，以加深并扩大歧视或仇视他族的范围，而展开了中国四千多年来国内各民族相砍相杀的恶例呢？这恶例一开，你出来你大，我出来我大，谁统治中国，谁就称大……结果，大家只能是死路一条。"①

同为苗族第一代知识分子石启贵在《湘西苗族实地调查报告》中也驳斥说："苗族，原为上古之初民，举世知之。先汉族而据中原，有史该载。自涿鹿败后，渡江南迁。伏处于深山密林之中，偏安于穷乡僻壤。艰窘生活不言而喻。惜乎事迹史书未详，大抵所载，是炫汉官功勋也。"石启贵强调说："已往事非不多论述，本文所应研究者，关于今后之问题。其要点可分下列之建议，即开导、开诚、开化、开发四大步骤。"紧接着，他具体谈了如何具体实施开导、开诚、开化、开发四大步骤。中国几千年来"胜者为王、败者为寇"，蚩尤的后裔也被污为野蛮，不安分守己。石启贵驳斥说："或谓苗民犷悍成性，罔知守法，整治不易，此不足信。吾观苗民均极忠实之人，敬畏长官，遵守法纪，服从政府为宗旨。就其衣、食、住而论，多数可谓不自解决。较之汉人，生活环境一落千丈。然尚能忍耐，安分守己，从事耕凿，受命于政府统治之下。若他民族，处类似环境，纵无叛乱爆发，势必铤而走险。"②

中华人民共和国成立后，党和人民政府奉行民族平等、民族团结和实事求是的执政理念，包括苗族知识分子在内的学界为蚩尤正名。北京大学段宝林教授在《论蚩尤》一文中说："蚩尤与黄帝的涿鹿大战是中国远古历史上的一个重大事件。正是由于这次大战中，黄帝战胜了蚩尤，才奠定了华夏国家的根基，使他成为五帝之首。在有关的文献记载中，蚩尤的形象是暴君和乱贼，是相当丑恶的。《广雅释诂》：'蚩，乱也。'《方言》：'蚩，悖也。'（卷十二）一说尤，同由尤，腹中之虫，很不雅观。《尚书·吕刑》的记载更加详细，可为此类观点的代表：刑蚩尤惟始作乱，延及于平民，罔不寇贼，鸱义奸宄，夺攘矫虔。苗民弗用灵制以刑，惟作五虐之刑曰法。杀戮无辜，爰始淫为劓刵椓黥，越兹丽刑，并制，罔差有辞。这是周穆王叙述刑法的源流时首先提到的古训，说蚩尤作乱，以酷刑、杀戮统治苗民。把蚩尤、苗民都说得很坏。蚩尤原为九黎这君是九黎部落联盟的首领，他与轩辕黄帝发生了矛盾，被史家看成是'作乱'。司马迁《史记·五帝本纪》：'蚩尤作乱，不用帝命，于是黄帝乃征师诸侯，与蚩尤战于涿鹿之野，遂禽杀蚩尤，而诸侯咸尊轩辕为天子，代神农氏（炎帝）是为黄帝。'

---

① 《梁聚五文集》（上册）第58—62页，香港科技大学华南研究中心，2010年版。
② 石启贵：《湘西苗族实地调查报告》（增订本）第616—617页，湖南人民出版社，2002年版。

这些都是正统史书中的记载，并且还以正统观点使蚩尤成了暴虐无道的乱贼。"段宝林强调指出："蚩尤是苗族的一位大祖神，在苗人心目中有非常崇高的地位。至今在苗族的民俗中仍有许多崇拜蚩尤的重要活动。这是几千年的历史中顽强地保留下来的民族文化传统，是中国各民族特别是苗族历史发展的结果。蚩尤神话是一种古史神话，虽有浓厚的幻想成分，但却曲折地反映了历史，从中可看到古史的影子，其核心是古代苗族发展、迁徙的历史。所以它得到了历史学家们的高度重视。"①

苗族老红军、军旅作家陈靖，他晚年致力于做两件事：一是不顾年近古稀，重走长征路，创作长征系列作品，出版了《诗言史》一书；二是研究苗族悠久的历史与文化，为苗族祖先蚩尤平反正名。陈靖当年写给时任中央政治局常委、全国政协主席李瑞环的信的开头语即说："我是个苗裔红军老战士，离休后致力于长征史研究与民族问题探讨。此刻向李主席写信，中心是陈述一个建议：为苗族的最高祖先——蚩尤平反正名。"

陈靖写给李瑞环的信长达6000多字。我们不妨多引用几段，以窥陈靖老红军之心愿，他老人家为蚩尤平反正名立下了头功。他说：

> 蚩尤的后代——苗族，是一个历史悠久，特点突出的古老民族。她那勤劳苦奋、顽强不屈、憨厚善良、不欺不霸的特性，在任何环境下都能保持不变，一贯数千年。苗族特别钟爱大自然，她对山水草木具有天生的感情，这也是她以"苗"字为本民族定名的原因之一。苗族还是创造和发展华夏南北文化（即黄河、长江文化）的主力军之一，在仰韶文化、大汶口文化、龙山文化、屈家岭文化……的土地上，都有着苗族先民的累累足迹。然而，苗族又是一个屡遭不幸、总是战败、不断迁徙、一直在夹缝中受欺压而顽强生存下来的民族。她所受的苦难，在人类历史上也是罕见的。贯穿于三大社会——原始民族社会、奴隶社会和封建社会。这个民族能够生存下来、在世界民族史上也是一大奇迹，令一些学者与专家惊叹和尊敬。

> 苗族先民最早生息繁衍在今冀鲁豫平原这片土地上，即南起黄河、北至桑干河、东起渤海、西至汾水，他们在这片土地上最先掌握种植技术。当黄帝、炎帝在黄河上游的黄土高原上时，这片土地上就有了较精美的陶器和青铜器，故有的史家称苗人为海民族，即站在最初文明前列的部落，这个部落的首领就是蚩尤。以游牧为主的黄帝与炎帝部落，繁衍在黄河中上游。黄炎两部落逐渐东下，在互相冲突中又联手共同对抗蚩尤，于是发生那场开天辟地的大内战——涿鹿之战，结果是以蚩尤被杀而告终。他的子子孙孙从此被驱赶而南渡黄河，开始踏上那条人类史上灾难连绵的古"长征"之路。

> 不论从我国的钦定正史还是人民所写的野史，都可以看到这样一个事实：中

---

① 段宝林：《论蚩尤》，载《民族文学研究》1998年第4期。

国历代朝政几乎都是欺压和歧视蚩尤其子孙的，从尧舜禹汤直到宋元明清，苗族几乎都是被欺被压、躲躲藏藏、在荒山野岭中求生存。直到最后一个王朝，苗族偷偷保存下来的文字（楔形字），也被乾隆皇帝彻底禁绝了。进入中华民国的三十八年中，对待苗族不但没有什么改变，而且把苗族的鼻祖蚩尤，作为"异物"写入教科书中。

中华人民共和国诞生后，在马克思主义光芒照射下，苗族同数十个少数民族兄弟姊妹们一道，获得了破天荒的新生和解放。中华民族大家庭中的一大批被歪曲、被污蔑的历史人物，如"拳匪""洪逆""闯贼"等得以恢复本来面目。但不知何故，就是不给蚩尤正名，使其永远被置于"另册"。

中华民族是个诗史丰盛、经典多彩、正史野史俱全的民族集团，数千年业任其风云万变，而累累如山似海的著作中，对蚩尤及其子孙们的作用与地位，都有着朗朗记载。尽管百家各有所见，然而这样的事实是谁也不能抹掉的，即：蚩尤与黄帝、炎帝是平起平坐、鼎立黄河流域，创建中华文化的三先人，是中华民族大家庭中的三兄长。①

1994年11月，陈靖于海南五指山写给时任全国政协副主席、中国社会科学院院长胡绳的信中也说：

不论是苗家人的口头史，还是数千年的文字史，都承认苗族先民是一个文化悠久、历史古老的民族，她有周口店猿人的源痕，更有桑干河、滏阳河与黄河的遗迹。她是最早生息繁衍在今天的冀鲁豫平原、太行山与泰山这片土地上的古先民。数千年来的大量史书几乎都承认的事实——蚩尤是同黄帝、炎帝"平起平坐"的三先人，三大部落的三代表。原来居住在黄河中上游流域的炎帝和黄帝，同居住在黄河中下游的蚩尤，是共建中华文化的第一批祖先。

面对滚滚而来的二十一世纪，如果我们能使中华民族大家庭的"三兄长"喜聚一堂，这对全国、全中华民族以及全世界来说，都将是一件具有远大建设意义的大好事啊！②

陈靖老红军晚年致力于为蚩尤平反正名，应该说他的初衷已经实现，目的已经达到。1998年7月25日，由海内外32万中华儿女捐资建成的中华三祖堂，正式矗立在河北省涿鹿县境内。在中华三祖堂竣工暨三祖塑像揭幕典礼上，号称"天下苗族第一县"的贵州省台

---

① 陈靖致李瑞环同志的信，原载"三苗网"。
② 陈靖致胡绳同志的信，引自苗族文化网。

江县特地敬献苗族刺绣壁挂《战神蚩尤图》。中华三祖堂摒弃了历史的偏见，把蚩尤和黄帝、炎帝并列，奉为中华民族人文三始祖，予以敬仰，是海内同胞祭奠中华共同祖先的神圣场所。中华三祖堂还历史以公道，给蚩尤以正名，奉炎黄蚩为共祖，有利于民族团结和祖国统一。又，2014年5月1日，山东阳谷蚩尤陵在十五里园镇正式落成，结束了蚩尤只有坟没有陵的历史。由此可看出，从苗族内部尊蚩尤为祖并为其鸣不平、学术界为蚩尤正名，到河北涿鹿黄帝、炎帝、蚩尤"中华三祖堂"的落成，山东阳谷建成蚩尤陵等等，蚩尤从丑恶的乱者重新走向神圣的祖坛，意味着蚩尤文化在历经几千年风云战乱和朝代更替之后，重新凝聚起人们关注的目光。

历经几千年的发展与交融，中华民族你中有我，我中有你。自古以来，蚩尤后裔大部分融入华夏族，也有的融入其他民族，其他民族包括汉族也有不少到融入苗族中。中华民族共同生活在神州大地上，血脉相融，不分彼此，多元一体，谁也离不开谁。

中华民族共同生活在神州大地上，血脉相融，你中有我，我中有你，不分彼此，共同构成中华民族多元一体。历经数千年，特别是中华人民共和国奉行民族团结、民族平等政策以来，可以这样说，今天已经没有一个民族的血统是完全纯粹的了。伏羲太昊、神农炎帝、轩辕黄帝、战神蚩尤等中国可考的历史人物，他们都是中华民族共同的英雄祖先。

〇一五 东蒙由来[①]

苗族是中国一个极其古老的民族。中国自有文字记事以来，就有关于苗民的记载。

《山海经·海内经》："有人曰苗民，有神焉，人首蛇身，长如辕，左右有首，衣紫衣，冠旃冠，名曰延维。人主得而飨食之，伯天下。"

《山海经·大荒北经》："有毛民之国，依姓，食黍，使四鸟。"

《山海经·海外东经》："有东口之山，有君子之国。"

《山海经·大荒东经》："东海之外，大荒之中……有大人之国。"

《易系辞传》："古者包牺氏之王天下也。"

《拾遗记》："以木德称王，故曰春皇，其明睿照于八区，是谓太昊。昊者，明也，位居东方……号曰木皇。"

《礼记·月令疏》引《帝国世纪》："太昊庖牺氏，风姓，有景龙之瑞，故以龙纪官。"

《白虎通义·号篇》："下伏而化之，故谓之伏羲也。"

以上记载显然是指向上古时期居住在东方的古苗人，是指向伏羲太昊时代。我们且看专家们是怎样研究考证的。

翦伯赞、郑天挺在《中国通史参考资料》中注曰："君子国，不死国，相传是东方夷国。"[②] 范文澜在《中国通史简编》中说："居住在东方的人统被称为'夷族'。太皞是其中一族的著名酋长。太皞姓风，神话里说他人头蛇身（一说龙身），可能是以蛇（或龙）为图腾的一族。"[③] 郭沫若在《中国史稿》中则说："太皞，号伏羲氏。据说：'伏羲作卦'，已是父系氏族社会的事了……传说太皞是风姓，应同九夷中的风夷有更直接的关系。风夷在夷人氏族部落中

---

① 本文系作者承担的国家社科基金项目《我国史籍载苗族早期历史资料整理与研究》（批准号：11btq017）的研究成果之一。
② 翦伯赞、郑天挺：《中国通史参考资料》第120页，中华书局，1962年版。
③ 范文澜：《中国通史简编》第88—89页，人民出版社，1965年版。

居于首要地位，因而太皞又是所有夷人想象中的祖先。"①可以看出，翦伯赞、郑天挺认为君子国是"东方夷国"，范文澜、郭沫若认为伏羲与太皞是同一的，是居住在东方被称为"夷族"或"夷人"的祖先，而不是华夏族的祖先。他们所说的"东方夷国""东方夷族""东方夷人"，都是指向7000多年前的"伏羲太昊部族"，而不是指夏商周时才形成的"华夷五方格局"中的"东夷"，因为伏羲太昊时期还没有"东夷"的概念，也还没有华夷的区别。

苗族从古至今，自称为"蒙"。王献唐的考证更直接，他在《炎黄氏族文化考》中考证了蒙（苗）人的来源，他说："伏羲亦作伏牺……蒙阴一带，初皆蒙族聚处之所……所居之地名蒙，所处之山亦名蒙……伏羲后裔，周有密须四国，为东蒙主……知东蒙一带，固伏羲子孙旧壤也。伏羲之后，有东蒙氏……东为方名，殆对宋国诸蒙在西者而言，又知蒙为伏羲族氏矣。族以蒙名，所居之地，故以名蒙。蒙在东方，故言'东蒙'，合地名氏名以证伏羲，知伏羲为蒙族。"②

苗族民间一直流传着蒙部落的传说。苗青在《战争与西部苗族大迁徙》中运用苗族口碑资料说："在那悠悠昊天的东方寰区，在那茫茫旷世的大地中间，有两条河，一条叫浑水河，一条叫清水河……据苗族先辈的老人们代代相传下来，最早住在浑水河和清水河流域大平原里的，是一个叫'蒙（hmongb）'的大的部落部族。这个大的部落部族，居住地域方圆数千里……这'蒙（hmongb）'的名称算是最古老的了。"③由此可见，苗族口碑史直接说最早居住在浑水河和清水河流域大平原里的，是一个叫'蒙'的大部落部族。

特别值得指出的是，王桐龄、林惠祥等大师在自己的著作中，直接将上古时期的"东蒙"人称为苗族。王桐龄在《中国民族史》中说："一、汉族胚胎时代，汉族苗族之接触，汉族内部之融合，太古至唐虞时代；二、汉族蜕化时代，东夷、西戎、南蛮、北狄血统之加入，春秋战国。"④王桐龄认为太古至唐虞时代，汉族处于胚胎时期接触的是古老的苗族（当然应为"东蒙""九黎"与"三苗"了）；春秋战国为汉族蜕化时代，有东夷、西戎、南蛮、北狄血统之加入汉族。王桐龄紧接着说："现在中国动言五族平等，所谓五族，即汉满蒙回藏族。譬如一家人，汉族是长兄，满蒙回藏族便是幼弟，是为现在人的观察。若照历史上观察，中国之民族，除了汉满蒙回藏以外，还有一位长兄，即是苗族……就移入内地之先后次序言之，毕竟系苗族先入中国……此族之国名为九黎，君主名蚩尤。"⑤

林惠祥在《中国民族史》中则说："中国史上所记载汉族与异族第一次之战争即黄帝与蚩尤之战。黄帝为汉族之领袖，蚩尤为九黎即苗族之酋长。以后历朝皆常与苗族争战。"⑥鲁迅在《准风月谈·踢》中也说："苗族大败以后，都往山里跑，这是我们的先帝轩辕氏赶他们的。"

---

① 郭沫若：《中国史稿》第111—112页，人民出版社，1976年版。
② 王献唐：《炎黄氏族文化考》第297—307页，青岛出版社，2006年版。
③ 洞庭西子·苗青：《苗族文学论稿》第289—290页，现代出版社，2015年版。
④ 王桐龄：《中国民族史》序论第3页，吉林出版集团有限责任公司，2010年版。
⑤ 王桐龄：《中国民族史》第1—3页，吉林出版集团有限责任公司，2010年版。
⑥ 林惠祥：《中国民族史》第68页，上海书店出版社，1912年版。

大师们直接将上古居住在我国东部的伏羲太昊或蚩尤九黎称为苗族,是自有其道理的。

中国史籍对苗族在不同的历史阶段都有不同的称谓,本研究还是倾向于不同的阶段有不同的称谓为好。在上述翦伯赞、郑天挺的"东方夷国",范文澜的"东方夷族",郭沫若的"东方夷人",王献唐的"东蒙",苗族自身流传的"蒙部落部族"等称谓中,我们认为称"东蒙"最适合,苗族自称为"蒙","东蒙"即上古时期居住在东方的古苗人。

中国史籍记载,"东蒙"取名为苗,还与其种田农耕有关。

《山海经·大荒南经》:"苗民……继宜秬穄是食。"
《公羊·庄七年传》:"无苗。"注:"苗者,禾,生曰苗,秀曰禾。"
《诗经·硕鼠》:"无食我苗。"注:"嘉谷也。"
《说文》:"苗,草生于田者。"
《广雅·释古三》:"苗,众也。"
《后汉书·和熹邓后纪》:"以赡黎苗。"

对此,杨万选考证说:"据典籍所载,中国土人,实为苗族。按:苗,从草从田,谓草生于田也。其初本会意字,如诗《硕鼠》'无食我苗',《公羊·庄七年传》'无苗'。注:'苗者,禾,生曰苗,秀曰禾'。其后或以禾黍油油之意。"[1]鸟居龙藏在《苗族调查报告》中引用他人的话说:"云南、广西及贵州之山地住有许多苗子之部落,'苗'字二字可译为'力田之人'。"[2]

我们之所以赞同将上古时期居住在东方的古苗人称为"东蒙",因为这是根据中国史籍记载,苗族心史记载和专家研究考证而得出来的结论,也是为了与比较流行的"东夷"概念相区别。"东夷"是华夏族入主中原后至夏商周时才形成的,它包含不了更早时期的伏羲太昊、少昊乃至蚩尤九黎部落,也包含不了苗族的先民。"东蒙"是源,"东夷""南蛮"是流。照历史发展进程看,"东蒙"是"东夷"和"南蛮"共同的祖先。至夏商周时苗族先民已经被称为"南蛮"了。"东蒙"留在原地未南下的部分,夏商周时被称为"东夷",春秋战国前后,被称为"东夷"的人们全部地融入了华夏族。"东蒙"南下的部分被称为"南蛮",南蛮西迁,发展演变为苗、瑶、畲等民族。国学大师翦伯赞、范文澜、郭沫若等对伏羲太昊时期慎用"东方夷国""东方夷族""东方夷人",就是不用"东夷"二字,因为它们泛指的历史时代和部落人群是有区别的。

上古"东方苗人""东方君子国"或"伏羲太昊部族",是中国史籍记载最早的原始部落群团。该原始部族比司马迁《史记》以黄帝为开端的"炎帝、黄帝、蚩尤"早了2000多年。苗族源自"东蒙"即"伏羲太昊部族",不是说苗族是"伏羲太昊部族"唯一的后裔,事实

---

[1] 杨万选:《贵州苗族考》第9页,贵州大学出版社,2009年版。
[2] 鸟居龙藏:《苗族调查报告》第14页,贵州大学出版社,2009年版。

上，苗族只是上古"东蒙"人蚩尤与炎黄逐鹿中原的风姓集团那一支的后裔。上古"东蒙"即伏羲太昊部族也是后来华夏族即汉族的一个重要来源。

为了更清楚地证明苗族源自上古"东蒙"人的伏羲太昊部族，在这里，我们还要列举一些史学大家及知名学者的研究与考证资料。

根据中国史籍记载，肯定苗族悠久历史的首推梁启超先生。1899年，梁启超在《东籍月旦》一文中，第一次使用了"东方民族""泰西民族""民族变迁"和"民族竞争"等新名词。1901年，梁启超在《中国史叙论》一文中，首次提出了"中国民族"的概念。1902年，在"中国民族"的基础上，梁启超在《论中国学术思想变迁之大势》一文正式使用"中华民族"一词。他说："齐，海国也。上古时代，我中华民族之有海权思想者，厥惟齐。故于其间产出两种观念焉，一曰国家观；二曰世界观。"1904年，他在日本写成《论中国成文法编制之沿革得失》一文，他说："自黄帝迄今于舜禹，我族与苗族为剧烈之竞争，卒代之以兴。于是彼族之文明，吸收以为我用。刑法于是起焉。"1905年，梁启超又写了《历史上中国民族之观察》一文，从历史演变的角度重点分析了中国民族的多元性和混合性，他认为中国民族从总体上可以分为9个派系，第一是华族，其他8个派系为苗族、蜀族、巴氏族、徐淮族、吴越族、闽族、百粤族、百濮族，这些民族"皆组成中国民族最重要分子也"。"中华民族自始本非一族，实由多民族混合而成。"9个派系中他把苗族列在华族之后，并强调"彼族之文明，吸收以为我用。刑法于是起焉"。

从上述可知，梁启超最先使用"中华民族"概念，他认为，中华民族是由多民族组成的，有华族、苗族、蜀族、巴氏族、徐淮族、吴越族、闽族、百粤族、百濮族。梁启超虽把苗族列在9派系中的第二位，他说："齐，海国也。"海国即是上古"东蒙"人居住的东部沿海一带，齐鲁之邦。"上古时代，我中华民族之有海权思想者，厥惟齐。"因为"东蒙"人居住在东部沿海边，才有海权思想。当然，上古时代的海权思想与近现代的海权思想不同，上古海权思想不是侵犯与掠夺，至多就是渡船迁徙，而苗族古史歌就有"海边边、造舟船"之句。梁启超说："自黄帝迄于舜禹，我族与苗族为剧烈之竞争，卒代之以兴。于是彼族之文明，吸收以为我用。"这就充分肯定了苗族悠久的历史和灿烂的文化，苗族先兴，我族（即汉族）卒代之以兴，后起的华夏文化吸收了大量先前的苗黎族文化，许多史学大家都是这样肯定的。

蒙文通先生在《古史甄微》中认为，中国"古民族显有三系之分"。他以地域分布称此三系为"江汉民族""河洛民族""海岱民族"，又以传说的"泰帝"（太昊伏羲氏）、"炎帝""黄帝"之名而姑且分称三系为"泰族""炎族""黄族"。他认为三族渊源不同，泰族祖居东方滨海地区（主要是渤海湾沿岸），黄族出于西北，炎族则在南方。三族之中，以风姓的泰族为最古。"中国大陆，古代人迹始居之地，可考见者即在九河（古代黄河在今河北境内的下游流域）"，而"上世华族聚居偏在东北"，白山黑水之间实为汉族之故居。三族在上古时代更互为王，亦以泰族的兴起为最早。"遂古之王者，多在东方沿海一带。""风姓之族先于炎、黄二族居于中国，当即为中国旧来土著之民，自东而西，九州之土，皆其所长（君长）。"他强调，三族文化有不同的特色：泰族兼营耕牧渔猎，因出入于海上而"富于研究思考""长于科学、哲学"，凡礼、乐、兵器、律吕、算法、医术乃至政令、图典、文字皆创自泰族，其族"俨然一东方之希腊"；黄族为游牧民族，故"强武而优于政治组织""长于立法度、制器用"，凡实用器物皆自黄帝始创，"颇似罗马"；炎族尚耕稼，一向"缺乏政治组织"，然"皆率神农之教"，又"崇幽灵、信鬼神""长于明妖祥、崇宗教"，故其俗"放旷浪漫""颇似印度"。中国文化即为三族所共建，而有先后主次之别，故谓"泰族者中国文明之泉源，炎、黄二族继起而增华之"，早期开化的大体过程是"起于渤海，盛于岱宗，光大于三河"。

从上述可知，蒙文通认为三族以泰族的兴起为最早，"风姓之族先于炎、黄二族居于中国"，以伏羲太昊氏为首的泰族，祖居于东方的滨海地区。泰族为中国文明之源泉，因出入于海上而"富于研究思考""长于科学、哲学"，凡礼、乐、兵器、律吕、算法、医术乃至政令、图典、文字皆创自泰族，其族"俨然一东方之希腊"，炎、黄二族继起而增华。这与我们在前面第一、二、三章的考察是相一致的。

蒙文通在他的另一重要著作《古地甄微》中说得更明白："因疑苗族为中国文化之创始者……于是我东方璀璨之文化，滋兴于斯，而展于三河。正所谓天时地利，而文化之兴，固自非偶然之故也。"[1] 他还说："古之建帝都、封大国，皆自东而渐西，即汉族以外之民族。"[2] 蒙文通说的"汉族以外之民族"，即苗族也。

对于学界为什么称"东蒙"人为泰族，称伏羲为泰皇、泰帝？为什么历代易王要封泰山？王大友在《三皇五帝时代》中考证说："伏羲氏以豫西山地和汝水、涡水、白龟山、鲁山、舞阳贾湖和泰山为中心居邑。泰山于中国，并不是特别高的峻岭，为什么历代易姓而王，非要封禅泰山呢？管仲《封禅书》谓古易姓而王封泰山的有七十二家。泰山之所以如此重要，是由于中国的文明教化，起始于泰岱三区一带的羲皇，以泰山一带为中华民族的发源地。"盖中国原始民族起于东方，东方尤其泰、岱一带为其故土，木土水源，血统所出，泰山巍然，故凡得天下者，易姓而后，必告泰宗，示不忘本，尤其祭告宗庙之义。泰山者，若祖若宗之所自出，亦犹宗庙也。"封禅的场、坛就是祭祀天、地、人祖的宗庙。羲皇缘泰山而起，为泰地之皇，故又称泰皇。以泰山为祖国，泰地之君为泰皇。易姓封王，封告泰山，旨在取得合法王天下的正统权：王者承认自己为羲皇的继承者，黎民或异族血统方始承认其政权。"[3] 我们认为，王大友先生的考证，应该是符合历史实际的。

吕思勉的《中国民族史》中有一段精辟论述，他说："《史记·六国表》：或曰：东方物所生，西方物之成熟。夫作事者必于东南，收功实者常于西北。故禹兴于西羌；汤起于亳；周之王也，以丰、镐伐殷；秦之帝，用雍州兴；汉之兴，自蜀、汉。'此等方位地运之说，原不足信。然自汉以前，兴亡之迹，确系如此。"[4] 我们认为，《史记·六国表》记载的"东方物所生，

---

[1] 蒙文通：《古地甄微》第1—3页，巴蜀书社，1998年版。
[2] 蒙文通：《古地甄微》第7页，巴蜀书社，1998年版。
[3] 王大友：《三皇五帝时代》（上）第103—104页，中国时代经济出版社，2005年版。
[4] 吕思勉：《中国民族史》第12页，岳麓书社，2010年版。

西方物之成熟。夫作事者必于东南,收功实者常于西北"是符合中国秦汉以前之历史实际的。

林惠祥的《中国民族史》说:"夷或曰东夷,以其居于华夏系之东也。《说文》'夷东方之人也,从大,从弓'。""东夷之种属至今未明。"①可看出,林惠祥没有把"夷"或"东夷"归于华夏系,或许是受到时代的限制,他认为"东夷之种属至今未明"。如前所述,我们认为上古居于东方的是"东蒙"伏羲太昊部族即古苗人,华夏族人主中原后,至夏商周时代被称为"东夷"的人们,是上古"东蒙"人的族裔,经历春秋战国,直至秦始皇统一中国,被称为"东夷"的人们全部地融入华夏族中去了,也可能有一些融入百越或其他族团中去了。

杨娟、杨庆林等著的《中华民族通史论纲》考证说:"中华民族经历了上万年至数万年,这个发展进程从未中断,炎帝、黄帝、蚩尤时代并非起点,向上溯还有很长时期的历史,这段历史对中华民族的发展至关重要,是真正的中华民族起源阶段。当时(炎、黄、蚩尤时代之前的历史时期)中华民族的古人长期生活在华北平原、黄河、长江中下游地区,他们尚处于未分裂的状态,我们将这些中华古人称为古苗人,将他们生活的那段历史时期称为古苗人时期……古苗人时期起始于古代伏羲时期……古苗人的栖息地是华北平原、黄河中下游平原和长江中下游平原,这些地区就是后来的古华夏的区域。"②

我们认为,杨娟、杨庆林等的考察是符合中华民族的历史的:古苗人时期起始于古代伏羲时期,当时他们尚处于未分裂的状态。古苗人的栖息地是华北平原、黄河中下游平原和长江中下游平原,这些地区就是后来的古华夏的区域。我们还是用夏曾佑的话来说,"古时黎族散处江湖间,先于吾族,不知几何年。至黄帝之时,生齿日繁,民族竞争之祸,乃不能不起,遂有炎帝、黄帝、蚩尤之战事"。正因为遂有炎帝、黄帝、蚩尤之战事,古苗人的栖息地华北平原、黄河中下游平原和长江中下游平原地区,后来才成为了古华夏的区域。王献唐所说的"东蒙"人伏羲时期,是中国可考的历史,是中华文明中华民族最早最大的一个历史源头。

王钟翰主编的《中国民族史》中则说:"海岱地区的新石器文化,是太昊、少昊两大部落集团的文化遗存;而太昊、少昊两大部落集团,一方面有一部分与来自黄河上游、中游的黄帝部落集团融合,构成华夏民族来源的重要组成部分;另一方面,泰山周围及其以东至海、以南至淮的诸部落,仍按其固有文化传统发展,即夏商周三代的东夷。先秦文献中的东夷,专指今山东省及淮河以北那些非华夏方国和部落,即分布在今山东、苏北、淮北地区。它们的文化直接继承海岱地区的新石器文化,继承山东龙山文化发展的岳石文化一般认为是夏代东夷的文化;它们的族源直接继承两昊部落集团,直到春秋时期,在今山东、苏北、淮北还留存着两昊苗裔仍称为东夷的许多方国。但不能反过来简单地称海岱地区的新石器文化为'东夷史前文化',也不能简单地说两昊集团就是'东夷部落集团',因为当时尚未出现夷、

---

① 林惠祥:《中国民族史》第49、57页,上海书店出版社,2012年版。
② 杨娟、杨庆林、敖尔美:《中华民族通史论纲》第35—37页,当代中国出版社,2012年版。

夏的区别，而且海岱地区的新石器文化与两昊部落集团也是华夏民族的重要来源之一。夏与商均与三代的东夷有一部分共同的渊源关系。到秦始皇统一时，三代东夷的苗裔，都已融合于华夏民族之中。"①

王钟翰等肯定了海岱地区新石器文化是太昊、少昊两大部落集团的文化遗存，后来两昊集团一部分与来自黄河上游、中游的黄帝部落集团融合，构成了华夏民族来源的重要组成部分。这一最早融合的部分，应该是涿鹿大战黄帝打败蚩尤后的部分融合。在涿鹿大战之前，黄帝部落集团的势力，还没有到达两昊集团地区。我们特别注意到，王钟翰等认为："泰山周围及其以东至海、以南至淮的诸部落，仍按其固有文化传统发展，即夏商周三代的东夷，它们的文化直接继承海岱地区的新石器文化，它们的族源直接继承两昊部落集团。夏与商均与三代的东夷有一部分共同的渊源关系。到秦始皇统一时，三代东夷的苗裔，都已融合于华夏民族之中。"正因为部族间的融入与文化的融合，不属于华夏系而又早于黄帝的伏羲太昊及其原始部族，才被中国史籍记载下来了。

石宗仁在《荆楚与支那》亦考证说："苏南有茅山，苏北有苗山，亦是苗蛮族'族之所在，地名随之'的遗存……'茅''苗'音转，茅山即苗山……山东省南部有蒙山，安徽北部有蒙城，砀山县有芒山，河南永城县（今永城市，与安徽淮北市邻近）有芒山。蒙山、蒙城、芒山等地名群落在鲁、皖、豫交边地区，均与苗族族称有关……今贵州、云南苗族，仍自称为蒙，为芒……正如《民族词典》所释苗族自称为蒙为模，模亦为芒，牟蒙芒蒙同一族称之异译也。古时蒙城有蒙人（即蛮人苗人），故曰蒙城，亦即蛮城。牟、蒙、芒当是同一苗蛮族自称在鲁、皖、苏、豫大地上的残存。"②

如前所述，苗族属于上古"东蒙"人的伏羲太昊集团，在后来的少昊氏衰落后，以蚩尤为首的九黎集团发展起来了。著名的涿鹿大战，黄帝打败强大的蚩尤，九黎部族部分融入黄帝族，没有融合的部分逃窜至长江流域，后来华夏集团的尧舜禹又不断征讨三苗，秦国灭掉楚国，上古"东蒙"古苗人的后裔，绝大部分都融入华夏族即汉族中。正如王桐龄在《中国民族史》所说："后来苗族子孙，有一大部分完全同化于汉族；其中不肯同化之一小部分，逐渐迁到中国西南各省（云、贵、广西、云南等地）深山中，与木石居，与鹿豕游，不肯与汉族杂居，不肯与汉族结婚，文化程度逐落后于汉族之后，到现在反成为不开化之民族矣。"③这就是苗族的历史。

夏曾佑在《中国古代史》中这样说道："黎族……向疑其为神州之土著……古时黎族散处江湖间，先于吾族，不知几何年。其后吾族顺黄河流域而至，如此者又不知几何年。至黄帝时，生齿日繁，民族竞争之祸，乃不能不起，遂有黄帝、蚩尤之战事，而中国文化，借以

---

① 王钟翰：《中国民族史》（增订本）第79—80页，中国社会科学出版社，2010年版。
② 石宗仁：《荆楚与支那》第124—125页，民族出版社，2008年版。
③ 王桐龄：《中国民族史》第5—6页，吉林出版集团有限责任公司，2010年版。

开焉。"①

夏先生所说的"黎族",即指蚩尤统领的九黎族,九黎族之前即是伏羲太昊、少昊氏部族,蚩尤之前的"两昊"集团即是上古时期的"东蒙"古苗人。"神州"即中国本部,"之土著"即最早的居民。"吾族",即指华夏族,"先于吾族,不知几何年",即说苗黎族的历史要比华夏族的历史还要早得多。"其后吾族顺黄河流域而至,至黄帝时,遂有黄帝、蚩尤之战事。"至于说"而中国文化,借以开焉",这是受《史记》以黄帝为开端的影响。其实,司马迁在《史记·太史公自序》中明言:"余闻之先人曰:伏羲至纯厚,作《易》八卦⋯⋯于是卒述陶唐以来,至于麟止,自黄帝始。"司马迁明确告诉后人,他只写"上起黄帝,至于麟止"的历史,之前还有伏羲作《易》八卦。可见,司马迁认为黄帝之前还有伏羲作《易》八卦的时代。

石宗仁在《荆楚与支那》中说:"我国著名学者闻一多先生认为,'伏羲本是苗族的祖先,楚人所以祀他',这不仅道出伏羲、女娲是苗族的祖先,还指出楚人同伏羲、女娲与苗族,有着民族学意义上亲缘关系。"②

侯哲安在《中国南方古代传说人物考》中则考证说:"伏羲女娲及其后裔的分布,与考古资料相印证,不仅与大汶口文化有密切关系;而且与江汉地区新石器时期屈家岭文化同样联系着的。还应当看到伏羲女娲分布地区不是没有其他的氏族和部落,伏羲女娲及其后裔不过是我国东部南部比较著名的部落联盟。其中一部分与其他族融合,随后形成了一个民族(汉族),其余的部分一直成为汉族以外的少数民族,但与汉族的相互影响是长期的、广泛的,这就充分证明了中华民族的整体性。"③

刘起釪在《古史续辨》中考证说:"在华夏族的神话传说里,原来并没有伏羲,只在战国末期的传说里,出现了一位熟食之神,称为庖牺;女娲则原是男性神,后来关于他的传说主要只有补天奠地以泥土造人的故事。而伏羲、女娲这一对则是苗族的始神,相传他们的族是在洪水之后由伏羲、女娲兄妹结为夫妇诞生出来的。此说由芮逸夫《苗族的洪水故事与伏牺女娲的话传》始倡之,闻一多的《伏羲考》盛赞其说并详加证成之,应是可信的。由于古软唇音读重音,'庖牺'与'伏羲'二者读音相同,经过民族的交往,于是苗族伏羲的故事就完全依附到华夏族庖牺的身上了,从此伏羲、女娲兄妹结为夫妇传衍人类的故事,就并入汉族的古史传说而盛行汉代了。"④

伏羲女娲的传说之所以在战国时期比较盛行,与当时的民族融合形势和百家争鸣的学风有关,这一时期学术文化有较大的发展,人们要求探索社会发展规律,大量搜集民间传说,记之于书。伏羲女娲不是无稽之谈,而有所本,从民间传说反映到历史文献中来。《庄子》记载伏羲女娲传说最为详细,《人间世》《大宗师》《缮性篇》《田子方篇》都提到伏羲。

---

① 夏曾佑:《中国古代史》第13页,岳麓书社,2010年版。
② 石宗仁:《荆楚与支那》第30页,民族出版社,2008年版。
③ 侯哲安:《中国南方古代传说人物考》,见贵州省民族研究所编《民族研究参考资料》第6辑。
④ 刘起釪:《古史续辨》第39页,中国社会科学出版社,1991年版。

庄子是楚人,《左传·昭公十七年》说"陈太皞之虚也",说明伏羲在楚,所以伏羲传说最先或最普遍地保留在楚国境内各族人民的记忆中。而春秋战国时期,苗族正是楚国的主体居民。所以马长寿说:"中原神话中的包羲与女娲原为楚籍,系楚中苗族创世之祖。"①

伍新福在《中国苗族通史》中考证说:"秦汉以前的文献史籍均肯定太皞即伏羲,直到清代才有人提出异议,认为伏羲非太皞。但无论两者的关系如何,以伏羲氏为东夷集团的始祖则是一致的。这同苗族关于始祖的传说和崇拜也恰好相吻合。各地苗族都流传着有关洪水漫天和兄妹结婚繁衍人类的古歌传说,内容大同小异。据说,远古时洪水泛滥,淹没了地上的一切,只有兄妹两个坐进一个大葫芦瓜里,才幸免于难。洪水退后,兄妹通过对山滚磨盘等方式,遵循天意,成婚生子,使地上重新有了人类。"闻一多《伏羲考》认为,"伏羲"即"葫芦",女娲即"女葫芦"。伏羲女娲,正是苗族所崇拜的繁衍人类的始祖神兄妹俩。如清初陆次云《峒溪纤志》载:"苗人腊祭曰报草,祭用巫,设伏羲女娲位。"所谓伏羲女娲,在苗族民间又俗称"傩公傩母"。至今苗族地区举行"还愿"祭典时,仍于中堂设傩公傩母的木雕衣装神像。又据《世本·作篇》等史籍记载:"女娲作笙""以为生发之象",即纪念人类繁衍之意。宋代朱辅《溪蛮丛笑》记载,苗族仍以葫芦为笙。现在苗族的芦笙虽已改用木制的斗,竹管数目也有减少,但喜欢吹芦笙的古俗依然盛行于苗族之中。这同崇拜伏羲女娲显然也有联系。此外,史籍还记载,伏羲氏和东夷,以凤鸟为图腾,加以崇拜,而苗族的古歌说,是凤鸟孵化"蝴蝶妈妈"生下的12个蛋,生出了虎豹、蛇虫和人类。②

法籍耶稣会士,神学家兼著名汉学家戴遂良牧师,1903年著有《历史文献》,1919年著有《历代中国》。他在《历史文献》中说:"史前期在中国出现的野蛮人被叫作'夷'。"而在《历代中国》中则改变说:"他们则叫作'苗'。"他还强调说:"有三个人的名字,可以用来概述中国的史前历史——伏羲、神农、黄帝……相继经过人类发展的三个文明阶段后,就到了中国古代帝国的时期。"③

郭克煜等著的《鲁国史》中考证说:"在古史传说中,曲阜一带属古夷人(应为古苗人或东蒙人)居住地,有关东夷人的最古传说是太昊的事迹。太昊或作太皞,因为他曾作网罟田渔以备牺牲,故又称为伏羲氏,又作庖牺氏,即发明熟食之人的意思,他是继燧人氏之后的上古'帝王',是八卦的创立者……其后春秋时有任(今山东菏泽东北)、宿(今山东东平境内)、须句(亦今山东东平境内)、颛臾(今山东平邑境内)等小国,皆在今曲阜周围,由此可以推测太昊也是生活在曲阜一带的。"④

杨万选在《贵州苗族考》中说:"据典籍所载,中国土人,实为苗族……苗族为中国最

---

① 马长寿:《苗瑶之起源神话》,载中南民族学院民族研究所《南方民族史论集》第2辑。
② 伍新福:《中国苗族通史》第6页,贵州民族出版社,1999年版。
③ 参见萨维纳《苗族史》第143页,贵州大学出版社,2008年版。
④ 郭克煜等著:《鲁国史》第31页,人民出版社,1994年版。

古人种。"①

  南宋大儒朱熹，根据司马光《资治通鉴》《通鉴举要历》和胡安国《举要补遗》等书，编纂出《通鉴纲目》，列出中国早期历史纪年表：伏羲游牧时代——公元前4477年；神农农业时代——前3217年；黄帝建立帝国半史时代——前2697年。可见，上古"东蒙"人的伏羲太昊时代，是中国可考的历史，是上古"东蒙"古苗人时期，也是中华文明中华民族的发轫时代。

---

① 杨万选：《贵州苗族考》第9—10页，贵州大学出版社，2009年版。

○一六 东蒙源头①

随着研究的不断深入和考古实物的不断发现，中华民族最重要的有两大历史源头，一是上古时期居住在我国东部的"东蒙"古苗人或古苗人的祖先，一是上古时期居住在我国西部的"西羌"古汉人或古汉人的祖先。苗人和汉人是中国最为古老的两大族群。中国古籍将居住于东部的族群称之为"东方君子国""不死国"或"伏羲太昊部族"，专家研究考证时称之为"东方夷国""东方夷族""东方夷人"，因为苗族自称为"蒙"，有的专家又直接称之为"东蒙"。中国古籍将居住于西部的族群称之为"西羌"或"氐羌"，后来又称之"诸夏"或"华夏"。从中国人类学的资料（包括史籍记载资料、学界考证资料、考古发现资料等）来看，中国古籍记载的"西羌"族群出现在6000年前，以游牧业为主；中国古籍记载的"东蒙"族群出现在7000年前，以农耕业为主。

一、中国史籍记载"东蒙"人的资料

中国古籍记载的"东方君子国""不死国"，最早是出现在《山海经》中。

《山海经·海外东经》："有东口之山。有君子之国，其人衣冠带剑。"
《山海经·海外南经》："不死民在其东，其为人黑色，寿，不死。"
《山海经·大荒东经》："东海之外，大荒之中，有山名曰大言，日月所出。有波谷山者，有大人之国。""有大人之市，名曰大人之堂。有一大人踆其上，张其两耳。"
《山海经·大荒东经》："君子国在其北，衣冠带剑，食兽，使二大虎在旁，其人好让不争。有薰华草，朝生夕死。一曰在肝榆之尸北。"

从上述记载可知，上古时期，在我国东方有一个"君子国""不死国"或"大人国"。

---

① 本文系作者承担的国家社科基金项目《我国典籍载苗族早期历史资料整理与研究》（批准号：11btq017）的研究成果之一。

那里的人都是黑色的，个个长寿，人人不死。李贤注引《山海经》曰："不死人在交胫东，其人为黑色，寿不死。"袁珂考证说："东方的君子国……人人寿命都很长，他们除了吃家畜或野兽之外，更把国内盛产的木槿花蒸来当作日常食品。木槿花是一种灌木树上开的花，有红有紫有白……可是这美丽的花却开得不长久，早晨开花，不到晚上便枯萎了……君子国的人们把这短命的花来做他们的食品。说来奇怪，吃了短命的花的他们，人人却又都长寿。这或者不关于花，而关于他们那种作为君子品德的仁爱的胸怀吧。据说仁爱的人寿命都很长的。"[1]

《淮南子·地形训》："东方有君子之国。"
《说文》："凤，神鸟也。""凤之象也……燕颔鸡啄，五色备举，出于东方君子国。"
《后汉书·东夷传序》：东方"至有君子不死之国焉"。
《太平御览》引《王子年拾遗记》："……其人不死，厌世则升天。"
《说文》："凤，出于东方君子之国。""东方之人。"
《博物志》："君子国人……好礼让不争。"
《后汉书·东夷传序》：东方"仁而好生，天性柔顺，易以道御"。
《说文》："东夷从大人也。夷俗仁，故有君子不死之国。"

先秦文献记载东方君子国好礼让而不争，天性柔顺，通情达理，民风清淳。所以《山海经》《淮南子》《后汉书》等古籍称东方人为"君子国"或者"大人国""君子不死之国"。"凤，出于东方君子之国。""凤"是东方人风姓集团特有的标记，与黄帝发生战争的蚩尤，就出自上古"东蒙"人的风姓集团。故知史籍记载的"君子之国"就是上古时期的"东方蒙人"，且就是风姓诸国的部落群团。因为"仁义"是"东蒙"人的礼俗，这也是"东方君子国""大人国"或"不死国"名称的由来。

《山海经》记载"东方君子国"的首领叫帝俊。

《山海经·大荒南经》："有人三身，帝俊妻娥皇，生此三身之国。"
《山海经·大荒西经》："有女子方浴月。帝俊妻常羲，生月十有二，此始浴之。"
《山海经·大荒南经》："东南海之外，甘水之间，有羲和之国，有女子名曰羲和，方日浴于甘渊。羲和者，帝俊之妻，生十日。"
《山海经·大荒东经》："大荒之中有山名曰合虚，日月所出……帝俊生中容，中容人食兽、木实，使四鸟……惟帝俊下友。帝下两坛，采鸟是司。"

---

[1] 袁珂：《中国古代神话》第244页，中华书局，1960年版。

从上述记载中可知，东方日月所出之国的首领叫帝俊，妻叫娥皇或常羲。金荣权在《帝俊及其神系考略》中考证说："帝俊在中国古代神话中是一个谜一般的神性人物，他的事迹既不为正史所载，也不为诸子所传，只见于《山海经》之中……究其神系渊源与脉络，显不属于炎帝世系，也不隶属于黄帝世系，是与炎、黄两大神系并存的第三神系……关于帝俊在中国古代诸神中的地位，今天众说纷纭，然一般认为帝俊当是上古时代东方民族的祖先神，这种看法是一致的，因为《山海经》记载的帝俊活动地及其子孙之国大多在东方。"[1] 张碧波在《三皇文化论》一文中，曾据汉代高诱注称："娲，古和字。"认为《山海经》所言女和月母，当指女娲，娲与和音近假用，则女娲又作女和。伏羲之后裔为'羲'，而女娲之后裔为'和'"。[2] 可见，《山海经》记载东方日月所出之国的首领帝俊应为伏羲，其妻娥皇或常羲应为女娲。

继《山海经》之后，众多史籍也记载了"东方君子国"的首领。

《帝王世纪》："帝出于震，未有所因，故位在东方。"

《易系辞传》："帝出乎震。""古者包牺氏之王天下也。"

《淮南子·时则训》："东方之极……东至日出之次，榑木之地，青土树木之野，太皥、句芒之所司者万二千里。"高诱注："太皥，伏羲氏，东方木德之帝也，句芒，木神。"

"帝出于震"，帝指太阳神伏羲。震当训作晨，就是日出于晨，日出于东方，就是指"东蒙"人的首领伏羲出现在东方。古人排列五行方位，东方是木，木代表春天，而春天是万物萌生、促成新生、爱护新生、帮助生长的季节，后人由此引申出"仁者爱人"。又：

《拾遗记》："以木德称王，故曰春皇，其明睿照于八区，是谓太昊。昊者，明也，位居东方，以含养蠢化，叶于木德，其音附角，号曰木皇。"

《释文》："包，本就作庖。郑云：取也。孟、京作伏。牺，郑云：鸟兽全具曰牺。孟京作戏，云伏，服也；戏，化也。"

《白虎通义·号篇》："下伏而化之，故谓之伏羲也。"

《拾遗记》："庖者包也，言包含万象，以牺牲登荐于百神，民服其圣，故曰庖羲，亦谓伏羲，变混沌之质文，宓其教故曰宓羲。"

《白虎通义》引《含文嘉》："伏者，别也，变也；戏者，献也，法也。伏羲始别八卦，以变化天下；天下法则，咸伏贡献，故曰伏戏也。"

《礼记·月令疏》引《帝国世纪》："取牺牲也供庖厨，食天下，故号曰庖牺氏。""太

---

[1] 金荣权：《帝俊及其神系考略》，载《中州学刊》1998年第1期。
[2] 张碧波：《三皇文化论》，载《天水行政学院学报》2008年第3期。

昊庖牺氏，风性，有景龙之瑞，故以龙纪官。"

《汉书·律历志》载刘歆《世经》："作网罟以田渔取牺牲，故天下号曰炮牺氏。"

《左传·昭公十七年》："郯子曰太皞以龙纪。"

《荀子·正论》："自太皞燧人莫不有也。"

《吕氏春秋·十二纪》："太皞伏羲氏。"孔颖达《左传疏》云："太皞身号，伏羲代号。"《吕氏春秋·孟春纪》："其帝太皞。"高诱注："太皞，伏羲氏。"

《拾遗记·卷一》："昔者人皇蛇身九首。"

《拾遗记·卷二》："蛇身之神，即羲皇也。"

《路史·太昊》："伏牺人头蛇身，以十月四日人定时生，帝女游于华胥之渊，感蛇而孕，十二年而生庖牺。"

《简易道德经》："世物，唯日光明，世人，唯羲磊落。齐奉羲如天上之日，始之号昊。"

上述诸多记载可知，"东蒙"即"君子不死国"的首领为伏羲。伏羲生活于东方，兼有太阳的光明，所以又称作太昊。由于上古代没有文字，先民事迹多赖后人一辈辈口耳相传，加之古今方俗之异，后来见诸文字，便出现同名异姓现象。同一位伏羲，春秋战国以来的各种古籍中便有不同的写法。伏羲、伏戏、包牺、庖牺、炮牺、伏牺、虙羲、虙戏、宓羲、宓戏等，均属音同音近相代。又随着社会发展，文化进步，不同时期的学人对历史人物从不同角度进行研究和评价，便出现同人异号现象，所指实一。如太帝、太昊、太皞、春皇、木皇等，均属于因事立称。所说的都是伏羲氏。伏羲是"东蒙"人即"君子不死国"之大首领，大酋长。

大量的中国史籍记载，伏羲开中华文明之先河。我曾经将伏羲或伏羲时代的一系列创造发明归纳为八大组，即观天象、制历算；结网罟、驯家禽；兴庖厨、行医药；画八卦、刻书契；定姓氏、制嫁娶；兴管理、造干戈；化蚕制衣、制乐创歌；建都宛丘、以龙纪官。

在早期中华文明中，伏羲太昊氏可谓劳苦功高，功劳巨大。早在先秦时代，人们就将伏羲视为三皇之首，百王之先。诚如王大友在《三皇五帝时代》中说："伏羲氏族是上古人类开化程度最高的氏族，进入文明阶段，继天而王，以理海内，首德于木，为百王先，故《易》称帝出于震，建寅孟春，都于陈，东封泰山，禅云云。"[①] 蒋南华在《中华文明七千年初探》中说："《尚书·序》云：伏羲氏之王天下，始画八卦，造书契，以代结绳之政。由是文籍生焉。今天我们使用的中文方块字，是中华民族数千年前约定俗成的伟大创造，它随着中国社会历史的发展进程使用至今，千秋万代永无穷尽。它不曾因秦汉之兴而兴，亦不因秦汉之亡而亡。它也绝非汉民族的发明专利，早在汉民族产生之前的几千年前特别是距今六七千年以前，以'苗蛮'为主体居民的河姆渡文化及其稍后的良渚文化时代，它就在中华大地产生和

---

① 王大友：《三皇五帝时代》（上）第 103 页，中国时代经济出版社，2005 年版。

行用了……中国文字被称为'汉字',其实是很不确切的,也不符合其历史的真实。为了还其文字产生的历史真实,还其文字的发明创造权于中华各民族人民,应取消'汉字'的说法,而称'中文'或'华文'。"①

早于西部"氐羌"人的东部"东蒙"人,以及伏羲太昊、少昊的事迹为何被中国史籍记载下来了,应该说是因为不同部族间的冲突和文化融合的结果。历史上黄帝打败蚩尤,尧舜禹征讨三苗,夏商周征战南蛮、荆蛮,秦国灭掉楚国等重大历史事件,使得"东蒙"人的后裔大部分都融入华夏族中去了。梁启超先生在《论中国成文法编制之沿革得失》中曾说:"我族与苗族为剧烈之竞争,卒代之以兴。于是彼族之文明,吸收以为我用。"蒋志华主编的《中国世界部落文化》也说:"东夷(蒙)部落为我国早期文化的发展和推进起到了很大的作用。中原华夏文明就是文化相对落后的西部华夏族吸收先进的东夷(蒙)部落文化后进入文明社会的。"正因为不同部落间的冲突与融合,不属于华夏系而又早于炎黄的伏羲太昊及其原始部族,才被中国史籍记载下来了。伏羲氏被列为三皇之首,百王之先。

二、学界研究考证"东蒙"人的资料

根据中国史籍记载资料,国内外学界对"东方君子国"即伏羲太昊部族进行了诸多的研究与考证。

如前所述,翦伯赞、郑天挺在《中国通史参考资料》中注曰:"君子国,不死国,相传是东方夷国。"②

苗族从古至今,自称为"蒙",王献唐在《炎黄氏族文化考》中考证了蒙(苗)人的来源,他说:"伏羲亦作伏牺……蒙阴一带,初皆蒙族聚处之所……所居之地名蒙,所处之山亦名蒙……伏羲后裔,周有密须四国,为东蒙主……知东蒙一带,固伏羲子孙旧壤也。伏羲之后,有东蒙氏……东为方名……又知蒙为伏羲族氏矣。族以蒙名,所居之地,故以名蒙。蒙在东方,故言'东蒙',合地名氏名以证伏羲,知伏羲为蒙族。"③

范文澜在《中国通史简编》中说:"居住在东方的人统被称为'夷族'。太皞是其中一族的著名酋长。"④

郭沫若在《中国史稿》中则说:"太皞,号伏羲氏……传说太皞是风姓,应同九夷中的风夷有更直接的关系。风夷在夷人氏族部落中居于首要地位,因而太皞又是所有夷人想象中的祖先。"⑤

---

① 蒋南华:《中华文明七千年初探》第77—78页,人民出版社,2002年版。
② 翦伯赞、郑天挺:《中国通史参考资料》第120页,中华书局,1962年版。
③ 王献唐:《炎黄氏族文化考》第297—307页,青岛出版社2006年版。
④ 范文澜:《中国通史简编》第88页,人民出版社,1965年版。
⑤ 郭沫若:《中国史稿》第111、112页,人民出版社,1976年版。

苗青在《战争与西部苗族大迁徙》中考证说：在那悠悠昊天的东方寰区，在那茫茫旷世的大地中间，有两条河，一条叫浑水河，一条叫清水河……据苗族先辈的老人们代代相传下来，最早住在浑水河和清水河流域大平原里的，是一个叫"蒙"（hmongb）的大的部落部族。这个大的部落部族，居住地域方圆数千里……这"蒙"（hmongb）的名称算是最古老的了。①

可以看出，翦伯赞、郑天挺认为君子国是"东方夷国"，王献唐认为蒙在东方，故言"东蒙"，伏羲为蒙族，范文澜、郭沫若认为伏羲与太皞是同一的，是居住在东方被称为"夷族"或"夷人"的祖先，而不是华夏族的祖先。他们所说的"东方夷国""东蒙""东方夷族""东方夷人"，都是指向7000多年前的"伏羲太昊部族"，而不是指夏商周时才形成的"华夷五方格局"中的"东夷"。苗青则直接运用苗族人类学的资料，苗族代代相传下来，自己的祖先最早住在浑水河和清水河流域大平原里，是一个叫"蒙"的大的部落部族。

为了证明7000前"东蒙"人的客观存在和苗族源自上古"东蒙"人的伏羲太昊部族，在这里，我们不加任何评论，看看一批史学大家及知名学者是怎么说的。

夏曾佑在《中国古代史》中说："古时苗黎族散处江湖间，先于吾族，不知几何年。至黄帝之时，生齿日繁，民族竞争之祸，乃不能不起，遂有炎帝、黄帝、蚩尤之战事。而中国文化，借以开焉。"

王桐龄在《中国民族史》中说："现在中国动言五族平等，所谓五族，即汉满蒙回藏族。譬如一家人，汉族是长兄，满蒙回藏族便是幼弟，是现在人的观察。若照历史上观察，中国之民族，除了汉满蒙回藏以外，还有一位长兄，即是苗族。"②

蒙文通在《古地甄微》中说："因疑苗族为中国文化之创始者……于是我东方璀璨之文化，滋兴于斯，而展于三河。正所谓因天时地利，而文化之兴，固自非偶然之故也。"③他还说："古之建帝都、封大国，皆自东而渐西，即汉族以外之民族。"④蒙文通说的"汉族以外之民族"，即苗族。

徐旭生在《中国古史的传说时代》中说："在华夏从西部来以前，中国土著还有苗民一族，实属最容易想到的事情。"

石宗仁在《荆楚与支那》考证说："苏南有茅山，苏北有苗山，亦是苗蛮族'族之所在，地名随之'的遗存……'茅''苗'音转，茅山即苗山……山东省南部有蒙山，安徽北部有蒙城，砀山县有芒山，河南永城县（今永城市，与淮北市邻近）有芒山。蒙山、蒙城、芒山等地名群落在鲁、皖、豫交边地区，均与苗族族称有关……今贵州、云南苗族，仍自称为蒙，为芒……蒙、芒当是同一苗蛮族自称在鲁、皖、苏、豫大地上的残存。"⑤

---

① 洞庭西子·苗青：《苗族文学论稿》第289—290页，现代出版社，2015年版。
② 王桐龄：《中国民族史》第1页，吉林出版集团有限责任公司，2010年版。
③ 蒙文通：《古地甄微》第1—3页，巴蜀书社，1998年版。
④ 蒙文通：《古地甄微》第7页，巴蜀书社，1998年版。
⑤ 石宗仁：《荆楚与支那》第124—125页，民族出版社，2008年版。

杨娟、杨庆林等著的《中华民族通史论纲》考证说："中华民族经历了上万年至数万年，这个发展进程从未中断，炎帝、黄帝、蚩尤时代并非起点，向上溯还有很长时期的历史，这段历史对中华民族的发展至关重要，是真正的中华民族起源阶段。当时（炎、黄、蚩尤时代之前的历史时期）中华民族的古人长期生活在华北平原、黄河、长江中下游地区，他们尚处于未分裂的状态，我们将这些中华古人称为古苗人，将他们生活的那段历史时期称为古苗人时期……古苗人时期起始于古代伏羲时期。"[1]

法籍耶稣会士，神学家兼著名汉学家戴遂良牧师，1903年著有《历史文献》，1919年著有《历代中国》。他在《历史文献》中说："史前期在中国出现的野蛮人被叫作'夷'。"而在《历代中国》中则改变说："他们则叫作'苗'。"他还强调说："有三个人的名字，可以用来概述中国的史前历史——伏羲、神农、黄帝……相继经过人类发展的三个文明阶段后，就到了中国古代帝国的时期。"[2]

郭克煜等著的《鲁国史》中考证说："在古史传说中，曲阜一带属古夷人（应为古苗人或东蒙人）居住地，有关东夷人的最古传说是太昊的事迹。太昊或作太皞……是八卦的创立者……其后春秋时有任、宿、须句、颛臾等小国，皆在今曲阜周围，由此可以推测太昊也是生活在曲阜一带的。"[3]

伍新福在《中国苗族通史》中考证说：清初陆次云《峒溪纤志》载："苗人腊祭曰报草，祭用巫，设伏羲女娲位。"所谓伏羲女娲，在苗族民间又俗称"傩公傩母"。至今苗族地区举行"还愿"祭典时，仍于中堂设傩公傩母的木雕衣装神像……史籍还记载，伏羲氏和东夷（蒙），以凤鸟为图腾，加以崇拜，而苗族的古歌说，是凤鸟孵化"蝴蝶妈妈"生下的12个蛋，生出了虎豹、蛇虫和人类。[4]

杨万选在《贵州苗族考》中说："据典籍所载，中国土人，实为苗族……苗族为中国最古人种。"[5]

由此可见，上古"东蒙"人的即伏羲太昊时代，是中国可考的历史，是上古"东蒙"即古苗人时期，也是中华文明中华民族的发轫时代。

三、"东蒙"直系后裔的心史记载资料

东蒙—九黎—三苗—荆蛮—武陵蛮—苗族。一脉相承。

关于上古"东蒙"的客观存在以及苗族与"东蒙"人的渊源关系，我们还可以运用人

---

[1] 杨娟、杨庆林、敖尔美：《中华民族通史论纲》第35—37页，当代中国出版社，2012年版。
[2] 萨维纳：《苗族史》第143页，贵州大学出版社，2008年版。
[3] 郭克煜等著：《鲁国史》第31页，人民出版社，1994年版。
[4] 伍新福：《中国苗族通史》第6页，贵州民族出版社，1999年版。
[5] 杨万选：《贵州苗族考》第9—10页，贵州大学出版社，2009年版。

类学的田野材料来加以证明。这主要是苗族的心史记载与习俗。

苗族古歌《跋山涉水》唱道：

> 来唱五支奶，来唱五支祖，歌唱远祖先，经历万般苦，迁徙来西方，寻找好生活。
> 从前五支奶，居住在哪里？从前六支祖，居住在哪里？从前五支奶，居住在东方；
> 从前六支祖，居住在东方。挨近海边边，天水紧相连。波浪滚滚翻，眼望不到边。

从苗族古歌中可知，苗族祖先原居住在东方，"挨近海边边，天水紧相连，波浪滚滚翻，眼望不到边"的地方。贵州省民间文学工作组编著的《苗族文学史》中说："《跋山涉水》把苗族的老家称为'东方'……历史学家说：卵生的神话是古代东方民族的传说，苗族认为祖先是从十二个蛋中生出来的。苗族认为伏羲是他们的祖先，但这个伏羲也正是古代东方民族的太昊。"[①]

《苗族史诗·溯河西迁》唱道：

> 来看看五对爹娘，六对西迁的先祖，在那生疏的年代，祖先住地在何处？
> 祖先住在欧整郎，波光潋滟与天连；大地平坦如晒席，像盖粮仓的地盘。

"祖先住在欧整郎"，欧整郎是什么地方？苗语意译是水与地相平的地方，也就是"波光潋滟与天连"的地方。

苗族《迁徙史歌》反复唱道："从前老家乡，就在海边边。"苗族最古老的祭祖歌《吃牯脏歌》，反复7次唱到东方老家乡："水牛乘着河浪走，水牛到海水日出处，富裕海边老家乡。"黔东南苗族说自己的祖先来自日出的地方，在13年一届的杀牛祭祖时，未把牛砍死以前，必须把牛头扭向东方，表示祭祀日出地方的祖先。《迁徙史歌》唱到他们祖先是"翻过水山头，来到风雪坳"，先后渡过"河水黄央央""河水白生生""河水稻花香"的三条大河南下，然后又"沿着稻花香河"西进，"经历万般苦，迁徙来西方，寻找好生活"。歌中以很长的篇幅，表述了他们的祖先南渡黄河和西进的历史过程。

清初陆次云在《峒溪纤志》中说："苗人腊祭曰报草。祭用巫，设女娲、伏羲位。"湘西苗族流传的史诗《休巴休玛》，记录了苗族先民不断迁徙的历史。当他们还定居在"占楚占菩"（江汉江淮流域）的年代，"繁衍如鱼如虾，收获堆积如山；人数越来越多，队伍越来越坚；生活越来越好，树屋盖瓦砌砖；女的戴银戴金，男的穿绸穿缎；牛马满坡满岭，猪羊满栏满圈"。后来遭到恶鬼"枷嘎""枷狞"的破坏，被迫离开富饶的平原，迁往"高戎霸凑"

[①] 贵州省民间文学工作组编：《苗族文学史》第83页，贵州人民出版社，1981年版。

（武陵山区边缘地带），在泸溪峒重新建设新的家园，"男的又来立家立业，女的又来绩麻纺线"，"五谷丰登，六畜兴旺；炊烟绕过九十九岭，歌声响彻万里长天"，不料恶鬼追赶而来，"祸害遍及九十九岭，世上人间住不成家"。苗族七宗七房反抗失败，只得像"河里的鱼逆水而上"，从大河边被赶到小河边，从小河边被赶到小溪边。一次又一次地创业，带来的是一次又一次向更贫瘠的地区迁徙。

还傩愿是东部方言苗族对傩祭、傩仪和傩戏的统称。张应和在《湘西苗族还傩愿源流考》中说："傩祭、傩仪和傩戏崇拜的始祖神叫'傩公傩母'，按苗族民间传说，他们是伏羲女娲的俗称……这进一步说明伏羲女娲当是苗族的始祖，还傩愿正是苗族祭祖的一大宗教活动。"[1] 周明阜在《湘西巫傩民俗探微》中说："凤凰苗傩主要流行于凤凰、吉首、泸溪和怀化的麻阳等县市，傩公傩母与大庸高傩、花垣苗傩、保靖堂郎苗傩一样，皆源于伏羲、女娲兄妹成婚的故事。"[2]

苗族老人去世，要请巫师唱《指路歌》《焚巾曲》，超度其亡灵回东方老家与祖先团聚。英国牧师塞缪尔·克拉克在《在中国的西南部落中》说：苗族"出殡由巫师开路，巫师先告诉死者如何进行一次抵达东方祖先处的长途旅行，他念道：现在我们送你到祖先那儿去，在路上，你要闯过很多难关，当你走过蜈蚣岭时，上面布满了许多蜈蚣，但你不要害怕，只管前进。当你爬雪山时，也不要怕冷。到了天国大门，守门老头会拦住不让你进去，你就告诉他，你是谁，以及你祖先的名字，他就会放你进去的。进入天国，你父母以及其他亲属，都会来迎接你，你将幸福也同他们一道生活。"[3]

无论是中国的苗族或迁徙到海外的苗族，族中老人去世要请巫师或歌师唱古老的《指路歌》《焚巾曲》，指引其亡灵按照祖先迁徙的路线，一步一个地名地返回东方故地投祖，然后从那里升天，到天上去与死者的众祖先亡魂团聚，而后过着犹如阳间一样的温馨、祥和的生活。在苗族人的观念里，死亡被认为是一次奇妙的、通往生命之源的旅行。当然，暴死者或者死得太年轻的人，是没有资格回东方老家与祖先团聚的。

四、考古发现"东蒙"人的相关资料

从中国史籍记载、考古发现和学界研究考证来看，上古居住在东部的"东蒙"人比居住在西部的"氐羌"人还要早出1000年。司马迁在《史记·六国列表第三》中曾感叹说："东方物所始生，西方物之成熟。夫作事者必于东南，收功实者常于西北。"我国东部文明先于西部文明，也得到一百多年来的考古发现证明，早在一万年前左右，居住在我国东部的"东蒙"人或他们的祖先，就已经在"口朝黄土背朝天"地经营稻作农业了，已经开始烧制陶器了，

---

[1] 张应和：《湘西苗族还傩愿源流考》，载《吉首大学学报》社科版1991年第4期。
[2] 周明阜：《湘西巫傩民俗探微》，载《民族论坛》1992年第1期。
[3] 塞缪尔·克拉克：《在中国的西南部落中》第37—38页，贵州大学出版社，2009年版。

最初的图画文字也已经产生了。

从我国考古发现来看，上古"东蒙"人即伏羲太昊部族文化，从距今约9000年前的贾湖文化起，历经后李文化（距今约8300年）、北辛文化（距今约7300年）、河姆渡文化（距今约7000年）、良渚文化（距今约6500年）、大汶口文化（距今约6000年）等，都是上古"东蒙"人所创造出来的不同历史阶段的文化。我国学界多将上述文化统称为是"东夷"文化，这是不确切的。"东蒙"是源，"东夷"是流。上古"东蒙"人是夏商周时的"东夷"及"南蛮"共同的祖先，并称为"东夷"的人们已经不包括苗瑶畲等族的祖先了，并后来全部地融入了华夏集团、百越集团等。

贾湖遗址位于河南省舞阳县北舞渡镇的贾湖村，是一处规模较大、保存完整、文化积淀极为丰厚的新石器时代早期遗存。共发现珍贵文物标本3000余件。器形种类主要有：陶鼎、陶罐、陶壶、陶碗、陶杯、骨鱼镖、骨镞、骨针、骨锥、骨刀、权形器、骨笛、石磨盘、磨棒、石斧、石镰、石铲、石凿、石刀、石钻、石砧、砧帽、石环等。还发掘出了碳化稻米及石磨盘、磨棒、石铲等农具，有反映稻作农业起源的大量炭化稻粒、豆粒等植物种子。还发掘出迄今为止世界上最早的可演奏乐器——骨笛，经研究已具备了四声、五声、六声和七声音阶，被专家认定为世界上最早的吹奏乐器。还发现了具有文字性质的甲骨契刻符号，刻在龟甲、骨器、石器、陶器上。从文化年代及地理学看，贾湖文化是上古时期"东蒙"人所创造出来的文化应该是没有疑问的。

后李文化遗迹主要有房址、壕沟、灰坑和墓葬等。房址均为半地穴式。居住面有的经过烧烤，发现灶址和一些陶、石器等生活用具。墓葬死者头多朝东。后李遗址所在地是上古"东蒙"人活动的地方，后李人死者头朝东埋葬与现苗族老年人寿终正寝时头向东相似，唱《焚巾曲》指引亡魂，返回东方故地投祖。《焚巾曲》所说的东方，亦指太阳升起的地方，即指"东蒙"人之古地。

河姆渡遗址遗址发掘出了距今7000年前的生产工具、生活器具、各类艺术品等文物6700余件，以及丰富的栽培稻谷、驯养的猪、狗、水牛和捕获的禽兽的骨骸以及榫卯接合等工艺成熟、建筑结构复杂、有廊有柱的干栏式分间房屋等。专家认为，苗族吊脚楼是河姆渡干栏式建筑的传承。根据现在所知的出土考古资料，上古鸟纹，所见最早的是在河姆渡文化遗址。河姆渡遗址的发掘物陶器上有双头鸟的纹饰，同现今黔东南苗族蜡染双头鸟的纹饰是一模一样的。

良渚文化反映出农业已率先进入犁耕稻作时代，并且手工业趋于专业化，琢玉工业尤为发达；贵族大墓与平民小墓的分野显示出社会分化的加剧；刻画在出土器物上的"原始文字"被认为是中国成熟文字出现的前奏。但是，对中华文明产生过重大影响的良渚文化不知为何突然间就衰落了，引起了学术界的关注。纪仲庆在《良渚文化的影响与古史传说》中说："我认为良渚文化很可能就是古史传说中的蚩尤部落集团。"俞美霞在《陶匏祭天的鸟纹符号探析》中说："杭州湾地区的河姆渡文化、良渚文化，不仅有其文化上先后的传承关系，同时，在鸟纹图像上也有其密切的历史渊源……只是河姆渡文化的祭祀符号多是刻在象牙蝶形器上，而良渚文化的刻绘符号则多是在玉器上。"

综上述可知，7000年居住在我国东部的"东蒙"人是中华文明中华民族的一个重要历史源头。这不但是有籍可稽、学者考证，还有民俗印证、考古发现证明。如前所述，"东蒙"人是古苗人的启蒙时期，也是中华文明中华民族的发轫时代。苏秉琦教授生前提出要重建中国古史是有道理的。

〇一七 西羌源头[1]

根据中国史籍记载、学人考证及考古发现等资料，炎黄源于上古西部的"氐羌"。如前所述，上古时期居于东部的"东蒙"人和居于西部的"氐羌"人是中华文明中华民族的两大历史源头。现在中国大陆的56个民族，绝大多数民族都与这两大历史源头有直接的渊源关系或间接的渊源关系。

我们在前面已经考察了苗族源于上古时期的"东蒙"。在这里，我们认为有必要谈一谈炎黄源于西部"氐羌"的问题。当然，这都不是我们的学术首创，而是有史籍资料记载、学界考证依据、考古学资料印证的。

《山海经·海内南经》："氐人国，在建木之西。"

《山海经·海内西经》："后稷之葬，山水环之，在氐国之西。"

《淮南子·地形》："后稷垅在建木之西。"

《诗·商颂·殷武》："昔有成汤，自彼氐羌，莫敢不来享，莫敢不来王。"孔颖达疏："氐羌之种，汉世仍存，其居在秦陇之西。"

《荀子·大略》："氐羌之虏也，不忧其系垒也，而忧其不焚也。"杨倞注："垒读为累，氐羌之俗，死则焚其尸，今不忧虏获，而忧不焚，是愚也。"

上述记载资料可看出，上古时期，在我国西部存在着一个或两个以上的原始部落，人们称他们为氐或羌，或氐羌。氐羌是仅次于"东蒙"而见诸中国史籍记载最早最原始的群团。

《后汉书·西羌传》："河关之西南羌地是也。滨于赐支，至于河首，绵地千里。赐支者《禹贡》所谓析支者也。南接蜀汉徼外夷，西北鄯善、车师诸国。其俗氏族无定，或以父名母姓为种号……种类繁炽，不立君臣。"

---

[1] 本文系作者承担的国家社科基金项目《我国典籍载苗族早期历史资料整理与研究》（批准号：11btq017）的研究成果之一。

《吕氏春秋·恃君览》;"氐羌、呼唐,离水之西(《汉书·地理志》离水在金城郡白石县,东至抱罕,今兰州西南入河);僰人、野人,篇笮之川:舟人、送龙、突人之乡;多无君……其民麋鹿禽兽,少者使长,长者畏壮,有力者贤,暴傲者尊,日夜相残。"

上述记载可知,上古时期的氐羌群团支系繁多、活动地域是很宽阔的。刘起釪在《古史续辨》中考证说:"《西羌传》所说整个西羌族的区域,'南接蜀汉徼外夷',那大抵是指今四川中部以南及其以西。'西北鄯善、车师诸国',则是今新疆东半部。可知西起新疆之东,南抵四川中南境,这一西北广大区域都是总称为氐羌的地境。"

我们还特别注意到,《后汉书·西羌传》说:"西羌之本,出自三苗。"刘起釪考证说:"所谓出自三苗,是根据一些先秦文献如《尚书·尧典》《墨子·非攻》《吕氏春秋·召类》等所说'分北三苗','窜三苗于三危'等语来的。是说尧、舜族把三苗打败后,大部分赶向南方,一部分则分迁到西北的三危。《山海经·大荒北经》说西北海外有苗民,当即指此。"[1] 显然,刘起釪先生是不同意"西羌之本,出自三苗"的。他认为"西羌"之地之所以有"三苗",是尧、舜打败三苗后,分迁一部分到西北的三危。

徐旭生在《中国古史的传说时代》中也说:"《后汉书·西羌传》所说的:'西羌之本,出自三苗,姜姓之别也'……因为三苗氏窜到西北的一部分曾同姜姓发生过关系,就说他们的氏族完全属于姜姓,这种用偏概全的办法是很不对的。"[2]

《史记·五帝本纪》:"黄帝,少典之子也,姓公孙,名曰轩辕。"

《国语·晋语四》:"昔少典氏娶于有蟜氏,生黄帝、炎帝。黄帝以姬水成,炎帝以姜水成。"

《帝王世纪》:"神农氏姜姓,……长于姜水,以火德王,故谓之炎帝。"

以上记载,黄帝少典之子也,少典氏娶于有蟜氏,生黄帝、炎帝,说明黄帝、炎帝出自西部少典氏有蟜氏。

李学勤主编的《中国古代文明与国家形成研究》,针对有人对《国语·晋语》记载"昔少典氏娶于有蟜氏,生黄帝、炎帝。黄帝以姬水成,炎帝以姜水成"存有疑议,特别强调指出:"记住自己的根在以血缘为基础的社会是很重要的。当然,在漫长的历史进程中,随着氏族制度的衰落和血缘纽带的松弛,但始祖及其发祥地,还有那些留下辉煌业绩的祖先,会通过口耳相传,纳入用文字记载的历史中。所以《国语》中关于黄帝、炎帝族源的记载,可信性

---

[1] 刘起釪:《古史续辨》第172—189页,中国社会科学出版社,1997年版。
[2] 徐旭生:《中国古史的传说时代》第123页,文物出版社,1985年版。

是不应该轻易否定的。"①

刘起釪在《古史续辨》中还考证说："少典出自氐，有蟜出自羌。姬姜两姓的族系渊源，是不是就上溯到生出炎、黄的少典、有蟜两族为止呢？其实还不是。少典、有蟜仍然有自来，姬姜两姓的族系渊源还可以追溯得更远，那就是古代的氐、羌两族……华夏族最早的祖先分别被称为姬姜两姓的黄帝族、炎帝族，是由称为少典、有蟜的氐、羌两族发展分化出来的；接着是夏族、四岳族，直至岐周的姬、姜两族，也都是先后由氐羌两族发展分化出来的。"②

刘起釪还强调说："《国语·晋语》说黄帝族成长于姬水流域，炎帝族成长于姜水流域……姬水即渭水，姜水即羌水，亦即连白龙江、白水江之水。大抵依此两水所居之姬、姜两族，一在渭水及其以北，一在渭水以南。由此更看出了姬姓的黄帝族的地域大体即氐族地域，姜姓的炎帝族的地域大体即羌族地域。不过都因自其族中而出，故只居原族地域的一部分。"③

林惠祥在《中国民族史》中说："氐羌系有二义，一为包括氐与羌，一谓羌其大名，氐其小别，氐不过羌中之一支。如《周书王会》解云：'氐羌以鸾鸟。'孔晁注：'氐地名，羌不同，故谓之氐羌，今谓之氐矣。'无论二者孰是，无关紧要，此二字必须合用，方足以包括全系也。"④

范文澜在《中国通史简编》中说："炎帝族居住在中部地区。炎帝姓姜，神话里说他牛头人身，大概是牛图腾的氏族。姜姓是西戎羌族的一支。自西方游牧先入中部，与九黎族发生长期的部落间的冲突。最后被迫逃避到涿鹿，得黄帝族的援助，攻杀蚩尤。"⑤

郭沫若主编的《中国史稿》中说："据说炎帝生于姜水，姜水在今陕西歧山东，是渭水的一条支流。从渭河流域到黄河中游，是古代羌人活动的地方。所以，炎帝可能是古羌人氏族部落的宗神……传说中炎帝后裔有四支，可能是属于古羌人的四个氏族部落。一支是烈山氏，其子名柱，会种谷物和蔬菜，从夏代以上被奉为稷神。"⑥

王钟翰主编的《中国民族史》也说：氐羌与炎帝、黄帝有密切的渊源关系。《国语·楚语》记述，炎、黄二帝为兄弟，是少典氏（父）和有蟜氏（母）所生，黄帝得姓姬，炎帝得姓姜。《左传》哀公九年说："炎帝火师，姜姓其后也。"在甲骨文中，羌从羊从人，姜从羊从女，两字相通，表示族类与地望用羌，表示女性与姓用姜。民国初年以来，章大炎在《检论·序种姓》中已指出："羌者，姜也。"后来傅斯年在《姜源》中进一步论证："地望从人为羌字，女子从女为姜字。"顾颉刚在《九州之戎与戎禹》中更指明："姜之与羌，其字出于同源，盖彼族以羊为图腾，故在姓为姜，在种为羌。"⑦

---

① 李学勤主编：《中国古代文明与国家形成研究》第218页，云南人民出版社，1998年版。
② 刘起釪：《古史续辩》第174—175页，中国社会科学出版社，1997年版。
③ 刘起釪：《古史续辩》第179—181页，中国社会科学出版社，1997年版。
④ 林惠祥：《中国民族史》第250页，上海书店出版社，2012年版。
⑤ 范文澜：《中国通史简编》第89—90页，人民出版社，1965年版。
⑥ 郭沫若主编：《中国史稿》第108—109页，人民出版社，1976年版。
⑦ 王钟翰主编：《中国民族史》第99页，中国社会科学出版社，2010年版。

"西羌"是中国的一个母体性族群,是中华民族的一个重要源头。历史上的"西羌"已经繁衍发展成为现当代的多个民族。费孝通先生把"西羌"或羌族称为"一个向外输血的民族"。据学界考证,接受"西羌"或羌族"输血"的民族包括汉族、藏族、彝族、白族、哈尼族、纳西族、傈僳族、景颇族、拉祜族、普米族、基诺族、怒族、独龙族等。

徐平、徐丹在《东方大族之谜——从远古走向未来的羌人》一书中,分别阐述了古羌人与汉族、藏族、彝族、景颇族、阿昌族、白族、哈尼族、傈僳族、拉祜族、纳西族、土家族、普米族、怒族等的渊源关系。他们强调指出:"语言是标志一个民族共同体的主要特征之一,具有相对的稳定性。有着亲属关系的语族,其在历史上的联系必然是紧密的。因此,同属于藏缅语族的各民族,即藏语支的藏族、门巴族,嘉绒语支的嘉绒藏族,彝语支的彝族、白族、哈尼族、纳西族、傈僳族、拉祜族、基诺族等,羌语支的羌族、普米族,景颇语支的景颇族、独龙族等等。都与南下的古羌人有着密切关系。"①

炎黄即华夏族源于西部"氐羌"也得到了考古学资料的印证。李学勤主编的《中国古代文明与国家形成研究》说:"在渭水流域和甘陕地区,早于仰韶文化的一类新石器遗址被统称为老官台文化。老官台文化的年代与中原地区的磁山·裴李岗文化相当,比仰韶文化半坡类型的年代要早1000年左右,但同半坡类型存在着一脉相承的渊源关系,可以视为半坡类型的前身。"②"相继在我国西北甘肃、青海地区发现出土的以马家窑文化、半山文化、马厂文化等为代表的新石器的文化遗址(甘肃仰韶文化),以及铜器时代的齐家文化、四霸文化、寺洼文化、上孙家寨文化、辛店文化、诺木洪文化等,其文化内涵却不能不说与古羌人有很大的关系。"③

张润平在《试析古羌族与汉民族的源流》中说:"先秦史其实是部夷夏形成史或由夷变夏史。构成华夏族的主体民族正是羌族。由羌族先民创造的华夏文化对中国统一的多民族国家确立及其在古代发展过程的完成做出了不可替代的绝对性的贡献。汉族是在不断吸收各种民族的优秀文化因素,融和各个民族的过程中,由最早的极少数逐渐发展成为我国人口最多,遍布全国大部分地区的主体民族……岷县文化历史源远流长,据县内出土的大量文物如各种陶器(包括彩陶、灰陶、夹砂陶、白陶等)、各种石器(包括石刀、石斧、石凿、石铲、石锯、石磨、石锥、陶祖等),各种骨器(包括骨针、骨刀、骨铲等,形状品种非常丰富),据专家鉴定,属马家窑、齐家文化类型。说明,远在原始社会母系氏族繁荣阶段,这里就是先民们繁衍生息的发祥地之一。而创造了马家窑文化、齐家文化的先民恰恰是古羌族。《水经注·羌水》载:'姜水出羌中参狼谷,彼俗谓之天池白水矣。《地理志》曰:出陇西羌道,东南流,迳宕昌城东,西北去天池五百余里。'羌水、羌道均在洮岷南路,现甘肃陇南的'白马藏族'其实就是古代白马部落的羌人,'白马关邻白马羌,千年残垒踞岩疆'(《康县志》)。'按明志:

---

① 徐平、徐丹:《东方大族之谜——从远古走向未来的羌人》第72—81页,知识出版社,2001年版。
② 李学勤主编:《中国古代文明与国家形成研究》第140页,云南人民出版社,1998年版。
③ 徐平、徐丹:《东方大族之谜——从远古走向未来的羌人》第14页,知识出版社,2001年版。

其人强悍，好习弓马，以狩猎为生。大抵风高气烈，山居板屋，不务修饰，颇为古风，盖俗之质而野者也'。"①

百度对"氐羌"的解读是："羌族是中华大地上最古老的民族群体，他们最早在甘青之交的黄河上游及渭水上游一带繁衍生息。后来他们向四方迁徙，与周围的土著民族融合，逐渐形成新的族群。其中有一支向东迁首先进入文明社会，形成炎帝族和黄帝族；一支向西南迁移，后来形成了吐蕃、苏毗、羊同及域外诸羌；还有一支则仍留居发祥地——甘青高原，由于自然条件艰苦，这一支发展缓慢，从而形成诸羌。"

综合上述，可以看出，炎帝、黄帝源于上古西部的"氐羌"。西部"氐羌"与东部"东蒙"两大族群，是中华文明中华民族的两大历史源头。

---

① 张润平：《试析古羌族与汉民族的源流》，引自中国民俗学网站。

〇一八 东蒙蚩尤[①]

中国史籍记载,九黎部落联盟的大酋长蚩尤,源于"东蒙"人的少昊(少皞)集团,少昊氏是太昊氏的后裔。蚩尤所统领的九黎部落联盟,是在少昊氏衰落后发展起来的,由九个较大的部落联盟,每个部落又包含有九个氏族,共八十一个兄弟氏族。九黎族最先占据中原地带。

《左传·昭公十七年》:"太昊氏以龙纪,故为龙师而龙名。"

《帝王世纪》:"太庖羲氏,风姓……有龙瑞,以龙记官,号曰龙师。"

《三坟》:"(伏羲)命臣飞龙氏造六书,命臣潜龙氏作六甲……命降龙氏倡率万民,命水龙氏平治水土,命火龙氏炮治器用……"

如前所述,上述记载是说伏羲太昊氏以龙纪官,分理海内。

《左传·昭公十七年》:"秋,郯子来朝,公与之宴。昭子问焉,曰:少皞氏鸟官名,何故也?郯子曰:我知之……太皞氏以龙纪,故为龙师而名。吾高祖少皞挚之立也,凤鸟适至,故纪于鸟,为鸟师而鸟名。凤鸟氏,历正也;玄鸟氏,司分者也;伯赵氏,司至者也;青鸟氏,司启者也……"

该史料记载,用今天的白话文来说,即是:秋天,郯子来鲁国朝见,昭公和他一起宴饮。昭公问郯子:"少皞氏以鸟名作官名,是什么原因?"郯子回答:"他是我的祖先,我知道……太皞氏因为龙的吉兆而治理政事,所以设立官长就以龙名作官名。到我的祖先少皞挚即位时,凤凰恰好飞到,所以就由鸟而治政,设立官长就以鸟名作为官名。比如凤鸟氏,是掌管历法的官;玄鸟氏,是掌管春分、秋分的官;伯赵氏,是掌管夏至、冬至的官……"

[①] 本文系作者承担的国家社科基金项目《我国典籍载苗族早期历史资料整理与研究》(批准号:11btq017)的研究成果之一。

从以上史料记载可知，少皞氏（少昊）是太皞氏（太昊）的后裔。他们都生活于东方，是属于上古时期的"东蒙"人。

郭沫若考证说："同太皞的传说相关联的是关于少皞的传说……这个部落最初可能是从太皞氏分出来。"①王大友在《三皇五帝时代》中考证说："蚩尤为伏羲族裔，自泾洛迁于莱芜、沂源附近的苗山、九山、鲁山。两山之间有羊水（洋水），今名弥河。传说苗族祖先之一伏羲女娲大洪水之后，于昆仑山兄妹为婚，再传人类。以地察之，西有雷泽、泰山、徂徕山，东有高密（虞氏之阜邑）、莱夷、黄夷，北有嵎夷，与伏羲氏、女娲氏故地毗邻，所以得到发展。"②

可见，太皞氏（太昊氏）、少皞氏（少昊），他们之间是一脉相承的关系，都是上古时期同一区域内的"东蒙"人。蚩尤是两皞（两昊）的后裔。著名苗族史学家伍新福在《论评与考辨》中考证说：从先秦文献和汉晋后的史料记载看，太昊、少昊、蚩尤是"东夷"内先后发展起来的不同部落集团的首领……少昊，《通志》列为中国远在"五帝"（即少昊、颛顼、帝喾、帝尧、帝舜）之首。据皇甫谧《帝王世纪》载："少昊帝，名挚。"又云："（少昊）邑于穷桑，以登帝位，都曲阜，故或谓之穷桑帝。"《山海经·大荒东经》载："少昊之国"在"东海"。《春秋左传·昭公十七年》载郯子曰："吾高祖少皞挚之立也，凤鸟适至，故纪于鸟，为鸟师而鸟名。"穷桑、曲阜，均在今山东省。③在这里，伍新福虽用学界比较通行的"东夷"概念（应是"东蒙"，下同，因为太昊、少昊乃至蚩尤时都还没有产生"东夷"的概念）。但伍新福教授把太昊、少昊、蚩尤之间的关系给说清楚了。

《山海经·大荒东经》："少昊之国"在"东海"。

《通志》："少昊氏之衰也，九黎乱德。"

郑玄曰："九黎之君，于少昊氏衰，而弃善道。"

少昊之国在东海，即少昊之国在东方的海边上。九黎之君即蚩尤，少昊氏衰，九黎乱德，而弃善道。乱德和弃善道是胜者为王败者为寇的记录。盖历史上战胜之族，必强加给败者以罪名。而实际的情况应当是，少昊氏衰落后，在本部族内以蚩尤为首的九黎势力发展起来了。

对此，伍新福教授在《论评与考辨》中考察得很详细，他说：史籍记载很明确，"九黎"是一个氏族和部落众多的强大的部落集团，而其首领号蚩尤。据历史文献记载，蚩尤出自"羊水"，"登九淖以伐空桑""黄帝杀之于青丘"；蚩尤"宇于少昊"，"蚩尤冢在东平郡寿张县阚乡城中"，"肩髀冢在山阳郡巨野县"。黄帝攻蚩尤"于冀州之野"，"战于涿鹿之野"。"羊水"即山西上党境内羊头山之水，"空桑"在今河南陈留县境，"青丘"在今山东广饶县北，"冀

---

① 郭沫若：《中国史稿》第111、113页，人民出版社，1976年版。
② 王大友：《三皇五帝时代》第105页，中国当代经济出版社，2005年版。
③ 伍新福：《论评与考辨》第234页，岳麓书社，2013年出版。

州"即今河北省地,"涿鹿"在今河北省,而原少昊居住的地方,和寿张县、巨野县,均在今山东境内,至今山东姓阚的还不少。可见,以蚩尤为首的部落集团,主要分布在黄河下游,今山西东南、河南东北、河北中南部地区和山东境内,正处于"东夷"地域之内,应是"东夷"中继两昊之后发展起来的,占据主导地位部落集团和军事联盟。①

《山海经·大荒东经》:"东海之外大壑,少昊之国。"
《尸子》孙星衍辑本卷上:"少昊金天氏邑于穷桑,日五色,互照穷桑。"

上述资料告诉我们,少昊之国挨近东海边,建都于穷桑。王大友在《三皇五帝时代》中考证说:"少昊氏是太昊氏迁徙到古黄河下游的一支。少昊氏的父系一族以太白金星为主观测星,少昊氏继承了这一天文学成果,因号金天氏。少昊氏母家皇娥为鸠鸟氏,以相风重,大风雨表为司职,是太昊家族世传,其后裔羲和、常羲,与少昊氏世代联姻,组成少昊羲常羲之国。少昊故地在今山东曲阜一带……"②而吴小如主编的《中国文化史纲要》则考证说:"东夷集团的活动区域主要在黄河下游,包括今山东、河南东南部和安徽中部地区。在考古学上,属大汶口文化、山东龙山文化及青莲岗文化江北类型分布区。五帝中的太昊、少昊,以及与黄帝恶战的蚩尤、凿井的伯益、射日的后羿、为舜掌管刑法的皋陶,都属于这个集团。"③

《帝王世纪》:"少昊帝,名挚。""邑为穷桑,以登帝位,都曲阜,故或谓之穷桑帝。"
《越绝书》:"少昊治西方,蚩尤佐之。"
《周逸书·尝夏》:"蚩尤宇于少昊,以临四方。"

上述资料告诉我们,少昊(少皞)立国在东部离海不远的地方,即在山东的穷桑和曲阜一带。少昊名挚。"少昊治西方",结合许多史籍记载来看,不是指神州大地的西边,应是"两昊"集团居住领域的中西部,这也是少昊活动的中心区域。"蚩尤佐之",应是蚩尤曾辅佐少昊治理"西方"。"少昊氏之衰也,九黎乱德",即是说,当少昊氏衰落之后,以蚩尤为首领的九黎势力发展起来了。"蚩尤宇于少昊",就是蚩尤居于原来少昊的地方。

对此,伍新福教授也作过专门考证:从活动的地域看,蚩尤九黎同东夷是重合的,即在同一个地域。《周逸书·尝夏》载:"昔日之初……命蚩尤宇于少昊,以临四方。"少昊即少皞,系太皞之后。'宇于'即住于。其意应是蚩尤居住在原少皞的地域。《左传·昭公十七年》载:"太皞氏居陈。"陈,今河南淮阳境内。《春秋左传》注引杜预云:"少皞墟,曲阜也。"

---

① 伍新福:《论评与考辨》第234—235页,岳麓书社,2013年出版。
② 王大友:《三皇五帝时代》第344页,中国时代经济出版社,2005年出版。
③ 吴小如主编:《中国文化史纲要》第18页,北京大学出版2001年版。

据此，太皞、少皞时代活动的地域，在今山东西部、南部和河南东部、河北南部黄河下游一带。蚩尤九黎部落是居在少皞氏的地方，当然是同一地区。正因为黄河下游是苗族先民蚩尤九黎部落的祖居地，为抵御由西部黄河上游东进的炎、黄部落，双方才在涿鹿即华北平原发生了激烈战争，而绝非蚩尤九黎部落从遥远的南方，跋涉北上，去同炎、部落争夺华北平原。①

由此可知，少昊是太昊之后，蚩尤源于少昊，少昊衰落了，以蚩尤为首领的九黎势力发展起来了，蚩尤就居住少昊原来的地方。"以宁四方"，意指九黎部落占据的地方很宽阔，蚩尤就是九黎这一强大部落联合体的首领。

中国史籍记载蚩尤所统领的九黎集团势力很大。

《龙鱼河图》："蚩尤……有兄弟八十一人。"

《史记·正义》引《龙鱼河图》："蚩尤兄弟八十一人，铜头铁额。"

《国语·楚语》注曰："九黎，黎氏九人，蚩尤之徒也。"

《史记·五帝本纪》："神农氏世衰，诸侯相侵伐……而蚩尤最为暴，莫能伐。"

《山海经》："蚩尤作兵伐黄帝。"

《吕刑正义》释蚩尤："霸天下，黄帝所伐者。"

上述资料告诉我们，九黎集团共有九个部落，每个部落有九个氏族，共八十一个兄弟氏族，蚩尤是他们的大酋长。蚩尤最为暴，霸天下。

对此，范文澜在《中国通史简编》中考证说："九黎当是九个部落的联盟，每个部落又各包含九个兄弟氏族，共八十一个兄弟氏族。蚩尤是九黎族的首领，兄弟八十一人，即八十一个氏族酋长。神话里说他们全是兽身人语，吃沙石，铜头铁额，耳上生毛硬如剑戟，头有角能触人。这大概是以猛兽为图腾，勇悍善斗的部族。"② 郭沫若在《中国史稿》中考证说：传说，"及少皞之衰也，九黎乱德"。九黎的首领据说就是蚩尤。从一些材料推测，蚩尤属于夷人。那么，九黎也可能是九夷了。相传蚩尤"兄弟八十一人"，当为八十一个氏族。这样，九黎就是九个部落，每个部落有九个氏族，是一支庞大的势力。③

李学勤主编的《中国古代文明与国家形成研究》则考证说：蚩尤是著名的勇武善战的古族，传说"蚩尤兄弟八十一人""铜头铁额""造五兵仗、刀、戟、大弩，威震天下"，以至死后数千年仍被尊称为战神。"蚩尤于宇少昊，以宁四方"，说明他是一强大部落联合体首领。④

中国史籍记载与学人的考证是一致的，少皞氏（少昊）是太皞氏（太昊）的族裔，蚩尤源于"东蒙"人的"两昊"（两皞）集团。

---

① 伍新福：《论评与考辨》第219页，岳麓书社，2013年版。
② 范文澜：《中国通史简编》第89页，人民出版社，1965年版。
③ 郭沫若：《中国史稿》第111、113页，人民出版社，1976年版。
④ 李学勤主编：《中国古代文明与国家形成研究》第225页，云南人民出版社，1998年版。

〇一九　九黎之君[①]

中国史籍记载，蚩尤是九黎之君、古天子。章太炎在《排满评议》中说："蚩尤为苗族豪酋，则历史言苗者始此。"我们注意到，章太炎在酋字前面加了一个"豪"字，即"蚩尤为苗族豪酋"，这"豪酋"即史籍记载的九黎之君、古天子。"则历史言苗者始此"，这也是相当一分学人的看法。认为苗族的历史只能追溯到蚩尤与九黎，就连国家民委中国少数民族简史丛书中的《苗族简史》，也把苗族的历史只讲到九黎蚩尤时代就浅尝辄止了。而实际上，"他们（苗族）在华夏族的祖先的前面就来到了中国""标识着中国史籍所记载的第一个历史时期的，正是这些苗人。"[②] 中国史籍记载的第一个历史时期，就是伏羲太昊时代，这在第一编我们已经考证过了。在这里，我们查到许多史籍资料记载，源自两昊（太昊少昊）集团的蚩尤，是九黎部落的首领，是九黎之君、古天子。

《越绝书》："少昊治西方，蚩尤佐之，使主金。"马融曰："蚩尤，少昊之末，九黎之君。"应劭曰："蚩尤古天子。"孔安国曰："九黎君号蚩尤。"

《国语·楚语》："黎氏九人，蚩尤之徒。"郑玄曰："蚩尤伯天下。"

《战国策·秦策一》高诱注："蚩尤，九黎民之君子也。"

《史记·五帝本纪》（正义）引孔安国语："九黎君号，蚩尤是也。"

《史记·五帝本纪》（集解）："蚩尤，古天子。"

《索隐》案：蚩尤"盖诸侯号也"。

上述史料讲得很明白，蚩尤是少昊之末，九黎之君，黎氏九人是蚩尤之徒，蚩尤是九黎君号，古天子，伯天下。还有《尚书·吕刑》《吕氏春秋·荡兵》《战国策·秦》等，都说蚩尤是"九黎"之君。前所述及，范文澜在《中国通史简编》中说："蚩尤是九黎族的首领。"郭沫若在《中国史稿》说："九黎的首领据说就是蚩尤。"李学勤主编的《中国古代文明与

[①] 本文系作者承担的国家社科基金项目《我国典籍载苗族早期历史资料整理与研究》（批准号：11btq017）的研究成果之一。

[②] 萨维纳：《苗族史》第6、284页，贵州大学出版社，2009年版。

国家形成研究》也考证说："蚩尤于宇少昊，以宁四方。说明他是一强大部落联合体首领。"①王大有在《蚩尤氏在中华文明史上的杰出地位论纲》中指出："昔天之初，蚩尤氏为苗蛮九黎东夷最高君长。"②

林惠祥在《中国民族史》中说："中国史上所记载汉族与异族第一次之战争即黄帝与蚩尤之战。黄帝为汉族之领袖，蚩尤为九黎即苗族之酋长。以后历朝皆常与苗族争战。"③林惠祥称黄帝为领袖，称蚩尤为酋长，应该说那时候的黄帝和蚩尤都是部落首领，都是酋长，还谈不上什么领袖。我们注意的不是这个，而是"蚩尤为九黎即苗族之酋长""汉族与异族第一次之战争即黄帝与蚩尤之战"。紧接着，林惠祥列举了众多史籍资料以证明自己的观点。蚩尤九黎部落亦曾居住在山东、河南、河北一带，他们有很多部落，也有许多图腾。"兄弟七十二人"或"八十一人"，正是说明其联盟中部落氏族之多，势力之强大。

《周书·吕刑》："苗民弗用灵，制以刑，惟作五虐之刑曰法。""蚩尤对苗民制以刑。"

《尚书·孔传》："三苗之君，习蚩尤之恶，不用善化民，而制以重刑，惟为五虐之刑，自谓得法。"孔颖达疏："三苗之主，实国君也，顽凶若民，故谓之苗民。"

《史记·五帝本纪》："轩辕之时，神农氏世衰，诸侯相侵伐，暴虐百姓，而神农氏弗能正，于是轩辕乃习用干戈，以征不享。诸侯咸来宾从，而蚩尤最为暴，莫能伐。"

上述资料告诉我们，蚩尤作为九黎之君或王，已经对苗民制以刑。刑始于兵，兵刑同制。国家与法是一对孪生子，而法的出现，与私有制经济、阶级、领土和武装等国家雏形所具备的条件有着密切的联系。有刑法必有罪奴，必有压迫，本在情理之中。说明蚩尤所统领的九黎部落集团，其社会生产力已经比较发展，已经紧靠阶级社会的门槛，跨过门槛，就是阶级社会和国家的时代了。

徐晓光、吴大华等考证说：九黎蚩尤时期是古苗人的英雄时代，为了夺取财产（包括）而占领了范围较大的领土。这时，部落联盟内部已经不完全是本氏族或本民族的成员了。而是以主体氏族或主体民族为基础的社会，这里面包括日益增多的其他小部落成员、流民或俘虏。同时，冶炼技术的掌握使森林的开垦和大面积的耕作成为可能，生产的发展导致辞了私有制的出现，城邦的萌芽展示了阶级的开始分化，这一系列现象使古苗民正向人类社会"第二次分工"迈进。九黎蚩尤时代，正是"以氏族为基础的社会和地域领土财产为基础的国家并存，这样一种社会形态。要维护主体氏族或主体民族的统治地位，他们对内用自己的武装

---

① 李学勤主编：《中国古代文明与国家形成研究》第225页，云南人民出版社，1998年版。
② 王大有：《蚩尤氏在中华文明史上的杰出地位论纲》，载《先秦史研究动态》1996年第1期。
③ 林惠祥：《中国民族史》第68页，上海书店出版社，1912年版。

作为统治的后盾力量，这就形成了他们统尖嘴的强制力；用杀戮或其他强制手段来补充氏族制以善化民"的管理，"蚩尤……作重刑以乱民，以峻法酷刑民"，这就是他们的"刑"或强制性规范的体现；负责用暴力行为进行管理的组织，当然就是主体氏族或主体民族的基本机构。虽然当时的主体氏族概念不可能如此明确，一切都可能通过自己的武装来承担和实现，但这些内容的出现，就展示了国家的胚芽和法的雏形。这就是古苗人从原始社会末期向奴隶社会行进的产替时期。即从"氏族"到"国"，既是主体氏族或主体民族，又是国家萌芽。所以史称不一，既称"九黎国"也称"九黎部落"或"九黎集团"；蚩尤既是"九黎之首"，又称"九黎之国君"。①

对九黎之首领蚩尤，中国史籍记载有些混乱，或记载不实，或理解不同。比如，有说蚩尤是炎帝之裔。

《路史·蚩尤传》："阪泉氏蚩尤，姜姓，炎帝之裔也。"
《遁甲开山图》："蚩尤者，炎帝之后，与少昊治西方之金。"

如前所述,中国史籍大量记载蚩尤源自"东蒙"人的"两昊"集团,是九黎之君、古天子,即是九黎部落集团的首领。而《路史》《遁甲开山图》记载蚩尤是炎帝之裔，阪泉人氏。综观中国史籍资料记载，我们认为，《路史》《遁甲开山图》的记载是不准确的。对此，伍新福教授在《论评与考辨》也专门考证说："从出生地和身世以及族属来看，炎帝和蚩尤，一在西，一在东，一为东夷族系九黎部落首领，一为源于氐羌的炎帝部落酋长，二者本是泾渭分明的。但由于各种文献的记载往往存在一些差别，加之研究者的理解和诠释又常各有异，致使对蚩尤与炎帝的关系出现了不同的说法。蚩尤即炎帝，炎帝乃蚩尤，合二为一，即一说。"伍新福强调说："司马迁著《史记》，以黄帝为五帝之首，未单列炎帝与蚩尤……司马迁对炎帝与蚩尤是分开记述的，并分别记载了黄帝与炎帝、黄帝与蚩尤一前一后发生的两次大战。仔细琢磨原文，无论怎样也看不出，司马迁说的炎帝就是蚩尤，蚩尤即炎帝。从唐代司马贞作'索引'，张守正撰'正义'，到宋朝裴骃著'集解'，以及后代《史记》的各种传注著，也没有任何一个人，说司马迁笔下的炎帝就是蚩尤。"②

还有说蚩尤是黄帝之臣。齐国著名的宰相管仲则把蚩尤说成是黄帝的"六相"之首，是最大的臣子。

《管子·五行》："昔者黄帝得蚩尤而明于天道，得大常而察于地利，得奢龙而辨于东方，得祝融而辨于南方，得大封而辨于西方，得后土而辨于北方。黄帝得

---

① 徐晓光等：《苗族习惯法研究》第9—10页，华夏艺术出版社，2000年版。
② 伍新福：《论评与考辨》第256—257页，岳麓书社，2013年版。

六相而天地治，神明至。蚩尤明乎天道，故使为当时；大常察乎地利，故使为廪者；奢龙辨乎东方，故使为土师，祝融辨乎南方，故使为司徒；大封辨于西方，故使为司马；后土辨乎北方，故使为李。是故春者土师也，夏者司徒也，秋者司马也，冬者李也。"

这一史籍记载，用今天的白话文说就是：从前，黄帝得蚩尤为相而明察天道，得大常为相而明察地利，得苍龙为相而明察东方，得祝融为相而明察南方，得大封为相而明察西方，得后土为相而明察北方。黄帝得六相而天地得治，可以说神明到极点了。蚩尤通晓天道，所以黄帝用他当"掌时"的官；大常通晓地利，所以黄帝用他当"廪者"的官；苍龙明察于东方，所以黄帝用他当"下师"的官；祝融明察于南方，所以黄帝用他"司徒"的官；大封明察西方，所以黄帝用他当"司马"的官；后土明察北方，所以黄帝用他当"李"官。因此，春是工师，夏是司徒，秋是司马，冬天的性质则相当于理狱的官职。

《管子·五行》记载"黄帝得蚩尤而明于天道"，且不说与大多史籍记载"蚩尤，古天子""九黎之君""黄帝擒杀蚩尤""血流百里""身首异处"不相吻合；而"黄帝得六相而天地治"，就扩大了客观事实。黄帝之时有相吗？且不是一相而是六相。的确，黄帝战胜蚩尤，从西北部挺进中原，实现了中国历史上的部族大融合，并建立了最初的国家模型，功劳巨大。但一些史官不顾事实，把黄帝的功劳扩大到了离奇的地步。这当然是不足以为信的。对此，段宝林教授寓意深刻地考证说："把蚩尤的地位抬得更高了，在这里蚩尤已不只是一般的大功臣，而且成了明乎天道的首相，使之当时的总理大臣。由此可见蚩尤地位之重要。黄帝因蚩尤而'明于天道'，说明蚩尤的文明程度比黄帝更高，很受黄帝重用。齐国人管仲如此记载，可能是齐国当地老百姓如此传说的吧。"[①]

综上所述，"蚩尤为九黎之君""蚩尤为炎帝之裔""蚩尤为黄帝之臣"三种记载，我们认为"蚩尤为九黎之君"才是符合历史真实的。"古天子""九黎之君"，即王的意思，说的就是蚩尤是九黎集团八十一个兄弟氏族的大王，大酋长，即章太炎说的"蚩尤为苗族豪酋"。九黎部落集团发祥于中原，势力很大，占据的地方很广阔，社会经济文化相对发展。所以，中国史籍称九黎部落集团的大王为"古天子""九黎之君"。章太炎则使用"豪酋"二字，"豪酋"即不是一般的"酋长"，已经接近于后来的"君王"了。

[①] 段宝林：《蚩尤考》，载《民族文学研究》1998年第4期。

○二○ 九黎地望[①]

我们前面研究考证九黎的源出和蚩尤系九黎之君或王，我们现在考证以蚩尤为首领的九黎部落的地望分布。而实际上，我们前面引用中国史籍"太皞（太昊）为龙师而名，少皞（少昊）为鸟师而鸟名"的历史承接关系，"太昊，都陈""少昊邑为穷桑，都曲阜""蚩尤，少昊之末，九黎之君""少昊氏之衰也，九黎乱德""蚩尤宇于少昊，以临四方"。实际上已经涉及到或交代了九黎部落的地望分布了。太昊建都于陈，即今河南淮阳；太昊后裔少昊北上建都于穷桑，即今山曲阜；蚩尤是少昊之末，少昊衰落后九黎发展起来了，蚩尤宇于少昊，即蚩尤所统领的九黎部落就住在少昊氏原来住的地方。

我们之所以把九黎族的地望分布单列一节，实际是针对学界一些人错把"三苗"的地望当作"九黎"的地望，即把"三苗"的苗区当作了"九黎"的苗区。

中国史籍除上述记载涉及九黎的地望外，还有众多史料记载九黎的地望分布在北方。

《初学记》引《归藏·启筮》："（蚩尤）登九淖以伐空桑。"

《尚书·西伯戡黎》："西伯戡黎。"

《左传·宣公十五年》："晋宗伯数赤狄鄘舒之罪云，弃仲章而夺黎氏地。"杜预注："黎氏，黎侯国，上党壶关县有黎亭。"

《左传·宣公十五年》："秋七月……壬午，晋侯治兵于稷以略狄土，立黎侯而还。"杜预注："狄夺其地，故晋复立之。"

《诗经·邶风序》："《式微》，黎侯寓于卫，其臣劝以归也。"

《诗经·邶风序》："《旄丘》，责卫伯也。狄人迫逐黎侯，黎侯寓于卫，卫不能修方伯率之职，黎氏之臣以责于卫也。"

《史记·周本纪》："败耆国。"《集解》引徐广曰："一作阢。"《正义》："即黎王国也。"

《汉书·地理志》："上党壶关县。"颜师古注："有羊肠阪，沾水东至朝歌入淇。"

[①] 本文系作者承担的国家社科基金项目《我国典籍载苗族早期历史资料整理与研究》（批准号：11btq017）的研究成果之一。

应劭曰:"黎侯国也,今黎亭是。"

《后汉书·郡国志》:"壶关县,在黎亭,故黎国。"

《说文解字》:"(黎)……在上党东北。"

《汉书·地理志》说在"上党壶关县"。

《括地志》:"故黎城,黎侯国也,在潞州黎城县东北。"

《磁平寰宇记》:"蚩尤城在(安邑)县南十八里,其城今摧毁。"

《水经注》:"瓠河东经云南省-华宁县故城南,世谓之黎侯城。"

上述资料大概只是记载了九黎部落联盟的中心区域,不是九黎部落联盟所占领的所有区域。且有的资料记载的可能还是黄帝打败蚩尤后,在山东地方还曾经建立过的黎国。而我们重视的是,上述记载九黎部落地望分布都不是在南方,而是在北方,即后来人们所说的"中土""中原"或"中国"。

关于涿鹿大战前九黎族的地望分布,我们看众多历史学家的考证情况。

梁聚五在《苗族发展史》中,引用徐松石、童书业、钱穆等的资料考证说:蚩尤与黄帝大战于河北的阪泉涿鹿,苗族的势力,当时似扩展到冀北境,逼近今日所谓关外。"(徐松石著《泰族僮族粤族考》第147页)童书业说,钱穆的《古三苗疆域考》,谓古三苗(即九黎)疆域,在今中原,其境约西至陕西东部,北至山西南部,东至河南中部,南至河南南部。此一区域,实为古代羌族与苗族斗争之处。(童书业著《中国疆域沿革略》第89页)综上几位说法,得到一个看法:即九黎区域,可能西至宝鸡,东至嵩山,北至怀来,南至信阳。黄河由北而南,抵潼关,折而东,构成'乙'字形,贯通九黎全境。而离石水、无定河、延河、北洛水、渭水、洛水、泌河又纷纷注入,更助长黄河的趋势。沿岸土地肥沃,耕作便利,确具有古代建国的条件。《史记》说:"昔三代之君,皆在河洛之间。"这不是偶然的。一追想到当时发现这块地方,辟草,以诛除害人的毒蛇猛兽之创史者,又不能不归功于"九黎"的君民了。[1]梁聚五强调说:"据顾颉刚先生考定,约西至陕甘交界处,东至嵩山,南至河南中南部,北至今山西境,正是苗区所在地也。(《中国疆域沿革略》第89页)这里所谓'苗区',是九黎时代的'苗区',不是苗族南迁后,所谓三苗之'苗'。南迁后三苗之'苗区',乃在今长江中游,即两湖、江西、安徽……一带。"[2]

梁聚五对九黎族地望分布的考察,是建立在许多史学大家的研究基础之上的。他特别告诉我们,九黎时代的"苗区"不是苗族南迁后的三苗之"苗区"。九黎时代的"苗区"在黄河流域,三苗时代的"苗区"在长江流域。

伍新福教授在《论评与考辨》又考证说:"根据文献资料记载,九黎和三苗各自生息于

---

[1] 梁聚五:《苗族发展史》第20页,贵州大学出版社,2009年版。
[2] 梁聚五:《苗族发展史》第17—18页,贵州大学出版社,2009年版。

活动的地域,都十分清楚。蚩尤九黎在登上历史舞台时,其活动地域是在黄河下游山东和河北南部、河南东北部,以及淮北平原;而三苗所居则为'左洞庭、右彭蠡'的长江中游地区。目前还没有任何资料可以证明,蚩尤九黎部落是发迹和首先生活在南方长江流域。"①

陈靖在《论苗族在中华民族形成和发展中的贡献》一文中写道:"蚩尤部族在北方所开拓发展的主要地域,从史学家们的论述来看,在今河北、山东、河南及山西南部的'黄河中下游'这片土地上。从考古学家们的物证来看,那就远不止此了。以徐旭生为代表的中国古史学家还绘制了一幅地图来表达他们的观念:南起杭嘉湖平原,北至冀豫平原,从东海、黄海至渤海这条海岸之西,至太行山、大别山这片土地,认为这是中国古史最辉煌的时期,是我国古代最发达、文明程度最高的良渚文化。这一最辉煌文化后来因为东夷西侵和涿鹿大战,致使蚩尤及其部族遭到了千古不幸。"②

奉恒高主编的《瑶族通史》第一篇第二章第三节,题目是:瑶族的远祖九黎与三苗。文中说,关于九黎的活动范围,《周逸书·尝麦篇》说:"昔日之初……命蚩尤宇于少昊,以临四方。"指蚩尤住于少昊原来居住的地方。太昊、少昊为东夷(应为东蒙)两大集团的首领。少昊晚于太昊,或说少昊为太昊之后。"少昊氏居陈。"陈在今河南省周口市淮阳区境内。"少昊虚,曲阜也。"少昊氏遗址在山东曲阜。综上观之,作为太昊、少昊后裔的蚩尤九黎部落,其活动地域应在今山东西南部、河南东部,即今黄河下游与济水、淮水流域一带。③

闻一多在《伏羲考》中考证说:"古代所谓'诸夏'和至少与他们同姓的若干夷狄,他们起初都住在黄河流域的上游,即古代中原的西部。"④

郭克煜等在《鲁国史》中考证说:"太昊之后是炎帝和黄帝时代……黄帝以作轩冕之服而著称,故又称为轩辕氏,传说多以为他生活在渭水流域……黄帝入住山东时曾受到曲阜一带蚩尤部落的强烈反抗。《逸周书·尝麦篇》记载'蚩尤宇于少昊',即居住在少昊氏的地盘之内,也就是说蚩尤是今山东曲阜一带的东夷人的首领。"⑤

刘起釪在《古史续辨》考证说:"所谓姬、姜两姓,实际原是黄河居于渭水流域到甘陇一带的我国最早孕育出华夏民族的氐、羌族中分化出来的族姓……他们自黄河上游逐渐向东发展,自会先横过今山西省境,并继续循黄河两岸以东进。在前进过程中必然遇到原居民黎苗族的抗击,就发生了历史上传说中有名的与蚩尤的涿鹿之战。"⑥

徐晓光、吴大华等在分析九黎部族经济是法的物质条件后说:阶级的出现是产生国家与法的催化剂,而城又是阶级社会开始的标志之一。城,在这里的概念,是指人口较为密集,居住相对稳定,是本民族或本氏族政治、经济、文化的中心。九黎时期是否有城?据梁聚五

---

① 伍新福:《论评与考辨》,第218页,岳麓书社,2013年版。
② 陈靖:《论苗族在中华民族形成和发展中的贡献》,载《先秦史研究》1996年第1期。
③ 奉恒高主编:《瑶族通史》第87页,民族出版社,2007年版。
④ 闻一多:《伏羲考》第27页,上海古籍出版社,2001年版。
⑤ 郭克煜等著:《鲁国史》第31页,人民出版社,1994年版。
⑥ 刘起釪:《古史续辨》第55—56页,中国社会科学出版社,1991年版。

先生《苗夷民族发展史》的考察："有说九黎都城，是在今山西黎城县，或河南浚县东北之黎河附近的。"在苗族西部方言的《苗族迁徙歌》中开篇就这样唱道："古时苗族住在直米力／建筑城垣九十九座／城内铺垫青石板／城外粉刷青石灰／城里住着格蚩尤老格娄尤老／直米力城建在上一方／直米力城啊／直米力城／平又平来宽又宽／大坝子一望无边。"直米力，注为："地名，是一个宽广平坦的大平原。传说在河北一带。"力者，黎音也。这就是城在民族史诗中的反映。虽有些夸张的成分，但城的背景极其明确：一是大平原；二是蚩尤时期。在贵州省威宁县苗族古史传说中，格蚩尤老（蚩尤）时期，就有"乌城""力城""金城"之说，开曰元老三人（包括'格蚩元老'和'干骚毛比'）住此地很久，土地肥沃，筑有城市。①

从上述诸多学人考证来看，与黄帝涿鹿大战的蚩尤部落集团，其地望分布在北方，即后来人们所说的中原地带，而以山东曲阜为中心，可能西至宝鸡，东至嵩山，北至怀来，南至信阳的广阔地带。而炎黄发祥于黄河流域的上游，即中国的西部地域，后来沿黄河东进，才发生了著名的涿鹿大战。应该说，这是符合中国史籍记载之历史真实的。

我们还注意到，我国诸多学人考证"九黎"的地望分布或蚩尤九黎的归属时，存在着诸多不符合历史真实的情况。自徐旭生在《中国古史的传说时代》中提出华夏、东夷、苗蛮三大源头论后，就一直影响着学界对"九黎"集团的地望分布和归属问题的探讨。我们认为，徐旭生的中国古代"华夏""东夷""苗蛮"三大源头论，是以华夏为源头起点的，压缩了中国可考的历史，混淆了古代部落集团存在的时间顺序，不仅不能正确反映出中国古代的历史，而且也不能反映出现代民族与古代部落或古代原始民族的关系。关于这个问题，我们将在本章第四节研究回答。

我们先看受徐旭生三大源头论的影响，学界考证蚩尤"九黎"归属时存在的一些问题。比如李学勤主编的《中国古代文明与国家形成研究》中说：徐旭生先生曾列举三条证据，论蚩尤属于东夷集团：一、蚩尤居于少昊之地，其继任者也以地命氏称少昊清，而少昊属于东夷集团，故蚩尤自然也不能属于其他集团。二、数千年来，蚩尤虽是失败的英雄，却在山东西部长久保有烜赫的英名，反映了和当地人民有很深的关系。三、蚩尤是九黎君长，九黎是山东、河北、河南三省接界处的一个氏族，从地域看，不能属于南方苗蛮集团，只能属于东夷集团。更有字源方面的证明。已如前述，所以"九黎"就是"九夷"，更确切地说应是后来古本《竹书纪年》所载九夷的前身。"于宇少昊"则说明少昊之地——今山东曲阜是这个强大的部族集团中央部落所在地。②

从这段话看，就存在着诸多矛盾，首先，黄帝、蚩尤时期不存在"东夷"，那时候还没有华、夷之区分。"东夷"是涿鹿大战黄帝打败蚩尤后，中原地区易主，直至夏商周时，才逐渐形成了夏人居"中土"，夷、蛮、戎、狄处"四方"的概念，且夷、蛮、戎、狄主要还是指地

---

① 徐晓光等：《苗族习惯法研究》第7页，华夏艺术出版社，2000年版。
② 李学勤主编：《中国古代文明与国家形成研究》第225页，云南人民出版社，1998年版。

域方位上的人口分布,还不是专指夏人之外的其他部族。诚如吕思勉在《中国民族史》中就说:"我国古代,称四方之异族曰夷、蛮、戎、狄,原以其方位言,非以其种族言。"①其次,说蚩尤是九黎君长,不能属于南方苗蛮集团,只能属于东夷集团。这就混淆了古代人们集团存在的时序,割断了蚩尤与后来南方苗蛮集团的关系,使人们误解,蚩尤不是苗族的祖先。根据中国史籍记载和大多数学人的研究考证,我们认为,与黄帝打仗的蚩尤属于"东蒙"人的"两昊"集团,蚩尤是在少昊氏衰落后而崛起的,就住在少昊氏原来的地方,蚩尤所统领的"九黎"部落是苗族的先民。黄帝打败蚩尤后,"九黎"余部南迁至长江流域,尧舜禹时期称南下的"九黎"后裔为"三苗",夏商周时期称"南蛮"或"苗蛮"。夏商周时被称为"东夷"的人们,是太昊,少昊"两昊"集团的后裔,后来全部融入华夏族了;而被称为"南蛮"或"苗蛮"的人们,是以南下的"九黎"后裔为主,也包含有其他部族的人们,"南蛮"或"苗蛮"中"九黎"族的后裔,都尊蚩尤为英雄祖先。因此,随意地说蚩尤只能属于东夷集团是错的,随意地说蚩尤不能属于南方苗蛮集团也是错的。我们认为,蚩尤属于"东蒙"人的两昊集团,是后来南方苗蛮集团的祖先。

再比如,王钟翰主编的《中国民族史》第一编第三章中有一个标题是:"黄帝与两昊蚩尤冀州、涿鹿之战。"说:"黄帝战胜炎帝,便成了炎黄两集团的共主,北上与两昊战于冀州、涿鹿,两昊的军事首领,号为蚩尤。部落战争时期,通常都是实行两首领的制度:酋长兼为宗教首领;战争中的英雄被部落所推举担任军事首领。当时男子以战争为职业,部落间的战争成为私有财产积累的主要手段。蚩尤不是某位英雄的私名,而是部落联盟军事首领的共同称号,因而在神话中,既是炎帝的后裔,又是两昊集团的首领,也是九黎之君,其遗迹如蚩尤冢、蚩尤城,遍布黄河中下游的许多地方。这个称号大概起源于炎帝集团或两昊集团,而九黎三苗集团也加以袭用。因两昊集团的蚩尤在与黄帝战争中所显示的威力,蚩尤成为战争的同义词,尊之者以为战神,斥之者以为祸首。"②对此,伍新福教授严正地指出:"王钟翰主编的《中国民族史》,在述及'东夷'时,只讲太昊、少昊'两昊'集团,只字未提'九黎'集团,并将蚩尤说成是少昊集团的一个军事首领……将黄帝与蚩尤涿鹿之战说成是黄帝部落与少昊部落的战争。这缺乏根据,并且完全不符合中国的历史实际。"③

对王钟翰等的上述这段话,使我们看到了"胜者为王,败者为寇"的影响。先不说这段文字逻辑上的混乱,就说"黄帝北上与两昊战争""两昊的军事首领号为蚩尤""部落实行两首领的制度""蚩尤不是某位英雄的私名""是部落联盟军事首领的共同称号""蚩尤成为战争的同义词"等等,我们或者孤陋寡闻,还没有查到中国史籍上有这些记载。如果史籍真没有记载,我们不得不佩服作者丰富的想象力了。对蚩尤尊之者以为战神,斥之者以为祸首,这中国史籍确有记载。综观作者的上述这段话,可以看出作者是站在"斥之者以为祸首"的

---

① 吕思勉:《中国民族史》第174页,岳麓书社,2010年版。
② 王钟翰主编:《中国民族史》(修订本)第39页,中国社会科学出版社,2010年版。
③ 伍新福:《论评与考辨》第233页,岳麓书社,2013年版。

立场上的。"蚩尤这个称号大概起源于炎帝集团或两昊集团,而九黎三苗集团也加以袭用。"作者太富于想象力了。对上述说法我们没有必要驳斥,而实际上,在我们的研究中已经作出回答了或者驳斥了。这也是促成我们下决心研究该项目的重要原因之一。

我们特别赞成伍新福教授的考证,他说:"东夷""南蛮""北狄"和"西戎",是从夏商开始,至春秋战国时期,逐步形成的按地域和方位,对"中土""中国"周边居民和各族群、各部落集团的统称。夏人居"中土""中国",夷、蛮、戎、狄处"四方""四海"。这都主要是地域性的区分,而不是确切的民族称谓,也并非指某个单一的族群或部落集团,通常都包括着不同的族群和部落集团,而且随时代变迁其组成又都会发生变化。本是同一个族群和部落集团,因处不同地域而出现不同的称呼,不同的族群和部落集团由于生活在同一地域之内,而被冠以同一名称,这些现象也是常见的。例如,黄帝部落集团,发迹于本属"西戎"和"西羌"的渭水上游甘肃天水和陕西宝鸡一带,后东迁,经陕北而山西,进入华北和黄河下游平原,成为"中土"华夏族和华夏集团的一个主要的来源。但至春秋时,仍有姬姓之"戎"活动于陕西境内。他们虽属黄帝的苗裔,因未东迁至"中土",所以仍被包括在"西戎"之内,以"戎"相称。又据《山海经·大荒西经》记载:"有北狄之国。黄帝之孙曰始均,始均生北狄。"这说明"北狄"之内,也包含有一支黄帝部落。舜部落和商人部落,本来都起于"东夷",后居"中土",成为"华夏"族的重要组成部分。秦人部落,先属"东夷",后居"戎狄",再入"中国",成为"华夏"人。①

我们还特别注意到历史学者张正明所说的一段话。他说:"秦汉以后的封建统治者之中,身为汉族而主宰着中原的,就自诩为华夏苗裔,而歧视仍被称为蛮夷戎狄的少数民族,哪里还记得乃祖乃宗也竟是蛮夷戎狄出身!身为少数民族而入主中原的,更讳言自己是蛮夷戎狄,而又歧视自称为华夏的汉族,当然也不记得乃祖乃宗竟有或多或少、或近或远的亲缘关系。"② 这就说明,中华民族自古以来就是你中有我、我中有你、谁也离不开谁。

萨维纳引自中国史籍《通鉴纲目》,列出中国早期历史纪年表:伏羲游牧时代,公元前4477年;神农农业时代,前3217年;黄帝建立帝国半史时代,前2697—前2479年。我们认为,《通鉴纲目》纪年表,基本反映出中国早期的历史。中国历史,包括文明史、民族史、文化史等,只有走出以"华夏"为起点的影子,才能还原中华民族可考的7000年历史。

---

① 伍新福:《论评与考辨》第229—230页,岳麓书社,2013年版。
② 张正明:《先秦的民族结构、民族关系和民族思想》,载《民族研究》1983年第5期。

〇二一　蚩尤归属[1]

或许受到时代的限制,徐旭生的中国古代"华夏""东夷""苗蛮"三大集团（源头）论,压缩了中国可考的历史,混淆了古代部落集团存在的时间顺序,不能正确反映出中国古代的历史,也不能反映出现代民族与古代部落或古代原始民族的关系。我们现在就这个问题进行探讨。

我们认为,徐旭生先生是一代大学者,对中国历史研究有诸多建树,贡献很大。但是大师大学者也难免有失误或败笔的地方,徐旭生最大的失误或败笔就在于他关于中国古代"华夏""东夷""苗蛮"三大源头论。

徐旭生在《中国古史的传说时代》中,将中国古代部族分为"华夏""东夷""苗蛮"三大集团,并对三大集团（源头）逐一进行研究与考证,认为这是中华民族的三大源头,其中谬误甚多（请读原著）。

首先,三大源头论压缩了中国可考的历史。

徐旭生在《中国古史的传说时代》中说:"把我国较古的传说总括来看,华夏、夷、蛮实为秦汉间所称的中国人的三个主要来源……此三大集团对于古代的文化全有像样的贡献。"[2]他认为,中国古代部族可分为华夏、东夷、南蛮三大集团,这三大集团互相斗争,后又和平共处,终结完全同化,渐次形成后来的汉族。似乎徐旭生在讲汉族的三个主要来源,汉族的来源又何止是这三者呢？而通读全书,实际上徐旭生讲的是中国人的三个主要源头,他把传说中的历史人物分别归属于华夏、东夷、南蛮三大集团。

前所述及,根据中国史籍记载,中国和中华民族可考的源头是7000前的"东蒙"伏羲太昊部族和6000年前的"西羌"神农部族。5000多年前,涿鹿大战的双方,九黎族及其首领蚩尤源自"东蒙"伏羲太昊部族,华夏族及其首领黄帝（含炎帝,炎帝为后世神农）源自"西羌"神农部族。7000前的"东蒙"伏羲太昊部族和6000年前的"西羌"神农部族,是中国和中华民族可考的两大历史源头。徐旭生的"华夏""东夷""苗蛮"三大源头忽略了可考的

---

[1] 本文系作者承担的国家社科基金项目《我国典籍载苗族早期历史资料整理与研究》（批准号：11btq017）的研究成果之一。
[2] 徐旭生《中国古史的传说时代》第39页,文物出版社,1985年版。

"东蒙"伏羲太昊部族和"西羌"神农部族。而根据大量的中国史籍记载，7000前的"东蒙"和6000年前的"西羌"是源，5000多年前的"炎黄""九黎"和夏商周才形成的"华夏""东夷""西戎""南蛮"或"苗蛮""北狄"是流。很显然，徐旭生把"流"当作"源"了，这就缩短了中国可考的历史。众所周知，华夏居中土，夷、蛮、戎、狄处四方，是5000年前华夏族打败九黎族，入主中原后直至夏商周才逐渐形成的区域概念，晚出的"华夏""东夷""苗蛮"即"南蛮"怎能是源头呢？如果王旭生错把后来的"华夷五方格局"的"华夏""东夷""南蛮"当作了"源头"，那么，五方中的"西戎""北狄"呢？几乎同个历史阶段出现的"五方"人们居住的区域概念，三者成了源头，而另外的两者呢？当然，更重要的还是徐旭生忽略了可考的7000前的"东蒙"伏羲太昊部族和6000年前的"西羌"神农部族，错把"流"当作"源"了。

其次，三大源头论不能反映出现代民族与古代部落或古代原始民族的关系。

"华夏""东夷""苗蛮"三大源头论，由于缩短了中国可考的历史，而一些历史人物又是绕不过的。于是徐旭生在考察历史人物的起源时便出现了诸多的矛盾。比如，他说："伏羲和女娲传说来自南方的苗蛮集团，太皞和少皞传说来自东方的夷。"徐旭生认为伏羲与太皞不同一，学术上百家争鸣，这是可以理解的。如前所述，大量中国史籍记载伏羲与太皞是同一的，古往今来，大多数人都认为伏羲与太皞是同一的。我们认为，关键是徐旭生把伏羲与太皞分属于苗蛮集团和东夷集团，是因为他缩短了中国可考的历史所致。我们是同意大多人意见的，伏羲与太皞是同一的，他是7000前的"东蒙"人的首领，伏羲与女娲首先在"东蒙"人中传播开来。后来"东蒙"人的蚩尤与黄帝涿鹿大战，华夏族获胜入主中原后，至夏商周时称居于东方的人为"东夷"，这时的"东夷"人是"东蒙"人的后裔，他们也认伏羲太皞为祖先，大概至春秋战国时，被称为"东夷"的人们，全部融入了华夏族，或许正是因为"东夷"融入华夏，上古"东蒙"人的伏羲太皞才进入到人们的视野，才被中国史籍记载了下来。夏商周时称居于南方的人为"南蛮"或"苗蛮"人们，大部分是"东蒙"人的蚩尤与黄帝涿鹿中原失败南下的后裔（"南蛮"还包括有其他人群），"南蛮"中"东蒙"人的后裔，他们也一直称伏羲太皞为祖先，时至今日，"南蛮"或"苗蛮"没有被同化的部分（至少苗瑶畲三族），仍然尊称伏羲太皞为祖先。如此看来，王旭生的伏羲和女娲、太皞和少皞的分属就有问题了。把同属于7000前的"东蒙"和4000年前左右的"南蛮"或"苗蛮"的祖先分割开来，并且认为他们之间没有任何关系。

我们认为，伏羲太皞源自7000前的"东蒙"人，4000年前左右的"南蛮"或"苗蛮"，是上古"东蒙"人的后裔，他们称伏羲太皞为祖先。由于王旭生的"华夏""东夷""苗蛮"三大源头论跨越了时空界限，所以，没有正确回答伏羲和女娲，太皞和少皞的归属问题。而实际上，伏羲和女娲，太皞和少皞，都是"东蒙"人及后来之"东夷""苗蛮"或"南蛮"的祖先。如前所述，范文澜，郭沫若都认为伏羲太皞是所有"夷人""夷族"想象中的祖先。也正因苗族渊源可以追溯到7000前的"东蒙"人伏羲太皞部族，所以夏曾佑才说："先于吾族，不知几何年。"① 王桐龄说："若照历史上观察，还有一位长兄，那就是苗族。"②

又比如，徐旭生说："少皞既属于东夷集团，蚩尤就不能属于其他集团。"他列举了蚩尤只能属于东夷集团的若干证据，他强调说："关于蚩尤属于东夷集团的问题，我觉得已经不很可能有其他的看法。前人把他归于苗蛮集团，纯属误会。"③也就是说，他认为蚩尤与苗蛮集团没有任何瓜葛。这就割断了苗族发展的历史。我们认为，这也是因为徐旭生缩短了中国可考的历史所致。徐旭生泾渭分明，他把苗民划在"苗蛮"或"南蛮"集团，而把蚩尤说成是他认为与"苗蛮"没有关系的"东夷"集团，在他看来，蚩尤是苗族的祖先不靠谱。蚩尤是不是苗族的祖先，在这里我们不想再浪费笔墨了，学界已经有了共识。若按徐旭生的三大源头论，苗族的历史最多只能追溯到4000年前左右的"南蛮"或"苗蛮"即三苗。殊不知，"三苗、九黎，一族两名"（梁启超语）。"九黎"5000年前居北方，"三苗"4000年左右居"南方"，但二者则是一脉相承的。受徐旭生"三大源头论"的影响，今人常称蚩尤是"东夷"的首领，而"东夷"是商、周时代"华夷五方"格局形成后的称呼，时代较蚩尤要晚得多，两者根本扯不到一块。如前所述，我们赞成王献唐称上古居住在东方的而文明开启较早的伏羲太昊部族为"东蒙"，少昊、蚩尤是"东蒙"伏羲太昊的后裔，商、周时代被称为"东夷"的人们，是太昊、少昊的后裔，是蚩尤部族未参战那一部分人的后裔，后来全部融入华夏族中去了。蚩尤部族参战部分余部南下的后裔，至尧舜禹时称为"三苗"，至商、周时被称为"南蛮"或"苗蛮"，"南蛮"或"苗蛮"不仅尊蚩尤为祖先，也尊伏羲太昊和少昊为祖先。徐旭生的"华夏""东夷""苗蛮"三大源头论不符合历史的真实。"华夏"是上古"西羌"人的后裔，"东夷""苗蛮"是上古"东蒙"人的后裔，实际上只有两大源头，这就是7000年前的"东蒙"和6000年前的"西羌"。易华在《何处为夏》中说："傅斯年《夷夏东西说》根据现存文献证明夷在东、夏在西，代表了民国时期对中华文明的探索成果。"④夏源于"西羌"，夷源于"东蒙"，"东蒙"和"西羌"才是中国史籍记载下来的最早的两大历史源头。

综观中国史籍记载及学人考证，九黎蚩尤所处的时序与炎黄同时，三苗所处的时序与尧舜禹同时，东夷、南蛮（苗蛮）、西戎、北狄所处的时序与夏商周同时，徐旭生混淆了中国古代部落群团存在的先后时序，自然不能反映出现代民族与古代部落或古代原始民族的关系。直接带来了"蚩尤究竟是东夷族的祖先，还是苗蛮族的祖先呢？这已成为学界争论的焦点"。⑤

再次，三大源头论是以华夏为起点的。

吕思勉在《中国民族史》中说："汉族其开化之年代，今尚不能确知。据史家所推算者

---

① 林惠祥：《中国民族史》第68页，上海书店出版社，1912年版。
② 王桐龄：《中国民族史》第3页，吉林出版集团有限责任公司，2010年版。
③ 徐旭生：《中国古史的传说时代》第121页，文物出版社，1985年版。
④ 易华：《何处为夏》，载《中国社会科学报》2016年2月23日。
⑤《线装经典》编委会编：《中国那些事儿·夏商周》第48页，云南出版集团，2017年版。

计之，则其有史时期，当在距今五千年前后。"① 如前所述，三大源头论压缩了中国可考的历史，其根本原因就在于它是以华夏为起点的。徐旭生在《中国古史的传说时代》中说："我国人民有一部分从古代起，就自称诸夏，又自称华夏，又或单称夏或华，到春秋战国以后，华夏就成了我们种族的名字。他们对四外的民族就叫他们作夷，作狄，作戎，作蛮，或其他较以上四名含义略窄的名字。可是以上的四族，在古代，华夏对他们的关系却不完全相同。"② 由于徐旭生是以华夏为起点的讲述中国古史的传说时代，因此，就难免误入畛域之见。根据中国史籍记载和历史学家的考证，中国历史若以华夏为起点，为5000多年，若以源于西部"西羌"人的神农氏为起点（华夏源于"西羌"人的神农氏），为6000多年，若以源于东部"东蒙"人的伏羲太昊氏为起点，为7000多年。王旭生以华夏为起点谈中国的历史，自然就说不清楚了。徐旭生把华夏对四外的夷、狄、戎、蛮称作四族，这也不符合史实。如前所述，伍新福考证说："东夷""南蛮""北狄"和"西戎"，是从夏商开始，至春秋战国时期，逐步形成的按地域和方位，对"中土""中国"周边居民和各族群、各部落集团的统称。夏人居"中土""中国"，夷、蛮、戎、狄处"四方""四海"。这都主要是地域性的区分，而不是确切的民族称谓，也并非指某个单一的族群或部落集团，通常都包括着不同的族群和部落集团，而且随时代变迁，其组成又都会发生变化。③ 夷，狄，戎，蛮不是四族，是地域方位的居民和族群。

对徐旭生混淆时空观念谈蚩尤的归属问题，石宗仁《荆楚与支那》说："九黎、三苗是一民族（或曰同一人们集团）的前后称谓，九黎在先，三苗为后，学界皆知。然而徐老的《中国古史的传说时代》一书中所谓华夏、东夷、苗蛮三大集团的分布图中，却把同是九黎族一部分划为东夷集团，另一部分划为苗蛮集团；同是九黎直裔的三苗族一部分划为东夷集团，另一部分划为苗蛮集团，就此来深思：九黎、三苗二者显然可为东夷集团又可为苗蛮集团表明，两者正是同一人们集团为蛮夷集团，因为九黎之后裔为三苗，是同一族类的前后时序称谓。"④ 徐旭生"关于蚩尤属于东夷集团的问题，我觉得已经不很可能有其他的看法。从前人把他归于苗蛮集团，纯属误会"⑤ 的说法，显然是站不住脚的。东夷（应为东蒙）集团和苗蛮集团是同一集团的先后。石宗仁强调说："但是，历史记载的史实与民族学材料的存在，并非与徐老所言一致。我们从研究蛮夷族发展史的过程中，发现徐老的东夷、华夏、苗蛮三大集团居住的三大块区域，从史学与民族学材料来看，实际上只有两大集团两大块区域，即西和西北的华夏与东及南的夷蛮，正是《尧典》所言的'蛮夷猾夏'，蛮夷即东夷南蛮，猾夏即华夏是也。"⑥ 东夷南蛮源自上古"东蒙"古苗人，华夏源自上古西部"氐羌"人。有文

---

① 吕思勉：《中国民族史》第1页，岳麓书社，2010年版。
② 徐旭生《中国古史的传说时代》第37页，文物出版社，1985年版。
③ 伍新福：《论评与考辨》第229—230页，岳麓书社，2013年版。
④ 石宗仁：《荆楚与支那》第111页，民族出版社，2008年版。
⑤ 徐旭生《中国古史的传说时代》第121页，文物出版社，1985年版。
⑥ 石宗仁：《荆楚与支那》第119—120页，民族出版社，2008年版。

字记载和考古资料证明，中华文明中华民族是两历史源头，而不三大历史源头。

此外，我们还想说一下，马克思、恩格斯认为民族早于阶级和国家的形成。恩格斯在《自然辩证法》中说："从部落发展成了民族和国家。"他还在《家庭私有制和国家的起源》一书的附录按语中，使用了"原始民族"的概念。马克思、恩格斯又在其他一些著作中多次使用了"野蛮民族""蒙昧民族""游牧民族""资本主义民族"等概念。综观中国历史文献记载，中国可考的7000年前的"东蒙"人即伏羲太昊部族和6000年前的"西羌"人神农部族，是见诸文字记载最早的两大原始部族。至5000年的黄帝、蚩尤时期，已经由原始部落发展到"原始民族"了。黄帝领导的是源于"西羌"人的华夏族，蚩尤领导的是源于"东蒙"人的九黎族，前者至汉代取名为汉族，后者一直沿用"东蒙"人的"蒙"（即苗族）。汉族是由华夏"原始民族"发展而来的，苗族是由九黎"原始民族"发展而来的，一批汉族大学者都持这一观点。比如林惠祥在《中国民族史》中说："中国史上所记汉族与异族第一次之战争即黄帝与蚩尤涿鹿之战，黄帝为汉族之领袖，蚩尤为九黎即苗族之酋长。"[①] 对胜者称"领袖"，败者称"酋长"，虽然带有褒胜者贬败者之意，但还是充分肯定了涿鹿之战是汉族与苗族的战争。又比如，范文澜在《中国通史简编》中说："黄炎两族开始联合和融合，共同对抗强大的苗族。"[②] 对中华民族别具深情而又胸怀大度的鲁迅曾这样感叹说："苗族大败以后，都往山里跑，这是我们的先帝轩辕氏赶他们的。"

[①] 林惠祥：《中国民族史》第68页，上海书店出版社，2012年版。
[②] 范文澜：《中国通史简编》第99页，人民出版社，1965年版。

二二 三苗苗民[①]

根据中国史籍资料记载，逐鹿中原，涿鹿大战，强大的九黎部族最终遭受败绩，蚩尤被杀，苗族开始历史性南迁。长江流域最初也是古苗人的根据地，九黎余部向南方撤退时，没有遇到阻力。至尧、舜、禹时期，九黎部族南迁的后裔，又在南方形成了一个较大的部落联盟，中国史籍将其称为三苗、有苗、苗民或三苗国。该部落联盟以苗族族群为主体，但也包含有其他的一些族群。

梁启超在《太古三代载记》中说："三苗、九黎，一族两名。"九黎余部被迫退回南方的这一部分，后来在长江流域建立了三苗部落联盟。"三苗"是苗族发展的又一个重要阶段，中国史籍资料有诸多的记载，或记为三苗、有苗、三苗国、三苗氏、有苗氏、三毛、毛民，也有的典籍直接称苗民，实际上都是指向在长江流域以苗民为主的一个较大的部落联盟。

《山海经·海外南经》："三苗国在赤水东，其为人相随。一曰三毛国。"郝懿行亦云："三苗国。"

《山海经·大荒北经》："有山名曰禹所积石，有阳山者、顺山者，顺水者出焉……有始州之国，有丹山，此山出丹朱也……有毛民之国，其人面体皆生毛，依姓食黍……帝（舜）念之潜为之国，是指毛民。"

《尚书·孔传》："三苗国名""三苗之国"。或曰"三苗之君""三苗之主"。

《尚书·舜典》："三苗，国名。"又引马融、王肃云"国名也"。

孔颖达疏："昭元年《左传》说，自古诸侯不用王命者，虞有三苗，夏有观扈，知三苗是国，其以三苗为名，非三国也。"

《博物志》："三苗国。"

《史记·五帝本纪》引吴起云："三苗之国。"

《史记·五帝本纪》马融曰：三苗"国名也"。

[①] 本文系作者承担的国家社科基金项目《我国典籍载苗族早期历史资料整理与研究》（批准号：11btq017）的研究成果之一。

《战国策》注曰："驩兜、三苗皆国名。"

《淮南子》高谚语云："三苗国名。"

《淮南子》许慎注："三苗之国。"

《淮南子》高诱注："三苗之国。"

《国语·周语》："黎苗之王。"

以上记载，三毛国、三苗国、三苗之国、三苗国名、三苗之君、三苗之主、黎苗之王，可见，三苗为国名，这是无疑的。此间所谓"国"，实际上是指原始社会末期的部落联盟。谓"三苗"为国名，古国与今之国不同。《说文》："古时境内之封，郊内之都及诸侯所食邑，皆谓之国或邦。"王光镐认为，一般来说，古史研究中"国"的内涵有二：一种是广义的、传统史学中惯常使用的概念。如《史记·五帝本纪》称黄帝"置左右大监，监于万国"。《夏本纪》称夏禹时"万国为治"。《帝王世纪》称"逮汤受命，其能存者三千余国"。凡此一类的国中，除了后来的部分逐渐跨入阶级社会大门外，当然相当程度上包括了原始社会的部落联盟、胞族集团甚至氏族集团在内。对此类上古时期的国属，根据恩格斯在《家庭、私有制和国家的起源》中所作的精辟论证，可确定其最近限度的标准——有完整族体、专门区划、特定名称、族内酋长的部族共同体。另外一种概念则是狭义的、特指阶级社会所派生的政治意义上的"国家"，它在理论上和实际上无疑与前者有着质的差异。①《十三经注疏》疏曰："三苗之国君习蚩尤之恶……而更制重法，惟作五虐之刑，乃言曰此得法也。""苗君久行虐刑，民惯见乱政，习以为常。""此苗民在尧之初兴，使无世位于下国。"可见，三苗已有"君子""小人"之分，开始有了阶级分化。三苗之君成了凌驾于社会之上的力量。这种力量，诚如马克思说："把冲突保持在'秩序'的范围以内，这种从社会脱离的力量，就是国家。"② 所以，中国史籍将"三苗"称国就不足为奇了。

石宗仁在《荆楚与支那》中考证说："屈家岭文化古城遗址与考古材料显示，石家河古城以其特大的规模和权威，耸立在其他六座古城之上，并通过对诸多二级城邑（如城头山等）及其周边遗址的直接与间接统治，显然，三苗族是以石家河古城为其政治军事与经济文化中心，即三苗国的王都。所谓'三苗复九黎之德''三苗习九黎之恶'……以五虐之刑为手段，创建与维护三苗国奴隶制国家的社会形态，已是明显不过的事实。直言之，拥有五虐之刑为手段和以特大型石家河古城为王都的三苗国，是我国最早建立的跨长江、黄河两大流域的奴隶制国家。"③

中国古代的氏族部落很多，《史记》《尚书》称："夏禹会诸侯于涂山，执玉帛者万国；成汤受命，号称三千。""武王观兵孟津，还余八百。"所以，古史指证的"三毛国""三苗国""三

---

① 王光镐：《论楚族的始称国年代》，载《中南民族学学报》1985年第4期。
②《马克思恩格斯全集》，人民出版社，1975年版。
③ 石宗仁：《荆楚与支那》第108页，民族出版社，2008年版。

苗之君"，与现代国是完全不同的概念。但三苗既称国，还有三苗之君，说明三苗社会经济的程度已经比较高。

《尚书·正义》："三苗诸侯之君。"
《史记·五帝本纪》郑玄曰："所窜之苗为西裔诸侯者。"
《通志略·氏族》注曰："后为侯国因民焉。"

以上是记载"三苗"为诸侯的资料。在四千多年前，以尧、舜、禹为首的北方华夏诸部落与三苗部有着长期的征战。尧统治时，发兵征讨三苗，双方作战于丹水（今丹江），尧的军队打败了三苗。三苗部落可能是在这时参加了尧的部落联盟。而且有文献说三苗的首领曾是"尧臣"，被称为"诸侯"。后来，三苗不服，又多次起来斗争。尧遂将他们的一部分人流放的西北的三危山，将其首领流放到崇山，舜代尧成为部落联盟首领以后，三苗又不服，舜乃重整大军，但没有经过战争就降服了三苗。禹作首领时，三苗又不服，禹与三苗进行了一场历时70天的大战，大败三苗的军队，从此三苗衰微下去，后来其国被夏禹所灭，部分三苗人融入华夏主体民族之中。所以，中国史籍又将"三苗"称为诸侯。

侯哲安在《中国南方古代传说人物考》中引用大量史籍资料后说："三苗既称诸侯，又称国，还有三苗之君，说明三苗社会经济在一定阶段有所发展，并有阶级分化。《尚书·吕刑》所说三苗制五虐之刑，是一个有力的旁证。"[1]

《山海经·大荒北经》："帝（舜）念之潜为之国，是指毛民。"
《尚书》："三苗之氏。"
《汉书·地理志》颜师古注曰："三苗本有苗氏之族。"
《通志略·氏族》："三苗氏……"注曰："以名为氏……三苗。"
《路史》："驩兜……生三苗氏。"
《竹书纪年》:《淮南子》"有苗氏负固又服"。
《神异经》："西荒之中有人焉……名为苗氏、苗民。"
《战国策·魏策二》："三苗之居。"

以上是记载"三苗"为有苗、苗民、毛民、三苗氏、苗氏的资料。

根据以上史籍记载，三苗又称国，又称诸侯，又称有苗氏，还有"三苗之君""三苗之主"。说明三苗社会经济的程度已相当高。三苗此时实质上已构成了最初的氏族国家框架。中国古代的氏族部落国家很多，《史记》《尚书》称："夏禹会诸侯于涂山，执玉帛者万国；成汤受

---

[1] 侯哲安：《中国南方古代传说人物考》，见贵州省民族研究所编《民族研究参考资料》第6辑。

命，号称三千。""武王观兵孟津，还余八百。"何圣能在《苗族审美意识研究》中指出："在蚩尤之后崛起的三苗部落集团被认为是苗族历史上的一个重要时期，三苗部落在这一时期建立了三苗国。这个部落活动于距今四千多年前，与历史上的尧、舜、禹同一时代。"①

梁聚五在《苗族发展史》中考证说："黄帝战胜蚩尤，并把蚩尤在中冀杀死了以后，而蚩尤率领的一群，当然，有的随着他的首领牺牲了，有的做了黄帝的俘虏。可是没有牺牲和被俘的人，也不在少数。这些人，在当时的打算，除了另推首领，收拾残部，作卷土重来之计外，只有退出黄河流域，转入别的有利地带。前一个办法，似一时不易做到；后一个办法，或者可能行得通。究竟往哪里走呢？北进有狄，西进有氐羌。当这残败之余，怎能够和他们交手？最好，迅速脱离敌人的追击，向着长江流域撤退。自然，由黄河流域到长江流域，沿途都有蚩尤的余部。而所谓'铜头铁额，吃沙石，耳生硬毛，头有角，能触人'的八十一个兄弟，除了战死者而外，他们还能够有力量，扫除沿途的一切障碍。他们到了长江中游，便在那里建立一个新兴的国家。这国家，就是后来的三苗。"②我们认为，梁聚五的考证应当符合历史实际，蚩尤战死后，其余部向南撤退，中国史籍确实没有发现撤退中遇到阻力的记载，因为从黄河流域到长江流域，沿途都是蚩尤的势力范围。过几百年后，九黎余部又能够在长江流域崛起而建立三苗或三苗国，也证明了从黄河流域到长江流域原本就是蚩尤的势力范围。

中国史籍资料记载，三苗，为九黎之后，九黎之裔。

《尚书·大禹谟》："苗民作五虐之刑，皇帝遏绝苗民，无世在下。谓尧初诛三苗。舜典云窜三苗于三危，谓舜君摄之时，投窜之也。舜典又云庶积咸熙，分北三苗，谓舜即位之后，往徙三苗也。今复不率命，命禹徂征之，是三苗之民数于王诛事。禹率众征之，犹尚逆命，即三苗是诸侯之君而谓之民者，以其顽愚，号之为民。"郑玄曰："苗民谓九黎之裔也，九黎之君，于少昊氏衰，而弃善道，上效蚩尤重刑，必变九黎。言苗民者，有苗九黎之后，颛顼代少昊，诛九黎，分流其子孙为三国。高辛之衰，又复九黎之德，尧兴又诛之。尧末又在朝，舜臣尧，又窜之。后禹摄位，又在洞庭逆命，禹又诛之。"

《尚书·吕刑》载："三苗，九黎之后。"郑玄注："苗民，谓九黎之裔也。"韦昭曰："三苗，九黎之后，高辛氏衰，三苗为乱。"

《礼记·缁衣正义》："苗民，谓九黎之君也……有苗，九黎之后，颛顼伐少昊，诛九黎，分流其子孙，为居于西裔者三苗。"

---

① 何圣能：《苗族审美意识研究》第32页，人民出版社，2016年版。
② 梁聚五：《苗族发展史》第62页，贵州大学出版社，2009年版。

上述资料告诉我们，三苗是九黎之后，三苗存在于尧、舜、禹时代，九黎存在于炎、黄、蚩时代，九黎为先，三苗为后。诚如梁启超在《太古及三代载记》中说："三苗、九黎，一族两名。"徐晓光、吴大华等著的《苗族习惯法研究》说："九黎战败后，大伤元气。一部分成为黄帝族的俘虏，后融合于夏族；另一部分渡河南下，聚居于江淮一带，称为'三苗''有苗'或'苗民'。"① 蒋志华主编的《中国世界部落文化》说："三苗部落主要起源于九黎部落。九黎部落被炎黄部落打败后，其余部退入长江中下游，形成"三苗"部落，并建立了三苗国。"② 可见，"三苗"与"九黎"，是一脉相承的关系，"三苗"是苗族发展的又一个重要阶段。侯哲安在《中国南方古代传说人物考》中说："三苗是伏羲女娲之后处于南部的一支。他们在我国南方是一个大的部落联盟，曾加入过中原地区的华夏联盟，又与中原几个部落联盟发生过斗争。三苗经过战争失败以后，一部分成为汉族的成员，大部分流入南方各个地区，与今日南方许多少数民族在族源上有着密切的联系。他们都是中华民族不可分割的组成部分。"③

---

① 徐晓光、吴大华等：《苗族习惯法研究》第3页，华夏艺术出版社，2000年版。
② 蒋志华主编：《中国世界部落文化》第13页—14页，时事出版社，2007年版。
③ 侯哲安：《中国南方古代传说人物考》，见贵州省民族研究所编《民族研究参考资料》第6辑。

〇二三 三苗地望[①]

中国史籍资料记载，三苗的地望分布在长江流域的"左洞庭、右彭蠡"，即湖北、湖南、江苏、安徽、江西一带。九黎活动中心在中原即黄河流域，势力范围扩展到长江流域。三苗活动中心在长江流域，此时的黄河流域已被黄帝部族所占领。

《韩非子》："三苗之不服者，衡山在南，岷江在北，左洞庭之波，右彭蠡之水。"

《战国策·魏策》："昔者三苗之居，彭蠡之波，洞庭之水。"

《史记·正义》："洞庭湖名，在岳州巴陵西南，南与青草湖连；彭蠡湖名，在江州浔阳县东南五十二里。以天子在北，故洞庭以西为左，彭蠡以东为右，今江州、郑州、岳州三苗之地也。""读曰汇，音胡罪反，今彭蠡湖也，本属荆州。《尚书》云'南入于江，东汇泽为彭蠡'是也。"

《路史国名记》："柴桑彭泽之间古三苗国，左洞庭，右彭蠡负固而亡者，今衡岳潭之境。"

《说苑·君道》："当舜之时，有苗民不服，其所以不服者，大山在其南，殿山在其北，左洞庭之波，右彭蠡之川，用此险也。"

《说苑·贵德》："吴起对曰在德不在险。昔三氏苗左洞庭右彭蠡。"

《初学记》："荆州记云：宫亭即彭蠡泽也，谓之彭泽湖，一名汇泽（在豫州郡）青草湖，一名洞庭湖也，亦谓之太湖，在巴黎郡。"

《元和郡县志》："岳州本巴丘地，古三苗也。史记三苗之国左洞庭，右彭蠡。"

《禹贡》："荆及衡阳惟荆州。"孔安国曰："北据荆州，南及衡山之阳。"

《尚书地理今释》："三苗今湖广武昌岳州二府江西九江府地。史记正义曰，吴起云三苗之国左洞庭右彭蠡，今江州、郑州、岳州也。"

《通典·州郡十三》："潭州古三苗之地。""岳州在苍梧之野，亦三苗国之地。"

[①] 本文系作者承担的国家社科基金项目《我国典籍载苗族早期历史资料整理与研究》（批准号：11btq017）的研究成果之一。

《太平寰宇记》："潭州禹贡荆州之域，三苗地。""岳州，南邻苍梧之野，古三苗国也。"

　　上述文献资料记载得十分清楚，三苗的地望分布在长江流域，不是黄河流域。三苗是以黄河流域九黎余部南下的后裔而建立起来的，当然也还包括有其他的族群。如果说蚩尤所统领的九黎集团中心在黄河流域，其势力范围扩大到长江流域。那么，三苗集团的中心和活动区域就只在长江流域了。此时的黄河流域已被华夏族占领。伍新福曾考证说："根据文献资料记载，九黎和三苗各自生息与活动的地域，都十分清楚。蚩尤九黎在登上历史舞台时，其活动地域是在黄河下游山东和河北南部、河南东北部，以及淮北平原；而三苗所居则为'左洞庭、右彭蠡'的长江中游地区。目前还没有任何资料可以证明，蚩尤九黎部落是发迹和首先生活在南方长江流域。"①

　　梁启超在《历史上中国民族之观察》中考证说："此族（苗）最初之根据地，左传指定位置曰左洞庭，右彭蠡，则今湖南之岳州、长沙；湖北之武昌；江西之袁州、瑞州、临江、南昌、南康、九江，是其地也。"②显然，梁启超所说此族的根据地，是三苗的根据地，不是九黎的根据地。

　　石宗仁在《荆楚与支那》中考证说："史籍不乏三苗分布在长江中下游流域的记载。如《史记·五帝本纪》载：'三苗江淮荆州。'《战国策·魏策》吴起云：'昔者三苗之居，彭蠡之波，洞庭之水。'此载与上引'三苗江淮荆州'吻合，显然，此处之'右彭蠡左洞庭'之洞庭是指太湖，古时太湖亦称洞庭湖。《韩非子》又载：'三苗之君不服者，衡山在南，岷江在北，左洞庭之波，右彭蠡之水。'此载之岷江，笔者研究认为，实为沔水（江），即蛮水，后改名汉水。沔与岷同音异字，以沔为岷，实为沔水。只能是此沔江（水）在北，才能与衡山在南相对应。此处的'左洞庭之波，右彭蠡之水'，是以两湖流域间的陆地为坐标，指的是今湖南的洞庭湖与江西的鄱阳湖。而前引《战国策·魏策》所载的'左彭蠡之波，右洞庭之水'，显然是以长江中游的鄱阳湖地区与长江中下游的太湖地区之间的陆地为坐标，所指的是鄱阳湖与太湖流域。"③

　　用范文澜的话说："黄炎两族，共同对抗强大的苗族，迫使苗族退向长江流域。"这个善于从事耕种的河海部落集团，被迫去到淮河与长江中下游落脚，从此，苗族由北方民族成为南方民族。④

　　杨光华在《且兰古都的延伸》中考证说：大约在距今四五千年的尧、舜、禹时代，我国历史舞台上出现了一个新的氏族部落集团，即三苗和三苗国。三苗，又称"有苗"或称"苗

---

① 伍新福：《论评与考辨》第218页，岳麓书社，2013年版。
② 梁聚五：《苗族发展史》第62页，贵州大学出版社，2006年版。
③ 石宗仁：《荆楚与支那》第93页，民族出版社，2008年版。
④ 参见苗族老红军陈靖当年写给时任中央政治局常委、全国政协主席李瑞环的信。

民"。先秦和秦汉以后的诸多典籍中多有记载。《尚书·虞书》载："窜三苗于三危。"《孔安国传》云："三苗，国名。"《尚书·吕刑》载："苗民无辞于罚""三苗之民"。《帝王世纪》载："诸侯有苗氏。"《汉书·地理志》载："三苗本有苗之氏。"这些记载中的"苗民""有苗氏"，应是苗族先民的部落名称。三苗氏族的渊源是九黎部落。《国语·楚语》云："其后三苗民复九黎之德。"所谓"复"，即是承袭之意思。三苗是蚩尤九黎部族之后，二者是一脉相承的。当时的"三苗国"大致是活动于江汉、江淮流域和长江中下游南北、洞庭彭蠡之间的广大地区。即今河南南部、安徽西部和湖北、湖南、江西三省的大部。《韩非子》云："三苗之君不服者，衡山在南，岷江在北，左洞庭之波，右彭蠡之水。"《史记·五帝本纪》云："三苗在荆州数为乱。"《史记·正义》云："今江州、鄂州、岳州三苗之地也。"《尚书·地理今释》云："三苗今湖广武昌、岳州二府，江西九江府也。"上述等等的记载，都是三苗国地域范围的依据。①

何圣能考证说："三苗部落活动的主要范围是在江淮流域，长江中下游地区应该是三苗部落活动的最频繁的地区，应该属于三苗国的腹心地带。从苗族大量口传文学的内容看，苗族的祖先在历史上活动的区域也正是古三苗的属地。清人田雯在《黔书》（一）中道：'古称三苗之国，左洞庭、右彭蠡，则鄢郢以上皆苗也。'早在明代郭子章就有类似的记载：'苗人，古三苗之裔也。'当然，从这些文献资料还可以看出，三苗部落集团也有可能是现在南方诸多少数民族的先祖，但是，从活动范围、文化习俗等方面，现代苗族与三苗时代的文化有更多的相似之处，苗族人把三苗时代看成是本民族一段历史也有其合理性。"②

我们还特别注意到，中国史籍记载我国西北部也有三苗和苗民。

《山海经·大荒北经》："西北海外黑水之北有人……名曰苗民。"
《地道纪》："陇西都首阳有三危，三苗所处。""鸟鼠同穴有三危山，三苗所处是也。"
《神异经》："西荒之中有人焉，名为苗氏。"

根据中国史籍记载和结合西部方言苗族的传说经历来看，确实有一部分三苗和苗民在西北部生活过，但他们的根不是在西北部，他们是尧"窜三苗于三危"的那一部分苗民。正如吕思勉在《中国民族史》中说："然三危实三苗所流放，而非其发祥之地也。"③且流放三危的三苗，在西北部生活的时间并不长，便南下而迁入云、贵、川。由于一部分苗民曾在西北部生活过，乃至《续汉书》《后汉书》等有"西羌之本，出自三苗"的说法，应该说这是不准确的。如前所述，"三苗"源于"九黎"，"九黎"又源自"东蒙"两昊集团，三苗和三苗国的地域并不在西北，"三苗"与"西羌"不是同一集团。诚如唐善纯在《青鸟之所栖》

---

① 杨光华：《且兰古都的延伸》第89—90页，中国文联出版社，2006年版。
② 何圣能：《苗族审美意识研究》第33页，人民出版社，2016年版。
③ 吕思勉：《中国民族史》第181页，岳麓书社，2010年版

中说:"苗与羌是两码事,苗不可能是羌的祖先,西羌与三苗在民族特征上没有什么共同点,而且西羌范围广泛,历史悠久,出于三苗当不可能。"[1]

刘起釪在《古史续辨》中也指出:"所谓姬、姜两姓,实际原是黄河居于渭水流域到甘陇一带的我国最早孕育出华夏民族的氐、羌族中分化出的族姓……黄帝、炎帝两族实际由氐羌两族中发展分化而出……在这几个产生了较高文化的新族分化出去,其仍居原地在生产和文化上仍保持原状的,则仍为氐羌族。"[2] 所以,我们认为,"东蒙"和"西羌"是中华文明中华民族的两大历史源头。伏羲太昊、少昊,蚩尤源于上古"东蒙"集团,神农炎帝、轩辕黄帝则源于上古"西羌"集团。

---

[1] 唐善纯:《青鸟之所栖》,引自川山唐的博客。
[2] 刘起釪:《古史续辨》第55页,中国社会科学出版社,1991年版。

〇二四 袭九黎制[①]

中国史籍之所以把九黎余部南下的族裔称为三毛国、三苗国、三苗之国、三苗之主、三苗之君，可能一是因为三苗是南方长江流域最大的部落集团之一，可以与华夏集团的尧、舜、禹相抗衡；二是三苗之君仿蚩尤制重刑之法，确实具有了最初的国家雏形。这也表明，三苗与九黎在制度上有因袭继承的关系。

中国史籍对三苗既称国又称诸侯，国或诸侯必有自己的首领或王。遗憾的是，中国史籍对三苗国的首领或王，记载太少。广泛查阅中国史籍资料，作为一个部落联合体的三苗或三苗国，其首领几乎只有驩兜一说可信。

《山海经·海外南经》："驩头国在其南。其为人，人面，有翼，鸟喙，方捕鱼。一曰在毕方东，或曰驩朱国。"

《山海经·大荒北经》："颛顼生驩头，驩头生苗民，苗民厘姓，食肉。"

《山海经·大荒南经》："大荒之中，有人名曰驩头。"

《路史》："驩头……生三苗氏。"

《山海经·海外南经》郭璞曰："驩兜，尧臣，有罪自投南海而死。"

《战国策·秦策》："尧伐驩兜，舜伐三苗。"

《荀子·议兵》："是以尧伐驩兜，舜伐有苗。"

《尚书·正义》引杜预言："三苗亦应是诸夏之国入仕王朝者也。"

以上是对三苗的首领或王的记载。对三苗的首领驩兜既称王、诸侯，又称尧臣。说明三苗曾经与华夏集团有过联合。三苗又是三苗国君的省略称呼。据《尚书·吕刑》载："苗民弗用灵，制以刑。"此制虐刑者，除按注疏释为"三苗之君""三苗之主""五虐之君"外，别无他释。《尚书·益稷》中所说："苗顽弗即功。"不言而喻，此不得就官者当为"苗"长。

[①] 本文系作者承担的国家社科基金项目《我国典籍载苗族早期历史资料整理与研究》（批准号：11btq017）的研究成果之一。

至于今本《竹书纪年》卷上所记"有苗氏来朝",则当指其君或代表其君的使者。这些都毋庸置疑。此"国君",当然是指当时三苗部落的联盟酋长。

侯哲安在《中国南方古代传说人物考》中引用大量史籍资料后说:"这就说明:第一,骥头生苗民,应理解为骥头是三苗的首领之一;第二,骥头在高辛氏(即帝喾)时曾为诸侯之国,故曰'高辛邦之';第三,在尧的部落联盟中,骥头参加了联盟议事会,故曰骥头尧臣;第四,骥头与三苗,同在江淮荆州之地,在尧时同被放逐。"①

《尚书·吕刑》:"苗民弗用灵,制以刑,惟作五虐之刑曰法。杀戮无辜,民兴胥渐,泯泯棼棼,罔中于信,以覆诅盟。虐威庶戮,方告无辜于上。上帝监民,罔有馨香德,刑发闻惟腥。皇帝哀矜庶戮之不辜,报虐以威,遏绝苗民,无世在下。"注曰:"三苗之君,习蚩尤之恶,不用善化民,而制以重刑,惟为五虐之刑,自谓得法。"

《尚书·吕刑》:"三苗之国君习蚩尤之恶……而更制重法,惟作五虐之刑,乃言曰此得法也……苗君久行虐刑,民惯见乱政,习以为常。""此苗民在尧之初兴,使无世位于下国。"

《伪孔传》:"三苗之君效蚩尤之恶。"

由此可见,三苗中已有"君子""小人"之分,开始有了阶级分化,其制度中已有了刑罚。三苗之君成了凌驾于社会之上的力量。这种力量"把冲突保持在'秩序'的范围以内,这种从社会脱离的力量,就是国家"。② 日本著名学者鸟居龙藏在他出版的第一部《苗族调查报告》中说道:"古代苗族曾在长江畔建立三苗国,已有设立一种制度之程度(铜鼓亦已铸作使用),决非极端未开化之野蛮民族。今虽不能见其昔日之状态,然其文化之程度则已至农业时代,而以农为生活之基本也。"③ 蒋志华主编的《中国世界部落文化》说:"当禹的夏部落联盟进入奴隶社会时,三苗部落中有'君子''小人'之分,并开始有了阶级分化。有的文献记载:三苗'惟作五虐之刑',说明其制度中已有了刑罚。"④

郭沫若在《中国史稿》列出大禹征苗誓词后说:"所谓三苗的罪名……另一条是用刑罚,作五刑。这当然算不了什么罪名,反而说明三苗已开始发生阶级分化,在当时也是比较先进的部落。"⑤

关于三苗"惟作五虐之刑",李学勤等考察得比较详细。他们说:"伐三苗虽然发生在

---

① 侯哲安:《中国南方古代传说人物考》,见贵州省民族研究所编《民族研究参考资料》第6辑。
②《马克思恩格斯全集》,人民出版社,1975年版。
③ 鸟居龙藏:《苗族调查报告》第178页,贵州大学出版社,2009年版。
④ 蒋志华主编:《中国世界部落文化》第15页,时事出版社,2007年版。
⑤ 郭沫若:《中国史稿》第134页,人民出版社,1976年版。

夏王朝建立前夕，但这时社会已发生深刻的变革，关于这时苗民社会状况，《尚书·吕刑》载'苗民弗用灵，制以刑，唯作五虐之刑曰法，杀戮无辜……泯泯棼棼，罔中于信，以覆诅盟。虐威，庶戮方告无辜于上，上帝监民，罔有馨香德，刑发闻惟腥。皇帝哀矜庶戮之不辜，报虐以威，遏绝苗民，无世在下'，'弗用灵'之灵，旧释解作'令'，或'善'。徐旭生引《说文》释'巫'，这很有道理。因为在氏族制度的时代，规范人们社会行为的只有习惯法。以后，随着私有制的发展，开始出现各种违背传统习俗的事。正如恩格斯所说，氏族'是被那种在我们看来简直是一种堕落，一种离开古代氏族社会的淳朴道德高峰的堕落势力所打破的……最卑鄙手段——偷窃、暴力、欺诈、背信——毁坏了古老的，没有阶级的氏族制度'，而对待这些新的问题，开始还是用宗教手段，如民族学资料中常见的'神判'定罪、处理，以后才出现了'法'。所以'苗民弗用灵''作五虐之刑，曰法'，是说苗人不用传统的原始宗教的手段维护社会秩序，而是用严酷的刑罚。虽然'神判'往往更为野蛮残酷，但被笼罩在神的光环中，在原始社会仍有很大的权威性。苗蛮集团中首先出现的进步因素反而成了罪行。不仅如此，文中所说'泯泯棼棼，罔中于信，以覆诅盟'等谴责苗民人心欺诈、社会紊乱、抛弃信义、背叛盟誓、滥用暴力等等'罪名'，也说明当时苗蛮集团文明因素的成长已走在黄河流域之前，这在考古学研究方面已经提供了不少证明。"[①]

徐晓光、吴大华等考证说："古苗集团在九黎蚩尤时期，将战争所用之刑用于对内部的统治，破天荒地'延及平民'。到三苗时期，对内部的统治则完全拓开了'制以刑'的缺口。可以说，古苗人先于华夏民族出现法与国家的雏形。古苗人的'五刑'开创了中华法源的先河，这对于我国后奴隶社会、封建社会的刑法产生了深远的影响。"[②] 徐晓光在《中国少数民族法制史》中说："三苗初始时间先于夏族，进入邦君私有制阶段的时间也早于夏族……三苗的刑罚也早于夏族，传说苗族始祖蚩尤既是战神又是刑神。"[③]

石宗仁考证说："对三苗的五虐之刑，民国学者卫聚贤在《吴越民族》中指出'鲸劓刑为苗民法，鲸即黥'。民国另一学者陆树枬在《吴越文化论丛》一书中又说：'……《吕刑篇》，爰始淫为劓、刵、椓、黥。'孔子曰：'三苗之主顽凶苦民，始为截耳鼻，椓阴黥面。'对三苗的五虐之刑，文献记载为'劓、刵、椓、黥、刖'，或'劓、刵、椓、黥'，合起来为'劓、刵、椓、黥、刖'五刑……以上五刑，即为三苗的'五虐之刑'。作为刑罚的对立面，即为犯罪或反抗、反叛。严厉的酷刑，反映了当时明显的阶级对立。刑罚（法）属于上层建筑范畴，构成此种刑罚的社会基础，显然是互为矛盾、互为对立的双方。它反映了当时社会已分化为压迫者统治者与被压迫者被统治者之间、富主与贫民之间、强权者与弱众之间的对立关系。酷刑的实质，就是阶级的对抗。"[④]

---

① 李学勤主编：《中国古代文明与国家形成研究》第232—234页，云南人民出版社，1998年版。
② 徐晓光、吴大华等：《苗族习惯法研究》第17页，华夏艺术出版社，2000年版。
③ 徐晓光：《中国少数民族法制史》第6页，贵州民族出版社，2002年版。
④ 石宗仁：《荆楚与支那》第107—108页，民族出版社，2008年版。

据此可看出，蚩尤九黎发明的刑法，其余部撤退至长江流域，三苗之君仍仿蚩尤制重刑之法，三苗与九黎在制度上有因袭继承的关系，三苗是九黎的后裔。

○二五 三苗甄微[①]

我们考察了三苗的来源，三苗的地域分布，三苗之君仿蚩尤制而重刑。三苗系"九黎"被黄炎部落打败后，其余部退入长江流域而建立的部落联盟。今日之中国学界，对此已经基本取得共识。三苗是苗族发展的又一个重要历史阶段。

三苗部落集团与尧、舜、禹的华夏集团进行了长期战争．结果被禹打败。三苗集团联盟分化瓦解，一部分可能留在原地，归附了夏王朝，沦为奴隶，逐渐同华夏族融合了。但三苗的大部分，可能被迫离开江淮和洞庭、彭蠡之间的沃壤平原。回避进入山林水泽，开始向西南山区迁徙。上述记载，可以肯定地说后来的苗族是古代三苗之后裔，还有不少典籍的记载也可以佐证。

如南宋朱熹作《三苗记》云：湖南境内的苗族，溯源于古代三苗。《明太祖实录》记载：朱元璋在征讨湖广、贵州苗民时，常言"三苗无道""三苗不仁""三苗不遵教化"，把当时的苗民直呼为"三苗"。明贵州巡抚郭子章《黔记·诸夷》云："苗人，古三苗之裔也。"明著名文学家杨慎《滇程记》亦云："苗者，三苗之裔，自长沙、沅辰尽夜郎之境皆有之。"鸟居龙藏在他出版的第一部《苗族调查报告》中说："苗族盖《书经》中三苗之裔也。"[②]

石宗仁《荆楚与支那》说："众所周知，九黎之后（之裔）为三苗，这已为古史学家及近代史家们所公认，亦为历史所定论。九黎、三苗是一民族（或曰同一人们集团）的前后称谓，九黎在先，三苗为其后，学界皆知。"[③]

我们知道，中国学界是在争论当中逐渐地取得共识的。19至20世纪初，西方人类学民族学传入中国后，苗族悠久的历史文化立即引起重视，成为学界重要的研究对象，许多人因研究苗族而一举成名。学界不仅对苗族来源有争论，对苗族的祖先也有争论。有主张蚩尤是苗族祖先的，苗族是九黎、三苗的后裔；也有人持相反意见，否定苗族是九黎、三苗的后裔。而后者则以章炳麟（即章太炎）为首。

[①] 本文系作者承担的国家社科基金项目《我国典籍载苗族早期历史资料整理与研究》（批准号：11btq017）的研究成果之一。
[②] 鸟居龙藏：《苗族调查报告》第263页，贵州大学出版社，2009年版。
[③] 石宗仁：《荆楚与支那》第111页，民族出版社，2008年版。

蒋志华主编的《中国世界部落文化》中说："最近几十年来的学者认为现代的苗族就是三苗的后裔。但章太炎、吕思勉等学者与此看法不同，他们认为现的苗族与三苗无关。"[1]

章太炎在《太炎文录·别录一》中说："尚考苗种得名其说各异。大江以南陪属偎侻之族，自周迄唐通谓之蛮，别名则或言獠，言俚，言陆梁，未有谓之苗者，称苗者自宋始，明非耆老相传。存此旧语，乃学者逆据《尚书》三苗之文以相，传丽耳。汉时诸苗无苗名，说《尚书》者固不以三苗为荆蛮之族。《虞书》窜三苗于三危，马季长曰三苗国名也，缙云氏之后，为诸侯，盖饕餮也。《淮南·修务训》高诱注曰，三苗盖谓帝鸿氏之裔浑敦，少昊之裔子穷奇，缙云氏之裔子饕餮，三族之苗裔，故谓之三苗。此则先汉诸师说三苗者，皆谓是神灵苗裔，与今时苗种不涉。"

章太炎虽作为一代大学者，学术建树诸多，但他对苗族的上述考察，却是他的败笔之处。首先，章太炎从大民族主义思想出发，考苗族陪属偎侻之族。偎侻即渺小、鄙俗之意。在章太炎看来，渺小的苗族是不屑一顾的，不值得深究；其次，章太炎"汉时诸苗无苗名""未有谓之苗者，称苗者自宋始"的说法，不符合历史事实。田晓岫主编的《中华民族》中说："苗族族称最古老，最早见于甲骨文中。"[2]日本著名学者鸟居龙藏在他出版的第一部《苗族调查报告》中说："'苗'名久已绝响。"[3]中国自有文字记载以来就有关于苗族的记载。比如《山海经》："颛头生苗民。"《尚书》："苗民弗用灵，制以刑。"《吕氏春秋》"舜却苗民，更易其俗"等等，大量史籍记载之苗民即苗族，怎么是"称苗者自宋始"呢？第三，章太炎认为三苗即是"帝鸿氏之裔浑敦，少昊之裔子穷奇，缙云氏之裔子饕餮，故谓之三苗……与今时苗种不涉"。由于章太炎的第一、二条错误，必然决定了他得出第三条错误的结论，即"三苗与今时苗种不涉"，错误地认为"三苗"与今天的苗族没有关系。

章太炎、是民国时期的大学者，他的上述话语曾产生了一定的影响。比如，林惠祥在其著的《中国民族史》中，在论述苗族时就陷入一种矛盾之中。一方面充分肯定苗族悠久的历史，如前所引，他说："中国史上所记汉族与异族第一次之战争即黄帝与蚩尤涿鹿之战，黄帝为汉族之领袖，蚩尤为九黎即苗族之酋长。以后历朝皆常与苗族争战。"[4]并摘录了九黎、三苗与华夏族争战的十七段史籍记载资料；而另一方面，他又引用章太炎的上述话后说："三苗、九黎则似真为古时之异族，其族常与汉族争斗，三苗、九黎或只是部落名称，而非全民族之总称，二者或即为二个部落，不过其种属相近，一先一后，故后人认为三苗为九黎之后裔。至于蚩尤是否真为九黎之君，甚至是否真有其人，殊难断定，不过九黎既与汉族斗争，自然有其英雄式领袖，如蚩尤一类之人物。名之真假，无甚关系，可不必斤斤讨论。此两部落与汉族斗争之结果，在上古时代即已失败，九黎先败于颛顼（应为黄帝，笔者注），三苗既服

---

[1] 蒋志华主编：《中国世界部落文化》第14页，时事出版社，2007年版。
[2] 田晓岫主编：《中华民族》第505页，华夏出版社，1998年版。
[3] 鸟居龙藏：《苗族调查报告》第262页，贵州大学出版社，2009年版。
[4] 林惠祥：《中国民族史》第68页，上海书店出版社，2012年版。

于夏禹。至于此两部落，若指其即属于后来之苗族，亦殊难使人相信。"①

林惠祥是民国时期的著名民族学者，他著的《中国民族史》有诸多建树，但他受到章太炎的影响，在研究表述苗族历史时却不能自圆其说。他称"黄帝为汉族之领袖，蚩尤为九黎即苗族之酋长"，这不足为奇。但又说"蚩尤是否真为九黎之君，甚至是否真有其人，殊难断定"。而后又改口说："不过九黎既与汉族斗争，自然有其英雄式领袖，如蚩尤一类之人物。"更重要的是林惠祥认为，九黎败于黄帝，三苗败于夏禹，此两部落，"若指其属于后来之苗族，亦殊难使人相信"。在林惠祥看来，既然历史上黄帝打败了蚩尤统领的九黎集团，夏禹又打败了三苗集团，此异族就不应该再有后裔了。林惠祥此立论当然是站不住脚的。

再比如，凌纯声、芮逸夫的《湘西苗族调查报告》，也受到章太炎"三苗与今时苗种不涉"的影响，凌、芮引用章太炎的论述后，得出的结论是：古代的三苗非今日之苗。他们认为："苗之一名，世多以为中国西南民族的总称，其实今日散处在川滇湘黔桂诸省的非汉民族，名目繁多，不下百数十种……近世研究中国民族史者，有的说今之苗族即古代三苗的后裔。其说大抵根据战国策魏策所载：'三苗之居，左洞庭而又彭蠡。'以地望言，古代的三苗与今日的苗族同在江之南，且苗字又相同，似可相信。然自秦汉以后，历代载籍，不载苗之名称，直至宋元时始再见，此古今之苗，是否为同一族类，决非依据战国策数语记载及其名称用字相同，所可断言。"凌、芮除引用章太炎的话外，只看到了事物的现象。说苗是西南民族的总称，这不假，但这只是清朝中叶后的事情，比如在多民族的贵州省，曾把布依族称为仲家苗，把侗族称为侗家苗，把水族称为水家苗等等，对其他民族也冠以苗，只能理解成苗族影响大，朝廷及文人用"苗"来泛称散处在川滇湘黔桂诸省的非汉民族；说苗族是三苗的后裔只是根据《战国策》的一句话，其实，说苗族是三苗后裔的史料太多了，战国策的记载只是根据之一；说自秦汉以后，历代载籍，不载苗之名称，直至宋元时始再见。这是不了解苗族历史的缘故。如前所述，苗族苗文化是中华大地上从未间断过的一脉灿烂文明经线，东蒙—九黎—三苗—荆蛮—武陵五溪蛮—苗族，一脉相承。凌、芮似乎对秦灭楚后，作为楚国主体居民的苗族大量逃亡武陵五溪地区，秦至唐朝廷及文人将其称为武陵蛮或武陵五溪蛮的史实并不了解。所以，我们说凌、芮只看到了事物的一些表面现象。

其实，早在民国时期，针对章太炎的"三苗与今时苗种不涉"，以及林惠祥的九黎、三苗"若指其即属于后来之苗族，亦殊难使人相信"的说法，苗族第一代知识分子即进行了针锋相对的反驳。

梁聚五、石启贵、杨汉先，系苗族第一代知识分子的代表，被誉为"苗学三杰"。他们的著述撰写于民国时期，中华人民共和国成立后出版。

梁聚五（1892—1977），苗族，贵州省雷山县人，著名学者。曾在贵阳模范中学、贵州法政研究所求学，后又转赴长沙商业学校、湖南大学学习深造。参加过北伐战争和"八一"

---

① 林惠祥：《中国民族史》第71页，上海书店出版社，2012年版。

南昌起义，后离开军队潜心研究文史书籍。1946年加入中国民主同盟。中华人民共和国成立后，任西南军政委员会委员、西南军政委员会民族事务委员会副主任等职。著有《黔南各族生活剪影》《缅甸征尘》《贵州苗族人民在反清斗争中跃进》《苗族发展史》等。《苗族发展史》被认为是第一个苗族学者研究撰写的第一本苗族史。梁先生在《苗族发展史》中反驳说："自从章炳麟氏说出'三苗者，皆谓是神灵苗裔，与今时苗种不涉'之后，却影响研究中国民族史的人不少。别的且不提，即以林惠祥氏在内，也发生一些疑虑！他说：'九黎先败于颛顼（应为黄帝，笔者注），三苗既败于夏禹，至于此两部落，若指其属于后来之苗族，亦殊难使人相信。'推其意，以为九黎被颛顼（应为黄帝）打垮了，三苗被夏禹打垮了，哪里还会遗下他的苗子苗孙呢？其实，林先生未免太天真了，古代的战争，是原始的战争，充其量，只是刀对刀，枪对枪，绝不会有现代化的原子弹、细菌一类杀人的军火。既没有这些军火，哪里能够把九黎、三苗的子孙斩尽杀绝呢？"在这里，梁聚五先生明确地告诉人们，苗族是九黎、三苗的子孙，是九黎、三苗的后裔。那种认为黄帝打垮了九黎、夏禹打垮了三苗，"三苗与今时苗种不涉""九黎、三苗若指其即属于后来之苗族，难使人相信"的说法或认识是错误的，不符合历史事实。

梁聚五批驳否定苗族是九黎、三苗后裔的说法后，他特别强调指出："学问决不自私，事实还是事实。"[①]他紧接着列举了王桐龄、童书业、宋文炳、夏曾佑、缪凤林、梁启超等人的研究考证结果，充分肯定蚩尤是苗族的英雄祖先，苗族是九黎、三苗的后裔，并在上述学人研究的基础上，进一步地研究考证了苗族历代的称呼、发展的区域及其在中国历史上所占的地位等。

石启贵（1889—1959）号子荣，又名岩山、竹林居士，苗族，湖南吉首人。他是现代中国知名的苗族学者，苗学研究的先驱。蔡元培先生于1936年派凌纯声、芮逸夫调查湘西苗族，由于石启贵是个苗族通，一直陪同、咨询、协助调查。凌、芮离开湘西后，未完成之调查事项，全部委托石启贵代为办理，石启贵当上当时的中央研究院的湘西苗族补充调查员，由此把石启贵引入专门调查研究苗族的道路。他一生著述较多。见之公开出版的有《湘西苗族实地调查报告》、《民国时期湘西苗族调查实录》（八卷本）。未出版的有《民族速记学》《速记讲义精详》《苗汉训古学》《苗文音符》《速记音标》《苗语初析》《苗字切音》《苗语文法解》《苗文草创》《苗语声韵学》《苗汉虚实用法》《苗汉名词会通》《解放民歌集》《跃进水库诗歌集》等，这些书稿大部分佚失，一部分整理在公开出版的著作中。石启贵的《湘西苗族实地调查报告》是由苗族知识分子编著的第一本苗族志巨著，被称为湘西苗族的"百科全书"，是一部包括民族学、民俗学、历史学、语言学，以及文学、医学等多学科知识的学术专著。石先生在《湘西苗族实地调查报告》中根据中国史籍资料记载说："苗族乃

---

① 梁聚五：《苗族发展史》第17页，贵州大学出版社，2009年版。

中国之主人公,古老之民族也,自为黄帝征服后,震慑分窜西南方,即成西南之高地部落。"[1]他强调说:"苗族,原为上古之初民,举世知之。先汉族而据中原,有史皆载。自涿鹿败后,渡江南迁。伏处于深山密林之中,偏安于穷乡僻壤。艰窘生活不言而喻。惜乎事迹史书未详,大抵所载,是炫汉官功勋也。"[2]

杨汉先(1913—1998),苗族,贵州威宁人。1934年历任贵州威宁石门坎光华小学校长,1938年成都华西协和大学社会学系毕业。后历任成都华西大学中国文化研究所研究人员,四川省博物馆工作员,贵阳大夏大学社会研究部工作员,1950年6月加入中国民主同盟。1950年7月任贵州省人民政府委员,贵州省民族事务委员会副主任,参加筹建贵州民族学院并任首任院长。1959年至1966年任贵州大学副校长兼贵州省民族研究所所长。1963年起连任贵州省政协第三、四、五届副主席。杨汉先也是一名在国内外都有较大学术影响的苗族本土民族学家,撰写有《苗族述略》《川南八十家苗民人口调查》《大花苗歌谣种类》《大花苗名称来源》《大花苗移入乌撒传说考》《大花苗的氏族》《黔西苗族调查报告》《贵州省威宁县苗族古史传说》《基督教循道公会在威宁苗族地区传教始末》《基督教在滇黔川交境一带苗族地区史略》等。杨先生在《贵州省威宁县苗族古史传说》运用苗族心史资料说:苗族在"格蚩元老领导时,住在底玉帮大平原,是玉帮七转弯的地方。这里土地十分肥沃,能产稻、甘蔗、棉花。在此地,格蚩元老修建高屋瓦房住居,子孙繁盛众多。格蚩元老初期住在直米地,又到利莫坪,而后到金城,然后始迁至底玉帮大平原。开元福自老由日没方向及北风方向攻打格蚩元老,战场在印帮河旁岔口关的大坝,经战斗敌人败北。但敌人心不甘,不久又从平原底绕边来攻。由于敌人兵多,格蚩元老不能胜,便率领子孙逃到力城。"[3]杨汉先主要运用苗族的口碑资料来论证苗族是九黎、三苗后裔。

我们特别注意到,蚩尤、三苗是或不是苗族的祖先?过去都是他者表述。自梁聚五、石启贵、杨汉先三位苗族知识分子的自我呈现,公开肯定蚩尤、三苗是苗族的祖先后,今日之中国学界,对此没有人再提出异议了。

在民国时期,九黎、三苗与今苗族不涉的观点,除章太炎首先提出,林惠祥、凌纯声、芮逸夫,学界基本不赞同章太炎的观点。如果章太炎、林惠祥、凌纯声等活到今天,他们或许会改变自己的看法。学术研究通过百家争鸣,终会越来越接近或复原历史的真实。

---

[1] 石启贵:《湘西苗族实地调查报告》第612页,湖南人民出版社,2002年版。
[2] 石启贵:《湘西苗族实地调查报告》第616页,湖南人民出版社,2002年版。
[3] 杨汉先:《贵州省威宁县苗族古史传说》,载《贵州民族研究》1980年第1期。

〇二六 古今三苗[1]

郭沫若在《中国史稿》中说："三苗那时在江、汉之间，可能是三个部落。其中有一个部落的首领名驩兜，也写作驩头，因战败被放于崇山。后来随同武王伐纣的毛可能是这个部落的后人。另一个部落逃入西北方向的山岭中，因而有舜窜三苗于三危。"[2]侯哲安在《中国南方古代传说人物考》中也说："三苗在江淮荆州反抗之后，一部分迁于三危，一部分则放之于南海，一部分留在江淮荆州，一个部落联盟分解为三。"[3]

顾永昌在《古代苗族迁徙问题初探》中引用大量史籍资料记载后说："可以看出，原始社会末期，华夏族曾与三苗族发生过激烈的斗争：古三苗是居住在今湖北、湖南、江西等省，其中心是鄱阳湖和洞庭湖一带；古三苗是南方的很大一个部落联盟。但是，后来三苗到哪里去了呢？一部分被窜到西北的三危（今甘肃敦煌东边），和其他族融合了。大部分被'分'被'放逐'，造成了后来一支留在原地，一支西迁，一支南迁。"他强调说："苗族在远古时候是同祖的。据中国科学院少数民族语言调查队把东、中、西三大苗语方言进行比较，同源的词还占23.96%，这是苗族同祖的有力证据之一。"[4]

苗语分为三大方言区，也就是三大支系，可能与苗族的历史遭遇有关。《史记·五帝本纪》载："三苗在江淮荆数为乱，于是舜归而言于帝……放驩兜于崇山……迁三苗于三危……。"《山海经》郭璞注曰："昔尧以天下让舜，三苗之君非之，帝杀之，有苗之民叛入南海。"史籍记载的"放于崇山""迁于三危"和"叛入南海"这三大部分，可能就是组成"三苗国"的三大宗支苗人部族，即"古三苗"。

现当代苗族也分为三大宗支，即"川黔滇方言""湘西方言"和"黔东南方言"。当代苗族三大方言区我们称之为"今三苗"。根据史料记载及民族人类学的研究成果，学者们认为苗族"今三苗"（三大方言）源于"古三苗"，即：川黔滇方言（西部方言），源自尧"迁

---

[1] 本文系作者承担的国家社科基金项目《我国典籍载苗族早期历史资料整理与研究》（批准号：11btq017）的研究成果之一。
[2] 郭沫若主编：《中国史稿》第121页，人民出版社，1976年版。
[3] 侯哲安：《中国南方古代传说人物考》，载贵州省民族研究所编《民族研究参考资料》第6辑。
[4] 顾永昌：《古代苗族迁徙问题初探》，载《贵州民族研究》1980年第1期。

三苗于三危"的那一支；湘西方言（东部方言），源自尧"放讙兜于崇山"的那一支；黔东南方言（中部方言），源于舜时"叛入南海"的那一支。

燕宝在《苗族族源初探》中列举史籍资料记载后说："看来，'叛入南海''放入崇山'和'迁于三危'这三部分，就是组成'三苗国'的三大宗支苗部族，即'古三苗'。无巧不成书，今天的苗族，也分为三大宗支，即川黔滇方言、湘西方言和黔东南方言。我们称之为'今三苗'。"①那么，"古三苗"与"今三苗"有什么关系呢？

一、"迁三苗于三危"与西部方言苗族

如前所述，西部方言（又称川黔滇方言）：主要通行于贵州的中部、南部、西部、北部和川南、桂北以及云南全省。操这种方言的苗族人口最多，约400万人。国外苗族主要操西部方言。如果加上境外的苗族，操西部方言的人口超过500万人。

川黔滇方言（西部方言）的一支，极有可能是"古三苗"中被尧"迁于三危"的那一支的后裔。据甘肃省《永登县志》载："县城西南十里许，有村落，名叫西坪，又名薛家湾。居民全系苗族……即世俗所称'蛮婆子'……相传尧帝窜三苗于三危，道经此地，所遗留者。"章太炎亦说："窜之三危，其遗种尚有。"遗种今何在？据专家们考证，操西部方言（川黔滇方言）的苗族就是迁于三危的那一支苗族的后裔。

王慧琴经过考察研究认为，云南苗族的迁徙是西路迁徙线，是从今甘肃敦煌一带入青海而四川，后辗转贵州、云南的。②侯健通过西部方言苗族的迁徙歌、指路经以及芦笙曲、语言、习俗的考证后，得出结论说："'窜三苗于三危'后，其'遗种'从三危南下巴蜀，西进川滇黔交界，由于湘黔交界地区苗族起义失败而波及，南迁滇南、滇东南，进入越南、老挝。"③

西部苗族古歌、传说等，反映出西部苗族不同于中部、东部苗族的迁徙路线。西部苗族的迁徙路线经历过雪山、冷山梁，遇到"骆驼"和"牦牛"。英国传教士克拉克著的《在中国西南部落中》记录了一段西部苗族的《指路经》："现在我们送你到祖先那儿去，在路上，你将闯过许多难关，当你走到蜈蚣岭时，上面布满了许多蜈蚣，但你不要害怕，只管前进。当你爬雪山时，也不要怕冷。到了天国大门，守门的老头会拦住不让你进去，你就告诉他，你是谁，以及你祖先的名字，他就会放你进去的，进入天国，你父母及其亲属，都会来喜接你，你将同他们一起幸福生活。"④

贵州织金一带苗族的《指路经》说："你去到嘎扭雪山，婴儿幼女在那里搓雪团，婴儿

---

① 燕宝：《苗族族源初探》，载《民间文学论坛》1987年第2期。
② 王慧琴：《关于苗族历史上的大迁徙》，原载《中国民族史》（一），中央民族学院出版社，1997年版。
③ 侯健：《论云南苗族迁徙及其文化的形成》，载《苗侗文坛》总第47期。
④ 克拉克：《在中国西南部落中》第38页，贵州大学出版社，2009年版。

幼女缠你,你说你老了你去的。"① 云南马关苗族的《指路经》说:"你走到祝诺老的冷山梁,猪一样大的冷毛虫使你毛骨悚然,祖先要你穿上鞋,你就掏自己的鞋穿上,才能跨过冷毛虫越过冷山梁。"②

而老挝、泰国苗族的《指路经》则说:"现在,你走到祝诺的冷山梁,大虫小虫蹦乱跳,你赶紧把鞋穿,你穿上你的鞋,才去见到祖先。你走到险峰峻岭,怪石张嘴想吞你,你用麻线将它拴,怪石嘴巴才合拢,你才能去见祖先。"③

《西部苗族古歌·格自则力刀》说:"大地形成时就有格间地,格间地有格自则力刀生息。……格自则力刀喂养着绵羊(yangx ncad),格自则力刀喂养着牦牛(niux ncib);牦牛(niux ncib)骆驼(niux ncad)放满格间坝,棉花种满格间坪。沙蹈爵氏敖见了眼睛红,沙敖派兵来掠夺;格自则力刀实难忍,他只好寻路外迁走。……迁到笃直崇山岭,没住好久又迁出。迁到辅处出水洞。兴隆河从西边淌过来,……迁慕自老和崩崩自老辖地来,就在慕、崩自老地住下。格自则力刀问慕、崩自老:你们的山岭能否给我放牛羊?慕、崩自老商议回答道:在此放牧能否分点牦牛(niux ncib)骆驼(niux ncad)给我们?格自则力刀开口答:同意分些牦牛(niux ncib)骆驼(niux ncad)给你们。慕、崩自老答复道:这样你们住下来,住在辅处、兴隆两河沟,住在牛吃水河谷。"

《西部苗族古歌·泽嘎老的故事》则说:"泽嘎老吆赶(吆喝)背上有峰的牛渡河,泽嘎老吆赶(吆喝)长毛的牛渡河。背上有峰的牛不会耕田,它只会把种子驮到地边。"西部苗族《指路经》和《西部苗族古歌》迁徙所经历过的雪山、冷山梁,遇到过"骆驼"和"牦牛",在中部苗族古歌、史诗和《焚巾曲》中没有见到,在东部苗族的古歌、古老话《指路经》中也没有。这绝不是一种偶然的现象,它说明西部苗族的迁徙路线经过了西北部的雪山、冷山梁,遇到过"骆驼"和"牦牛"。所以,在古歌、指路经中才留下了痕迹。

唐善纯先生在《青鸟之所栖》中考证说:《尚书·舜典》"窜三苗于三危",没有涉及民族关系问题。到司马迁《史记·五帝本纪》中,于"迁三苗于三危"后,增加了一句"以变西戎",可以理解为"变其形及衣服",也可理解为"改变了部分西戎风俗"或"变成了西戎"。《后汉书·西羌传》甚至说"西羌之本,出自三苗"。但苗与羌是两码事,苗不可能是羌的祖先,西羌与三苗在民族特征上没有什么共同点,而且西羌范围广泛,历史悠久,出于三苗当不可能。三危山是远古"三苗""有苗"的流放地,也是今天川黔滇西部方言苗族祖先的发祥地。《山海经·大荒北经》:"西北海外黑水之北有人,有翼,名为苗民。"郭璞注:"三苗之民。"唯一的解释只能是,一个以鸟为图腾的三苗部落曾在西羌地区生活过……燕宝先生曾说:黔西北和滇东北地区的苗族传说,"古时,苗族战争失败,迁到三危地方,后又战败,从北向南,被敌人追赶,渡过大江河,穿过大平原,翻越大山岭,最后来贵州西北高原,投靠水西土司,

---

① 织金县民委编著:《苗族丧祭》,贵州民族出版社,1991年版。
② 此《指路经》系侯健1988年在文山州马关县夹寒箐镇漫瓦村采集,侯再林演唱。
③ 侯健:《论云南苗族迁徙及其文化的形成》,载《苗侗文坛》总第47期。

为其耕山种地,牧放牛羊"。①

我们认为,唐善纯先生的研究应是符合历史的真实的。三苗的一支被迁至西北的三危山是事实,但"以变西戎"和"西羌之本,出自三苗"是不可能的,西羌人与古苗人一样历史悠久,西羌与苗黎在民族特征上是有区别的,西羌范围广泛,出于三苗是不可能的。结合西部苗族的迁徙歌和指路经看,被窜于三危的这支三苗,可能在三危山生活一段后,又南下四川、贵州和云南。

燕宝先生也考证说:"今三苗中的黔西北这一支,就是古三苗中被迁于三危那一支的后裔。从其迁徙史歌来看,其迁徙路线都是从北而南的。他们每一次举族南迁,都是在经历一次大的战争失败之后进行的……从整个战争和整个迁徙过程来看,他们一开始就是男性的酋长统率指挥,不见妇女在其中起过什么作用。从迁徙史歌叙述的情况看,他们那时候不但会种农作物和水稻,而且会建筑城池与造酒,有自己的历法,还四处游历以观天时。这一支古三苗部族能与父权制早已巩固了的尧舜禹相抗衡,就是他的发展水平相近的缘故。看得出来,他们是古三苗的强宗和主体,居于部落集团的尊长地位……如今,黔西北威宁地区汉姓杨的苗族,其苗族姓氏就是'孟蚩',以'蚩'为姓,并直言不讳地说蚩尤是他们的祖先,这绝非偶然。"②

侯健认为云南苗族并非直接"自湘窜入黔,由黔入滇"。他说:"笔者通过多年的调查表明,云南苗族并非都从湘、鄂两省直接迁入,特别是川黔滇次方言苗族,就当代云南苗族的语言、文化习俗来看,也尚未发现与湘、鄂地区苗族文化有相同的痕迹……从今天云南苗族的文化习俗和整个川黔滇方言区苗族的分布格局来看,他们无疑是被'迁于三危'的那支'古三苗'。20世纪80年代末、90年代初,笔者在马关、屏边县苗族地区调查,与一些七八十岁的老人交谈时,他们偶尔提到'骆驼'(lox tox)、'牦牛'(maox nyox)之类的词汇,当我问及他们为什么知道这些动物和是否见过时,他们说只听祖辈说过,不知道是何动物。可见,作为沙漠之舟的骆驼和高原动物的牦牛在苗语词汇中出现,绝非偶然。可以肯定,这些词汇绝不是现代汉语借词。"紧接着,侯健列举了几则西部苗族在给死者超度亡灵时的《指路经》,亡灵所经过的路径都有"雪山""冷山梁"等地方。从今天云南苗族的文化习俗和整个川黔滇方言区苗族的分布格局来看,他们无疑是被"迁于三危"的那支"古三苗"。③

我们认为,侯健的考证应该是符合云南苗族或西部苗族历史实际的。这支苗族只有从西北的三危往南迁徙,才可能遇到"骆驼""牦牛"等动物,才可能经过了"雪山""冷山梁"等地方。

苗青也认为,西部方言这支苗族经过了由北而南而西而西北而西南的大迁徙路线,他说:"他们从北方大平原出发,大约经过了现今的河北、河南、湖北、湖南、重庆、四川、陕西

---

① 唐善纯:《青鸟之所栖》,引自川山唐的博客。
② 燕宝《从苗族神话史诗探苗族族源》,载《贵州神话史诗论文集》,贵州民族出版,1988年版。
③ 侯健:"论云南苗族迁徙及其文化的形成,载《苗侗文坛》总第47期。

等省的有关地区迁到甘肃，也许到了青海。后来，他们由甘肃折回，又翻山越岭过四川或过重庆，随后又爬山涉水到贵州。黔西北是这支苗族的一个集散地。他们从水西和乌撒分散迁入周围各处，而后迁入云南，少部分又迁入川南和川西。最后，他们以乌蒙山为托天之顶，以金沙江为纽带，以滇东北为中心，散居于黔西北、滇东北、滇中、滇西一带，少部分散居于川南和川西以及其他地方。"①

侯哲安也考证说："今贵州黔西北苗族中，一部分认为他们从西北迁来，可能即是由三危南下的一支。"②

侯绍庄、史继中、翁家烈著的《贵州古代民族关系史》中也说：尧乃"窜三苗于三危"，或说"迁三苗于三危"。三危或说在今川西北一带，或说在今甘肃祁连山一带。据《后汉书·郡国志》陇西郡注引《地道记》，"有三危，三苗所处"，以及今川、滇、黔边区的苗族，关于祖先从冰天雪地的北方，渡过"涅江"（意为浑水河）南下的传说来看，当以后说为当。三苗中的这个部分，在迁往遥远的西北后，又经过长期跋涉迁徙，形成今黔西北苗族的先民。③

翁家烈在李平凡、颜勇主编的《贵州世居民族迁徙》（苗族篇）中则说："三大方言苗族中，以西部方言苗族的迁徙最为频繁，为时最长，散布面最广……西部方言苗族属于'迁三苗于三危'这部分'三苗'的后裔。三苗原居住在'左洞庭、右彭蠡'一带。他们后来尽管过草地、爬雪山陆续南下，后又逐渐迁居贵州，有的又从贵州不时地迁往云南，居住地不断发生变化，但老祖宗'三苗'发祥地洞庭湖、鄱阳湖始终铭刻在这批西迁苗族子子孙孙的心目当中。洞庭湖作为老祖宗居住的故土的象征，人死后亡灵须回到故土与老祖宗们团聚已成为丧仪中不可忘却、不能改变的定式。在川南时如此，进入贵州亦如此，再迁往云南后依旧如此。"④

覃东平在《中国各民族原始宗教资料集成》（苗族卷）的绪论中也说："当时以蚩尤为首领的九黎部落联盟居住在今天的东至大海，西至华山、吕梁山脉，北至燕山，南至淮河一带地区。由于与黄帝部落战争的失败，九黎部落联盟开始南迁，到尧、舜、禹时期，在今长江中下游形成了新的部落联盟三苗，并与北方的华夏集团发生了多次战争，失败后一部分被驱逐到西北的三危，后又南迁，进入今天四川南部、云南东北部等地，发展成为川黔滇方言的苗族。"⑤

综上所述，我们认为，苗族川黔滇方言（西部方言）极有可能是尧"迁三苗于三危"的那一支的后裔。迁于三危的这一支三苗，在三危生活一段时间后，又从三危南下巴蜀，西进川滇黔交界。我们同意侯健先生的调查，认为云南苗族并非直接"自湘窜入黔，由黔入滇"。特别是川黔滇次方言苗族，就当代云南苗族的语言、文化习俗来看，也尚未发现与湘、鄂地

---

① 洞庭西子·苗青：《苗族文学论稿》第305页，现代出版社，2015年版。
② 侯哲安：《中国南方古代传说人物考》，见贵州省民族研究所编《民族研究参考资料》第6辑。
③ 侯绍庄、史继中、翁家烈：《贵州古代民族关系史》第117页，贵州民族出版社，1991年版。
④ 李平凡、颜勇主编：《贵州世居民族迁徙》第151—157页，贵州民族出版社，2011年版。
⑤ 吕大吉、何耀华主编：《中国各民族原始宗教资料集成》（苗族卷）第22页，中国社会科学出版社，2013年版。

区苗族文化有相同的痕迹。西部这支苗族的长期迁徙造就了自身坚强、豪爽的民族性格和适应环境能力最强的民族，因为迁徙文化长期地支配着苗族的整个文化行为，很少受到外来文化的渗透，保留了比东部苗族和中部苗族更完整的古老的习俗文化和道德规范，但这种文化行为恰恰又制约着苗族自身文化的进步与发展。

二、"叛入南海"一支与中部方言苗族

中部方言（又称黔东南方言）：主要通行于贵州省黔东南苗族侗族自治州、广西融水苗族自治县、三江侗族自治县、贵州安顺市和黔西南布依族苗族自治州的部分苗族中。操这种方言的约有320万人。

《山海经》郭璞注曰："昔尧以天下让舜，三苗之君非之，帝杀之，有苗之民叛入南海。"黔东南方言（中部方言）一支的苗族，极有可能就是"有苗之民叛入南海"的那一支的后裔。古代的所谓南海，是指长江下游的浙江、江苏以及江西鄱阳湖一带。

燕宝先生考证说："'今三苗'中的黔东南（等地）苗族，就是'叛入南海'那一些'古三苗'的后裔……黔东南苗族的先民叛入南海后，到春秋时代成为吴国的主体居民，战国时代吴被越灭，越国统治者带着复仇情绪，进行野蛮屠杀与掠夺，有一部分苗民为了逃难，冒风浪之险，漂洋过海逃到日本，这在苗族民间传说中也有蛛丝马迹可寻。其余的大部苗族，由于丧失土地和家园，人口又多，难以生存，便陆续向西迁徙，最后来到黔东南定居。这在其'迁徙史歌《跋山涉水》'中有反映……黔东南苗族这一支'今三苗'，自其先民叛入南海以来，似乎一直处于母系社会，这从迁徙史歌可以看出。在决定迁徙与否的问题上，起作用的主要是'奶奶'和'妈妈'，只有在迁徙的长途跋涉中，才有'熊公''熊札'和'东勇'等几个男性参加指挥和统率，这说明最后一次向黔东南迁徙的时候，这支苗族还处于母系向父系过渡的阶段，因而比较贫弱。所以吴太伯几乎不费什么力，就轻而易举地把吴国建成男性统治的父权制国家。吴太伯就是第一个外来统治者。"[①]

燕宝所说的吴太伯，即《史记·吴太伯世家》记载："吴太伯，太伯弟仲雍，皆周太王之子，而王季历之兄也。季历贤而有圣子昌，太王欲立季历以及昌。于是太伯仲雍二人乃奔荆蛮，文身断发，示不可用……太伯之奔荆蛮，自号句吴。荆蛮义之，从而归之千余家，立为吴太伯。"太伯、仲雍奔荆，在隆重地完成断发文身的仪式后，终于与当地的荆蛮人实现了文化认同。他们建立的以鱼为图腾的勾吴国，被载入史册，成为吴文化（鱼文化）的始端。而在太湖流域，当时确是一片荆蛮之地。所以燕宝说"吴太伯就是第一个外来统治者"。至于说一部分苗民漂洋过海逃到日本，这也是有一定依据的。李廷贵、酒素说：《汉书·地理志》载："夫乐浪海中有倭人，分为百余国，以岁时来献。"《后汉书·东夷传》载："中元二年（57年），

[①] 燕宝《苗族族源初探》，载《民间文学论坛》，载1987年第3期。

倭奴国王奉贡朝贺，使人自称大夫，倭人之极南也。光武赐以印绶。"这可知汉时倭人与中国有关系。《三国志·魏志·倭人传》载：倭人"其风不淫，男子皆束发，以木绵招头，其衣横幅，但结束相连，略无缝"。《晋书》记载："倭人……自谓太伯之后。""其服饰，男女衣裙襦……跣足，垂发。"也就是说其人在晋时已自称是太伯之后，是在周代后由中国迁去的。如前所述，《史记》记载了太伯、仲雍，皆周太王之子，而王季历之兄也。因太王欲立季历，太伯、仲雍二人乃奔荆蛮的故事。"《峒溪纤志》所记载之古苗文，日本学者藤原真斡以彼邦鹿岛神社所藏曲谱古文与此相肖，认为系苗人东渡日本后所书。"①

李国璋在《苗族古歌记载西迁地名与时间考》中考证说："通过对苗族古歌数个版本及相关资料的研究，得出苗族从东方迁徙到黔东南的路线有两条：一条是水陆相间路，即从太湖流域，经天目山、昱岭、白际山西麓、环玉山东麓、仙霞岭西麓、武夷山、九连山、青云山，也就是沿着长江与富春江、瓯江、闽江和珠江之东江、北江的分水岭迁徙，进入珠江之北江上游后，下到珠江口，溯西江及沿岸而上，进龙江、大环江到达驯乐，翻越月亮山、太阳山到达榕江县城后分居黔东南各地……另一条是水路，即从长江口、钱塘江口一带沿海岸西南而下，到达珠江口后沿西江而上，直达榕江方向……迁徙动因是吴越战争，吴国灭亡。"②流传在黔东南的苗族迁徙史歌《跋山涉水》《溯河西迁》，都是讲述苗族先民是沿着河流由下游向上游迁徙的。

吴一文、覃东平在《苗族古歌与苗族历史文化研究》中考证说：据《苗族史诗·溯河西迁》记录，苗族的祖先西迁是从一个叫"江西果"（Jangb Xib Gox）的地方动身——爹妈住在东方的江西果，就从江西果动身。顺着沙滩往西行。然后是槽子岭→碎石山→党耶蒙→展巴山→南萝→南支江→南坳→南希河→南腊→南泽→展该坪→深水潭→镰刀滩→断崖脚→荆棘林→贡雄汪→方玖桑，最终到达党告坳，再分散到黔东南各地居住。这些地方，有的可能是真实的地名，有的也可能是某地的特点，而并非地名。

吴一文、覃东平认为，"江西果"（Jangb Xib Gox），按，"江西"（Jangb Xib）疑与汉语"江西"同，但并不是江西行省的音译。隋唐以前，习惯上称长江下游北岸淮水以南地区为江西；有时又泛称长江以北包括中原地区在内为江西。这是因为长江在今芜湖至南京间作西南—东北走向，秦汉时曾是长江两岸来往的重要通道，中原来的人视渡江为往东，而不是向南，视这处长江两岸为东西岸，故把这一线以东称江东，以西则称江西。《史记·项羽本纪》"江西皆反，此亦天亡秦之时也"可为证。"果"（Gox）有山石、礁石之意。今安徽、湖北、河南交界一带有以大别山、霍山、张八岭等组成的淮阳丘陵，正好在芜湖至南京长江一线以西，即古之"江西"。另据著名历史学家赵光贤先生考证，《战国策·魏策》引吴起语"昔者三苗之居，左彭蠡之波，右洞庭之水，文山在其南，衡山在其北"，这里的衡山并非今日湖南衡山，

---

① 李廷贵、酒素：《远古时期苗族活动地域考》，载《苗侗文坛》1989年第5期。
② 李国璋：《苗族古歌记载西迁地名与时间考》，载《苗族文化发展凯里共识》第53页，中国言实出版社，2013年版。

而是安徽的霍山，又名潜山、天柱山，汉时南岳在此。因此，古歌中叙述的苗族西迁的出发地可能就是这一带地区。①

《溯河西迁》一篇中谈到迁徙时哥哥的芦笙乐曲和母亲的纺车遗失在老家，这似乎就是对苗族迁徙（社会大变动）带来的文化失落的比喻。古歌中举出的仅仅是"芦笙乐曲"和"纺车"，但是它们是在迁徙中失落的大量的文化的代表，几乎三大方言区的苗族，都传说他们原来是有文字的，是在迁徙中把文字丢失了。

黔东南《苗族古歌·跋山涉水》（《苗族史诗》译为《溯河西迁》），说人们为了溯河西迁，"公公锯树干，奶奶砍树枝；公公造船舱，奶奶造橹桨；造了十三天，造了十三夜，造成百只船，一船百个舱；雄公登上船，双手撑篙竿，马上就开走，大家快上船；奶奶摇桨橹，公公撑篙竿，一划过三湾，三划上九滩"。这与西部方言苗族迁徙遇到"骆驼""牦牛"等动物，经过"雪山""冷山梁"等地方全然不同，说明中部方言苗族是沿河流由下游向上游迁徙的。

黔东南《苗族古歌·跋山涉水》说，苗族先民沿河迁到"松堂坳"后，便分成九大支：一支住方先（榕江），一支住方尼（台江），一支住者雄（雷山），一支住希陇（黄平），一支住春整（凯里），一支住兴久（施秉），一支住兴林（镇远），一支住旺展（黄平旧州）等，分开过生活。

贵州从江县城原名叫"丙妹"，是个苗语地名称谓。"丙妹"来源于一个故事：很久很久以前，有两位老妈妈，是两姐妹，各带一群儿女，由都柳江上来，抵达现今从江县城关，看到这里山好水好，就决心定居下来。姐姐住在河的对面，妹妹住河的这边（即从江县城关）。后来两位老妈妈死了，河两边女儿为了纪念老人，就把河的两岸起名为 bib mais，音译"丙妹"。"丙"即我们，妹即妈妈，表示永远怀念带领大家迁徙来这里定居的两位老妈妈。后来，为了有所区分，大家便把河对岸称为 bib maif，音译"丙梅"，两者只是音调稍变，其义相同。②

综上所述，我们认为，中部方言这支苗族，很可能就是古三苗中叛入南海那一支的后裔。

三、"放驩兜于崇山"与东部方言苗族

东部方言（又称湘西方言）：主要通行于湘西土家族苗族自治州，黔东北的松桃苗族自治县，湖北的恩施、宣恩、来凤、咸丰和重庆的秀山、酉阳、彭水等县。操这一种方言的约有250万人。

《尚书·舜典》载：舜"放驩兜于崇山"。《史记·五帝本纪》也有舜"放驩兜于崇山，以变南蛮"的记载。湘西方言（东部方言）的一支，极有可能是舜"放驩兜于崇山"的那一支的后裔。现东部方言苗族说驩兜是其英雄的祖先。这一支苗族春秋战国时成为楚国的主体

---

① 吴一文、覃东平：《苗族古歌与苗族历史文化研究》第82—83页，贵州民族出版社，2000年版。
② 唐春芳：《论黔东南苗族迁徙问题》，载《苗侗文坛》1996年第1期。

居民。正如范文澜先生在《中国通史简编》中说："在楚国立国800年中，'有苗'的一部或大部，逐渐融入楚族（或楚族融合于苗），在苗巫文化的基础上吸收了中原文化，遂成为'苗的楚国'。"

燕宝先生考证说："今三苗中的湘西方言这一支，就是'放驩兜于崇山'那一支古三苗的后裔。而湘西苗族也说驩兜是其英雄祖先。这一支苗族后来成为楚国的主体国民。由于这支苗族吸收了中原的华夏文化，使之与其固有的苗巫文化合流而产生了中国历史上灿烂辉煌的楚苗文化。目前看，湘西苗族在今三苗中受汉文化影响的痕迹，确实要比其他两支明显得多。比如妇女出嫁要自己的胞兄背着（出门）或上轿，这在其他两支苗族是没有的。特别是，湘西苗族中如今汉姓龙的人们，其'子祖联名'的苗族姓氏为'芈'，与（楚王室）屈原同姓；湘西苗族都自称为'熊'（苗语），这又与楚立国的君王同姓。"①

伍新福在《湖南民族关系史》中考证说：作为三苗集团的成员驩兜族，在苗、瑶民族中也留下不少遗迹。如古代即是"苗蛮"聚居地的今张家界市永定区（原大庸县）有崇山。据记载，驩兜墓在崇山，舜放驩兜于此，死后遂葬于山上。崇山绝顶有巨垄，相传为驩兜冢。又据传说，大庸崇山还有"驩兜庙""驩兜鼎"等遗迹遗物，目前尚缺考证。在至今仍为苗族主要聚居区的花垣县，也有崇山，明代曾于此设崇山卫。在湘西苗族中姓石的支系，苗姓叫"仡驩"，其中大石的苗姓更直接叫"驩兜"，他们奉驩兜为自己的祖神。②

蔡盛炽在《论苗族开发川东南的贡献》中说："1985年，彭水郁山发现有驩兜'人面鸟喙，杖翼而行'的画像砖，它证实了郁山盐丹的开发，与被放逐于崇山'以变南蛮'的驩兜部落有关。将有驩兜图像的画像砖砌成墓室，不仅证明墓主人系驩兜部落的首领，而且也证明苗族先民们由于开发了郁山盐丹而变得进步和强大了……驩兜是尚红的部落，他们流入川东南后，开采丹砂。丹砂作为一种矿物染料，它的红色远比'染以草实'的红色鲜艳、持久。因此，川东南成为红苗的发祥地。《郭清螺文集》云：'考红苗盘踞楚、蜀、黔三省交界，即古三苗遗种也。'《湘西苗族调查报告》说：'红苗……其族甚繁，东至辰州界，西至四川平头、平茶、酉阳……皆其族居之所'。"③

侯绍庄、史继中、翁家烈著的《贵州古代民族关系史》中说："三苗中的另一部分，在首领驩兜的率领下，被放于崇山。崇山据唐杜佑《通典·州郡》，明邝露《赤雅》，以及清顾禹《读史方舆纪要》，在今湖南大庸县西南。"④（大庸县，今张家界市永定区）

翁家烈在李平凡、颜勇主编的《贵州世居民族迁徙》（苗族篇）中说："东部方言苗族源于放逐崇山的驩兜的部众及其后裔发展而成的武陵蛮或五溪蛮，以盘瓠为图腾……操苗语东部方言的苗族在贵州主要聚居于松桃。他们分别由巴境所属之酉阳、秀山及湘西的花垣、

---

① 燕宝：《苗族族源初探》，载《民间文学论坛》1987年第2期。
② 伍新福：《湖南民族关系史》第38页，湖南人民出版社，2010年版。
③ 蔡盛炽：《论苗族开发川东南的贡献》，载《苗学研究》（三），贵州人民出版社，1994年版。
④ 侯绍庄、史继中、翁家烈：《贵州古代民族关系史》第117—118页，贵州民族出版社，1991年版。

泸溪、麻阳等地迁入,而以后者居多。"①

据《彭水县志》记载,彭水苗族最初主要有三支:一支来自驩兜部落,尧放驩兜于崇山,驩兜的一部分流落到武陵山区的彭水后,开发盐业,采丹,成为红苗的主要发祥地之一。

综上所述,我们认为,东部方言这支苗族,很可能就是古三苗中"放驩兜入崇山"的那一支的后裔。

"苗族同胞在与封建统治者长期的争夺征战中,不断被压缩生存空间,又不断拓展生存空间,从而形成了其民族极为独特的迁徙文化现象……苗族迁徙的历程是艰辛、苦难的,迁徙途中的光怪陆离却是迷人的。他们善于从迁徙途中寻求生命意义,又从苦难中构建人伦规范,他们赋予迁徙以非同一般的意义。他们充分利用身体、语言、穿戴、图画、建筑等媒介,表达对天地宇宙的认识、对生命意义的理解、对人伦道德的阐述、对生命艺术的想象。于是,基于迁徙现象而产生的苗族文化便变得异常丰富。苗族将天地宇宙挑绣在服饰上,得出了天圆地方的朴素见解;将跋涉足迹画在岩壁上,应对苦难能始终奋勇不屈。其丰富的内涵、奇特的形式、隐忍的表达,成为这个民族独特的魅力,成为这个民族极具异禀的审美旨趣。"② 刘昌刚在《湘西苗族民间传统文化丛书》总序中如是说。

---

① 李平凡、颜勇主编:《贵州世居民族迁徙》第134—139页,贵州民族出版社,2011年版。
② 刘昌刚:《湘西苗族民间传统文化丛书》总序,中南大学出版社,2019年版。

〇二七 中外考察[①]

苗族是一个极其古老的东方民族。从古至今，中外民族学人类学比较重视考察和研究苗族。特别是近代以来外国传教士、旅游家、学者，纷纷进入苗族社区考察。20世纪以来，中国人类学民族学界更是开始对苗族进行科学研究，成果丰硕。本文力图对中外考察研究苗族的成果进行回顾性评述，以期弘扬人类学民族学的科学精神。

一、中国对苗族的考察与研究

（一）古代人对苗族的记录与考察

苗族源于中国古代东蒙、九黎、三苗部落集团。史籍《尚书》《春秋》《史记》《山海经》《越绝书》《孟子》《荀子》《韩非子》《战国策》《礼记》《竹书纪年》《穆天子传》《淮南子》《孙卿子》《随巢子》《盐田论》《说苑》《博物志》《通鉴外史》等上百种文献，对东蒙、九黎、三苗集团都有记载。比如，《山海经·大荒南经》载："东南海之外，甘水之间，有羲和之国。"《山海经·海内经》载："南方……有人曰苗民……名为延维。"郭璞认为延维即庄子篇所谓之委蛇。闻一多认为延维或委蛇指伏羲。

清初陆次云的《峒溪纤志》载："苗人腊祭曰报草。祭用巫，设女娲、伏羲位。"历史学者芮逸夫在《人类学集刊》撰文，题目为《苗族洪水故事与伏羲、女娲的传说》。他说："现代的人类学者实地考察，才得到这是苗族传说。据此，苗族全出于伏羲与女娲。他们本为兄妹，遭遇洪水，人烟断绝，仅此二人存。他们配为夫妇，绵延人类。"

闻一多也写过《东皇太一考》，他考证苗族里的伏羲就是九歌里东皇太一。又比如，《史记·历书》载："少皞氏衰，九黎乱德。""其后三苗复九黎之德。"《越绝书》马融曰："蚩尤，少昊之末，九黎之君。"《周书》云："蚩尤对苗民制以刑。"《国语·楚语》注曰："九黎，

[①] 本文原题目是《中外人类学民族学对苗族的考察与研究》，系2009年参加世界人类学民族学大会的参会议文，并在苗学分会场宣读。

黎氏九人，蚩尤之徒也。"《尚书·吕刑》郑玄注："苗民即九黎之后，颛顼诛九黎，至其子称为三苗。"《国语·楚语》曰："三苗，九黎之后也。"《战国策·魏策》云："昔日三苗之居，右彭蠡之波，左洞庭之水。"《汉书·地理志》师古注曰："三苗本有苗氏之族。"早在南宋时期，理学大师朱熹在《记三苗》一文中就说："溪洞蛮瑶略有四种：曰僚、曰仡、曰伶，而最轻捷者曰猫……蚩尤三苗之遗民乎。古字少而多通用，然则所谓三苗者亦当作猫字耳。"最早提出了当时湖南一带苗族可能是古代蚩尤三苗遗裔的看法。

三苗之后苗族又被史籍称为荆蛮、南蛮、武陵蛮、五溪蛮，记载和考察的资料就更多了。比如，《毛诗正义》载："蛮荆，荆州之蛮也。"《诗经·商颂·殷武》载："蠢尔荆蛮，大邦为仇。""挞彼殷武，奋发荆楚。"《吕氏春秋·音初篇》载："周昭王亲征荆蛮。"《后汉书·南蛮传》载："光武中兴，武陵蛮夷特盛……精夫相单程等据险隘，大寇郡县。"《魏书·蛮传》载：西晋时，武陵蛮"渐得北迁，陆浑以南满于山谷"。《宋书·荆雍州蛮》载："荆雍州蛮，盘瓠之后也。"《水经·沅水注》云："武陵有五溪，谓雄溪、樠溪、力溪、无溪、酉溪，辰溪其一焉。夹溪悉是蛮，左右所居，故谓为五溪蛮也。"

元明清时期，直接记录和考察苗族生产生活斗争的资料比较多。比如元代的《元史》《元和郡县图志》等，明代的《明史》《明太祖实录》《明太宗永乐实录》《明史·土司传》《明英宗正统实录》《神宗万历实录》《苗疆纪事》《征苗录》《外苗近事》《征苗图记》《黔记·诸夷》《边防条又议》《关隘说》《黔记》《平苗议》等，清代的《钦定平定贵州苗民纪略》《雍正朱批谕旨》《大清高宗皇帝实录》《贵州通志·师旅考》《苗防备览》《苗疆善后章程六条》《苗疆风俗考》《苗疆屯防实录》《湖南苗防屯政考》《咸同贵州军事史》《圣武记》《苗疆闻见录》《平苗记》《湘军记》《咸同贵州军事史》《清史稿》《致龚自昌书》《苗变纪事》《苗俗记》《红苗纪略》《苗民考》《黔乱纪实》《总论苗境事宜务为筑堡议》《苗蛮辨》《峒溪纤志》《苗俗纪闻》《辨苗纪略》《西南夷改流记》《苗疆告竣撤兵疏》《条陈东路可虑情形十五年》《大清一统志·镇远府》等。比如，《平苗纪略》就记载了雍正年间，清朝在黔东南苗族地区实施"改土归流"的全过程。

古代虽然没有人类学民族学的名词和学科分类，但古人对一个民族的记录和考察如此之详细，以至现当代人对苗族的研究都以此为线索和依据。从某种意义上讲，正是古人对人类族群的记录和考察，才产生了现当代的人类学民族学研究。没有古人的记载，现当代的人类学民族学研究就成了"无源之水""无本之木"。

（二）现代人对苗族的考察与研究

现代人对苗族的考察与研究，我们是以西方严格意义上的人类学民族学传入中国后为起始，主要是指中华民国时期考察与研究的成果。早在清光绪末年（1908年），就有人把美国著名人类学家、民族学家摩尔根的《古代社会》译成汉文,[①]介绍给国内学者。随后西方人类学相继传入中国。我国著名学者蔡元培留学德国学哲学及人类学、民族学,回国后任北京大学校长、中央研究院院长,致力于提倡人类学、民族学的调查和研究。他于1936年派凌纯声、芮逸夫专题调查湘西苗族。1937年抗日战争全面爆发,平津陷落后,北京大学、清华大学和南开大学联合组成临时大学,临时大学先迁长沙,复又迁到昆明成立西南联合大学。上海的大夏大学迁贵阳,中央研究院先迁昆明,后又到了四川南溪李庄。由于中央研究院和华北、华东各大学的南迁,中国人类学民族学研究的中心转移到西南大后方,出现了一批研究苗族的专家学者,并有专门的研究方向。

研究湖南苗族成就较大的有凌纯声、芮逸夫以及苗族学者石启贵。凌纯声、芮逸夫,两人都是我国第一代著名的民族学家和人类学家。凌纯声主要著作有《湘西苗族调查报告》(合著)、《苗族的洪水故事与伏羲女娲的传说》《畲民图腾文化的研究》《中国边疆民族与环太平洋文化》等。芮逸夫主要著作有《中国民族文化及其论稿》《湘西苗族调查报告》(合著)、《川南鸦雀苗的婚丧礼俗》《苗蛮图集》等。1928年,国立中央研究院成立,蔡元培院长非常重视民族学的研究,并兼任民族学组组长。1933年5月,蔡元培派凌纯声、芮逸夫到湘西苗区实地调查,历时三个月。1937年凌纯声、芮逸夫合著《湘西苗族调查报告》,但由于战乱直到1947年才出版。《湘西苗族调查报告》分为十二章,较全面描述和反映了当时湘西苗族的社会情形和文化状况。这是一本民族学的煌煌大著,是我国民族学家写的第一部最有影响的苗族研究专著,填补了中国学术在民族学调查研究领域的空白。石启贵,苗族,我国早期民族学家。凌纯声、芮逸夫来湘西苗区调查时,石启贵担任调查组的咨询,协助凌纯声、芮逸夫在苗区调查。因石启贵是个"苗族通",且汉文知识也相当不错,三个月后凌纯声、芮逸夫在调查完毕离开湘西时,邀请他代为继续调查,并请中央研究院聘他为湘西苗族补充调查员,从此,石启贵正式走上了苗族研究工作的道路。经过多年的走访调查,石启贵于1940年完成《湘西苗族实地调查报告》文稿。这是第一部由苗族知识分子自己撰写的关于苗族历史、语言等多方面的科学著作。这两部调查报告,留下了大量的丰富的田野调查资料,让后人永远记住了20世纪初湘西苗族的真实面貌。

研究贵州苗族成就较大的有吴泽霖、陈国钧、李植人、吴定良、任美锷及苗族学者杨汉先、梁聚五。吴泽霖对苗族的研究和著述主要有:《贵州苗夷社会调查》(与陈国均合编)、《苗族中祖先来历的传说》《贵州定番县乡土教材调查报告》《炉山黑苗的生活》《贵州清水江流域部分地区苗族的婚姻》等。陈国钧的著述主要有:《贵州苗夷社会概况》《贵州省的苗夷教育》《石门坎苗民教育》《贵州苗夷语发凡》《苗夷族妇女的特质》《苗夷族中的摇马郎》

[①] 1908年,杨东药、张栗原将摩尔根《古代社会》译成汉文本。由于杨、张亦非人类学家民族学家,故译本有不少缺陷。新中国成立后,三联书店得知华西大学冯汉骥教授对此书有专门研究,乃委托先生对此书重新校译一遍。1957年,《古代社会》的汉文校译本以杨东药、张栗原、冯汉骥三人署名,由三联书店重新出版,弥补了以往的这些缺陷。

《苗族吃枯脏的风俗》《苗族的放蛊》《苗寨中的乡规》《生苗的人祖神话》《生苗的食俗》《安顺苗夷岁时志》《苗族的工艺——纺织与绣花》《都柳江苗夷的分布》《北盘江苗夷的分布》《清水江苗夷的分布》等。他在贵州搜集到几千首歌谣，从中选择出一千首编成《贵州苗夷歌谣》，厚厚的一册。杨汉先的著述主要有：《苗族述略》《大花苗名称来源》《大花苗的氏族》《大花苗移入乌撒传说考》《大花苗歌瑶种类》《威宁花苗歌乐杂读》《黔西苗族调查报告》等。李植人的著述主要有：《苗族放蛊的故事》《青苗的婚姻习俗》等。梁聚五的著述主要有：《苗族发展史》等。1944年4月，中央研究院成立体质人类学研究所筹备处，由吴定良担任主任。中央研究院体质人类学研究所的研究范围包括边疆各民族之源流与支派的问题、种族心理的各项研究、种族生命统计的各项研究等15项。出版有《人类学集刊》（年刊），《人类学志》（不定期刊物），《人类学年报》（年刊），他们研究的课题其中有："安顺坝苗之体质""西黔小花苗之体质""西黔水西苗之体质"等。还有任美锷的《黔南苗族调查纪略》，检曙峦的《贵州苗族杂谭》，邓平严的《贵州苗族的社会》等。

胡庆钧主要研究四川苗族，他的著述有：《汉村与苗乡——从20世纪前期滇东汉村与川南苗乡看传统中国》《藏苗两区采风记》《川南苗乡记》等。《汉村与苗乡》是作者20世纪40年代在川南、滇东做的人类学田野调查报告，真实地记录了当时的村落状况，包括自然环境、人文状况，读者可借此了解到当时人们的营生手段，处理纠纷的方式，具有很高的史料价值。

王兴瑞研究海南岛苗族，他的著述主要有：《海南岛之苗人》《琼崖岛民俗志及其他》（与岑家梧合著）、《王兴瑞学术论文选》等。

岑家梧前期研究海南岛苗族，中山大学迁昆明后，研究云南苗族。主要著述有：《云南嵩明县之花苗》、《岑家梧民族研究文集》、《西南民族文化论丛》、《西南民族研究的回顾与前瞻》、《西南民族的身体装饰》、《盘瓠传说与瑶畲的图腾制度》、《洪水传说集》、《琼崖岛民俗志及其他》（与王兴瑞合著）以及《史前艺术史》《史前史概论》《图腾艺术史》等。

此外，还有张敷荣的《苗族之特点》《苗族之种类与习俗》、觉迷的《苗疆风俗志》、刘锡蕃的《苗荒小记》、马长寿的《苗族之起源神话》等。张永国、史继忠选择民国年间的部分苗族研究论文，编辑成《民国年间苗族论文集》，由贵州省民族研究所铅印为内部参考资料。

（三）当代人对苗族的科学研究

中华人民共和国成立后，在党和政府的倡导和大力支持下，中国民族学人类学界对苗族进入了科学研究的新阶段。这一阶段的成果由发掘整理和科学研究两部分组成。

中华人民共和国一成立，党和人民政府就组织大量的人力物力财力对苗族文化进行了广泛的搜集和整理。在抢救整理的基础上，一大批苗、汉以及各民族的专家学者和实际工作部门的同志，对苗族的历史与文化进行了科学的求证和研究。尤其是20世纪80年代后，苗族居住的省、市、区和大部分地、州、县、市，纷纷成立了苗学研究会，对苗族展开了系统的全方位的科学求证研究。

对苗族文化进行发掘整理的成果主要有：《苗族古歌》《苗族史诗》《苗族古老话》《中国苗族古歌》《西部苗族古歌》《苗族古歌古词》《苗族大歌》《苗族开亲歌》《苗族十二组主歌》《武陵苗族古歌》《苗族理词》《嘎百福歌》《蚩尤的传说》《蚩尤研究资料选》《苗族婚姻礼词》《张秀眉歌》《苗族谚语格言选》《苗族丧祭》《苗族祭魂曲》《苗族祭祀词》《苗族传统医药》《苗族四月八》《中国苗族民俗》《中国苗族风情》《苗族诗歌选》《苗族民间故事选》《融水苗族埋岩古规》《苗族风俗与风俗传说》《思南苗族高台戏》《乌蒙苗歌》，还有"七五"期间实施国家文化建设项目重点工程之一的民间文学三套"集成"，苗族居住的省、市、州、县，都普查、搜集、整理和出版了该地区的《苗族民间故事集成》《苗族歌谣集成》《苗族谚语集成》等。

对苗族进行科学研究的著述主要有：《苗族简史》《中国苗族通史》《苗族源流史》《苗族历史探考》《中国苗学》《中国苗族哲学社会思想史》《世界苗族迁徙史》《苗族文学史》《苗族文化史》《苗族文化研究》《苗族文化研究》《苗族历史与文化》《苗族研究论丛》《苗族神话研究》《西江苗族妇女口述史研究》《中国苗族文化》《中国苗族服饰》《中国苗族诗学》《苗族生成哲学研究》《苗族鬼神》《苗族风俗风情与口头文学》《中国苗族婚俗》《苗族四月八》《清代苗族起义》《盘瓠研究》《苗楚文化研究》《中国苗族巫术透视》《苗族舞蹈与巫文化》《苗族医药学》《苗族传统医药》《苗族医药简史》《苗语简志》《苗语古音构拟》《苗语语法》《苗语语法纲要》《现代湘西苗语语法》《苗族服饰研究》《云南苗族传统文化的变迁》《广西苗族文学评论集》《黔西北苗族研究》《四川苗族经济文化研究》《夜郎故土上的苗族》《湘西苗族》《苗族歌谣初探》《百年高坡——黔中苗族的真实生活》《"窄门"前的石门坎——基督教文化与川滇黔边苗族社会》《苗族芦笙》《苗楚文化研究》《赫章苗族志》《惠水苗族》《福泉苗族》《苗族教学研究文集》《苗族研究论文集》等。当代对苗族考察研究的论文、调研报告更是不计其数，登载在从中央到地方的各级各类报刊上，无论是其广度或深度都是前所未有。

在这里，我们重点介绍几部著作：

《苗族简史》，这是一部奠基之作，它是《中国少数民族简史丛书》中的一本。集中了一批苗、汉及其他民族专家，从1958年调查编写到1985年出版，历经27年，三易其稿，全书由前言、十一章、大事年表、编后记四部分组成，主体是第一至第十一章。它运用大量资料论证了苗族与古代"九黎""三苗"和"南蛮"的渊源关系，理清了苗族历史发展的脉络。这之后的苗族史研究，都没有脱离这一框架。它使中国学术界对苗族的发展历史逐步或基本形成共识。本书获贵州省第一届哲学社会科学特等奖。

《中国苗族通史》，这是由湖南省社会科学院历史研究所所长伍新福教授独立完成的，分上、下两册，共90余万字，历史图片60幅。该书是作者根据历史文献、考古发掘、苗区实地调查等多种资料，在数十年的研究的基础上撰写而成的，是中国迄今为止，由苗族学者撰写的第一部最全面、最系统的、纵贯古代和近现代的中国苗族通史。全书从民族源流形成和族称演变，迁徙运动，经济发展，政治沿革和社会变迁，起义斗争，到文学、艺术、教育、思想观念、风俗习惯和宗教信仰等，对苗族数千年的历史作了系统、全面、充分的论述和阐明，并总结了苗族历史发展的一些基本规律和基本经验。资料翔实，内容丰富，观点独到。它结束了苗族没有自己民族通史的历史。本书获贵州省"五个一工程"奖。

《世界苗族迁徙史》，这是贵州省社会科学院副院长石朝江研究员独立完成的一个国家社科基金项目。其成果简介被国家社科规划办收入《国家社科基金项目成果选介汇编》第三辑。本书运用大量考古资料、文献资料、苗族心史传说资料，研究论证苗族是中国最古老的土著居民以及他们逐鹿中原、转战南北的情况，考证东南亚半岛的苗族，是明末至清朝时从中国迁徙出去的。20世纪70年代后，由于印支局势变化，老挝十余万苗族又迁往世界各地，苗族由中国的一个民族演变为世界性民族。本书获贵州省第七届哲学社会科学一等奖。

《中国苗族哲学社会思想史》，这是贵州省社会科学院石朝江研究员和贵州财经大学石莉同志共同完成的一个国家社科基金项目。本书以辩证唯物主义和历史唯物主义为指导，对闪烁在苗族"古歌""史诗""古老话""理歌""理辞""佳理词""议榔词""巫词"以及传说、故事、寓言、格言、谚语中的哲学社会思想，进行了系统的整理、研究、提炼和提高，对苗族的习惯法、宗教哲学、军事哲学、科学技术的哲学意义以及文人的哲学社会思想，进行了系统的研究和挖掘。形成了32万字的学术专著。本著作获第五届吴玉章人文社会科学优秀成果奖。

《西江苗族妇女口述史研究》，这是苗族女学者、贵州省社会科学院张晓研究员经过多年田野调查而完成的。该著作突破传统模式，采用通俗笔法，开苗族妇女口述史研究之先河，各方面反响较好。获中国民间文艺"山花奖"学术著作一等奖和贵州省社科二等奖。

《苗族生成哲学研究》，这是湖南湘潭大学雷安平教授主持完成的。它发掘和研究了苗族古老的生成哲学，其基本思想是"三位一体"和"一分为三"论。"三位一体"论认为，宇宙万物都是由各薄港搜①、搜媚若②和玛汝务翠③三大要素相互作用而形成。"一分为三"论认为，事物主于能量，基于物质，显于良好结构。即认为，一切事物都必须通过"三大要素"的相资、相制、相征和相夺的生成关系而变化，并阐明事物生成有"生成难全""生成胜负""生成增多变好"三大结局。这是苗族有别于其他哲学思想的理论。

人类由愚昧而野蛮而文明而高度文明，这是规律。研究由个别的粗浅的而协同的深刻的，从而全面的系统的，这也是规律。新中国成立后，由于政府的支持和倡导，中国人类学民族学对苗族科学考察和研究，无论是研究成果或研究队伍，都达到了前所未有的高度。

---

① 各薄港搜——苗语，各薄即底子的意思，港即送，搜即生，指事物生成的物质基础。
② 搜媚若——苗语，搜即生，媚即有，若即力或能，指事物生成的能量。
③ 玛汝务翠——苗语，玛汝即好的意思，务翠即结构，指事物生成的良好结构。

二、外国对苗族的考察与研究

（一）外国传教士、旅行家、军人对中国苗族的考察与研究

早在公元 13 世纪，意大利旅行家马可波罗就来到中国，他先后游历了新疆、甘肃、陕西、四川、云南、山东、江苏以及北京等广大地区，在其著名的《马可波罗游记》中，第一次将中国的苗族介绍到国外。

葡萄牙耶稣会士德·马盖兰斯，于 1640 年来华，游历了我国一些少数民族地区，在其《中国新纪实》一书中，对贵州、云南、四川及广西苗族的文化、习俗均有记载。

法国探险家加尼埃，于 1868 年由越南进入中国，经云南大理到长江直达上海。1873 年所著《在印度支那的旅行调查》，书中附有苗族彩绘图。

英国伦敦教会教师洛克哈特，1838 年因医疗传道被派遣来华，先后在上海、北京开设医院。在 1861 年所著的《关于中国的苗人或土著居民》中，对苗族的人种、风俗习惯等都有详细介绍。

布勒契斯顿，英国军人，1860 年来到中国。首在扬子江上游作测量，并对苗族进行研究。1862 年所著《在长江上五个月》，他认为苗族不属于蒙古人种。他对苗族的有关论述对欧洲一些学者颇受影响。

埃得肯斯，1848 年以伦敦教会特派员身份来到上海，1861 年在天津传教，1870 年著有《苗族的方言词汇汇编》《苗部落》等。他认为苗族语言单词与越南、泰国、柬埔寨、克伦族等语言相比较颇有关系。

利特尔，英国商人、旅行家，1859 年来中国。1888 年著《通过长江咽喉——在中国西部的经商和旅行》《穿蓝袍人的地方》等。在其著作中对苗族风俗习惯等有详细记叙。

布里奇曼，美国第一个来华的传教士，后来成为美国政府外交官。1830 年到广州，1832 年创办《澳门月报》，自任总主笔。1859 年布里奇曼将《黔苗图说》译成英文，他著有《苗子简述》等著作。

威廉斯，美国传教士、语言学家，1833 年来华传教并担任美国布道团印刷师。1848 年所著《中国》一书中，记有贵州、云南、广东、广西各省份苗族的情况，他认为"苗子"意为犁田之人。

19 至 20 世纪，外国传教士、旅行家对苗族的考察研究又更加深入了一步，尤其是许多传教士长期传教生活在中国，他们对苗族的考察研究趋于较全面、系统。

比如，柏格理，英国传教士，研究苗族的著作主要有：《苗族的故事》《在中国难以进入的角落里》《云南北部的碉堡》《云南北部见闻录》《未被踏查过的中国地方》《柏格理在中国》等。

葛维汉，原名大卫·格拉汉姆，对苗族的研究著述主要有：《川苗的歌曲和故事》《四川省的宗教》《四川苗族的宗教与习俗》《四川苗族的故事与歌谣》等。他搜集了 700 多个用

汉文记录的民间传说或歌谣。葛维汉说："我收集的故事和歌谣如同一面镜子，反映了这片土地上生活的人们丰富的思想和内心生活，理想和愿望。使人们从中了解到，生活在这里的人们是具有自我意识的文化群体的主要原因，以及原始的思想和状况。"

萨维那，法国传教士，著有《苗法词典》（1917），《苗族史》（1924）等。克拉克，英国传教士，著有《在中国西南部落中》《贵州省及云南省》《长江流域和流域外的一些苗族地区的旅行报告》等著作。

（二）外国学者对中国苗族的考察与研究

早在18、19世纪，一批国外学者即开始研究苗族。比如，法国语言学家得韦利阿，1860年作为翻译见习生来到中国，他懂汉语，通晓蒙古语、女真语等语言。1881年著《猓猡和苗族》，书中记有不少关于苗族的情况并附插图。他引用苗族的文字与彝文相比较，这是欧洲最早认为苗族有文字的记载。

布林顿，美国人类学家，他与摩尔根同是美洲印第安人民族学研究的创始人，他一生写了23部著作和200多篇论文。他认为苗族与彝族是黄河、长江的土著居民，后被汉族征服或放逐。主要论著有1868年《新世界的神话》、1890年《种族与民族》、1897年《原始民族的宗教》等。

佩舍尔，德国地理学家，1874年所著的《民族学》一书，提出我国西南部高原上的苗族是该地的土著，属掸族，与柬埔寨及东京府的越南人相同。

米勒，德国博物学家。他早期认为苗族即为土人之意，属掸种族，汉族西来之前，苗族早已居住在黄河、长江流域的广大地区。后来他又认为苗族不属另一个人种，而与汉族同种。只是与掸族有所关联，主要著作有1879年著的《普遍人类学》等。

德尼克，俄罗斯人类学家，1886年著《若干人类猿的解剖和胚胎的研究》，1883年著《卡尔梅克族的研究》，1883年著《基里亚克人》，1890年著《世界的种族和民族》。他的著作中有不少关于中国苗族的论述。他认为苗族就其习俗来看，应属掸民族之系属，但他又认为苗族应属藏族系，认为中国领土内除蒙古人外，都属这一族系。

拉策尔，德国地理学家。在1886年著的《民族学》第三卷中，对我国苗族及西南少数民族有不少论述。德·卡特勒法热，法国博物学家、人类学家，在1889年所著的《人类种族通史》中，记有对苗族的叙述，并有附图。韦尔努，法国人类学家，他在研究世界人种分类时，把苗族列入高加索人种。认为苗族异于汉人或蒙古人而与雅利安族类似，是来自中央亚细亚。他的著作《人类的种族》颇为详细地记载了关于苗族种族特征以及族源、名称等情况。但其有关苗族体质特征部分，是以英国军官布勒契斯顿所著的《在长江上五个月》的资料为基础。

20世纪降临。随着人类科学技术的进步，信息传递迅速，交通便利，使地球变得小了起来。

一批国外学者来到中国对苗族进行专题调查和研究，还有一些人借鉴他人资料进行研究，出了一大批理论著述和专著。比如，鸟居龙藏，日本人类学家，他于1907年出版了《苗族调查报告》。该书一出版，即引起国际学术界的轰动。20世纪40年代，《苗族调查报告》一直雄踞论坛，成为研究中国西南民族的权威著作，人类学民族学田野调查的典范。他涉及苗族的研究论著还有《东部黥面番语与苗族语言之比较》《极东民族》等。

格迪斯，澳大利亚人类学家，他著于1956年的《中国的中央民族学院》，1967年的《部落研究中心》，1976年的《山地的移民——泰国青苗的文化生态学》以及《东南亚部族、少数民族和民族》等，对苗族有较为系统的研究。他通过自己长期的研究得出一个结论："世界上有两个灾难深重而又顽强不屈的民族，他们就是中国的苗族和分散在世界各地的犹太族。"

伊茨，原苏联列宁格勒大学民族学、人类学教研室主任，1968年他的博士论文题为《中国南方民族起源壮、苗和彝族民族史纲要》。他专论苗族或涉及苗族的专著有：《关于贵州中国人的一个民间口头创作题材》（1959）、《苗族》（1960）、《人类学民族学博物馆馆藏越南苗瑶（曼）服饰》（1957）、《苗瑶与蛮的族属关系》（1959）、《东亚南部民族史》（1972）、《争取独立的斗争是中国南方民族在清代统治时期民族发展的因素》（1972）、《亚洲各民族史》（1972）等。对苗族有较为系统的研究。

白鸟芳郎，日本民族学及东洋史学家，研究有关我国苗族和瑶族的著作主要有：《华南文化史的构成——以民族系谱及种族文化为中心》（1917）、《评皇券牒关于盘瓠的传说——瑶族的种族史及移动路线的记录》（1972）、《瑶人文书》（1975）等。

张琨，美籍华人，主要从事苗语、瑶语的比较研究以及佛经的梵语、藏语的比较研究。著有：《论苗瑶语声调系统》（1953）、《广顺夷苗的记音》（1957）、《原始苗瑶声调构拟》（1973）、《苗瑶语比较研究》（1974）、《中国境内非汉语语言学研究的发展》（1974）、《原始苗语的词首》（1976）等等。张琨先生系美籍华人，研究中国少数民族具有优势，尤其苗瑶语言方面有较深的研究。

布克莱尔，德国人类学家，著有《贵州省的大花苗》，书中附有《云南省大花苗的一个村庄》（1954）、《中国西南部贵州省的九个部族的文化特点》（1956）、《黔东南苗族文化结构》（1960）、《海南岛的"苗"》（1961）等。

特别值得指出的是美国加州大学的路易莎博士，一介书生，一个女儿家，为了研究苗族，她只身把自己的博士论文从遥远的西半球拿到东半球的苗岭大山来做。她在贵州千户苗寨西江一待就是三年。她拜苗族阿妈为干娘，穿起了苗装、喝起了米酒、跳起了苗舞、学会了苗语、讲起了苗话。苗族干妈给她取了一个苗族名字叫"阿娜"。寒来暑往，三度春秋后，1988年在原南斯拉夫的贝尔格莱德召开的国际人类学民族学大会上，她一公布自己在中国贵州省雷山西江数年"田野作业"的果实——《贵州苗族文化的复兴》的学术报告，立即引起与会专家学者的极大关注。

（三）苗族移居东南亚及西方后的考察与研究

众所周知，东南亚（越南、老挝、泰国、缅甸）的苗族是明清时从中国迁徙出去的。1975年，老挝局势发生变化，十数万苗民聚集到泰国寻求避难，后来在泰国政府和联合国难民署的安排和帮助下，先后移民到美国、法国、圭亚那、德国、加拿大、阿根廷和澳大利亚等国家。苗族移居世界各地的客观事实，为国外对苗族的考察与研究提供了活生生的最为直接的材料。苗族成了一个世界性的民族，对苗族的研究就具有了典型的国际性多元意义。

1. 对东南亚苗族的考察与研究。

其代表性成果主要有：越南学者林心的《苗族的迁徙史及其族称》，他把苗族从中国迁入越南分为三个时期：最早的一次迁徙，发生在17世纪到18世纪初，贵州苗族在反对"改土归流"失败后，有80多户苗族陆续辗转迁到了越南，他们主要定居在越南河江省的同文县境内，以陆、江等姓氏的居多。第二次迁徙发生在1796年至1820年间苗族乾嘉苗民起义失败后。这次迁徙延续了9至10代人。第三次迁徙发生在咸同苗族大起义失败以后。当时，一些响应太平天国起义的苗民在遭到镇压后开始南迁。这次迁徙延续了6至7代人，迁徙人口达10000人之多。迁入的苗族最主要来自贵州，也有的来自云南和广西。越南学者吕文庐主编的《越南少数民族概况》，书中说："从历史来源看，我们初步认为大部分居住在广平以北的各少数民族都来自中国，受中国文化的影响……有些民族迁入才300年，或迁入才3代，如苗族、侬族等。""20世纪50年代末，越南苗族共有182747人，居越南少数民族人口第四位。"澳大利亚人类学家格迪斯的《山地的移民——泰国青苗的文化生态学》，他根据在印度支那的多年调查，指出："苗族从贵州山区逐渐地涌入邻省……东京一带的苗来自云南；而在老挝的苗又来自东京，后者仍继续向南方推进，现在（即1924年）已达到北纬二十度。"他强调指出："世界上有两个苦难深重而又顽强不屈的民族，他们是中国的苗族和分布在世界各地的犹太族。"《越南少数民族语言研究》，作者，陈智惟；《老挝及其胜利地反对美国殖民主义的斗争》，作者，富米·冯维希；《动荡年代与坚忍民族》，吉恩·米乔德编。《泰国年鉴》说："苗族约在1890年开始进入泰国。他们在此以前的移动和由来并不清楚……在许多有关苗族起源的神话里反映出他们与汉族的密切关系，苗族与汉族被视为兄弟民族。苗族逐渐向南移动。"还有罗伯特·库柏的《老挝苗族大规模迁出及重返的经济原因》，杨能的《泰国苗族现状与未来》，莫当的《苗族史》节选，杨沫丁的《老挝苗族的历史》，塔普的《老挝苗族难民的文化变革》等。

2. 对西方国家的苗族的考察和研究。

苗族被迫从东南亚迁居到西方世界后，便成为这些国家的新移民。首先是他们的生活碰到了一系列的问题，诸如语言交流、就业安排、文化教育、信仰冲突、健康状况、婚姻丧葬、文化适应等等。西方国家对这部分迁居苗族的研究，最显著的特点就是注重研究的针对性、实用性，以理论成果指导苗族实践，旨在解决苗族离开东南亚后在西方这全新的生存环境中所面临的种种问题。许多国家尤其是接纳苗族移民的国家的一些大学、研究中心、学会、协会、难民安置机构等都争相将苗族问题列入自己的科研计划。

比如，1981年10月在明尼苏达大学召开的第一届西方苗族学术研讨会，会后出版了论文集《苗族在西方》。1983年11月召开的第二届西方苗族研讨会，会后出版了论文集《苗族的变迁》等。特别值得指出的是，苗族移民西方后，涌现出一批苗族自己的专家学者，他们对自己民族的研究更为深入。比如，《战后时期的苗族大流散》，这是移民美国的杨寇先生所著，他现在是美国加州大学斯坦尼斯劳斯分校的苗族教授。他对20世纪70年代以来苗族迁徙西方国家的情况进行了专题研究，用英文撰写发表于《亚太移民杂志》2003年第3期第12卷。杨寇教授的著述让我们了解到了苗族移民西方各国的人口分布及生活就业状况。

综上可以看出，中外人类学民族学比较重视对苗族的考察和研究。从古至今，从前几个世纪到现当代社会，有那么多的人研究她，记录她，考察她，足以说明这个古老的东方民族在人类发展史上占有十分重要的地位。许多人因为研究苗族而一举成名。

随着中国的改革开放，中外人类学民族学加强了学术交流，使苗学研究专家有更多的机会交换自己的学术观点和开展必要的学术讨论，在广阔的学术环境中进行理论研究与探索，取长补短，共同促进中外苗学研究工作的深入开展，中外对苗族的考察和研究必然迈上一个全新的台阶。

〇二八 东夷论坛[①]

感谢举办方，我很高兴应邀来山东参加第五届东夷文化论坛。我提供的论文题目是：《"东蒙"与"西羌"——中华文明中华民族的两大历史源头》，文章15000字，我只能择其要点，向与会的专家学者汇报：

第一，根据中国史籍记载、历史学家研究、民俗印证以及考古资料证明，上古时期生活于我国东部的"东蒙"人和生活于西部的"西羌"人，是中华文明中华民族的两大历史源头。东蒙—九黎—三苗—南蛮—荆蛮—武陵五溪蛮—苗族等（至少包括瑶族和畲族）；西羌—神农—炎黄—华夏—汉族等（包括藏族、彝族、白族、哈尼族、纳西族、景颇族、拉祜族、普米族、基诺族、怒族、独龙族等）。两大源头主发展脉络是清晰的。现在中国大陆的56个民族，除少数跨境居住的和个别后来才迁入中国的民族外，绝大多数民族都与这两大历史源头有直接的或间接的渊源关系。

第二，中国可考的人文始祖伏羲太昊、少昊、蚩尤属于上古东部的"东蒙"人，神农、炎帝（后世神农）、黄帝属于上古西部的"西羌"人。

第三，著名的涿鹿大战，是源于"西羌"的黄帝打败了源于"东蒙"的蚩尤，是游牧部族打败了农耕部族。苗瑶畲等民族是"东蒙"人九黎集团战败南迁的那一部分的后裔，"东蒙"人未参战未南下的那一部分，至夏商周时被称为"东夷"，春秋战国前后，被称为"东夷"的人们，全部地融入了华夏族，或者有的融入了百越集团。

第四，我国学界习惯将伏羲太昊、少昊、蚩尤说成是"东夷"，这是不确切的。两昊、蚩尤时期，华夏还未入中土，又哪来的夷蛮处四方。"华夷五方格局"是黄帝打败蚩尤入主中原后，至夏商周时才逐渐形成的。"东蒙"是源，"东夷"是流。"东蒙"是后来"华夷五方格局"中的"东夷"和"南蛮"共同的祖先。"东夷"是在原地的那一部分，"南蛮"是向南方迁徙的那一部分。他们都是上古"东蒙"伏羲太昊乃至少昊的后裔。

第五，将上古时期居住在东方的伏羲太昊部族称为"东蒙"，这不是我的创造发明，是我们山东的国学大师王献唐先生发明的。苗族从古至今，自称为"蒙"，王献唐在《炎黄氏

[①] 本文系在山东济南召开的第五届东夷文化论坛上的发言。

族文化考》中考证了蒙（苗）人的来源，他说："伏羲亦作伏牺……蒙阴一带，初皆蒙族聚处之所……伏羲之后，有东蒙氏……东为方名……又知蒙为伏羲族氏矣。族以蒙名，所居之地，故以名蒙。蒙在东方，故言'东蒙'，合地名氏名以证伏羲，知伏羲为蒙族。"王献唐所称的"东蒙"，就是上古时期居住在东方的古苗人。

第六，"东蒙"人伏羲太昊时代是古苗人的启蒙时期，也是中华文明中华民族的发轫时代。中国史籍记载，伏羲氏开中华文明之先河。笔者曾根据史籍记载及学人的研究资料，将伏羲氏的创造发明归纳为八大组，即：观天象，制历算；结网罟，驯家禽；兴庖厨，行医药；画八卦，刻书契；定姓氏，制嫁娶；兴管理，造干戈；化蚕制衣，制乐创歌；建都宛丘，以龙纪宫。早在春秋战国时期，国人就将伏羲视为三皇之首，百王之先。

第七，早于神农、炎黄，而又不属于华夏系的伏羲太昊的事迹被中国史籍记载下来，是由于古代部落战争、部族融合的结果。诚如梁启超在《论中国成文法编制之沿革得失》中说："我族与苗族为剧烈之竞争，卒代之以兴。于是彼族之文明，吸收以为我用。"蒋志华主编的《中国世界部落文化》也说："东夷（蒙）部落为我国早期文化的发展和推进起到了很大的作用。中原华夏文明就是文化相对落后的西部华夏族吸收先进的东夷（蒙）部落文化后进入文明社会的。"

第八，苗族悠久的历史得到民国时期一批国学大师的首肯。

夏曾佑在《中国古代史》中说："古时苗黎族散处江湖间，先于吾族，不知几何年。至黄帝之时，生齿日繁，民族竞争之祸，乃不能不起，遂有炎帝、黄帝、蚩尤之战事。"

王桐龄在《中国民族史》中说："现在中国动言五族平等，所谓五族，即汉满蒙回藏族。譬如一家人，汉族是长兄，满蒙回藏族便是幼弟，是为现在人的观察。若照历史上观察，中国之民族，除了汉满蒙回藏以外，还有一位长兄，即是苗族。"

林惠祥在《中国民族史》中说："中国史上所记汉族与异族第一次之战争即黄帝与蚩尤涿鹿之战，黄帝为汉族之领袖，蚩尤为九黎即苗族之酋长。"对胜者称"领袖"，败者称"酋长"，虽然带有褒胜者贬王败者之意，但还是充分肯定了涿鹿之战是汉族与苗族的战争。

而对中华民族别具深情而又胸怀大度的鲁迅曾这样感叹说："苗族大败以后，都往山里跑，这是我们的先帝轩辕氏赶他们的。"

法国牧师萨维纳在他出版的中外第一部《苗族史》中说："他们（苗族）的历史比中国史书记载的还要古老……标识着中国史籍所记载的第一个历史时期的，正是这些苗人。"

第九，众所周知，中国的民族人类学研究始于"西风东渐"。民国时期之所以涌现出一批大师级的学者，原因之一是敢讲真话。现在出不了大师级的学人，主要原因是不敢讲真话。

民国时期出版了4部《中国民族史》（王桐龄、林惠祥、吕思勉、宋文炳），4部《中国民族史》都充分肯定了苗族悠久的历史，肯定蚩尤是苗族的英雄祖先。而前些年，国家民委责成中央民族大学撰写共和国成立以来的第一部《中国民族史》。共和国的第一部《中国民族史》只把苗族的历史写到三苗。在第一编第三章中有一个标题是"黄帝与两昊蚩尤冀州、涿鹿之战"。说："两昊的军事首领，号为蚩尤……蚩尤不是某位英雄的私名，而是部落联盟军事首领的共同称号……这个称号大概起源于炎帝集团或两昊集团，而九黎三苗集团也加以袭用……蚩尤成为战争的同义词，尊之者以为战神，斥之者以为祸首。"[1] 上述这些话，使我们看到了"胜者为王，败者为寇"的余毒。对此，伍新福教授严正地指出："某某主编的《中国民族史》……将蚩尤说成是少昊集团的一个军事首领……将黄帝与蚩尤涿鹿之战说成是黄帝部落与少昊部落的战争。这缺乏根据，并且完全不符合中国的历史实际。"[2]

---

[1] 王钟翰主编：《中国民族史》（增订本）第39页，中国社会科学出版社，1994年版。
[2] 伍新福：《论评与考辨》第233页，岳麓书社，2013年版。

〇二九 兄妹结婚[①]

第一，传说盘古开天辟地以后，地上就有人了。有一家二老，年纪偏大了，妻子忽然怀孕，不久生下一对双胞胎，一男一女，男的是哥哥，取名叫伏羲；女的是妹妹，取名叫女娲。

第二，两兄妹渐渐长大，一天到野外去玩耍时捡得一颗葫芦籽，拿回来栽在房前的泥土里，每天浇水，松土拔草。不久，葫芦便发芽牵蔓，粗壮的瓜蔓一直长到房顶上去，到了秋天结了个大葫芦。

第三，葫芦成熟后，兄妹俩见葫芦又大又光滑，很是喜欢，便把它摘下来在地上滚着玩。葫芦突然讲起话来："你们兄妹快把我放好，不久便有大用处。"

第四，有一天，天空突然变得十分阴暗，满天乌云密布，狂风呼啸，拔树倒屋。大风过后，下起了瓢泼一般的暴雨。江河之水泛滥成灾，洪水淹没了大地，动物和人都被淹死了，这时大葫芦一摇一摆地向伏羲兄妹漂过来，大声说："你们不要害怕，快过来我搭救你们。"

第五，兄妹俩不顾一切地钻进大葫芦里，昏昏沉沉地任凭洪水漂荡，不知过了多久，也不知漂到了什么地方，洪水才渐渐消退。

第六，兄妹俩从大葫芦里钻出来回到大地，见到四周洪水消退后留下的惨象：人没有一个，鸟兽也没有一只；大树连根被洪水冲翻，花草全被淹死。大地只剩下伏羲、女娲兄妹二人。

第七，一天晚上，伏羲对女娲说："妹妹，你看世上已经没有人了，就剩下我们两个人，以后没有子孙怎么办，要想生儿育女，没有别的办法，只有我们恳求天地，准许我们兄妹成亲。"

第八，女娲说："怎样才能知道天地准许？"伏羲说："我们各拿上一炷香，你上南山，我上北山，在山顶把香点燃，若是两股香烟能在天上合拢来，就是上天准许。"女娲无奈只好同意了哥哥的办法。兄妹俩各拿一炷香火分别爬上南山和北山。

第九，兄妹俩各把香点燃，两股青烟慢慢升上空中，逐渐靠拢，最后在天上合拢成一股。伏羲高兴地说："上天准了，我们成亲吧！"女娲说："还有地没有求准，若是地不准，我们

[①] 本文系作者为《伏羲与女娲》组画所写的文字说明。该组画以西部苗族的《伏羲姊妹制人烟》为蓝本。

兄妹还是不能成亲。"

第十，伏羲说："我们又各背一扇磨盘，你上南山，我上北山，同时把磨盘从山顶滚下来，若是两扇磨合拢成一副，就是地准许我们兄妹成亲。"两人又各背起一扇磨子爬上了南山和北山。

第十一，兄妹俩把磨盘从山顶上放滚下来，滚到山下长满花草的山涧间合成了一副。伏羲高兴地祈祷天地，感谢天地准许我们兄妹结成夫妻。

第十二，伏羲兄妹结成夫妻后，在海边的岩洞里建立自己的小家庭，伏羲每天渡木筏下海捕鱼，或上山打猎。女娲在家里洗鱼、晒鱼，种瓜种菜，日子过得十分幸福。

第十三，不久女娲怀孕了，后来却生下个肉球。伏羲又惊又气，就用刀把肉球砍成四块，撒向四方，没想到却变成四个娃，这些娃又变成了许许多多的子孙，就这样代代相传，人类得到繁衍。传说我们都是伏羲、女娲的后代。

○三○ 哲学讲稿[①]

有人说,哲学很深奥,哲学是哲学家的事,与我们普通人无关。其实,这种说法是错误的。

哲学是关于世界观的学问,世界观是人们对世界的基本看法和观点。一个思维正常的人,都会对大千世界有自己的认识和看法。从某种意义上讲,哲学就在我们的身边,哲学伴随着人的一生。

每一个民族每一人都有自己的哲学,只不过是没有领悟到或没有总结提升而已。领悟哲学和不断提升自己世界观的人,一般来说,都比较豁达和开朗,相对来说,寿命也比较长。

一、苗族的宇宙追问

我们知道,天地总是对古代人最具有吸引力的。浩瀚广袤的大地,无边无际的天穹是怎样形成的?这是古代许多人都在探索的问题,并做出过种种不同的回答。譬如,古希腊最早的唯物主义派别,米利都学派的代表泰勒提出了"水"是万物的本源,世界万物都是从水产生出来的,最后又复归于水。阿拉克西美尼则认为"万物的始基是气","气"的浓聚和稀薄而形成不同的物体。中国古代汉族把"金木水火土"五种元素作为万物的本源,并用"五行"的相生相克和"阴阳"二气的交相作用以说明万物的生长和消亡。

苗族先民在寻觅(迷)形成天地万物的原初物质时,明确提出:"云雾生最早,云雾算最老。"认为世界的本质是云雾,云雾是万物的根源。

《苗族古歌》对宇宙天地的形成作了很精彩的描述,歌词以对唱问答的方式,从今至古,由浅入深,层层盘问,寻觅形成天地万物的原始东西(即原初物质)。

> 问:我们看古时,
> 哪个生最早?
> 哪个算最老?

[①] 本文原题目为《苗族哲学思想讲稿》,系在贵阳孔学堂黔志讲堂的讲稿。

他来把天开，
他来把地造。

敢于提出这样的问题，必然有回答它的把握，哪怕是借助于想象。

答：姜央①生最早，
姜央算最老。
他来把天开，
他来把地造。

反答：姜央生得晚，
姜央不算老。

反问：哪个生最早？
哪个算最老？

答：府方②生最早，
府方算最老。

反答：府方生得晚，
府方不算老。

反问：哪个生最早？
哪个算最老？

答：火耐③生最早，
火耐算最老。

反答：火耐生得晚，
火耐不算老。

---

① 姜央，苗族传说中的人类祖先。
② 府方，传说中的巨人。
③ 火耐，传说中的巨人。

反问：哪个生最早？
哪个算最老？

答：剖帕①生最早，
剖帕算最老。

反答：剖帕生得晚，
剖帕不算老。

反问：哪个生最早？
哪个算最老？

答：修狃②生最早，
修狃算最老。

反答：修狃生得晚，
修狃不算老。

反问：哪个生最早？
哪个算最老？

答：扒山扒岭的，
出身算最早。
钻山潜水的，
年纪算最老。

反答：扒山扒岭的，
不算生最早。
钻山潜水的，
年纪不算老。

---

① 剖帕，传说中的巨人
② 修狃，传说中的巨兽，可能即犀牛。

反问：哪个生最早？
哪个算最老？

答：云雾生最早，
云雾算最老。

问：云来诳呀诳①，
雾来抱呀抱，
哪个和哪个，
同时生下了

答：云来诳呀诳，
雾来抱呀抱，
科啼和乐啼②，
同时生下了。

问：科啼诳呀诳，
乐啼抱呀抱，
哪个和哪个，
又生出来了？

答：科啼诳呀诳，
乐啼抱呀抱，
天上和地下，
又生出来了。

好一段精彩的描述，苗族没有文字记载自己的思想资料，即采用这种宾主二人或四人以"对歌"的形式，对宇宙万物的不同理解，进行问答式的辩论，由浅入深，追根溯源，最后追到"云雾生最早，云雾算最老"。云雾才是形成宇宙万物的最初本源，是最早、最老的原始物质。

在天地万物形成之前，整个宇宙是一个烟雾弥漫、白茫茫、黑沉沉的混沌状态，云雾

---

① 诳：贵州方言，即抚爱意思。
② 科啼和乐啼，传说中的巨鸟。

是实实在在的物质本体。由于云雾的不断运动变化，才形成了天地万物。"云涎""雾抱"，形象地表述了"云雾"不仅存在，而且具有运动变化的相互作用，天地万物在运动中产生和演变，生命和人类在运动中产生和发展。正是云涎雾抱，浑沌不清的气状微粒物质，不断凝聚稀散，才产生了"科啼""乐啼"式的巨鸟和形成了"白泥"的天、"黑泥"的地。

苗族先民还认为："天刚刚生来，天是白色泥，地刚刚生来，地是黑色泥"。"天是灰蒙蒙，地是黑漆漆"。天地是由黑沉沉、白茫茫的云雾相互作用和结合的结果。这就是《苗族古歌》对宇宙起源和存在的最初看法。

苗族先民所说的"云雾生最早，云雾算最老"，即是说，天地万物包括人类产生以前，整个宇宙就只是一片片、一团团云和雾似的东西。然后由云雾才化生出天地万物。有了天和地，才有那种扒山扒岭、钻山潜水的奇异动物，进而才有修狃等巨兽，才有剖帕、火耐、府方以及姜央等传说中的具有神力般的巨人。

天地万物的形成是自然而然的过程，没有任何外部力量的参与，没有超自然力量的作用，完全是以"云雾"为原始物质，"云雾"是天地自然的本源。这种思想，不能不属于一种朴素的唯物主义自然观。

远古时期，世界上许多民族都有关于开天辟地、万物起源的神话传说，这是十分自然的。随着生产力的发展，人类思维能力的提高，人对自然界的认识也相应地得到提高和发展。究竟人类赖以生存的天地是怎样形成的？世界从来就是物质的？或者在物质世界以前就有某种超自然的力量存在着？这些都是不能不加以思考和回答的问题。苗族先民从万物中抽象出一种具体的原始物质"云雾"来解释天地万物的形成，然而，为什么以"云雾"而不以其他具体物质来解释天地万物的形成呢？

苗族古歌叙述本民族来自"东方"，史诗上说苗族祖先居住在"大地连水两茫茫，波光潋滟接蓝天"的地方，那时他们就已经开始进行农业、牧畜和狩猎捕鱼的生产活动。后来，他们在战争中遭受失败，经过几次大的远距离迁徙，来到了南方，大多居住在山峦交错、河川纵横、景色壮观、气势磅礴、云雾弥漫的高山地区。由于山区、高原、河谷交错，群山、峻岭、云雾连绵的自然景色，加上苗族先民们长期的狩猎、牧畜、捕鱼、耕作的生产实践都与这些自然现象相联系，并需要预测天象以判断阴晴雷雨霜雪，以决定生产劳动。那种雾气沉沉、变化无常的"云雾"，无数次反映到他们的头脑中去，就自然构成了"云雾"这一物质概念。因此，他们在解释天地万物的来源时，也就很自然地与"云雾"联系起来了，得出了"云雾"不仅是物质的客观存在，而且还不断运动变化和发展的基本看法。

苗族先民的这种自然观，正如恩格斯在评价古希腊朴素唯物主义时所指出的："在这里已经是完全原始的、自发的唯物主义了，它在自己的萌芽时期就十分自然地把自然现象的无限多样性的统一看作不言而喻的，并且在某种具体的东西中，在某种特殊的东西中去寻求这个统一。"[①]

[①] 恩格斯：《自然辩证法》第164页，人民出版社，1971年版。

值得指出的是，苗族先民用来作为世界本源的"云雾"，虽然也只是一种特殊的东西，但却是一种存在的而又比较不固定形体的东西，这就更易于说明问题，说明复杂多样的世界的统一性。把"云雾"作为宇宙万物的始基，虽未摆脱直观、朴素的成分，但它在哲学的基本问题上坚持了"物"为第一性，直接否定了神创世的传说，这是苗族先民认识上的第一个飞跃。

二、苗族劳动创造世界的思想

远古社会，人类社会生活的主要矛盾，是人类同大自然的关系，人类既要适应大自然，又要与大自然作斗争。苗族先民经过与大自然长期的斗争，认识到人类的劳动创造十分重要。他们从朴素的宇宙生存论出发，认为自然界包括天地日月，都不是由上帝创造的，而是人类积极劳动创造的结果，人类不仅同自然界紧密相依，而且还具有认识自然、改造世界的能力。

《苗族古歌》《苗族史诗》《苗族古老话》等，都直接或间接地记载了苗族先民战天斗地、英勇不屈的民族精神。

（一）"天地工程"

如前所述，苗族先民把"云雾"作为宇宙万物的始基，"云雾生最早，云雾算最老"，即认为天和地是"云雾"生的，是云和雾不断地"诳呀诳"，不断地"亲昵"运动，生出了"科啼和乐啼"，又才演化"生"出了天和地的。

苗族先民不只是停留在天地形成的原初物质上，他们紧接着进行了大胆的想象，即把初生的天和地设想成不像现在的样子。"天像个大簸箕，地像张大晒席。"而且初生的天与地重叠在一起。天地分开后，又"撑天天摇晃，支地地不稳"。那太初的世界的设想不同于"现代"世界的现状，更不同"现代人"的观念，这就制造了一种契机，即对于天地由重叠到分开，由箕形方形到圆形，直至用金银柱把天地撑稳。他们以大胆的想象塑造典型人物和典型环境，并歌颂人类的聪明智慧和无穷无尽的力量，充分肯定了"劳动创造世界""人定胜天"的这一朴素真理。

《苗族古歌》这样唱道："天地刚生下，相叠在一起，筷子戳不进，耗子住不下，虫虫压里头，水也不能流。""剖帕是好汉，打从东方来，举斧猛一砍，天地两分开。"这与现代科学说地球是从太阳中摔出来的理论是相近的。

天地分开之初，天地还不圆，还没有现在这么大，没有今天距离那么远。于是，"往吾① 心灵活，用口大天锅，煮天圆罗罗，煮地圆罗罗。""把公和样公，把婆和廖婆②，把天拍

---

① 往吾，系传说中的巨人。
② 把公、样公、把婆、廖婆均系传说不中的巨人。

三拍，把地捏三捏。"这样，天才像现在这样大，地才像现在这样宽。

天地虽然分开了，但还挨得很近。"天还压着地，地还顶着天，坐起低着头，脑壳靠膝盖。"这不能适应生物的生长和人类的居住。于是，府方①老人家"来把天一顶，来把地一踩，天才升上去，地才降下来。"

但是，天地又摇摇欲坠。《古歌》又接着唱："远古那时候，撑天用蒿枝，支地五榕树，撑天天摇晃，支地地不稳，天是常常垮，地是时时崩，人人都焦愁，个个不安心。"

为了改变天摇地晃的状况，宝公、雄公、且公和当公②四位人类的祖先决定去寻找金银："运金造金柱，运银造银柱，金柱来撑天，银柱来支地。"这样，"天才不会垮，地才不会崩"。

经过一番艰苦努力，克服了重重困难，终于找到了金银，运到东方的家乡，于是他们又用"九岭当炉子，九冲当风箱，岩包当打锤，山头当钻磴，石头当木炭，桅子当硼砂，山梁当拉条，来回往前冲，金银咚咚响，炉里一片红"。他们干劲十足，"流汗像下雨，出气像雾罩"。呈现一派宏伟壮观的劳动场面。

他们按高山的样子造了十二根金银柱，用四根支撑住天的四个角。从此以后，天地稳当当，"相隔千万里，永远不相挨""树才往上长，人在地上住""养优来造山，高的压它矮，弯的拉它直""修狃来造河，把公整山岭，秋婆修江河，绍公填平地，绍婆砌斜坡③，才有土开田，才有地做活，才有山种树，庄稼绿满坡""火耐老公公，用石互相敲，迸出红火苗，菜饭才过煮，得肉才过烧"。姜央④"造狗来撵山，造鸡来报晓，造牛来拉犁，造田来种稻"。

至此，"天地工程"初具规模，天地万物才像现在这个样。"风才来往吹，鸟才自由飞，雨才往下降，树才往上长，人住在地上。""才有土开田，才有地做活，才有山种树，庄稼绿满坡。""才生下你我，做活养老小。"

在《苗族史诗》里，"天地工程"又是这样描述的："来看制天造地吧，谁来冶天炼地呢？远古造天的公公，太初制地的婆婆，他俩造个大铁锅，用它来冶天，拿它来炼地，一次铸成两块，白的向上浮，黑的往下走。这就得了一块宽宽的天，这就得了一块大大的地。"

但是，向上浮的天和往下走的地，却不停地摇晃着，弄得人们不得安宁。"一天要坍塌六回，有七次收拾锅瓢扛起甑子往外逃。"后来有个叫九昌昂的公公和一个叫友的婆婆，利用他们的高大身材来撑天，可天还是塌下来把他们压死了。

于是，人们总结了经验教训，"拿金柱来撑天"，"怎样金柱头去支天呢？一造造了十二年，造成十二根金柱头""一根安在雷公山顶上""一根安在京城里""一根安在革东，一根安在清水江，一根安在香炉山""一根安在鸡讲"，还有四根小的用来架桥梁。终于，"天地立稳了，大家欢呼如雷吼，熙熙攘攘都散了，各往各家走，安心去干活"。

---

① 传说中的人类祖先。
② 宝公、雄公、且公、当公，传说中的人类祖先。
③ 养优、修狃、秋婆、绍公、绍婆均系传说中的巨人。
④ 火耐、姜央，传说中的人类祖先。

我们知道，古时候人自身的活动是依附于自然界的运动变化的，人同大自然处于不可分割的统一体中。大自然是苗族先民生存和活动的基础，同时大自然又给人们带来极大的灾难，成为人们不断抗争的对象。

《苗族古歌》《苗族史诗》所描述的自然界是极其恶劣的，应该说也可能是真实的。天地动荡不安，可能是当时地壳变动引起的山崩地裂的自然现象。在当时的恶劣环境下，人们日夜不停地同大自然作艰苦的斗争，才能使自己得以生存下来。自然界同人的矛盾，自然成为矛盾的中心。

苗族先民对于天地自然的认识，并没有像阶级社会以来历代统治阶级那样，把天宣扬成具有超乎一切的能力，一切都受命于天，而是把天看成同万物一样，都是物质的实体。物质世界不是上帝创造的，而是物质本身自然地形成和发展起来的。它就不是杂乱无章、神秘莫测，而是可以发现、能够认识的。

苗族先民从自己亲身实践中认识到，人们只要敢于面对现实，勇于社会实践，是可以战胜自然、主宰自己命运的。尽管他们以神话传说方式来表达这些思想，其中还有一些荒谬可笑的成分，但那种力求了解客观世界、努力征服自然的动机，则是应该肯定的。

尽管他们把天上落下陨石、地下发生地震等自然现象，解释为古时人们用蒿枝撑天、五棓树支地，才发生"天摇晃""地不稳""常常垮""时时崩"等情况，这显然是不符合科学的。

然而他们力图从现实生活中建房立柱的道理，来推测天地的存在，是他们人主宰天地的思想的突出反映，同那种唯心主义的天命观相比，无疑是合理得多了。

罗素在分析西方哲学思想时就说过："连宙斯也要服从的'命运''必然'与定数这些冥冥的存在，对于整个希腊的思想起了积极的影响，而且这也许就是科学之所以能得出对于自然规律的信仰的渊源之一。"[1] 所以，苗族先民在认识论上的神话传说，不管就它的合理性还是不合理性而言，都是那样地使后人感到振奋，受到启迪。

（二）"日月工程"

我们知道，古希腊唯物主义的思想中，认为日月星辰像地球一样是由某种物质形态变化而成，从时间和空间上来说，都是自然界自行发展的结果。

《苗族古歌》《苗族史诗》则认为，天地由具体的物质形态"云雾""雾罩"发展形成后，日月星辰的出现是后来的事情，它们在时间和空间上都是有差别的。创作古歌和史诗的苗族先民们做了大胆的想象和夸张，人们先是把由"云雾"形成的天地掰开后，用金银柱把它撑稳，然后再铸日造月，日月星辰的出现，也是人力征服自然的结果。

---

[1]《西方哲学史》，商务印书馆，2022年版。

《苗族古歌》以大胆的想象力描述了一场人类创造日月星辰的波澜壮阔的斗争。天地撑稳之初,"白天无太阳,夜里无月亮,天上灰蒙蒙,地下黑麻麻,牯牛不打架,姑娘不出嫁","田水不温暖,庄稼不生长"。

为了改变昼无太阳,夜无月亮的状况,宝公等四人,"他们好心肠,想出好主张,来铸金太阳,太阳照四方;来造银月亮,月亮照四方"。他们"九岭当炉子,九冲当风箱";他们挥动的锤子"半空起风暴","惊得雷公吼,震得龙王叫"。他们的精神感动得连天上的女神月黛、月优也来为他们加炭鼓风。

最后经过十二天十二夜的努力,按水圈的样子造了十二双日月。被重锤打击飞溅的金花、银花,变成了星斗。十二双日月铸成以后,怎样才能将它们安上天呢?里公是条硬汉子,第一个被请来安日月,他的尝试失败了。雄天又被请来,又失败了。最后请出"头上生水井,肩上有鱼塘"的经热、耐烫的冷王帮助把日月镶上天。

冷王肩扛月亮,头顶太阳,腰系银河,袖里藏星,向天飞去。他得到固劳、月黛、月优的辅助,冲破了云、雷神的阻拦,终于把日月安镶在蓝天上。

可是,在天上安了十二双日月,却又埋下了祸根。"早上同时出,晚上同时照,晒得田水好比开水冒,晒得石头软得像粘膏,晒得坡上草木齐枯萎,晒得姑娘小孩死在高山上。"把大地烤得如同烈火焚烧。要战胜灾难,就只得射下一些日月。

于是桑扎①站在马桑树上,经过十一年的努力,才射落了十一双日月,只留一个太阳,一个月亮,大地才恢复了能够耕作、生产和生活的正常状况。

从此以后,"白天有太阳,夜里有月亮,高山和深谷,日夜亮堂堂;牯牛才打架,姑娘才出嫁,田水才温暖,庄稼才生长,饿了有饭吃,冷了有衣穿。江略九千个,遍地喜洋洋"。

这是一幅多么雄壮的战斗画卷。人和自然矛盾双方的斗争贯穿整个过程,然而人类最终胜利了。

《苗族史诗》《苗族古老话》《佳》都有关于人类铸造日月,射日射月的描述。不再赘述。

日月星辰作为人类的创造物,他们的运行往返要遵从人类的意志。当然作这样的想象是幼稚的、不科学的,但当时的人们却认为这是千真万确的。

苗族先民为什么会出现这种大胆而崇高的想象呢?

人类的认识史告诉我们,人对于自然的认识主要是由于劳动的结果。在人类初期,人与自然的关系表现为二重性:一方面,生活于自然,仰仗于自然给自己提供生活资料,表现为人对自然的依赖性;另一方面,由于人们对于自然现象不理解以及自然不时给人们带来各种灾难,所以人们又对自然怀着恐惧的心理。

随着人们在劳动过程中对自然规律有所认识和理解,人对自然的依从状态,逐步变为对自然的统治。自然影响着人,人也反作用于自然。当人们克服自然,创造出自己需要的生

---

① 桑扎,传说中的英雄,是他射落了十一双日月。

产资料和生活资料时，人就由自然的奴隶转变成自然的主人了。

加上人类的幻想的本能和进一步征服自然的良好愿望，苗族先民用大胆的思维，描绘了一幅人创造日月星辰的壮丽画卷，反映了古人从自然的奴隶转变为自然的主人的历史认识过程。

当然，苗族先民的天地日月工程，这种描述带着明显的天真性和直观性，它与自然的发展的本来面目不相符合。然而它给人以征服困难的决心和勇气。同时它歌颂了古人艰苦奋斗、百折不挠的创业精神。

正如高尔基所说："光荣归于人，他应当得到赞扬，因为他靠他的意志力，靠他的想象，勤劳不倦地把宇宙的一块不毛之地变成他的住处，使大地越来越宜于居住，让人感到舒适。他还努力设法去掌握大地内部一切不可思议的力量。"[1]《苗族古歌》《苗族史诗》《苗族古老话》反映出苗族先民具有艰苦创业、积极进取的精神，他们不仅努力设法去掌握大地内部一切不可思议的力量，而且还企图掌握宇宙太空一切不可思议的力量。

综上所述，我们不难看出，苗族先民认为一切都是人劳动改造的结果。他们以积极乐观的姿态对待一切突变，以勇敢和智慧与自然作战而很少有宿命论的幻想，没有任何悲观的或无所作为的情绪。当然，他们关于人类认识自然、改造自然的赞歌，是以神话传说的方式来表达的，但其精神实质是在说明世界，创造世界。

《苗族古歌》和《苗族史诗》中所出现的巨人，显示的是神的威力，表现的却是人的动作，基本上属于"劳动成绩的艺术概括"，是以"人们的教师和同事的面貌出现的"。他们这种相信自身力量，对命运不屈服，希望通过自己的劳动、智慧征服自然的思想，是合理的、正确的，可以说是"戡天思想"的另一种表现形式。

---

[1] 高尔基：《回忆录选》，人民文学出版社，1959年版。

三一 哲学评价[①]

由石朝江研究员和石莉副教授共同完成的国家社科基金项目《中国苗族哲学社会思想史》（批准号：02bzx038），被列为贵州出版企业发展基金重点图书，于2005年8月由贵州人民出版社出版。这是一部填补空白的著作。2007年10月，该著作荣获全国第五届吴玉章人文社会科学优秀成果奖。

苗族是一个极其古老的民族，又是一个重视理性思维的民族，从遥远的部落时代开始，每当举行重要的活动，都要由本民族的智者先"理论"一番。凡是能以自己的智慧和理论说服众人的，就在苗族中具有崇高的地位。苗族将智者称为"理司""理老""长老"或"师长"，有的则是"巫师"兼"理老"。苗族"理司""巫师"在民族文化的传承方面起到了不可替代的作用。

苗族的哲学思想以其独特的创作和传承方式，在民族生活中不断地创造、继承和发展。《中国苗族哲学社会思想史》坚持以辩证唯物主义和历史唯物主义为指导，对闪烁在苗族"古歌""史诗""古老话""理歌""理辞""佳理词""议榔词""巫词"以及传说、故事、寓言、格言、谚语中的哲学社会思想进行系统地整理、提炼、研究和提高；对苗族的习惯法、宗教哲学、军事哲学、科技的哲学意义以及文人的哲学社会思想进行了系统地研究和挖掘。这是一项基础性、开创性的、填补空白的研究工作。

《中国苗族哲学社会思想史》出版后，受到学术界高度评价。

中央民族大学佟德富教授以"中国少数民族哲学社会思想的一部力作"为题，在《贵州社会科学》撰文指出：

"我以一种'襄赞盛举''先读为快'的喜悦和如饥似渴的心情，认认真真地拜读了这部苗族哲学的开山之作，受益匪浅，深为作者深厚的哲学理论功底和博学多闻的知识积累而敬服。""中国少数民族哲学社会思想史是一个新兴的学科领域，万事开头难。对于中国少数民族哲学社会思想史研究来说，难就难在史料的匮乏上。俗话说：'巧妇难为无米之炊。'苗族哲学社会思想史研究更难，这主要因为苗族历史悠久，文化丰富，但却没有记载自己民族

[①] 本文原题目为《学界对〈中国苗族哲学社会思想〉史的评价》。

历史文化的民族文字。""如果没有足够的学术勇气，如果没有对本民族的历史、文化和思想的真切感悟和深入思考，如果没有深厚的哲学理论功底、广阔的知识积累、翔实的资料准备和耐住寂寞的潜心治学的敬业精神，要完成《中国苗族哲学社会思想史》这样的开山力作是难想象的。"

中南民族大学邓红蕾教授以"来自苗寨的宇宙追问"为题，在《贵州民族研究》撰文指出："中国是一个统一的多民族国家，其哲学传统'和而不同'便折射了这一客观现实。然而，长期以来，学界对中国哲学史的研究基本上都局限于汉民族的范围。近年来，学者（尤其是少数民族学者）热烈地讨论着大传统与小传统关系的话题，似表达了愈来愈强烈的超越与扩展其研究视域之要求。石朝江、石莉合著的《中国苗族哲学社会思想史》一书，对此作了十分有价值的探索与回应。苗族人民世世代代所创造的'苗族思维'与'民俗哲学'，以其鲜明的苗族文化的特色与方式，诠释并展现了中华民族哲学思维'多元一体'的魅力，证明了主流文化是由众多支流文化汇集而成的。苗族是一个有着5000—6000年历史的民族，在漫长的发展过程中，苗族人民从所生活的自然环境出发，总结与概括出丰富多彩的生存哲学与生活智慧，从而形成了'苗式'哲学思维传统。然而，由于苗族又是一个没有自己文字的民族，这些丰富的文化资源基本上是靠口传面授的方式流传下来的，如果不给予及时地收集整理及抢救，很可能在不久的将来被后人淡忘继而销声匿迹。所以，将这些散见的、大量的口传资料清理出来，给予哲学社会思想史的扒梳、筛选、分类与提炼升华，最终形成30余万字的专著，是一项艰辛沉重却深远伟大的工程，它不仅具有填补空白的价值，而且为今后苗族问题研究提供了系统化、理论化的思想资料与独特视域。正是在此意义上，笔者认为，石著堪称苗族哲学社会思想史的'百科全书'，应当受到学界的关注与好评。"

贵州文史馆史继忠教授以"自信自觉与开创"为题，在《贵州日报》上撰文指出："《中国苗学》和《中国苗族哲学社会思想史》是石朝江同志的两部专著，读了很有感触。石朝江同志是苗族，从小受到苗族文化的熏陶、濡染，有深厚的民族感情。步入学术界以后，潜心研究苗族的历史和文化。他从司空见惯、习以为常的文化现象中，通过归纳和理性思维，上升到理论高度，建立了'中国苗学'，把苗族历史、政治、经济、文化作为一个整体进行系统研究，探讨其发展演变的规律，令人钦佩。""以往的中国哲学史书基本上都只展示汉族哲学思想，很少见到少数民族哲学思想的踪影。哲学是人们对自然界和社会、思维的认识，每个民族都会有自己的世界观、社会观和认识论，关键在于是否将它们系统化和理论化。过去虽然也见过一些写苗族哲学思想的文章，但全面、系统地研究苗族哲学社会思想的专著，石朝江同志的《中国苗族哲学社会思想史》还是第一部。从这个意义上讲，这本书是一种创新，填补了中国哲学史研究的一个空白。"

贵州作家秋阳以"苗族的生存哲学"为题，在《中国西南文化研究》撰文指出：
"《中国苗学》首创用科学史观研究苗族，并期盼其成为一门学科。而《中国苗族哲学社会思想史》则是其身体力行的范本。这本著作从更深的层次上，重塑苗族形象；从更高的境界激活苗族精魂，将一个历史的民族活生生地展现出来，让人们知道：苗族屡经劫难而历久不衰的根本所在，那就是他们有自己的生存哲学。""曾经身居苗寨，看惯了苗姑盛装，听熟了芦笙铜鼓，吃醉了苗家米酒，昏昏然不知所以。读罢《中国苗族哲学社会思想史》，如梦初醒，方知苗族传统智慧蕴含之深厚，回味无穷。"

湖南省社会科学院伍新福教授以"中国苗学研究的新成果"为题，在《南长城》撰文指出：
"《中国苗族哲学社会思想史》，是苗族学者石朝江同志继《中国苗学》《苗族文化研究》之后的又一力作……石朝江同志不辞辛苦，亲赴各苗族地区，广泛搜集资料，深入探索，勤奋笔耕，撰就洋洋数十万言的《中国苗族哲学社会思想史》。作者不仅尽可能地收集和利用汉文献古籍资料，而且还从苗族只有语言而无自己民族文字的特点出发，更着力于发掘和运用苗族世代口耳相传的口碑资料和民俗学、民族语言学资料，从苗族古歌、史诗、古老话、理词和议榔词、习惯法、巫辞、苗族医药、农事和生产习俗、宗教崇拜和祭祀，以及传说、故事、谚言等等多个领域的素材中，努力探究和提炼出苗族的哲学和思想观念，及其发展的历史脉络。其中，对于苗族的传统哲学和社会思想最具特色、最有代表性的和最精粹的一些思想观点，诸如苗族先民们认为天地和万物起源于'云雾'的朴素唯物观，人类是自然界长期发展和物种结果的'进化论'，事物由'搜媚若（能量）''各薄港搜（物质基础）''玛汝务翠（良好的结构）'三大要素构成与事物'一分为三'的'生成哲学'，以及苗医的'破均衡'思想和'交环论'等，都得到了系统、全面和精当的阐述。"

中南农业大学萧洪恩教授以"耕外别无事，胸中别有天"为题，在《苗学研究》撰文指出：
"笔者对苗族并不陌生，可谓山同脉、水同源、树同根、衣同服。因'只缘身在此山中'，最初并未意识到在一般民众的生活中会有什么哲学社会思想，且一提起苗族，脑中立刻映现的也只是苗家女那漂亮的银饰和多彩的苗族服装、苗家人那'细语非无意，高呼信有情'的热情歌舞、豪爽性格和诚信品质。直到后来读到别林斯基：'任何一个民族都有两种哲学：一种是学术性的，书本上的，庄严而堂皇的；另一种是日常的、家常的、平常的。这两种哲学往往或多或少地相互关联着，谁要描绘社会，那就要熟悉这两种哲学，而研究后者尤为重要……'朝江研究员潜心中国苗学研究数十年，于苗族哲学用力尤多，成果卓著。该书是朝江先生多年研讨苗族哲学的结晶。全书取材广博，论辩精审，剖析入微，文字明晰，创见迭出，颇给读者一种'观古今于须臾，抚四海于一瞬'之感。这应看成是他在苗学研究中笔耕不断而实现的思想升华，此也正是苗族文人追求的'耕外别无事，胸中别有天'的创作境界。"

湘潭大学雷安平教授以《一部令人耳目一新的力作》为题，在《南长城》撰文指出：

"《中国苗族哲学社会思想史》是石朝江同志在完成洋洋 60 万字的《中国苗学》之后，短短的几年里又推出的一部令人耳目一新的力作。他的勤奋、执着与追求，令人敬佩。我花了半个月的时间，认真读完了这本 30 余万字的学术论著，受益匪浅。掩卷凝思，深感它的研究方法新颖，是一部填补空白的著作……一般写史都是以时间顺序为主线，按时间的先后顺序来展开历史事实，而《中国苗族哲学社会思想史》一书则不然，它是以内容为主，以时间为辅，采取分类法和历史分期法相结合的研究方法。这样的研究方法，解决了一个历史断代问题。因为苗族哲学社会思想没有文字记载，更没有专门论著，只有少量的汉文献涉及，更多的是流传于民族口传的民间文学，即古歌、史诗、故事、传说以及谚语、神话等，如果要严格按时间的先后顺序即古代、近代和现代分期来写，那是难以完成的。所以，石朝江同志这本书的研究方法对我国许多没有文字的少数民族编写'哲学社会思想史'具有重要的现实指导意义。"

贵州广播电视报龙炘成编审以"一部填补空白的力作"为题，在《贵阳日报》撰文指出：

"我省苗族学者石朝江、石莉合著的《中国苗族哲学社会思想史》，日前已由贵州人民出版社出版，这是一部填补空白的力作，也是开拓和建设中国少民族哲学社会思想史的成功之作 全书除绪论外共八章，依次对苗族哲学社会思想的萌芽、重要的哲学文献、宗教哲学思想的发展、社会伦理思想的发展、文学中的哲学社会思想、科学技术的哲学意义，军事哲学思想，人文哲学社会思想等一一作了分析，使我们对苗族哲学社会思想的全貌有了概要的了解。全书杀青共 32 万字，作者却为之调查搜集有关的苗族古今资料 1000 多万字，其付出的心血可见一斑。还值得一提的是这部书文字生动通俗，毫无学究气，十分好读《中国苗族哲学社会思想史》的出版，填补了我国哲学社会思想史有关苗族哲学思想的一大空白。"

封孝伦教授在为《中国苗族哲学社会思想史》所写的序中说：

"这是一部填补空白的著作。朝江同志虽然是苗族，对自己民族的文化和思想有真切的感悟和深入的思考，但对一个历史上没有文字的民族的哲学社会思想，进行全面、系统的研究，这仍然需要有足够的学术勇气，难度太大。作者下足了功夫，大量地搜集资料，从众多的资料中挖掘提炼出其中的哲学社会思想。这对我国哲学社会思想研究是一个贡献。《中国哲学社会思想史》只有把中华各民族独具特色的哲学社会思想包括进来，才是一部较为完备的哲学社会思想史……翻阅这本厚重的书，我不禁感慨系之。这肯定又是一本可以传之久远的书。将来研究苗学之人，必会查阅此书。人之一生，可以为学，可以为官。朝江兄于仕途而不顾，但能把学问做到这个程度，其实可以知足了。"

我们列举了学界对《中国苗族哲学社会思想史》的评价，不是为了炫耀，而是为了说明任何一个民族，包括人口只有数万乃至几千的民族，都有本民族的哲学社会思想，关键是要去挖掘、抢救、总结和提升。那种认为苗族或少数民族没有哲学社会思想的观点是错误的。

蒙文通在《古史甄微》中就曾说过：中国以风姓的泰族为最古，"遂古之王者，多在东方沿海一带"，"风姓之族先于炎、黄二族而居于中国"，"泰族兼营耕牧渔猎，因出于海而富于研究思考"，"长于科学、哲学"，故谓"泰族者中国文明之泉源，炎、黄二族继起而增华之"。蒙文通所说的泰族，即指上古时期居于以泰山为中心的伏羲太昊部族。

〇三二 苗族史稿（一）[1]

"我是谁？我从哪里来？我要到哪里去？"作为一个哲学命题，最早是由古希腊伟大的思想家、哲学家柏拉图提出来的。这也成为了人类的千古之问。

我们知道，苗族是一个历史悠久、文化厚重的民族，又是一个人口众多、支系繁杂、分布区域广阔的民族。数千年来，苗族与我国其他55个民族一道，共同缔造了伟大的祖国，共同创造了伟大的中华文明。

根据2000年人口普查，全国有苗族人口894万人，人口数量仅次于汉族、壮族、回族和满族，在全国56个民族中居于第5位。苗族主要世居在黔、湘、滇、渝、桂、鄂、川及海南、陕西、北京10省市自治区。其中：贵州省430万，湖南省192万，云南省104万，重庆市50万，广西壮族自治区46万，湖北省21万，四川省15万，海南省6万，北京市5000多，陕西省1000多。

除世居的以外，目前中国所有省、直辖市和自治区都有苗族人口。其他省、直辖市和自治区苗族人口主要是农村进城的打工人员，还有少量在机关、事业和企业工作的人员。

在漫长的历史岁月中，苗族迁徙的足迹不仅遍布于大半个中国，而且还漂洋过境，走向异国他乡。现有200万苗族定居在四大洲的十多个国家。其中，越南有107万人、老挝有40万人、泰国有19万人、缅甸有6万人、柬埔寨约有2万人、美国有28万人、法国有1.7万人、圭亚那（法属）有0.8万人、德国有0.15万人、阿根廷有0.3万人、加拿大有0.2万人、澳大利亚有0.4万人、新西兰有0.07万人。

东南亚半岛的苗族是明清时期从中国迁徙出去的。西方国家的苗族是20世纪70年代从东南亚迁徙出去的。海外苗族还穿苗族服饰、操苗语、吹芦笙，老人去世，还要请巫师超度亡灵回中国东部老家与其祖先团聚。他们说，中国是世界苗族的故乡。

一、苗族是中国最古老的土著居民

苗族历史悠久，源远流长，是中国最古老的土著居民之一，是中华民族的一个母体性

---

[1] 本文原题目为《苗族哲学史讲稿（一）》，系在贵阳孔学堂黔志讲堂的讲稿。

民族。

中国史籍记载苗族的历史已有7000多年，其历史渊源可以追溯到7000年前左右的伏羲与女娲，即上古时期居住在我国东部平原的"东蒙"人伏羲太昊部族。

根据中国史籍记载与传说，伏羲之前虽有盘古氏开天辟地、燧人氏钻木取火、有巢氏上树栖居。但是，盘古、燧人、有巢，是否确有其人，由于年代久远，已经难以考证了。可距今7000多年前的伏羲太昊，应该说是确有其人。中国有文字记载最早的人文始祖是伏羲。

伏羲的名号，古籍中有许多种写法，除"伏羲"外，又称伏牺、炮牺、太昊（太皞）、春皇、木皇等。《尚书》："古者伏牺氏之天下王也，始画八卦，造书契，以代结绳之政。"《世经》："炮牺氏继天而王，为百王先，首德始于木，故为帝太昊。"《尚书》是我国最早的政事史料汇编，最早的政事史书记载最早的天下王是伏羲。《世经》尊称伏羲为百王之先。

7000年前左右，在我国的东部平原，即黄河、长江中下游的广阔地带，人们始由氏族、胞族而逐渐按地域组成最早的原始部落群团,这个部落群团被中国史籍称之为"君子国""大人国"或"君子不死之国"。

"君子国""大人国"或"君子不死国"，最早是出现在《山海经》中。

《山海经·海外东经》："有东口之山。有君子之国，其人衣冠带剑。"

《山海经·海外南经》："不死民在其东，其为人黑色，寿，不死。"

《山海经·大荒东经》："东海之外，大荒之中，有山名曰大言，日月所出。有波谷山者,有大人之国。""有大人之市,名曰大人之堂。有一大人踆其上,张其两耳。"

《山海经·大荒东经》："君子国在其北，衣冠带剑，食兽，使二大虎在旁，其人好让不争。"

继《山海经》之后，"君子不死国""大人国"就相继出现在大量史籍中。

《淮南子·地形训》："东方有君子之国。"

《说文》："凤，神鸟也。""凤之象也……出于东方君子国。"

《后汉书·东夷传序》：（东方）"仁而好生，天性柔顺，易以道御，至有君子不死之国焉。"

《太平御览》引《王子年拾遗记》："……其人不死，厌世则升天。"

《帝王世纪》："帝出于震，未有所因，故位在东方。"

从以上引文可知，东方有君子之国，神鸟凤出于东方君子国，其人不死，厌世则升天。

关于"君子不死之国"的首领，或王或酋长，先秦典籍记载为伏羲，这是中国典籍记载最早的天下王。

《易系辞传》:"古者包牺氏之王天下也。"

《淮南子·时则训》高诱注:"太皡,伏羲氏,东方木德之帝也,句芒,木神。"

《白虎通义·号篇》:"下伏而化之,故谓之伏羲也。"

《白虎通义》引《含文嘉》:"伏者,别也,变也;戏者,献也,法也。伏羲始别八卦,以变化天下;天下法则;咸伏贡献,故曰伏戏也。"

《礼记·月令疏》引《帝国世纪》:"太昊庖牺氏,风性,有景龙之瑞,故以龙纪官。"

《拾遗记》:"以木德称王,故曰春皇,其明睿照于八区,是谓太昊。昊者,明也,位居东方,以含养蠢化,叶于木德,其音附角,号曰木皇。"

《左传》:"郯子曰太皡以龙纪。"

《吕氏春秋·十二纪》:"太皡伏羲氏。"孔颖达《左传疏》云:"太皡身号,伏羲代号。"

《吕氏春秋·孟春纪》:"其帝太皡。"高诱注:"太皡,伏羲氏。"

《拾遗记·卷二》:"蛇身之神,即羲皇也。"

从上述诸多引文可知,"东蒙"即"君子不死国"的首领为伏羲。伏羲生活于东方,兼有太阳的光明,所以又称作太昊。伏羲是"东蒙"人即"君子不死国"之大首领、大酋长,是中华民族的"斯文鼻祖"。

何以见得东方君子国是苗族的先民?或苗族源自东方君子国呢?我们可以从专家考证、民俗印证、考古发现三个方面来简述。

专家考证:

最早提出苗族源自伏羲氏族部落的首推法国牧师萨维纳,他以第三者的身份和眼光,比较客观地考证了苗族的源流与演变。他于1924年在香港出版了中外第一部《苗族史》,在序言中开头即说:"远古时期,中国就生活着一个我们今天已经遗忘了其根源的人们。他们至今仍生活在崇山峻岭当中,远离于别的亚洲人群。这个族群说着一种特殊的、其他民族不知道的语言,他们身上所着的衣服尤其特别,这在世界上其他任何地方都是看不到的……这些人用hmong来称呼他们自己。在远古时期的中国,他们的祖先最初曾出现在黄河下游区域和淮河流域……中国人习惯称他们为'苗',中国五千年的古老文化中,一次次地记录下了这些东亚的高山人。标识着中国史籍所记载的第一个历史时期的,正是这些苗人。"[①]

萨维纳为了证明苗族悠久的历史渊源,他依据中国史籍《通鉴纲目》列出中国早期历史纪年表,伏羲游牧时代:公元前4477年;神农农业时代:前3217年;黄帝建立帝国半史时代:前2697—前2479年。萨维纳列表后说:"我们没有列出更早的时代,因为表上列的

---

① 萨维纳:《苗族史》第1—6页,贵州大学出版社,2008年版。

从公元前4477年到1888年这段时间，已经足够向我们显示：苗族祖先在东亚早期历史上留下的足迹。"① 萨维纳强调说："中国的历史纪年也见证了苗族在中国的生存开端。"②

萨维纳还特别强调指出："如果一个年长者可令人尊敬，如果一段古老的家庭历史可令一个家族尊贵，那么，悠久的历史也可以使一个民族引人注目……他们（苗族）在华夏族的祖先的前面就来到了中国，他们的历史应该比汉人的史书记载还要古老。"③

翦伯赞、郑天挺在《中国通史参考资料》中考证说："君子国，不死国，相传是东方夷国。"

范文澜在《中国通史》中考证说："居住在东方的人统被称为'夷族'。太皞是其中一族的著名酋长。太皞姓风，神话里说他人头蛇身……相传伏牺画八卦……如果八卦确是一种记事符号的话，按照传说，当是出于太皞或太皞族。"

郭沫若在《中国史稿》中说："太皞，号伏羲氏。据说，'伏羲作卦'，已是父系氏族社会的事了……传说太皞是风姓，应同九夷中的风夷有更直接的关系。风夷在夷人氏族部落中居于首要地位，因而太皞又是所有夷人想象中的祖先。"

王献唐先生根据先秦文献记载，考证了蒙人（苗族）的来源，他说："蒙阴一带，初皆蒙古族聚处之所……所居之地名蒙，所处之山亦名蒙。""伏羲后裔，周有密须四国，为东蒙主……知东蒙一带，固伏羲子孙旧壤也。伏羲之后，有东蒙氏……东为方名……又知蒙为伏羲族氏矣。族以蒙名，所居之地，故以名蒙。蒙在东方，故言东蒙，合地名氏名以证伏羲，知伏羲为蒙古族。"

民俗印证：

民俗印证主要是苗族的心史记载与习俗。《苗族古歌》这样唱道：

来唱五支奶，来唱六支祖，
歌唱远祖先，经历万般苦，
迁徙来西方，寻找好生活。

从前五支奶，居住在哪里？
从前六支祖，居住在哪里？

从前五支奶，居住在东方；
从前六支祖，居住在东方。
挨近海边边，天水紧相连。
波浪滚滚翻，眼望不到边。

---

① 萨维纳：《苗族史》第146—147页，贵州大学出版社，2008年版。
② 萨维纳：《苗族史》第3页，贵州大学出版社，2008年版。
③ 萨维纳：《苗族史》第326页，贵州大学出版社，2008年版。

《迁徙史歌》反复唱道："从前老家乡，就在海边边。"苗族最古老的祭祖歌《吃牯脏歌》，反复 7 次唱到东方老家乡："水牛乘着河浪走，水牛到海水日出处，富裕海边老家乡。"黔东南苗族说自己的祖先来自日出的地方，在 13 年一届的杀牛祭祖时，未把牛砍死以前，必须把牛头扭向东方，表示祭祀日出地方的祖先。《迁徙史歌》唱到他们祖先是"翻过水山头，来到风雪坳"，先后渡过"河水黄央央""河水白生生""河水稻花香"的三条大河南下，然后又"沿着稻花香河"西进，"经历万般苦，迁徙来西方，寻找好生活"。

贵州省民间文学工作组编著的《苗族文学史》中说：苗族"《跋山涉水》把苗族的老家称为'东方'……历史学家说：卵生的神话是古代东方民族的传说，苗族认为祖先是从十二个蛋中生出来的。苗族认为伏羲是他们的祖先，但这个伏羲也正是古代东方民族的太昊。"①

苗族民间一直流传着蒙部落的传说。苗青在《战争与西部苗族大迁徙》中运用苗族口碑资料说："在那悠悠昊天的东方寰区，在那茫茫旷世的大地中间，有两条河，一条叫浑水河，一条叫清水河……据苗族先辈的老人们代代相传下来，最早住在浑水河和清水河流域大平原里的，是一个叫'蒙'（hmongb）的大的部落部族。这个大的部落部族，居住地域方圆数千里。"②

考古发现：

从我国考古发现来看，上古"东蒙"人即伏羲太昊部族文化，从距今约 9000 年前的贾湖文化起，历经后李文化（距今约 8300 年）、北辛文化（距今约 7300 年）、河姆渡文化（距今约 7000 年）、良渚文化（距今约 6500 年）、大汶口文化（距今约 6000 年）等，都是上古时期"东蒙"所创造出来的不同历史阶段的文化。

后李文化因首次发掘山东淄博市齐陵镇的后李家村而得名。后李遗址所在地是上古"东蒙"人活动的地方，后李人死者头向朝东埋葬与现苗族老年人寿终正寝时头也向东，唱《焚巾曲》指引亡魂，返回东方故地投祖。《焚巾曲》所说的东方，亦指太阳升起的地方，即指"东蒙"人之古地。

根据现在所知的出土考古资料，上古鸟纹，所见最早的是在河姆渡文化遗址。河姆渡遗址的发掘物陶器上有双头鸟的纹饰，同现今黔东南苗族蜡染双头鸟的纹饰是一模一样的。

秋阳在《蚩尤与中国文化》中说："红山文化和良渚文化发现后，'好事者'们经过考察研究认为，红山文化属于黄帝族的源头，而良渚文化则是蚩尤族的遗存。此说一出，得到更多人的认同……良渚人，应该说九黎，是个智慧而强悍的民族。他们在长江下游创立以稻作为主的农耕基业，建屋以为居，造舟船以渡河。由于生产工具的改进，又有发达的手工业，收益不仅能自给，且有盈余，进而由石器时代发展到陶器和玉器时代。由于经济的富有而筑城的防护，这就为'接近文明社会的门槛'打下了基础，创造了条件。"③

何驽先生认为，良渚文化即是蚩尤文化，良渚玉器流行的那种神人兽面图像即是蚩尤像，

---

① 贵州省民间文学工作组编：《苗族文学史》第 83 页，贵州人民出版社，1981 年版。
② 洞庭西子·苗青：《苗族文学论稿》第 289—290 页，现代出版社，2015 年版。
③ 秋阳：《蚩尤与中国文化》第 53—57 页，民族出版社，2015 年版。

当然龙山文化就是黄帝集团，良渚文化的衰亡就是黄帝大战蚩尤的结果。①

王大有在《蚩尤氏在中华文明史上的杰出地位论纲》中指出：苗族"都是头戴飞鸟形凸玉冠上插羽毛，这种玉冠，首见于河姆渡文化（距今7000多年），发达于良渚文化（距今6500—4200年）—大汶口文化（距今6500—4500年）—龙山文化（距今4500—4000年）的陶器、玉器上，尤其集中于玉圭、玉钺、王冠上。"②

综合上述，我们可以看出，无论是中国史籍记载，学人研究考证，民族心史记载以及考古资料印证，都证明苗族源自上古"东方君子国"即伏羲太昊部族，是中国最古老的土著居民之一。诚如陈靖在《论苗族在中华民族形成和发展中的贡献》中说："中华民族文化是一个浩瀚的大海，各族人民就是不断给大海送来流水的大小江河，苗族是这些河流中注水时间最久和流源最长的一条。"③

二、苗族先民对中华早期文明的历史贡献

中国几千年封建社会，"胜者为王，败者为寇""万世皆系于黄帝"。一些封建史官有意或无意将一切历史功劳，创造发明都归功于胜利者黄帝。其实，这是不符合历史真实的。诚如顾颉刚说："我们现在明白了许多中国文化并不是发生于华夏族的，我们就得从其他民族中找去。"④

大量的中国史籍资料记载，7000年前的"东蒙"人伏羲或伏羲时代，就开中华文明之先河，我曾将伏羲或伏羲时代的创造发明归纳为：观天象、制历算；结网罟、驯家禽；兴庖厨、行医药；画八卦、刻书契；定姓氏、制嫁娶；兴管理、造干戈；化蚕制衣、制乐创歌；建都宛丘、以龙纪官。

在这里，我们主要叙说5000多年前的伏羲太昊氏的族裔，即蚩尤或蚩尤所统领的九黎部落集团的创造与发明。这些创造发明促进和影响了中华文明中华民族的发展进程。

大量的中国史籍资料记载及专家考证，蚩尤或蚩尤所统领的九黎部落集团，就有四组大发明，即发明冶炼，造立兵器；整治部族，创制刑法；信鬼好巫，发明宗教；使用甲历，种植水稻。

（一）发明冶炼、造立兵器

根据中国史籍记载及专家考证，蚩尤及其九黎部落率先发明金属冶炼技术和制作金属兵器。

---

① 何驽：《文献考古方法刍论》，载《华夏考古》2002年第1期。
② 王大有：《蚩尤氏在中华文明史上的杰出地位论纲》，载《先秦史研究动态》1996年第1期。
③ 陈靖：《论苗族在中华民族形成和发展中的贡献》，载《先秦史研究动态》1996年第1期。
④ 顾颉刚：《从古籍中探索我国西部民族——羌族》第118页，载《社会科学战线》1980年第1期。

《吕氏春秋·荡兵》:"未有蚩尤之时,民固剥林木以战矣,胜者为长。"

《尸子·地数》:"造冶者,蚩尤也。"

《管子·地数篇》:"葛卢之山发而出水,金从之,蚩尤受而制之,以为剑、铠、矛、戟。"

《龙鱼河图》:"蚩尤兄弟八十一人……造五兵:杖、刀、戟、大弩,威振天下。"

《越绝书》:"黄帝之时以玉作兵。"

《太平御览》:"黄帝与蚩尤九战九不胜"。

以上史料告诉我们,蚩尤九黎部落发明冶炼和兵器,造有刀、戟、杖、大弩等。黄帝与蚩尤之战争,黄帝是以玉作兵,而蚩尤是以金作兵,黄帝曾经九战九不胜。而在《苗族古歌》和《苗族史诗》中,都有"运金运银""打柱撑天""铸造日月"等篇章,都涉及到金属的冶炼,都有寻找金、银、铜、铁等方面的内容。说明中国史籍资料记载和苗族的心史记载是相互印证的。

蒋南华教授在《中华文明七千年初探》中考证说:"以铜为代表的金属冶炼及其金属制品的出现,不仅是社会物质文明的重要表征,而且也是时代技术进步的总体反映……《山海经》不仅记载了蚩尤(以金)作兵伐黄帝的历史故事,还详细记载了铜矿和其他金属矿藏的出产地,如《南山经》记载有铜矿产地17处;《西山经》记载有铜矿产地25处,铁矿产地8处,银矿产地4处。"[①]

王大友在《三皇五帝时代》中考证说:"蚩尤在祭天寮祭或烧陶制器时,发现葛卢山的石头熔化以后,有铜(葛卢之山,发而出水,金从之),蚩尤拿来制成剑、铠、矛、戟,当年用此金兵兼并诸侯九位。蚩尤又发现雍狐山的石头熔化后,同样有铜(雍狐山发而出水,金从之),蚩尤采炼雍狐戟、芮戈,这一年兼并诸侯十二位。于是蚩尤声威大震。"[②]

王献唐在其所著《炎黄氏族文化考》中也写道:"有此利器,以新兴民族临之,故冲横决荡,无不如志。其最难制服者,厥为蚩尤,以蚩尤能作兵器,借兵器之利,与黄帝争衡,无他谬巧也。"

根据中国史籍资料记载,蚩尤得到青铜制造的锋利兵器后开始大肆扩张和掠夺。这个时段大抵还在新石器时代,其他部落的武器还只是一些石器和木器,蚩尤部落的战斗力当然要强过他们许多。蚩尤部落在战斗中不但使用铜兵器,还用些铜块铜片包在头上,成了最原始的头盔。也许在与黄帝打仗的时候,他们还用头上的铜片像牛角一样抵人,于是就有人说他们是"铜头铁额"。

蚩尤九黎部落率先发明冶炼和兵械,从而推进了中华大地从此进入冷兵器时代。

[①] 梁聚五:《苗族发展史》第55页,贵州大学出版社,2009年版。
[②] 王大友:《三皇五帝时代》(下)第210页,中国时代经济出版社,2005年版。

（二）整治部族、创制刑法

根据中国史籍记载，蚩尤在发明青铜兵器，兼并许多氏族部落的基础上，发展成为雄踞祖国东方的一个强大部落。为了严加管束自己的部族，蚩尤九黎部落联盟创立了刑法，对不服从管理的狂徒施以徒刑。

《尚书大传》："苗民用刑，而民兴相渐。"

《周书·吕刑》："苗民弗用灵，制以刑……遏绝苗民，无世在下。""蚩尤对苗民制以刑。"

苗民弗用灵，制以刑，蚩尤对苗民制以刑，而民兴相渐，遏绝苗民，无世在下。说明蚩尤已用"纪律"来管理自己的部属。上古"东蒙"人的伏羲太昊虽然兴管理，立九部，但还没有使用刑法的记载，而蚩尤统领的"九黎"集团在管理中却使用了刑法，说明"九黎"苗民当时处于中华法律文明的最前列。

蚩尤用"纪律"来管理自己的部属。"蚩尤为九黎之君。"九黎之君，对九黎黎民制以刑，有刑法必有罪奴，必有压迫，本在情理之中。率先在部族内使用刑法，证明蚩尤所统领的九黎部落集团，其社会生产力已经比较发展，已经紧靠阶级社会的门槛，跨过门槛，就是阶级社会和国家的时代了。

有了"纪律"，大家必然要遵守，这使得九黎部族战斗力很强，发展得很快。梁聚五在《苗族发展史》中引用徐松石、童书业、钱穆等的资料考证说："九黎区域，可能西至宝鸡，东至嵩山，北至怀来，南至信阳。黄河由北而南，抵潼关，折而东，构成'乙'字形，贯通九黎全境。"[①]

据《尚书》《周书》《吕氏春秋》《墨子》等史籍资料记载，蚩尤对苗民制以刑，刑法极其苛毒。

《尚书·吕刑》："蚩尤惟始作乱，延及于平民，罔不寇贼，鸱义奸宄，夺攘矫虔。苗民弗用灵，制以刑，惟作五虐刑曰法，杀戮无辜。爰始淫为劓、刵、椓、黥，越兹丽刑，并制，罔差有辞。"其注云："蚩尤作乱，当是作重刑以乱民，以峻法酷刑民。"

《周书·吕刑》："王曰，若古有训，蚩尤惟始作乱，延及于平民……苗民弗用灵，制以刑……遏绝苗民，无世在下。""蚩尤对苗民制以刑。""苗民否用练，折则刑，唯作五杀之刑，曰法。"

---

① 梁聚五：《苗族发展史》第 20 页，贵州大学出版社，2009 年版。

《墨子·尚同中》:"昔者圣王制为五刑,以治天下。逮至有苗之制五刑,以乱天下。则此其刑不善?用刑则不善也。是以先王之书,《吕刑》之道曰:苗民否用练折则刑,惟作五杀之刑,曰法。则此言善用刑者以治民,不善用刑者以为五杀。"

上述记载资料可知,蚩尤对其统领的"九黎"集团所使用的刑法,其中的肉刑就有四类:劓、刵、椓、黥。据相关文字介绍,这是相当残酷的四类刑法。至于说"蚩尤作乱,延及于平民""作重刑以乱民""以峻法酷刑民"的说法,这要么是人们对蚩尤率先发明和使用刑法不理解,要么就是"胜王败寇"的记录,胜利者总是斥失败者为"乱"罢了。否则,发明刑法以治理和壮大部落,怎么成了"作乱"和"乱民"了呢?

夏曾佑在《中国古代史》中说:"蓄所谓墨劓宫大辟诸刑,本黎民苗民之法……即以其人之法,还治其人之身。今欧人之驭殖民地之土人,莫不然也。中国古人,设此分人等法,原为黄帝蚩尤战后,不得以之故。"①

章钦在《中华通史》中说:"是则肉刑之创始起于苗族。自黄帝以来,至于唐虞,本族与苗族竞争方烈,本族卒代之而起,沿用苗族之刑法以制苗民……而其后,渐用其法以制本族。于是,肉刑之制立,而后也沿袭以行矣。"②

李发刚在《蚩尤文化概要》中说:"蚩尤是建立法规、实行法制的最早创造者和施行者。蚩尤首创法规,实施刑事法,三苗依纲纪。唐代《路史·后纪四·蚩尤传》曾有注者曰:'蚩尤天符之神,状类不常,三代彝器,我著蚩尤之像。为贪虐者之戒。'这说明,蚩尤首创和施行的刑法产生了深远的影响。有的史料还说,兵器和刑法是蚩尤发明的,后来被黄帝部落效法。"

王大友在《三皇五帝时代》中考证说:"蚩尤作五刑,始'为劓、刵、椓、黥,越兹丽刑',起因是'苗民弗用灵,制以刑,惟作五虐之刑,曰法'(《书·吕刑》)。苗民不用的'灵',应是蚩尤作为总监大临颁布的公历或敬七神七主的制度。因为九黎联盟建立不久,各氏族尚不适应统一的集权管理,联盟制度实施有困难,也会有抵触,这就是'苗民弗用灵'。蚩尤为推行联盟制,制定违逆处罚条例,制五刑,曰'法',就是法律,强制执行。或灾害,或异族相挤,掠他人财物者,皆被制以刑,以稳定内部。"③

(三)信鬼好巫、发明宗教

从中国史籍记载来看,蚩尤所统领的九黎部落发明的宗教即是巫教。

---

① 夏曾佑:《中国古代史》第18页,岳麓书社,2010年版。
② 夏曾佑:《中国古代史》第18页,岳麓书社,2010年版。
③ 王大友:《三皇五帝时代》(下)第210页,中国时代经济出版社,2005版。

《国语·楚语》:"少皞之衰,九黎乱德,民神杂糅,不可方物,夫人作享,家为巫史,无有要质,民匮于祀。而不知其福。烝享无度,民神同位。民渎齐盟,无有严威。神狎民则,不蠲其为。"

这段史料反映了蚩尤所统领的九黎部落集团的宗教生活状况。说明九黎部落已经盛行原始宗教,最初的"天神"观念和原始巫术已经发生。在当时人的心目中,作为人的崇拜对象的"天"似乎是人人可以接近并与之相沟通的,还没有后来那种高高在上的权威与威严。而与天沟通的中介即是巫,当时的巫也不具有特殊的身份和超出常人的技能,宗教文化成为一种普遍的民间文化已经存在了。

中国史籍记载,蚩尤在与黄帝的战争中曾使用了战争巫术手段。

《广博物志》引《玄女兵法》:"蚩尤幻变多方,征风招雨,吹烟喷雾,黄帝师众大迷。"

《述异论》:"蚩尤能作云雾。"

《山海经·大荒北经》:"蚩尤请风伯雨师纵大风雨。"

蚩尤在与黄帝的战争中使用了战争巫术手段,运用"请风伯雨师纵大风雨""变幻云雾""征风招雨"等自然神灵助阵方式,实施本族团巫术手段攻伐黄帝。

袁珂在《中国古代神话》中考证说:"有一次,当双方的军队在原野上战斗正酣的时候,蚩尤不知弄了一种什么魔法,造起了漫天遍野的大雾来,把黄帝和他的军队团团围困在核心,不辨东西南北方向。在这一片白茫茫的大雾中,一个个铜头铁额、头上生角的蚩尤士兵就更加可怕了。他们在雾中或隐或显,时出时没,逢人便砍,见人便杀,只杀得黄帝的军队马嘶人叫,虎窜狼奔。"[1]

中国史籍记载,数千年来,蚩尤九黎南下的后裔一直盛行着"天神"的原始宗教思想和巫术,以信鬼好巫而闻名于世。

《后汉书·南蛮》:"未有君长,俱事鬼神。"

《云中君》王逸复注:"楚人名巫为灵子。"

《说文》:"灵,巫也,以玉事神。"

《列子·说符》:"楚人鬼,而越人礼。"

《汉书·地理志》:"楚人信巫鬼,重淫祀。"

《后汉书·宋均传》:"其俗少学者而信巫鬼。"

---

[1] 袁珂:《中国古代神话》第114页,中华书局,1960年版。

《隋书·地理志下》:"大抵荆州率敬鬼,尤重祠祀之事。"

《襄阳记》:襄阳之俗"信鬼神"。

《苗荒小记序引》:"苗人崇信神巫,尤胜于古,婚丧建造,悉以巫言决之。甚至疾病损伤,不以药治,而卜之以巫,以决休咎。"

苗族现在分布在中国的十多个省市区,国外苗族分布在四大洲的十多个国家,他们之间相隔数百里、数千里、上万里,但他们在文化上一个共同的特征,就是信鬼好巫、多神崇拜。

盛襄子在《湖南苗族史述略》中说:"今征之古史,苗瑶盖为中国巫教的首创者,今汉族通行的道教——巫教犹有往茅山——苗山学法之说,是可证明。"[①]

对蚩尤九黎族率先发明兵器、刑法和宗教,王桐龄在《中华民族史》中是这样说的:"当时苗族文化,相当发达,第一发明刑法;第二发明兵器;第三发明宗教。后来汉族所用之五刑、兵器及甲胄,而信奉之鬼神,大抵皆苗族所创,而汉族因袭者。"[②]

宋文炳在《中华民族史》中也考证说:"苗夷文化,在现代似无可称述,惟于上古时期,极为发达,影响汉族亦很大。简单叙述,约分为:一、刑法……二、兵器……三、宗教……此三件,均为苗族发明,有裨益于汉族甚大!"[③]

(四)使用甲历、种植水稻

中国古代是通过六十年甲子循环的方法进行纪年的,"天干地支"甲历纪年法是中华民族最早的纪年方法。从中国史籍记载来看,是伏羲最早发明了甲历,所以甲历又称伏羲历或上元历、太初历,它是中华民族最早发明使用的历法。

《历书序》:"伏羲推策作甲子。"

《周髀算经》:"伏羲作历度。"

《古三坟》:"伏羲氏木王月命臣龙潜氏作甲历。"

伏羲时代就开始使用甲历了。而蚩尤九黎是伏羲太昊氏、少昊氏的族裔,使用伏羲甲历当在情理之中。诚如王大友在《三皇五帝时代》中考证说:"东夷(蒙)民族原来的文明程度就比其他民族高,少昊保留了鸟官制和太昊历法,又实行金星历、日月阴阳合历……蚩尤继承伏羲太昊四陆二十八宿系统,并完善这一系统……民知风雨阴晴幻变,充分利用天

---

① 盛襄子:《湖南苗族史述略》,载民国《新亚细亚》第13卷第4期。
② 王桐龄:《中华民族史》第5页,吉林出版集团有限责任公司,2010年版。
③ 梁聚五:《苗族发展史》第55页,贵州大学出版社,2009年版。

时地利，发展成为九黎八十一个兄弟氏族联盟。"①

　　杨庆林等著的《中华民族通史论纲》也考证说："古苗人崇尚科学、崇尚英雄、善于发明创新……干支纪年法中反映了古苗人的科学思维及研究能力：第一，当时的古苗人已经能够对长期观测到的天文现象进行系统记录并分析；第二，当时的古苗人已经掌握了排列组合的数学方法，认识到了十进制、十二进制和六十进制这些记数方法，并加以应用；第三，当时的古苗人已经认识到，自然界事物的发展存在周期性循环往复的规律，并将这一思想应用到纪年中……因此，我们认为，古苗人可能通过长期的观测加分析发现了这种周期性变化规律。"②

　　上古"东蒙"人取名为苗，还与其种田农耕有关。

　　　　《山海经·大荒南经》："苗民……继宜秬穄是食。"
　　　　《诗经·硕鼠》："无食我苗。"注："嘉谷也。"
　　　　《公羊·庄七年传》："无苗。"注："苗者，禾，生曰苗，秀曰禾。"
　　　　《说文》："苗，草生于田者。"
　　　　《广雅·释古三》："苗，众也。"
　　　　《法言·重黎》："秦楚播虐于黎苗。"
　　　　《后汉书·和熹邓后纪》："以赡黎苗。"

　　上述记载告诉我们，"东蒙"取名为苗，与其种田农耕有关。杨万选考证说："据典籍所载，中国土人，实为苗族。按：苗，从草从田，谓草生于田也。其初本会意字，如诗《硕鼠》'无食我苗'，《公羊·庄七年传》'无苗'。注：'苗者，禾，生曰苗，秀曰禾。'其后或以禾黍油油之意。"③日本著名学者鸟居龙藏在他出版的第一部《苗族调查报告》中引用他人的话说："云南、广西及贵州之山地住有许多苗子之部落，'苗'字可译为'力田之人'。"④

　　盛襄子在《湖南苗史述略》中说："《说文》：苗，草生于田者曰苗，凡草初生亦曰苗，故知古代称东南方土著人民曰苗，实显该族能深耕细耨，勤力农事，以农业为生活之根本。"⑤

　　日本佐佐木乔主编的《稻作综合研究》就认为："中国自古以来就有野生稻生长的记载，不能认为是古代从印度及越南，老挝、柬埔寨等传入。1940年，盛永氏认为，中国稻的真正起源，应当追溯太古时生活于扬子江与黄河之间的苗族所写的历史"。⑥

---

① 王大有：《三皇五帝时代》（下册）第207—209页，中国时代经济出版社，2005年版。
② 杨庆林等：《中华民族通史论纲》第38—39页，当代中国出版社，2012年版。
③ 杨万选：《贵州苗族考》第9页，贵州大学出版社，2009年版。
④ 鸟居龙藏：《苗族调查报告》第14页，贵州大学出版社，2009年版。
⑤ 盛襄子：《湖南苗史述略》，载民国《新亚细亚》第13卷第4期。
⑥ 伍略《苗族是中国历史上最早种植水稻的族群之一》，载石莉等主编《石朝江苗学研究评论集》第168页，中国实言出版社，2015年版。

综上可以看出，蚩尤九黎部落发明了兵器、刑法、宗教和农耕，这些文化当时来说是最先进的，为后来崛起的炎、黄部落所汲取和发扬，为整个古老的中华文明的创造和发展奠定了坚实的基础。范文澜说："古代学者承认黄帝为华族始祖，因而一切文物制度都推原到黄帝。"[1] 而事实上，黄帝是在继承先进的"东蒙""九黎"文化的基础上开创中华文物制度的。

正如蒙文通在《古史甄微》中说："泰族者中国文明之泉源，炎、黄二族继起而增华之。"

蒋志华主编的《中国世界部落文化》也说："东夷（蒙）部落为我国早期文化的发展和推进起到了很大的作用，中原华夏文明就是文化相对落后的西部华夏族吸收先进的东夷（蒙）部落文化后进入文明社会的。"[2] 只不过蒋志华等所说的东夷，应为"东蒙"或"九黎"才对。因为炎帝、黄帝、蚩尤时期，华夏还未居中土，又哪来的夷蛮处四方？华夷五方格局是黄帝打败蚩尤后，至夏商周时才逐渐形成的。

---

[1] 范文澜：《中国通史简编》第90页，人民出版社，1965年版。
[2] 蒋志华主编：《中国世界部落文化》第12页，时事出版社，2007年版。

三三 苗族史稿（二）[1]

《贵州通志·土民志》载："夫苗族之在中国，论者谓尚在汉族之先，彼族君长如蚩尤者，明乎天道……实始造兵为剑、矛、戟以威天下，其才横绝一代，徒以涿鹿之战后，一蹶而不能复振……以至日渐退化，保残喘于隅。"这一记述是符合苗族历史发展实际的。

我们前面讲了"苗族是中国最古老的土著居民之一""苗族先民对中华早期文明的历史贡献"，现在讲"苗族在古代部落战争中遭受败绩""苗族历史上五次大的迁徙波"。

一、苗族在古代部落战争中遭受败绩

恩格斯说："在没有明确的和平条约的地方，部落与部落之间便存在着战争，而且这种战争进行得很残酷，是别的动物无法和人类相比的。"[2]

苗族在古代部落战争中遭受败绩，我们主要叙说黄河之战和长江之战。经过这些重大的历史事件，绝大多数的古苗人都已同化和融入华夏族了。历史上强大的"东蒙""九黎"人的后裔，反而沦为一个相对落后的少数民族了。

（一）黄河之战：九黎惨败

所谓"黄河之战"，即蚩尤与黄帝在黄河流域的战争。

在中国，涿鹿大战，黄帝战胜蚩尤的传说，可以说是家喻户晓。中原位于中国的腹部地区，得中原者得天下，逐鹿中原成为古时王者的梦想。

根据中国史籍资料记载，5000年前左右，在中原大地黄河流域先后发生了三场较大规模的部落战争，即九隅之战：蚩尤逐炎帝出九隅；阪泉之战：黄、炎部落联盟；涿鹿大战：九黎部族惨败。三次部落战争之后，黄帝成为天下共祖，中华民族开始步入新的文明时代。

---

[1] 本文原题目为《苗族哲学史讲稿（二）》，系在贵阳孔学堂黔志讲堂的讲稿。
[2]《马克思恩格斯选集》第4卷第94页，人民出版社，1972年版。

夏曾佑在《中国古代史》中说："古时黎族（指九黎族）散处江湖间，先于吾族，不知几何年。……至黄帝之时，生齿日繁，民族竞争之祸，乃不能不起，遂有炎帝、黄帝、蚩尤之战事。而中国文化，藉以开焉。"[1]

郭沫若在《中国史稿》中说："在通往华夏族形成的道路上，传说有三次大规模的部落战争。"[2]

中国有文字记载的第一场部落战争，是蚩尤逐炎帝出九隅之战。

我们知道，神农时代是继伏羲时代后的一个较长的历史时代，中国史籍大多把神农和炎帝一块记载的，我们认为神农炎帝或炎帝神农是对若干世代的部落首领的称呼。中国史籍有神农炎帝是七世代和八世代的记载，学界大多倾向于八代。史籍记载黄帝时期的炎帝叫榆罔，传说炎帝榆罔是神农第八代。

《易·系辞》疏引《帝王世纪》："炎帝之号，凡传八世：帝临、帝魁、帝承、帝明、帝直、帝氂、帝哀、帝榆罔。至帝榆罔之世，始见蚩尤部浇崭露头角。"

《庄子·盗跖·释文》："榆罔与黄帝合谋，击杀蚩尤。"

《三皇纪》："炎帝之后凡八代，五百余年，轩辕氏代之。"

从上述史籍资料记载看，炎帝之号，从神农一世即启用，传八世，帝临、帝魁、帝承、帝明、帝直、帝氂、帝哀、帝榆罔，后轩辕氏代之。炎帝榆罔是神农第八世，"至帝榆罔之世，始见蚩尤部浇崭露头角"。因此，才出现蚩尤逐炎帝出九隅之战，出现"榆罔与黄帝合谋，击杀蚩尤"。

王大友在《三皇五帝时代》中考证说："文献，以'神农氏十七世有天下'较为可信。然而这十七世，仅见八世相传。皇甫谧《帝国世纪》：'神农氏在位一百二年而崩。纳奔水氏女曰听谈，生帝临魁，次帝承、次帝明、次帝直、次帝来、次帝厘、次帝榆罔，凡八代，及轩辕氏。'马骕《绎史》世系图：神农—帝临魁—帝承—帝明—帝直—帝来—帝厘—帝榆罔八世。"[3]

中国史籍记载，发祥于中原的蚩尤部落和从西部进入中原的炎帝部落，曾有过一段和平相处的时期。

《盗跖》云："神农之世，卧则居居，起则于于……与麋鹿共处，耕而食，织而衣，无有相害之心，此至德之隆也。"

《商君书·画策》曰："神农之世……刑政不用而治，甲兵不起而王。"

---

[1] 夏曾佑：《中国古代史》第12—13页，岳麓书社，2010年版。
[2] 郭沫若：《中国史稿》，人民出版社，1976年版。
[3] 王大友：《三皇五帝时代》（上册）第191页，中国时代经济出版社，2005年版。

《潜夫记·五德志》载:"神农是以日为市,致天下之民,聚天下之货,交易而退,各得其所。"

上述记载可能是整个神农时代的情况,但不乏折射现出发祥于中原地区的蚩尤部落和从西部进入中原的炎帝部落曾有过一段和平相处的时期,至少炎帝部族东进时未遭到蚩尤部落的阻挡。

当蚩尤部落和炎帝部落共同生活于中原地带时,黄帝部落还居住在涿鹿附近的山湾里,过着来往不定迁徙无常的游牧生活。诚如范文澜在《中国通史简编》中说:"九黎族最早进入中部地区。""炎帝姓姜……姜姓是西戎羌族的一支,自西方游牧先入中部。""黄帝族原先居住在西北方,据传说,黄帝曾居住在涿鹿附近的山湾里,过着来往不定迁徙无常的游牧生活。"

从中国史籍记载看,蚩尤部族和炎帝部族同在中原地带度过一段和平期后,随着"神农氏衰"和蚩尤部族的日益强大,终于发生了苗羌两族争夺生活空间的战争。

《逸周书·尝麦》:"蚩尤乃逐帝。争于涿鹿之阿,九隅无遗。"
《帝王世纪》:"蚩尤氏强与榆罔争王于涿鹿之阿。"
《庄子·盗跖》:"蚩尤氏强,与榆罔争王,逐榆罔。"
《路史·后记蚩尤传》:"蚩尤产乱,出洋水,登九淖,以伐空桑,逐帝(炎帝)而居于涿鹿。"

徐晓光等说:"在部落联盟争战时期,由于九黎集团在战争中首先得到优势,为夺取更多的财产,同时也就不断地扩大了自己的疆土。"[①] 从史料记载来看,两族之争,蚩尤部族获胜。据说蚩尤部族勇猛剽悍,骁勇善战,而且又善于制作精良坚利的兵器,"以金作兵",战斗力很强,"威振天下"。炎帝族根本抵挡不住,地盘全失,被迫撤离九隅,向西北败退,在阪泉遭遇黄帝部族。

姚政考证说:"《逸周书·尝麦》载:'蚩尤乃逐帝。争于涿鹿之阿,九隅无遗。''九隅无遗'是指炎帝统辖下的九块地方,全被蚩尤侵占了。"[②]

李学勤主编的《中国古代文明与国家的形成研究》说:"由于东夷集团生产力水平较华夏集团略高一等,致使炎帝节节败退,'九隅无遗'也是不奇怪的了。"

中国有文字记载的第二场部落战争,是黄帝与炎帝阪泉之战。

根据史籍资料记载,阪泉之战是在黄帝部族与炎帝部族之间发生的,没有蚩尤部族参与。

---

① 徐晓光等:《苗族习惯法研究》第8页,华夏艺术出版社,2000年版。
② 姚政:《先秦文化研究》第23页,巴蜀书社,2004年版。

阪泉之战黄帝"三战得其志""三战而克之"，最终促成了黄帝、炎帝两部族的联盟，而后共同对付强大的"最为暴"的蚩尤九黎部族。

史籍记载，黄帝轩辕与炎帝榆罔同源，都起自西部黄土高原，炎帝支沿渭河、黄河南岸而入中原，黄帝支沿黄河北岸向东北发展而到达燕山南北地带。

蒋志华主编的《中国世界部落文化》说："早期的黄帝部落是一个游牧部族，依河流水草四处漂泊。最初，黄帝部落从今陕西北部向东迁徙，沿着洛水南下，又渡过黄河沿着中条山和太行山西麓向北，最后沿着桑干河走出山岭，在今河北北部的平原上定居。他们在与炎帝部落发生接触时仍以游牧生活为主，但也擅长狩猎征战。据此来看，今陕北地区是黄帝部落早期发展的重要区域，但最主要的活动区域是在燕山以南地区。"[①]

史籍记载黄帝与炎帝战于阪泉之野。

《史记·五帝本纪》："轩辕以与炎帝战于阪泉之野，三战，然后得其志……而诸侯咸尊轩辕为天子，代神农氏，是为黄帝。"

《太平御览·皇王都四·黄帝轩辕氏》："黄帝于是乃训兽，与神农氏战于阪泉之野，三战而克之。"

《帝王世纪》："神农氏衰。黄帝，修德，化民……与神农氏战于阪泉之野。三战，而克之。"

《论衡·率性篇》："黄帝，与炎帝……战于阪泉之野。三战，得志。炎帝败绩。"

夏曾佑在《中国古代史》中说："黄帝及与炎帝战于阪泉之野，三战而后得其志。夫曰得其志，则黄帝之谋炎帝也。盖普鲁士不合日耳曼列邦为一统，不能大胜法兰西也。"[②]

我们特别注意到夏曾佑的最后一句，"盖普鲁士不合日耳曼列邦为一统，不能大胜法兰西也"，意指黄帝若不经过阪泉之战与炎帝联盟，就不可能打败强大的蚩尤九黎部落集团。

李学勤主编的《中国古代文明与国家形成研究》中也说："黄帝、炎帝的远祖是从同一个母氏族中分裂出的女儿氏族，分别居于姬水和姜水。据考姬水很可能就是源于今陕西麟游西偏北杜林、于武功入渭的漆水。姜水在今陕西境内的渭水上游，今宝鸡尚有清姜河。在漫长的历史进程中，分裂出很多新的氏族、部落，散布到广阔的中华大地，成长为两个'异姓''异德''异类'的古族。距今5000年前的黄帝、炎帝，就是其中向东发展的两个支系。"[③]

梁聚五考证说："榆罔既衰微，而且无道，不但先入黄河流域之君长蚩尤，应当向他进攻；就是后来跨进黄河流域之一群，也不肯放过这良好机会的……炎帝衰微可能是年龄偏大而力不从心吧，也就是史籍记载的'诸侯相侵伐，虐百姓，而神农氏弗能征。'炎帝要比同时代

---

① 蒋志华编著：《中国世界部落文化》第3—4页，时事出版社，2007年版。
② 夏曾佑：《中国古代史》第13—14页，岳麓书社，2010年新版。
③ 李学勤主编：《中国古代文明与国家形成研究》第216—217页，云南人民出版社，1998年版。

的黄帝、蚩尤年长得多。"

罗琨在《阪泉之战与涿鹿之战在中华文明形成过程中的历史地位》说:"黄帝、炎帝的阪泉之战是华夏集团内部争雄争长的战争。有人说他们既然都是少典和矫氏之后,同源共祖,阪泉之战不可能发生在炎、黄之间,这实是历史的误会。因为,第一,阪泉之战距离这两个部落的先祖从同一母系氏族中分离出来,又沿着不同路线东迁的时代已非常遥远了。这时私有财产的发展已经瓦解了血缘亲属同生共死的古老团结,远缘亲属部落为争雄而战,在英雄时代应不足为奇。第二,这场战争在传说中虽有反复较量,'三战,然后得其志',却没有残酷杀戮的记忆,也可证明是一场内部争雄的战争。战争以黄帝胜利而告终。此后,炎黄两个部落连同他们的从属部落一起形成了一种超越亲属部落联盟的共同体雏形,拉开了英雄时代,亦即黄帝时代的帷幕。华夏集团正是在这个基础上日益强大起来。"①

上述专家考证说明,黄帝、炎帝两族同源,两族发生阪泉之战是真实的历史。阪泉之战是一场内部争雄的战争,它最终促成黄炎联盟,共同对抗踌躇满志的蚩尤。著名的涿鹿大战,就是在这样的背景下发生的。

中国有文字记载的第三场部落战争,即是黄帝、炎帝与蚩尤涿鹿大战。

在涿鹿大战之前,虽已发生蚩尤逐炎帝出九隅之战和黄炎阪泉之战,但真正打开战争这个潘多拉魔盒的,是涿鹿鏖兵——黄帝炎帝与蚩尤的涿鹿大战,这称得上是揭开中国古代战争史帐幕的一战,它最终决定了谁是中原的主人,也决定了中国后来发展的历史格局。

据司马迁《史记·五帝本纪》的记载,黄帝姓公孙,名轩辕,邑于涿鹿之阿。黄帝一生做成两件大事,其一是经过阪泉之战,打败了炎帝,建立了炎黄联盟;其二是经过涿鹿之战,擒杀了九黎之君蚩尤。以后,"诸侯咸尊轩辕为天子……是为黄帝"。

著名的涿鹿大战,一方是由黄帝统领的黄炎联盟,另一方是由蚩尤统领的强大的"东蒙"九黎部族。

根据中国史籍资料记载,涿鹿大战的双方,无论是兵力还是武器,九黎部落都要优于黄帝部落。

《世本·作篇》:"蚩尤以金作兵。"

《龙鱼河图》:蚩尤"造立兵杖、刀、戟、大弩,威振天下"。

《管子》:"蚩尤受葛卢之金而作剑铠矛戟。"

《春秋公羊传》:"甲午祠兵。祠者,祠五兵:矛、戟、剑、盾、弓矢,及祠蚩尤之造兵者。"

夏曾佑在《中国古代史》中考证说:"夫蚩尤受金作兵,伐黄帝,是地质学家所谓铜刀

---

① 罗琨:《阪泉之战与涿鹿之战在中华文明形成过程中的历史地位》,载《先秦史研究动态》1996年第1期。

期矣。"①蒋志华主编的《中国世界部落文化》也说:"蚩尤得到青铜制造的锋利兵器后开始大肆扩张和掠夺。这个时期大抵还在新石器时代,其他部落的武器还只是一些石器和木器,蚩尤部落的战斗力当然要强过他们许多。蚩尤部落在战斗中不但使用铜兵器,还用些铜块铜片包在头上,成了最原始的头盔。也许在与黄帝打仗的时候,他们还用头上的铜片像牛角一样抵人,于是就有人说他们是'铜头铁额'。"②

《龙鱼河图》:"蚩尤有兄弟八十一人,并兽身人语。"
《国语·楚语》注曰:"九黎,黎氏九人,蚩尤之徒也。"
《通典·乐典》:"蚩尤氏帅魑魅与黄帝战于涿鹿,帝令吹角,作龙吟已御之。"
《路史》:"蚩尤乃驱魍魉,以肆志于诸侯。"

上述记载,大概是说蚩尤部族的军队,除有九九八十一个兄弟氏族,还有魑、魅、魍、魉等山精水怪,可谓人数甚多。正如段宝林教授在《蚩尤考》中说:"蚩尤九黎部落亦曾居住在山东、河南、河北一带,他们有很多部落,也有许多图腾'兄弟七十二人'或'八十一人',正是说明其联盟中部落氏族之多。"③

《越绝书》:"黄帝之时,以玉作兵。"
《易经》:"黄帝弦木为弧,炎木为矢。"
《越绝书》:"黄帝以玉作兵。"

玉即是石,是坚硬的石头,诚如范文澜在《中国通史简编》中说:"古书中有关黄帝的传说特别多,如用玉(坚石)作兵器……"④《易经》记载:"黄帝弦木为弧。"说明黄帝部族是以木石作为兵器的。

夏曾佑在《中国古代史》中说:"而吾族剥林木以为兵,铜木之间,利钝殊焉。蚩尤胜而黄帝败,殆无疑义。然而成败相反,此何故哉?"⑤在夏曾佑看来,应是拥有先进武器的蚩尤胜黄帝,然而成败却相反,而以木石为兵器的黄帝反而胜了以金作兵的蚩尤。

史籍资料还记载,由于实力悬殊,黄帝战胜蚩尤并非轻而易举。黄帝曾九战九不胜,大战初期老是打败仗。

---

① 夏曾佑:《中国民族史》第14—15页,岳麓书社,2010年版。
② 蒋志华主编:《中国世界部落文化》第11页,时事出版社,2007年版。
③ 段宝林:《蚩尤考》,载《民族文学研究》1998年第4期。
④ 范文澜:《中国通史简编》第90页,人民出版社,1965年版。
⑤ 夏曾佑:《中国民族史》第15页,岳麓书社,2010年版。

《太平御览》："黄帝与蚩尤九战九不胜，黄帝归于大山，三日三夜，雾冥。"

《路史·后记蚩尤传》："三年九战，而城不下。"

这大概是说，黄帝经多次与蚩尤正面交锋，都胜不了蚩尤。于是，黄帝躲在大山中，三天三夜都睡不着觉，可能是在苦苦寻思战胜蚩尤的谋略。

史籍资料记载，屡遭失败的黄帝后来得玄女和应龙的帮助，才转败为胜，最终擒杀了蚩尤。

《黄帝玄女战法》："黄帝与蚩尤九战九不胜。有妇人人首鸟形，是为玄女，授黄帝战法。"

《龙鱼河图》："天遣玄女下授黄帝兵信神符，制服蚩尤。"

《史记正义》引《龙鱼河图》："天遣玄女下授黄帝兵符，伏蚩尤。"

史籍记载涿鹿大战惨烈无比，杀戮十分残酷。

《管子·地数篇》："黄帝战涿鹿之野，流血百里。"

《庄子·杂篇》："黄帝不能致德，与蚩尤战于涿鹿之野，血流百里。"

《庄子·盗跖篇》："世之所高莫若黄帝，黄帝尚不能全德，而战涿鹿之野，流血百里。"

《史记》："黄帝乃征师诸侯，与蚩尤战于涿鹿之野，遂杀蚩尤。"

《梦溪笔谈》卷三："解州盐泽，卤色正赤，里俗谓之'蚩尤血'。"

对中华民族别具深情而又胸怀大度的鲁迅曾这样感叹说："苗族大败以后，都往山里跑，这是我们的先帝轩辕氏赶他们的。"

黄帝不愧于是胜利者，蚩尤也不愧于是失败的英雄。中国史籍还记载，蚩尤兵败被杀后，黄帝遂画蚩尤像以威天下。

《龙鱼河图》："蚩尤殁后，复扰乱不宁，黄帝遂画蚩尤形象，以威天下，天下咸谓蚩尤不死，八方万邦皆为弭服。"

这大概是说，黄帝擒杀强大的蚩尤后，天下又乱了起来。黄帝于是想出了一个办法，借蚩尤之威平天下，遂画蚩尤像，并说蚩尤没有死。天下人都以为蚩尤还活着，于是八方万邦皆为弭服，不再起来造反了。可见蚩尤威力之大，不只在九黎部落之内，而且八方万邦，对他都非常崇敬。

5000年前的这一历史事实,或许有人存疑,先进的部落怎么会被落后的部落打败呢?我们认为这是不足为奇的,犹如后来刘邦打败项羽。历史就是历史,落后战胜先进,弱者打败强者,中外历史上比比皆是。

余秋雨在《爬脉梳络望远古》中感叹说:"这场战争打得惨烈无比,千钧一发。极有可能是蚩尤获胜,那么中华历史就要全面改写。"①

早期中华文明的主体是居于东方的"东蒙"伏羲太昊部族,涿鹿大战黄帝打败蚩尤后,强大起来的黄帝部族代之而成为中华文明的主体。

诚如蒋志华主编的《中国世界部落文化》说:"随着这两次战争(指阪泉之战、涿鹿大战)的胜利,黄帝部落得以吞并了炎帝部落和东夷部落,实力大增。据《史记·五帝本纪》记载:黄帝在战胜蚩尤之后,'合符釜山,而邑于涿鹿之阿。迁徙往来无常处,以师兵为营卫。'随后,黄帝部落在大大小小的战争中也屡屡获胜,史称:'天下有不顺者,黄帝从而征之,凡五十二战,天下大服。'黄帝部落由此发展为中国大地上最强大的部落,成为早期中华民族的主体。"②

军旅作家陈靖在《论苗族在中华民族形成和发展中的贡献》说:"中华民族是一棵枝茂根繁的参天大树,炎、黄、蚩是深埋在地下的三条粗根,而这三条粗根是不能随意取舍的……炎、黄、蚩并列于先祖中的三兄长,蚩尤作为其一,不论从任何一个角度看,都是当之无愧的。"③

(二)长江之战:重创三苗

所谓长江之战,就是三苗与尧、舜、禹在长江流域的战争。

根据中国史籍资料记载,涿鹿大战,九黎部族惨败,其首领蚩尤被擒杀,九黎一部分融入了黄帝族,一部分向南方撤退,来到"楚天荆地"的长江流域。这里北是云梦大泽,南有三湘两湖,九黎后裔充分发挥良渚文明之能,把稻谷农业的生产技术与治水经验带给这片土地。一面从事农耕生产,饲养牲畜;一面随时讲习蚩尤遗留下来的五兵,以保护族群自身安全。

在经过几百年的生产发展后,至尧、舜、禹时期,他们又强大了起来,建立起历史上著名的强大部落联盟或国家,这就是"三苗"或"三苗国"。"三苗"是苗族历史发展的又一个重要阶段。

尧、舜、禹为华夏部落联盟的领袖,此时中国正处于夏族建立国家和华夏族形成的前夕。从先秦典籍资料记载看,尧、舜、禹三代一直没有停止征伐"九黎"后裔"三苗"的行动。

---

① 余秋雨:《爬脉梳络望远古》,载《当代贵州》2008年第7期。
② 蒋志华编著:《中国世界部落文化》第4页,时事出版社,2007年版。
③ 陈靖:《论苗族在中华民族形成和发展中的贡献》,载《先秦史研究动态》1996年第1期。

经历了尧时"窜三苗于三危""放驩兜于崇山""舜征三苗""分北三苗",最后大禹灭了三苗。诚如范文澜在《中国通史》中说:"黄帝以下诸帝,以攻黎攻苗为主要事业,到禹才完成了这个事业。"

华夏与三苗的战争,徐晓光在《中国少数民族法制史》中说,"唐尧、虞舜到夏禹,这是一场旷日持久的战争,大体可分为尧时进攻,舜时从相持到反攻,大禹时获得全胜三个阶段。"

在四千多年前,以尧、舜、禹为首的华夏联盟与三苗联盟曾有着长期的征战。范文澜在《中国通史简编》中指出:"不过苗也是大族,退到南方后,势力还很强盛,占有的土地西起洞庭湖,东到鄱阳湖,与北方黄炎族对抗。禹建都阳翟,阻止苗族再北上进入黄河流域,从此黄炎族在中原地区的地位愈益巩固。"①

关于三苗与尧、舜、禹三代的关系,《尚书·大禹谟》有一段比较完整的记载。

《尚书·大禹谟》:"《吕刑》称苗民作五虐之刑,皇帝遏绝,苗民无世在下,谓尧初诛三苗。《舜典》云窜三苗于三危,谓舜君摄之时,投窜之也。《舜典》又云,庶绩咸熙,分北三苗,谓舜即位之后,往徙三苗也。今复不率命,命禹徂征之,是三苗之民数干王诛事,禹率众征之,犹尚逆命。即三苗是诸侯之君而谓之民者,以其顽愚,号之为民。"

在这里,我们重点说说大禹灭三苗。

大禹是继虞舜之后华夏集团的大首领。司马迁《史记》记载大禹是黄帝之玄孙。在中国大禹治水的故事也是家喻户晓的。

史籍记载,大禹治水居外十三年,过家门而不入,甚至到三十还未娶妻成家。也有史料说禹离家的第一年,妻子女娇生了儿子,禹经过自家门口,乡邻们将此事告诉了他,可他说治水刚开始,没有工夫去看。

传说舜死禹继位后,他先是施行兵工政策,并未派华夏联盟的大军去进攻三苗九夷,而是专注于治水。大禹的这一举动,当时不仅一般民众就是其他部落乃至三苗,都因此感动,愿与夏禹合作。当时三苗部众生活于长江流域,如若没有三苗的参加,禹治水工程是不能成功的。流传在川南的《古史传说》说,夏禹曾向三苗下战书,要与之决战,当时三苗指出:"洪水泛滥,九河急需疏通,你若要与我交战,疏通九河的任务何时才能完成?"夏禹遂罢战而联合三苗、殷人等部落共疏九河。②

这样参加治水的氏族、部落越来越多,不仅黄河中下游流域地区的人民参加了治水大军,

---

① 范文澜:《中国通史简编》第94页,人民出版社,1965年版。
② 陈一石:《川南苗族古史传说试探》,载《贵州民族研究》1981年第4期。

就连长江、淮河流域氏族、部落的人民也开始学习禹的治水方法，治理各自地区的水患。禹的影响在数年间就遍及大河南北，江淮两岸。许多氏族、部落都自称是奉禹之命而治水，有的甚至宣称禹已到我们这里治过水。《庄子·天下篇》："昔者禹之湮洪水，决江河而通四夷九州也。"意思是说夏禹填塞洪水，疏导了长江和黄河，而到达了四夷九州。《尚书·大禹谟》记载大禹治水，"无怠无荒，四夷来王"。

但是，大禹率众治水成功后，立即抽出兵力，向三苗九夷发起了进攻。大禹尤其认为三苗生活于长江流域，对自己的统治有威胁。要巩固自己的统治地位，就必须解除腋下之患。

《尚书·大禹谟》记载了夏禹出师三苗的誓词：

《尚书·大禹谟》："济济多士，咸听朕命。蠢兹有苗，昏迷不恭，侮慢自贤，反道败德。君子在野，小人在位。民弃不保，天降之咎。肆予以尔众士，奉辞伐罪，尔尚一乃心力，其克有勋。"

大禹的这出师誓词，用今天白话文来说，即是："全军将士，悉听朕命。三苗愚蠢无知，昏迷不敬，侮慢王室，自以为是，违逆正道，败德坏政。君子在野，小人在位，民怨天怨。我率众将士，征讨三苗之罪恶，大家务必齐心协力，一定可以胜利。"

誓词中列举了三苗的所谓罪状，如"昏迷不恭、侮慢自贤、侮慢王室、反道败德"，这都是一些诋毁不实之词，只是大禹讨伐三苗的借口而已。

史籍记载，大禹南下湖北，陈师于三苗之国。

《穆天子传》："天子东征……至于长沙之山……三苗之口。"
《墨子·非攻下》："禹亲把天之瑞命，以征有苗，雷电勃震，有神人面兽身，奉圭以待扼矢有苗之将，苗师大乱，后乃遂几。"

"天子东征""以征有苗""雷电勃震"，即说禹率大军征有苗，连雷电都震动了。
史籍记载，禹灭三苗带来了十分惨烈的杀戮。

《论衡》："三苗之亡，五谷变种，鬼哭于郊。"
《古本竹书纪年》："三苗将亡，天雨血，夏有冰，地坼及泉，青龙生于庙，日夜出，昼日不出。"
《墨子·非攻下篇》："天命殛之，日妖宵出，雨血三朝，龙生于庙，犬哭于市，天冰，地坼及泉，五谷变种。"
《随巢子》："龙生于庙，犬哭于市。"
《金匮》："三月不见日。"

《六韬》:"有苗日蚀月断,三日不解。""有苗三日不见日。"

《战国策·魏策二》:"禹攻三苗,东夷之民不起。"

以上战事之残酷,已经到了天怒人怨的地步。杀戮惨极,血流遍野,几无人烟,故龙(蛇)出于旷野,犬哭于市郊,三月不见日,五谷变种。郑玄曰:"三苗由此见灭。"以致从此以后,中原文献不再有"三苗"的记载。

李学勤主编的《中国古代文明与国家形成研究》说:"禹伐三苗时,三苗已形成雏形的国家。而中原部族也已走到了文明的门槛前……所以在古文献中,叙及战争性质的变化及奴隶制产生时,往往从伐三苗始。如《国语·周语下》:'五无鉴于黎苗之王……蔑弃五则,是以人夷其宗庙,而火焚其彝器,子孙为隶,不夷于民。''夷其宗庙''子孙为隶',说明自此战败者始失去了自己的血族团体而沦为奴隶。这一史实反映在考古学上作为战场的一些地区,不再是一种文化取代另一种文化,而是形成以战胜者为主体,又带有强烈特色的综合文化。"①

尧、舜征战三苗,迁一部分三苗于西域,放驩兜于崇山,将有苗氏叛入南海,分北三苗。而夏禹伐三苗之战,三苗有生力量基本被消灭,部落联盟被彻底瓦解。

从此之后,历史上强大的"东蒙""九黎"的后裔,再也没有能力与逐渐强大起来的"炎黄华夏"集团相抗衡了。

历史还在发展,后来又发生了夏、商、周征战"荆蛮""蛮荆",秦国灭掉楚国,汉朝征讨武陵蛮五溪蛮等重大历史事件,"东蒙""九黎""三苗"的后裔在此过程中不断迁徙逃亡,至逃至西南山区后,便彻底沦为了一个相对落后的少数民族了。

二、苗族历史上五次大的迁徙波

苗族是中国最古老的土著居民之一,由于在早期的扩张和在后来古代部落战争中遭受败绩,故而数千年来从华东迁到中原,从中原迁到中南,从中南迁到西南,一部分又从中国抵达东南亚,又一部分从东半球抵达西半球。这样大规模的迁徙使得苗族成为了一个世界性的民族。

现在,我们粗线条地介绍苗族历史上的五次迁徙波。

(一)第一次迁徙波:从华东到中原

从华东到中原,这是苗族历史上的第一次迁徙波,是一次扩张性的迁徙,即为蚩尤率

---

① 李学勤主编:《中国古代文明与国家形成研究》第233—234页,云南人民出版社,1998年版。

领"东蒙"人之一部（凤夷），率先进入中原地带，形成"九黎"部落集团。诚如范文澜在《中国通史》中说："九黎族最早进入中原地区。"

苗族发祥于我国三江流域（黄河、长江和淮河）的入海处，即东海、黄海、渤海湾岸边的山东、上海、江苏和浙江的沿海一带。后来又扩展到安徽、江西、湖北和河南。大约在5000多年前，他们北渡黄河，挺进中原，其势力扩展到河北、山西及山东全境，并形成了名曰"九黎"的部落大联盟，蚩尤为其大酋长。

与此同时，发祥于西北方向陕西渭水流域的炎、黄部落集团，也先后向东发展而进入中原和燕山地带。先是蚩尤夺取炎帝部落所在的九隅，后炎、黄两部落联合起来对抗蚩尤部族。涿鹿大战后，"九黎"部族惨败，其首领蚩尤被杀，"九黎"余部向南方撤退。

苗族自此开始了历史性的南迁。这不仅有文献史料记载，而且还得到了考古学的印证。李学勤主编的《中国古代文明与国家的形成研究》说："一般认为大汶口文化——典型龙山文化是东夷集团先民的遗存，这个地区在新石器时代孕育了一个相当稳定的生气勃勃的史前人群，距今6000年前获得了迅速发展。距今5000年前后，随着经济文化的发展和人口的增多，原居于海岱地区的大汶口文化先民部分西向发展进入豫东，影响所及直达豫西、陕南、苏南。"

（二）第二次迁徙波：从中原到中南

苗族历史上的第二次迁徙波，是从中原到中南，即逐鹿中原失败后，苗族开始了历史性的南迁。苗族在中南地区生活的时间较长，经历了三苗、荆蛮，乃至武陵五溪蛮的前期阶段。直到现当代，还有大量苗族生活在武陵五溪地区。

苗族从中原到中南，这也有大量的文献资料记载，也得到了考古学的实物印证。一般认为，屈家岭文化即三苗文化，其分布范围主要在湖北省，向北抵河南省的西南部淅川，南界到湖南洞庭湖地区，西至四川巫山，东达江西修水一带。这基本上就是三苗活动的地域。屈家岭文化就是三苗文化的见证。

（三）第三次迁徙波：从中南到西南

从中南到西南，是苗族的第三次迁徙波，这次经历的时间较长，而且是经由三大路线而迁入大西南的。

第一条路线是三苗时期"窜三苗于三危"，尧舜打败三苗，将俘虏的一部分三苗人群流放西域，即甘肃省敦煌一带。这一部分三苗人在西域生活的时间并不长，然后穿越青藏高原南下达四川，后又辗转贵州、云南和广西，甚至一部分跨越国界，漫入东南亚半岛。据考证，川滇黔方言（西部方言）的苗族，就是"古三苗"中被尧"迁于三危"的那一支的后裔。

第二条路线就是现在黔东南方言（中部方言）一支的苗族，他们极有可能就是"有苗之民叛入南海"的那一支的后裔。古代所谓的南海，是指长江下游的浙江、江苏以及江西鄱阳湖一带。因为吴越战争，吴国灭亡，之后秦国统一六国，楚国又灭亡等，他们沿着河流由下游向上游迁徙，辗转来到黔东南和桂西北一带，后又深入黔中、黔西南等地。

第三条路线是"放驩兜于崇山"的东部方言的这一支苗族。秦国灭掉楚国后，他们隐入武陵山区，后又一部分顺武陵五溪溯江而上，进入黔东北、渝东和鄂西，但仍以武陵山区为主要聚居区。专家考证：湘西方言（即东部方言）这一支苗族，就是"放驩兜于崇山"那一支古三苗的后裔。

自唐宋后，苗族大部分已在我国西南地区定居，"以黔湘滇最多"。

（四）第四次迁徙波：从中国到东南亚

大量文献和研究表明，今天分布在东南亚半岛各国的苗族，是明末至清时期从中国迁徙出去的。

明、清时期，朝廷把苗族分为"生苗"和"熟苗"。朝廷对南方少数民族推行"改土归流"，实行流官统治和屯兵镇压，引起苗族人民的强烈不满。早在明末清初时，因反对"改土归流"失败，贵州苗族中就有80户苗民迁徙到了越南的同文县。特别是清朝时期，朝廷认为"苗患盛于土司"，强行推行"改土归流"，由此使得在苗族聚居的贵州、湖南先后暴发了三次苗民大起义。朝廷对三次苗民大起义进行了血腥镇压。于是，苗族大批逃离贵州和湘西，往西进入云南、四川，往南进入广西，往北进入湖北等地。而进入云南、广西的苗族，一部分则跨越国界，漫入了东南亚半岛。

苗族迁入东南亚诸国，最先进入的国家是越南，然后是老挝、缅甸和泰国（柬埔寨的苗族是在20世纪70年代美国侵略越南战争期间逃亡过去的）。苗族迁徙至东南亚诸国后，为所在国家的建设和发展作出了重大的贡献。尤其是在越南和老挝，苗族为反对法国殖民统治、抵抗日本占领和捍卫国家领土完整进行了长期的斗争。越南苗族参与了长达10年的抗美救国战争。老挝苗族被迫卷入长达10年的"秘密战争"，战争结束后，老挝苗族10万余人被迫逃往泰国，后在国际社会的帮助下，他们又迁徙至第三国。

（五）第五次迁徙波：从东半球到西半球

20世纪60至70年代，美国发动侵略越南战争期间，策动了老挝"秘密战争"，支持老挝王室以王宝（苗族）为司令的"特种部队"遏制老挝爱国战线的发展。1975年，越南抗美侵略战争取得全面胜利。美国在从越南撤军的同时停止了对老挝王室的支持。老挝爱国战线在越南共产党的支持下，一举夺取了老挝政权。因为惧怕报复，王宝率领他的部队及家属和一部分苗族（10余万人）先后逃离老挝，涌入泰国。泰国不堪移民的重负，要求联合国协调解决，后在联合国及国际社会的帮助下，老挝苗族难民漂洋过海，远迁美洲、欧洲、大洋洲。美国、法国、圭亚那（法属）、德国、阿根廷、加拿大、澳大利亚等国家接纳了他们。苗族从东半球迁徙到了西半球，也由中国的一个民族演变为一个世界性的民族。

1949年，中华人民共和国成立，开辟了中国历史的新纪元。中国境内的苗族从此结束了迁徙漂泊的生活。在社会主义中国的国度里，汉族离不开兄弟民族，兄弟民族也离不开汉族，各民族之间相互离不开。

原贵州省省长苗族干部王朝文同志说："自从盘古开天地，三皇五帝到如今，中国共产党对苗族最好，是她帮助苗族人民结束了苦难的历史。没有中国共产党，就没有苗族人民的今天……我们要对今天的幸福生活倍加珍惜。"

○三四 苗卷方案[①]

各板块负责人：

《中华民族文化大系·苗族卷》已列入国家"十二五"规划，系对外交流重点图书，规格高、要求严、时间紧。根据在上海召开的《中华民族文化大系》第一次编纂工作会议精神，特提出以下实施意见：

一、定位

《中华民族文化大系·苗族卷》系建立在人类学、民族学、文化学研究成果基础上，以展示苗族历史文化为目的，以叙事为主，勾勒出苗族最具有特色的历史文化版图。全书图文并茂，60%为文字，40%为图片。这是一部让苗族"走出去"的创新之作，要起到"内聚精神，外树形象"的作用，要成为体现国家水平、具有世界影响的图书。

二、方法

采取板块负责制，各板块负责人可以联合其他专家一同完成，也可以独立完成（主张独立完成）。

板块负责人要确保板块的质量水准。不能违反国家法律和相关法规。主编对全书负责，板块负责人对板块负责。

描述的一定要是苗族的文化事象。不要有知识产权争议，如使用他人资料较多，可征得资料本人同意，让之作为本书参与者，板块之成员。

为了民族的事业，各位专家要勇于担当，乐于奉献。

[①] 作者担任《中华民族文化大系·苗族卷》主编制定的实施方案。"中华民族文化大系"《上古的记忆——苗族》2020年已由上海锦绣文章出版社和上海文化出版社联合出版。

三、写作要求

本书不采用通史类书籍的结构，也不采用理论性书籍的结构。先通过简洁、精练的语言，对本民族历史文化加以高度概括，把专家学者的观点传播给读者；再通过对特色板块、特色专题的解读，向专业外读者展示本民族的历史文化。读者通过这种点面结合的阅读模式，了解苗族文化的亮点、特点和发展过程中的关键点，由此使这本书真正起到"民族文化名片"的作用。

第一，资料翔实，有据可依，突出重点，体现民族特色。

第二，文体以叙事性散文为主，偏向记述与讲故事。

第三，深入浅出，语言流畅，通俗易懂。文字精练优美，生动活泼，具有较强的可读性。

第四，秉承"不厚古薄今也不以今代古"的原则，力求体例新颖，有点有面，考虑文化的涵盖性、包容性和社会性，同时顾及历史的整体性、传承性。

第五，根据板块资料的不同特点，灵活地做出安排，例如与正文有关但不宜放在正文中的基础性资料，可作为辅文或小贴士。

第六，各板块选配较多精美、可信的插图。插图不是装饰，而是用以形象地说明内容，与正文互为补充。

第七，逻辑清晰，层次分明。标题分为四层，第一层是板块标题，第二层是板块中的各专题标题，第三层是各专题中的小标题，第四层是辅文，分别用不同的字体字号加以区分。

第八，各板块要严格按照拟定提纲撰写。板块负责人有权进行适当调整或充实，但须报经主编同意。

第九，各板块开头要有负责人300字左右的自我介绍，并附个人彩照。板块中的专题或辅文系由别的专家完成的，在文字最后落该专家姓名。

四、图片要求

各板块根据文字配以丰富而精美的图片。插图包括实物照片、人物照片、风景照片、地图、书影、绘画等。图片须随文排版。在文字内需要插入图片的地方，括注图片名称、序号，以便排版。

第一，插图的分辨率应达到350dpi以上。

第二，描述某一文化事象时，多选择有现场感的照片。

第三，各板块可多配插图以供选择。

第四，插图的原始电子档须另外存储，名称跟文中图注相符。

第五，图片注明出处。

五、时间要求

2013年4月15日前，板块编写及图片收集完成。

2013年4月16至5月30日，主编总纂修改定稿。

争取2013年6月，发送上海《中华民族文化大系》编委会。

各板块负责人要集中精力、时间完成本板块的编写，有困难者及时沟通。

加强联系，板块完成即发主编邮箱。

〇三五 主编概述[①]

苗族是一个历史悠久、文化厚重的民族，又是一个人口众多、支系繁杂、分布区域广阔的民族。数千年来，苗族与我国其他55个民族一道，共同缔造了伟大的祖国，共同创造了伟大的中华文明。

根据史籍记载、考古发现以及苗族心史传说资料，苗族发祥于我国黄河、长江、淮河的入海处，源自上古时期东方"东蒙"人的"两昊"集团（太昊、少昊）。6000多年前，他们北渡黄河，挺进中原，形成了名曰"九黎"的原始部落。诚如范文澜在《中国通史》中说的："九黎族最早进入中部地区。九黎当时是九个部落的联盟，每个部落又各包含九个兄弟氏族，共八十一个兄弟氏族。蚩尤是九黎族的首领。"

著名的涿鹿之战，以黄帝战胜蚩尤而告终。九黎族的一部分融入华夏族，一部分流向长江中下游，开拓发展，又建立起著名的三苗国。后经尧、舜、禹三代的不断征伐，他们又流向长江以南的荆州一带，被称为"荆蛮"或"南蛮"。春秋战国时，苗族成为楚国的主体居民。范文澜在《中国通史简编》中说："苗族的楚国统一南方。"秦灭楚后，他们又流向武陵五溪地区，被称为"武陵蛮"或"五溪蛮"。汉朝不断向武陵地区用兵，他们又顺着五溪溯江而上，进入贵州、四川、云南和广西。元明清时期，苗族人民为了生存，被迫不断起义斗争，斗争失败后又四处逃散，特别是明清时一部分甚至跨越国界，迁入东南亚的越南、老挝、泰国和缅甸，一部分则流向海南。

20世纪60至70年代，美国发动侵略越南战争，战争结束后，一部分东南亚苗族被迫漂洋过海，远迁美洲、欧洲、大洋洲，苗族从东半球迁徙到了西半球。现国外有苗族人口约200多万人，分布在四大洲10多个国家。

根据2010年人口抽查，我国有苗族人口942.6万人，仅次于汉族、壮族、回族和满族，在全国56个民族中居于第5位。苗族主要世居在黔、湘、滇、渝、桂、鄂、川及海南、陕西、北京10个省市自治区，其中贵州省430万，湖南省192万，云南省104万，重庆市50万，广西壮族自治区46万，湖北省21万，四川省15万，海南省6万，北京市5000多，陕

[①] 本文系作者主编的"中华民族文化大系"《上古的记忆——苗族》一书的序言。

西省1000多。除世居的以外，目前中国所有省、市、区都有苗族人口。其他省、市、区的苗族人口主要是由农村进城打工的人员，还有少量在机关、事业和企业工作的人员。随着国家逐步取消户籍，鼓励农村人口流动和加快城市化建设等，可以预料，今后苗族人口分布还会不断产生新的变化。

苗族语言属汉藏语系苗瑶语族苗语支。苗语经过漫长的发展演变已具有很强的表现力。苗族人民除少数改用汉语和其他民族语言外，百分之八十的人口仍在使用母语作为交际工具，绝大部分人是苗汉双语并用。几千年来，苗族不断地辗转迁徙，各部分彼此隔绝，以致形成了许多方言和土语。据解放后我国语言学家的调查研究，苗语可分为三大方言（即西部方言、中部方言和东部方言），七个次方言，十八种土语。

各地苗族的史歌和民间传说，都说苗族古代曾有过文字，后来因为种种原因而失传了。近代以来，国内外专家学者搜集到关于苗族文字的一些资料，主要有五个阶段即五种文字：古代表形文字、篆字体文字、方块文字、石门坎文字和解放后创制的拼音文字。

在中华文明序列中，苗族先民曾经处于领先的位置，他们率先发明刑法、武器和宗教。《尚书》云："苗民弗用灵，制以刑，惟作五虐曰法……"《周书·吕刑》曰："蚩尤对苗民制以刑。"《尸子》云："造冶者，蚩尤也。"《管子·地数篇》云："蚩尤受金作兵""蚩尤受庐山之金，而作五兵"。"蚩尤受葛庐之金而作剑铠矛戟。"《龙鱼河图》载："蚩尤兄弟八十一人……造立兵仗刀戟大弩，威振天下。"古代人们将蚩尤与天、地、日、月诸神并列，称其为"兵主之神"。王桐龄在《中国民族史》中说："当时苗族文化相当发达，第一发明刑法，第二发明武器，第三发明宗教，后来汉族所用之五刑，兵器及甲胄，而信奉之鬼神教，大抵皆苗族所创，而汉族因袭者。"宋文炳先生在《中国民族简史》中也说："苗族文化，在现代似无可称述，惟上古时期，极为发达，影响于汉族亦很大。"

苗族先民率先进入农耕生活。考古学资料告诉我们：一万年前的东南方民族，就已经在"口朝黄土背朝天"地经营稻作农业了。日本佐佐木乔主编的《稻作综合研究》曾说："1940年盛永氏认为中国稻的真正起源，应当追溯太古时生活于扬子江与黄河之间的苗族所写的历史。"

苗族医学，是我国史书记载发源最早的医学。《孔丛子·连丛子下》："伏羲始尝草木可食者，一日而遇七十毒，然后五谷乃形。"《太平御览》引《帝国世纪》："伏羲尝味百药，而制九针，以拯夭枉焉。"上古"东蒙"人就有"不死民""君子不死国"之称。《补史记·三皇本纪》也有神农"始尝百草，始有医药"的描述。西汉刘向在《说苑·辨物》中说："吾闻古之为医曰苗父。苗父之为医也，以菅为席，以刍为狗，北面而祝，发十言耳。"范文澜在《中国通史》中说："这个苗父就是苗黎族的巫师（即巫医）。"苗族民间流传着这样的歌谣："一个药王，身在四方，三千苗药，八百单方""千年苗医，万年苗药"。大诗人屈原在《离骚》中记述了大量花草植物药名，如泽兰、菖蒲、葱、芷、茝、辛夷等都是苗语记录的药草。

苗族历史上有自己独特的社会组织。鼓社、议榔、理老是苗族古代社会结构的"三根支柱"。苗族鼓社是由共同源于一个男性祖先的人们而结合起来的集团，是一个具有祭祀、亲属、政治、经济与教育性质或功能的氏族外婚制团体。苗族还生活在江汉地区时就开始了"祭鼓社"的活动。传说西迁时每个宗支（氏族）都置有一个木鼓，敲鼓前进以作联络，迁到新地方又按宗支"立鼓立社"。鼓社实质上就是父系氏族公社或父系大家族公社。苗族议榔是不同宗的家庭组成的地域性组织，它是由鼓社组织发展演变过来的，即农村公社组织。一个议榔实际上就是一个农村公社。苗族理老极受尊敬。他熟悉古理古规，主持公道，办事认真，能言善辩。在调解纠纷时，诚如律师。由于理老在人们心目中享有崇高的信誉和威望，对维护苗族社会的生产、生活秩序，曾起到过十分积极的作用，被誉为"自然领袖"。

苗族迁徙至西南山区后，由于开发较晚，人们少受商业的洗礼，文献上就有"夜不闭户、路不拾遗""衣着行动，都极忠诚朴实，绝少有欺骗狡诈，及虚伪行为"的记载。苗族《古歌》《理歌理词》《古老话》《议榔词》《巫词》《谚言》《格言》等，都训导人们要忠诚正直、重诚重善。历史上，苗族除了反抗封建统治者的压迫剥削外，从来没有与任何民族闹翻过。不管是任何一个民族，只要尊重苗族的风俗习惯，诚心与他们交往，他们都视之为朋友。

苗族创造出璀璨夺目、浩如烟海的民间文学作品。主要有古歌、史诗、古老话、神话、叙事诗、传说、故事、歌谣、谚语、格言、谜语、说唱等。其数量之浩繁，内容之丰富，艺术之精湛，形式之多样，容量之宏大，令世人瞩目。

苗族是一个特别喜欢体育运动的民族。主要项目有：武术、射弩、赛马、赛龙舟、摔跤、登山、爬花杆、跳棍、踩鼓、掷石、掷鸡毛球、踢脚架、踢草球、踢"老虎"、打花棍、打草蛇、扭扁担、梭扁担、接龙舞、舞狮、互蹬、抢水鸭、拔鼓、拉鼓、荡秋千、跳芦笙、芦笙拳、蚩尤拳、耍刀、上刀梯、射背牌、金钱棍、走竹竿、踩鸡蛋、斗牛、斗马、斗鸡、布球、踢跳、体育舞蹈等。

苗族人民勤劳、勇敢、正直、善良。1951年，费孝通先生参加中央访问团到贵州访问，他撰写了《勤劳的苗家，悠久的历史》一文。他写道："一到苗族地区，我感受最深的是劳动……在苗族中，几乎找不到吃闲饭的。苗家男女都热爱劳动，视劳动为光荣。"还写道："一提到苗家，谁也不会不联想到他们美丽的服饰，活跃的舞蹈，动人的歌唱。到处是歌声绝不是一句过分的话。我有一次被一位苗族妇女硬邀去吃饭，刚坐下，歌声就开始了。主人唱了一曲，客人就得喝一杯；客人唱了一曲，主人也得喝一杯。唱来唱去，一直唱到散席。"他感慨地说："不虚此行。"

苗族的音乐，内容丰富，曲调委婉，节奏明快，格调清新，风格独特。有独唱、对唱、合唱、说唱等形式，有民歌乐曲、芦笙乐曲、木叶乐曲、箫琴乐曲等。每类乐曲又各有若干种，同种类又存在地区差别，同一地区又因歌词内容、演唱场合和歌唱方式有所不同，又有不同的曲调。苗族的飞歌高亢嘹亮，极富感染力。苗族情歌又分为见面歌、青春歌、赞美歌、求爱歌、相恋歌、成婚歌、闹婚歌、分别歌、离婚歌、单身歌等等。

苗族舞蹈大致可分为三大类，即笙之舞、鼓之舞和摆手舞。每一类又包括数十种。笙之舞是以芦笙、瓢笙、胡琴等为伴奏的舞蹈。除湘西以外，芦笙舞遍及整个苗族地区。瓢笙舞和胡琴舞只在一些地方流行。

苗族是一个富于创造性的民族，其工艺美术驰名国内外。银饰、蜡染、刺绣、挑花、织锦、建筑是苗族著名的六大工艺。

苗族普遍喜戴银制品。明代郭子章《黔记》就有苗族"以银环银圈饰耳"的记载。黔东南苗族妇女，头戴银花，项戴银圈，"以多为富"。湘西和黔东北苗族妇女也是"耳戴大环，项戴银圈自一二围以至十余围不等"。苗族银饰均为本族工匠所制。黔东南有银冠、银花、银羽、银泡、银雀、银索、银铃、银罗汉、银项链、围腰链、实心项圈、实心手镯等，湘西和黔东北有银链、银花、银耳环、银牙签、银铃、银蝴蝶、银牌、银披肩等。黔东南的银冠，集银饰工艺之精华，在面积不大的冠架上，焊接的银花、银铃、银雀、银蝴蝶、银针、银签等饰物，有数十件甚至百件之多，件件都是精工之作。

苗族刺绣有着悠久的历史。唐朝时期，东谢苗族"卉服鸟章"，即在服饰上绣上许多花、鸟图样。清代清水江苗族刺锦衣、绣苗锦，今榕江县平永一户苗族至今还保存着一套乾隆时代的绣满彩色花纹的男女服装。苗族刺绣有平绣、辫绣、结绣、缠绣、绉绣、贴花、抽花、打子、堆花等10多种。图案有视为吉祥的麒麟、龙、凤和常见的虫、鱼、花卉、桃子、石榴等等。挑花主要流行黔中以西到云南等地区。花线多用深蓝色和水红色，或橙黄色套以其他杂色。挑花针法与刺绣不同，是以平布作底，挑制时先用线勾出轮廓，再按图案隔一根纱或几根纱插针，不能错乱，且多是背面挑，正面看。花纹多呈几何图形，常常是纹形不同的几小朵花拼成一大朵，外套菱形方格，外观美丽大方。织锦在苗族中也很盛行。

苗族建筑工艺尤以"吊脚楼"为最。吊脚楼大多依山而筑，建在斜坡面上，后部与坡坎相接，前部用木柱架空，形成"占天不占地""天平地不平"或"天地都不平"。这些剖面的形成是采用架空、悬挑、掉层、叠落、错层等手法处理所致。先把山坡削成一个"厂"字形土台，土台下用木柱支撑，铺上楼板，然后起房建屋，使台上台下联成整体。一般按三层建筑。底层堆放杂物，中层住人，上层贮粮。吊脚楼是一种纯木结构建筑，无论梁、柱、枋、板、椽、檩、榫，都是木材加工而成。采用穿斗式，不用一钉一铆，全靠木尖锁眼架牢，经得起风吹雨打，长年不坏。

苗族的节日有苗年、四月八、龙舟节、捕鱼节、吃新节、赶秋节、跳花节、九月芦笙会等，其中以过苗年最为隆重。苗年相当于汉族的春节，一般在秋后举行。节日早晨，人们将做好的美味佳肴摆在火塘边的灶上祭祖，在牛鼻子上抹酒以示对其辛苦劳作一年的酬谢。盛装的青年男女跳起踩堂舞。入夜，村寨中响起铜鼓声，外村寨的男青年手提马灯，吹着芦笙、笛子来到村寨附近游方（即男女青年的社交恋爱活动），村村寨寨歌声不断。龙舟节是每年农历五月二十四至二十七日，此时万人盛装，云集江边，参加龙舟出发前的献祭活动。比赛开始，几十条龙舟破浪前进，两岸锣鼓、礼炮齐鸣，观众呐喊惊天动地。岸上还举行对歌、跳芦笙舞等活动。入夜，余兴未尽，青年男女相聚对歌，倾诉真情。

苗族婚姻的缔结，从古至今，多是自由为主，除少数地区外，都是由当事人自己完成，父母不加干预。黔东南多是"先唱歌换带而后聘娶"。黔中多半通过"跳月"选择配偶。黔西北未婚男女通过"跳花"认识后，有了感情才自订终身大事，然后"通媒，议聘资"。云南、四川、湖南、广西苗族的婚姻，自由缔结居多，父母包办的只是少数。苗族历来实行一夫一妻制。

苗族服饰堪称中国民族服装之最。唐代大诗人杜甫就有"五溪衣裳共云天"的著名诗句。苗族妇女的服装约有300多种样式。衣裙长可抵足，飘逸多姿，短不及膝，婀娜动人。较有代表性的传统"盛装"，仅插在发髻上的头饰就有几十种。苗族服饰可归为五大型：褶裙型主要分布在黔东南、黔南、黔西南、安顺、广西融水等地；大襟栏干型主要分布在湘西、黔东、渝东和鄂西；蜡染型主要分布在黔中南、桂北；几何花衣披肩型主要分布在贵州西部、云南、川南和桂西北；黛色对襟蜡染短袖型主要分布在海南的琼中、保亭等县。其中褶裙型大领左衽式主要分布在贵州台江、凯里、雷山、剑河、黄平、施秉、镇远一带，款式是大领左衽或右衽半长衣，衣背、两袖、领围至前襟都绣花，着百褶裙。着盛装时，佩戴银饰多达二三百两。

从先秦时期直至中华民国，苗族数千年频繁起义。而自1949年中华人民共和国成立后，中国共产党实行民族平等、共同发展繁荣的政策，在党和人民政府的领导下，汉族离不开兄弟民族，兄弟民族也离不开汉族，各民族之间相互离不开。实践证明，中国共产党的民族政策是最好最成功的政策。

众所周知，中华人民共和国成立，开辟了中国历史的新纪元。长期处于迁徙不定、饥寒交迫的苗族人民站立起来了。他们不但获得了幸福和自由，而且还做了国家的主人。苗族先后建立了5个单一苗族自治县，并与其他兄弟民族建立了6个联合自治州、16个联合自治县。5个单一苗族自治县的县长都由苗族干部担任，6个联合自治州和16个联合自治县，苗族干部或者担任州长、县长，或者担任州委书记、县委书记，苗族干部还担任州、县人大常委会主任或副主任、政协主席或副主席。苗族干部王朝文还担任过贵州省省长、全国人大民族委员会主任委员等职。一大批苗族知识分子担任教授、研究员、主任医生、高级工程师、高级教师等等，还出现了一批苗族作家、诗人、艺术家、歌唱家、音乐家、舞蹈家等等。

改革开放以来，苗族地区努力发展工、农、林、牧、副、渔各业生产，发展科学、教育、文化、卫生、体育等各项事业，使苗族地区社会、经济面貌发生了翻天覆地的变化。苗族人民生活安居乐业，蒸蒸日上。他们从来也没有像今天这样豪情满怀，信心百倍，干劲十足。他们正在按照党和国家的统一部署，争取在21世纪中叶全面建设成为小康社会。

文化是民族之根，是民族之魂。《上古的记忆——苗族》肩负着把苗族独特而厚重的历史文化展示给世人，把苗族与其他55个兄弟民族团结奋斗、发展融合，共同缔结伟大的祖国，创造伟大的中华文明展示给世人，我们深知责任重大。虽然尽到了努力，但由于我们水平有限，书中谬误难免，请广大读者批评指正！一个目的，就是弘扬中华传统文化，凝聚中华民族向心力，努力实现伟大复兴的中国梦。

○三六 发展历程[①]

苗族是中国一个极其古老的民族，其可考的历史有七千余年。苗族7000年发展脉络为："东蒙"与伏羲太昊，苗族的启蒙时期；"九黎"与蚩尤战神，苗族的英雄时代；"三苗"与骧兜流放，苗族的衰退时代；夏、商、周时期，苗族处"南蛮"；春秋战国时期，苗族是楚国的主体居民；秦汉魏晋南北朝时期，苗族主体处武陵、五溪；唐宋元明清时期，苗族主体移居大西南；中华民国时期，苗族反抗国民党的压迫统治；中华人民共和国时期，苗族结束了苦难的历史；一部分苗民迁徙海外，苗族由中国的一个民族演变为世界性民族。

根据中国人类学资料（包括史籍资料、考古资料、民族心史资料和专家研究考证资料），我们将苗族7000年发展历程归纳为十个历史阶段。关于第二至第九个历史阶段，学界已经基本形成共识，我们重点放在第一和第十个历史阶段。

一、"东蒙"与伏羲太昊：苗族的启蒙时期

中国有文字记载最早的原始部族，是距今7000年前的上古东方"蒙人"，即伏羲太昊部族。苗族历史渊源可以追溯到上古居住在东方的"东蒙"人，这不但有籍可稽，还有民族的心史记载、考古学资料，以及历史学家的研究与考证可供证明。后来发祥于西部"西羌"的黄帝打败"东蒙"蚩尤，尧、舜、禹征伐三苗，秦国灭掉楚国，上古"东蒙"人的后裔大部分融入华夏族或其他民族，没有融入的一部分发展演变为现代的苗、瑶、畲等民族。这表明，上古"东蒙"即伏羲太昊部族是华夏文明的一个重要源头，同时上古"东蒙"人也是华夏族即现代汉族的一个重要来源。

上古伏羲太昊时期是中国可考的历史。司马迁《史记》以黄帝为开端，但他在《史记·太史公自序》中明言："余闻之先人曰，伏羲至纯厚，作《易》八卦……于是卒述陶唐以来，至于麟止，自黄帝始。"司马迁明确告诉后人，他只记述了"上起黄帝，至于麟止"的历史，但他曾经听人说，在黄帝之前还有伏羲作《易》八卦一事。

[①] 本文原题目是《苗族七千年发展历程》，载《追梦韶光》一书。

（一）中国史籍记载我国古代东方有一个"君子国"

《山海经·海外东经》："有东口之山。有君子之国，其人衣冠带剑。"
《淮南子·地形训》："东方有君子之国。"
《帝王世纪》："帝出于震，未有所因，故位在东方。"
《说文》："凤，出于东方君子之国。"
《后汉书》："（东方）仁而好生，天性柔顺，易以道御，至有君子不死之国焉。"
《太平御览》卷八六九引《王子年拾遗记》："……其人不死，厌世则升天。"

以上引文可知，我国古代东方有一个君子国，神鸟凤出于此地，其人不死，厌世则升天。

（二）专家考证"君子国"为东方夷国、东方夷族、东方夷人，确切地说是"东蒙"人，即上古时期居住在东方的"古苗人"

翦伯赞、郑天挺在《中国通史参考资料》中说："君子国，不死国，相传是东方夷国。"

王献唐在《炎黄氏族文化考》中考证说："伏羲亦作伏牺……蒙阴一带，初皆蒙族聚处之所……固伏羲子孙旧壤也。伏羲之后，有东蒙氏……蒙在东方，故言'东蒙'，合地名氏名以证伏羲，知伏羲为蒙族。"

范文澜在《中国通史简编》中说："居住在东方的人统被称为'夷族'。太皞（也写作太昊，下同）是其中一族的著名酋长。"

郭沫若在《中国史稿》中则说："太皞，号伏羲氏。据说'伏羲作卦'，已是父系氏族社会的事了……太皞又是所有夷人想象中的祖先。"

上述"东方夷国""东蒙""东方夷族""东方夷人"等称谓，我们认为统称为"东蒙"最适合，因为那时还没有华夷之分。"东蒙"不是夏商周时代的"东夷"。"东蒙"是源，"东夷"是流。"东蒙"是上古居住在东方的古苗人。"东夷"是"东蒙"人未南下的那一部分的后裔，春秋战国时全部融入了华夏族。

（三）苗族源自"东蒙"人的心史记载和民俗印证

《苗族古歌》这样唱道：

从前五支奶，居住在东方；
从前六支祖，居住在东方。
挨近海边边，天水紧相连。

波浪滚滚翻,眼望不到边。

《苗族史诗》这样唱道:

在那生疏的年代,
祖先住地在何处?
祖先住在欧整郎,
波光激滟与天连。

苗族唱《焚巾曲》指引亡魂,返回东方故地投祖。《焚巾曲》所说的东方,亦指太阳升起的地方,即指"东蒙"人之古居地。

(四)苗族源自"东蒙"人的考古学证明

从我国考古发现来看,上古"东蒙"即伏羲太昊部族文化,从距今约9000年前的贾湖文化起,历经后李文化(距今约8300年)、北辛文化(距今约7300年)、河姆渡文化(距今约7000年)、良渚文化(距今约6500年)、大汶口文化(距今约6000年)等,都是上古时期"东蒙"人即古苗人所创造出来的不同历史阶段的文化。

河姆渡遗址的发掘物陶器上有双头鸟的纹饰,同现今黔东南苗族蜡染双头鸟的纹饰是一模一样的。

王大有在《蚩尤氏在中华文明史上的杰出地位论纲》中指出:"(苗族)都是头戴飞鸟形凸玉冠上插羽毛,这种玉冠,首见于河姆渡文化(距今约7000年),广泛出现在良渚文化(距今6500—4200年)、大汶口文化(距今6500—4500年)、龙山文化(距今4500—4000年)的陶器、玉器上,尤其集中于玉圭、玉钺、王冠上。"

(五)一批国学大师充分肯定苗族悠久的历史与文化

夏曾佑在《中国古代史》中说:"古时黎族散处江湖间,先于吾族,不知几何年。其后吾族顺黄河流域而至,如此者又不知几何年。至黄帝时,生齿日繁,民族竞争之祸,乃不能不起,遂有炎帝、黄帝、蚩尤之战事,而中国文化,藉以开焉。"[①]

王桐龄在《中国民族史》开篇即说:"现在中国人动言五族平等,所谓五族者,即汉、满、

---

① 夏曾佑:《中国古代史》第13页,岳麓书社,2010年版。

蒙、回、藏族。譬如作一家人看，汉族是长兄，满族、蒙族、回族、藏族便是幼弟，是为现在人的观察。若照历史观察，中国民族除去汉、满、蒙、回、藏五族以外，还有一位长兄，即是苗族。"①

梁启超在《论中国成文法编制之沿革得失》中说："自黄帝迄于舜禹，我族与苗族为剧烈之竞争，卒代之以兴。于是彼族之文明，吸收以为我用。"

对中华民族别具深情的鲁迅曾这样感叹说："苗族大败以后，都往山里跑，这是我们的先帝轩辕氏赶他们的。"

二、"九黎"与蚩尤战神：苗族的英雄时代

我们之所以将蚩尤与九黎时代称为苗族的英雄时代，是因为大量中国史籍资料记载，蚩尤曾与炎、黄逐鹿中原，蚩尤率领的九黎部落非常强大，黄帝曾九战九不胜。虽然最终黄帝战胜了蚩尤，但蚩尤虽败犹荣。

大量的史籍资料记载，蚩尤或蚩尤统领的九黎部落，有四组大发明，即发明冶炼，造立兵器；整治部族，创制刑法；信鬼好巫，发明宗教；使用甲历，种植水稻。

三、"三苗"与驩兜流放：苗族的衰退时代

九黎、三苗，一族两名。九黎在前，三苗在后。九黎在黄河流域，三苗在长江流域。三苗是九黎战败南下的那一部分的后裔。

范文澜在《中国通史简编》中说："不过苗也是大族，退到南方后，势力还很强盛，占有的土地西起洞庭湖，东到鄱阳湖，与北方黄炎族对抗。"

萨维纳在《苗族史》中说："双方的战争（涿鹿之战）以夏族的胜利告终，于是叫轩辕的被推举为皇帝。苗人们自然不会承认轩辕氏，他们也拒绝承认之后的尧、舜、大禹。这以后的时期，双方仍然相互斗争。"

双方相互斗争经历了尧时"窜三苗于三危""放驩兜于崇山"，"舜征三苗""分北三苗"，最后大禹彻底打垮三苗。范文澜在《中国通史》中感叹说："黄帝以下诸帝，以攻黎攻苗为主要事业，到禹才完成了这个事业。"

我们之所以将"三苗"时期称为苗族的衰退时代，是因为自大禹打垮三苗后，苗族再也没有能力与强大起来的华夏集团相抗衡了。

---

① 王桐龄：《中国民族史》第3页，吉林出版集团有限责任公司，2010年版。

四、夏、商、周时期：苗族处"南蛮"

大禹打败三苗后，建立了中国第一个奴隶制国家——夏朝。此后直到公元前770年，我国中原地区又先后出现了商和西周两个奴隶制王朝。夏、商、周三代，逐渐形成"华夷五方格局"，华夏居中土，夷蛮处四方。四方即为东夷、南蛮、北狄、西戎。

南蛮包括有许多族群，比如"百濮""百越""楚人""巴人"等，都泛称为"南蛮"。但"南蛮"是以"苗蛮"为主体，故一些史料又将"南蛮"直接称为"苗蛮"。这一时期，东蒙、九黎、三苗之后裔，除被迁于"三危"的一支外，其余主体部分生活于"南蛮"所在地域。

学界一些人将苗族说成源自"南蛮"或"苗蛮"，蚩尤与炎黄逐鹿中原是"南蛮"或"苗蛮"北上，这是错误的，不符合历史真实。它错在将苗族出现在历史舞台上的时间顺序弄颠倒了。苗族出现在历史舞台的时间顺序是：

东蒙—九黎—三苗—南蛮、苗蛮—荆蛮—武陵五溪蛮

南蛮或苗蛮是夏商周时才出现的称谓或概念，南蛮或苗蛮是东蒙、九黎、三苗的后裔，而不是东蒙、九黎、三苗是南蛮或苗蛮的后裔。这个顺序不能颠倒。

五、春秋战国时期：苗族是楚国的主体居民

春秋战国时期（公元前770年—公元前221年）是中国历史上的一段大分裂时期。随着周平王东迁洛邑，周王室势力减弱，诸侯群雄纷争，齐桓公、晋文公、宋襄公、秦穆公、楚庄王相继称霸，史称"春秋五霸"（另说齐桓公、晋文公、楚庄王、吴王阖闾、越王勾践），之后又产生了齐、楚、燕、秦、赵、魏、韩，"战国七雄"的局面。这一时期，各国相互攻伐，混战不休。混战的最终结果是公元前221年，秦始皇灭六国而统一了中国。

商、周两代不断征伐南蛮中的"荆蛮"，但"荆蛮"不但没有被消灭，反而在东周时又强盛起来。春秋战国时，发展成为"五霸七雄"中最强大的楚国的主体居民。《左传》载："楚虽大，非吾族也。"楚君熊渠说："我蛮夷也，不与中国之号谥。"范文澜说："苗族的楚国统一南方。"可见，楚国是以苗族为主体而建立的国家。

六、秦汉魏晋南北朝时期：苗族主体处武陵、五溪

楚国强大时，苗族的居住地域进一步拓展。楚国灭亡后，苗族大部分离开江汉平原、两湖地区，向西往武陵山区流徙。诚如翦伯赞在《中国史纲》中说："秦代吞巴并蜀灭楚，于是川湘鄂的诸蛮，遂相率避入深山穷谷之中，与鸟兽处，而不肯投降，但他们仍然在艰苦的环境中，继续其族类的繁衍。"

之后，先是东汉王朝一再出兵武陵，后是魏、蜀、吴三国割据，政局动荡，武陵苗族

陷入战祸之中，不少人溯五溪（雄溪、满溪、酉溪、无溪、辰溪）逆江而上，进入四川和贵州。当他们向武陵地区的"五溪"深处迁入时，汉文献又开始出现"五溪蛮"的称呼，或统称"武陵五溪蛮"。湘西苗族《迁徙歌》唱道："一支迁住平款，一支迁住酉阳，一支迁住洞仁，一支迁去姜湟，一支迁去姜迁"，即迁去今之秀山、酉阳、铜仁、思南、印江一带。

苗族在武陵山区生活的时间较长，此地至今仍然是苗族的主要聚居地之一。

七、唐宋元明清时期：苗族主体移居大西南

随着统一国家的建立，封建统治者亟思以武力迫使南方各民族接受其统治。由于封建王朝不断向武陵山区用兵，大量的"武陵蛮"被迫从武陵五溪地区继续由东而西、由北而南迁徙。从迁徙路线来看，一部分沿沅江、舞水、清水江而上，经湖南西南部直接进入贵州；一部分是从武陵山脉的北端而西，顺酉水南北二源而上，经湖南西北部而入鄂西、川东和黔东；一部分溯渠水、巫水而上，经湖南南部而入广西入贵州。从苗族口碑资料看，有相当一部分苗族先民先南下进入广西，再从广西溯都柳江北上徙入今贵州东南部和南部。黔东南的苗族不少就是从湖南经广西迁徙而来的。黔东南《苗族古歌·跋山涉水》《苗族史诗》译为《沿河西迁》），说苗族先民沿河迁到"松堂坳"后，便分成九大支：一支住方先（榕江），一支住方尼（台江），一支住者雄（雷山），一支住希陇（黄平），一支住春整（凯里），一支住兴久（施秉），一支住兴林（镇远），一支住旺展（黄平旧州）。唐宋元明时期，苗族主体部分已经移居云贵高原，正如《贵州通志·土民志》记载："古代苗族，右洞庭左彭蠡……屡经挞伐之后，始见西移。秦汉时犹以湖南为中心……此后乃愈益穷蹙，聚息于黔粤川桂滇，而以贵州为其集中地。"

八、中华民国时期：苗族反抗北洋军阀和国民党统治

孙中山领导辛亥革命，推翻了清王朝，苗族人民的优秀儿子王宪章曾担任武昌起义副总指挥。可中华民国成立后，苗族人民不但没有结束他们在历代统治王朝所受的痛苦，相反他们受剥削压迫更加惨重了。

北洋军阀和国民党统治时期，由于反动政府实行民族歧视和民族压迫政策，加之兵役、差役、劳役重重叠叠，迫使苗族人民无法生存，引起各地苗族人民不断起义斗争。有一些起义是在中国共产党领导下进行的，有一些起义是苗族人民自发进行的。正如梁聚五在《苗族发展史》中说："中华民国成立以来，苗夷民族，不但不能解除他们在历代统治王朝所受的痛苦，相反地，且加上一些新的锁链。如兵工粮款，一次比一次增多，一年比一年年加重。稍不如意，还要大加屠杀！苗族人民，处在这种恶劣的环境中，实忍无可忍，只有起来暴动了。"

九、中华人民共和国时期：苗族结束了苦难的历史

1949年，中华人民共和国成立，开辟了中国历史的新纪元。苗族从此结束了迁徙漂泊的生活。在中国共产党领导下，苗族人民不但获了幸福和自由，而且还做了国家的主人，在政治上实现了民族平等，在苗族聚居区实行了民族区域自治，政治、经济、文化等各方面都发生了翻天覆地的变化。

在社会主义中国的国度里，汉族也离不开兄弟民族，兄弟民族也离不开汉族，各民间之间相互离不开。原贵州省苗族省长王朝文就说："自从盘古开天地，三皇五帝到如今，中国共产党对苗族最好，是她帮助苗族人民结束了苦难的历史。没有中国共产党，就没有苗族人民的今天；没有中国共产党，苗族还会在苦难中挣扎，当然更不会有我这个苗族省长。我们要对今天的幸福生活倍加珍惜。"

十、一部分苗民迁徙至海外：苗族由中国的一个民族演变为世界性民族

5000多年来，苗族在中国从华东到中原，从中原到中南，从中南到西南，辗转迁徙，其足迹遍及大半个中国，明清时一部分迁徙至东南亚国家。20世纪下半叶，东南亚半岛的一部分苗族因为战事被迫迁往陌生的西方。苗族由中国的一个民族演变成了世界性民族，其长时期、远距离的大迁徙，在世界近2000多个民族中极为罕见。

（一）明清时一部分迁徙至东南亚国家

1. 迁入越南

苗族迁入东南半岛，至少开端于14世纪末或15世纪初。最早进入的国家是越南和老挝，然后才是缅甸和泰国。据《贵州省志·民族志》记载："早在元代，元朝统治者多次征调思州、播州士兵远征东南亚，其中一次就从黄平征调万余人，其中苗族不少。"

越南学者琳心，把苗族从中国迁入越南的过程分为三个阶段。第一次迁徙，发生在17世纪到18世纪初，贵州苗族在反对"改土归流"失败后，有80多户苗民陆续辗转迁到了越南。第二次迁徙发生在1796年至1820年间，乾嘉苗民起义失败后。第三次迁徙发生在咸同苗族大起义失败以后。迁入越南的苗族最主要来自贵州，也有部分来自湖南、云南和广西。

越南苗族现有约85万人，大部分自称"蒙"，只有一小部分自称"那苗"。主要聚居在河江、莱州、老街、山罗、安沛、高平6省，在义安、宣光、清化、北太、和平、谅山、清化、河北、广宁等省也有苗族定居。

2.迁入老挝

老挝苗族被称为老松族或老松人,他们最早迁入老挝的时间应为15世纪初。从迁徙路线来看,老挝苗族与越南苗族有所不同,越南的苗族全是从中国迁入的,老挝的苗族一半直接从中国迁入,另一半则辗转从越南迁入,即先从中国迁入越南,再从越南辗转迁入老挝。

老挝苗族约40万人,他们自称为"蒙"。有李、王、杨、熊、陶、何、巩、毛、吴、陈、魏等姓氏,其中以杨、李、王、熊四姓人口最多。主要分布在川圹、丰沙里、琅勃拉邦、沙耶武里等省和万象省北部。按老挝上、中、下三寮来讲,苗族分布在上、中寮,且在上寮的较多,其中以川圹省的农黑、朴克山最为集中。

3.迁入泰国

苗族迁入泰国的时间相对要晚得多。法国人莫当调查后说:"苗族显眼地出现在泰国还是很近代的事情……他们大概是在1840年至1870年之间到来的。"这个结论同清迈府部落研究中心的观点基本一致,他们认为"苗族于1850年开始进入泰国。"

泰国苗族约有19万人。《泰国年鉴》说:"几乎整个泰国北部的各府都有苗族居住,其中居住在清迈府和难府的人数最多。达府是苗族最近迁居的主要地方。在碧差汶府、彭世洛府以及南邦府、帕府、夜丰颂府、黎府也发现有苗族居住。"

4.迁入缅甸

缅甸苗族约有6万多人。他们中至今流传着一个甚为一致的说法,缅甸苗族最早的祖先居住在贵州,之后迁到云南。由于云南回族同清朝统治者的斗争十分激烈,所以便有300户苗族大户,集结成队,迁入缅甸。缅甸苗族主要分布在果敢、东枝、景栋、八莫等地区。苗族迁入缅甸的路线最重要的有三条:一条是从中国云南西南部(临沧市镇康县)直接迁入缅甸与云南接壤的果敢山区;一条是经过泰国西部进入缅甸东枝东南部和南部地区;一条是经过老挝的南塔、波高两省及泰国的清迈省进入缅甸景栋地区。

东南亚除上述四国外,在柬埔寨也约有1万多苗民。他们是20世纪60年代美越战争期间,从越南和老挝逃亡至柬埔寨的,主要居住在柬越、柬老边界线一带。他们还操苗语、着苗族服饰,他们说自己的祖辈也是从中国迁移出去的。

(二)越战结束后,一部分苗族被迫移民至西方

20世纪60年代,老挝苗族被迫卷入10年"秘密战争"。战争结束后,老挝苗族10万余人被迫逃往泰国难民营。后在国际社会帮助下,老挝苗族难民漂洋过海,远迁美洲、欧洲、大洋洲,从东半球到达西半球。

1. 移民美国

20世纪60至70年代，美国在发动侵略越南战争期间，策动了老挝"秘密战争"，支持老挝王室以王宝（苗族）为司令的"特种部队"，遏制巴特寮组织（老挝爱国战线）的发展。1975年，美国承认侵越战争失败，在从越南撤军的同时停止了对老挝王室的支持。老挝爱国战线在越南共产党支持下，夺取了老挝政权。因为惧怕报复，王宝"特种部队"的士兵及其家属和一部分苗族（10余万人）先后逃离老挝，涌入泰国难民营。泰国不堪重负，要求联合国协调解决。美国理亏无奈带头吸收苗族难民，同时动员其他盟国也加以吸收。

美国是吸纳老挝苗族难民最多的国家，先后吸收约9万人。历经40多年，现在美国苗族约有38万人，主要聚居于加利福尼亚州、威斯康星州和明尼苏达州，其中以弗雷斯诺市、圣保罗、明尼亚波利亚城等最具代表性。其他如威斯康星州、伊利诺伊州、密歇根州、北卡罗来纳州、田纳西州、得克萨斯州、乔治亚州、俄勒冈州、华盛顿州、蒙大拿州、内华达州等都有苗族居住。在美国苗族的分布特点是大分散，小聚居，且都居住在城市。

2. 移民法国

老挝在历史上曾是法属殖民地之一，法国成为吸收老挝苗族难民数量仅次于美国的国家。1975年至1980年，法国先后吸纳老挝苗族难民约13000人，大部分最终被留在法国，一部分被分散安排到法属圭亚那。历经几十年，现在法国苗族约有15000人。如同美国的苗族一样，法国的苗族分散居住在许多城市中，包括巴黎、布尔日、里昂、尼姆和尼斯等。由于分散居住在众多城市，法国苗族很担心本民族文化的传承，他们总是想方设法保护本民族文化，比如穿苗族服饰、说苗语、过苗族节日、举行苗族同胞聚会等。

法国苗族被迫适应城市的生活方式，他们从事的职业主要有环卫、保安、的士司机等一些劳务工作。尽管越来越多新一代的法国苗民上了大学，但法国苗民失业率较高仍然是一个问题。也有一些苗民住在城郊接合部，依靠农业生存，以便适应新生活。

3. 移民圭亚那

南美（法属）圭亚那的苗族，是法国吸后安排去圭亚那的。与许多国家不同，圭亚那划出一定的地盘，专门建立苗族村寨，让苗人们聚在一起生活，这使得他们更多地保持了苗族传统的生活方式。比如卡考和加沃黑就是两个最大的苗族村寨，各有1000多人。几十年过去了，圭亚那的苗族现有5000余人，他们已经适应了当地炎热而潮湿的环境，掌握了当地农业生产的技巧，完全适应了那片土地。和当初在老挝一样，他们继续居住在属于自己的村寨中，追寻苗族自己的幸福生活，追求与原来在老挝时相似却更为繁荣的生活。

法属圭亚那和法国之间的苗族的双向移民持续不断，许多苗族家庭在两国之间互相移民，以圭亚那苗族移民法国的为多。此外，也有少数人移民美国与亲人团聚。

4. 移民德国

苗族移民德国的时间相对较晚。相关报道说，1979 年 11 月，泰国难民营有 10 个苗族家庭获准去阿根廷，并且收拾东西准备出发。当他们在曼谷国际机场正准备登机去阿根廷之前的最后一分钟，阿根廷政府改变了想法，拒绝让他们登机，难民们只好返回中转站。正当他们准备回到难民营时，又被告知，如果他们愿意的话，可以去德国定居。在经过一番思考后，他们决定去德国而不是返回难民营。1979 年 11 月 19 日，这 10 个家庭抵达德国。1980 年后又有一些苗民先后从泰国难民营飞往德国。德国苗族的就业方向主要以工业和服务业为主，也有从事农业种植的。现在德国苗族约有 500 人。

5. 移民澳大利亚

澳大利亚苗民的数量略高于 2000 人，他们由几位令人瞩目的领袖带领，这些领袖是：加利·伊阿·李、宝·夏阿考和吴·邵。加利·伊阿·李是第一位苗族人类学家，宝·夏阿考则是首位在英语国家接受培训的苗族医生。他们都是在 1975 年"秘密战争"结束前到澳大利亚读书的学生，战争结束后他们选择继续留在澳大利亚。20 世纪 70 年代末有少数的苗族难民前往澳大利亚定居。这时，这几位先行者自发组织起来，帮助难民适应在澳大利亚的新生活。他们充当了桥梁、经纪人和领袖，协助苗民建立起属于自己的澳大利亚苗族协会，为澳大利亚的苗族社区成员提供帮助和支持。目前，在澳大利亚的许多州和地区都可以看到苗族的身影，比如维多利亚、新南威尔士和塔斯马尼亚岛等。大多数生活在澳大利亚苗民仍然保持原有的信仰，坚信苗族的泛灵论和祖先崇拜。此外，苗族的孩子与澳大利亚的孩子获得了相同的待遇，苗族男女童入学率相同。60% 的澳大利亚苗族拥有自己的房产，但在澳苗族仍多从事低薪行业的工作。20 世纪 90 年代，澳大利亚苗族又约有 200 人移民至新西兰。

6. 移民加拿大

加拿大苗族约有 2000 人，主要居住在安大略省的基奇纳滑铁卢双子城和不列颠哥伦比亚省温哥华市。位于安大略南部基奇纳滑铁卢双子城中的苗族社区内约有 700 名苗族居民，而居住在温哥华的有 120 名苗民。温哥华社区内的苗族与居住在西雅图、华盛顿、波特兰的美国苗族联系密切，他们时常前往上述地区探望亲友。20 世纪 80 年代到 21 世纪初，基奇纳滑铁卢双子城的苗族社区的苗民数量从 50 户增加到 70 多户。加拿大苗族中约有 56% 的人拥有自己的房屋，超过 80% 的人拥有固定职业。他们中的大部分人从事制造业和服务业。有一些加拿大苗族拥有并经营自己的小本生意，包括零售店、洗车场等。

7. 移民阿根廷

最先一批进入阿根廷的苗族难民大约有 10 户，他们于 1979 年 12 月抵达阿根廷首都布宜诺斯艾利斯。1980 年 1 月初，第二批也是最后一批苗族难民共 14 户来到了布宜诺斯艾利斯。他们是阿根廷唯一的两批苗族难民，共有24户家庭，超过150多人。他们在布宜诺斯艾利斯停留了一个月以适应当地的环境，完成相关文书，也得到了一定的休整。此后，他们就流散到了内格罗河省、拉潘帕省等几个省份。有10户家庭被送至内格罗河省首府别德马市，其余的人则被送到拉潘帕等几个省。目前，阿根廷的苗族有300余人，居住相对分散，苗族传统文化濒临消失。

苗族长时期（约5000多年）、远距离（从东半球到西半球）的长途迁徙与大流离，是世界民族史上少有的奇迹。

无论在中国还是在其他国家，苗族大多聚族而居，拒绝被当地其他民族同化。海外苗族还操苗语、吹芦笙、穿苗族服饰。老人去世，他们要请巫师超度亡灵回中国东部老家与其祖先团聚。一位人类学家曾经说过："一个曾经强大的民族是最不容易改变自己的文化的。"苗族就是这样的一个民族。

〇三七 成果简介[①]

一、本课题研究的目的和意义

古往今来，世界上任何一个国家或民族，无不把历史看作是弥足珍贵的精神财富，对历史充满着敬畏之心。

根据中国史籍记载及考古发现，我国考古学泰斗苏秉琦教授生前曾提出要重建中国古史，他说："时至今日，把重建中国古史的任务正式提到全国史学、考古学者面前，条件已经基本成熟。其主要标志是重建中国古史的构思、脉络已基本清楚。从宏观的角度、从世界的角度、从理论与实践结合的高度把中国古史的框架、脉络可概括为'超百万年的文化根系，上万年的文明启步，五千年的古国，两千年的中华一统实体'，这就是我国历史的基本国情。"

苗族是一个极其古老的民族，中国自从有文字记载以来，就有关于苗民的记载。东蒙、九黎、三苗、南蛮（荆蛮）、武陵五溪蛮、苗族，一脉相承。东蒙、九黎、三苗是苗族早期三个重要的历史阶段。本研究以中国史籍中有关苗族早期内容的历史文献为基础，较为全面地整理与研究中国史籍文献资料、苗族心史传说资料、考古资料以及专家研究资料，以证明苏秉琦提出的古史框架、脉络是符合中国实情的，力图恢复和再现中国上古史的基本面貌，并尝试探索重建中国古史，并为之做出贡献。

二、研究的主要内容

中国付诸文献记载最早的原始部族是"东方君子国""不死国"，又称为"伏羲太昊部族"，伏羲太昊氏开中华文明之先河。综观中国文献记载和学界研究考证等资料，中华民族主要有两大历史源头，一是上古时期居住在我国东南部的"东蒙"人，二是上古时期居住在我国西北部的"西羌"人。太昊、少昊、蚩尤出自"东蒙"，神农炎帝、少典、榆罔炎帝、轩辕黄

[①] 本文系作者承担的国家社科基金项目《我国典籍载苗族早期历史资料整理与研究》（批准号：11btq017）的成果简介。该项目已经国家社科规划验收通过，并颁发了结项证书。

帝出自"西羌"。5000年前著名的涿鹿之战，是源于西部的游牧部族打败了源于东部的农耕部族，是落后的部落打败了先进的部落。

汉族、藏族、彝族、羌族等源于上古时期的"西羌"，苗族、瑶族、畲族等源于上古时期的"东蒙"，这不但有文献记载、学者考证，还有考古发现、民间习俗可供证明。事实上，苗、瑶、畲等是涿鹿之战后，因战败而南下的风姓集团的后裔，此外，留在原地至夏、商、周被称为"东夷"的人们，也是上古"东蒙"人的后裔，他们在春秋战国时期全部融入了华夏族。"东蒙"风姓集团之后经尧舜禹征讨三苗，秦国灭掉楚国等重大历史事件后，绝大部分也都融入华夏族了。因此，上古"东蒙"人即伏羲太昊部族也是后来华夏族即汉族的一个重要来源。

苗族早期历史谱系表

名称	年代	首领	主要居住区域
东蒙	约7000到5000年前	太昊、少昊	今河南、山东、安徽、浙江、江苏等地区
九黎	约5000年前	蚩尤	今山东、河北、山西、河南、江苏等地区
三苗	约4000年前	驩	今湖北、湖南、河南、江西、安徽等地区

本项目研究共分为三大编：

第一编 "东蒙"与伏羲太昊：苗族的启蒙时期

第二编 "九黎"与蚩尤战神：苗族的英雄时代

第三编 "三苗"与驩兜流放：苗族的衰退时代

三、研究成果的主要观点

本研究比较全面地考察中国史籍文献资料、学人考证资料、考古资料和苗族口碑资料，得出以下结论。

7000年前左右的伏羲时代是中国可考的历史。伏羲时代是苗族的启蒙时期，也是中华民族的发轫时代。伏羲开中华文明之先河，是中华民族的斯文鼻祖。苗族源于伏羲太昊集团，后来伏羲太昊集团也成为华夏族的一个重要来源。

5000年前左右的炎帝（后世神农榆罔）、黄帝、蚩尤时代是中华民族的英雄时代，也是黄帝建立半帝国的时代。司马迁《史记·六国年表》载："东方物所始生，西方物之成熟。夫作事者必于东南，收功实者常于西北。"著名的涿鹿大战，是落后的西北部"西羌"打败了先进的东南部"东蒙"，是西北部游牧部族打败了东南部农耕部族。这不仅有籍可稽，有考古资料佐证，有民俗印证，还有众多史学家的研究加以证明。

4000年前左右的尧、舜、禹时代,是华夏部落联盟时期,此时中国正处于夏族建立国家和华夏族形成的前夕。之后,大禹打败三苗,建立了中国第一个奴隶制国家。自此之后,"东蒙""九黎"后裔再也没有能力与强大起来的"西羌"华夏集团相抗衡了。

综观中国人类学资料,中华文明中华民族主要有两大历史源头,一是居住在东南方的"东蒙"人,二是居住在西北方的"西羌"人。伏羲太昊、少昊、蚩尤出自"东蒙",神农、炎帝(后世神农)、黄帝出自"西羌"。夏、商、周时期逐渐形成的"华夷五方格局"中的华夏、东夷、南蛮、西戎、北狄。

随着研究的不断深入和分子人类学的介入,学界现已证明中国原住民与上古时期的"东蒙""西羌"两大源头有着直接或间接的渊源关系。"西羌"演变为今天的汉族、羌族、藏族、彝族、白族、哈尼族、纳西族、傈僳族、景颇族、拉祜族、普米族、基诺族、怒族、独龙族等。费孝通先生曾把"西羌"或羌族称为"一个向外输血的民族"。"东蒙"由于在部落战争中战败,"东蒙"后裔大部分融入了华夏族(即后来的汉族),也有少部分融入了其他民族。没有融入的部分发展演变为今天的苗、瑶、畲等民族(有人提出由百越演变成的壮侗语系民族也是上古"东蒙"人的后裔,我们赞同这一观点。但由于资料不足,本研究还未涉及。我们将继续关注和研究这一问题)。

根据专家考证和苗族口碑资料,我们以"东蒙"称呼7000年前左右居住在东方的古苗人,以与夏商周时的"东夷"区分。夏商周被称为"东夷"的人们也是"东蒙"的后裔,并于春秋战国时期全部融入华夏族。苗族是"东蒙"人逐鹿中原失败后而南下的那一部分的后裔,他们把伏羲与女娲的故事、涿鹿大战的故事带到了四面八方。

根据大量的人类学资料,我们将苗族可考的早期历史概括为:"东蒙"与伏羲太昊:苗族的启蒙时期;"九黎"与蚩尤战神:苗族的英雄时代;"三苗"与驩兜流放:苗族的衰退时代。这是符合历史真实的。

上古"东蒙"人伏羲太昊、少昊能够进入中国史籍记载的"三皇五帝"系列,伏羲还被尊称为"三皇之首、百王之先",是古代部落战争文化碰撞的结果。正如梁启超在《历史上中国民族之观察》中说:"彼族之文明,吸收以为我用。"蒙文通在《古史甄微》中说:"泰族者中国文明之泉源,炎、黄二族继起而增华之。"学界将上古时期生活于泰山周围的伏羲太昊部族称为泰族。诚如王大有在《三皇五帝时代》中说:"中国的文明教化,起始于泰岱山区一带的羲皇,泰山一带为中华民族的发源地……羲皇缘泰山而起,为泰地之皇,故又称泰皇。"

中华民族两大历史源头中,"东蒙"人早于"西羌"人,古苗人早于古汉人,这个观点早在20世纪初就得到了国内外学术大师们的赞同。夏曾佑在《中国古代史》中说:"古时黎族散处江湖间,先于吾族,不知几何年。……至黄帝之时,生齿日繁,民族竞争之祸,乃不能不起,遂有炎帝、黄帝、蚩尤之战事。"王桐龄在《中国民族史》中说:"现在中国人动言五族平等,所谓五族者,即汉、满、蒙、回、藏族。譬如作一家人看,汉族是长兄,满族、蒙族、回族、藏族便是幼弟，是为现在人的观察。若照历史上观察，中国民族除去汉、满、蒙、回、藏五族以外，还有一位长兄，即是苗族。"蒙文通在《古史甄微》中说："风姓之族先于炎、黄二族居于中国，当即为中国旧来土著之民。"鸟居龙藏在《苗族调查报告》中说："当汉族未入中国以前，中国之中部及南部，本为苗族所居，至汉族移入后，渐与苗族接触。"萨维纳在《苗族史》中也说："他们（苗族）的历史应该比汉人的史书记载还要古老。"

四、研究成果的突出特色

蔡元培说："学问之成立在信，而学问之进步则在疑。非善疑者，不能得真信也。"苏秉琦把中国古史的框架、脉络概括为："超百万年的文化根系，上万年的文明启步，五千年的古国，两千年的中华一统实体。"又基于夏曾佑、王桐龄、翦伯赞、范文澜、郭沫若、蒙文通、萨维纳、鸟居龙藏等诸多大学者对苗族悠久历史的研究与论述。受大师们的启发，本项目研究可以说是站在巨人的肩膀上进行的，有着充分的理论依据。

顾颉刚说："各民族有她自己的文化，在民族的融合过程中，各民族的文化也随着融合而成为一个民族的文化，那就成为中国的正统文化，此后大家也就忘却了追溯它的源头了。这个追溯的责任当然应由历史学者负担着，只是以前的历史学者还没有想到这件事，他们把这块丰腴的园地留给我们了。我们现在明白了许多中国文化并不是发生于华夏族的，我们就得向其他民族中找去。"从一定意义上讲，本研究就是向其他民族中找去，探索中华文明中华文化的历史源头。

苗族先民为早期中华文明中华文化做出了卓越贡献。文献资料、考古资料、学人考证资料、苗族"心史"资料，异彩纷呈，目不暇接。本研究成果博采众家之言，是诸多成果的集大成者。对诸多资料做到恰当排列，正确叙述，论之有据，言之成理；做到历史的逻辑与学术的逻辑融会贯通，完全以资料说话，从资料引出必然的结论。

本研究根据大量人类学资料，认真梳理了"东蒙"与"西羌"两大集团的黄河之战（指黄帝与蚩尤的涿鹿大战）和长江之战（指尧、舜、禹征伐三苗）。这不是纠缠历史，而是理性审视，还原历史。正是部族战争促成各部落联盟、融合，从而促进社会发展，黄帝打败蚩尤后建立了早期国家雏形，大禹打败三苗建立了第一个王朝。

伏羲太昊是中华民族的斯文鼻祖，黄帝、炎帝、蚩尤是中华民族的三大人文始祖。中国自古以来就是一个多民族的国家。民族团结关系到国家的长治久安和各民族的长远利益，我们必须要维护民族团结。

五、研究成果的学术价值

上古居住在东方的"东蒙"人和居住在西方的"西羌"人是中华文明中华民族的两大源头。

中国早期历史是在这两大集团的相互碰撞中前进的。研究"东蒙"自然离不开"西羌"。本项目是研究苗族的早期历史，实际上也是研究中华民族的早期历史，涉及到苏秉琦先生提出的重建中国古史的问题。本研究成果或许对重建中国古史有一定的参考价值。

当今学术界受徐旭生的"华夏、东夷、苗蛮"三大源头论影响较大，一些重要研究成果乃沿袭之。我们认为，徐旭生的三大源头论不符合中国的历史事实，他错把源流当成源头，这不仅缩短了中国可考的历史，而且还造成了对诸多历史问题的误判。本研究欲就此正本清源（第二编第一章第四节专门讨论这个问题）。

"东蒙"人即古苗人也是古华夏族的重要来源。黄帝打败蚩尤、大禹打败三苗、秦国灭掉楚国，古苗人大部分都融入了华夏族，此外，"东蒙"人的其他后裔即夏商周被称为"东夷"的人们也全部融入了华夏族。没有融入的一部分才发展演变为今天的苗、瑶、畲等民族。如前所述，有人提出由百越演变而成的侗、壮等民族也是上古"东蒙"人的后裔，我们将继续关注和研究这一问题。

部族战争促进了各部落的联盟与融合，中华民族自古以来就你中有我，我中有你。"东蒙"后裔大部分融入黄帝部族，而在历史进程中，又有不少华夏族融入苗族和其他民族。中华民族共同生活在神州大地上，血脉相融，不分彼此，多元一体，谁也离不开谁。

不知过去，无以图将来。仁者见仁，智者见智。我们愿意与学界同仁共同磋商探讨本项目研究涉及的诸多历史问题。一个目的，共同探索中华文明中华民族的早期历史，以吸收先人智慧，凝聚中华民族向心力，努力实现伟大复兴的中国梦。

○三八 项目绪论[1]

一

梁启超在《中国历史研究法》中说："中国于各种学问中，惟史学为最发达；史学在世界各国中，惟中国为最发达。"[2] 而具有"法兰西思想之父"之称的伏尔泰在《道德论》中也写道："作为一个哲学家，如果你想知道地球上发生了什么事情，你得先把眼睛转向东方——那是一切艺术的摇篮，西方的一切都应归功于它。"[3] 法国牧师萨维纳在他出版的中外第一部《苗族史》中更是说了一句大实话："当整个西欧还处在原始状态的时候，中国人在 4000 前就已经开始书写自己的历史了。"[4] 这说明，在人类漫长的历史长河中，东方文明是先于西方文明的。

众所周知，在人类历史上出现过的几大文明古国中，中国可以说是唯一的一个文明发展进程一直没有遭受重大破坏的国家。诚如黑格尔在《历史哲学》中说："只有黄河、长江流过的那个中华帝国，才是世界上唯一持久的国家。"[5] 我们知道，古印度于公元前 2000 年被雅利安人征服，古埃及于公元前 525 年被波斯人征服，古希腊于公元前 338 年被马其顿人征服，古罗马于公元 408 年被西哥特人征服。上述文明古国均灭于异族的入侵，导致其文化中断。唯有古老的中国，其灿烂而悠久的中华文化绵延不绝，成为世界几大文明古国中的唯一。

古老的中华文明流传自今，没有遭到异族的入侵，还有一个重要的原因，即自中国有文字记载以来，修史作传，秉笔直书，这一直是中华民族的光荣传统。历朝历代都会依据"中华传统"为前朝修史作传，记录之前的历史人物或重大事件，使得中华文明薪火相传，延绵不绝。

---

[1] 本文系作者承担的国家社科基金项目《我国典籍载苗族早期历史资料整理与研究》（批准号：11btq017）的绪论。
[2] 梁启超：《中国历史研究法》，岳麓书社，2010 年版。
[3] 冯天瑜、周积明：《中国古文化的奥秘》第 271 页，湖北人民出版社，1986 年版。
[4] 萨维纳：《苗族史》第 148 页，贵州大学出版社，2009 年版。
[5] 黑格尔著，王造时译：《历史哲学》，上海书店出版社，2006 年版。

国学大师蔡元培先生曾说："学问之成立在信，而学问之进步则在疑。非善疑者，不能得真信也。"[1]随着学术界对疑古思潮的反思，随着大量考古资料的不断发现，人们开始重新审视中国古史的传说时代。苏秉琦教授生前曾提出要重建中国古史框架，他说："时至今日，把重建中国古史的任务正式提到全国史学、考古学者面前，条件已经基本成熟。其主要标志是重建中国古史的构思、脉络已基本清楚。从宏观的角度、从世界的角度、从理论与实践结合的高度把中国古史的框架、脉络可概括为'超百万年的文化根系，上万年的文明启步，五千年的古国，两千年的中华一统实体'，这就是我国历史的基本国情。"[2]他还提出了中国国家起源与发展阶段三部曲的概念，即"古国—方国—帝国"[3]。

根据蔡元培先生和苏秉琦教授的宏论，结合自己的研究方向，这些年来笔者一直在思考着两个问题：一是中国典籍记载的在黄帝之前的历史还可以追溯到多早之前；二是中国苗族这个共同体的历史渊源，即他们的早期历史是怎样的，中国典籍为什么对他们有那么多的记载，为什么王桐龄说"除了汉满蒙回藏以外，还有一位长兄，即是苗族"[4]，为什么夏曾佑说"古时苗黎族散处江湖间，先于吾族，不知几何年。至黄帝之时，生齿日繁，民族竞争之祸，乃不能不起，遂有炎帝、黄帝、蚩尤之战事。而中国文化，藉以开焉"[5]。

史家稽古，多从伏羲氏开始。中国有文字记载最早的人文始祖是伏羲。伏羲之前虽有盘古氏开天辟地、燧人氏钻木取火、有巢氏上树栖居，但盘古、燧人、有巢，是否确有其人，年代久远，难以详究。可距今7000年的伏羲氏，应该说是确有其人。早在先秦时期，伏羲就已经被国人确认为中华民族的人文始祖。《尚书》："古者伏牺氏之天下王也，始画八卦，造书契，以代结绳之政，由是文籍生焉。"《汉书补注》引《周易》："炮牺氏继天而王，为百王先，首德始于木，故为帝太昊。"中国史籍记载的人文始祖，与伏羲同时代的还有女娲，之后又有神农，再到黄帝、炎帝和蚩尤。

司马迁《史记·太史公自序》明言："余闻之先人曰，伏羲至纯厚，作《易》八卦。"但，其自序后文又言，《史记》仅"述陶唐以来，至于麟止，自黄帝始"。司马迁明确告诉后人，他只写"上起黄帝，至于麟止"的历史，但他也听说之前还有伏羲作《易》八卦一事。

在黄帝之前，中华民族还有很长的一段文明起始阶段。近百年来的考古发现证明，一万多年前，中华民族的祖先就已经在我国东南部"面朝黄土背朝天"地经营稻作农业了，还已经开始烧制陶器了。中国大量典籍资料记载，早于黄帝2000年的伏羲太昊就开始了中华文明的一系列创造发明。中华民族自古以来就尊称伏羲为"百王之先""三皇之首""斯文鼻祖"。

---

[1] 高平叔：《蔡元培全集》第2卷，中华书局，1984年版。
[2] 苏秉琦：《华人·龙的传人·中国人——考古寻根记》，辽宁大学出版社，1994年版。
[3] 苏秉琦：《迎接中国考古学的新世纪》，载《东南文化》1993年第1期。
[4] 王桐龄：《中国民族史》第3页，吉林出版集团有限责任公司，2010年版。
[5] 夏曾佑：《中国古代史》，岳麓书社，2010年版。

苗族发祥于中国的东南部，是中国最古老的土著居民之一，中国自有文字记载以来就有关于苗民的记载。综观中国历史文献，无论是正史抑或野史，对苗民的称谓，皆于上古时期称"东蒙"或"伏羲太昊部族"，炎黄蚩时期称"蚩尤部族"或"九黎部落"，尧舜禹时代称"三苗""有苗"或"三苗国"，夏商周时期称"南蛮""荆蛮"或"荆楚"，秦汉以后称"武陵蛮""五溪蛮"。虽然各历史时期的称呼不同，但称呼的对象都是苗人。中国史籍对苗人的记载，其历史脉络可谓清晰。东蒙—九黎—三苗—南蛮、荆蛮—武陵五溪蛮—苗族，一脉相承。

历史学家顾颉刚说过这样一段话："各民族有她自己的文化，在民族的融合过程中，各民族的文化也随着融合而成为一个民族的文化，那就成为中国的正统文化，此后大家也就忘却了追溯它的源头了。这个追溯的责任当然应由历史学者负担着，只是以前的历史学者还没有想到这件事，他们把这块丰腴的园地留给我们了。我们现在明白了许多中国文化并不是发生于华夏族的，我们就得向其他民族中找去。"①

吕思勉在《先秦史》中曾说过："研究吾族源起者，始于欧洲之教士，而东西各国之学者而继之。"② 运用现代学科研究方法的苗族研究，也始于西学东渐，即源于西方传教士和早期人类学家。法国牧师萨维纳在中国西南传教20多年，他于1924年在香港出版了中外第一部《苗族史》。萨维纳根据中国史籍记载纪年表，将约7000年前的伏羲太昊时代称为游牧时代，约6000年前神农时代称为农业时代，约5000年前的黄帝时代称为建立帝国半史时代。③他说："我们没有列出更早的时代，因为表上列的从公元前4477年到1888年这段时间，已经足够向我们显示：苗族祖先在东亚早期历史上留下的足迹。"他下结论说："标识着中国史籍所记载的第一个历史时期的，正是这些苗人。"日本早期人类学家鸟居龙藏1905年到中国对苗族进行调查，于1936年出版了中外第一部《苗族调查报告》。鸟居龙藏说："当汉族未入中国之前，中国之中部及南部，本为苗族所居，自汉族移入后，渐与苗族接触。"他引用美国人类学丹尼尔·加里森·布林顿在其所著《种族和民族》的话说："血统纯粹之汉族自以为五千年来自昆仑，沿黄河长江之源而入中国西北之陕西省。"④

在华夏族基础上产生出来的汉文字记录，为什么只把华夏族的祖先记载到6000年前的少典，而把苗黎族的祖先记载到7000年前的太昊伏羲？要回答这个问题是不难的，这是古代战争促进各部落融合的结果。正如马长寿在《苗瑶之起源神话》中说，中原神话中的包羲与女娲原为楚籍，系"楚中苗族创世之祖……自中原与楚苗交通后，汉苗文化交流，于是楚苗之古帝王及主神，不特通行于苗族，汉族亦从而假借之。时代匡远，于是中原人士不复知伏羲女娲为楚苗之始祖矣。盖汉族之假借苗族伏羲神农为古帝王，亦犹苗倮之祀孔子，与夫汉

---

① 顾颉刚：《从古籍中探索我国西部民族——羌族》，载《社会科学战线》1980年第1期。
② 吕思勉：《先秦史》第23页，上海古籍出版社，1982年版。
③ 萨维纳：《苗族史》第148页，贵州大学出版社，2009年版。
④ 鸟居龙藏：《苗族调查报告》第3、5、6页，贵州大学出版社，2009年版。

族之以瑶祖盘古为开辟之神，其例相同"。①

在中国历史的长河中，古苗黎族与古华夏族一样，同属于中华民族最古老的成员，同属于中华民族的主要缔造者、中华文明的主要奠基者。要想真正地了解中华民族的起源、形成、演变及其发展过程，就不能不研究苗族早期的历史；要想真正透彻地了解中国成为世界文明古国的原因，从而为中华民族伟大复兴整合精神资源，就决不能缺失了对苗族悠久历史与厚重文化的研究与考察。

二

孔子有言："文献不足故也，足则吾能征之矣。"马克思则说："人民自己创造自己的历史，但是他们并不是随心所欲地创造，并不是在他们自己所选定的条件下创造，而是在直接碰到的、既定的、从过去继承下来的条件下创造。"② 国学大师柳诒征在《中国文化史》一书中也有一段精彩的表述："上古历史，虽多懵昧难考，然即周、秦以来之书，推究上古社会之状况，亦往往有端绪可寻。盖自草昧社会进而至于开明，其中阶段甚多，必经若干年岁之蜕化，始渐即于完成。而后来社会之语言、文字、思想、制度，亦必仍有前此之迹象，蝉联寓伏于其中。由后推前，不难见其经过之迹也。"③

中国是人类文明重要的发祥地之一，又是一个有着辉煌文明的古老国度。中国历史文献纵贯数千年，极为繁富，浩如烟海，为世界上任何一个国家所不能媲美。尤其是先秦典籍记录了中国文化发展的内在基因，勾勒了中华文明滥觞的历史轨迹。

"太古之世，无所谓政治，亦无所谓君主，各分部落，不相统一。剥林木以为兵，用水火以胜敌，强凌弱，大吞小。不知经历若干之岁月，始渐由众部而集为大群。"④ 柳诒征在《中国文化史》中还如是说。

中国众多的典籍资料记载，上古时期，在我国东北部平原地带，就"始渐由众部而集为大群"，史籍将这个"大群"称之为"东方君子国""不死国"或"伏羲太皥部族"。翦伯赞、郑天挺在《中国通史参考资料》中注曰："君子国，不死国，相传是东方夷国。"⑤ 苗族自称为"蒙"，王献唐考证称之为"东蒙"。⑥ 上古"东蒙"人或"伏羲太昊部族"是中国史籍记载最早的部落群团，这个最早的部落群团早于"炎黄蚩"时代2000多年，群团中就包含有苗族最早的先民。苗族源自上古"东蒙"人，即伏羲太昊部族。

我们知道，中国典籍大量记载"三皇五帝"，三皇有"天皇、地皇、泰皇（指人皇）"之说，

---

① 马长寿：《苗瑶之起源神话》，载《民族学研究集刊》1940年第2期。
② 马克思：《路易·波拿巴的雾月十八日》，《马克思恩格斯全集》第8卷，人民出版社，1971年版。
③ 柳诒征：《中国文化史》第16页，东方出版中心，2007年版。
④ 柳诒征：《中国文化史》第20页，东方出版中心，2007年版。
⑤ 翦伯赞、郑天挺：《中国通史参考资料》，中华书局，1962年版。
⑥ 王献唐：《炎黄氏族文化考》第297—307页，青岛出版社2006年9月第1版。

而典籍大多是记载人皇的。天皇、地皇是人们想象中的上天力量与赖以生存的大地自然力量。古人用神化的方式使天地变成某神去崇尚、信仰与敬拜，寄告子孙尊天敬地，崇尚自然，传承文明。我们需要探究的是人皇，传说盘古开天辟地以后，人类迎来了新的时代，"三皇五帝"率领人们开创了上古中华文明，后人把他们奉为神灵，以美丽的神话传说来宣扬他们的英雄业绩。于是人们就把原始社会中后期出现的为人类做出卓越贡献的酋长或大王称为"三皇五帝"。

"古代帝王事迹，多杂神话。其较可信者，盖始三皇五帝。"①中国典籍对"三皇五帝"有多种记载，从古至今，大多数中国人倾向于伏羲、女娲、神农为"三皇"，黄帝、颛顼、帝喾、尧、舜为"五帝"。"三皇"早于"五帝"。"三皇"时代距今六千至七千年，"五帝"时代则距今五千多年。

根据中国典籍记载，苗族源自上古"东蒙"即伏羲太昊部族。苗黎族是中国有文字记载的最早的原始部落人群，范文澜、郭沫若、翦伯赞、白寿彝等为代表的史学大家的《中国通史》系列，王桐龄、夏曾佑、林惠祥等为代表的《中国民族史》系列，以及蒙文通、王献唐、闻一多、芮逸夫、马少侨、何光岳、侯哲安、石启贵、杨绍先、梁聚伍等的重要著作，都已经肯定了这一历史的真实性。

范文澜在《中国通史》中说："居住在东方的人统被称为'夷族'。太皞是其中一族的酋长。太皞姓风，神话里说他人头蛇身（一说龙身），可能是以蛇（或龙）为图腾的一族……太皞可能实有其人。如果八卦确是一种记事符号的话，按照传说，当是出于太皞或太皞族的。"②郭沫若在《中国史稿》中说："太皞，号伏羲氏……稍后的记载中说，从黄河下游到江淮流域是东夷和淮夷活动的地方，共有九部：畎夷、于夷、方夷、黄夷、白夷、赤夷、玄夷、风夷、阳夷，合称'九夷'。传说太皞是风姓，应同九夷中的风夷有更直接的关系。风夷在夷人氏族部落中居于首要地位，因而太皞又是所有夷人想象中的祖先。"③由此可见，范文澜、郭沫若所说的东方"夷族""夷人"是指上古时期居住在东方的伏羲太皞（昊）部族，不是指华夏族入主中原后，从夏商开始按地域和方位形成的"东夷""南蛮""北狄""西戎"中的"东夷"。此时的"东夷"已经融入华夏族，不包含有苗族的先民了。苗族是上古"东蒙"人即伏羲太昊部族的风姓集团，即由蚩尤统领的"九黎"部落遗留下来的后裔。

上古"东蒙"人即伏羲太昊部族的后裔。历经数千年的历史长河，该部族的绝大部分部民已经融入华夏族，即今天的汉族，一小部分撤退至南方，发展演变为现代的苗、瑶、畲三个民族，还有一些融入其他少数民族，即由百越、百濮、氐、羌等发展演变而来的一些少数民族。上古"东蒙"人即伏羲太昊部族是中华文明、中华民族的一个重要源头。

---

① 吕思勉：《中国民族史》第10页，岳麓书社，2010年版。
② 范文澜：《中国通史》，人民出版社，1987年版。
③ 郭沫若：《中国史稿》，第111、112页，人民出版社，1976年版。

三

马克思曾深刻指出："在野蛮期的初级阶段，人类的高级属性开始发展起来……在宗教领域中发生了自然崇拜和关于人格化的神灵以及关于大主宰的模糊概念……想象，这一作用于人类发展如此之大的功能，开始于此时产生神话传奇和传说等未记载的文学，而业已给予人类以强有力的影响。"这说明人类在原始社会时期的生活和斗争中发展了想象，从而产生了神话和传说，而神话和传说反过来又有力地影响着人类的生活和斗争。高尔基则说："一般说来，神话乃是自然现象，对自然的斗争，以及社会生活在广大的艺术概括中的反映。"说明神话的产生，基于现实生活，而非出于人类头脑的空想。人类的神话传说往往包含着历史的真实。在发明文字以前，口耳相传的历史是人类唯一的记忆形式。

范文澜在《中国通史简编》曾这样写道："马克思说过，'虽然希腊人由神话中得出了他们的氏族，但是这种氏族比他们自己所造成的神话及其诸神与半神要古老些。'这个原理，同样说明了中国历史上原始公社的存在远比黄帝要古老一些。"[1]

我们知道，在产生文字记载的历史以前，我们的祖先主要是通过口耳传诵的形式代代相传其形成发展史的，这才使得远古的历史得以延续。从盘古开天辟地到秦始皇统一六国，在历史长河的肩架上，展现了形形色色的古代神话传说。从世界文化史来看，关于一个民族形成和发展的神话传说，绝不是空穴来风，它在民族心理中具有重大意义，而且它们的传诵是一个非常严肃的事情，往往通过一些庄严肃穆的仪式来完成。神话以故事的形式表现了远古人类对自然、社会现象的认识和愿望，是通过人民的幻想，用一种不自觉的艺术方式加工过的自然和社会形式本身。

20世纪初，当时的我国学术界有以顾颉刚、钱玄同等人为代表的势力很大的疑古学派，他们认为古代很多被当作信史的东西其实都是传说，而不是真实的历史。他们有一个理论叫"层累堆积说"，认为古代的传说就像滚雪球似的，原来可能有一点点影子，但这雪球越滚越大，越大就越离原来那一点点影子越远。所以，古代的东西就值得怀疑了，不能当作信史。20世纪初期，我国的人类学、民族学研究，以及考古发掘工作都才刚起步，故而疑古学派很有市场，当然当时不赞成疑古学派观点的也大有人在。中华人民共和国成立后，党和国家十分重视科学研究工作，人们开始走出"疑古"阴影。以范文澜、郭沫若为代表的一大批历史学家，开始了中华文明"真史"的一系列探索工作，取得了前所未有的研究成果。20世纪90年代初，李学勤先生针对疑古思潮提出了"走出疑古时代"的观点。他说："把古书的记载与考古的成果结合起来，再上升到理论的高度，郭沫若先生开拓的这条道路，决定了此后很多年中国古史研究的走向。应该说这已经超出疑古，而进入新的时代了。"[2] 随着百年来

---

[1] 范文澜：《中国通史简编》第100页，人民出版社，1965年版。
[2] 李学勤：《走出疑古时代》第343—347页，辽宁大学出版社，1997年版。

地下发掘物的大量增多，随着考古学新发现的增加，疑古学派的看法越来越站不住脚了。

一个多世纪以来的，中国的考古工作获得了前所未有的发展。全国各地发掘出的许多古文化遗址和出土文物可以证明，"神话不是纯粹杜撰的产物，它不是虚构的无稽之谈，而是历史。它是'真实'的故事而不是'虚构'的故事"[1]"上古神话系统，是从属并表现着人类史上一个特定文化阶段的符号系统。神话史，剥去宗教的面纱就是上古史。"[2]我国越来越多的考古发现证实了神话传说的真实性。远古时期遗留下来的知识，比如周易、中医、建筑等，它们的技术水平已经达到了很高的程度。而距今一万年前左右，中国的农耕文明已经开始传播，西北种粟、东南种稻，制陶业也已经发展到了一定的程度。伴随着农耕文明的发展，必然有着一系列的创造与发明，我们绝不能低估了中华民族祖先的智慧和能力。更何况，"秦既得意，烧天下《诗》《书》……惜哉，惜哉！独有《秦记》，又不载日月，其文略不具。"秦始皇焚书坑儒，还不知道烧掉了多少史籍经典，我们今天能读到的只是其中未烧掉的一部分。

四

柳诒征在《中国文化史》中还这样写道："历史之学，最重因果。人事不能有因而无果，亦不能有果而无因。治历史者，职在综合人类过去时代复杂之事实，推求其因果而为之解析，以诏示来兹，舍此无所谓史学也。人类之动作，有共同之轨辙，亦有特殊之蜕变。欲知其共同之轨辙，当合世界各国、各种族之历史，以观其通；欲知其特殊之蜕变，当专求一国家、一民族或多数民族组成一国之历史，以觇其异。"[3]本研究限于后者，即观察中国的一个民族，一个历史悠久、文化厚重的民族，一个对中华文明起步曾做出重大贡献的民族，一个因为部族战争由强者沦为弱者的民族的特殊蜕变。

研究和梳理一个民族的早期发展历史，时代越久远研究越困难，这是不言而喻的。这除了需要依据中国典籍记载、考古发现外，还应该重视民族的民间传说。作为一个没有文字记载自己历史的民族，口头回忆和记叙就是他们的档案。马克思在论述日耳曼的歌谣时说过："古代的歌谣是他们（指日耳曼人）唯一的历史传说和编年史。"高尔基则说："从远古时代起，民间创作就不断地和独特地伴随着历史……俄罗斯的歌谣就是俄罗斯的历史。"[4]

我们知道，我国第一部以人物为中心的传记体通史《史记》，其书中的《五帝本纪》记述了传说中上古五个帝王（黄帝、颛顼、帝喾、尧、舜）的事迹，是司马迁在两千年前，根据各地传说资料而写成的。他曾经"西至空桐，北过涿鹿，东渐于海，南浮江淮矣，至长者

---

[1] 阿兰·邓迪斯主编，朝戈金等译：《西方神话学读本》第125页，广西师范大学出版社，2006年版。
[2]《何新批判》，四川人民出版社，1999年版。
[3] 柳诒征：《中国文化史》，东方出版中心，2007年版。
[4] 皮克萨诺夫著，林陵译：《高尔基与民间文学》，中国民间文艺出版社，1981年版。

皆各往往称黄帝、尧、舜之处"，可见史料来源是通过各地长老转述来的。因此，在中国典籍资料记载的基础上，借鉴民间传说资料来研究梳理一个民族的早期发展史，是必不可少的。

本书为《中国苗族古史研究》，所谓苗族古史，即伏羲时代、九黎时代和三苗时代（根据苗族历史发展的实际，我们将其称为启蒙时代、英雄时代和衰退时代）。中国史籍浩如烟海、极为繁富，本研究要认真查录记载在伏羲、九黎和三苗时代的苗族历史资料，使之系统化。

三苗之后，即苗人被称为南蛮、荆蛮、武陵蛮、五溪蛮后，其历史发展脉络相对比较清晰，学界认识相对也比较一致，故不在本研究之列。

马克思说过："统治阶级的思想在每一个时代都是占统治地位的思想……支配着物质生产资料的阶级，同时也支配着精神生产的资料。因此，那些没有精神生产资料的人的思想，一般地是受统治阶级支配的。"有关古苗黎族在伏羲、九黎和三苗时期的内容，不同的史书有不同的记载，内容复杂且错乱。而且史书大多为个人所著，其内容不免会受到作者社会地位、生活环境、个人好恶的影响。因此，研究中要认真研究和甄别繁杂的史料。

五

2014年9月28日，习近平总书记在中央民族工作会议上的讲话中指出："几千年来，中华民族始终追求团结统一，把这看作'天地之常经，古今之通义'。无论哪个民族建鼎称尊，建立的国家都是多民族国家，而且越是强盛的王朝吸纳的民族就越多。无论哪个民族入主中原，都把自己建立的王朝视为统一的多民族国家的正统，强调'舟车所至，人力所通，天之所覆，地之所载，日月所照，霜露所坠'，都是大一统的组成部分。"他强调指出："我国各民族在分布上的交错杂居、文化上的兼收并蓄、经济上的相互依存、情感上的相互亲近，形成了你中有我、我中有你，谁也离不开谁的多元一体格局。"

郭沫若在《中国史稿》曾说过："民族并不是从来就有的，而是同阶级和国家的产生相适应，历史地形成的。这里谈的羌人、夷人、戎人、苗人、蛮人，正是汉族的前身。历史上所说的华夏，乃是由他们共同融合而成的。"

"东夷""南蛮""北狄"和"西戎"，是从夏商开始，至春秋战国时期，逐步形成的按地域和方位，对"中土""中国"周边居民和各族群、各部落集团的统称。夏人居"中土""中国"，夷、蛮、戎、狄处"四方""四海"。这些称呼只是依据地域不同而起的泛称，而不是确切的民族称谓，也并非指某个单一的族群或部落集团，通常都包括着不同的族群和部落集团，而且随时代变迁其组成又都会发生变化。本是同一个族群和部落集团，因处不同地域而出现不同的称呼，不同的族群和部落集团由于生活在同一地域之内，而被冠以同一名称，这些现象也是常见的。例如，黄帝部落集团，发迹于本属"西戎"和"西羌"的渭水上游，甘肃天水和陕西宝鸡一带，后东迁经陕北而山西，进入华北和黄河下游平原，成为"中土"华夏族和华夏集团的一个主要的来源。但至春秋时，仍有姬姓之"戎"活动于陕西境内。他们虽属黄帝的苗裔，但因未东迁至"中土"，所以仍被包括在"西戎"之内，以"戎"相称。又据《山海经·大荒西经》记载："有北狄之国。黄帝之孙曰始均，始均生北狄。"这说明"北狄"之内，也包含有一支黄帝部落。舜部落和商人部落，本来都起于"东夷"，后居"中土"，成为"华夏"族的重要组成部分。秦人部落，先属"东夷"，后居"戎狄"，再入"中国"，成为"华夏"人。[1] 这就说明，中华民族自古以来就你中有我、我中有你，谁也离不开谁。

综观中国史籍资料记载，我们说苗族源自上古"东蒙"人即伏羲太昊部族，当然不是说苗族是上古"东蒙"人的唯一后裔。如前所述，据中国史籍记载，最早的该原始部族的后裔，已经大部分融入汉族和其他少数民族了。

本项目名称是"中国苗族古史研究"，从某种意义上讲，又何尝不是中华民族的早期历史研究，只不过我们是从某一个点上或从侧面来研究。研究中华民族的早期历史，尤其是研究黄帝之前的伏羲、神农历史阶段，是一项十分艰巨的任务，仅凭我们的能力是不能及的。但我们愿意抛砖引玉，以期引起学界注意，期盼有更多学者进行相关研究，以使中华文明中华民族的早期历史明朗起来。

该研究成果就要报请国家社科规划办验收了。我们想起何新先生在《诸神的起源——中国远古神话与历史》中一段话："然而，余才非敏者，竟欲寻坠绪于数千年后，岂非'妄'乎！虽谬成此篇，又安敢自是？倘能千失一得，已感万幸万幸。或自通篇皆谬，然则真理自在，又何损于日月之明？"[2]

"不知过去，无以图将来。"研究历史，借鉴历史，可以给人类带来很多了解昨天、把握今天、开创明天的智慧。

本项目以苗族早期历史研究为切入点，在前人的研究基础上，深入探讨中华文明中华民族的诸多历史问题，目的在于回溯其历史本源，吸收先人之智慧，凝聚中华民族向心力，努力实现伟大复兴的中国梦。

---

[1] 伍新福：《论评与考辨》第229—230页，岳麓书社，2013年版。
[2] 何新：《诸神的起源——中国远古神话与历史》第7页，生活·读书·新知三联书社，1986年版。

○三九 项目尾声[①]

本项目主要研究了苗族的早期历史："东蒙"与伏羲太昊，苗族的启蒙时期；"九黎"与蚩尤战神，苗族的英雄时代；"三苗"与驩兜流放，苗族的衰退时代。苗族后来的历史脉络是：夏、商、周时期，苗族处"南蛮"；春秋战国时期，苗族是楚国的主体居民；秦汉魏晋南北朝时期，苗族主体处武陵、五溪；唐宋元明清时期，苗族主体移居大西南；中华民国时期，苗族反抗北洋军阀和国民党反动统治；中华人民共和国时期，苗族结束了苦难的历史；一部分苗民迁徙海外，苗族由中国的一个民族演变为世界性民族。

伍新福在《石启贵对湘西苗族研究的开拓及其苗族史观》中说：石启贵认为，"苗族为中国最古之民族，先汉族而据中原。……此族喜务农，建立农业国家，播种万谷，发育秧苗，取名苗族，意义本此。"又说："古时苗民，曾建国于黄河流域，一般英明俊杰之士，均集于此，佐治政务，其文化已达到相当高的程度。"并依据史书记载判断，"后世之盔甲兜鍪""所有刀戟大弩等物"，均"蚩尤首创之，传至今日，遂为中国之战具"。就是说，以蚩尤为首的九黎、三苗集团，是黄河中下游流域和中原地区最早的居民，是这些地区的首批开拓者。他们在大河流域首先开始农耕生活，是中国最早的农业民族。后来苗族之所以由强而弱，究其缘由，石启贵认为"涿鹿之役"是"苗汉两族中盛衰最大之起源"。从此，"黄帝代兴……汉族得以享国悠久"，对于苗族先民则"一再驱逐，摈异之甚"，历代中央王朝和封建统治者又一再"挞伐""征剿"，苗民连遭巨创，被反复杀戮。"叛乱愈多，杀戮愈残，地方怆恻亦愈甚"，"兼以政治、经济压迫"，致使"苗族永不复兴矣！"。又云"苗民原繁殖于交通文化区之黄河流域"，后被迫迁往西南各地，"牺牲膏腴，迁居不毛穷垠；放弃腹地，生活于深山丘陵"，"交通阻绝，生活艰困，不言而喻"。[②] 我们认为，伍新福教授概述的石启贵先生对苗族历史的研究与考证情况，是符合苗族历史真实的。

数千年来，苗族从华东到中原，从中原到中南，从中南到西南，辗转流徙。一部分从中国到东南亚，又一部分从东南亚到世界各地。早在明清时期，一部分苗族已迁徙至东南亚

[①] 本文系作者承担的国家社科基金项目《我国典籍载苗族早期历史资料整理与研究》（批准号：11btq017）的尾声。
[②] 伍新福：《论评与考辨》第193页，岳麓书社，2013年版。

的越南、老挝、泰国及缅甸。20世纪70年代，美国侵略东南亚的战争结束后，一部分苗族被迫漂洋过海，远迁美洲、欧洲、大洋洲，美国、加拿大、阿根廷、法国、德国、澳大利亚等国，因此，苗族由中国的一个民族演变成为世界性的民族。

如前所述，苗族历史文化是中华大地上从未间断过的一条灿烂的文明经线，苗族历史见证了中华民族的历史，见证了中华民族多元一体的血脉相连。一位人类学家说过，一个曾经强大的民族，是最不容易改变自己的文化的，苗族就是这样的一个民族。

最后，我们以苗族诗人杨晓燕的《苗族迁徙歌》来结束该项目的研究。

苗族迁徙歌

苗族飞歌飞，
苗族大歌扬，
有苗族人在的山村歌声绕山梁，
歌声绕山梁。
苗族芦笙吹，
苗族木鼓响，
吹响着苗族的神话传说去流淌，
流淌在迁徙路上。
啊！苗族人啊苗族事，
战争血腥，是非对错？
问君知否，谁能明了。
似那黄河长江一发不可收
流万里，搏万浪，
欲罢未平在反复斗争中，
谱写着悲壮。

中国黄河唱，
世界多瑙河讲，
苗族祖先迁徙路太长，
迁徙路太长。
苗家古歌唱，
中国史篇讲，
逐鹿中原后苗族人当他乡是故乡，

当他乡是故乡。
啊！苗族人啊苗族人，
迁徙路上，走得太累，
迁徙之歌，唱得太久，
似那黄河长江一发不可收，
千里走，万年唱，
豪情壮志在古歌诗篇中，
谱写着悲壮。

○四○ 项目后记[1]

十九、二十世纪之交，随着中国发生"数千年来未有之变局"，中西封闭的地理、文化格局解体，中西交流日益增多，中国学者开始对西方学术研究方法投入极大的关注。传统的学术主流研究方法与西方的实证法、诠释法等交汇，激荡出不少新思想和新观念，这种学术方法上的创新，使民国学术面貌为之灿然一新，产生了一个卓然的学者群落。时代发展到今日，那些当年建立的学术范式仍然规定着我们当下的学术路径。无论人们如何标新，如何骄傲，民国学人作为一个整体，像山一样绕不过去。事实上，他们一直是中国现当代学术的原点所在。[2]

20世纪70年代，笔者在贵州大学读书时，课余时间最喜欢去的地方就是学校图书馆，虽然笔者是学哲学的，但最喜欢看的却是中国历史书籍。范文澜的《中国通史》有一句话对我的一生产生了重大的影响，他说："不过苗也是大族，退到南方后，势力还很强盛。"大学毕业分配到贵州省社会科学院工作后，我继续读了梁启超、王国维、王桐龄、徐旭生、夏曾佑、闻一多、吕思勉、郭沫若等国学大师的著作。梁启超在《太古三代载记》说："三苗，九黎，一族两名。"王桐龄在《中国民族史》中说："现在中国人动言五族平等，所谓五族，即汉、满、蒙、回、藏五族。譬如作一家人看，汉族是长兄，满族、蒙族、回族、藏族便是幼弟，是为现在人的观察。若照历史上观察，中国民族除去汉、满、蒙、回、藏五族以外，还有一位长兄，即是苗族。"夏曾佑在《中国古代史》也说："古时苗黎族散处江湖间，先于吾族，不知几何年。至黄帝之时，生齿日繁，民族竞争之祸，乃不能不起，遂有炎帝、黄帝、蚩尤之战事。而中国文化，藉以开焉。"受到国学大师们的启发，我确定一生研究历史悠久的苗族。30多年来，我先后出版了《中国苗学》《中国苗族哲学社会思想史》《世界苗族迁徙史》《苗学通论》《战争与苗族》《苗学通论续论》等著作。

吕思勉在《中国民族史》中有一段精彩论述，他说："《史记·六国表》：'或曰：东方物所生，西方物之成熟。夫作事者必于东南，收功实者常于西北。故禹兴于西羌；汤起于亳；周之王

---

[1] 本文系作者承担的国家社科基金项目《我国典籍载苗族早期历史资料整理与研究》（批准号：11btq017）的后记。
[2] 林惠祥：《中国民族史》第1页，上海书店出版社，2012年版。

也,以丰、镐伐殷;秦之帝,用雍州兴;汉之兴,自蜀、汉.'此等方位地运之说,原不足信。然自汉以前,兴亡之迹,确系如此。"我们认为,司马迁《史记·六国表》记载的"东方物所生,西方物之成熟。夫作事者必于东南,收功实者常于西北"是符合中国秦汉以前之历史实际的。

根据中国历史文献记载,上古"东蒙"和"西羌"是中华文明中华民族的两大源头。"东蒙"在历史舞台出现要比"西羌"早一千年。中国学界一般认为,五千多年前的黄帝部落源于晚起的"西羌",蚩尤部落则源于上古的"东蒙"。黄帝是现代汉族的祖先,蚩尤则是现代苗、瑶、畲等少数民族的祖先。

在中国新石器的晚期,即五千多年前,东方"东蒙"人即伏羲太昊部族即开始了一系列的中华文明大创造。大量史籍记载伏羲画八卦、观天象、造历算、制网罟、驯家禽、兴管理、定婚姻、行医药、创干戈、化蚕制衣、制乐创歌、建都宛丘、以龙纪官,是早期中华文明的大发明家,是中华民族的斯文鼻祖。"东蒙"伏羲太昊的后裔蚩尤更是发明了金属冶炼、兵器、刑法和宗教。夏曾佑说的"先于吾族,不知几何年",王桐龄说的"还有一位长兄,即是苗族",是有历史根据的。

五千多年前著名的涿鹿大战,是西部游牧部族打败了东部农耕部族,是落后部落打败了先进部落。夏曾佑在《中国古代史》中评说涿鹿大战时曾说:"夫蚩尤受金,作兵,伐黄帝,是地质学家所谓铜刀期矣。而吾族剥林木以为兵,铜木之间,利钝殊焉。蚩尤胜而黄帝败,殆无疑义。然而成败相反,此何故哉?"在夏曾佑看来,应是拥有先进武器的蚩尤胜黄帝,然而成败却相反,以木石为兵器的黄帝反而胜了以铜铁为兵器的蚩尤。夏曾佑还感慨地说:"盖普鲁士不合日耳曼列邦为一统,不能大胜法兰西也。"意指黄帝若不与炎帝联盟,就不可能打败强大的蚩尤九黎集团。

黄帝战胜蚩尤后延续了中华文明的一系列大创造。正如司马迁《史记》记载:"官名皆以云命,为云师。置左右大监,监于万国。万国和,而鬼神山川封禅与为多焉。获宝鼎,迎日推策。举风后、力牧、常先、大鸿以治民。顺天地之纪,幽明之占,死生之说,存亡之难。时播五谷草木,淳化鸟兽虫蛾,旁罗日月星辰水波土石金玉,劳勤心力耳目,节用水火材物。有土德之瑞,故号黄帝。"黄帝最大的历史贡献,就是通过部落战争促进了各原始部族的联合与融合,并建立了最初的中国国家的雏形。中华民族,正是在此基础上形成和发展壮大起来的。

原始部族的联合,促进了各部族之间的文化交流与融合,上古"东蒙"人的祖先伏羲与女娲进入到汉文献记载的"三皇五帝"行列。正如马长寿先生说,中原神话中的包羲与女娲原为楚籍,系"楚中苗族创世之祖……自中原与楚苗交通后,汉苗文化交流,于是楚苗之古帝王及主神,不特通行于苗族,汉族亦从而假借之。时代匡远,于是中原人士不复知伏羲女娲为楚苗之始祖矣"。

习近平总书记在纪念毛泽东同志诞辰120周年座谈会上强调指出:"历史就是历史,历史不能任意选择，一个民族的历史是一个民族安身立命的基础。"古往今来，世界上所有的国家和民族，无不把历史看成弥足珍贵的财富，对历史充满敬畏之心。

笔者一生研究苗族历史文化，深感苗族历史悠久，文化厚重，是中华民族的一个母体民族。我们查阅了大量的中国史籍记载资料和学人的研究考证资料，认为，本研究项目的三大编标题，即"'东蒙'与伏羲太昊：苗族的启蒙时期""'九黎'与蚩尤战神：苗族的英雄时代""'三苗'与流放驩兜：苗族的衰退时代"，应该说是可以成立的，符合苗族早期发展演变的实际，也符合中国历史发展的实际。

本研究把苗族的历史渊源上溯到上古时期的"东蒙"人即伏羲太昊部族。这是根据中国历史文献记载和苗族的心史口碑记载而得出来的结论。其实，这并不是我们的发明，早在民国时诸多国学大师就论述了这一重大的历史事实，我们只不过是将其梳理并明确指明罢了。"东蒙"人即伏羲太昊部族是苗族的启蒙时期，当然也是中华民族的启蒙时期。我们说苗族源自上古"东蒙"人即伏羲太昊部族，并不是说苗族是伏羲太昊部族唯一的后裔。事实上，历经数千年历史，上古"东蒙"人即伏羲太昊部族的绝大部分后裔，已融入汉族和其他民族中去了，没有融合的一小部分，发展演变为今天的苗、瑶、畲等民族。

苗族是一个母体性民族，其先民开启了最初的中华文明，留下了辉煌的记载。王桐龄先生曾说："后来苗族子孙，有一大部分完全同化于汉族；其不肯同化之一小部分，逐渐迁到中国西南各省（云、贵、广西、湖南等地）深山中，与木石居，与鹿豕游，不肯与汉族杂居，不肯与汉族结婚，文化程度遂落于汉族之后。"但是，我们不能忘记，在中华文明中华民族的发轫时代，苗族先民的历史贡献是永垂千秋的。

特别需要说明的是，本研究项目名称为《我国典籍载苗族早期历史资料整理与研究》，这就包括中国史籍记载资料、学人研究考证资料和苗族心史口碑资料。中国史籍资料浩如烟海，百年来学人考证资料繁多，苗族口碑资料十分丰富。因此，本研究具有引经据典多，引据学人研究资料多，运用苗族口碑资料多的特点。一个目的，就是还原苗族早期真实的历史，当然也是探寻中华民族早期可考的历史。

我们把苗族的历史上溯到7000年前的"东蒙"人伏羲太昊部族，自然也是把中华民族可考的历史上溯到7000年前。为了证明本研究的观点，也是为了避免自说自话，我们不得不引用大量学人的研究考证资料。从某种程度上说，本研究结论是众多学人辛勤耕耘的结晶，是集体研究的成果。

石莉参加了本项目研究的资料收集和整理工作，欧阳红参加了校对、打印等工作。

欢迎批评指正！欢迎参与讨论。

〇四一 修改报告[1]

全国社科规划办、贵州省社科规划办：

现将我主持的国家社科基金项目《我国典籍载苗族早期历史资料整理与研究》的修改情况报告如下：

一、根据评审专家建议修改的内容

（一）接受评审专家意见，增加瑶族、畲族的相关资料，专设"苗、瑶、畲同源"一节

苗、瑶、畲同源，这是国内外学界的共识。在东蒙、九黎、三苗乃至荆蛮、南蛮时期，苗、瑶、畲三族是同一的部落人群。后来这一部落群体在迁徙过程中，由湘西西行的为苗族，由湘南越岭的为瑶族，由湘南东迁的为畲族。该项目研究东蒙、九黎、三苗时期的历史，必然也要运用瑶族、畲族的相关资料。但是受到该项目名称的限制，运用瑶、畲的资料不多。课题组接受评审专家的意见，增加瑶族、畲族的相关资料。因此，课题组在第三编第二章特增设第四节，标题为"苗、瑶、畲同源"，重点研究苗族、瑶族、畲族同源异流的问题。增加该节后，本项目研究相对更加完善了。

（二）接受评审专家的意见，论证苗族与东蒙的关系时，增加了语言学、地理学方面的相关资料和内容

比如，增加萨维纳的一段话："这些人用 hmong 来称呼他们自己。在远古时期的中国，他们的祖先最初曾出现在黄河下游区域和淮河流域……中国人习惯称他们为'苗'，中国五千年的古老文化中，一次次地记录下了这些东亚的高山人。标识着中国史籍所记载的第一

---

[1] 本文系作者写给全国社科规划办、贵州社科规划办的课题修改情况报告。

个历史时期的，正是这些苗人。"①

在苗族的古史传说中，苗族的祖先蝴蝶妈妈是从枫树心中生出来的，死后又魂归树心。苗族人所自称的蒙、牧、摸、猛、毛，在苗语中部黔东南即是树心的意思。苗族的自称也可以理解为"枫香树族"或"蝴蝶祖母族"。不仅中国史籍有蚩尤战死后化为枫木的记载，苗族古歌和史诗中也有许多关于寻找枫木造祭鼓的故事，并通过制鼓、祭鼓、醒鼓、跳鼓、送鼓等一系列仪式，使苗族得以世代在枫香树下凝聚、繁衍生息。

增加庄寿雨《我知道的地名：被遗忘的历史》的一段话：

"苗族的自称之一是'蒙'……我国山东省有蒙山，山西省太原市西部有蒙山，北京东部有云蒙山，安徽省有蒙城，广西梧州有蒙山县。"他特别强调说："蚩尤部落的后代，苗瑶语族各族，壮侗语族各族，可能曾长期生活在太行山地区……我仔细翻看了河北省、山西省、河南省、安徽省、江苏省、山东省的分县地图，逐一查阅了每一个县的村名、山名、河名，发现这一地区确实保存有很多苗瑶语、壮侗语地名，有可能在远古时代这两大民族集团曾生活于这一地区。"②

不一一列举。

（三）接受评审专家的意见，增加与本项目研究有关的 255 种参考文献

课题负责人先后主持完成三个国家社科基金项目（含本项目），对国家项目的规范化要求比较重视。在研究过程中，为了核实专家的某一段引文的出处，专门上网购买了大量的原著（一些书的购买仅仅就是为了核实引用资料的页码和版本）。但我们错误认为，引用资料已随文脚注，就用不着单列参考文献了。严格说来，这还是不够规范。课题组接受评审专家的意见，即"研究著作最好有参考文献，随文的注释不能代替参考文献"。因此，在成果的最后增加了主要参考文献 255 种。

（四）接受评审专家的意见，纠正差错漏字、不规范注释、重复语句等 20 余处

比如："以龙纪宫"已改为"以龙纪官"，"主要居住领域"改为"主要居住区域"，"触入"改为融入，"终观"改为"综观"等。在第一编的第一章第三节"历史学家考证资料"中，由于引用萨维纳、王桐龄等的资料较多，因而前稿采用了部分文中加括号注的方法，这与全书采用脚注的格式不统一，现都统一改为脚注。有的注释前面有"参见"二字，为了规范统一，将"参见"二字删去。有的注释只标明作者姓名和著作名称，现都尽可能地找到原著查清何

---

① 萨维纳：《苗族史》第 1—6 页，贵州大学出版社，2008 年版。
② 庄寿雨：《我知道的地名：被遗忘的历史》第 450、307 页，时代文化出版社，2011 年版。

年出版和所引资料的页码，但也还有极少量的引文没有找到原著。不一一列举。

二、课题组进一步充实与调整的内容

一年来，课题组又发掘出一些新的资料，使该"资料整理与研究"更加趋于完善。同时对有些内容进行了重新调整，使之更趋于合理。

（一）重新调整的内容

第一，将原成果简介中开头引用顾颉刚先生的一段话引用完整（原省略"我们现在明白了许多中国文化并不是发生于华夏族的"），并调整为研究成果突出特色中的第二点。

第二，在目录中统一出现在编、章、节三类标题，删去四类标题，文中内容不变。

第三，将原绪论中作为附件的"东蒙名称的由来"，调整为第一编第四章的第一节。因该部分现已经独立成节，故对其内容进行了适当充实和调整。

第四，在第二编名家语言中压缩了夏曾佑《中国古代史》中的一段引文，原因是前稿已经完整引用。

第五，因为增加"苗、瑶、畲同源"一节，所以将文中涉及到苗、瑶、畲关系的内容调整到该节来讲。

（二）补充增加的内容

第一，在89页增加：

蒋南华教授在《中华古帝与文明研究》中说："距今六七千年的河姆渡、良渚、马家浜和大溪、庙底沟文化时期，已出现了纺织业等各种手工业。如考古学家在七千年以前的马家浜遗址发现了罗纹编织物；在六千多年前的良渚文化遗址出土了苎麻织品；1955年在西安半坡遗址出土了6200年前的骨针和布纹陶钵。"[1]

第二，在125页增加：

王桐龄在《中国民族史》中说："一、汉族胚胎时代，汉族苗族之接触，汉族内部之融合，太古至唐虞时代；二、汉族蜕化时代，东夷、西戎、南蛮、北狄血统之加入，春秋战国……"[2]由此可以看出，王桐龄认为，太古至唐虞是汉族的胚胎时代，这一时代的特点是汉族与苗族之接触；春秋战国时期是汉族的蜕化时代，这一时代的特点是有东夷、西戎、南蛮、北狄血

---

[1] 蒋南华：《中华古帝与文明研究》第11页，贵州人民出版社，2009年版。
[2] 王桐龄：《中国民族史》第3页，吉林出版集团有限责任公司，2010年版。

统之加入。这就不难理解，王桐龄为什么接下来说"若照历史上观察……还有一位长兄，即是苗族"。①

第三，在第161页增加：

"西羌"是中国的一个母体性族群，是中华民族的一个重要源头。历史上的"西羌"已经繁衍发展成为现当代的多个民族。费孝通先生把"西羌"或羌族称为"一个向外输血的民族"。据学界考证，接受"西羌"或羌族"输血"的民族包括汉族、藏族、彝族、白族、哈尼族、纳西族、傈僳族、景颇族、拉祜族、普米族、基诺族、怒族、独龙族等。徐平、徐丹在《东方大族之谜——从远古走向未来的羌人》一书中，分别阐述了古羌人与汉族、藏族、彝族、景颇族、阿昌族、白族、哈尼族、傈僳族、拉祜族、纳西族、土家族、普米族、怒族以及缅族的渊源关系。他们强调指出："语言是标志一个民族共同体的主要特征之一，具有相对的稳定性。有着亲属关系的语族，其在历史上的联系必然是紧密的。因此，同属于藏缅语族的各民族，即藏语支的藏族、门巴族，嘉绒语支的嘉绒藏族，彝语支的彝族、白族、哈尼族、纳西族、傈僳族、拉祜族、基诺族等，羌语支的羌族、普米族和登人，景颇语支的景颇族、独龙族等等，以及分布在东南亚的缅语支各族，都与南下的古羌人有着密切关系。"②

第四，在第162页增加：

"相继在我国西北甘肃、青海地区发现出土的以马家窑文化、半山文化、马厂文化等为代表的新石器的文化遗址（甘肃仰韶文化），以及铜器时代的齐家文化、四霸文化、寺洼文化、上孙家寨文化、辛店文化、诺木洪文化等，其文化内涵却不能不说与古羌人有很大的关系。"③

第五，在第164页增加：

当我们注目于亚洲的东部，肥沃的黄河流域呈现在眼前，这块富饶的平原与四周的山地、海滩、草原、沙漠形成鲜明的反差，诱引各路豪杰"逐鹿中原"：胜者君临天下，败者退避四野。

第六，在第182页增加：

奉恒高主编的《瑶族通史》第一篇第二章第三节，题目是"瑶族的远祖九黎与三苗"。文中说，关于九黎的活动范围，《周逸书．尝麦篇》说："昔日之初……命蚩尤宇于少昊，以临四方。"指蚩尤住于少昊原来居住的地方。太昊、少昊为东夷（应为东蒙）两大集团的首领。少昊晚于太昊，或说少昊为太昊之后。"少昊氏居陈"，陈在今河南省淮阳县境内。"少昊虚，曲阜也"，少昊氏遗址在山东曲阜……综上观之，作为太昊、少昊后裔的蚩尤九黎部落，其活动地域应在今山东西南部、河南东部，即今黄河下游与济水、淮水流域一带。④

第七，在190页增加：

直接带来了"蚩尤究竟是东夷族的祖先，还是苗蛮族的祖先呢？这已成为学界争论的

---

① 王桐龄：《中国民族史》第1页，吉林出版集团有限责任公司，2010年版。
② 徐平、徐丹著：《东方大族之谜——从远古走向未来的羌人》第72—81页，知识出版社，2001年版。
③ 徐平、徐丹著：《东方大族之谜——从远古走向未来的羌人》第14页，知识出版社，2001年版。
④ 奉恒高主编：《瑶族通史》第87页，民族出版社，2007年版。

焦点。"①

第八，在216页增加：

蒋南华在《中华古帝与文明研究》中说："近几十年，考古工作者在河南舞阳贾湖遗址、长江中下游地区的湖南澧县梦溪镇、桥头山、安江安坪司，湖北屈家岭、天门石家河、武昌放鹰台、松滋桂花村，江苏江阴石庄镇高城墩、吴县草鞋山、海安青墩、高邮龙裘庄、钱山漾、连云港市的二涧村，浙江余姚河姆渡，长江三角洲上的桐乡罗家角、上海崧泽以及云南元媒和广西曲马坝等遗址，发现了距今六七千年的大量栽培稻谷遗址。"②

第九，在219—220页增加：

秋阳在《蚩尤与中国文化》中也说："黄帝、炎帝分蚩尤，分踞于华夏大地的北、西、东三大区域，鼎足而立。随着社会的发展和环境的变迁，鼎足之势亦随之发生变化。黄帝由泾水渡过黄河，远徙塞外（内蒙古），首开族群大流动的先例。长江下游和黄河下游之间的族群，也紧随其后，向外流徙。"③族群流徙和大流动的目的，主要是为了争夺肥沃的土地或牧场，结果引发了中国古代三场大的部落战争，从而促进了各部族的联系与融合。黄帝打败炎帝和蚩尤后，建立了最初的国家雏形。

第十，在220页增加：

徐静波、胡令远主编的《东亚文明的共振与环流》说："纵观东亚的历史，逐草而徙的游牧民与营田而居的农耕民在冲突与融合的过程中，演出了一幕幕动人心魄的悲喜剧，构筑起这一区域混合文化的基调。"④

第十一，在235页增加：

何捷在《华夏始祖黄帝》中也说："黄帝出生于黄土高原，其黄帝部族均为黄种人群，加之黄河带着黄色之水从黄土高流过，因此其先民们认为这些黄土、黄水就是他们繁衍生息、土生土长之源，故而崇拜黄土、黄水的颜色……黄帝生而具土德，土为黄色，部落首领自称帝，故而其名为黄帝。"⑤

第十二，在363页增加：

伍新福在《石启贵对湘西苗族研究的开拓及其苗族史观》中说：石启贵认为，"苗族为中国最古之民族，先汉族而据中原""此族喜务农，建立中国农业国家，播种万谷，发育秧苗，取名苗族，意义本此"。又曰："古时苗民，曾建国于黄河流域，一般英明俊杰之士，均集于此，佐治政务，其文化已达到相当的程度。"并依据史书记载判断，"后世之盔甲兜鍪""所有刀戟大弩等物"，均"蚩尤首创之，传至今日，遂为中国之战具"。就是说，以蚩尤为首的九黎、

---

① 《线装经典》编委会编：《中国那些事儿·夏商周》第48页，云南出版集团，2017年版。
② 蒋南华：《中华古帝与文明研究》第10页，贵州人民出版社，2009年版。
③ 秋阳：《蚩尤与中国文化》第167页，民族出版社，2015年版。
④ 徐静波、胡令远主编：《东亚文明的共振与环流》第1页，上海社会科学院出版社，1996年版。
⑤ 何捷：《华夏始祖黄帝》第21页，贵州出版集团，2010年版。

三苗集团，是黄河中下游流域和中原地区最早的居民，是这些地区的首批开拓者。他们在大河流域首先进入农耕生活，是中国最早的农业民族……后来苗族之所以由强而弱，由文明进步而贫穷落后，究其缘由，石启贵则认为"涿鹿之役"，"此为苗汉两族中盛衰最大之起源"。从此，"黄帝代兴……汉族得以享国悠久"，而苗族先民则"一再驱逐，摈异之甚"，历代中央王朝和封建统治者又一再"挞伐""征剿"，苗民连遭"巨创"，被反复杀戮。"叛乱愈多，杀戮愈残，地方怆恻亦愈甚"，"兼以政治、经济压迫"，致使"苗族永不复兴矣！"。又云，"苗民原繁殖于交通文化区之黄河流域"，后被迫迁往西南各地，"牺牲膏腴，迁居不毛穷垠；放弃腹地，生活于深山丘陵"，"交通阻绝，生活艰困，不言而喻"。[①] 我们认为，伍新福教授概述的石启贵先生对苗族历史的研究考证情况，是符合苗族历史真实的。

修改之处还有，不一一列举。

三、主要不足之处

第一，虽然课题组已经反复校对，但难免还有错漏字。如果通过验收，出版时还要反复校对。因为还未查找到原著，个别注释也还需要进一步完善。

第二，依据大量的人类学民族学资料（含中国史籍记载、民族心史记载、专家研究考证成果以及考古资料），本研究成果具有诸多方面的突破，但由于思维惯性，要使人们普遍接受和信服，还需要继续深入研究和发掘新的资料。

四、特别说明

（一）虽然认真考虑了评审专家的意见，但项目名称保持不变，仍为《中国史籍载苗族早期历史资料整理与研究》

有专家指出："提供的成果是一部规范的研究著作，但不是规范的资料整理著作。似乎与项目名称'资料整理与研究'有一些出入。"课题组认真研究了专家的这一条意见，认为该专家的态度是十分友好和中肯的，但未能理解本项目研究的对象、目的和方法。本项目名为《中国史籍载苗族早期历史资料整理与研究》，顾名思义，是以中国史籍记载苗族早期历史资料为基础，围绕苗族早期的三个历史阶段，比较全面地整理与研究中国史籍记载资料、苗族心史记载资料、专家研究考证资料以及考古资料等，是这四个方面的"资料整理与研究"，不是孤立的史籍记载资料整理与研究。史籍记载必须要与民族心史记载、专家研究考证以及考古资料结合起来，方能相对正确地研究和呈现出一个民族早期历史的状况。

---

① 伍新福：《论评与考辨》第193页，岳麓书社，2013年版。

所谓苗族的早期历史,即中国史籍记载的伏羲太昊时代、九黎时代和三苗时代。专家认为"不是规范的资料整理著作",可能是只注意到了中国史籍资料,没有注意到民族心史资料、专家考证资料和考古资料。史籍对一个民族早期历史的记载毕竟是有限的,这显然"不是规范的资料整理著作",也不可能正确地描述一个民族的早期历史。如果把中国史籍资料、民族心史资料、专家考证资料和考古资料结合起来进行整理与研究,就有可能窥见一个民族的早期历史概貌。实际上,本研究成果紧紧围绕苗族早期三个不同的历史阶段,旁征博引、洋洋洒洒,完全靠资料说话。正如专家一指出:"该成果通过大量的文献、图片、口碑等资料,旁征博引地佐证自己的观点,有理有据,使得所提出的观点令人信服。"专家二指出:"引证的资料极其丰富,考证翔实,方法也有创新,弥补了以往苗族历史研究史料单薄的问题。研究思路清晰,逻辑性强,引文规范,是一部具有较高的学术价值、资料价值和理论价值的著作。"因此,本研究成果应该是规范的资料整理与研究著作,故项目名称维持不变,仍为《中国史籍载苗族早期历史资料整理与研究》。

(二)对专家四的评审意见给予必要的答复与沟通

本课题组认为,评审专家一、二、三、五的评审态度是十分认真和友好的,所提的建议意见对本研究非常有帮助,我们吸收后进行了认真修改,使本研究成果更加趋于完善。但专家四可能是外行或是对本课题组有成见(从其评审意见来看,可能是对课题组负责人有成见),几乎对本研究成果全盘否定,且信口开河。本课题组认为对专家四的审读意见,我们有义务进行必要的解答。因此,特别写了《石朝江国家社科基金项目的相关说明》。

项目负责人:石朝江

2018年9月10日

○四二 课题说明[①]

全国社科规划办、贵州省社科规划办：

　　本课题组认真学习和研读了5位专家的评审意见，认为多数评审专家对本研究成果的原创性和重要意义是充分肯定的。比如专家一指出："该成果以'疑'立文，以'料'证言，带着疑问出发，通过大量的文献、图片、口碑等资料，旁征博引地佐证自己的观点，有理有据，使得所提出的观点令人信服。"专家二指出：该成果"引证的资料极其丰富，考证翔实，方法也有创新，弥补了以往苗族历史研究史料单薄的问题。研究思路清晰，逻辑性强，引文规范，是一部具有较高的学术价值、资料价值和理论价值的著作。"专家三指出："该课题以苗族早期历史为研究中心，梳理了苗族的历史谱系，整理了相关史料特别是苗族的口碑史料，其立论科学正确，成果基本知识框架完整，资料收集较为全面。"专家五指出："该成果通过整理苗族早期历史文献，揭示了苗族与炎黄族融合、分离的历史，符合马克思基本原理……尤其在运用苗族口传资料部分，非常有特色，并对本成果的观点提供了有力的论证。"以上评审专家在充分肯定的基础上很善意地提出了建议修改意见，这对于进一步提升和完善该项目研究非常有帮助，课题组已经接受和吸纳了他们正确合理的意见，对研究成果作了进一步的修改和完善（参见《石朝江课题修改情况报告》）。但对专家四的评审意见，课题组只能作必要的说明，不能按照其意见来进行修改。因为该专家信口雌黄，不怀好意。如果按其意见进行修改，就达不到预期的研究目的了。

　　现将需要做出说明的问题报告如下：

　　第一，专家四说："关于苗族的早期历史，学术界一般都是上溯到蚩尤时期，这是众所公认的。但本成果却上溯到伏羲时期，就很难使人接受。"

　　本成果把苗族的历史上溯到伏羲时期，不会因为专家四的"很难使人接受"而修改。

　　首先，本研究是受到一批国学大师的启发而萌生的。比如夏曾佑在《中国古代史》中说："古时黎族散处江湖间，先于吾族不知几何年。至黄帝时，民族竞争之祸乃不能不起，遂有黄帝、蚩尤之战事。"夏曾佑认为九黎族先于吾族（即炎黄族、华夏族）不知几何年？王桐

[①] 本文系作者写给全国社科规划办、贵州社科规划办的相关说明。

龄在《中国民族史》中说："现在中国动言五族平等，所谓五族，即汉、满、蒙、回、藏族。譬如一家人，汉族是长兄，满族、蒙族、回族、藏族便是幼弟，是为现在人的观察。若照历史上观察，中国民族，除了汉、满、蒙、回、藏五族以外，还有一位长兄，即是苗族。"王桐龄认为，若照历史上观察，苗族是长兄。蒙文通在《古史甄微》中说："泰族者中国文明之泉源，炎、黄二族继起而增华之。（泰族是指上古时期居住在泰山周围的伏羲太昊部族。）"夏曾佑、王桐龄、蒙文通等国学大师都认为九黎族（苗族）是早于炎黄族即华夏族的。

而郭沫若在《中国史稿》则说："太皞（太昊），号伏羲氏。据说：'伏羲作卦'……传说太皞（太昊）是风姓，应同九夷中的风夷有更直接的关系。风夷在夷人氏族部落中居于首要地位，因而太皞（太昊）又是所有夷人想象中的祖先。"范文澜先生在《中国通史简编》中也说："居住在东方的人统被称为'夷族'。太皞（太昊）是其中一族的著名酋长。太皞（太昊）姓风。"不难看出，郭沫若、范文澜所指的都是上古时期居住在我国东部地区的伏羲太皞（太昊）部族。

事实上，上述国学大师已经直接或间接地把苗族的历史追溯到了伏羲时期，即追溯到炎帝、黄帝、蚩尤之前，本课题组只不过是研究论证大师他们的观点，将其明确地指出来并使之系统化而已。

其次，本研究结论是建立在坚实的资料基础上的。课题组把苗族的早期历史归纳为三编：第一编东蒙与伏羲太皞：苗族的启蒙时期；第二编九黎与蚩尤战神：苗族的英雄时代；第三编三苗与驩兜流放：苗族的衰退时代。这是符合苗族早期发展的实际的。鉴于第二、三编学界已经取得共识，大家都比较熟悉，课题组便将研究重点放了在第一编。我们充分挖掘和利用中国史籍记载资料、中国考古发掘资料、苗族口碑记载资料、专家研究考证资料等，认真论证了苗族与东蒙伏羲太皞的关系，整个研究完全用资料来说话，是建立在坚实的资料基础上的。课题组不会因为专家四的"很难使人接受"而改变基本观点。

第二，专家四说："所引用的资料，有许多并非历史资料，如《山海经》《帝王世纪》《路史》《三皇本纪》《易乾凿图》《遁甲开山图》《庄子》《论衡》《风俗通义》《白虎通义》《淮南子》。"

梁启超在《中国历史研究法》中说过："中国于各种学问中，惟史学为最发达；史学在世界各国中，惟中国为最发达。"在人类历史上出现过的几大文明古国中，中国可以说是唯一的一个文明发展进程一直没有遭受重大破坏的国家。古老的中华文明流传至今，一个重要的原因之一，即是修史作传、秉笔直书，这一直是中华民族的光荣传统。历朝历代都会依据"中华传统"为前朝修史作传，记录之前的历史人物、重大事件，使得中华文明得以保存下来。中国史籍资料浩如烟海。尽管有的是正史资料，有的是野史资料，有的还带有宗教神话的色彩。但不可否认，浩如烟海的史籍资料都具有一定的历史价值。

若按专家四的说法，《山海经》《帝王世纪》《路史》《三皇本纪》《易乾凿图》《遁甲开山图》《庄子》《论衡》《风俗通义》《白虎通义》《淮南子》等都不是历史资料，那么，范文澜、郭沫若、翦伯赞等大家根据历史文献撰就的中国通史系列，王桐龄、林惠祥、吕思勉等为代表的《中国民族史》系列，还有梁启超、章太炎、王国维等国学大师的著作，都是靠不住的了，因为他们的著作都直接或间接地依据了上述的历史文献资料。按照专家四的观点，整个中国历史都要重新改写了。

因此，本研究成果不会将专家四认为不是历史资料的《山海经》《帝王世纪》《路史》《三皇本纪》《易乾凿图》《遁甲开山图》《庄子》《论衡》《风俗通义》《白虎通义》《淮南子》等史籍资料的引文删去。否则，本研究成果就会成为无本之木、无源之水了。

第三，专家四说："引用历史资料时，排序是混乱的，属于杂抄，没有学术研究所需要的严谨性与科学性。"

专家四自相矛盾，一方面不承认《山海经》《帝王世纪》《路史》《三皇本纪》《风俗通义》《白虎通义》《淮南子》等是历史资料，一方面又指责课题组引用上述历史资料时，排序是混乱的。使课题组不知其所云，也对这位"专家"打上了一个疑问号。课题组特别说明，本项目根据研究目标的需要，引用历史资料有的是以时间先后排序的，有的则是根据需要以内容来排序的。

以时间先后排序的，比如：

《易传》："帝出于震。""东方曰夷。"
《礼记》："东方叫夷。"
《帝王世纪》："帝出于震，未有所因，故位在东方。"

以内容排序的，比如：

《淮南子·地形训》："东方有君子之国。"
《说文》："凤，神鸟也"，"凤之象也……燕颔鸡啄，五色备举，出于东方君子国。"
《后汉书·东夷传序》：（东方）"仁而好生，天性柔顺，易以道御，至有君子不死之国焉"。

以上引文，《淮南子》只说"东方有君子之国"，《说文》记载"凤……出于东方君子国"，《后汉书》记载东方人"天性柔顺……至有君子不死之国焉"。完全以时间先后排序突不出重点，也不利于文字上的表述。

课题组认为，有的地方以内容排序更加有利于研究对象的层次递进，又有利于广大读者的阅读，这没有什么不妥之处。专家四一方面不承认一部分历史文献是历史资料，一方面又指责课题组引用这些历史文献资料时没有按时间排序，指责别人"没有学术研究所需要的严谨性与科学性"。这难道就是专家四做学术研究的严谨性与科学性吗？

第四，专家四说："文内所引用的资料都没有出版信息，这是不符合学术规范的。"

课题负责人先后主持完成了3个国家社科基金项目（含该项目），比较熟知国家社科基金项目的规范化要求。本项目名称为《中国史籍载苗族早期历史资料整理与研究》，在研究时就特别注意引用资料的规范。本研究为查证资料的具体出处而专门上网购买了一百多部原著（有许多书就是专门为了核实引文的页码而购买的）。全书稿所引用资料的来源，包括作者、书名、页码、出版社、出版时间都在脚注上标明清清楚楚。比如绪论第11页两段引文脚注如下：

伍新福：《论评与考辨》，第229—230页，岳麓书社，2013年版。
萨维纳：《苗族史》第326页，贵州大学出版社，2009年版。

再比如正文第16页两段引文脚注如下：

林惠祥：《中国民族史》第6—7页，上海书店出版社，1912年版。
柳诒征：《中国文化史》第20页，东方出版中心，1988年版。

文内所引用资料的作者、书名、页码、出版社、出版时间，都在脚注下写得清清楚楚，全书稿都是如此。怎么是"文内所引用的资料都没有出版信息"呢，怎么就"不符合学术规范"了呢？

本课题组认为，只能有两种可能，一种可能是这位评审专家根本就没有认真审读该成果文本，只是简单地套用或复制了别的评审意见；还有一种可能，就是对课题负责人及课题组的研究怀有成见，不顾事实说瞎话。否则，无法解释。

第五，专家四说："研究者对文献学非常陌生……没有严格的历史学、文献学训练，可见是跨界研究。"

本课题研究受梁启超、鲁迅、范文澜、郭沫若、夏曾佑、蒙文通、王桐龄等国学大师（他们都充分肯定了苗族悠久的历史与文化）的启发，项目负责人毕生研究苗族，充分挖掘和利用文献资料、田野资料、民俗资料以及专家考证资料等，先后研究出版了《中国苗学》《中国苗族哲学社会思想史》《世界苗族迁徙史》《战争与苗族》《苗学通论》《苗学通论续论》《中国史前史读本》《晚清名臣石赞清传》等著作（这不是在标榜自己，而是为了回答专家四的"没有严格的历史学、文献学训练"和其所谓的"跨界研究"）。即便如此，我也不敢说自己已经全部掌握了文献学、历史学的知识，对文献资料运用自如了（任何一个人，包括上面所列的大家，恐怕都不敢说自己穷尽地掌握了一个学科、一个领域的所有知识）。但是，我敢说，我终生对苗族历史文化的梳理，涉足文献学、历史学，绝对还不是专家四所说的"没有严格的历史学、文献学训练"以及什么"跨界研究"。如果是"没有严格的历史学、文献学训练"和"跨界研究"的话，能研究出版上述系列较高水平的著作吗？（《中国苗族哲学社会思想史》获第五届吴玉章人文社会科学优秀成果奖；《世界苗族迁徙史》获贵州省第七届哲学社会科学优秀成果著作类一等奖；《苗学通论》2010年获贵州省第八届哲学社会科学优秀成果著作类二等奖；《中国苗学》获贵州省第五届哲学社会科学优秀成果著作类二等奖。）就本项目研究而言，倘若是"没有严格的历史学、文献学训练"，而是所谓的"跨界研究"的话，能把苗族史前时代概括成"启蒙时期""英雄时代"和"衰退时代"吗？专家四不妨自己试做一项没有严格学科训练和跨界的研究，看看自己能够拿得出研究成果来吗？

第六，专家四说："现在的考古学资料，连夏朝都无法证明，遑论黄帝炎帝，更无论伏羲了！"

好家伙，专家四为了否定该研究成果，连最基本的常识都不顾了。在他看来，中华文明甭说一些专家积极探索的七千年，就连五千年文明都不是，因为连夏朝都还无法证明，遑论黄帝、炎帝，更别说伏羲了。在他看来，夏朝都无法证明，夏朝之前的黄帝、炎帝就是虚无的了，伏羲更是虚无的了，华夏族及海外华人华侨自称炎黄子孙就是错误的了，怎么能视虚无的炎黄为祖先呢？在专家四看来，中国史籍记载的伏羲氏的一系列创造发明，记载黄帝、炎帝、蚩尤的卓越历史贡献等都是虚无的了，中国的历史必须改写了，中国欺骗了世界，必须得从世界几大文明古国中删去了。专家四的学识及学术立场，很值得怀疑。

第七，专家四说："本成果有大量的插图，基本上都与内容无关的……严重违反学术规范，严格说来就是剽窃。"

本项目研究的重点是第一编，即"东蒙与伏羲太昊：苗族的启蒙时期"。因为人们对东蒙伏羲太昊时期不太熟悉，我们在这一编除了运用大量的资料来研究考证伏羲时期的存在以及苗族与伏羲的渊源外，还插入了一些与之相关的图片。比如，书稿第19页：

> 继《山海经》之后，"君子不死国""大人国"就相继出现在了大量史籍中。
> 《淮南子·地形训》："东方有君子之国。"
> 《说文》："凤，神鸟也"，"凤之象也……燕颔鸡啄，五色备举，出于东方君子国"。

因为许多人都不知道我国古代东方有一个"君子国"，在引用《山海经》等历史文献的记载后，插入"君子国"的插图，让广大读者一看就知道，众多的史籍记载我国古代东方有一个"君子国"，又叫"君子不死国""大人国"。

又比如，书稿第57页：

> 王桐龄是我国著名的历史学家，先后著有《中国史》《东洋史》《中国民族史》《中国历代党争史》等。1934年文化学社出版了王桐龄著的《中国民族史》，2010年吉林出版集团列入民国学术丛刊再版。这是我国的第一部《中国民族史》。如前所述，王桐龄在书的开篇即说："现在中国动言五族平等，所谓五族，即汉、满、蒙、回、藏族。譬如一家人，汉族是长兄，满族、蒙族、回族、藏族便是幼弟，是为

现在人的观察。若照历史上观察，中国民族，除了汉、满、蒙、回、藏五族以外，还有一位长兄，即是苗族。"① 在这里我们特别注意到，王桐龄是把苗族当成是长兄来看待的。当然有一个前提，那就是"若照历史上观察"。历史上苗族在中国这块土地上发祥较早，对中华早期文明做出过重要贡献。他接下来说："就领土之广，户口之众，传世之久，文化程度之高言之，当然承认汉族为嫡长子，为元子；若但就移入中国内地之先后次序言之，毕竟系苗族先入中国。"② 王桐龄说汉族为"元子"，当是华夏族入主中原后的事情。他肯定苗族先于华夏族移入中国内地。先移入必然是先开发，这是没有疑问的。所以他说，若照历史上观察，还有一位长兄，即是苗族。接下来王桐龄又说："后来苗族子孙，有一大部分完全同化于汉族，其中不肯同化之一小部分，逐渐迁到中国西南各省（云、贵、广西、云南等地）深山中，与木石居，与鹿豕游，不肯与汉族杂居，不肯与汉族结婚，文化程度逐落后于汉族之后，到现在反成为不开化之民族矣。"③ 我们认为，王桐龄于1934年出版的中国第一部《中国民族史》，基本反映出中国苗族真实发展的历史。

在引用王桐龄的研究考证后，插入他的照片及所引著作的图片，图文并茂，这就更加形象，更加令读者信服。这怎么就是"基本上都与内容无关的……严重违反学术规范，严格说来就是剽窃"了。

第八，专家四说："引用具体资料时，对历史文献不熟悉，出现大量的错误……也可能是作者的资料都是辗转传抄而来的。"

运用大量的先秦资料研究苗族的上古史，也是研究中华民族的早期历史，先秦文献资料大多又有不同的版本，几十万字的研究成果，课题组不敢保证没有一点差错或失误，大多数评审专家是善意地给课题组指出来，希望改正，使之更加完善。而综合专家四的整个评审意见，不是善意地给课题组指出不足，而是信口雌黄，连基本的常识都没有，或者是抓住成果小点不足胡乱上纲上线。什么"严重违反学术规范""没有严格的历史学、文献学训练""对历史文献不熟悉""没有学术研究所需要的严谨性与科学性""跨界研究""辗转传抄""严格说来就是剽窃"，等等。有鉴于此，本课题组不得已而作项目的相关说明了。

希望全国社科规划办能将此说明转于专家四，我们非常希望与他讨教一些学术问题。有错请批评指正！

项目负责人：石朝江
2018年8月30日

---

① 王桐龄：《中国民族史》第1页，吉林出版集团有限责任公司，2010年版。
② 王桐龄：《中国民族史》第5页，吉林出版集团有限责任公司，2010年版。
③ 王桐龄：《中国民族史》第5—6页，吉林出版集团有限责任公司，2010年版。

〇四三 结缘苗学[①]

各位专家学者、同志们：

大家下午好！

首先，我对贵州省苗学会和贵州民族大学联合召开《苗学通论续论》出版发行座谈会表示衷心的感谢！

苗族是一个历史悠久、文化厚重的民族。作为一名专职科研人员，我在出版《中国苗学》《中国苗族哲学社会思想史》《世界苗族迁徙史》《战争与苗族》等的基础上，又开始构思采用容量大的"通论"形式，从而比较全面地展现苗族的历史与文化。2008年，我的第一部《苗学通论》（100万字）公开出版，《苗学通论续论》是继第一部"通论"后的第二部"通论"，也是100万字，故取名为《苗学通论续论》。《苗学通论续论》与《苗学通论》体例一样，标题皆精炼为四字。第二部"通论"选录127篇论文，大部分是我2008年以来新写的，也有少部分是第一部"通论"未录入的。两部"通论"都是100万字，对苗族的历史、哲学、政治、文化、经济等分门别类进行研究，资料性强，信息量大，具有较强的阅读及收藏价值。

我热爱我的工作，我对苗学研究似"走火入魔"。我想简要向大家汇报，我是怎样结缘苗学研究的。

我们这一代人经历坎坷。我放过牛、逃过荒、下（回）过乡、当过兵、扛过枪、读过工农兵大学。我是一个上学读书不多的人，小学读了四年、初中读了一年、工农兵大学读了三年。1975年上大学的第一个学期，就被拉到镇宁县搞社教工作，实实在在在学校读书也就七年半的时间。

因为出身贫寒，有机会读书就特别珍惜、特别努力，从小学、中学到大学，学习成绩都名列前茅。我特别喜欢语文课，喜欢思考，尤其是后来在部队又做了几年文书工作，虽然只是抄抄写写，但还是奠定了我一般写作的基础。我曾经梦想成为一名作家。

中国有句老话，"尺有所短，寸有所长"。人都各有长处，也各有短处，人生要尽可能扬长避短。我的一生，是在努力避入仕之短，尽最大努力扬做点学问。像我这样一个上学读

[①] 本文系作者在《苗学通论续论》出版发行座谈会上的讲话。

书不多的人，做学问也不是什么长处，严格说来是喜欢做学问罢了，人要做自己喜欢做的事。在部队，我是有机会提干的，但我谢绝了，因为我想再读书；大学毕业，我是有机会留校的，但我选择到贵州省社会科学院工作。1980年在毫不知情的情况下，我被一纸调令调到贵州省委组织部青干处工作，1983年提为组织部办公室副主任，1984年作为第三梯队干部下放基层锻炼，任苗族自治州惠水县委副书记，1986年任职期满，我毫不犹豫地坚决要求调回贵州省社会科学院从事专业研究工作。当时有朋友劝我，好马不吃回头草，但我认为吃回头草的也会有好马。

我是1987年初回到社科院的，至今已有28年，现已出版独作专著8部，主编、合著7部，发表论文500余篇，个人的研究成果（不含主编的书）近700万字，研究方向是民族人类学，尤其是对苗学颇有研究。

我的第一部著作是1999年出版的《中国苗学》，系从宏观"学"的层面的第一本全方位研究苗族的专著，初步形成了"苗学"这一学科的基本框架。专家评价说这是苗族的一部百科全书（李廷贵、颜恩泉、雷安平），是苗学研究的一部力作（王朝文、蒋南华）。《中国苗学》获贵州社科二等奖。2009年贵州大学出版社将《中国苗学》选入百年苗学研究的十部经典著作之一再版。

在《中国苗学》的总框架下，我又开始构思撰写苗族的各类专著。2005年《中国苗族哲学社会思想史》出版，系国家社科基金项目，这是一部填补空白的著作。专家评说是"来自苗寨的宇宙追问"（邓红蕾），是"中国少数民族哲学社会思想研究的一部力作"（佟德富、龙炘成），是"一部令人耳目一新的力作"（雷安平），是"一本可以传之久远的书"（封孝伦）。《中国苗族哲学社会思想史》获第五届吴玉章人文社会科学优秀成果奖。

2006年出版了《世界苗族迁徙史》，系国家社科基金项目，全书以时为经，以史为纬，综述了苗族自远古迄今的迁徙流离过程。《世界苗族迁徙史》简介被收入《国家社科基金项目成果选介汇编》第三辑。专家评说是"苗族迁徙史研究的扛鼎之作"（敖以深），本书描述了苗族"悲壮而辉煌的迁徙之路"（于明雄）。《世界苗族迁徙史》获贵州社科一等奖。

2008年出版了《苗学通论》，2008年12月11日，贵州省国际文化交流中心、贵州省苗学会联合举行《苗学通论》出版发行座谈会，省人大常委会副主任顾久，省级老领导王朝文、龙志毅、杨序顺等及40多位专家学者出席座谈会。省人大常委会副主任顾久说："100万字的《苗学通论》是一本很有功力的书,这是一本很成功的书。"《苗学通论》获贵州社科二等奖。

2011年出版了《战争与苗族》，每一个民族在历史上都经历过战争，而苗族在历史上经历战争时间之长、次数之多、规模之大，实属罕见。专家评价《战争与苗族》"站得高、看得远"（史继忠），是"苗学研究的又一部力作"（杨贞杰）。

2015年出版了《苗学通论续论》，本书系《苗学通论》的姊妹篇，都是100万字，分综合、历史、哲学、政治、文化、经济等类别，分门别类地对苗学展开全方位研究，使之系统化。两本通论信息量大，极具阅读和收藏价值。

我目前还正在承担着两个国家级的苗学研究项目，一是国家社科基金项目《中国史籍载苗族早期历史资料整理与研究》，二是主编"十二五"国家重点对外交流图书《中华民族文化大系·苗族卷》。

我毕生研究苗族即苗学，系列论著受到学界同仁高度评价。2015年6月，石莉博士、萧洪恩博士收集学界公开发表的与我相关的书评、书序、采访、报道等，汇编成《石朝江苗学研究评论集》，由中国言实出版社出版。

我结缘苗学研究，毕生研究苗族的历史与文化，是多种因素促成的。

第一，我的身上流着苗族的血液。我出生在一个苗汉结合的家庭，父亲是汉族，母亲是苗族。我两岁时母亲逝世，是外婆把我带大的，她给我讲苗族的"狼外婆"的故事、洪水故事等，我从小就受到苗文化的熏陶。

第二，是因为受到了一批国学大师的启发。上大学时，我最喜欢去的就是学校图书馆，最喜欢看的就是历史书籍。范文澜的《中国通史》中有一句话对我启发很大，他说："苗也是大族，退到南方后，势力还很强盛。"大学毕业分配到贵州社科院工作后，继续读了梁启超、王国维、郭沫若、王桐龄、夏曾佐、闻一多等国学大师的著作。梁启超说："三苗，九黎，一族两名。"王桐龄在《中国民族史》中说："现在中国人动言五族平等，所谓五族者，即汉、满、蒙、回、藏族。譬如作一家人看，汉族是长兄，满族、蒙族、回族、藏族便是幼弟，是为现在人的观察。若照历史上观察，中国民族除了汉、满、蒙、回、藏五族以外，还有一位长兄，即是苗族。"鲁迅在《且介亭杂文集》中说："只有民族的，才是世界的。"就这样，受到一批国学大师的启发，我决定一生研究历史悠久的苗族。我是站在巨人的肩膀上研究苗族的，不是"无源之水，无本之木"。把苗族历史追溯到7000年前的伏羲太昊，民国年间的一批国学大师的论著中就已经涉及了，我只不过在他们的基础上进一步挖掘阐明而已。

第三，是为了践行我对苗族老红军陈靖的承诺。陈靖是著名的军旅作家，他晚年致力于为苗族祖先蚩尤正名，他要求我利用在社科院从事专门研究的优越条件，还原苗族真实的发展历史。陈靖是一位德高望重的苗族老红军，我当面答应了他的要求。二十多年来，我一直在努力践行对陈靖老红军的承诺。

第四，是因为我被苗族悠久的历史与文化深深吸引住了。夏曾佑在《中国古代史》说："古时苗黎族散处江湖间，先于吾族，不知几何年。至黄帝之时，生齿日繁，民族竞争之祸，乃不能不起，遂有炎帝、黄帝、蚩尤之战事。而中国文化，藉以开焉。"[①] 我读了大量史籍文献资料后发现，苗黎族的祖先可以从蚩尤追溯到太昊、少昊，太昊是7000多前的人或原始部落；华夏族的祖先可以从黄帝追溯到少典，少典之前不知，少典是6000多前的人或原始部落。所以夏曾佑说苗黎族"先于吾族，不知几何年"。王桐龄说："除了汉满蒙回藏以外，还有一位长兄，即是苗族。"萨维纳在中外第一部《苗族史》中说："他们（苗族）的历史比

---

① 夏曾佑：《中国古代史》，岳麓书社，2010年版。

汉人的史书记载还要古老……"①

5000多年前那场著名的涿鹿大战，是落后的部落打败了先进的部落，是游牧部族打败了农耕部族。几千年来，"胜者为王，败者为寇"。苗黎族作为古代部落战争的失败者，一直处在迁徙逃亡中，没有产生文字来记载自己的历史，汉文献的记载虽有许多不实之词，比如把蚩尤妖魔化等，但苗族悠久的历史和卓越的贡献还是被勾勒出来了。比如，《周书·吕刑》云："蚩尤对苗民制以刑。"《尸子》云："造冶者，蚩尤也。"《龙鱼河图》载："蚩尤兄弟八十一人……造立兵仗刀戟大弩，威振天下。"据这些文献记载，蚩尤率先发明了刑法和兵器。又比如，《左传·昭公十七年》载："昭子问焉，曰：'少皞氏鸟官名，何故也？郯子曰：'吾祖也，我知之……太皞氏以龙纪，故为龙师而名。我高祖少皞挚之立也，凤鸟适至，故纪于鸟，为鸟师而鸟名。"据此记载，少昊是太昊的后裔。《山海经·大荒东经》："少昊之国在东海。"《国语》："及少昊氏之衰也，九黎乱德。"少昊之国在东海，即少昊之国在东方的海边上。九黎之君即蚩尤，少昊氏衰，九黎乱德，而弃善道。乱德和弃善道是胜者王败者寇的记录，而实际的情况应当是，少昊氏衰落后，以蚩尤为首的九黎势力发展起来了。这就把蚩尤与少昊、太昊联系起来了。他们都是上古"东方夷人"不同时期的部落集团首领。王桐龄把苗族说成是中华民族的长兄，夏曾佑说苗黎族"先于吾族，不知几何年"，这是有史料依据的。

中华人民共和国成立后，著名历史学家范文澜先生在《中国通史简编》中说："居住在东方的人统被称为'夷族'。太昊是其中一族的著名酋长。"②曾任中国科学院院长的郭沫若在《中国史稿》说："太昊，号伏羲氏……太昊是所有夷人想象中的祖先。"③他们都没有把太昊说成是华夏族的祖先。

基于以上原因，我将自己的研究方向定格在苗族历史文化上，自己来讲述苗族悠久的历史，不过不是乱讲，而是根据史料记载、考古发现、苗族的心史记载以及民国时期一批国学大师的考证资料来讲。我查阅了大量的先秦文献资料，发现中国自有文字记载以来，就有关于苗民的记载。上古时期的苗民被称为"东方夷人"或"伏羲太昊部族"，炎黄蚩时期被称为"九黎部落"，尧舜禹时期被称为"三苗"或"三苗国"，夏商周时期被称为"荆蛮""南蛮"，秦汉以后被称为"武陵蛮""五溪蛮"。虽然各个历史时期称呼不同，但称呼的对象都是苗人。中国史籍对苗人的记载连绵不断，一脉相承。

众所周知，中国有文字记载最早的人皇是伏羲太昊。伏羲之前虽有盘古氏开天辟地、燧人氏钻木取火、有巢氏上树栖居。盘古、燧人、有巢，是否确有其人，由于年代久远，已经难以考证了。可距今7000年前的伏羲太昊氏，应该说是确有其人，确有该原始部族。这是中华文明中华民族的发轫时代。

可能有人会有疑问，在华夏族基础上产生的汉文字，为什么只把华夏族的祖先记载到

---

① 萨维纳：《苗族史》，贵州大学出版社，2009年版。
② 范文澜：《中国通史简编》第88页，人民出版社，1965年版。
③ 郭沫若：《中国史稿》，第111—112页，人民出版社，1976年版。

6000年前的少典,而把苗黎族的祖先记载到7000年前的太昊伏羲？要回答这个问题是不难的,这是古代战争促进各部落融合的结果。正如马长寿在《苗瑶之起源神话》中说,中原神话中的包羲与女娲原为楚籍,系"楚中苗族创世之祖……自中原与楚苗交通后,汉苗文化交流,于是楚苗之古帝王及主神,不特通行于苗族,汉族亦从而假借之。时代匡远,于是中原人士不复知伏羲女娲为楚苗之始祖矣。盖汉族之假借苗族伏羲神农为古帝王,亦犹苗倮之祀孔子,与夫汉族之以瑶祖盘古为开辟之神,其例相同。"[1]这就说明,中华民族自古以来就你中有我,我中有你。黄帝打败蚩尤、大禹打败三苗后,苗黎族大部分融入华夏族,苗黎族早于华夏族的英雄祖先也随之进入到汉文字记载的古帝王行列。这证明汉族大学者王桐龄把苗族说成是中华民族的长兄,夏曾佑说苗族"先于吾族,不知几何年"是正确的。

人是要有点精神的。几十年来,我都在用心构建"苗学",用心梳理苗族的历史脉络与文化。我的苗学研究是分三步走的：第一步,撰就《中国苗学》,拟建立苗学学科理论和学科研究体系；第二步,在《中国苗学》的总框架下,撰写苗族的各类专史,完成了包括苗族的迁徙史、战争史、哲学社会思想以及《中国史前史读本》,《中国史前史读本》中有相当一部分是讲苗族的前期历史的；第三步,采用容纳量大的"通论"形式,将苗族的历史、政治、哲学、经济、文化展示于世人。2008年出版了《苗学通论》,2015年出版了《苗学通论续论》,计划三年后出版《苗学通论再论》。

"老牛亦解韶光贵,不待扬鞭自奋蹄。"借用中南财经政法大学周骏教授的话说："如果说我作出一点业绩的话,那是因为我没有偷懒。"在从贵州省委组织部调回贵州省社会科学院的28年内,我没有很好地休息过,60岁前晚上都要加班,60岁后晚上不加班了,但白天的时间我是充分利用的。如前所述,我现除了要完成前面说的两个国家级项目外,还要兑现自己的承诺,还要完成100万字的《苗学通论再论》。完成这三部书,再去到另外一个天堂,赴东方与苗族的英雄祖先蚩尤团聚,就没有什么可遗憾的了。

最后,我以王国维治学"三境界"与大家共勉：第一境界,"昨夜西风凋碧树。独上高楼,望尽天涯路"；第二境界,"衣带渐宽终不悔,为伊消得人憔悴"；第三境界,"众里寻他千百度,蓦然回首,那人却在,灯火阑珊处"。

---

[1] 马长寿:《苗瑶之起源神话》,载《民族学研究集刊》1940年第2期。

〇四四 续论后记[①]

苗族历史悠久，文化厚重，是中华民族、中华文明的一个重要源头。这个古老的东方民族在人类发展史上占有十分重要的地位。我有幸在贵州省社会科学院工作，专门吃研究这碗饭。我立志一生研究苗族的历史与文化，先后出版了十余部专著。2008 年，我精选一部分论文编纂为《苗学通论》（100 万字），出版后受到广大读者特别是研究和关注苗族的读者，以及苗族知识分子、干部、学生的喜爱，这是作者没有想到的。有同志向我建议，让我出版苗学通论系列，便于人们全方位地了解苗族的历史文化，我十分认同这个建议。

2008 年后，我又新写了不少文字，有些发表或出版了，有些尚未公开面世；还有一些 2008 年编纂第一部《苗学通论》时，因容量问题尚未收录的文字。我将这些论文汇编起来，又是 100 余万字，取名《苗学通论续论》。还是按照第一部《苗学通论》的风格和体例，包括综论、历史、哲学、政治、经济、文化。每一篇论文都力求相对独立、完整，具有可读性，并采用四字标题。

《苗学通论续论》共收录 122 篇文章，都是围绕书名精选出来的。所收论文大部分是现成的，还有一部分是为使《续论》更加完善而新写的。所收论文基本上是关于苗族研究的，这是由本书名及本人的研究方向决定的。但也收录了少量有关贵州经济社会文化发展的内容，因为中国的苗族有一半生活在贵州，苗族的发展与繁荣当然离不开居住区域的经济文化的发展。

特别需要说明的是，为使读者选读书中任何一篇论文都觉得其内容是完整的，并在读后能有所收获，故书中资料的使用难免有重复。虽然我想尽量避免此种情况，能删则删，但有些资料文字又实在不好删去，否则文章就不完整了，故其中仍有部分重复的内容。有少数文章发表的时间较早，资料及观点有些陈旧，但这也反映了当时的历史背景与相关情况。书中还有几篇论文是和女儿石莉、学生蒙祥忠等共同完成的。

国学大师王国维先生曾说过，古今做学问者，必经过三种境界："昨夜西风凋碧树。独上高楼，望尽天涯路"，此为第一境；"衣带渐宽终不悔，为伊消得人憔悴"，此为第二境；"众

[①] 本文系拙著《苗学通论续论》的后记。

里寻他千百度，蓦然回首，那人却在灯火阑珊处"，此为第三境。大凡认真做学问者，皆自觉或不自觉地以王氏的"三境界"为鞭策与动力。我承认，王氏"三境界"对我一生颇有影响，我一生都在努力践行王氏的"三境界"。

我本人的生活是比较简单和清贫的，但精神上却是富有的。著书立说不是为了赚钱，实际上也是赚不到钱的。当今社会，从事哲学社会科学研究的没有几个人是发得了财的。那么图的是什么呢？图的是一种奉献，一种追求，或者至少是一种偏好。我认为，人生活在世间，要有物质上的追求，更要有精神上的追求和支柱。我还是那句话，"安然一份放弃，固守一份超脱"。作为一介书生，生活虽然过得简单、清贫和寂寞，一生劳累，付出多多，但蓦然回首，不怨不悔，自娱自乐，独喜自然，做自己喜欢做的事，走自己喜欢走的路，也不枉费来到人间走了一趟。

作为一个专业研究人员，不愁研究和撰写，特别愁的是出版经费。我非常感谢贵州省人才工作领导小组办公室、贵州省民族宗教事务事委员会为本书的出版提供了经费。感谢王朝文、王正福两位领导赐序，感谢吴军主任赐序。本书的英文目录是石莉翻译的，还有众多的朋友、同事给予我许多鼓励和帮助，在此一并致谢！

著于甲秀楼寒舍

○四五　访谈记录[①]

时间：2017 年 11 月 5 日
地点：贵阳甲秀楼

栏目主持人：请您做一个简要的人生回顾，谈谈您是如何走上苗学研究之路的？

石朝江：我毕生研究苗族即苗学，主要得益于大师的启发。读大学时，课余时间我最喜欢去的地方是图书馆。我是学哲学的，却对历史书籍特别感兴趣。我有幸读到了范文澜、郭沫若、王桐龄等大师的著作。范文澜在《中国通史简编》中说："黄炎两族共同对抗强大的苗族。"王桐龄在《中国民族史》中开篇即说："现在中国动言五族平等，所谓五族者，即汉、满、蒙、回、藏族。譬如作一家人看，汉族是长兄，满族、蒙族、回族、藏族便是幼弟，是为现在人的观察。若照历史上观察，中国民族除了汉、满、蒙、回、藏五族以外，还有一位长兄，即是苗族。"范文澜为什么称苗族为"强大的苗族"？王桐龄为什么称苗族为"长兄"？怀着一种好奇心，我暗下决心，一定要探明究竟。由于受大师们的启迪，从某种程度上讲，研究苗族即苗学的人生志向，还在读大学时即萌生了，确立了。

本来学校提前通知，要我留校从事教学工作，我也答应了。但毕业分配时，吸收单位中有贵州省哲学社会科学研究所（后改名为贵州省社会科学院），我执意要求分配到该所工作。后经学校推荐和该所派员到学校考核，我如愿以偿。正当我大量收集资料准备从事科研时，1980 年，在毫不知情的情况下，我被贵州省委组织部一纸调令调到青干处工作，1983 年提省委组织部办公室副主任，1984 年作为第三梯队干部下放基层锻炼，任苗族自治州惠水县委副书记。应该说，组织上对我是比较关心的，我也在党务行政的岗位上认真履行了职责。但是，我初心不变，志在科研，不在仕途。1986 年任职期满，回组织部后，我坚决要求调回贵州省社会科学院从事科研工作，我又再次如愿以偿。调回社科院后，先后任副所长、所长、副院长、巡视员等。因为有在研的国家社科基金项目，延退了 5 年，我于 2015 年 10 月退休。

[①] 本文系"三苗网"记者对作者的访谈录。

栏目主持人：请谈谈您的主要研究成果及其产生的社会影响。

石朝江：从贵州省委组织部调回社会科学院后，我如鱼得水，做了自己喜欢的工作。我大量地收集古今中外关于苗族的资料。在此期间，我又拜读到了梁启超、鲁迅、夏曾佑、蒙文通、林惠祥等大师的著作。梁启超在《论中国成文法编制之沿革得失》中说："我族与苗族为剧烈之竞争，卒代之以兴。于是彼族之文明，吸收以为我用。"夏曾佑在《中国古代史》中说："古时苗黎族散处江湖间，先于吾族不知几何年。至黄帝时，民族竞争之祸乃不能不起，遂有黄帝、蚩尤之战事。"鲁迅在《准风月谈·踢》一文中说："苗族大败以后，都往山里跑，这是我们的先帝轩辕氏赶他们的。"这些大师的著作更加坚定了我要把苗族的历史与文化认真梳理一遍的决心。

我除了履行一定的行政职责以外，几乎全身心地投入到苗族研究工作中，先后出版了《中国苗学》《中国苗族哲学社会思想史》《世界苗族迁徙史》《战争与苗族》《苗学通论》《苗学通论续论》《中国史前史读本》《晚清名臣石赞清传》等著作。我研究撰写的《从蚩尤九黎城看苗族》正在进行二校，有望在年底前出书，《中国苗族古史研究》《中华民族文化大系·苗族卷》（主编），两本书也即将在明后年出版。

我对苗族进行深入全方位研究，其研究成果在全国反响较大。比如，《世界苗族迁徙史》受到国家社科规划办的表扬，其成果简介被选登在《国家社科基金项目成果选介汇编》第三辑，专家对此书的评价有，"民族迁徙史研究的扛鼎之作"（敖以深教授），"填补了我国民族史研究的一项空白"（封孝伦教授），叙述了苗族"悲壮而辉煌的迁徙之路"（于民雄研究员）等。该成果系国家社科基金项目，2007年获贵州省第七届哲学社会科学优秀成果著作类一等奖；《中国苗族哲学社会思想史》系国家社科基金项目，专家对此书的评价有，"来自苗寨的宇宙追问"（邓红蕾教授）、"中国少数民族哲学思想史研究的一部力作"（佟德富教授）、"一本可以传之久远的书"（封孝伦教授）、"自信、自觉与开创"（史继忠教授）、"一部令人耳目一新的力作"（雷安平教授）、"一部填补空白的力作"（龙忻成编审）、"苗家生存哲学"（作家秋阳）等，该书2007年获全国第五届吴玉章人文社会科学优秀成果奖；《中国苗学》是我的第一本书（拟建立苗学学科理论和学科研究体系），被专家誉为"苗学百科全书"（李廷贵教授、雷安平教授）、"全方位研究苗族的一部力作"（老省长王朝文）、"苗族史与学的丰碑"（作家秋阳）、"从宏观'学'的层面第一本研究中国苗学的专著"（《中国苗学》贵州大学出版社再版前言），该书2002年获贵州省第五届哲学社会科学优秀成果著作类二等奖。学界还对本人著的《苗学通论》《战争与苗族》《苗学通论续论》《晚清名臣石赞清传》等，也给予了较高的评价。

全国共有专家学者50余人次对我的著作展开评论。石莉博士和萧洪恩教授将对我的书评、书序、采访、报道等汇编成《石朝江苗学研究评论集》，2015年由中国文史出版社出版。在当前的学术环境下，这么多人关注和高度评价我的研究成果，这对我而言是一种鞭策。可以说，没有大家的一路鼓励和鞭策，就没有我对苗学的执着研究及其丰硕的成果。

栏目主持人：您如何评价自己取得的学术研究成果，您认为自己学术研究中最值得肯定的是什么？

石朝江：我的苗学研究，大体可分为四部分，即分为四步走：

第一步，研究撰写《中国苗学》，率先在全国建立苗学学科理论和学科研究体系。这一尝试应该说是成功的，也为我终生研究苗学打下了坚实的基础。

第二步，在苗学学科体系的总框架下，研究撰写苗族的各类专史，先后出版了《中国苗族哲学社会思想史》《世界苗族迁徙史》《战争与苗族》（即战争史）等。

第三步，采用"通论"的形式，对苗族政治、经济、文化、历史、哲学、习俗等进行全方位的深入研究，先后出版了《苗学通论》（100万字）、《苗学通论续论》（100万字），目前正在研究撰写《苗学通论再论》（100万字），争取2019年出版。

第四步，因为苗族与汉族一样，同为中国两个最古老的母体性民族，苗族先民曾与炎黄逐鹿中原，留下了辉煌的记载。研究苗族必然涉足中华民族的悠久历史与灿烂文化。笔者穿插着进行研究，出版了《中国史前史读本》《晚清名臣石赞清传》等。《中国史前史读本》被国内一些书店书商列入畅销书，《晚清名臣石赞清传》也受到学界高度评价。[1]

在建立苗学学科理论和学科研究体系，和完成各类专史的基础上，采用容量更大的"通论"系列形式，对一个民族的政治、经济、文化、历史、哲学等进行全方位的深入研究，这在全国还属首创。它不仅拓宽研究领域，信息量大，而且从方法到内容，从形式到体例，都独树一帜、自成体系。比如《苗学通论再论》的第1至5篇，即"寻根索源""驰骋中原""长江之战""辗转流徙""国运来了"，五篇文稿高度浓缩概括了苗族7000年的发展历程。

栏目主持人：您对年轻科研人员有何建议，对未来苗学研究有何期待？

石朝江：谈不上什么建议，但可以说点自己的切身体会。我曾经自己总结了五句话：科研立志、科研积累、科研从师、科研规划、科研创新。

所谓"科研立志"，就是立志从事科研工作。如前所述，我还在大学读书时，就已经立志科研了。学校留校，组织培养，都没有能够改变我的初衷。"安然一份放弃，固守一份超脱。"认定了路就一个劲地走下去。作为一介书生，我这一生虽然过得简单、清贫和寂寞，一生劳累，付出多多，但蓦然回首，不怨不悔，自娱自乐，独喜自然。人就是要活出一个自我。

所谓"科研积累"，就是蓄势待发。科研不是无本之木、无源之水。立志科研，确立了自己的研究方向后，就要从科研最基础的工作做起，即广泛调查搜集资料，广泛阅读本学科本领域的精品力作。没有资料不能研究，没有掌握本学科本领域的研究动态，就不知道怎么开展研究。我讲的科研积累包括资料积累、知识积累、方法积累等等。当积累到一定的程度，研究就会一发不可收。

---

[1] 石莉、萧洪恩主编：《石朝江苗学研究评论集》第121—156页，中国言实出版社，2015年版。

所谓"科研从师",就是站在巨人的肩膀上做科研。古今中外,"名师出高徒",但我们多数人都没有机会得到大师面对面的指导。我的做法是,从书本上从师拜师。苗族从远古走来,我决心梳理苗族厚重的历史与文化,范文澜、郭沫若、翦伯赞等为代表的史学大家的《中国通史》系列,王桐龄、夏曾佑、林惠祥、吕思勉等为代表的《中国民族史》系列,梁启超、章太炎、王国维等国学大师的著作,都是我的必读书目。拜大师为师,超越不了大师,但可以研究证实大师的观点。事实上,我一生都在做的就是证实大师观点的研究考证工作,并使这些观点系统化。

所谓"科研规划",就是要制定出目标和实现目标的步骤。如前所述,我的终极目标是要把苗族的历史与文化认真梳理一遍,为了实现目标而分四步走。目标明确,方法得当,步步为营,步步为终极目标服务。

所谓"科研创新",就是要有新的发现。我特别欣赏《庄子》中记载的一段孔子的高足弟子颜回对孔子说的一段话:"夫子步亦步,夫子趋亦趋,夫子驰亦驰。夫子奔逸绝尘,而回瞠若乎后矣。"颜回对他的老师孔子说:"先生走我也跟着走,先生小跑我也小跑,先生快跑我也快跑,这都还跟得上,但若先生狂奔,烟尘远远地抛在身后,颜回我就只能眼睁睁地落在后边了。"这是很有启发意义的一段话,亦步亦趋地跟着老师学习,可能是个好学生,但却很难成为像老师那样的学者。哲学社会科学研究本身,就是不断地继承、发展和创新。

对未来苗学研究的期待,一是薪火相传,人才辈出,要青出于蓝而胜于蓝;二是四戒,戒"浮躁"、戒"走捷径"、戒"作假"、戒"泡沫";三是以王国维治学的"三境界"与大家共勉。第一境界,"昨夜西风凋碧树,独上高楼,望尽天涯路";第二境界,"衣带渐宽终不悔,为伊消得人憔悴";第三境界,"众里寻他千百度,蓦然回首,那人却在,灯火阑珊处"。

如果我的人生之路对年轻人尤其是青年科研人员有所启发,我也就感到欣慰了。

〇四六 气势磅礴[①]

由石朝江著的《从蚩尤九黎城说苗族》，于2019年6月由中国华文出版社出版。

一、这本书的来历

2015年初，我应邀到重庆彭水作学术讲座，主讲蚩尤九黎部落的历史贡献。按照县委书记的说法，这个讲座是帮助他们统一全县干部的思想，因为一些干部对建蚩尤九黎城有不同的看法。之后，重庆九黎旅游控股集团有限公司邀我研究撰写苗族七千年历史文化展陈脚本。该脚本写成后，公司希望将之出版，我又在原先的基础上适当增加一些内容，于是，就有了《从蚩尤九黎城说苗族》这本书。

二、这本书的特点

从一定意义上说，这本书是我一生苗学研究的浓缩本。可以用20个字来概括本书的特点，这就是：结构合理、开拓创新、气势磅礴、通俗易懂、意义深远。这20个字不完全是作者的观点，而是从一些学者、读者对此书赞扬的语句中概述出来的。

（一）结构合理

《从蚩尤九黎城说苗族》这本书，主要由10个单元，116块展板上的文字，2篇附录文章组成。

十个单元分别是，"'东蒙'与伏羲太昊：苗族的启蒙时期""'九黎'与蚩尤战神：苗族的英雄时代""'三苗'与驩兜流放：苗族的衰退时代""夏商周时期：苗族处'南蛮'""春

[①] 拙著《从蚩尤九黎城说苗族》出版后，一些读者和学界朋友打来电话或发微信，赞誉本书的内容、结构等。作者据此整理成文。

秋战国时期：苗族是楚国的主体居民""秦汉魏晋南北朝时期：苗族主体处武陵、五溪""唐宋元明清时期：苗族主体移居大西南""中华民国时期：苗族反抗国民党统治""中华人民共和国时期：苗族结束了苦难的历史""一部分迁徙海外：苗族由中国的一个民族演变为世界性民族"。每一个单元的开头都有名家语录、核心提示，引人注目，引人入胜。其内容是在原先苗族七千年历史文化的展陈脚本的基础上拓展而来的。

另有两篇附录文章：一是《东蒙与西羌：中华文明中华民族的两大历史源头》，二是《蚩尤九黎族的创造发明》。

（二）开拓创新

开拓创新是一切科学研究最主要、最首位的价值取向。

中华文明5000年，是从司马迁《史记》的开篇，即黄帝打败蚩尤开始计算的。其实，司马迁在《史记·太史公自序》中曾明言："余闻之先人曰，伏羲至纯厚，作《易》八卦……于是卒述陶唐以来，至于麟止，自黄帝始。"司马迁明确告诉后人，他只写"上起黄帝，至于麟止"的历史，但他曾经听人说，在黄帝之前还有伏羲作《易》八卦一事。

受传统中华文明5000年历史观的影响，苗族史研究最权威的《苗族简史》和《中国苗族通史》两部著作虽然基本理清了苗族的历史发展脉络，但都只把苗族的历史渊源追溯到与炎帝、黄帝同时期的蚩尤九黎，但实际上蚩尤九黎还不是最早的。

《从蚩尤九黎城说苗族》这本书，根据大量的民族人类学资料（含中国史籍记载资料、民族心史记载资料、专家研究考证资料、考古发现印证资料）等，把苗族的历史渊源向前追溯到7000年前的"东蒙"人伏羲太昊时期，并将苗族前期概述为三部分，即"东蒙"与伏羲太昊：苗族的启蒙时期、"九黎"与蚩尤战神：苗族的英雄时代、"三苗"与驩兜流放：苗族的衰退时代，这是符合苗族的历史发展实际的。

（三）气势磅礴

《从蚩尤九黎城说苗族》这本书，从标题到内容，从单元到文字，都给人一种新颖独到的感觉，都引人入胜、发人深思，都首尾贯通、气势雄壮。苗族7000年历史文化展陈脚本的写作是为了搭配九黎宫的宏伟建筑，宏伟的建筑需要配置宏伟的展文。九黎宫是世界上最高最大的吊脚楼建筑群，在这宏伟的建筑群展陈的苗族历史文化脚本也必须是最宏伟的，必须是引人入胜、吸引人眼球的。作者就是基于这一目标撰写此书的。

当然，通过10个单元，116块展板上的文字，要讲清楚苗族的7000年历史，谈何容易？但笔者努力了。我自信地认为，此脚本的写作目的已基本达到，当然，还要准备接受广大观众、广大读者的检验。

苗族的前期历史是最容易引起争议的。由于受到篇幅的限制，展陈文字虽然在第一、二单元已进行了详细叙述，但仍有不足，故还需要对基本观点、资料来源等做一个较为详细的说明，以服观众。所以，本书后面附有两篇研究论文，即《东蒙与西羌：中华文明中华民族的两大历史源头》《蚩尤九黎族的创造发明》。这两篇研究论文，是对第一、二单元内容的重要补充和说明。至于第三至第十个单元的内容，则是人们比较了解且易于接受的了。

（四）通俗易懂

《从蚩尤九黎城说苗族》这本小书，本来就是苗族7000年历史的展陈脚本，它最重要的写作目的就是要使广大观众及游客看得懂、听得懂。故而，由此脚本延伸而来的这本小书，同样继承了脚本的特点，文字生动、通俗易懂、无学究气、十分好读。许多读者打来电话，说本书好读好记。

（五）意义深远

前面说了，中华5000年历史是以司马迁《史记》的首篇，即黄帝打败蚩尤为起始的。随着研究的不断深入，随着考古工作的不断开展，国内一些专家认为，中华文明不止5000年，而有7000年。作为中华民族中两个最为古老的民族，不仅汉族的历史可以向前追溯，苗族的历史也可以向前追溯。《从蚩尤九黎城说苗族》这本书，表面上是在叙述苗族的七千年历史，实际上是在叙说中华民族七千年的历史。先秦史实际是苗汉形成史或苗夷变汉史。

本书可以帮助读者了解中华文明、中华民族的7000年历程。我的苗学研究，最终落在中华民族的两大历史源头上。这虽然是建立在坚实的资料基础上的，但要使人们普遍接受，还需要有一个漫长的过程。

总之，《从蚩尤九黎城说苗族》这本书，作者下足了功夫，是查阅了大量的历史文献资料，吸收了大量的民族学、人类学研究资料，采用了大量的苗族心史记载资料和考古资料而撰就的，可以说是建立在坚实的资料基础上的。我希望大家能够喜欢这本书，也欢迎有不同学术观点的专家学者提出不同意见，我们一起讨论，求同存异。一个目的，共同探索苗族的早期历史，还原中华民族7000年的历史，以吸收先人之智慧，凝聚中华民族向心力，努力实现中华民族伟大复兴。

〇四七 儒学苗学①

综观中国历史，古华夏族与古苗黎族是中华文明中华民族的两大源头。早期苗黎族文化对华夏族文化的影响较大，后来华夏族入主中原，以儒学为代表的主流文化对苗黎族文化的影响较大。两大源头文化兼收并蓄，你中有我、我中有你，中华各民族共同创造了中华文明。

一、中华文明的两大源头

涿鹿大战，黄帝战胜蚩尤的传说，在中国家喻户晓。史学家认为黄帝是今天汉族的先民，而蚩尤则是现代苗族的先民。西部古华夏族与东部古苗黎族是中华文明、中华民族的两大源头。

在数千年的历史发展中，作为两大源头的华夏族文化与苗黎族文化相互影响，相互吸收。根据先秦文献资料记载，早期东部苗黎族属农耕部族，西部华夏族属游牧部族。涿鹿之战，是游牧部族打败了农耕部族，这一时期东部苗黎族文化对西部华夏族文化影响较大。正如蒙文通在《古史甄别》言："中国古代之文化，创造于泰族，导源于东方，炎黄二族后起，自应多承袭之。"夏曾佑在《中国古代史》中说："古时黎族散处江湖间，先于吾族不知几何年。其后吾族顺黄河流域而至，如此者又不知几年。至黄帝时，民族竞争之祸乃不能不起，遂有黄帝、蚩尤之战事。"②蒋志华主编的《中国世界部落文化》则说："东夷部落为我国早期文化的发展和推进起到了很大的作用。中原华夏文明就是文化相对落后的西部华夏族吸收先进的东夷部落文化后进入文明社会的。"③王桐龄在《中国民族史》中说："当时苗族文化相当发达，第一发明刑法；第二发明武器；第三发明宗教。后来汉族所用之五刑，兵器及甲胄，而信奉之鬼神教，大抵皆苗族所创，而汉族因袭之……现在中国动言五族平等，所谓五族者，即汉、满、蒙、回、藏族。譬如作一家人看，汉族是长兄，满族、蒙族、回族、藏族便是幼弟，是为现在人的观察。若照历史上观察，中国民族除去汉、满、蒙、回、藏

---

① 本文原题目为《儒学与苗学》，载《中国少数民族哲学及社会思想史学会论文集》。
② 夏曾佑：《中国古代史》第13页，岳麓书社，2010年版。
③ 蒋志华编著：《中国世界部落文化》第10页，时事出版社，2007年版。

五族以外，还有一位长兄，即是苗族。"①我们特别注意到，王桐龄是把苗族当成是长兄来看待的。因为在中华文明的早期，农耕部落苗黎族作出了重要的历史贡献，奠定了中华文明、中华文化的基石。

苏秉琦教授将中国古史的框架、脉络概括为："超百万年的文化根系，上万年的文明启步，五千年的古国，两千年的中华一统实体。"②超百万年的文化根系，即在一百多万年前，中国这块土地上就有早期能人活动，产生了人类文化；上万年的文明起步，即在一万多年前，我们的先民逐渐从渔猎、采集生活转入农耕生活，开始定居，开始种植水稻和烧制陶器；五千年的古国，即在五千多年前，中国这块土地上陆续出现了一些方国——城邦国家；两千年的中华一统实体，即从公元前221年秦始皇统一中国起，2000多年来，虽然其间也有内乱和分割，朝代不断更替，但中华民族已经连成一个整体，各个民族，已经谁也离不开谁了。

2014年9月28日，习近平总书记在中央民族工作会议上的讲话中指出："几千年来，中华民族始终追求团结统一，把这看作'天地之常经，古今之通义'。无论哪个民族建鼎称尊，建立的国家都是多民族国家，而且越是强盛的王朝吸纳的民族就越多。无论哪个民族入主中原，都把自己建立的王朝视为统一的多民族国家的正统，强调'舟车所至，人力所通，天之所覆，地之所载，日月所照，霜露所坠'，都是大一统的组成部分。"他强调指出："我国各民族在分布上的交错杂居、文化上的兼收并蓄、经济上的相互依存、情感上的相互亲近，形成了你中有我、我中有你，谁也离不开谁的多元一体格局。"

中华民族多元一体的格局，注定了中华文明、中华文化是中华各民族共同创造的，作为两大源头的华夏文化与苗黎文化贡献最大。大量的史籍资料记载，早在7000年前左右，居住在我国东部的伏羲太昊部族，就开始了观天象、制历算、创网罟、驯家禽、画八卦、造书契、制干戈、定婚姻、兴医药、化蚕制衣、制乐创歌等一系列的创造发明。5000年前左右，发祥于西部游牧部落的黄帝战胜东部农耕部落的蚩尤入主中原，继续推动中华文明的发展。《史记》载："官名皆以云命，为云师。置左右大监，监于万国。万国和，而鬼神山川封禅与为多焉。获宝鼎，迎日推策。举风后、力牧、常先、大鸿以治民。顺天地之纪，幽明之占，死生之说，存亡之难。时播五谷草木，淳化鸟兽虫蛾，旁罗日月星辰水波土石金玉，劳勤心力耳目，节目水火材物。有土德之瑞，故号黄帝。"《淮南子·天文篇》载："中央土也，其帝黄帝，其佐后土，执绳而治四方。"说明政治上，黄帝设官职、建军队、立法制、订纪纲，建立了早期国家雏形；经济文化方面建宫屋、置市井、创文字、立货币、规礼仪等等。中华文明进程又登上了一个新的台阶。

---

① 王桐龄：《中国民族史》第3、5页，吉林出版集团有限责任公司，2004年版。
② 苏秉琦：《华人·龙的传人·中国人－考古寻根记》，辽宁大学出版社，1994年版。

二、儒学与苗族伦理道德

以儒学为代表的中华文化是长期形成的，它的核心是"伦理本位"，讲究人的善与恶，并在此道德上制定准绳，如仁、义、礼、智、信、温、良、恭、俭、让等道德规范，强调通过人的道德来维持社会秩序和国家秩序，其最高理想是"天下太平"。

儒学一个非常显著的特点，就是特别强调伦理道德。而苗族文化的传承方式，无论是古歌、神话或民间传说，还是理歌理辞、巫词等，无不包含着社会伦理思想。

苗族古歌这样唱道：

> 上节是谷子，下节是稻秆；
> 公公是公公，婆婆是婆婆；
> 父亲是父亲，母亲是母亲；
> 丈夫是丈夫，妻子是妻子；
> 哥哥是哥哥，弟弟是弟弟；
> 姐妹是姐妹，妯娌是妯娌；
> 要区分，才能成体统。
> 要区分，才各得其所。
> 才成稳定的地方，才成无乱的寨子。[1]

苗族谚语说：

> 逢老要尊老，逢小要爱小，老爱小，小敬老，
> 敬老得寿，爱小得福，处处讲礼貌，才成好世道。[2]

> 敬老是德，爱幼是福。
> 有山才有水，有老才有少。
> 圈有牛才好，家有老才重。[3]

苗族格言说：

> 为人公正正直才能长寿，办事稳重求实才能安邦。

---

[1] 石朝江、石莉：《中国苗族哲学社会思想史》第165页，贵州人民出版社，2005年版。
[2] 黔东南州民族研究所编，吴德杰、杨文瑞选译：《苗族谚语格言选》，贵州民族出版社，1989年版。
[3] 石朝江、石莉：《中国苗族哲学社会思想史》第159页，贵州人民出版社，2005年版。

心直才到老，语和才长寿。
相争总有过头话，动刀难免误刀伤。
同心同德可交友，齐心协力才能挑重担。
成树要有心，为人要真诚。①

苗族《佳理辞》唱道：

喜欢佳才来继承佳，喜欢理才来继承理。
掌握佳理才能说话，掌握理辞方能断案
继承佳像嫁接梨树，继承理像嫁接柿树。
学习佳要学得完整，学习理要学到根本。
论佳就好比牵藤子，说理就如同牵绳索。
像拉绳子引直杉杆，像弹墨线引直木头

汉人离不开书，苗族离不开佳。
妈死不埋织布机，爹死不葬长砍刀；
妈死时留下话语，爹死时留下言嘱。
妈留下雨伞就扛，爹留长砍刀就背。
摸着佳片知道佳，拿着理片就明理。

有人就会有纠纷，有鬼就会有巫师。
有纠纷要有头人断，有鬼要有巫师祭；
佳片由头人执，理片由理老撑。
正直才当头人，稳当才管地方。

知佳做地方头人，懂理做村寨长老。
像龙角支撑悬崖，像智者撑管地方；
垮处就去砌坎，塌处就去撮泥。
不准老鼠咬篾条，不让竹鼠啃竹帘；
这是古时的古典，这是昔时的典故。
教古典就能长寿，传典故就会富有。②

---

① 石朝江、石莉：《中国苗族哲学社会思想史》第157页，贵州人民出版社，2005年版。
② 吴德坤、吴德杰搜集整理：《苗族理辞》，贵州民族出版社，2002年版。

苗族理歌理辞道：

不准虐待父母；不准打骂妻子；
不准抛弃孩子；不准弟兄打架。
有违犯者，轻者教育，重者体罚；
行为恶劣的，村、社不轻饶。

不准挑拨别人夫妻不和；
不准对别人进行人身攻击和诬陷；
挑拨别人夫妻不和的，罚牛三头。
对别人进行人身攻击和造谣诬陷的，
除登门赔礼道歉外，
还要按古规送给恢复名誉钱。

各人种的庄稼各人收，各人砍的柴草各人烧。
不要起偷心，不准起盗念。
假若不依礼规，不守榔约，
剪人家的谷穗，盗别人的庄稼，
轻的罚银六两，重的罚银十二两。

尊长爱幼，对人和气；
为人要忠厚诚实，不狡不诈；
勤耕勤织，不偷不摸，不抢不盗；
不强占蛮霸别人妻女。
关心鼓社，村寨大小事，履行自己应尽的义务。

家庭矛盾，民事纠纷，村寨冲突，
大家都要主动讲和双方。
双方要自觉听从理老的调解。
有理讲理，服从裁决，互相忍让，不使矛盾扩大。
决不能"动手动脚""动刀动枪"。[①]

[①] 石朝江、石莉：《中国苗族哲学社会思想史》第166—167页，贵州人民出版社，2005年版。

苗族习惯法这样说：

各人种的庄稼各人收，各人砍的柴草各人烧。不要起偷心，不准起盗念。假若不依礼规，不守榔约，剪人家的谷穗，盗别人的庄稼，轻的罚银六两，重的罚银十二两。

不准拉别人的牛，不能扛别家的猪。谁违犯了，轻者罚银十二两，重者罚银四十几两。

不准开人家的田水，不能捉人家田里的鲤鱼。谁违犯了，轻者罚银六两，重者罚银十二两。白天进人家的田里偷捉鱼，罚银六钱；夜晚进人家田里偷捉鱼，罚银十两二钱。

不准偷菜，不准偷柴，不准偷草，不准偷烟叶，不准偷别人香菇，不准偷别人瓜、果、棉花、蓝靛、辣椒等。违者罚银五至七两。

偷人家杉树，罚银三两三；偷人家松树，罚银一两二；偷人家干柴，轻的罚六钱，重罚一两二。

不得砍护寨树、风景树；不得破坏古老森林；不得盗伐鼓社、村寨集体林木，违者罚十二至十六两银。

不得偷别人装枪、装袋、装夹、装套、装石板、装木闸、装鱼床所捕获的鼠、禽、兽、鱼等，违者罚银三至十二两。

要是有人存心不良，蓄意不善，扯别人河里的捕鱼网，毁别人山上的捕雀具，重罚三十两。

封山才有树，封河才有鱼。封山育林，不准烧山。哪个放火烧山，哪个乱砍山林，我们要罚他十二两银子；他若不服，要加倍罚到二十两至三十六两。

近田的柿树归田主，近土的果树归土主，他人不得侵占，违者照例罚银。[1]

从以上苗族资料中我们可以看到，苗族文化非常强调伦理道德，同儒学一样核心是"伦理本位"。

苗人生性淳朴，与人友善，自古为人们所称道。凌纯声在《苗族的地理分布》中就指出："苗民有事，一以公意决之。故事必会议，议必实行……善团结，贵任用，尤重视公意。"苗人"与其曹耦善厚者曰同年，同年之好跻于亲串。与汉人稳者亦曰同年"。只要真心与苗人相处，无论何人何族，苗族均待之如兄弟，至诚至善，决无欺诈之心。许多地方志中皆有苗人"性忠朴""性忠实""合群互助"的记载。他们确信"心胸开阔的人才能长寿，眼光远大的人才能走四方""相互合作事业才兴旺，共同管理地方才平安""细水长流可以冲走沙滩，轻言细

---

[1] 石朝江、石莉：《中国苗族哲学社会思想史》第167页，贵州人民出版社，2005年版。

语能感化人心",强调"为人要像萤火虫发光,处事要像蜘蛛织网""心肠像河水长流,心胸如太阳普照"。他们把"正派正直""真诚朴实""心胸开阔""言轻情重"的原则熔铸于处理人与人关系的准则之中,渗透于生活领域,使之成为苗族人民主体道德的特有内容。

三、儒学与苗族哲学思想

中国自古以来是一个统一多民族国家。数千年来,苗族人民披荆斩棘,辛勤劳动,建设美好家园。他们世世代代日出而作日落而息,在创造物质文明的同时,还创造了灿烂的精神文明及哲学思想。

苗族哲学思想主要通过"神话""古歌""史诗""古老话""老人话""理歌理辞""巫词""传说故事""佳理辞""谚语""格言"等形式表现出来,不但具有民族特色,而且非常具有儒家文化的特点。

茅盾在研究神话时所说:"原始人的思想虽然简单,却喜欢去攻击一些巨大问题,例如天地缘何而始,人类从何而来,天地之外有何物,等等。他们对这些问题的回答……便是他们的原始哲学。"人类生活在自然界,必然要和自然界发生这样或那样的联系。为求得自身的生存、繁衍与发展,人们就要在自然界从事各种实践活动,要认识自然、理解自然,并逐步形成对自然的一整套看法。因此,探索宇宙天地的奥秘,就成了人类最早提出的哲学问题之一。历史上,世界各民族对宇宙奥秘都作出了不同的回答。苗族创世史诗就对整个宇宙即天地自然界的初始作了许多天才式的描述:

我们看古时,哪个生最早?哪个算最老?……
云雾生最早,云雾算最老,……①
云雾满天飘,白雾白如棉,白得像溅起的浪花,从高空向低空飘来……②
掉脸看古时,草草还没有生,没有高高的山,没有坡坡坎坎,……哪个生最早?
雾罩生最早。……云雾生白泥,白泥变成天;云雾生黑泥,黑泥变成地。天地又生万物。
仙人说是老,仙人还算小,天边哪彩霞,它才算最老。
雾罩心头亮,它来生天上……水汽心头亮,它来生地下……生日出高山,生水冒地层,生地方开田,生寨生人烟。
天气罩着地,天气映着天。天气化成了搜媚若,地气化成各薄港搜,从那时

---

① 田兵主编:《苗族古歌》,贵州人民出版社,1979年版。
② 马学良、今旦译注:《苗族史诗》,中国民间文艺出版社,1983年版。

候起……陆地水域有生物存。①

由此我们不难看出，在苗族先民的原始宇宙观中，世界的本质即原初物质是"云雾""水汽"。苗族先民所说的云雾、雾罩、水汽、彩霞，实际都是一个意思，即是说，天地万物产生以前，整个宇宙就只是一片片、一团团云和气似的东西，然后由云、雾或气才化生出天地万物。把云、雾或气看成是宇宙的初始，是天地自然的本原，完全以自然来说明自然，这是一种朴素的唯物主义自然观。

"云雾生最早，云雾算最老。"最初的宇宙就是一片茫茫无边的云、雾、气似的东西，那么，人类赖以生存的神秘的世界又是怎样产生的呢，天地最初形成时像什么？苗族创世史诗又是这样回答的：

> 云来诳呀诳，雾来抱呀抱。
> 哪个和哪个，同时生下了？
>
> 云来诳呀诳，雾来抱呀抱。
> 科啼和乐啼，同时生下了？
>
> 科啼诳呀诳，乐啼抱呀抱，
> 哪个和哪个，又生出来了？
>
> 科啼诳呀诳，乐啼抱呀抱，
> 天上和地下，又生出来了。
>
> 天刚刚生来，天是什么泥？
> 地刚刚生来，地是什么泥？
>
> 天刚刚生来，天是白色泥，
> 地刚刚生来，地是黑色泥。
>
> 天刚刚生来，像个什么样？
> 地刚刚生来，像个什么样？

---

① 湖南少数民族古籍办公室主编：《苗族古老话》，岳麓书社，1990年版。搜媚若，苗语，搜即生，媚即有，若即力或能，指事物生成的能量。各薄港搜，苗语，各薄即底子的意思，港即送，搜即生，指事物生成的物质基础。

>　　天刚刚生来，像个大撮箕，
>　　地刚刚生来，像个大晒席。①
>
>　　远古的时候，天是这个样，
>　　混沌一团气，滚滚翻热浪。
>　　远古的时候，地是这个样，
>　　模糊一团泥，摇摆又晃荡。
>
>　　古时天上灰蒙蒙，地下黑沉沉，
>　　天地相连，乾坤接近。②

在苗族先民看来，构成天地万物的原始物质的"云"或"气"，不仅不依靠人的意志而独立存在着，而且是在不断地运动、变化、发展着的。认为最初的世界是由云或气不断运动变化而形成的，运动的具体形式表现为"云来诳呀诳，雾来抱呀抱""混沌一团气，滚滚翻热浪"。"云诳""雾抱"是拟人化的描写，形象地描述了"云"和"气"不仅客观存在，而且具有运动变化和相互作用的特征，正是云诳雾抱，混沌不清的气状物质不断稀散凝聚，才产生了"科啼""乐啼"式的巨鸟，还形成了"白泥"的天，"黑泥"的地。在这里，物质世界的形成并非是由于超乎于物质之上的某种精神力量的作用，而是物质本身的运动和相互作用的结果。这种思想，与唯心主义的上帝从虚无中一下创造出世界来的宗教神学相比较，无疑要高明得多。

苗族创世史诗始终把天当成是自然的天，当成不以人的意志为转移的物质自然，并认为人类也是自然长期发展的结果。在天人关系上，苗族又有自己独到的解释。

>　　天地刚生下，
>　　相叠在一起。
>　　筷子戳不进，
>　　耗子住不下。
>　　虫虫压里头，
>　　水也不能流。③
>
>　　在那遥远的太初，

---

① 田兵编选：《苗族古歌》，贵州人民出版社，1979年版。
② 湖南少数民族古籍办公室主编：《苗族古老话》，岳麓书社，1990年版。
③ 田兵编选：《苗族古歌》，贵州人民出版社，1979年版。

天粘连着地，
地粘连着天，
坐下要弓脊梁，
抬头要碰着天。①

天地相连，
乾坤接近；
水里无通船通筏的道，
地上无走马走驴的路。②

我们可以看出，"天"在这里显然被看成是一块和地性质相同的实体。在当时，苗族先民当然不可能知道地球是宇宙尘埃凝结长期演化而成的，天空是由无数星球组成的。但是，苗族先民把天看成是与地一样的物质实体，这比把天当作主宰整个宇宙的宗教神学要高明得多。

既然天地初生时是粘连在一起的，后来又如何分开的呢？

剖帕是好汉，
打从东方来，
举斧猛一砍，
天地两分开。

府方老人家，
腰杆硬像钢，
来把天一顶，
来把地一踩，
天才升上去，
地才降下来。③

天地最初时，
是个大圆盘，
上下紧粘连。

---

① 马学良、今旦译注：《苗族史诗》，中国民间文艺出版社，1983年版。
② 湖南少数民族古籍办公室主编：《苗族古老话》，岳麓书社，1990年版。
③ 马学良、今旦译注：《苗族史诗》，中国民间文艺出版社，1983年版。

>有个耶璋笃，
>此人不一般，
>立地又顶天。①
>
>天地相连，
>乾坤接近。
>盘古开天，
>南火立地。②

在这里，我们可以看出，古代苗族先民在生产力落后的状况下只能"以己度物"，只能以自己亲身感受来推测人在改造客观世界中的伟大作用。他们虽然把世界发展变化归结为某种神异的力量，但同宗教神学"上帝创造世界"的唯心主义说教是有着本质区别的。

天地虽然分开了，但是：

>天是常常垮，
>地是时时崩。
>
>天上一天垮六次，
>地下一夜垮六回。
>
>天上在移动，
>地下在移动，
>移上又移下，
>移里又移外。

天垮天崩，上下移动，这显然不适合人类生活。"妈妈不纺花，爸爸难犁土，后生不游方，姑娘不踩鼓。"于是，人们"用肩扛，用杈子杈""用钉子，爬到天边去，象爬上屋檐口，把天钉牢"。人们还商量，从遥远的东方运金运银，打柱来撑天。经历了千辛万苦，终于炼成了十二根金银柱，八根立在八方土，八方的那片天，从此就稳了。"还有四根柱，撑天四只角，从此天和地，千年万年牢。"

"用杈子杈天""用钉子钉天""打金银柱撑天"，这当然是不科学的。但苗族先民始终

---

① 陆兴凤等编译：《西部苗族古歌》，云南民族出版社，1992年版。
② 湖南少数民族古籍办公室主编：《苗族古老话》，岳麓书社，1990年版。

把"天"当成是物质的天，始终用物质性的东西作原料，通过人类劳动去完善，此过程丝毫都没有涉及创世主的地位与作用，这荒诞中包含了早期人类关于"天"的朴素唯物主义思想。不仅仅把"天"当成不以人的意志为转移的物质自然，而且充分肯定了人在自然面前的能动作用，唱出了祖先征服自然的颂歌。正如高尔基所说："光荣归于人，他应当得到赞扬，因为他靠他的意志力，靠他的想象，勤劳不倦地把宇宙的一块不毛之地变成他的住处，使大地越来越宜于居住，让人感到舒适。他还努力设法去掌握大地内部一切不可思议的力量。"

苗族先民在长期与自然界的斗争中，还逐步形成了天人合一、人兽同源的思想。当然，苗族先民所说的天，不是指天命、上帝之类的东西，而是指自然，包括日月星辰、动植物、洪水灾害等。人兽同源即认为人类是由动物演变而来的，人兽同根，人兽相依。

苗族先民的天人合一、人兽同源思想可以用不同的方式来表达，主要为万物同根、天人相依、人兽相依。苗族先民认为，他们的始祖蝴蝶妈妈（妹榜妹留）是从枫木中生出来的。她诞生后是怎样成长的呢？《苗族古歌》这样唱道："妹榜出生了，妹留出生了，石头来盖她，岩窝来装她。春风抱呀抱，日月诳呀诳，妹榜快快大，妹留快快长。""月亮拿渔网，星星拿虾扒，顺着河边走，打得鱼和虾，煮给妹榜吃，妹榜笑哈哈，煮给妹留吃，妹留笑哈哈。"在这里，日、月、星星和春风，都已经人格化了，同人一般活跃在读者面前，富有人的思想感情、动作神态和心理。它们一个个都在尽心尽力，是那样慈祥地爱护妹榜妹留。在《苗族史诗·蝴蝶歌》中，还叙述到"榜略（蝴蝶妈妈）"长大后，她要梳妆打扮，这时"冰凌来打成项圈，打了手镯送给榜，榜得戴着去游方。"更有趣的是歌中对妹榜妹留游方（谈情说爱）的描述。她"同河水游方，河水太莽撞，他们没成双"；她与太阳游方，"乌云来阻挡，他们没成双"；"她爱小水泡，会说又会唱，长得又漂亮"，同水泡"游方十二天，成双十二夜，怀十二个蛋，生十二个宝"，即孵出各种动物和人类的始祖姜央。这说明人类和其他动物一样，都是大自然长期演化的结果。本来，人类在其童年时代，同宇宙万物是亲密相处的，而原始人的神话创作又将万物拟人化，便更见人与万物之间的关系是多么情深意厚，亲如一家。细读《苗族古歌》《苗族史诗》和《苗族古老话》，我们就会发现，苗族先民极力把宇宙世界说成是一个整体，强调万事万物出自同一个本源，并在各类物种之间牵上血缘的联系。他们把宇宙天体、万事万物都统一到云雾（水汽）那儿，把人类统一到始祖姜央那儿，把动物（包括人类）统一到蝴蝶那儿，把植物包括动物在内的有机物统一到枫香树那儿。这是世界同源性的一体化。不论是以祖先面貌出现的蝴蝶、大鸟、枫树、云雾，还是作为普通成员出现的老鹰、螃蟹、蜜蜂、黄牛、公鸡、风、树种，它们和苗族古歌中的众巨人都相处和谐。人和动植物乃至无生物都好像是一个家庭的不同成员。苗族先民把各种物类都描述得像人一样生动活泼，懂情懂理，赋予它们生命。这种描写，不是简单的对人的模拟，而是强调世界的同一，反映了苗族先民把世界万物都看成是生命的统一体的认识，它与世界万物同源论一起互相补充，体现了苗族先民关于世界一体、天人合一的思想。

《创世大神和神子神孙》说，纳罗引勾（传说中的巨人）看到百兽争吃，曾打算消灭它们，但回头他又想，天和地同姓，人和兽同娠，"还是留着它们罢，让那天地长在，人兽同生"。苗族先民借纳罗引勾的口，道出了人兽同根，人兽相依的思想。在地球环境问题日益严重的今天，许多动植物濒临灭绝，这种天人同一、人兽相依的观念是具有现实意义的。

苗族故事《狐狸交朋友》，故事大概是狐狸见猫、狗和牛羊都有三朋四友，日子过得非常快乐，便也想交朋友。于是，狐狸问老鹰："你飞得仲个高，可晓得天底下哪个本事最大？我要和它交朋友。"老鹰说，太阳的本事最大。狐狸便去找太阳，太阳说："太阳公公，这天上天下，数你本事最大，我和你交个朋友吧！"太阳说："我不成，人家云朵本事才大嘞，它出来我就不敢现面。"狐狸又去找云朵，云朵说："我算个啥，风的本事才最大，它一吹，我跑都跑不赢。"狐狸又去找风，风说："你笑话我啰，山坡本事才最大，我一遇到它就得赶忙绕路走。"狐狸又去找山坡，山坡说："小草本事才最大，它把根扎在我的身上，码倒吃我的肉。"狐狸又去找小草，小草说："牛大王随随便便就把我吃了，它才最有本事。"狐狸又去找牛大王，牛说："我算啥，索子本事才大，它把我一套，要我上就上，要我下就下。"狐狸又去找索子，索子说："我有啥本事，耗子一咬我就断。"狐狸又去找耗子，耗子说："猫专门捉我吃，我有啥本事。"狐狸又去找猫，猫说："狗的本事更大，它见我就追着咬，我怕死它了。"狐狸又去找狗，狗说："你找我算找对头了，我的本领是不错。不过，哪个都说你狐狸最狡猾，你想同我交朋友，不晓得是不是真心的。你先把你的心肝掏给我看了，再交朋友吧！"狐狸一听，吓得魂都没有了，回头就跑，钻进深山老林去了。直到现在，狐狸始终没有一个朋友。

这则故事充满了哲理。这则故事，通过自然界中自然物、动物的"对话"，告诫人们，自然界一切事物都有自己的长处，也都有自己的短处，人生活在自然界中，不但要看到自己的优点，更要看到自己的缺点和不足，要善于学习别人的优点和善于克服自己的缺点。人生活在世不能没有朋友，结交朋友一定要真心实意，尤其是要有奉献精神，不图任何回报。如果心胸狭窄、狡猾奸诈或者怀着功利的目的去结交朋友，到头来就会没有一个真正的朋友，只能是孤家寡人一个。

综上所述可以看出，苗族文化蕴藏着深刻的思想内涵。一位人类学家说过："一个曾经强大的民族是最不容易改变自己的文化的。"苗族无论在中国、在东南亚、在西方国家，都仍然固守着自己的文化，说苗话、穿苗装、过苗年、跳苗舞、吹芦笙、斗牛赛马等。东南亚和美国、法国、澳大利亚等国家的苗族，老人去世要唱指路歌，超度其亡灵回中国故地与祖先团聚。美国的苗族绝大多数家庭都备有芦笙，他们的节日与贵州、云南的苗族的几乎是一样的，有苗年、花山节、芦笙节等。由此可以看出一个曾经强大的民族最不容易改变自己的文化。

〇四八　苗族红军[①]

瓮安籍苗族老红军陈靖（1918—2002），是一位著名的军旅作家，他创作的作品主要有：电影剧本《金沙江畔》，电影《原子时代》，小说《红军不怕远征难》《猎鹰记》，纪实文学《贺龙毕生纪略》《贺英》《往事情深》，大型话剧《贺龙前传》，诗集《枪剑风云录》，散文《马背上的小红军》，长征系列创作《重走长征路书简集》《重走长征路集叶》《寻根溯源录》和《诗言史》等。老红军陈靖辞世前是中国人民解放军国际关系学院名誉教授、中国解放区文学研究会顾问、贵州省苗学会顾问等。

陈靖老红军晚年致身于两件事，一是不顾年近古稀，重走长征路，创作长征系列作品；二是研究苗族悠久的历史与文化，为苗族祖先蚩尤正名。

中国改革开放至今，苗学研究可以说是人才辈出，硕果累累。中国苗学研究最大的成果之一，是为苗族的英雄祖先蚩尤正名，还原苗族真实的历史。陈靖晚年为之而奋斗不止，他犹如一个伟大的旗手，带领千军万马渡长江、过黄河，追寻着苗族祖先——蚩尤的足迹，还原蚩尤作为中华民族文明始祖的地位。他为此作出了卓越的贡献，我们永远不会忘记他。

"我是个苗裔红军老战士，离休后致力于长征史研究与民族问题探讨。……此刻向李主席写信，中心是呈述一个建议：为苗族的最高祖先——蚩尤平反正名。"

以上是陈靖当年写给时任中央政治局常委、全国政协主席的李瑞环的信的开头语。

陈靖写给李瑞环的信长达6000多字。我们不妨多引用几段：

> 蚩尤的后代——苗族，是一个历史悠久，特点突出的古老民族。她那勤劳苦奋、顽强不屈、憨厚善良、不欺不霸的特性，在任何环境下都能保持不变，一贯数千年。苗族特别钟爱大自然，她对山水草木具有天生的感情，这也是她以"苗"字为本民族定名的原因之一。苗族还是创造和发展华夏南北文化（即黄河、长江文化）的主力军之一，在仰韶文化、大汶口文化、龙山文化、屈家岭文化……的土地上，都有着苗族先民的累累足迹。然而，苗族又是一个屡遭不幸、总是战败、不断迁徙、

[①] 本文系参加贵州苗学会年会的论文，原题目是《陈靖老红军对苗学研究的卓越贡献》。

一直在夹缝中受欺压而顽强生存下来的民族。她所受的苦难，在人类历史上也是罕见的。贯穿于三大社会——原始社会、奴隶社会和封建社会。这个民族能够生存下来、在世界民族史上也是一大奇迹，令一些学者与专家惊叹和尊敬。

不论从我国的钦定正史还是人民所写的野史，都可以看到这样一个事实：中国历代朝政几乎都是欺压和歧视蚩尤其子孙的，从尧舜汤直到宋元明清，苗族几乎都是被欺压、躲躲藏藏、在荒山野岭中求生存。直到最后一个王朝，苗族偷偷保存下来的文字（楔形字），也被乾隆皇帝彻底禁绝了。进入中华民国的三十八年中，对待苗族不但没有什么改变，而且把苗族的鼻祖蚩尤，作为"异物"写入教科书中。中华人民共和国诞生后，在马克思主义光芒照射下，苗族同数十个少数民族兄弟姊妹们一道，获得了破天荒的新生和解放。中华民族大家庭中的一大批被歪曲、被污蔑的历史人物，如"拳匪""闯贼"等得以恢复本来面目。但不知何故，就是不给蚩尤正名，使其永远被置于"另册"。

中华民族是个诗史丰盛、经典多彩、正史野史俱全的民族集团，数千年业任其风云万变，而累累如山似海的著作中，对蚩尤及其子孙们的作用与地位，都有着朗朗记载。尽管百家各有所见，然而这样的事实是谁也不能抹掉的，即：蚩尤与黄帝、炎帝是平起平坐、鼎立黄河流域，创建中华文化的三先人，是中华民族大家庭中的三兄长。

苗族先民最早生息繁衍在今冀鲁豫平原这片土地上，即南起黄河、北至桑干河、东起渤海、西至汾水，他们在这片土地上最先掌握种植技术。当黄帝、炎帝在黄河上游的黄土高原上时，这片土地上就有了较精美的陶器和青铜器，故有的史家称苗人为河海民族，即站在最初文明前列的部落，这个部落的首领就是蚩尤。以游牧为主的黄帝与炎帝部落，繁衍在黄河中上游。黄炎两部落逐渐东下，在互相冲突中又联手共同对抗蚩尤，于是发生那场开天辟地的大内战——涿鹿之战，结果是以蚩尤被杀而告终。他的子子孙孙从此被驱赶而南渡黄河，开始踏上那条人类史上灾难连绵的古"长征"之路。

1994年11月，陈靖于海南五指山写给时任全国政协副主席、中国社会科学院院长的胡绳的信中说：

不论是苗家人的口头史，还是数千年的文字史，都承认苗族先民是一个文化悠久、历史古老的民族，她有周口店猿人的源痕，更有桑干河、滏阳河与黄河的遗迹。她是最早生息繁衍在今天的冀鲁豫平原、太行山与泰山这片土地上的古先民。数千年来的大量史书几乎都承认的事实——蚩尤是同黄帝、炎帝"平起平坐"的三先人，三大部落的三代表。原来居住在黄河中上游流域的炎帝和黄帝，同居住在黄河中下游的蚩尤,是共建中华文化的第一批祖先,这几乎是所有"国史"都没有否认的。

面对滚滚而来的二十一世纪,如果我们能使中华民族大家庭的"三兄长"喜聚一堂,这对全国、全中华民族以及全世界来说,都将是一件具有远大建设意义的大好事啊!

1995年9月25日至28日,全国首届黄、炎、蚩三祖文化学术研讨会在涿鹿县隆重召开。来自海峡两岸历史学、考古学等方面的40多位专家学者出席了本次会议,陈靖老红军提交了《论苗族在中华民族形成和发展中的贡献》一文。会后《先秦史研究动态》刊登了研讨会论文摘要,而陈靖的研究论文被全文刊登。陈靖引用中国历史文献记载资料论证说:

> 从这些古老的传说中,抛开不科学的成分,对蚩尤和他的部族可以得到以下的认识:
> 1. 蚩尤族是强健武勇的群体,他们早已生活在中原地区,有着雄厚的群众基础;
> 2. 蚩尤部族已具有当时先进的文化和生产能力,创造了干、戈、戟、矛、刀、弓弩等各种先进武器;
> 3. 蚩尤诛杀的是无道者;
> 4. 蚩尤族是正义的,因而得到万民的钦仰;
> 5. 蚩尤族是强大的,足以威震天下;
> 6. 黄帝的道理没有使蚩尤信服;
> 7. 黄帝与许多部族联合,最终才战胜了蚩尤;
> 8. 蚩尤战死了,但他的部族和拥戴者并没有死绝,还继续斗争。黄帝不得不借助蚩尤形象,以威天下,平定八方。

他在文章中接着说:

> 炎、黄、蚩都是中原一些部族杰出的首领,他们地位相等,不存在谁是正统,谁是偏枝。他们同是中华民族先祖中的三位兄长,与他们同时存在的还有许多弟弟妹妹。中华民族是一棵枝茂根繁的参天大树,炎、黄、蚩是深埋在地下的三条粗根……炎、黄、蚩是三条粗根,这是不能随意取舍的。
>
> 中华民族文化是一个浩瀚的大海,各族人民是不断给大海送来流水的大小江河,苗族是这些河流中一条——注水时间很长和流源最长的一条。

他文章最后说:"探讨历史,目的是以史为镜,把握现在的机遇,加强民族团结,共同创造中华民族大家庭的幸福、康乐、美好的未来。"

从陈靖写给李瑞环、胡绳的信以及他的研究论文中，我们可以看出，他虽然是军旅作家，但对中国历史有着深刻的研究，并有独到的见解。他晚年致力于为苗族的最高祖先——蚩尤正名。陈靖执着的精神影响了一大批苗学的专家学者，我承认，我是他忠实的学生。我毕生研究苗族历史与文化，从一定程度上讲，也是因为受到了陈靖老红军精神的影响。记得有一年在镇远召开贵州省苗学会年会，陈靖老红军亲自对我说："朝江同志，我老了，说不定马克思什么时候就召我去了。你年轻，又在社科院工作，从事专门研究，你要充分利用自己优越的条件，下点功夫，要还原苗族真实的发展历史，要为苗族祖先蚩尤平反正名。"如今，陈靖老红军已经仙逝，他当年的嘱咐还时时在我耳边响起。

陈靖老红军晚年致力于为蚩尤正名，应该说他已经实现了自己的初衷，目的已经达到。河北涿鹿县中华三祖堂，山东阳谷县蚩尤陵先后建成。国人基本形成共识，蚩尤是苗族的英雄祖先，蚩尤和黄帝、炎帝一样，是中华民族人文三始祖之一。

河北涿鹿中华三祖堂的落成，颇费一番周折。我们还记得，20世纪90年代，国内"炎黄热"被推向高潮，学界一些好事者吵嚷着要在河北涿鹿塑"黄帝像"，建"黄帝城"，陈靖得知后写了一封措辞严厉的抗议书。涿鹿县采纳陈靖的建议，建成"中华三祖堂"。"中华三祖堂"摒弃历史偏见，把蚩尤和黄帝、炎帝并列，奉为中华民族人文三始祖，给蚩尤正名。

我们还记得，20世纪90年代，在"炎黄热"的高潮中，一部以"涿鹿大战"为背景的《炎黄二帝》电视连续剧，在讴歌炎、黄智慧、仁慈、英明、正义的同时，强加给蚩尤以愚昧、邪恶、残暴的形象，极尽丑化"九黎"首领蚩尤。《炎黄二帝》通过审批并被安排在央视黄金时段热播，立即引起苗族社会的强烈反应。时为全国人大代表的苗族作家伍略，与另一位苗族全国人大代表张明达，针对《炎黄二帝》的播出，联名上书，直至惊动中央高层，终于使《炎黄二帝》被主管部门下令停播。

我还清楚记得，1999年，我在研究撰写《中国苗学》时，向伍略先生请教相关问题，其中一个问题是，苗族是不是中国历史上最早种植水稻的族群之一。为解答此问题，伍略先生在查阅了他的十多本读书笔记后，特向我写了一封信，肯定苗族是最早种植水稻的族群之一（这封信登载于石莉、萧洪恩主编的《石朝江苗学研究评论集》），这体现了他对后学的扶掖之情。

我还清楚记得，《中国苗学》出版后，全国人大代表张明达主任听说此书是作者自费出版的，便让我寄50本书到台江，他背着书亲自动员县直机关干部及苗族同胞掏钱买书。他对我说："你花十年心血写成《中国苗学》这部好书，怎么能让你拿生活费来出书？"

如今，陈靖老红军走了，苗族作家伍略走了，张明达老县长也走了。回忆20世纪90年代"炎黄热"与为蚩尤平反的纠葛和抗战，他们始终站在抗战的前列，特别是陈靖老红军追寻着蚩尤的足迹，还原蚩尤作为中华民族文明始祖的地位。

我们不会忘记陈靖、伍略、张明达这三个人的名字。我们要学习他们不唯书、不唯上、只唯实，敢于坚持真理，敢于奋力拼搏的大无畏精神，把我们当前的各项工作做得更好，把中国苗学发扬光大。

陈靖、伍略、张明达，你们安息吧！

〇四九 通史活页[①]

《世界苗学通史》的总体思路是：采用通史的体例、形式研究反映出世界研究苗族的全貌及特点。分为五个子课题，即《中国苗学通史》《海外苗学通史》《世界苗学经典论著述评》《当代苗学专家治学口述史》"世界苗学研究数据库"。

五个子课题紧扣《世界苗学通史》主题，系《世界苗学通史》丛书五卷本。第一、二部是骨架，第三、四、五部是支架。其中第五部"世界苗学研究数据库"拟先出版《世界苗学研究著述目录及资料索引》，在此基础上建成一个较大规模的"世界苗学研究数据库"，使之成为世界苗学研究资料中心。

骨架本《中国苗学通史》研究内容目录如下：

绪论

第一编 辉煌历史：中国史籍对苗族的记载或记录

  第一章 伏羲太昊时代

  第二章 九黎部落时代

  第三章 三苗集团时代

  第四章 荆蛮、南蛮时代

  第五章 武陵五溪蛮时代

  第六章 元、明、清时代

第二编 西风东渐：外国人对中国苗族的早期考察与研究

  第一章 外国传教士对中国苗族的考察与研究

  第二章 外国学者对中国苗族的考察与研究

  第三章 其他外国人对中国苗族的考察与研究

第三编 苗学启步：中华民国时期对苗族的调查与研究

  第一章 西方人类学传入中国，苗族即成为重要的研究对象

[①] 本文系作者设计草拟的《世界苗学通史》的研究框架与内容。

第二章 一批国学大师论述苗族悠久历史与文化

　　第三章 新式中国通史系列对苗族的研究与考察

　　第四章 蔡元培派凌纯声、芮一夫调查湘西苗族

　　第五章 抗战大学内迁后对苗族的调查与研究

　　第六章 四部《中国民族史》对苗族的研究与考察

　　第七章 民国时期苗族研究论文集

　　第八章 苗学三杰

第四编 调查识别：中华人民共和国成立初期对苗族的调查与研究

　　第一章 贵州苗族的调查、识别与研究

　　第二章 四川苗族的调查、识别与研究

　　第三章 云南苗族的调查、识别与研究

　　第四章 海南苗族的调查、识别与研究

　　第五章 湖南苗族的调查、识别与研究

　　第六章 湖北苗族的调查、识别与研究

　　第七章 广西苗族的调查、识别与研究

　　第八章 北京苗族的调查、识别与研究

　　第九章 其他省市区苗族的调查、识别与研究

第五编 春天来了：中国改革开放后对苗学的创立与研究

　　第一章 贵州的苗学研究

　　第二章 湖南的苗学研究

　　第三章 云南的苗学研究

　　第四章 北京的苗学研究

　　第五章 湖北的苗学研究

　　第六章 海南的苗学研究

　　第七章 重庆的苗学研究

　　第八章 广西的苗学研究

　　第九章 其他省市区的苗学研究

第六编 重要阵地：中国苗学研究的机构与部门

　　第一章 中国社会科学院

　　第二章 中央民族大学

　　第三章 中南民族大学

　　第四章 西南民族大学

　　第五章 贵州大学

　　第七章 贵州民族大学

第八章 贵州社会科学院

第九章 贵州民族研究所

第十章 湖南社会科学院

第十一章 吉首大学

第十二章 云南大学

第十三章 云南民族大学

第十四章 云南省社会科学院

第十五章 云南民族大学

第十六章 四川大学

第十七章 四川民族研究所

第十八章 湖北民族学院

第十九章 广西民族学院

第二十章 广西民族研究所

第二十一章 海南大学

第二十二章 其他

第七编 中坚力量：中国苗学研究的主要学者及代表性成果

第一章 中华民国时期

第二章 中华人民共和国成立初期

第三章 中国改革开放至今

第八编 民间协作：中国苗学研究的重要协会

第一章 贵州苗学会

第二章 湖南苗学会

第三章 云南苗学会

第四章 北京苗学会

第五章 湖北苗学会

第六章 海南苗学会

第七章 重庆苗学会

第八章 广西苗学会

第九章 四川苗学会

第十章 中国人类学民族学研究会苗学专业委员会

第九编 促进交流：中国苗学研究的重要会议

第一章 世界人类学大会苗学专题研讨会

第二章 全国三祖文化研讨会

第三章 全国蚩尤文化研讨会

第四章 中国人类学民族学研究会苗学专业一、二届研讨会

　　第五章 贵州苗学会历届研讨会及其成果

　　第六章 湖南苗学会历届研讨会及其成果

　　第七章 云南苗学会历届研讨会及其成果

　　第八章 北京苗学会历届研讨会及其成果

　　第九章 湖北苗学会历届研讨会及其成果

　　第十章 海南苗学会历届研讨会及其成果

　　第十一章 重庆苗学会历届研讨会及其成果

　　第十二章 广西苗学会历届研讨会及其成果

　　第十三章 四川苗学会历届研讨会及其成果

第十编 网络平台：中国苗学研究的重要网站

　　第一章 三苗网

　　第二章 中国苗族网

　　第三章 苗人网

　　第四章 苗族在线

　　第五章 苗族文化网

　　第六章 文山苗族网

　　第七章 其他网站

第十一编 大陆之外：港澳台的苗学研究

　　第一章 台湾的苗学研究

　　第二章 香港、澳门的苗学研究

第十二编 学术担当：中国苗学未来发展趋势

　　第一章 拓宽研究领域

　　第二章 革新研究方法

　　第三章 加强国际苗学合作与交流

　　第四章 促进苗乡政治经济文化全面发展

后记

骨架本《海外苗学通史》研究内容目录如下：

绪论

第一编 东南亚国家对苗族的研究

　　第一章 越南的苗学研究

　　　　第一节 苗族迁入越南

　　　　第二节 越南苗学研究沿革

　　　　第三节 主要研究机构及协会

　　　　第四节 主要学者及研究成果

　　第二章 老挝的苗学研究

　　　　第一节 苗族迁入老挝

　　　　第二节 老挝苗学研究沿革

　　　　第三节 主要研究机构及协会

　　　　第四节 主要学者及研究成果

　　第三章 泰国的苗学研究

　　　　第一节 苗族迁入泰国

　　　　第二节 泰国苗学研究沿革

　　　　第三节 主要学者及研究成果

　　第四章 缅甸的苗学研究

　　　　第一节 苗族迁入缅甸

　　　　第二节 缅甸苗学研究沿革

　　　　第三节 主要学者及研究成果

　　第五章 柬埔寨的苗学研究

　　　　第一节 苗族迁入柬埔寨

　　　　第二节 柬埔寨苗学研究沿革

　　　　第三节 主要学者及研究成果

第二编 欧美国家对苗族的研究

　　第一章 美国的苗学研究

　　　　第一节 苗族移民美国

　　　　第二节 美国苗学研究沿革

　　　　第三节 主要研究机构及协会

　　　　第四节 主要学者及研究成果

　　　　第五节 四届国际苗学研究会议

　　　　第六节 苗学研究特藏图书馆、全美苗学资料档案馆

　　第二章 法国的苗学研究

　　　　第一节 苗族移民法国

　　　　第二节 法国苗学研究沿革

　　　　第三节 主要研究机构及协会

　　　　第四节 主要学者及研究成果

　　第三章 圭亚那的苗学研究

　　　　第一节 苗族移民圭亚那

　　　　第二节 圭亚那苗学研究沿革

　　　　第三节 主要学者及研究成果

　　第四章 德国的苗学研究

　　　　第一节 苗族移民德国

　　　　第二节 德国苗学研究沿革

　　　　第三节 主要学者及研究成果

　　第五章 阿根廷的苗学研究

　　　　第一节 苗族移民阿根廷

　　　　第二节 阿根廷苗学研究沿革

　　　　第三节 主要学者及研究成果

　　第六章 加拿大的苗学研究

　　　　第一节 苗族迁入移民加拿大

　　　　第二节 加拿大苗学研究沿革

　　　　第三节 主要学者及研究成果

第三编 澳大利亚、日本、俄罗斯等对苗族的研究

　　第一章 澳大利亚的苗学研究

　　　　第一节 苗族移民澳大利亚

　　　　第二节 澳大利亚苗学研究沿革

　　　　第三节 主要学者及研究成果

　　第二章 日本的苗学研究

　　　　第一节 日本苗学研究沿革

　　　　第二节 主要学者及研究成果

　　第三章 俄罗斯（含前苏联）的苗学研究

　　　　第一节 俄罗斯苗学研究沿革

　　　　第二节 主要学者及研究成果

　　第四章 其他国家的苗学研究

后记

　　支架本《世界苗学经典论著述评》，拟从世界苗学所有公开出版的著作中，精选出100部著作、30本论文集（主要是国际苗学研讨会或某国重要的全国苗学研讨会的论文集）进行点评介绍，使人们了解世界苗学的主要学者、经典著作和重要建树。

　　支架本《当代苗学专家治学口述史》，拟选择还在世的中外30名左右成果卓著有影响力的苗学专家，采用访谈或自述自传的形式（每人1.5万字左右），介绍他们从事苗学研究

的心路历程与体会，以加强本课题研究的分量和树立苗学研究的榜样。

　　支架本《世界苗学研究著述目录及资料索引》，拟将各国研究苗族的成果做到基本不漏地收集汇编成书，使之成为世界苗学研究的数据库或目录工具书。因为两部骨架书不可能反映出世界苗学所有学人的研究成果，《世界苗学研究著述目录及资料索引》就可以把所有学人的研究成果收入目录。拟在该目录的基础上，建成一个较大规模的"世界苗学研究数据库"。

　　最终研究成果：最后形成世界苗学通史丛书五卷本（约 300 万字）：

《中国苗学通史》（约 100 万字）

《海外苗学通史》（约 50 万字）

《世界苗学经典论著述评》（约 60 万字）

《当代苗学专家治学口述史》（约 60 万字）

《世界苗学著述目录及资料索引》（约 30 万字），在此基础上建成"世界苗学研究数据库"。

○五○ 学术商榷（一）[1]

我抽时间认真拜读了雷山县苗学会潘定发先生的《试谈苗族的历史框架》（载"中国苗族网"）和《苗族历史源头研究回顾》（载纳日碧力戈、张晓主编的《苗学研究回顾与展望》）。作为一名来自基层的苗学爱好者，敢思敢想，认真钻研，能够写出这样的学术论文实属不易，而且字里行间体现出作者勇于挑战、敢于担当的精神，及其深厚的民族感情，这令我十分佩服。但我的总体感觉是，潘先生有点"初生牛犊不怕虎"，胆子大，但其阅历和历史知识有限，故而他这两篇文章的许多观点都是值得商榷的，严格说来是站不住脚的。

一、关于苗族史的研究

对于苗族历史的研究，目前国内最权威的研究成果，一是国家民委组织编纂的中国少数民族简史丛书中的《苗族简史》（该著作获贵州社科特等奖）；二是伍新福教授著的《中国苗族通史》（该著作获全国优秀图书奖）。《苗族简史》系由十余位各民族的历史专家，用十余年时间，广泛吸收各方面意见，反复研究反复论证而得出来的研究成果，它是一部奠基性的著作。《中国苗族通史》是对苗族历史的细化研究，是由苗族史一流专家伍新福教授独立完成的。这两部著作把苗族的历史脉络基本阐述清楚了。离开这两部著作来讲苗族的历史，就会说不清楚。

潘定发先生简单地从"苗蛮"源头论的观点出发，认为《苗族简史》以及伍新福的著作对苗族史的阐述是有错误的，是需要纠正的。

比如，潘先生在《苗族历史源头研究回顾》中说："《苗族简史》正文第一章第一节'族源和族称'的第一句对族源这样记述，'苗族的族属渊源，和远古时代的九黎、三苗、南蛮有着密切的关系。'……此后很多有关苗族历史及族源的书籍、史志书和苗学文章都照《苗族简史》定下的这个框架进行陈述：'九黎、三苗、荆蛮与苗族一脉相承。'甚至记述为'九黎、三苗、荆蛮、武陵蛮、五溪蛮与苗族一脉相承'等。这里包含或涉及着许多问题，诸如苗族

---

[1] 本文系《也谈苗族的历史框架（一）——与潘定发先生商榷》。

的最早主干源头、苗族形成于何时代、苗族的历史框架示意表达式等。"在潘先生看来,《苗族简史》陈述的"九黎、三苗、南蛮、荆蛮之间有着一脉相承的渊源关系"是错误的,很多有关苗族历史及族源的书籍、史志书和苗学文章引用这一概述也是错误的。

伍新福教授退休前是湖南省社会科学院历史研究所所长,担任过湖南省历史学会理事长、湖南省苗学会会长等,出版有《苗族史》(古代部分)《苗族历史探考》《苗族文化史》《中国苗族通史》《湖南民族志·苗族篇》《湖南通史·古代卷》(主编和主撰)、《苗族文化论丛》(主编)、《楚史与楚文化研究》(主编)等10余部著作,是一个非常严谨的苗族史专家,目前国内在研究苗族史领域还没有人超过伍新福教授。可潘定发先生却认为伍新福教授误读了范文澜的著作,一些观点变来变去。

潘先生在《苗族历史源头研究回顾》中说:"伍新福在《东夷、南蛮与苗族》一文中的观点为,从现在掌握的史料分析判断,中国北部黄河下游一带,应是蚩尤九黎族的发迹地和最初分布及活动地区……九黎族群便是继承太昊、少昊事业的东夷族群。伍新福肯定地说,苗族先民源自北方黄河下流(应是下游),这是确定无疑的……实际上,是伍新福误读了范文澜的全部记述……只要认真全部看了范文澜的记述,是绝不会得出如伍新福对范文澜的误读概述。"

当然,作为大学者也难免有误读的时候。但就上述潘先生所指而言,在我看来,误读的不是伍新福教授(后述),而是潘先生误解了梁启超、徐旭生、范文澜关于"苗蛮族""苗蛮集团""居住在南方的人统被称为蛮族"的记述,并以此出发,进而出现了对苗族史的一系列错误解读,并且还提出了自己的不着边际、不可思议的所谓苗族"历史框架"。

二、关于苗族的历史框架与发展脉络

潘定发先生虽然对苗族史涉足不多,可却敢于大胆提出自己关于苗族的历史框架,且指名或不指名地批评了一批学者,其精神确实可嘉。在潘先生看来,《苗族简史》《中国苗族通史》等表述的苗族历史框架与发展脉络是错误的,应该舍去,而他提出的"历史框架"才是唯一正确的。

潘先生在《试谈苗族的历史框架》中认为《中国苗族通史》《中国苗学》《世界苗族迁徙史》和《苗学通论》记述的苗族历史框架,即"九黎、三苗、荆蛮与苗族一脉相承",甚至"九黎、三苗、荆蛮、武陵蛮、五溪蛮与苗族一脉相承",是错误的,是错误的就必须要纠正。

潘先生是怎样进行纠正的呢?他在文中将苗族的历史框架用粗线条记述为:苗蛮集团〔燧人氏(黔东南苗族称为"火耐氏")、伏羲氏(黔东南多数苗族称为"姜央氏")〕、蚩尤九黎、三苗(苗族在此时代形成)、苗族操三大方言分布在中华大地上,还有300万人迁居国外。潘先生在列出自己的"历史框架"后还特别强调说:"而应舍去以往的传统记述:'九黎、三苗、荆蛮与苗族一脉相承'和或'九黎、三苗、荆蛮、武陵蛮、五溪蛮与苗族一脉相承'

等等的提法。"潘先生是要用自己的历史框架取代《苗族简史》《中国苗族通史》等表述的历史框架。

当然，如果潘先生的所谓历史框架是正确的，是符合苗族发展实际的，也可以取代《苗族简史》《中国苗族通史》《苗学通论》等的表述。问题是潘先生的所谓历史框架如同"狂人日记"一般，跟苗族可考的历史发展脉络不符。这是潘先生误读一些大师的记述，而又不了解苗族的发展历程而造成的。

在潘先生看来，"苗蛮集团"是苗族最早的历史源头，在他所谓的"历史框架"中把"苗蛮集团"列在蚩尤九黎、三苗之前。或许他认为，传统表述没有"苗蛮集团"的字样，他就要标新立异把"苗蛮集团"列在第一位。而实际上，不是《苗族简史》《中国苗族通史》《苗学通论》等不列"苗蛮集团"，而是用"荆蛮"代替了"南蛮"即"苗蛮集团"，因为"南蛮"即"苗蛮集团"是夏商周时才出现的称谓。夏商周时居住在南方的人被统称为"南蛮"，"南蛮"还包括其他族群，但以苗民为主，所以又被称为"苗蛮"。"南蛮"中的苗民主要居住在荆州一带，所以又被称为"荆蛮"。显然，用"荆蛮"比"南蛮"或"苗蛮"更为合适，而且"荆蛮""南蛮""苗蛮"是夏商周时期的事，怎么也排不到九黎、三苗之前。

我真不知道潘定发先生提出的所谓苗族历史框架有何意义，有何可信度？排在第一的"苗蛮集团"处于什么年代，居然排在不可考的"燧人氏"之前。排在第二的"燧人氏"又是什么年代，与苗族有关系吗？"火耐氏"即是"燧人氏"，这有什么根据，符合历史事实吗，学术界认可吗？

看来，潘先生确实应该好好地读一下《苗族简史》和《中国苗族通史》，要真正地读懂弄通，而不是走马观花。苗族的历史框架或发展脉络，就是《苗族简史》《中国苗族通史》《苗学通论》等表述的"九黎、三苗、荆蛮、武陵五溪蛮、苗族，一脉相承"，或"东蒙、九黎、三苗、荆蛮、武陵五溪蛮、苗族，一脉相承"。这一历史框架把苗族七千年的发展历程梳理清楚了。"东蒙"是伏羲时代、"九黎"是炎黄蚩尤时代，"三苗"是尧舜禹时期，"荆蛮"是夏商周乃至春秋战国时期，"武陵五溪蛮"是秦汉乃至唐宋时期。苗族发展脉络十分清晰。当然，这一"历史框架"没有潘先生提出来的历史框架那么宏伟远大。潘先生在《苗族历史源头研究回顾》中又补充完善了自己的历史框架，将"某支古猿人"排在了第一，"苗蛮族团"排在了第二，也就是说，潘先生把苗族的历史追溯到了几百万年前"某支古猿人"。《苗族简史》《中国苗族通史》《苗学通论》等表述的历史框架只有五千年或七千年，比起潘先生的历史框架渺小太多。但它虽然渺小，却是可考的历史。东蒙、九黎、三苗、荆蛮、武陵五溪蛮，都是苗族可考的历史发展阶段。这一发展脉络虽然是由几部著作表述出来的，但它却是中外学者100多年来共同努力探索研究的结晶，不是某个人或某几个人拍脑袋提出来的。在我看来，目前，还没有什么发展脉络可以取代它，还没有什么历史框架可以代替它。而潘先生急于取代，弄了个假、大、空的表达式，将苗族的历史追溯到几百万年前的"某支古猿人"，追溯到不可考的燧人氏，是不是有点"天方夜谭"了？

三、怎样理解某些大师的相关记述

潘定发先生之所以想另起炉灶，批评《苗族简史》等梳理出来的苗族历史发展脉络，并提出自己不着边际的所谓苗族历史框架，主要原因是他误读了一些大师的相关记述。

潘先生在《苗族历史源头研究回顾》中指责说："《苗族简史》当年为何不采纳梁、徐、范的观点呢？是《苗族简史》编写组不相信三位的观点，或是采取苗族历史的源头应该在两江流域的折中办法？"那么，梁（启超）、徐（旭生）、范（文澜）是哪些观点呢？我们且看潘先生的引文以及他的误读。

第一，潘先生在《苗族历史源头研究回顾》中提到梁启超在《历史上中国民族之观察》中将中国民族分为9个派系，其中有"苗蛮族"；在《中国历史上民族之研究》中将中国民族改分为8个组，其中有"苗蛮组"。潘先生自己也认为，"梁启超对苗蛮组的分类，主要着眼于近代分布区域"。潘先生误读了梁启超着眼于近代分布区域的"苗蛮族"与"苗蛮组"，误把"苗蛮族""苗蛮组"当成了苗族的历史源头，所以他在《试谈苗族的历史框架》中把"苗蛮集团"排在第一位。在我看来，潘先生是没有理由指责《苗族简史》当年为何不采纳梁的观点的。

第二，潘先生说："1943年出版了徐旭生名著《中国古史的传说时代》，把中国远古人类大致分为从西部发祥而来的华夏、山东沿海的东夷和南方的苗蛮三大集团。苗族的先民则是地处长江流域尤其是长江中下游的苗蛮集团。"

是的，徐旭生在《中国古史的传说时代》中提出了"华夏""东夷""苗蛮"三大集团论，并将苗民归在南方的苗蛮集团中。可能受时代或资料所限，徐旭生混淆了源与流的关系，误把三大集团当成了三大源头。随着研究的深入以及考古资料的发现，中华民族主要有两大可考的历史源头，即"西羌"与"东蒙"。"西羌"是源，"炎黄""华夏"是流；"东蒙"是源，"东夷""苗蛮"是流。只要认真读《中国古史的传说时代》，就会发现徐旭生的三大集团论逻辑矛盾。他把夏商周时期才形成的"五方格局"中的"华夏""东夷""苗蛮"当源头，同期的"西戎""北狄"却没有交代。又比如，他说："少皞既属于东夷集团，蚩尤就不能属于其他集团。"他列举了蚩尤只能属于东夷集团的若干证据，他强调说："关于蚩尤属于东夷集团的问题，我觉得已经不很可能有其他的看法。从前人把他归于苗蛮集团，纯属误会。"[①]也就是说，他认为蚩尤与苗蛮集团没有任何瓜葛。这就割断了苗族发展的历史。现在情况越来越明白，"东夷""苗蛮"的历史源头是"东蒙"，"东夷"是"东蒙"人未参战留居原地的那一部分，后来全部融入华夏族。"南蛮"或"苗蛮"是"东蒙"人战败南迁的那一部分。《苗族简史》当年没有采纳徐旭生的"苗蛮"源头论是对的。

第三，潘先生说："范文澜等史学家均持此见，只是范氏把苗蛮称为'南方的蛮族'。

---

① 徐旭生：《中国古史的传说时代》第121页，文物出版社，1985年版。

20世纪30年代后期,范文澜在延安受中共中央委托,编写《中国通史简编》竖排版本上就写得很清楚。他认为:'居住在南方的人被统称为蛮族'……"是的,范文澜在20世纪30年代编写的《中国通史简编》确实说了"居住在南方的人被统称为蛮族,其中九黎族最早进入中部地区……"的话。怎样理解和对待范文澜的这段话?我认为,范文澜是按照夏商周时期"五方格局"的人群分布来说这段话的,他说:"居住在东方的人统被称为夷族……居住在北方、西方的人统被称为狄族、戎族……居住在南方的人被统称为蛮族……炎帝族居住在中部地区……"确实,范文澜的话也具有矛盾。他说"蛮族"时苗族的先民已经居住在南方,但他又把九黎、蚩尤插在其中。应该说这并不稀奇,中国史籍、学人研究,也常把前人与后人,前事与后事混淆在一起。比如,说蚩尤是九黎三苗的首领,说:"少皞既属于东夷集团,蚩尤就不能属于其他集团"等。著者混淆了,读者尤其是研究者要厘清,不能以讹传讹。这就不难看出,《苗族简史》没有用范文澜的"蛮族"当源头,是对的。"蛮族"或"苗蛮"是苗族历史发展的一个阶段,在东蒙、九黎、三苗之后,当然不能当成源头,而且最好是用"荆蛮"来表达。

总之,我认为,是潘先生误读了梁启超、徐旭生、范文澜的相关记述,指责《苗族简史》当年为何不采纳他们的观点,其理由是极不充分的。《苗族简史》没有把"苗蛮"或"苗蛮集团"当作历史源头,而是把它当作苗族历史发展的一个中期阶段,这是符合苗族历史发展实际的。《苗族简史》等关于苗族历史发展脉络的表达式,不断地被国内外有关苗族历史及族源的书籍、史志书和苗学文章所沿用,说明它是经得住历史检验的。

(续)

○五一 学术商榷（二）[①]

我之所以要与潘定发先生商榷，聊一聊苗族的"历史框架"问题，是因为他否定了《苗族简史》《中国苗族通史》等描述的苗族历史。在潘先生看来，折腾了半个多世纪，苗族的基本发展脉络都还没有梳理清楚，现在很多苗族历史及族源的书籍、史志书和苗学文章等引用《苗族简史》等的概述是错误的。苗族史要按照他提出来的历史框架重新撰写才是正确的，这样"才能将真正的苗族历史写进新的《中国通史》或新的《中华民族史》中"（引号系潘定发语，下同），才能"准确地回答一心想了解苗族历史的游客或学者……苗学的专家学者如果自己也不弄清或专家学者们间又各唱各的调各敲各的锣，以致拿不出一种共识的苗族历史知识向苗族民众作普及教育。"在潘先生自己看来，"天降大任于斯人也"。

我认为，潘定发先生还是一个比较肯动脑筋的人，而且也读了许多关于苗族历史方面的书籍和资料，只是没有完全读懂弄通。虽然他提出来的苗族历史框架有点天方夜谭，不着边际，但他却思考了许多深层次的问题，我们的商榷就是顺着他提出来的问题展开。一是可以对苗族史进行更加深入的研究，使苗族的发展脉络更加完善和明朗化；二是可以澄清一些问题，梳理一些基本史实，不要以讹传讹。《商榷（一）》已经聊了三个问题，本文我们从第四个问题开始聊起。

四、关于苗族的历史源头是否止于蚩尤九黎

潘先生的《苗族历史源头研究回顾》中有一个小标题是"苗族的最早主干源头是否止于蚩尤九黎"，这个问题问得好。我们知道，在20世纪80年代以前的相当长一段时期，中国学界受司马迁《史记》以黄帝打败蚩尤为起始的历史观影响，不仅《苗族简史》以蚩尤九黎为苗族源头，而且《中国通史》系列也大多以炎黄为起点。潘先生能够思考到苗族的最早主干源头不止于蚩尤九黎，这是非常难能可贵的。但我认为，他没有理由指责《苗族简史》只以蚩尤九黎为起点。

[①] 本文系《也谈苗族的历史框架（二）——与潘定发先生商榷》。

20世纪末乃至进入21世纪后，随着研究的不断深入和考古资料的不断发现，我国学界一部分人认为，中华文明不止5000年，而有7000年。作为中华民族两个历史最悠久的族群，不仅汉族的族属渊源可以往前追溯，苗族的族属渊源也可以往前追溯。在苗学内部，不仅潘定发思考到了这个问题，伍新福、石朝江也思考到了这个问题。

只不过潘定发先生思考得太远，太务虚了。他完全否定了《苗族简史》《中国苗族通史》《苗族通论》等叙述的苗族历史，并认为苗族的最早主干源头应追溯到"某支古猿人"。他在《苗族历史源头研究回顾》说："根据大量的考古发现和梁启超、徐旭生、范文澜、陈连开等史学家，以及苗学专家的研究认为，苗族的最主干先民是南方人，进而推断出（苗族）可能会是由南方的某些古猿人繁衍发展起来的。"他补充完善后的苗族历史框架表达式为，"某支古猿人、苗蛮族团（燧人氏、伏羲）、蚩尤九黎、三苗"。我很佩服潘先生的想象力，但哲学社会科学研究不能信口开河，而是要讲究证据的。我在《商榷（一）》中说潘先生的苗族历史框架如同"狂人日记"，苗族的历史渊源不是追溯得越远越好，而是要重证据，要凭资料说话，要令人信服。

而伍新福和石朝江两个专业科研人员则比较务实，没有像潘定发先生追溯得那么远。伍新福认为苗族的族属渊源可以追溯到史前的两昊（太昊、少昊）集团（参见伍新福的《论评与考辨》），石朝江则将苗族的族属渊源追溯到7000年前的伏羲太昊（参见石朝江的《苗学通论》）。实际上，伍新福和石朝江的观点基本是一致的，所不同的是伍新福将7000年前的苗族先祖称为"两昊集团"，而石朝江则称为伏羲太昊、少昊时期。

从现在掌握的资料看，苗族的族属渊源可以追溯到7000年前的伏羲太昊。由石朝江主持完成的国家社科基金项目《中国史籍载苗族早期历史资料整理与研究》（已通过验收待出版），研究成果分为三大编：第一编"东蒙"与伏羲太昊，苗族的启蒙时期；第二编九黎与蚩尤，苗族的英雄时代；第三编三苗与驩兜，苗族的衰退时代。

我们根据中国史籍记载资料、苗族心史记载资料、考古发现资料以及专家研究考证成果，将苗族的族属渊源追溯到7000年前的伏羲太昊。这一观点被人们普遍接受都还要有一个过程，更何况潘定发追溯到几百万年前的"某支古猿人"了。

苗族早期历史谱系表（《中国史籍载苗族早期历史资料整理与研究》）

名称	年代	首领	主要居住区域
东蒙	约7000到5000年前	太昊、少昊	今河南、山东、安徽、浙江、江苏等地区
九黎	约5000年前	蚩尤	今山东、河北、山西、河南、江苏等地区
三苗	约4000年前	驩	今湖北、湖南、河南、江西、安徽等地区

当然，该"苗族早期历史谱系"也不一定准确，也要准备接受学界的检验，准备接受

学界的批评与指正！

五、关于苗族的发祥地在何方

苗族的发祥地在何方？《苗族简史》叙述得很清楚："在我国长江中下游和黄河下游一带，很古的时候就生活着许多原始人类，他们经过世世代代的生息繁衍，通过艰苦的劳动，在距今五千多年前，逐步形成了部落联盟。这个部落联盟叫九黎，以蚩尤为首领。"我认为，这个表述是正确的。后来伍新福、石朝江把苗族可考的族属渊源追溯到两昊集团或伏羲太昊，也都认为两昊或伏羲太昊是在我国长江中下游和黄河下游一带活动，不是在纯粹意义上的南方地区活动。石朝江定位是在东方或东南方，故称伏羲太昊、少昊时期为"东蒙"。伍新福教授也是这个观点，只不过他没有使用"东蒙"二字，而是沿用了人们泛用的"东夷"。如前所述，"东夷"是夏商周才出现的人群区位概念。夏商周时期的"东夷"已不包含苗族先民，此时的苗族先民已经到了南方，而被称为"南蛮""苗蛮"或"荆蛮"了。因此，只有使用"东蒙"才符合历史事实，才能正确反映古代部落之间的关系。否则，就会陷入徐旭生"少皞（少昊）既属于东夷集团，蚩尤就不能属于其他集团"的错误，就不能回答为什么"东夷"视蚩尤为英雄，"南蛮"（苗蛮）却视蚩尤为祖先的问题。

总之，苗族可考的历史大概是7000年，可考的发祥地是在长江中下游和黄河下游一带，按地域方位来说，应该在我国的东方或东南方，也就是在黄海、渤海湾沿岸。苗族古歌唱，"从前老家乡，就在海边边"，苗族老人去世，要请巫师超度其亡灵回到东方与祖先团聚。

而潘定发先生则根据梁启超、徐旭生、范文澜等关于"苗蛮族""苗蛮集团""居住在南方的人统被称为蛮族"的记述，坚持认为苗族的发祥地在南方，源头是某支南方古猿人，然后依次是苗蛮集团（燧人氏、伏羲）、蚩尤九黎和三苗。他认为蚩尤与黄帝在北方的涿鹿之战，是苗蛮集团分批北进中原后发生的。在我看来，苗族的发展路线图并不是像潘定发先生想象的这样。他的《试谈苗族的历史框架》在"中国苗族网"上登载已经有5年了，至今还没见有人引用他的苗族历史框架。他也承认："很多有关苗族历史及族源的书籍、史志书和苗学文章都按《苗族简史》定下的这个框架进行陈述：九黎、三苗、荆蛮与苗族一脉相承。"

总之，我认为，苗族可考的发祥地是在东方或东南方，不是纯粹意义上的南方。我们并不要求潘定发先生一定赞同这一观点。

六、关于伏羲与太昊是否同一

潘定发先生之所以比较固执，认定苗族的祖源故土在南方，苗族是由南方的某支古猿人繁衍发展而来。除了误读大师的相关论述外，他还有一个理由，就是认为伏羲与太昊不是同一的。太昊是北方人士，而伏羲是南方人士。

我国学术界确实存在着伏羲与太昊是不是同一的争论。但根据我掌握的资料，不仅中国史籍记载伏羲与太昊同一的是主流，而且学人研究考证认为伏羲与太昊同一的也占主流。比如，郭沫若在《中国史稿》中说："太皞（太昊），号伏羲氏。据说'伏羲作卦'，已是父系氏族社会的事了……传说太皞是风姓，应同九夷中的风夷有更直接的关系。风夷在夷人氏族部落中居于首要地位，因而太皞又是所有夷人想象中的祖先。"范文澜在《中国通史简编》中也说："居住在东方的人统被称为'夷族'。太皞是其中一族的著名酋长。太皞姓风，神话里说他人头蛇身（一说龙身），可能是以蛇（或龙）为图腾的一族。"虽然郭沫若、范文澜的叙述带有"华夷五方格局"的痕迹，但还是可以看出，郭沫若、范文澜认为伏羲与太昊是同一的，是居住在东方的"夷族"或"夷人"的祖先，而不是纯粹的华夏族的祖先。他们所说的"东方夷人""东方夷族"，都是指向7000多年前的"伏羲太昊部族"，而不是指夏商周时期的"东夷"。夏商周时期的"东夷"是没有名为太昊的酋长的。

我赞成伏羲与太昊是同一的，我在论述中直接表述为伏羲太昊（皞），并认为伏羲太昊时代是苗民的启蒙时期，也是中华民族的发轫时代。学术研究"百花齐放，百家争鸣"，我们并不要求潘定发先生也赞同伏羲与太昊同一，而是说他以此来认定苗族的祖源故土在南方的理由并不充分，而且他不应该指责相信伏羲等于太昊的史学家（包括部分苗学专家），并指名道姓地说："目前，有许多史学家和伍新福的观点一样，认为伏羲等于太昊，即认为二者是同一个人或同一族群名，为今山东一带人士。"并质问道："伏羲真的等于太昊吗？"他讲了一通伏羲不等于太昊的理由（文字长不再引），在我看来，这理由也是不充分的。建议读者不妨也把潘先生的《苗族历史源头研究回顾》找来读一读。

（续）

○五二 学术商榷（三）[①]

蔡元培先生曾经说过："学问之成立在信，而学问之进步则在疑。非善疑者，不能得真信也。"在蔡先生看来，学问之疑比学问之信还要重要，善疑者，才能得真信也。有句名言："善于提出问题就成功了一半。"潘定发先生虽然提出来的苗族历史框架不着边际，但他却是一个"善疑者"，他思考一些深层次的问题本身就是了不起的。探索并回答他提出来的一些问题，就可以促进苗学研究的深入发展，因为商榷是推动哲学社会科学研究的有效方法之一。我们现在继续《商榷（一、二）》的讨论。之前我们已经聊了六个问题，现在我们从第七个问题开始聊起。

七、关于苗族形成于何年代

实际上，研究苗族形成于哪个年代没有实质上的意义，而且也很不容易表述准确，就如同没有人关心汉族形成于哪个年代一样，说汉族历史就要追溯到华夏及炎黄甚至西羌。同样，《苗族简史》《中国苗族通史》《苗学通论》等也从来没有正面回答过苗族形成于哪个年代，而是将苗族的族属渊源追溯到蚩尤或伏羲太昊。

潘先生认为研究苗族形成于哪个年代至关重要，并指责《苗族简史》陈述的历史脉络不利于研究苗族形成于何年代。他要填补这一空白，他在《试谈苗族的历史框架》中说："要进一步阐明清楚苗族的历史框架，首先要搞清苗族形成于何时。笔者经过研究认为，苗族形成于三苗时代。"紧接着，他说了自己的理由和依据："三苗国又最后被华夏族团尧舜禹先后肢解，即'放驩兜于崇山''窜三苗于三危''分北三苗'和'入于南海'等等，之后在中华大地上形成了天各一方的三大支苗族！即形成了操苗语三大方言区的苗族。可见，苗族的形成的时代只能是在这三大支苗民分开之前的三苗时代的中晚期。"潘先生的这一研究成果对与不对，概述准确或不准确，由读者自己去判断，我在这里不想评说。

我只想请教潘定发先生，将苗族定位形成于三苗时代有何意义，这与你提出的苗族历

[①] 本文系《也谈苗族的历史框架（三）——与潘定发先生商榷》。

史框架又如何衔接,与中国民族学人类学研究成果又如何挂上钩?

我认为,不要去研究苗族具体形成于何时,还是沿袭《苗族简史》追溯苗族的"族属渊源"为好,否则将苗族定位形成于三苗时代,说蚩尤是苗族的祖先也难以自圆其说,而且与国内民族人类学的研究也衔接不起来。比如,王桐龄在《中国民族史》中说:"若照历史上观察,中国民族除去汉、满、蒙、回、藏五族以外,还有一位长兄,即是苗族。"鲁迅在《准风月谈·踢》中说:"苗族大败以后,都往山里跑,这是我们的先帝轩辕氏赶他们的。"林惠祥在其著的《中国民族史》中也说:"中国史上所记汉族与异族第一次之战争即黄帝与蚩尤涿鹿之战,黄帝为汉族之领袖,蚩尤为九黎即苗族之酋长。"萨维纳在他出版的中外第一部《苗族史》中说:"他们(苗族)在华夏诸族的祖先的前面就来到了中国,他们的历史应该比汉人的史书记载还要古老。"如果潘定发先生把苗族定位形成于三苗时代,又怎么理解鲁迅、王桐龄、萨维纳等的研究与评说呢,这于民族来说又有何意义或好处?

因此,我认为,不要去说苗族具体形成于何时,还是沿袭《苗族简史》追溯苗族的族属渊源。追溯族属渊源在表述上可以留有空间,将苗族形成定位于三苗时代,在表述上没有空间,且还不能自圆其说,也不一定准确,还不利于书写苗族的历史。所以,研究苗族形成于何年代没有实质上的意义。当然,这只是我个人的认识,潘先生可以反驳。

八、关于蚩尤九黎是否由南方北进中原

潘定发先生由于误读梁启超、徐旭生、范文澜的相关论述(《商榷(一)》已述),坚定不移地认为苗族起源于南方。他在《试谈苗族的历史框架》中列出苗族的历史框架后,说:"这个框架显示:苗族最早最久远的源头是居住在长江流域尤其是长江中下游流域的苗蛮族团(其中有部分人后来进入中原)……"他接着说:"如果只写到九黎,多数人就容易理解成苗族源头在北方去了。"而在《苗族历史源头研究回顾》中他又说:"范文澜早已明确:九黎是出自南方的蛮族即梁启超和徐旭生等所说的住在长江中下游流域的苗蛮集团,而后有很大一部分分批北进中原……"我们特别注意到,潘定发先生并没有说九黎或苗蛮集团到底是怎样分多批进入中原的。

当然,这是一个学术问题,我们且看伍新福教授是怎么说的。他在《论评与考辨》中说:"关于九黎、三苗与东夷、南蛮的关系,主要有三种不同的观点。一种是基于九黎发迹于南方长江流域的观点,认为九黎与三苗一样,都属于南蛮;一种是以九黎原本就生活于黄河下游和东部平原为据,认为九黎属东夷集团,南下后的三苗则属于南蛮范畴,即苗族先民先属于东夷,后归入南蛮;还有一种观点,糅合前两种看法,认为作为苗族先民的九黎,最初居于南蛮,后北上归入东夷,涿鹿战败后又南下复归南蛮。我在《苗族史》和《中国苗族通史》中,一贯坚持和阐发的是第二种观点。"

我的认识和伍新福基本相同,坚持和阐发的也是上述的第二种观点,认为九黎原本就

生活于黄河下游和东部平原地区。只不过,我认为,九黎是炎黄蚩尤时代,三苗是尧舜禹时代,东夷、南蛮是夏商周时期。也就是说,九黎、三苗、东夷、南蛮,它们出现在历史舞台是有先有后的,顺序不能混淆。随着研究的不断深入,现在结论是越来越清楚了,蚩尤时代没有三苗,三苗时代没有东夷和南蛮,东夷和南蛮是黄帝打败蚩尤,大禹打败三苗,华夏入主中原建立夏王朝后,才形成的"华夏居中土,夷蛮处四方"的五方格局中的两方。"夷蛮处四方"还有"西戎"与"北狄"。中国学界之所以观点多,就是受徐旭生甚至范文澜的影响,把九黎、东夷、南蛮出现在历史舞台的时间混淆了。就连伍新福教授也受到影响,我的前期研究也受到影响。现在越来越明白,九黎时华夏还未入中土,又哪来的"夷蛮处四方"?如果九黎是所谓的南方"苗蛮集团"北上中原,涿鹿之战失败后一部分再迁徙到南方的部落,为什么不直接称"苗蛮""南蛮"或"苗蛮集团",而要称其为"三苗"或"三苗国"?可见,"苗蛮""南蛮"或"苗蛮集团",已经是夏商周时代的事了。

如果要我现在表述上面伍新福列出的第二种观点,我会表述为:九黎原本就生活于黄河下游和东部平原,系"东蒙"伏羲太昊及少昊氏的族裔,涿鹿战败后其余部南下建立三苗或三苗国,大禹灭三苗,其残部被称为南蛮或苗蛮。夏商周时的"南蛮"(主要指苗蛮)与"东夷"同源共祖,都是"东蒙"伏羲太昊及少昊氏的族裔。"东夷"至春秋战国前后全部融入华夏族。

当然,我这个表述也不一定准确,要准备接受学界的批评与指正。总之,我和伍新福都认为,《苗族简史》的表述是对的,九黎原本就生活于黄河下游和东部平原。《苗族简史》是这样说的:"都说蚩尤是九黎之君。他们借助优越的地理条件,不断地辛勤开拓,使生产力不断提高,社会经济不断发展,一跃而成为雄踞祖国东方的强大部落。"总之,《苗族简史》《中国苗族通史》等,都不认为九黎是从南方北进中原的。苗族的"焚巾曲""指路歌"是超度其亡灵回东方与祖先团聚,而不是超度亡灵回南方与祖先团聚。

我不是要求潘定发先生赞同我们的观点,但我认为,潘先生仅根据所言是缺乏依据的。并且潘先生进一步认为,苗族最早的主干源头是南方某支古猿,然后依次是苗蛮集团(燧人氏、伏羲氏)、蚩尤九黎、三苗。我认为,潘先生给出的这一苗族发展路线图,是不可能被大多数人接受的,也很难禁受住中国史学界的检验。

九、关于苗族历史的讨论与统一

我和潘定发先生是多年的朋友了(至少有10年了),我很佩服他的求知欲望和钻研精神。我们讨论的是学术问题,对事不对人。我非常同意他在《苗族历史源头研究回顾》中说的,"我们在书写自己的民族历史时,一定要实事求是,要崇尚历史真实,要有严谨求实的作风"。

潘定发先生敢于直言,不隐瞒自己的观点。他不同意《苗族简史》等表述的苗族历史脉络与框架,于是提出了自己的苗族历史框架,并主张"舍去以往的传统记述"。他还说:"既然对苗史框架包括苗族形成的时代还有一些不同的看法。我们就一定要按中共中央提出的'双百'方针办事。建议尽早在省、地州、县市的相关苗学研究刊物上用一定的篇幅展开讨论。……尽力使大家，首先是使苗族同胞的认识得到统一（即符合史实，史实是宇宙间最大的权威）。不讨论，会各唱各的调，各敲各的锣。别人到底听谁的呢？"

我认为，潘定发先生的态度是积极、诚恳、坦率的，既然对苗史框架有不同的看法，尽早展开讨论是对的。确实像他所说的那样，"不讨论，会各唱各的调，各敲各的锣。别人到底听谁的呢？"。本商榷就是响应潘先生的号召来参加讨论的。

当然，我的态度很明确的，我完全赞成《苗族简史》《中国苗族通史》等表述出来的苗族历史脉络与框架，我主张苗族同胞的认识都要统一到《苗族简史》等表述出来的苗族历史脉络与框架中来。当然有不同认识也是正常的，我认为潘先生的苗族"历史框架"是天方夜谭，太不着边际了。

潘先生不仅主张尽早讨论，而且还表现出大家风范。他说"有些同胞怕一争议会影响团结。……只要辩论双方都持有向真实即真理低头的态度。破除自己的思维定式，抛弃一点个人面子和架子，认真反思本人原来观点的正误，就不会影响团结。要认识到争辩之唯一目的是使人们首先是苗胞的认识进一步接近某事或某人或甚至是苗族历史以及苗族文化及其苗族文化之历史的本来面目。"我认为潘先生的态度是非常对的，这也正是我下定决心抽出十天半个月，参与他主张的关于苗族历史框架的讨论的原因。当然，若有更多的人参与到讨论中来更好，如此苗族的历史框架只会越辩越明，越讨论越清楚。在讨论中取得相对的统一。

我很想看到潘定发先生对我参琐屑的《商榷》的回应，我不寄希望于我们之间的学术观点会完全统一（因我从你的两篇文章中感觉你很自信，不是一般的自信），但我想听听你坚持自己观点的理由和依据，更想听到你对我的反驳。如果你把我驳倒了，用你坚持的猿人说、南方说、燧人说等的理由和依据令我信服了，我会向真理低头。如果是这样，我会亲临雷山或请你到贵阳来，找几个朋友作陪，咱们碰杯喝酒、大块吃肉，庆祝我们共同找到了真理。

我前面说了，潘定发先生是一个肯动脑筋的人，是一个善疑者，他提出来的深层次的问题，还有一些可以商榷讨论，可以继续聊，但我近期还有别的事要做，暂时搁笔了。

（完）

〇五三 学术回应（一）[①]

我在第一时间拜读了潘定发先生《再建议要下大力深化苗族历史源头的研究》（后称《再建议》）一文，虽然他已经把自己的苗族历史框架修改为：燧人氏（黔东南苗族称为火耐氏）、伏羲氏（黔东南苗族称为姜央氏）、蚩尤九黎、三苗（苗族在此时代中晚期形成）、苗族操苗语三大方分布在中华大地上，还有近300万人迁居外国。删去了之前排在第一、第二位的某支古猿人与苗蛮集团，这就有了很大的进步，说明讨论总比不讨论好。倘若潘定发先生把苗族的源头追溯到某支古猿人的文章在公开刊物上发表，势必要让学界笑话的。

虽然潘先生对自己的苗族历史框架有所修正，但他的《再建议》全文，给我的基本感觉是，潘定发先生太自信，自信影响了他的正常思维。虽然他口口声声说自己只是基层苗学会的一个会员，但却摆出一副超越苗族史研究的架势。且不谈他的文章内容与语气，单看题目《再建议要下大力深化苗族历史源头的研究》，就足以看出潘定发先生的自信与超越。在他看来，现在的《苗族简史》《中国苗族通史》等表述的苗族历史还不太清楚，不太准确，所以他先后撰写了《试谈苗族的历史框架》《建议要下大力深化苗族历史的研究》《再建议要下大力深化苗族历史源头的研究》等文章。在潘定发先生看来，工作在所谓上层的苗学专家学者还不如他一个基层苗学会的会员，还没有他看得远、看得准，他提出来的苗族历史框架才是正确的，一再建议"工作在上层的苗学专家学者应挤出业外时间与精力来进一步下大力深化苗族历史的研究"（潘定发语）。说白了，就是要把苗族历史研究统一到他的苗族历史框架中来，否则就是"各唱各的调，各敲各的锣，别人到底听谁的"（潘定发语）。

根据潘定发先生的《再建议》，我还是采取之一、二、三的方式，具体回答他的一些问题。

一、深化苗族历史源头研究应在《苗族简史》的基础上进行

我们知道，苗族与汉族是中国两个最古老的民族，中国自有文字记载以来就有关于苗

[①] 潘定发先生以《再建议要下大力深化苗族历史源头的研究》一文对我的商榷作出了回应，这是一种非常好的学术讨论。本文系《也谈深化苗族历史源头的研究（一）——回应潘定发先生》。

民的记载，写好苗族的历史是非常重要的。早在1958年秋，根据中央指示，中国科学院民族研究所、中央民族学院、北京大学、中国人民大学、中央音乐学院和贵州有关单位派人调查编写《苗族简史》和《简志》。先后参加编写《苗族简史》的有王静如、梁英明、田治、龙伯亚、张永国、贺国鉴、龙济国、谢馨藻、杨自翘、杨通儒、李中浩、宓宪澄、侯哲安、李廷贵、王慧琴、周光大、田家乐、翁家烈、潘光华、施培中、黄蕴环等。该书从1958年秋启动编写，至1985年《苗族简史》出版，历经27年，是国家民委民族问题五种丛书之一。《苗族简史》的研究阵容都是当时国内著名的民族学家或人类学家，他们理清了从蚩尤九黎至中华人民共和国成立前的苗族历史的发展脉络，他们绝不是没有读到或没有读懂潘定发先生引用的梁启超、徐旭生和范文澜等的相关著述。

自1985年《苗族简史》出版以来，苗族的历史发展脉络基本得到国内外学界的一致认可，有关苗族历史及族源的书籍、地方史志书和学术文章都照《苗族简史》的陈述，"苗族的族属渊源，和远古时代的九黎、三苗、南蛮有着密切的关系"或"九黎、三苗、南蛮与苗族一脉相承"。

《苗族简史》奠定了苗族历史研究的基础，深化苗族历史源头研究必须要在《苗族简史》的基础上进行。伍新福教授和石朝江研究员的一系列苗学著作，都是对《苗族简史》的阐释和细化。在对苗族史的阐释和细化中，根据新的资料，伍新福和石朝江都认为苗族历史源头在蚩尤九黎的基础上还可以往前追溯，伍新福追溯到六七千年前的太昊、少昊，认为蚩尤九黎源自两昊集团；石朝江追溯到七千年前的伏羲，并认为伏羲与太昊是同一个人或同一个部落。实际上伍新福和石朝江的观点是一致的，都是将苗族的历史源头在蚩尤九黎的基础上再往前追溯两千年左右。为了将伏羲太昊与夏、商、周时代才被称为"东夷"的人区别开来，石朝江采用了著名学者王献唐的"东蒙"概念，将苗族的历史脉络概述为东蒙、九黎、三苗、荆蛮、武陵五溪蛮与苗族一脉相承。在九黎的前面增加了东蒙，将南蛮改成了荆蛮，最后还增加了武陵五溪蛮。在九黎前面增加了东蒙，这就是深化苗族历史源头研究。虽然这是根据中国史籍记载、苗族心史记载、专家研究考证和考古资料得出的结论，但要使中国学界普遍接受这一结论，还需要有一个长期的过程。

潘定发先生也在深化苗族历史研究，但可以说，潘先生还基本是个苗族历史研究的门外汉，他不同意《苗族简史》《中国苗族通史》《苗学通论》所表述的苗族历史脉络是可以理解的，有不同意见完全正常，但关键是他提出了一个不着边际的，大而空的苗族历史框架。

二、深化苗族历史研究必须要维护《苗族简史》的学术权威

《苗族简史》奠定了苗族历史研究的基础。正是因为《苗族简史》的公开出版，才恢复了蚩尤的始祖地位，河北涿鹿才建起了黄帝、炎帝、蚩尤三祖堂，山东阳谷才建起了蚩尤陵，重庆彭水才建起了蚩尤九黎城。

真正从事苗族历史研究的人都懂得，必须要精读《苗族简史》，它是指导苗族史研究的灯塔。"九黎、三苗、南蛮与苗族一脉相承"，此观点已深入人心，已经成为苗学界甚至中国学术界的共识。《苗族简史》的权威性，一是在于此书是一批国内著名的民族学家、人类学家历经20多年精心打磨出来的一部经典著作，它把苗族自蚩尤九黎起至1949年的历史简要地梳理清楚了；二是在于它被公认的程度，自《苗族简史》1985年出版以来，有关苗族历史及族源的书籍、地方史志书和学术文章都照《苗族简史》的陈述，中国学界对蚩尤再也没有说三道四了。《苗族简史》是苗族历史研究的一块里程碑。

潘定发先生之所以提出自己的所谓苗族历史框架，是因为他认为《苗族简史》还没有理清苗族的历史发展脉络，还存在着"各唱各的调，各敲各的锣"（潘定发语）的问题。但据我所知，《苗族简史》自1985年出版以来，除河北一个叫曲辰的人别有用心说"蚩尤不是苗族的先祖"外，还没有人站出来指出《苗族简史》具有不符合苗族历史的问题。潘定发先生唱出了与《苗族简史》不一样的弦外音，这才是唱自己的调，敲自己的锣。

我的身上流着汉苗的血液，但我更倾向于自己是苗族人。作为一名苗族专业研究人员，我呼吁深化苗族历史源头研究必须要在《苗族简史》的基础上进行，深化苗族历史研究必须要维护《苗族简史》的学术权威（特别强调：维护《苗族简史》的学术权威就是维护民族的权威）；呼吁所有苗族同胞，都要把对苗族历史的思想认识统一到《苗族简史》的叙述中来，国内外学界对《苗族简史》都没有提出疑问，不要在本民族内部还出现否定的杂音。

（续）

〇五四 学术回应（二）①

近年来潘定发先生先后撰写的《试谈苗族的历史框架》《苗族历史源头研究回顾》《建议要下大力深化苗族历史的研究》《再建议要下大力深化苗族历史源头的研究》《苗族形成于三苗时代的初步探讨》等文章，单从文章题目来看，篇篇都站在苗族史研究的前沿。除《建议要下大力深化苗族历史的研究》和《苗族形成于三苗时代的初步探讨》至今未找到外，其余的3篇我都认真拜读了。潘先生的文章存在逻辑思维混乱，学术研究不严谨的问题。

潘先生之所以不同意《苗族简史》等表述的苗族历史发展脉络，而要提出自己的苗族历史框架，主要原因之一在于他对前人的研究成果存在着一系列的误读和误解，之二在于他太过自信，自信影响了他的思维，结果就弄成了笑话。在这里，我要分析一下他的误解与误读。我们继续《回应（一）》的内容，从第三个问题谈起。

三、潘定发先生误读了梁启超、徐旭生和范文澜等关于"苗蛮"的表述

潘定发因读了梁启超、徐旭生和范文澜等关于"苗蛮"的表述，所以提出自己的苗族历史框架。他在《试谈苗族的历史框架》中将"苗蛮集团"列在第一位，之后是蚩尤九黎、三苗，在《苗族历史源头研究回顾》中，他在"苗蛮集团"的前面加上了"某支猿人"。经第一轮商榷讨论后，潘定发先生将某支猿人、苗蛮集团删掉了，只保留燧人氏、伏羲氏、蚩尤九黎和三苗。看来潘先生已经认识到将"某支猿人""苗蛮集团"作为苗族的主干源头确实不妥了。至于他是怎样误读梁启超、徐旭生和范文澜的相关著述的，我已经在《商榷（一）》谈过了，不再赘述。潘定发在《再建议要下大力深化苗族历史源头的研究》中说："现今看来，原来是徐旭生先生和我等人对苗蛮集团的历史时代的看法是错误的，或是我误解了徐旭生先生的本意……以后就照《石文（一）》说的认识吧。"潘先生的态度是对的。虽然他还在坚持自己的苗族历史框架，但删去排在第一、二位的"某支猿人""苗蛮集团"，已经是了不起的

---

① 本文系《也谈深化苗族历史源头的研究（二）——回应潘定发先生》。

进步了。我们第一轮商榷讨论的最大收获就在这个问题上。

但由于他思维的不严谨，在他修正后的苗族历史框架中，苗蛮集团即南蛮或苗蛮或荆蛮又没有了，因为他的历史框架的时间下限只到三苗为止，他认为苗族在三苗中后期形成，南蛮或苗蛮或荆蛮在三苗之后，自然排不上位了。他从一个极端走向另一个极端，他先把苗蛮集团列在苗族历史框架的第一位，增加某支古猿人后将之降到第二位，商榷之后干脆取消它，如此似乎苗蛮集团即南蛮或苗蛮或荆蛮又与苗族没有关系了。这种跳跃性的思维，是十分不利于哲学社会科学研究特别是史学研究的。

四、潘定发先生误解《苗族简史》等关于苗族历史脉络中排列最后的"他称"即是苗族的形成时间

潘定发先生之所以提出错误的结论，另一个重要的原因，是他误解了《苗族简史》等关于苗族历史脉络概述中排列最后的"他称"即苗族形成的时间。这个问题潘定发先生至今还未认识到，我在这里不得不多说几句。

《苗族简史》没有回答苗族形成于何时，只说"苗族的族属渊源，和远古时代的九黎、三苗、南蛮有着密切的关系"或"九黎、三苗、南蛮、荆蛮之间有着一脉相承的关系"。我在自己的著作中，也只讲"东蒙、九黎、三苗、荆蛮、武陵蛮、五溪蛮与苗族一脉相承"。我在《商榷（一）》中说了，研究苗族形成于何时没有实际意义，可潘定发先生至今仍认为："为了进一步阐明清楚苗族的历史框架，关键就是苗族形成于何时的问题，因为要确定历史框架的下限……笔者认为，'九黎、三苗、荆蛮与苗族一脉相承'和'九黎、三苗、荆蛮、武陵蛮、五溪蛮与苗族一脉相承'，分别表明苗族形成于荆蛮、五溪蛮时代。"

我们知道，无论九黎、三苗、荆蛮、武陵蛮、五溪蛮等，都不是苗族的自称，而是历代封建王朝和文人给苗民的称谓。苗族没有文字记载自己的历史，要理清苗族的历史发展脉络，就必须要使用"他称"。潘定发先生由于是苗族历史研究的门外汉，误认为"九黎、三苗、荆蛮与苗族一脉相承"，就是指苗族形成于荆蛮时代，"九黎、三苗、荆蛮、武陵蛮、五溪蛮与苗族一脉相承"，就是指苗族形成于五溪蛮时代。这是一个大误会，也是一个大笑话，不知道这是谁告诉他的，或是他自己的理解？凡是有点历史常识的人，都不会得出这样的结论。《苗族简史》没有说苗族形成于荆蛮时代，《苗学通论》也没有说苗族形成于五溪蛮时代。

潘先生的苗族历史框架，上限追溯到几百万年前的某支古猿人，下限只列到三苗，因为他认为苗族在三苗中晚期形成了。商榷后他把某支古猿人和苗蛮集团删掉了，只保留燧人氏、伏羲氏、蚩尤九黎和三苗，至于荆蛮（也就是他之前特别看重的苗蛮集团）、武陵蛮、五溪蛮与苗族是什么关系，他没有谈。在他看来，苗族在三苗之前称苗族先人，在三苗中晚期后称为苗族人民，大量史籍记载南蛮、苗蛮、荆蛮、武陵蛮、五溪蛮，要么与苗族没有关系，要么记载错了，应该记成苗族人民才是。虽然潘先生没有明说，但他是以他的观念来要求古

人了。

潘先生不但以他的观念来要求古人,也还以他的观念来要求当代人。他在《再建议要下大力深化苗族历史源头的研究》中说:"有个别史学家又将苗蛮称为古南蛮或古三苗。因蚩尤被杀后蚩尤九黎后裔建有三苗国,三苗国最后被禹击败之后又有史称的南蛮。前后间极易混淆,故笔者主张前者的古三苗和古南蛮均不宜再用,只宜取苗蛮族团,苗胞应来个约定俗成。意思是说,由大家来审定。"潘先生虽然说"由大家来审定",明白人一看就知,实际上他是要求大家统一到他的说法上来。如同他推荐自己的苗族历史框架一样,要求人们"而应舍去以往的传统记述"。

（续）

○五五 学术回应（三）[1]

《回应（一）》主要谈了要维护《苗族简史》的学术权威，《回应（二）》主要分析了潘先生提出苗族历史框架的原因，在《回应（三）（四）（五）》中我要具体回答潘先生提出的一些问题，并就其他问题与他继续讨论。

要回答潘先生或要与他讨论的问题有很多，但我只能择其主要的分成《回应（三）》《回应（四）》《回应（五）》来讲，现在，我们继续前文，从第五个问题谈起。

五

潘定发先生提出疑义，说我在九黎之前加东蒙，是否也算另起炉灶和标新立异？我可以对《苗族简史》的历史进行深化，而他提出新的苗族"历史框架"就毫无意义，这公平吗？这是我要回答潘定发先生的第一个问题。

经过第一轮商榷讨论，潘定发先生已将自己提出的苗族历史框架进行了一定的修正，把排在第一位的"某支古猿人"删除了。但潘先生的思维是乱的，他一方面删除了"某支古猿人"，一方面又为"某支古猿人"辩解，这样又使问题回到了原点上。

在第一轮商榷讨论中，我指出潘定发先生的苗族历史框架远离《苗族简史》的历史脉络，把苗族的主干源头追溯到几百万年前的"某支古猿人"，把夏商周才形成的"苗蛮、南蛮"排列在伏羲氏、蚩尤九黎、三苗之前，是标新立异、另起炉灶。潘先生并不认同我的上述观点，他在《再建议要下大力深化苗族历史源头的研究》中回应说："石朝江先生后来改用东蒙加在九黎之前……此新举是否也算在搞什么另起炉灶和标新立异呢？是否也算石先生认为《苗族简史》和许多有关苗族历史及族源的书籍、史志书和苗学文章引用了这一概述也是错误的呢？他们都无东蒙呀！"

我是沿着《苗族简史》的思路，根据新的资料和发现，把苗族的族属渊源从5000年前左右的蚩尤九黎追溯到7000年前左右的"东蒙伏羲太昊"，伍新福教授和我的观点是一致的。

---

[1] 本文系《也谈深化苗族历史源头的研究（三）——回应潘定发先生》。

我们都是在《苗族简史》的基础上深化苗族历史源头的研究,都只是从"蚩尤九黎"上溯到"太昊少昊"或"伏羲太昊",时间跨度也都是2000年左右。而潘定发先生不同意《苗族简史》表述的苗族历史脉络,将苗族的历史源头上溯到几百万年前的"某支古猿人"。我指出潘定发先生的苗族历史框架是标新立异和另起炉灶,是希望他猛醒,他的说法是不成立的,是站不住脚的。

石朝江(含伍新福)对《苗族简史》历史源头的深化研究,只是在蚩尤九黎的基础上,向前追溯了2000年,人们接受都还需要有一个过程,而潘先生的苗族历史框架则是上溯几百万年啊!如果潘先生还是坚持"认为苗族的最早主干源头是止于南方某些古猿人"的话,那么,我还是坚持第一轮商榷讨论的判断,潘先生提出的苗族历史框架是标新立异、不着边际的,是"天方夜谭",是"狂人日记"。

猛醒吧潘先生!不要再进行辩解了。我奉劝潘先生要务实不要务虚,放弃自己的苗族历史框架,从天上回到地下,从几百万年前回到7000年来。如果你还对苗族历史源头研究感兴趣的话,便和伍新福先生、石朝江先生等一道((伍新福、石朝江两人是专业科研人员,一是他们是专门吃科研这碗饭的,二是相对来说他们掌握更多的资料,三是科研职业道德规定了他们不能信口开河,跟他们在《苗族简史》基础上将苗族的历史追溯到伏羲没错,这一点石朝江还有自信),研究蚩尤九黎源自7000年前的"太昊少昊"或"伏羲太昊",争取在苗族历史源头研究方面留下自己的一点足迹,做出自己的一份贡献,不要再留念自己那假、大、空的苗族历史框架了,不要让他人再看苗学研究的笑话了。

六

潘定发先生的"《石文(二)》认为,不要去研究苗族具体形成于何时,还是沿袭《苗族简史》追溯苗族的族属渊源为好,实际上也是主张苗族形成于荆蛮时代或五溪蛮时代为好"这是我要回答潘定发先生的第二个问题。

我在前面《回应(二)》中说了,潘先生之所以不同意《苗族简史》等对苗族历史发展脉络的叙述,而要提出自己的苗族历史框架,一个重要的原因就是他陷入了思考苗族形成于何时的"怪圈"中,误解了《苗族简史》等对苗族发展脉络叙述中排列最后的"他称",即是苗族成立的时代。

由于潘先生陷入了思考苗族形成于何时的"怪圈"中,误认为《苗族简史》等对苗族发展脉络叙述中排列最后的"他称"即是苗族成立的时间,他的苗族历史框架上限变来变去,一下苗蛮集团排第一,一下某支古猿排第一,一下两者又被删除了,但是下限却始终没有变,即是"三苗"。他认为苗族在"三苗"中后期形成了,并认为三苗前期之前应该称苗族先民,三苗中后期后应该称苗族人民。并且他认为《苗族简史》的"九黎、三苗、荆蛮与苗族一脉相承"与《苗学通论》的"东蒙、九黎、三苗、荆蛮、五陵五溪蛮与苗族一脉相承"都是错误的,因为这两本书中的苗族历史框架的下限是"荆蛮""五陵五溪蛮",即指苗族形成于"荆蛮""五陵五溪蛮"时期。

我在《商榷(一)》中说了,研究苗族形成于何时没有实际意义,还是沿袭《苗族简史》追溯苗族的族属渊源为好。潘定发先生认为,石朝江"还是沿袭《苗族简史》追溯苗族的族属渊源为好,实际上也是主张苗族形成于荆蛮时代或五溪蛮时代为好"。潘定发先生真是以自己之心,度他人之腹。他坚定不移地说:"确定苗族形成于何时代是非常有意义的。首先在苗族形成于某时代之前只宜称苗族先民,而之后就可直称苗族人民啦!我们苗族内部应有这个意识,不要概念不清。"

如果苗族内部真正地有了他的"这个意识",即三苗之前只宜称"苗族先民",而之后就可直称"苗族人民"。那么,中外学界会疑问,苗族怎么在夏商周时期就称"苗族人民"了,那时候汉族老大哥都还只称"华夏"呢!

潘定发先生如果不走出思考苗族形成于何时的"怪圈",他将在这个"怪圈"中不能自拔。我奉劝潘定发先生,还是不要去钻牛角尖,像《苗族简史》等那样,只追溯苗族的族属渊源,不要再去研究苗族是否形成于"三苗"时期,不要再去无理批评《苗族简史》认为苗族形成于"荆蛮",《苗学通论》认为苗族形成于"五陵五溪蛮"的观点。它们只是在运用中国史籍记载的苗民称谓来梳理苗族的历史脉络,并没有说苗族形成于何时,你的批评缺乏根据!

(续)

〇五六 学术回应（四）[①]

我们继续第二轮《回应（三）》的讨论，从第七个问题谈起。为了方便大家阅读与消化，我每篇只讨论两个问题，文字在3000字左右。

七

潘定发先生将三种苗族历史发展脉络表达式进行比较，他认为他的第三种表达式即所谓的苗族"历史框架"才比较合理。我在前面说了，潘定发先生的思维是乱的。经第一轮商榷讨论后，他一方面修正了自己提出的苗族历史框架，把"某支古猿人"和"苗蛮集团"删掉了，另一方面，他又舍不得他之前完整的苗族历史框架，并且认为他的历史框架更为合理，是正确的。

潘定发先生在《再建议要下大力深化苗族历史源头的研究》中说："笔者在前面说过，上述三种表达式的区别：1. 苗族的最早主干源头分别在九黎、东蒙和某支古猿人时代。（石注：他是指《苗族简史》追溯到九黎，《苗学通论》追溯到东蒙，他追溯到某支古猿人。）2. 苗族形成时代分别于荆蛮或五溪蛮（前2种）和三苗的中晚期……笔者自然认为，第三种才比较合理。"

潘定发先生所讲的三种表达式：一是《苗族简史》的"九黎、三苗、荆蛮与苗族一脉相承"；二是《苗学通论》的"东蒙、九黎、三苗、荆蛮、五陵五溪蛮与苗族一脉相承"；三是潘定发先生自己提出的苗族历史框架，"某支古猿人、苗蛮集团〔燧人氏（黔东南苗族称为火耐氏）、伏羲氏（黔东南多数苗族称为姜央氏）〕、蚩尤九黎、三苗（苗族在此时代中晚期形成）"。潘先生认为，苗族源自某支古猿人，经历了苗蛮时代（燧人氏时代、伏羲氏时代）、蚩尤九黎时代，到了三苗中晚期苗族形成了。他通过比较后得出结论，他的苗族历史框架即"第三种才比较合理。"第一种《苗族简史》的"九黎、三苗、荆蛮与苗族一脉相承"和第二种《苗学通论》的"东蒙、九黎、三苗、荆蛮、五陵五溪蛮与苗族一脉相承"是不合理的，所以潘定发先生

[①] 本文系《也谈深化苗族历史源头的研究（四）——回应潘定发先生》。

建议进一步加强苗族历史的研究。为什么要进一步加强研究，因为《苗族简史》《中国苗族通史》《苗学通论》等的表述错了，不符合苗族真实的历史。他现在抛出了一个新的苗族历史框架，他"期望工作在上层的苗学专家学者应挤出业外时间与精力来进一步下大力深化苗族历史的研究"，说白了，就是要把苗族历史统一到他的比较合理的苗族历史框架中去。

潘定发先生本来雄心勃勃，精心编织了一个苗族历史框架，想以此来引领苗族历史的研究，期盼按照他的历史框架来重新编写苗族的历史。但万万没有想到，却被石朝江先生重重地泼了一盆冷水。经第一轮商榷讨论后，他羞羞答答地对自己提出的苗族历史新框架进行了修改，但又理直气壮地为自己的观点辩护。好在潘先生有一个比较端正的态度：跟着真理走！我之所以抽出时间，不惜牺牲"五一"长假，耐心地与他讨论，就是希望他能实现自己的诺言："跟着真理走！"

八

潘定发先生说："说实在的，我们基层的苗学会会员的所谓进行苗族历史研究，实质就是学习和宣传上层的苗学专家学者的苗学历史研究的成果。"这段话，是潘定发先生在对我商榷的回应《再建议要下大力深化苗族历史源头的研究》中的一段原话。不要看他说得怎样，而要看他做得怎样，我们且看潘先生是怎样学习和宣传所谓的上层苗学专家学者的苗学历史研究成果的。

潘定发先生在《苗族历史源头研究回顾》中说："《苗族简史》中正文第一章第一节'族源和族称'的第一句对族源这样记述，'苗族的族属渊源，和远古时代的九黎、三苗、南蛮有着密切的关系。'……此后很多有关苗族历史及族源的书籍、史志书和苗学文章都照《苗族简史》定下的这个框架进行陈述：'九黎、三苗、荆蛮与苗族一脉相承。'甚至记述为'九黎、三苗、荆蛮、武陵蛮、五溪蛮与苗族一脉相承'等。这里包含或涉及着许多问题，诸如苗族的最早主干源头、苗族形成于何时代、苗族的历史框架示意表达式等。"一眼就可以看出，潘先生是在批评《苗族简史》《苗学通论》等表述的苗族历史发展脉络，指责它们不能回答他提出的几个问题。而他提出的几个问题，实际上都没有意义。

潘定发先生在《试谈苗族的历史框架》中列出了自己的苗族历史框架后说："这个框架显示：苗族最早最久远的源头是居住在长江流域尤其是长江中下游流域的苗蛮族团，苗蛮的末期中的主力即九黎人后来分多批进入中原……如果只写到九黎，包括一些老的苗学专家在内的多数人就容易理解成苗族源头在北方。"这是潘先生在指责《苗族简史》只写到九黎，他最初的"历史框架"把夏商周的"苗蛮族团"作为苗族最早最久远的源头，排在九黎、三苗之前，后来又在"苗蛮族团"前面加上"某支古猿人"，第一轮商榷讨论后，他把排在第一和第二的"某支古猿人"和"苗蛮族团"删除了，但又为之辩解，可见潘先生的思维是混乱的。

潘定发先生在《苗族历史源头研究回顾》中说："实际上，是伍新福教授误读了范文澜的全部记述……只要认真全部看了范文澜的记述，绝不会得出如伍新福对范文澜的误读概述。"伍新福是何许人也，是《中国苗族通史》的作者，是目前国内苗族历史研究之第一人，可以说，在苗族史研究上，至少目前还没有人能超过伍新福教授。潘先生指责伍新福教授误读了范文澜的全部记述，他才真正读懂了，所以他把"苗蛮族团"先列第一，后列第二，商榷之后又彻底删除，似乎"苗蛮族团"与苗族又没有关系了。

潘定发先生在《苗族历史源头研究回顾》中说："目前，许多史学家和伍新福的观点一样，认为伏羲等于太昊，即认为二者是同一个人或同一族群名，为今山东人士……为什么一些史学家（包括部分苗学专家）仍相信伏羲等于太昊这样的错误观点呢？"潘先生是在指责伍新福认为伏羲等于太昊，不点名地批评石朝江先生也持这一观点。

潘定发先生认定苗族发祥于南方，他在《再建议要下大力深化苗族历史源头的研究》中说："石朝江先生有时讲苗族最早先民在黄河、淮河和长江的入海口处，有时又讲在东南部……笔者建议石朝江先生应把东南部的地理经纬度大致标出为最好。"潘先生可能不太熟悉中国地理，黄河、淮河和长江的入海口处也就是我国东南部的广大区域。

潘定发先生在《再建议要下大力深化苗族历史源头的研究》中还说："为何石朝江先生却把苗族的历史上限只定在 7000 年内呢？是怕别人骂'宏伟'而自谦地取'渺小'一点的数字吗？"在潘定发先生看来，所谓的上层苗学专家学者石朝江还不如我这个基层苗学会的会员，石先生把苗族的历史上限只定在 7000 年的伏羲太昊，我潘定发可定在几百万年前的某支古猿人。

潘定发先生在《再建议要下大力深化苗族历史源头的研究》中又说："如果石朝江先生也取燧人氏为三皇之首，那就和笔者一样啦！"潘先生很自信，他坚信自己才是对的，在要求所谓的上层苗学专家学者的意见要与他一致，向他看齐啊！

潘定发先生文中所谓的"学习和宣传上层苗学专家学者的苗学历史研究成果"的经典语句还有很多，这里就不一一列举了。

仅上述引用就可以看出，翁家烈、龙伯亚等执笔的《苗族简史》，伍新福独著的《中国苗族通史》，石朝江独著的《苗学通论》等，都在潘定发先生批评与教育指正之列，他怎么可能去学习和宣传呢？他是希望上层苗学专家学者向他学习，向他看齐啊！当然，他有值得学习的地方是要向他学习的，但他提出的苗族历史框架是万万不能学习的。读一下是可以的，但不能学习和运用，不能按照他提出的苗族历史框架走，否则，整个苗族历史的研究就会全乱了套。

（续）

〇五七 学术回应（五）[①]

潘定发先生作为基层县苗学会的会员，退休后积极参与苗学研究，我们应该给予他鼓励和大力支持才对。但一个专业人员为什么和一个基层苗学会会员在学术上较起了真，这是因为潘先生的苗族历史研究完全地走偏了，且他又相当地自信和固执，他基本否认了100多年来苗族历史研究的成果，强烈呼吁要按照他提出的苗族历史新框架来重新撰写苗族的历史，这就涉及到苗族史研究的方向问题了。所以，我只得陪伴潘先生商榷讨论。也许我并不能说服他，但可以使更多的人，特别是广大苗族同胞，真正地了解苗族的历史，进而把对苗族历史的认识统一到《苗族简史》《中国苗族通史》等的基础上来。我们继续《回应（四）》的讨论，从第九个问题谈起。

九

潘定发先生批评说："现在有许多苗学专家仍持伏羲等于太昊的错误观点……导致了许多关于苗族历史的误读。"潘定发先生由于初涉学术研究，基本还没有"入门"，他还不懂得如何尊重学术上的不同观点，也不懂得"百花齐放，百家争鸣"的真实含义，再加上他思想偏激、绝对，又过于自信，凡符合他意的观点，他认为都是正确的，凡不符合他意的观点，他都认为是错误的。

我在第一轮商榷讨论中说了，伏羲与太昊是否同一，中国自古以来就存在着两种不同的学术观点，中国史籍记载和现当代学人研究考证，伏羲与太昊是同一的是主流观点，也有学者认为二者是不同一的。潘定发先生认为伏羲与太昊不是同一的，这是正常的，但为什么就一口断定伏羲与太昊是同一的观点是错误的，并指责说："现在有许多苗学专家仍持伏羲等于太昊的错误观点……导致了许多关于苗族历史的误读。"潘先生没有点名，实际上就是指伍新福先生和石朝江先生。伍、石两个专业科研人员，都在《苗族简史》的基础上，把苗族可考的历史由5000年的"蚩尤九黎"上溯到7000年的"太昊少昊"或"伏羲太昊"，都

[①] 本文系《也谈深化苗族历史源头的研究（五）——回应潘定发先生》。

认为伏羲与太昊是同一的。潘定发先生认为，伍新福先生和石朝江先生"仍持伏羲等于太昊的错误观点"，从而"导致了许多关于苗族历史的误读"。所以，他提出了自己的苗族历史新框架。

十

潘定发先生说："我只照范先生的讲，要问依据何在，只能由当年写《苗族简史》的同志去问范先生，1985年那时范还在呀！"

看来，潘先生确实不是做研究的，这种话一般不会出自研究人员之口。他说他只照范先生的讲，是指范文澜说"居住在南方的人被统称为蛮族，其中九黎族最早进入中部地区"。潘先生误读范文澜、徐旭生等的关于苗蛮或南蛮的话语，认为"苗蛮集团"是苗族最早的主干源头，他在自己的第一个苗族历史框架中，把"苗蛮集团"排在第一，其中包括"燧人氏""伏羲氏"，之后是"蚩尤九黎"和"三苗"。经第一轮商榷讨论后，他认识到自己的框架确实有问题，他在对我的回应《再建议要下大力深化苗族历史源头的研究》中说："现今看来，原来是徐旭生先生和我等人对"苗蛮集团"的历史时代的看法是错误了的或是我误解了徐旭生先生的本义……以后就照《石文（一）》说的认识吧。"应该说，态度还蛮好的，但他又马上改口为自己的"苗蛮集团"辩解。看来，潘先生还不具备从事哲学社会科学研究的逻辑思维和辩证思维啊！

十一

潘定发先生说："《石文（一）》又说又问，'燧人氏'不可考，燧人氏'又是什么时候什么年代？'燧人氏'与苗族有关系吗？'火耐氏'即是'燧人氏'，这有什么根据？符合历史真实吗？学术界认可吗？"

潘先生的上述这段话，确实是我在第一轮商榷时的提问。他理直气壮地回答了我的提问，只不过回答得非常幼稚、非常天真。他认为，中国史籍记载有"燧人氏"，前人论说过摩擦取火，考古发现有古人用火遗迹，"燧人氏"就是可考的了，并反问道："燧人氏不可考吗？"他天真地认为，中国史籍记载有"燧人"，苗族古歌有"火耐"，"燧人氏"就是"火耐"，"火耐"就是"燧人氏"，并由此出发，在他的第一个苗族"历史框架"中，让"苗蛮集团"居第一，"火耐氏"在其中；在他的第二个苗族"历史框架"中，"某支古猿人"居第一，"苗蛮集团"降到第二，"火耐氏"在其中；在他的第三个苗族"历史框架"中，"某支古猿人"和"苗蛮集团"被删除了，"火耐氏"上升为第一。由此可以看出，潘先生的苗族历史框架，具有游戏性，反映出他思维的跳跃性和不稳定性，是漂移着的变化着的。

潘先生在对我的回应《再建议要下大力深化苗族历史源头的研究》中，为了证明"燧人氏"

的可考性，列举了许多关于"燧人氏"的史籍记载资料，实际上他列举的还只是少量的，还有大量的史籍记载资料他可能还没有掌握。哲学社会科学尤其是历史学，是一门非常严谨的学问，来不得半点虚假，绝对不能信口开河。不是史籍记载了，就是可考的了；也不是前人论说过摩擦取火了，就是可考的了；考古发现有古人用火的遗迹了，就是可考的了。做学问不是这么简单的。伍新福教授和石朝江研究员只是把苗族历史上溯到7000年的"太昊少昊"或"伏羲太昊"，都还小心翼翼地求证，都还要接受中国学界的检验，都还要作好思想准备，要真正做到人们普遍地接受还需要有一个长期的过程。我在《商榷（一）》中说了，潘定发先生"初生牛犊不怕虎"，经验少、胆子大，他敢于冲破学术研究的规律，一鸣惊人，动不动就将苗族的历史源头追溯到几百万年前，几十万年前，真是"大学问家"出现了。潘定发先生还信誓旦旦地说："黔东南苗族讲的火耐公公时代就相当于中国史称的燧人氏时代。笔者认为：在中国历史上，这是最漫长的时代。可以猜测包括早、中、晚期……至于别人甚至学术界认可否那是别人的权利。"

虽然潘先生口口声声说自己只是基层苗学会的会员，"基层的苗学会会员的所谓进行苗族历史研究，实质就是学习和宣传上层的苗学专家学者的苗学历史研究的成果。"但认真拜读了他的三篇文章后，我认为并不是那么回事，我发现潘定发先生是以一个"大历史学家"或"大学问家"的身份自居的，他不是在学习和宣传上层的苗学专家学者的历史研究成果，而是在全面地否定上层的苗学专家学者的历史研究成果。如前所述，翁家烈、龙伯亚等执笔的《苗族简史》，伍新福独著的《中国苗族通史》，石朝江独著的《苗学通论》等，都在潘定发先生的批评教育之列，都在潘定发先生的纠正纠错之列。

由于潘定发先生的思维定式，我并不期盼我们之间在学术观点上会取得一致，并不期盼他完全舍弃自己提出的苗族历史框架，我之所以还比较耐心地与他商榷和讨论，是因为我希望人们特别是苗族同胞不要被他的苗族历史新框架忽悠了。如果潘定发先生还愿意继续商榷讨论，待他回应后我们再开展第三轮的讨论。第二轮商榷与讨论到此止。

附：潘定发先生提出的三个苗族历史框架的表达式
1.《试谈苗族的历史框架》中的表达式：

苗蛮集团〔燧人氏（黔东南苗族称为火耐氏）、伏羲氏（黔东南多数苗族称为姜央氏）〕、蚩尤九黎、三苗（苗族在此时代中晚期形成）、苗族操三大方言分布在中华大地上，还有300万人迁居国外。

2.《苗族历史源头研究回顾》中的表达式：

某支古猿人、苗蛮集团〔燧人氏（黔东南苗族称为火耐氏）……伏羲氏（黔东南多数苗族称为姜央氏）〕、蚩尤九黎、三苗（苗族在此时代中晚期形成）、苗族操三大方言分布在中华大地上，还有300万人迁居国外。

3.《再建议要下大力深化苗族历史源头的研究》中的表达式

燧人氏（黔东南苗族称为火耐氏）、伏羲氏（黔东南多数苗族称为姜央氏）、蚩尤九黎、三苗（苗族在此时代中晚期形成）、苗族操三大方言分布在中华大地上，还有300万人迁居国外。

（完）

○五八 苗学研究（一）[①]

我1978年从贵州大学哲学系毕业分配到贵州省哲学社会科学研究所（贵州社会科学院的前身）工作。本来我是留校对象，因为热爱科研，我要求分配到哲学社会科学研究所，经贵州省委宣传部和哲学社会科学研究所派人到学校考察，我如愿以偿。

我到哲学社会科学研究所报到后的第三天，被借调到贵州省委宣传部。在宣传部工作10个月后我又要求调回社科院。1980年贵州省委组织部组建青年干部处，我又被选调到青干处工作。1982年被提拔为省委组织部办公室副主任，1984年调任苗族自治州惠水县委副书记，1986年任职期满回省委组织部任研究室副主任。因为热爱科研，1987年2月，我又要求从贵州省委组织部调回到社科院工作。

因为我原是组织部的第三梯队干部，调回社科院相当于降级，于是私下便有人议论，石朝江一定是犯了什么错误。一些朋友也问："人往高处走，水往低处流，朝江你怎么啦？"我回答："没怎么，就是人各有志，我没犯什么错误，就是喜欢做点学问。"

回到社科院报到后，我就要求去哲学研究所，但社科院的两位主要领导（李钟伟书记、石争副书记副院长）不同意，他们希望我留在院部当人事处处长，结果折腾了半年多，在得知我当人事处处长上级不批的消息后，我就毅然要求去哲学研究所，去了后当了副所长。

社科院科研人员不坐班，只是星期二和星期五早上到院报到，如果院、所没事，报到后就可以离开回家。科研人员拥有大量时间学习和研究。这种工作方式最适合我不过了，我就喜欢静下来研究和思考问题，于是我在这里如鱼得水。

我开始做出自己的科研规划。科研方向：民族人类学，侧重研究苗族即苗学；奋斗目标：5年评副高，10年拿下研究员。

目标已经确定，号角已经吹响。我已经没有了退却的余地，我必须要在社科研究中走出一条属于自己的道路，否则，无法向组织交代，无法向关心和支持我的亲朋好友交代。

社科研究必须占有资料。我对所长韦启光同志说，我已经耽误8年时间了（指在宣传部、组织部和惠水县委工作），我现在必须从收集资料的工作开始做起。韦所长表示大力支持。

[①] 本文原题目为《我的苗学研究（一）》。

于是，我用近两个月的时间，把贵州省苗族主要的分布县都跑了一遍。各县的苗族资料或书籍，能要到则要，要不到就购买。一般是一个县打一包寄回贵阳，也有两三个县打一个包寄回贵阳的。

我下决心研究苗族，并不是一时心血来潮。早在贵州大学读书时，我就已经萌生出这样的想法了。我之所以比较固执，三进两出社科院，即我大学毕业不愿意留校，而要求分配到刚刚恢复成立的哲学社会科学研究所，之后我被借调到省委宣传部（实际是对我的工作考察），从宣传部回到社科院，最后又从省委组织部要求调回社科院，是因为我立志要研究苗族悠久的历史与文化。

我读贵州大学时，在贵大图书馆无意读到王桐龄的老版《中国民族史》，王桐龄先生在本书开篇即说："现在中国动言五族平等，所谓五族者，即汉、满、蒙、回、藏族。譬如作一家人看，汉族是长兄，满族、蒙族、回族、藏族便是幼弟，是为现在人的观察。若照历史上观察，中国民族除了汉、满、蒙、回、藏五族以外，还有一位长兄，即是苗族。"

王桐龄先生为什么要称苗族为长兄，这引起了我的好奇心。再加上儿时听一些苗族老人说，"先有锅巴后有饭，先有苗族后有汉"（希望大家不要反感这句话，根据中国史籍记载，专家研究以及考古印证，苗族的历史可以追溯到7000年前居住在我国东部的"东蒙"伏羲太昊，汉族的历史只追溯到6000年前居住在我国西部的"西羌"）。我下定决心去寻找王桐龄称苗族为长兄的真正原因。也就是说，还在贵大读书时，我就已经立志研究苗族了。

后来，我又拜读到了夏曾佑的《中国古代史》，夏先生说："古时黎族散处江湖间，先于吾族，不知几何年。其后吾族顺黄河流域而至，如此不知几年。至黄帝之时，生齿日繁，民族竞争之祸，乃不能不起，遂有炎帝、黄帝、蚩尤之战事，而中国文化，藉以开焉。"又拜读到萨维纳的《苗族史》，萨维纳说："他们（苗族）的历史比汉人的史书记载还要古老。"又读到鲁迅先生的《准风月谈·踢》，鲁迅十分感叹地说："苗族大败以后，都往山里跑，这是我们的先帝轩辕氏赶他们的。"

加之，1988年10月，贵州省苗学研究会在我的老家黄平县召开成立大会。我虽然因为爱人生产而未能去参加，但已经坚定不移地认为，苗学研究是一个富矿，里面有采不完的金，拾不完的矿，因而更加坚定了自己的研究方向。

由于我早有思想准备，很快就进入了研究角色。尤其是在贵州省苗学研究会成立后，我陆续在《人民日报》（海外版）、《民族论丛》《西南民族学院学报》《中南民族学院学报》《贵州社会科学》《贵州民族研究》《苗学研究》等刊物上发表了一系列关于苗学体系的理论文章。1989年11月21日在《人民日报》（海外版）发表的《苗学：一门世界性的学科》影响比较大。当时苗学界的许多学人以为石朝江是个老学究，见面后才知道作者还不到40岁，而且还是半路出家，还在基层干过县委副书记，在省委组织部、省委宣传部工作过。

正当我大量产出成果的时候，上级对社科院领导班子进行了调整，六盘水市委宣传部部长张雄龙调至社科院当党委书记，贵州大学副校长张同生调至社科院当院长（张同生是我读贵大时的老师)。此时院机关党委专职副书记杨秀林已经到了退休的年龄,两位主要领导硬要把我从研究所调来当机关党委任专职副书记,我坚决不同意,张同生院长找我谈了4次话,他反复说:"朝江,你是我的学生,你要支持我的工作,我们把院的中层干部排了个队,机关党委专职副书记你来当最适合。我的学生都不支持我的工作,我这个院长怎么当?"虽然张院长已经把话说到这一步,但我还是不同意从所里出来。

张院长没有把我的思想工作做通,张雄龙书记又亲自出马,我们连续两个晚上在甲秀楼岸边谈,我还是不松口。他最后说,你有什么条件要求,就提出来,我们尽可能地满足你的条件。

领导都把话说到这个份上了,我沉思片刻,说:"如果组织上硬要叫我到机关党委当专职副书记,我也可以答应,但是我的科研是不能丢的,我要求一半时间做机关党委的工作,一半时间做科研。"

张雄龙书记说:"可以,你每天早上来院里上班,处理机关党委的工作,下午在家做科研。"

于是,我又从哲学所到机关党委当专职副书记,每天上午到院机关来上班,下午就在家做科研。

由于科研时间、精力被切掉一半,我的科研成果又受到了一些影响,被减速下来。

1994年,哲学研究所所长韦启光同志提拔为贵州省社科联主席,院里研究决定,让我兼任哲学研究所所长。这样,我的科研时间更是被挤压了。我原规划五年内评副高被拖了两年,至1995年,我才被评聘为副研究员。

(续)

〇五九 苗学研究（二）[①]

我从省委组织部回到社科院后，对职务已经不感兴趣了，可对职称却是十分在乎的。1995年被评聘为副研究员后，我的下一个目标就是研究员。

我把省人事厅关于评聘研究员的文件找来读了，其中破格晋升研究员的条件是，两部著作60万字或一部著作60万字。我就冲着这个硬性条件来规划设计自己的研究。

我开始构思苗学研究理论、方法，研究体系及框架，并取名《中国苗学》，并将其设计成一个研究项目申报国家社科基金。

据说我的《中国苗学》课题已经进入全国社科规划办的第二轮投票，但最终还是落选了。若干年后，参与评审投票的一位专家对我说，当年我们是比较看好你的《中国苗学》项目的，但主要是有一些专家怀疑你一个人能否完成该项目，于是你的项目就以一票之差落选了，不过你还是一个人完成了，我上网买了你的《中国苗学》拜读了，确实写得不错。

省社科规划办的同志对我说，国家社科规划办不立项，我们省社科规划办立项，你争取把《中国苗学》写好，这是最具有贵州地方特色的研究项目。

就在我开始动手研究撰写《中国苗学》时，1995年下半年，省委组织部到贵州社科院来考察领导班子。1996年1月，我被宣布提拔为贵州省社会科学院党委副书记兼哲学研究所所长，半年后经选举报批，又兼任院机关党委书记。

真是人算不如天算。我原计划好用两年左右的时间撰写一部60万字的《中国苗学》，职务的变迁，工作任务的加重，完全打乱了我的研究计划，d结果我花了4年的多时间，才完成了60万字的《中国苗学》。

我是冲着破格评研究员的条件，即一本书60万字来写的，书写成后当然要出版，于是我不顾自己的偿还能力，在亲戚朋友中到处借钱，自费3.6万，最终贵州人民出版社1999年出版了《中国苗学》。

2000年，60万字的《中国苗学》使我破格晋升为研究员，我也实现了自己人生的梦想，也基本实现了我制定的10年拿下研究员的奋斗目标。

[①] 本文原题目为《我的苗学研究（二）》。

自费3.6万出版《中国苗学》，印数3000册，出版社预留200册外，其余作者全部拉回家。为了偿还亲戚朋友的债务，我到处托朋友卖书。还好，《中国苗学》很受苗族同胞的欢迎，不到一年时间，就赚回了4万多元，这让我把亲戚朋友的债务全部偿还了。

原台江县人大主任张明达，他让我寄80本《中国苗学》到台江，他背着《中国苗学》串机关，甚至有时还下乡，动员苗胞购买。他说："石朝江是我们的苗族专家，他研究撰写了《中国苗学》，把我们苗族的历史文化都梳理清楚了，我们不能让自己的专家既流汗又流血。他自费3万多出版《中国苗学》，你们买他的书，既帮助朝江同志还债，又使自己了解苗族的历史与文化。"80本书很快销售完毕，他叫我再寄10本去，我回答他，这10本不收钱了，任张主任处理。但张主任还是把10本书的钱寄来了。

还有黔西南州的李昌棋，镇远县的吴大奎，省直机关的潘世华、李廷贵、龙明生、杨光亮、彭礼福等等，他们都为推销我的《中国苗学》出了力，流了汗。我非常感谢他们。

《中国苗学》出版后，反响比较大，全国共有8位专家学者在公开刊物发表了书评，给予了高度评价。该书被专家学者誉为"苗族百科全书"（李廷贵、颜恩泉、雷安平），"苗学研究的一部力作"（王朝文、蒋南华），"苗族史与学的丰碑"（秋阳），"中国第一部全方位研究苗族的专著"（李海），"系统、全面、辩证地专门研究苗族，便可形成苗学"（翁家烈）。

《中国苗学》，2002年获贵州省哲学社会科优秀成果二等奖，2009年被列入百年苗族研究十部经典著作之一，由贵州大学出版社再版。出版社在编者按中说："本书是从宏观学的层面第一本研究中国苗学的专著，基本形成了苗学学科的基本框架。"

可以说，《中国苗学》的公开出版，初步奠定了我在中国苗学界的地位。从此以后，学界的许多同仁朋友，见面不再称我为朝江同志，也不称为石书记，而称为苗学专家了。

（续）

○六○ 苗学研究（三）[①]

60万字的《中国苗学》出版后，我被破格评聘为研究员，我给自己"放了一年的假"，一是为了休息调整，二是为了推销卖书。

一年后，我又开始构思，在《中国苗学》的总框架下，研究撰写苗族的各类专史，一是哲学思想史，二是迁徙史，三是战争史。我在家中准备了三个纸箱，三个专史的资料各装在一个纸箱。工作之余，钻头觅逢地搜集查找资料，三个专史的资料分类丢在纸箱中。资料积累多了，构思框架也就形成了。

2002年，我设计申报的《中国苗族哲学社会思想史》获国家社科规划办立项。我一面承担着单位的行政工作，一面研究撰写《中国苗族哲学社会思想史》。一般是白天处理工作，或查找资料和构思，晚上就在办公室撰写。我家就住在社科院，我基本上是每天吃过晚饭后，散步一个小时，就回到办公室写，到晚间12点钟，爱人准时打电话提醒，时间到，回家。

一年零两个月时间，32万字的《中国苗族哲学社会思想史》，就洋洋洒洒地脱稿了。

《中国苗族哲学社会思想史》还在申请验收过程中，2004年底，我又设计申报了《世界苗族迁徙史》，2005年初，《世界苗族迁徙史》又获得国家社科规划办立项。基本没有休息调整，又马不停蹄地接着战斗了。

由于准备工作充分，又写顺了，34万字的《世界苗族迁徙史》，只8个多月时间就完成了，而且感觉很轻松，都还没有写过瘾。

《中国苗族哲学社会思想史》和《世界苗族迁徙史》，都先后顺利通过了国家社科规划办的验收。

由于《中国苗学》出版后反响大，《中国苗族哲学社会思想史》和《世界苗族迁徙史》两部著作，都由贵州人民出版社申报省出版基金资助出版，作者一点也没有操心。

《中国苗族哲学社会思想史》2005年出版，《世界苗族迁徙史》2006年出版。这是作者一生中最满意的两部著作。中国学界对这两本书给予了高度评价。

中央民族大学佟德富教授在《贵州社会科学》发表了书评文章《中国少数民族哲学思

[①] 本文原题目为《我的苗学研究（三）》。

想史研究的一部力作》,他说:"如果没有足够的学术勇气,如果没有对本民族的历史、文化和思想的真切感悟和深入思考,如果没有深厚的哲学理论功底、广博的知识积累、翔实的资料准备和耐得住寂寞的潜心治学的敬业精神,要完成《中国苗族哲学社会思想史》这样的开山力作是难以想象的……《中国苗族哲学社会思想史》以翔实的史料为基础,通过深刻的分析和严密的逻辑,给世人勾画出了苗族哲学社会思想发展的历史脉络,填补了苗族哲学社会思想研究的空白,大大丰富和推动了中国少数民族哲学及社会思想史的研究和发展。"

中南民族大学邓红蕾教授在《贵州民族研究》发表了书评文章《来自苗寨的宇宙追问》,她说:"在漫长的发展过程中,苗族人民从所生活的自然环境出发,总结与概括出丰富多彩的生存哲学与生存智慧,从而形成了'苗式'哲学思维传统。然而,由于苗族又是一个没有自己文字的民族,这些丰富的文化资源基本上是靠口传面授的方式流传下来的,如果不给予及时的搜集整理即抢救,很可能在不久的将来被人们淡忘而销声匿迹。所以,将这些散见的、大量的口传资料清理出来,给予哲学社会思想史的扒梳、筛选、分类与提炼升华,最终形成30余万字的专著,是一项艰辛沉重却深远伟大的工程,它不仅具有填补空白的价值,而且为今后苗族问题研究提供了系统化、理论化的思想资料与独特视域。正是在此意义上,笔者认为,石著堪称苗族哲学社会思想史的'百科全书',应当受到学界的关注与好评。"

中南农业大学萧洪恩教授在《苗学研究》发表了书评文章《耕外全无事,胸中别有天》的,他说:"朝江研究员潜心研究苗学,于苗族哲学用力尤多,成果卓著。该书是朝江先生多年研讨苗族哲学的结晶。全书取材广博、论辩精审、剖析入微、文字明晰、创见迭出,颇给读者一种'观古今于须臾,抚四海于一瞬'之感。这应该看成是他在苗学研究中笔耕不断而实现的思想升华,此也正是苗族文人追求的'耕外全无事,胸中别有天'的创作境界。"

湖南省社会科学院伍新福教授在《南长城》发表了书评文章《中国苗学研究的新成果》,他说:"《中国苗族哲学社会思想史》是作者研究的科学结晶,集中反映了我国近年来对苗族传统哲学和社会思想研究的一些新成果,并将这一研究推进到了一个新的水平和新的高度,读后受益匪浅。"

湘潭大学雷安平教授在《南长城》发表了书评文章《一部令人耳目一新的力作》,他说:"朝江同志在完成洋洋60万字的《中国苗学》之后,短短的几年又推出一部令人耳目一新的力作……这本书的研究方法对我国许多少数民族编写哲学社会思想史具有重要的现实指导意义。"

贵州文史馆原副馆长史继中教授在《贵州日报》发表了书评文章《自信自觉与开创》,他说:"《中国苗族哲学社会思想史》是一项新的开拓,它在《中国苗学》的总框架下深层次地研究了苗族的哲学社会思想……可能在不久的将来,石朝江又会有新的发现、新的著作,其他同志受到启发又会有新的研究成果。我期盼着每个民族都有一批学者认真研究本民族的文化,共同繁荣中华文化,在经济全球化的时代进一步弘扬中华文化,使中华民族在当今立于世界民族之林。"

贵州省广播电视厅龙炸成编审在《贵阳日报》发表了书评文章《一部填补空白的力作》，他说："这是一部填补空白的力作，也是开拓和建设中国少数民族哲学社会思想史的成功之作……全书杀青共32万字，作者却为之调查搜集有关的苗族古今资料1000多万字，其付出的心血可见一斑。还值得一提的是，这部书文字生动通俗，毫无学究气，十分好读。"

贵阳市作家秋阳在《广西民族研究》发表了书评文章《苗家生存哲学》，他说："捧读石朝江的《中国苗族哲学社会思想史》，不禁感慨万千，浮想联翩。历史上的'野蛮'民族居然有哲学，岂不是神话？然而，深长思之，亦非偶然……曾经身居苗寨，看惯了苗姑盛装，听熟了芦笙铜鼓，吃醉了苗家米酒，昏昏然不知所以。读罢《中国苗族哲学社会思想史》，方知苗族传统智慧蕴含之深厚，回味无穷。"

贵州大学常务副校长封孝伦教授在为《中国苗族哲学社会思想史》所写的序言中指出："这是一部填补空白的著作。朝江同志虽然是苗族，对自己民族的文化和思想有真切的感悟和深入的思考，但对一个历史上没有文字的民族的哲学社会思想，进行全面、系统的研究，这仍然需要有足够的学术勇气，难度太大。作者下足了功夫，大量地搜集资料，从众多的资料中挖掘提炼出其中的哲学社会思想。这对我国哲学社会思想研究是一大贡献……这肯定又是一本可以传之久远的书。将来研究苗学之人，必会查阅此书。人之一生，可以为学，可以为官。朝江兄于仕途而不顾，但把学问做到这个程度，其实可以知足了。"

2007年，《中国苗族哲学社会思想史》获全国第五届吴玉章人文社会科学优秀成果奖。按得票多少排名，在24项获奖成果中，《中国苗族哲学社会思想史》排在第5。

《世界苗族迁徙史》也受到学界的高度评价，不再赘述。2007年，《世界苗族迁徙史》获贵州省哲学社会科学优秀成果一等奖。广大苗族同胞及一部分民族人类学者，最喜欢的是《世界苗族迁徙史》，网上经常脱销。

《中国苗族哲学社会思想史》和《世界苗族迁徙史》的公开出版，标志着我的苗学研究达到了一个新的高度。

（续）

○六一 苗学研究（四）[①]

连续完成《中国苗族哲学社会思想史》和《世界苗族迁徙史》两个国家社科基金项目后，我稍微放松了一下，家人和朋友也都劝我，悠着一点，不要太拼了。

列入研究计划的战争史我没有再申报国家社科基金，而是边工作边写，不再加班加点，其中又穿插有省级的其他项目，所以陆陆续续地写了3年多，写成后取名为《战争与苗族》（30万字）。我将研究成果申报国家社科基金后期资助项目，但因为是战争题材，未获立项，或许相关专家、部门认为，战争二字太敏感了。其实，研究战争是为了避免战争，他们没有理解作者撰写《战争与苗族》的真正意图。

2010年，由贵州省国际文化交流中心和贵州社科院共同资助，《战争与苗族》由光明日报出版社出版，贵州国际文化交流中心还专门召开了《战争与苗学》出版发行座谈会，与会30余位专家学者对本书给予了高度评价。

比如，省民委时任纪检组长杨贞杰同志提供书面发言说："石朝江研究员长期从事民族问题研究，特别是苗学研究，可以说是成果丰厚。继《中国苗学》《中国苗族哲学社会思想史》《世界苗族迁徙史》《苗学通论》等名篇巨著之后，现在又推出《战争与苗族》。我个人认为，石朝江先生的这些研究成果，是他研究生涯的骄傲，是苗学界的骄傲，是哲学社会科学界的骄傲，是贵州乃至全国民族工作的骄傲，更是我们苗族同胞的骄傲！我衷心祝贺石朝江先生，感谢他对苗学研究工作所作的贡献。"

贵州文史馆原副馆长史继中教授在《贵州日报》发表了书评文章《苗学又有新的拓展——读石朝江〈战争与苗族〉》，他说："石朝江同志站在历史的高度看战争，揭露了历史统治者的民族压迫政策，清楚地告诉我们，只有在社会主义的中国，才能真正实行民族平等、民族团结、民族进步的政策，彻底告别民族战争。中华人民共和国成立后，建立了新型的社会主义民族关系，各民族一律平等，帮助少数民族发展社会经济文化，实行民族区域自治，在苗族地区建立了六个联合自治州、五个单一苗族自治县和十六年联合自治县，苗族人民当家作主，成长大批领导干部、专家学者和作家、诗人、艺术家，在党的正确领导下，苗族人民安

[①] 本文原题目为《我的苗学研究（四）》。

居乐业,逐步走上共同富裕奔小康的道路,从此结束了战争、迁徙的悲惨历史。"

本来,苗族科技发展史也被列入了我的研究计划的,但终因资料不足而放弃,今生今世是完不成了,希望将来有有识之士可以完成。

在《中国苗学》的总框架下,连续完成了3个专史。下一步的研究又该如何深入?我陷入沉思。这时候,贵州省国际文化交流中心同意资助我出版30万字以内的苗学研究论文集,我把论文收集起来,却发现其字数已多达70万字,大大超出了资助的范围。压缩为30万字我又舍不得,一不做二不休,又继续赶写一部分论文,干脆扩大到100万字,给论文集取名为《苗学通论》。

采用通论形式深化对苗族的研究,确实是一种十分有效的形式。通论是个框,苗学文章都可以往里面装。于是乎,我又萌生了研究出版3部苗学通论的想法,一部100万字,3部300万字,分别取名《苗学通论》《苗学通论续论》《苗学通论再论》。

2008年,我的第一部《苗学通论》(100万字),由贵州苗学会出资资助,贵州民族出版社出版。该书作为2008年贵州省苗学会换届的会议资料,与会的一些同志说,参加本次苗学会换届的最大收获,就是获得了100万字的《苗学通论》。

《苗学通论》共由六大部分组成:苗族综合研究、苗族历史研究、苗族哲学研究、苗族政治研究、苗族经济研究、苗族文化研究,共计95篇研究论文,每篇文章都用4个关键字作标题。比如,苗族综合研究由"研究对象""体系刍议""方法原则""中外研究""世界学科""国外苗学""人口分布""三大方言""实录综述"九篇组成。

100万字的《苗学通论》,文体突破固定模式,文字生动通俗,信息含量大,具有较强的阅读价值和收藏价值。

贵州省国际文化交流中心于2008年12月11日在贵阳林城饭店召开了《苗学通论》出版发行座谈会,应邀出席座谈会的有:贵州省人大常委会副主任顾久,原贵州省省长王朝文,原贵州省政协主席龙志毅,原贵州省人大常委会副主任杨序顺,以及专家学者共40余人。

省人大常委会副主任顾久第一个发言,他是贵州的文化名人,发言非常精彩,他说:"朝江先生的《苗学通论》是一本很有功力的书,这是一部很成功的书,读它是一种享受。"

第二个发言的是原省政协主席龙志毅同志,他说:"我今天是专门冲着这部书的作者来的。朝江同志原来是我们省委组织部的干部,他亮丽转身,由一名党政干部转变为专家学者,他是机关干部中转型最成功的一个,我特别要赶来向朝江同志表示祝贺!"

原贵州省省长、省苗学会会长王朝文说:"捧着这本沉甸甸的书,我感慨万千。《苗学通论》是迄今为止以单一民族为研究对象的第一部通论,将来还会有更多以一个民族为对象的通论出现。我诚心祝贺朝江同志的成功!"

本来,原贵州省政协副主席、贵州省布依学会会长王思明也要来参加出版发行座谈会的,但因家中临时有事,他委派布依学会常务副会长郭俊来参加。

郭俊说:"我受贵州省布依学会王思明会长指派,参加石朝江先生《苗学通论》出版发行座谈会，心中感到十分荣幸并感谢。石朝江先生可以说是我国少数民族现代著名的哲学史家。他所撰写的《中国苗学》《中国苗族哲学社会思想史》《世界苗族迁徙史》《苗族文化研究》《苗学通论》等论著相继问世，奠定了他在苗族哲学史学界的重要地位。朝江同志在20世纪80年代中期，曾任我的故乡——苗族自治州惠水县委副书记。那时他刚三十出头，意气风发，像是从苗乡土地上走出来的站在涟江神奇沃土上的一棵红高粱，深受故乡父老乡亲的爱戴。"文章自有命，不仗史笔垂。"后来，他立志做学问把命运掌握在自己的手中……好书最能养目，也最能养心。读朝江先生的《苗学通论》也是一种荣幸！愿读者朋友们的慧眼和慧心有福。"

《贵州日报》对《苗学通论》出版发行座谈会进行了报道，称来自省民委、省社科院、贵州民院、省文史馆、省委讲师团、省文联、省民研所等部门的专家学者对《苗学通论》给予了高度评价。认为该书文献翔实、分析深入、条理明晰、方法科学，是苗学研究的又一部力作，构建了苗学研究的基础框架，对苗学学科建设和我省社会科学学科建设都具有重要意义。

2010年，《苗学通论》获贵州省哲学社会科学优秀成果二等奖。据说，本来是作为一等奖选项的，但领导小组的同志说，朝江同志上届的《世界苗族迁徙史》已获一等奖了，一等奖不宜集中，可将一等奖评给其他同志。我认为，这是对的。

（续）

○六二 苗学研究（五）[①]

2010年，我凭据吴玉章人文社会科学优秀成果奖1项，贵州省哲学社会科学优秀成果一等奖1项，二等奖2项，被评聘为二级研究员，这是社科系列的最高职称了，一级就是院士了（国家对社会科学不评院士，中国社会科学院自评学部委员，享受院士待遇）。对此，我已经很知足了。

职称到顶，研究还没有到顶，我的研究计划还没有完成，而且还有新的研究任务压下来。

我的主攻方向是苗学，但在社科院既当专家，又当领导，必然要承担一些省级其他方向的研究项目。上级交办的任务要完成，但主攻方向始终不能变。

我在前面说过，有一些项目是穿插着进行的。我穿插着进行的项目主要有：

一是《贵州就业与再就业研究》。这是2001年下达的一个省长资金课题，当时一共下达5个课题，一个院牵头完成一个。我带着所里的同志，花费一年多时间就完成了该研究任务。该书25万字，由我主编，2003年由贵州人民出版社出版。

二是《贵州建设避暑大省研究》。这是我申报的2006年省长资金课题，我领着两名青年科研人员完成了该项目的研究报告（4万字），2007年8月31日，"中国避暑之都·贵阳"科学论证会在北京中国气象局召开，我应邀专门介绍贵阳的气候及环境，由中国气象局、中国气象学会专家组成的论证组经过认真评议和论证，贵阳市荣获"中国避暑之都"称号。

三是《中国史前史研究》。这是我申报的贵州省高层次人才特助经费项目。由于苗族是中国最古老的民族之一，研究苗族必然涉及中国上古史。院里要求带头申报课题。我设计报了，但并不期望立项，不过最终还是立项了。立项了就要积极完成，我断断续续地花近三年半的时间，完成了该项目研究。2012年，项目成果由省委宣传部资助，民族出版社出版，书名为《中国史前史读本》。北京的一些书店及网络，将《中国史前史读本》列为畅销书推荐。

四是《贵州民族地区正确处理人民内部矛盾研究》。这是一个省长资金课题，我只带领一个青年科研人员，历时半年多就完成了。该研究得到了省领导的肯定。

五是《中华民族文化大系》（苗族卷）。这是由上海世纪出版集团策划，国家民委作为

[①] 本文原题目为《我的苗学研究（五）》。

总顾问单位的国家重点对外交流图书，我担任"苗族卷"主编是国家民委推荐的。因为太忙我曾另荐一位同志出任"苗族卷"主编，但该同志半路退却了，我只能硬着头皮承担下来。我组织十多个科研人员，断断续续花了3年半时间，终于完成了"苗族卷"的编写。《中华民族文化大系》（苗族卷）正在上报相关部门审查，有望明年出版。

还有其他研究项目，不再一一赘述。

上述研究任务要完成，但我的主要精力，还是放在苗学研究上，大量研究撰写苗学论文，这才是我第一位的任务，因为我还有两部通论要出版。

2004年，省人事厅公布贵州省社会科学院编制方案，该方案不设专职党委副书记。我已经多年来以社科院党委副书记的身份分管科研了，于是我向组织上提出，将我由党委副书记改为副院长。单位主要领导劝我要慎重，因为党内职务比行政职务重要。我才不这样认为，便写了书面报告。记得省委讨论之前，当时省委副书记孙淦找我谈话说："由副书记改为副院长，给外的印象是降职使用了。"我回答："孙书记，我不在乎，我就是一个做科研和管科研的人，由副书记改为副院长更好。"后来省委研究同意，我由社科院党委副书记改为副院长。

我是历来是拒绝采访的，2010年，《贵阳日报》青年记者郑文丰，通过朋友介绍硬要采访我。开始我和以往一样，一口拒绝，但后来我还是接受采访了。一是因为我经不住郑记者的一再请求，二是因为我被郑记者的职业精神感动了，破例接受了他的采访。郑记者是一个思维敏捷的人，特别善于抓重点，善于洞察一个人的思想走向。采访完之后，没几天，2010年5月20日的《贵阳日报》就刊登了以"为苗族文化寻找出口——访我省著名苗学专家石朝江"为题的采访文章，该文章几乎占了一张报纸的版面。

郑文丰记者以三个小标题概述了我的基本情况，一是"累于仕而解于学"；二是"比较视野下的苗学突围"；三是"耕外全无事，胸中无有天"。郑记者写的太符合我的实际了。

2015年，贵州省人才办和贵州省民委共同资助，我的第二部通论《苗学通论续论》（100万字），由中国文史出版社出版。贵州苗学会在贵州民族学院召开了《苗学通论续论》出版发行会，与会专家学者对该书又予以高度评价。

（续）

○六三 苗学研究（六）[①]

我的苗学研究目标是在研究过程中逐步形成和明朗起来的，这就是：一个体系（《中国苗学》），三个专史（《哲学史》《迁徙史》《战争史》），三个通论（《苗学通论》《通论续论》《通论再论》），这是既定的基础目标。我给自己规定，要在70岁时必须完成"一三三"的研究任务。

我今年70岁了，最后的一部《苗学通论再论》（100万字）还未出版。未能如期完成自己的研究计划，原因主要有：

一是帮助老领导执笔撰写《1949年贵州省建立各级人民政权纪实》。就在我专心致志研究撰写《苗学通论续论》的时候，2009年元旦，我的老领导王瑞迎老院长打电话给我，要我去他家一趟。到他家后，他对我说："我现身体远不如前了，看书眼花，写字手抖，我想拜托你做一件事，把1949年贵州建立各级人民政府的情况记录下来，我把收集的资料全部交给你。"王瑞迎同志是我很尊重的老领导，我无法推辞，只好答应了下来。我花一个月的时间，把他提供的资料认真阅读了，又花3个多月时间，写成了《1949年贵州省建立各级人民政府纪实》一书（12万字）。该书署王瑞迎著，于2014年由中国书籍出版社出版。本来，王老院长要我单独署名或者和他一道署名，但我都没有同意，因为思路和资料都是王老院长的，他又是那段历史的经历者，我是决不能署名的。

二是调研撰写《晚清名臣石赞清传》。石赞清出生于黄平旧州寨勇村，是我的第5代叔公。上大学时我就开始搜集石赞清的资料了，但因为忙于苗学研究而搁置下来。2012年，黄平时任县委书记要求我把石赞清的事迹写下来，说县里要准备建石赞清纪念馆，并提供了2万元的调研经费。我带着爱人花了3个多月时间，沿着石赞清当年的足迹跑了一遍，获得了大量的历史资料。此时，我的女儿石莉在南开大学攻读博士，她到天津、北京收集了大量的石赞清资料，包括石赞清的奏章，清廷对石赞清的嘉奖，石赞清的感恩信件等等。由于资料充分，我只静下来撰写了8个多月，50万字的《晚清名臣石赞清传》就脱稿了。该书由黄平县出资，中国文史出版社2013年出版。

写石赞清我太赶时间了，完全是在拼命，生病了还不舍得花时间去住院，只是步行到

[①] 本文原题目为《我的苗学研究（六）》。

医院输了9天液。书写成了，出版了，黄平县委班子变动了，建石赞清纪念馆也就变成了泡影。但学界充分肯定《晚清名臣石赞清传》，对此书给予高度评价，这多少给我带来一些安慰！

黄万机研究员在《贵州社会科学》发表了书评文章《义色英声动天地——读〈晚清名臣石赞清传〉》，他说："有清一代，出现了许多名臣。在他们之中，有的爱国忠君、体恤民众；有的清明仁恕、廉洁威严；有的竭尽守职、勤于政务。黔籍大臣石赞清则兼而有之，为我国晚清名臣之一……贵州省社会科学院石朝江研究员，从事苗学研究多年，著述宏富。他的高祖就是石赞清的三叔石荣山，他从小就听长辈讲述襄臣公的故事，很敬仰这位族中的英雄人物。20世纪90年代，曾赴北京，天津等地征集资料，撰写调查报告《石赞清其人其事》。近年，得不少友人的支持和鼓励，决心撰写《石赞清传》。今年春夏之交，偕夫人前往京、津和冀、湘各地，从故宫博物院征集档案资料数十件，又得社科界多位专家的热情帮助和激励，获益颇丰。返筑后，熬更守夜写作，几至废寝忘食，终于完成洋洋五十万言的大作，了却一桩心愿，也为黔中和全国塑造了一位民族英雄的伟岸形象。在此，为石朝江君及令媛石莉贺！也为黔中文史界有如此新作贺！"

贵州大学卢学琴以85岁高龄，在《贵州政协报》发表了书评文章《使君一去不可留，十万人家泪如雨——读〈晚清名臣石赞清传〉》，她说："这段时间天气很冷，外面凝冻、飞雪，我坐在铁炉子边硬是把《晚清名臣石赞清传》读了两遍，我深深地被石赞清的精神打动了……石赞清在与天津人民抗击侵略者的斗争中结下了深厚的情谊，津民们尊称他为'石父母''石府尊'。在他调离天津时，十万津民含泪送别十余里，盼他再回来。当时津人郝缙荣作诗云：'冰冻河桥霜气苦，萧萧别马嘶前口。使君一去不可留，十万人家泪如雨。'《天津府志》记载：'去任，绅民泣送数十里。'可见离别时的那种场景，多么感动人！"

萧洪恩教授在《贵州大学学报》发表了书评文章《"民怀其惠，夷慑其威"——读〈晚清名臣石赞清传〉》，他说："《晚清名臣石赞清传》不只是为我们提供了一位由贵州走出来的历史名臣，说明远在荒陬蛮荒之地的人们亦可下学上达，有所作为；而且也为我们展现了一个特殊时代正直中国人的多样人生、华丽风彩，特别是在当下时代……我们如何从历史教训中加以总结，《晚清名臣石赞清传》也为我们提供了一种好的教材。"

陈训明研究员也撰写了书评文章《凛然正气斥英酋——读石朝江、石莉〈晚清名臣石赞清传〉》，他说："石赞清可谓科举制度下外省贫寒子弟苦读成名的代表；修身齐家、奉公守法、遵从王命、体恤子民的模范官吏的代表；以苦读求取功名、饮誉天下，然后又利用一切机会报效乡梓的代表……八国联军攻占北京和天津前后，满朝文武一片颓丧之际，时任天津知府的石赞清在城破之前身先士卒，积极备战；城破后，断然拒绝侵略者要他让出官舍的无理要求。恼羞成怒的英军将他绑架之后，面对狂傲嚣张的敌酋，他不仅没有一丝畏惧、半分退缩，而且义正词严地谴责了帝国主义的侵略行径，绝食三日以示抗议，大大激发了广大天津市民反抗侵略者的热情，充分显示了中华民族抗敌御侮的巍然正气与中国士大夫威武不能屈的光荣传统……本书作者从石赞清出生之地和求学之地开始，沿着他的足迹，把他进京应试，先后在直隶省任阜城、献县、正定、卢龙等县知县，芦台抚民通判，以及永定河北岸同知；在北京任顺天府治中，代理通永道和霸昌道；到天津任知府；回北京任顺天府尹、直隶布政使，然后赴长沙任湖南布政使及护理湖南巡抚，最后又回北京，升任都察院左副都御史、工部右侍郎等职，直到去世归葬贵阳等所居留过的每座城市乃至每个官邸旧址以及相关地域，逐一考察，收获良多……更值得赞赏的是，他们写完此书之后，不是把这些资料居为奇货，秘而不宣，而是悉数公布，大部分影印全文，让日后有意者放心使用。可以断言，从今以后，凡是对石赞清事迹感兴趣者，凡是有意研究此人或撰写有关文章者，都不会不寻觅这本著作，并从中受益。"（石赞清书评引文多了，请读者理解笔者的心情。）

三是应重庆彭水九黎集团之邀，研究撰写苗族七千历史文化展陈脚本。2015年初，我应邀到重庆彭水作学术报告，主讲蚩尤九黎部落的历史贡献。按照县委书记的说法，是帮助他们统一全县干部的思想，因为一些干部对建蚩尤九黎城有不同的看法。之后，九黎集团公司要我研究撰写苗族七千年历史文化展陈脚本。该脚本写成后，他们希望出成一本书，我又适当增加了一些内容，县领导建议取名为《从蚩尤九黎城说苗族》。该书形成较早，审查较严，已于2019年6月由中国出版集团华文出版社出版。

四是又立项了一个国家社科基金项目《中国史籍载苗族早期历史资料整理与研究》。2010年，省规划办要我设计一个项目申报国家社科基金，我按照省规划办的要求设计申报了，但由于我的研究任务重，立不立项我不在意，不过还是于2011年立项了。事实上，我是把手中的所有任务基本完成后，才启动《中国史籍载苗族早期历史资料整理与研究》的，因为这是一个基础研究课题，可以适当延期。2018年，《中国史籍载苗族早期历史资料整理与研究》通过国家社科规划办的评审验收。该书已获得省民宗局资助，目前正在出版社的编辑手中，有望在2020年出版。

这些研究任务，使我要在70岁时完成自己的基础研究的目标未能完全实现。不过，《苗学通论再论》已有80多篇文章了，如果有单位资助的话，也有望在2020年或2021年出版发行。

（续）

〇六四 苗学研究（七）[1]

我在前面说过，2015年，我应重庆彭水九黎集团之邀，研究撰写苗族七千年历史文化展陈脚本。该脚本文字不能长，又要把苗族七千年的历史文化基本说清楚，应该说，这是相当有难度的。鉴于彭水九黎集团的诚邀，鉴于彭水九黎城的宏伟建筑，我把它当成一项政治任务，知难而上，在已有材料的基础上，我又查阅了大量的史籍资料和书籍，花了一年多时间，撰就了苗族七千年历史文化展陈脚本。九黎集团要求将该脚本印成一本书，我又适当地扩展了一些内容。

本来，这本书我取名为《苗族七千年读本》，但是出版社不同意，彭水县的领导建议取名为《从蚩尤九黎城说苗族》，我同意，出版社也同意。该书2019年6月由华文出版社出版。昨天我还和出版社联系，现正在印书，由于印刷数量大（50000册），要6月底才能拿到书。

我一生的苗学研究成果，在一定程度上说，都浓缩在了《从蚩尤九黎城说苗族》这本书中。我是根据蚩尤九黎城的宏伟建筑来撰就该历史文化脚本的，现蚩尤九黎城正在精心策划，思考怎样向公众展示苗族七千年的历史文化。届时，人们要了解苗族，了解苗族的历史与文化，就一定要去重庆彭水蚩尤九黎城。

现将《从蚩尤九黎城说苗族》一书的目录录入如下：

前言
第一单元 "东蒙"与伏羲太昊：苗族的启蒙时期
　　一、我国古代东方有一个"君子国"
　　二、"东方君子国"的首领号伏羲
　　三、伏羲太昊开中华文明之先河
　　四、伏羲太昊建都宛丘、以龙纪官
　　五、伏羲与女娲源于苗族的《洪水故事与兄妹结婚》
　　六、《洪水故事与兄妹结婚》在苗族社区广泛传承

---

[1] 本文原题目为《我的苗学研究（七）》。

七、苗族源自上古"东蒙"人的考古学证明

八、苗族起源上古"东蒙"人的民俗印证

九、苗族悠久的历史得到学界认同和肯定

十、苗族先民最早进入稻作生产时代

十一、苗族是中国的一个母体民族

十二、中华第一陵

十三、历代人物为伏羲鼻祖题字

十四、伏羲时代是中国可考的历史

第二单元 "九黎"与蚩尤战神：苗族的英雄时代

一、蚩尤是伏羲太昊、少昊氏的族裔

二、九黎族最早进入中原地区

三、蚩尤的三大发明

四、学界对蚩尤三大发明的考证

五、九黎部族与炎帝部族和睦相处

六、蚩尤逐炎帝出九隅

七、阪泉之战促成黄炎联盟

八、黄炎与蚩尤涿鹿大战

九、蚩尤失败的原因分析

十、蚩尤虽败犹荣

十一、蚩尤桎梏化为枫木

十二、涿鹿大战的苗族板本

十三、蚩尤余部历史性南迁

十四、苗族尊蚩尤为英雄的祖先

十五、蚩尤被妖魔化

十六、河北涿鹿三祖堂

十七、山东阳谷蚩尤陵

第三单元 "三苗"与驩兜流放：苗族的衰退时代

一、九黎余部退至长江流域建立三苗国

二、尧与三苗首战于丹江之浦

三、尧窜三苗于三危

四、尧放驩兜于崇山

五、舜干戈不用三苗服

六、舜视三苗为四凶，分北三苗

七、舜征三苗，道死苍梧

八、三苗与禹合作治水

九、大禹治水疏通九河

十、治水成功，大禹向三苗发起灭绝性战争

十一、学界对华夏与三苗战争的考证

十二、残酷战争后，文献不再有三苗的记载

十三、屈家岭文化当是三苗文化的遗存

十四、苗族先民参与缔造中华民族多元一体的雏形

第四单元 夏、商、周时期：苗族处"南蛮"

一、华夷五方格局

二、苗族处"南蛮"

三、"荆蛮"兴起

四、"商师征荆蛮"

五、周昭王亲伐"荆蛮"

六、周穆王亲讨"荆蛮"

七、周宣王派方叔率师伐"荆蛮"

八、东周"失控"

九、"荆蛮"分流

十、中原文化与荆蛮文化的交流与融合

第五单元 春秋战国时期：苗族是楚国的主体居民

一、楚国的建立与范围

二、楚国以南蛮中的荆蛮为主体

三、楚"大启群蛮"

四、楚争霸中原

五、楚将庄蹻入滇

六、楚国灭亡

七、苗民四处逃散

八、楚国苗巫文化

九、楚国诗人屈原

十、秦楚是对中国统一贡献最大的两个国家

第六单元 秦汉魏晋南北朝时期：苗族主体处武陵、五溪

一、苗民向武陵山区流徙

二、秦朝始建黔中郡

三、反对王莽篡政

四、"武陵蛮"盛

五、刘尚遭"军没"之灾

　　六、马援困死"壶头山"

　　七、三国时代居东吴

　　八、"流徙五溪"

　　九、"荆雍蛮"

　　十、蛮王"内附"

第七单元　唐宋元明清时期：苗族主体移居大西南

　　一、大量苗族流向贵州

　　二、"以其故俗治"

　　三、"生苗"与"熟苗"

　　四、雷公山"生苗区"

　　五、腊尔山"生苗区"

　　六、雍乾起义

　　七、乾嘉起义

　　八、咸同起义

　　九、三大方言区

　　十、贵州大本营

第八单元　中华民国时期：苗族反抗国民党统治

　　一、辛亥革命武昌起义副总指挥——王宪章

　　二、民国初期的"五族共和"

　　三、海南"五·一三"大屠杀

　　四、同一时期，国共两党对民族问题的认识和态度截然不同

　　五、民国时期苗族人民反抗斗争不断

　　六、平江起义领导人之一——滕代远

　　七、红军长征过苗族地区

　　八、苗族老红军代表——陈靖

　　九、苗族地区革命根据地

　　十、苗学三杰

第九单元　中华人民共和国时期：苗族结束了苦难的历史

　　一、中国共产党奉行中华各民族一律平等、共同发展繁荣的政策

　　二、苗族聚居区实行民族区域自治

　　三、一大批苗族人才迅速成长起来

　　四、党和政府帮扶苗族人民摆脱贫困

　　五、苗族地区教育

六、苗乡交通

七、苗乡医疗

八、苗族文豪—沈从文

九、苗族省长—王朝文

十、苗学研究成果斐然

第十单元 迁徙至海外：苗族由中国的一个民族演变为世界性的民族

一、迁入越南

二、迁入老挝

三、迁入泰国

四、迁入缅甸

五、移民美国

六、移民法国

七、移民圭亚那

八、移民德国

九、移民澳大利亚

十、移民加拿大

十一、移民阿根廷

结束语

《从蚩尤九黎城说苗族》这本书，基本反映出苗族7000年的历史发展脉络，建议广大苗族同胞、民族人类学者不妨把这本找来读一读。

（续）

〇六五 苗学研究（八）[①]

2008年，我任贵州省社会科学院巡视员；2011年，我不再担任贵州省社会科学院巡视员；2015年，我满65岁后退休。巡视员只享受正厅级待遇，不再参与领导工作，时间完全由自己掌握，任巡视员期间和退休后我研究成果出得最多最快。

我没能按自己的计划出版《苗学通论再论》，即"一三三"计划的最后一本书，除了与我在上一篇中说的那些原因外，还与我主编两本书有关。

一是主编《贵州省社会科学院院史》。2010年，是贵州省社会科学院建院50周年（1960年建立贵州省哲学社会科学研究所，1963年解散，1978年恢复，1979年升格为贵州省社会科学院，全国地方社科院都是以建立哲学社会科学研究所为建院时间），院党委、行政决定编写《贵州省社会科学院院史》，并提前两年多把这项任务交给了历史研究所。但一年过去了，历史研究所连个编写提纲都拿不出来，院党委书记金安江同志急了，他找我谈话，要我亲自出马，亲自操刀。我3天拿出编写大纲，并召集历史所全体科研人员，按照编写大纲在院内外大量搜集资料，并安排每一个人承担一个小节的撰写任务。此时去除出书所需的3个月时间，实际编写时间只有8个多月了。虽然安排历史所的同志每人承担了一个小节的撰写任务，实际上他们交稿上来后，我都要在他们草稿的基础上大量地改写。在编写《贵州省社会科学院院史》的8个月时间里，我开始规定自己每天必须要完成3000字，后降为2000字，大量的表格制作交给历史所的年轻人。硬是保质保量地按时完成了《贵州省社会科学院院史》的编写任务，在庆祝贵州省社会科学院建院50周年的大会上，将书发给了与会的领导和专家。外省兄弟社科院领导应邀来的不少，都赞扬《贵州省社会科学院院史》编得好。该书电脑显示64万字，印成书后版面文字80万字，印精装本。我现在回忆起来，都感觉到那个时候精力好，要是在今天，是没有办法完成的。

二是主编《追梦韶光——黄平旧州中学"老三届"离校50周年师生聚会资料汇编》。在20世纪五六十年代，黄平旧州中学虽然只是初中部的区级中学，但却是贵州的一所名牌学校。从这所区级中学走出来的人才还不少。2017年，在贵阳和凯里的一些"老三届"同学提议，

[①] 本文原题目为《我的苗学研究（八）》。

决定举办2018年黄平旧州中学"老三届"离校50周年师生聚会。为了把聚会搞得隆重些，有纪念意义，组委会决定，要排好一场戏，编好一本书，制好一盘碟子。我自告奋勇，宣布愿意承担"编好一本书"的任务。我在同学群中发征文启事，同时征集历史老照片。"老三届"的同学还真能写，居然在一年时间内，收到"老三届"同学的文章30余篇，诗词80余首，历史老照片120余张。我忙碌了半年多，把同学们的诗词和文章编纂起来，待聚会完，把聚会的集体照、班级照、同学照、个人照、节目剧照等收齐后，内部出版了精装画册式的《追梦韶光——黄平旧州中学"老三届"离校50周年师生聚会资料汇编》一书。黄平旧州中学"老三届"师生对这本书可满意了。

如前所述，我是把手中的研究任务基本完成后，才启动国家社科基金项目《中国史籍载苗族早期历史资料整理与研究》的。不是我不重视该项目的研究，而是我认为该项目太重要了，只有把手中的其他任务都完成了，才能静下心来专攻这个突破性的研究项目。

该项目研究之所以重要，是因为它把苗族的历史由5000年上溯到了7000年。我之所以能顺利为蚩尤九黎城撰写了苗族七千年历史文化展陈脚本，当然是因为借助了为该项目研究而准备的前期资料。

我们知道，中华文明5000年，是以司马迁《史记》黄帝打败蚩尤为起始的。其实，司马迁在《史记·太史公自序》曾明言："余闻之先人曰，伏羲至纯厚，作《易》八卦……于是卒述陶唐以来，至于麟止，自黄帝始。"司马迁明确告诉后人，他只写"陶唐以来，至于麟止，自黄帝始"的历史，但他曾经听人说，在黄帝之前还有伏羲作《易》八卦一事。

随着研究的不断深入，随着考古工作的不断发现，国内一些专家认为，中华文明不是5000年，而是7000年。作为中华民族中两个最为古老的民族，不仅汉族的历史渊源可以向前追溯，苗族的历史渊源也可以向前追溯。《中国史籍载苗族早期历史资料整理与研究》，就是研究苗族的早期历史，追溯苗族最早的历史渊源。

苗族史研究最权威的《苗族简史》和《中国苗族通史》基本理清了苗族的历史发展脉络，但由于受传统中华文明5000年历史观的影响，都只把苗族的历史渊源追溯到与炎帝、黄帝同时期的蚩尤九黎，而实际上，蚩尤九黎还不是最早的。《中国苗族通史》的作者伍新福教授是苗族著名的历史学家，他在后来的研究中，认为蚩尤九黎源自太昊、少昊集团，把苗族的历史渊源向前追溯了。我的研究与伍新福教授的研究不谋而合。

《中国史籍载苗族早期历史资料整理与研究》这个课题，其中的第一编和第二编，就是研究论述蚩尤九黎源自伏羲太昊及少昊氏的。比如第一编第一章涉及到伏羲太昊的文献记载资料、苗族心史记载资料、历史学家考证资料等。第四章涉及到"东蒙"名称的由来，有用到"东蒙"为古苗人的考证资料、"东蒙"为古苗人的民俗资料、"东蒙"为古苗人的考古学资料等。第二编第一章涉及到记载蚩尤源自"东蒙"古苗人的资料与考证、记载蚩尤为九黎之君的资料与考证、记载九黎族地望的资料与考证等。

虽然在这之前我已写文章论及蚩尤九黎源自伏羲太昊及少昊氏，但作为国家级课题来论述这个问题，这还属于第一次。当然，苗族源于伏羲太昊及少昊氏，苗族的历史渊源已有7000年的观点，虽然我是根据大量的民族人类学资料（含中国史籍记载资料、民族心史记载资料、专家研究考证资料、考古发现资料）得出来的结论，但要使人们普遍接受，还需要有一个漫长的过程。

（续）

〇六六 苗学研究（九）[①]

为了完成国家社科基金项目《中国史籍载苗族早期历史资料整理与研究》，我查阅了大量的中国史籍记载资料、历史学家研究考证资料、民俗印证以及心史记载资料、考古资料等，最终得出重要结论：

上古时期生活于我国东部的"东蒙"人和生活于西部的"西羌"人，是中华文明中华民族的两大历史源头。东蒙、九黎、三苗、南蛮、荆蛮、武陵五溪蛮、苗族；西羌、神农、炎黄、华夏、汉族。东蒙是源，九黎、三苗、荆蛮等是流；西羌是源，神农、炎黄、华夏等是流。著名的涿鹿大战，是源于西部"西羌"的黄帝打败了"东蒙"人蚩尤，战败南迁的部分"东蒙"演变为苗、瑶、畲等民族。而留在原地的"东蒙"人至夏商周时被称为"东夷"，春秋战国前后全部融入了华夏族。

我的这个重要结论，是建立在坚实的资料基础上的。实际上，在我之前，已经有一些史学家考证了这些重要的史实。我只不过把他们零星的论述上升到理论的高度，使之系统化而已。

在此，我们说说"西羌"源头。

6000多年前的"西羌"，又曰"氐羌"，是中国的一个母体性族群，是中华民族的一个重要源头。历史上的"西羌"已经繁衍发展成为现当代的多个民族。费孝通先生把"西羌"或羌族称为"一个向外输血的民族"。据学界考证，接受"西羌"输血的民族包括汉族、藏族、彝族、白族、哈尼族、纳西族、傈僳族、景颇族、拉祜族、普米族、基诺族、怒族、独龙族等。"西羌"中唯有岷江上游地区的一支基本沿袭古老的生活方式，顽强保持着自己的文化传统，依然以一个独立的民族形态一直留存到今天，这便是生活在岷江上游河谷地带的当代羌族。

中国史籍记载，炎帝、黄帝源于"西羌"。

《史记·五帝本纪》："黄帝，少典之子也，姓公孙，名曰轩辕。"

《帝王世纪》："神农氏姜姓，……长于姜水，以火德王，故谓之炎帝。"

[①] 本文原题目为《我的苗学研究（九）》。

《国语·晋语四》:"昔少典氏娶于有蟜氏,生黄帝、炎帝。黄帝以姬水成,炎帝以姜水成。"

《后汉书.西羌传》:"西羌之本……姜姓之别也。"

《左传.哀公九年》:"炎帝为火师,姜姓其后也。"

"西羌"或"氐羌",族群甚多,史载"凡百五十种"。在今甘肃、青海、陕西地区的有:先零羌、烧当羌、钟羌、勒姐羌、当煎羌、罕羌、且冻羌、沈氏羌、虔人羌、牢姐羌、卦养羌、彡姐羌、烧何羌、巩唐羌、当阗羌、滇那羌、黄羝羌等;在今新疆则有西夜、蒲犁、依赖、无雷、葱茈、白马、黄牛、阿色等;在今西藏有发羌、唐牦;在今内蒙古有南山羌;而西南地区则有牦牛羌、白马羌、参狼羌、青衣羌等。

上古时期生活于我国西部的"西羌"人或"氐羌"人,当然不是天外来客,自有其来源。但"羌人"或"氐人"的祖先是谁,从何而来,中国史籍没有记载。

刘起釪在《古史续辨》中考证说:"少典出自氐,有蟜出自羌。姬姜两姓的族系渊源,是不是就上溯到生出炎、黄的少典、有蟜两族为止呢?其实还不是。少典、有蟜仍然有所自来,姬姜两姓的族系渊源还可以追溯得更远,那就是古代的氐、羌两族……华夏族最早的祖先分别被称为姬姜两姓的黄帝族、炎帝族,是由称为少典、有蟜的氐、羌两族发展分化出来的。"

范文澜在《中国通史简编》中说:"炎帝姓姜,神话里说他牛头人身,大概是牛图腾的氏族。姜姓是西戎羌族的一支。自西方游牧先入中部,与九黎族发生长期的部落间的冲突。最后被迫逃避到涿鹿,得黄帝族的援助,攻杀蚩尤。"

郭沫若主编的《中国史稿》也说:"据说炎帝生于姜水,姜水在今陕西歧山东,是渭水的一条支流。从渭河流域到黄河中游,是古代羌人活动的地方。"

王钟翰主编的《中国民族史》说:"氐羌与炎帝、黄帝有密切的渊源关系。《国语·楚语》记述,炎、黄二帝为兄弟,是少典氏(父)和有蟜氏(母)所生,黄帝得姓姬,炎帝得姓姜。"

李学勤主编的《中国古代文明与国家形成研究》,针对有人对《国语·晋语》记载"昔少典氏娶于有蟜氏,生黄帝、炎帝。黄帝以姬水成,炎帝以姜水成"存有疑义,特别强调指出:"记住自己的根在以血缘为基础的社会是很重要的。当然,在漫长的历史进程中,随着氏族制度的衰落和血缘纽带的松弛,但始祖及其发祥地,还有那些留下辉煌业绩的祖先,会通过口耳相传,纳入用文字记载的历史中。所以《国语》中关于黄帝、炎帝族源的记载,可信性是不应该轻易否定的。"

炎黄即华夏族源于西部"西羌"或"氐羌",也得到了考古学资料的证明,李学勤主编的《中国古代文明与国家形成研究》说:"在渭水流域和甘陕地区,早于仰韶文化的一类新石器遗址被统称为老官台文化。老官台文化的年代与中原地区的磁山、裴李岗文化相当,比仰韶文化半坡类型的年代要早1000年左右,但同半坡类型存在着一脉相承的渊源关系,可以视为半坡类型的前身。"

张润平《试析古羌族与汉民族的源流》的摘要说："先秦史其实是部夷夏形成史或由夷变夏史。构成华夏族的主体民族正是羌族。由羌族先民创造的华夏文化，对中国统一多民族国家的确立及其在古代发展过程的完成做出了不可替代的绝对性的贡献。汉族是在不断吸收各种民族的优秀文化，整合各个民族的过程中，由最早的极少数逐渐发展成为我国人口最多，遍布全国大部分地区的主体民族。"

综合上述，可以看出，上古时期居于我国西部的"西羌"是中华文明、中华民族的一大历史源头。炎帝、黄帝源于"西羌"。"西羌"是源，炎黄、华夏是流。"西羌"不仅是华夏族即汉族的祖先，而且也是我国西部众多民族的祖先。现当代西部的许多少数民族与上古的"西羌"有着直接的血脉关系或间接的渊源关系。

（续）

〇六七 苗学研究（十）[①]

我的苗学研究，最终落在中华民族的两大历史源头上。前所述及，这虽然是建立在坚实的资料基础上的，但要使人们普遍接受，还需要有一个漫长的过程。

我以"东蒙与西羌：中华文明中华民族的两大历史源头"为题，先后在贵州文史研究馆、贵州省委机关读书会、贵州民族大学、重庆彭水九黎城等开展学术讲座，可以说，反映是比较好的。尤其是在贵州文史研究馆的首场讲座，共有13家宣传媒体及网站进行了报道。

我是研究苗学的，为什么要涉及到中华文明、中华民族的历史源头？首先，这当然是查阅的资料多了必然得出来的结论；其次，也是最主要的，是针对徐旭生的三大源头论的弊端而深究得出来的结论（三大源头论的弊端在《中国史籍载苗族早期历史资料整理与研究》中涉及，不赘述）。

我一生的苗学研究，大致情况就是这样。接下来我再写点文章，出版《苗学通论再论》（100万字），完成既定的"一三三"计划后，我就该休息了。

2015年，石莉博士和萧洪恩教授，收集对我苗学研究的评论和报道，在中国言实出版社出版了《石朝江苗学研究评论集》。

萧洪恩教授在名"石温玉而生辉，人述学而精存"的序言中写道："石朝江先生系贵州省社会科学院二级研究员，原副院长、巡视员。我与他交往有年，其苗学研究让我受惠良多，阅其著述之后，略有深意，是有《石朝江先生"苗学"书意》一首，以示崇敬、感奋之情：

灵心慧性书族史，深情执意探苗学。
博古通今呈精义，立己达人尽先觉。
先民逸响惊寰宇，朝江鼎言更艳绝。
过化存神即深邃，含英咀华肆意撷。

石莉在后记中这样写道："家父沉迷于苗学即苗族的人类学研究。1987年，我还在读小

[①] 本文原题目为《我的苗学研究（十）》。

学一年级，一天放学时爸爸去接我，他告诉我，他已经从省委组织部调贵州省社会科学院工作了。我问爸爸，在组织部工作好或在社会科学院工作好，他回答我，在社会科学院工作好，可以看很多的书，还可以不坐班。我当时年幼不理解家父的想法。1999年，父亲的第一部著作《中国苗学》出版了，我才开始有点理解他为什么要弃政从学，为什么那样执着。再后来，他的著作一部接一部地出版，我才真正地理解了他的人生追求。"

现将肖萧洪恩、石莉主编的《石朝江苗学研究评论集》目录录入如下：

目录

石温玉而生辉，人述学而精存（代序））
石朝江苗学研究著作简介
  《中国苗学》
  《中国苗族哲学社会思想史》
  《世界苗族迁徙史》
  《战争与苗族》
  《苗学通论》
  《中国史前史读本》
  《晚清名臣石赞清》
  《苗学通论续论》

书序与书评
  《中国苗学》——全方位研究苗族的一部力作
  苗学研究的新篇章—读石朝江同志的《中国苗学》
  苗学领域的新发展——简析《中国苗学》
  苗族史与学的丰碑
  《中国苗学》——我国第一部全方位研究苗族的专著
  苗学学科的百科全书
  系统、全面、辩证地专门研究苗族，便可形成苗学
  《中国苗学》序——兼论苗楚同宗共祖
  中国少数民族哲学思想史研究的一部力作——评《中国苗族哲学社会思想史》
  来自苗寨的宇宙追问——评《中国苗族哲学社会思想史》
  耕外全无事，胸中别有天——读石朝江先生的《中国苗族哲学社会思想史》
  自信自觉与开创——读《中国苗族哲学社会思想史》
  苗家生存哲学——读《中国苗族哲学社会思想史》

一部令人耳目一新的力作——评《中国苗族哲学社会思想史》
中国苗学研究的新成果——评《中国苗族哲学社会思想史》
一部填补空白的力作——《中国苗族哲学社会思想史》简评
一本可以传之久远的书
苗族历史文化充满魅力，蕴蓄着无穷的奥秘
第一部全面、系统地研究苗族迁徙历史的著作
悲壮而辉煌的迁徙之路——读石朝江新作《世界苗族迁徙史》
苗族迁徙史研究的扛鼎之作——读《世界苗族迁徙史》
我国第一部以单一民族为学科研究的通论
十年磨一剑
无愧历史 无愧未来——评石朝江先生的《苗族通论》
苗学又有新的拓展——评石朝江的《战争与苗族》
苗学研究的又一部力作——读石朝江的《战争与苗族》
使君一去不可留十万人家泪如雨——读《晚清名臣石赞清传》
义色英声动天地——读《晚清名臣石赞清传》
"民怀其惠，夷慑其威"——读《晚清名臣石赞清传》
凛然正气斥英酋——读石朝江、石莉《晚清名臣石赞清传》
石赞清与晚清湖南水上救生事业
修史作传 可明得失
贵州应成为苗族研究的大本营
打造"蚩尤文化"品牌
抢救和发掘民族文化的目的是传承和研究

采访报道及其他
　　苗族是中国历史上是最早种植水稻的族群之一
　《中国苗族哲学社会思想史》获第五届吴玉章人文社会科学优秀成果奖
　《中国苗族哲学社会思想史》出版后反响好
　　石朝江主持完成的两项国家社科基金项目获奖
　《苗学通论》出版发行座谈会举行
　　一项重要的研究成果
　　石朝江先生《苗学通论》出版发行座谈会纪要
　《战争与苗族》出版座谈会在贵阳召开
　　石朝江先生《战争与苗族》出版发行座谈会纪要
　《战争与苗族》出版引起较好反响

石朝江新著《中国史前史读本》出版发行
为苗族文化寻找"出口"——采访我省著名苗学专家石朝江
《晚清名臣石赞清传》一书公开出版发行
石朝江新著《晚清名臣石赞清传》出版
文章千古事 得失寸心知
石朝江考察报德清军墓
石朝江到贵州民族学院作关于"苗族历史与迁移"讲座
苗学专家石朝江、杨茂锐考察文山苗族历史文化
贵州著名苗族学者石朝江、杨茂锐到麻栗坡县作学术考察

后记

在发文章难的情况下，有这么多人发表文章评说我的苗学研究成果，我很欣慰。几十年来，我是在忙忙碌碌中度过的，也有点累，但我不怨不悔。

（完）

〇六八 六十周年[①]

今年是贵州省社会科学院建院 60 周年。贵州省社会科学院的前身是 1960 年批准成立的贵州省哲学社会科学研究所，1962 年更名为省委学习室，1972 年省委学习室停办，1974 年成立省委写作组，1978 年以省委写作组搭架子恢复成立贵州省哲学社会科学研究所，1979 年由贵州省哲学社会科学研究所升格为贵州省社会科学院。

贵州省哲学社会科学研究所成立初期，就在基础理论与应用研究方面取得了不少的成绩。比如，在基础理论研究方面，编写了《政治经济学教材》《第三次国内革命战争时期大事简记》，摘编了《什么是社会主义，什么是共产主义》等；在应用研究方面，先后派出 3 个调查组分赴安顺、镇远、贵定、兴仁、兴义等地，调查农村经济发展问题，派出 1 个调查组到贵阳市的厂矿企业，对国营工业企业经营管理进行专题调查研究。农村、工业调查组分别将调查研究报告报送省委宣传部和有关部门，对全省的农业、工业发展起到了一定的指导作用。

省委写作组发表在《红旗》杂志 1975 年第 7 期的《努力使主观符合客观》，是贵州省最早在《红旗》杂志刊出的文章，1977 年省委写作组又在贵州人民出版社出版了《管天的哲学》等。

1978 年恢复成立贵州省哲学社会科学研究所，1979 年升格为贵州省社会科学院，此后贵州社科研究事业蒸蒸日上，人才辈出，涌现出了一大批贵州社科研究的领军人物。比如：

基础研究方面有，从事政治经济学理论研究的周成启，从事文学语言学研究的肖沉冈，从事中国近代史研究的冯祖贻，从事古代天文历法研究的蒋南华的，从事民族人类学研究的石朝江，从事东西方哲学研究的徐圻，从事执政党理论研究的雷厚礼，从事民族文化研究的索晓霞的，从事先秦文化研究的于民雄，从事中国古代文化研究的王建，从事宗教学、王阳明研究的王路平，从事夜郎文化研究的王鸿儒，从事马克思主义辩证法思想研究的史昭乐，从事哲学与民族文化研究的韦启光，从事社会学理论研究的叶小文，从事少数民族民间文学研究的刘之侠，从事贵州地方史研究的刘义翔的，从事哲学、美学研究的邬锡鑫，从事民族

[①] 本文应院里要求为纪念贵州省社科学院建院 60 周年而撰写。

文化学研究的何积全，从事文化社会学研究的李子和，从事思想文化史研究的李双璧，从事古代文学研究的李建国，从事社会学理论研究的李德芳，从事现当代文学研究的张劲，从事民族文化和少数民族妇女研究的张晓，从事古典文学研究的张亚新，从事俄罗斯研究的陈训明，从事贵州文史研究的林建增，从事贵州地方史研究的范同寿，从事沙滩文化研究的黄万机，从事何应钦研究的熊宗仁，从事少数民族文学研究的潘连英，等等。以上科研人员绝大部分著作等身，在自己的研究领域，不仅在贵州处于顶尖的水平，在全国也产生了一定的影响。

应用研究方面有，从事区域经济学研究的石争，从事中国西部地区经济发展研究的龚晓宽，从事区域经济学研究的谢一，从事经济学生态学研究的徐静，从事经济学研究的肖自立，从事发展经济学研究的王干梅，从事国民经济理论与政策研究的刘庆和，从事应用经济理论研究的孙国锡，从事农村经济学研究的牟代居，从事发展经济学研究的宋明，从事数量经济学研究的张燏，从事区域经济研究的张万铎，从事农村经济发展研究的杨芳惠，从事生态与环境研究的杨晓航，从事贵州经济历史研究的林国忠，从事产业经济研究的胡晓登，从事贵州地方政治、经济研究的胡雄杰，从事山区农业经济发展研究的贺宗唐，从事农村经济发展研究的聂秀丽，从事城市工业经济研究的康明中，从事生态经济学研究的谢家雍，从事畜牧业经济研究的鲍昆明，等等。许多应用经济研究成果直接进入了省委、省政府的决策。

1978年至2010年是贵州社会科学院的黄金期，这三十来年之所以成果丰硕，人才辈出，我认为主要原因有以下三点：

一是领导得力风气正。院领导以身作则，不搞帮派，带头坐班，带头搞科研，不搞科研的则尽力为科研人员解除后顾之忧，为科研人员做好服务。比如康健、冯迪民两位老院长，他们自己不搞科研，却领着大家搞科研，成为科研人员的知心朋友，他们从来不在别人的科研成果上署上自己的名字。

二是科研人员自己要搞科研。由哲学社会科学研究所升格为贵州省社会科学院后，发展很快，严把进人关，为了堵住开后门的现象，院里采取招考研究生班的办法择优选人。进社科院的人有的是高中生，有的是大专生，有的是本科生，学历最高的是一个研究生，即冯祖贻副院长，后来又增加了一个研究生，即胡晓登所长。大家虽然学历不高，但都是冲着科研这一神圣的职业来的，到社科院后都根据自己的特长和爱好，自觉地选择自己的研究方向，从最基础的建立卡片、深入调查、广泛征集资料等做起。比如康健老院长带领几十个青年科研人员深入贵定县调查乡规民约，练就了这批科研人员的社会调查基本功，后来这些科研人员全部成为贵州社科院乃至贵州省的社科研究骨干。

三是从事哲学社会科学研究没有什么价钱可讲。科研就是任务，科研就是本职工作，有报酬要干，没有报酬也要干，干就一定要干好。大家都乐于吃苦、甘于寂寞，都是本着一种积极向上、比学赶帮、不甘落伍的精神。有的同志几试身手，觉得自己不是科研的料，或要求调走，或要求调整岗位。短短的十多年的工夫，硬是造就出了一批贵州社科各领域的学术带头人。

进入 21 世纪第二个十年以后，贵州省社会科学院的发展却呈现出下降的趋势。随着一大批学术骨干的退休或逝世，贵州社科各学科的带头人已不在社科院。社科院存在从事短平快研究的多，从事基础理论研究的少的问题。在许多学科研究领域，贵州社科院已经失去了话语权。

天津社科院蔡玉顺所长在《中国社会科学报》发表了《重新考量地方社科院智库定位》一文，他说了这么一段话，笔者深以为然。"作为专业的社会科学研究机构，社会科学院既不同于高校的基础性和教学性研究，也不同于政府部门的短平快研究，它既有系统的基础理论研究基础，又有和政府与实际部门密切联系的传统，既能集中理论研究区域经济社会发展中系统性、战略性问题，也能够胜任具体领域的以问题为导向的应用研究。"

笔者认为，地方社科院一定要基础理论研究与应用研究并重，学科建设与建言献策同行，一定要鼓励支持引导一批科研人员从事有地方特色的基础理论研究，不要一味地追求短平快和经济效益。"自己报题，领导圈题"的应变式研究，只能令地方社科院自废武功，看似社科院的科研人员样样都能研究，实则样样都不精通，万金油式的研究出不了各门学科的带头人，也出不了真正意义上的专家学者。

○六九 千年不败[①]

一、选题依据

中国自古以来就是一个由多部落、多族群组成的国度。华夏族入主中原后，将四周族群称为"东夷、南蛮、西戎、北狄"。公元前221年，秦始皇统一中国，确立了中央集权制，陆续在各地设置郡县，全国共为三十六郡。汉朝进一步推行郡县制度，并设置"属国""属邦""初郡"等，"属国""属邦""初郡"后来发展演变为土司、土官制，这是中央王朝为了确保国家统一，对周边各民族实施的羁縻怀柔政策。

2014年9月28日，习近平总书记在中央民族工作会议上的讲话中指出："几千年来，中华民族始终追求团结统一，把这看作'天地之常经，古今之通义'……我国历代中央政权经略民族地区，大多是在实现政治统一的前提下，实行有别于内地的治理体制，秦汉的属邦属国、唐代的羁縻州府、元明清的土司都是这样的设计……在治理理念上，既强调天下一统、五方之民共天下、四海之内皆兄弟；又强调因俗而治，'修其教而不易其俗，齐其政而不易其宜'。"中国自秦始皇统一到清王朝灭亡，虽然朝代不断更替，但对少数民族地区几乎都实行"以其故俗治"的羁縻政策，即中央王朝不破坏各民族内部业已形成的制度，承认其风俗、习惯，委任各民族内部的首领治理所属，"以夷治夷""以苗治苗"，中央王朝对其实行间接统治，从而实现了国家的统一。应该说，近2000年中国封建王朝采取怀柔政策是有一定合理性的，符合当时的国情。

西南云贵川交界的大片土地是彝族的聚居地。彝族土司有着千年不败的历史。其先祖是蜀汉时期因助诸葛亮平南中，"积粮通道，佐丞相擒孟获"而被封为罗甸国王的济火。水西土官自蜀汉后主建兴三年（225）起至清康熙三十七年（1698）"改土归流"止，共计1473年，沿袭土官土司共计84代，并基本保持同一血脉，为罗甸王、为蛮长、为矩州刺史、为顺元宣抚使、为水西宣慰使、为贵州宣慰使等，世长水西，受命于中原王朝，保持千年不败。

[①] 该文系作者设计的一个国家社科基金项目申请书活页，希望有志者完成。

中国史籍记载羁縻制，多带贬义，比如《史记》："盖闻天子之于夷狄也，其义羁縻勿绝而已。"注曰："羁，马络头也。縻，牛靷也。"《汉书》："天子犹羁縻不绝。"其注曰："羁縻，系联之意，马络头曰羁也，牛靷曰縻也。"《汉官注》："马曰羁，牛曰縻，言制四夷如牛马之受羁縻也。"综观国内外研究中国历史上的羁縻、土司制度，一部分人根据"羁縻"含义以及实行者是历代封建王朝，不加以具体分析就对此制度持否定态度；一部分学者认为羁縻、土司制度具有一定的合理性，但是缺乏深入研究，往往难以令人信服。

水西彝族土司、土官沿袭1700多年，其政治地位始终不曾改变。从一世慕齐齐移居水西，二世济火被封为罗甸王起，到清朝末代土司安胜祖，中间历经三国两晋、南北朝、隋唐而宋元明清，他们世居水西，纳土袭爵，繁衍生息，不断壮大，土官、土司沿袭了共84代。这在中国历史上罕见。

彝族土司（土官）历代朝廷没有消灭之，彝族底层没有推翻之，保持千年不败。《水西彝族土司千年不败史研究》就是要研究羁縻、土司制的合理性内核，研究中华民族维护国家统一的光荣传统。通过具体考察水西彝族土司千年不败的历史，研究论证中国历史上的羁縻、土司制是符合当时国情的。事实上，今天我国实行的民族区域自治，就是借鉴了历史上羁縻、土司制度的合理性内核。习近平总书记在中央民族工作会议上就特别强调指出："有人说，民族区域自治制度不要搞了，民族自治区域可以同其他省市实行一样的体制。这种看法是不对的，在政治上是有害的。"

由于历史跨度长，首领换了一代又一代，彝族的整体历史还没有引起人们的注意，仅有对某一时段或某一首领的研究和呈现，比如电视连续剧《奢香夫人》，再现了明初水西土司纳土归附，奢香忍辱千里告御状，维护国家统一、民族团结的历史。朱元璋曾表彰说："奢香归附，胜得十万雄兵。"但还没有人注意到彝族人民从三国时代的济火到民国时期的小叶丹，一以贯之地识大体，顾大局，坚决维护国家统一、民族团结的光荣传统，更谈不上对彝族历史的深入发掘、整理和研究。

显然，研究水西彝族土司千年不败的光荣历史，具有十分重要的历史意义和现实意义。

二、研究内容

（一）研究对象及主要内容

第一，国家统一是永恒的主题。本课题研究就是根据习近平总书记的重要讲话精神，通过考察水西彝族土司千年不败的历史，证明中国历代中央政权为了确保中国统一，对少数民族采用羁縻、土司制度，实行有别于内地的治理体制，以巩固多民族的大一统，是符合当时的国情的。

第二，中国自古以来就是一个多民族的国家，五方之民共天下、四海之内皆兄弟，中华各民族爱国如家，具有坚决维护国家统一的光荣传统。

第三，西南彝族人民识大体、顾大局，在中国历代朝廷更迭的关键时刻，彝族头领总是顺应历史潮流，及时率部归附，既维护了国家统一，又保护了自己，保护了本民族人民。

第四，民族有其产生、发展和消亡的客观规律。社会主义时期是民族发展繁荣的时期。去民族化、取消民族区域自治的说法是错误的，在政治上十分有害。

第五，以史为鉴，中华民族任何时候都需要大力倡导爱国主义，坚决维护民族团结和国家统一。

（二）研究的总体框架

综论

第一章 东移定水西的慕齐齐

第二章 助诸葛亮平南中的济火

第三章 纳土袭爵的阿佩

第四章 矩州刺史普贵

第五章 率众归附的阿画

第六章 置贵州各宣慰使之上的霭翠

第七章 大明顺德夫人奢香

第八章 安贵荣与王阳明的莫逆之交

第九章 明末贵州宣慰同知安邦彦

第十章 祸由乱生的安坤

第十一章 柔远夫人禄天香

第十二章 水西末代土司安胜祖

第十三章 与刘伯承司令员歃血为盟的小叶丹

第十四章 民主人士安健

后记

以上研究框架随资料的发掘可能有增加。

综论主要研究中国古代怀柔政策的形成、发展与演变；中华各民族具有坚决维护国家统一的光荣传统；西南彝族人民识大体，顾大局，维护国家统一；彝族土司、土官沿袭84代，1700多年，保持千年不败；我们要继承弘扬中国古代怀柔政策的合理性内核。

水西彝族土司千年不败的历史，充分体现出彝族人民识大体，顾大局的爱国思想和聪明智慧。彝族人民的爱国主义和聪明才智主要是通过他们的首领和代表人物体现出来的，正文十四章主要介绍其首领和代表人物的突出贡献，文中同时兼顾名气不大的首领和历史人物的重要事迹。水西土司中也有不识大局的，比如祸由乱生的安坤。末代土司一章要研究论述

"改土归流"的得与失。最后两章论述彝族人民爱国主义思想的沿袭。

后记，主要交代该项目的相关事宜。

（三）研究的重点难点

第一，历代中央王朝对少数民族实施怀柔政策的合理性内核。

第二，中华民族识大体，顾大局，维护国家统一的光荣传统。

第三，彝族人民从善如流，趋利避害；顺应历史，与时俱进。

第四，"改土归流"的得与失。

第五，以史为鉴，统一是福，分裂是祸。

（四）研究的主要目标

根据习近平总书记在中央民族工作会议上的重要讲话精神，通过对水西彝族土司千年不败历史的考察与研究，论证中华民族多元一体，一体包含多元，多元组成一体，一体离不开多元，多元离不开一体的特征。

水西彝族土司千年不败的传奇故事，源于诸葛亮与他们的祖先济火订立盟约。从那时起，水西彝族土司便世世代代恪守铁券誓言，无论世事如何变迁，都始终把维护国家统一和民族团结摆在第一位。

彝族是一个有文字的民族，水西土司千年不败的历史，不但汉文文献有记载，彝文文献更有众多记载，本研究试图将汉彝文献的资料汇集后加以研究，用事实说话。

从助诸葛亮平南中的济火起，彝族人民为维护民族团结、国家统一留下了许多动人的故事。比如，北宋初年，黔地彝族首领普贵以所领矩州（今贵州省贵阳市及邻近地）内附，当地土语将"矩"讹读为"贵"，宋王朝依其土语，命普贵为贵州之长。宋太祖赵匡胤在《敕普贵书》中称："惟尔贵州，远在要荒。"贵州因此得名。明初水西霭翠率土归附，朱元璋令之"以原官世袭"，后设贵州宣慰司，任霭翠为宣慰使。霭翠病逝，其妻奢香袭贵州宣慰使职。都督马烨借故对奢香施以鞭刑，奢香忍辱千里告御状，朱元璋诛马烨，奢香知恩图报，在贵州地方广开驿路，最终明朝从湖广、四川、云南、广西划出部分区域并入贵州，组建贵州布政司，贵州进而成为明朝的第13个承宣布政使司。王阳明被贬为贵州龙场驿丞后，与贵州宣慰使安贵荣成为至交。正是在安贵荣的保护和支持下，边远的贵州龙场才成就了王阳明心学。

本研究要特别注重政治性、学术性、通俗性、故事性，立志于成为一部畅销的爱国主义读物。

三、思路方法

以辩证历史唯物主义为指导，认真梳理水西彝族土司千年不败的历史，揭示中华民族坚决维护国家统一的光荣传统，重点阐述统一是福，分裂是祸。

从收集资料入手，包括彝文文献和汉文文献（彝族是一个有自己文字的民族），以彝文献《水西安氏本末·安氏谱》记载的水西八十五代土官或土司王为基本线索，从汉文献和其他彝文献中查找根据，认真梳理一世慕齐齐东移水西，二世济火被西蜀刘禅封罗甸王起至八十五世土司安胜祖的历史。考察研究水西土司从善如流、趋利避害、顺应历史、与时俱进的光荣传统。

主要采用文献研究法、历史研究法、归纳法、演绎法等。要从大量的汉文、彝文文献以及地方史志和民间族谱中发掘资料，深入研究，认真梳理，提炼归纳。

由于历史跨度长（1700多年），水西彝族首领沿袭85代，梳理其千年不败的历史，收集资料是第一位的任务。该项目研究，计划五年完成，前两年收集资料，第三年研究撰写，第四年广泛征求意见，第五年修改完善，上报验收。

四、创新之处

第一，该课题从项目名称到研究内容，都是一种新的发现和突破。水西彝族土司保持千年不败（水西彝族遭受屠杀是为了抵抗清朝强行"改土归流"），这在中国历史上罕见。

第二，历代中央王朝对少数民族所采取的怀柔政策，历来学界褒贬不一。本项目通过对水西土司千年不败的研究与考察，证明历代中央王朝采取的怀柔政策是符合当时国情的，有利于国家统一、民族团结。

第三，国家统一是永恒的主题，朝代更替是正常的现象。老的统治者或管理者脱离了人民，总是被新的统治者或管理者替代，这是推动国家进步和发展的规律以及动力。在中国历代朝廷更迭的关键时刻，彝族头领总是顺应历史发展的潮流，及时率部归附，受到中央政府册封，既维护了国家统一，又保护了自己，保护了本民族人民。

第四，历史是现实的一面镜子，以史为鉴，无论世事如何变迁，都要坚决维护民族团结和国家统一。闹"独立"只会导致国家分裂，人民遭殃。

第五，水西彝族土司都在开国时纳土袭爵，千年不败历史是真实、客观的。研究梳理彝族土司千年不败的历史，有利于进行民族团结以及爱国主义教育。

五、预期成果

最终形成一部30万字的学术专著，公开出版。

六、参考文献

《三国志》《旧唐书列传·南蛮西南蛮》《新唐书列传·南蛮下》《新五代史卷》《宋史志》《资治通鉴》《元史志》《明太祖实录》《明史列传·贵州土司》《明史纪事本末》《清实录》《清史稿列传·土司四贵州》《炎徼纪闻》《贵州通志》《黔记》《大定府志》《水西安氏本末·安氏谱》《西南彝志》《水西简史》《奢香修路与贵州建省》《贵州彝族研究论文选编》等。

○七○ 宝刀未老[①]

由秋阳著的《蚩尤与中国文化》一书，2015年9月由民族出版社出版。先生签名赠送我一册，它成了我研究九黎苗族文化的工具书，在我的著述中曾多处引用秋阳老先生的研究成果。

秋阳系笔名，真名徐平，苗族，贵州凯里人。他是我很尊重的文化老人，今年95岁了，先后著有《苗疆风云录》《李端棻传》《谢六一评传》《山居鸟语》《闻鸟斋集》等书，晚年致力于蚩尤历史文化的研究。

《蚩尤与中国文化》就是老先生晚年研究蚩尤文化的杰作。它由序论、上编、下编共计24篇文章组成。作者在封底这样写道："历史上对蚩尤其人其事，有贬有褒。褒贬双方，各执一词，尖锐对立。为索其究竟，身入虎穴，窥其虎子。并将探索所获，一一梳理辨析，诉诸笔墨，不想竟成系列。"

读罢秋阳老先生的《蚩尤与中国文化》，掩卷沉思，我认为这部著作在蚩尤与中国文化研究方面，具有以下亮点和创新。

一、研究论证中华文明中华文化的多元性

众所周知，对中华文明起源的认识，经历了从一元论到多元论的转变，认为中华文明起源于一时一地是不符合历史真实的。秋阳先生在《蚩尤与中华文化》的序中直截了当地说："提起中国文化的源头，人们很自然地会想到'黄河母亲''黄帝始祖'。不过那已经是古老的观念了，大量的研究成果表明，中华民族及其文化的发祥地，不只是黄河流域，甚至遍及长城内外、大江南北，东起大海之滨，西迄青藏高原，整个中华大地几乎都有中华先民活动的遗迹及其所创造的文明。先生强调说："中华文化并非一'母'所生，而是'海纳百川'，接纳了众多民族的创造，'有容乃大'。中华文化之所以博大精深，其原因盖在此。"

秋阳先生引用他人的话强调说："中外学者都认为，世界上没有血统很纯的民族，民族

[①] 本文原题目为《宝刀未老——读秋阳先生的〈蚩尤与中国文化〉》。

既非单元，文化也就不会是单元。反过来，文化越灿烂，民族血统似乎越复杂。广进异种者，其社会将日臻于强盛，而种界因之日泯。横览五洲之民，其气味繁杂者强，英、法、德、美之民，皆杂种也……中华民族是在不断优化组合中形成了以汉族为主体的民族共同体，同时集中了各民族创造之优长形成以汉文化为主流的中国文化。"

秋阳老先生还说："中国历史上曾经有过'华夷之别'，这是事实。它反映了众多民族的存在。人类经历了由蒙昧到文明的发展过程，其有光华，也有血污。光华伴随着血污，否则就无所谓文明，中华民族也不例外。我们既要看到光华，以此而自豪，也不必忌讳血污，为此而愧疚，因为那是历史。'一道浊流，固然不如一杯净水的干净而澄明，但蒸馏了浊流的一部分，却有许多杯净水在。'对待历史文化，应当取精用宏，汰其污浊。事实上，历史文化本身也是在优化组合的变革中向前推进的。优化组合的变革形式多种多样，交错杂糅，相映生辉。"

从上述精彩的论述中，我们可窥见秋阳老先生渊博的学识修养和宽阔的胸襟。

二、研究论证中华文明的两大源头文化

傅斯年提出"夷夏东西"说，夷东夏西，或夷东南夏西北，这是中华民族可考的两大历史源头。秋阳先生在《蚩尤与中华文化》说："'红山文化'的分布范围广及内蒙古、辽宁、吉林、河北、河南及陕西六省区，占据半个中国。'良渚文化'覆盖面，除了浙江，还有江苏、上海，以及安徽和山东的部分地区，也占据半个中国，与北方的'红山文化'正好形成南北呼应的两大文化体系。近年来，有考察认为，'良渚文化'是蚩尤九黎所创，而黄帝则是'红山文化'的老祖宗。两大文化体系其实就是中华文明的两大源头，值得大书特书。"

秋阳先生接着说："传说黄帝与炎帝同属一个族群，居于黄河上游，即今陕西境内的泾水和渭水，后来一分为二。黄帝居无定处。内蒙古地区经过考察发现，红山文化中晚期，因为仰韶文化的进入，发生了重大演变。据《中华文明史》记载，仰韶文化位于河南，广及陕西关中，以及山西南部和河北北部。关中在历史上系指秦岭以北的长安和咸阳所辖地区，正处在泾、渭流域，这里原来就是炎黄的发祥地。仰韶文化分为三个叠层，上层为商文化，中山为龙山文化，下层文化，当属于炎黄族。"

秋阳先生还特别论证良渚文化是蚩尤文化。他说，良渚文化覆盖面，正好与九黎族群活动的地域相吻合。这并非巧合，而是历史的存在。良渚文化博物馆也认同良渚人为九黎族，其在网上发布介绍馆藏的资料中，有一则考证说，在良渚玉器上有一个非常神秘的图案不断地反复出现，这个图案的形象特别像一尊英武的战神，不由得使人们想到英勇好战的蚩尤。考证所说的神秘图案，当指就是"琮王"上的"神徽"，这是良渚人崇拜的神灵偶像，也有学者认为，此"偶像"就是蚩尤。也就是说，良渚人即是九黎族。

秋阳先生还特别考证说，至于苗族银器，与良渚文化的玉器相比较，那就犹如同一母

系脱胎出来的异质（材）作品。苗族妇女所戴的银冠，其造型与良渚文化象征权威的琮王神人兽面纹，出奇地相似。琮王神人所戴的羽冠，《古玉之美》描绘称："羽冠由22组呈放射状的羽翎组成，而清水江苗族姑娘们戴的银冠，也是羽状放射纹装饰，只是苗族用的是18条银片组成。如此巧合，难道是偶然的吗？两者对应，其在艺术上岂不具有异曲同工之妙，只是二者的功能各有不同罢了。在良渚文化中，琮王为其族的礼器，由部落联盟首领拥有，苗族银冠则为女子们的盛装饰品。而羽翎都是以鸟羽为摹本，始祖蚩尤创立于先，苗族传承其后，说明后裔并未忘记其始祖蚩尤是崇拜鸟的氏族。

秋阳先生接着说："如果可以说银饰是良渚玉的异质作品，那么服装似乎也有其源头。良渚遗址发现丝织品和麻织品，却不见服装遗物，可能坟墓埋葬的时间久远，服装已经朽毁无存。但可以肯定的是，蚩尤族人在良渚文化时期，是穿着丝或麻制作的服装的，只是不知其样式罢了。也许在苗族的服装上留下了些许当年蚩尤族穿着的影子，以其微妙而不为人所察见。但从苗族服装所绣的纹饰，可以找到良渚文化玉形相类似的图案。"

三、研究论证蚩尤对早期中华文化的卓越贡献

秋阳老先生"身入虎穴，窥其虎子"，最终得出的结论是："蚩尤在中华民族史上的地位应该受到尊崇，要重塑蚩尤形象，建'三祖堂'是对蚩尤历史地位的认定。"

秋阳先生说："近年来，'我们都是炎黄子孙'这句传统的古老话，一时间变成鲜活的口号，像是一股飓风，在社会飞扬开来，于是修葺黄帝陵，培植炎帝陵，建造炎黄博物馆，尊而崇之，似乎炎黄就是中华民族确定无疑的唯一始祖了。这种倾向引起了人们的关注，对此，不仅非汉民族感到不安，汉族中也有异议，并就此著文评说（如葛剑雄在1989年7月5日《光明日报》发表了《"炎黄子孙"不是中华民族、中国人民的同义词》）指出作为炎帝子孙，对尊崇自己的祖先，是应该的，是无可厚非的。然而，若以炎黄为中华民族的唯一的始祖，却失之偏颇。因为独尊炎黄的族源观念，不符合中华民族构成的历史状况，亦有悖于多民族国家的现实。"

秋阳先生还特别强调说："历史上的蚩尤尽管被打败了，仍不愧是英雄。他善造兵器，作战勇敢，曾经统领大半个中国，号称'九黎之君'的'巨人族'，最先进入中原地区，中原的开发应有蚩尤的功绩。炎帝族是西方的游牧氏族，刚进入中原地区即被蚩尤驱赶到北方去。黄帝也是西方的游牧氏族，与炎帝战，三战才取胜。后来与炎帝联合攻打蚩尤，九战九不胜，幸得九天玄女赐符，才险胜蚩尤。战地上留下蚩尤旗、蚩尤血、蚩尤冢、蚩尤城。后世尊蚩尤为'战神'以祀之，演'蚩尤戏'以示怀念。刘邦起兵都要祀黄帝、祭蚩尤。在古时帝王的眼里，黄帝、蚩尤都是圣祖先主，都应当受到尊崇。"

秋阳先生还说："要重塑蚩尤像。作为'战神''兵主'，蚩尤应当是身材魁伟、体态英姿、英勇顽强、威武不屈的民族英雄。我们多么希望有一部真正的'蚩话神话'巨制出现在当今的神州大地上，以雪洗他长期蒙受的冤屈，还其在历史上的本来面目。"

秋阳先生还强调说："汉族奉黄帝为自己的老祖宗，而黄帝就是以战胜蚩尤而有天下的王者，于是就要彪炳于史册。蚩尤既然被打败了，无力再回天，于是欲加之罪何患无辞。古代的典籍大多是汉人用汉文写成，因而对于黄帝与蚩尤，厚此薄彼、是非莫辨，褒贬偏颇之处，比比皆是，也就不奇怪了。然而，尽管权势者们如何处心积虑，始终抹杀不了蚩尤的功绩，涂改不了蚩尤本来面目。"

秋阳先生还欣喜地说："近年来，国人从红山文化、良渚文化的发现中，重新审视中华创世史，已有所悟，河北涿鹿'三祖堂'之建，关键在于对蚩尤历史地位的认定。"

秋阳先生的《蚩尤与中国文化》还有诸多的亮点和创新，比如，论述涿鹿大战是古代夷夏的互补和竞争，探讨《东方有沃土，龙凤绣华章》，探索《谁创方块字，开创文明门》，论述苗疆六百年祭，研究外来宗教与苗族文化的磨合等，篇幅所限，不再赘述。感兴趣的同志请读原著。

○七一 蚩尤研究 ①

　　王万荣先生著的《蚩尤研究》，2018 年 6 月由云南民族出版社出版。这是国内外少有的专题研究蚩尤的著作。

　　《蚩尤研究》由绪论和九章正文组成。绪论主要交代研究背景、研究意义、研究方法等。第一章蚩尤研究综述，第二章蚩尤时代的社会性质，第三章蚩尤名称考，第四章蚩尤族属问题，第五章炎帝黄帝与蚩尤的战争，第六章蚩尤的贡献，第七章蚩尤精神，第八章蚩尤与中华民族，第九章蚩尤文化的对外影响。

　　醒目的书名和新颖的目录，立即使我产生非读不可的想法。但我的时间安排得很紧，我没能抽出专门时间来阅读。我每天就寝前总要看点文字，方能入睡。我是断断续续地拜读完《蚩尤研究》的。

　　我佩服万荣的学术钻研精神。严格说来，他是一位基层领导干部，曾任文山州财贸学校校长、文山师范学校副校长、麻栗坡县副县长、文山州民宗委副主任等。他小时候就听爷爷说孜尤（蚩尤）的故事，听爷爷说孜尤是苗族的英雄祖先。这对他影响很大，还在上大学时，他就开始调查收集孜尤的故事，并整理《孜尤的传说》一书，后发表在中国民间文艺家协会主办的《民间文学》杂志 1998 年第 5 期，并获当年该杂志社颁发的优秀二等奖。从此以后，万荣就爱上了研究蚩尤，他在工作之余大量地调查收集蚩尤的资料，一面工作，一面研究撰写，终于他在退休后的第二年，公开出版了自己的第一部学术专著《蚩尤研究》。

　　读罢王万荣先生的《蚩尤研究》，掩卷沉思，我主要有以下几点感想和收获。

一、汇集了学界研究蚩尤的各方观点

　　为了撰写《蚩尤研究》，王万荣先生收集了国内外大量的研究蚩尤的资料，汇集呈现了各方的学术观点。相同相对的观点都如实地摆出来，一是供自己作比较研究，二是供读者作甄别之用。比如在第一章第二节蚩尤研究诸多问题的纷争中，作者说："在蚩尤研究中，除

---

① 本文原题目为《读王万荣先生的〈蚩尤研究〉》。

'蚩尤为苗族的祖先'基本取得一致意见外,其他相关问题仍纷争不断,至今难以形成共识。"他列举出"蚩尤是人或是神""蚩尤的族属问题""蚩尤与炎帝、黄帝之间的关系""涿鹿之战的涿鹿何在""蚩尤被杀诸地说""蚩尤、九黎、三苗之间的关系""诸多蚩尤墓之真假"等问题。在作者看来,上述诸多问题还存在着纷争,存在着诸多的不同认识和观点。

在"诸多蚩尤墓之真假"中,王万荣说:"蚩尤墓,有的称蚩尤冢,有的称蚩尤坟。蚩尤墓究竟有多少,的确还有些难说。有的说有5座,有的说有4座,有的说有6座,说法不一。"王万荣列举了徐水县牟山蚩尤坟、涿州蚩尤坟、涿鹿古战场的三座蚩尤坟、台前县蚩尤冢、阳谷县蚩尤冢、巨野县蚩尤冢、汶上县蚩尤冢等等。为什么会出现这么多蚩尤坟、蚩尤冢?王万荣认为:"由于战争持续时间长,双方战死的氏族首领也不仅仅是一个人,才会出现蚩尤墓有多座的现象。因炎黄蚩时代的人名、氏族名、首领名是相混称的,一个蚩尤死了,新的蚩尤首领又接着率领他的氏族作战。再说,史籍记载蚩尤有兄弟81人,实为81个氏族,这些氏族都以蚩尤名称出现,这就不仅是一个蚩尤了。"我认为,万荣先生的说法是有一定道理的。

二、在评述各方观点后又有新的创新

王万荣先生在《蚩尤研究》中,不仅仅是收集呈现各方的学术观点,而且在评述各方观点后又有新的认识和创新。当然,这是学术研究必须的。王万荣先生作为一个基层的苗学研究爱好者,能够做到这一点是很不容易的。

比如,在绪论中,王万荣对"炎黄热"与"蚩尤热"的历史渊源进行了梳理和陈述。王万荣引用他人的资料说:"相关研究认为,中国历史上出现过五次推崇黄帝的高潮,且每次都与中华民族的命运紧密相连。第一次是战国时期,华夏族与中华大地各族群加速融合,开始孕育中华民族;第二次是西汉初期,汉民族形成并作为多元一体的核心与主体,对中华民族形成起了至关重要的作用;第三次是清朝末年,由于列强入侵,中国加速沦为半殖民地半封建社会,中华民族面临亡国亡种的空前危机;第四次是抗日战争时期,中华民族团结一致,英勇抗击日本帝国主义的疯狂侵略;第五次是改革开放以来,中华民族意气风发地迈向伟大复兴。"王万荣认为:"这样的研究结论,当然是有历史依据的,它说明炎黄崇拜文化源远流长。不过,这种以黄帝为旗帜的意愿,在某种程度上讲,多少是带有民族主义色彩的。"

王万荣引用葛剑雄的文章说:"近年来,'炎黄子孙'的使用频率越来越高,它已经由文人学者扩大到社会各界,由诗歌小说扩大到报刊上各类文章,甚至已进入官方文件,似乎成为了'中华民族'和'中国人民'的同义词,而且大有取代这两个词的势头……人们以为提'炎黄子孙'就能促进国家的统一和人民的团结,至少能增进共同的感情。但是,良好的愿望不能改变历史事实和国内外的现状,滥用'炎黄子孙'的提法更会造成不良后果,恰恰不利于国家的统一和民族的团结。"

王万荣先生认为，"蚩尤热"是伴随着"炎黄热"这一大背景而产生的。同时，苗族的寻根文化诉求，也让"蚩尤热"的不断升温。他还认为，无论"炎黄热"还是"蚩尤热"，更多的要从文化上去考察，特别是从祖先崇拜文化角度来理解更好一些。因为中国自古以来就有祭祖的文化传统，各民族都有自己的祖先，他们继承先辈的文化，祭祀自己的祖先是正常的，是无可厚非的。这里的关键是要互相理解、互相尊重，不要政治化。

三、概述了什么是蚩尤精神

王万荣先生《蚩尤研究》的第七章，标题是"蚩尤精神"。作者说："臧克家为纪念鲁迅逝世十三周年写了一首诗，叫作《有的人》。诗开篇就说：'有的人活着，他已经死了；有的人死了，他还活着。'这诗既有哲理性，又富有深刻的文化内涵，其所蕴含的文化核心价值就是精神。蚩尤为何5000多年来仍然活在人们心中？一个根本的原因就是蚩尤精神的力量使人们难以从记忆中把他抹去。"

那么，蚩尤精神是什么呢？万荣先生从四个方面进行了概括，一是追求自由、骁勇善战的尚武精神；二是不断进取、敢为人先的创新精神；三是交流互鉴、亲和相融的自主精神；四是临危不惧、顽强不屈的牺牲精神。

王万荣说："因以往学者对蚩尤精神研究不多，这里仅根据自己的思考和分析，不一定能够完全涵盖蚩尤的全部精神。"我认为，万荣先生概述的这四个方面已经涵盖了蚩尤的主要精神，当然能够有人研究补充完善更好。

万荣先生强调说："在当今时代，民族精神已逐步彰显一个国家、一个民族的内在凝聚力和国际竞争力。所以，我们要正确认识精神力量的作用，并充分挖掘民族在历史发展进程中的精神素养，赋予它新的时代内涵，用以滋养历史大变革中的人们，以此推动民族振兴，从而实现中华民族伟大复兴。"

四、提供了蚩尤人拓荒美洲的物证

印第安人是什么人，谁最先到达美洲？王大有认为美洲印第安人是殷代东渡美洲的中国人。"印第安人是中国殷人的后裔，而'印第安'也源于'殷地安'。"[①] 冯英子也说："我是一直相信殷人东渡之说的，也相信'印第安'即'殷地安'的转译，中国人民，远在几千年前，就拓荒美洲了。"[②] 龙海清则说："《太平御览》引《外国篇》云：'民浮黑海入南海，是为三苗氏，去九疑三万三千里'……这一部分三苗就很有可能沿水路，经长年累月而漂泊

---

① 王大有：《三皇五帝时代》，中国时代经济出版社，2005年版。
② 冯英子：《大翻历史案件的壮举——看〈图说中国图腾〉》，载《文学自由谈》1999年第4期。

美洲，抑或经西伯利亚，过白令海峡而到达美洲。"①

王万荣先生的《蚩尤研究》又提供了蚩尤人拓荒美洲的物证。他说："美国《地理杂志》刊载了1491年哥伦布到达美洲之前的美洲。'印第安文化专号'……特别是美国学者鲁洛·约瑟在该专号发表的《奥次顿哥》论文，介绍了奥次顿哥人的文化和遗物，特地刊出了两件弥足珍贵的古代文物，即在北美易洛魁部奥次顿哥人中长期流传的《轩辕皇帝族酋长礼天祈年图》和《蚩尤风后扫墟值夜扶桑图》。"如果美洲印第安人不是东渡美洲的中国人，为什么其部落会长期流传《轩辕皇帝族酋长礼天祈年图》和《蚩尤风后扫墟值夜扶桑图》？王万荣先生说："蚩尤人拓荒美洲，除易洛魁人保存的《蚩尤风后扫墟值夜扶桑图》这一物证外，还有公元5世纪的玛雅人科潘王朝陶像的头饰与中国苗族川黔滇次方言第一土语的头饰和胸饰极为相似的情况作为佐证。"

---

① 龙海清：《图腾名称源于盘瓠考——中国古代先民最早到达美洲新证》，载《苗侗文坛》1988年第1期。

〇七二 蚩氏族谱[①]

本世纪初，我就听说河南许昌有几百户蚩姓人家，他们虽然是汉族，却宣称是蚩尤的直系后裔。我早就萌生要去许昌实地考察的想法，但因一些主客观原因，主要是个人的研究任务比较重，所以迄今还未能成行。

前几年，许昌蚩姓研究协会会长蚩中山率领该协会一行5人到贵州来寻亲（许昌蚩姓认为他们和苗族都是蚩尤的后裔），我们见面并交换了意见，后来我们又多次在全国性的学术会议上见过面。蚩先生每次见面都邀请我去许昌考察，但我总是抽不开身。

今年初，蚩中山先生将他主编的《许昌郭集蚩氏族谱》（以下简称为《蚩氏族谱》）寄给我，我断断续续把它看完了。我佩服许昌蚩姓的家族精神，佩服蚩中山的执着和乐于为蚩姓家族付出的精神。

读了《蚩氏族谱》，我有以下几点体会：

第一，许昌蚩姓应该与蚩尤有关。

《蚩氏族谱》说："蚩尤，蚩氏得姓始祖……蚩尤涿鹿战败后，其部族大部分撤离中原地区，后裔分别徙居于冀州、山西、川黔滇等地……一部分仍留居于中原地区，与汉民族融合，部分后裔改为屠姓、邹姓、阚姓等。另有一部分蚩尤后裔沿蚩水（今沙河）往下游迁徙，入颍河到达许昌并定居下来，成为今许昌等周边地区的原住民……吾蚩姓世代定居此地，繁衍生息至今。"

根据中国史籍记载，蚩尤直系后裔同化到汉族中的主要有屠姓、邹姓、蚩姓和阚姓等。比如《明伦汇编·氏族典》载："蚩氏，蚩尤氏之后也。"《元和姓纂》载："蚩氏，蚩尤氏之后也，以国为民。"《续夷坚志》载："华州有蚩尤城，相传蚩尤阚姓。阚姓源自蚩尤。"孙中山撰写的《合肥阚姓重修谱牒序》说："合肥阚姓，蚩尤之后裔也。蚩尤阚姓，中国第一革命家。"

5000年前著名的涿鹿大战，人口众多、武器精良的蚩尤部落败于黄帝部落，农耕部族败于游牧部族，蚩尤部落同化到黄帝部落的人一定不少，但见诸文字记载的主要有蚩姓、阚姓、屠姓和邹姓等。

---

① 本文原题目为《读蚩中山主编的〈蚩氏族谱〉》。

《蚩氏族谱》还说："据《许昌县志》记载,明朝时期蚩姓在许昌县人口众多,排名第二位,为名门望族。后来人口为什么变少了,据说是蚩姓与其他姓氏发生矛盾,蚩姓被斩尽杀绝,只有一个孤儿被母亲带往牛村赵姓舅舅家,才幸免于难。又过了600多年,幸免于难的孤儿的后裔又发展到了现在的800多人。"

第二,丑化蚩尤并不影响蚩尤后裔的身份认同。

中国几千年来,"胜者为王,败者为寇",历史都是胜利者写的。蚩尤因为战败而被妖魔化。一些史官歌颂胜者,认为黄帝是对的,但对败者蚩尤却很不公平,他们斥蚩尤为"倡乱"者、"暴徒",把黄帝战蚩尤被看成是"正义"对"邪恶"的"讨伐",是"仁德"战胜"暴虐",把"平定蚩尤乱"说成是黄帝的丰功伟绩,甚至对蚩尤的名字也作出了相当丑恶的解释。

比如,《吕氏春秋·孟秋记》:"(蚩尤)始作乱,伐无罪,杀无辜……为之无道。"《归藏·启筮》:"(蚩尤)八肱八趾疏首。"《竹书纪年》:"蚩尤……好兵喜乱。"《广雅释诂》:"蚩,乱也。"《方言》:"蚩,悖也。"《六书正伪》:"凡无知者,皆为蚩名之。"甚至把蚩尤比作"饕餮",描绘成长"肉翅""虎爪""食人肉"的贪婪的怪兽,等等。

尽管封建文人穷尽污蔑丑化蚩尤之能事,但这绝不会影响蚩尤后裔的身份认同。同化到汉族中的蚩尤后裔,比如蚩姓、阚姓等,他们认为蚩尤就是他们的英雄祖先,他们以作为蚩尤的后裔为荣。《蚩氏族谱》说:"蚩尤,蚩氏得姓始祖,上古三大人文始祖之一……上古九黎部落的首领。"

数千年来,蚩尤徙居黔、湘、滇、渝、川、桂、鄂、琼等地的后裔,也认为蚩尤就是他们的英雄祖先。现在苗族三大方言都把自己的祖先称为尤公。黔东南方言称蚩尤为榜香尤,湘西方言称剖尤和绞黎够尤(即九黎蚩尤),而川、黔、滇方言则直接称蚩尤。四川南部和贵州北部、西部的苗族地区建有蚩尤庙。湘西、渝东、黔东北苗族祭祀祖先"剖尤"或"绞黎够尤"时,要用竹子编成山洞状,糊以纸,巫师坐"洞"旁敲竹筒,摇铃铛,但不能敲鼓。据说,当年祖先剖尤是战败而退入山沿林箐的,击鼓容易被人发现。黔东南流传的苗族史诗《榜香尤》,说香尤是苗族的第一位祖先。人们在唱歌或对话中,听到榜香尤的名字,都要肃然起敬。现在贵州丹寨、凯里的一些苗族村寨,每年都要过"祭尤节",祭祀苗族祖先蚩尤。"祭尤节"的供品样样都是九份,他们说是为了祭祀九黎部落的九大首领。

秋阳在《蚩尤与中国文化》中说:"汉族奉黄帝为自己的老祖宗,而黄帝就是以战胜蚩尤而有天下的王者,于是就要彪炳于史册。蚩尤既然被打败了,无力再回天,于是欲加之罪何患无辞……因而对于黄帝与蚩尤,厚此薄彼、是非莫辨,褒贬偏颇,比比皆是,也就不奇怪了。然而,尽管权势者们如何处心积虑,始终抹杀不了蚩尤的功绩,涂改不了蚩尤的本来面目。"[①]

第三,蚩尤与炎帝黄帝并列中华三大人文始祖。

[①] 秋阳:《蚩尤与中国文化》第15页,民族出版社,2015年版。

大量的中国史籍资料记载，蚩尤率领的九黎部落集团，率先发明兵器、刑法和宗教，率领进入农耕文明，并种植水稻。

苗族红军作家陈靖曾写下这样的一段话，"炎、黄、蚩都是中原一些部族中最杰出的首领，他们地位相等，不存在谁是正统，谁是偏枝。他们同是中华民族先祖中的三位大兄长，与他们同时存在的还有许多弟弟妹妹。中华民族是一棵枝茂根繁的参天大树，炎、黄、蚩尤是深埋在地下的三条粗根，而这三条粗根是不能随意取舍的。"

1998年7月25日，由海内外32万中华儿女捐资建成的"中华三祖堂"，正式矗立在河北省涿鹿县。"中华三祖堂"摒弃了历史的偏见，把蚩尤和黄帝、炎帝并列，奉为中华民族人文三始祖。

2014年5月1日，"山东阳谷蚩尤陵"正式落成，结束了蚩尤只有坟没有陵的历史。蚩尤陵将同黄帝陵、炎帝陵、中华三祖堂一样，是中华民族祭奠共同祖先的神圣场所。

2015年5月，重庆彭水"蚩尤九黎城"正式建成，这是目前世界上最大的苗族建筑群，是一处神圣的殿堂，是苗族文化的大观园。在这里，人们可以感受到苗族历史的悠久，文化的厚重，人民的热情；可以陶冶情操，怡情养性，修养品格。

现今，从苗族尊蚩尤为祖并为其鸣不平，学术界为蚩尤正名，到河北涿鹿"中华三祖堂"落成，山东阳谷"蚩尤陵"建成，重庆彭水"蚩尤九黎城"建成等等，蚩尤文化在历经千年风云战乱和朝代更替之后，重新凝聚起人们关注的目光。

〇七三 海外文献[①]

苗族是中国一个极其古老的民族，对上古中华文明做出过重大贡献。后来，因为在古代部落战争中遭受败绩，几千年来，从北到南、从东到西辗转流徙，甚至一小部分迁徙至境外。中国自有文字记载以来就有关于苗民的记载。苗族悠久的历史文化也引起海外的注意，18世纪以来海外有众多的文献、研究、记录介绍中国的苗族，这就证明苗族在人类发展史上占有自己的一席之地，所以引起人们的注意。

一、肯定意见

通过认真审读《18世纪以来海外文献中苗族形象述评与译介》，笔者认为：

（一）选题重要，具有学术意义

《18世纪以来海外文献中苗族形象述评与译介》选题好，立意新，对18世纪以来海外文献中的苗族形象进行译介与述评，具有较高的学术价值，有利于推动民族人类学研究的深入，有利于海内外学术交流，有利于宣传苗族悠久的历史与文化。

（二）思路清晰、结构合理，逻辑严密

本研究从晚清、民国、1950—1979年、1980—1999年、新世纪以来的五个历史时期，以及海外苗族自我的民族志，共分为六章译介与述评了海外文献中的苗族形象。思路清晰、结构合理、逻辑严密，整个研究成果目标明确，逻辑清楚，叙说有序，内容丰富且不乱。

[①] 本文系对社科基金项目《18世纪以来海外文献中苗族形象述评与译介》的评审意见。

（三）工作量大，文献资料丰富扎实

本研究梳理晚清至新世纪以来海外文献中的苗族形象，工作量大，尤其是文献中有英文、德文、法文、日文等，一些文献并未译成中文，项目承担者要将之翻译成中文，再进行介绍与评说。该项目共梳理了112份海外文献，工作量大，作者付出了艰辛的劳动。

（四）本成果基本达到了研究目的

可以看得出，课题承担者是认真负责的学人，潜心收集和研究海外传教士、学者、旅行者、军人、商人、公使等的游记、著述等。本成果基本达到了研究目的，如果吸收专家意见进一步地修改，会更加趋于完善。

二、建议修改意见

（一）建议译介与述评要基本均衡

本研究是对18世纪以来海外文献中苗族形象的译介与述评，译介、述评都是关键词。综观全稿，前部分是译介多，述评少，后部分是述评多，译介少。译介多了，影响述评，述评多了，又少见作者的原话。从严要求，建议译介与述评要做到基本均衡。

（二）凡是对苗族丑化、污名化的词都要删除或修正

苗族最忌讳被他人称为"苗子"。本研究系政府的社科研究课题，具有引领和导向的作用，不能以尊重原文为名而以讹传讹。送审稿中充满"苗子"二字，要统一改为"苗人"。海内外文献中的"苗子"指的就是苗人，要尊重苗族人的感情。

中国几千年封建社会，"胜者为王，败者为寇"。连萨维纳在《苗族史》中都感叹说："中国的典籍并未客观地书写历史，因为苗族在他们眼中一无是处。"送审稿中凡是对苗族丑化、污名化的词都要删除或修正，比如，第75页第3段，建议删除。"种田的人或野蛮人"，最早进入农耕文明的族群怎么是"野蛮人"？因为苗族自称为"蒙"，"蒙"族群因最早种植水稻禾苗而被汉族称为"苗"，"蒙"即苗族乐见于三苗、有苗、苗族的称呼。课题承担者既然知道苗族不喜欢"苗子"这个他称，就不要再以讹传讹了。

还有，"许多汉人认为苗子女子'生性放浪'，后来这一说法也得到了传教士的认同"，还有什么"花房"等，都应删除。女子"生性放浪"什么民族都可能有，但那都是个例。笔者生长在黔东南苗乡，曾听说苗族男女青年游方，如有发生男女关系行为的，男女方都要被

家族开除，赶走他乡，1949 年前甚至还有被家族活埋的。

（三）对海外文献中苗族形象的译介要抓住重点

或许是作者需要译介的文献太多，或许是因为版本有差异，在译介中有些没有抓住重点。比如对萨维纳《苗族史》的译介，重点应该是史，而不应该是习俗或其他。萨维纳以第三者的眼光，根据中国文献和苗族的心史传说，比较客观地研究和再现了苗族的历史。《苗族史》有着诸多独到和鲜明的观点，本项目承担者也承认，萨维纳"这种民族学的研究至今无人超越"。可该项目成果却没有将他诸多的学术亮点译介出来，当然也没有进行述评。

可能是因为版本不同，我手中的《苗族史》是 2009 年贵州大学出版社出版的，书中并没有萨维纳关于苗族 5000 多年来不断迁徙原因的总结，而送审稿第 92 页，说到萨维纳总结苗族 5000 多年来不断迁徙的六条原因，而这六条原因根本与苗族的迁徙无关，建议该页从第 4 至 11 句删去。

（四）加大海外苗族精英自我书写的译介与述评

迁徙至东南亚乃至移民西方国家的苗族，有一批精英分子也在书写自己民族的历史与文化。他们的自我呈现，无疑要比海外他者，甚至也比国内他者（主要指中国史籍文献）呈现的苗族形象要更加客观，更加符合苗族的实际。虽然海外苗族精英的自我书写已经作为一章，但读来仍然感觉不够，建议适当增加海外苗族自我民族志的译介与述评。

（五）其他需要完善的问题

注释要尽可能地翻译成中文，本页内引用相同的文献可以用"同上"代替，翻页了不能用"同上"代替。

要认真校对，文中还有差错漏字，含标点符号。比如第 2 页第 4 段最后一句，"有助于了 18 世纪以来"，"了"字后面掉一个"解"字，应为"有助于了解"。第 29 页第 3 段"他们就意义"，应为"他们就愿意"，第 190 页第 2 段"基督徒"，应为"基督教徒等"。

三、评审意见

修改后，同意验收合格。

〇七四 点评苗史[1]

苗族是一个历史悠久、文化厚重的民族。法国牧师兼汉学家萨维纳于1924年在香港用法文出版了中外第一部苗族史。贵州大学出版社于2009年从国家图书馆找出原著并组织人员将之翻译成中文，作为100年苗族研究的10部经典著作之一出版。

萨维纳作为一名法籍牧师和传教士，在中国西南地区生活了22年。他受中国史籍记载和苗族心史记载的启发，向苗族同胞学习苗语，用苗语深入苗族村寨调查，收集了大量的苗族古史传说。他还广泛阅读中国古籍记载资料，潜心研究苗族，出版了中外第一部《苗族史》。他虽然身在教会，但其学养无疑与他那个时代人类学民族学研究的国际水平接轨。

《苗族史》由序言、导言、四章正文和附录组成。作者在序言的一开头就说："远古时期，中国就生活着一个我们今天已经遗忘了其根源的人群。他们至今仍旧生活在崇山峻岭当中，远离于别的亚洲的人群。这个群落说着一种特殊的、其他民族不知道的语言，他们身上所着的衣服尤其特别，这在世界上其他任何地方都是看不到的。"这位传教士很会吸引读者，看了这段开头语，油然产生非要把这部书读完的感觉。

《苗族史》最主要的贡献在于：

第一，这是中外学界的第一部苗族史，是开山拓荒之作。萨维纳《苗族史》的最后一句话说："我只是想成为最先撰写他们历史的第一人。"他做到了，而且做得很成功；

第二，第一部《苗族史》是由一个法国牧师兼汉学家完成的，没有受限于事先潜在意识的影响，因此，比较客观和公正；

第三，萨维纳根据中国文献记载和苗族自己的心史传说，把苗族的渊源追溯到伏羲与女娲，言之有据，言之成理；

第四，《苗族史》成为中外学者引用最多的研究成果之一。

---

[1] 本文系作者应张晓教授之邀，点评萨维纳的《苗族史》，原题目为《中外第一部〈苗族史〉》。

〇七五 评审意见[①]

《贵州省世居少数民族哲学思想史研究》立论好。哲学是世界观和方法论。任何一个民族都有自己对整个世界的总体看法和基本观点，都有自己认识事物、改造世界的根本方法。一些人认为少数民族没有哲学思想，这个观点是错误的。每一个民族不但有自己的哲学思想，而且有自己的独到的观点和认识，有自己不同的体验和表达方式。《贵州省世居少数民族哲学思想史研究》对贵州 17 个世居少数民族的哲学思想进行专题研究和总结，立论非常好，具有里程碑意义。

这是一项开拓性的研究工作，贵州 17 个世居少数民族，有的民族的哲学思想已有人研究，但绝大多数民族的哲学思想领域还是处女地，还没有人进行研究。万事开头难，该项目研究充分挖掘了 17 个世居少数民族的世界观、方法论，科学地总结了各民族对整个世界的总体看法和基本观点，总结了各民族认识世界、改造世界的根本方法。虽然还有不足之处，但该项研究是具有开拓性的。

我向参与该项目研究的各民族专家学者表示敬意和祝贺！你们完成了一项非常有建树有意义的研究任务。《贵州省世居少数民族哲学思想史研究》公开出版发行后，那些认为少数民族没有哲学思想的说法就更加站不住脚了。更重要的是，研究总结贵州世居各少数民族的哲学思想，激励了贵州各民族人民认识世界、改造世界的活力，增强了民族自尊心、自信心、自豪感，吸收了先人智慧，凝聚了民族向心力，使各少数民族积极投入到改革与发展的洪流中，为努力实现伟大复兴的中国梦而奋斗，为努力实现各民族的小康生活而奋斗！

我负责审读苗族篇、土家篇和仡佬族篇，对这几篇的总体评价是思路清晰，重点突出，有所创新，行文流畅，言简意赅，情节构架基本严谨。肯定性的意见不多谈，我主要针对整个项目研究以及这三篇需要进一步修改完善的地方提出一些建议。

第一，书名建议改为《贵州省世居少数民族哲学社会思想史研究》，因为书中不少内容属于社会思想范畴，而不是哲学思想范畴。

[①] 本文系作者对《贵州省世居少数民族哲学思想史研究》（苗族篇、土家族篇和仡佬族篇）的评审意见。

第二，开头要有一个绪论，概括全书内容、研学要点、方法及意义等。绪论一定要写好。

第三，17个世居民族的人口，一律采用2010年全国人口普查数据。该民族人口全国是多少，世居在贵州的是多少，要交代清楚。

第四，全书在格式上尽可能统一。比如，书稿中对17个世居民族的介绍，有的篇称"概述"，有的称"简介"，有的称"社会历史概况"，有的称"引论"，有的称"某某族与贵州某某族"，有的对该民族的介绍没有标题等，建议全书统一采用"某某族概述"。再比如，有的节下有标题，有的又没有，有的节下还有一、二、三的小标题，建议尽可能统一。当然，有的民族的资料比较少，可能难以将整节内容分为三点，但能概括出一、二也好。既是一个民族的哲学社会思想史研究，一般来说，充分挖掘该民族的资料，在节的下面概括出三个小标题是不难的。因为新中国成立乃至改革开放以来，每一个民族都抢救出了大量的民族学资料、哲学社会思想资料。

第四，没有文字记载的少数民族哲学社会思想史研究，建议要以类划分，不要以历史分期来划分。因为许多资料很难区分出哪些是远古时期的，哪些是中古时期的，哪些是秦汉魏晋时期的，哪些又是唐宋元明清以来的。如若硬是按历史分期法，我们很难自圆其说，读者也不会信服。

第五，建议适当充实研究内容，使之更加完善。该项目既是《贵州省世居少数民族哲学社会思想史研究》，共十七章，一章就是对一个民族的哲学社会思想进行研究和介绍。建议每章至少要有四节，一节是该民族概述，利用三节或三节以上的内容对本民族的哲学社会思想进行研究介绍。现书稿中有些民族只有两节或三节，除掉第一节介绍本民族外，只有一节或两节介绍本民族的哲学社会思想，过于简单。建议篇幅不足篇章适当充实，使之更加完善或相对完善。

第七，全书要做到立论正确，资料可靠，结构合理，编写规范，无政治性错误，无敏感性问题，无违反政策、法律、法规的内容，无封建迷信及伪科学内容。

第八，全书要认真校对。交出版社前差错率要控制在万分之三以内，出版后要控制在万分之一左右。

以上是我重点审读苗族篇、土家族篇和仡佬族篇，同时又选读其他多篇内容后的一些建议意见，仅供参考。一个目的，就是希望这项开拓性的研究成果成为一部精品力作。

苗族篇、土家族篇和仡佬族篇，除有的涉及以上共性问题外，还有一些具体建议，已用红笔写在书稿中，不再赘述。

○七六 东山圣公[1]

三十六堂神七十二堂鬼是湘西苗族古老宗教信仰中的鬼神。这一系统既有苗族古老信仰中保留下来的"苗教"鬼神，又有汉族或其他民族传入的"客教"鬼神。说法之一，一百零八堂鬼神有东山圣公、南山圣母、灶王菩萨、五道神亲、上殿高岩三保、二十四位天菩萨大王、托魂郎子、头脚大王、俚侗苗王、山羊洞王、黑彝土老相公、黑彝土老太太、保胜公、四妹满娘、满儿满崽、大路神亲、三面三早口说、四路三喜、四官老爷、阎罗大谢、阎女大娘、四路四喜、财公二明、进财郎子、进宝郎君、一面一早口说大王、二面二早口说大王、五面五早口说大王、七个帕杯妹、七个帕杯龙、阿濮者奶、阿娘者娜、七个梭戒梭鬼、七个梭刀梭甩、龙公龙母、龙子龙孙、五位龙神土地、帕送召斗、女送召能、郎代鬼都、郎巴鬼理、鬼汝没雀、鬼别没能、鬼务鬼刀、鬼鬼布对、鬼却都木、鬼理都机、五治神亲、诸路神亲、帕笔龙畜、帕女笔说、第代着东、第马作欧、郎代看住、郎阶着秋、大坊土地、古老先生、管寨郎子、保寨郎君、管龙土地、管虎先人、阿濮平代、阿娘守那、告书郎子、解书郎君、白鹤仙子、白虎仙人、巴足流斗、女足流溪等。

以上三十六堂神七十二堂鬼，很难区分出哪些是"苗教"鬼神，哪些是"客教"鬼神，这说明中华民族自古以来就生活在神州大地上，血肉交融、文化互通，你中有我，我中有你。

---

[1] 本文原题目为《苗族三十六堂神七十二堂》，是对彭水蚩尤九黎城的九黎神柱上雕刻的一百零八堂鬼神的解说。东部方言苗族的东山圣公、南山圣母即指伏羲与女娲。

○七七 民族国家[1]

西方学者鼓吹一个民族一个国家，前段时间国内有学者主张去民族化，这都是不符中国国情的。

看一个国家是多民族国家还是单一民族的国家，不是看谁在掌权，而是看这个国家的人民构成。中国自古以来就是一个统一的多民族国家。上古时期（那时还没有建立真正意义上的国家），中国这块大地上就部落林立、氏族众多，人们说着不同的语言，有着不同的文化和生活习惯。华夏人主中原后，将四周部族人群称为东夷、南蛮、西戎、北狄。秦始皇统一中国后，历朝历代统治者都根据中国多民族特点，采取属邦制、羁縻制、土司制、土官制等制度，以实现对边疆少数民族的统治。

2014年9月28日，习近平总书记在中央民族工作会议上的讲话中强调指出："几千年来，中华民族始终追求团结统一，把这看作'天地之常经，古今之通义'……我国历代中央政权经略民族地区，大多是在实现政治统一的前提下，实行有别于内地的治理体制，秦汉的属邦属国、唐代的羁縻州府、元明清的土司都是这样的设计……在治理理念上，既强调天下一统、五方之民共天下、四海之内皆兄弟；又强调因俗而治，'修其教而不易其俗，齐其政而不易其宜'。"

中国几千年来，虽然朝代不断更迭，但多民族国家的性质始终没有变。中华人民共和国成立后，宪法明确规定我国是统一的多民族国家。在各少数民族聚居的地方实行民族区域自治，这是最符合中国实情的。习近平总书记在中央民族工作会议上的讲话中强调，坚持和完善民族区域自治制度，是中国特色解决民族问题正确道路的重要内容和制度保障。

---

[1] 本文原题目是《中国自古以来就是多民族国家》，系对一位朋友的来信回复。

〇七八 英语译苗[①]

国家社科基金青年项目《苗疆腹地基督教典籍英译苗研究》，出自一位年轻的苗族女博士之手，让我大为震惊。我深为作者的学术勇气和拼搏精神所折服。

一、本项目研究的主要建树

（一）选题好，具有重要的学术意义和政治意义

《苗疆腹地基督教典籍英译苗研究》具有重要的学术意义。众所周知，若干世纪以来，西方基督教几乎渗透全球，中国也不例外。学界对基督教渗透中国、渗透苗区多有研究，但鲜有学者把基督教典籍《圣经》英译苗同翻译理论联系起来做专门的研究，即使有，其研究成果也很难使人完全信服。本研究成果虽然还有不足之处，但基督教典籍《圣经》英译苗研究毕竟是具有开拓性的。

《苗疆腹地基督教典籍英译苗研究》还具有重要的政治意义。习近平总书记指出，"积极引导宗教与社会主义社会相适应，必须坚持中国化方向"，"宗教问题始终是我们党治国理政必须处理好的重大问题"。宗教无小事。该项目研究旨在揭示基督教典籍英译苗的文化侵略本质，旨在遏制境外宗教的侵蚀与蔓延，旨在通过翻译研究和实地调查，提出可供政府有关部门决策参考的建议。

（二）思路清晰、结构合理

从总体上看，《苗疆腹地基督教典籍英译苗研究》的思路是清晰的，结构是合理的，逻辑也是严密的。作为英文博士，她不仅翻译研究了基督教典籍的重要内容，还翻译整理了部分牧师自己的传教纪实文稿，充分揭示出基督教当年是如何挖空心思地渗透苗疆腹地的。项

[①] 本文系对国家社科青年项目《苗疆腹地基督教典籍英译苗研究》的审读意见。

目研究者明确地告诉人们："西方传教士在翻译时借助苗族的传统信仰和民间传说，以诱骗的方式影响苗族的文化身份认同。比如试图使苗族的'天'和'王'（天上的王）的概念与《圣经》的上帝同化，努力把这两个完全不同的概念捏合在一起。同时巧妙地将《圣经》中的故事同苗族社会中的传说联系起来，并把苗族历代的苦难同《圣经》中的以色列民族的苦难联系起来，让苗族以为自己就是上帝的子民，从而让苗族信奉上帝。"由此可见，基督教渗透苗疆腹地实际上是一种文化侵略。由于遭到苗族同胞的抵制，基督教在苗疆腹地的传教渗透极不顺利。

（三）资料新鲜且丰富，工作量饱满

《苗疆腹地基督教典籍英译苗研究》不仅为我们提供了新的研究视角，而且资料新鲜且丰富，比如《基督教典籍英译苗、英译汉以及对比研究》《苗族创世神话同〈圣经〉创世纪的文化阐释》《传教士翻译〈苗族诗歌〉的文化人类学阐释》《翻译研究与人类学》《基督教典籍早期苗译本、新译本》等等。我虽然一生研究苗族，但还是从该成果中获得了大量的新知识、新信息。此研究工作量饱满，既有大量的资料翻译和研究，又有深入苗疆腹地的实地调查和采访；既有《圣经》苗文译本的文化人类学阐释，又有基督教网上录音文本的转录翻译与研究；既翻译研究了基督教典籍苗译的各种版本，又翻译整理了部分传教牧师自己的纪实文稿，让读者感到大饱眼福。

（四）本成果基本达到了研究目的

可以看得出，课题承担者是认真负责的学人。她出生于苗疆腹地的黔东南，从小就深受苗族文化的熏陶，又是英语专业的博士生，具备承担《苗疆腹地基督教典籍英译苗研究》的天然条件。虽初出茅庐，但已经显示出潜在的研究能力。该项目成果也还有不足之处，吸收专家意见进一步修改，会更加趋于完善。

二、建议修改意见

第一，此研究要始终贯彻一条主线，基督教对苗疆腹地的渗透是一种文化侵略，外国传教会并不能给苗族地区的发展带来真正积极的影响。

第二，此研究的落脚点是"遏制境外宗教的侵蚀与蔓延"，建议要研究列出若干条对策措施，以供政府有关部门作决策参考。

第三，第六章题目改为"基本结论"，第四点改为"苗族抵制外来宗教的渗透"，至于本研究的好与坏，由读者评说。

第四，本研究涉及基督教典籍（含传教士的纪实文稿）的苗译本、汉译本、老苗文本、新苗文本等，建议找一位苗族语言学家再把把关，不要出现低级错误。

第五，注释要规范化，尽量采用中文注释。要精练文字，无关紧要或重复的语句要删去。要认真校对，文中还有差错漏字，含标点符号。（比如第1页，"《苗族通史》"应为"《苗族通论》"；第3页第2段最后不要提基督教中国化，国家是不允许基督教中国化的；第6页，再增加一个关键词，"遏制外来宗教的蔓延"；第9页，标题"研究视角人类学"前面增加"翻译学"；第14页，"少数民族没有自己的语言"，应为"没有自己的文字"等。）

第六，对《专家意见》中合理的部分要认真吸取并修改。因宗教项目管控严格，一定要高标准要求。

三、回答一些具体问题

（一）关于项目名称

该研究成果仍用国家社科规划办立项时的名称，即《苗疆腹地基督教典籍英译苗研究》，无须改为《人类学视阈下基督教典籍英译苗研究》。

（二）关于学科分类

该研究成果的学科分类，仍为国家规划办立项时的语言学研究。虽然研究成果涉及多学科交叉，但"基督教典籍英译苗"的关键词，决定了该项目主要还是语言学研究，无须改为人类学或民族学。

（三）关于苗疆

"苗疆"或"千里苗疆"，是历史词语，泛指苗族居住的广大区域，研究民族的历史可以用，但研究民族的现在最好不用。如果是正能量的标语也可以用，比如：千里苗疆，齐奔小康；千里苗疆齐欢腾；党中央号召全国要脱贫，千里苗疆无不响应等。"苗疆"或"千里苗疆"不是禁词。

（四）关于苗疆腹地

苗疆腹地指苗族聚居的中心区域。无论是过去还是现在，黔东南都是苗族人口最集中的中心地带，被称为苗族的大本营。中国苗族一半在贵州，贵州苗族一半在黔东南。苗族三大方言区，黔东南是中部方言区。广义的苗疆腹地指黔东南，狭义的苗疆腹地才指台江或雷山。本项目名为《苗疆腹地基督教典籍英译苗研究》，这没问题。

（五）关于黑苗

苗族迁徙至西南山区后，居住分散，语言、服饰、习俗等都产生了极大的差异。历史上，人们根据苗族服饰的颜色，将崇尚红色服饰的东部苗族称为红苗，将崇尚黑色、青色服饰的中部苗族称为黑苗、青苗，将崇尚白色、花色服饰的西部苗族称为白苗、花苗等。这些名称只是人们为了区别各地区苗族而起的，并不带有贬义，也不存在歧视，苗族也是接受的。这与恶意称苗族为"苗子"是截然不同的。一些苗族同胞一见面就自称我是中部的黑苗，我是东部的红苗，我是西部的花苗等。该项目是研究历史上外来基督教在苗疆腹地的渗透，基督教典籍大量地使用"黑苗"称呼，研究沿用"黑苗"称谓并没有什么不妥之处，无须修改。要与人为善，要体现出一个民族宽广的胸怀，要努力实现中华民族的大团结。

（六）关于基督教典籍的文字问题

外来基督教牧师为了传播圣经，大多使用英文、汉文，但也有人使用自制的文字或借助其他文字。无论用何种文字，都不影响《基督教典籍英译苗研究》的项目名称，"英译苗"是主体，其他文字是"英译苗"的补充。

（七）关于田野调查问题

"英译苗"主要是翻译学研究，需要有人类学民族学乃至其他学科方法的辅助，该项目离不开人类学的田野调查，但最重要的还不是田野调查（项目成果已包含田野调查），专家是按人类学的标准来要求了。

（八）关于黑苗基督教信徒的身份认同

专家指出的"基督教典籍英译苗构建黑苗信徒的身份认同"，不是"构建"，是"影响"，如果成果中使用了"构建"二字或者包括有"构建"的意思，一定要改成"影响"。因为基督教的渗透就是企图改变黑苗信徒对苗文化，乃至对中华文化的身份认同。

（九）关于缺乏读者意识的问题

本研究属于边缘学科，且专业性很强，很多人确实很难看懂。"英译苗"本身注定要采用老苗文、新苗文，这是不能进行深度加工的。为了让读者更加容易读懂，本研究尽量采用老苗文、新苗文、英文、中文进行对比，这不是"音译"问题，也不是自说自话。至于建议采用国际音标，是应该采纳的。

（十）关于罗列传教士纪实文本问题

本成果就是要翻译研究基督教典籍在苗疆腹地的文化渗透，既要翻译研究基督教典籍苗译的各种版本，又要翻译研究传教士的纪实文稿，这不是罗列，是翻译和研究之必须。目的是让读者感受到当年基督教在苗疆腹地渗透的基本情况。传教士的纪实文稿记录了他们是怎样进入苗疆腹地的，他们的传教事业并非一帆风顺，而是遭到大多数苗族人抵制的。

〇七九 丛书后记[①]

"九黎苗族历史文化丛书"的重要观点是：中华民族超百万年的文化根系，上万年的文明启步；中国可考的历史可以追溯到7000多年前的伏羲或伏羲时代；苗族是一个古老的民族，它源自上古时期的伏羲部族和九黎部落；史家将上古时期生活在我国东部的古苗人称之为"东蒙"（蒙是苗族的自称，"东蒙"即是居住在东方的古苗人），东蒙、九黎、三苗、南蛮、荆蛮、武陵五溪蛮、苗族，一脉相承；古老的苗族具有十分丰富的哲学思想及社会发展思想，具有自己鲜明的文化特征；运用多学科知识专门研究苗族便可以成立苗学，苗学已经成为一个热门学科；明清时期一部分苗族迁徙至东南亚，20世纪70年代印度支那战争结束后，老挝、越南的10余万苗族被迫迁徙移民至西方，苗族分布在四大洲十多个国家；中国重庆彭水蚩尤九黎城是海内外苗胞同胞祭祀蚩尤先祖的神圣场所。

"九黎苗族历史文化丛书"看似研究苗族，实际上也是研究中华民族悠久的历史与文化。大量的典籍资料记载及考古资料印证，7000多年前的伏羲或伏羲时代开中华文明之先河。伏羲时代是古苗人的启蒙时期，也是中华文明、中华民族的发轫时期。后来，源于伏羲原始部族的蚩尤九黎与东进的炎帝、黄帝逐鹿中原，遭受败绩的蚩尤部族退至长江流域组成三苗集团。尧舜禹三代一直没有停止对三苗的征讨，三苗战败迁徙至长江以南后又被称为南蛮、荆蛮、武陵五溪蛮。作为一个从上古走来的民族，苗族见证了中华民族的历史开端。从某种程度上讲，研究苗族的历史文化就是研究中华民族的历史文化。

我们的观点和结论是完全建立在坚实的资料基础上的。挖掘、汇集、研判了众多的典籍资料、田野调查资料、考古发掘资料，更从权威专家学者的相关论述中探赜索隐。诚如序中所言，苗族悠久的历史与文化，在范文澜、郭沫若、翦伯赞等为代表的《中国通史》系列中，在王桐龄、吕思勉、林惠祥等为代表的《中国民族史》系列中，以及在梁启超、夏曾佑、蒙文通、石启贵、梁聚五、萨维纳、伯格理、鸟居龙藏等的重要著作中，都已经得到了充分的论述与肯定。实际上，我们只是站在巨人的肩膀上，进一步阐述他们的观点以及观点的来源和依据。比如，中国可考的7000年历史，苗族与伏羲氏族的关系，既有丰富的史籍资料记载，

[①] 本文原题目为《苗族的历史见证了中华民族的生存开端》，系"九黎苗族历史文化丛书"之后记。

又有大量的苗族心史资料记载；既有诸多学人的研究资料考证，又有考古发现的地下资料印证。在此，我们姑且不加评说地引用和重读诸多学人的研究考证成果，以证明我们的观点和结论绝不是空穴来风。

翦伯赞、郑天挺在《中国通史参考资料》中注曰："君子国，不死国，相传是东方夷国。"[1]

范文澜在《中国通史简编》中考证说："居住在东方的人统被称为'夷族'。太皞是其中一族的著名酋长。太皞姓风，神话里说他人头蛇身（一说龙身）……相传伏羲画八卦，按伏羲与太皞向来被当作同一个人的名号，事实上伏羲是指远古开始有畜牧业的一个时代。"[2]

郭沫若在《中国史稿》中考证说："太皞，号伏羲氏。据说'伏羲作卦'，已是父系氏族社会的事了……传说太皞是风姓，应同九夷中的风夷有更直接的关系。风夷在夷人氏族部落中居于首要地位，因而太皞又是所有夷人想象中的祖先。"[3]

萨维纳在《苗族史》中考证说："有三个人的名字，可以用来概括中国的史前史历史——伏羲、神农、黄帝。"

历史纪年表（节选）[4]

伏羲（Fou-hi）游牧时代	公元前4477年
神农（Chenn-noung）农业时代	前3217年
黄帝（Hoang-ti）建立帝国半史时代	前2697—前2479年

萨维纳列表后说："我们没有列出更早的时代，因为表上列的从公元前4477年到前1888年这段时间，已经足够向我们证明，苗族祖先在东亚早期历史上留下了足迹。"[5]萨维纳强调说："中国的历史纪年也见证了苗族在中国的生存开端……鲍迪埃先生称之为'一个真实的历史现象'。"[6]

夏曾佑在《中国古代史》中考证说："包牺氏蛇身人首，风姓，都于陈；华胥履迹，怪生皇牺；结绳而为网罟，以畋以渔；制以俪皮嫁娶之礼；以木德王；始作八卦，以龙纪官，故为龙师而龙名。"[7]他特别强调说："古时黎族（指九黎部族及先人）散处江湖间，先于吾族，不知几何年。其后吾族顺黄河流域而至，如此又不知几何年。至黄帝之时，生齿日繁，民族竞争之祸，乃不能不起，遂有炎帝、黄帝、蚩尤之战事……夫蚩尤受金作兵，伐黄帝，是地质学家所谓铜刀期矣。而吾族剥林木以为兵，铜木之间，利钝殊焉。蚩尤胜而黄帝败，殆无

---

[1] 翦伯赞、郑天挺：《中国通史参考资料》第120页，中华书局，1962年版。
[2] 范文澜：《中国通史简编》第88页，人民出版社，1965年版。
[3] 郭沫若：《中国史稿》，第111—112页，人民出版社，1976年版。
[4] 萨维纳：《苗族史》第143—147页，贵州大学出版社，2008年版。
[5] 萨维纳：《苗族史》第146—147页，贵州大学出版社，2008年版。
[6] 萨维纳：《苗族史》第3页，贵州大学出版社，2008年版。
[7] 夏曾佑：《中国古代史》第9—10页，岳麓书社，2010年版。

疑义。然而成败相反，此何故哉。"①

王桐龄在《中国民族史》中研究叙说了苗族的历史与命运，他说："现在中国人动言五族平等，所谓五族者，即汉、满、蒙、回、藏族，譬如作一家人看，汉族是长兄，满族、蒙族、回族、藏族便是幼弟，是为现在人的观察；若照历史上观察，中国民族除去汉、满、蒙、回、藏五族外，还有一位长兄，即是苗族……当时苗族文化相当发达，第一发明刑法，第二发明兵器，第三发明宗教，后来汉族所用之五刑、兵器及甲胄，所信奉之鬼神教，大抵皆苗族所创，而汉族因袭者。后来苗族子孙，有一大部分完全同化于汉族；其不肯同化之一小部分，逐渐迁到中国西南各省（云、贵、广西、湖南等地）深山中，与木石居，与鹿豕游，不肯与汉族杂居，不肯与汉族结婚，文化程度遂落后于汉族之后，到现在反成为不开化之民族矣。"②

梁启超在《论中国成文法编制之沿革得失》一文中说："自黄帝迄今于舜禹，我族与苗族为剧烈之竞争，卒代之以兴。于是彼族之文明，吸收以为我用。刑法于是起焉。"

吕思勉在《中国民族史》中说："《史记·六国列表》：'或曰，东方物之所生，西方物之成熟。夫作事者必于东南，收功实者常于西北。'"③

蒙文通先生在《古史甄微》中认为，中国"古民族显有三系之分"。"风姓之族先于炎、黄二族居于中国，当即为中国旧来土著之民，自东而西，九州之土，皆其所长。"中国文化即为三族所共建，而有先后主次之别，故谓"泰族者中国文明之泉源，炎、黄二族继起而增华之"。蒙文通在他的另一重要著作《古地甄微》中说得更明白："因疑苗族为中国文化之创始者……于是我东方璀璨之文化，滋兴于斯，而展大于三河。正所谓因天时地利，而文化之兴，固自非偶然之故也。"他还特别强调说："古之建帝都、封大国，皆自东而渐西，即汉族以外之民族。"④

杨万选在《贵州苗族考》中考证说："据典籍所载，中国土人，实为苗族……苗族为中国最古人种。"⑤

石启贵在《湘西苗族实地调查报告》中也论说了苗族的历史与命运："苗民乃中国之主人公，古老之民族也，自为黄帝征服后，震慑分窜西南各方，即成西南之高地部落……华族（有称夏族）与苗族之称号，古时有之，传代久远，已成一种固定名词……兹就一般之传说，以苗华二字意义释之，苗为根，华为花，先有根苗生长，而后有花发结实……有般汉人与苗人义气较好者，常对苗人说'无苗不成国'，斯言几成通俗之谚语……尚有拜苗人为老大哥。"⑥

可见，早在民国时期乃至中华人民共和国初期，一批学术大师就充分地肯定了苗族悠久的历史与文化。新时期以来，对苗族历史文化的研究又有新的进展。

---

① 夏曾佑：《中国古代史》第13页，岳麓书社，2010年版。
② 王桐龄：《中国民族史》，吉林出版集团有限责任公司，2010年版。
③ 吕思勉：《中国民族史》第12页，岳麓书社，2010年版。
④ 蒙文通：《古地甄微》，巴蜀书社，1998年版。
⑤ 杨万选：《贵州苗族考》第9—10页，贵州大学出版社，2009年版。
⑥ 石启贵：《湘西苗族实地调查报告》，湖南人民出版社，1986年版。

杨娟、杨庆林、敖尔美著的《中华民族通史论纲》考证说："中华民族经历了上万年至数万年，这个发展进程从未中断，炎帝、黄帝、蚩尤时代并非起点，向上溯还有很长时期的历史，这段历史对中华民族的发展至关重要，是真正的中华民族起源阶段。当时（炎、黄、蚩尤时代之前）中华民族的古人长期生活在华北平原、黄河、长江中下游地区，他们尚处于未分裂的状态，我们将这些中华古人称为古苗人，将他们生活的那段历史时期称为古苗人时期……古苗人时期起始于古代伏羲时期……古苗人的栖息地是华北平原、黄河中下游平原和长江中下游平原，这些地区就是后来的古华夏的区域了。"[1]

王大友在《三皇五帝时代》中考证说："蚩尤为伏羲族裔，自泾洛迁于莱芜、沂源附近的苗山、九山、鲁山……传说苗族祖先之一伏羲女娲大洪水之后，于昆仑山兄妹为婚，再传人类。以地察之，西有雷泽、泰山、徂徕山，东有高密（虙氏之阜邑）、莱夷、黄夷，北有嵎夷，与伏羲氏、女娲氏故地毗邻，所以得到发展。"[2]

马长寿在《苗瑶之起源神话》中考证说，中原神话中的包羲与女娲原为楚籍，系"楚中苗族创世之祖……自中原与楚苗交通后，汉苗文化交流，于是楚苗之古帝王及主神，不特通行于苗族，汉族亦从而假借之。时代匡远，于是中原人士不复知伏羲女娲为楚苗之始祖矣"。[3]

石宗仁在《荆楚与支那》中考证说："我国著名学者闻一多、徐旭生、凌纯声、芮逸夫、马学良、马长寿等，均认为伏羲女娲是苗民的始祖……因而在苗族民间有'神话传说故事''宗教祭祀还傩愿'、傩公傩母史诗，精美的木雕'有首无躯的男女神偶'等多种文化形态，共同颂扬伏羲女娲的始祖地位。"[4]

苗族从古至今，自称为"蒙"。王献唐的考证更直接，他在《炎黄氏族文化考》中考证了蒙（苗）人的来源，他说："伏羲亦作伏牺……蒙阴一带，初皆蒙族聚处之所……所居之地名蒙，所处之山亦名蒙……伏羲后裔，周有密须四国，为东蒙主……知东蒙一带，固伏羲子孙旧壤也。伏羲之后，有东蒙氏……东为方名，殆对宋国诸蒙在西者而言，又知蒙为伏羲族氏矣。族以蒙名，所居之地，故以名蒙。蒙在东方，故言'东蒙'，合地名氏名以证伏羲，知伏羲为蒙族。"[5]

刘起釪在《古史续辨》中考证说："在华夏族的神话传说里，原来并没有伏羲……而伏羲、女娲这一对则是苗族的始神，相传他们的族是在洪水之后由伏羲、女娲兄妹结为夫妇诞生出来的。此说由芮逸夫《苗族的洪水故事与伏牲女娲的话传》始倡之，闻一多的《伏羲考》盛赞其说并详加证成之，应是可信的。"[6]

---

[1] 杨娟、杨庆林、敖尔美：《中华民族通史论纲》第35—37页，当代中国出版社，2012年版。
[2] 王大友：《三皇五帝时代》第105页，中国时代经济出版社，2005年版。
[3] 马长寿：《苗瑶之起源神话》，载《民族学研究集刊》1940年第2期。
[4] 石宗仁：《荆楚与支那》第130页，民族出版社，2008年版。
[5] 王献唐：《炎黄氏族文化考》第297—307页，青岛出版社2006年9月第1版。
[6] 刘起釪：《古史续辨》第39页，中国社会科学出版社，1991年版。

张应和在《湘西苗族还傩愿源流考》中说："傩祭、傩仪和傩戏崇拜的始祖神叫'傩公傩母'，按苗族民间传说，他们是伏羲女娲的俗称……这进一步说明伏羲女娲当是苗族的始祖，还傩愿正是苗族祭祖的一大宗教活动。"①

苗青在《战争与西部苗族大迁徙》中运用苗族口碑资料说："在那悠悠昊天的东方寰区，在那茫茫旷世的大地中间，有两条河，一条叫浑水河，一条叫清水河……据苗族先辈的老人们代代相传下来，最早住在浑水河和清水河流域大平原里的，是一个叫'蒙'（hmongb）的大的部落部族。这个大的部落部族，居住地盘方圆数千里……这'蒙'的名称算是最古老的了。"②

王大有在《蚩尤氏在中华文明史上的杰出地位论纲》中指出：苗族"都是头戴飞鸟形凸玉冠上插羽毛，这种玉冠，首见于河姆渡文化（距今7000多年），发达于良渚文化（距今6500—4200年）、大汶口文化（距今6500—4500年），龙山文化（距今4500—4000年）的陶器、玉器上，尤其集中于玉圭、玉钺、王冠上"。③

秋阳在《蚩尤与中国文化》中考证说："红山文化和良渚文化发现后，'好事者'们经过考察研究认为，红山文化属于黄帝族的源头，而良渚文化则是蚩尤族的遗存。此说一出，得到更多人的认同……良渚人，应该说九黎，是个智慧而强悍的民族。他们在长江下游创立以稻作为主的农耕基业，建木屋为居，造舟船以渡河。由于生产工具的改进，又有发达的手工业，收益不仅能自给，且有盈余，进而由石器时代发展到陶器和玉器时代。由于经济的富有而筑城的防护，这就为'接近文明社会的门槛'打下了基础，创造了条件。"④

由此可见，中国具有7000年可考的历史，苗族源于上古时期的"东蒙"伏羲原始部族，是完全可以成立的。

本套苗族历史文化丛书为苗族历史文化科普读物，拟定为《探考伏羲》《解读九黎》《话说三苗》，共三卷。以最新的研究成果为主，同时收录一些最具苗族特色的已有文稿，以使广大读者对苗族有一个相对全面立体的认识和了解，同时也了解中华民族具有超百万年的文化根系和上万年的文明启步，间接了解中华民族7000年的发展演变历程。

"九黎苗族历史文化丛书"三卷本，还望方家批评与指正！书中引用、参考了众多学人的研究成果和资料，在此一并致谢！

作者识于贵阳甲秀楼寒舍
2022年3月15日

---

① 张应和：《湘西苗族还傩愿源流考》，载《吉首大学学报（社科版）》1991年第4期。
② 苗青：《苗族文学论稿》第289—290页，现代出版社，2015年版。
③ 王大有：《蚩尤氏在中华文明史上的杰出地位论纲》，载《先秦史研究动态》1996年1期。
④ 秋阳：《蚩尤与中国文化》第53—57页，民族出版社，2015年版。

○八○ 古史重建①

应邀参加在山东召开的"中国上古史体系重建研讨会",我很高兴。我是赞同山东大舜文化研究会原会长谢玉堂同志关于要重建上古史体系的观点的。

习近平总书记在 2022 年 5 月 27 日中共中央政治局第三十九次集体学习时指出:"经过几代学者接续努力,中华文明探源工程等重大工程的研究成果,实证了我国百万年的人类史、一万年的文化史、五千年的文明史。中华文明探源工程成绩显著,但仍然任重道远,必须继续推进、不断深化。"

中国考古学泰斗苏秉琦教授生前就曾提出要重建中国古史问题,他把中国古史的框架、脉络概括为:"超百万年的文化根系,上万年的文明启步,五千年的古国,两千年的中华一统实体。"

我是研究苗族历史文化的,苗族是中国一个极其古老的民族或族群,对中华早期文明有着卓越的历史贡献。研究苗族悠久的历史必然涉及中国上古史。由于时间关系,我主要向大家汇报我的研究中涉及中国上古史的一些问题及其基本想法,提出来与大家共同讨论,请各位专家学者批评指正!

一、中国可考的历史应该是 7000 年

随着研究的不断深入和考古资料的不断发现,我国学界一部分人认为,中国可考的历史不止 5000 年,而是 7000 年。今天的汉族和苗族是中国两个最古老的族群,不仅汉族的族属渊源可以往前追溯,苗族的族属渊源也可以往前追溯。

大量的中国史籍资料记载,中国经历了伏羲太昊时代,神农时代,炎帝(后世神农)、黄帝、蚩尤时代,然后才到尧、舜、禹时期,夏、商、周时期等。

中国人民津津乐道的三皇五帝时代,已经得到了 100 多年的考古学资料证明,即得到了地上和地下证据的相互印证。三皇五帝不是传说,是信史。

---

① 本文系作者应邀参加在山东烟台召开的"中国上古史体系重建研讨会"的论文。

二、司马迁只写"上起黄帝，至于麟止"的历史，之前还有伏羲作《易》八卦

中华文明五千年，始于司马迁《史记》一书，以黄帝打败蚩尤为起始。其实，司马迁自己都不这样认为的，他在《史记·太史公自序》中曾明言："余闻之先人曰，伏羲至纯厚，作《易》八卦……于是卒述陶唐以来，至于麟止，自黄帝始。"司马迁明确告诉后人，他只写"上起黄帝，至于麟止"的历史，但他曾经听人说，在黄帝之前还有伏羲作《易》八卦一事。

伏羲之前虽有盘古氏开天辟地、燧人氏钻木取火、有巢氏上树栖居。但盘古、燧人、有巢，是否确有其人，由于年代久远，已经难以考证了。可距今7000年前左右的伏羲太昊氏，应该说是确有其人或年代的，确有该原始部落或原始部族的。大量的史籍资料记载，伏羲或伏羲时代就已经开始了一系列的创造与发明，即开中华文明之先河，是中华民族的发轫时代。

三、上古时期存在着东、西两大阵营或两大势力集团

民国时期，傅斯年就曾提出"夷夏东西"说，他指出："现在以考察古地理为研究古史的一个道路，似足以证明三代及近于三代之前期，大体上有东西不同的两个系统。这两个系统，因对峙而生争斗，因争斗而起混合，因混合而文化进展。"[1] 我们认为，傅斯年所说的三代（夏商周）之前期有东西不同的两个系统是符合中国早期历史的，并指明夷东夏西，只不过，傅斯年的东西两大系统借用了后来的族群名称"夷"和"夏"。

实际上，三代之前的东西不同的两个系统或两大势力，分别是"夷"和"夏"的祖先，即居住在我国东部的蒙人和居住我国西部的羌人，我们将其简称为"东蒙"与"西羌"。"夷"和"夏"分别是上古时期"东蒙"与"西羌"的后裔，是夏商周三代时才逐渐形成的人群概念，之前的东西两个系统或两大阵营显然还不能简称为"夷"和"夏"。因为夷的前面还有蚩尤九黎、少昊、伏羲太昊；夏的前面也还有炎黄、西羌或氐羌。

四、"东蒙"与"西羌"是中华文明中华民族的两大历史源头

如前所述，上古时期东西不同的两个系统或两大阵营，分别是居于我国东南部的"东蒙"人，和居于我国西北部的"西羌"人。"东蒙"人的历史可以追溯到7000年左右的伏羲太昊，"西羌"人的历史可以追溯到6000年左右的少典有蟜，两个系统见诸文字记载的首领分别是：属于"东蒙"的伏羲太昊、少昊、蚩尤，属于"西羌"的少典、神农炎帝、黄帝。正如傅斯

---

[1] 傅斯年：《民族与古代中国史》第1页，上海人民出版社，2014年版。

年所说"这两个系统,因对峙而生争斗,因争斗而起混合,因混合而文化发展"。

傅斯年说的上古时期的"两个系统"是中华文明中华民族目前可考的两大历史源头,一是上古时期居住在我国东部东方自称为"蒙"的部族部落人群,二是上古时期居住我国西部的西羌或氐羌部族部落人群。

东蒙、九黎、三苗、南蛮、苗族等;西羌、神农、炎黄、华夏、汉族等,两个系统或两大族群,发展脉络清晰。

五、早期中华文明东南部先于西北部

司马迁《史记·六国年表》曰:"或曰:'东方物所始生,西方物之成孰。'夫作事者必于东南,收功实者常于西北。"上古时期的中国神州大地上,东南部文明是先于西北部文明的。

夏曾佑在《中国古代史》中也感叹说:"古时黎族(指九黎族及其祖先)散处江湖间,先于吾族,不知几何年……至黄帝之时,生齿日繁,民族竞争之祸,乃不能不起,遂有炎帝、黄帝、蚩尤之战事。"

法国牧师萨维纳在我国西南地区传教 20 多年,他不但熟知中国史籍资料,而且还学会了苗语,他于 1939 年在香港出版了中外第一部《苗族史》,他在《苗族史》中说:"他们(苗族)的历史比汉人的史书记载还要古老……中国的纪年也见证了苗族在中国的生存开端。"

著名的涿鹿大战,是西北部的游牧部族打败东南部的农耕部族。逐鹿中原,部落战争,实现了中华文化的融合,黄帝建立了早期国家雏形。但从地上的和地下的证据相互印证来看,炎黄蚩尤时代并非起点。

六、史学大师没有将伏羲太昊时期称为"东夷"

史家稽古,多从伏羲开始。但史学大师们没有将伏羲太昊时期称为"东夷"。

翦伯赞、郑天挺在《中国通史参考资料》中注曰:"君子国,不死国,相传是东方夷国。"[1] 范文澜在《中国通史简编》中说:"居住在东方的人统被称为'夷族'。太皞是其中一族的著名酋长。太皞姓风,神话里说他人头蛇身(一说龙身),可能是以蛇(或龙)为图腾的一族。"[2] 郭沫若在《中国史稿》中则说:"太皞,号伏羲氏。据说'伏羲作卦',已是父系氏族社会的事了……传说太皞是风姓,应同九夷中的风夷有更直接的关系。风夷在夷人氏族部落中居于首要地位,因而太皞又是所有夷人想象中的祖先。"[3]

可以看出,翦伯赞、郑天挺认为君子国是"东方夷国",范文澜、郭沫若认为伏羲与太

---

[1] 翦伯赞、郑天挺:《中国通史参考资料》第 120 页,中华书局,1962 年版。
[2] 范文澜:《中国通史简编》第 88—89 页,人民出版社,1965 年版。
[3] 郭沫若:《中国史稿》,第 111—112 页,人民出版社,1976 年版。

皞是同一的,是居住在东方被称为"夷族"或"夷人"的祖先。他们所说的"东方夷国""东方夷族""东方夷人",都是指向7000多年前的"伏羲太昊部族",而不是指夏商周时才形成的"华夷五方格局"中的"东夷",因为伏羲太昊时期还没有"东夷"的概念,也还没有华夷之别。

七、苗族自称为"蒙",源自东部的伏羲太昊部族,专家将其称为"东蒙"

王献唐在《炎黄氏族文化考》中考证了蒙(苗)人的来源,他说:"伏羲亦作伏牺……蒙阴一带,初皆蒙族聚处之所……所居之地名蒙,所处之山亦名蒙……伏羲后裔,周有密须四国,为东蒙主……知东蒙一带,固伏羲子孙旧壤也。伏羲之后,有东蒙氏……东为方名,殆对宋国诸蒙在西者而言,又知蒙为伏羲族氏矣。族以蒙名,所居之地,故以名蒙。蒙在东方,故言'东蒙',合地名氏名以证伏羲,知伏羲为蒙族"。[①]

苗族口碑资料说:"在那悠悠昊天的东方寰区,在那茫茫旷世的大地中间,有两条河,一条叫浑水河,一条叫清水河……据苗族先辈的老人们代代相传下来,最早住在浑水河和清水河流域大平原里的,是一个叫'蒙'(hmongb)的大的部落部族。这个大的部落部族,居住地域方圆数千里……这'蒙(hmongb)'的名称算是最古老的了。"[②]苗族口碑史直接说最早居住在浑水河和清水河流域大平原里的,是一个叫"蒙"的大部落部族。

中国史籍将上古时期居住在我国东部的部落人群称为东方君子国、不死国或东方之人、苗人,王献唐直接将伏羲太昊部族称为"东蒙",史籍记载少昊(少皞)是伏羲太昊(太皞)的族裔,少昊氏(少皞)衰落后,其内部以蚩尤为首领的九黎发展起来了。结合翦伯赞、郑天挺的"东方夷国",范文澜的"东方夷族",郭沫若的"东方夷人",苗族自身流传的"蒙的部落部族"等,我们认为将上古时期的伏羲太昊部族称之为"东蒙"可以成立,顺理成章。

"东蒙"即上古时期居于我国东部东方的自称为"蒙"的部落人群,该部落人群最初的首领是伏羲太昊氏。诚如杨娟、杨庆林等著的《中华民族通史论纲》考证说:"中华民族经历了上万年至数万年,这个发展进程从未中断,炎帝、黄帝、蚩尤时代并非起点,向上溯还有很长时期的历史,这段历史对中华民族的发展至关重要,是真正的中华民族起源阶段。当时中华民族的古人长期生活在华北平原、黄河、长江中下游地区,他们尚处于未分裂的状态,我们将这些中华古人称为古苗人,将他们生活的那段历史时期称为古苗人时期……古苗人时期起始于古代伏羲时期……古苗人的栖息地是华北平原、黄河中下游平原和长江中下游平

[①] 王献唐:《炎黄氏族文化考》第297—307页,青岛出版社,2006年版。
[②] 苗青:《苗族文学论稿》第289—290页,现代出版社,2015年版。

原，这些地区就是后来的古华夏的区域。"①

八、重建上古史必须要冲破"华夏""东夷""苗蛮"三大源头论的束缚和藩篱

徐旭生著的《中国古史的传说时代》，在中国史学界影响比较深。但随着研究的不断深入和考古资料的不断发现，他的"华夏""东夷""苗蛮"三大源头论，由于误把源流当作源头，已经不可避免地给当代史学研究带来了困扰，已经不可避免地成为史学研究的障碍。不走出"华夏""东夷""苗蛮"三大源头论的怪圈，苏秉琦教授倡导的重建中国古史就是一句空话。

"华夏""东夷""苗蛮"是夏商周时才逐渐形成的人群概念。如前所述，华夏之前还有炎黄、西羌或氐羌，"东夷""苗蛮"之前还有九黎和东蒙。晚出的"华夏""东夷""苗蛮"显然是不能当源头的。要深化中国古代史研究，响应苏秉琦教授倡导的重建中国古史，就必须要冲破"华夏""东夷""苗蛮"三大源头论的束缚和藩篱。

九、将伏羲太昊时期称为"东蒙"，使中国古史研究豁然贯通

我们在研究中发现"华夏""东夷""苗蛮"不是源头，是源流，且"东夷""苗蛮"是同源的。"东夷"是东部九黎集团未参战未南下的那一部人的后裔，"苗蛮"是九黎集团参战失败南下的那一部人的后裔，"东夷"和"苗蛮"都认蚩尤氏、少昊氏、伏羲太昊氏为祖先。

上古居住我国东部平原自称为"蒙"的部落群体，历史上是分两路发展的：东蒙、九黎、苗蛮、苗族；东蒙、九黎、东夷、汉族。这样就能解释为什么蚩尤既属于"东夷"，又属于"苗蛮"，为什么"东夷""苗蛮"都认蚩尤氏、少昊氏、伏羲太昊氏为祖先了。

原来，"苗蛮"是东蒙九黎人参战南下的那一部人的后裔，"东夷"是东蒙九黎人未参战未南下的那一部人的后裔。大概在春秋战国前后，未南下被称为"东夷"的人们，全部地融入了华夏族。融入华夏族的这部分人文化较高，他们将祖先蚩先氏、少昊氏、伏羲太昊氏的事迹，通过文字记录下来了；参战南下的那部分人，一直在迁徙逃亡中，一直没有稳定发展的机遇，但他们也把祖先伏羲太昊氏、蚩尤氏的故事，用口耳相传的形式，带向了四面八方。他们一代又一代，津津乐道地讲述伏羲与女娲的故事、蚩尤战神的故事、涿鹿大战的故事。他们口耳相传的故事，与中国史籍记载基本吻合。

---

① 杨娟、杨庆林、敖尔美：《中华民族通史论纲》第35—37页，当代中国出版社，2012年版。

十、史学大师将"西羌"黄炎部族称为汉族，而将"东蒙"九黎部族称为苗族

王桐龄《中国民族史》第一章"汉族胚胎时代"其中两节标题为"汉族与苗族之接触""汉族内部之融合"。王桐龄认为汉族处于胚胎时期接触的是古老的苗族。他还说："现在中国动言五族平等，所谓五族者，即汉、满、蒙、回、藏族。譬如作一家人看，汉族是长兄，满族、蒙族、回族、藏族便是幼弟，是为现在人的观察。若照历史上观察，中国民族除去汉、满、蒙、回、藏五族以外，还有一位长兄，即是苗族……就移入中国内地之先后次序言之，毕竟系苗族先入中国……此族之国名为九黎，君主名蚩尤。"[1]

蒙文通在《古地甄微》中说："因疑苗族为中国文化之创始者……于是我东方璀璨之文化，滋兴于斯，而展大于三河。正所谓因天时地利，而文化之兴，固自非偶然之故也。"[2] 他还说："古之建帝都、封大国，皆自东而渐西，即汉族以外之民族。"[3] 蒙文通说的"汉族以外之民族"，即苗族。

林惠祥在《中国民族史》中说："中国史上所记载汉族与异族第一次之战争即黄帝与蚩尤之战。黄帝为汉族之领袖，蚩尤为九黎即苗族之酋长。以后历朝皆常与苗族争战。"[4] 对胜者称"领袖"，对败者称"酋长"，虽然带有褒胜贬败之意，但还是充分肯定了涿鹿之战是汉族与苗族的战争。

范文澜在《中国通史简编》中说："黄炎两族开始联合和融合，共同对抗强大的苗族。"[5]

鲁迅在《准风月谈·踢》中说："苗族大败以后，都往山里跑，这是我们的先帝轩辕氏赶他们的。"

大师们直接将上古时期的黄炎族称为汉族，将蚩尤九黎族称为苗族，是自有其道理的。如果没有立得住脚的依据，他们是不会这样说的。

综上所述，上古时期东西不同的两个系统或两大势力，是中华文明中华民族的两大历史源头，东部是苗人或苗族的祖先，西部是汉人或汉族的祖先。中国可考的历史应该是7000年。

---

[1] 王桐龄：《中国民族史》第1—3页，吉林出版集团有限责任公司，2010年版。
[2] 蒙文通：《古地甄微》第1—3页，巴蜀书社，1998年版。
[3] 蒙文通：《古地甄微》第7页，巴蜀书社，1998年版。
[4] 林惠祥：《中国民族史》第68页，上海书店出版社，1912年版。
[5] 范文澜：《中国通史简编》第99页，人民出版社，1965年版。

〇八一 大战定义[①]

四千多年前，黄帝与蚩尤之间的一系列战争并无正义与非正义之分，仅仅是两个平等的部落之间对资源和生存空间的正常争夺。著名的涿鹿大战，加快了原始部族的大融合、大统一，奠定了中华民族的基础。诚如傅斯年所说："东西不同的两个系统，因对峙而生争斗，因争斗而起混合，因混合而文化发展。"

蚩尤不愧于是失败的英雄。他统领的九黎部落集团不仅率先开发中原，统一了东部地区，而且还率先发明兵器、刑法和宗教，率先进行入了农耕文明。

因为九黎集团比黄炎集团更先进，故而蚩尤曾先打败炎帝使之"九隅无遗"，黄帝也曾与蚩尤"九战不胜"。中国著名历史人物秦始皇、刘邦、李世民等都尊蚩尤为"兵主""战神"。

著名历史学家夏曾佑在《中国古代史》中对涿鹿大战比较有研究。他说："故黄帝此时，欲兼并四方，首当合同种之国为一，而后南向以争殖民地……及与炎帝战于阪泉之野，三战而后得其志……盖普鲁士不合日耳曼列邦为一统，不能大胜法兰西也。"[②] 夏曾佑认为黄帝"欲兼并四方，首当合同种之国为一"。可见，黄帝与炎帝的阪泉之战是氏羌集团内部争雄争长的战争。"盖普鲁士不合日耳曼列邦为一统，不能大胜法兰西也"是说黄帝若不经过阪泉之战与炎帝联盟，就不可能打败强大的蚩尤九黎集团。夏曾佑特别感叹地说："夫蚩尤受金，作兵，伐黄帝。而吾族剥林木以为兵，铜木之间，利钝殊焉。蚩尤胜而黄帝败，殆无疑义。然而成败相反，此何故哉？"[③] 在夏曾佑先生看来，该胜利的蚩尤却失败了，该失败的黄帝却胜利了，落后的部落打败了先进的部落。以金作兵的蚩尤被以木石作兵的黄帝打败了。

蚩尤虽然最终战败被杀，但他作为中华民族三始祖之一，（炎帝、黄帝、蚩尤）功不可没。诚如老红军、军旅作家陈靖在《论苗族在中华民族形成和发展中的贡献》中说："炎、黄、蚩都是中原一些部族中最杰出的首领，他们地位相等，不存在谁是正统，谁是偏枝。他们同是中华民族先祖中的三位大兄长，与他们同时存在的还有许多弟弟妹妹。中华民族是一棵枝

[①] 本文原题目为《涿鹿大战之定义或意义》，针对一些网民的误读而撰写。
[②] 夏曾佑：《中国古代史》第13—14页，岳麓书社，2010年版。
[③] 夏曾佑在《中国民族史》第15页，岳麓书社，2010年版。

茂根繁的参天大树,炎、黄、蚩是深埋在地下的三条粗根,而这三条粗根是不能随意取舍的。"①把炎、黄、蚩作为中华民族人文三始祖,不仅符合中国历史实际,而且利于民族团结,有其深刻的学术价值和现实意义。

黄帝不愧于中华民族统一之第一人,他一生做成两件大事,其一,经过阪泉之战,打败炎帝,建立了黄炎联盟;其二,经过涿鹿大战,擒杀了九黎之君蚩尤。以后,"诸侯咸尊轩辕为天子,是为黄帝"。

黄帝对蚩尤很敬重,据说蚩尤兵败被杀后,"天下复扰乱,黄帝遂画蚩尤像以威天下,咸谓蚩尤不死,八方皆殄灭"。这不仅说明蚩尤在天下人面前具有着崇高的威望和地位,也说明黄帝十分敬佩蚩尤,擒杀蚩尤后,还要借助蚩尤的威望来平天下。贬低和丑化失败者蚩尤,把蚩尤妖魔化的不是黄帝,而是后来的史官们。

大量的中国史籍资料记载,黄帝战胜蚩尤邑都涿鹿后,继续了中华文明的大创造,司马迁《史记》载:"官名皆以云命,为云师。置左右大监,监于万国。万国和,而鬼神山川封禅与为多焉。获宝鼎,迎日推策。举风后、力牧、常先、大鸿以治民。顺天地之纪,幽明之占,死生之说,存亡之难。时播五谷草木,淳化鸟兽虫蛾,旁罗日月星辰水波土石金玉,劳勤心力耳目,节目水火材物。有土德之瑞,故号黄帝。"《淮南子·天文篇》也载:"中央土也,其帝黄帝,其佐后土,执绳而治四方。"这说明在政治方面黄帝设官职、建军队、立法制、订纪纲,建立了早期国家雏形;经济文化方面建宫屋、制陶器、行耕种、织蚕丝、做衣裳、置市井、创文字、立货币、定音律、推历数、论婚丧、规礼仪。中华早期文明在伏羲、神农时代的基础上,在蚩尤九黎的基础上,又迈上了一个新的台阶。

总之,涿鹿大战作为东西两个系统或两大部族集团融合的标志而载入史册,强大起来的黄帝部族代之而成为中华文明中华民族的主体。

---

① 陈靖:《论苗族在中华民族形成和发展中的贡献》,载《先秦史研究动态》1996 年第 1 期。

○八二 蚩尤故乡①

谢会长：

新年好！

您年前的来信我早已收到，收信后的第二天我就下乡了，下乡回来后却找不到信了。节前我请杜有林同志将电子版发我，可之后我又回老家过年，所以今天才回信，请谢老领导原谅！

从来信及去年初您关于要重建上古史体系的长篇著述来看，我们的观点大同小异，我是赞同您关于要重建上古史体系的基本观点的。中国是一个具有悠久历史的国家，中华文化、中华民族源远流长。现在越看越清楚，中国可考的历史至少是7000年，"东蒙"与"西羌"是中华民族的两大历史源头。汉族源自"西羌"集团，苗族源自"东蒙"集团。但汉族不是"西羌"唯一的后裔，苗族也不是"东蒙"唯一的后裔。"东蒙"人大量地融入华夏族了。中国56个民族，除少数几个跨国民族及后来才迁来中国的民族外，绝大多数民族都与"东蒙"与"西羌"有着直接或间接的渊源关系。中华各民族共同生活在神州大地上，历经数千年的接触与融合，各民族都是你中有我，我中有你的，没有一个民族是完完全全纯粹的了。

山东是蚩尤九黎的故乡，在您的倡导和大力支持下，山东阳谷建了蚩尤陵，结束了蚩尤只有坟没有陵的历史。蚩尤陵与炎帝陵、黄帝陵一样，是中华民族祭祀英雄人文始祖的神圣场所。

随着考古的不断发现和研究的不断深入，中国需要重建上古史体系。在老会长您的倡议和推动下，去年山东大舜文化研究会拟在山东烟台召开"中国上古史体系重建研讨会"，可惜因为疫情未能如期举行。这是中华文明探源工程的一次重要会议，如果如期举行了，相信定能在中国学界产生一定的影响。

您关于《用二重证据法重建中国上古史体系》的长篇著述，我认真拜读了。看得出来，您读了不少的书，对重建上古史体系确实下了不少的功夫，作了比较系统深入的思考。应该说，三皇五帝是中国的信史，不是传说。但是，一是受疑古派思想的影响，二是文献研

---

① 本文是作者给山东大舜文化研究会会长谢玉堂同志的回信（谢玉堂同志系原山东省分管文化旅游的副省长）。

究与考古工作脱节，三是现在从事上古史研究的人越来越少了，故而要重新建立上古史体系有一定的难度。但至少我们要呼吁，要发出我们的声音。从您文章中列举的海峡两岸诸多学者的著述来看，实际上这些学者也在呼吁要重建中国上古史。

我才从老家过节回来，关于要重新建立上古史体系的一些想法或不同看法，待安静下来以后再行梳理！

祝谢老省长新年快乐！身体健康！阖家幸福！

贵州社科院 石朝江
2022 年 2 月 17 日

〇八三 龙场九驿[①]

永乐十一年（1413），明朝在贵阳设立贵州布政使司，派遣工部侍郎蒋廷瓒出任布政使，使贵州成为继浙江、江西、福建、广西、四川、山东、广东、河南、陕西、湖广、山西、云南之后的第十三个承宣布政使司。

一、贵州特有的战略地理位置

贵州省简称黔或贵。秦朝时，今省境东部属黔中郡；唐代，省的大部分属黔中道。北宋初年，黔地土著首领普贵以所领矩州（今贵阳及邻近地）内附，当地土语将"矩"讹读为"贵"，宋王朝因就其所语，命普贵为贵州之长。宋太祖赵匡胤在敕普贵书中称："惟尔贵州，远在要荒。"贵州的名称由此始见于文献。明初，在独立建省之前，贵州所属之地分属于湖广、四川、云南和广西四个行省，属于四行省边角地带。

元代以前，中央王朝的统治势力，尚不足以直接控制西南边疆，云南、贵州、广西以及四川西南部，仍然通过当地土司土官间接统治。贵州建省之前，基本上是土司统治地区，思州宣慰司和思南宣慰司隶属于湖广，播州宣慰司、贵州宣慰司及乌撒军民府隶属于四川，普定军民府、普安军民府及安顺、镇宁、永宁三州隶属于云南，现在黔西南的大部分隶属于广西。

入明后，天下一统，国势日强，明朝廷自然要着手经营西南，谋图西南边疆地区的巩固和发展。为加强对西南地区的统治，把原来分别隶属于湖广、四川、云南、广西的贵州作为重要的交通枢纽，使整个西南连成一个整体，这就成为了历史发展的必然。明朝将贵州定为省一级建置，主要就是基于贵州战略地理位置的考量。

贵州地处云贵高原东部，高耸于四川盆地、两湖丘陵和广西丘陵之间，境内山岭重叠，地势十分险要。从地理位置上看，贵州东临荆楚，西接云南，北倚四川，南濒广西，南来北往，东进西出，莫不以贵州为要冲，实为"西南之奥区"。在中国数千年的历史长河中，贵州都

[①] 本文原题目为《龙场九驿与贵州建省》。

有意无意地成为诸多重要历史事件的焦点地区之一。

春秋战国时，楚国准备攻打秦国，楚王派将军庄𫏋率军西征。庄𫏋顺沅江而上，经贵州而达云南，企图以战略迂回方式对秦军实施包围。西汉时，汉武帝为平南越，多次派唐蒙通融夜郎，目的是开通一条攻打南越的战略通道与捷径。三国时期，诸葛亮三番五次统率大军"五月渡泸，深入不毛"，他的脚印留在了黔西北即明初的水西水东一带。元朝在贵阳建立八番顺元宣慰司都元帅府，控扼黔中，以攻八百媳妇国。近代时，红军二万五千里长征，中央红军转兵贵州，在贵州活动时间长达4个多月，占中央红军长征时间的三分之一，还在贵州召开了著名的遵义会议。

贵州特殊的战略地理位置，明朝顾祖禹在《读史方舆纪要》有如下描述：

> 常考贵州之地，虽偏隅逼窄，然驿道所经，自平溪、清浪而西，回环于西北几千六百余里。贵阳犹人之有胸腹也。东西诸府，犹人之两臂然。守偏桥、铜鼓，以当沅、靖之冲，则沅、靖未敢争也；踞普安、乌撒，以临滇、粤之郊，则滇、粤不能难也；扼平越、永宁，以扼川、蜀之师，则川、蜀未敢争也。所谓以守则固矣。命一军出沾益以压云南之口，而以一军东指辰、沅，声言下湖南而卷甲以趋湖北，武陵、澧阳不知其所守。膺击荆南，垂头襄阳，而天下之腰膂已为吾所制矣。一军北出思、黔下重庆，敌疑我之有意成都，而不疑我之飙驰葭萌也。问途沔北，顾盼长安，而天下之禁吭且为我所扼矣。所谓以攻则强矣。如是而曰贵州蕞尔之地也，其然乎哉？

由此不难看出，贵州的战略地理位置是何等之重要。明朝开发贵州，在贵州建立布政使司，正是基于贵州这种特殊的地理位置。加强对西南边疆地区的统治，使整个大西南连成一个整体，就必须要在贵州这块地方建立省一级的行政组织和军事组织。

二、巾国英雄顺应历史潮流

众所周知，20世纪90年代，由贵州编写并制作的28集电视连续剧《奢香夫人》，曾在央视一套黄金档热播，好评如潮，"北有昭君出塞维护国家安全，南有奢香守疆促进民族团结"。电视连续剧将奢香维护国家统一民族团结的事迹表现得淋漓尽致，但奢香率部在贵州大力开置古驿道的业绩却鲜为人知。

奢香，这个彝家女子的一生，就像她的名字一样美丽动人。奢香夫人的历史贡献，可以分为两个重要时段：一是赴京告状前，一是在金陵胜诉回贵州后。从某种程度上讲，回贵州后的历史贡献更大。奢香亲率各部开通的古驿道纵横贵州，打开了与川、滇、湘的通道，促进了各民族的交往，稳定了西南的政治局面，推动了贵州社会经济文化的发展，直接促使明王朝在贵州建省。朱元璋曾褒奖说："奢香归附，胜得十万雄兵。"其实，奢香从京城返回贵州后修路置驿的故事，还可以拍摄出第二部《奢香夫人》。

明洪武十四年（1381），贵州宣慰使霭翠逝世，其妻奢香摄政贵州宣慰使。时任贵州都督马煜"欲尽灭诸罗，代以流官，故以事挞香，激为兵端"。奢香化干戈为玉帛，忍辱千里告御状。《明史·贵州土司传》《明史纪事本末》等记载了朱元璋与奢香的对白。朱元璋问奢香："马煜给你们制造了很多痛苦，我准备为你们除掉他，你拿什么来回报我呢？"奢香答："愿世世代代约束部属，保持地方安宁。"朱元璋道："那是你的职责啊，怎么说得上是报答呢？"奢香回答："我愿为陛下凿山通道，开设驿传，以供往来。"朱元璋听后龙颜大悦，当即下令厚赐奢香，召马煜还京问罪。

朱元璋诛马晔获得了奢香的忠心归附。回归水西后，奢香一面宣扬朝廷的威德，使人心安定，48个部落的头领都心服了；一面履行诺言，亲率各部，投入大量人力物力，披荆斩棘，开辟了以贵阳为中心的贵州五条古驿道。"道大通而西南日益辟"，最终促成明朝从湖广、四川、云南和广西划出部分区域并入贵州，组建贵州布政使司，使贵州成为明朝的第十三个承宣布政使司。奢香古驿道为开发贵州立下了千载之功，是贵州真实历史的见证，是奢香为国为民的煌煌业绩中的一座丰碑。它承载着太多太多的历史与文化。

根据《明史》等史料记载，奢香率部"开偏桥、水东，以达乌蒙、乌撒及容山、草塘诸境，立龙场九驿"，也就是说，奢香开置了以贵阳为中心的纵横贵州的五条古驿道。最主要的一条是在水西水东本部置"龙场九驿"，即龙场驿（今修文）、六广驿（今修文六广）、谷里驿（今黔西谷里）、水西驿（今黔西县城）、奢香驿（又名西溪驿，今黔西西溪河边）、金鸡驿（今黔西、大方交界）、阁鸦驿（今大方响水）、归化驿（今大方双山）、毕节驿（今毕节）。

另外的四条一条向东，经龙场、贵阳、平越、黄平而达偏桥（今施秉县境）；一条向西，从水西出，经毕节过乌撒（今威宁）而达乌蒙（今云南昭通、宣威一带）；一条向东北，经水东过草塘（今瓮安县境）而到容山（今湄潭县境）；一条向西北，经毕节而达赤水。

三、龙场九驿与贵州建省

综观中外历史，建立规模较大的行政机构机制，从来都与交通分不开，"道路是国家的血脉"。尤其对于初开发的地方而言，不论是中央政府对地方的军政控制，还是初开发的地方与较发达地区交流往来，都必须借助交通来完成。奢香开置驿道对明朝开发贵州起到了至关重要的作用。它不仅仅密切了与四川、湖广、广西、云南的联系，更密切了朝廷与贵州地方的联系。

朱元璋出于统一全国的需要，很快就发现一向被视为偏远蛮荒之地的贵州其实是个"战略要地"。要在贵州地方建立布政使司，实际上从朱元璋时就已经开始着手了。

史料记载，明初水西霭翠于洪武四年（1371）与水东宋蒙古歹等率土归附，朱元璋下令"以原官世袭"且"税听其输纳"。次年，明朝下令将水东、水西合并，设贵州宣慰司，以霭翠为宣慰使，水东宋氏为宣慰同知。洪武六年（1373），朱元璋又特别下诏，明确"贵州宣慰使霭翠位居各宣慰之上"。当时的贵州地方，还有思南宣慰使司、思州宣慰使司、播州宣慰使司等。将水西霭翠抬高到贵州所有官员之上是朱元璋为日后在贵州建立布政使司迈出的第一步。

洪武十五年（1382），傅友德率领的征剿大军在云南已经取得了完全的胜利，朱元璋即遣征剿大军返还贵州建卫设屯。据（嘉靖）《贵州通志》记载，明初贵州都司所辖18卫2所，共有军户62273户、261869丁口。在蛮荒的贵州屯此重兵，并置贵州都指挥使司，派遣马皇后的亲侄儿马晔任都督。这充分体现出朱元璋开发经营贵州的企图。贵州都指挥使司，这个相当于省军区机构的建立，标志着贵州建省迈出了具有实质性的第二步。

马晔作为贵州都指挥使，又兼皇亲，对朝廷忠心不二。他手握重兵，却好事贪功，企图以打击彝族各部头领为突破口，一举消灭贵州少数民族地方势力，"代以流官""郡县其地"。他找事鞭打奢香逼反，结果使朱元璋震怒。马晔之所以被诛，是因为他直接破坏了朱元璋经营西南、开发贵州的方略。所以，朱元璋对皇后说："晔虽无它肠，然何惜罪一人以安一方也？"

但还未等到下诏贵州建省的时机成熟，1398年，朱元璋就驾崩了，他在贵州建省的计划是由他的儿子朱棣来完成的。贵州建省在筹谋了数十年之后，到了永乐十一年（1413）终于瓜熟蒂落。明朝在贵阳设立贵州布政使司，派遣工部侍郎蒋廷瓒出任布政使。

初建省时的贵州，据明顾祖禹《读史方舆纪要》记载："永乐十一年始建贵州等处承宣布政使司。领府十、属州九、县十三、宣慰司一、安抚司二、长官司七十一，而都司所领卫十八、直隶所一、守御所十、长官司六，总为里七十有九，夏秋二税约三万七百石有奇。"其时的贵州虽然已是一省之"尊"，但面积只有现在贵州的一半，辖区人口除屯军外不过二三百万。仅有贵州宣慰使司；思州、思南、铜仁等十府；安顺、镇宁、永宁等九州；县十四等。当时贵州分为东、西两大片，东片为新开思州等八府，西片为贵州宣慰司及安顺等三州。当时黔北、黔西北许多地区还归属四川，黔西南大部分地方还隶属广西，黔东的一部分还隶属湖广。直至万历二十八年（1600），平定播州杨应龙叛乱后，明朝在播州实施改土归流，并将隶属四川的播州划入贵州，贵州省的面积第一次得以扩大。清朝雍正年间，朝廷将原属四川的乌撒军民府划归贵州，又将原属湖南的天柱、镇远等六卫及原属广西的贞丰、安龙等数县划入贵州，至此，当时贵州的土地面积与今天的贵州基本相当，17万平方公里的土地从此成为承载贵州人梦想的沃土。

〇八四 苗疆走廊[①]

很高兴参加潘洪波先生的《苗疆走廊往事》评审座谈会。

我认为：

第一，书名很好！素材很好！意向很好！《苗疆走廊往事》给人很大的想象空间。苗疆走廊，历史上一直叫千里苗疆，自杨志强博士提出苗疆走廊概念后，苗疆走廊与藏彝走廊、河西走廊等一样，深入人心。苗疆走廊历经数千年，有着许许多多的往事值得回忆，值得研究，值得记录。

第二，潘洪波的《苗疆走廊往事》是一部力作，它是涉及历史学、民族学、文化人类学、文学等多学科，是运用多学科研究苗疆走廊的一部大部头著作。

第三，潘洪波先生虽然在黄平当过父母官，但从根子上讲他是一个文化人，还未参加工作就开始发表文学作品了。他在文学、历史、地方人物志、民族音乐等领域颇有造诣。在黄平，他创作的苗歌普及千家万户。黄平的文化文物古迹，他都实地勘察过。石赞清的祖公石尚书，做过黄平的散官文林郎，死后埋在浪洞岩很高很高的山顶上，多年没人上去过，潘洪波硬找了两个向导，用镰刀砍出一条路来上去勘查，并将碑上的文字抄录下来寄送给我。

第四，为了写《苗疆走廊往事》这部书，潘洪波先生拜苗族作家伍略为师，把伍略接到自己家中，他还亲自上门求教于著名作家叶辛、何士光等，可见作者之用心。

第六，《苗疆走廊往事》是一部很有价值的基本成型的研究性、纪实性成果，只略加调整和适当修改，就可以达到公开出版的水平了。

建议修改意见：

第一，书名就直接用《苗疆走廊往事》，取消副标题"家族历史记忆与故事"。《苗疆走廊往事》可以囊括全书的内容，增加副标题家族历史记忆与故事，反而约束了自己，因为有许多内容不是自己家族的事，是别的家族的事。《苗疆走廊往事》什么事都可以写，只要是发生在苗疆走廊的事都可以写。

第二，将开头的两篇远古传说——"芭茅情结"和"且兰且兰"，直接融入具体章节中。

[①] 本文系参加潘洪波先生的《苗疆走廊往事》评审座谈会上的书面发言。

第一章蝴蝶妈妈、第二章枫木情结、第三章且兰王国、第四章庄桥入滇，把开头的这四章写好了，就能把作者吸引住了。

第三，全书原共有九十二章外加两个远祖传说，建议重组合并为60章，有许多内容是可以合并的，比如潘氏家族、沈氏家族等，能一章或几章写清楚的，决不扩大到近十章，又比如王家牌入黔始祖王倒犁苗汉联姻，能一章写清楚决不扩大为多章。

第四，取消主要人物介绍。这不是一部纯文学作品，而是一部历史性、纪实性、研究性的成果，时段跨度长，涉及人员多，且出生年月不详，都写大约生于某某年，给人一种天方夜谭的感觉。书中涉及到的大量人物，在正文叙述中说他大约出生于何年是可以的，但把全书的主要人物集中起来，都说"大约出生于"，这就给人一种不靠谱的感觉了，使读者看了人物介绍就不想看全书了。

第五，作者的自我简介要简明扼要，对一些历史遭遇不必讲得太细，要给人一种豁达的心态和站得高、看得远的感觉。

以上仅供参考，谢谢！

〇八五 丛书绪论[1]

众所周知，在人类历史上出现过的几大文明古国中，中国是唯一的一个文明发展进程一直没有遭受重大破坏的国家。诚如黑格尔在《历史哲学》中说："只有黄河、长江流过的那个中华帝国，才是世界上唯一持久的国家。"[2]古印度于公元前2000年左右被雅利安人征服，古埃及于公元前525年被波斯人征服，古希腊于公元前388年被马其顿人征服，古罗马于公元408年被西哥特人征服。上述文明古国均灭于异族的侵入，进而文化中断。唯有古老的中国，其灿烂而悠久的中华文化绵延不绝，成为世界几大文明古国中的唯一。

我国考古学泰斗苏秉琦教授生前曾提出要重建中国古史框架，他说："时至今日，把重建中国古史的任务正式提到全国史学、考古学者面前，条件已经基本成熟。其主要标志是重建中国古史的构思、脉络已基本清楚。从宏观的角度、从世界的角度、从理论与实践结合的高度把中国古史的框架、脉络可概括为：超百万年的文化根系，上万年的文明启步，五千年的古国，两千年的中华一统实体。这就是我国历史的基本国情。"[3]

在中国历史的长河中，古苗黎族与古华夏族一样，同为中华民族最古老的成员之一，同为中华民族的主要缔造者、中华文明的主要奠基者之一。要想真正地了解中华民族的起源、形成、演变、发展的过程，就不能不对苗族早期的历史进行研究；要想真正透彻地了解中国成为世界文明古国的原因，从而为中华民族伟大复兴整合精神资源，就决不能缺失对苗族悠久历史与厚重文化的研究与考察。

随着中华文明探源工程的启动和实施，笔者多年来一直在思考：中国在黄帝之前的历史还可以追溯到多久之前？为什么史家稽古，多从伏羲氏开始？中国史籍为什么对苗族有那么多的记载？为什么王桐龄说："若照历史上观察，除了汉、满、蒙、回、藏以外，还有一位长兄，即是苗族。"？[4]为什么夏曾佑说"古时苗黎族散处江湖间，先于吾族，不知几何年……

---

[1] 本文系"九黎苗族历史文化丛书"的绪论。
[2] 黑格尔著，王造时译：《历史哲学》，上海书店出版社，2006年版。
[3] 苏秉琦：《华人·龙的传人·中国人——考古寻根记》，辽宁大学出版社1994年版。
[4] 王桐龄：《中国民族史》第3页，吉林出版集团2010年版。

至黄帝之时,生齿日繁,民族竞争之祸,乃不能不起,遂有炎帝、黄帝、蚩尤之战事"?[①]为什么苗族一直流传着伏羲与女娲、黄帝与蚩尤涿鹿大战的故事?

带着这些问题,作者除了查阅相关书籍外,还亲自到山东、山西、河北、河南、湖北、湖南、江苏、浙江、北京、上海、海南、重庆、四川、云南等地进行实地考察和调研,千方百计地寻找答案。"九黎苗族历史文化丛书"3卷,就是作者对上述疑问的思考。如果此书能为中华文明探源工程提供新的视角或资料,作者也就心满意足了。

"九黎苗族历史文化丛书"拟定书名为《探考伏羲》《解读九黎》和《话说三苗》,共三卷。以最新的研究成果为主,同时该丛书也收录了本人的一些最具苗族特色的已有研究成果,以便使广大读者对苗族有一个相对全面、整体的认识和了解,同时也从中直接或间接了解中华文明的启步以及中华民族的形成、演变、发展的历程。

丛书以时为经,以事为纬,全面地研究描述了苗族的缘起、演变和发展的来龙去脉,同时又从宏观整体的角度考虑,卷一插入有关建立苗学研究学科的章节,卷二插入有关苗族的哲学社会思想和建立蚩尤九黎城的章节,卷三插入有关苗族的特色文化的章节。这都是根据"九黎苗族历史文化丛书"的需要而特别安排的。

丛书旁征博引,引用大量史料。"书史"中的文献资料和考古资料,千姿百态,洋洋大观;"心史"中的古歌、传说以及田野调查资料,异彩纷呈,令人目不暇接;一百多年来专家学者研究考证苗族的资料,广泛查寻,应收尽收。总之,"九黎苗族历史文化丛书"是一项建立在坚实资料基础上的探源研究成果。

"九黎苗族历史文化丛书"即《探考伏羲》《解读九黎》和《话说三苗》,采用通俗的文学的写法,向读者展示苗族悠久的历史与古朴的文化,这也是从研究一个古老的族群入手,探索中华文明的肇始、中华民族的起源,从某种程度上讲,这也是中华探源工程的重要研究成果之一。

一、《探考伏羲》卷一

(一)研究论证中华民族具有超百万年的文化根系和上万年的文明启步

为了更好地认识源远流长博大精深的中华文明,笔者运用我国100多年来的考古发掘资料,专门研究论证了苏秉琦教授提出的"超百万年的文化根系"和"上万年的文明启步"。

在旧石器时代的200万年前,中国境内就生活着早期人类了,中华民族即黄种人的祖先可能就在中国本土。我们绝不能低估了祖先的智慧,早在10000多年前,他们就已经在我

---

① 夏曾佑:《中国古代史》,岳麓书社,2010年版。

国东南部"面朝黄土背朝天"地经营稻作农业,已经开始烧制陶器,已经发明最初的象形文字。至于"五千年的古国,两千年的中华一统实体",人们比较熟知,故而在丛书中只是以时为经进行散述。通过对一个民族悠久历史及厚重文化的研究与考察,揭示中华民族的起源,从某种程度上讲,也是中华探源工程的重要研究成果。

(二)研究论证中华民族可考的历史至少已有7000年

在学术界,史家稽古,多从伏羲氏开始。中国有文字记载最早的人文始祖、斯文鼻祖是伏羲。伏羲之前虽有盘古氏开天辟地、燧人氏钻木取火、有巢氏上树栖居,盘古、燧人、有巢,是否确有其人,年代久远,难以详究。可距今7000年的伏羲太昊氏,应该说是确有其人,确有其时代。

司马迁《史记》以黄帝为起点记叙中国的早期历史,形成了中华民族5000年的历史观。炎黄是汉族的祖先,蚩尤是苗族的祖先,这已经形成共识,也成为了人们的惯性思维。

可随着研究的不断深入,随着考古发掘资料的不断发现,我们认为不仅汉族的历史可以往上追溯,苗族的历史也可以往上追溯。综观中国史籍记载资料、考古地下发掘资料、民族心史记载资料和专家学者的研究考证资料,汉族的历史可以追溯到6000多年居住在我西北部的西羌或氐羌原始部族,而苗族的历史则可以追溯到7000多年居住在我东南部的东蒙人即伏羲太昊原始部族。

以黄帝为起点形成中华民族5000年的历史观,其实是后人误解了司马迁。司马迁《史记·太史公自序》中曾明言:"余闻之先人曰,伏羲至纯厚,作《易》八卦……于是卒述陶唐以来,至于麟止,自黄帝始。"司马迁明确告诉后人,他只写"陶唐以来,至于麟止,自黄帝始"的历史,但他曾经听人说,在黄帝之前还有伏羲作《易》八卦一事。

民国时期,国学大师傅斯年即提出"夷夏东西"说,他指出:"现在以考察古地理为研究古史的一个道路,似足以证明三代及近于三代之前期,大体上有东西不同的两个系统。这两个系统,因对峙而生争斗,因争斗而起混合,因混合而文化进展。夷与商属于东系,夏与周属于西系。"[1]傅斯年借用了后来的族群名称的夷和夏,并指明夷东夏西。实际上,三代之前的东西不同的两个系统分别是夷人和夏人的祖先,即"东蒙"与"西羌"。随着研究的不断深入和考古资料的不断发现,"夷"也就是"东夷"的前面还有蚩尤九黎、少昊、伏羲太昊;"夏"也就是"华夏"的前面还有炎黄、西羌或氐羌。

现在是越来越清楚,中华民族可考的历史至少是7000年。过去把中华文明中华民族定位为5000年,是立足于黄帝的历史是5000年。现在有了科学的方法论,又有了考古学的实物印证,我们应该以科学的眼光来重新审视中国的历史,不应拘于前说。7000多年前居住

---

[1] 傅斯年:《民族与古代中国史》第1页,上海人民出版社,2014年版。

在我东部的伏羲太昊原始部族,不但有众多的史籍资料记载,还有众多专家学者的研究考证,还得到众多东部文化遗址的考古资料的印证。

现在是越来越看清楚,上古时期居住在我国东南部的"东蒙"人与居住在我国西北部的"西羌"人是中华文明中华民族的两大历史源头。关于"东蒙"源头,诚如杨娟、杨庆林等著的《中华民族通史论纲》考证说:"中华民族经历了上万年至数万年,这个发展进程从未中断,炎帝、黄帝、蚩尤时代并非起点,向上溯还有很长时期的历史,这段历史对中华民族的发展至关重要,是真正的中华民族起源阶段。当时中华民族的古人长期生活在华北平原、黄河、长江中下游地区,他们尚处于未分裂的状态,我们将这些中华古人称为古苗人,将他们生活的那段历史时期称为古苗人时期……古苗人时期起始于古代伏羲时期。古苗人的栖息地是华北平原、黄河中下游平原和长江中下游平原,这些地区就是后来的古华夏的区域。"①

关于"西羌"源头,刘起釪在《古史续辨》中考证说:"少典出自氐,有蟜出自羌。姬姜两姓的族系渊源,是不是就上溯到生出炎、黄的少典、有蟜两族为止呢?其实还不是。少典、有蟜仍然有所自来,姬姜两姓的族系渊源还可以追溯得更远,那就是古代的氐、羌两族……华夏族最早的祖先分别被称为姬姜两姓的黄帝族、炎帝族,是由称为少典、有蟜的氐、羌两族发展分化出来的。"

现在中国的56个民族,除少数几个后来才迁入的以外,绝大多数民族都与这两大源头或两个系统有着直接的或间接的渊源关系。东蒙、九黎、三苗、荆蛮、南蛮、武陵五溪蛮、苗族等;西羌、神农、炎黄、华夏、汉族等。两大源头或两个系统发展脉络清晰。

(三)研究考证苗族与上古时期伏羲原始部族的历史渊源关系

上古时期,在我们东南部逐渐形成了以栽种禾苗为特征的多元一体部族,他们自称为"蒙",中国史籍称之为东方之人或"苗民",专家考证称为"东蒙",中国自有文字记载以来,就有关于苗人的记载。关于苗族先民九黎集团与炎黄集团逐鹿中原的故事,更是史不绝书。

中国史籍记载,少昊(皞)是伏羲太昊(皞)氏的族裔,太昊氏以龙纪官,少昊氏以凤鸟纪官。少昊氏衰落后,其内部以蚩尤为首领的九黎势力就发展起来了。蚩尤是少昊之末,又是九黎之君。蚩尤就居住在原来少昊的地方。吴小如主编的《中国文化史纲要》考证说:"东夷(应为东蒙)集团的活动区域主要在黄河下游,包括今山东、河南东南部和安徽中部地区……三皇五帝中的太昊、少昊,以及与黄帝恶战的蚩尤、凿井的伯益、射日的后羿、为

---

① 杨娟、杨庆林、敖尔美:《中华民族通史论纲》第35—37页,当代中国出版社,2012年版。

舜掌管刑法的皋陶，都属于这个集团。"① 或许正是伯益、后羿、皋陶等后来融入了华夏集团，所以早于炎黄的伏羲太昊氏的事迹才被中国史籍记载下来了，蚩尤与炎黄逐鹿中原的故事才被中国史籍记载下来了。这也正是傅斯年说的"这两个系统，因对峙而生争斗，因争斗而起混合，因混合而文化发展"。

苗族与上古时期伏羲原始部族的历史渊源关系，我们从中国史籍记载、民族的心史记载、专家学者的研究考证，考古资料的印证等方面，不厌其烦地进行了充分的考证和阐述。

（四）把研究苗族上升为苗学

在卷一中我们插入介绍苗学研究学科的章节。中共中央早在制定"七五"计划的建议中就提出："要加强新兴学科、边缘学科的建设，充实社会科学研究体系"，并强调要"扶植新兴、边缘学科的成长"。改革开放以来，随着我国哲学社会科学的蓬勃发展，一门以苗族为特定研究对象的学科——苗学，建立起来了。笔者早在1989年11月21日《人民日报》海外版就发表了《苗学：一门世界性学科》的专论，1999年，又研究出版了《中国苗学》（60万字），《中国苗学》获贵州省哲学社会科学著作类二等奖。

苗学，顾名思义，就是研究苗族的学问，是以苗族为研究对象的学科。苗族是怎样形成和发展的，现在的情况如何，将来又会怎样变化，是苗学研究的总题目。具体来说，苗族与古代部落的渊源关系，苗族的社会矛盾及其频繁迁徙的历史，苗族在各个历史阶段中的情况及地理分布，苗族发展中的社会形态，苗族自身内部结构与外部关系，苗族的社会经济生活，苗族共同的心理素质，苗族地区在现代化进程中提出的理论问题和实践问题，以及苗族的语言文字、宗教信仰、哲学思维、工艺美术、文化教育、风土民俗等等，都是苗学需要研究的重要课题。

1988年11月，我国苗族主要聚居地的贵州省，在黄平县召开了贵州省苗学研究会成立大会暨第一次学术讨论会。会后出版了《苗学研究》、创办了《苗学研究通讯》。"苗学"作为一门学科名称始见于国内各主要报刊。

之后，湖南、云南、四川、重庆、广西、湖北、海南、北京等省市区也先后建立了苗学研究会或苗学文献研究会，苗族聚居的州、市、县都相继建立了苗学会。会员中，有各种专家、学者和有志于苗学研究的实际工作者。他们对苗族展开了系统的全方位的研究，产出了大量的有价值的研究成果。

中国苗学从"潜流"（未有苗学研究之名但已有苗学研究的成果）变为"洪流"（20世纪80年代为苗学研究立名并产生大量研究成果），苗学与汉学、藏学一样，已经成为一门国际学术界关注的"显学"，尤其在东南亚苗族移民西方后，苗族成了一个世界性的民族，对

---

① 吴小如主编：《中国文化史纲要》第18页，北京大学出版社，2006年版。

苗族的研究也因此具有了典型的国际性多元意义。

二、《解读九黎》卷二

（一）研究考证我国历史上著名的九黎部落集团

5000多年前，以蚩尤为首领的九黎部落集团，是雄踞祖国东方的一个强大部落，其文化文明程度和生产力水平，都先进于当时的炎帝部落和黄帝部落。后来，因为在古代部落战争中遭受败绩，九黎部落首领蚩尤被擒杀，九九八十一个兄弟氏族或战死，或逃亡，或同化。历史是胜利者写的，蚩尤及九黎部落在一定程度上被忽略了，甚至蚩尤还被妖魔化了。

这个板块我们用相当的篇幅，研究叙述了九黎部落源自上古东方的伏羲太昊少昊集团，蚩尤为九黎之君，九黎集团的地望分布，蚩尤九黎的历史贡献等内容。蚩尤统领的九黎部落集团，率先发明冶炼，造立兵器；整治部族，创制刑法；信鬼好巫，发明宗教；使用甲历，种植水稻。

蚩尤九黎族的创造发明已经得到了学界的普遍认同。王桐龄在《中国民族史》中说："当时苗族文化，相当发达，第一发明刑法；第二发明兵器；第三发明宗教。后来汉族所用之五刑、兵器及甲胄，而信奉之鬼神，大抵皆苗族所创，而汉族因袭者。"[①]宋文炳也在其著的《中国民族史》中说："苗夷文化，在现代似无可称述，惟于上古时期，极为发达，影响汉族亦很大。简单叙述，约分为：刑法、兵器、宗教。此三件，均为苗族发明，有裨益于汉族甚大！"[②]蒋志华主编的《中国世界部落文化》也说："东夷（应为东蒙）部落为我国早期文化的发展和推进起到了很大的作用，中原华夏文明就是文化相对落后的西部华夏族吸收先进的东夷（蒙）部落文化后进入文明社会的。"[③]只不过蒋志华等所说的东夷，应为"东蒙"或"九黎"，因为炎帝、黄帝、蚩尤时期，华夏还未居中土，又哪来的夷蛮处四方？华夷五方格局是黄帝打败蚩尤入主中原后，至夏商周时期才逐渐地形成的。

蒙文通在《古史甄微》中也说："泰族者中国文明之泉源，炎、黄二族继起而增华之。"范文澜则说："古代学者承认黄帝为华族始祖，因而一切文物制度都推原到黄帝。"[④]而事实上，黄帝是在继承先进的"东蒙""九黎"文化的基础上开创中华文明的。

（二）研究考证蚩尤与炎帝、黄帝逐鹿中原

恩格斯指出："在没有明确的和平条约的地方，部落与部落之间便存在着战争，而且这

---

① 王桐龄：《中国民族史》第5页，吉林出版集团有限责任公司，2010年版。
② 梁聚五：《苗族发展史》第55页，贵州大学出版社，2009年版。
③ 蒋志华主编：《中国世界部落文化》第12页，时事出版社，2007年版。
④ 范文澜：《中国通史简编》第90页，人民出版社，1965年版。

种战争进行得很残酷，是别的动物无法和人类相比的。"[1]郭沫若在《中国史稿》中说："在通往华夏族形成的道路上，传说有三次大规模的部落战争。"[2]

中国有文字记载的第一场部落战争，是蚩尤逐炎帝出九隅之战，使之九隅无遗。李学勤主编的《中国古代文明与国家的形成研究》说："由于东夷（应为九黎）集团生产力水平较华夏集团略高一等，致使炎帝节节败退，'九隅无遗'也是不奇怪的了。"[3]姚政也在《先秦文化研究》中考证说："《逸周书·尝麦》载：'蚩尤乃逐帝。争于涿鹿之阿，九隅无遗。''九隅无遗'是指炎帝统辖下的九块地方，全被蚩尤侵占了。"[4]

中国有文字记载的第二场部落战争，是黄帝与炎帝阪泉之战。阪泉之战黄帝"三战得其志""三战而克之"，最终促成了黄帝、炎帝两部族的联盟，而后共同对付强大的蚩尤九黎部族。夏曾佑在《中国古代史》中感叹说："故黄帝此时，欲兼并四方，首当合同种之国为一，而后南向以争殖民地……及与炎帝战于阪泉之野，三战而后得其志……盖普鲁士不合日耳曼列邦为一统，不能大胜法兰西也。"[5]夏曾佑认为黄帝"欲兼并四方，首当合同种之国为一"，黄帝与炎帝的阪泉之战是氏羌集团内部争雄争长的战争。"盖普鲁士不合日耳曼列邦为一统，不能大胜法兰西也"的意思就是说，黄帝若不经过阪泉之战与炎帝联盟，就不可能打败强大的蚩尤九黎集团。

中国有文字记载的第三场部落战争，即是黄帝、炎帝与蚩尤的涿鹿大战。在涿鹿大战之前，虽已发生蚩尤逐炎帝出九隅之战和黄炎阪泉之战，但真正打开战争这个"潘多拉"魔盒的，是涿鹿鏖兵——黄帝炎帝与蚩尤的涿鹿大战。这称得上是揭开中国古代战争史帐幕的一战，它最终决定了谁是中原的主人，也决定了中国历史后来发展的格局。

中国史籍记载，蚩尤以金作兵，造立兵杖、刀、戟、大弩，有九九八十一个兄弟氏族。黄帝以玉作兵，炎木为矢。无论是兵力或是武器，蚩尤都优先于黄帝。由于实力悬殊，大战初期黄帝曾九战九不胜，老是打败仗。屡遭失败的黄帝后来得九天玄女和应龙的帮助，才转败为胜，最终擒杀了蚩尤。夏曾佑在《中国民族史》中还感叹说："而吾族剥林木以为兵，铜木之间，利钝殊焉。蚩尤胜而黄帝败，殆无疑义。然而成败相反，此何故哉？"[6]在夏曾佑看来，应是拥有先进武器的蚩尤胜黄帝，然而成败却相反，而以木石为兵器的黄帝反而胜了以金属作兵的蚩尤。

涿鹿大战之后，苗族开始了历史性的南迁。对中华民族别具深情而又胸怀大度的鲁迅曾这样感叹说："苗族大败以后，都往山里跑，这是我们的先帝轩辕氏赶他们的。"

---

[1]《马克思恩格斯选集》第4卷第94页，人民出版社，1972年版。
[2] 郭沫若：《中国史稿》第122页，人民出版社，1976年版。
[3] 李学勤主编：《中国古代文明与国家的形成研究》第228页，云南人民出版社，1998年版。
[4] 姚政：《先秦文化研究》第23页，巴蜀书社，2004年版。
[5] 夏曾佑：《中国古代史》第13—14页，岳麓书社，2010年版。
[6] 夏曾佑：《中国民族史》第15页，岳麓书社，2010年版。

（三）古老的苗族具有十分丰富的哲学及社会思想

别林斯基说过："任何一个民族都有两种哲学：一种是学术性的、书本上的、庄严而堂皇的；另一种是日常的、家常的、平常的。这两种哲学往往或多或少地相互关联着，谁要描绘社会，那就要熟悉这两种哲学，而研究后者尤为重要。"①

苗族是一个古老的相对早熟的民族，如前所述，早在5000多年前，蚩尤九黎族部落就率先发明刑法、武器和宗教，率先进入农耕生活。在中华文明序列中，苗族先民曾经处于领先的位置。而与此相适应，苗族的哲学思想、伦理道德、政治法律思想等，也得到了较为充分的发展。作者曾主持完成国家社科基金项目《中国苗族哲学社会思想史》，该项目成果于2005年被列为贵州出版企业发展基金重点图书出版，2007年荣获第五届吴玉章人文社会科学优秀成果奖。

茅盾在《神话研究》中说过："原始人的思想虽然简单，却喜欢去攻击一些巨大的问题，例如天地何缘，人类从何而来，天地之外有何物，等等。"② 苗族先民和其他最古老的族群一样，也最喜欢攻击一些巨大的问题。比如，苗族古歌和苗族史诗中的"云雾假说"：

我们看古时，哪个生最早？哪个算最老？……云雾生最早，云雾算最老。③

掉脸看古时，草草还没有生，没有高高的山，没有坡坡坎坎……哪个生最早？雾罩生最早……雾罩生白泥，白泥变成天；雾罩生黑泥，黑泥变成地。天地又生万物。④

仙人说是老，仙人还算小，天边哪彩霞，它才算最老。

在苗族先民的原始宇宙观中，世界的本质即原初物质是"云雾""水汽"。即是说，天地万物产生以前，整个宇宙就只是一片片、一团团云和气似的东西，然后由云、雾、气化生出天地万物。把云、雾、气看成是宇宙的初始，是天地自然的本原，完全以自然来说明自然，这是一种朴素的唯物主义自然观。

又比如，苗族古老话中的"生成哲学"，这是苗族先民创作而一代又一代传授下来的哲学体系，其基本思想是"三位一体"和"一分为三"论。"三位一体"论认为，宇宙万物都是由各薄港搜（物质）、搜媚若（能量）和玛汝务翠（结构）三大要素相互作用而形成的。"一分为三"论则认为，事物主于能量，基于物质，宜于结构，即认为，一切事物都必须通过"三大要素"的相资、相制、相征、相夺的关系而生成变化，并阐明事物生成有"生成难全""生

---

① 谢盖尔叶夫斯基：《普希金的童话诗》第5页，新文艺出版社，1954年版。
② 茅盾：《神话研究》第13页，百花文艺出版社，1981年版。
③ 田兵主编：《苗族古歌》，贵州人民出版社，1979年版。
④ 马学良、今旦译注：《苗族史诗》，中国民间文艺出版社，1983年版。

成胜负""生成增多变好"三大结局。这是有别于其他哲学思想的理论。

（四）蚩尤作为中华民族的始祖功不可没，蚩尤九黎城是祭祀蚩尤的神圣场所

蚩尤同炎帝、黄帝一样，是中华民族已经公认的三大人文始祖之一。饮水思源，不忘先祖。苗族聚居的重庆市彭水苗族土家族自治县（苗族人口33万人），斥巨资建成宏伟的"蚩尤九黎城"，并成功举办了十届民间祭祀蚩尤大典。每届都有两三万各族人民参加祭祀活动，共同感受着血脉的亲情，缅怀着祖先的伟大。

"蚩尤九黎城"总建筑面积11万平方米，是按照祭祖圣地和苗族文化大观园的标准来打造的，是展示和传承苗族文化的窗口和基地，它彰显出苗族文化的厚重及其内涵的丰富。

蚩尤九黎城被誉为世界最大的苗族建筑群，景区内打造的人文景观达30多处，有九道门、九黎宫、九黎神柱、蚩尤大殿、苗王府、盘瓠大殿、妈妈阁、九黎遁道、九黎文化广场、九黎戏楼、三苗长廊、九黎部落、苗族文化浮雕墙、九黎演武场、天权宫、北斗七星亭、隐元台、接龙桥、接缘桥、九黎古城墙、九黎碉楼、九黎书院、武陵民居、盘瓠浮雕墙、盘瓠辛女洞、玄水景观、九黎美食一条街、九黎生态停车场、九黎酒店、九柱广场等。其中，九道门、九黎宫、九黎神柱已经被评为"大世界吉尼斯之最"。

蚩尤九黎城是一处神圣的殿堂，是苗族文化的大观园。在这里，可以感受到苗族历史的悠久、文化的厚重、人民的热情，可以陶冶情操、修养品格、怡情养性。

蚩尤为中华早期文明做出了卓越的历史贡献，作为中华民族的赫赫始祖，功不可没。奉炎、黄、蚩为共祖，不但是苗、瑶、畲等民族的愿望，也是包括汉族在内的许多民族的愿望。打造蚩尤九黎文化，恢复蚩尤的人文始祖地位，有利于国家统一、民族团结，有利于增强中华民族的凝聚力、向心力，有利于实现伟大复兴的中国梦。

三、《话说三苗》卷三

（一）研究考证三苗是九黎的后裔，三苗与尧、舜、禹进行了100多年的抗争

三苗九黎，一族两名。三苗或三苗国，是苗族继东蒙、九黎之后历史发展的又一个重要阶段。东蒙、九黎活动在黄河流域的中原地带，三苗则活动在长江流域。

根据中国史籍记载、民族心史记载和学人考证，涿鹿大战，九黎部族惨败，其首领蚩尤被擒杀，九黎一部分融入了黄帝族，一部分向南方迁移，来到了长江流域。在经过几百年的生产发展后，至尧、舜、禹时期，他们又强盛了起来，建立起历史上著名的强大部落联盟，这就是"三苗"或"三苗国"。

《尚书·吕刑》:"苗民弗用灵,制以刑,惟作五虐之刑曰法,杀戮无辜。"郑玄注:"苗民谓九黎之君也……至高辛之衰,又复九黎之恶。尧兴,又诛之。尧末,又在朝。舜臣尧,又窜之。禹摄位,又在洞庭逆命,禹又诛之……有苗,九黎之后。"

《国语·楚语下》:"其后,三苗复九黎之德。"

范文澜在《中国通史简编》中考证说:"不过苗也是大族,退到南方后,势力还很强盛,占有的土地西起洞庭湖,东到鄱阳湖,与北方黄炎族对抗。禹建都阳翟,阻止苗族再北上进入黄河流域。从此黄炎族在中原地区的地位愈益巩固……黄帝以下诸帝,以攻黎攻苗为主要事业,到禹时才完成了这个事业。"[①]

唐尧、虞舜、大禹为中原地区华夏部落联盟领袖时期,中国正处于夏族建立国家和华夏族形成的前夕。从先秦典籍资料记载看,尧、舜、禹三代一直没有停止征伐"九黎"后裔"三苗"的行动。经历了"尧与三苗战于丹江之浦""窜三苗于三危";"舜征三苗""放驩兜于崇山""分北三苗";最后大禹灭了三苗。

中国史籍记载,禹灭三苗,杀戮十分惨烈。以至从此以后,中原文献不再有"三苗"的记载。

(二)研究考证三苗之后苗民发展与演变的基本情况

禹伐三苗的胜利,只标志着三苗国的灭亡和三苗部落联盟集团的土崩瓦解,并不意味着三苗集团中众多氏族部落的消亡,不少部落都改头换面地保存下来。经过夏代四五百年的发展,至商、周之际,三苗后裔又以荆州为中心逐渐形成了一个新的部落联盟,这就是史籍记载的"荆""荆蛮""蛮荆""荆楚",后又称为"南蛮"。春秋战国时,发展成为楚国的主体居民。

秦灭楚后,逼使他们又流向武陵、五溪地区。史籍上又才将他们称为"武陵蛮""五溪蛮"。秦汉至唐宋时期,封建王朝对"武陵蛮"采取了一系列的军事行动,迫使他们流离失所,向五溪深处再度西迁,而进入贵州、四川、云南和广西等地。

苗族迁徙至南方后,由于受封建王朝的残酷压迫,不断进行起义斗争。朝廷采取"兵剿"与"安抚"相结合的策略,除了进行军事镇压外,允许"以蛮治蛮""以苗治苗"。先是建立羁縻州,继而发展为土司制度。

自唐宋后,苗族已在我国西南地区定居下来。除一部分聚居外,大部分与各民族交错杂居。明清时期,中央王朝对苗族有"生苗""熟苗"之区分。处于各府、州、县和土司直接管辖下的苗民谓之"熟苗",既未建制设官又无土司管辖的苗民则被称为"生苗"。历史上被封建王朝视为"生苗"的主要有腊尔山"生苗"区和雷公山"生苗"区。

[①] 范文澜:《中国通史简编》第94页,人民出版社,1965年版。

由于战争和游耕两大因素,苗族最终形成以贵州为中心,散居在我国南方9个省、直辖市、自治区,而以贵州为"大本营"。

由于数千年来不断地辗转迁徙,苗族各部分彼此隔绝,以致形成了许多方言和土语。据新中国成立后我国语言学家的调查研究,苗语可分为3大方言,7个次方言,18种土语。

1949年,中华人民共和国成立,中国境内的苗族从此结束了迁徙漂泊的生活。在中国共产党领导下,苗族人民不但获得了幸福和自由,而且还做了国家的主人,在政治上实现了民族平等,在苗族聚居区实行了民族区域自治,在政治、经济、文化等各方面都发生了翻天覆地的变化。

(三)研究叙说苗族主要的文化特征

卷三插入描述苗族主要的文化特征的章节。作为一个从上古走来的族群,苗族创造了广博繁复的文化。一种文化是一个人类群体的生活方式,是这个群体成员共有的知识性行为。苗族长期处于不同的特别环境和生活条件下,他们的生产、生活方式,物质、精神条件,社会结构,文化模式等都具有本民族的鲜明特征。

我们从苗族文字、苗族伦理思想、苗族心理素质、苗族巫教文化、苗族家庭、苗族工艺、苗族习惯法等方面,研究介绍了苗族有别于其他民族的主要文化特征。至于苗族服饰、苗族银饰、苗族建筑等,人们已熟知,不赘述。

比如,苗族的习惯法。如前所述,蚩尤所统领的九黎部落集团,率先发明刑法。涿鹿大战遭受败绩后,九黎余部向南方迁徙撤退,几百年后,又在长江流建立了强大的三苗集团,三苗袭九黎制,《尚书·吕刑》注曰:"三苗之君,习蚩尤之恶,不用善化民,而制以重刑,惟为五虐之刑,自谓得法。"

数千年来,苗族辗转流徙,其足迹遍及大半个中国。但无论他们迁徙流动哪里,都会把蚩尤创制的"法文化"传统带到当地。直至清朝,《大清律例》曾明确规定:"苗人与苗人相争之事,俱照苗例完结,不必绳以官法,以滋扰暴。"《清高宗实录》卷三十九载:"一切(苗人)自相诉讼之事,俱照苗例完结……苗人愿照苗例完结者,免去相验解审。"这"苗例"指的就是苗族长期以来形成的习惯法。历史上的"千里苗疆",依靠其内部产生并世代相传的古理古法,处理人与人之间、鼓社与鼓社之间、榔团与榔团之间的关系,让社会一直保持安宁。古时苗族一切生产、生活事务都按习惯法规进行。

苗族习惯法的"司法"程序为:"议榔"立法、"理老"司法、"鼓社"执法。

(四)研究介绍一部分苗族迁徙和移民海外的情况

大量的资料记载和研究表明,今天分布在东南亚半岛各国的苗族,是明末至清朝时期从中国迁徙出去的，他们的根在中国。

苗族最先迁入的国家是越南，然后是老挝、缅甸和泰国。柬埔寨苗族则是20世纪60年代美越战争期间，从越南和老挝逃亡过去的。

20世纪60至70年代，美国在发动侵略越南战争期间，策动了老挝10年"秘密战争"，支持老挝王室以王宝（苗族）为司令的"特种部队"遏制巴特寮组织（老挝爱国战线）的发展。

1975年，越南抗美侵略战争取得全面胜利。美国在从越南撤军的同时停止了对老挝王室政府的支持。老挝爱国战线在越南的支持下，夺取了老挝政权，建立了老挝人民民主共和国。

因为惧怕报复，王宝率领他的"特种部队"3万多人及家属和一部分苗族（近20万人）先后逃离老挝，涌入泰国。泰国不堪难民重负，要求联合国协调解决。后在联合国及国际社会的帮助下，老挝苗族难民漂洋过海，远迁美洲、欧洲、大洋洲。美国、法国、德国、加拿大、阿根廷、澳大利亚等国接纳了他们，苗族从东半球迁徙到了西半球。苗族长时期（约5000多年）、远距离（从东半球到西半球）的长途迁徙与大流离，是世界民族史上少有的奇迹。

无论在中国还是在外国，苗族大多聚族而居。海外苗族还操苗语、吹芦笙、穿苗族服饰，老人去世，要请巫师超度亡灵回中国东部老家与祖先团聚。

目前世界有苗族人口约1400万人，中国有11067929（2020年人口普查数），越南约有112万，老挝约有45万，泰国约有22万，缅甸约有8万，柬埔寨约有2万，美国约有40万，法国约有1.7万，（法属）圭亚那约有1.2万，德国约有0.4万，加拿大约有0.4万，阿根廷约有0.3万，澳大利亚约有0.7万……苗族由中国的一个民族发展演变为世界性的民族。

作者识于贵阳甲秀楼寒舍
2023年8月3日

○八六 新福书评[①]

由湖南省文史研究馆馆员文库选编的《伍新福文选》（精装本，50万字），2023年12月由民主与建设出版社出版。这是一部苗学研究与地方文化研究的精品力作。我有幸在第一时间拜读到了这部书，我向伍新福教授表示衷心的祝贺！感谢伍老师在第一时间赠书予我。

伍新福教授今年88岁了，他德高望重，是中国苗学研究与湖南地方文化研究的领军人物，曾长时间担任湖南省社会科学院历史研究所所长、湖南省苗学会会长、湖南省历史学会理事长等。作为一名职业科研工作者，伍新福教授著作等身，先后出版有《中国苗族通史》《苗族史》（古代部分）、《苗族历史探索》《苗族文化史》《苗族文化论丛》（主编）、《湖南民族志·苗族卷》《湖南通史·古代卷》（主编、主撰）、《湖南民族关系史》《楚史与楚文化研究》（主编）等。伍新福教授是一个多产的科研工作者，个人独自撰写、编纂和出版的著作近1000万字。

最近出版的《伍新福文选》，由湖南省文史研究馆馆员文库选编。第一编苗学研究由23篇苗学研究文稿组成；第二编湖南历史与文化由9篇湖南历史文化研究文稿组成；第三编理论与方法由10篇理论研究文稿组成。全书共计42篇文稿，全是干货，是从伍新福教授一生的研究成果中精选出来的。

一、第一编 苗学研究

该编内容有《苗族史研究述评》《苗族历史发展特点》《评价蚩尤》《迁徙与苗族》《苗族支系》《苗族原始氏族制度》《生苗与熟苗》《苗疆与边墙》《苗防考略》《苗区改土归流》《苗族起义述评》《苗族婚制考》《苗族氏族考》《苗族宗教信仰和崇拜》《基督教在苗区的传播和影响》《美国苗族访问记》等。

在这里，我仅将其重要的几个观点介绍给读者，主要引述作者的原话。

[①] 本文原题目为《苗学研究与地方文化研究的力作———读伍新福教授的〈伍新福文选〉》。

第一，伍新福教授是我国最先提出要为蚩尤平反的专家学者之一。我们还记得，20世纪80年代，苗族老红军陈靖致信全国政协主席和中国社会科学院院长，要求要为蚩尤平反。伍新福教授在《中南民族学院学报》1997年第2期发表了《论蚩尤》的理论文章，他说："我国学术界、文化界提出，应该为蚩尤'平反'，将炎帝、黄帝、蚩尤同尊为中华民族三位始祖，并认为只提'炎黄子孙'有片面性。目前，这一观点已为许多有识之士所接受。既然历史事实已充分证明，中华文明的创造和中华民族的形成发展，最初均渊源于炎帝、黄帝、蚩尤三大部落集团，那么将蚩尤与炎、黄同列，共尊为中华民族的三位始祖，乃是顺理成章的事。'炎黄文化''炎黄子孙'之类的提法，确实有片面性，也不利于中国各民族的团结。当然也没有必要代之以'炎黄蚩文化'或'炎黄蚩子孙'。我看还是提'中华文化''中华文明'和'中华民族子孙'为宜。"

第二，伍新福教授认为，蚩尤在早期中华文明中功不可没。他在《论蚩尤》中说："距今5000多年前，长江以北、黄河下游平原地区，生活着一个庞大的氏族部落集团，即九黎部落，其首领名蚩尤。因为蚩尤九黎部落长期生活于大河流域平原地带，所以较早地进入农耕定居生活。蚩尤九黎部落是我国耕作农业的始创者。蚩尤九黎部落早在五六千年前已使用青铜器，比炎、黄部落更早使用金属器物。巫教是中国民间一种古老的传统宗教，流传甚广。而就其最初的渊源看，也应追溯到蚩尤九黎。农耕、金属器、巫教，均肇始于蚩尤九黎部落，正是蚩尤九黎所创始的这些文化因素，由炎、黄部落所吸收和发扬，为整个古老的中华文明的创造和发展奠定了最初的基石。"

第三，伍新福教授正确研究和阐述了九黎与三苗的关系。关于九黎与三苗，先秦文献已有明确的记载，九黎在前，三苗在后。国内学术界过去在认识上也没有什么分歧。但在前些年关于苗族族源的研讨中，却有人混淆了九黎与三苗的关系。他们认为，九黎也就是三苗，三苗也就是九黎，原本生活在长江中下游地区，后来北进中原，开发黄河流域下游。黄帝族东进，双方争逐于华北平原，发生涿鹿之战。三苗战败，又由北方南迁，复归南方故土。这一错误观点在学界有一定的影响。伍新福教授作为苗族史研究的大家，正本清源。他说："从先秦文献记载看，'九黎'和'三苗'，是中国历史上两个不同时代的两个单独的族群称谓。'九黎'生活于距今五六千年前的炎黄时代，'三苗'活动于距今四千多年前的尧、舜、禹三代，并且所处地域北南有别，不能混为一谈。'三苗'乃是蚩尤九黎集团与炎黄集团争逐失败后，其中一些氏族部落离开黄河流域，由北而南，迁徙到长江流域和'彭蠡''洞庭'地区，重新组合和发展起来的族群和部落集团。"伍新福教授特别强调："'九黎'生活在黄河流域，'三苗'生活在长江流域。"

第四，伍新福教授论述了苗族历史发展的五大特点：第一，苗族历史发展的起点比较高，但后来却长期处于滞缓和后进的状态；第二，苗族在登上历史舞台的初期，从驰骋黄河下游和华北平原的蚩尤九黎，到雄踞大江南北的"三苗国"和"荆楚"，一直是中国领域内一个强大的族群。楚、秦以后，却由强而弱，两千多年基本上都处于被他族统治的地位。第三，哪里有压迫，哪里就会有反抗。史称苗族"三十年一小反，六十年一大反"。历代苗民起义和武装反抗，次数之多，规模之大，斗争之激烈，在中国和世界历史上都是少见的；第四，苗族富于反抗和斗争精神，同时也具有优良的爱国主义传统；第五，苗族历史还有一个鲜明特点，就是社会发展的不平衡性。

二、第二编 湖南历史与文化

该编内容有《湖南古代历史发展概述》《湖湘文化发展概论》《湖南古代先民考源》《武陵蛮考》《长沙蛮考》《楚国对湖南的开拓》《湖南人的历史变迁》《湖南对外交通述略》等。我精选几个方面及观点介绍给读者。

第一，伍新福教授在《湖湘地方史研究之开拓与集成》编者按中说："20世纪80年代，湖南省社会科学院历史研究所（当时伍新福教授担任所长），组织所内20余位研究人员，编撰《湖南通史》（古代、近代、现代三卷本）。这是一项巨型的科研工程，经过近8年的努力始告蒇。1984年由湖南出版社出版发行。面世后受到各方面好评，并荣获湖南省哲学社会科学优秀著作一等奖。2008年辑入《湖湘文库》，经修订后再次出版。"伍新福教授在正文中说："《湖南通史》古代、近代和现代三卷本，上起数十万年前旧石器时代湖南地区人类最初的生活遗迹，下迄1949年湖南和平解放和中华人民共和国成立前，并分别以1840年和1919年五四运动，作为近代和现代的开端。纵贯古今，而以近现代为重点。全书按通史的体例，从经济、政治、军事、文化、教育、民族、宗教和社会生活诸多方面，系统而全面地铺叙和再现了湖南地方发展的历史。资料丰富，观点新颖，自成科学体系。这是我们多年来从事湖南地方史研究所取得的重要成果，集中反映了湖南地方史研究的最新水平。"

第二，伍新福教授在《湖湘文化发展概论》中说："湖南文化，或称'湖湘文化'，属特定的地域文化。作为中华文明中华文化的一部分，湖南文化与中原及全国其他地域文化会具有许多共性和共同元素，但作为一个相对独立的地域文化，又必然会有不少自己的特色。而这种特色，则是由湖南所处的自然地理生态环境和人文环境，以及特定的历史条件和历史发展进程所决定的。"

第三，伍新福教授在《湖南土著民族先秦考源》中说："自汉民族形成以来，湖南的主要居民是汉族。但古今变化很大。目前湖南的汉族居民，绝大多数都是宋代以后，特别是明清之际，才从中原地区和邻近各省迁入的。所以，湖南的少数民族大多都称汉族为'客家'。在湖南的各个少数民族中，白族、回族、壮族、维吾尔族、满族等，也是宋代以后各个不同时期，因驻防屯垦、经商、宦游、移民等各种原因，逐步迁入的。真正堪称湖南土著民族的，实际上只有苗、瑶、侗、土家等民族。"

三、第三编 理论与方法

改编内容有《马克思社会形态学说》《奴隶社会发展规律》《历史研究中的规律性与多样性》《社会形态讨论中的几个问题》《封建专制主义》《社会历史发展的动力》《关于爱国主义》《毛泽东历史研究的辩证法思想》等。

第三编的第一篇《试论马克思主义"社会形态"学说》，载于《求索》1983年第2期。作者介绍："20世纪80年代初，中国学术界展开了一场关于马克思主义生产方式和社会形态学说的大讨论。部分学者对人类社会发展的'五种生产方式'和'五大社会形态'学说提出质疑，主张'三大社会形态'或三种、六种'生产方式'。而另一部分学者则加以反驳，认为必须坚持'五种生产方式'和'五大社会形态'学说。争论的一个核心问题，是奴隶制社会是否为人类社会发展的一般必经阶段和独立的社会形态，以及如何看待马克思曾说过的'亚细亚生产方式'等。"

伍新福教授凭借自己深厚的理论功底，参与了中国学术界的这一大讨论。他先后研究撰写了《试论马克思主义"社会形态"学说中的几个问题》，载于《求索》1983年第2期；《论论奴隶制社会发展的规律性和多样性—兼与胡仲达先生商榷》，载于《中国史研究》1984年第3期。伍新福教授针对当时讨论中所涉及的一些主要问题，阐述了自己的观点和看法，不仅成一家之言，而且颇具代表性。他认为："马克思的五种社会形态更替发展的学说，是对各具特点极其多样复杂的社会发展的本质的抽象和科学的概括。这一学说是世界历史发展的统一性和多样性的辩证统一，是马克思主义的基本原理。历史科学的发展已经证明，并且必将继续证明它的正确性。"《中国史研究动态》概述了伍新福教授的主要观点。《试论马克思主义"社会形态"学说中的几个问题》荣获湖南省首届哲学社会科学优秀成果奖。

总之，《伍新福文选》是一部苗学研究与地方史研究的精品力作，读者欲知其详，请读原著。

○八七 苗族史歌[①]

一、引言

众所周知，苗族是中国一个极其古老的族群，苗族先民对中华早期文明曾做出过重大的贡献。

我一生致力于研究苗族即苗学。大凡苗族共同体的一切社会现象和文化现象，都在我研究的视野范围内。我对苗族历史、哲学又尤为感兴趣。《中国苗族哲学社会思想史》曾获吴玉章人文社会科学优秀成果奖，《世界苗族迁徙史》曾获贵州省哲学社会科学优秀著作一等奖。我的其他著作或是苗族专史或涉及苗族大量的历史资料。基层苗学会的同志问我能不能用三五千字讲清楚苗族的历史，我说，可以的，我试着看看。

我采用类似苗族古歌或史诗的形式，控制在一两千字以内，叙说苗族悠久的历史及厚重的文化。于是，就产生了以下这首《苗族7000年史歌》。

《苗族7000年史歌》是建立在中国史籍记载资料、苗族心史记载资料、专家研究考证资料和考古发掘资料四重证据基础上的。尽管如此，不同观点或看法也还是在所难免。

二、苗族7000年史歌

（引子：《苗族古歌》反复吟唱："从前五支奶，居住在东方；从前六支祖，居住在东方；挨近海边边，天水紧相连。"苗族《迁徙史歌》也反复唱道："从前老家乡，就在海边边。"苗族老人逝世，要请巫师唱《焚巾曲》，超度其亡灵回东方老家与祖先团聚。苗族丧葬死者头部要朝向东，因为祖居地是太阳升起的东方，死者头枕东方，才能回到祖先的发源地。）

7000多年前
我国东方有一个"君子国""大人国"

[①] 本文系应基层苗学会会员要求所写的概述苗族7000年的史歌。

"君子国""大人国"的首领叫伏羲

伏羲像太阳光一样照亮着人们的生活

伏羲又被称为太昊

伏羲太昊观天象 制历算

结网罟、驯家禽、兴庖厨、行医药

作易八卦、化蚕制衣、制乐创歌

开中华文明之先河

古人尊称伏羲太昊为"三皇之首""百王之先"

少昊氏是伏羲太昊氏的族裔

太昊氏以龙命官

少昊氏以凤鸟命官

少昊氏衰落后

东方集团以蚩尤为首领的九黎势力发展起来了

九黎九九八十一个兄弟氏族

蚩尤九黎部落率先发明刑法武器和宗教

九黎是雄踞祖国东方的一个强大部落

九黎部落最早进入中原地区

与此同时

发祥于西部渭水流域的炎黄两部落崛起

炎帝黄帝是兄弟部落

炎帝部落沿渭水南岸而进入中南和中原

黄帝部落沿渭水北岸而到达燕山南北地带

黄帝炎帝蚩尤三大部落逐鹿中原

蚩尤"造立兵杖、刀、戟、大弩"威震天下

蚩尤逐炎帝出九隅

黄帝炎帝两部落联合共同对抗强大的九黎部落

力量悬殊黄帝曾"九战九不胜"

"三年九战,而城不下"

黄帝后来得九天玄女的兵符转败为胜

黄帝"遂杀蚩尤""身首异处"

涿鹿大战血流百里

蚩尤虽败犹荣

秦始皇刘邦李世民尊蚩尤为"兵主"即战争之神

苗族尊蚩尤为英雄的祖先

黄帝统一中原

建立最初国家雏形

中华文明迈上新台阶

良渚文化是蚩尤文化

红山文化是黄帝文化

九黎必竟系大族

其余部撤退至长江流域

又建立三苗部落或三苗国

三苗九黎一族两名

尧舜禹三代又不断征伐"三苗"

尧"窜三苗于三危""放驩兜于崇山"

"舜征三苗""分北三苗"

最后大禹打败三苗

又四五百年后

三苗余部在荆州地方聚集起来

被称为"荆""荆蛮"或"蛮荆"

"商师征蛮荆"

周昭王亲伐"荆蛮"

周宣王派大将方叔大规模伐荆

"荆蛮"不但没有被歼灭

春秋战国时反而发展成为楚国的主体居民

范文澜称为苗的楚国

屈原根据苗巫文化创作《九歌》《离骚》《天问》

苗族的楚国统一南方

秦、楚是对中国统一贡献最大的两个国家

秦国灭掉楚国后

苗民又向武陵五溪深处迁徙逃亡

被称为"武陵蛮"或"武陵五溪蛮"

朝廷不断向武陵五溪地区用兵

大量苗民又流向贵州、四川和云南

唐宋元明清苗族主体逐步移居大西南

苗族最终世居在黔湘滇渝桂鄂川琼陕京

中国苗族人口逾千万

一半世居在贵州

贵州被视为苗族的"大本营"
由于不断地辗转迁徙
苗族各部分彼此隔绝
苗语形成三大方言七个次方言十八种土语
苗族妇女服装多达 300 多种
堪称世界民族服装之最
苗族酷爱银饰
黔东南着盛装佩带银饰多达二三百两
苗族创造出璀璨夺目浩如烟海的民间文学
苗族古歌、史诗、古老话堪称苗族的编年史和百科全书
中华人民共和国成立
苗族结束了苦难的历史
结束了迁徙漂泊的生活
苗族聚居区实行民族区域自治
苗族地区政治经济文化发生翻天覆地的变化
一大批苗族人才迅速成长起来
党和政府帮扶苗族人民摆脱贫困
苗族人口素质不断提高
苗族干部王朝文当 10 年贵州省省长
苗族作家沈从文赢得崇高的世界声誉
新时期以来
国人把蚩尤与黄帝炎帝
奉为中华民族人文三始祖
河北涿鹿率先摒弃历史偏见
建立黄帝炎帝蚩尤三祖堂
山东阳谷建蚩尤陵
重庆彭水建蚩尤九黎城
奉炎黄蚩为共祖
有利于国家统一民族团结
早在明清时期
苗族迁徙逃亡走得最快最远的一部分
已经漫入东南亚半岛
苗族最先迁入的国家是越南和老挝
然后再迁入泰国和缅甸

20世纪六七十年代

美国发动越南战争

老挝苗族被迫卷入10年"秘密战争"

战争结束后

老挝苗族10余万人被迫逃往泰国难民营

在国际社会帮助下

老挝苗族难民被迫漂洋过海

远迁美洲、欧洲、大洋洲

美国、法国、德国、圭亚那、阿根廷、加拿大、澳大利亚接纳了他们

苗族从东半球迁徙到了西半球

海外苗族有200多万人

他们说中国是苗族的故乡

海外苗族时常有人来中国寻根问祖

数千年来

苗族从华东到中原

从中原到中南

从中南到西南

从中国到东南亚

从东半球到西北球

其长时期远距离的大迁徙与大流离

在世界两千多个民族中极为罕见

02

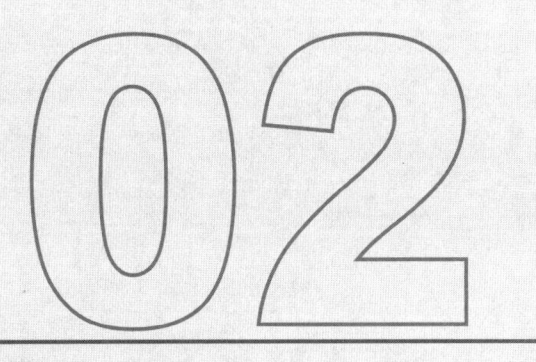

经济·文化·其他

○八八 生态伦理[1]

生态伦理思想是人类就人与自然关系的思考形成的意识形态。在 21 世纪，随着生态环境的恶化，生态危机日益显现，生态伦理思想越来越受到重视。在我国，生态伦理思想历史悠久，在先秦时期的文化古籍中就多有记载，而少数民族生态伦理思想的形成，则可以追溯到他们生产力发展水平非常低的自然经济时代。随着历史的演进，少数民族生态伦理思想得到不断丰富和发展，成为其文化传统的重要组成部分。

正荣作为苗族青年，他关心苗族经济社会的发展。作为高校科研部门的管理人员，他自己也承担科研项目，本书即是他在以我们黔东南苗族生态伦理思想国家项目的研究成果的基础上拓展、深化而来的。

贵州是一个欠开发,欠发达地区。由于欠开发,一些地区的自然生态环境保持完好。同时，贵州是一个多民族地区，少数民族文化丰富多彩，其中不乏各种有关自然生态的伦理思想。因此，分析自然生态环境与民族文化之间的关联，选择黔东南苗族无疑具有典型性和代表性。这是因为，苗族是一个发源于中国的世界性民族，而位于贵州东南部的黔东南，是全国苗族人口最密集的地方，被誉为苗族的"大本营"。同时，黔东南又是贵州生态环境保持最好的地区，其森林覆盖率达 62.78%，位居全省首位。本书巧妙地抓住了黔东南的文化与自然特征，以黔东南苗族为例研究民族生态伦理，在选题上无疑是非常成功的。事实上，作者的论证也证实了黔东南苗族具有丰富的生态伦理思想，这些思想对地方良好生态环境的维护发挥了积极的作用。

本书在梳理生态伦理基本理论、研究对象、研究方法以及适用于本课题的研究思路之后，以贵州黔东南苗族自治州为个案，分别从精神文化（民间文学、宗教信仰）、制度文化（组织制度、习惯法）、物质文化（生产方式、生活方式）三个层面，系统地探讨了贵州黔东南苗族丰富多彩的生态伦理思想，在此基础上，还比较全面地分析和总结了这种生态伦理思想的内容、特点、历史价值、形成根源及存在的局限，进一步提出并回答了若干具有反思性和建设性的问题。这项成果的特色，首先在于研究者具有自觉的方法论意识，按照个案研究自

---

[1] 本文系为龙正荣的《生态伦理研究的民族视角——以黔东南苗族为例》一书所写的序。

身的特点、规律和要求做了大量基础性的调查研究、文本整理和分析工作，避免了此类研究中广泛存在的食洋不化和泛泛而谈的弊端。由于资料收集工作充分，材料运用丰富得当，本书具有较强的可读性。其次本书采取了精神文化、制度文化和物质文化的三元框架，虽然这个框架并不具有足够的原创性，但运用在黔东南苗族生态伦理思想个案研究中还是取得了很好的效果。最后课题中还穿插了数量不菲的图片，使人对黔东南苗族侗族自治州的生态和风光产生神往之情，也增加了课题论证的说服力。值得指出的是，这些图片大多颇为精美，构图精巧，具有很好的视觉效果。全文思路清晰，结构合理，逻辑严密，语言简洁流畅，资料翔实，内容丰富，对现代生态伦理的理解和定位较为准确和合理。

总体而言，本书立足于贵州黔东南苗族，在一定的田野调查和理论分析基础上，以生态伦理为切入点透视了这一族群的独特文化与自然的关系，这对于在人类中心主义泛滥而生态危机警钟未除的当今社会无疑是一种反思性的学术考察，对于政府的相关决策也具有一定的学术参考价值。当然，作为以民族学和伦理学为交叉的学科研究，该课题在对黔东南苗族思想的挖掘与解读方面的理论深度，以及在如何剔除黔东南苗族的生态伦理思想中那些非理性、非科学的因素，如何创造性地转换和升华其中的积极因素等方面，仍有提升和深化的空间。

21世纪是生态文明的时代。面对日趋复杂严峻的生态环境问题，尊重自然、顺应自然、保护自然，努力走出一条生产发展、生活富裕、生态良好的文明发展道路，是人类可持续发展的必然选择。我们希望本书所思考的话题，以及从中得到的一些启发，能够引起更多的共鸣，为民族和地方生态建设贡献力量。

〇八九 三月芦笙[①]

第一，今年王家牌三月芦笙会在去年的基础上，办得更加热闹，更加轰轰烈烈，但我因为要参加铁道兵战友聚会，时间冲突了，未能参加，在此特表歉意！

第二，王家牌三月芦笙会已经成功举办两届，已经引起了省、州、县、乡的高度重视，已经成为黄平的一张名片、一个品牌。这项工作做得值得。这个品牌，不但要继续打造下去，而且要越来越好，越来越响亮，越来越亮丽。

第三，王家牌三月芦笙会是一个传统节日，过去是名不见经传的。现在经过王家牌的一批热爱家乡的热血青年的精心策划和打造，已经成为一个响当当的民族节日品牌。我向王家牌三月芦笙会组委会的代总、王旭锋、王军等，表示敬意，没有你们的奉献与努力，王家牌三月芦笙会就没有今天；向一直关心和支持王家牌芦笙会的各位领导、各位专家学者表示衷心感谢！希望大家一如既往地关心和支持王家牌三月芦笙会，关心和支持王家牌的社会经济发展。

第四，要把王家牌三月芦笙节做大做强。苗族是一个喜欢过节的民族，通过过节凝聚民族的向心力，通过过节走亲访友、谈情说爱，通过过节宣传自己的家乡，宣传本民族的文化精神。这些目的，王家牌三月芦笙会都已经达到了。但是，这还不够，我们还得要开动脑筋，怎样才能使王家牌的苗族同胞在节日中受益，在节日中致富，在节日中走向小康？

应该说，在这一方面也已经初显成效，听说县里已投资把通往王家牌的路修好了，这是非常了不起的。黄平长期以来是山区小路，这大大影响了王家牌的经济发展。现在好了，柏油路修通了，出行方便了，对外联系加强了，这非常有利于王家牌的社会经济发展。

但是，我们还不能满足，要把王家牌三月芦笙会做大做强，争取省州县的更大投入，争取吸引一批开发商去投资开发王家牌。

第五，尽快启动王朝文名人故居保护。在这方面，省文物局原副局长吴建伟是内行，建议我们组委会的同志，多向建伟老局长请教。我在这里不多谈。

就谈这些，有错请大家批评指正！

[①] 本文系作者在苗王食府召开的王家牌三月芦笙会总结会议上的发言。

〇九〇 重要抓手[1]

近年来，贵州省委省政府大力推动以苗医药为主体的大健康产业，这是助力于贵州经济社会发展的重要战略抓手，符合贵州实情。

我们知道，传统的健康观是"无病即健康"。现代人的健康观十分广泛，包括躯体健康、心理健康、社会健康、智力健康、道德健康、饮食健康等等，但"无病即健康"始终是基础，没有躯体健康其他所有的健康都谈不上。其他方面的健康又有利于人的躯体健康，追求健康是人的基本权利和本能。躯体健康是人生的第一财富，拥有躯体健康，才能更好地追求其他方面的健康。

贵州以苗医药为主体的民族医药与人的躯体健康息息相关，是贵州的一大宝藏和优势。

一、苗医苗药，历史悠久

根据中国史籍记载，历史学家把苗族的渊源追索到7000多年的伏羲与女娲，即东方的伏羲太昊部族。《孔丛子》："伏羲始尝草木可食者，一日而遇七十毒，然后五谷乃形。"《太平御览》引《帝国世纪》："伏羲……尝味百药，而制九针，以拯夭枉焉。"伏羲尝百草，制九针，发明医药，为民疗疾，解除疾病痛苦，延长人的生命。故上古"东方夷人"就有"不死民""君子不死国"之称。《淮南子》："神农之播谷也，因苗以为教。"《说苑》："吾闻上古之为医者曰苗父。苗父之为医也，以菅为席，以刍为狗。"《中医史话》："苗父是远古时代居民，苗黎族巫师。"苗族民间一直流传着"千年苗医，万年苗药"的歌谣。数千年来，上古"东方夷人"即伏羲太昊部族的后裔，因其祖先在部落战争中落败，被迫由北而南而西南，辗转流徙。苗族人民依靠祖传的苗医和苗药，保障自己的健康而繁衍不息。中华人民共和国成立后，在党和人民政府的关怀下，苗族人口发展很快。根据2010年的人口抽查，我国有苗族人口942.6万人，仅次于汉族、壮族、回族和满族，在全国56个民族中居于第5位。

---

[1] 本文系作者在贵州省大健康产业发展座谈会上的发言提纲。

二、黔地无闲草　夜郎多灵药

苗族迁徙到中南和大西南，甚至一部分迁徙到了国外，他们把伏羲与女娲的故事、蚩尤的英雄事迹以及祖传的苗医和苗药也带到了四面八方。苗族最终定居在黔、湘、滇、渝、桂、鄂、川及海南、陕西、北京等省市自治区，而以贵州为"大本营"，中国苗族人口一半生活在贵州。

贵州位于中国西南云贵高原的东半块，是隆起于四川盆地和广西丘陵之间的一片高原山地，全省最高海拔2900米，最低海拔137米，平均海拔1100米，介于东经103°36′—109°35′，北纬24°37′—29°13′。贵州较高海拔和较低纬度的地理特征，形成了"冬无严寒，夏无酷暑"的气候特点。山多水多森林多，云滔滔、雾茫茫，使贵州省成为中国的生物多样性最丰富的地区之一，高等植物有7000多种，野生脊椎动物近1000种。更难能可贵的是，苗族人民迁徙至贵州山区后，一则把传统的苗医、苗药带到了贵州，二则还新发现了大量的动植物药物。"黔地无闲草，夜郎多灵药"是根据苗族人民的生活轨迹而得出来的谚语。

但是，千百年来，苗医苗药总是伴有巫文化的特点。有人说："苗族巫医不值得推崇。"也有人说："苗族历史上没有自己的文字，苗医药没有科技含量。"我们的回答是，得出这些观点，都是因为没有深层次了解苗族人民。

中华人民共和国成立后，尤其是改革开放后，人们的思想认识发生了很大的变化，苗医苗药受到了前所未有的重视。苗医苗药从"纯手工，小作坊"走向现代化的GMP生产车间。千年秘方与现代科技结合起来，"经典配方"嫁接"现代化工艺"制作出来的产品，正在大批量地走向市场，走进人们的健康生活。

三、大健康、大财富、大产业、大机遇

今年初，时任贵州省委副书记、省长陈敏尔在北京召开的"贵州省大健康医药产业推介会"的讲话中说："大健康是大财富、大产业、大机遇。在经济发展新常态下，大健康产业方兴未艾，大健康时代呼之欲出。'大健康'不只吸引着人的眼球，而是实实在在地走进了人们的生活。"

贵州力推大健康医药产业，要使苗医苗药变成真正的大财富。我认为有许多工作要做：

第一，建立强有力的贵州省大健康医药产业领导小组；

第二，对贵州苗药产品统一标识；

第三，打造出一批贵州苗药品牌产品；

第四，加强理论研究，进一步探索千年苗药与人类健康的密切关系；

第五，加强宣传，使苗药走向全国、走向世界。

〇九一 茶籽化石①

很高兴应邀参加筹建"古茶籽化石博物馆园区"座谈会。

我们知道，人类的历史有99.9%以上属于史前史。史前史是指在有文字记载之前人类所经历的历史。史学家认为，史前时代（距今约170万—1万年）。史前史之后，人类进入文明史。人们要想知道史前时代的情况，一个重要的方法就是考古挖掘。

根据考古发现，我国考古学泰斗、中国考古学会原副理事长苏秉琦教授生前曾提出要重建中国古史框架。他把中国古史框架、脉络概括为："超百万年的文化根系，上万年的文明启步，五千年的古国，两千年的中华一统实体。"②

考古发现不断改变着中国，不断改变着世界。

一、中国是茶的故乡

根据中国史书记载，"茶之为饮，发乎神农氏，闻乎鲁周公"（唐代陆羽《茶经·六之饮》），"神农尝百草，一日遇七十二毒，得茶以解之"（清代陈元龙《格致镜源》）。

中国是茶的故乡，史书记载中国经历了三皇五帝时代。伏羲、女娲、神农为"三皇"，黄帝、颛顼、帝喾、尧、舜为"五帝"。伏羲、女娲为7000前左右，神农为6000前左右。"茶之为饮，发乎神农氏""神农尝百草，遇毒得茶以解之"应该是信史。也就是说，6000前中国人就已经开始饮茶了。这是有文字记载的，或许中国人饮茶的历史比文字记载的还要古老。

中国素有礼仪之邦之称，茶文化的精神内涵即是通过沏茶、赏茶、闻茶、饮茶、品茶等习惯，和中华的文化内涵礼仪相结合，形成的一种具有鲜明中国文化特征的文化现象，也可以说是一种礼节现象。礼在中国古代用于"定亲疏，决嫌疑，别同异，明是非"。在长期的历史发展中，礼作为中国社会的道德规范和生活准则对中华民族精神素质的修养起了重要作用。可以说茶文化是中国具有代表性的传统文化之一。中华民族饮茶活动过程中形成的文

---

① 本文系在晴隆筹建"古茶籽化石博物馆园区"座谈会上的发言，载《经济文化交流》2016年第1期，收入略有修改。
② 苏秉琦：《华人·龙的传人·中国人——考古寻根记》，辽宁大学出版社，1994年版。

化特征有茶道、茶德、茶精神、茶联、茶书、茶具、茶画、茶学、茶故事、茶艺等等。

当今世界,茶与人类已经密不可分。全世界一百多个国家和地区的人都喜爱饮茶、品茶。茶与食粮一样,成为人类生存生活的必需品。据专家考证,其他国家种植茶叶、饮茶的习惯都是直接或间接地从中国传过去的。

二、贵州是古茶树的发源地

中国是茶的故乡,茶树的发源地在何处?贵州省晴隆县云头大山发现了一枚古茶籽化石,经中国科学院南京地质古生物研究所鉴定,确认为四球茶籽化石,时代为晚第三纪至第四纪,距今至少一百万年,或许会更加久远。它是目前世界上迄今为止发现的最古老的、唯一的古茶籽化石。

发现一百万年前的古茶籽化石,当然不是说人类饮茶已经有一百万年的历史了。苏秉琦根据考古发现提出中国"超百万年的文化根系",是说百万年以前,中国这块土地上就有早期能人活动,早在更新世初期,古人类就开始在我国广袤的土地上生活。我国黄河、长江中下游地区,西北的黄土高原,西南的云贵高原等都留下了从能人到直立人再到智人的足迹。早期的能人、直立人刚从动物群中分化出来,连最基本的饮食都没有保障,当然更谈不上饮茶了。如前所述,"茶之为饮,发乎神农氏",或者更早。中国饮茶起源于何时还需要进一步通过考古来发现。

中国是茶的故乡,在海内外探索中国人何时开始饮茶的背景下,贵州晴隆云头大山发现了一枚一百万年前的古茶籽化石。有古茶籽必有古茶树,这枚古茶籽化石向人们表明,早在一百多万年前,贵州这片土地上就生长着茶树了。当然,一百多万年前,或许中国的其他地方也生长着茶树,但是还没有被考古发现。贵州云头大山发掘出了一枚一百万年前的古茶籽化石,这是经过中国科学院南京地质古生物研究所反复研究鉴定的,据此,可以认为,贵州是古茶树的发源地。中国史籍记载,中国人于距今约六千年前的神农时期开始饮茶,可生长于贵州的最古老的茶树,距今已经一百多万年。

三、打造"中国古茶籽化石博物馆园区"

当今世界,茶文化已在全球各地生根发芽,全世界有160多个国家和地区的人民有饮茶习俗,饮茶人口占世界总人口的一半以上。中国是最早发现和利用茶树的国家,我们栽培茶树利用茶树已有3000年历史。我国发现的山茶科植物共有15属260余种,且大部分分布在云南、贵州、四川一带,这充分证明云南、贵州、四川是茶树原产地的中心。贵州茶园面积600多万亩,名列全国第一,是全国的茶叶种植大省,云头大山莽莽透迤,现有20多万亩种植云南大叶种茶的茶场和茶区。

贵州云头大山古茶籽化石是世界上唯一发现的一颗古茶籽化石，中国其他省没有，世界其他国家也没有。在贵州云头大山建"中国古茶籽化石博物馆园区"的建议，我认为是可行的。以晴隆、普安已分别建成的14万亩、10.1万亩茶场为依托建设古茶籽化石的展示园区，在生态公园里展示全国的古茶树和名茶树，打响"云上茶叶"和"云头古茶"品牌，实现"晴普茶区一片红"。并依托普晴林场良好的天然生态资源优势建设生态公园，以吸引众多茶人和游客前来观光旅游、休闲度假，享受云头大山的宁静和无比清新的空气及深山区的大自然风光……

〇九二 服饰传承[1]

贵州苗族、侗族女性的传统服饰十分有特色，是中华民族传统服饰中的两束鲜艳夺目的奇葩。但是，受现代生产生活方式转变，社会、经济、文化交流等的影响，民族服饰及技艺逐渐消失是不容忽视的问题。本书稿对苗族、侗族女性传统服饰的传承保护展开了深入调查与研究，取得了较好的研究成果。该成果已完成90%以上的研究任务，从申报提供的书稿看，达到国家社科基金后期资助的水平，同意立项资助。

一、比较全面系统地研究了苗族、侗族服饰的传承保护情况

（一）调查深入

黔东南是我国苗族、侗族的主要聚居地，包括民族服饰在内的苗族文化、侗族文化相对保存较好。本书稿是作者花费近十年时间深入苗乡侗寨调查研究的成果。研究者实地走访了数十个民族村寨，访谈对象包括苗族侗族女性、民族服饰设计师、技艺传承人、当地学者、服饰博物馆负责人、技艺协会负责人、民族服饰店主、服饰企业负责人、政府工作人员、苗侗服饰设计专业学生等，调查面宽广，获得了十分丰富的口述材料。

（二）资料丰富

资料是研究的基础。本书稿作者围绕研究主题调查掌握了丰富的一手资料，包括古代文献资料、现当代文献资料、实地调查资料、个案访谈资料等，反映出作者在潜心研究苗族、侗族女性传统服饰的传承保护问题。

---

[1] 本文系对国家社科基金后期申报资助项目《贵州苗族侗族女性传统服饰传承研究》的评审意见。

（三）研究到位

本书稿共十章，排列恰当，章章连环，节节相扣，正确叙述，论之有据，言之成理，做到理论与实践相结合，既有理论性，又有实用性，研究比较到位，是一份难得的对民族服饰传承保护的研究成果。

（四）图文并茂

书稿中有300多张苗、侗服饰实物、技艺、穿着等的第一手照片，150多幅服饰的款式线描图、结构图，这体现出作者在用心研究该课题。大量的插图不是为了装饰，而是用以形象地说明内容，与正文形成互文。

二、围绕苗、侗服饰传承保护提出新的概念、范畴，并初步构建起新的理论框架

比如：第五章提出"动态穿着文化"的概念。作者在调查中遇到某县专门保管所收藏了多个支系的苗族盛装，但工作人员却不知怎么穿戴的情况，作者对此情况进行思考，认为对"动态穿着文化"的考察与研究必不可少。作者从主体服饰的穿着习俗、辅助服饰的穿着习俗、饰品的穿戴习俗，以及服饰的收放习俗、穿着步骤等方面，研究探讨苗、侗服饰的"动态穿着文化"。以往对民族服饰的考察多限于穿着完成后的静态层面，此研究弥补了以往研究缺乏对民族服饰"动态穿着文化"考察的不足。

第六章提出"四位一体"的服饰主体论概念。"四位"即是传统服饰的制作者、设计者、穿着者、传承者，他们共同构成服饰传承保护的主体。作者强调，他们是传承苗族侗族传统服饰的最重要的因素，对其引导、培训、扶持与帮助非常重要。这既提出了新的概念范畴，又抓住了民族传统服饰传承保护的关键。

第十章提出兼顾物质文化传承与非物质文化传承两个层面。作者认为，贵州苗族侗族女性传统服饰的传承保护需要兼顾两个层面，一是物质文化层面服饰"实物"的保护，二是非物质文化层面"技艺"的保护。作者指出，非物质文化层面的"技艺"保护是"活态性"的发展，强调传承的两个方向是静态传承与动态传承，传承的两个趋向是传统意义上的"传承"与新时代背景下的"发展"。

三、没有政治问题和敏感问题

通读全书稿，文字严谨，引用规范，没有发现政治问题和民族宗教敏感问题。

四、修改建议

第一，希望作者切实按照申报书中所列的目前项目尚需完善的 6 个方面推进，使项目成果更加完善。而要改进这 6 个方面的不足，显然还需要进行有针对性的补充调查。

第二，导论就是导论，不要作为单独的一章。建议由现在的十章改成九章，导论单列。

第三，书名已是《贵州苗族侗族女性传统服饰传承研究》，后文每一章标题中又有"贵州苗族侗族女性"，略显重复，建议删去，做到不重复又简练好读。

第四，书稿第 322 页标题"三、贵州苗族、侗族女性统传服饰的品牌化推广"下，除了交代品牌化推广的意义外，应该调查选择二至三个成功的，且目前还在运行中的案例进行叙述。现书稿只引用他人文章中的一个案例，且该案例中的工厂早在 1998 年就停产倒闭了，此案例不能反映出苗侗统传服饰的品牌化推广情况。

第五，要认真反复校对，把一些错字和错误的标点符号改过来。

最终审读意见：建议作为后期项目立项。

审读专家：石朝江

2015 年 11 月 11 日

〇九三 迁徙农耕①

记得有一年我赴雷山县调查苗族鼓社文化，李国璋先生作为向导全程陪同。在交谈中，我感觉到他是一个苗族文化通，我们非常投缘，我从他的身上获得了许多苗族历史文化的第一手资料。后来，我们又多次在省内外的学术会议上相遇，非常乐于在一起交流，我认为他是一位工作在基层的苗族专家学者。

最近接国璋先生电话，他要我为他写的《中国古代苗族迁徙与稻作发明研究》一书写序，他是我在基层勤奋笔耕的一位朋友，我不好谢绝。我要求他先把电子版发来看看，浏览过他的电子书稿后，我深深地被书中的内容吸引住了。此书运用大量的苗族心史记载资料，还原了苗族古代迁徙与稻作发明的历史。

我们知道，十九、二十世纪之交，随着中国发生"数千年来未有之变局"，中西封闭的地理、文化格局解体，中西交流日益增多，中国学者开始对西方学术研究方法投入极大的关注。无论是传统学者的自觉转型，还是留洋归来学人用西学治学方法研究探讨中国文化，传统的学术主流研究方法与西方的实证法、诠释法等交汇，激荡出不少新思想和新观念，这种学术方法上的创新，使民国学术面貌为之焕然一新，产生了一个卓然的学者群落……时代发展到今日，那些当年建立的新型学术范式仍然规定着我们当下的学术路径。无论人们如何标新，如何骄傲，民国学人作为一个整体，像山一样绕不过去。事实上，他们一直是中国现当代学术的原点所在。②

苗族是我国一个极其古老的民族。自西方人类学民族学方法传入中国后，民国时期一大批在中国学界具有重要影响的国学大师，包括梁启超、翦伯赞、蒙文通、王献唐、闻一多、王桐龄、夏曾佑、林惠祥、凌纯声、芮逸夫、马少侨、何光岳、侯哲安、王泽霖、陈国钧、石启贵、杨绍先、梁聚伍等，以及萨维纳、克拉克、伯格理、鸟居龙藏等外国传教士和学者的著述中，都充分肯定了苗族悠久的历史与文化，肯定了苗族先民对中华文明中华民族的卓越历史贡献。

---

① 本文系为李国璋著的《中国古代苗族迁徙与稻作发明研究》一书写的序。
② 林惠祥：《中国民族史》第1页，上海书店出版社，2012年版。

比如王献唐在《炎黄氏族文化考》中考证了蒙（苗）人的来源，考证了蒙人与伏羲的关系。他说："伏羲亦作伏牺……蒙阴一带，初皆蒙族聚处之所……所居之地名蒙，所处之山亦名蒙……伏羲后裔，周有密须四国，为东蒙主……知东蒙一带，固伏羲子孙旧壤也。伏羲之后，有东蒙氏……东为方名，殆对宋国诸蒙在西者而言，又知蒙为伏羲族氏矣。族以蒙名，所居之地，故以名蒙。蒙在东方，故言东蒙，合地名氏名以证伏羲，知伏羲为蒙族。"①夏曾佑在《中国古代史》中考证说："古时苗黎族散处江湖间，先于吾族，不知几何年。至黄帝之时，生齿日繁，民族竞争之祸，乃不能不起，遂有炎帝、黄帝、蚩尤之战事。而中国文化，藉以开焉。"②王桐龄在《中国民族史》中说得更明白："现在中国动言五族平等，所谓五族者，即汉、满、蒙、回、藏族。譬如作一家人看，汉族是长兄，满族、蒙族、回族、藏族便是幼弟，是为现在人的观察。若照历史上观察，中国民族除去汉、满、蒙、回、藏五族以外，还有一位长兄，即是苗族。"③

中华人民共和国成立后，国学大师范文澜在《中国通史简编》中说："居住在东方的人统被称为'夷族'。太皞是其中一族的著名酋长。太皞姓风，神话里说他人头蛇身（一说龙身），可能是以蛇（或龙）为图腾的一族。陈（河南淮阳），相传是太皞之墟。春秋时期，山东还有任、宿、须句、颛臾四个小国，说是太皞的后裔。相传伏羲画八卦，按伏羲与太皞向来被当作同一个人的名号，事实上伏羲是指远古开始有畜牧业的一个时代，太皞则可能实有其人。"④另一位国学大师郭沫若在《中国史稿》中则说："太皞，号伏羲氏。据说：'伏羲作卦'，已是父系氏族社会的事了……传说太皞是风姓，应同九夷中的风夷有更直接的关系。风夷在夷人氏族部落中居于首要地位，因而太皞又是所有夷人想象中的祖先。"⑤范文澜，郭沫若认为伏羲太皞是同一的，是居住在东方被称为"夷族"或"夷人"的祖先，而不是华夏的祖先。

我们知道，大量史籍资料记载中国经历了"三皇五帝"时代。"三皇五帝"的说法很多，从古至今，人们倾向于伏羲、女娲、神农为"三皇"，黄帝、颛顼、帝喾、尧、舜为"五帝"。三皇时代距今六七千年，五帝时代则距今五千多年。东蒙人的祖先伏羲为什么会成为汉文献记载的三皇之首，百王之先？我们认为，这是中国古代战争促成部落联合之后，文明共享、文化通融的结果。炎黄蚩时期黄帝打败蚩尤，尧舜禹打败三苗，春秋战国时秦国灭掉楚国，在此过程中伏羲太皞的后裔绝大部分都渐渐融入华夏族了，中华民族自古以来就是你中有我，我中有你的。随着华蒙族的交融与和合，上古东蒙人的祖先伏羲太皞也被纳入了中华的古帝系列。正如梁启超《论中国成文法编制之沿革得失》一文所说："自黄帝迄今于舜禹，我族与苗族为剧烈之竞争，卒代之以兴。于是彼族之文明，吸收以为我用。"

---

① 王献唐：《炎黄氏族文化考》第297—307页，青岛出版社，2006年版。
② 夏曾佑：《中国古代史》，岳麓书社，2010年版。
③ 王桐龄：《中国民族史》，吉林出版集团有限责任公司，2010年版。
④ 范文澜：《中国通史简编》第88页，人民出版社，1965年版。
⑤ 郭沫若：《中国史稿》第111、112页，人民出版社，1976年版。

伏羲太皞之所以被列为三皇之首，是因为伏羲开中华文明之先河，大量史籍记载伏羲画八卦、观天象、造历算、制网罟、驯家禽、兴管理、定婚姻、行医药、创干戈、化蚕制衣、制乐创歌，是早期中华文明的大发明家。伏羲太皞的后裔蚩尤更是发明金属冶炼技术、兵器、刑法和宗教。夏曾佑说的"（苗族）先于吾族，不知几何年"，王桐龄说的"若照历史上观察……还有一位长兄，即是苗族"，是有历史根据的。

苗族先民虽然起点很高，但因为在古代部落战争中遭受失败，以后历代两族又以武力相向，而不愿意被汉族同化的部分苗族四处逃亡。四处逃亡的苗族没有产生自己的文字，却把伏羲与女娲的故事、涿鹿大战、苗族的迁徙路线、苗医苗药……一句话，把苗族悠久的历史文化带到了四面八方，甚至包括海外。现在国外有200多万苗族，美国就有30多万，美国苗族还穿着苗族服饰，家家还挂着芦笙，老人逝世后，要让巫师超度其亡灵沿着迁徙路线回到中国东部与其祖先团聚。

马克思在论述日耳曼的歌谣时说过："古代的歌谣是他们（指日耳曼人）唯一的历史传说和编年史。"高尔基则说："从远古时代起，民间创作就不断地和独特地伴随着历史……俄罗斯的歌谣就是俄罗斯的历史。"[①] 如果说历史学家主要是根据中国典籍记载，研究得出苗族历史悠久的结论的，那本书的作者则是依据苗族的心史记载来研究苗族悠久的历史与文化的。历史学家与本书乡土作家的研究结论是一样的。中国典籍的记载与苗族的心史的记载一致，绝不是偶然的。

《中国古代苗族迁徙与稻作发明》，顾名思义，是研究古代苗族历史迁徙与发明稻作文明的书。本研究运用的资料主要是苗族的心史记载资料，即苗族的古歌、史诗、古老话、理经、巫词、佳理词、理歌理词以及神话、传说、故事等。如果不熟悉或精通苗族语言和文化，要完成该项目研究几乎是不可能的。

本书分两大篇，第一篇题目是"苗族古史典籍记载迁徙路线考"。数千年来，苗族先民由东而北，由北而南而西南，由中国而东南亚，由东方而西方，辗转流徙，迁徙在苗族传统文化中占据了相当的位置。苗族走到哪里，就把族群的迁徙故事讲到哪里。无论是中国苗族还是海外苗族，老人逝世后，都要让巫师超度其亡灵沿着迁徙路线回到东方与其祖先团聚。本书用苗族的心史资料，向读者讲述苗族的迁徙故事。包括苗族先民黄海大平原迁徙路线，珠江流域迁徙路线，华北中原迁徙路线，长江沅江迁移路线，西北四川迁移路线等，苗族唱着迁徙歌一路走来。用苗族的心史资料讲述着苗族的迁徙历史，别有风味，真实动人。

本书的第二篇题目是"苗族发明稻作农耕论"。我们知道，历史悠久的苗族最早开始农耕和种植水稻，这也是学界的共识。李国璋先生从苗族的五谷称谓、记载苗族农耕稻作的古史典籍、苗族稻作民俗、兄弟民族稻种来源神话、苗族卯节、中国农业文明起源中的稻作发明、国际社会称中国为支那是对稻作发明于中国的认可、苗族发明造曲酿酒、苗族的族称含义等

---

① 皮克萨诺夫著，林陵译：《高尔基与民间文学》，中国民间文艺出版社，1981年版。

方面，运用苗族自己的资料，结合学界的考证成果，讲述了苗族最早种植水稻的故事。

我国考古学家严文明教授曾考证说："如果把稻谷遗存所属的时间和分布地域联系起来，就不难看出我国栽培稻发展的一个大概轮廓：它们很像是从一个中心出发，像波浪一样地逐级向周围扩展开来。由于河姆渡第4层的年代最早，稻谷又丰富，它所在的杭州湾及其附近自然是最有条件被当作起源中心看待的。接着是第一个波浪到达长江三角洲的近海一侧，即马家浜文化期所代表的范围，年代大约在公元前4300—前3700年之间。第二个波浪沿长江向西发展，直达两湖盆地，就是阴阳营期和大溪文化分布的范围，年代约在公元前3800—前2900。第三个波浪期是在公元前2900—前2100年发生的，长江下游的杭州湾地区的良渚文化、两湖盆地的屈家岭文化、北江流域的石峡文化，以及分布于黄淮平原、江汉平原和长江以南许多地区的属于龙山时代诸文化的范围之内，都已有了水稻的种植……既然适于栽培的野生稻在中国、印度和东南亚等许多地方都有分布，那么栽培稻也就可能在许多地方较早地独立发生。中国的水稻固然不必到外国去找根源，而中国本身也不必只有一个栽培稻起源的中心。"而日本佐佐木乔主编的《稻作综合研究》则认为："中国自古以来就有野生稻生长的记载，不能认为是古代从印度及越南、老挝、柬埔寨等传入。1940年，盛永氏认为，中国稻的真正起源，应当追溯太古时生活于扬子江与黄河之间的苗族所写的历史。"

总之，我认为《中国古代苗族迁徙与稻作发明》是一本独具特点而有别于大专家大学者所写的书，虽然书中也有不足之处，仍有值得斟酌和商榷的内容，但这不影响它是一本好书。作者是一位长期生活、工作在基层的苗学爱好者、追求者，我们也不必对他过于苛求。

〇九四 旧州座谈 ①

一、黄平旅游自成一体

自古以来就有史籍资料记载，黄平旧州是有名的历史文化重镇。黄平人杰地灵，自古就出现了许多的文人儒士。黄平旅游自成一体，有且兰国古都遗址——天官寨、黄飘大捷遗址、历史文化名城——旧州、大文豪郭沫若母亲的出生地、毛泽东长征时的旧居、旧州机场、飞云大峡谷、浪洞温泉、野洞河漂流……一个县有这么多旅游点，这是少有的。但是，由于宣传不够，外边知之太少，使得丰富的旅游资源没有产生社会效益和经济效益。《可爱的黄平》一书，可谓做了一件大好事。

二、引用《华阳国志·南中志》记载有误

晋人常璩的《华阳国志》，成书于公元355年之前，记载了中国今四川、云南、贵州三省及甘肃、陕西、湖北部分地区的远古典籍、神话、传说、沿革、地理、风土及人物史事。全书共十余万字，分为《巴志》《汉中志》《蜀志》《南中志》《公孙述刘二牧志》《刘先主志》《刘后主志》《大同志》《李特雄期寿势志》《先贤士女总赞》《后贤志》《序志并士女目录》十二卷。

《华阳国志·南中志》是这样记载且兰国的：

> 周之季世，楚威王遣将军庄蹻溯沅水，出且兰，以伐夜郎，植牂柯系船。于是且兰既克，夜郎又降。而秦夺楚黔中地，无路得返，遂留王滇池。蹻，楚庄王苗裔也。以牂柯系船，因名且兰为牂柯国。

《可爱的黄平》写："据《华阳国志·南中志》记载，'汉且兰国邑，在今贵州黄平县西之老黄平，系贵州东部最大之一湖迹平原，农业发展在黔东南地区为最早，故秦汉时已能建

---

① 本文系作者在黄平旧州旅游开发座谈会上的发言。

成且兰王国'。"此引用有误，那时还没有老黄平、黔东南等称谓。

三、《后汉书》《华阳国志》所记载的且兰国在哪里？

《后汉书》载："初，楚顷襄王时，遣将庄豪，从沅水伐夜郎，军至且兰，椓船于岸而步战。既灭夜郎，因留王滇池。以且兰椓船牂柯处，乃改其名为牂柯。"楚军是从何处登岸而灭掉且兰国的？

历史上的且兰国在何处，几种重要辞书的说法各殊。《辞海》说："在今贵阳附近，一说在今凯里西北。"《中国历史地名辞典》说："在今贵州黄平县西南。"《辞源》说："地在今贵州福泉县。"

目前学术界主要存在福泉说和黄平旧州说，我赞成旧州说。

《后汉书》《华阳国志》都记载楚将庄蹻是从沅水伐夜郎的。郑珍在《牂柯十六县问答》中说："且兰为沅水、舞水所出，今之溯沅入黔者，舟可直抵镇远城下。"

《水经注》载："武陵有五溪，谓雄溪、㵲溪、酉溪、无溪、辰溪其一焉。夹溪悉是蛮左所居。"武溪即无溪或舞水，发源于贵州省瓮安的垛丁、流经黄平旧州、施秉、镇远、岑巩、玉屏等县进入湖南的新晃，过芷江，下怀化，最后在黔城与从托口奔泻而来的清水江、渠水一起汇入沅江。

楚将庄蹻率军乘船从沅江逆流而上，进入舞水抵达镇远，从镇远再逆流而上而进入的只能是旧州，而不可能是福泉。

《后汉书》《华阳国志》记载很清楚，楚将庄蹻是从沅水伐夜郎的。舞水是沅水上游，舞水发源于瓮安，流经旧州而下注入沅水，旧时通航。舞水并没有流经福泉城下。《牂柯十六县问答》记载："且兰为沅水、舞水所出。"而且《华阳国志》还清楚地记载：庄蹻"溯沅水出且兰以伐夜郎，植牂柯系船"。《后汉书》载："军至且兰，椓船于岸而步战。"楚军船队逆流而上，而且要找到一大片能系船登岸击败对方之处，只能是旧州，绝不是福泉。

且兰国在旧州，且兰国都遗址在何处？我同意一部分专家的意见，"且兰国都"在旧州机场西北侧的天官寨园台上。

现在的旧州镇建于北宋，当时名为珍州，不可能是且兰国都。

天官寨园台上已难寻见且兰国都的遗迹，这只能是历史久远不断毁坏的缘故。且兰是个小方国，不可能建有宫殿等。我生长在天官寨边的寨勇村，儿时在天官寨园台上玩耍，曾在上面看到过石条砌成的城郭地基等。也听老人说，天官寨园台过去是一座城，天官寨就是因为这个城而得名的。可惜天官寨园台已被全部开发，现已看不出古城遗址的痕迹了。且兰国都虽不复存在，但天官寨仍在。如果对天官寨园台进行发掘，我想可能会发现一些遗物或痕迹。

四、且兰国族属

我认为且兰国的族属应该是百濮。贵州境内的民族，溯其渊源，均与古代的四大族系有关。据专家考证，古代西南有百濮、百越、氐羌和南蛮四大族系，贵州是四大族系的交汇之地。濮人土著，越人北上，氐羌东进，南蛮西迁。现贵州各个民族，除回族、蒙古族、满族是元代以后从北方或西北迁入的外，其余都与四大族系有密切关系。

贵州最早的居民是濮人，也被称为百濮，他们当时的分布区域东起今湘、鄂、川、黔交接一带，西迄今滇、黔、川、桂交接地区。春秋战国时期，濮人曾在贵州境内分别建立夜郎、且兰等地方民族政权。后来强盛的楚国曾多次向濮人发动战争，濮人势力受到削弱。到了汉武帝时，濮族地方政权被纳入中央王朝的郡县体系之下，夜郎、且兰灭亡后，大部分濮人被其他民族融合。加上秦、汉以后，东南百越族系涌入，南蛮族系西迁，西面氐羌族系东进，濮人的势力更是日益衰落。现在确认是濮人后裔的只有仡佬族，2000年全国人口普查，其人口数量还不足60万。贵州操壮侗语的民族，如布依族、侗族、壮族、水族、毛南族、仫佬族等，均出自百越族系，系越人北上西进而进入贵州。操藏缅语的民族，如彝族、土家族、羌族、白族等，均出自氐羌族系，系夷人东进南下而进入贵州。操苗瑶语的苗族、瑶族、畲族，属苗瑶族系，系荆蛮、南蛮、五溪蛮西迁而进入贵州。

《黔南识略》载："汉时思南等地，尚陷武陵蛮中。"《思南府志》载："府旧为蛮夷所居，自（田）佑恭克服之后，芟夷殆尽。"这些史料足以证明荆蛮、武陵蛮于秦、汉时期，已有一部分进入贵州境内。

强大的楚国在夜郎地区拓地移民，武陵蛮、五溪蛮陆续迁入黔地，进入黔西北。楚国大将庄蹻入滇，也带有一部分武陵蛮、五溪蛮入黔入滇。大批的苗族进入现贵州境地，是在秦灭楚以后。翦伯赞在《中国史纲》中说："秦代吞巴并蜀灭楚，于是，川湘鄂的诸蛮，遂相率避入深山穷谷之中，与鸟兽处，而不肯投降。但他们仍然在艰苦的环境中，继续其族类的繁衍。"又说："当西汉之初，今日川黔湘鄂一带的山溪谷间，已经布满了南蛮之族。"汉、唐、宋时期，封建王朝不断对武陵蛮、五溪蛮用兵。大军的征剿，沉重的赋税，迫使五溪蛮流离失所，向五溪深处迁徙，再度西迁进入贵州、四川、云南和广西。

且兰国为楚将庄蹻所灭，说明且兰国当时不属于楚国的势力范围，而庄蹻率领的楚兵包含大量的武陵蛮、五溪蛮，即苗族，故且兰国不可能是苗族建立的。在庄蹻灭掉且兰国后，更在后来秦国灭掉楚国后，大量苗族才进入贵州。故且兰国族属应是百濮，不是苗族。

五、我赞成尽快申报注册"且兰"品牌商标

县委、县政府为了抢救旧州古镇，专门邀请贵州民族学院的专家教授，到旧州搞规划，我认为这是很远见的。必须保护好原有古建筑，争取尽快通过国家级历史文化名镇的审批；

抓紧挖掘、搜集、整理旧州轶事并结集出书，对外传播；尽快申报注册"且兰"品牌商标；加大招商引资力度，制定优惠政策，吸引外商投资开发旧州古镇；走市场运作的道路，从多渠道、多方面集资，联合开发旧州古镇；加大宣传力度，使外界知道黄平、了解黄平、向往黄平。

〇九五 兴仁建议①

很高兴应邀参加兴仁"八月八"苗族风情节。关于兴仁鲤鱼坝景区提升问题，我谈以下几点看法和建议，仅供参考。

第一，中国·贵州·兴仁"八月八"苗族风情节，由中共黔西南州委、黔西南州人民政府主办，中共兴仁县委、兴仁县人民政府承办，州委、州政府还把苗族的"八月八"定为全州的法定节日，届时全州放假一天，与苗族一道共度"八月八"。这说明州委州政府对苗族这一传统节日的高度重视，也说明兴仁鲤鱼坝苗族文化有进一步开发的空间与潜力。今天鲤鱼坝景区提升方案座谈会的召开，也直接证明了当地党委政府对兴仁鲤鱼坝景区开发的高度重视和大力支持。作为一个苗族学者，我对此感到欣慰。

第二，兴仁县鲤鱼坝景区提升规划方案，国际苗学康养旅游目的地、乡村振兴示范项目，我认为此规划方案好，立意好，在同类项目方案中更有创新性。

开发主题：康养、苗文化。以水乡、苗寨、长寿、鲤鱼作为主题定位，要把水元素做到极致，充分展现苗族文化，蚩尤文化。

形象定位：鲤跃龙潭，水岸苗家。

功能定位：产旅结合，产旅互促，把鲤鱼坝打造成黔西南乃至贵州省以康体养生为主题的乡村振兴的典范。

建设目标：5A级景区。

景点提升的政策背景，上位规划，竞合分析，客群定位，发展目标等，我认为是研究分析到位的；总体规划的策划思路，鲤鱼主题，水乡主题，总体规划，重点项目，活动策划等有创意，符合实际；对支撑体系、营运测算的分析，也是比较客观到位的；如果资金到位，按照该规划方案实施建设，鲤鱼坝有望成为国际苗族康养旅游目的地。

第三，对鲤鱼坝景区提升方案提几点建议。

首先，增设苗族历史文化博物馆。作为国际苗学康养旅游目的地，必须要建设一座苗族历史文化博物馆，或者苗族历史文化陈列馆，旅游者来了不仅要看山看水，看村看寨，还

---

① 本文系作者在兴仁鲤鱼坝景区提升座谈会上的发言。

要看苗族的历史与文化。

苗族的迁徙文化尤其突出，鲤鱼坝的苗族就是咸同年间张秀眉起义失败后从黔东南黄平等地迁徙过来的。博物馆或陈列馆以苗族迁徙文化为主题，全面展示苗族几千年来从华东到中原，从中原到中南，从中南到西南，从中国到东南亚，从东半球到西半球的迁徙历程，展示鲤鱼坝苗族从黔东南迁徙到黔西南的历史。

其次，关于把水元素做到极致的问题。按照规划，鲤鱼坝景点提升要把水乡、苗寨、长寿、鲤鱼作为开发主题，要把水元素做到极致，而且从设计图上看，鲤鱼坝处被水的包围。我想知道，水从何来，怎样储水，雨季又怎样排水。我想听听设计方的具体说明。

再次，整个景点提升方案不提黑苗文化，直接用苗族文化。黑苗、红苗、白苗、花苗、青苗等，是历代官府和封建文人根据苗族服饰的颜色而取的称呼，是强加给苗族的，不是苗族自己的称谓，大多数苗族人也不赞成这种叫法。因此，在兴仁县鲤鱼坝打造一事上，我们苗族不要助长黑苗、红苗、花苗、白苗等的区分。如果硬要区分，只能按三大苗语来区分。在我看来，鲤鱼坝是要打造国际苗学康养旅游目的地，不要区分为好，展陈中可以体现这支苗族的特色文化，但不要用黑苗和黑苗文化，就直接用苗族和苗族文化。

最后，鲤鱼坝建蚩尤塑像，蚩尤头像不要加角，县城蚩尤塑像的一对角也应当去掉。蚩尤铜头铁额头生角，是封建文人对蚩尤的丑化。据我所知，20世纪80年代全国都没有蚩尤的塑像，一位苗族知识分子第一次画了蚩尤像，此后全国各地就以此画像为版本，塑造了蚩尤的形象。应该说，这位苗族知识分子第一次画出蚩尤像是有贡献的，但由于受到史籍资料记载的影响，他在蚩尤的头上画了两只角，角不大，但后来全国各地立的蚩尤塑像的角越来越长，我们兴仁县城的蚩尤头像的角更长，这不符合史实也不符合苗族人民的感情需要。建议从我们兴仁做起，不要蚩尤头上的角，不仅新建的鲤鱼坝蚩尤塑像不要角，而且已经建成的县城塑像也要把角去掉。

以上是个人的认识和看法，有错请批评指正

〇九六 黄平苗语①

讲黄平苗语的苗族人口众多，估计有近50万人，现分布在贵州、广西、云南的二十多个县市。追溯历史，这支苗族属于古三苗时期"叛入南海"的那一支三苗的后裔。据专家考证，这支苗族迁徙至黔东南黄平一带定居已逾千年以上。

黄平苗语支苗族为什么又分布在黔西南州、安顺市的十余个县市，甚至广西融水、云南滇东北地区等，这与清朝时期黔东南苗民大起义有关。

在清朝时期，清政府武力征讨开发黔东南"生苗区"，实施"改土归流"，先后引发了两次苗民大起义。一是包利、红银领导的雍乾苗民起义，二是张秀眉、包大度等领导的咸同苗民大起义。两次苗民起义都波及黄平，也就是说黄平苗语支苗族两次起义都参加了。当然，清朝廷毫不手软地残酷镇压了这两次苗民起义。

据史料记载，清朝镇压黔东南雍乾起义时，苗族人民被杀被围困饿死者"不下三十万人""杀戮十之七八，数十寨无一人""大批义军男女骨干及其家属，被强迫迁往他乡"，许多人流离失所，四处逃亡。现在居住在贵阳以西讲黄平苗语的苗族，有一部分就是清朝镇压雍乾起义时逃亡迁徙过去的。

黄平苗语支苗族在清朝廷残酷镇压张秀眉领导的咸同苗民大起义时，往西大量迁徙逃亡。发生在咸同年间的苗民大起义，起事在台拱（今台江），主战场却在黄平。由于当时发生太平天国起义，清朝廷没有力量来应对贵州各族人民起义，使得以张秀眉、杨大六、包大度等领导的这次苗族起义坚持了十八年之久。

这次大起义，为什么说起事在台拱，主战场却在黄平呢？因为起义是张秀眉于1855年在台拱（今台江）发动起来的，张秀眉举旗起事后，杨大六响应于雷山，包大度响应于黄平、甘保玉响应于三穗等。顷刻间，贵州东南部的千里苗疆，群起响应。

主战场在黄平，是因为这次起义的几次大战役和大事件都发生在黄平。一是义军攻打岩门司战役，二是包大度领导的歼灭湘军两万人的著名黄漂战役，三是川军攻克黄平后发生的教乌洞惨案，烧死黄平义军和苗民5000余人，四是英帝国主义分子麦士尼率领"安定""果

---

① 本文系作者在黄平乡友座谈会上的发言，原题目是《黄平苗语苗族迁徙分布介绍》。

毅"两营清军,屠杀苗民的黄平新、旧两城和重安江争夺战。

1864年,太平天国起义失败,清朝廷腾出手来镇压贵州咸同苗民大起义。作为主战场的黄平,义军和苗民在这里被歼被杀,惨不忍睹(如教乌洞惨案等),大批的苗族被迫往西逃亡,最后定居在贵阳以西的清镇、平坝、安顺、镇宁、关岭、安龙、兴仁、贞丰、册亨等县市,最远的到达了滇东北。

贵州西部黄平苗语支的苗族,以清朝两次起义斗争失败被迫迁往的为主,也有在起义斗争前后因为天灾人祸或投亲靠友而迁徙出去的,迁得最早的距今已逾300年。广西融水苗族自治县的苗族,说的也是黄平苗语,他们是怎样到达融水的,其先人是否在黄平定居过,目前还不得知。

据王朝文老省长等主编的《王家牌王氏宗谱》介绍:"王家牌人参加了清咸同年间张秀眉领导的农民起义,遭到清军的血腥杀戮……王家牌人不断向外迁徙,遍布全省各地……至今的族人,主要分布居住在黄平、施秉、镇远、凯里、麻江、剑河、雷山、福泉、瓮安、贞丰、安龙、兴仁、册亨、镇宁、关岭、平坝等十六个县市的三百多个寨点上。"入黔始祖王倒犁的后代万余人,遍布全省。王家牌王氏家族的迁徙分布情况,就是黄平苗语苗族迁徙分布的一个缩影。

○九七 福建交流[①]

尊敬的各位领导、专家学者，同志们：

大家上午好！

首先，我代表贵州省民族研究会向福建省民族研究会正式成立表示热烈的祝贺，并预祝会议取得圆满成功！

中国是一个多民族的国家，福建是畲族、高山族、回族、满族和蒙古族等少数民族世居的省份，少数民族人口近60万人，人口虽少却包含55个民族，其中畲族有35万人，占全国畲族人口的52.87%。福建民族研究有着自己的优势和特色。

我兼任贵州民族研究学会副会长，我简要介绍一下贵州民族研究的情况。

贵州是一个多民族的省份，是我国8个民族省区（内蒙古、西藏、新疆、宁夏、广西，青海、贵州、云南）之一。世居贵州的少数民族共有17个，为苗族、布依族、侗族、土家族、彝族、仡佬族、水族、回族、瑶族、白族、壮族、畲族、毛南族、蒙古族、仫佬族、满族、羌族。其中，苗族、布依族、侗族、仡佬族、水族5个民族在贵州分布较集中，全省苗族人口占全国苗族总人口的49.8%；布依族人口占全国布依族总人口的97.3%；侗族人口占全国侗族总人口的55.7%；仡佬族人口占全国仡佬族总人口的98.2%；水族人口占全国水族总人口的93.2%。全省包含56个民族，少数民族人口近1300万，占全省总人口的37.9%。

贵州高原因其特殊的地理位置及特有的地形地貌，在中国历史发展过程中成为古代民族交汇的大走廊。据专家考证，贵州自古以来就是古代四大族系的交汇之地。濮人土著，越人北上，氐羌东进，南蛮西迁。仡佬族是古代百濮的后裔，最早生活在贵州；一部分百越人进入贵州这块土地，演变为今天的布依、侗等民族；氐羌东进，演变为今天的彝、白、羌等民族；南蛮西迁，演变为今天的苗、瑶、畲等民族。现贵州各个少数民族，除蒙古族、回族、满族是元代以后从北方或西北迁入外，都与古代四大族系有密切关系。

元代和明初，尚被人们视为蛮荒之地的贵州，绝大多数居民是少数民族，汉族居民寥寥无几。朱元璋调北征南、调北填南，大量汉族人口才进入贵州。

[①] 本文系应邀在福建省民族研究会成立大会上简要介绍贵州民族研究的情况。

18世纪中叶，西方列强用大炮打开中国的大门后，一批外国传教士、旅行家、探险家、学者、军人、商人等，先后来到中国。特别是一批外国传教士，他们肩负着"用十字架征服中国"的使命，相继进入中国，深入西南民族地区传播天主教、基督教。

一些传教士在传教过程中对西南少数民族的历史与文化产生了浓厚的兴趣，他们甚至深入贵州民族地区调查，著书立说，开启了贵州民族研究的先河。1911年伦敦出版了英国传教士克拉克的《在中国的西南部落中》，1919年伦敦出版了英国传教士柏格理的《苗族纪实》，1924年香港首次出版了法国传教士萨维纳的中外第一部《苗族史》（英文版）等。克拉克、柏格理、萨维纳都先后在贵州民族地区传教，他们记叙的主要是贵州的苗族，也涉及贵州的一些其他民族。他们的著作是贵州民族研究的开山之作，被后来中外学者研究引用最多的。

贵州的民族研究始于西风东渐。这使得贵州的民族研究从一开始，便具有国际视野。随着西方人类学民族学的研究方法传入中国，多民族的贵州立即引起中外学者的密切关注。这期间，出现了杨万选的《贵州苗族考》、杨汉先的《黔西苗族调查报告》等。

20世纪30年代后期，日本全面侵华，内地一批大学南迁，一大批大学教授、学者来到贵州，从而促成贵州民族研究的高潮。闻一多著名的《伏羲考》，就是在贵州、云南苗族地区调查撰写的。还有吴泽霖、陈国钧的《贵州苗夷社会研究》等，这一时期产生了大量的研究论文、调查报告。

中华人民共和国成立后，党和政府组织了大规模的贵州民族调查与识别工作，贵州的大多数少数民族就是在这期间被识别确认的。这一时期还调查抢救出大量的贵州少数民族资料，比如《苗族古歌》《苗族史诗》等。

1980年10月，中国民族学研究学会在多民族的贵州省省会贵阳召开成立大会，随后不久，贵州民族研究学会成立。1988年，贵州苗学研究会率先成立，而后贵州17个世居民族纷纷成立了本民族的研究学会。加上大学、科研院所等，贵州形成了强大的民族研究阵容。

改革开放至今，贵州的民族研究取得了十分丰硕的成果。代表性的丛书主要有以贵州为主体的苗族、布依族、侗族、水族、仡佬族简史丛书、百年实录、原始宗教调查资料研究、贵州民间文学选粹丛书、贵州世居民族文化大观、贵州世居民族迁徙史、贵州"六山六水"调查、贵州民间文学三套集成、贵州世居少数民族名片文化、贵州世居民族文化书系等；代表性著作主要有《苗族文学史》《布依族文学史》《中国苗学》《世界苗族迁徙史》《侗族通史》《贵州彝文古籍整理翻译研究》等。

我重点介绍一下贵州的"六山六水"调查，"六山"是指贵州境内的月亮山、乌蒙山、云雾山、雷公山、大小麻山、武陵山6座山脉，"六水"是指乌江、都柳江、清水江、南盘江、北盘江、舞阳河6条江河，贵州少数民族主要居住在"六山六水"地区。贵州民族学界20世纪80年代初开始启动"六山六水"调查，持续了24年，调查历时之久、参与人员之多、规模之大在全国民族学界实属罕见。编辑出版了《贵州"六山六水"民族调查资料选编》，分为《苗族卷》《布依族卷》《侗族卷》《土家族卷》《彝族卷》《水族卷》《仡佬族、屯堡人卷》《回族、白族、瑶族、壮族、畲族、毛南族、仫佬族、满族、羌族卷》《民族语言卷》《民族理论政策、民族经济卷》；同时结合《贵州省志·民族志》的编写，又编辑出版了《民族志资料汇编》10集；之后又编辑有《民族研究参考资料》20集。这些资料汇编总计有2600余万字。"六山六水"调查培养了一批民族学研究人才，为贵州造就了一支素质较高的民族学研究队伍。它产出的调查报告，在学界、政界等产生了重大的影响。

《贵州世居民族迁徙史》是根据原贵州省委书记石宗源的要求编写的，研究贵州包括汉族在内的18个世居民族迁徙到贵州的过程、经济社会情况、发展与演变、人口与分布等。

苗、瑶、畲同源，这是中国学界比较一致的看法。专家研究认为，荆蛮南迁后，由湘西西行的为今天的苗族，由湘南越岭南行的为瑶族，由湘南东迁的为畲族。根据2010年第六次人口普查，中国苗、瑶、畲三族人口共计12930661人，其中，苗族9426007人，占72.89%；瑶族2796003人，占21.62%；畲族708651人，占5.48%。贵州省畲族人口近5万人，分布在麻江、福泉、都匀、凯里等14个县市。其中，麻江县人口最多，为32366人，此外还有福泉市4583人，都匀市2979人，凯里市1596人，四县市占贵州省畲族人口的78.1%，其余人口散居在龙里、贵定等十余个县市。

中国畲族一半以上世居福建，福建省民族研究会成立后，我们希望加强两省民族研究会的交流与合作。

谢谢！

〇九八 市政建设①

中共贵阳市委、市人民政府、市人大常委会：

我是贵州社会科学院的研究员。退休后我每天都在甲秀楼一带散步一小时，现将我目睹的和听说的一些民生小事向你们汇报，仅供参考。

一、贵阳市公共厕所：不好找

公厕文化也是城市文明的标志之一。常听外省朋友抱怨说，贵阳市的公共厕所不好找。贵阳老城区人口密度大，公共厕所确实偏少了，中华路、延安路、北京路、瑞金路等繁华地段，不要说外地游客，就是贵阳市民，也经常上街找不到公共厕所。一个投资数亿的人民广场，其庞大的主广场居然没有一个公共厕所，这给外来游客及市民们带来了诸多的不便。吃、喝、拉、撒都是大事。我建议，安排市的相关单位或部门，全面调查和规划本市老城区的公共厕所布局，有针对性地新增一批公厕。建议在人民广场的东广场修建一个有特色的公共厕所。国内外经验证明，公厕是不会影响景点和公共场所的，而无公厕确实是公共场所和景点的短板。

二、南明河畔的公厕改造：变着花样搞翻修

南明河两岸的公厕本来就不多，前段时间集中进行改造，甲秀楼周围的几个公厕全封闭，这没有考虑到游客和市民的如厕需要。而且据一些市民反映，南明河的公厕改造，不是根据破、损、堵、漏、坏等需要改造，而是为了"突击花钱"而改造。有市民说，公厕用得好好的，既不破，又不损，既不堵，又不漏，怎么就一起全封闭翻修了呢？可能是因为怕钱花不出去，所以就变着花样来改造公厕。比如，将男厕的蹲位和站位对调位置。西湖路观水巷路口人流

---

① 本文系作者写给中共贵阳市委、市人民政府，反映市政建设问题的一封信。虽然公厕现在还没有扩建，但增加了全市公厕的指路牌，停止了青石换青石的河滨步道形象工程，南明河锄草由人工四季扒锄改为集中时间机械扒锄等，节省了大量的人力物力财力。

量比较大，这里的一个公厕之前被封闭翻修，开放后，人们进去一看，男厕原来竖排的6蹲1坐变了现在横排的4蹲1坐，减少了2个蹲位。原来男厕大便不排队，可改造翻修后有时候却要排队了。原因就是蹲位变少了。又比如，男厕和女厕的方位对换。青云路河滨公园对面的一个公厕，原来是男左女右，全封闭一段时间后，打开却变成了男右女左。我听说有一个男士按习惯匆匆冲进左厕，被左厕里的女生轰了出来。出来抬头一看，原来是男厕和女厕的方位对换了。有必要搞男女厕方位对调吗？与其花钱搞没有必要的改造，变着花样花钱搞翻修，不如用这些钱来增设一部分公共厕所。

三、河滨步道品质提升工程：青石换青石

最近，南明河畔实施河滨步道品质提升工程，冠洲大桥至南团桥下游左侧进行全封闭施工，将才铺设没几年的青石板全部拆掉，换成同样的青石板石材。许多市民看到十分痛心。原先铺的青石板还没几年，既没破也没烂，还是好好的，为什么一定要敲掉全换新的？连参加翻修步道的农民工都说："太可惜了，不过老板要我们敲的时候仔细些，不要把换下来的青石板敲破了，换下来的青石板又被汽车拉走了。"河滨步道品质提升工程才开始，并分段全封闭进行。建议市领导亲临河滨步道实地勘察，看看有没有必要翻修？不要有钱就任性，不要花纳税人的钱不心疼。

四、南明河中的青草：一年四季都在扒

水质好，长青草，南明河中的青草本来就是一道风景。南明河中青草、水草飘荡，鱼儿在水草间穿梭，似一幅美丽的图画，常常令游客赞叹不绝。但是，一年四季，甚至现在已经进入初冬，几乎大部分时间都有人在河中扒草，扒出来的青草飘浮在河面上，既影响了南明河的雅观和宁静，又花费了不少的人力、物力和财力。

我认为，南明河床宽且深，青草或水草，根本就阻碍不了河水的畅通，没有必要一年四季都安排人在水中扒草。而应该留些青草给人们观赏，留些水草给鱼儿繁衍生息。一年集中扒锄一次，这样，既留着青草水草当风景，又节约人力物力和财力，一举两得。

以上仅供参考，有错请批评指正！

石朝江
贵州省社会科学院
2019年12月8日

附件1：贵阳市综合执法局的回复

贵阳市综合行政执法局信访事项处理意见书

石朝江先生：

您反映的四个问题，我们已收悉，对此我局高度重视，立即责成相关部门调查处理。现将处理意见回复如下：

针对您提出的建议，我局立即安排局环卫处、贵阳市城市环境卫生管理中心、南明区综合行政执法局和南明区环管站等相关部门，对涉及我局工作职责的第一、二两项问题进行了调查处理。

第一，关于贵阳市公厕不好找的问题。住建部对城镇公共厕所的分类为：公共场所配套公共厕所、社会对外开放公共厕所、环卫公共厕所，据统计2019年全市有环卫公共厕所605座，分布在全市大街小巷的环卫公厕均设置有引导指示牌。2019年，为进一步方便市民和外地游客查询公厕，我局启动了"智慧环卫"大数据平台建设，今后市民和外地游客可第一时间通过"智慧环卫"平台查询附近公厕位置。该平台将于2020年建成投入使用，届时会极大满足广大市民和外地游客的如厕需求。关于在筑城广场北广场修建一座与之匹配的景观式公厕的建议，在筑城广场建设之初，当时我局就曾向建设单位提出在南北各建一座景观式公厕的建议和方案，但受限于广场的整体规划，最终只在南广场修建一座公厕。近几年随着筑城广场客流量的不断增加，如厕需求日益突出，为进一步满足广大市民和外地游客的如厕需求，经我局与筑城广场建设单位贵阳投控集团（原金阳公司）对接和协调，该公司拟于2020年在筑城广场北广场靠南明河边建设商场和停车场时，配建一座公共厕所，并将对筑城广场周边原有公厕逐步进行提升改造，努力为广大市民群众营造一个良好的如厕环境。

第二，关于南明区河畔公厕改造，变着花样搞翻修的问题。南明河畔甲秀楼周边现有甲秀广场公厕、冠洲广场公厕、石岭街公厕、观水巷公厕，因上述公厕地处我市重要景点及南明河沿岸，如厕人数较多，公厕设施损坏较严重，使用周期较短，南明区环卫站于2016年、2017年分别对上述四座公厕进行了大修维护，但上述四座公厕均修建于20世纪90年代，如厕环境已无法满足市民的需求。2018年根据"实事工程"要求，为进一步提升景区景点公厕环境，由南明区综合行政执法局组织，区环管站配合，分别对甲秀广场公厕、石岭街公厕、观水巷公厕进行提升改造。按照现有公厕管理规范要求，进一步优化公厕第三空间布局（增设残疾人、妇女儿童及特殊人群使用的"第三卫生间"）。经过提升后，公厕的功能更加完善，环境更加优美，保证了市民的如厕需要。

关于您反映的青云路河滨公园对面公厕蹲位设计不合理问题。经查，青云路河滨公园对面的帆影广场公厕系2019年7月由市绿化处移交南明区管理。因该公厕原有布局不合理（女厕蹲位明显不够），不符合二类公厕规范，2019年由南明区综合行政执法局组织，区环管站配合将该公厕作为实事项目进行改造,主要对公厕内布局进行调整,对女厕蹲位进行增设,并完善第三空间功能(设置母婴室、残疾人蹲位等)。这次改造极大提升公厕的档次,改善了公厕环境,保证了市民正常的如厕需求。

衷心感谢您对我市城市管理工作的关心、理解与支持,希望您一如既往地对我们的工作提出宝贵的意见和建议,并予以监督以便我们能更好地开展相关工作。

贵阳市综合行政执法局
2020年2月28日

附件2 我写给贵阳市委、市人民政府的回信

中共贵阳市委、市人民政府、市人大常委会:

去年12月我向市委、市政府、市人大咨询市政建设的四个问题,现贵阳市行政执法监督局已经按照部门职能答复了前两个问题。贵阳南明、云岩两城区人口密度大,流动人口多,现有的公厕布局不完全满足需求,有必要增设一批公共厕所,筑城广场也有必要增加与之相匹配的公共厕所,市有关部门已就此问题正在协调。对前两个问题的回复,我是基本满意的。

后面的两个问题(河滨步道品质提升工程:青石换青石;南明河中的青草:一年四季都在扒),没有接到相关部门的书面回复。虽然没有回复,但市相关部门似乎已经在进行整改了。

第一个问题,河滨步道品质提升工程,原来贴出的公告是要分段实施,现在结束第一段工程后就停下来了,没有按照公告分段再实施;第二个问题,南明河中的水草,已由一年四季人工扒草改为集中时间用机器割草,提高了效益,节省了开支。后两个问题,有关部门人员曾打电话给我,我对他们的答复不甚满意,于是他们就不书面答复了。不答复也不要紧,只要问题得到解决就行了。

一般来说,信访是反映和要求解决自己的问题的。而我写给贵阳市委、市政府、市人大的信,严格说来不是信访,不是要求解决自己的问题,而是关于民生问题的政策咨询,是关于贵阳市政建设的咨询和建议。

前些年,我曾给贵州省委常委、贵阳市委书记写过一封信,题目是《省会贵阳应向不良行为开战》,这也是我的一个政协提案,省委常委、市委书记亲自批示,并要求在《贵阳日报》全文登载。2010年4月9日的《贵阳日报》全文登载了来信内容。我现在退休了,不是政协委员了,但我还是贵州省文史研究馆馆员。

我的来信如果是反映、要求解决自己的问题,可以作为信访件处理。但如果是民生问

题的咨询报告或建议，我认为按信访件处理就不完全妥当。这样，市委市政府、市人大可能会失去一些各方面人士提出的好的咨询或建议。

附：

1. 原省委常委、贵阳市委书记批示的复印件

2. 贵阳市人民政府的第 456 号提案答复

3.《省会贵阳应向不良行为开战》载 2010 年 4 月 9 日《贵阳日报》

有错请批评！

致以崇高的敬意！

贵州省文史馆馆员 石朝江

2020 年 3 月 38 日

〇九九 龙之差异[①]

中华民族是龙的传人。《帝王世纪》载："太庖羲氏，风姓，代燧人氏继天而王……都于陈。"《左传·昭公十七年》曰："太昊氏以龙纪，故为龙师而龙名。"《竹书纪年》云："伏羲太昊氏，风姓之祖也，有龙瑞，故以龙命官。"据说7000年前，"东蒙"人的伏羲太昊统一东部氏族部落后，建都于宛丘（即今河南淮阳），以龙命官名。此举是为了加强团结，增进合力，使大家有一个共同标志。伏羲太昊大概是综合了各氏族的图腾特点，如马的头、鹿的角、蛇的身、鱼的鳞、鹰的爪等，把它们结合在一起，形成了一个各氏族部落共同的图腾——龙。

据说伏羲以龙纪官，分理海内，命朱襄为飞龙氏，造书契；昊英为潜龙氏，造甲历；大庭为居龙氏，造屋庐；浑沌为降龙氏，驱民害；阴康为土龙氏，治田果；栗陆为水龙氏，疏导泉流；以春官为青龙氏，夏官为赤龙氏，秋官为白龙氏，冬官为黑龙氏，中官为黄龙氏，等等。闻一多《伏羲考》认为龙是由许多不同的图腾糅合成的一种综合体，龙是"因部落的兼并而产生的混合的图腾"。

5000多年前，"西羌"的黄帝部落打败"东蒙"的蚩尤部落，黄帝"邑于涿鹿之阿"，建立了早期国家雏形，成为真龙天子。黄帝继伏羲、神农之后，开创了一系列的中华文明大创造。据司马迁《史记》记载："官名皆以云命，为云师。置左右大监，监于万国。万国和，而鬼神山川封禅与为多焉。获宝鼎，迎日推策。举风后、力牧、常先、大鸿以治民。顺天地之纪，幽明之占，死生之说，存亡之难。时播五谷草木，淳化鸟兽虫蛾，旁罗日月星辰水波土石金玉，劳勤心力耳目，节用水火材物。有土德之瑞，故号黄帝。"《淮南子·天文篇》也载："中央土也，其帝黄帝，其佐后土，执绳而治四方。"从此，华夏族视"龙"为权力的象征，历朝皇帝都要穿龙袍，制龙旗。

夏曾佑在《中国古代史》说："古时苗黎族散处江湖间，先于吾族，不知几何年。至黄帝之时，生齿日繁，民族竞争之祸，乃不能不起，遂有炎帝、黄帝、蚩尤之战事。而中国文化，藉以开焉。"王桐龄在《中国民族史》说："若照历史上观察，中国之民族，除了汉满蒙

[①] 上海文艺出版社的副总编杨婷女士在审读编辑由我主编的中华民族文化大系《上古的记忆·苗族》时，电话问我汉族信奉的龙与苗族信奉的龙有何区别。本文系回答此问题。

回藏以外，还有一位长兄，即是苗族。"古代部落战争促成各部落间的相互融合。梁启超在《论中国成文法编制之沿革得失》中说："我族与苗族为剧烈之竞争，卒代之以兴。于是彼族之文明，吸收以为我用。"于是，"东蒙"人的伏羲太昊成为了中华民族共同的"斯文鼻祖"，中华民族成为了龙的传人。

作为古代部落战争的失败者，"东蒙"人蚩尤九黎族的大部分后裔，都融入华夏族了。没有融入的部分，即为今天的苗、瑶、畲等民族。苗族流徙到南方后，依然还有龙的崇拜。如果说汉龙是权力的象征，苗龙则演变为苗族的保护神了。

苗族和汉族都是中国最古老的原始部族的后裔，都存在崇拜龙的习俗，但苗龙和汉龙却有着不同的历史渊源。汉龙象征着权力，苗龙则是与人有血缘关系的动物或保护神。东部方言区的苗族古史诗说："要传诵远的史诗，要传说远古的故事，大地出现了万物，天空有了雀鸟飞行，江河湖泊有了游鱼，陆地有了爬虫走兽……大地上啊，开始出现龙身人首的乌基，出现了人首龙身的代基……几个代基苗人繁衍了十二个宗支，几个代雄生息了一百四十八姓。"这首古史诗说，人是龙变的，在变的过程中，首经历过人首龙身的过渡阶段。说人和龙具有血缘关系，龙是人的祖先。中部方言区的苗族古歌则说，龙和人类的祖先姜央都是蝴蝶妈妈的十二个蛋孵出来的，是有血缘关系的兄弟。在台江施洞的苗绣中，有人首龙身的图案。雷山县的许多苗族村寨，每隔十二年过一次招龙节。招龙节的主要内容必是祭龙神，把龙神招到寨上来，招到各家各户去，以保佑村寨在未来十二年中风调雨顺、人丁兴旺。湘西苗族有接龙习俗，接龙有接水龙和干龙之分，天旱接水龙，天涝接干龙。黔东南苗族划龙舟以祈求风调雨顺、五谷丰登。刘丽《苗族的民间信仰及其区域差异》注意到苗族龙崇拜存在各区域差异明显的特征，湖南和黔东北的苗族流行单家独户接龙，云南苗族则以村为单位祭龙，黔东南苗族则以村为单位招龙，广西苗族则流行安龙。

一〇〇 文化讲座[①]

中华优秀传统文化是中华民族的血脉，是实现中华民族伟大复兴的文化支撑。中共中央办公厅、国务院办公厅于2017年1月印发了《关于实施中华优秀传统文化传承发展工程的意见》，第一次以中央文件的形式专题阐述了中华优秀传统文化传承发展工作，这对于延续中华文脉、维护国家文化安全、增强国家文化软实力、推进国家治理体系和治理能力现代化，都具有重要的历史现实意义。

一、中华文化的历史渊源与发展脉络

习近平总书记说："历史就是历史，历史不能任意选择，一个民族的历史是一个民族安身立命的基础。"古往今来，世界上任何一个民族和国家，无不把历史看作是弥足珍贵的精神财富，对历史充满着敬畏之心。中华文化源远流长，博大精深。爱我中华必须知我中华。

（一）中华文明是5000年或是7000年

中华文明5000年是怎么来的？是根据司马迁《史记》以黄帝为起点记叙中国的历史而形成的。其实，司马迁明确告诉后人，他只写"上起黄帝，至于麟止"的历史，之前还有伏羲作《易》八卦。司马迁《史记·太史公自序》明言："余闻之先人曰：伏羲至纯厚，作《易》八卦……于是卒述陶唐以来，至于麟止，自黄帝始。"司马迁本人也认为中华文明史不应该从黄帝时开始。鲁迅曾评说：司马迁"终成《史记》一百三十篇，始于黄帝，中述陶唐，而至武帝获白麟止"。

中国是一个有着辉煌文明的古老国度。根据中国史籍记载及考古发现，我国考古学泰斗苏秉琦教授生前曾提出要重建中国古史，他在《中国文明起源新探》中把中国古史的框架、

[①] 本文原题目是《弘扬中华优秀传统文化，促进少数民族地区繁荣发展》，为贵州省社科联安排在黔西南望谟县的讲座稿。

脉络概括为："超百万年的文化根系，上万年的文明启步，五千年的古国，两千年的中华一统实体。"他还提出了中国国家起源与发展阶段三部曲的概念，即"古国—方国—帝国"的发展历程。

一个民族、一个国家的文化，并不是一两代人或三五代人就能创造出来并基本成气候的。其往往是历史因素、政治因素、人文因素、经济因素和地理因素等多种因素，经过较长时期的"遗传"和"变异"，不断阴阳交错的结果。因此，我们在传承中华传统文化时必须知道自己是谁，从哪里来，会到哪里去。也就是说，我们一定要清楚中华民族的人文始祖。

国内外学术界普遍认为，"三皇五帝"是中华民族的人文始祖。根据中国史籍记载、历史学家研究以及考古资料证明，中华文明不是5000年，而是7000年。中国有文字记载最早的人文始祖是7000年前的伏羲（又称太昊）。伏羲之前虽有盘古氏开天辟地、燧人氏钻木取火、有巢氏上树栖居，盘古、燧人、有巢，是否确有其人，年代久远，难以考究。可距今7000年的伏羲太昊氏，应该说是确有其人。

（二）伏羲是中华文明可考的"斯文鼻祖"

早在先秦时期，伏羲就已经被国人确认为中华民族的人文始祖、"斯文鼻祖"。《尚书》："古者伏牺氏之天下王也，始画八卦，造书契，以代结绳之政，由是文籍生焉。"《世经》："炮牺氏继天而王，为百王先，首德始于木，故为帝太昊。"中国史籍记载的人文始祖，与伏羲同时代还有女娲，之后才到神农，再到黄帝、炎帝和蚩尤。伏羲时代是中华民族可考的历史。

中华民族为什么自古以来就尊称伏羲为"百王之先""三皇之首""斯文鼻祖"。因为7000年前的伏羲或伏羲时代，即开中华文明之先河。中国史籍记载伏羲或伏羲时代，共有八组大发明：1.观天象，制历算；2.结网罟，驯家禽；3.兴庖厨，行医药；4.画八卦，造书契；5.定姓氏，制婚娶；6.兴管理，造干戈；7.化蚕制衣，制乐创歌；8.建都宛丘，以龙纪官。

据说伏羲出生于甘肃，游牧到东部，他统一东部平原后，建都于宛丘，即今天的河南淮阳。伏羲画地之制，"立九部，百官立"，并根据需要建立起最初的管理制度。为了加强团结，增进合力，使大家有一个共同标志，伏羲氏综合了各氏族的图腾特点，如马的头、鹿的角、蛇的身、鱼的鳞、鹰的爪等，把它们结合在一块，形成了一个各氏族部落共同的图腾——龙。中华民族是龙的传人由此而来。龙的精神一直是鼓舞中华民族自强不息的动力，是促进全国统一的旗帜，是增强民族团结的灵魂。

（三）怎么认识苏秉琦教授提出的中国古史框架

超百万年的文化根系：即是说，超出一百万年前，中国这块土地上就有早期能人活动，有了人类的文化。一个多世纪以来，特别是中华人民共和国成立后的考古发现证明，早在更新世初期，古人类就开始在我国广袤的土地上生活。我国黄河、长江中下游地区，西北的黄土高原，西南的云贵高原等都留下了从能人到直立人再到智人的足迹。

上万年的文明起步：在一万多年前，我们的先民逐渐从渔猎、采集生活转入农耕生活，开始定居，开始种植水稻和烧制陶器。他们从穴处群居的群婚生活走向地面，用木石建造石筑式、土筑式和干栏式的房屋，开始了聚落式的对偶婚生活。而且因为食物有了保障，农闲之时可以发明创造，改进工具，发展生产。

五千年的古国：在五千多年前，在中国这块土地上陆续出现了一些方国——城邦国家，由于争夺耕地与牧场，发生了大规模的部族战争，母系制社会让位于父系制社会，青铜器与铁器先后出现。这就是传说中的炎帝、黄帝、蚩尤时代。两千年的中华一统实体：从公元前221年秦始皇统一中国起，2000多年来，虽然其间也有内乱和分割，朝廷不断更替，但中华民族已经连成一个整体，各个民族或人群，已经是谁也离不开谁了。这也就是费孝通先生所说的中华民族"多元一体"。

（四）"东蒙"与"氐羌"：中华民族的两大历史源头

根据中国史籍记载、历史学家研究以及考古资料证明，中华文明中华民族有两大历史源头，一是上古时期生活于我国东部的"东蒙人"，一是上古时期生活于我国西部的"氐羌人"。"东蒙人"是古苗人或现代苗族的先民，"氐羌人"是古华夏人或现代汉族的先民。中国古代"三皇五帝"中的伏羲太昊、少昊以及蚩尤属于东部的"东蒙"集团，神农、炎帝、黄帝属于西部的"氐羌"集团。上古时期东部"古苗人"和西部"古羌人"是中华民族的两大历史来源。中国56个民族，除少数跨国而居和个别后来才迁居中国的民族外，都与上古时期东部"古苗人"和西部"古羌人"有着直接或间接的历史渊源关系。

在世界人类文明中，东方文明的发展是先于西方文明的。具有"法兰西思想之父"之称的伏尔泰在《道德论》中写道："作为一个哲学家，如果你想知道地球上发生了什么事情，你得先把眼睛转向东方——那是一切艺术的摇篮，西方的一切都应归功于它。"[①] 法国牧师萨维纳在他出版的中外第一部《苗族史》中更是说了一句大实话："当整个西欧还处在原始状态的时候，中国人在4000前就已经开始书写自己的历史了。"[②] 即便是中期文明，唐宋元明时期，无论是政治、经济、文化或人口，中国在世界上都是强国。

中华文明中，东部文明也是先于西部文明的。从中国史籍记载、考古发现和学界研究考证来看，上古居住在东部的"东蒙人"比居住在西部的"氐羌人"还要早出1000多年。司马迁在《史记·六国列表第三》中曾感叹说："东方物所始生，西方物之成熟。夫作事者

[①] 参见冯天瑜、周积明著：《中国古文化的奥秘》第271页，湖北人民出版社，1986年版。
[②] 萨维纳著：《苗族史》，第148页，贵州大学出版社，2009年版。

必于东南，收功实者常于西北。"这种方位地运之说，从历史上看，确系如此。黄帝打败蚩尤、秦国打败楚国、刘邦打败项羽，都证明司马迁说的"夫作事者必于东南，收功实者常于西北"是有依据的。东部文明先于西部文明，也得到一百多年来的考古发现证明，早一万多年前，居住在我国东南部的"东蒙人"就已经在"口朝黄土背朝天"地经营稻作农业了，并且开始烧制陶器了。

从我国考古发现来看，上古"东蒙人"所创造的文化，从距今约9000年前的贾湖文化起，历经后李文化（距今约8300年）、北辛文化（距今约7300年）、河姆渡文化（距今约7000年）、良渚文化（距今约6500年）、大汶口文化（距今约6000年）等，都是上古时期"东蒙人"所创造出来的不同历史阶段的文化。5000年前著名的涿鹿大战，是相对落后的"氐羌"部族打败了先进的"东蒙"部族，是游牧部族打败了农耕部族。

国内外学界普遍认为，苗、瑶、畲等少数民族源于上古时期的"东蒙"集团，汉族以及藏、彝、羌等民族源于上古时期的西部"氐羌"集团。

苗族历史发展的起点比较高。诚如《贵州通志·土民志》记载说："夫苗族之在中国，论者谓尚在汉族之先，彼族君长如蚩尤者，明乎天道……实始造兵为剑矛戟以威天下，其才横绝一代。又如中国周秦之刑法，亦实始于苗族。由此观之，苗之开化亦与汉族同时。徒以涿鹿之战后，一蹶而不能复振……以至日渐退化，保残喘于一隅。"这一记述是符合苗族历史发展的实际的。

总之，上古时期的"东蒙"与"氐羌"，是中华文明中华民族的两大历史源头。在数千年的历史发展中，作为两大源头的"东蒙"文化与"氐羌"文化相互影响，相互吸收。中华文明早期"东蒙"文化影响"氐羌"文化较大，中期以后，"氐羌"文化影响"东蒙"文化较大。

我之所以要谈这个问题，是希望让同志们了解：中华文化源远流长，若以源于西部"氐羌"的黄帝打败"东蒙人"蚩尤为起始，中华文明即为5000年，若以"东蒙"以龙纪官的伏羲太昊氏为起始，中华文明即为7000年。

对现当代中国各民族的共同称谓，称为中华民族。对悠久的中国文化，称中华文化，因为中华民族才能覆盖中国境内的各民族，中华文化才能覆盖中国境内各民族创造的文化。

（五）中华文化发展的基本脉络

众所周知，在人类历史上出现过的几大文明古国中，中国可以说是唯一的一个文明发展进程一直没有遭受重大破坏的国家。诚如德国大哲学家黑格尔在《历史哲学》中说："只有黄河、长江流过的那个中华帝国，才是世界上唯一持久的国家。"

我们知道，在世界几大文明古国中，古印度于公元2000年前被雅利安人所征服，古埃及于公元前522年被波斯人征服，古罗马于公元前408年被西哥特人征服，古希腊于公元前388年被马其顿人征服。唯有古老的中国，其灿烂而悠久的中华文化绵延不绝，成为世界几大文明古国中的唯一。

古老的中华文明流传至今，还有一个重要的原因，即自中国产生文字纪事以来，修史作传，秉笔直书，以人为镜，可明得失，一直是中华民族的光荣传统。历朝历代都会依据"中华传统"为前朝修史作传，记录之前的政治、经济、文化以及历史人物或重大事件，使得中华文明薪火相传，延绵不绝。

中华文明7000年，中华文化的发展脉络，有学人进行研究考证，认为大致经历了：三皇五帝阶段、文武周公阶段、孔孟兴起及诸子百家争鸣阶段、儒释道与诸子百家交集阶段、儒释道与诸子百家理念形成阶段、宋明理学形成阶段和近现代东西方文化碰撞融合阶段。

也有人说源远流长的中华传统文化，大致经历原始文化、夏商周文化、春秋文化、秦汉文化、魏晋南北朝文化、隋唐文化、两宋文化、辽夏金文化、明清文化、近现代文化等时期。

中华文化发展的每一个阶段或每一个时期，都不是从头开始的，都是在承继上一个阶段或时期的基础上向前推进的。各个阶段或时期，都有自己鲜明的特色和卓越的贡献。比如，源头阶段即原始文化时期，国内外学术界普遍认为，"三皇五帝"是中华民族的人文始祖，其世系位序的排列，早在春秋战国到秦汉时期已逐步确立。"三皇五帝"的世系之中，太昊伏羲氏位居"三皇之首""百王之先"，是神农、炎帝、黄帝、蚩尤之前的中华民族的斯文鼻祖。三皇五帝文化是中华文明的源头，是目前可考的中华民族文明初始的象征。

二、中华民族的优秀传统文化

习近平总书记说："要认真汲取中华优秀传统文化的思想精华和道德精髓，大力弘扬以爱国主义为核心的民族精神和以改革创新为核心的时代精神，深入挖掘和阐发中华优秀传统文化讲仁爱、重民本、守诚信、崇正义、尚和合、求大同的时代价值，使中华优秀传统文化成为涵养社会主义核心价值观的重要源泉。"

（一）什么是中华民族的优秀传统文化

中华传统文化浩如烟海，博大精深。中华优秀传统文化是中华传统文化中历经沧桑而积淀传承下来的精华，是中华民族五千年文明智慧的基本元素和珍贵结晶。

中共中央办公厅、国务院办公厅《关于实施中华优秀传统文化传承发展工程的意见》，把中华优秀传统文化主要概括为三个方面：

一是核心思想理念。中华民族和中国人民在修齐治平、尊时守位、知常达变、开物成务、建功立业过程中培育和形成的基本思想理念，如革故鼎新、与时俱进的思想，脚踏实地、实事求是的思想，惠民利民、安民富民的思想，道法自然、天人合一的思想等，可以为人们认识和改造世界提供有益启迪，可以为治国理政提供有益借鉴。传承发展中华优秀传统文化，就要大力弘扬讲仁爱、重民本、守诚信、崇正义、尚和合、求大同等核心思想理念。

二是中华传统美德。中华优秀传统文化蕴含着丰富的道德理念和规范，如天下兴亡、匹夫有责的担当意识，精忠报国、振兴中华的爱国情怀，崇德向善、见贤思齐的社会风尚，孝悌忠信、礼义廉耻的荣辱观念，体现着评判是非曲直的价值标准，影响着中国人的行为方式。传承发展中华优秀传统文化，就要大力弘扬自强不息、敬业乐群、扶危济困、见义勇为、孝老爱亲等中华传统美德。

三是中华人文精神。中华优秀传统文化积淀着多样、珍贵的精神财富，如求同存异、和而不同的处世方法，文以载道、以文化人的教化思想，形神兼备、情景交融的美学追求，俭约自守、中和泰和的生活理念等，是中国人民思想观念、风俗习惯、生活方式、情感样式的集中表达，滋养了独特丰富的文学艺术、科学技术、人文学术，至今仍然具有深刻影响。传承发展中华优秀传统文化，就要大力弘扬有利于促进社会和谐、鼓励人们向上向善的思想文化内容。

中华优秀传统文化，概括起来主要是以上的核心理念、传统美德和人文精神。这是中华民族的精神家园，是中华民族的"根"和"魂"。

（二）东西方文化碰撞所带来的机遇与挑战

我们前面说过，在人类文明的早期阶段，东方文明是先于西方文明的。直至唐宋元明时期，中国在世界上都还是最强大的国家之一。但是，从十七、十八世纪开始，西方文明发展很快，当鸦片战争西方人用洋枪洋炮打开了中国的大门后，中国人才发现，西方工业文明反超了中国的农业文明。

中华文明起步早，又是唯一从未曾中断过的文明，但中华文明是以农业发展为背景的；西方文明起步晚，但西方文明是以工业发展为背景的。

当今世界是全球经济文化一体化的世界，每一个国家和民族要生存和发展，要保持自己的生机与活力，都必须要与整个世界保持开放、交流的状态，都必须广泛及时地学习和吸收人类一切优秀的文化成果。

中国实施改革开放以来，社会生产力获得极大的解放，经济建设取得巨大的成就，这是有目共睹的。但是，大量的西方文化涌入中国，不断地改变着中国人的生活方式，越来越多的西方文化渗透到中国人的观念中。比如，西方金钱至上的拜金主义。本来，中国传统文化的主流是鄙视利益、耻于金钱的。在义与利的取舍上，总是以义为先，崇尚舍生取义，杀身成仁。但西方金钱至上的拜金主义流入中国后，"一切向钱看"从经济领域泛化到社会生活领域，讲等价交换，人际关系、社会关系都被看作是金钱利益关系。有人落水，先权衡利弊再救人。甚至有人摔倒，不敢帮扶，怕反被诬为推倒了对方。

我们必须清醒地认识到，当今社会是全球化的时代，信息化的时代，全球化本身就包含着一体化与多元化的矛盾。一个民族一个国家，要发展必须吸收人类优秀的文化成果。如果闭关自守，故步自封，只能是落后，落后就要挨打，中国在这方面是有着深刻教训的。

我们也必须清醒地看到，改革开放以来，东西方文化的碰撞与融合，给中国的经济发展带来了无限的生机，中国已经发展成为世界第二经济大国。而与此同时，文化全球化也给中华文化带来了严峻的挑战。能不能够守住中华民族的根本灵魂与精神家园，正在考验着每一个中国人。

三、实现伟大复兴的中国梦，实现少数民族地区的发展与繁荣，都需要大力弘扬中华优秀传统文化

马克思曾经说过："人们自己创造自己的历史，但是他们并不是随心所欲地创造，并不是在他们自己选定的条件下创造，而是在直接碰到的、既定的、从过去承继下来的条件下创造。"

一个民族、一个国家的现代化，一定要和本民族的优秀的思想文化传统相结合。否则，就不是真正的现代化，或者不是这个民族或这个国家所需要的现代化。

（一）中国需要与中华民族优秀文化传统相结合的现代化

党的十八大以来，以习近平同志为核心的党中央励精图治、革故鼎新、兴利除弊。我个人认为有这几个方面的工作比较得人心：一是提出了伟大复兴的中国梦；二是下大力全面深化改革；三是实施大国外交；四是严惩党内腐败（包括军内腐败）；五是强调要传承和弘扬中华传统优秀文化。每一项工作都事关着中华民族的前途与命运。全国人民都可以明显地感觉到，强力推动所带来的实际工作成效。其中的震撼与力量，正感动并鼓舞着每一个中国人。

党的十八大以来，习近平总书记多次强调要传承和弘扬中华优秀传统文化。他反复强调：中华传统文化是我们的"根"和"魂"，如果丢掉传统、丢掉"根本"，就等于割断了自己的精神命脉。

原中央党史研究室副主任石仲泉在《精神文明导刊》上发表文章，题目为《天之降大任于中华优秀传统文化》，他认为，习近平具有传承和弘扬优秀传统文化的独特认知和情怀，主要表现在：第一，特别强调优秀传统文化是中华民族的"根"和"魂"；第二，特别强调中国共产党人是中华优秀传统文化的忠实传承者和弘扬者；第三，特别强调中华优秀传统文化是国家文化的重要软实力；第四，特别强调运用传统文化的智慧解决当代人类面临的诸多难题。他认为，习近平高度重视传承和弘扬中华优秀传统文化，至少有三大贡献：一是站在当代中国和世界发展的大且高的平台上，与时俱进地阐明了科学对待传统文化的基本原则；

二是高度评价儒家学说和儒家思想对中华文明发展的进步作用；三是充分运用丰富的中华优秀传统文化，作为治国理政、经纶安邦的重要思想文化资源。

习近平总书记为什么强调要传承和弘扬中华传统优秀文化？我的理解是要建设一个和中华民族的优秀思想文化传统相结合的现代化国家。

古人云："为天地立心，为生民立命，为往圣继绝学，为万世开太平。""国无德不兴，人无德不立。""德者，本也。"这是中华民族的光荣传统。中华文化是以道德文化为鲜明的特征的。今天的中国，虽然基本上实现了现代化，但仍需要与自己的优秀思想文化传统相结合。

习近平总书记切中时弊，他强调说：道德之于个人、之于社会，都具有基础性意义，做人做事第一位的是崇德修身。一个人只有明大德、守公德、严私德，其才方能用得其所。修德，既要立意高远，又要立足平实。要立志报效祖国、服务人民，这是大德，养大德者方可成大业。同时，还得从做好小事、管好小节开始起步，'见善则迁，有过则改'，踏踏实实修好公德、私德。习近平还特别运用优秀传统文化揭示了社会主义核心价值观的真谛。他说：核心价值观，承载着一个民族、一个国家的精神追求，体现着一个社会评判是非曲直的价值标准。"大学之道，在明明德，在亲民，在止于至善。"核心价值观，其实就是一种德，既是个人的德，也是一种大德，就是国家的德、社会的德。他强调说：如果一个民族、一个国家没有共同的核心价值观，莫衷一是，行无依归，那这个民族、这个国家就无法前进。

习近平总书记在庆祝中国共产党成立95周年大会上明确提出：中国共产党人"坚持不忘初心、继续前进"，就要坚定"四个自信"即"中国特色社会主义道路自信、理论自信、制度自信、文化自信"。他还强调指出，"文化自信，是更基础、更广泛、更深厚的自信"。

党的十八大以来，习近平总书记作为党和国家最高领导人，在他的讲话和著述中，高度重视和弘扬中华优秀传统文化，其真谛就是要实现伟大复兴的中国梦，就是要建设和中华民族的优秀思想文化传统相结合的现代化强国。中国需要的是与中华民族优秀文化相结合的现代化，而不是别的现代化。如果国人都能认真学习和践行习近平总书记的一系列重要讲话精神，全民行动，传承和弘扬中华优秀传统文化，伟大复兴的中国梦就一定会实现。与中华民族的优秀思想文化传统相结合的现代化就一定能实现。

（二）少数民族地区的繁荣发展必须要弘扬中华优秀传统文化

中国需要与中华民族优秀文化相结合的现代化，中国少数民族地区的繁荣发展也需要与中华民族传统优秀文化相结合的发展与繁荣，否则就不是真正的发展与繁荣，也不是各民族所需要的现代化。

贵州是一个内陆山区省份，是一个享受民族区域自治待遇的多民族省份，少数民族人口占全省总人口的39%，是一个典型的西部民族省份、西部民族地区。

1949年以来，贵州省全面贯彻落实党和国家的民族、宗教政策，正确处理民族关系民族问题以及宗教问题，使全省呈现出民族团结、社会稳定、经济发展、社会进步，各族人民共同奋斗、共同发展繁荣的良好局面。在贵州这块土地上，汉族离不开少数民族，少数民族离不开汉族，各民族都相互离不开。因此，国发〔2022〕2号文件对贵州明确定位为"民族团结进步繁荣发展示范区"。

贵州从黔中、黔北到黔东北，从黔南、黔东南到黔西南，重峦叠翠、万壑争流、云蒸霞蔚、艳阳高照，到处是一片祥和、平安、和谐、奋起的景象。贵州的民族团结大好局面，与贵州全面贯彻落实党和国家的民族、宗教政策有关，更与贵州少数民族传统优秀文化有关联。贵州少数民族传统文化都是以"平等、团结、互助、和谐"为核心。

改革开放以来，特别是实施西部大开发以来，在党中央国务院的关心和大力支持下，贵州3900万各族人民团结奋斗，向贫困挑战，共同改变着贵州。特别是最近五年来，贵州奋力冲出"经济洼地"，综合实力显著提升。经济增速连续五年位居全国前3位、年均增长11.6%；率先在西部地区实现县县通高速公路，高速铁路营业里程接近1000公里，9个市（州）全面通航。

贵州少数民族地区的繁荣发展一定要与中华民族传统优秀文化相结合，一定要与贵州各民族的优秀传统文化相结合。2015年6月习近平总书记在贵州视察时强调，要"守住发展和生态两条底线，培植后发优势，奋力后发赶超，走出一条有别于东部、不同于西部其他省份的发展新路"。时任省委书记陈敏尔说贵州有"两个宝贝"，一是生态环境，二是民族文化。近年来，贵州获批建设国家生态文明试验区、大数据综合试验区、内陆开放型经济试验区，这都是"有别于东部、不同于西部其他省份的发展新路"全省经济社会发展态势持续向好，经济发展实现了在西部地区赶超进位的历史性跨越，全省人民加快发展的信心更强了、底气更足了。

目前，贵州正在守住两条底线（坚持发展和生态两条底线），用好两个宝贝（依托民族文化和生态环境两个宝贝），打造国内外知名民族文化旅游胜地和生态旅游胜地。生态优先、绿色发展正在成为多彩贵州的主旋律！

（三）弘扬少数民族优秀文化就是弘扬中华民族优秀文化

2014年9月28日，习近平总书记在中央民族工作会议上的讲话中指出："几千年来，中华民族始终追求统一，把这看作是'天地之常经，古今之通义'。无论哪个民族建鼎称尊，建立的国家都是多民族国家，而且越是强盛的王朝吸纳的民族越多。无论哪个民族入主中原，都把自己建立的王朝视为统一的多民族国家的正统，强调'舟车所至，人力所通，天之所覆，地之所载，日月所照，霜露所坠'，都是大一统的组成部分。"他强调指出："我国多民族在分布上的交错杂居、文化上的兼收并蓄、经济上的相互依存、情感上的相互亲近，形成了你中有我、我中有你、谁也离不开谁的多元一体格局。"[1]

中国自古以来就是一个多民族的国家，中华文化是中国多民族共同创造的，中国少数民族文化是中华民族文化的有机组成部分，发掘少数民族传统文化的合理内核，可以为新时期的政治经济文化建设服务，为民族地区的发展与繁荣服务。

早在建国初期，毛泽东同志就说过："每一个民族都有它的长处，不然它为什么能存在？为什么能发展？同时，每一个民族也有它的短处。"无论是中华文化或是具体到每一个少数民族的文化，都要取其精华，弃其糟粕，需要继承和弘扬的是少数民族的优秀文化，弘扬少数民族优秀文化就是弘扬中华民族的优秀文化。

比如，贵州少数民族传统文化的一个非常显著的特点，就是特别强调伦理道德、社会责任感，即群体主义的思想。这种群体意识不但体现在民族内部团结友爱、互助互济，而且滋生出热爱祖国、热爱和平的爱国主义精神。在历史长河中，贵州各民族总体上都是友好相处，休戚与共，互相学习，互相通婚，你中有我，我中有你，血肉相连。发扬少数民族的这种群体主义精神和爱国主义的优良传统，把个人的命运和民族、国家的前途融为一体，正确处理个人，集体、国家三者之间的关系，可以促进社会的安定团结，从而促进经济的发展，促进民族地区的进步与繁荣。又比如，贵州少数民族的平等观念与民主意识。从总体上看，贵州少数民族民间始终弥漫着原始民主的气氛，人与人之间相亲相爱，平等互助，在政治生活领域民主意识较浓。比如，苗族传统社会的议榔制，以及由此而产生的习惯法，就充满着平等和民主的气息。议榔组织内部，凡事关全体的活动和事件，均由有各户主参加的议榔会议讨论。凡参加会议的人都可以自由发表意见，依据多数人的意见作出决定。议榔的榔头、款首等虽然备受民众尊崇，但他们只有为人家调解纠纷、处理日常公共事务的义务，没有超越群众之上的特权。而且，榔头、款首都是由群众民主选举产生的，不称职者随时撤换。议榔组织所制定的榔规榔约，一经群众通过，就成了不成文的法律，上至榔头，下至群众，人人必须遵守，无一例外。事实上，议榔组织作为一种有效的社会管理形式，现在仍为苗族人民所采用。只不过议榔规约被换上了同现代生活相适应的内容，因而成为苗族人民运用社会主义民主，直接参加基层社会管理的一种形式，在维护社会主义生产关系，促进社会主义现代化建设中发挥了积极作用。

再比如，贵州的少数民族都具有兼收并蓄、为我所用的包容力。从历史上看，贵州各个少数民族都善于学习和吸收汉族文化或其他民族的优点和长处。比如，少数民族读汉籍、习汉礼、仿汉俗，还有衣食住行的许多方面，都反映出受汉民族文化的深刻影响。在历史发展的进程中，贵州汉族、苗族、布依族、侗族、水族、彝族、土家族、仡佬族等兄弟民族交错杂居，频繁交往，互相学习，互相融合，互相依存，共同进步。对于各民族的优点和长处，每一个民族都不是加以拒绝，而是大胆吸收，为我所用。在四化建设和改革开放的今天，尤

---

[1]《中办通报》(2004) 第31期，第4页。

其需要发扬这种兼收并蓄、为我所用的包容力。

  总之,少数民族地区的发展与繁荣离不开弘扬中华民族的优秀传统文化,少数民族的优秀文化是中华民族优秀文化的有机组成部分,弘扬少数民族的优秀文化就是弘扬中华民族的优秀文化。中国需要与中华民族传统优秀文化相结合的现代化,民族地区也需要的是与自己传统优秀文化相结合的现代化。

一〇一 文化基因[①]

《文化基因论》是申报者数十年追求的结果，是一部具有理论功底的开创性的研究成果。书稿已完成70%以上的研究任务。从申报提供的书稿看，达到国家社科基金后期资助的水平，建议列入立项资助。

一、拓展了国内外关于"文化基因"的研究

"文化基因"起源于国外，现今已经成为文化表述的一个基本词汇。但可以说，人们对"文化基因"的认识还是模糊的。国外以道金斯为代表的文化基因研究主要涉及文化的复制与传播，而国内的文化基因研究则主要涉及思维方式的文化基因探讨。本研究在前人研究的基础上，试图展开人类文化基因的全面探讨，涉及文化基因的方方面面，且论之有据，言之成理。应该说，这是一部大胆的具有开创性的研究成果。

二、提出了一些新的概念范畴和新的理论框架

本书稿围绕基因文化提出的新概念、新理论框架较多，有的认识十分有见地。这里只举一例。第六章类型文化初始的两种形式，一种是原始地中海的"声音"，一种是东亚大陆的"图形"。前者是一种注重于"听的意义"的文化，后者是一种注重于"看的意义"的文化，它们是世界上最大的两种文化类型，也是后来人类文化中一切文化类型的母体。"听的意义"文化形式是一个群，包括基督教文化、天主教文化、犹太教文化、伊斯兰文化圈等。"看的意义"文化形式也是一个群，包括儒家文化、佛教文化、道教文化、印度教文化、民间巫（教）文化圈等。前者的语言主要是拼音文字，后者的语言主要是图形文字。综合全书稿看，作者认为两种文化类型各有特点，但没有优劣之分，声音文化企图构建世界文化是错误的，驳斥了西方文化"优越论"。

[①] 本文系对国家社科基金后期申报资助项目《文化基因论》的评审意见。

三、是一部难得的"文化基因"论著

我国"文化基因"研究，除山西吕梁市委党校郭长风著有《文化基因论》一书（中国经济出版社）外，多为论文。郭著是运用文化基因理论研究区域经济发展，其尝试也是成功的。但从严格意义上讲，这不是一部从理论上深究"文化基因"的著作，取书名《文化基因论》也欠妥。审读者认为，本申报成果才是一部真正的《文化基因论》论著。

四、修改建议

1. 绪论和前七章，希望作者切实按照申报活页中作者自我认识到的三个方面不足进行修改补充，使之更加充实和完善。

2. 尚未完成的第八章，是全书的关键，是文化基因论的理论总结，关乎全书的成败，希望作者切实认真研究完成，要得出科学正确的结论，要努力使该研究成果在国内外文化人类学界产生一定的影响。

3. 从申报书稿看，作者对国内外文化基因研究的情况基本是了解的。但是，建议作者把加拿大籍华人梁鹤年的《西方文明的文化基因》找来读一下，或许对充实和完善《文化基因论》有所帮助。

4. 要认真反复校对，把一些错字以及标点符号错误改正过来。

最终审读意见：建议作为后期项目立项。

审读专家：石朝江
2015 年 11 月 16 日

一〇二 特色文化[①]

贵州是个多民族的省份，全省常住人口3856.21万人，各少数民族人口1405.03万人，占36.44%。全省有49个民族，17个世居少数民族，少数民族人口数量居全国第3位（仅次于广西与云南）。民族文化的多样性为民族学的研究提供了丰富的资源和广阔的天地。

贵州省社会科学院成立以来，就有一批科研人员致力于民族学与贵州地域文化研究，取得十分丰硕的科研成果，形成了自己的学科优势。民族学研究方面的著作主要有：《苗族文化研究》《布依族文化研究》《侗族文化研究》《水族文化研究》《仡佬族文化研究》《布依族文学史》《中国苗学》《中国苗族哲学社会思想史》《世界苗族迁徙史》《苗学通论》《战争与苗族》《西江苗族妇女口述史研究》《"好女人"的建构——以西江苗寨的一个家族为例》《苗楚文化研究》《中国苗族婚俗》《百年高坡——黔中苗族的真实生活》《黔东南山寨的原始图像》《雷公山下的苗家》《六寨苗族口碑文化》《贵州苗族建筑文化活体解析》《阐释迷途——黔湘交界地苗族神性妇女研究》《吊脚楼》《论彝诗体例》《论彝族诗歌》《彝族诗体论》《洪水记》《彝族古歌》《漏卧鲁沟的婚礼》《彝族古代文艺理论丛书》《水族民俗探幽》《水族文学史》等。

贵州地域文化研究方面的著作主要有：《贵州一览》《贵州风物志》《夜郎考》《夜郎史稿》《夜郎史探》《夜郎之谜》《纵横夜郎文化》《人文夜郎》《夜郎文化史》《夜郎王国传奇》《寻找回来的文明：夜郎文化资源的开发与利用》《构建泛珠三角夜郎文化旅游圈研究》《中国西南夜郎文化研究文集》《何应钦传》《何应钦的宦海浮沉》《何应钦晚年》《何应钦——漩涡中的历史》《永历皇帝与孙可望》《五四运动在贵州》《严修视学贵州》《姜应芳起义》《贵阳风物》《沙滩文化志》《郑珍评传》《莫友芝评传》《黎庶昌评传》《客籍文人与贵州文化》《贵州汉文学发展史》《郑珍集·文集》《沙滩文化志》（补充本）《黎星使宴集合编》《贵州：永远的财富是文化》《贵州文化遗产保护研究》《西南研究论》《从文化到文学》《中国傩文化研究》《醉与醒》《生死之间》《苗疆考察记》《西南行走录》《民歌与国学》《全球语境与地方认同》《横断走廊：高原山地的生态与族群》《傩愿》《酒魂》《民族·民俗·民间》《我的雪天》《边地行迹》《在田野中自觉》《扶贫手记》《音乐天堂》《保卫传统》《木楼人家》《西南笔记》《信仰·生

[①] 本文为作者主编的《贵州特色文化研究》（卷1）的序。

命·艺术的交响：中国傩文化研究》《论傩面具》《论西南部分少数民族梁祝传说的流传衍变》《贵州历史笔记》《贵州通史》《贵州简史》《贵州六百年经济史》《贵州抗日救亡运动史》《开发中的崛起》《贵州著名历史人物传》《贵州近代经济史资料选辑》《世界三大宗教在云贵川地区传播史》《戊戌维新运动与贵州》《夜郎研究》《辛亥革命与贵州社会变迁》等。

上述研究成果，绝大部分都是社科院科研人员个人的或集体的成果，少部分是社科院的科研人员与院外的社科工作者共同完成的。仅从上述列举的部分研究成果看，贵州社科院在基础特色学科研究方面，是有自己的优势的。但是，成绩只能说明过去，未来仍需努力开拓。毋庸讳言，随着一批科研骨干的退休离去，一些研究领域逐渐失去了优势，出现了人才断层的情况。

2010年，贵州省社会科学院把民族学研究（含贵州地域文化研究）确定为重点学科。学科成员是我院从事民族研究和贵州地域文化研究的相关科研人员，共17人。本重点学科建立后，根据研究基础、研究力量和学科建设的实际需要，民族学重点学科拟确立苗学、布依学、水书、贵州地域文化和民族文化遗产保护与开发五个研究方向，以后再逐步拓宽研究领域。苗学研究，主要研究人员有：石朝江、张晓、麻勇斌、翁泽红、文新宇；布依学研究，主要研究人员有：索晓霞、黄德林、罗剑、黄晓；水族古籍整理与研究，主要研究人员有：唐显良、龙平久、蒙祥忠；贵州地域文化研究，主要研究人员有：敖以深、李发耀、安尊华、翁泽红、徐适等；民族文化遗产保护与开发，主要研究人员有：索晓霞、杜小书、麻勇斌、邢启顺、文新宇等。

建立民族学重点学科，实际上只是搭建一个平台，经费支持是微乎其微的。有平台就要有人组织牵头，有人检查督促，当然会比科研人员各自为战强得多。建立民族学重点学科，旨在出成果出人才，并通过这批人的作用，影响其他科研人员。目前，本重点学科有研究员5人，副研究员9人，助理研究员3人。学科成员已先后主持完成国家社科基金项目7项，完成省部级项目16项，进行中的国家社科基金项目6项。

摆在我们面前的这本《贵州特色文化研究》（卷1），就是本重点学科建立后，各成员在自己的研究领域的最新研究成果，或承担国家、省部级课题的阶段性成果。今后，我们拟每年出版一本《贵州特色文化研究》，将本重点学科的最新研究成果在第一时间内就得以面世，以飨读者。

一〇三 丛书推荐[①]

苗族是一个历史悠久、文化深厚、人口较多的民族。百余年来，各个国家的学者对苗族产生浓厚的兴趣，对苗族进行了大量的调查与研究，特别是20世纪70年代，苗族从东南亚迁徙到了欧美以及大洋洲各国后，苗族研究逐渐形成了一门国际显学，研究队伍庞大，硕果累累。但国外研究苗族的文献是用英、法、德、日、苗等十余种语言写成，因为语言阻隔，国内学者对这些文献知之甚少。由苗族著名女学者张晓教授主编的《海外苗族文献研究辑要》丛书，非常必要也非常及时。

张晓教授是一位具有影响力的苗族女学者，精通苗语的两种方言。在20世纪便开始对海外苗族的调研工作，6次访问美国，在美国的三所学校做过三年的访问学者，另外还访问了澳大利亚、泰国、老挝等海外苗族聚居的地方，是我国对海外苗族研究积淀比较深厚的一位学者。她最近几年连续申请获得两项与海外苗族相关的国家社科基金课题，即重点项目"海外苗族英法语文献资料搜集、整理与研究"（批准号：14AZD071），一般项目"美国苗族移民海外民族志研究"（批准号：12XMA082），具备主编这套丛书的实际能力。

张晓教授因为长期的海外苗族研究，她和境内境外的一些其他研究学者，组成了实力雄厚的研究团队。包括境外的著名人类学家王富文（Nicholas Tapp）【英】、法国国家科学研究中心研究员纪可梅【法】、境外苗族第一位博士杨道教授【美】、著名的澳大利亚苗族人类学家李亚博士【澳】、美国加州州立大学斯坦尼斯分校教授杨寇博士【美】、美国苗族研究中心主任熊李保教授【美】，以及中国香港浸会大学副教授张慧真博士、中国香港科技大学副教授张兆和博士、中国台湾辅仁大学副教授何兆华博士等等。这个境外团队为张晓教授构建了良好的资料搜集网络，为境外文献的搜集整理提供了信息的保障。

张晓教授组建了一支强有力的翻译队伍。海外苗族文献整理研究，没有翻译作为桥梁，很难实现让中国学者分享成果的目标。这支翻译队伍，首先依托张晓教授所供职的单位——贵州大学外语学院，学院副书记晋克俭博士在美国做了几年孔子学院的中方院长；何泠静副教授从事的就是翻译工作，而且还主持了一项教育部课题"海外苗族文献评述与译介"；副

[①] 本文系对张晓教授主持的主编的《海外苗族文献研究辑要》丛书的推荐意见。

院长王晓梅和日语系系主任陈芳老师都在日本访问过，而且或主持或参与"20世纪以来日本学者西南少数民族研究成果述评与译介"国家社科基金课题；还有安俣衡副教授和祝青副教授分别是法语和德语专业，或者参与过法语著作的翻译或者有在德国学习的经历，他们是本套丛书的主要依靠力量。此外，英语专业博士毕业的贵州民族大学外语学院肖唐金院长，带着他们学院的老师们也积极参与和给予支持；云南省少数民族语言委员会的苗族副编审杨照飞等也提供苗语文献的搜集整理与翻译方面的支持等等。

张晓研究团队实力雄厚，有在法国硕博连读8年的张璞博士，中国社会科学院研究员沈红博士，曾在哈佛大学做过访问学者的中国社会科学院副研究员吴晓东博士，主持国家重大项目的贵州大学人文学院教授刘锋博士，翻译出版《苗族在西方》的贵州民族大学杨昌国教授，年轻的教授马国君博士，留美归来的张明副教授等等。

以上团队实力保证了张晓教授主编《海外苗族文献研究辑要》丛书的深度和广度。该丛书一共五卷，分为"历史文化""社会生活""语言教育""农业生态"和"医疗健康"五卷，涉及到了海外苗族文献的方方面面。该研究团队在近万份成果作品中，挑选了两千份左右有代表性的著作或者论文，进行研究辑要予以出版，可谓工程浩大且价值无量。所以，我鼎力推荐国家出版基金予以支持出版！张晓教授曾经是贵州社会科学院民族研究所所长，我们曾经共事，对张晓教授和她所做的事业十分了解，所以乐意作为推荐人。

石朝江

2015年7月8日

一〇四 纪实后记[①]

2009年元旦，王瑞迎老院长打电话给我，要我去他家一趟。到他府上后，他对我说："我现身体远不如以前了，看书眼花，写字手抖，我想拜托你做一件事，把1949年贵州建立各级人民政府的情况记录下来，我把所收集的资料全部交给你。"王瑞迎同志是我很尊重的老领导，我无法推辞，只好答应了下来。

第二天，老领导让他家的保姆扛了一纸箱的资料来我办公室，以及王瑞迎同志写给我的一封信，他在信中说："1949年'西进支队'的万余名干部在贵州建立各级人民政权的历史事实，一定要如实地记录下来。"我花了大概一个月的时间，认真阅读了一纸箱的资料，并拟出初步的写作提纲。我带着提纲到王瑞迎家向他汇报，他肯定了提纲，并提出了很好的修改完善意见。

鉴于老领导的健康状况，我把手中的研究课题停了下来，集中两个多月时间，赶写《1949年贵州省建立各级人民政府纪实》。完成初稿后，我打印一份给王瑞迎老院长审查，他又提出一些中肯的修改意见。我根据他的意见再修改，再交给他，又再改，又交给他，大概是四易其稿。我将第四稿送他，他审读后打电话给我说："可以了，贵州省建立各级人民政权的情况基本说清楚了。第四稿我只改了两个字，你辛苦了！"

书稿定下来后，老领导对我说："我老了，就署你的名算了。"我回答："绝对不行。"他说："那就署我们两人的名字。"我说："也不行，思路是您的，资料是您收集的，您又是那段历史的经历者、见证人，我决不能署名。"在我的坚持下，老领导同意了。

还没有联系出版事宜，王老生病入院了，这之后的几年，他基本是在医院里度过的。2013年8月，得知王老院长病重了，我立即赶到医院看他。老领导拉着我的手说："我这一生没有什么可牵挂的，就是贵州建政接管那本小书没有出版。"我对他说："王院长您放心，我一定想办法把这本书出版出来。"

从医院回来后，我立即联系出版社，并请出版社先印两本样书，我是担心老领导看不到自己的这本书公开出版。拿到样书后，立即送到医院给王院长看。虽然只是样书，老领导

[①] 本文系作者为王瑞迎的《1949年贵州省建立各级人民政府纪实》所写的后记。

还是相信书定要出版了，心情好了许多。该书系涉及历史的重大选题，必须要经过相关部门审读。2014年2月6日，王老院长在医院因病逝世，享年85岁。很遗憾，他没有看到他的这本著作公开出版。

王瑞迎同志，山东省郓城县人，1929年3月出生，1944年4月参加革命，1945年4月加入中国共产党。1944年起，先后在冀鲁豫地区郓北县七区兵站、六区武装部任情报干事、军工干事；1949年2月随二野五兵团南下支队二大队三中队南下，在江西省上饶县（今上饶市）黄市头区赵家乡任乡长；1949年10月随二野五兵团西进支队西进到贵州，任安顺地委组织部组织干事，地委政策研究室农村组长、城工组长，安顺专员公署工商科副科长、商业科科长；1956年6月后任《贵州日报》记者，财经编辑组编委、组长，经济生活部编委、副主任，《贵州日报》行政处主任、采通部主要负责人；1961年9月至1964年11月在原中央高级党校理论班学习获大学文凭；1975年5月任中共贵州省委写作组组长。1978年3月起负责恢复筹建贵州省社会科学院；1979年8月任贵州省社会科学院副院长，兼任《贵州社会科学》主编、《社会问题导报》总编辑。1992年9月离职休养，1992年10月起享受正厅级待遇。

王瑞迎同志长期从事理论宣传和社科研究工作。他个人撰写的发表在中央和省级报刊上的文章达500余篇，出版《你能划清这些界限吗》等图书9本。主编的《家庭关系谈》和《你能划清这些界限吗》两书分获贵州省人民政府颁发的社科优秀成果三等奖。

王瑞迎同志离休后，又编写出版了《从冀鲁豫到贵州》《运西地区革命史》《南下西进支队简史》。为了弄清1949年贵州省建立各级人民政府的历史情况，他先后多次到山东、河北、江苏、湖南等省档案馆，调查收集和复印了大量的文献资料。《1949年贵州省建立各级人民政府纪实》，就是他调查研究的成果。特别值得指出的是，王瑞迎老院长是一个坚持实事求是，敢于说真话，做学问十分严谨的人，他永远是我们学习的榜样。这本书，不仅帮助我们了解贵州解放初期建政接管的一些基本情况，而且它具有很大的资料价值，对写史修志具有重要的参考作用。

一〇五 御点状元 ①

夏同龢是贵州省1413年建省以来，仅有的两个文状元之一。他是黔东南的夏同龢，也是贵州省的夏同龢；他是黔东南的骄傲，也是贵州省的骄傲。

黔东南成立夏同龢研究会，我认为此举是有远见的。我们今天研究夏同龢，纪念夏同龢，不是看他的官当得有多大，也不是针对他状元的金字招牌，而是针对他的历史贡献，看他给后人留下了什么。作为法学家、教育家、社会学家和书法家的夏同龢，我认为他给我们留下来的一是精神，二是品德，三是学问。

夏同龢为我们留下的精神是一种奋力拼搏的精神。他祖籍贵州麻江，因父异地为官，生在云南、长在四川，起步于广东。夏同龢之所以成为被光绪皇帝"亲笔御点"的状元，是他勤奋攻读的结果。1904年，他又赴日本法政大学入法政速成科学习法政，是中国实行科举制度以来取得中国状元荣誉和东洋留学学历的人。综观夏同龢的一生，从封建帝制时期的状元到中华民国国会的议员，他一生都在拼搏。

再看夏同龢的品德。他在《四足歌》中说："丑妇是吾妻，休想美貌的、妖娆的，只求她安分守己，但得过贤惠足矣；蠢才是吾儿，休想伶俐的、聪明的，只求他尊贤敬老，但得过孝顺足矣；茅庐是吾居，休想华丽的、舒适的，只求它能遮风雨，但得过避寒足矣；粗粮是吾食，休想美味的、佳肴的，只求它三餐丰盛，但得过充饥足矣。"这是一种生活哲学，也是人们常说的"知足常乐"。

再看他的学问。在法理理论方面，他在策问《答卷》中说："天下之事，百变不能言也，天下之患，百变不能知也，然则天下将奚治？法则治……致治之道无过于法，鉴于成宪，乃罔有愆大哉……且夫古今异势，张弛宜然，天不变，道亦不变，安在法之必变也。"

在理财理论方面，他说："制策又以丰财，所以储用，因思财用之足，在有以开其源而节其流……夫今日理财，开源较节流为尤重，盖海禁既开流，虽节仍不免漏卮，不如开源乃足收利权也，而节流亦不可忽……总之，能核实则开源自见有功，否则虽节流亦甚无补。"

在教育理论方面，作为状元的夏同龢，他是赞成科举制度的。他在答卷中说："今之议者，

---

① 本文系作者在夏同龢状元研究会成立大会暨学术研讨会上的讲话。

动曰:'不变科举,不足以得真才'。夫科举至今,诚不为无弊,然历代取士之法,三代以上,出于学校尚已。自汉以来,迄于有明,其流别别同,虽非一致,然其始皆足以得人,其后皆不能无弊。圣人立法,不能知其弊于万事之后而预防之,恃有因时补救之而已。今人议变科举者,谓时艺空言无用耳。夫凡宣之于口,笔之于书,皆空言也。时议即变,果遂不至空言乎?苏轼有言:'得人之道在于知人,知人之道在于责实。'能责实,虽试以时艺而人才自兴;不能责实,虽制度日更,于造士终无所益。"他还说,"我皇上登明选公,量能授职,即可举中,何尝不可收奇杰之士哉?"

另在书法方面,据说光绪在钦点状元时,在一定程度上以书法论优劣,夏同龢以优异的考试成绩和优美的书法得以脱颖而出,夺魁天下。今天,我们还可以从夏同龢题字的一些匾额、瓷器、对联上,看到晚清状元书法的功力。

总之,我们今天研究夏同龢,纪念夏同龢,就是要弘扬他的精神,学习他的品格,"先天下之忧而忧,后天下之乐而乐",为国家,为民族,奋力拼搏!

一〇六 丛刊座谈[①]

今天上午参加贵州地方历史文化研究中心揭牌仪式，下午参加《贵州文史丛刊》创刊40周年座谈会，我很高兴。就今天下午的《丛刊》座谈会，我想谈三点：

一、新时期办学术期刊很不容易

今年是《贵州文史丛刊》创刊40周年，这是一个值得纪念的日子。《贵州文史丛刊》曾经入选过全国核心期刊目录，在全国还小有名气，我个人认为，小有名气不是因为进入全国核心期刊目录，而是因为有自己的地方特色。

我们知道，新时期纸质传媒面临着严峻挑战，很多人都不读书不看报，报刊的日子越来越不好过。《贵州文史丛刊》能在艰难的环境中生存下来，这是很不容易的。《贵州文史丛刊》编辑人员少，大家付出了辛勤的劳动。我在贵州社科院曾分管过《贵州社会科学》，深知办刊的艰辛。

二、《贵州文史丛刊》应该突出贵州特色

《贵州文史丛刊》，顾名思义，是反映贵州文史研究成果与贵州文史资料，向外推荐贵州文史知识的一个地方性的刊物。目前的"文史前沿""四库学研究""贵州文史""文献整理与研究"，外加"说图"，五个醒目的板块非常好，非常有特色。我也不太赞成《贵州文史丛刊》再去争取"返核"，不光是人力物力不够。同时刊物名称就决定了要坚持走自己的路，坚持自己的特色和方向。

《贵州社会科学》是贵州的代表性刊物，不进核刊和c刊不行，且投入人力物力不少，《贵州文史丛刊》就是一个纯粹的地方性刊物，没有必要去迎合核刊和c刊的因子或要素，而是要坚持走自己的路，办成有地方特色的学术期刊。

[①] 该文系作者出席贵州文史馆纪念《贵州文史丛刊》40周年座谈会上的书面发言。

三、社科刊物必须坚持守土有责

　　作为社科刊物必须坚持守土有责，坚定政治导向，坚决不发有政治错误的文章。报刊因登载犯有政治错误的文章而被取消的事件时有发生，对此我们一定要吸取经验教训，一点也马虎不得。

一〇七 征程诗韵[1]

吴春毕同志和我有相似的人生经历，都出生在民族地区，当过兵，扛过枪，他当的是防化兵，我当的是铁道兵。1975年都从部队复员还乡，同时进贵州大学读书，我读的是哲学，他读的是中文。毕业时他分配到贵州省委组织部工作，我分配到贵州省社会科学院。1980年省委组织部成立青年干部处，我被组织上调到青干处工作，我和春毕又有幸在组织部共事七年。1988年，我因为热爱哲学社会科学研究，要求调回贵州省社会科学院从事专业研究，他后来调省委统战部、省工商联工作，我们经常联系往来。同学、同事加朋友，我自以为对春毕同志够了解了。

直到最近，他用手机短信发了几首诗词给我，我读后认为不错，问他是谁写的，他回答我，是他写的。我说您还有写诗的雅兴？他说已经断断续续写了几十年了。我问他写了多少首，他说有300来首吧。我一下子感觉到对春毕不够了解了。我们是几十年的朋友，只知道他是一位党性观念强，工作特别认真负责的领导干部，却不知他在工作之余、休闲之时，还有写诗的雅兴，而且还写得比较好。

我给春毕打电话，集结起来出版吧！他回答我，玩耍之作，登不了大雅之堂。在我的一再鼓励下，他终于答应可以考虑出版。他把300来首诗词发给我，要我帮他润色一下。我不是写诗的，除了个别词句提出点修改建议以外，当然帮他润色不了。就这样，我有幸成为第一个读到《如烟集》的读者。读后有以下三点感想。

一、在人生的旅途上找回自己

春毕同志以诗词的形式记录和回顾自己的人生。从"二八"即十六岁从军开始写起，一直写到今年五月初的乘车见闻。《从军行》《站岗》《支左》《武斗》《海泪》《调防》《外调》《伐薪》《一号命令》《防化兵》《野营拉练》《地形图训练》《伐蕉》《矿工》《自助》《军训》《湖畔枪声》《解甲》等19首，奔放自由，不拘一格，清新明快，把自己的从军生涯作了高度概括，

---

[1] 本文系作者为吴春毕的诗集《征程诗韵》所写的序。

记录了那一时段的重大历史事件。我特别注意到"神枪射手军中花"一句,春毕同志在军事比武大练兵中,曾荣获神枪手的殊荣。作为一名军人,这是值得自豪的。《龙门》《寒窗》《暖春》等,记录了自己的求学生涯。《换届》《春雷》《摘帽》《四化方针》等,记录自己大学毕业分配到贵州省委组织部,参与了贵州省各级领导班子的换届考察工作,参与落实干部政策,平反冤假错案……如此等等。

总之,我认为,春毕同志热爱生活,珍惜生活,一路走来。他是在人生的旅途上不断找回自己,充实自己。虽然他自称是忙里偷闲独自乐,玩耍之作。但在我看来,他独自乐的闲作,不经意间成为了以诗以词撰就人生的自传。

二、以诗言志,以诗感恩,以诗交友

我不是诗人,但常听人们说,诗人以诗言志,以诗交友,以诗感恩,以诗记事,以诗记名胜,以诗悟人生等等。读罢春毕的《如烟集》,我才真正对诗人的这一秉性有了自己切身的体会。

这本诗集,辑录了春毕诗和词300首,就包括了言志诗、交友诗、感恩诗、记名胜诗、悟人生诗,还有政治诗、哲理诗、山水诗、人物诗等等。

言志诗,比如,《题序》:"雄鹰搏击空中舞,大雁翱翔路上歌。人为心声诗言志,人生踪迹纸上落。"《好刀》:"好钢用在刀刃上,猛将冲锋打头阵。天生良材当大用,何缘厨房度光阴。"《如烟》:"二八从军苦磨炼,弱冠入仕展翅飞。而立政界初及品,不惑宦海终达贵。披荆斩棘花甲至,无心再恋权和位"。《隐退》:"自古英雄征战多,历来圣贤事难磨。桃花园里耕耘去,效法淘翁意已夺。"

感恩诗,比如,《祭》:"清明时节泪涕零,百里追思祭双亲。音容笑貌历历目,养育之情铭记心。"《谢友》:"桃园归去耕耘兮,将军解田又何妨。仁兄见地高远兮,愚弟元忧心头亮。留下余时自娱兮,海阔天空任翱翔。谆谆嘱咐不忘兮,浓浓情深义更长。"《感呈张艳旭医生》:"晴天霹雳响惊雷,糟糠重疾缠上身。四处求医乾坤暗,八方寻药天地昏。癌魔克星从天降,佛祖观音再显灵。在世扁鹊施妙手,遇难之妻获新生。"

交友诗,比如,《和唐仕荣》:"随友奔丧去仁怀,一片赤诚丹心在。汝友有幸结兄长,其母含笔九天外。"《兄弟》:"世纪金源宴会厅,鲜花绽放宫灯明。粤省高朋来拜访,金樽碰撞换盏频。兄弟往来情谊在,优势互补携手进。"《贺天赋主席80寿》:"寿比南山一劲松,风霜雨雪乃从容。傲然屹立挺且直,迎来晚霞满天红。"《悼洪军》:"相逢相知三十春,惊闻噩耗泪湿襟。君驾仙鹤九天去,吾有疑难问何人。"

记名胜诗,比如,《咏蝴蝶泉》:"梦游大理三月街,苍山脚下又到来。金花凋谢蝴蝶飞,只有阿鹏在徘徊。"《双乳峰》:"大地母亲在贞丰,双乳裸露乃从容。安得绸缎千万丈,莫让骚客扰母梦。"《凤凰吟》:"一代文豪沈从文,凤凰有幸缘其名。敢问《边城》几人读,天下只知凤凰城。"《题少林寺》:"嵩山有幸古刹著,天下名寺数少林。眼前有景写不出,历代骚客有诗文。"《谒三塔寺》："千里朝圣到三塔，善男信女安可知。心诚则灵三叩拜，与佛有缘香几支。"

三、诗词折射出作者平凡而崇高的思想境界

我们这一代人，坎坷多多。犁过田，扛过枪，工农兵学员，虽然春毕官至厅级，但也只能算是一个平平凡凡的公务员，我也只能算是一个普普通通的科研工作者。平凡的人生自有不平凡之处。春毕同志的《如烟集》，折射出来的正是他的高尚道德品质和崇高的思想境界，让我们透过朦胧看见了作者美好的心灵。

我在为贵州大学卢学琴的《八旬人生录》所写的序中说过，回忆录并不是"大人物"的才有价值。相反，平常人的回忆录更真实，也更贴近绝大多数人的生活。《如烟集》也是一部人生回忆录，只不过它是用诗歌的形式来表达的。

我们每个人都有自己必经的人生之路，任何人都无法超越时代。春毕同志的《如烟集》寄情抒怀的快乐和忧伤及慷慨激昂之词，不仅仅是他的情感倾怀，也大体是我们这一代人的共鸣音。

清代恽寿平有诗曰："心忘方入妙，意到不求工。点染横斜处，天机在此中。"吾不是诗人，唯恐点评浅陋，就权当是一次学习，还是让我们步入《如烟集》诗境之中去徜徉陶醉，让我们和作者一起去喜悦和欢畅。

一〇八 治华书序

　　中学同学龙治华从凯里打来电话，说他准备把一生的剪纸作品结集出版，并嘱咐我为之写序。因为我对剪纸艺术是外行，当时我没有答应。后来，他带着精选出来的160幅作品亲自来贵阳，在他的诚恳邀请下，我不好再推辞，便欣然应允。

　　我和治华是黄平旧州中学"老三届"初中的同学，都下过乡、当过兵、读过"工农兵"大学。他从大学毕业后，长期在黄平县委宣传部工作。其间，他师从著名的剪纸艺术家谢志诚先生学习剪纸。后来，他又调到黔东南州文化局工作，直至退休。

　　几十年来，治华同志除了完成本职工作外，业余时间的唯一爱好就是剪纸艺术。早在20世纪八九十年代，他就有多幅剪纸作品参展或获奖。例如，1983年7月，他的处女作"丰收酒"得以参加黔东南州首届美术作品展；1993年12月，剪纸"小品"在纪念毛泽东100周年诞辰全州美展中荣获三等奖；1997年7月，剪纸作品"迎归图"在全州迎香港回归祖国美术展中被评为三等奖；同年10月，其作品"姜央射日"参加第三届黑龙江剪纸艺术节中国旅游剪纸优秀作品展览中荣获银奖，他撰写的论文《苗族龙剪花论》入选《中国剪纸艺术研究》一书，由黑龙江美术出版社出版。

　　进入21世纪后，治华同志的剪纸艺术又上了一个新的台阶。2005年9月，他的剪纸作品"傩舞"在贵州省第六届剪纸展览中荣获优秀作品奖；"开山猛将"和"先锋小姐"入选《中国戏曲剪纸》一书，由上海人民美术出版社出版发行；2014年6月，作品"龙腾"参加贵州省首届"群文杯"剪纸大赛荣获现代组二等奖。

　　据相关资料介绍，剪纸是一种镂空的视觉艺术，即根据变形夸张的需要，挖去不同形状的空白，留下需要进行黑白对比的线条，剪好后提得起、连得上。剪纸是用平面的眼光去看世界，以二维空间作为构图的基础，采用简单平实的方法，从多方面多视角地开拓作者的审美诉求与创造能力，可以把生活情景表现得淋漓尽致。比如治华作品中的"醉美苗乡""鼓楼生辉""芦笙恋歌""苗家乐""春早图""追梦"等，都巧妙地将人物、自然融入艺术中，让人记住乡愁，感悟到新时代的家乡美和人与自然的和谐。还有他的"阿妞""阿幼""阿边""阿朵"和"十二生肖"等系列剪纸作品，使我们看到了别样的"福娃"。

　　众所周知，龙和凤是中华民族的吉祥物，是中华传统文化的经典之一，它象征着中华民族的团结与腾飞。治华同志对以龙、凤为题材的剪纸创作也情有独钟。有如"龙凤呈祥""二龙抢宝""双凤朝阳""鸾凤和鸣""龙飞凤舞""坐龙""团凤""龙腾"等作品，每一幅作品的背后，都有一段说不完的故事、道不完的艰辛。治华剪刀下的龙和凤，构图都极为端庄流美，出神入化、栩栩如生。可以看出作者在尊重传统的同时，又不被传统所束缚，有自己独到的见解和创新。它仿佛把我们带入了一个千姿百态的龙与凤的世界，步入一个五彩缤纷的剪纸艺术殿堂，去感受中华传统文化的视角美、图案美和装饰美。

治华同志生长在苗乡，又长期在宣传文化部门工作，他的剪纸作品具有浓郁的贵州高原乡土气息，特别突出了黔东南的地方民族特色，他以刀为笔，刻苦自励，精心地剪出了他心中的美，留下了本民族的文化记忆。这本《剪纸韵味》即将付梓出版了，可喜可贺！

以上文字，权当作序。

一〇九 指尖之花[①]

2021年春节前夕，习近平总书记赴贵州考察调研，在黔西市新仁苗族乡化屋村看望苗族同胞时，他点赞苗绣"一针一线绣出来，何其精彩"，并嘱咐"一定要发扬光大苗绣，既能继承弘扬民族文化、传统文化，也能为扶贫产业、乡村振兴做出贡献"。

苗绣是独具特色的一种中华刺绣艺术，有着悠久的历史。史籍记载唐朝时，东谢苗族"卉服鸟章"，即在服饰上绣上许多花、鸟等图样。明朝时，贵阳苗族喜用彩线挑成"土锦""绣花衣裙""织花布条"。清代清水江苗族刺"锦衣"、绣"苗锦"等。

苗族是一个从上古走来的民族，其先民自逐鹿中原失败后开始历史性的南迁。苗绣一针一线，绣出无字史书。过黄河绣条黄线，渡长江绣条蓝线，翻山越岭绣曲线。苗绣记载了苗族历史和文化的变迁，被称为"中国古文化的活化石"。2006年，苗绣被国务院列为第一批国家级非物质文化遗产名录。目前，苗族聚居的贵州省正准备把苗绣申报为世界文化遗产。

刘大泯教授酷爱贵州民族文化，尤其对苗族文化情有独钟。他已在其研究领域出版学术专著5部，《中国苗绣艺术研究》是他的第6部著作。刘教授嘱我为之作序，婉辞不得。于是，我在第一时间拜读了《中国苗绣艺术研究》。

刘大泯教授系民进贵州省委副主委，贵州民族教育研究院院长，在繁忙的行政工作和教学之余，他潜心于贵州民族文化。可以这样说，《中国苗绣艺术研究》是国内第一部系统研究苗绣艺术文化的学术专著，它不仅考察了苗绣的历史、种类、分布、美学特征、工艺技法、文化内涵等本体内容，而且还深入田野，专门调查和记录中国苗绣的代表村落和传承人，呈现苗绣在当下发展与生存的现状，并提出了相应的对策和建议。

作者告诉我们，早在2013年，贵州省政府就制定下发了《关于实施妇女特色手工产业锦绣计划的意见》。自"锦绣计划工程"实施以来，每年培训5万人次，投入资金10多亿元，新增妇女50多万人就业，全省绣娘人数达60多万人，专业合作社达1000多家，带动了100多万人口脱贫致富，实现年产值近百亿元。通过"公司+协会+绣娘"等模式，建成巧手脱贫基地千余个，合作社1354家，并通过文化产业扶贫等扶持一批苗绣骨干企业。例

[①] 本文原题目为《指尖之花开不败——刘大泯〈中国苗绣艺术研究〉序》。

如松桃县苗绣公司负责人石丽萍成为走向十三届全国人大三次会议首场"代表通道"的首位妇女,为全国脱贫攻坚代言。2019年丹寨宁航蜡染有限公司荣获中国妇女手工创业创新大赛全国总决赛金奖,台江苗手工合作社的作品先后亮相美国时代广场、北京国际时装周,台江百名绣娘绣成的《锦绣台江》荣获法国国家艺术沙龙展卓越艺术奖等。与此同时,贵州还成为中国妇女发展基金会"妈妈制造"的基地。

作者在充分肯定苗绣的保护、传承与发展取得重大成绩的同时,实事求是地分析了存在的问题,并大声呼吁:1.出台关于发展和保护苗绣产业的文件及立法规划;2.加大实施力度,提高苗绣的影响力和市场品牌价值;3.设立专项基金扶持苗绣的发展;4.加大培训力度,培养出更多的苗绣专业人才;5.创新是灵魂,努力提高苗绣产品的功能化;6.打通产供销渠道,实现苗绣商品的产业化;7.编辑出版苗绣工艺教材,让传统文化进入课堂;8.搭建行业协会促进苗绣的市场空间;9.积极组织、创建行业技能比赛。我认为,作者的这些对策建议是值得政府及相关部门重视的。

还特别值得一提的是,《中国苗绣艺术研究》由刘大泯著,邓林译,中文和英文双语出版,加强了对外宣传的力度。

是为序。

一一〇 最好老师[①]

杨德同志从凯里给我打来电话,说他要出一本《诗词联选集》,要我写上几句话。我和他都是黄平老乡,虽从未谋过面,但彼此知道。1984年,我在贵州省委组织部工作,黄平县委组织部部长给我打来电话,说贵州民族学院要招在职大专班,要求必须具有高中或中专文凭才能报考。黄平县有个在职干部叫杨德,虽然只有初中学历,但特别好学,工作之余发表了一些诗词和文章。他要求我请贵州民院领导给予杨德同志一个报考资格。我找到贵州民族学院相关领导,最后得到的答复是,同意特批杨德报考,但要凭考试成绩来决定是否录取。后来,杨德同志如愿以偿,被贵州民族学院录取,进入在职大专班学习。

从杨德同志提供给我的资料看,他出身于农村,父母早逝,只剩下几姊妹和他,生活十分艰苦。他从小放过牛、砍过柴。他只读小学六年,初中两年,贵州民院大专班两年。他先后在黄平县农资公司、黄平县法院、黄平县政法委员会、县人大常委会、黔东南州国土资源局工作,他所学到的知识,绝大多数都是在工作之余自学的。

兴趣是最好的老师。杨德同志上学读书不多,但他却养成了读书写字的兴趣和习惯。早在20世纪80年代,他就开始发表文章和诗词了。迄今为止,他已出版《日中天》《探索与实践》《行踪感怀》《随想漫吟》《古韵今歌》《咏物抒怀》《金声玉律》《苗乡拾韵》《随感录》《苗岭放歌》《苗乡探索》等诗文集;先后在《人民日报》(海外版)《法治日报》《人民代表报》《中国国土资源报》《贵州日报》《贵州政协报》《人民司法》《中国土地》《调查与探索》《贵州民族研究》等60多家报刊发表论文、诗词数百篇(首),多篇文章被中国人民大学报刊《中国少数民族月刊》全文录入;主编100余万字的《黔东南苗族侗族自治州国土资源志》,其中有95万字由他编写。

我最近去凯里学院做学术讲座,第一次见到了杨德同志,他赠送我两本书。他在《苗乡探索》的自序中写道:"我平时喜欢读书,也爱好写作。读书和写作几乎占去我所有的业余时间……据联合国教科文组织的一项调查显示,全世界每年阅读书籍排名第一的犹太人,一年平均每人读64本,日本一年平均每人读40本,美国一年平均每人读25本,法国一年

[①] 本文原题目为《读书兴趣是最好的老师——杨德〈诗词联选集〉序》。

平均每人读12本。上海在中国读书排名第一,平均每人一年也只读8本。而中国14亿人口,扣除教科书,平均每人每年读书不到一本。"作者大声地呼吁:"照此下去,中华民族文化如何振兴呢?一个民族的文化,就是这个民族的血脉,就是这个民族的灵魂,就是这个民族在长期生活中总结出认知世界的智慧结晶。文化存,则民族存;文化亡,而民族亡……我认为,读书比不读书好,读多比读少好;知识面宽,比知识面窄好。"

可以这样说,杨德同志是践行读书的模范。他是这样说的,也是这样去做的。我试问他:你平均每年读书多少本?他回答:系统读的20本左右吧!我又问他,都读些什么书?他回答:包括文学、历史、哲学、易经、国学、地理、政治、法律法规等。杨德同志退休后仍然孜孜不倦地学习和写作,实在难能可贵!杨德的老师贵州民族大学杨昌儒教授曾这样评价他:"在人生旅途上,不管道路多么艰难险峻,只要有心开路,路便在脚下。杨德就是这样的人。"

杨德现在是中国法学会会员,中国土地学会会员,中华诗词学会会员,中国国土资源作家协会会员,贵州省作家协会会员。2015年,他被黔东南州志办公室聘任为州方志专家。2018年11月,他被黔东南州社会科学院特聘为研究员。

以上文字,权当作序。

2022年6月30日

——— 推荐出版[①]

蒋南华先生是我国知名的文献学家、天文学家和历史学家，学术造诣深，他对中华文明、中国历史有较深的研究，出版了一系列高水平专著。《中华人文稽考》是他的又一部力作。

该书收集了蒋南华先生对中华人文考据文章共 41 篇（有一些文章与黎斌先生合作），对我国文明史中的重要历史人物、重要历史事件和重要历史文献等，进行了认真、严谨的科学考证和论述，体现出了一个老专家的科学创新精神，是中青年科研人员学习的榜样。

《中华人文稽考》，内容主要分为四个方面：一是重要历史人物的主要业绩及其生活年代考稽；二是重要历史事件之年代考证；三是几部历史典籍的真伪考辨；四是中国古代历法与中国历史纪年的起始年代考。每一篇文章都是上乘之作，是科学严谨之作。

我同意推荐《中华人文稽考》公开出版。

石朝江

2015 年 7 月 11 日

[①] 本文系对蒋南华教授著的《中华人文稽考》的推荐出版意见。

一一二 赞清目录①

第一章 出生贵州黄平旧州寨勇村 ………………………………………………（1）

　　石赞清出生于贵州省黄平县旧州镇寨勇村。石氏原籍山东省寿光县（今寿光市），入黔始祖石荣于明初调北征南来到贵州，任指挥使驻守清平卫。明朝兴世袭，石氏多代世袭指挥使，七世祖石邦宪升任湖广大总兵，十二世祖石文卿袭指挥使。清取代明，石文卿御甲带着两个儿子移居黄平州（今黄平县），繁衍了旧州石氏家族。石赞清系入黔始祖石荣之二十代孙。

第二章 随伯父黄平斗笠至贵阳 ………………………………………………（8）

　　石文卿移居黄平州（今黄平县）后，石氏即由豪门走向衰落。到石赞清父辈已经穷途潦倒。石赞清两岁丧母，五岁丧父，叔公石荣山收养了他。叔公是一个读过私塾的人，教小赞清读唐诗宋词和千字文。后来伯父将石赞清接到贵阳，并送他到塾馆读书。

第三章 贵阳塾馆主人招赞清为婿 ……………………………………………（12）

　　石赞清学习优异，深得塾师和塾馆主人的喜欢。但伯父极为贫困，石赞清面临停学。塾馆主人接受塾师的建议，将女儿许配于石赞清，扶持他读书，使石赞清终成大器。

第四章 中进士发任直隶阜城知县 ……………………………………………（17）

　　1838年，石赞清考取大清国进士，被派往直隶任阜域县后补知县。报到时，直隶总督琦善的蔑视深深地刺激了他。石赞清决意一定要做一个好官、大官。他暗下决心，不在直隶干出一点名堂来，决不回贵州见父老乡亲。

第五章 署献县正定卢龙等县知县 ……………………………………………（22）

　　石赞清在知县的任上一干就是10年，先后任阜城、献县、正定、卢龙四县知县。直隶总督纳尔径额对石赞清的评价是："明练老成，认真公事，任内并无展参处分，堪以调署。"

---

① 本文系《晚清名臣石赞清传》的目录。读目录可知全书内容。

第六章 任芦台抚民通判永定同知 ……………………………………………（29）

1849年，石赞清任芦台抚民通判。1853年，由芦台抚民通判调任永定河北岸同知。石赞清参与组织和领导对直隶永定河的治理，积累了丰富的治水经验。

第七章 顺天府治中通永道霸昌道 ……………………………………………（34）

1854年，石赞清由永定河北岸同知升任顺天府治中。1855年，任通永道，组织参与京粮漕运，受朝廷"署通永道办理海运，完竣下部议叙"的表彰。1856年初任霸昌道，受"办理顺天府粮台报销完竣，命军机处记名，遇有直隶知府缺出，请旨简放"的记名和表彰。

第八章 扬历中外的直隶天津知府 ……………………………………………（40）

　　（一）筹谋治荒　治理海河 ……………………………………………（40）
　　（二）圈地扩城　察吏安民 ……………………………………………（47）
　　（三）大义凛然　矢死保城 ……………………………………………（53）
　　（四）回乡丁忧　立祖睡碑 ……………………………………………（70）
　　（五）民怀其惠　夷慑其威 ……………………………………………（76）

1856年5月，石赞清授任天津府知府，这是他一生中最有价值的时期。上任伊始，正值天津一带发生罕见的旱灾，他筹谋治荒，使天津灾民度过一场罕见的旱灾。接着治理海河，圈地扩城，察吏安民，天津人民称他为"石父母"。1858年6月英法美俄联军侵占天津，驻军逃之夭夭，石赞清"置水二瓮于堂阶"说："夷如入胁，则吾与妻死此矣。"他独赴敌营，痛斥侵略者的罪行，"慷慨而谈，颜色不变"。1859年英法第二次进攻大沽遭受失败。1860年派重兵报复，再次侵入天津，"夷分住官舍，唯赞清毅然不去，夷令其去，（赞清）曰：'取吾头以往，官舍不可让也！'"夷居天津数月，赞清终不离衙署。英法派五百名持枪士兵，用轿子把石赞清抬到联军指挥部作人质，三日之中，他"食不肯进，酒不肯饮，勺水不入口"。天津士民聚集数十万人"日夜环轮舟"："还我石父母来！"英法军害怕，叫石赞清离去。石赞清说："我是怎么来的，就应当怎么回去。"英法军只好再让500人为前导，用轿子将石抬回天津府署。数十万天津人民欢呼"石父母归来！"民怀其惠，夷慑其威。石赞清回乡丁忧，给入黔始祖石荣立睡碑。

第九章 政绩卓著超擢顺天府府尹 ……………………………………………（87）

　　（一）朝廷"用树风声"的典范 …………………………………………（88）
　　（二）"辛酉政变"中的石赞清 …………………………………………（92）
　　（三）忧国忧民的顺天府府尹 ……………………………………………（99）

石赞清在天津英勇抗击外夷列强的行动受到咸丰皇帝、两宫太后的肯定，传谕"军机处记名"。1861年初，石赞清超擢于顺天府府尹，参与了两宫太后发动的"辛酉政变"。政变成功后，石赞清以顺天府府尹兼刑部侍郎。同治皇帝登极，为树立忠贞死节之臣作楷模，以教化在位百官，特下了一道"圣旨"，石赞清成为了朝廷"用树风声"的典范。

第十章 直隶布政使护理湖南巡抚 ……………………………………（106）
（一）直隶省布政使 ………………………………………………（106）
（二）护理湖南巡抚 ………………………………………………（112）

1862年9月，石赞清调任直隶布政使。他根据自己曾署理永定河北岸同知和治理天津海河的经验，通过实地调查和研究，向朝廷呈报了《豫筹河患疏》。1863年5月，改任湖南布政使，同年护理湖南巡抚。1864年12月，朝廷派出以大学士兼户部尚书倭仁为首的清廷高官考察团，赴湖南对石赞清进行大考。考察结论为："任内经理各年各项钱粮，造具交盘清楚册结……亲典藩库，按款逐一弹兑，并无侵那亏空，除照例出具印结……应毋庸议。"

第十一章 内擢太常寺卿宗人府府丞 ……………………………（118）
（一）内擢太常寺卿 ………………………………………………（118）
（二）升宗人府府丞 ………………………………………………（124）

石赞清1866年10月调任太常寺卿，1867年11月升任宗人府府丞。石赞清凭着他的忠君、爱国、体恤民众以及超凡的工作能力，先后在皇宫内担任了上述两个重要的职位。在担任太常寺卿期间，石赞清向同治皇帝递交了《疏陈黔省剿抚》奏章，得到同治皇帝的首肯，"并命军机大臣会同大学士九卿妥议"。《咸同贵州军事史》在石赞清的照片左侧写有"志切梓桑之石赞清。"

第十二章 左都副御史刑部工部侍郎 ……………………………（129）

1868年6月，61岁的石赞清迁都察院左副都御史，同年7月，擢工部右侍郎兼管钱法事务，成为清廷主管财政货币事务的重要官员。但随着年龄增长和健康的原因，石赞清在朝廷政界的活动也逐渐进入了尾声。

第十三章 盖棺得皇帝亲拟祭文作奠 ……………………………（138）

石赞清终因积劳成疾，1869年9月卒于工部侍郎任上，享年64岁。由于石赞清对大清国有突出贡献，同治皇帝亲拟祭文作奠，慈禧太后下谕旨予以表彰，对石赞清的一生给予了充分肯定。

第十四章 赞清尸骸归葬贵阳宅吉坝 ……………………………（144）

根据石赞清的遗嘱，其尸骸归葬于贵阳宅吉坝。贵州文人黎庶昌撰墓志铭立于墓碑前。遗憾的是，1964年建贵州制药厂时，石赞清的坟墓已被夷为平地，现又在其遗址上建起了贵阳第二实验中学。

第十五章 遗《钉饳吟》诗绝备受推崇 ……………………………………（150）
  （一）气壮山河的《满江红》……………………………………………（150）
  （二）集句之胜的《钉饳吟》……………………………………………（152）
  （三）石赞清的遗物 ………………………………………………………（156）

  石赞清既是朝廷命官，又是一个文人。在英法联军侵占天津时撰有三首气壮山河的《满江红》诗，特别是他的集句《钉饳吟》四卷，备受后人推崇。石赞清的遗物主要有同治皇帝赐予他的"尘定轩"御瓷，以及他着色山水折扇《江行图》和《耕织图》。此三件文物均系国家一级保护文物。

附录

石赞清资料汇编

一、石赞清重要资料 4 件
  1. 中国第一历史档案馆馆藏《石赞清列传》…………………………（172）
  2. 光绪《天津府志·宦绩·石赞清》…………………………………（176）
  3.《贵州通志·人物志·石赞清》……………………………………（177）
  4. 缪志明：《天津知府石赞清》………………………………………（183）

二、中国第一历史档案馆馆藏相关石赞清第一手资料原始件复印（按时间顺序，共 25 件）
  道光年间：
    （1）直隶总督讷尔经额奏为委任石赞清署理正定知县事 ………（193）
    （2）题报永平州卢龙县知县石赞清等督销七州县盐各职名事 …（194）
  咸丰年间：
    （3）石赞清奏为授顺天府尹谢恩事 ……………………………（196）
    （4）万青黎石赞清奏报接手原顺天府尹原步军统领钱银核对事 …（198）
    （5）万青黎石赞清奏为顺天府开销银两事 ……………………（201）
    （6）万青黎奏报乡试武会由顺天府尹依惯例造册揭呈户部事 …（203）
    （7）石赞清奏为量减州县处分以济时艰事 ……………………（212）
  同治年间：
    （8）万青黎石赞清题销咸丰十年大兴宛平会试用过银两数目事 …（217）

（9）石赞清奏为授直隶布政使到任日期 …………………………………（218）
（10）石赞清奏为授湖南布政使到任日期 …………………………………（219）
（11）石赞清奏为即补直隶知州宋玉路留于湖南 …………………………（220）
（12）奏报湖南东征局现在情形并统筹拨解各协饷及留南备用事 ………（222）
（13）户部尚书倭仁等十四人对石赞清考核事 ……………………………（227）
（14）石赞清奏报湖南各属雨水粮价情形事 ………………………………（235）
（15）石赞清筹解京饷起程日期由 …………………………………………（237）
（16）石赞清因病请开缺由 …………………………………………………（240）
（17）奏为委令臬司兆琛暑理藩篆事 ………………………………………（243）
（18）湖南巡抚李瀚章奏准石赞清赏假调理事 ……………………………（244）
（19）石赞清奏为赏假回任谢恩由 …………………………………………（245）
（20）盘查前湖南护理巡抚石赞清交代任内经手藩库地丁银两事 ………（247）
（21）湘藩交接清楚即赴任太常寺卿由 ……………………………………（253）
（22）石赞清奏为授太常寺卿谢恩事 ………………………………………（254）
（23）石赞清奏为饬下贵州巡抚各属速报殉难捐躯事 ……………………（255）
（24）石赞清奏为假满病难痊恳请开缺调理事 ……………………………（256）
（25）石赞清由子石承霖代笔的遗书 ………………………………………（259）

石赞清年谱及大事列表 ……………………………………………………（262）
后记 …………………………………………………………………………（269）

一一三 出生寨勇[1]

贵州省黄平县旧州镇，是我国春秋战国时西南小国且兰的古都。数千百年来，旧州就有着"金盆银碗，玉带圣水"的美誉。舞阳河畔的万亩大坝是旧州人民休养生息的"金盆银碗"；纵穿万亩大坝的舞阳河，高处俯瞰宛如一条"玉带圣水"。在万亩大坝东南的高坪台上，坐落着已经有两千多年历史的旧州古镇。旧州在历史上曾被称为珍州或乐源。明清时期，旧州为黄平卫、黄平府、黄平州治所在地，古镇上建有"九宫、八庙、三庵、四堂"，至今也还保存着一些古香古色的民居和街道，还保存着文昌宫、仁寿宫、天后宫、万寿宫等明清时期的古建筑物。特别是排列有序的封火墙建筑蔚然壮观。

站在旧州古城墙上向北望去，直径约两公里的地方，有一个十分美丽的村庄叫寨勇。寨勇的名称在明清时代时就已经有了。如今的寨勇已经变得像一个小小的集镇。可在清朝时期，这里只居住着二三十户人家，除五六户杨、吴、潘姓外，主要居住着的是一个石姓大家族。

清嘉庆十年（1805年）六月二十二日，黄平州风雨交加，雷电不断。傍晚时分，在寨勇村甲石的石氏家族中，伴随着一声响亮的啼哭声，一个胖乎乎的男婴出生了。男婴的父亲名叫石庭玉，母亲唐氏。这个男婴即是后来扬名中外的晚清一代名臣——石赞清。

根据《石氏族谱》的记载，寨勇石氏家族原籍山东青州府寿光市安乐乡永和村人氏。付诸族谱文字记载的一世祖叫石玉，于明初洪武三年（1370年）参加朱元璋的农民起义军，洪武四年随长官徐达开设辽东卫。洪武五年授昭信校尉管军百户，并率军征战全州、益州，由于作战有功，准予世袭昭信校尉，驻守益州卫。洪武十八年四月，石玉因箭伤复发而病逝。

二世祖即入黔始祖叫石荣，系石玉之子。于洪武十九年（1386年）二月袭任其父昭信校尉职，十一月随军征南到黔地（当时贵州还未建省）。洪武二十一年因屡战立功，授职指挥使，驻清平卫（今凯里炉山）。石荣在任时因病亡故，葬于清平卫石家坪。三世祖石真，袭任指挥使驻守清平卫。四世祖石宗，袭任清平卫指挥使。五世祖石瑛，沿袭指挥使。六世祖石坚，成化二十三年袭任清平卫指挥使。七世祖石邦宪，又称石南溪，嘉靖七年沿任清平

---

[1] 本文系《晚清名臣石赞清传》（修订本），中国文史出版社，2013年版。第一章 出生贵州黄平旧州寨勇村。

卫指挥使。嘉靖二十七年六月,兵部签令石邦宪任湖广川贵军都御史。嘉靖三十二年升任湖广总兵官、前军右都督。八世祖石猷,任指挥佥事,仍驻清平卫。九世祖石拯,袭任指挥佥事,驻清平卫。十世祖石如磐,任清平卫指挥使。十一世祖石国斡,因健康原因未袭职。十二世祖石文卿,崇祯年间袭任清平卫指挥使,后护理广西巡抚。①

在明代,石氏家族系豪门大族。《贵州通志·人物志·石赞清》载:"石氏曾祖某、祖某、考某,祖考皆赠资政大夫;妣某某氏,皆封夫人。"这与《石氏族谱》记载是相吻合的。1644年,清兵入关,明朝灭亡。石氏家族即开始由豪门走向衰落了。

十二世祖石文卿,享誉荣禄大夫,崇祯末年(1643年)任广西护理(代理)巡抚。②1644年清兵入关,明朝崇祯皇帝朱由俭上吊身亡。石文卿携家人从广西回到故地清平(即今贵州凯里炉山)。本想回乡守护祖坟以安度晚年,但当地民众认为石家与他们世代有仇,石文卿无奈只好带着夫人及两个儿子移居黄平州乐源(即今旧州)。据说石文卿请了四个马夫,驮着珠宝,是夜间凌晨从炉山出发前往旧州乐源的。石文卿带着家人来到旧州万亩大坝,就令其长子石有衢在旧州大坝的下游即石牛寨勇建祠堂,次子石有珍在大坝的上游红梅张其冲建祠堂。石文卿与长子石有衢同住终老,逝世后埋在旧州唐家屯响水。③1989年清明,由石文卿的两个儿子即石有衢和石有珍繁衍下来的旧州石氏家族,给石文卿重立了碑位。

从家谱有文字记载的一世祖石玉算起,石赞清已经是石氏的第21代子孙了,若从入黔始祖石荣算起,石赞清是第20代。并按十二世祖石文卿制定的二十字辈(文有声三元 邦宪尚庭宣 玉显朝国正 重开宗秀贤),石赞清应该是宣字辈。石文卿之后石氏大多按字辈取名,不知何因有的又没有按字辈取名。

石赞清的父亲叫石庭玉,祖叫石尚书,曾祖叫石行健。黄平县志记载,石赞清的父亲、祖、曾祖均因石赞清而追赠荣禄大夫入志。祖父石尚书曾任黄平地方散官文林郎一职。

石尚书的兄弟叫石荣山,虽未入仕,却是当时寨勇石氏家族中读过四经五书的"知识分子",德高望重,石氏拥护他为族长。

石赞清两岁时,母亲唐氏就病逝了。父亲石庭玉也体弱多病,孤身一人带着儿子,日子过得十分艰难。在贵阳贩卖黄平斗笠的大伯石庭浔常救济他们父子,叔公石荣山也经常帮助他们下地干活,或组织石氏家帮助石庭玉父子共渡生活难关。

叔公石荣山看到小赞清聪颖过人,很是喜欢,就叫他搬过来同住,经常教他背诵一些唐诗宋词和《三字经》《千字文》,还给小赞清取名次枭,一字襄臣。石赞清念书成诵,叔父教他读书,只需读一两遍即背诵下来了。叔公既要求严格,又关怀备至。石氏家族流传,说叔公还专门备有一根小竹片,石赞清背诵时,每读错一个字,都要挨叔公用小竹片打手心一次,读错三字以上都要罚跪。有一次对小赞清罚跪后,叔公却下地干活去了,直至傍晚放活

---

① 参见《石氏族谱》。
② 参见《石氏族谱》。
③ 参见《石氏族谱》。

回家，只见小赞清还在跪着念书。为此事，父亲石庭玉心痛了，他对叔公说："小娃儿背唐诗、《三字经》不能当饭吃，穷人的孩子就是穷人的命。"父亲要5岁多的石赞清同他一道下地干活了。小赞清每天背着一个竹编的小笆篓，跟着父亲下地，父亲看见野葱野菜，马上摘下递送给小赞清装在笆篓里；犁田时捉到小鱼、泥鳅，也马上丢给站在田坎边的小赞清。每天下地干活回来，小赞清的笆篓里总是装得半满半满的。

一天，父亲在狗跳河边犁地时，突然口吐鲜血，昏倒在田里。小赞清光着脚跑回到村里，叫来叔公石荣山、石秀山，把昏迷不醒的石庭玉背回到家。没过几天，石赞清体弱多病的父亲病逝了。叔公组织家族帮助埋葬了石庭玉。石赞清成了一个失去父母的孤儿。

叔公石荣山又把刚失去父亲的小赞清接到自己的家中，对他关怀备至。叔公在自家厢房的楼上铺了一个床铺，床铺前放着一个小方桌和两根小凳，方桌上放着一盏小马灯。叔公白天下地干活，晚上就陪着小孙儿睡觉。每天睡觉前，叔公都要在小马灯前教小赞清读一两个小时的书，并教他写古文字，讲解古诗古词的含义等。据石氏家族老人传说，一次叔公让小赞清听写字时，小赞清写错了两个字，又被罚跪了。叔公躺在床上却睡着了，直到凌晨鸡叫，叔公醒来，看到小赞清还坐着在小方桌上写字。叔公要他上床睡觉，可他却坚持要叔公起来听写，叔公起来念了一百多个字，小赞清居然一个字都没有写错。

叔公石荣山的早期启蒙教育，对石赞清的一生起到了至关重要的作用。

一一四 投亲贵阳[①]

石赞清的父亲石庭玉逝世一个多月后，一直在贵阳贩卖黄平苗家斗笠的大伯石庭璋，带着两个马夫回到黄平旧州贩运斗笠，才知道自己的二弟石庭玉去世了。

二叔公石荣山对着石庭璋说："小襄臣（即石赞清）很聪明，庭璋你就带着他去大地方读点书吧！"

石荣山是石庭璋的亲二叔，庭璋尊重有加。庭璋大伯抚摸着小赞清的头说："和伯伯我上贵阳去。"

小赞清问，伯伯，贵阳远不远？

伯伯回答，很远很远，带着你要走个五六天吧！

第二天的上午，庭璋大伯和二叔公石荣山、三叔公石秀山带着石赞清来到寨勇西侧牛滚荡他父母的坟边。庭璋大伯对着小襄臣说："跪下来向你爸爸妈妈告别，求他们保佑你！"

石赞清立即跪下哭了。也没有大人教他，小赞清分别向父母的坟跪立后便绕着两座坟墓又各走了三圈。可能他心里想着，这一去贵阳就不知道什么时候再回到寨勇了。

二叔公石荣山对着小赞清说："去贵阳后听你大伯、伯母的话，好好读书，多长一点见识，要学会做人做事的本领。"

小赞清立即向二叔公跪下了，他抱着二叔公的腿大声地哭。三叔公石秀山立即把石赞清抱了起来。

当天的中午时分，石赞清穿着黄平苗家编织的草鞋，跟着大伯父及两个马夫，踏上了去贵阳的征程。两匹马驮着六捆斗笠，三个大人又各背着一捆斗笠，从寨勇出发，穿过旧州大田坝，然后从旧州古城边的老里坝登上了直通贵阳的湘黔古驿道。

在古驿道上，小石赞清时而走在最前面，时而走在人马中间，伯父始终走在最后面，他是担心5岁半的石赞清走失了。有时伯父还抱着小赞清走上一小段路。他们每走十来里地，人和马都闲下来休息。每一次休息，石赞清都给三个大人背诵唐诗、宋词或《三字经》，大人们都不时地夸奖石赞清。第一天晚上，他们就住宿在上塘古驿道的简易驿站上，后来几天

[①] 本文系《晚清名臣石赞清传》（修订本），中国文史出版社，2013年版。第二章 随伯父贩黄平斗笠至贵阳。

的晚上或住驿站或住驿道旁边的人家。

两天后，他们来到平越（即今福泉）城下，伯父叫两个马夫帮手给马喂食喂水，他牵着石赞清绕平越城走了一圈。伯父一边走一边对小赞清说，我们石家本来是山东青州府的，几百年前，一世祖石玉参加了朱元璋的农民起义军，后来受箭伤死了。二世祖叫石荣，他于明朝初年调北征南来到贵州，因屡立战功，授职千户，任指挥使，曾驻守过平越卫，后来移驻清平卫。明朝的官员是准予世袭的，石家出了好多大官，多数都是带兵打仗的。七世祖石邦宪还任过湖广大总兵，十二世祖石文卿任过广西护理巡抚。明清换代后，就是文卿公移居黄平州，才有了我们旧州石氏大家族。

当时石赞清虽然年幼无知，但他还是隐隐约约听懂了，石家在明代出了好些人才，对国家有过贡献。他抬头望着伯父说："我长大了也要当一个大官，要做一个对国家有用的人。"

庭璋伯父抚摸着小赞清的头，很自豪地笑了。

以往伯父他们三个大人往返于黄平旧州和贵阳，单边一般都是走三天。可这次带着五岁多的石赞清，他们走走闲闲，硬是走了五天半。第六天太阳快要落山的时候，他们终于疲倦不堪地来到了贵阳六广门边上伯父租住的两间农舍茅草房。

大伯母见到聪明伶俐的小侄儿，非常高兴，一会儿拉着他的手，一会儿亲着他的小脸蛋，一会儿又抚摸着他的小脑袋，硬是把自己的亲侄儿上上下下打量了一遍又一遍，怎么看也看不够。

突然，小赞清对着大伯母喊了一声：妈！便大声地哭了起来。伯母把小侄儿一下子拥抱在怀里，也跟着大声哭泣起来。站立在一旁的庭璋大伯也悄悄地流下了眼泪。

伯母一边哭一边对着小赞清说："以后你就管我叫妈，我就是你的亲妈妈，你就是我的亲儿子。"伯母决意要给失去父母的小侄儿弥补上世间最最珍贵的母爱。当天的晚上，伯母煮了她认为是最好的饭菜，招待了心爱的小赞清及离别十数日的丈夫。

几天后，伯父伯母各牵着小赞清的左右手，来到了位于现在科学路的一家小有名气的私人塾馆报名读书。塾馆的主人姓高，仅聘有一个姓毛的塾师。高馆长与毛塾师一道面试了石赞清。石赞清一下子背诵了十来首唐诗、宋词，对《三字经》也倒背如流。高馆长和毛塾师甚是喜欢，当即对小赞清的伯父伯母表示："这个学生我们收了。"石赞清就这样入馆读了私塾。当时包括石赞清在内，塾馆里只有八个学生。石赞清的年龄最小。

高馆长是当时贵阳小有名气的秀才，三十岁出头，留着长长的辫子。毛塾师则五十多岁，戴着一顶黑色帽子，拖着一根长长的辫子。塾馆就建在高馆长的家中。高馆长的家是木壁盖瓦的三间正房，一间厢房，一间厨房。正房的中间是堂屋，堂屋里摆着几张桌椅板凳，就是塾馆的教室了。

教孩子们读书写字的主要是五十多岁的毛塾师，高馆长也给孩子们讲课，但讲的内容与毛塾师教的大有不同，他主要讲的是，要孩子们好好读书识字，将来做一个对大清国有用的人才。按照现在的说法，毛塾师上的是专业文化课，高馆长讲的主要是政治思想课。只短短的一个多月的时间，石赞清的学习成绩就名列前茅了，超过了比他年纪大和早入私塾的另外七个塾生。

一次，毛塾师以"一日曝十时寒"为题，要求八个塾生各写一篇作文，结果，年龄最小的石赞清却得了最高分。毛塾师多次对高馆长说，石赞清独特的聪明，小小年纪，可作文或吟诗，都能一气呵成，诗文之质已超过了他的实际年龄，这是一棵好苗苗啊！

一一五 塾师招婿①

半年多后，石赞清已经熟读三经五书，并且写得一手好字，八股文章写得越来越好，深得毛塾师和高馆长的喜爱。特别是毛塾师认定石赞清大有造就。

一天，毛塾师对高馆长说："我教了一大半辈子的私塾，教的塾生一百有余，最满意的学生是石襄臣（即石赞清）。"

高馆长回答毛塾师说："这个娃儿是不错，有出息，将来必定是一个人才。"

可是，一向上学最积极、从来不迟到也不早退的石赞清，突然连续两天不到塾馆里来念书了。甚是喜欢石赞清的毛塾师很焦虑，他亲自找到了六广门石赞清伯父租住的茅草屋农舍，方得知石赞清的伯父石庭璋要破产了。

原来是伯父雇的两个马夫从黄平驮运斗笠在平越至龙里的驿道上被强盗抢了，只有人来报信，马夫及两匹马都下落不明，伯父焦急得生病了，伯母更是经不住打击，已经两天卧床不起。才六岁的小襄臣居然承担起了上街贩卖黄平苗家斗笠的任务。

毛塾师立即返回塾馆，他把石赞清伯父遭遇到的不幸给高馆长说了。高馆长连说两句："石襄臣太可惜了！石襄臣太可惜了！"

毛塾师试探着向高馆长说："我倒有一个主意，可让石襄臣不失学，只是不知当讲不当讲？"

高馆长立即问毛塾师："什么主意？"

毛塾师说："如果我讲错了你就当我没讲。"

高馆长说："别兜圈子了，什么主意？毛师您快讲。"

毛塾师用一个长者非常温和的口气说："石襄臣极为贫穷，但资质独特，放弃学业实太可惜，您将女儿许配他为妻，资助他求学，定能成名。"②

高馆长两眼瞪着望了望毛塾师，说："女儿太小，也不知内人之意如何？"

毛塾师说："小孩子是要长大的，内人的意见也是要听的，但大丈夫认准了的事就应该

---

① 本文系《晚清名臣石赞清传》（修订本），中国文史出版社，2013年版。第三章 贵阳塾馆主人招赞清为婿。
② 《黄平县志》卷十三。

去做。"

高馆长又连说两句："允我思考！允我思考！"

高馆长提着一小壶酒，用篮子装着几个小菜，和毛塾师一道来到了六广门石赞清伯父租住的茅草屋。

高馆长一进屋就对石赞清伯父说："我决定收石襄臣为义子。"

毛塾师连忙摆手说："错了！错了！不是义子，是要招石襄臣为女婿。"

伯父被这突来的事给弄蒙了，说："我家小襄臣的命太苦了，他是我兄弟遗留下来的孤儿，我们是他的伯父伯母。"

这时，生病卧床在另一间小屋的伯母爬了起来，她说："我们就是小襄臣的亲生父母。"

过了一会儿，石赞清卖斗笠回来了，见到高馆长和毛塾师，一下惊呆了。伯父要他赶快给高馆长和毛塾师跪下，跪下的石赞清以为三天没去读书受罚了。只听见伯父说："我家小襄臣遇到好人了，遇到福人了。"

毛塾师对跪在地上的石赞清说："小襄臣，高馆长决定将自己四岁的女儿许配给你，你明天就去读书吧！"

才六岁多的石赞清蒙了，他抬起头来眼泪汪汪地看着高馆长和毛塾师。毛塾师又对跪着的石赞清说："小襄臣，你可不要辜负了高馆长的一番苦心啊！"

毛塾师边说边用手要把小赞清扶起来。可石赞清怎么也不愿起来。他只是移动了位置，朝着高馆长连磕了三个响头，又转向毛塾师连磕了三个响头。大人们都要他起来，可他还是不愿起来。伯母见他跪久了，正歪着身子要抱他。这时伯父说："襄臣，你还不扶你母亲去屋里休息？"石赞清只好站立起来，扶着生病的伯母进另一间小屋了。

第二天，石赞清像往常一样，又去科学路塾馆读书了。或许是这突来的好事带来了福运，伯父伯母的病没几天就好了。

一天，高馆长要石赞清带伯父伯母到塾馆他家来一趟。伯父伯母到高馆长家后才知道，高馆长要给自己的女儿和石赞清定娃娃亲。高馆长的内人做了几个菜，除毛塾师以外没别的外人。由毛塾师主持了简简单单的定亲仪式。高馆长才四岁多的女儿什么也不懂，毛塾师要两个孩子给双方父母下跪，实际上就只是石赞清一人跪下了。

这之后，石赞清读书更加勤奋。嘉庆十七年（1812年），贵州学政主持全省童子试，石赞清报名应试，考试成绩为贵筑县（今属贵阳市）第一名。后又通过府试、院试，读了贵山书院。进入贵山书院读书的人，大多是贵州地方官吏、驻军或有钱人家的子弟，而石赞清凭着未来岳父高塾馆的鼎力相助而入庠。

一日，书院考试，院长巡视考场时发现石赞清迟迟没有动笔，于是问他是何原因。石赞清回答说平素作文习惯于先打腹稿。院长一听不以为然，便讥诮道："腹稿无佳文。"石赞清委婉地反驳道："读书万卷，下笔如神，腹稿有佳音。"院长对石赞清不太尊重师长的行为大为愤怒，泄愤地要老师将他的试卷最后一个阅改，"置之榜末"，成绩排名最后。可是考试下来，老师虽奉命最后一个阅改，但石赞清的八股文章写得实在太好了，老师不得不违背院长的旨意，据实改卷。结果张榜成绩时，石赞清得到了参与考试学生的最高分。这之后，贵山书院院长也喜欢上了石赞清，多次在课堂上要求学生们向石赞清学习。

道光四年（1824年），石赞清十九岁，已经长成了一个壮实的男子汉，留着长长的辫子，常穿着清代流行的黑色长衫。高馆长的女儿也已经十七岁，长成了楚楚动人的大姑娘，扎着两条小辫子，常穿着那个时代流行的白衣黑裙。一对年轻人已由两小无猜长到了谈婚论嫁的年龄。

年近七旬的毛塾师指着在院子里洗晒衣物的高家女儿，对主人高馆长说："该给儿女办喜事了。"

高馆长说："不急不急，襄臣还要完成他的学业。"

毛塾师说："办喜事与完成学业没有冲突嘛！办了喜事还能促进襄臣完成他的学业呢！"

不久，石赞清与高馆长的女儿正式结为夫妻，主婚人就是石襄臣最最尊重的恩人毛塾师。

石赞清完婚后不久，他的伯父伯母也先后逝世，葬于贵阳红边里的宅吉坝。

道光十五年（1835年），石赞清以优异成绩中举。但他没有急于找事来做，而是一面帮助岳丈打点塾馆，教教塾生，一面认真攻读儒家经义，他的奋斗目标是要考大清国的进士。考中进士，即入仕为官。他没有忘记二叔公对他的期盼，没有忘记岳父母及毛塾师对他的教诲。他决心努力去实现自己对老辈及恩师的承诺。

石赞清废寝忘食攻读儒家经义，总是凌晨入睡，鸡鸣而起。妻子一直陪伴在他的身边，或为他端水送饭，或为他披衣，为他磨墨。一天晚上很夜深了，妻子合膝坐着陪伴认真攻读的石赞清，她突然问："襄臣，你读书何时到头啊？"

石赞清笑着回答："人生志气立，所贵功业昌。古人说了，业精于勤而荒于嬉，行成于思而毁于惰。我就是吴敬梓在《儒林外史》中说的那一种人，'读书毕竟中进士是个了局'。"

妻子又问："吴敬梓是个什么人"？

石赞清回答："吴敬梓是个冷眼观世的大作家，中国古代许多著名作家都是进士出身的啊！"

妻子又说："襄臣，你要当一个大作家吗？"

石赞清说："是当作家或入仕？是当文人或当官？这不只是要看我的造化，还要看天命啊！"

妻子甩起两条小辫子，笑了，脸上泛起了两个美人窝。石赞清一把抱起妻子，上床入睡了。

一一六 进士赴任①

功夫不负有心人。三年后,即道光十八年(1838年)秋,三十三岁的石赞清考进士中榜二甲,以知县分发直隶省供职,限期一个月到直隶总督署保定报到,他要带着自己心爱的妻子同往赴任。

石赞清和他的妻子来到了红边里宅吉坝伯父伯母的坟上告别。他们磕了头,烧了香。石赞清突然很严肃地对妻子说:"将来我老去了,就来这里陪伯父伯母。"妻子立即用手捂住了石赞清的嘴,说:"不准乱说!不准乱说!"石赞清轻轻地把妻子的手移开,说:"人生自古谁无死?"妻子回答他:"我们的路还长着呢!你都乱说些什么呀!"

临别贵阳时,石赞清和他的妻子只背着简单的行旅和盘缠,岳父岳母直送他们到贵阳南门桥,岳母双手紧紧握着女儿的双手,直流着眼泪,什么话也没说,千言万语,却是说不出来了。岳父也双眼充满着泪水,对着女儿说,走吧走吧!跟着赞清走吧!

石赞清和他的妻子突然转过脸来,朝着两位老人扑通跪下了,都哭了。两位老人扶起他们。岳父摆着右手说,走吧,上路吧!岳母紧紧握着女儿的双手,怎么也不肯松手。岳父说,快快让他们上路吧!石赞清挽着妻子的手臂,岳母才松手了。夫妻俩又朝着两位老人三鞠躬,岳父噙着眼泪说,走吧!走吧!

夫妻走出二十米开外,又朝站立着目送的两位老人跪下了。岳父见状,拉着岳母调转头,往回走了二三十来米,调头看,一双年轻人还在跪着,岳父朝他们打了一个手势,调转头,扶着岳母往回走了。

石赞清和妻子直到看不见两位老人的身影了,才站立起来,踏上了从贵州到中原的湘黔古驿道。他们心里明白,这一别,今生今世,还不知道能不能再见着两位老人了。两位老人又何不是这样想的呢?因为清代交通不便,贵州距离中原地方实在是太远太远了。

当年初夏赴京赶考时,石赞清选择走贵定,过重安,下施秉,达镇远的南边古驿道。这次他带着心爱的妻子同往直隶供职,他选择走龙里,过平越,下旧州,达镇远的北面古驿道。三天后,石赞清带着妻子回到了阔别二十八年的旧州寨勇,整个寨勇村都沸腾了。已经七十

---

① 本文系《晚清名臣石赞清传》(修订本),中国文史出版社,2013年版。第四章 中进士发任直隶阜城知县。

开外的二叔公石荣山更是高兴得合不拢嘴,他撬起一根大烟杆,烟嘴咂得叭叭响,连连说,我家赞清出息了!我家赞清出息了!

石赞清带着妻子,拜见了他最最敬重的二叔公石荣山,他知道,儿时没有二叔公的启蒙教育,就不会有他的今天。三叔公石秀山已在两年前就已经逝世了。

他们只在寨勇住了一个晚上。第二天一早,石赞清携妻子来到了自己父母的坟上,可能是两位叔公的打理,父母的坟比以前要高,比以前要大,与周围别的坟墓比起来一点也不逊色。石赞清夫妻双双给父母的坟磕头,烧纸,点香,烧蜡烛。石赞清又再次跪在父亲的坟前说:"爸、妈,我们要去很远很远的地方了,你们要保佑我们!真不知道,我们什么时候才能回来看望你们了。你们要原谅儿子的远行,原谅儿子的不孝!"

当天在二叔公家吃过中午饭,石赞清夫妻就在旧州老里坝舞阳河边上了一只小木船,顺河而下。他们在镇远改坐大船,从舞水经沅江、过洞庭湖,进入长江,顺江而下达江苏扬州,在扬州改坐京杭大运河北上的漕船。虽然一路上也稍有休息或观光,但总的来说是忙于赶路。从在贵阳离别岳父母时算起,第二十七天,他们终于到达了直隶总督署所在地——保定。

直隶,因其直接隶属京师而得名。石赞清掰着手指头算,离到总督署报到的限期还有三天。于是,夫妻俩找到一家私人旅店住了下来。第二天,石赞清带着妻子,绕着直隶总督署硬是走看了三圈。总督署位于保定裕华路,是直隶总督的办公处所。当时直隶总督有护卫京畿之责,位列清朝各个封疆大吏之首。直隶总督多为朝中重臣,有着疆臣领袖之称。清末名臣琦善、荣禄、曾国藩、李鸿章、袁世凯等,都曾任过直隶总督。

直隶总督署建于清雍正七年。该署规模宏大,占地总面积3万余平方米。整座衙署严格按照清朝规制来修建,坐北朝南,分为东、中、西三路,作为主体建筑的大门、仪门、大堂、二堂、三堂、上房均设在中轴线上,东西两路则是幕府院、花厅、箭道、花园等辅助建筑,是一座规模宏大的典型的北方衙署建筑群。

石赞清选在限期一个月报到的倒数第二天,身穿岳父母为他特制准备的清代流行的长衫子,到直隶总督署报到。当时直隶总督是皇亲国戚的琦善。这位旗人出身的封疆大吏,平生骄横跋扈,自己没有多少文化,从心里厌恶科甲出身的官员。同时,这位封疆大臣还有以貌取人、以地取人的偏见。在琦善看来,边远落后的贵州是出不了什么好官员的。当石赞清到总督署进谒琦善时,琦善接过石赞清呈递的实名状后,十分蔑视地问,你就是从贵州考来的石赞清?石赞清回答,是,大人。没想到琦善竟以石赞清其貌不扬,来自小小地方而不适合到直隶大地方当官为由,对石赞清无端加以斥责。

石赞清压住心中怒火说:"大人所谓不称者,以学乎?职进士出身也;以才乎?职未尽任也;以貌,则职曾引见来?"[①]石赞清说的话用今天的白话文来说就是:"你认为我不适合当官,是认为我没有学识?要知道我是进士出身的;你认为我没有才干?我还没有到任,你

[①]《高扬民族气节的石赞清》,载《人物杂志》2010年第3期。

又怎么知道我没有才干呢？我不曾托关系求你谋一官半职，我的相貌长得怎么样又有什么关系呢？来自贵州边远地方又怎么了？"

琦善一听，犹如被人揭了老底，顿时气得脸红筋涨。但这位老奸巨猾的封疆大臣，毕竟经历得多了，他知道站在他面前的敢于与他这样说话的科举进士不简单，能从边远落后的贵州发任直隶供职，已经说明是很优秀的了。琦善总督没有直接应答石赞清的话，他左手扶着靠椅，右手做出赶人走的样子，极不耐烦地连连说：下去候着！下去候着！

石赞清走出直隶总督署大门，琦善总督的轻蔑深深地刺激了他。他很不甘心被琦善看不起，他一面走一面说：今生今世，我石赞清一定要做一个好官、大官，要让琦善你瞧一瞧。他暗下决心，不在直隶干出一点名堂来，决不回贵州见父老乡亲。

第二天下午，总督署来人通告住在私家小旅店的石赞清。石赞清立即赶到直隶总督署，从琦善总督的手中接过了一张大清国的委任状，石赞清被任命为直隶阜城县知县。总督署配给石赞清一匹棕色马为坐骑，并选配了一名书记员兼随从。书记员姓柳名柱子，是一个很精明能干的小伙子，说着十分流利的山东话。在赴任的途中，石赞清和他的妻子都不会骑马，柳柱子牵着马，马背上驮着行李，三个人同行走了四天半，来到了阜城县衙门。后来，柳柱子一直跟随在石赞清的身边，成为石赞清的得力助手和贴身侍卫，也成为石赞清一生中最要好的和最信任的朋友。

一一七 四县知县①

道光十八年（1838年），石赞清考中大清国进士，直接分发直隶省供职，先后任阜城、献县、正定、芦龙等四个县的知县，在知县的任上一干就是十年。

石赞清最先供职的是阜城县。从直隶总督琦善的手中接过委任状后，石赞清带着夫人和柳柱子，行走了四天半，来到了阜城县衙门。到阜城衙门后，石赞清才知道，前任知县因病开缺已经半年多了，县丞护理知县，一人干着两个人的活儿。

阜城县位于直隶东南部京杭大运河的西岸，始置于西汉时期，虽已经有了两千多年的历史，但在当时直隶总督署所管辖的范围内，只能算一个中下等县。据清雍正《阜城县志》载，明初阜城县土民只有义门乡、孝至乡、顺城乡三个里。永乐年间迁民充实畿辅，全县编户一下扩大到二十六个里，人口也翻七八倍。嘉靖二年（1523年），因遭兵燹，丁耗田荒，里甲多不满数。时任知县王继礼申允，将二十六个里撤减为十一个里。石赞清就任阜城知县时，全县只有十一个里和三个镇。十一个里是：义门乡、孝至乡、顺城乡（此三个里系土民）、永宁坊、迁乐坊、阜财屯、建桥屯、兴丰屯、纯服屯、富受屯、获加屯（此八个里系迁民）；三个镇是建桥镇、漫河镇和刘麟桥镇。当时全县有4500余户，19000余人，耕地17000余亩。

石赞清就任阜城县知县时，按照清朝当时县制的情况，全县只有四个严格意义上的官员，即知县、县丞、主簿和左堂。还有对应中央六部（户、兵、刑、礼、吏、工六个机构）的六房。县衙门的六房是中央六部的缩写，虽也分管户、兵、刑、礼、吏、工这些事情，但六房大多是一些没有品位的未入流的人员，而且极不固定。经常是知县、县丞等兼任县衙门六房的工作。

据阜城县地方史资料反映，清朝年间阜城知县的工作，一是代清政府征税；二是管理地方，打击奸拐，捕捉犯人，维护一方社会秩序；三是根据阜城土民和迁民的实际，协调土民和移民的关系。石赞清任阜城县知县四年多，三个方面的工作都兼顾得很好，虽然没有查到直接的资料或记载，但查到直隶总督纳尔径额对他的评价是："收管无亏，明练老成，认

---

① 本文系《晚清名臣石赞清传》（修订本），中国文史出版社，2013年版。第五章 署阜城献县正定卢龙知县。

真公事。"①

清朝对官员有着一套严密的考核制度，考核知县、知州、知府等官员，在考核册上"钱粮仓库"注明"收管无亏"，"居官"注明"守才政年"等，由其主管上司申报总督、巡抚标注考核评语后，提交到吏部复查存档。

由于石赞清在阜城知县任上尽职尽责，精明能干，政绩突出，道光二十一年（1841年），直隶总署又报经朝廷恩准，石赞清以阜城县知县兼任献县知县，献县与阜城县只相距几十公里。石赞清以两县知县的身份，穿梭于阜城、献县之间。石赞清以阜城县知县兼献县知县共计是一年零三个月，直到直隶总督派来献县的新任知县为止。

道光二十三年（1843年）九月，石赞清调任正定县知县。当时的正定县是直隶省一个经济和文化比较发达的县。正定县城是一座历史悠久的文化名城，春秋时期为鲜虞国，战国时期为中山国，汉高帝十一年时（公元前196年）改名为真定府，意为"天下太平"。1400多年来，正定一直是府、州、郡、县治所，是当时北方政治、经济、军事、文化中心，曾与保定、北京并称为"北方三雄镇"。至今正定南城门上还镶有"三关雄镇"的石刻匾额，这里文物古迹众多，文化氛围浓厚，风景优美，气候宜人，素有"九楼四塔八大寺、二十四座金牌坊"之美称。

从历史资料记载来看，石赞清是道光二十三年（1843年）九月以阜城县知县调任保定县知县的。现保存在中国第一历史档案馆的当时直隶总督纳尔径额报给朝廷对石赞清的任命书就这样写道："正定县知县张复吉因病出缺……两司查得阜城县知县石赞清明练老成，认真公事，任内并无展参处分，堪以调署。"可见，石赞清是以阜城县知县调任正定县知县的。直隶总督纳尔径额对石赞清给出了很高的评价。

石赞清调任正定县知县只有一个多月，道光二十三年九月到任，同年十月又旋任卢龙县知县。从相关历史资料反映来看，直隶总督署将石赞清速调任芦龙知县的原因，是因为卢龙县遭到了特大的海风和暴风雨，死伤不少人，海风吹倒了不少房屋，还出现了不少的难民，卢龙县官员不得力，石赞清受命于危难之际。

石赞清调任卢龙县知县后，他迅速组织对灾民们进行安抚和安置，迅速对卢龙县城进行筑墙和加固，对一些处在海风口的民房进行移民搬迁，很快就带领全县人民战胜了海风，恢复了家园，恢复了正常的工作和生活秩序。

在这里，我们有必要简要介绍卢龙县的情况。

卢龙，历史悠久，殷商时期为孤竹国地，春秋属北燕，后为肥子国。秦汉至西晋均属幽州辽西郡。东晋，先属段氏"辽西公国"，继为慕容氏前燕据有，再入苻氏前秦，终入冯氏北燕。北魏属平州辽西郡肥如县。隋开皇十八年（公元598年）始设卢龙县，属北平郡。唐至辽、金时期属平州。元朝时，这里是永平路的治所。从明朝起这里又改称为永平府。当

---

① 参见《直隶总督讷尔经额奏为委任石赞清署理正定知县事》。

时此地地处边关,又是连接山海关和京师的交通要冲,因而这里又成为一座军事重镇。皇太极因屡攻宁城不克,就是从这一带的隘口突袭得手,从而兵临北京城下的。清朝早期,这里仍称永平府。清廷在这里长期驻守重兵,以拱卫京师和保卫皇陵(清东陵)。在明、清两朝,永平府一直是京东地区的政治、经济和文化中心,因而这里也就有了"京东第一府"之称。清朝中叶后,复置卢龙县。

因卢龙县地处河北省东北部,是一个临近海的县份,经常要受到海风的袭击。历史上卢龙县知县因海风袭击而被撤换的不乏其人。由于石赞清调任芦龙知县后采取了一系列有针对性的措施,因此,没有再发生海风袭击而造成重大的人物损失。在直隶总督署看来,卢龙县只要不发生海风袭击就是最大的政绩。石赞清就任卢龙县知县,是他们最最放心不过的了。因此,石赞清在芦龙知县任上一干又是五年。

通过对记载史料的认真考证,石赞清于道光十八年考中大清国进士直接分发直隶供职,先后任阜城、献县、大定、芦龙等四个县的知县,在七品知县的任上一共就是十年,主要供职是阜城县和卢龙县。任阜城知县近5年,同时兼任献县知县一年零三个月,任正定知县一个月,任卢龙知县五年。

虽然清朝史料对七品知县官员少有记载,但从琐碎史料中捡寻,我们还是可知石赞清在知县的任上干得相当的出色。一是以阜城知县兼任献县知县,同时担任两个县的知县职务,证明石赞清精明能干,廉洁并有工作能力;二是直隶总督纳尔径额奏报朝廷任命石赞清为正定县知县,评价他"明练老成,认真公事,任内并无展参处分,堪以调署";三是调任正定知县才一个月,因卢龙县受海风袭击,损失巨大,朝廷又速将他调任卢龙县知县,证明了朝廷对他的信任;四是朝廷盐务官崇伦在题报《永平府卢龙县知县石赞清等督销七州县盐业各职名事》中,也对石赞清给出很高的评价,肯定卢龙县知县石赞清等督销盐业全完、造具全完,经管职名清册,详请会核;五是清朝廷编修的《石赞清列传》记载:"石赞清道光二十三年调卢龙县知县,二十八年卓异引见,得旨回任候升,二十九年升芦台抚民通判。"

由此可见,石赞清在任十年知县中,不仅表现出了非凡的工作能力和敬业精神,还积累了丰富的从政管理经验,由于政绩突出,引起了清朝廷和直隶总督署的重视,为他日后的仕途发展打下了坚实的基础。

一一八 永定同知[①]

前所述及，道光二十八年，石赞清"卓异引见，得旨回任候升，二十九年升芦台抚民通判"。石赞清担任十年知县，迎来了他的第一次提升，官阶由七品升到了六品。

通判一职，是"通判州事"或"知事通判"的简称。宋初，为了加强对地方官的监察和控制，防止知州职权过重，专擅作大，宋太祖创设"通判"一职。通判由皇帝直接委派，辅佐郡政，可视为知州副职，拥有直接向皇帝报告的权力。知州向下属发布的命令必须要通判一起署名方能生效。通判的差选，初由朝廷选京官任职，后改由转运使、制置使及提举司等监司奏辟。通判之掌除监州外，凡兵民、钱谷、户口、赋役、狱讼听断之事，皆可裁决，但须与知州通签文书方可施行。通判是兼行政与监察于一身的中央派出官吏。通判可以直接向朝廷甚至皇帝奏报州郡内的包括州郡官、县官在内的一切官员的情况，兼有监察官的性质，既是州郡官的副职，而又起到了汉代的监御史（监郡）和督邮（监县）的双重监察作用。中国封建社会设通判一职，中央与州、县的关系，即如心之使臂、臂之使手，加强了中央与地方联系的桥梁。一是有利于防止藩镇武人专权，使州郡成为天高皇帝远的独立王国；二是有利于监察藩镇腐败现象的发生。

从历史资料记载来看，石赞清任芦台抚民通判共四年时间。《石赞清列传》记载："咸丰三年俸满保荐，以应升之缺升用。"这就说明石赞清在任芦台抚民通判的四年时间里，工作上是做出了成绩的。

咸丰三年（1853年），石赞清由芦台抚民通判调任永定河北岸同知，相当于平级调动，官阶未变。永定河北岸同知的主要任务就是治理永定河。

永定河是北京地区最大的河流，是海河五大支流之一。上游源于山西省宁武县的桑乾河，在河北省怀来县纳入源自内蒙古高原的洋河，流至官厅始名永定河，全长650公里，流域面积5.08万平方公里。流经山西、河北两省和北京、天津两市入海河而注入渤海。主要支流有壶流河、洋河、妫水、清水河等。明清时期，永定河经常泛滥成灾，给沿河两岸人民带来了不少的灾难。

[①] 本文系《晚清名臣石赞清传》（修订本），中国文史出版社，2013年版。第六章 任芦台抚民通判永定同知。

历史上，永定河因为洪水常年泛滥，河床经常改道，曾被称为"无定河"。唐朝诗人陈陶曾有诗"可怜无定河边骨，犹是春闺梦里人"。对永定河的治理，从辽代开始就没有停止过。清朝政府为治理永定河，设置了治河的专门机构，尤其是清康熙以来甚为重视。雍正四年，工部奉雍正皇帝旨，为河防工程专设永定河道。雍正八年设永定河同知，乾隆二十八年始分东西两岸，永定河南岸厅设同知一员，辖七汛；永定河北岸厅设同知一员，辖八汛。对于永定河的治理，历朝历代所采用的方法不尽相同，效果也不一样。康熙时采石筑堤，并加以疏浚，使永定河改变了它的暴躁脾气，40年间，再也没有发生河道迁徙。但后来，河水又带来了大量的泥沙，使得河床抬高，形成了对下游的威胁。尽管历代都对永定河进行治理，但永定河给沿途人民带来的灾难，始终没有从根本上得到解决。

《清代永定河工档案》（清咸丰至光绪间墨笔写本），收录咸丰、光绪两朝永定河北岸同知等河运官员治理永定河上呈文档十余种，内容涉及两大方面：一方面，清朝咸丰年间永定河上汛北岸漫口，抢修加固的情况。如：整修大坝、戗填跌水坑塘、挑挖修筑引河、各工费用、各丈尺料物等。另一方面，记录清光绪年间多次堵筑南北岸漫口的情况。如：岁岁查勘灾情、抢修、添加签椿、抢修厢垫、清淤浚船、堵截正溜、修筑大坝引河、疏通河水交汇、兴堆高埝、抢修、添拨、急赈银两、土石运脚、苇租粮食、河兵状况、浚船经费等。

清朝政府为治理永定河而专门设置治河机构。石赞清于咸丰三年（1853年）由芦台抚民通判调任永定河北岸同知，他直接参与和领导了对永定河的治理，并积累了相当的治河经验。这从他后来担任天津知府治理海河和担任直隶布政使时向朝廷疏陈《豫筹河患疏》的奏章中都可以看得出来。

石赞清在《豫筹河患疏》说：

> 臣于咸丰三年，署理永定河北岸同知，得悉卢沟以下至下口，百余里，中洪两旁，河身均成熟地。至下口一带，系于乾隆年间蠲免钱粮，以作散水匀沙之处。南北宽约四五十里，东西长约五六十里，迄今尽成膏腴之地。讯诸种地户，则云多系旗地，余则系附近乡村顽劣生蓝等所种。夫河身中断无旗地粮地，不问可知。又下口自乾隆年间，始改河道，则更非老圈可知。既经蠲免钱粮，则又非民地可知。而种地户恐地方官查问，赴京寻王公大臣官家门上等，投充庄头，求一执照，以作护符，则地方官不敢过问。至顽劣生监，或称祖上所遗，或借别处地契影射，地方官以河身中之地，与地粮毫无干涉，亦遂置而不问。统计此项地亩，有四五千顷之多。

> 当经臣檄饬南路同知，委员会勘，并令移会新、雄二县，赶紧修筑堤埝，将余水设法疏消，勿使久淹为患。唯凌汛、桃花汛水源尚非大旺节届，桑干修筑，亦易为力，其为患尚浅。转瞬伏汛、秋汛盛涨之时，其患有不可胜言者。伏查永定河之为患，前因只修筑堤防而不深加疏浚，河身日高，致成建瓴之势，此所

以为患者一也。又各汛官希图开报工料,故作险工,筑坝加埽,由南挑而之北,则北成险工,由北挑而之南,则南又成险工。久之,水势既成,人力不能堵御,自卢沟桥以下,南至下口,尽作之字拐,处处皆成险工,处处皆虞溃决,此所以为患者二也。然在昔年,北河领项约十万之数,各汛工程尚不至草率。即有异常盛涨,抢险工料足敷,亦不至频年溃决。至咸丰四年五年间,因库款支绌,河工领项减半,而又以半银半钞给发,计只银二万余两。河兵人等,大半有名无实。平素工程,已不堪问,一有盛涨,抢险又无工料,所以年年溃决。其在上年未报河决,非真三汛安澜也。盖金门闸龙骨已坏,水由闸上浸溢出槽,直注西淀。各州县所报水灾,多职此之由。且西淀近日已属淤浅,久则愈淤愈甚。州县田间人民之害,必致无可救药。然则为今之计,必须筹划经费,使河兵足数,工料足敷,严饬各汛官激发天良,先裁湾(弯)取直,去其险工,深挑中洪,俾水由地中行,庶可使河流顺轨而渐消闾阎之害。第当国家多事之秋,用度浩繁,库款支绌,何能加添河工经费。臣反复思维,计唯有以公办公,庶可行无窒碍。

石赞清《豫筹河患疏》奏章,全文登载在《畿辅通志》。从该奏章中可以看出,石赞清还是清朝政府官员中少有的水利专家。

石赞清调离永定河北岸同知时,特著有《永定河北岸厅署饯别》一诗。全诗如下:

永定河北岸厅署饯别

永定河边一行柳,皮枯缘受风霜久。
岸南岸北来往渡,微官何事劳趋走。
嗟君此别意何如,与君论心握君手。
听唱新翻杨柳枝,珍重分歧一杯酒。

石赞清的《永定河北岸厅署饯别》一诗,前四句体现出他作为永定河同知的敬业和担当精神。"岸南岸北往来渡,微官何事劳趋走";后四句体现出他的豁达,为人处事宽大为怀,要"与君论心握君手,珍重分歧一杯酒。"诗人以诗言志,以诗交友,以诗记事,以诗悟人生。

一一九　通永霸昌[①]

通永霸昌，即指石赞清先后旋任通永道与霸昌道。但他又主要是负责京城漕粮的运输工作。

先说咸丰四年（1854年），石赞清由永定河北岸同知升任顺天府治中。官阶即由六品又上升到五品。

清朝定都北京后，以北京为顺天府，设府尹1人，掌京畿地方之事。自雍正元年（1723年）以后，特派大臣1人兼管府尹事，从六部尚书、侍郎内选任。自乾隆八年（1743年）以后，顺天府所属共24州县，设西路、东路、南路、北路四厅。顺天府治中协助府尹分管各州县事。

四厅各领州县。西路厅：领涿州及大兴、宛平、良乡、房山4县。东路厅：领通州、蓟州及三河、武清、宝坻、宁河、香河5县。南路厅：领霸州及保定、文安、大城、固安、永清、东安6县。北路厅：领昌平州及顺义、怀柔、密云、平谷4县。

清朝的官员是有着严格的考核制度的。一个官员在一个岗位上做出了突出的成绩，朝廷都会记录在案，并将其列入提拔上一级岗位的候选对象。

石赞清任卢龙县知县政绩突出，道光二十八年"卓异引见得旨回任候升"。二十九年升芦台抚民通判。咸丰三年俸满保荐，以应升之缺升用。四年任顺天府治中。顺天府治中主要协助府尹、府丞办理钱粮、户籍、田土等事。

顺天府由于是首都的最高地方行政机关，所以府尹的品级为正三品，一般由尚书、侍郎级大臣兼任。正三品衙门用铜印，惟顺天府用银印，位同封疆大吏的总督、巡抚。顺天府所领二十四县虽然在直隶总督署辖区内，但府尹和总督不存在隶属关系。北京城垣之外的地区由直隶总督衙门和顺天府衙门"双重领导"，大的举措要会衔办理。北京城垣之内，则直隶总督无权过问。

清代北京城区行政管理体制最大的特点是满汉分城而居，分城而治。"旗人"均住在内城和西郊三大营，汉族和其他少数民族居住在外城。外城分为五城十坊，故有"内八旗外五城"

[①] 本文系《晚清名臣石赞清传》（修订本），中国文史出版社，2013年版。第七章 顺天府治中通永道霸昌道。

之说。

顺天府署坐北朝南，原有三重大门，第一重门在今东公街南口，稍北即第二重，第三重门就是今东城教育学院大门处。在第二、三重门之间，西有包公祠、狱神庙及监狱、把总司厅、照厅和代书处；东有五圣祠、侯质所、粮厅、科神庙；再东有东吏、户刑、盐房、工房等处所，进入第三重门后，是一个宽阔的庭院，院内古木参天，浓荫匝地。透过树木，可看到一面阔五间的大堂，东西长26米，南北进深14米，前后出廊，五花山墙悬山顶，这就是赫赫有名的顺天府大堂，为提审犯人的地方。清代，该堂为"肃清畿甸"，并有清世宗雍正皇帝的训词："畿甸首善之区，必政肃风清，乃可使四方观化，非刚正廉明者，曷克胜任！"由此可见顺天府的重要。清朝廷为突出其重要，在用印上也下了一番功夫。按旧制，三品衙门只能使用铜印，惟顺天府使用银印。

石赞清任顺天府治中两年，其工作业绩，未见于史料记载。

咸丰五年（1855年），石赞清旋任通永道。通永道直属朝廷，主要办理海运、粮台。通永道位于直隶中、东部。明朝时称通蓟道，清康熙八年（1669年），改明通蓟道为通永道，领顺天府（府治大兴，今北京市北部）通州（今北京市通州区）、三河（今河北省三河市）、宝坻（今天津市宝坻区）、蓟州（今天津市蓟州区）、遵化（今河北省遵化市）、丰润（今河北省唐山市丰润区）、玉田（今河北省玉田县）八州县和永平府（府治卢龙，今河北省卢龙县）。雍正四年（1726年）改置河道，所领另属；十一年（1733年）复置通永道，顺天府东部、永平府来属。乾隆八年（1743年）增领遵化州。光绪三十年（1904年）顺天府全境来属。民国二年（1913年）1月8日，北洋政府发布《划一现行各省地方行政官厅组织令》，重新确认道一级行政区划。故通永道废。

中国第一历史档案馆馆藏有《题报前署通永道石赞清任内征收潘桃口木税银两数目事》，但未查到原始文献。根据《畿辅通志》表十五"职官六"，石赞清同年还兼任霸昌道。霸昌道位于直隶省（今河北省）中部。清康熙八年（1669年）置霸昌道，雍正末年驻昌平区（今北京市昌平区），领顺天府南、西、北部十七州县、承德州（河北承德市）、八沟厅（今河北平泉市）；乾隆元年（1736年）增领四旗厅（河北丰宁满族自治县）；三年（1738年）增领塔子沟厅（辽宁凌源市）；四年（1739年）承德州、八沟厅、四旗厅、塔子沟厅另属；光绪三十年（1904年）裁霸昌道。

石赞清任通永道、霸昌道的工作业绩，也鲜见于史料记载。但从中国第一历史档案馆藏件《石赞清列传》记载看，石赞清在顺天府治中、通永道、霸昌道三个职位上，工作业绩是十分突出的，多次得到清朝廷记功在案，并作为往上一级提拔的后备人选。

道光二十八年"卓异引见，得旨回任候升"，这是表彰和记录石赞清在任芦龙知县的政绩。"咸丰三年俸满保荐以应升之缺升用。"这是表彰和记录石赞清任芦台抚民通判的政绩。"五年署通永道办理海运完竣，下部议叙。""六年三月以办理顺天府粮台报销完竣，命军机处记名，遇有直隶知府缺出，请旨简放。"这是表彰和记录石赞清任通永道、霸昌道的政绩。

当时作为清朝的中下级官员，石赞清尚获得如此殊荣，这是很不容易的。

在这里，我们有必要说一说"办理海运完竣，下部议叙"和"办理粮台报销完竣，命军机处记名"。这两项表彰或记名都与石赞清负责京城漕运有关。

清代的漕米，是由各地集中从运河运到北京叫漕运。在清朝二百多年的统治下，各省负担漕米最重的是江苏、浙江、安徽、江西、湖北、湖南、四川等省。水运（海运）是运送漕米的一种运输方式，水运主要承担大数量、长距离的运输，在干线运输中起主力作用。在内河及沿海，水运也常使用于小型运输，担任补充及衔接大批量干线运输的任务。在当时，漕运衙门和漕运官员是很能赚钱的"肥缺"。

《光绪政要》卷二十一记载胡燏棻《变法自强疏》："南漕自催科征调，督运验收，经时五六月，行程数千里，竭百姓无数之脂膏，聚吏胥无数之蟊贼，耗国家无数之开销，运至京仓，至每石之值，通扯或十两或五六两不等，而及其归宿，乃为易银一两之用，此实绝大漏卮。徒以冗官蠹吏，中饱所在，积习不改，此真可为长太息者也。"由此可见，负责漕运的官员很容易中饱私囊。

而清史资料反映出，咸丰五年（1855年），石赞清在通永道、霸昌道的职上，先后组织和参与了京城漕米的海运，任务完成得十分出色，所以获得了朝廷"下部议叙"和"命军机处记名"的表彰。

一二〇 天津知府[①]

石赞清在任顺天府治中、通永道、霸昌道的职上，表现出了非凡的工作能力和敬业精神。咸丰六年五月，清朝廷授任他为天津府知府。这是石赞清一生中最重要的时期。

天津距离北京仅120公里，历来是拱卫京畿的要地和门户。来自边远黔地的汉族官员石赞清，能够被清朝廷授任为天津府知府，足见朝廷对他的信任和倚重。

石赞清就任天津知府期间，英法美俄对中国发动了第二次鸦片战争。石赞清将生死置之度外，与外国侵略者进行了不屈不挠的斗争，使得这位黔籍郡守扬历于中外。连英酋额尔金也惊叹："此为好官，中国有人也。"

石赞清的事迹主要在天津。我们将分为五个部分，把石赞清的英雄事迹娓娓道来。

一、筹谋治荒　治理海河

天津，原名为"小直沽"。据说"天津"的地名是明初燕王朱棣给取的。明太祖朱元璋占领南京后，封他的第四子朱棣为燕王，率兵北上，攻打元军。一天，燕王朱棣督师来到三岔河口海河边，放眼一望，河里舟船相连，岸上车马相接，夹岸人烟稠密，店铺林立，十分热闹。

朱棣问："这是什么地方？"左右回答，这里叫"小直沽"。

朱棣说："这里有大城市的气势，况我大军路过此处，何以为小？"随臣连忙附和说："请大王赐名。"

朱棣命群臣们先试取。左右连取了几个地名字，朱棣听了都未置可否，只是仰脸看着天。群臣见燕王看天，料定他意在"天"字上。

一位大臣说，可以改为"天平"，是大王除奸平乱路过之地嘛。朱棣摇摇头，不甚满意。

另一位大臣又说："依臣之见，不妨改名'天津'。"朱棣听了很喜欢，连说了几个"好"字。天津由此而得名。

[①] 本文系《晚清名臣石赞清传》（修订本），中国文史出版社，2013年版。第八章 扬历中外的直隶天津知府。

后来，朱棣发动了"靖难之役"，推翻了他的侄儿建文皇帝，定都北京，天津便成了京城的门户，因此天津又称为津门。

天津地处险要，是大清国都北京沿海的东大门，负有护卫京畿的重要地理位置。清取代明后，总是把最信任和最得力的官员授予天津府知府的位置上，而且多为八旗出生的官员。石赞清被授予天津府知府，多少还属于特例。

石赞清授任天津知府伊始，正值天津一带发生罕见的旱灾。"如风烟赤地千里，稻禾柴草皆无处。"石赞清和柳柱子乘骑着两匹高大的蒙古马，冒着炎炎烈日，由顺天向津门飞奔而去。

一路上，他们看到河流干涸了，土地无法播种庄稼，河床上直接可以行军。只见一队津民拖幼扶老，他们要背井离乡，逃荒求命而去。石赞清和柳柱子在逃难灾民中间停下马来。

石赞清问："乡亲们，你们这是要到什么地方去？"

一个穿着破烂的灾民回答："天老爷不长眼，饿死了许多人，我们再不逃荒，也要被饿死，我们要去逃命啊！"

石赞清说："乡亲们，我是你们新派来的朝廷命官，你们跟着我回去，我会想办法帮助你们度过灾荒。你们背井离乡也不一定能活命啊！"

柳柱子接着说："父老乡亲们，这位是大清国新派来的天津知府——石大人！"只见灾民中一位老者扑通一声跪下，大喊道："石大人！救命啊！救命啊！我们没法儿活命了。"

灾民们齐刷刷地向着石赞清跪下了，连喊道："石大人！救命啊！石大人！救命啊！"

石赞清说："乡亲们，都起来吧！请你们要相信我，我会与你们共渡难关，跟着我回津门去吧！"

灾民们立即站立起来。那一位穿着破烂的灾民，似乎是逃荒队伍的领头人，他对着灾民的说："石大人说得对，逃荒也不一定能活命，我们还是跟着石大人回去吧！"

"我们愿意跟石大人回去！愿意跟石大人回去！"逃荒灾民中不断地有人喊着。

逃荒队伍立即地调转头，柳柱子牵着两匹马，石赞清徒步走在灾民中间，一同向着天津走去。石赞清一边走一边和灾民们说着话。

石赞清和柳柱子来到了天津府衙门，衙门官员们为石赞清准备了丰盛的一席欢迎晚宴。可石赞清却不领情，他说："你们这是为了什么啊？津门灾民饿的饿死，逃的逃荒，你们却要我大吃大喝，我可吃不下啊！"

一个官员说："石大人一路辛苦了，今日晚宴例外。"

"不可以例外啊！你们只管给我端一碗面来就行了！"说完，他走出了宴会厅，柳柱子也跟着他走了。

第二天，石赞清找来了天津府的管粮官，要他把库粮按低于市场价的二分之一卖给天津灾民。管粮官说："石大人，国库粮不能卖，我不敢啊！"

石赞清大声吼道说："我叫你卖你就卖，朝廷怪罪我顶着。"管粮官说："知府大人息怒！

大人新来乍到，先了解情况后再说嘛。"

"是我知府说了算或是你管粮官说了算？"石赞清有点不耐烦了。管粮官不说话了。

很快，天津灾民们成群结队地买到了廉价粮。紧接着，石赞清又下令要天津的粮食大户打开粮仓，廉价将粮食卖给灾民。对拒不执行的则由知府查抄购买再转卖给灾民。对个别不理会天津知府布告，甚至还哄抬粮价、坑害灾民的投机商，坚决予以惩处。

天津府一面采取特殊措施救济灾民，一面积极组织灾民生产自救，使天津人民度过了一场罕见的旱灾。先前逃荒到外地的一些灾民，听说天津人民有救了，又陆续返回了津门。

对石赞清筹谋治荒的事迹，黎庶昌在为石赞清撰就的墓志铭即称："大节炳完，如石公是。公之为政，学道爱人，辅仁造士，群彦莘振。厘剔奸拐，平市米银，令行禁肃，化暨海滨。"[1]

石赞清又深入到天津民众中去调查，一些年长的老者告诉他说："石大人，津门旱灾百年难遇，今年旱灾非常例外，海河泛滥才是天津人民真正的心患。津门俗语云，'河水绕城流，天津不住楼。富贵无三世，清官不到头'。"

石赞清这才真正地了解到，天津人民真正的心患是海河泛滥。海河是天津的母亲河，也是天津历史的见证。人们常说"九河下梢天津卫，三道浮桥两道关"。所谓的"九河下梢"，是说海河水系由五大干流组成，即南运河、北运河、大清河、子牙河和永定河，这五条河在天津三岔河口汇入海河，经海河流入渤海。海河绕城穿越天津，流向东南经大沽口而流入渤海，全长约八十公里。天津处于海河下游，即这五大干流的下梢。天津人说"九河下梢"，因为中国传统观念"九"为极数，即为最大、最多的数，因而把海河水系大大小小的支流汇总在一起，用一个"九"字来表达。所谓三道浮桥，是指北运河上的窑尘浮桥，南运河上的北大关浮桥和东门外海河上的东浮桥。所谓二道关，即指北大关和海河关。

老者对石赞清说："天津旱灾百年难遇，海河泛滥却是十有八九啊！知府大人就领着我们治治海河吧！"

津民们的反映和要求，对作为天津知府的石赞清触动很大，他决定疏通河道、治理海河，以消除埋在天津人民的心头大患。

石赞清立即找来天津知县尹佩玱等人，规划了治理海河的行动方案。他利用曾任顺天府治中、通永道、霸昌道，认识一些京官和部门的有利条件，更因为津门的特殊地位，治理海河的方案很快就获得了朝廷的大力支持。清朝廷同意拨出一部分钱，由天津人民出力治理海河。

开工后，为了早日完工，石赞清"辛苦奔波于河堤工地，风餐露宿于草丛洼间"，[2] 经常十天半月不回家，石夫人又痛心，又有意见。一天，府衙门派人来报，说："石大人，贵夫人病了，要你速速赶回府中。"石赞清才扳起手指头算，已有十余天没回府中了。柳柱子把

---

[1]《贵州通志·人物志》贵州人民出版社，2011年版。
[2]《黄平县志》。

两匹蒙古马牵来了，两人快速向府中奔去。

回到府中，见到夫人卧床高烧不起，处于昏迷状态。石赞清责备照顾夫人的丫环："为什么不早早告诉我？"丫环恭敬地低头小声回答："夫人不准！"石赞清抚摸着夫人高烧着的额头，流泪了。"我对不住夫人！对不住夫人！赞清我公务在身啊！公务在身啊！"他转向站在一旁的柳柱子吼道："还不赶快去找大夫？快快叫大夫来！"柳柱子和丫环退出去后，夫人紧紧握住丈夫的手，哭了。石赞清也不断用手背擦去即将掉下来的泪水。

历时半年多，天津海河河堤修成，水归下流。之后的若干年，天津未受海河泛滥的灾害。天津人民为之唱道："为国为民天津府，刚毅不挠胸有主。"

对石赞清领导天津人民治理海河的事迹，黎庶昌在为石赞清撰就的墓志铭称："潞河漫漫，郡为冲壑，公日不遑，殚求民瘼。露馈风梳，堤卑埝薄。导水归流，民乃反作。"石赞清因为领导治理天津海河有功，被清朝廷"受偿加道衔"。[①]清代的职和衔是有区别的，衔是可以享受到的荣誉而非实职。石赞清因办理海防出力赏加道衔，道员比知府高一级，也就是说石赞清虽是知府却享受道员的荣誉了。

二、圈地扩城 察吏安民

前所述及，明初燕王朱棣将小直沽改名为天津，不久发动"靖难之役"，推翻了他的侄儿建文皇帝，定都北京，天津便成了京城的门户。永乐二年至四年（1404—1406年）设天津卫，驻军16000多人，以保护京城的安全。卫是军事建制，而不属于地方行政区划。清雍正三年（1725年），改天津卫为天津市（州属行政区域），六年后雍正九年（1731年），天津升州为府，天津府下置天津市。石赞清就任天津知府时，天津府下只置天津一个县。

永乐二年置天津卫，设卫就要筑城。天津城市的历史，始于明代永乐二年（1404年）。负责筑建卫城的是明代工部尚书黄福和平江伯陈瑄，由都指挥佥事凌云和卫指挥同知黄纲等具体筹划施工。据天津方志史料记载，明永乐二年置天津卫时，城墙周长九里十三步，高三丈五尺，广二丈五尺。城南北短而东西长，为矩形。城垣四周之中各设一门，分别称为镇东门、安西门、定南门、拱北门。各城门及城之四角均建有城楼。城内四条大街相交处，下起方城，上建重层歇山式鼓楼。初建时城垣是土筑砖包。弘治六年（1493年）、万历十四年（1586年）增加修缮，城内面积未变。到了清康熙四十三年（1704年），天津总兵蓝理（福建人）表准在天津开垦水田后，第二年即用驻军的劳力，将南门外的种植区向南延伸，挖河、挑沟、筑埝，得水田一百五十多顷，从浙江、福建、广东来的农民行家参加了开田，种植水稻。这使得天津的人口得以较快地发展起来。

石赞清授任天津知府时，天津城中的人口已发展到18万人左右。始建于明代的城池，

[①]《石赞清传》、《晚清名臣石赞清传》（修订本），中国文史出版社，2013年版。

显然容纳不下天津人口的发展了,许多人都住到明代修筑的城墙外边去了。天津海河(白河)修堤成功后,石赞清又把天津知县尹佩玱、天津士绅张锦文、辛绣圃等人找来,一同商量圈地扩城的事。

天津现代意义的城市,与咸丰年间石赞清圈地扩城有关。20世纪90年代,作者两次赴天津调查,天津的一些老人告诉笔者:"明代修筑的天津城池很小,清朝咸丰年间石赞清就任天津知府后,把天津城池向外扩大了几十倍。石赞清知府是一个十分难得的好官,他不但对外国侵略者斗争勇敢,可歌可泣,而且体察民情办实事。天津人民永远都不会忘记这位石郡守石大人。"

关于咸丰年间天津修筑外墙的事,天津地方志史料是这样记载的:"清代咸丰年间,于天津1.5公里的城厢外围,又挖土夯实筑起一道'城墙',形成'外墙',亦称'土城'。据测算,其面积近25.6平方公里,周长为19.5公里,并设有12个'营门'。如今,'土城'之称虽在,但已有痕无迹。其大致走向是:长江道(废墙子河)、南京路、蚌埠道、十三经路、卫国道、王串场、五马路、北营门、西马路、西青道、青年路(墙子河)。"①

石赞清于咸丰六年至十一年,就任天津府知府。修筑于咸丰年间的天津土城外墙,不仅有地方史志资料记载,还有天津民间的故事传说。据此,老天津外围的土城是石赞清领着津民修筑起来的无疑。天津的清史专家也是这样认为。

石赞清体恤民情,凡亲民应为之事,他无不悉心体察,实践施行。津民申冤,他秉公判决,民自不冤。他封鲊之廉,察吏安民,在天津人民中享有"石一堂"之称。他厘剔奸拐,平市米银,令行禁肃,化暨海滨。他公日不遑,殚求民瘼,被天津人民誉称为"石父母"。

天津,不仅是大清国都北京沿海的东大门,负有护卫京畿的重要任务,而且还承担着清代漕米大批量干线运输的任务。《清实录·文宗显皇帝实录》(卷二七五)记载:"以直隶天津办理海运出力,予天津知府石赞清等加衔升叙有差。"说明石赞清在天津办理海运是很有成绩的。

作为天津府的知府,石赞清勤政为民,他每天都早出晚归,工作日程总是安排得满满的。清不明著稿人《襄理军务纪略》刻本(四卷本),如实记录了石赞清知府的工作日程情况。我们不妨录如下:

> 初八日,石府尊仍于城内朝阳观,立局团练,设筵邀集各首董,妥议章程,并传知各铺局,乃用发鼓号令。初九日,请发弹压大小告示。初十日,传知各局,造送练勇花名清册,呈送各衙门备查。初十一日,职员李兆霖请将铺房作为'志城立果局'公地。十三日,石太守发来札谕,内开:各局所用人夫薪火,每日发给,务须查查,造册收存,当即遵照办理。十五日,署颁发大告示六十张,小告示六十张,

---

① 《天津府志》(刻本)。

随派人按局分送张贴。大告示略云：照得津郡滨临海口，防范最关紧要。现奉宪谕，令办团练，按照旧章，自备资斧，相互联络，以期保守。所有练勇，不得外调。尔等务各同心协力，以资捍御，以保身人家。十九日，制军札天津，是时英法等国船只，停泊海口，绝无退志，张绅拟设防条陈，呈于石太守，适谭制军廷襄来津，太守将条陈代呈，其略云：现五国船只，逼近海口，筹御之策，莫要于炮台。炮台存，则我军占据地利，该国船只众多，万难驶入。炮台失，则该国反客为主，我军虽众，亦难制胜。兹饬人前往海口，绘成一图。海口南岸，炮台三座，直向海口，炮架向外，以击来船。北岸炮台一座，与南岸炮台相隔二里许，遥遥相对……二十九日，石太守谕饬总局，查拿土匪，即传知各局谨遵……[①]

由此，可以看出，石赞清在天津知府的任上，十分尽职尽责。难怪天津人民那么拥戴他，称其为"石父母"。

在天津，至今仍流传着《石赞清智擒飞毛腿》的故事。说是有一段时间，天津连续发生几起命案，惊动了石赞清知府。他通过明察暗访得知，命案系一个叫林五的人所为。林五是静海区的一个巨盗，因为在静海犯命案而逃窜来津。在天津又继续犯案，津民们谈林五色变。石赞清决意要为天津人民除害。

据说静海巨盗林五，其脚底板下生黑毛，毛长一寸多，一日可以行走五百里，匪号飞毛腿。此人不会游泳，但渡水不需舟，能在水面上飞走，其在水面上飞如燕子戏水，因此又称燕尾子。林大盗之双腿，天赋独异，不仅能日行五百里之远，而且能夜逾数丈之高，危垣巨厦，如履平地。林五在静海案积如山，但官府就是捕不着他。逃窜来津之前，是因为林五潜入静海县县令丁朝贵府中，欲对丁县令之女行不轨，丁女性烈，不甘受辱，自戕而死。林五贪色不成，把丁县令府中盗窃一空。丁朝贵知县痛失爱女，下令封锁静海全城，实行万民追捕。但林五巨盗终究还是给逃脱了，流窜来到天津。

津民们告诉石赞清，案犯林五三十来岁，长得高头大马，一表人才，挥金如土，最爱出入高档妓院。石赞清让柳柱子把捕役洪迈群、孝廉媒叫到府衙内，向他们具体交代了捕捉林五的计谋，并限期十日内破案。两捕役领命后，遵照石赞清交代的计谋，扮装成嫖客，遍访天津所有妓院。三天后，终于在一家高档妓院碰到了林五。确定追捕对象后，两捕役速报告了石赞清知府。石赞清要他们稳住林五。两捕役遵照石赞清的计谋，主动与飞毛腿林五搭讪，声称他两人也犯有命案，乔装成患难兄弟，骗得林五信任，并结拜为弟兄，共商图谋大事。第五天，三个"患难兄弟"在一家饭店饮酒作乐，两捕役把飞毛腿林五灌喝得大醉，四脚朝天，不省人事。石赞清速派柳柱子带差役入室，牢缚了林五。经押回府审问，飞毛腿林五犯有命案竟达二十七件之多。林五被解送回静海杀头示众。津门文人戴愚盦撰就《沽水旧闻》一书，

---

① 清：不明著稿人《襄理军务纪略》刻本（四卷本）。

其中一篇即记叙《石赞清智擒飞毛腿》。

三、大义凛然　矢死保城

石赞清既是一位体恤民众的官员，更是一位爱国者。

石赞清授任天津知府时，正值第二次鸦片战争时期。这场战争爆发的真正原因，是因为西方列强对于自第一次鸦片战争以来，从中国所攫取的割地、赔款、内地贸易、港口通商，特别是在销售鸦片、传教方面的特权，仍不满足。经英国与法国联合，又在美国和俄国的共谋下，发动了第二次鸦片战争，以继续他们将中国变成殖民地和半殖民地的计划。首先是大英帝国一家独叩中国大门，其后是英法美俄联军，最后导致八国联军侵华。

第二次鸦片战争，主要发生在京津和广东地区。大清国都北京被攻陷后，还发生了震惊中外的英法联军火烧圆明园的重大事件。

当时清朝政府防御对付外来侵略的军事活动屡战屡败，外交活动不断受挫，大清朝廷及官员几乎是"畏夷如虎"。在此期间，外来列强强加给大清国的不平等条约《天津条约》《北京条约》等先后签订。在那种国难当头、外侮极甚的情况下，时任天津知府的石赞清，却表现出了一种令人肃然起敬的民族气节，表现出了中华民族不屈不挠、视死如归的硬骨头精神。

咸丰八年（1858年）初夏，英法美俄的30余艘战舰，载着5000余兵士集结于天津的大沽口外。每一艘战舰上都装备着洋炮，外夷士兵持着洋枪，来回在舰甲板上行走。主舰上坐着英酋额尔金，典型的英国人长相，胸前横挂着一个望远镜，得意洋洋地坐在甲板的正中央。额尔金的旁边站立着英夷主任翻译巴夏礼。额尔金不懂中国话，全仗巴夏礼翻译和出主意。巴夏礼系英格兰人，他于1841年来澳门学习汉语，1844年11月他充当了新设置的厦门领事馆的翻译员，1845年转任福州领事馆的翻译员，翌年又转任上海领事馆的翻译员。1854年升任厦门领事。1856年任代理广州领事。1858年，英法联军侵入白河（海河），巴夏礼当时在广州，他出主意强行向中国要求租借九龙，作为英军登陆的据点。这次他又随英侵略军北上，任翻译主任。

英法美俄联军为了从天津进攻北京，军舰自广州和香港湾出发，经舟山群岛、山东半岛和辽东半岛而兵临天津的门户。英法美俄列强力图攻陷天津、威逼北京，以逼迫大清国割地，共同瓜分中国。英法美俄联军侵入天津，必须首先攻破大沽炮台。大沽口炮台位于天津东南50公里海河入海口处，是入京之咽喉，津门之屏障。素有"南有虎门，北有大沽"之说。

当时清朝为了阻止英法美俄联军北上，在大沽炮台部署官兵3000余人，设炮位500余座，并在周围驻兵10000余人。派直隶总督谭廷襄、直隶布政使钱炘和在前线督战。本来，在兵力对比上，清军是占着优势的。但谭廷襄、钱炘和却畏敌如虎，一味求和。直隶提督张殿元屡谏，言夷人多诡诈阴谋，必须设险严防乃可，并炮位兵勇亦不宜群萃于海口一处。还有部将进言"某处可以御敌,某处可以接应,某处可以屯粮"。就连作为文官的石太守石赞清,也曾建言严守炮台,并绘成图交谭制军廷襄。但布政使钱炘和是一个畏敌如虎的投降派,他竟对主战的提督张殿元哂笑道:"朝廷命我辈来,真命我打硬仗乎?哄其去足矣!"总督谭廷襄也连说:"是之,是之!要以和为贵。"主将"一味因循,毫不设备","欲含糊了事",只将"所运大炮、器械及粮台重物,皆列于海口,以壮存观"。(郝福森《戊午英夷犯津纪》)更为可耻的是,布政使钱炘和直上大沽口外英酋主舰上与敌会谈,他竟无耻向英酋媚言:"有缘千里来相会,有话好说,有话好说。"(郝缙荣《津门实纪确对》)巴夏礼给英酋额尔金翻译说:"都是朋友!都是朋友!"待钱炘和离去,巴夏礼对额尔金说:"有戏!有戏了,大清国军队毫无防备,就看你的了。"

咸丰八年五月二十日,英法美俄30余艘战舰,一齐向大沽炮台发起凶猛的进攻,500余座炮台一下全被抛翻了,清军死伤无数。直隶总督谭廷襄、布政使钱炘和等督战大员率先策马逃逸了。长官既逃窜于前,兵士自无心恋战,于是,出现"大兵败后,遍地跑掉靴鞋无数"之状。从大沽到天津,百里间奔窜得栖栖惶惶,守土重责全然丢于脑后。那情势,恰如后来天津诗人华长安所写:"一溃军威不再扬,官兵逃散似飞蝗。"(郝缙荣《津门实纪确对》)英法美俄联军几乎未伤一兵一卒,轻轻松松就占领了大沽炮台。

英法美俄联军第一次攻破大沽炮台,清军督战大员率先逃逸,直接导致大沽炮台失守,但清军内部也不完全是一味逃跑,有的将士出于爱国热情、同仇敌忾、坚守阵地、宁死不屈。比如炮台守将沙春元在敌炮轰炮台时坚守不撤,被流弹碎片击中腹部,腹破肠出而牺牲。另一守将陈毅在负伤后仍坚持血战,与敌展开肉搏而牺牲。数名炮手一人倒下又一人顶上,直至完全牺牲。但少数人的英勇奋战,未能阻止住侵略军最终占领大沽炮台。

大沽炮台陷落,英法美俄兵舰沿海河上驶,没有遇到任何抵抗,于二十六日到达东浮桥,占领了天津城下的三岔河口。一时津门"众情惶惶"。手无一兵一卒的郡守石赞清,对督战大员临阵脱逃十分愤慨。为了稳定津门人心,他带着夫人持剑进入衙门内,让侍卫柳柱子令差役在天津府内安置了两个大水瓮,即"置水二瓮于堂阶",他对众人说:"夷(指英法美俄列军)如入胁,则吾与妻死此矣。"《天津府志·宦迹》石赞清这种斩钉截铁般誓与津城共存亡的决心对津人鼓舞极大,当时便有人评价曰:"此际阖郡惊扰、哭喊奔逃矣,其守城文武官员,概将眷属挪移,始终未逃者,仅府尊之家眷也。"(无名氏《天津夷务实记》)见到知府大人能如此与民共安危,城中百姓人心始稍稳定。

咸丰八年六月初,第一次攻破大沽炮台后,英法俄美侵略军在天津侵驻近50日,直至《天津条约》签订,始陆续撤出。这期间,当时便有诸多津人如实作了记录。无名氏《天津夷务实记》记载:"石氏遂与天津知县尹佩琮,募城勇千名,以资保卫天津城。"郝缙荣《津门实纪确对》载:石氏遂"与民约背城一战……是时石太守在北街,仗剑率民,以待防御"。《天津府志·辛荣传》载:"誓与共保危城。"丁运枢《张公襄理夷务纪略》记述:"石太守,尹大令皆督率兵勇,屯北关内。"孟继坤《书事》载:"为解决武器之不足,石氏还专门出示收买鸟枪。"《津事回目》记述:"石太守矢死保孤城……石府尊赞清,与民约定背城一战。"无名氏诗《八首》:其中一句"切齿郡守横宝剑"等。英法俄美侵略军侵驻在天津期间,当时诸多津人如实记录,鲜明刻画出了石赞清的刚烈形象。

大沽炮台失守,驻扎在天津的清兵已逃之夭夭。知府石赞清那种毫不畏敌、与民同仇敌忾的精神,给全城百姓带来了极大的鼓舞。英法俄美侵略军侵驻天津的40多天,在石赞清知府的组织和领导下,尤其在他的英勇精神鼓舞下,津民们都不愿意逃离天津,他们要与知府大人誓死保卫天津。志愿报名参加护城的人越来越多,由最初的千人发展到了几万人。天津人民与侵略者的斗争也由自发转入了有组织的斗争。

六月三日,英法俄美侵略军占据天津城郊金家窑村后,抢占财物,奸淫妇女,无恶不作,群众恨之入骨。一位老人满怀着对侵略者的仇恨,放火焚烧了自己的住房,想借风力引烧侵略军的营盘,但未能如愿。同月七日,英法美俄联军在天津城没有守军的情况下,鸣枪开炮,分别从东门南门强行开进了天津城,并将侵略军指挥部移驻在海光寺。英法俄美侵略军耀武扬威开进天津,知府石赞清痛心疾首。一日,石赞清念空城徒死无益,不若经往赴敌,即带着侍卫柳柱子直奔英法酋所海光寺。英法士兵问他是谁,胆敢闯军营?石赞清大声说:"我是大清国的天津知府,要面见你们的首领。"石赞清与英酋额尔金见面后,陈说大义,谕以祖国神威,要英军速以罢兵,以免自取灭亡,"慷慨而谈,颜色不变"。英酋额尔金虽未被说动,然心中敬仰"此为好官,中国有人也"。

石赞清亲赴海光寺劝说英酋退兵,当然侵略者没达到其目的是不会退兵的。劝说无效后,石赞清回到府中,他决意带领天津人民对英法美俄的侵略行为予以反抗。他组织天津知县尹佩玱、津门士绅辛绣圃等人多次密商,分头发动津民保家卫国,积极投入反抗外夷侵略的斗争。

一天上午,英军头目孟干,带着一名英国士兵牵着猎狗爬上了天津西城门,用望远镜窥探城内情形,津民发现后立即用砖头石块把他们打跑了。当天下午,孟干带着200多名英法士兵,把东门城门锁砸开,穿过十字街直奔西门而来,伺机对上午抛砖头石块的津民报复。

此事有人报告了知府,石赞清立即组织府内差役十余人,他持剑走在最前面,一路上发动津民手持器械,准备到西门来与英法侵略军拼命,穿过十字街,待到西门时队伍已由十余人增加到近千人。近千津民人人手持器械,把孟干带领的200多名英法士兵团团围住。

孟干见状非常害怕,他低着头向石赞清求饶说:"石郡守,我们到西门来只是为了寻找一条猎狗,没有别的意思,千万不要动武。"石赞清手持宝剑对孟干说:"你小子给我看好了,天津人民是不好惹的。中国的土地上不容你们侵略者横冲直撞!"孟干连连点头说:"我们就走!我们就走!"说完带着200多名英法士兵狼狈逃去。

石赞清喜悦地对近千名津民们说:"得道多助,失道寡助。决不允许外来侵略者无法无天。从今往后,我们要团结一致。一旦遇到侵略军挑衅或抢劫,大家要鸣锣相应,群起而攻之。绝不能让侵略者的阴谋得逞。"

在石赞清知府的领导下,天津人民奋起反抗侵略军。据《第二次鸦片战争》一书记载:6月13日,一伙沙俄水兵闯到城西北角南阁挑衅,附近回族汉族八百余人,手持器械要与之拼命,迫使沙俄水兵退走。6月19日夜,一伙法国士兵到锅店街,撞开辅门,抢去首饰衣服等物,附近群众惊醒冲出,纷纷登上房顶,用砖头瓦块狠狠打击强盗,使敌人狼狈逃命,群众还缴获了三杆洋枪。7月7日,一艘法国军舰驶至北塘口时,见一老人放牧,法国士兵竟凶残地将老人杀害,抢走耕牛。老人的两个儿子持械赶来报仇,并扎伤法兵一人。侵略军竟将二人抓住残暴勒死。两个儿媳悲痛自尽……英法美俄列强盘踞天津的四十多天所犯下的罪行,罄竹难书。天津人民痛恨入骨,人皆思斗。

七月,在英法等国的威逼下,清朝政府派桂良、花沙纳为钦差大臣,在外夷强占的海光寺,分别与英、法、美、俄代表签订了不平等的《天津条约》。清朝政府与英、法、美、俄《天津条约》的签订,使得四国列强在中国获得了一系列的侵略特权,是对中国主权的严重破坏。同年,根据《天津条约》,英法美俄军舰暂撤离天津及大沽炮台,南下广州。

四国列强以军舰大炮威逼签订的不平等《天津条约》,已经使中国丧失了许多主权,但外夷列强的胃口却越来越大。一年后,即咸丰九年(1859年)六月,英法两国借口条约不谐,给予他们的好处还没有美俄的多,向清政府要求重新增加条款并进京换约。这不合乎情理的要求,理所当然地被清政府拒绝了。英法政府又命舰队第二次炮击大沽炮台。

当时,由于清军事先做了严密的布防,而英法联军又没有探知到大沽口防务的虚实,贸然于6月25日发起进攻。这时,守卫炮台的中国官兵"郁怒多时,势难禁遏。各营炮位,环轰迭击,击损夷船多只"。嗣后,英法联军又派出"小舢板20余只,满河游驶",并靠近南炮台,强行登陆,又遭到清军火枪的"连环轰击"。

英法舰队第二次炮击大沽炮台,大沽炮台的守将是直隶提督史荣椿,他直接镇守南岸中炮台,身先士卒,亲自发炮攻打敌舰,后来被敌舰炮弹炸成重伤。史荣椿在生命垂危之际,仍指挥部下奋勇抗敌,最后高呼"杀贼"而死。大沽口副将龙汝元镇守北岸炮台,奋勇当先,坚持亲自发炮,经久不下火线,不幸被敌炮击中,当即阵亡。在这次战斗中,军民共奋战,天津人民送饭送茶送水,还组织了担架队,把受伤的兵士抬下阵来。这一仗,虽然清军也付出了代价,但终究击沉击伤敌舰10艘,毙伤敌军近500人。英法舰队狼狈逃去,大沽炮台没有被英法联军攻陷,敌人企图第二次侵入天津、进京换约的阴谋没有得逞。这是第二次鸦片战争中国唯一的一次胜仗。

英法联军在大沽口战败的消息传到其国内后,两国资产阶级疯狂地叫嚣要扩大侵华战争.他们叫嚷着要对中国实行"大规模的报复",要对中国海岸线全面进攻,打进京城,要将皇帝逐出皇宫。

1860年2月,英法两国重新任命额尔金,葛罗为专使,并分别以格兰特和孟托班为司令。5月下旬,英法派出战舰和运输舰205艘(英舰173艘,法舰32艘)及军队25000余人(英军18000人,法军7000人),陆续到达上海。8月初,英法联军取海道北上。1860年8月19

日，英法集中强大的火力，第三次进攻大沽口。在侵略军猛烈的炮火轰击之下，守卫大沽口的清军爱国将士毫不畏惧。亲眼见到清军将士浴血奋战的一名外国人说，清军用"难以描述的勇敢精神、寸土必争地进行防御"。

由于清军上一年取得第二次大沽炮台一仗的胜利，从上到下都处于盲目乐观中。清政府负责海防的钦差大臣僧格林沁，也只集中兵力防守大沽海口，认为北塘是盐滩，英法联军登陆困难，因而没有设防。8月21日，英法联军伪装和谈，派兵从不设防的北塘弃舟登陆，从背后袭击大沽口炮台，造成清军的失利，炮台最终失守。英法联军由海河长驱直入。驻守南岸炮台的僧格林沁当晚便将守军全数撤走，第二天撤至天津，而最终天津失陷后又撤至杨村，最后竟撤至离通州仅10华里的张家湾。

8月下旬，25000名英法联军强行进入天津。天津吏民骇散，英法军占驻各官舍。"总督以下官多受辱，惟赞清傲然不屈。"敌下令所有中国官员让出衙署，由其首脑驻扎。许多官员纷纷避让。但宁死不屈的石赞清却不听这一套，他坚守府署，就是不肯离开。"夷分住官舍，唯赞清毅然不去，夷令其去，（赞清）曰：'取吾头以往，官舍不可让也！'"在他的坚持下，府署始终未被敌占去。"夷居天津数月，赞清终不离衙署。"[①]

两万余英法联军侵入天津，津民们义愤填膺。在知府石赞清的领导下，天津人民又投入了反抗侵略者的英勇斗争。英酋额尔金深知石赞清的厉害，深知石郡守在津民中的号召力。巴夏礼向额尔金献策说："中国有句话说，擒贼先擒王，把石郡守抓押起来，天津老百姓就群龙无首了。"英酋额尔金认为这是一个好主意。他立即派巴夏礼和孟干率英军五百人持枪强行闯入天津府署。巴夏礼对石赞清说："石郡守，我家军领有要事与大人商量，请你与我们同往南营一趟。"石赞清说："我是天津知府，我的职责在府衙，你家军领有要事商谈，就让他到我的衙门来。"巴夏礼说："石郡守，你同意也得跟我们走，不同意也得跟我们走，轿子都给你准备好了。"石赞清知道敌人的来意后，立即对侍卫柳柱子说："柱子，我今去凶多吉少，如果我有三长两短，请转告我夫人，别忘了把我的尸骨带回贵州去。"说完即冲着英军已准备的轿子走去。柳柱子一把抱住石赞清说："大人，我们决不让你走！"石赞清冲着柳柱子说："请转告尹佩玱知县，要继续组织津民们与英法列强作斗争！"说完他一把推开柳柱子，直冲着英军备的轿子走去。英军五百人护着轿子，把石赞清抬到了南营。随后把他关押在海光寺。

英军强行将石赞清知府劫往南营后，英酋额尔金通过巴夏礼翻译对石赞清说："石郡守，非敢相难于你，闻有兵欲烧吾船，故假君为镇耳。"石赞清早将个人安危置之度外，他冲着额尔金大骂："强盗！侵略者，你们的侵略行为最终必遭到彻底失败。"巴夏礼用中文说："石郡守，不要生气嘛！"石赞清仍然大骂，怒斥英军的入侵行为，引颈说："速杀我，取吾头

[①]《天津府志·本传》

去。"英酋额尔金说："此大清皇帝忠臣也。"他让巴夏礼为石郡守备了丰盛佳肴，可石赞清不屑一顾，三日之中，"食不肯进，酒不肯饮，勺水不入口"。

知府石大人被英军逮去的消息迅速在天津传开，津民们义愤填膺。在天津知县尹佩玱、津门士绅辛绣圃等人的组织下，聚集了数十万人"日夜环轮舟"，津民们呼喊："还我石父母来！还我石父母来！"津民们情绪高昂，说如果石赞清有个三长两短，他们就要与英国人拼命。

天津人民推出津门士绅辛绣圃等五人为代表，前往海光寺要求英法联军释放归还石赞清，英法军把其中四人挡在门外，只允许辛绣圃一人进见石赞清。辛绣圃一见着三天颗粒不食、滴水不进的石赞清，不觉抱着他失声痛哭。石赞清说："不要哭，哭是懦夫的表现。"石赞清又小声对辛绣圃说："府衙中有官印一枚，令箭一支，库银三万两，你赶快禀报天津知县，要他妥善保管。你回去告诉我的幕宾曾卓轩先生，我辑录的唐诗选要尽快给我刻印出来。"辛绣圃错愕地看着石赞清说："石大人，都这个时候了，你死活不知，还惦记着刻印诗集？"石赞清说："先生照我的话去做就行了。你回去吧，不用管我了。"辛绣圃流着眼泪，走上前去拥抱了石赞清，然后唯唯而退。

石赞清被英军扣押的消息传到热河，咸丰皇帝传谕在京执掌政权的恭亲王奕䜣，要他赶快与英酋、法酋交涉，立刻将石赞清礼貌送还，"否则，众怒难和，激而成战。此是中国最得民心之官。"

英酋额尔金和法酋葛罗，本想扣押石赞清作为人质，使天津人民失去组织反抗的中心。没想到，扣押石赞清反而带来了更大的麻烦。不但激起了天津人民的愤怒，连大清国的皇帝也要求尽快释放石赞清。英酋额尔金、法酋葛罗迫于压力，派巴夏礼带着几个英法兵士，来到了关押石赞清的囚室。巴夏礼用流利的华语说："石郡守你真了不起，天津人民抗议游行要放还石父母，大清国皇帝要释放你这个官员，你走吧，你自由了。"石赞清怒目回答："你叫我走我就会走吗？没有这么容易，我是被你们用轿子抬来的，并有500名夷兵护驾，我是如何来的，当如何归去。"巴夏礼不好气地说："石大人不愿走吗？那你就继续留在这里。"石赞清说："去叫你的上司来见我！"巴夏礼背着手，怒气冲冲地走出了囚室。

巴夏礼回报额尔金、葛罗，额尔金背着手对巴夏礼说："就照着石郡守的话去办吧，越快越好，可不能让他死在我们营里。"巴夏礼只好叫孟干带来五百名持枪的士兵，用轿子把石赞清抬回了天津府署。"石父母回来了！石父母回来了！"天津数十万人民奔走相告、庆幸、欢呼。

巴夏礼和孟干把石赞清礼貌送还天津府后，回营报告了额尔金和葛罗。老奸巨猾的英酋额尔金说："这个天津官是个硬骨头，连死都不怕，他还怕什么？不好对付，不好对付，你们给我听好了，往后都要管好自己的部下，你们决不能迁怒于他，不要随意地侵扰津民，以免坏了我们的大事"。法酋葛罗也说："要以大业为重，不要扰乱津民，不要激怒津民。不要因小失大！"巴夏礼和孟干连说："是！是！明白了！知道了！"此后的一段时间，天津果然秋毫无犯。

《贵州通志·人物志·石赞清》就记载说:"于是英人罗拜送回,戒其部勿得侵扰百姓,以敬石大人。郡界肃然。两宫太后闻而嘉之,诏军机处记名,以道员清旨简放。盖公之以忠节受上知事如此。"[1]

四、回乡丁忧　立祖睡碑

早在英法联军第三次进攻大沽炮台之前,时任长沙知府的贵州同乡丁宝桢,即托人带信至天津告知石赞清,他远在贵阳的岳父岳母已于一年前先后辞世。因为外夷侵犯津门,他没有将此事告诉任何人,包括朝廷以及他自己的夫人。

在英夷将石赞清礼貌送还后,津门局势暂时稳定,城内几乎未受外夷兵骚扰。石赞清这才瞒着夫人将岳父母辞世的事报告了朝廷。石赞清申请假期一百天,但英法联军还侵驻在天津及四周,朝廷只恩准给假五十天,准以石赞清回乡吊丧丁忧。

一天,石夫人正在府中的凉亭浇花,石赞清走上前去靠近她,用右手抚摸着她的肩膀说:"夫人,算一算我们离别贵州有多少年了?"夫人立即放下浇花的水壶,掰着手指头算着,说:"有二十三个年头了。""想家吗?"石赞清问。"都二十多年不见咱们父母了,你说想还是不想?"夫人回答。石赞清又说:"朝廷已经恩准我五十天假,我们回贵州看父母去。"夫人说:"襄臣,你没有哄我吧?""没有,咱们明天就动身。"石赞清说。夫人又问,"那咱们要给父母准备点什么东西呢?要不要给父母准备寿衣什么的?""不用准备了,路途太遥远,我们去看父母,他们就挺高兴的了!"石赞清说。可他心里却想:夫人,父母早在两年前即去世了,我不便告诉您啊!他决定,回到贵阳还是装着不知道父母已经逝去,以免夫人不原谅。

1860年9月初,石赞清夫妇带着柳柱子和丫环,一行四人踏上了返回贵州的路途。他们基本上走的是二十三年前赴直隶供职的路线。在天津段的京杭大运河乘上南下的漕船。达江苏扬州,然后溯长江而上直达洞庭湖,又沿沅江而上进入贵州舞水。他们在施秉偏桥河边下了船,改走陆路的古驿道。因为石赞清觉得自己隐瞒了岳父母已不在世的事实愧对夫人,他答应过夫人,先到贵阳看父母。如果再走水路,就先到石赞清的出生地黄平旧州了。偏桥驻军给他们配备了四匹马。他们从偏桥至黄平飞云崖至重安,在重安改乘船至平越,又上古驿道过贵定、龙里。石赞清夫妇回到了他们阔别二十三年的贵阳。

进入贵阳后,石夫人走得特别快。石赞清一面追她一面说:"夫人慢着点!慢着点!"一行四人来到位于现科学路的高家宅院,只见正屋大门上锁着一把大锁。石夫人的一个十八九岁的侄儿从厢房里走出来。得知石赞清夫妇就是远在天津的姑爹姑妈后,侄儿扑通跪下哭了起来。他告诉石赞清夫妇,爷爷奶奶早几年就去世了。石夫人一听即昏倒在地,石赞

---

[1]《贵州通志·人物志·石赞清》,贵州人民出版社,2011年版。

清立即把夫人抱进家中。

第二天，侄儿带着石赞清夫妇来到红边里宅吉坝。岳父母的坟墓与石赞清伯父伯母的坟墓挨着不远，他们一一跪下磕了头，烧了纸，点了香蜡烛。石赞清夫人一直哭泣着，石赞清也一直扶着她，好不容易又回到了科学路的家中。

他们在贵阳稍微休息了几天，待石夫人身体稍有好转，石赞清一行四人又骑马到了黄平旧州寨勇。此时三叔公石荣山已去世多年了。石赞清带着妻子来到了父母坟墓前长跪不起。石赞清说：爸妈，我们回来了，回来看望你们了。我们还要回到天津去的。他和夫人都流泪了。可能是出于安全考虑，石赞清此次回乡丁忧没有给父母立碑。

几天后，石赞清一行又来到了清平卫的石家坪。在石家坪族人（入黔始祖石荣曾任清平卫指挥使，逝世后埋于清平西北面的半山上，石赞清回乡丁忧时，石家坪还聚居不少的石氏家族）的带领下，他找到明初入黔始祖石荣的坟墓。在族人的帮助下，石赞清给入黔一世祖石荣立了一块睡碑，碑上写"石氏祖坟"四个字。给入黔一世祖立完碑后，石赞清带着夫人和柳柱子以及丫环，从清平骑马直下重安江，过四屏（今黄平县城），到达偏桥后，将四匹马交还给驻军，在偏桥乘上东去的木船，又踏上了返回天津的归途。

石赞清一行在回归天津的路上，为了赶走疲劳，石赞清在船上给夫人等三人讲起了张三丰的故事。他说：张三丰是东汉张天师后裔，自称"赛天师"。长得大耳圆目，丰姿魁伟，须髯如戟。传说他一餐能食升斗，或数月不食，万事都能前知。他最恨某些道士，修了几年道，学得了一丁半点秘术，便借此去巴结权贵，换取荣华富贵。有一方士叫郭成显，学过一种称为五雷法的道术，能使五雷法术斩妖捉怪，呼风唤雨，因此想入京师借术图个一官半职。张三丰预知后在途中等着他来，一见面就对郭说："你身上藏着五雷正法的秘诀吧？"郭一听，知道他未卜先知，定是神人，不敢隐瞒，连声称"是"。赛天师说："我还有'六雷法'要赐给你，只要依法施行，能够招来天仙，化为美女，跨上鸾凤，游戏人间。张三丰还告诉郭成显："京城某官权倾中外，喜欢收罗天下法士，你挟着这法术去投靠他，那显赫高官马上可以获得。"郭一听大喜，急忙叩头请他传法，事讫又叩头辞谢。郭到了京师，先向某高官演五雷法，高官也信此术，引为同道。郭趁机得意地笑着自夸："我还不止演五雷法，还有六雷法呢！六雷法能招来天上美貌的仙女。"某高官一听便催着郭成显快快演法。郭却趁机搭起架子来，先让搭起法坛，周围布置，务求全套精致行头，挂红灯，围翠幔。一切布置就绪，方择日登坛演法。李家的侍妾和下属，纷纷或远或近地赶来观看。郭成显在坛上作起法来，果然有五位仙女跨骑赤色虬龙降在坛上。仙女尤其美貌，清啭歌喉，唱起曲来。音节清脆，歌声如怨如慕，似讽似嘲。高官手下的门客术士都听得呆了。忽然雷雨当空，风刮黄沙，满坛灯火一时吹灭，似乎狐精鼠怪趁机都跑了出来。一阵工夫，这一切又都消失。隐约听到有呻吟声从法坛深处传来，点起灯烛一照，却见高官府中的五个侍妾，赤身裸体各拐着一个傻大汉，傻大汉都是高官府中搜罗来的术士，五女五男僵在那儿。再看郭成显，还站在法坛上，满口糊涂话，正得意洋洋在作法呢。高官又羞又怒，提剑上去将郭斩为两段，并严令家人不得外传。但此事第二天就传遍京城的大街小巷了，弄得某京官好不尴尬。后来朝廷把这个京官给免了职。

柳柱子来自山东，他讲了西门庆与潘金莲的故事。他说：潘金莲天生丽质，因被别人奸污，被迫嫁给了武大郎为妻。武大郎貌丑家贫，可其弟武松却天生神勇，醉打白额虎，更被委为都头之职。潘金莲仰慕武松的人才武艺，竟对武松百般挑逗，武松怒而远走东京办差。阳谷西门庆看上了潘金莲之美色，便买通淫媒王婆与潘金莲相好。为绝后患，西门庆与潘金莲合谋，毒杀了武大郎。武松办完差回阳谷，方得知武大郎死讯，大悲，后查出武大郎是被西门庆和潘金莲毒杀，愤而为兄报仇，于狮子楼击杀了西门庆，更在武大郎灵前手刃了潘金莲。

一路上石夫人还唱起了贵州的山歌，丫环跳沧州的落子舞等。一路上欢欢喜喜，高高兴兴。石赞清对心爱的妻子说："好久好久没有见夫人您这么开心了。"夫人对石赞清说："襄臣，你要不当朝廷命官多好！我一直在担惊受怕中过日子，哪儿来的笑脸啊？"石赞清说："很对不住夫人，赞清本想当官让夫人过上好日子，可事与愿违啊，却让夫人整日担惊受怕，度日如年，今生今世我愧对夫人了，今生今世我们认命了，下一辈子我不当朝廷命官了，我们在黄平旧州男耕女织，过农家的田园生活好不好。""你又逗我，哪还有下一辈子？"夫人说。"咱们会有的，我下一辈子一定补偿夫人，让你过无忧无虑的生活。"石赞清不无深情地说。

历时半月多，石赞清一行踏入了天津的地界。石夫人对石赞清说："襄臣，离归期还有十余天，我想看大海。"石赞清说："那我们就从海边走吧。"他带着夫人一行绕道走静海。在海边，石夫人不断地赞叹着大海的美。她突然问石赞清："襄臣，是我们的大清国大？或是大海大？"石赞清回答："当然是海大啦，地球的十分之七是大海，十分之三才是陆地呢，大清国也只是世界上一百多个国家中的一个呢。"妻子笑着说："你怎么知道得这么多！"抬头望着石赞清，笑了。

在海岸边的一个沙滩上，石夫人提议坐下来休息一会，她让柳柱子带着小丫环拾贝去。她对石赞清说：襄臣，我考虑很久很久了，我们一直没有生育孩子，你就再娶一房吧！石赞清说，没有孩子没关系，我的堂兄弟儿子多，我们收养一个就是了。

柳柱子突然从海水边跑过来说："石大人，你看从南边驶来了几条大船。"石赞清向着大海的南边望去，见到了数艘大船越驶越近，原来是英国和法国的军舰，军舰上还插着英国国旗和法国国旗。石赞清的脸色立即沉了下来。他对着妻子说："英法外夷一日不离去，赞清我一日不停止与之斗争。如果我以后万一有个三长两短，夫人您要把我的尸骨拿回贵州去，将我埋在宅吉坝咱父母的旁边，我要守护着父母。"多遇波澜的生活，已经使得石夫人变得十分老成，她站着静静地听着，没有打断他的话。待石赞清说完后，石夫人表情淡然地说："我知道了，我知道了，我以后也要守护在父母的身旁。"石赞清夫妇形成了一种默契，将来不管谁先走了，生存方都要负责地将对方埋葬在贵阳的宅吉坝，因为那里葬着他们共同的父母。看着英法军舰走远了，他们才向着天津城方向走去。

一方面由于清朝时的交通信息闭塞，另一方面是石赞清回乡吊丧根本就不惊动和接触地方官吏。回到天津，幕僚们才告诉石赞清，就在他吊丧期间，英法联军侵入北京，烧毁了圆明园，朝廷全部承诺了侵略者的一切条件，分别与英、法签订了《北京条约》。石赞清听完幕僚们的诉说后，肺都气炸了。他把喝茶的茶杯狠狠地往地下摔了个粉碎，连说："奇耻大辱！奇耻大辱啊！"

石赞清携夫人回黔吊丧，他悄悄地回来，又悄悄地回去。一年半载后，贵州的官员和民众，才知道他们敬佩的天津知府石赞清石大人曾回贵州老家吊丧一月有余。

五、民怀其惠　夷慑其威

石赞清获假回黔吊丧期间，津民们有近两个月未见到与之朝夕相处的知府大人。府衙幕僚们知道石赞清回乡吊丧的不多，又鉴于当时英法联军还侵占着天津，上方要求不要走漏石赞清回乡吊丧的事情。一时间，津民们议论纷纷，各种传说迅速在天津人民中间不胫而走。

流传得最多的是说石赞清在天津的爱国行动得到了咸丰皇帝和两宫太后的首肯，他将要被调任新的更重要的职务。也有人误传，说石赞清因为失察天津知县尹佩玱释放监犯下部议处，告老还乡养病去了。如此等等。津人们一时颇受震动。此时海氛未靖，外敌仍犯我津门，天津人民皆希望这位"洁己爱下，深得民心"的郡守留任天津。于是，津民们经过多次商议，决定派代表至天津道辕，要求挽留石赞清。（清）丁运枢《张公襄理夷务纪略》记载了津民上书挽留石赞清知府，挽留书如下：

> 窃自天津府知府石大公莅任以来，整躬率物，早传封鲊之廉；察吏安民，并化饮羊之俗。能使案无留牍，冤雪覆盆，诚古之良二千石也。今闻因病辞官，上书求退。某等凤承幪覆，仰荷栽培，如童蒙之投明师，恩深教诲；如婴儿之望慈母，愿切瞻依。卧辙争先，率同侪而留石奋；陈词恐后，效古人之借寇恂。此则出自众心，实难缄口者也。况正当服官之岁，偶抱采薪之忧，上紧医调，即能痊愈，何可使良吏告归，致令小民失望耶？为此不辞冒渎之嫌，敢做攀辕之请，公吁宪恩，据情转详。倘蒙仁宪之允诺，仍瞻太守之威仪，俾顺舆情，以孚众望，从此精神永固，免二竖之灾祲，定必捍卫有方，作三津之保障。临禀不胜祷祝待命之至！

从这份真情的挽留书中，我们充分看到了天津人民对石赞清的爱戴之情。他们十分担心自己心爱的石大人被调任或者还乡，他们不愿意看到石赞清离开天津。特别是津民们误把石赞清回乡吊丧认为是因病辞官，上书求退，认为石赞清"况正当服官之岁，偶抱采薪之忧，上紧医调，即能痊愈"，不必"何可使良吏告归，致令小民失望耶？"天津人民认知石赞清"莅任以来，整躬率物，封鲊之廉，察吏安民，案无留牍，冤雪覆盆"。他们把天津府与天津人民的关系誉为"某等凤承帱覆,仰荷栽培,如童蒙之投明师,恩深教诲;如婴儿之望慈母,愿切瞻依。"当然,天津人民真情挽留石赞清,最最期待的还是他"定必捍卫有方,作三津之保障"。津民们认为只有石郡守才能震撼外夷列强之淫威,才能领导天津人民捍卫津门。

天津人民如此真情挽留石赞清,作为石赞清的上司,自然亦会同有其思。直隶总督署据情上报朝廷。很快朝廷传下谕旨:"石太守准留天津。"天津人民闻讯大喜。"石大人留任了,石大人留任了!"津民们奔走相告,沉浸在无比的喜悦之中。天津人民还派出代表,"赴道辕叩谢"。(丁运枢《张公襄理夷务纪略》)

英法联军火烧圆明园后,一方面是害怕遭受到中国人民的更大报复,另一方是要将抢劫来的东西运往国内。因此大部分侵略军撤退至天津。在石赞清应民请求留任天津知府后,他又领导天津人民与英法侵略军进行不屈不挠的斗争。

从我们收集到的史料记载以及天津人民的民间传说,值得记录下来的主要有以下几件事:

第一件事,石赞清因为业绩突出,受朝廷赏花翎和多次表彰。

清朝廷编修的《石赞清列传》记载:"九年以办理海防出力赏加道衔……十年六月刑部侍郎齐承彦奏保赞清分办天津团防……十一年正月以办理天津防务出力赏加盐运使衔。"《清实录·文宗显皇帝实录》卷三二四载:"昨谕令宽惠、崇厚迅派兵勇,救援大沽后路,令焦佑瀛、张之万,驰驿回籍,激励民团,招集义勇,会同堵剿。天津百姓素称好义,谅必同心协力,踊跃争先……该少卿未到之先,即着宽惠、崇厚督同天津知府石赞清及本地绅士先行筹办。"《清实录·文宗显皇帝实录》卷三二四又载:"据僧格林沁筹奏,北岸石缝炮台失守,大沽两岸万难支持各一折。津郡为京师门户,大沽既无可守,则津郡愈形吃重,所有前调兵勇,即着毋庸派赴大沽,留于该郡严密布置。并督饬石赞清知府激励民心,竭力堵御,于天津附近各要隘处所,层层设备,迎头截击,毋得稍有疏虞,致令京师震动,是为至要。"《清实录·文宗显皇帝实录》卷三四零载:"以直隶天津府办防出力,赏知府石赞清陞花翎。"

第二件事,石赞清拒绝出席英法列强炫耀武力的军演。

咸丰十一年(1861年)一月十七日,石赞清回乡丁忧刚回到天津不久。英夷军领孟干即来天津府中送请柬。孟干说:"石大人,我家额尔金军帅邀请你观赏英法军定于明日的军事操练,请石大人务必赏脸光临!"柳柱子从孟干手中接过请柬,递交给石赞清。石赞清心中明白,英酋安的不是好心,所谓的邀观操练,实际上是英法列强要炫耀武力,是对清廷的恶意挑衅和侮辱。石赞清从柳柱子手中接过请柬,看也不看,当着英夷军领孟干的面,便把请柬丢在了垃圾撮中。孟干连连说:"石大人你?石大人你?"石赞清一边摆手一边说:"我知道了!我知道了!"孟干说:"石大人你一定赏脸啊!"石赞清大声对柳柱子喊道:"送客!"柳柱子对孟干说:"走呀!我家大人忙着呢!"孟干军领愤愤离去。

孟干回报英酋额尔金,把石赞清将请柬丢垃圾撮的事报了。额尔金气得头都大了,说:"果有这等事?"孟干说:"我亲眼见着的。"额尔金连连说:"太过分了!太过分了!"孟干讨好说："我明天带兵士把天津知府押来。"额尔金摆摆手说："不可以，不可以。我认为知府大人定会来的。他若敢不来，我再修理他也不迟。"

第二天，即一月十八日，英法两国马、步军全队，威风凛凛开于津门南门外一大块空地，两国国旗迎风招展，军士们穿着清一色的白衣白裤，手持钢枪，炮兵马队拖着大炮，列队进达军演大操场。在观演台上，英酋额尔金行着军礼，孟干忙上忙下，被邀宾客陆续对位入座。额尔金不时地转脸观看位于中间的天津知府石赞清的座位，却始终空空如也。

上午十时，演练开始。英法列军操演车炮、射击、马赛、列队，好不威风。而在观演台上坐着的有刚刚被任命为通商大臣的崇厚和天津道员孙冶等，清朝官员们的面部表情都极不自然。位于英酋额尔金右面的天津知府石赞清的座位上，还是空空的。额尔金时而起立，时而坐下，愤愤不平。孟干走到站立起来的额尔金身后耳语说："军帅，我去把天津知府抓来？"额尔金很生气地大声说："不可乱来！知府大人他会来的，他会来的。"可直到演练结束，天津知府石赞清的位置还是空着的。

关于这件事，《辛酉英法屯军记》记载说："英夷约阖城长官往观，崇厚、孙冶、冷庆俱到，独石府尊不往。"崇厚、孙冶、冷庆等这些津城大员都诚惶诚恐地遵约前往，大丧国格，去看敌人炫耀武力，因为他们生怕开罪于洋人。而作为天津知府的石赞清断然拒绝了在自己的国土上观看外国兵操练的"约请"，毅然"不往"，这无疑是需要一种大无畏的精神的。

作为天津地方最高的行政长官，石赞清拒绝出席英法军军演，让英法列酋感到非常尴尬，但是又奈何他不得。英酋额尔金心肚自明，天津知府石赞清民望极高，连大清国皇帝都赞誉有加。虽然军演之前即得知石赞清把他的请柬丢进了垃圾，又拒绝出席他精心安排的英法列军军演，让他大失面子，但额尔金只能强忍着。若真要对石赞清进行修理造次，天津人民绝不会答应，大清国也不会答应。弄不好要引火烧身。在这之前扣押石赞清在海光寺，天津人民游行抗议，咸丰皇帝亲自过问要放石赞清，他不得不把石赞清礼貌送还。此次军演本来就是做来吓唬中国人的，被人称为硬骨头的石赞清胆敢不来，这个人太可怕了。据说军演事后，孟干军领曾向额尔金报告，要报复修理石赞清。额尔金痛骂孟干："你懂个屁！以后对这位天津知府你要尊重点，不要尽给我带来麻烦。"

石赞清没有出席英法列军军演，自有他的道理。因为在石赞清看来，英法美俄是侵略者，是敌人。早将生死置之度外的石赞清，仇视英法列强的所作所为。不出席英法炫耀武力的军演，这也是自然而然的。

第三件事，石赞清怒杖洋兵六十大板。

英军根据与清朝政府签订的不平等《天津条约》，进驻天津东门城。咸丰十一年（1861年）二月，一天，石赞清乘坐轿子出城视察从东门城路过，一个英兵居然从城墙上用水泼石赞清乘坐的轿子。石赞清立即下得轿来，命令柳柱子带着几个差役，爬上东门城墙上，把泼水英兵押下楼下，带回天津府中。石赞清命令柳柱子搬来一根长凳，令差役们将泼水英兵按在长凳上，狠狠痛打了六十大板。泼水英兵被打得喊妈叫娘，皮开肉绽。石赞清又令柳柱子和差役架着已被打得不能行走的泼水英兵，送往东门城英军营孟干处。传说孟干曾向英酋额尔金要求发兵，要扫平天津府。英酋额尔金把孟干痛骂一顿。连连说："扫平不得！事情没有那么简单，石赞清是何许官员，是大清国的好官，是天津人民最享有崇高威望的父母官。"孟干回答说："那我们的兵士该是白该打了。"额尔金提高嗓门说："挨打是轻的，还应该枪毙！用水泼石赞清成何体统？对我大英帝国侵华计划有何帮助？"孟干不敢说话了。额尔金要孟干严管自己的士兵，千万别再惹事。

关于这件事，《天津大事记》《津门闻见录》是这样记载的："英夷将东门外城壕堑平，至（咸丰十一年）二月，瓮洞内水深三尺。石府尊有事出城过此，夷兵用水泼之。府尊大怒，令差役拿过，杖满六十大板，带回衙门，转送英官孟干处发落。"当代天津文人撰文说："在外寇侵津期间，敢于怒杖洋兵的中国官员，石赞清一人而已。"

第四件事，石赞清上折参清军驻天津某军领。

《谋清》一书如此描述这个故事：石赞清留任天津知府时，清军驻天津某军领是一名八旗悍将。该军领带兵的原则是，只要士兵能打仗，平常偷鸡摸狗扰民，他是不管的。当时某军领统领的一万多清兵驻扎在津门市郊。直隶总督署有令，清兵不得进入天津扰民。该军领一是对直隶总督署的指令不满，二是为了笼络他的官兵，他决计要对士兵们做一件"好事"。他居然找来军中师爷，让师爷伪造天津知府石赞清的邀请文书。"呈报义军都统贤郡王殿下，今天津地方多有不靖，查实乃烟花之所，惹祸生非。今特请出兵戡靖地方。"落款是天津知府石赞清。

第二天，几千名清官兵，持着伪造文书，从天津东南西北四门分别进入天津。军领的亲兵二子，带着一两百人进入市区一家妓院。二子在院中朝天开了一枪，大声嚷道："军爷办差，闲杂人员请速离去。否则，以谋逆同党论处！"妓院一阵混乱，许多男人提着裤子连滚带爬逃了出去。老鸨子弄明白了，这些士兵是来这里抢女人的，立即嚎叫开了。二子拿着手枪，对着她的脑门上划了几圈，大声吼道："怎么地，你老婆子是给人呢或是要自己的命？"老鸨子一下子瘫倒在地上。兵士们像饿狼似的，冲上妓院的每一个角落，妓院里发出了一阵阵的尖叫声、叫骂声、哭闹声。

石赞清得知当天发生的事情后，肚子气得都快要爆了。他对柳柱子大声喊叫："备轿，到军营算账去。"他带着柳柱子和几个差役，于当晚来到某军领的营房中。他冲着军领大声吼道："军带，看你干的好事，我石赞清什么时候请你进城戡乱了？""石大人，你不请我们就不可以自到吗？你要知道是军士们在保卫着天津啊！"某军领毫不示弱地说。石赞清又说："军领你有姐妹吗？女人不是人吗？"某军领说："石大人，我的兵士没有杀人啊！女人们慰问一下提着命儿守护津门的兵士，难道不应该吗？"石赞清见着某军领不讲道理，很生气地说："我要上折子参你。"军领说："随你石大人的便。"

回府后，石赞清把某军领的侵民行为写成折子，呈报了朝廷。当时朝廷正忙于应对英法美俄列强的步步威逼，忙于镇压太平天国起义，石赞清状告某军领的折子当然也就不了了之。但朝廷对石赞清的爱民行动还是记录上了一笔。《皇朝经世文续编》卷一百八称："石赞清胆识兼备久得民心。"《贵州通志·人物志·石赞清》也记载说："赞清知天津府数年，洁己爱下，深得民心。"

第五件事，咸丰皇帝为报复英人扣留石赞清作人质，下旨扣留英夷巴夏礼等人。

咸丰十年七月二十八日（1860年9月13日），英侵略军前头部队抵达马头，他们要到通州面见怡亲王载垣、兵部尚书穆荫，要求到北京向咸丰帝亲递国书。载垣、穆荫把英侵略军的意图奏报咸丰皇帝。咸丰皇帝9月14日发出上谕："巴夏礼、威妥马等系（该夷）谋主，闻明常亦暗随在内，即著将各（该夷）及随从人等羁留在通，勿令折回，以杜奸计，他日战后议抚，再行放回。"就是说，如果巴夏礼等到通州来送递照会，就把他们当即逮捕。扣留巴夏礼是咸丰帝的最高决策。

9月18日，英法侵略军派巴夏礼并带随从英军士兵25人和法军士兵13人到通州，照会僧王撤退张家湾驻防清军，并坚持要到北京向咸丰帝亲递国书。同时声称，不同意在京向皇帝面递国书，就是中国不愿和好，以示威胁。这是赤裸裸的强盗行为及最后通牒。巴夏礼说完之后，"掉头不顾，骤马逃去"。在这种情况下，载垣下令僧王将其截拿，予以扣留。

咸丰皇帝提出扣留巴夏礼是有其原因的。英法联军首先劫留天津府知府石赞清作为人质。"该夷因闻大兵欲抄其后路，将天津府石赞清劫留营中不放。""英夷孟姓带将天津府知府石赞清劫去，当即询问巴夏礼，据称知有此事，唯不肯认错，言词桀骜。"巴夏礼参予谋划扣留石赞清时，咸丰皇帝指示"著恒福等一面饬令该处士兵向该夷酋孟姓索取，务令以礼送还，倘该夷不服理喻，仍将石赞清扣留不放，则众怒难犯，势必激而与战。"英方扣留石赞清为人质，参与密谋此事的巴夏礼不但不认错，反而"言词桀骜"。咸丰帝扣留巴夏礼只不过是一种迫不得已的报复手段。

清军奉命扣留巴夏礼及英法军士38人，外加一名记者共39人，押送北京，以"叛逆罪"投入大牢。囚禁期间，由于英法军士的傲慢与猖狂，免不了受到酷刑与拷打，其中包括《泰晤士报》记者鲍尔比。一个月后当清政府被逼释放他们的时候，在被囚禁的39人当中，已有21人死亡，只18人存活下来。

火烧圆明园的罪魁祸首是英国额尔金伯爵。他声称是为了报复清政府拘捕公使和虐待战俘。10月18日，3500名英法军冲入圆明园，纵火焚烧圆明园，大火三日不灭，圆明园及附近的清漪园、静明园、静宜园、畅春园及海淀镇均被烧成一片废墟，宫中近300名太监、宫女、工匠葬身火海，是世界文明史上罕见的暴行。

火烧圆明园这场浩劫，正如法国著名作家雨果所描绘和抨击的那样："有一天，两个强盗闯进了夏宫，一个进行抢劫，另一个放火焚烧。他们高高兴兴地回到了欧洲，这两个强盗，一个叫法兰西，一个叫英吉利。他们共同'分享'了圆明园这座东方宝库，还以为自己获得了一场伟大的胜利！"而这场浩劫的元凶额尔金在他的一封信中，竟得意洋洋、不知羞耻地写道："此举将使中国与欧洲惕然震惊，其效远非万里之外人所能想象者。"另一侵略者戈登承认："我们就这样以最野蛮的方式摧毁了世界上最宝贵的财富。"

目睹圆明园被烧的传教士艾嘉略，对于北京遭劫和签约过程作了很逼真的描述：英法士兵找到了由数百名清兵保卫的圆明园，守军很快就四处溃散。园中少有的某些居民，包括道光皇帝第5子的母亲，急忙逃到水中自杀，以免落入敌手而遭受更加凄惨的命运。该园由两幢城楼组成，一南一北，由一些配殿或偏殿相连。一片宽敞的院落将南北二楼分开，院子里栽满了高大的乔木。院子中有一个宽阔的小湖，于宫殿四周扬起曲波。湖面上有小船荡漾，湖上建有美丽的小桥。假山又使风景锦上添花。园中有一座由耶稣会士们建造的西洋楼。北楼是皇帝的起居处。其宗王、宗人府中的大官吏们，则居住在配殿。其中布置的家具都很豪华，特别是皇帝的家具更光彩夺目。玻璃镜子、摆钟、细瓷瓶、巨大的镶木地板、金鼻烟壶、镶嵌钻石的手表、大量不同大小的珍珠、豪华的丝绸、珍皮、华丽织锦、金器、银器、玉器，一切都经过艺术加工，象征着一种皇家的豪华。皇帝及其朝廷在匆忙的逃亡中，抛弃了一切。这些财宝就如同是漫不经心地送给英国人法国人的一堆猎物一样。我们还可以在那里发现数量巨大的银锭，国库中还有大批银钱，联军中的两个国家瓜分了它们，其后又分配给士兵们。每名士兵所得到的份额至少有100法郎。非常遗憾，当抢劫处于无组织时，不可避免地会造成严重糟蹋与破坏。联军所不想要的和不能带走的一切，都要砸烂，或者是用脚踏碎……清政府在抵抗不利的情况下，咸丰皇帝率领其小朝廷逃往热河避暑山庄并在那里晏驾。英法联军如同虎狼般地闯入北京，大肆劫掠。清政府被迫与英、法签订了《天津条约》的《续增条约》，史称《北京条约》。

圆明园毁灭了。它毁于英法侵略者的蛮横与疯狂，也毁于清王朝的腐败与无能。圆明园之火，既是帝国主义野蛮摧残人类文明的见证，也是文明古国落后了就会挨打的证明。英法列强以21人被虐待致死为由，纵火烧毁了有"万园之园"之称的圆明园，烧死宫中300名太监、宫女和工匠，并把圆明园洗劫一空。英法列强侵犯广州、天津、北京，中国人死伤逾千万人，英法列强又该当何罪？

一二一　顺天府尹①

咸丰十一年（1861年），石赞清超擢为顺天府府尹，这也是他仕途生涯中的一个重要阶段。我们将分三个专题，研究叙说石赞清超擢为顺天府府尹的那些事儿。

前所述及，石赞清在天津英勇抗击英法美俄列强的行动传到热河，两宫太后"闻而嘉之"，谕曰：

> 天津知府石赞清在任年久，深得民心，此次绥辑地方尚能妥协，著加军机处记名，遇有直隶道员缺出，请旨简放。

本来，两宫太后"闻而嘉之"的谕旨是："遇有直隶道员缺出，请旨简放。"可朝廷却超擢石赞清任顺天府府尹。官阶也从正五品跃升为正三品，这是连破两级的重要提拔，在等级森严的大清国，是很少有的现象。从此后，他在仕途上一路顺风，成为清朝廷和皇帝最信任的官员之一。

一、朝廷"用树风声"的典范

我们还是先说说石赞清调离天津时的情况。

咸丰十一年（1861年），石赞清超擢顺天府府尹。天津人民知道了他们敬重的石大人要调京城了，许多人从四面八方赶来，将知府衙门围了个水泄不通。许多的人高喊着："石大人！我们不要你走！不要你走！"

石赞清站在衙门的高台上向人们招手说："天津的父老乡亲们！都请回去吧，都请回去吧！我也舍不得离开你们，舍不得离开津门！我还会回来看望大家的。俺在天津知府的任上，还有许多重要的工作没有做好没有做成，你们能够体谅赞清，我在这里向大家谢过了，谢过了！都请回去吧，都请回去吧！"说完，石赞清歪下腰来，恭恭敬敬地向着人们行了三鞠躬。

---

① 本文系《晚清名臣石赞清传》（修订本），中国文史出版社，2013年版。第九章　政绩卓著超擢顺天府府尹。

人们还是久久不愿离去，一些年长的老人，妇女都纷纷流泪了。

第二天石赞清启程赴京，天津士民上万人远送数十里外，许多老人和妇女都哭成了泪人。石赞清频频向人们招手抱拳。走出十里开外人们还要送，石赞清哭了。在与天津人民共同抗击英法列强的日子里，他与天津人民结下了深厚的友谊。他是多么舍不得离开津门，舍不得离开天津人民。

石赞清站在一块斜坡地的高处流着眼泪对着欢送的民众说："天津的父老乡亲们！今生今世，我不会忘记你们对赞清我的厚爱，我更爱你们，我真舍不得离开你们，但朝廷的谕旨不可抗拒啊！你们都停步吧，都回去吧，赞清我一定还会回来看望大家的。"

人群中有人高喊："石大人！你一路走好，到了顺天可不要忘记我们啊！"人群中发出了大声的嚎哭声。

石赞清抱拳向着众人大声说："赞清我不会忘记你们，不会忘记你们！都快快回去吧！"说完，他朝着欢送的人们深深地行了三鞠躬！然后登上了停在路边的轿子，他捞开轿帘，频频向人们招手，石赞清哭了。

关于这次调京送行，当时津人郝缙荣作诗云："冰冻河桥霜气苦，萧萧别马嘶前口。使君一去不可留，十万人家泪如雨。"《天津府志》载："1861年底清政府擢升石赞清为顺天府尹。去任，绅民泣送数十里。"[①]

石赞清在任天津知府共五年，他"洁己爱下，深得民心"。半年前，天津人民真情地挽留石赞清，朝廷只好尊重民意谕"石太守准留天津"。半年后，天津人民衷心爱戴的石赞清知府还是被朝廷调走了。天津人民怀念石赞清之心情难以言表。（清）孟继坤撰《咸丰十年观泉道人对句》影印本中亦有"固磐石于津门、石郡侯贞如介石""太守有心归地府""旗仗迎归石使君"等回目。有"夷居天津数月，赞清终不离署"等句。（清）民间抄本与影印本中多次提到石太守、府尊石。郝缙荣《津门实纪确对》有"石太守矢死保孤城"一组。《戊午英夷犯津纪》记有"英人乘我军无备，将其船挨次而进。城门大开，除府尊石、县尊尹尚未离城外，余皆避躲远村"等。这都充分反映出天津人民对石赞清的爱戴之情。

在清朝时期，顺天府是整个北京地区的行政管理机构，顺天府府尹是北京的治安与政务的最高行政长官，有着跟御史台、步军统领、九门提督等几乎相等的权限。而且，顺天府还有承接全国各地诉状的资格，相当于一个小刑部。顺天府尹可以直接上殿面君，即可以直接与皇帝对话。顺天府管的是北京的治安与政务，同时又连着六部以及上书房。也就是说，如果坐在顺天府尹位子上的那个官员，骨头够硬，他就有能力通过皇帝，影响、更改，甚至全面推翻众多衙门的决议。凭着一个职位的力量，能够同时插手众多中央部门的事务，而且这还不算越权。在大清朝的中前期，顺天府的府尹，大多是由八旗人担任。石赞清超擢为顺天府府尹，可见清朝廷对石赞清的倚重和信任。

---

① 《天津府志》。

作为一个来自边远地区的农家子弟，石赞清对朝廷超擢他为顺天府府尹，他是没有想到也没有思想准备的。走马上任后，在《谢授顺尹恩由》奏章中，石赞清流露出了敬畏而又惶恐不安的复杂心情。他这样写："上谕：顺天府府尹著石赞清补授，臣当即设香案望阙叩头谢恩。臣黔中下士，知识毫无，渥沐三朝之遇，由进士即用知县，擢任知府，未效涓埃……不尽犬马之劳更葅……府尹有查吏安民之责，如臣樗昧，深擢费胜，唯有呼恳……亲睹宫训，庶地方一切公事得以有序秉承，以冀仰答高厚生成于万一……。"由此可见，石赞清是一个忠实诚恳而有自知之明的官员。他感谢朝廷的信任，又生怕自己的工作做得不好。

清朝廷超擢石赞清为顺天府府尹不久，同治皇帝登基，为了树立忠贞死节之臣作楷模，以教化在位百官，特下了一道"圣旨"。"圣旨"中这样写道：

> 吏治与军务相为表里，吏治得人，则民安居乐业，军务自有起色。近年吏治废弛，封疆大吏以奔走逢迎者称为能员，其悃幅无华者往往目为迂拙，未列上考。昨已超擢天津知府石赞清为顺天府尹，用树风声，俾资观感。着各督抚留心查访，如有循良素著，朴实爱民者，即行专折保奏。

从上述两宫太后传谕"军机处记名"和同治皇帝"用树风声"的"圣旨"中可知，石赞清确系一名政绩卓著的清朝官员，他善于把爱国、忠君和体恤民众结合起来，成为了朝廷"用树风声"的典范。

石赞清以民族气节为重，在外来侵略者面前，英声义色，长国人志气，灭侵略者威风，其爱国行动受到了国人的高度颂扬。

清人严辰著有石赞清小传，收录在《感旧怀人集》中，其中有诗赞颂石赞清："大名赫赫震重洋，信有人才石敢当。却噫京华分手后，尚留一面在三湘。"

清代著名诗人何绍基有诗高度赞扬石赞清的爱国精神，题目是《送石襄臣同年由湘藩擢太卿北上》。诗曰：

> 生死关头岂容易，迟疑不决乃常事。
> 屹然谈笑詟强夷，义色英声动天地。
> 郡符才绾遽尹京，又躐常级擢秋卿。
> 忽然出藩燕及楚，华星南指远更明。
> 朝廷用贤有绳尺，偶逢超践惊破格。
> 骞翔中外几旋转，近年唯有郑与石。
> 郑公初解湘上船，石公内擢翩如仙。
>
> 旧雨将离甫一醉，清风所破今三年。

同年气谊甚联贯，剀论谐词相点窜。
喜公雅度不疵假，令我迁怀增烂漫。
诗词余事见性真，世间浮躁徒纷纶。
他日提衡铸才彦，便持此鉴阅陶甄。
雪花初飞水光定，两岸青山一帆正。
无穷名业证初心，辉耀人寰成景庆。

"生死关头岂容易，迟疑不决乃常事。屹然谈笑詟强夷，义色英声动天地。"何绍基对石赞清的爱国精神赞誉有加。"朝廷用贤有绳尺，偶逢超践惊破格。"诗人对朝廷给石赞清的破格提拔也高度之赞扬。

石赞清的爱国行动传回到贵州，贵州人民都以石赞清为骄傲。特别是一批文人，积极写诗撰文颂扬石赞清。清代贵州的著名文化人、沙滩文化的代表人物黎兆勋有诗云：

高允长揖中常侍，汲黯不拜大将军。
古人立朝峻风概，黔虽小国今有人。
石公一官自落拓，雁门太守歌天津。
此时太守不屈节，岂有呵护烦明神。

"石公一官自落拓，雁门太守歌天津。此时太守不屈节，岂有呵护烦明神。"黎兆勋不仅高度颂扬石赞清，他还特别强调一句："黔虽小国今有人。"

沙滩文化的另一个代表人物黎庶昌在《工部侍郎石公神道碑铭》中说："同治未改元之岁，天子既黜八大臣不用，诛钮奸慝，思擢一二贞亮死守之臣以风示有位，于是超拜天津知府石公为顺天府尹……天下翕然颂帝德，知人也。"

清代贵州的另一著名文化人，被冠以西南大儒的莫友芝，咸丰九年致信石赞清，题目和首句是"襄臣郡伯大兄大人左右"[①]，信中高度颂扬了石赞清的爱国和勇敢精神，视之为贵州人的骄傲。

凌惕安在《清代贵州名贤像传序·石赞清》中说："北京条约者，吾国外交史上极可耻可痛之事也。方事之亟，黔有人焉，誓以守殉职守，不屈不挠，足以表现吾国之民族性者，则石赞清也。"

---

① 张兵：《评张剑〔莫友芝〕年谱长编》。

二、"辛酉政变"中的石赞清

石赞清任顺天府府尹伊始,即遇大清国多事之秋。最重要的就是"辛酉政变"。

咸丰十年(1860年)九月,英法联军由天津登陆,逼近北京,咸丰慌忙携带皇后钮祜禄氏和懿贵妃那拉氏等宫眷及一部分大臣,逃往热河避暑山庄。当时,皇后钮祜禄氏住避暑山庄烟波致爽殿东暖阁,故称"东边的太后"(东太后);懿贵妃那拉氏住烟波致爽殿西暖阁,故称"西边的太后"(西太后)。后来东太后上徽号为"慈安",西太后上徽号为"慈禧",是同治皇帝登基后所赐。

我们知道,咸丰皇帝是有清以来第一个离宫避难的皇帝,也是一个死于逃难的皇帝。他逃离清皇宫之时,身后残阳中的紫禁城巍峨肃穆依旧,他还不知道自己再也不能回到这里。这次出行,已是他生命的不归之路,不久他成为大清第一个死于逃难途中的皇帝。

咸丰皇帝奕詝和恭亲王奕䜣是亲弟兄,因为争夺皇位而积怨。咸丰继位之后,正处于清王朝最危险、最困难的时候,此时的清王朝已然千疮百孔,无力回天。咸丰没有他祖先康熙、乾隆那样有很大的作为,再加上他平时喜爱酒色,而且又有一个聪明勇敢的六弟奕䜣,人们对他的继位产生了很大的怀疑。咸丰逃离京城时派他的六弟恭亲王奕䜣留守京城,和侵略军谈判议和。奕䜣代表清政府与英、法、俄签订了《中英北京条约》《中法北京条约》《中俄北京条约》,并批准了中英、中法《天津条约》。在《中俄北京条约》中,承认了咸丰八年(1858年)沙俄迫使清黑龙江将军奕山签订的《瑷珲条约》。

咸丰十一年(1861年)七月十五日,咸丰帝在热河行宫病重。十六日,咸丰在烟波致爽殿寝宫,召见怡亲王载垣,郑亲王端华,御前大臣景寿,协办大学士肃顺,军机大臣穆荫、匡源、杜翰、焦祐瀛等。咸丰谕:"立皇长子载淳为皇太子。"又谕:"皇长子载淳现为皇太子,著派载垣、端华、景寿、肃顺、穆荫、匡源、杜翰、焦祐瀛,尽心辅弼,赞襄一切政务。"因皇太子年幼,咸丰要他们尽心辅佐。而留京与外夷周旋的恭亲王奕䜣则被咸丰排斥在"顾命八大臣"之外。

载垣等请咸丰帝朱笔亲写,以昭郑重。而咸丰帝此时已经病重,不能握管,遂命廷臣承写朱谕。咸丰同时授予皇后钮祜禄氏"御赏"印章,授予皇子载淳"同道堂"印章(由皇子载淳生母懿贵妃那拉氏掌管),并颁诏说,此后新皇帝所颁的一切诏书,都要印有这两枚御印才能有效。十七日清晨,咸丰皇帝在内忧外患中驾崩在热河避暑山庄的烟波致爽殿内。

第二天,咸丰皇帝六岁的儿子载淳在灵柩前继位(咸丰皇帝共生有两个儿子,载淳是他的长子,次子三岁就夭折了,载淳成了皇位的唯一合法继承人)。

载淳继位,由八大臣操纵改年号为"祺祥"。当日,两宫皇太后扶着六岁的小皇帝,召见了八大臣,强调新皇帝年幼,要求辅佐,垂帘听政。肃顺等人以咸丰皇帝遗诏和祖制无皇太后垂帘听政的先例,拟旨驳斥。两宫皇太后与八位赞襄政务大臣激烈辩论。八大臣"哓哓置辩,已无人臣礼"。"声震殿陛,天子惊怖,至于涕泣,遗溺后衣",小皇帝吓得尿了裤子。

两宫太后坚持不让，载垣、瑞华等负气不视事，相持愈日。八大臣想先答应两宫太后，把难题拖一下，回到北京后再说。

1861年农历八月初一，留守北京的恭亲王奕䜣获准赶到承德避暑山庄叩谒咸丰皇帝的梓宫。奕䜣是咸丰的亲弟弟，为人机智、练达，很有才干。据说奕䜣化妆成萨满，在行宫见了两宫皇太后。奕䜣向两宫皇太后报告说，大清官民对英法联军入侵北京、火烧圆明园的表示了强烈愤怒，对咸丰皇帝带宫皇太后不顾民族、国家危亡而逃到避暑山庄也表示出极大的不满，要求两宫太后立即返回北京，收拾残局。听奕䜣报告后，两宫皇太后密谋，要争取政治上的主动，一定要有大的动作来争取官心、军心、旗心、民心。两宫太后同恭亲王奕䜣密商决策与步骤，返回北京，准备政变。奕䜣故意在热河滞留六天，尽量在肃顺等面前表现出平和的姿态，麻痹八大顾命大臣。

8月3日，八位赞襄政务大臣中除肃顺一人留下陪灵驾返京师外，载垣等七人提前返回北京。8月5日，咸丰皇帝梓宫由避暑山庄启驾。六岁小皇帝载淳和两宫皇太后，奉大行皇帝梓宫，从承德启程返京师。两宫太后和小皇帝载淳只陪了灵驾一天，就以皇帝年龄小、两太后为妇道人家为借口，从小道提前四天赶回了北京。

8月8日，两宫太后同小皇帝载淳奉回到北京皇宫，立即在大内召见了恭亲王奕䜣、军机大臣文祥、内大臣世铎、顺天府府尹石赞清等，密商政变逮捕载垣等机密事。

8月9日，两宫太后扶小皇帝载淳上朝，除恭亲王奕䜣、文祥、世铎、石赞清等外，提前返京的七大顾命大臣如数上朝。奕䜣手捧盖有玉玺和先帝两枚印章的圣旨，宣布载垣等罪状："上年海疆不靖，京师戒严，总由在事之王大臣等筹划乖张所致。载垣等不能尽心和议，徒以诱惑英国使臣以塞己责，以致失信于各国，淀园被扰。我皇考巡幸热河，实圣心万不得已之苦衷也！"也就是将英法联军入侵北京、圆明园被焚掠、皇都百姓受惊、咸丰皇帝出巡的政治责任等全扣到载垣等八大臣头上。宣布完毕，那拉氏西太后命令："来人，把载垣等打入大牢。"后令睿亲王仁寿、醇郡王奕譞往速陪灵驾返京师肃顺。因为下雨，道路泥泞，灵驾行进迟缓。王仁寿、奕譞在密云行馆捕着了肃顺。"肃顺咆哮不服，械系。下宗人府狱，见载垣、瑞华等已先在。"

顾命八大臣被抓后，立即被押送宗人府。两宫皇太后要恭亲王召集会议提出对八大臣的处置及年号问题。八大顾命大臣最初拟定的年号"祺祥"不能用了。

恭亲王召集文祥、世铎、石赞清商量，确定对八大臣四杀四不杀，并议定年号取名为同治。第二天，四人进宫面禀小皇帝及两宫皇太后。恭亲王奕䜣跪在前，军机大臣文祥、内大臣世铎、顺天府府尹石赞清跪在后。

恭亲王奕䜣跪奏："启禀皇帝皇太后，肃顺、载垣、瑞华乃属作乱的首领，不杀不足以平民愤。而景寿、穆荫、匡源、杜翰、焦祐瀛不过是被裹挟从贼，实属无奈，可免一死，作置休处。"两宫皇太后一听，就准了。接着就是年号问题。

那拉氏西太后问："那年号呢？"恭亲王奕䜣调转头来给石赞清使了使眼色。

"启禀皇帝皇太后，臣工等以为，我大清新年号当定为'同治'。"石赞清跪着回答。

"何为同治？"那拉氏西太后又问。

"回太后，同治乃是皇上与两宫太后共治天下，皇上与士大夫共治天下，皇上皇后议政王大臣共治天下之意。"石赞清跪着回答说。

"好！好！"两宫皇太后都对这个年号叫好。"准了！""准了！就这个了！就这个了！"那拉氏西太后连连说。同治年号就这么给定下来了。

1862年改为同治元年，东、西二太后垂帘听政。加封恭亲王奕䜣为议政王大臣，军机大臣领班。奕譞、文祥、胜保、石赞清等人也得以加官晋爵。八大顾命大臣拟定的祺祥年号还没公布就废止了。所以，现在很少有人知道清朝的这个年号。

有资料说，经过奕䜣、文祥等人共同商议，才决定了"同治"这个年号。这两个字含义很深，非常巧妙，在两宫看来，是两宫同治，不分嫡庶。慈安对权力并不看重，但慈禧很重名位，对于地位相对逊色的她来说，"同治"二字说明了两宫并尊，没有高下之分，因此十分满意。

同治元年（1862年），同治皇帝尊皇后为母后皇太后，上徽号为"慈安"，称慈安太后；尊其生母懿贵妃为圣母皇太后，上徽号为"慈禧"，称慈禧太后。慈安太后是咸丰皇帝之妻，慈禧太后是咸丰皇帝之妃子。慈安太后地位在慈禧太后之上。后慈安太后斗心眼儿没斗过慈禧，慈安太后暴毙宫中，清廷的垂帘听政由两宫并列一下子变成了慈禧一人独裁。对慈安太后突然死亡，有种种怀疑与猜测，成为二百年清宫史上的又一疑案。

"辛酉政变"是君权与相权的一次大的冲突。政变成功后，同治皇帝与两宫皇太后命八大顾命大臣中的载垣、端华蒙恩自尽，将肃顺斩立决。又特旨奕䜣擢迁为军机大臣，组成了恭亲王为首的7人军机处。石赞清因资历未进入7人军机处，却以顺天府府尹兼任刑部侍郎职，可在上书房、军机处行走，即出席军机处大臣会议，有着重要的话语权。

三、忧国忧民的顺天府府尹

"辛酉政变"后，石赞清以顺天府府尹兼任刑部侍郎职，官阶也从正三品上升到了正二品。

石赞清是一个知恩图报、忧国忧民而又尽职尽责的一个好官员。从清朝正史、野史和秘史资料中，我们查寻到石赞清在顺天府府尹兼任刑部侍郎的任上，认真公事，埋头苦干，任劳任怨。值得记录整理下来的还有这么一些事情。

1. 石赞清奏请量减州县处分以清积弊

《石赞清列传》和《贵州通志》均记载，咸丰十一年十二月，石赞清向朝廷奏请量减州县处分以清积弊。石赞清先后担任知县、知府十余年，对大清国中下层情况了如指掌，深知府、州、县官员的苦处。一旦他上升到可以面君和有奏章权的官位后，他决定要为府州县官员说说话，他这样做是需要胆量的。他《奏为量减州县处分以济时艰事》的大概意思是这样：

认为朝廷对府州县官员的处分太重，动不动就是撤职查办，弄得人心惶惶，官员为求自保，很难静下心来干事。更为重要的是，朝廷下达的捐税、粮饷、兵役等任务太重，逼得府州县官员层层说假话。"数日多雨，则报水灾，数日不雨，则报旱灾，或报雹灾、报虫灾。大半皆豫为处分计也。一岁报灾，必岁岁报灾，即上司明知所报者半属虚伪，而因熟知其处分之严，故亦不深究。且百姓乐于停缓，稍有欠薄，则相率具呈州县。虽不欲报灾，转恐以玩视民瘼致干重咎。即上司亦不能不俯徇舆情，积而至于豁免，不知其几千万，良可惜也。"石赞清向皇帝和朝廷建议："皇上登极之始，自必豁免积欠，已无旧欠之虞，拟请截自同治元年为始，仍以十分为率，初次报销，按降罚分数处分；其二次报销，仍按分数降罚，加至降留，革留为止，不必撤任，务令戴罪微收，总俟新旧全完，方准复升调。"由此可看出，石赞清《奏为量减州县处分以济时艰事》，是一个敢于讲真话的切中时弊的好奏章。

2. 与直隶总督文煜兼管京城一带兴修水利事宜

清代北京的水利面临着水患和水困的交集。雨季水多泛滥成灾，干季又非常缺水。1862年5月，御史朱潮上奏请求在京城一带兴修水利事宜，请朝廷命石赞清同直隶总督文煜兼管。朝廷准奏。他与文煜反复研究，认为直隶各河及浦港之水皆可开沟蓄流，引以灌田；同时多挖水井，以一种固定的水车抽水，以资灌溉，就完全可以解决京城一带的水利问题。在实施工程中，石赞清要求由地方士绅贤达捐资出力，严格规定这项工程为核定地方官员等第的重要尺度，因而工程完成得又快又好。

1862年3月，朝廷命石赞清稽察西四旗觉罗学。8月，充任顺天乡试监临官。9月旋充各省举人补行覆试阅卷大臣。

3. 石赞清审理何桂清一案，秉公执法，"不滥施刑，人多服他"

同治元年的六月，受大学士祁寯藻奏请，作为顺天府府尹兼任刑部侍郎的石赞清，主持审理何桂清一案，他秉公执法，"不滥施刑，人多服他"。但是，何桂清一案很快又发生了重大逆转。在此，我们不得不多谈几句。

慈禧太后通过恭亲王，将军机处、总理各国事务衙门牢牢地控制在自己手中。可是，军政事务，都是听从恭亲王的号令，如何才能树立自己的权威？冥思苦想，慈禧太后想出了一个绝妙的办法：杀两位大臣立威。杀的第一位大臣就是两江总督何桂清。这位道光、咸丰时期很受重用的云南昆明人，在平定太平军的激战日子，钦差大臣和春的江南大营遭到李秀成太平军的疯狂攻击，万分危急之际，坐镇常州的何桂清竟然拥兵自卫，坐视不救。江南大营终于崩溃，和春殉职。何桂清吓破了胆，决意逃跑。江苏按察使查文经、江苏布政使薛焕等大臣迎合何桂清之意，联衔奏请退守苏州。两江总督何桂清对太平军攻破江南大营负有不可推卸的责任。

咸丰皇帝还未驾崩时，曾下令将何桂清拿问解京，接着是咸丰帝驾崩，又遭遇"辛酉政变"，审理何桂清案竟被拖下来了。两宫太后垂帘听政后，言官弹劾，何桂清一案再次被提取。一大堆奏疏送达御案，慈禧太后认为机会来了，于同治元年五月，下令逮捕何桂清。石赞清在审理何桂清一案中，认为何氏下令开枪打死19人，然后逃往苏州一说难以认定。作为朝廷重臣，何桂清罪不该死。后朝廷又将此案改由刑部直隶司郎中余光绰审理，余是常州人，他对太平军攻破江南大营残杀父老乡亲极为愤恨，主张对何桂清要严惩，斩立决。慈禧太后吩咐六部九卿会议议决，会议的结果是同意刑部的决定。这时，慈禧太后却突然又发下一道上谕：何桂清曾任一品大员，用刑宜慎。顺天府尹石赞清同礼部尚书祁寯藻、工部尚书万青藜等17人纷纷上书，认为何桂清可免死。而实际上，慈禧太后是要何桂清必死无疑的，她是要杀鸡给猴看，是要警告权大无边的恭亲王奕䜣。他深知何桂清与曾国藩素来不和，故征询曾国藩意见。曾国藩针对祁寯藻、万青藜等为何桂清脱罪的理由，是何桂清弃城逃跑出于僚属的请求，在密奏中称："疆吏以城守为大节，不宜以僚属之言为进止。"同治元年十月二十一日，慈禧太后确定何桂清为弃城逃跑罪，斩立决，并派大学士刑部尚书周祖培、尚书绵森监视行刑。事后，主张不杀何桂清的17人，或受贬或受冷落了。

慈禧太后认为杀何桂清还不足以警告恭亲王奕䜣，紧接着，她又传旨将恭亲王的得力干将胜保革职拿问，后又赐令其自尽。胜保曾是辛酉政变的重要支持者，是政变得以成功的武力后盾。胜保因在政变中立有大功，他由四品京堂候补职身份升为正二品的兵部左侍郎，又由镶蓝旗汉军副都统升入属上三旗的正黄旗满洲都统、正蓝旗护军统领，官阶一品。胜保手握重兵，大权在握，春风得意。胜保仰慕恭亲王，愿意听其号令，对慈禧太后不卑不亢。慈禧太后决定将其除掉。

慈禧太后在发布处决胜保的上谕中，称他挟制朝廷。赐令其自尽之前，胜保反复请求面见太后，最后大声痛哭地哀求侍卫，请求见太后一面。慈禧太后一声冷笑，置之不理。

连杀两位大臣，一文一武，都是一品大员、封疆大吏。杀何桂清还判了"弃城逃跑罪"，杀胜保根本就不用判罪，不用理由。杀伐之下，朝野震动。人们开始担惊受怕，生怕慈禧太后的屠刀指向自己。恭亲王奕䜣也被吓得不敢放肆了。

慈禧太后告谕天下：一切政务，均蒙两宫皇太后躬亲裁决，谕令议政王、军机大臣遵行。此谕十分明白地宣布，一切权力归于两宫皇太后，也就是归于慈禧太后。议政王、军机大臣都不过是按照两宫皇太后的意思拟旨，并以同治皇帝的名义发布。野心勃勃的慈禧太后，通过恭亲王，将军机处、总理各国事务衙门牢牢地控制在自己手中，巩固了自己实际执掌大清实权的地位。

在大清国的京官中，顺天府的府尹是清朝廷最信任的，也是最不好当的。弄不好就要被撤职、调离甚至杀头。康熙乾隆时期顺天府尹随时换人，被杀头者也大有人在。许多京官都不愿意当那个差。可石赞清在顺天府府尹的任上硬是干得很出色，朝廷还让他兼署刑部右侍郎的职务。也就是说，石赞清同时担任了两个重要岗位的职务，一人干了两份重要的活儿。

石赞清以顺天府府尹兼署刑部右侍郎的重要职务，公务忙得团团转，他拼命完成朝廷委派的各项工作任务。《清史稿》记载,他的一位大臣好友担心石赞清累垮了,曾上奏朝廷说:"顺天府事繁,府尹石赞清不宜兼部。"朝廷未允。

一方面是政务太劳累了,石赞清经常吃不好,睡不好;另一方面石赞清亲眼看见了宫廷内复杂的你死我活的斗争,他更深知顺天府府尹是一个伴君如伴虎的岗位,不知何时会祸从天降,他萌生了想激流勇退的思想。

他把自己的想法和好友文祥说了。文祥说:"石大人,不可不可!当今皇上年幼,两宫太后也急需大臣们辅佐,皇帝以你'用树风声'以教百官,请退是不可能的,换个位置或许可以。"

石赞清又找到恭亲王奕䜣,恭亲王如实向两宫太后禀告了石赞清想隐退或换位的想法。1862年9月,朝廷将石赞清调任直隶布政使。

一二二　护理巡抚[①]

同治二年（1863年）九月，石赞清调任直隶布政使。同治三年五月，改任湖南布政使，同年护理湖南巡抚。

布政使，系元明清时期官名，最初起于元朝，是一行中书省的最高长官。明朝沿袭下来，并加以修正。明洪武九年（1376年）撤销行中书省，将全国陆续分为十二个承宣布政使司。明永乐年，又新组建贵州布政使司，全国共设立十三个布政使，也使得贵州正式成为一个行省。布政使司每司设左、右"布政使"各1人，与按察使同为一省的行政长官。明宣德以后，因军事需要，专设总督、巡抚等官，都较布政使为高。清朝沿袭明制，始正式定为督、抚的属官，专管一省的财赋和人事，与专管刑名的按察使并称两司。康熙六年（1667年）后，每省设布政使一员，不分左右，均为二品。一般督、抚官员缺出，即由布政使接任。布政使是仅次于总督、巡抚的地方官员。

一、擢任直隶布政使

如前所述，直隶有护卫京畿之责。直隶布政使是仅次于直隶总督的官员。清朝前期直隶总督及直隶布政使大多由满人担任，后期才由朝廷最信任的汉官担任。石赞清调任直隶布政使时，直隶总督是满洲镶黄旗人崇厚。崇厚由三口通商大臣调任，石赞清由顺天府府尹调任。

崇厚和石赞清也是老熟人了。1860年，石赞清任天津知府时，朝廷派崇厚担任三口通商大臣，驻天津。崇厚目睹了石赞清与英法美俄的斗争，对他非常尊重和佩服。石赞清要比崇厚年长得多，他仍沿用在天津时对石赞清的称呼，称之为石大人，有时候也偶尔称为石郡守。在这位满洲镶黄旗人看来，石赞清确实是清朝廷的一个好官，一个大忠臣。

直隶总督专司全省人事，主要负责推荐干部和任用干部。布政使专司全省行政和财赋。石赞清是一个实干家，又是一个水利专家。他到任直隶布政使的第二年春，惊蛰时，永定河冰消水涨，河身下流淤塞，由金门闸漫溢出槽，下注灌入大清河，堤坝开口数丈，北洼被

[①] 本文系《晚清名臣石赞清传》（修订本），中国文史出版社，2013年版。第十章 直隶布政使护理湖南巡抚。

水漫淹。他根据自己曾署理永定河北岸同知和治理天津海河的经验，通过实地调查和研究，向同治皇帝呈报了《豫筹河患疏》，提出了一套完整的从根本上治理永定河的方案。他说："伏查永定河之为患，前因只修筑堤防而不深加疏浚，河身日高，致成建瓴之势，此所以为患者一也。又各汛官希图开报工料，故作险工，筑坝加埽，由南挑而之北，则北成险工，由北挑而之南，则南又成险工。久之，水势既成，人力不能堵御，自卢沟桥以下，南至下口，尽作之字拐，处处皆成险工，处处皆虞溃决，此所以为患者二也。"他认为，以往河兵人等，大半有名无实。平素工程，已不堪问，一有盛涨，抢险又无工料，所以年年溃决。他提出必须筹划经费，使河兵足数，工料足敷，严饬各汛官激发天良，先裁湾（弯）取直，去其险工，深挑中洪，俾水由地中行，庶可使河顺轨而渐消间阎之害。数年之后，中洪益深，险工尽去，河患庶可息也。他提出，应请旨敕下直隶督臣，转饬永定河道，督同沿河州县，勘明若干顷亩，议定租项，每年可征收银若干两，以一半银两挑挖中洪，以一半银两从上游裁湾（弯）取直。裁去一湾（弯），则少一险工，即可省一防险之工料。所省之项，一并归入挑挖中洪之用。他强调，第当国家多事之秋，用度浩繁，库款支绌，何能加添河工经费。臣反复思维，计唯有以公办公，庶可行无窒碍。

如前所述，现在的永定河已经成为了无水河，可在明清时期，永定河却是直隶发生水灾最为频繁、为害最为严重的自然灾害。一方面，这与在北部草原森林地带的不适当砍伐，对生态环境的严重破坏有关；另一方面，是因为水利设施的欠修甚至破坏。官员惯以水利工程贪污肥利的利薮，侵吞经费，偷工减料，致使工程低劣，不能起到应有的防灾御灾作用。而且地方上往往以邻为壑，从利己考虑而不惜损人，上级不能有效地统筹协调，往往埋下祸根。曾经任职于永定河北岸同知的石赞清，深知永定河灾害之根源。他刚上任直隶布政使，即向同治皇帝呈报了《豫筹河患疏》，提出了完整的一套从根本上治理永定河的行动方案。从清史资料反映看，朝廷对石赞清的《豫筹河患疏》相当重视。后来直隶总督李鸿章奏请《变通整顿永定河章程疏》，就与石赞清的《豫筹河患疏》如出一辙。

李鸿章在《变通整顿永定河章程疏》中说："永定河南北两岸绵亘四百余里，为宛平、涿州、良乡、固安、永清、东安、霸州、武清等沿河八州县管辖地面……乃因河工与地方不相统属，各存畛域之见，日久玩生……迭经历任督臣严札饬办，而州县等视为具文，往往虚应故事。甚至大汛抢险及堵筑漫口大工购料觅夫，正当吃紧之际，近堤居民居奇勒掯，索要重价，该地方官因无协防之责，置若罔闻，在工各员呼应不灵，事事掣肘，因之偾事不少。"李鸿章是赞同石赞清的"唯有以公办公，庶可行无窒碍"之观点的，即由中央统一出资出力，统一协调治理永定河。

二、护理湖南巡抚

正当石赞清踌躇满志，要在治理永定河上发挥自己的聪明才智和做出贡献的时候，同治三年五月初，朝廷突然一纸调令将石赞清调任湖南布政使。石赞清在直隶布政使的任上只干了九个月。后来石赞清才得知，是因为湖南巡抚毛鸿宾战太平军有功，迁任两广总督，湖南布政使恽世临代为巡抚。恽世临既得位，即上奏朝廷署湖南布政使，他极力举荐越次用湖南粮储道李明墀为布政使。湖南按察使仓景恬不堪恽世临培植亲信，特请病假回家去了。

清朝廷调石赞清改任湖南布政使，要求石赞清俟直隶臬司李鹤年到任交卸后，即行驰赴湖南上任。石赞清于次年二月到任湖南布政使（参见中国第一历史馆馆藏《石赞清到任日期由》）。

湖南粮储道李明墀是一个贪官，巡抚恽世临极力举荐他为布政使，这引起了朝廷的重视。朝廷突然将石赞清调任湖南布政使，为的是要阻止巡抚恽世临培植亲信，结党营私。

恽世临确实也是一个不干净的官员，同治三年（1864年）七月三十日，清朝廷派员驰赴湖南查办巡抚恽世临"招权纳贿、贪污公款"案。结果是，恽世临遭到了免职和惩办。

恽世临遭到免职后，石赞清护理湖南巡抚。同治四年（1865年）十月二十二日，石赞清调京任太常寺卿。屈指算来，石赞清在湖南供职近三年。

对石赞清在湖南任布政使和护理湖南巡抚的政务和业绩，我们主要通过清廷编修的《石赞清列传》和朝廷对他的考核以及石赞清一系列的奏章来了解。

《石赞清列传》记载同治"二年五月调湖南布政使，倡捐米粮济饷交部给奖"。这说明石赞清在湖南的供职是得到朝廷肯定的。同治"八月因金陵克复东南渐次肃清命祭告"。即1864年8月，清军攻入金陵（今南京），东南一带渐次安定，朝廷命湖南护理巡抚石赞清祭告南岳。

中国第一历史档案馆库藏保存了一份对石赞清的原始考察材料，取名为《户部尚书倭仁等十四人对石赞清考核事》。即同治三年十二月，朝廷派出以大学士兼户部尚书倭仁为首的清廷高官考察团，赴湖南对石赞清进行大考。考察团员包括尚书倭仁、尚书宝鉴、尚书罗惇衍、左侍郎阜保、左侍郎宗霖桂、左侍郎吴廷栋、右侍郎崇伦、右侍郎董恂等十四人。考察结论为："该臣等查得湖南布政使石赞清，自同治二年六月到任起，任内经理各年各项钱粮，造具交盘清楚册结……石赞清亲典藩库，按款逐一弹兑，并无侵那亏空，除照例出具印结……石赞清接收前署布政使李明墀任内经理各年地丁兵饷等项银两交盘，并无短少情弊。取具藩司，接收册结，加结具题……与上届交盘案内实存相符，应母庸议。"考证材料上倭仁等十四名一一署名。考核完后，第二年，即同治四年（1865年），石赞清护理湖南巡抚。

石赞清护理湖南巡抚后，于同治四年（1865年）四月二十三日，向清朝廷《奏报湖南各属雨水粮价情形由》，报告了湖南全省春季雨水粮价相关情况。他在该奏章中说：查核衡州、永州、宝庆、岳州、常德、辰州、永顺、沅州、郴州等府州属米价较上月增一二分不等；长沙、澧州、乾州、凤凰、永绥、晃州等府州属与上月相同；全省各属地方二月以后晴雨暄润得宜，时下早稻及时栽插，二麦次八第结实，杂粮蔬菜一律繁茂，民气恬熙，天方安谧。呈缮具二月粮价清单。从该奏章看，石赞清护理湖南巡抚后，作为一个封疆大臣，他非常关心和重视民生问题，对全省粮价、雨水及粮食蔬菜栽种等情况了如指掌。

在这期间，石赞清还向同治皇帝及朝廷疏陈了《奏报湖南东征局现在情形并通筹拨解各协饷及留南备用事》《筹解京饷起程日期由》《奏为即补直隶知州宋玉路留于湖南》《因病请开缺由》《奏为委令臬司兆琛暑理藩篆事》《奏为赏假回任谢恩由》等奏章。

在这里，我们特别注意到两件事：第一件事，是湖南巡抚李瀚章对石赞清的评价。石赞清在护理湖南巡抚期间，由于过度操劳，患了严重的哮喘病，他向朝廷递交了《石赞清因病请开缺由》，朝廷未允，只得速调李瀚章任湖南巡抚。李瀚章到任后，向朝廷递交了《奏准石赞清赏假调理事》。李瀚章在该奏章中说："石赞清在护理巡抚任内，因病奏请开缺。臣连日接晤见其咳嗽气喘，由于操劳所致，而精力甚为强，因窃恩心火上衡，自以静摄为宜。惟当共济时艰，未可遂求退息。且廉正老成持重，在湘年任情形极为熟悉。仰恳天恩，俯准湖南布政使石赞清赏假两个月，在省调理，假满即回本任，毋庸开缺。"由此可以看出，李瀚章调任湖南巡抚后，对石赞清的评价是很高的，他不同意石赞清因病请开缺，而是请朝廷赏假两个月调理，假满即回任。

第二件事，是石赞清调京任太常寺卿后对他在湖南供职情况的交接审计。石赞清于同治五年（1866年）十月二十二日，调京任太常寺卿。同治六年（1867年）三月二十七日，湖南巡抚李瀚章向清朝廷疏陈《盘查前湖南布政使护理巡抚石赞清交待任内经手藩库地丁银两事》。该疏陈奏章指出："遇有离任交代，例应督抚盘查结报，兹据署湖南布政使翁同爵详称，查得前司石赞清自同治四年闰五月二十一日回任起，至同治五年十一月十一日卸事前一日止，任内经理各项钱粮旧管新收共银二百二十九万二千八百四十二万两五钱八分六厘，开除共银二百一十二万四千七百七十九两七钱四分三厘，实在应存银一十六万八千六十二两八钱四分三厘。所有管收数目悉……前司石赞清任内应存地丁兵饷等项银两，按款盘查清楚，并无侵那亏空……"结合上述《户部尚书倭仁等十四人对石赞清考核事》，李瀚章评价石赞清"廉正老成持重"来看，石赞清在任湖南布政使护理巡抚的三年间，是比较廉洁自律的，是一个清官。

湖南省社会科学院杨斌在《石赞清与晚清湖南水上救生事业》中说："石赞清自清同治二年（1863年）调湖南布政使，四年（1865年）护理湖南巡抚，五年（1866年）以太常寺卿召入京师，前后在湘主政四年，石赞清这四年的活动鲜见专文论述，本文试以石赞清对湖南水上救生事业所做贡献作一分析。也算是对《晚清名臣石赞清传》一点补充……石赞清认为徒有救护之虚名，不如归并一款，设立专门救生局，挑选合适人员与地方士绅共同管理，从而真正开展水上救生活动。设立专门救生机构，经费仍然是最大的问题，石赞清亦捐银一千两，在凑得六千两之数后，发拨岳州府，由岳州通判和巴陵县共同管理，储入钱铺生息，此系救生善举，生息应照定例按月三分之数计，每年可得银二千一百六十两[①]……在石

---

① 《岳州救生局志》，卷一《文件》第5页。

赞清的推动下,洞庭水上救生事业在原有基础上得到了恢复和很大发展,其社会成效通过一组数据可见一斑:岳州救生局在同治十二年七月二十五日起至腊月止期间共救活人口124名[1],十三年共救活人口361名。"[2]由此可见,凡是有益于人民群众的事业,石赞清都身体力行、躬行实践。

前所述及,与石赞清同时期的清代湖南籍著名诗人何绍基,专门撰写了一首欢送石赞清赴京擢太常寺卿的诗词,题目是《送石襄臣同年由湘藩擢太卿北上》。诗赞石赞清:"忽然出藩燕及楚,华星南指远更明。喜公雅度不疵假,令我迁怀增烂漫。雪花初飞水光定,两岸青山一帆正。无穷名业证初心,辉耀人寰成景庆。"

---

[1] 数据见张德容等纂修:《岳州救生局征言录·同治十二年份》,清光绪元年岳州救生局刻本。
[2] 数据见张德容等纂修:《岳州救生局征言录·同治十三年份》,清光绪元年岳州救生局刻本。

一二三 太常寺卿[①]

中国几千年封建社会，太常寺卿和宗人府府丞一直是皇宫内两个重要的职位。石赞清凭着他的忠君、爱国、体恤民众以及超凡的工作能力，从湖南护理巡抚的任上调回北京后，先后在皇宫内担任了上述两个重要的职位。

一、内擢太常寺卿

太常寺，是中国封建社会掌管礼仪礼乐的最高行政机关，秦时称奉常，汉以后改称太常寺。《隋书·百官志》记："太常，掌陵庙群祀，礼乐仪制，天文术数衣冠之属。历代大体相同。太常的主管官员称太常卿。"

我们知道，中华民族是一个礼仪之邦。"不学礼，无以立。""人无礼而不生，事无礼则不成，国无礼则不宁。""凡人之所以为人者，礼义也。"尤其是封建统治者，更是重视礼仪教育。从秦始皇创制奉常后，虽然几千年来朝廷不断更迭，但奉常或太常寺一直沿袭至清末。

清入关后，为了维护其封建统治，大量学习和吸收汉族文化。太常寺的职能更是被强化了。朝廷在宫廷太常内选拔了大量的汉学博士，以加强对满人的文化礼仪教育。石赞清从湖南护理巡抚调任太常寺卿，也充分体现出清朝廷对他的信任与重用。

石赞清于同治五年（1866年）十月二十二日调任太常寺卿，至1867年11月改任宗人府府丞，他在太常寺卿的任上一年多。清史材料对太常寺卿的工作几乎没有任何资料记载，这给我们了解他的这一段工作带来了困难。

但我们还是收集石赞清在担任太常寺寺卿期间，即同治六年（1867年）六月，石赞清即向同治皇帝递交了《疏陈黔省剿抚》奏章。该奏章大部分被摘录在清廷编修的《石赞清列传》中。

石赞清《疏陈黔省剿抚》奏章全文5000多字，提出了八条治黔方略。我们只能择其主

[①] 本文系《晚清名臣石赞清传》（修订本），中国文史出版社，2013年版。第十一章 内擢太常寺卿宗人府府丞。

要内容录如下：

窃贵州之贼，半为散练，半属难民，皆由官吏逼迫，以致作贼，苟延残喘。加以兵饷奇绌，历任疆臣，无术料理，遂致蔓延……谨拟管见八条，为我皇上陈之：

一、事权宜归并也。贵州全省糜烂，万难自强……查雍正年间，鄂尔泰巡抚云南，办理苗、夷，以事列川、黔、粤西，奏请归并事权。世宗宪皇帝已知其才能办贼，即诏铸三省总督印，兼制广西……自六年以至九年，诸不法土司，悉改土归流，而群苗亦先后归顺。四省边民，享其利者，盖百数十年……现在西南各省督抚，公忠体国，负时重望，莫如骆秉章……请仿鄂尔泰故事，令其总制川滇黔三省……该督虽自陈老病，然受三朝知遇，当必不辞劳瘁，上分宵旰之忧，下造滇黔无穷之福。

二、办理有缓急也。以滇黔两省情形而论，滇患止于迤西，而东川昭通，尚有饷源可开，黔则全省皆贼，人民相食。以机势而论，先黔后滇，则川东不设防，而兵饷裕，蜀力处于有余。先滇后黔，则川东必设防，而兵饷薄，蜀力苦于不逮。请专力办黔，然后料理滇事。

三、用兵有先后也。黔省下游，自龙里、贵定、平越、清平、黄平，已达施秉、镇远、青溪、玉屏，旁及清江、都匀、古州、黎平，皆为苗贼巢窟。自开州余庆瓮安龙泉，以达思南、石阡、思州、松桃，皆为号匪盘踞，而时来往于贵阳遵义大定安顺间。苗贼借号贼为藩蔽，号贼恃苗贼为应援。苗贼多坐守巢穴，攻之似易而实难。号者则飘忽游移，击之似难而实易……号贼虽往来不定，人数众多，要皆良民，出于迫胁，而老巢只一上大平。各军但并力合势，拔其老巢，则其余支党都可不烦兵而下……不出两月，上大平必拔。既平上大平，苗贼势衰胆落，然后合川楚黔兵，分三路从龙贵平越都匀张翼而前，节节扫荡，随宜招抚，计不过一年，黔省可告肃清。此规取之大略也。

四、将帅宜选择也。选将之道，总以胆略优长、操守廉洁，纪律严明三者为要。近年来军营积习，或行贿营术，或恃功要挟。谓非统领一万、八千兵勇不能办贼，其实兵虚额悬，不过视为利薮，专意浮冒尔。此辈亦自知兵力既虚，士心瓦解，故每于无贼之地，观望逗留，待贼去后，辄纷纷饰报功绩。且所到之区，逼官虐民，无所不至。而各省督抚，既耳目之难周，亦主客之势异，不能惩办，所以盗者愈剿愈炽，饷糈愈筹愈绌也……应请别选知兵大员接统驻黔，庶呼应较灵，于地方始有裨益。

五、饷糈当划定也。云南抚臣既移驻昭通，料理迤东迤南，则四川叙南可不必设防。蜀兵从黔西、遵义两路入黔，则四川綦、合可不必设防。计四川每岁防滇、防黔所需饷项，为数不下百万。今只以万兵入黔，一年通计，所费不过七十余万。

川楚防费,每年既省,所有赵德光一军,即由川楚两省按月各筹拨一万两,以资饷腾。其贵州别项所需,即由贵州巡抚自行筹划。如能把彼注兹,以剿为防,在贵州既有底定之期,而川、楚可绝边隅之患。通筹核计,无便于此。

六、剿抚宜并用也。黔中盗贼,每由迫胁。始而厘税,既而捐输,或指为叛党,或诬为逆谋。破家者有之,禁毙者有之,横罹杀戮者有之。敲骨剥髓,铢积寸累,名为接济军饷,实则中饱私囊。及至贼来,弃城遁;贼去,又纵勇抄掠。为盗贼尚有生机,为百姓悉皆死路,盖不见天日者十余年矣……可知黔民并非甘心作乱……开诚告谕,决可不烦兵力。应请敕下将帅,于所过地方,募人入贼中,传相开谕。

七、屯田宜举办也。贵州向来山多人少,自遭寇乱以来,加以疾疫,死丧殆尽,其流徙川楚者,不过十分之二,往往千里荒芜,蓬蒿满目。亟应遴委贤员,督同公正绅耆,于克复地方,分乡分段,以次清查丈量。三年之内,本主来归,仍给本主。三年之外,无主可归,便悉入公。认垦三年,始行升科。其未及三年以前,但照民间主客例规,不论田土肥硗,只按田租所入,对成均分。不容更设军卫,不许更议折色。如此办理,民间乐从,流亡易归,其便一。民膏无侵渔隐射之奸,豪强无兼并飞洒之弊,其便二。民无代完、守候、零尖、踢斛之累,输纳易完,不虞拖欠,其便四。一县所入,以少计之,每年不下二十万石,仓廪丰实,水旱有备,其便五。田土开辟,粮谷充积,官军所到,采买裕如,士卒免饥饿之虞,地方省转运之费,其便六。此其大略也。至于详细章程,则在地方有司随宜办理。

八、牧令宜慎重也。地方安危,系于牧令,天下皆然,不独贵州。而贵州民情朴实,尤为天下之最,更易为理。特以地方瘠苦,选补人员,多不到任,或逗留省城,或营谋善地。其在任悉皆佐杂署理。此辈出身既不清白,捐纳之数又复无多,一旦骤膺民社,便尔毫无顾忌。近年来,带兵各员,更多借养勇以为生财之具,横征暴敛,擅行杀戮,甚至纵勇攻寨,肆意迫捐,百姓各路可生,安能不作盗贼。此时创巨痛殷,水深火热,非循良牧令不能成功……此后佐杂不得再署州县,一切苛政,悉予罢除,庶乎全黔士民,重见天日。

石赞清强调:"以上各条,皆就黔省现在情形而言。虽办理之方未必尽详,然欲戡定黔省,大要亦不出此。"

从此奏章可以看出,石赞清作为一名黔籍京官,他非常热爱和关切自己的家乡。当时全国人民起义斗争如火如荼,满清政府四面楚歌,向清朝皇帝疏陈这样的奏章是要冒着生命危险的。作为一个朝廷命官,虽然奏章中也有匪剿肃清等字样,但明白人可以看出,石赞清是不赞成对国内起义斗争实施残酷镇压的,他特别强调贵州之"贼",皆由官吏逼迫,地方安危,系于牧令,贵州全省糜烂,带兵各员,横征暴敛,擅自杀戮,百姓无路可生,安能不作盗贼。他特别强调对贵州各民族起义要"剿抚兼施",特别是要整顿贵州各级官吏。

清朝从康熙开始,改变了由内阁大学士先批阅奏章报告、提出意见、交皇帝审阅并可由太监代笔的工作流程,而是由官员直接将奏章密封送皇帝亲拆,皇帝批阅后下发军机处,由军机大臣根据皇帝的朱批或面谕拟旨,再经皇帝批准后下发。石赞清的《疏陈黔省剿抚》奏章,直接密封送与皇帝,得到了同治皇帝的首肯,并"并命军机大臣会同大学士九卿妥议"(参见清廷修的《石赞清列传》)。

对以上石赞清的八条治黔方略,清朝廷几乎全部采纳。治黔方略主要由恭亲王奕䜣组织实施的,《咸同贵州军事史》载有恭亲王照片,作者凌恒安在照片左侧写"有益于黔之清恭亲王奕䜣"。《咸同贵州军事史》同时也载有石赞清的照片,照片左侧写有"志切梓桑之石赞清"。作为一名可以直接面君的朝廷重臣,石赞清做了他应该做的事情。

在这里,我们有必要说一说石赞清在《疏陈黔省剿抚》方略中极力举荐的黎培敬。石赞清说:"贵州自遭寇乱,乡试久未进行,即岁科两试亦多停止,以致人心无所系属。学臣黎培敬竟能不辞劳瘁,出入艰险,往南考试,使边徼士民,尚得沐朝廷德化,舆情实深感戴。此时招抚贼党,举办屯田,必须官绅合力,始有利无害。士民属望之大员为之主持,上择始能下究,下情始能上达。可否准黎培敬将一切剿抚屯田事宜,会同巡抚,选定贤吏,督同绅耆,因宜办理,随时专折陈奏。较之道府办事,更觉裕如矣。"清朝廷虚心倚任,将黎培敬由贵州学政破格提为贵州布政使。清朝廷编修的《石赞清列传》载有"并命军机大臣会同大学士九卿妥议具奏寻超黎培敬署贵州布政使"。黎培敬超擢署理贵州布政使后,对稳定贵州局势发挥了重要作用。

黎庶昌在为石赞清撰写的墓志铭中写道:"公之为政,学道爱人,辅仁造仕,群彦莘振。"这也是对石赞清识才荐才的肯定。

二、旋任宗人府府丞

同治六年(1867年)十一月,石赞清由太常寺卿旋任宗人府府丞。

清朝前期制定的《清苑律例之宗人府规制》规定:宗人府是大清王朝管理皇室宗族的谱牒、爵禄、赏罚、祭祀等项事务的机构。分别职掌收发文件、管理宗室内部诸事、登记黄册、红册、圈禁罪犯及教育宗室子弟。掌管皇帝九族的宗族名册,按时撰写帝王谱系,记录宗室子女嫡庶,名字封号,嗣袭爵位,生死时间,婚嫁,谥号安葬的事。凡是宗室陈述请求,替他们向皇帝报告,记录罪责过时之机构。简单地说,宗人府主要是负责皇族的户口,维系皇族血脉的纯正,管理皇族的事情,服务对象主要是皇室家族。

可清朝中叶后,随着清政权的巩固,宗人府的权力却被无限扩大了,它的服务对象不再主要是皇室家族,而是演变成为了大清朝的一个超然的权力机构。比如,朝廷的重臣钦犯,首先捕入宗人府,然后再给予治罪惩办。两宫太后与恭亲王发动"辛酉政变"时,就首先将八大顾命大臣打入宗人府。英法夷巴夏礼一行39人所谓的要到京城递交"国书"时，也被清兵押入宗人府等。宗人府的关押室不同于一般户部和吏部的监狱。

清朝宗人府最高长官称宗令，一般都由亲王或郡王充任。宗令以下设宗正、府丞、堂主事等官职。虽然设有宗令、宗正等，但最管事的是宗人府府丞。府丞为宗人府的理事官。府丞一般也由旗人担任，只有皇帝最信任的汉族官员，才能充任宗人府府丞的职务。石赞清能担任大清国宗人府府丞的，可见清朝皇帝对他之信任。

宗人府的权力很大，对关外老满洲八旗有直接的节制权，八旗内官员的升迁调贬也是由宗人府的主事们议定草案之后再行实施。石赞清调任宗人府府丞时，宗人府的宗令是由恭亲王兼任的。石赞清在宗人府府丞的任上做了哪些事？由于没见诸史料记载，我们不能乱猜测，因此无法落笔。

但在今河北保定和石赞清的家乡贵州黄平寨勇，民间一直流传着《石赞清微服私访坐上八位》的故事。说石赞清在担任清朝宗人府府丞期间，有一次，石赞清带着侍卫随从柳柱子，骑马走出了紫禁城，他们来到京城的南大门保定，看到一个庄园热闹非凡。石赞清和柳柱子好奇地勒住坐骑，他们把马拴在坡上的柏杨树边，走进庄里。原来是当地有一个开明的员外过七十大寿，他在庄里庄外设了七十桌宴席，什么人都可以坐下来吃饭。只见员外庄园的场坝和路边都摆满了宴桌。场坝中间搭着一个台子，台上铺着红地毯，台中间摆着一宴桌，宴桌摆有一主位，主位的座位是一把很大的椅子，且铺着红绸靠背。很显然，这是庄园隆重庆生的主桌，是庆祝七十大寿的员外及重要宾客的坐桌。主桌上的主座，那把铺着红绸靠背的椅子，显然是员外的位置。石赞清见到主桌还没人上来，他就大步上台去坐在铺着红绸靠背的椅子上，全场坝的人都惊呆了。员外的大管家急忙带着几个家丁过来。大管家问石赞清，你是什么人？怎么敢坐在我家主人的椅子上？石赞清回答，我是坐上八位的人。管家又问，你到底是什么人？什么叫上八位？石赞清回答，我是抱着皇帝登基的人，我现在坐的就叫上八位。大管家一听惊讶万分。他知道常有大京官微服私访来保定，立即带着几个家丁扑通给石赞清跪下了。员外听说赶过来了，石赞清的随从柳柱子对着他耳朵嘀咕了几句，员外恭恭敬敬地给石赞清行大礼，他一边下跪一边连连说："石大人，小的有失远迎！有失远迎！多有得罪！多有得罪！请石大人息怒！"石赞清立即起来上前把员外扶起，一个劲地把他往主位上推。员外说，有石大人在，俺不敢坐主位也！石赞清说，员外你的七十高寿，不敢喧宾夺主也！石赞清硬是把员外按着坐在了主位上，他坐在了员外的左方位置上。这时，员外又站立起来向前走了几步，面向全体赴宴的人们，弯腰做出一个介绍重要宾客的动作，大声说：乡里乡亲们，这位是抱着皇上登基的石大人啊！全场坝的人都起坐向着石赞清跪下了。石赞清立即站立起来，上前跨了几步，先是抱拳向着众人行礼，然后双手做出要大家起来的姿势说：都请起来！都请起来！人们都没有立即起来。石赞清又说，大家都请起来！我在这里扰民了，都快快请起来啊！人们立即起来，对着石赞清鼓掌。员外对着石赞清说！石大人为俺祝寿添彩了！添彩了！然后扶着石赞清坐下共进晚餐。餐毕，柳柱子已将两匹坐骑牵到了场坝。人们目送着石赞清及柳柱子向北奔去。

　　这是流传在民间的传说，真假无法考证。清朝皇帝微服私访是常事，想必京官们仿效皇帝的做法也自然。特别是像石赞清这样一个皇帝身边的近臣。若真有其事，石赞清不太可能说了"抱着皇帝登基"的话。同治6岁即位时，石赞清刚调任顺天府府尹，参与了同治皇帝登基则是可能的。不过，民间流传着这样的故事，说明了石赞清是一位最容易接近大清朝皇帝的近臣，又是一位体恤民众的好官员。难怪石赞清病逝后,同治皇帝亲自赐祭文（后叙）。

一二四　工部侍郎[①]

同治七年（1868年）六月，61岁的石赞清迁都察院左副都御史，同年七月，擢工部右侍郎兼管钱法事务。随着年龄增长和健康的原因，石赞清在朝廷政界的活动也逐渐进入了尾声。

我们知道，明清时期的都察院，即传统的御史台，相当于今天的中央纪律检查委员会。都察院其主要职责是举劾百官，即行政监察。由于兼有刑事司法的职能，故而位居三法司之列。元置御史台，明初承元制，洪武十五年改为都察院，清朝承明制。都察院级别与六部相同。主要负责官员为左右都御史二人；左右副都御史二人，左右佥都御史四人。石赞清为都察院左副都御史。

据相关资料介绍，晚清在筹划立宪过程中，曾拟设审计院。当时，就审计院内部的机构设置和分工，以及职责、独立性、检查内容和内部工作制度等作了规定。后来，爆发了辛亥革命，推翻了中国历史上长达两千多年的封建专制统治，清王朝欲推行专门的审计监督的设想未能实现。

石赞清迁都察院左副都御史实际上只有一个月，其工作政绩、历史贡献，未见于史料记载，我们在此就不好落笔了。

同治七年（1868年）七月，石赞清由都察院左副都御史调任工部右侍郎兼管钱法堂事务。我们知道，中国从隋唐开始设中央六大部：吏部（管官吏的任免与考核等）、户部（管土地户口、赋税财政等）、礼部（管典礼、科举、学校等）、兵部（管军事）、刑部（管司法刑狱）、工部（管工程营造、屯田水利、铸造钱币等）。各部长官称尚书，副职称侍郎，下有郎中、员外郎、主事等官职。六部制从隋唐开始实行，一直延续到清末。

清代工部设于天聪五年（1631年），是管理全国工程事务的机关。职掌土木兴建之制，器物利用之式，渠堰疏降之法，陵寝供亿之典。凡全国之土木、水利工程，机器制造工程（包括军器、军火、军用器物等），矿冶、纺织等官办工业无不综理，并主管金融货币和统一度量衡。清朝工部下设四司：营缮清吏司，掌宫室官衙营造修缮；虞衡清吏司，掌制造、收发

[①] 本文系《晚清名臣石赞清传》（修订本），中国文史出版社，2013年版。第十二章 左都副御史刑部工部侍郎。

各种官用器物，主管度量衡及铸钱；都水清吏司，掌估销工程费用，主管制造诏册、官书等事；屯田清吏司，掌陵寝修缮及核销费用，支领物料及部分税收。除四司外，清设有制造库，掌制造皇帝车驾、册箱、宝箱、仪仗、祭器等；节慎库，掌收发经费款项；料估所，掌估工料之数及稽核、供销京城各坛庙、宫殿、城垣、各部院衙署等工程。

清朝工部设尚书一人，左、右侍郎满、汉各一人。石赞清以右侍郎兼管钱法堂事务，兼掌宝源局鼓铸，即专门负责铸造大清国之钱币，并保证钱币的正常流通。石赞清成为了清廷主管财政货币事务的重要官员。

石赞清就任工部右侍郎时，工部尚书是宗室满洲正蓝旗人存诚。存诚是以马步军统领兼任工部尚书。这位宗室旗人主要承担着捍卫整个京师的安全任务，即主要履行步军统领的职责，其工部尚书则只是兼职戴帽而已。石赞清虽以右侍郎兼管钱法堂事务，掌管宝源局，实际上，整个工部的日常工作都是由右侍郎石赞清主持承担。他不但代表工部出席军机大臣会议，而且直接代表工部上朝，面觐同治皇帝和两宫太后。存诚知道石赞清是皇帝和两宫太后最信任的汉官和近臣，他交嘱石赞清，工部的一切事务，小者按定例自行办理，大者奏闻皇帝、两宫太后定夺。他本人则是多一事不如少一事，全身心投入捍卫整个京师的安全任务。

石赞清无论担任何职务，他都是尽心尽力地完成工作任务。在他掌管钱法堂事务期间，报经朝廷同意，铸造了大量的铜币钱，保证了清朝廷财政货币的正常运行。在这里，我们重点介绍石赞清在任工部右侍郎兼管钱法堂事务期间，清史资料记载有这么两件事：

第一，石赞清奏为饬下贵州巡抚各属速报殉难捐躯事

现中国第一历史档案馆馆藏资料有一份石赞清就任工部侍郎时的手笔奏章，根据奏章内容，我们取其题目为：《石赞清奏为饬下贵州巡抚各属速报殉难捐躯事》。应该说，该奏章的内容不完全是工部的职责，但作为一个黔籍京官，石赞清热爱和关心贵州是一贯的。如前所述，同治五年石赞清擢任太常寺卿时，就陈疏治黔方略八条，为皇帝和朝廷所采纳，对稳定发展黔省发挥了重要的作用。石赞清改任工部侍郎后，于同治七年九月二十五日，又向皇帝和朝廷奏陈《为饬下贵州巡抚各属速报殉难捐躯事》。作为清朝廷的一个重要命官，石赞清肯定是要站在大清朝廷的立场上说话。他认为，贵州自遭乱以来（笔者注：指咸同年间贵州各民族起义），为国捐躯、捐资者不少，平乱后，应责成贵州巡抚、布政使，迅速查清捐躯、捐资者名单，由朝廷出面安抚，以励人心。石赞清《为饬下贵州巡抚各属速报殉难捐躯事》的奏章，全文如下：

> 石赞清片：再，贵州自遭乱以来，遇贼殉难捐躯者甚多，团练助饷捐资者亦不少。前因地方失陷，百姓半皆死亡，某也御贼被戕，某也毁家纾难，亲属既无人呈报，册籍亦无暇勾稽，是以奏报稍迟，恩施未编。今幸各属渐次收复，若不及时采访，随地清查，恐为日愈久，忠义将湮没而不彰，款项更纷繁难计。应请旨饬下贵州抚臣，督饬各州县于捐躯者迅速查报，俾得请旌请衅，以慰忠魂。于捐资者核实

禀闻,俾加中额学额,以励人心。此亦广皇仁,伸士气之一端也。谨附片具陈伏乞圣鉴。谨奏。

由此我们可看出,石赞清虽然高官在京城,但他的心却是连着贵州的,他始终没有忘记生育他的贵州家乡,没有忘记贵州的山山水水和贵州各族人民。他充分利用自己可以直接面君和有奏章权,尽可能多地为贵州说话和为贵州人民办实事。如前所述,凌惕安在《咸同贵州军事史》称其为"志切桑梓之石赞清",这是对石赞清热爱贵州关心贵州的最好概括。

第二,石赞清奏请裁减湘军移月饷十三四万济黔

凌惕安的《咸同贵州军事史》记载:"工部侍郎石赞清奏请裁减湘军,移月饷十三四万济黔。朝廷令贵州巡抚曾璧光议复,璧光请缓裁。"石赞清奏请裁减湘军的原始手稿奏章,目前我们还没有查找到。凌惕安在《咸同贵州军事史》中这样记载,说明他肯定是有根据的。凌惕安紧接着说:"朝廷以邻援正之得手,不得半途而撤退,时楚军正克雷公山,时(席)保田请假回籍就医,军事乃付(龚)继昌等。(同治)十一年四月,湖南巡抚王文韶绘苗疆地图奏捷,清廷令委侯补道陈宝箴携银三万两,驰黔抚衅。"由此可以看出,工部侍郎石赞清奏请"裁减湘军,移月饷三四万济黔"和上述《为饬下贵州巡抚各属速报殉难捐躯事》的目的是达到了的。只不过是石赞清没有看到朝廷兑现他的奏请,他就逝世了。石赞清是同治七年任工部侍郎时奏请朝廷,同治八年去世,同治十一年朝廷才派人携银三万两,驰黔抚衅。

作为清朝廷命官,石赞清处于两难的地位:一方面他不得不为朝廷说话,维护清朝的统治与利益;另一方面,他不愿意看到朝廷对贵州各族人民起义的血腥镇压,他要尽可能保护贵州各族人民。同治七年贵州地方尚未平定,工部侍郎石赞清即奏请朝廷"裁减湘军",是有一点"不识时务"的,而且还是冒着一定的风险的。当时太平军和捻军先后被镇压,贵州全省还被各民族起义军占领着。朝廷令贵州巡抚曾璧光议复"裁减湘军",曾璧光请缓裁,就是因为还要借助湘军川军桂军来平定贵州。

石赞清真的"不识时务"吗?不是的,他是最不愿意看到朝廷对贵州各族人民的血腥镇压。综观石赞清一生的政治活动和政治观点,正如我们在书中所述,石赞清历来是主张对外来侵略者要狠,要坚决进行不屈不挠的斗争,而对国内人民起义则主要采用招抚的办法,他是从来不赞成朝廷实施残酷镇压的。他多次表现出对贵州各民族人民的特别关心和爱护。如前所述,凌惕安在《咸同贵州军事史》称"志切桑梓之石赞清",是实事求是的。而恭亲王奕䜣奉同治皇帝令组织实施石赞清提出来的八条治黔方略,给贵州人民带来了实实在在的好处,所以凌惕安称"有益于黔之清恭亲王奕䜣",也是实事求是的。

一二五　皇帝祭文①

　　石赞清在工部右侍郎兼管钱法事务的职上干得有声有色。他知道自己为大清国服务的时日不多了。他每天总是起得很早，睡得很晚，废寝忘食地抓紧工作。

　　同治八年（1869年）五月，直隶遭受特大旱灾，灾情十分严重。全省入夏以来，烈日炎炎，几乎就没有见到雨水，小麦、玉米等严重歉收，水稻根本无法播种栽插，大地像被烤焦了似的。三口通商大臣宗厚极力向同治皇帝和两宫太后力荐石赞清筹办直隶荒政，说他可"独任其难"。皇帝和两宫太后也认为石赞清在治荒治水方面很有一套方法，方虚心倚任。可工部却传来了石赞清侍郎已病卧在床的消息。②

　　恭亲王奕䜣亲临石府看望石赞清，他和平常一样，时而称呼石赞清为石大人，时而又称呼为老石。当石赞清要从病床上起来迎接他时，恭亲王立即把石赞清按倒在床上。石赞清说："王爷！我怕是不行了，可能是陪不到你了。"恭亲王说："石大人你不要乱说，只要稍休息调理，你便可以康复的。"石赞清说："王爷！我有先兆，上天怕是要招我去了。"恭亲王说："你可不能倒下啊！朝廷还有许多重要事情要你来做，我也不能失去你这个好帮手啊！"石赞清紧握着恭亲王的手说："王爷！臣怕是身不由己啊！""石大人！你可不能丢下我们不管哪。"恭亲王说。离开石府后，恭亲王找来了宫廷中最好的太医，并吩咐说："一定要想方设法把石大人的病治好。"

　　同年七月，石赞清的病情不见好转。他立即上疏请求辞去官职，但未获批准，只赏假1月调理。八月，病情进一步恶化，又上疏请求辞职，才得到朝廷批准。

　　同年九月二十四日，石赞清已预感来日不多了，他对一直守护在病榻前的石夫人说："夫人，我可能要先你一步走了。""襄臣，别这么说，您答应过我咱们要一道告老还乡的。"夫人说。"几十年来，您精心地照顾我，赞清我欠夫人太多太多了。""襄臣，我不要您走，我们还要一道回贵州养老。""能一道回去贵州当然好。如果不能，夫人可记住我们共同的承诺？""记着的，我们一同埋在宅吉坝守护父母。""这我就放心了，岳丈大人可对我恩重如山，是他改

---

① 本文系《晚清名臣石赞清传》（修订本），中国文史出版社，2013年版。第十三章　盖棺得皇帝亲拟祭文作奠。
② 黎庶昌，《拙尊园丛稿》。

变了我的人生啊！"

石夫人让丫环出去，她亲自喂药。休息片刻，石赞清又对夫人说："让承霖准备笔墨纸进屋来，我有话要对皇帝和两宫太后说。"承霖拿着笔墨纸进得里屋后，石赞清口述，由养子承霖代笔留下了自己的遗书。全文如下：

> 前工部侍郎石赞清跪，奏为，天恩未报，臣病垂危，伏枕哀鸣，仰祈。圣鉴事。臣前因气虚痰喘，屡次乞假嗣奏请开缺，蒙恩再赏一月，八月二十四因假满，陈请奉旨准其开缺调整沐。殊施之曲，逮实感激，难以名伏念。
>
> 臣黔南下士，由进士即用知县，擢升天津府知府，少循臣职所当为，遽荷帝心知。特简，内迁京尹，外涫藩保，不数年间，复由太常寺卿升任工部侍郎。目睹：升平之景象，方思勉策夫驾骀，何期福薄生，偶撄未疾，奄奄一息，自分万无生理。现在甘滇各边贼风未熄，江楚等地又报水灾，民困尚未更生，外患犹难骤定。臣伏愿皇太后、皇上轸恤时艰，勤求治理，俾中外乂安，富强有效，则天下臣民幸甚。臣虽死之日，犹生之年，瞻望阙廷，神魂凄念。所有微臣感激依系下忱。谨口授擢，命臣子承霖代缮。伏乞皇太后皇上圣鉴。谨奏。
>
> 同治八年九月十四日

石赞清口述完遗书后，他让石承霖读给他听，他确定记录无误后，对石承霖说："这是我最后写给皇上和太后的文书，你可要重新缮写一遍。"石承霖回答："我一定照着爸爸的要求去做，请爸放心。"石赞清又说："落叶归根，我死后，把我拉去贵州老家去埋葬。"石承霖回答："请爸放心，我们一定按爸爸说的去做。"

一生中很难流泪的石夫人，听着石赞清父子的对话，她再也忍不住了，竟大声嚎哭了起来。石赞清说："夫人别哭，我累了，你们母子俩暂时出去一下，我要休息一会儿。"石夫人和石承霖只好离开了病榻。

石赞清口述由子代笔的遗书，现在仍保存在中国第一历史档案馆。从遗书中可以看出，石赞清是一个知恩图报、重情重义的人。他的一生始终怀着一种感恩的心去做人做事。

即便在他病危即将辞世，仍然关心着大清国的前途与命运。特别对外患犹难、江楚水灾、甘滇边乱等，仍然让他放心不下。在对同治皇帝和两宫太后的遗书中，他自述了由进士一路擢升至工部侍郎的过程。他感叹：天恩未报，臣不能为国为民尽力了。虽死之日，犹生之年，瞻望阙廷，神魂凄念。

石夫人孩提时即许配于石赞清，后跟着他出生入死几十年。弥留之际，他最放心不下的体弱多病的妻子。当天的上午，待国事、家事都有交代完后，他一觉睡去就再也没有醒来。当天的中午时分，石赞清与世长辞了，享年64岁。石赞清逝世的消息传来，朝廷及文武官员无不十分悲痛。同治皇帝及两宫太后看了石赞清的遗书，都深感痛心。第二天，礼部尚书万青藜受派前来石府宣读同治皇帝所赐之祭文：

> 在公匪懈，凤嘉棐笃之忱，加礼饰终，特备哀荣之典。尔石赞清，阅通积学，练达成材。方期克享遐龄，何意遽闻徂谢？朕用悼焉。爰达前劳，式颁嘉奠。于戏！赞星云之景运。业换青编，沛雨露之殊恩，辉增黄壤。尔灵不昧，尚克歆承当。①

石赞清作为一个朝廷命官，盖棺时能得到皇帝亲拟祭文，这在等级森严的封建社会是绝不多见的。同治皇帝的祭文用今天的白话文来说，其大意是：石赞清一生任劳任怨，勤勤恳恳，从不懈怠。他一心一意为朝廷办事，是因为劳累而死去的，朝廷要对他加礼饰终，特备哀荣之典，享受终极之待遇。石赞清积学储实，练达成材。在为国为民操劳的知天命之年，却突然驾鹤西去了，朕悼念他。石赞清是做出了突出贡献的，我们要向他学习和致敬！呜呼，石赞清不只受着特别的恩宠，他做出的成绩和贡献大地都可以作证。我们不要忘记了石赞清的功劳，一定要担当起自己的职责。

万青藜同时还宣读了两宫太后的谕旨：

> 前任工部侍郎石赞清，由即用知县服官直隶，素著循声擢卿二，勤慎廉洁克尽厥职。本年夏间因病屡经赏假，旋准开缺调理。兹闻溘逝，轸惜殊深著加恩，照侍郎例赐恤，任内一切处分，悉予开复，应得恤典该衙门查例具奏，寻。赐得葬。②

礼部尚书万青藜还宣布了对石赞清的辞世，朝廷赏葬银400两，祭银20两，赐厚葬。由此可知，石赞清确实是清朝皇帝及两宫太后十分信任的一位近臣。

在这里，我们特别注意到两宫太后的谕旨："兹闻溘逝，轸惜殊深著加恩，照侍郎例赐恤，任内一切处分，悉予开复。"也就是说，对石赞清任职期内的一切处分皆予取清。我们细查朝廷对石赞清的处分，主要有两次：一次是英法侵略者侵占天津时，英法列军将知府石赞清扣作人质，天津知县尹佩玱为了加强抗击侵略者的力量，未报经同意即释放了监狱里的犯人。朝廷谕令："天津知府失察天津知县尹佩玱释放监犯下部议处。"当时人们对这个处分就有不同的看法；一次是石赞清超擢为顺天府府尹后，工作过于繁忙，同治元年命他旋充各省举人补行复试大臣，因迟至一日，竟交部议处。石赞清一生就遭到这两次处分。另外还有一次，同治三年七月，石赞清已由直隶布政使调任湖南布政使，直隶总督刘长佑奏："上年贼窜畿南，平乡等县失守，赞清等应有失防处分，惟各城失守后，率属登时攻复，功过尚足相抵。"③朝廷恩予宽免，功过相抵。作为一个身肩重担的大臣，一生中就只遭到两次小处分，这是很

---

① 《黄平县志》卷十三。
② 《石赞清列传》。
③ 《石赞清列传》。

难得的。我们在北京、天津召开征集石赞清资料座谈会时，清史专家们认为石赞清是有清一代的好官、清官，是大清朝的一个比较出色的官员。难怪石赞清病逝后，同治皇帝亲拟祭文，两宫太后谕旨表彰，也就不足为奇了。

石赞清在京逝世的消息传到天津，天津人民十分悲痛。天津举人李果泰等人，联名上疏朝廷，呈请将石赞清入祀名宦。直隶总督李鸿章据情入请，1871年8月终获批准。

朝廷复书："石赞清，贵州进士，咸丰年时任天津知府。居官严毅，化险为平，真可谓中流砥柱，好恶同民者矣。已请旨入祀名宦祠。"[①]

[①]《天津府志》。

一二六　归葬宅吉[1]

　　石赞清的尸骸，1871年10月归葬于贵阳北郊红边里宅吉坝上。终于实现了他终守父母坟墓之夙愿。

　　石赞清是一个知恩图报、重情重义的人。在他看来，他有三位父亲和三位母亲。一是自己的生父石庭玉和生母唐氏，他们在自己的幼年时即先后逝世了；二是自己的伯父石庭璋和伯母，是他们把自己从小带到贵阳来抚养，改变了他的人生；三是自己的岳父和岳母，是他们把自己的女儿许配于他，全力培养他读书，才使他成为了一个对国家有用的人才。特别是岳父母改变了他的人生，为他创造了报国报民的历史平台。他生前就曾多次给夫人交代过，他死后要埋葬在岳父岳母的身旁，要守护着他们。

　　清朝时期，贵阳宅吉坝还是郊外一片荒凉无人烟的地方。石赞清将自己的坟墓选择在宅吉坝，除了这里葬有他的伯父伯母及岳父岳母外，其实，他还相中了宅吉坝是一块风水宝地。

　　宅吉坝在现贵阳城区东北一里许，原来是一大片田坝和蔬菜地，现在已经变成现代化的高楼大厦了。宅吉坝西面背靠黔中灵山，即黔灵山，又被称为"黔南第一山"，它以其山幽林密、湖水清澈而闻名；黔灵山自古以来就是贵州著名的旅游和朝拜胜地，它集自然风光、文物古迹、民俗风情和娱乐休闲于一体。黔灵山由弘福寺、黔灵湖、三岭湾等六个大的游览区构成，每一个景区都有着其独特魅力，综合在一起就形成了贵阳著名的风光秀丽的城市公园。

　　宅吉坝山之北面有狮子山，狮子山顶的"狮子口"正好大张着嘴对着相宝山。相宝山南连扶风山，与扶风山是一脉所连。扶风山景区旧时称栖霞景区（今称栖霞胜景）包括东山、扶风山、相宝山三个景点。据明万年历间郭子章著《黔记·山水志》记载："城北东一里有照壁山，俗名'平顶高峰'。"清乾隆《贵州通志》也有记载："城北东一里，俗称'照壁山'，排云列嶂，俨如翠屏，与东山对寺，上有梵宇，颇称名胜。"

　　上相宝山，东南两边皆可有道，东边羊肠小道，曲回难行；南边今贵州师范大学校园

---

[1] 本文系《晚清名臣石赞清传》（修订本），中国文史出版社，2013年版。第十四章 赞清尸骸归葬贵阳宅吉坝。

内有路可行，路缓好走。从南边上山，行约半里即可抵达原寺门附近，再拾级而上二三十阶梯进到寺内。殿内规模不大，原来却是佛门清净之地，正中供奉有佛像，两旁塑有十八罗汉。原相宝山佛殿外有长廊，围以栏杆，凭栏俯视悬崖峭壁，尽在脚下。遥望四方，黔灵矗于前，贵山耸于右，扶风、东山排于左，岚烟云端，朝变暮幻，别具情趣。寺侧有石洞名"碧云洞"，洞口石壁上镌刻着"相宝留云"四个大字。据说，此洞为当时佛教徒被罚面壁之处。洞西有危崖陡起，四围大树参天，山又为一小阜，原结庐山槛，宋朝清官包青天包拯像于内。在相宝山北边不远处是狮子山，他像一尊神狮守卫着相宝山。民间也流传云岩区内有狮子山两座。一座就是相宝山北边这座，另一座就是在西边罗汉营附近。

传说这一对狮子是一雄一雌，相宝山北边的是雄狮，西边罗汉营的是雌狮。他们违背了"同性相斥、异性相吸"的物性，老是互相打斗不休，弄得天怒人怨。一天，雄狮到今喷水池旁的薛家井喝水，雌狮也来这口井喝水。于是两狮又打斗起来，雄狮把雌狮的尾巴咬断一截，雌狮把雄狮的头皮咬去一块。两头狮子互不相让，都跑到玉皇大帝那儿去告状。玉皇大帝派二郎神来进行调解。二郎神为让两狮永无争斗，用赶山鞭赶来一座山把它们分别隔在两边，这座山就是相宝山。二郎神又用定海神针把它们分别定在东西两地，并令北边的雄狮护卫相宝山，不能走动一步，留下了"雄狮护宝的传说"。

石赞清和夫人的坟墓就坐落在宅吉坝中间的一块较高的平台上，从贵阳扁井冒出一股清澈的泉水，就从石赞清夫妻的坟墓前流淌而过。石承霖的重孙石纯义说，石赞清和夫人的坟墓是用汉白玉栏杆围起来的，栏杆下面的汉白玉石板雕刻有石赞清的事迹。石赞清的墓碑高两米，宽一米，碑上刻有"工部侍郎"，石夫人的墓碑上刻有"诰命夫人"。墓前有一双石狮，一张祭台，左边有一块较高的墓志铭碑，再向前就是朝南的神道，约3米宽，两边交错着各站立着石牛、石马若干个。

在石赞清逝世二十年后，我国晚清时著名的外交家和散文家，贵州遵义人黎庶昌（1837—1896年），恐石赞清遗事湮轶，后无复能言者，特为石赞清撰就了墓志铭碑，刻碑立于贵阳宅吉坝石赞清墓前。

墓志铭曰：

扰扰群生，孰能无死，泰山鸿毛，惟其所止，
止而得所，死则死耳，求死如饴，时或不死，
大节炳完，如石公是。公之为政，学道爱人，
辅仁造士，群彦莘振。厘剔奸拐，平市米银，
令行禁肃，化暨海滨。公之所断，老吏若神，
曰石一堂，名自不冤。潞河漫漫，郡为冲壑，
公日不遑，殚求民瘼。露麟风梳，堤卑埝薄。
导水归流，民乃反作。公事上官，不为骫骳，

> 直道而行，仕已任彼，坦怀率真，亦厌苛礼。
> 御吏如奴，视民犹子，海疆变起，群吏望风。
> 天高其节，属国苏武。雅善谈说，名论波起，
> 杂以谈嘲，粲花齐委。文章游艺，订饾一编，
> 庑堂香屑，谁与后先，天机云锦，馋巧组研，
> 风雅道变，极于是焉。红边郭外，逾越阡陌。
> 攒峰之阿，吉壤所宅，天实留此，永奠公魄。
> 刻铭表忠，用载史笔。表公大节，使并有考。①

"大节炳完，如石公是。御吏如奴，视民犹子。厘剔奸拐，平市米银。令行禁肃，化暨海滨。曰石一堂，民自不冤。潞河漫漫，郡为冲壑。露馥风梳，导水归流。公事上官，不为疲筋。海疆变起，群吏望风。天高其节，属国苏武。"好一篇墓志铭，贵州文人黎庶昌把石赞清一生的事迹表述得淋漓尽致。

很可惜，黎庶昌为石赞清撰就的墓志铭碑，20世纪60年代建贵阳制药厂时，与石赞清的坟墓一道，被毁于一旦。

黎庶昌在《拙尊园丛稿》中还专门叙记为什么要给石赞清撰就墓志铭，他说："公由县令，扬历中外三十余年，皆以清正爱民著称，而天津治绩尤异。百姓歌之曰：'为国为民天津府，刚毅不挠胸有主。'及海疆变起，群吏望风解窜，公独以二千石守死自效，不为外侮所屈辱，天下高其节，竟以比汉典属国苏武云。今公没二十年墓道之文未具，庶昌深感恐遗事湮轶，后无复能言者，乃表公大节于阡，而别缀他行谊声诸铭诗，使并有考。"②

1975年，笔者从黄平赴贵州大学读书。临行前，父亲及族坚石朝元、石国典等叮嘱我说，石赞清的坟墓就埋在贵阳宅吉坝，叫石家坟，你去看一下。到贵州大学报到的第二天，我就直奔贵阳宅吉坝。很遗憾，石赞清的坟墓已经毁掉了。宅吉坝的菜农们告诉我，1964年建贵阳制药厂时，曾经张贴过迁坟公告，一个月后没有人来认领迁坟，即推挖了坟墓，在石家坟的遗址边上建了贵阳制药厂。当时宅吉坝村民们还十分有意见，认为破坏了他们居住的风景，惊动了"龙脉"。他们还批评我说，既是石大人的族裔，为什么不来保护石家坟？我给他们解释我们定居在黄平旧州，不知道建贵阳制药厂的事。菜农们对我的回答十分不满意。在他们看来，这么重要的一位京城官员，这么宏伟的一座大坟墓，没有人来认迁，居然被推土机给推掉了，真不可理解。

三个好心的菜农带着我绕贵阳制药厂走了几圈，当时石赞清坟墓的方块石条已经砌成了车间的基脚，刻有文字的石块随处可见。当时在贵阳制药厂旁边的蔬菜地里，还遗留着一

---

① 《贵州通志·人物志》。
② 《贵州通志·人物志》。

对石狮、一个石龟，一匹石马，断碑四截。我还用笔记录了下来。没有用相机把这些遗物遗址拍照下来，成为我终生的遗憾与愧疚。现在，贵阳宅吉坝已经变成了高楼大厦了，我多次赴宅吉坝探察，石赞清坟墓遗址只能确定一个大概的方位了。宅吉坝的上一辈的村民们，说到石家坟即石赞清坟墓遭到破坏的情况，他们仍十分的惋惜。

在第二次鸦片战争中，石赞清不愧于是一个顶天立地的民族英雄。他与外国侵略者所进行的种种不屈不挠的斗争，应属于第二次鸦片战争历史的闪光亮点。历史定格，英雄长眠。时至今日，天津人民，贵州人民，乃至了解石赞清英勇事迹的人们，仍然怀着十分崇敬的心情，缅怀着这位扬历于中外的民族英雄。

石赞清除高夫人外，还在高夫人的劝说下另娶有徐氏，但都没有生育出后代，他收养的儿子石承霖，又名石雨农，是石赞清堂兄弟石崇清的第三子。石赞清病逝后，石承霖曾增广西候补知府（太守），未到任。石承霖的重孙石纯义至今还保存有一个方体瓷茶壶，上面还有"雨农仁兄太守大人"字样。根据《贵阳石氏家谱》记载，石承霖生子石明铃，字希仁，石明铃育有一子四女，儿子叫石孟樵，后参加工作又取名石国安，石国安育有四子四女，四子是石纯源、石纯义、石纯礼、石纯智。

一二七 备受推崇[①]

石赞清生前不仅在政治上政绩卓著，扬历中外，而且在文学上也有很大的造诣和建树。他一生中著诗300余首，可惜大部分已散佚。他特别雅好唐诗宋词，借助现成句子，编纂成新诗，且大多都是集前人诗句而成，在古今词林里别树一帜。他一生中集结古体诗一千零四十五首，编为十二卷，题名《钉饦吟》。后人称石赞清为"集句之胜"。[②]

一、气壮山河的《满江红》

在第二次鸦片战争期间，当英法侵略者将石赞清扣作人质时，他在敌营中进行坚决的绝食斗争，即作绝命词满江红诗《余在夷营中·绝粒求死》。如下：

生死关头，有什么迟疑不决，又何必旁观，痛哭声声悲咽？海国直教银管误，天家且恐金瓯缺。恨潼关不守老哥舒，勋名裂。

段公笏，苏武节，睢阳齿，常山舌。算古今臣子，后先同辙。养气久无心可动，招魂只有恩难绝。戴头儿一个此间来，拼流血。[③]

真是一首气壮山河的好词。他一面痛斥无能大员失守大沽炮台的误国罪责，一面忧虑京师之安危，同时还宣达了自己坚不可摧的意志——他就要像唐代怒以笏板击打策反之贼的段秀实那样，要像手持符节绝不降于匈奴的汉臣苏武那样，像咬碎牙齿誓死抗击叛敌的唐代名将张巡那样，像舌被割下仍大骂敌人的唐将颜杲卿那样，宁拼一死而绝不屈服于英法侵略者。

当天津士绅辛绣圃前往敌营中看望他时，他将生死置之度外，要辛绣圃将他绝命词带出敌营，并一再叮嘱辛绣圃："你回去告诉我的幕宾曾卓轩先生，我辑录的唐诗选要尽快给

[①] 本文系《晚清名臣石赞清传》（修订本），中国文史出版社，2013年版。第十五章 遗《钉饦吟》诗绝备受推崇。
[②]《黄平县志》卷十三。
[③]《紫泉山馆诗余偶存》（同治刻本）。

我刻印出来。"辛绣圃错愕地看着石赞清:"都这个时候了,还惦记着幕僚帮助刻印的诗集?"石赞清说:"先生照我的话去做就行了。"石赞清在敌营中要幕宾曾卓轩先生刻印的唐诗,即是今天流传下来的《钉铛吟》。

敌人迫于压力将石赞清礼貌送还后,幕僚们都来看望他,询问在敌营中的情况。石赞清又作满江红诗《有问夷营中情事者,作此答之》:

中外华夷,是与非,一言而决。管甚么天津桥下,水流呜咽。信国读书何所事,椒山有胆休教缺。倘当时一个念头差,身名裂。

敢自诩,坚名节;更那得,广长舌。仗天公垂念,还辕返辙。使酒曾拼千日醉,传餐已是三朝绝。恨楼兰未斩竟归来,空啼血!①

在这阕词中,他以著名民族英雄文天祥(文曾封为信国公)及明代肝胆出众的杨继盛(杨氏曾号椒山子)自励,自称本是一嗜酒的豪士,可在敌营却三日滴食未进,他对自己虽能以广长舌(善辩之舌)与敌作斗争却无力斩杀敌酋而深感遗憾。

事后,曾往敌营中探望石赞清的好友士绅辛绣圃,跟友人说起石赞清狱中事,笑他命且不要,还嘱幕友刻集唐诗(即《钉铛吟》),"谓之好名之累也"。石赞清于是又作诗回答:

没世无称,尼山语,昭然明决。争怪我书生积习,临危凄咽。十载案头营焰冷,几回天上蟾轮缺。莽将军豹死尚留皮,名休裂。

既无取,司空节;更何问,张仪舌。只锦囊投厕,恐遭覆辙。壮士薨歌原快事,外孙斋白尤其绝,两般儿总是一般情,留心血!②

石赞清的上述三首气壮山河的满江红,均收于他的《紫泉山馆诗余偶存》(同治刻本)中。三首满江红,均创作于第二次鸦片战争英法侵略军侵占天津期间。一首在敌营囚室中所作,两首系走出敌营后所作。石赞清虽身陷敌营,中华民族宁死不辱的硬骨头精神支撑着他。敌营就是战场,战场上就是要与敌人作拼死之斗争。三首气壮山河的满江红诗,表现了作者大无畏的英雄气概,洋溢着强烈的爱国主义激情。

黄万机先生在《重印清代贵州名贤像传序》中说:"《石赞清像传》附《掇拾》选录石先生三首满江红词,充分体现身处夷营,折节不屈,气壮山河的情态,洋溢着中华民族的浩然正气,令人敬佩。"

缪志明先生在《天津知府石赞清》一文中说:"在天津近代史发端的那种国难当头、外

---

①《紫泉山馆诗余偶存》(同治刻本)。
②《紫泉山馆诗余偶存》(同治刻本)。

侮亟甚的情况下，有位叫石赞清的天津知府，曾表现出了一种令人肃然起敬的民族气节，他面对外敌所进行的'石太守矢死保孤城'（郝缙荣《津门实纪确对》）之种种不屈不挠的斗争，应属那段天津历史的耀眼亮点，而被记录于许多津门文人的诗文中。但殊为可惜的是，由于史料琐碎并较难捡寻，石氏其人其事现竟几乎被湮没而无人提及了。此段史实实不应被长期隐而无彰。笔者因掇拾前人零散记述，竭力串结成文，愿它能让津人永远记住，在我们这块土地上，历史上有位叫石赞清的官员，在外寇面前曾大义凛然地发释出了可歌可泣的高贵品格与精神。"①

二、集句之胜的《饤饾吟》

石赞清特别喜欢读书，博识强记。他雅好唐诗宋词，游览山川名胜，赠朋答友及咏物言志，他往往借助唐诗宋词等的现成句子，将其编纂成一首新诗，以表达自己的思想感情。他一生中集结成今、古体诗一千零四十五首，编为十二卷，题名《饤饾吟》，《紫荃山馆赋帖诗》393首，均曾在贵阳刊刻于世，远近传诵。

石赞清很谦虚，他在《饤饾吟》自序中说："余教读十有五年，日取唐人诗与诸生口讲指画，能体会者率鲜。花晨月夕，友朋往来之会，间为集句以示之。""公余之暇，亦时以此自娱。反日既多，所集遂多。汇成一帙，题曰《饤饾吟》。非感以为诗也。""大家看之万无好处，糊窗粘壁覆盆覆瓿而以。"

那么，石赞清又是怎样集句的呢？陈田辑《黔诗纪略后编》录石赞清《饤饾吟》集唐七律四首，现转录《旅怀》集句一首于下：

旅怀 集句

樽中绿蚁且徐斟（郑　史），
立地看天坐地吟（吕洞宾）。
红树暗藏殷浩宅（薛　逢），
青山遥负向平心（卢　肇）。
江边松菊荒应尽（赵□段），
世上风波老不禁（白居易）。
故国关山无限恨（李　益），
千峰万壑雨沉沉（权德舆）。

---

① 缪志明：《天津知府石赞清》，载《天津日报》2008年1月26日。

我们看出，《旅怀》集句诗共八句、八个诗人，一人一句。虽是现成诗句连缀，却能巧妙工合，切合实际，毫无拼凑之嫌，如出一人之手。石赞清一生集结成今、古体诗一千零四十五首，编为十二卷，题名《钉饾吟》。人们称他为"集句之胜"。

人们之所以称石赞清为"集句之胜"，因为一生集结成今、古体诗一千零四十五首，编为十二卷。集句一千零四十五首，可以想象出，石赞清读了多少古体诗。更重要的是，光读还不行，还要深刻理解。不理解原作者诗词的深刻含义，随乱拼凑集句那是不行的。由此可见，石赞清一生喜爱读诗，博识强记。对前人的诗真正做到了活学活用。

黎庶昌为石公铭墓云："文章游艺，钉饾一编；虎堂香屑，谁与后先；天机云锦，俪巧组妍；风雅道变，极于是焉。"黎庶昌曩作谈黔人诗绝句云："啜芳嗽艳到三唐，铸出司空铁石肠，无缝天衣成百衲，留青难与抗颜行。又有《钉饾词》一卷，也是集唐之作，聂树楷收入《黔南丛书》第四集词部之中，而跋云。"吾黔以集句诗传者，贵阳石少司空赞清之《钉饾吟》，遵义龚大令璁之《留青山房集》……少司空经猷志节，彪炳一代，而偶出余绪，亦能于词坛别树一帜。"可谓对赞清诗推崇备至。另有《紫荃山馆试帖诗》二卷，也是他依原诗的上下韵编纂而成。石赞清诗在光绪年间刊于贵阳，远近传诵，被称为"集句之胜""集句之王"。

从严格意义上说，集句要难于创作。能创作不一定能集句，能集句一般就能创作。由于石赞清喜爱和善于"集句"，一生集句一千零四十五首诗，人们误认为他本人不创作，笔者20世纪90年代发表的文章也是这样认为的。这实在是一种误会。我们且不说"集句"本身就是一种创作，是难于自己创作的另一种创作。而实际上，石赞清一生是又集句又创作，只不过集句多于自己创作而已。石赞清的集句是精品，创作同样也是精品。我们上面说到的石赞清的三首满江红，一点也不亚于宋代抗金名将岳飞的《满江红》。

另外，《晚晴诗汇·卷一四二》收录石赞清诗词数首，录如下：

昭君怨

雪重拂庐干，燕山直北寒。
空弹马上曲，真愧镜中鸾。
古戍烟尘满，边隅粉黛残。
自矜娇艳色，时展画图看。

宦邸书怀

年少初辞阙，沾恩更隐难。
已知成傲吏，不敢耻微官。

　　　　劲节凌冬劲，寒枝历岁寒。
　　　　抱琴时弄月，流水为谁弹。
　　　　性拙偶从宦，时危远效官。
　　　　羁游故交少，孤立转迁难。
　　　　春兴随花尽，乡愁对酒宽。
　　　　朝来明镜里，渐觉鬓凋残。

　　由此我们不难看出，石赞清一生是又集句又创作，可惜他自己创作的诗词大部分已散佚。热爱生活的石赞清，在繁忙的政务工作中，往往在集句和创作中借诗抒情。他自己创作的诗词，更是语言明快，一气呵成，含义深刻。

三、石赞清的遗物

　　石赞清的遗物，现在笔者知道的主要有三件，三件遗物都保存在贵州省博物馆内，而且都列入一级文物保护名单。一是"尘定轩"斗彩山水人物盖碗；二是着色山水折扇《江行图》；三是着色山水折扇《耕织图》。

　　关于"尘定轩"斗彩山水人物盖碗。据相关资料介绍，斗彩也称豆彩，斗彩创烧于明成化时期，是釉下彩（青花）与釉上彩相结合的一种装饰品种。先在胎上画好图案的青花部分，罩上透明釉，入窑焙烧；烧成后，在留出的空白处用低温彩料填绘，再入烘炉中烘烤，即成斗彩。青花是构成整个斗彩画面的主色，釉上彩只是略加点缀而已。由于釉上釉下，给人以丰富的热烈、鲜明清新之感，有很好的艺术效果。

　　《贵州文史丛刊》2011年第4期，发表了贵州省博物馆唐艳女士撰写的《"尘定轩"斗彩山水人物盖碗——清代黔籍名宦石赞清家藏御瓷》一文。唐女士在文中说："贵州省博物馆珍藏的'尘定轩'斗彩山水人物盖碗，是皇家赐予清代黔籍名宦石赞清的一件御瓷……1976年，贵州省博物馆向贵阳市民石朴收购了这件文物。石朴系石赞清的侄孙女，据她介绍，此器为同治皇帝的御用品，因其对石赞清的重用和赞赏，遂赏赐于他。石赞清将此器转赠给其侄石书林，后传给其侄孙女石朴，这才辗转入藏博物馆永久保存。"

　　唐女士的文章还说：贵州博物馆藏的这件斗彩盖碗通高6.8厘米，口径6.7厘米，足径2.7厘米，敞口，体形小巧玲珑，轻盈雅致。器身倾斜微有弧度，小圈足，盖可作倒置小碟，盖顶圈钮，盖钮高矮合适，既与整器大小协调一致，又可方便手拿捏稳当。盖身微鼓，与器身协调相扣，盖沿略小于碗口沿。盖顶圈钮足端与杯身圈足端无釉，圈足修理规整，但仔细观察仍可见刀旋削痕迹，盖钮更为明显。胎白较细腻，轻薄，但持于手中无轻浮感，器内透光可见器外纹饰。釉色白中闪青灰，较稀薄，有橘皮纹。釉下青花高温烧制，釉上填彩低温烘烧，绘制处以手摸之，有凸出感。杯外壁绘一老人坐于山间石上，安然思考状，似在欣赏着眼前片片红叶与远山风景。一童子倚立车后,双手交叉于胸前车厢上,笑容憨厚、可爱。外口沿下两道青花弦纹,中间填以绿彩。盖上绘山石、树木、云雾围绕中有4座小房屋,近处树木上亦有红叶点缀,一人行走于山间小径上,盖钮外壁青花弦纹一道,盖与器身色调相符合……整个盖碗所绘的山路、人家、云雾、红叶、老人、童子,构成一幅和谐统一的画面。

唐女士还介绍说,"尘定轩"斗彩山水人物盖碗,底足内及盖钮内有青花楷书"尘定轩"三字款,无边栏,字体工整,系用小笔蘸青花料写成。"尘定轩"为雍正未登基前的雍和宫轩名。[①]

同治皇帝将"尘定轩"御用品赐予石赞清,说明石赞清是皇帝身边的一名近臣,同治皇帝对石赞清十分重用和赞赏。

关于着色山水折扇《江行图》和《耕织图》。这是石赞清的两件重要遗物,也是他的两件重要作品。石赞清亦能书画,着色山水折扇《江行图》和《耕织图》,有石赞清的书法、画画、诗词、集句,非常难能可贵。着色山水折扇《江行图》其题集宋诗七绝一首。着色山水折扇《耕织图》,题自作五言排律一首。字效晋人小楷。可以这样说,着色山水折扇《江行图》和《耕织图》,集石赞清诗词、集句、书法、绘画于一体,实为精品。

石赞清的遗物"尘定轩"斗彩山水人物盖碗和着色山水折扇《江行图》《耕织图》,均列入一级文物保护。

---

① 唐艳:《"尘定轩"斗彩山水人物盖碗——清代黔籍名宦石赞清家藏御瓷》,载《贵州文史丛刊》2011年第4期。

一二八　石馆建议[①]

中共黄平县委某书记：您好！

　　首先感谢您主持召开常委会确定对"石赞清纪念馆"的立项并投入启动经费。石赞清的生平事迹曾撼动当时朝野，曾使英法美俄侵略军畏惧，是时至今日天津人人知晓的历史英雄人物；是今天黄平旧州古镇不可多得的人文资源和精神文化遗产。建设"石赞清纪念馆"，是顺应当今国际形势发展新常态而广泛开展爱国主义教育的需要，也是丰富旧州古镇历史文化内涵的一项重要举措，更是提升旧州古镇文化品质的一项重要内容。

　　天津人民对石赞清感情至深，这是我在天津调查时深深地感触到的，他们没有忘记，一百多年前，有一位叫石赞清的贵州人任天津知府，领导他们的先辈与英法美俄侵略军进行坚决顽强的斗争，保护了天津人民。尽快建成"石赞清纪念馆"，既可增强黄平发展旅游的精神文化内涵，也为今后黄平与天津增强联络与往来架设了一座文化桥梁，进而加强双方领导互访往来，并努力争取天津相关区、县与黄平结成友好县、区，争取天津对黄平的经济社会发展给予相应的扶持与合作。总之，建成"石赞清纪念馆"，是一件大好事，发展前景非常看好。

　　因为我是《晚清名巨石赞清传》一书的作者，县委宣传部要求我拟出展陈内容及方案，我首先拟出英雄故乡、励志求学、情系天津、晚清名臣、魂归故里、赞清遗作六个展厅的方案(见附件1)，鉴于县委宣传部只有20万元来做"石赞清纪念馆"，按这个方案肯定做不出来。

　　于是，我找吴建伟(黄平人，省文化厅原副巡视员、省文物局原副局长、文物专家)商量，本着在有限的经费内，又要把"石赞清纪念馆"做到达到开馆水平的原则，我又拟出了第二个方案(见附件2)。建伟同志认识黄平籍画家潘国华，我们把他请到贵阳来一道完善了第二方案(63幅彩画：把石赞清一生的事迹用彩画及文字说明展示出来(彩画装框后1.36米高，0.95米宽，美观大方)；4幅仿真圣旨、谕旨：把清朝廷对石赞清的倚重展示出来；25幅书法：把石赞清的诗词作品和别人赞誉石赞清的诗词或墓志铭等展示出来；3件石赞清的重要遗物：即同治皇帝赐给石赞清的"尘定轩"斗彩山水人物盖碗和石赞清的著色山水折扇《江行图》

[①] 本文系作者为建"石赞清纪念馆"写给中共黄平县委书记林昌富的一封信。

《耕织图》，此三件实物保管在省博物馆，系国家一级保护文物，只能用照片放大装镜框。

建伟同志与潘国华在黄平文化馆共事过，希望潘国华在基本不赚钱或很少赚钱的情况下为家乡作贡献，在20万元内把第二方案的"石赞清纪念馆"做出来，潘国华受石赞清爱国精神的感动，看在建伟和我的面上，乐意在20万元内把第二方案的"石赞清纪念馆"做出来，并表示认真做成自己一生画画生涯的一个品牌，晚年为家乡做一件可以长期供人参观浏览的作品。建伟希望他在今年8月30日完成开馆剪彩，他表示当成一项政治任务，坚决完成。

我因为不了解潘国华画画的功底，希望他先画出两幅看看，他画好后通知我和建伟去凯里看，看后我和建伟十分满意。于是，潘国华专程赴旧州，丈量了用作"石赞清纪念馆"馆址的尺寸，并画出了精细的展览图案。他又赶来贵阳，要求要与我签协议书，我报告县委宣传部，部长说只能与县里签协议书，于是潘国华又赶往黄平，协议书不但没有签成，还得了一肚子的气。潘国华在黄平打电话给我说："想为家乡做件好事也做不成，不怪我了，过两天我去北京画画去了。"

潘国华一腔热情要为家乡做件好事，留下自己的精极作品，但县里的同志不理解他，后来我才知道县里不与他签协议书的原因，原来是县委宣传部自有打算，6月2日，县委宣传部发了一个会议纪要，决定"石赞清纪念馆"的绘画与书法控制在10幅以内(见附件3，我们称其为第三方案)，控制在10幅以内还称其为"纪念馆"吗？能把石赞清的英雄事迹展示得出来吗？我反复与县委宣传部部长协商，但终因对"石赞清纪念馆"的认识差距太大，协商不成，只好给您报告了。

我不理解，作为黄平人要为家乡做这点事为什么这么难？为了提供"石赞清纪念馆"展陈方案，吴建伟和我先后专程去遵义和青岩，参观学习黎庶昌、赵以炯纪念馆，无偿提供出展陈资料。潘国华要把"石赞清纪念馆"当作自己的精品力作来做，控制在20万元内已经是报酬微薄了，就是要为家乡做件好事，可县委宣传部却不领这个情。并且在不告知我的情况下，把我无偿提供的两个方案完全推翻了。

我看到县委宣传部的《纪要》后，苦口婆心地对他们发短信，明确告诉他们控制在10幅以内的第三方案不可行，希望他们还是用第二方案，但是始终商量不通，我明确表态，如果用他们控制在10幅以内的方案，我不同意使用我提供的一切资料，因为这不是真心实意的在做"石赞清纪念馆"。

在告知县委宣传部领导的情况下，我给您写这封信，我没有告他们状的意思，只是在和他们实在商量不通的情况下，无奈只好报告您，目的是要把一个真正的"石赞清纪念馆"建立起来，争取把它建成贵州省的一个爱国主义教育基地，争取把它建成黄平与天津联络往来的一座文化桥梁。

我的意见是：

1. 石赞清是第二次鸦片战争的民族英雄。"石赞清纪念馆"是黄平县可以在全省全国打响的一个亮丽品牌。建议由县委书记、县长亲自担任筹建"石赞清纪念馆"领导小组组长和副组长；吴建伟同志是贵州省的文物专家，在担任省文物局副局长期间，指导和帮助建立多个纪念馆，建议县委聘他为"石赞清纪念馆"总策划，具体指导"石赞清纪念馆"建设，并负责建成后在省文物局注册登记等后续工作；我提供"石赞清纪念馆"全部展陈资料，聘我为"石赞清纪念馆"顾问，我和建伟不要一分钱酬劳，就是要为家乡做点事；聘黄平籍画家潘国华为"石赞清纪念馆"总布展，在宣传部说的20万元范围内，把"石赞清纪念馆"第二方案的馆陈资料全部交由他来负责布展。县委抽调得力干部2—3人，集中3个月时间专门负责这件事，争取在10月底把"石赞清纪念馆"建立起来。

为什么点名潘国华来总布展，因为他是画家和办展览的专家，石赞清的生平业绩要通过63幅彩画展示出来,他是怀着感情要为家乡做件好事,他已明确表态要把"石赞清纪念馆"当作自己的精品力作来做。建议由县委出面,邀请他从北京回来负责布展"石赞清纪念馆"(现潘国华应邀在北京画画)。

2. 在今年内把"石赞清纪念馆"初级版建立起来，正式开馆，争取明年进入省文物局注册登记，吴建伟同志已作先期铺垫工作，"石赞清纪念馆"建成后注册登记应该没问题。进入省文物局注册登记后，就有条件申请进入免费开放的公共文化服务系列。有了保护提升经费后，以后再争取实现"石赞清纪念馆"的第一个展陈方案。第一个展陈方案固定在旧州，第二个展陈方案可以移动巡展，双管齐下。

虽第二方案我们定为初级版，实际上已经是"石赞清纪念馆"的大部分工程了，把石赞清一生和事迹都展示出来了。我和建伟及潘国华对第二方案的定位，是一个可以移动巡展的"石赞清纪念馆"，将来可以搬动到天津、北京、贵阳、长沙等石赞清供职和生活过的地方巡展，让石赞清的精神传播开来，扩大黄平影响力和知名度，促进招资引商，促进黄平旅游，促进黄平经济社会发展。

3. 如果按县委宣传部《纪要》的方案来做"石赞清纪念馆"，我不同意使用我提供的资料。如果建成一个不伦不类的"石赞清纪念馆"，这不仅不能发挥石赞清这位民族英雄的正能量，而且浪费钱财，也有损于黄平的形象。

请书记相信，我和吴建伟是要运用自己的知识和人脉资源，一心一意要为家乡黄平做一件好事，我们不要一分钱，前期启动，潘国华买纸和预负书法家润笔费，我自己就先垫资4000多元，县里给我报销也行，不给我报销也行，反正就是为了把一个可以开馆，可以在省文物局注册登记的"石赞清纪念馆"建立起来。

请书记相信，黄平籍画家潘国华，也想运用自己画家的身份和长期办展览的经验，在报酬微薄的情况下，要为家乡黄平做一件好事，要把"石赞清纪念馆"当成自己的精品力作来做。

建伟同志说了，先按第二方案把"石赞清纪念馆"的初级版建立起来，下一步在省文物局注册登记他负责来跑。黄平籍画家潘国华说了,晚年要留下自己的精极作品。这些资源,黄平应该充分利用。黄平应该充分利用和打好"石赞清"这个品牌，这是黄平县唯一可以在贵州、在全国打响的一个品牌。

特此报告，有错请批评！

附：

1. "石赞清纪念馆"第一展陈方案
2. "石赞清纪念馆"第二展陈方案
3. 黄平县委宣传部《纪要》的第三方案

致以

敬意！

贵州社会科学院
石朝江
2015 年 6 月 12 日

一二九　赞清馆建①

　　石赞清纪念馆，是为了纪念晚清名臣石赞清的卓越贡献，学习石赞清的爱国精神而建立的。建筑外观古朴、传统、漂亮，高质量的陈列展览，庄严肃穆、可读可敬，这是建石赞清纪念馆的工作重点。石赞清是贵州的骄傲，更是黄平的骄傲。拟将石赞清纪念馆建成贵州省爱国主义教育基地。

　　修建石赞清纪念馆，要遵循"仿旧如旧，明清风格"的原则。

　　石赞清纪念馆拟占地4亩，建筑面积约1800平方米。仿明清风格，砖木建筑结构（主要承受力构件和隐蔽部位用钢筋水泥）。利用斜坡建成三阶。第一阶二层，第二阶一层，第三阶一层，阶与阶之间建成四合院，一阶与二阶之间是能容500人的院子。院中宽阔的基座和立面浮雕烘托着威武高大的英雄石赞清立塑像。

　　一阶系石赞清纪念馆的主建筑，分为门厅前堂，上方悬挂大匾"石赞清纪念馆"，用红色烤漆立体字镶嵌其上。两侧和二楼是四个展厅。门厅分别悬挂着描绘石赞清"置水二瓮于堂阶"、石赞清痛斥英酋、天津人民热情欢迎石赞清归来的三幅大型国画。纪念馆前面建筑一个能停30余车的院坝及停车场。

　　二阶系能容200人的演播厅或休息厅。一阶与二阶之间的两侧厢房是两个展厅。

　　三阶系石氏文化馆。石氏原籍山东青州府寿县（今寿光市），入黔始祖石荣于明初调北征南入黔，授平越卫指挥使。石荣后裔石邦宪曾任湖广大总兵，誉授荣禄大夫，石文卿袭任总兵官，任过广西护理巡抚等。石氏宗祠是石赞清纪念馆的一个重要组成部分之一。二阶与三阶之间的两侧一面是厨房，一面是绿化，中间是一个小院坝。

　　按六个主题分成六个展厅，分别是英雄故乡、励志求学、情系天津、晚清名臣、魂归故里、赞清诗词。六个主题展厅分别陈列展览石赞清一生的事迹。

　　进入"英雄故里"展厅，主要展陈旧州在清朝中晚期的版图位置及交通标识、旧州古城新老照片、民风民俗图片、旧州万亩大坝今昔、舞阳河水治理、寨勇的过去与现在等历史镜头和场景，历史文献记载及相关文字及绘画等。

---

① 本文系作者写给黄平县委县政府的"石赞清纪念馆"建设方案。

进入"励志求学"展厅，主要展陈小赞清马灯前读书、随伯父赴贵阳、私塾塾生、贵筑乡试第一名、高塾馆长招赞清为婿、贵山书院学子、报考进士中榜、分发直隶任知县等历史镜头和场景的复制品、历史文献记载及相关文字和绘画等。

进入"魂系天津"展厅，主要展陈清末石赞清在天津筹谋治荒、治理海河、石赞清"置水二瓮于堂阶"、石赞清对英酋大喊"速杀我头"、十万天津人民游行要求外强速放"石父母"、天津人民游行欢迎"石父母"归来、同治皇帝下圣旨"用树风声"等历史镜头和场景的文物复制品、相关文字、书法及绘画等。

进入"晚清名臣"展厅，主要展陈顺天府府尹、直隶布政使、护理湖南巡抚、太常寺卿、宗人府府丞、刑部侍部、都察院左都御史、工部侍郎兼管钱法堂、石赞清的奏章、报到书等历史镜头和场景的文物复制品、相关文字、书法及绘画等。

进入"魂归故里"展厅，主要展陈同治皇帝所赐祭文复制品、慈禧太后谕旨、老新贵阳宅吉坝、石赞清坟墓（绘画）、中国第一历史档案馆馆藏《石赞清列传》手抄本、石赞清遗物、贵州通志、黄平县志对石赞清的记载、天津北京湖南贵州文人对石赞清的赞颂等书法、文字、绘画及相关复印件等。

进入"赞清诗词"展厅，主要展陈石赞清所遗《饤饾吟》原本、饤饾吟集句、石赞清诗词等原件、仿制件、书法、文字及绘画等。现当代人撰写石赞清的著作、文章及评介等。

石赞清纪念馆要请国画大家作画，知名书法家书写。文字表述要高度概括，行文优美，通俗易懂。

石赞清纪念馆只能在石赞清出生地寨勇修建，不宜易地修建。同时要在石赞清出生地基旁，恢复石赞清故居。

2014年10月5日

一三〇 石馆展陈[1]

石赞清纪念馆，分六个主题即六个展厅，分别是：
英雄故乡 励志求学 情系天津
晚清名臣 魂归故里 赞清作品
六个展厅分别用文字、图片、实物等形式，陈列展览出石赞清一生的英雄事迹。要将"石赞清纪念馆"建成贵州省的一个爱国主义教育基地。

前言

一、"英雄故乡"展厅：

1. 旧州且兰古国简介（文字及图片）
2. 春秋战国时期的且兰国地理位置图（2幅、有图）
3. 《且兰古国——黄平》入选国家小学《德育》教材（实物）
4. 旧州在清朝晚期的版图位置及交通标识（描绘）
5. 旧州古城老照片（数张）
6. 旧州古城墙（最好找到老照片，找不到即绘画）
7. 旧州万寿宫（修复后照片或绘画）
8. 旧州人寿宫（修复后照片或绘画）
9. 旧州文昌宫（修复后照片或绘画）
10. 旧州天后宫（修复后照片或绘画）
11. 旧州古城民居与街道（照片或绘画）
12. 旧州古城维修后的新照片（数张）
13. 旧州万亩大坝（照片或绘画）
14. 旧州舞阳河（照片或绘画）

---

[1] 本文系作者为石赞清纪念馆研究撰写的展陈内容。

15. 旧州十万银大山（照片或绘画）

16. 旧州擂鼓台（照片或绘画）

17. 石赞清出生地寨勇村（老照片、新照片）

18. 石赞清出生老地基照片（有照片）

19. 旧州民风民俗图片（数张）

20. 石赞清的老照片（有照片）

21. 石赞清的画像

22.《清代贵州名贤像传》上的石赞清画像

23. 黄平旧州中学石赞清塑像

24. 石氏后裔撰写的《晚清名臣石赞清传》（实物）

二、"励志求学"展厅：

1. 石赞清出生在一个风雨交加、雷电不断的傍晚（绘画）

2. 石赞清出生地遗址（照片）

3. 石赞清父亲扛铧犁赶牛牵小赞清下地干活（绘画）

4. 石父犁田小赞清背着笆篓拾野菜（绘画）

5. 伯父教小赞清读三字经（绘画）

6. 小赞清马灯前读书（绘画）

7. 明清时期的湘黔古驿道（照片）

8. 小赞清随伯父赴贵阳（绘画）

9. 伯父在贵阳六广门租住的茅草屋（绘画）

10. 小赞清入私塾读书（绘画）

11. 私塾师生在甲秀楼合影（绘画）

12. 贵筑乡试第一名（绘画）

13. 私塾高馆长招赞清为婿（绘画）

14. 贵山书院学子（绘画）

16. 考进士中榜（绘画）

17. 偕妻赴直隶阜城任知县（绘画）

18. 直隶总督纳尔经额奏委任石赞清署理正定知县（有原始文字照片）

19. 石赞清署永定河北岸同知领导治理永定河（绘画）

20. 石赞清署通永道办理河运（绘画.有原始照片）

21. 石赞清办理顺天府粮台报销完竣受军机处记名

三、"魂系天津"展厅：

1. 清末天津老照片（4张）

2. 筹谋治荒（4张灾荒老照片，有照片）；4张油画：①石赞清赴任路遇灾民；②石赞清打开库粮救灾民；③石赞清下令粮食大户廉价卖粮救灾民；④石赞清组织灾民生产自救

3. 治理海河（4张海河泛滥老照片，有照片；2张油画：①石赞清风餐露宿于海河工地；②海河疏通，天津人民赞石赞清为"石父母"

4. 圈地扩城（建筑于明初的天津卫城图）；石赞清圈地扩城的天津范围图

5. 英法美俄战舰停泊津门三岔口（有照片）

6. 外夷侵略者炮轰大沽口（绘画）

7. 清军进行英勇反击（有照片）

8. 被攻陷后的大沽炮台（有照片）

9. 外夷四列强抢入天津（有照片）

10. 石赞清"置水二瓮于堂阶"（绘画）

11. 石赞清持剑巡逻于天津府街头（绘画）

12. 石赞清独赴敌营斥英酋，"慷慨而谈，颜色不变"（绘画）

13. 石赞清领导天津人民与列强作坚决斗争（绘画）

14. 英法军用轿子抬着石赞清至海光寺作人质（绘画）

15. 石赞清对英酋大喊"速杀我头"（绘画）

16. 石赞清绝食三日以示抗议（绘画）

17. 十万天津人民游行要求外强速放"石父母"（绘画）

18. 咸丰皇帝传谕"此是中国最得民心之官"，要英酋速速放回（皇帝传谕专制）

19. 英军用轿子把石赞清礼貌送回（绘画）

20. 天津人民游行欢迎"石父母"归来（绘画）

21. 石赞清拒绝邀观英法列强炫耀武力的军演（绘画）

22. 石赞清怒杖洋兵六十大板（绘画）

23. 黎兆勋《侍雪堂集·石太守》诗（书法）

24.《感旧怀人集》诗赞石赞清（书法）

25. 新浪博客《硬骨头石赞清》（书法）

四、"晚清名臣"展厅

1. "两宫太后闻而嘉之"的谕旨（有文字，专制）

2. 天津人民上书挽留石赞清知府（有文字）

3. 朝廷超擢石赞清为顺天府府尹（有文字，绘画）

4. 石赞清奏为授顺天府尹感恩事（有手抄原始文字）

5. 石赞清成为清朝"用树风声"的典范（有皇帝圣旨文字，须专门制作）

6. 顺天府尹石赞清"奏为量减州县处分以济时艰事"（有原始文字，或书法表达）

7. 直隶布政使石赞清《奏豫筹河患疏》（有原始文字，或书法表达）

8. 护理湖南巡抚石赞清《奏报湖南各属雨水粮价情形由》（有原始文字，或书法表达）

9. 清朝廷派户部尚书倭仁等十四高官对石赞清进行大考（有原始文字，或书法表达）

10. 石赞清内擢太常寺卿（绘画）

11. 何绍基《送石襄臣同年由湘藩擢太卿北上》（书法）

12. 太常寺卿石赞清奏《疏陈黔省剿抚》（书法）

13. 宗人府府丞石赞清微服私访保定（绘画）

14. 工部侍郎石赞清《奏为饬下贵州速报殉难捐躯事》（有原始文字，或书法表达）

15. 石赞清兼管钱法堂事务时铸造的铜币钱（有照片）

16. 中国第一历史档案馆馆藏《石赞清列传》（有手抄件）

17.《天津府志·宦绩·石赞清》（有复印件）

18.《贵州通志·人物志·石赞清》（有复印件）

19.《黄平县志·人物志·石赞清》（有复印件）

20. 台北故宫博物院馆藏石赞清列表（有复印件）

五、"魂归故里"展厅：

1. 石赞清由子石承霖代笔的遗书（有原始手抄件）

2. 同治皇帝所赐祭文（有文字须专制）

3. 慈禧太后谕旨（有文字须专制）

4. 礼部尚书宣布赐厚葬（绘画）

5. 清朝下叶的老贵阳

6. 清朝下叶的贵阳宅吉坝（找老照片）

7. 黔南第一山（有照片）

8. "相宝留云，黔阳半壁"（有照片）

9. 贵阳宅吉坝的石赞清坟墓（绘画）

10. 黎庶昌为石赞清撰写的墓志铭（书法）

11. 石赞清坟墓遗址建立贵阳第二实验中学（照片）

12. 同治皇帝赐石赞清的"尘定轩"御瓷（照片，多面展示）

13. 陈田《石侍郎赞清传证》（书法）

14.《清代贵州名贤像传·石赞清》（实物）

六、"赞清作品"展厅：

1.《钉铛吟》原本或新版线装本（实物）

2. 石赞清钉饴吟《旅怀集句》（书法）

3. 石赞清钉饴吟《宫怨集句》（书法）

4. 石赞清钉饴吟《宫词集句》（书法）

5. 石赞清钉饴吟《秋愁集句》（书法）

6. 石赞清满江红《余在夷营中·绝粒求死》（书法）

7. 石赞清满江红《有问夷营中情事·作此答之》（书法）

8. 石赞清满江红《答好友士绅辛绣圃》（书法）

9. 石赞清满江红《几树惊秋》（书法）

10. 石赞清诗词《昭君怨》（书法）

11. 石赞清诗词《宦邸书怀》（书法）

16. 石赞清五言律诗《押寒韵》（书法）

17. 石赞清诗词《永定河北岸厅署饯行》（书法）

18. 石赞清的着色山水画折扇《行江图》（照片）

19. 石赞清的着色山水画折扇《耕织图》（照片）

20. 石赞清为高廷瑶先生题文（书法，解读）

说明：

1. "石赞清纪念馆"要请国画大家作画，知名书法家书写。

2. 对皇帝圣旨、皇帝所赐祭文、慈禧太后谕旨须作仿真专制。对每一件展品要有提升性包装。

3. 文字表述要高度概括，行文优美，通俗易懂。

2014年11月5日

一三一 大名赫赫[①]

石赞清，字次臬，一字襄臣，贵州省黄平县旧州寨勇村人，生于清嘉庆十年（1805年），卒于同治八年（1869年）。

石赞清曾任天津府知府、顺天府府尹、直隶布政使、湖南护理巡抚、清廷太常寺卿、宗人府府丞、都察院左副都御史、工部右侍郎等。在第二次鸦片战争中，石赞清的爱国行为扬历中外，先后受到咸丰皇帝、同治皇帝以及两宫太后多次表彰。

道光十八年（1838年），石赞清考进士中榜二甲，以知县分发直隶任职，先后任阜城、献县、正定、卢龙等知县，芦台抚民通判、永定河北岸同知、顺天府治中、通永道、霸昌道等。咸丰六年五月，石赞清因政绩卓著授任天津府知府，这是他一生中最有价值的时期。

石赞清授任天津知府时，正值第二次鸦片战争爆发。咸丰八年（1858年）五月，英法美俄联军为了从天津进攻北京，军舰自广州和香港湾出发，经舟山群岛、山东半岛和辽东半岛而兵临天津的门户。当时清朝为了阻止英法美俄联军北上，在大沽炮台部署官兵3000余人，设炮位500余座，并在周围驻兵10000余人。派直隶总督谭廷襄、直隶布政使钱炘和在前线督战。

咸丰八年五月二十日，英法美俄30余艘战舰，一齐向大沽炮台发起凶猛的进攻，500余座炮台一下全被炸翻，清军死伤无数。在阵前督战的直隶总督谭廷襄、布政使钱炘和等率先策马逃逸。

大沽炮台陷落，一时津门"众情惶惶"。手无一兵一卒的郡守石赞清，对督战大员临阵脱逃十分愤慨。为了稳定津门人心，他携夫人持剑进入衙门内，让差役在天津府衙内安置了两个大水瓮，对众人说："夷（指英法军）如入胁，则吾与妻死此矣。"见到知府大人能如此与民共安危，城中百姓人心始稍稳定。

英法俄美侵略军3000余人耀武扬威开进天津，石赞清知府痛心疾首。一日，他亲赴敌营，与英酋额尔金见面后，石赞清陈说大义，谕以祖国神威，要英军速以罢兵，以免自取灭亡。"慷慨而谈，颜色不变"。英酋额尔金虽未即听，然心中敬仰"此为好官，中国有人也"。

[①] 本文系作者撰写的一篇网络文章，原题目是《大名赫赫震重洋》。

在侵略军军舰大炮威逼下，清朝廷对英法俄美进行了妥协和退让，与四国签订了不平等的《天津条约》，四国军舰始撤离天津及大沽炮台，南下广州。

一年后，即咸丰九年（1859年）六月，英法两国借口条约不谐，贸然于6月25日向大沽炮台发起第二次进攻。这一仗，虽然清军也付出了代价，但终究击沉击伤敌舰10艘，毙伤敌军近500人。这是第二次鸦片战争中国唯一的一次胜仗。

英法联军在大沽口战败的消息传到其国内，两国资产阶级疯狂地叫嚣要扩大侵华战争。1860年8月19日，英法战舰和运输舰205艘（英舰173艘，法舰32艘）及军队25000余人（英军18000人，法军7000人），集中强大的火力，第三次进攻大沽口，炮台最终失守。

1860年8月下旬，25000英法联军强行进入天津。英法军占驻各官舍。"总督以下官多受辱，惟赞清倔然不屈"。敌下令所有中国官员让出衙署，由其首脑驻扎。许多官员纷纷避让。但宁死不屈的石赞清却不听这一套，他坚守府署，就是不离开。"夷分住官舍，唯赞清毅然不去，夷令其去，（赞清）曰：'取吾头以往，官舍不可让也！'"在他的坚持下，府署始终未被敌占去，"夷居天津数月，赞清终不离衙署"。

石赞清坚持不离让署衙，领导着天津人民与侵略者作坚决斗争。英法派五百名持枪士兵，用轿子把石赞清从天津府抬到联军指挥部作人质。

英酋对石赞清说："石郡守，非敢相难于你，闻有兵欲烧吾船，故假君为镇耳。"石赞清早将个人安危置之度外，他冲着英酋："强盗！侵略者，你们的侵略行为最终必遭到彻底失败。"大骂时又引手搏颈说："速杀我，取吾头去。"

英酋对石赞清更加敬佩，为石郡守备了丰盛佳肴，可石赞清不屑一顾，三日之中，"食不肯进，酒不肯饮，勺水不入口"。

知府石大人被英军逮去的消息迅速在天津传开，津民们义愤填膺，聚集了数十万人"日夜环轮舟"，呼喊："还我石父母来！还我石父母来！"津民们情绪高昂，说如果石赞清有个三长两短，他们就要与英国人拼命。

英法军害怕，叫石赞清离去。石赞清说："我是怎么来的，就应当怎么回去。"英法军只好再让500人为前导，又用轿子将石赞清抬回天津府署。数十万天津人民欢呼："石父母归来！"

石赞清在天津英勇抗击英法列强的行动传到热河（即今承德避暑山庄），两宫太后"闻而嘉之"，谕旨曰：

> 天津知府石赞清在任年久，深得民心，此次绥辑地方尚能妥协，著加军机处记名，遇有直隶道员缺出，请旨简放。

咸丰十一年（1861年），石赞清超擢顺天府府尹。天津人民怀念石赞清之心情难于言表。当时津人郝缙荣作诗云：

冰冻河桥霜气苦，萧萧别马嘶前口，
使君一去不可留，十万人家泪如雨。

《天津府志》记载："1861年清政府擢升石赞清为顺天府尹，去任，绅民泣送数十里。"

石赞清在被英法侵略者扣着人质期间，写了一首绝命辞满江红，《余在夷营中·绝粒求死》：

生死关头，有什么迟疑不决，又何必旁观痛哭，声声悲咽？海国直教银管误，天家且恐金瓯缺。恨潼关不守老哥舒，勋名裂。

段公笏，苏武节，睢阳齿，常山舌。算古今臣子，后先同辙。养气久无心可动，招魂只有恩难绝。戴头儿一个此间来，拼流血。

从敌营回署后，幕僚们前来府署看望石赞清。石赞清再作《满江红》一阕，题目为《有问夷营中情事者，作此答之》：

中外华夷，是与非，一言而决。管甚么天津桥下，水流呜咽。信国读书何所事，椒山有胆休教缺。倘当时一个念头差，身名裂。

敢自诩，坚名节；更那得，广长舌。仗天公垂念，还辕返辙。使酒曾拼千日醉，传餐已是三朝绝。恨楼兰未斩竟归来，空啼血！

两首满江红词，充分体现石赞清身处夷营，折节不屈，气壮山河的情态，洋溢着中华民族的浩然正气，令人敬佩。

石赞清超擢为顺天府府尹不久，同治皇帝登基，为了树立忠贞死节之臣作楷模，以教化在位百官，特下了一道"圣旨"：

吏治与军务相为表里，吏治得人，则民安居乐业，军务自有起色。近年吏治废弛，封疆大吏以奔走逢迎者称为能员，其悃幅无华者往往目为迂拙，未列上考。昨已超擢天津知府石赞清为顺天府尹，用树风声，俾资观感。着各督抚留心查访，如有循良素著，朴实爱民者，即行专折保奏。

石赞清善于把爱国、忠君和体恤民众结合起来，成为了朝廷"用树风声"的典范。

石赞清以民族气节为重，在外来侵略者面前，英声义色，长国人志气，灭侵略者威风，其爱国行动受到了国人的高度颂扬。

清著名文化人严辰著有石赞清小传，赞誉石赞清："大名赫赫震重洋，信有人间石敢当。"

663

清著名诗人何绍基赞誉石赞清："生死关头岂容易，迟疑不决乃常事。屹然谈笑詟强夷，义色英声动天地。"

沙滩文化的代表人物黎兆勋赞誉石赞清："古人立朝峻风概，黔虽小国今有人。"

凌惕安在《清代贵州名贤像传序·石赞清》中说："北京条约者，吾国外交史上极可耻可痛之事也。方事之亟，黔有人焉，誓以守殉职守，不屈不挠，足以表现吾国之民族性者，则石赞清也。"

石赞清是贵州的骄傲，是黄平的骄傲，是旧州古镇不可多得的人文资源和精神文化遗产。学习石赞清爱国主义的硬骨头精神，有利于引导人们特别是广大青少年树立正确理想、信念、人生观、价值观，有利于促进中华民族的振兴与繁荣，实现中华民族伟大复兴的中国梦。

一三二 石氏文化①

经过一年多的筹备，贵州石氏文化研究会于今天正式召开成立大会，这是贵州石氏家族的一件大事，可喜可贺！

2014年6月28日，"世界石氏宗亲联谊总会"在浙江诸暨正式成立，来自全国各省、市、区，以及马来西亚、缅甸等国内外200多名石氏宗亲代表出席大会。我和余庆的石子学、兴仁的石启洪三人代表贵州石氏出席了"世界石氏宗亲联谊总会"大会。

大会通过了世界石氏宗亲联谊总会章程，选举产生了会长、副会长、秘书长、常务理事以及荣誉会长、顾问等。大会选举浙江洁丽雅集团董事局主席石昌佳任第一届世界石氏宗亲联谊总会会长，北京超凡集团董事长石万钧任总会秘书长，各地各推荐一名任总会副会长，贵州推荐贵州典石教育科技有限公司总经理石宇波任总会副会长。世界石氏宗亲联谊总会还成立了石氏文化宗谱专委会、石氏文化艺术界专委会、石氏经济界专委会、石氏政法界专委会，以分别承担开展世界石氏宗亲联谊总会的各方面工作。

从浙江诸暨开会回来以后，我们先是向贵阳部分石氏宗亲汇报传达了浙江诸暨会议内容，酝酿成立贵州省石氏宗亲联谊分会。世界石氏宗亲联谊总会是在香港注册登记的。鉴于贵州省石氏宗亲联谊分会申报注册比较困难，我与石宇波等人商量，取名为"贵州省石氏文化研究会"，挂靠贵州省民族文化学会。省民族文化学会很支持，我们将申报材料上报后，由省民族文化学会呈报省民政厅批准，批复同意"贵州省石氏文化研究会"作为贵州省民族文化学会的一个分支机构。石氏是中国一个古老的姓氏，有着2700多年的历史。在历史发展的长河中，石氏和其他姓氏一样，有着自己的起源历史、郡望堂号、迁徙轨迹、宗谱字辈、祖训遗风、古今名流等特有的历史文化。

"传载纯臣，诗歌颂德。"《吕氏春秋》以"纯臣"二字对石氏的得姓始祖石碏进行最高的评价，赋予石氏最好的名声。开山始祖石碏遗有名训："爱子教之以义方。"所谓"义方"，就是人生要走正道。石氏家族的这一教子"义方"世代相传，唐朝万石君石奋"恭谨笃行"的美名就千古流芳。

---

① 本文系作者在贵州石氏文化研究会成立大会上的讲话。

石氏是中华民族的重要姓氏之一，在新版《百家姓》中，石氏排在第63位，有460多万人。根据世界石氏宗亲联谊总会章程和贵州省石氏文化研究会章程，贵州省石氏文化研究会成立后，主旨是研究贵州省石氏文化，继承和发扬石氏的优秀遗德遗风，团结族人，推动发展，培养后人，传承文化。

贵州省石氏文化研究会成立后怎样开展工作，推选出来的会长、副会长、秘书长等会进行具体安排，我在这里主要讲石氏宗谱问题。世界石氏宗亲联谊总会提议，各地要把本地的石氏宗谱建立起来。《贵州石氏宗谱》怎么建，要集思广益，广泛听取各方面意见。我想，《贵州石氏宗谱》至少要把贵州石氏的基本情况要摸清楚，要以县市为单位，摸清本县市有多少石氏宗族，各石氏宗支从何迁徙而来，入黔始祖名字、祖传遗训、家族字辈、现有人口与分布等。要一个宗支又一个宗支地摸清楚。现在大多数宗支都新建了家谱，家谱对以上情况都有记录，把贵州各地石氏宗支的基本情况汇集起来，就是一部完整的《贵州石氏宗谱》。建议贵州省石氏文化研究会成立后，立即开始抓这项基础性的工作。

一三三 谱系样稿[①]

黄平旧州石文卿宗支

根据本宗支明代十世祖如磐公编修的《石氏宗谱传》（抄录草本），黄平旧州石文卿支祖籍系山东青州府寿光县，入黔始祖叫石荣，于洪武十九年（1386年）调北征南来到贵州。石荣因征战有功，先后任平越卫（今福泉市）、清平卫（今凯里炉山镇）指挥使。明代兴世袭罔替，石氏多代袭任清平卫指挥使，七世石邦宪升任湖广大总兵。明末清初，十三世祖石文卿从今凯里炉山带着两个儿子（石有衢、石有珍）移居黄平旧州，繁衍了黄平旧州文卿宗支石氏家族。

入黔始祖石荣公的后裔分布在贵州各地，有的还跨出省外，人口多少不知。移居黄平旧州的石文卿公的后裔，现在略有3000余人，主要分布在黄平旧州。

一、宗支郡望

（清）陈廷炜《姓氏考略》云：石氏"望出武威、渤海"。中国石氏郡望有武威郡、渤海郡、平原郡、上党郡、河南郡等说。据如磐公编修的《石氏宗谱传》（抄录草本）记，本宗支郡望为：武威郡。考武威在今甘肃西部，古属西域凉州，史书记载古代西域曾经有一古国叫"石国"，《隋书·西域传》载："石国，其王姓石，名涅。"《新唐书·石国传》载："石，或曰柘支，曰柘折，曰赭时，王姓石。"后来本宗支先人东迁至山东。据《石氏宗谱传》记，本宗支有文字记载的一世祖叫石玉，是山东青州府寿光县安乐乡永和村人，系武威郡石氏的第53代人。石玉之前的52代，年代久远，没有文字记载，已经难以考证了。

[①] 贵州石氏文化研究会决定编纂《贵州石氏族谱》，初步摸清贵州的石姓宗支、人口、字辈、分布的基本情况。本文系作者应研究会的要求而提供的一篇样文。

二、祖辈溯源

明代本宗支十世祖如磐公编修的《石氏宗谱传》（抄录草本），记录了明代本宗支的十二世祖。

一世祖 石玉：系山东青州府寿光县安乐乡永和村人士，于明洪武三年（1370年）参加朱元璋农民起义军，洪武四年随长官刘达开设辽东卫。洪武五年授昭信校尉管军百户，并率军征战全州、益州，由于作战有功，准予世袭昭信校尉，驻守益州卫。洪武十八年四月二十一日病逝。

二世祖（入黔始祖）石荣：系石玉之子，洪武十九年（1386年）二月袭任昭信校尉，调沅州征南将军处听用。十一月征南到黔地（当时贵州未建省）。洪武二十一年因屡战立功，授职千户，驻守平越卫。后改任清平卫指挥使，明洪武三十二年，荣公在任时因病亡故，埋葬于清平卫石家坪。

三世祖 石真：荣公病逝后，长子真公蒙都匀司差解赴京，向朝廷申曰石荣有战功，六月奉命在济南招军，升任指挥佥事，十二月领军破沧州。三十四年征夹沟河等处有功，十一月授任指挥使。洪武三十五年四月在攻打奉天小河时阵亡。奉天府将阵亡官兵名册送兵部。

四世祖 石宗：真公长子石宣赴京悼父，永乐元年六月获准回黔世袭指挥使。天顺三年在任时病故，无嗣。宗公系真公次子，其兄石宣病逝后，天顺三年袭任清平卫指挥使。成化八年七月在任时病故。

五世祖 石瑛：宗公病逝后，瑛公沿袭指挥使，仍驻守清平卫。成化二十一年，奉令征战湖广，二十二年在湖广偏桥卫患伤寒病逝。

六世祖 石坚：瑛公征战湖广病逝后，坚公于成化二十三年袭任清平卫指挥使，嘉靖初年在任时病逝。葬于炉山石家坪

七世祖 石邦宪：邦宪公系坚公长子，嘉靖七年沿任清平卫指挥使。嘉靖二十七年六月，兵部签令石邦宪任湖广川贵军都御史。嘉靖三十二升任湖广总兵官。邦宪剿抚平乱屡立功，多次获得朝廷赏银若干。邦宪长男石山随父征战南北，屡立功，兵部核准长子石山袭任总兵职。石山却于嘉靖四十三年英年早逝。隆庆二年六月初六日，邦宪公突患中风，七月初六日病逝。葬于凯里炉山石家坪。

八世祖 石猷：猷公系邦宪公次子，因年幼未随父征战，但却练就一身好剑法。邦宪病逝后，猷公于隆庆三年十二月赴京。在京安定门教场先后与陕西某都司、甘肃某指挥佥事比剑，均胜对方。兵部内查其父石邦宪在日屡有奇功，核准石猷回黔任指挥佥事，仍驻清平卫。万历十三年四月初一日在任时病逝，葬于炉山石家坪。

九世祖 石拯：猷公病逝后，拯公袭任原职，仍驻清平卫。拯公于万历四十八年十月初六日在任时病逝，葬于炉山南门外石家坪。

十世祖 石如磐：如磐公天启七年二月赴京，兵部引奏钦准回黔仍任清平卫指挥使，十

月初回黔到任。崇祯七年十二月二十三日在任时病故。如磐公编修了《石氏宗谱传》，到清咸丰乙卯年苗民反清起义期间全部遗失，尚存抄录草本（部分）。

十一世祖 石国斡：国斡公系如磐公与金氏之长男，因健康原因未袭职。逝世后葬于清平南门外石家坪。

三、十二世祖石文卿移居黄平旧州，繁衍了旧州石氏家族

文卿公享誉荣禄大夫，崇祯末年任广西护理巡抚（只见家谱记载，未查到历史资料）。1644年清兵入关，明朝崇祯皇帝朱由检上吊身亡。由于改朝换代，文卿公携家人从广西回到故地清平。后带着两个儿子（石有衢、石有珍）移居黄平旧州，繁衍了黄平旧州文卿宗支石氏家族。

随着明王朝的灭亡，入黔始祖石荣家族，从文卿公御任移居黄平旧州后，即开始由豪门走向衰落。有清一代，家谱未续。按文卿公以"文"字开头制定的20个字辈，最后一个"贤"字辈已用。文卿公移居黄平旧州后迄今已繁衍20代人。

四、宗支字辈

本宗支在明代，没有字辈，名字随意而取。明末清初石文卿移居黄平旧州后，他根据本宗支石氏在明代的历史贡献，确定以"文武大臣"四字为基础，每一个字须带出20个辈序，共80个字辈。文卿公只制定出以"文"字开头的前20个字辈。即是：

文有声三元，邦宪尚庭宣；
玉显朝国正，重开宗秀贤。

文卿公立下遗嘱，"武、大、臣"三个字各带出的字辈，留给后人制定。1983年，黄平旧州本宗支确定在响水给文卿公重新立碑，族坚商议，根据文卿公的遗嘱，将石氏宗族字辈制定完善。经族人反复协商，一致同意，新制定出的六十个字辈如下：

武宁碧自海，坤锐瑜芳洁；
云瑞嘉翔俊，勤书汉纬南。

大千铭建固，华茂道宇寰；
江楚泽良睦，宏丰义永烈。

臣克梅盛锦，广施继世仁；
　　立宏定新衡，龙标耀群英。

现文卿公制定的20辈中的"贤"字辈已有人出生。本宗支有谱记载明朝12代人，石文卿移居黄平旧州至今共繁衍了20代人。从有谱记载的一世祖石玉于明洪武三年（1370年）在山东寿光参加朱元璋农民起义军开始，本宗支迄今共计生育繁衍32代人了。

五、祖传遗训

重视家风家训是中华文化的优秀传统。本宗支在明代世袭罔替，深受儒家文化影响，比较重视家训族规建设，重视对下一代的教育。明代十世祖如磬公编修的《石氏宗谱传》，记载了本宗支的祖传遗训，惜《石氏宗谱传》已遗失。《石氏宗谱传》（抄录草本）只抄录了明代十二代祖公的简单业绩。本宗支的家训族规在重新制定中，有待家族代表会议通过后公布。

六、现有人口与分布

石文卿于明末清初移居黄平旧州后，其后裔现有3000余人。现今，约有2000多人仍定居在旧州，有一些人定居在黄平、凯里、福泉、余庆、施秉、瓮安、台江、从江、黎平、黔西、贵阳等县市，还有人定居在北京、湖南、云南、四川、广西、新疆等省、自治区、直辖市，还有少数人打工安家在沿海的广东、浙江、福建、上海等省、直辖市。

七、石玉、石荣血脉分支

自一世祖石玉洪武三年参加朱元璋农民起义军，二世祖石荣袭昭信校尉入黔，迄今已有600多年，共繁衍了32代人。石玉、石荣后裔现略有6000余人。除黄平旧州石文卿宗支外，还有留居清平卫（凯里炉山）的石育秀宗支。

有明200多年，石氏世袭罔替，世居清平卫（现炉山石家坪是石氏的坟地）。明末清初，因为改朝换代，十三世石文卿移居黄平旧州，石育秀移居炉山瓦窑寨。石育秀后裔现有1000余人，主要定居在凯里炉山瓦窑，也有少数人迁住他乡。20世纪80年代，石育秀后裔石传仁两兄弟，从瓦窑寨搬回炉山定居。他们说："我们是搬回来守护石家老坟的。"入黔始祖石荣后裔每逢众亲回炉山参拜祖坟，他们充当组织者或引路人，受到了族人们的尊敬。

八、历史名人

本宗支入黔后历史名人主要有两人，即明代湖川总兵官石邦宪、清代工部侍郎石赞清。

石邦宪（1507—1568），字希尹，号南塘，贵州清平卫（今凯里炉山）人，系本宗支七世祖。明世宗嘉靖七年（1528年）嗣世职为指挥使，累功进铜仁参将，曾任贵州总兵官十七年，终任前军右都督湖川总兵官。身经大小数十百战，功绩显赫。他和四川的何卿、广西的沈希仪并称一代名将。明朝兵部侍郎张子仪写有《赠石南塘总戎》诗："老将西南日，雄提百万兵，斗牛横剑气，草木动风声。得士黄金贱，投壶白玉轻。池中谁赤子，天外有长城。"

邦宪公于隆庆二年（1568年）卒官，明朝廷赠官前军左都督，进荣禄大夫。铜仁建有石公祠，现万山镇留存有他建的大石桥一座。由于石邦宪对明朝有重大贡献，其上三代直系都赠荣禄大夫。

一三四　五十周年①

旧州中学"老三届",是指1963至1965年考取旧州中学的六个初中班,即37班、38班、39班、40班、41班、42班。那时候,我们还是一群天真烂漫的青少年。因为缘分,我们一起走进了美丽的旧州中学,成了同窗同校的好友,同在一片蓝天下,缔结了一生中最宝贵的情谊。

五十周年在历史的长河中,只是一瞬间,但对于我们来说,却是一段最精彩的人生经历。我们在校读书期间,1966年发生了"文化大革命",把我们读书的大好时机耽误了;1968年全国1700万知识青年上山下乡,我们被卷入这股洪流中;后来我们经历了改革开放,参与了国家的现代化建设;如今又遇上了好年代,国泰民安。同学们正在夕阳路上,勇往直前,快乐地度过余生。

迄今我们离开母校旧州中学整整50周年了。半个世纪以来,同学们虽然各奔东西,但我们的心依然紧紧相连,同学友情却从未淡漠。因为我们曾经一起读书,一起长大,一起经历了风雨,一起见识了彩虹。同学们离别后虽然生活在四面八方,但在心中总是默默地牵挂——亲爱的同学,现在还好吗?我们总是在期盼:何时再相逢?

相逢的日子终于来了——2018年6月29至7月1日,期盼已久的黄平旧州中学"老三届"离别50周年聚会终于到来了。我们又看到了当年快乐的身影,听到了当年熟悉的声音。虽然青丝已去,白鬓染头。时光老人在我们每个人脸上都刻下了岁月的痕迹,但它却斩不断我们珍藏于心中五十年的思念、牵挂和友谊。我们欢聚一堂,追忆青少年时光,我们欢声笑语,庆贺久违的重逢,我们庄严地宣告——同学友谊,今生永存!如果有来世,我们还做同学。

这次聚会获得了圆满的成功,这是全体同学团结一心共同努力的结果,我们把友情与留恋定格在这本50周年聚会的资料汇编中,让我们在回味中咀嚼快乐,倍添情谊,增强信心,过好每一天。

梦里依稀舞阳河,相聚何必待来生。相聚虽然短暂,同学情义地久天长!我们一定还

---

① 本文系作者为《追梦韶光——黄平旧州中学老三届离校50周年师生聚会资料汇编》所写的前言。载《追梦韶光——黄平旧州中学老三届离校50周年师生聚会资料汇编》。

有 60 周年聚会、70 周年聚会等，让我们满怀信心，翘首企盼下一次的重逢。

　　本书共分为六个部分：第一单元"师生名录"；第二单元"历史记忆"；第三单元"感恩母校"；第四单元"聚会掠影"；第五单元"安享晚年"；第六单元"师生照片"。

　　由于能力有限，难免出现差错，请老师、同学们批评指正！

一三五　难忘恩师①

　　旧州中学曾经给我们授业的恩师，他们教给我们知识与为人，终生受用。如果用两个字来概括他（她）们的基本品行，即每位恩师的最闪光点，那就是：潘光武校长的朴素，李秀云校长的严肃，陈振刚主任的和蔼，何知刚老师的治学，章维上老师的坦率，郭正云老师的口才，耿维平老师的自我，徐顺成老师的潇洒，周堂跃老师的多才，刘华琳老师的缜密，杨采余老师的智慧，邓祖裔老师的谨慎，林治祥老师的随和，陈清泉老师的真诚，李云中老师的质朴，岳兴旺老师的浪漫，张钟鸣老师的藏拙，吴征鼎老师的纯真，王治华老师的认真，周希玲老师的单纯，汪嘉言会计的原则等等，都不同程度地影响了我们后来的成长与发展。恩师难忘，他（她）们的音容笑貌至今还历历在目。

---

① 饮水思源，难忘恩师。邹吉辉在同学群中用"两个字"晒出他对一些授业老师的印象，引起同学们的极大兴趣，大家七嘴八舌，都用"两个字"概括恩师们的最闪光点。这应是同学们的作品，作者只是收集整理形成此文。载《追梦韶光——黄平旧州中学老三届离校 50 周年师生聚会资料汇编》。

一三六 怀念母校[①]

1968年，我们上山下乡离开母校旧州中学，迄今整整50周年了。记得当年我们满腔热情地响应伟大领袖毛主席的号召："知识青年要到乡下去，接受贫下中农的再教育，很有必要。"从农村来的同学，一律回到农村，城镇居民户口的同学，或两三人，四五人不等，自由组合分赴旧州区域内的农村生产队，接受贫下中农的再教育。那时同学们都很单纯，没有任何怨言，几乎就是唱着歌儿到农村去的。

我是1965年从石牛小学毕业考取旧州中学的。记得当年从石牛小学考上旧州中学的同学有：吴天兰、林本智、宋玉莲、王登荣、李先奎、罗华刚（入校后编入41班）；石朝江、石家兴、杨再学、罗建珍、杨光珍、潘开凡（入校后编入42班）。当时在我们幼小的心灵里，旧州中学就是我们心目中的"最高学府"。也知道还有高中和大学，但那时候我们想都不敢想。我们都为考上旧州中学而无比兴奋和自豪。

记得我是穿着母亲为我考上旧州中学而特做的一双布鞋，背着一床带有补疤但却洗得很干净的旧棉被，来到旧州中学报到的。当时学校已有初三的37班、38班，初二的39班和40班。我们初一的41班、42班的新生都报到后，被集中到礼堂，由学校领导进行入校教育。学校很有威望的陈振刚主任首先祝贺同学们考上旧州中学，然后简要地介绍学校的情况及校风，最后希望同学们珍惜难得的学习机会，好好读书，将来做共产主义接班人等。入校教育虽然很简单，但却十分的庄重和严肃，给我们刚入校的新生留下了深刻的印象。

我们42班共54个同学，是由旧州、石牛、红梅、平溪、纸房、一碗水、上塘等小学考取的，也有从40班留级下来与我们同一个班的。刚进校时，大家互不认识（只认识同一小学考来的），是由彭光英担任临时负责人，郭正云老师是我们的班主任。可进校一个多星期后，我也不知道是学校指定或是同学们推选，我稀里糊涂地当了42班的班长，副班长是李冬麦，刘显珍是班上的团支部书记。那时校风很好，老师上课走进教室，班长要喊"起立"，老师喊下课，班长也要叫"起立"，一次上完课老师喊下课，我脑子开小差没听见，虽然全班同学都起立了，

[①] 本文原题目为《悠悠五十载，难忘母校情》，系作者为参加黄平旧州中学老三届离校50周年聚会而撰写。载《追梦韶光——黄平旧州中学老三届离校50周年师生聚会资料汇编》。

但过后我还是被班主任郭正云老师叫去批评了。

刚开学不久，我记得有一天，我们班的潘开凡同学对我说，他不读书了，要回家了。我问他为什么？他怎么也不回答，眼泪都掉下来。第二天我们都上课去了，他却收拾行李离开了学校。后来才得知，说他隐瞒了家庭成分，被学校除名了。在"唯成分论"的那个年代，不知耽误了多少优秀青少年的前途。我们石牛小学的同班同学杨光祥，我们都是寨勇生产队的，他几乎门门功课都是班上第一，一直是我学习追赶的偶像，但因为家庭成分是地主，硬是失去了读中学的机会。类似情况还有刘华馨同学。潘开凡同学则已经踏进了旧州中学的大门，可还是被除名回家了。那个时候我们都庆幸自己出生于贫下中农家庭。

当时学校只有6个班，初三的37、38班，初二的39、40班，初一的41、42班，在校生人数在275人左右。校长：潘光武、李秀云；教导主任：陈振刚；校务秘书：王治华；老师：何支刚、章维上、林志祥、邓祖裔、周堂跃、刘华林、郭正云、耿维平、岳兴旺、陈清泉、周希玲、张忠鸣、吴征鼎、杨采余、徐顺成；体育教师兼校医：李云中；安保：胡光华；收发：杨文翠；总务：汪嘉言；会计：吴治明；食堂员工：张福修、卢四爷。

潘光武是本县的苗族干部，说话声音有点儿沙，为人处世很严谨，平时话不多，但说起话来非常在理，对学校的管理要求很严，他给学生授的主要是政治课，全校师生对他都很尊重。李秀云是部队转业干部，很严肃，一副军人的样子，经常背着手在校园内转悠，看到有不文明的行为，就要进行批评和教育，很多学生都怕他，他给学生授的主要是政治课和形势教育课。陈振刚老主任，在教职工中资格最老，威信最高，他是本县重安人，50年初期就在旧州中学教书了，他讲授的是数学课，有时候也兼上政治课。那时候，旧州中学的师资是最棒的，几乎都是清一色的大学本科生，上起课来都是一流的水平。作为初一班，我们只得到了少数老师的授课，邓祖裔的语文课，张忠鸣的数学课，陈清泉的俄语课，是我最感兴趣也最喜欢听的。

我们母校坐落的旧州，历史上属于且兰国，建治史上有珍州、乐源郡、黄平府、黄平安抚司、黄平千户所、黄平卫、黄平旧州分县、旧州镇等。旧州寺宫庙庵阁堂甚多，有"九宫八庙三庵四阁"之称。"九宫"即万寿宫、仁寿宫、文昌宫、万天宫、天后宫、禹王宫、崇福宫等；"八庙"即孔圣庙、城隍庙、关帝庙、黑神庙、妈祖庙等；"三庵"即普陀庵、广长庵、指挥庵；"四阁"即长庚阁、玉皇阁、奎星阁等。我们就读于旧州中学时，"九宫八庙三庵四阁"大部分都还保存完好。课余时间，同学们最喜欢的就是逛大街、游古宫古庙，或成群结队去飞机场和到老里坝河边戏水游泳。

我还清楚地记得，第二个学期刚开学不久，我们班的吴昌德同学，有一次周末回家，连续几天没有返校，有人带来口信，说昌德生病发高烧了。星期六下午我向班主任郭正云老师请了假，步行20余公里赶到一碗水公社的吴昌德家，此时昌德已经基本病愈，我在他家住了一个晚上。第二天早上，我们一同在他家背后的山上，砍了一挑豆架，吃过午饭后，我们就挑着一挑豆架返回了学校。当时学校鱼塘边种植有豇豆，几个同学与我们一道，将豆架插入土中，让豇豆爬着豆架往上长。郭正云老师还表扬了我和吴昌德同学。

很遗憾，我们在旧州中学只认认真真读了一年书，"文化大革命"就开始了。从1966年下半年到1968年10月，和全国各地一样，学校停课"闹革命"，我们大好的学习机会和青春年华，就这样白白地浪费掉了。

1968年春，部队在旧州中学招兵，只招初二和初三的，初一的没有资格报名。我们班的吴昌德同学是从一碗水公社报名的。昌德的父母不同意他当兵，要他在家娶媳妇。昌德得到入伍通知书后，跑到寨勇我家中来躲，他父亲赶到寨勇来找人，我欺骗了他父亲，说昌德未来到寨勇，实际上昌德是反锁在我家中。本来，部队来招兵的首长（连长或排长），问我愿不愿意当兵，愿意可以从石牛公社报名。我谢绝了首长的好意，因为那时候当兵还不是我的选项，我愿意继续读书。

昌德和初二、三的一批同学应征入伍后，我们继续在母校待了半年多，心想可能还有机会读书。可没想到，1968年秋，全国几百万知识青年上山下乡，我们也被卷入这股洪流中。我还记得，我和王安贵、李杰、杨仕碧送张致祥、刘隆荣到平溪的××生产队（张、刘已经恋爱准备结婚），我们一路有说有笑，我和安贵还哼唱了"愚公移山"。

从平溪回到寨勇家中，我很消沉，后悔了年初没有从公社报名当兵。看来只有当兵才能跳出"农门"了。我没有急于参加生产队的劳动，而是天天上十万营山上砍柴解闷。到1969年初又开始招兵时，我一共砍了48挑柴，把我家的屋子周围和院坝装得满满的。招兵的通知一到，我立即报了名，也不问是何兵种。1969年2月，我们一路乘汽车，转火车，辗转直达云南省的绿丰县，我才知道当的是铁道兵。

我在铁道兵服役6年，参加了成昆线、襄渝线、沙通线三条铁路的建设。我所在的是铁道兵的一个标兵连队（当时铁道兵共15个师，每一个师树立一个标兵连队），标兵连队承担的都是打隧道、架桥梁等最艰苦的工程。我在连部当了4年的文书，参加了两年的班排施工。本来也有机会提干的，但看到许多战友退役后上了工农兵大学，又勾起了我读书的强烈欲望。1975年4月，我退伍回乡，9月经过推荐和写一篇论说文，我被贵州大学哲学系录取，1978年8月毕业分配到贵州省社会科学院工作。迄今，我出版著作10部，主编、合著8部。

半个多世纪已经过去，我们这一代人的芳华已逝。但蓦然回首，不怨不悔。不管我对社会奉献与否？母校旧州中学，还有启蒙的石牛小学，都是我人生的最初起点。

我热爱旧州中学！热爱石牛小学！热爱教给我怎样做人的老师们！

2017年12月22日
于贵阳甲秀楼寒舍

一三七　逍遥随笔[①]

在"文化大革命"中，母校旧州中学的"革命斗争精神"，比起全国许多地方，甚至比黄平中学都要逊色得很多。没有伤残，更没有死人。这与旧州中学的传统教育，与师生们在迷茫中采取逍遥观望的人生态度有关。

"文革"初期，县、区都把旧州中学当作旧州地区"文化大革命"的主力军，派了工作组。一时间乱批乱斗，大字报满天飞。旧州区、旧州中学的领导无端成为被批斗的对象，出身不好的教师也跟着遭殃。记得张钟鸣老师因出生成分高，硬说他藏了一支枪。张被批斗得很厉害，无奈说枪藏埋在山邦。到了山邦，张假装用锄头挖枪，突然一锄头挖向自己的脑袋，人们立即把他背向医院，抢救及时，张老师才捡回了一条命。

很快，许多师生开始想不通，旧州区的领导和学校领导，怎么一夜之间就变成了"走资派"？一些骨干老师怎么就变成了"三反分子"？在迷茫中许多同学就开始逍遥观望，不再关心"文化革命""派性斗争"，而是关心自己的前途，关心还能不能够继续读书？关心自己是不是该谈情说爱了或者结婚了。

对人生"醒水"较早的同学，开始在同学中寻找对象谈恋爱(后来成双成对的同学，就是在"文革"逍遥中对上号的)，或上马郎坡"摇马郎"混日子，消磨时间，或者干脆就回家把婚结了。我还清楚记得，我和吴昌德、潘文清(当时叫潘文富)、杨正荣4人住在一栋烂尾楼的一间教室里，而他们3位是当时学校有名的"马郎客"，而我却是和女生说话脸都会红的人。他们为了把我培养成为"志同道合"的"马郎客"，有一天下午，文清和昌德连哄加硬逼，硬是把我拉到莲花寺的马郎坡边。他俩让我坐在沟坎边，说去叫一个姑娘来和我谈话。他们刚去到马郎坡姑娘们中间，我没有等到姑娘的到来，就擅自离开了他们指定的沟坎边。文清、昌德看见我往回走，大声地叫我不要走，我当然还是走了。当天他们回来比较晚，见我躺在床上看书，他们嬉皮笑脸地批评了我，说什么"可以戏男，不可以戏女"，已经给姑娘谈好她同意来和你谈话，可你先生却跑了，让我们下不了台。吴昌德假装严肃地对我说："下次可不能这样。"我回答他："没有下次了。"

[①] 本文载《追梦韶光——黄平旧州中学老三届离校50周年师生聚会资料汇编》。

说真的，我当年心里也有暗恋的女同学，但是不敢表达，也不会表达。更重要的，还是考虑"前途"多了点。

一三八 何止于米[①]

尊敬的老师、领导、老三届的同学们：大家上午好！

今天，我们老三届的师生，欢聚在母校—旧州中学，纪念老三届学生离开母校50周年！此时此刻，我们怀念已经逝去的学校领导、老师和同学。我提议，我们为已经逝去的潘光武校长、李秀云校长、陈振刚主任，以及逝去各位老师、同学默哀1分钟！

半个多世纪以前，我们有幸就读于黄平旧州中学。当时优雅美丽的校园，学校良好的学风，老师们的谆谆教诲，同学们的辛勤耕读，十分亲密融洽的师生同学关系等，至今还历历在目。成为影响我们一生最重要的一段经历。

1968年，我们告别母校，至今已经整整50周年了。50年来，我们这批学子，不管在农村，在工厂，在军营，在学校，在机关，我们都尽其所能，为国家、为人民、为社会做出自己的一份贡献！都没有为学校丢脸。虽然我们这一代人命运坎坷，共和国的诸多不幸，我们都遇上了。但是我们不怨不悔，都在奋力拼搏。因为，当年母校及老师们不但教给了我们知识，更重要的是教给我们怎样做人，怎样做一个对国家对社会有用的人。怎样做一个爱国爱民，善良正直，勤劳勇敢，有情有爱，懂得感恩又负责任的人。因此，我们这代人也被誉为世界上最勤奋最坚强最乐观的一代人。

现在，世界上最勤奋的一代人老了，但坚强和乐观依旧，青春的豪情依旧，对人生的美好憧憬依旧。中国人俗称"米寿八十八，茶寿一百零八"。祝福老师、同学们"何止于米，相期以茶"！

谢谢母校！谢谢各位老师！谢谢各位同学！

[①] 本文系作者在黄平旧州中学老三届师生50周年聚会时作为学生代表的讲话。载《追梦韶光——黄平旧州中学老三届离校50周年师生聚会资料汇编》。

一三九　牵手老伴[①]

老伴是什么？有人说，老伴是天，老伴是地，人生最大的幸运，就是要有一个好的老伴。父母很亲，但总要先离我们而去，自己的子女长大了也要独立成家。唯有老伴，才伴随着我们基本走完人生。

日前在南明河畔散步，偶遇一特别爱说话的老太婆，她腿脚不太好，走路一瘸一拐的。我很怕她摔倒，便小心翼翼地走在她的背后。她可能猜到了我的意思，说，师傅，你向前走吧！我没事的，我就是左脚有点乏力。我说，您应该让老伴或子女陪伴着散步，上年纪的人可摔不得跤啊！她说，老伴走了五年多了，子女们都要上班，疫情发生后我在家久了，今天天气好，就想出来晒晒太阳。

她提议我们在步道石坎边坐一会儿，她问我，师傅，你今年多少岁了？我回答，进七十一了。她说，看不出来，我以为你就六十岁上下。您老人家今年高寿多少？我问她。七十又有四了，活到这个年龄，也可以走了，但又走不了。我说，按照联合国新规定的年龄分段，您还属于年轻的老年人，离走的时候还早着呢！她说，我的父母都没有活过五十岁，我知足了。我说，时代不同了，稍微保重一点，活过八十岁没问题。她说，生活要有质量，活着就有意义；生活没有质量，多活也没有意义。比如，我就活得很累。

她接着说，我很孤独，我很懊悔，我没有牵手好老伴，他丢下我就走了。我安慰她，夫妻走总有先后，不必要太伤感。她说，我和我家老头都是受过高等教育的，老头子本来身体很好，我们几十年感情深厚，两个儿女也很争气。但退休后，老头子迷上了麻将，我却喜欢上跳舞和旅游，一个不迁就一个。老头子有时打麻将夜半三更才回来，我就埋怨他，他就喝闷酒，身体说垮就垮了，五年前突然丢下我就走了。

我只好安慰这位老大姐，要想开点，把感情转移到子女身上。她说，我两个女儿及女婿都很争气的，工作单位不错，都有孝心，他们要我和他们一起住，我不愿意，他们两家人每到周末都来陪我，两个外孙都大学毕业工作了。我说，您老人家命好，您应该是很幸福的人了。她说，老伴在就幸福，老伴走了，就把孤独留下给我，还谈得上什么幸福。她又问我

[①] 本文系作者的一篇随笔散文。

的老伴的情况，我回答她，我是再婚，现在老伴是第二任，但她却是我的初恋，老天爷后来又把我们安排在一起，20年了，我们还没有红过一次脸，没有吵过一次架。她说，就是要这样，要珍惜爱护老伴，什么时候都要牵好老伴的手，不能让她先走了。我就是退休后没有牵好老伴的手，一松手，他就走了。我真懊悔，我真心祝福你们幸福！

老大姐起身要回家了，我要送她，她说她的家就在坎上，坚持不要我送。她又一拐一拐地走了。

一四〇 住院随笔[①]

我是最不愿意也最舍不得时间住院的了，可我这次却以极大的耐心和毅力住了23天院。虽然我家离医院只有15分钟的路程，可住院期间我都住在医院里。但中晚餐都大多回家来吃（一是在医院吃不合口味，二是我要完成每天走步的任务）。

工作了几十年，直到退休前，我只住过两次医院。一次是阑尾炎穿孔动手术，那时候才30岁出头，手术第3天我就强行出院了，第4天就骑着单车到单位上班了，第7天才回到医院去拆线；一次是到海南岛考察学习，吃海鲜甲亢复发，回到贵阳即住院，大概是住了一个多星期。

我65岁办理退休手续，退休4年却住了4次医院，都是因为糖尿病住的院。我认为血糖升高是戒烟后引起的，但医生说血糖升高与戒烟没有必然的联系。

因为长期伏案科研，我烟龄已经有几十年了。似乎不抽烟就找不到灵感，特别是写东西时一支接一支地抽。退休前我一天至少要抽两包烟，如果朋友聚会，一天则要三包。

一是因为太咳嗽了，二是因为退休要无条件让出办公室（我抽烟基本上都是在办公室抽得多，白天在办公室工作时抽，晚上在办公室写东西时抽，办公室就是我的书房），抽烟的环境受限了。于是，我下定决心把烟戒了。我把家中舍不得抽的两条好烟都送朋友了，把还未抽完的两包散烟连同火机埋在后花园地底下了（我家住社科院一楼）。

我是2016年6月开始戒烟的，戒烟不是一般的难受。于是，我就大量地含口香糖替代。大概两个月后，我突然感到身体多有不适：全身乏力，冒虚汗，口干，晚上起夜多，睡眠不好，体重明显下降。我们大学同学在油榨街聚会，大家见我状况不对头，要我必须去医院作检查。第二天我在爱人的陪同下到医院抽血化验。医生宣布我患糖尿病了，必须立即住院治疗。

在这之前，我年年参加干部体检，从来没有说我患有这高那高的问题，我也根本不知道血糖血压血脂的正常值是什么？医生查看记录后还问我说，你建卡以来（指我1996年提为副厅后建立的干部治疗卡），怎么就没来医院看过病？我回答说，除了体检，我基本上就没来过医院。医生说，可你现在血糖这么高，必须要吃药打针了。

[①] 本文系作者住院期间所写。

同学朋友中也有糖尿病患者，看到他们吃饭前都给自己打针，感觉很不是滋味。可现在医生宣布我也要打针注入胰岛素了，我的心一下就凉了。虽然生老病死是自然规律，但疾病一旦来袭，心里还是有些不好受的。既然已经住进医院，必须要听医生的。从退休后第一次住院我就开始注入胰岛素了。

出院后遵医嘱又吃药又打针，打了一段时间嫌麻烦，自己就把针停了，血糖又蹿上去了，朋友介绍第二次住进中医院。中医院改打门东胰岛素，一天打两针。出院后基本上坚持每天都打。

2018年10月，几家朋友自驾游大西北，大西北蔬菜少，可能是牛羊肉吃多了，血糖一下子又上去了，回到贵阳，我又立即第三次住院。住进省医又改打甘精胰岛素。住院调整稳定后，出院时医生一再嘱咐，要管住嘴，迈开腿，要按要求吃药，不要随意停针，不要拿自己的身体健康开玩笑。

我确实按医生的要求办，按时按量服药和打针，餐前血糖都控制在10以下，8左右。我每个月开药都要自费交一部分钱，我一直以为是自费药，直到最近才知道是医疗卡上的钱不够。八月初我到医院开药，被告知卡上没有钱了，医生叫我到外科一楼查一查，查后被告知，你卡里的5000元已经用完，要吃药打针只能是自费了。于是我去找医生，医生建议住院，查一查有没有糖尿病并发症，如果有，可以申请办理特殊医保。

本来我正在编辑赶写100万字的《苗学通论再论》，我是很不情愿打断思路来住院的，但我还是来医院住院了。

我给医生说，我这次住院一是要把血糖调下来，要拔掉一颗牙齿（我一个座牙全空了，到贵阳牙科医院准备拔牙，检查我的血糖高了，牙科医院建议我到省医住院把血糖调下来再拔）；二是要检查是否有糖尿病并发症，若有，我要申请办理特殊医保。

住院一经检查，医生要我打胰岛素由14个单位提高到20个单位，还说，高血压的帽子也已经戴上了，必须要吃降压药了，一下把我搞懵了。当然得听医生的，住院后又加入了高血压的药。

去年住院时，我就知道糖尿病办理特殊医保要进行眼底和神经电生理检查。我直奔主题，先是检查了眼睛，医生说，除老年白内障外，眼底基本还是好的。也就是说糖尿病还没有引起眼底的病变。

我是一个书呆子。我有点害怕神经电生理检查，因为该检查患者太痛苦了，很多病人没检查完就痛得叫停了。于是，我给省相关领导部门写了一封信，反映了自己生病吃药打针的情况，希望给予关照办理特殊医保。领导们还是给予了极大的关心，或接待，或打电话，或回短信，但最后还是不能办理（我很理解他们，想办，但又不能办）。

其间，我带着写给领导的信的复印件，去了一趟具体经办的部门，被经办部门的同志教训了一顿。看来我的思想已经完全不适应新形势了，现在人们的思想观念、思维方式、工作方法、服务态度都变了。什么二级教授，国务院津贴，著作等身等，都是毫无价值和毫无意义的了。

于是，我豁出去了，下定决心要做神经电生理检查。但医生开单后我又害怕了，要求推迟检查，最后还是咬着牙检查了，折腾了一个多小时，从头到脚扎了若干的针，进行电动化检查，病人不是一般的痛苦。检查完，我得了一身汗。医生说检查完了，我都爬不起来了，两个医生把我扶起来，脚一着地就感到一阵头昏，医生就叫我伏在床上，问我要不要找手推车推回病房，我说不要，可能两分钟后，我起来走出检查室，在门外的座位又坐了几分钟，然后就自己回到了9楼的病房了（本来综合干部科的小罗已预约好要带去检查的，但快到预约的8点钟了还未见小罗来，于是我在病房留下字条就自己下4楼检查了，我是担心得不到第一个检查，排队很占时间的）。

我是星期二上午作神经电生理检查的，星期四上午医生来告诉我，你可以申请办特殊医保了。

本来我住院用不了这么多时间的，但医生又要我不打胰岛素了，全部靠吃药来调控。医生说没感觉痛就不要拔牙，前列腺肿大也不要动手术，作保守治疗。

我要求出院，医生说治疗方案改变后还要观察，血糖稳定了才能出院。我当然只能听医生的了。

开头说了，我最怕住院和最舍不得时间住院。

最怕住院：特别是糖尿病人住院，除了每天输液外，一天要测7次血糖，6个手指头轮换扎针，20多天下来都扎满了针眼。我是当过兵的人，养成了一生守纪律的习惯，住院23天都住宿在医院，一天测六七次血糖，即使下楼散步或回家吃饭，都必须不要误了测血糖（当然也有误了的时候）。住院就像关监狱似的，真是难受极了。

最舍不得时间住院：几十年来的科研工作，养成了每一天都要写点小文字，或者查阅资料构思写作。住院太耽搁时间了。在病友的提醒下，我把家中电脑搬到了病房，但只能编排或校对，不能研究和撰写，因为资料是不能搬到医院来的。医院一再提醒，要看管好自己的电脑。我只带电脑在医院工作了11天，即编辑和校改了38篇文稿。

在医院的前十来天，我与贵州科学院原党委书记高贵龙同志同一病房，他是一个热情、开朗、豁达的人，我们之间很谈得来。他出院后，我好不习惯。后十来天，贵龙同志出院了，没有新的病友进来，我正好编辑和校改文稿。

住院期间，得到医生、护士、杂工、病友、领导、同事、朋友、战友等的关心和帮助，在此，一并表示衷心的感谢！

一四一　家人小聚①

2020年10月30日，与儿女两家在彭厨未来方舟分店聚餐，心情特别特别好。

儿女长大后，他们都各自有了自己的家，都忙于工作和经营自己的小家庭。虽然同城生活，要到齐见次面也是很不容易的。

近两年来，女婿崔迪工程在云南，女儿多次电话说，崔迪回来我们就一起来看爸爸。两天前，女儿说崔迪回来了，我们带小鑫杰过来。后女儿又改口说，干脆通知石磊家，我们一起在外边吃饭，免得黄孃在家做累。

现在的年轻人上班特别忙，媳妇因为要加班，未能赶来吃饭。我们到未来方舟聚齐，已经是快8点钟了。

彭厨是一家小有名气的连锁店，味道确实不错。看着两个小家伙（崔鑫杰和石正宇）特别乖，胃口很好，我们很欣慰。因为特别合口味，我也好久没有像这样放开肚子来吃了。

吃饱了就想站起来走走，两个小家伙也跟着我一起走出包房。餐厅一楼有一个可能是别的小孩丢下的气球，崔鑫杰和石正宇抢着气球玩，9岁的鑫杰当然占有绝对的优势，气球都主要在他的手中。3岁半不到小正宇抢不赢哥哥，但他不哭也不闹，他只是拉着我的手，要爷爷把球抢过来。抢过来交到正宇的手中又被哥哥抢走，小正宇还是不哭，又拉着爷爷的手去抢……

餐毕分手时，我对女婿崔迪说，一个人在外要注意安全，要尽量抽时间回家来。崔迪是一个工作和家庭都责任心很强的人。说实话，现在的年轻人能像崔迪这样吃苦的人不多了。

吃饭之前我问小正宇，爷爷的名字叫什么？他回答，叫石朝江。我又问奶奶的名字叫什么？小正宇回答，不知道。我告诉他叫黄永芬。

饭后我们乘儿子的车回家，在车上我又问小正宇，奶奶的名字叫什么，小家伙想了想回答，叫黄永芬。

我出身贫寒，来自农村，从小就下决心要改变自己的命运，可以这样说，我一生都在努力和拼搏。我生育了一双儿女，他们不在人前，也不在人后。我只期盼他们好好生活，好好工作，教育好下一代。

---

① 本文系作者家庭团聚小记。

一四二 老有所乐[①]

李国升和我贵大哲学系同窗，他毕业分配到台江县当了一名人民教师，后来担任家乡一所中学的校长。退休后，热爱上了书法。他说要以书法消遣人生，领悟人生。

老同学嘱我要为他的书法集写序，我对书法没有研究。不是写序，而是肯定他老有所学，老有所好，老有所乐。

我很欣赏一位艺术家谈书法与人生，他说：书法是艺术，艺术就美，美的东西总是使人产生一种赏心悦目的快感。每逢喜事当你高兴的时候，书法会给你助兴，心融意畅，莫可名言。当你遇到不高兴的事情时，你一拿起笔，心中就只有黑白世界了。当你感到寂寞无聊的时候，你一泼墨挥毫，就感到生活充满着欢乐，人生是幸福的。当你工作繁忙，感到劳累疲惫时，你忙里偷闲写几个字，精神为之一振，疲劳不辞而别了。

古人云："书品即人品。"哲人说："书，如也，如其学，如其才，如其志，总之曰如其人而已。"这形象地说明字如其人。所谓形如人，字讲结体，人讲身材体格；貌如人，字讲墨色，人讲皮肤水色；势如人，字论力度，人论体力；品如人，书讲书品，人讲人品；情如人，"艺术就是感情"；神如人，书讲风神，人讲精神。我认为，国升的书法虽还不能称为"家"，但字如其人，字里行间尽显他的为人厚道，认认真真做人，实实在在做事。他是从来不会说一句假话的。

退休后，如何快乐地度过晚年？整天与麻将、扑克打交道，既不利于精神，也不利于健康。许多老人或喜欢练练书法，或作诗填词，或写回忆录。心有所系，情有所依。这样一来，好像就有忙不完的事，晚年生活感觉到过得更加充实。我们都是唯物主义者，人总是要去见马克思的，这对任何人是绝对的公平。人的身躯总会消失，所以总希望留点精神上的东西给人间作个纪念，诸如书画、诗词、文学作品之类，让之流传下去，这是没有时间限制的。人逝去，精神永在。这样想，这样做，退休生活就会过得充实而快乐。始终充满着希望和进取之心，才有利于健康长寿。

国升同志热爱人生的精神是值得学习的。

[①] 本文系作者为大学同学李国升的书法集所写的序。

一四三 悼念志毅①

惊闻龙志毅老领导逝世，我谨表示深切的哀悼！老领导一路走好！

1985年，龙志毅同志由省国防工委主任升任中共贵州省委常委、组织部部长，大概是1985年的下半年，他和王思明（贵州省委组织部副部长）来到惠水县长田乡，我当时在惠水担任县委副书记，我被通知到长田，这是我第一次见到和认识龙志毅同志。他给我的印象是严肃，话不多，说话逻辑性特别强。第一次见面我与他基本没说上什么话。

1986年8月，我在惠水县委任职期满回到贵州省委组织部，任组织部研究室副主任。不久，因为一些主客观方面的原因，主要是我不想走仕途，而想搞科研（我1980年由贵州社科院调组织部青年干部处时，是服从组织安排才到组织部报到的），我正式向省委组织部提出要求调回贵州省社会科学院工作。

龙志毅部长知道这件事后，他把我叫去他办公室，他非常严肃地对我说："小石，组织上把你放去惠水县任职锻炼，可不是希望你回社科院去搞研究的，不准你提回社科院的问题。"龙志毅部长的话说得很严肃，很到位，我当时回答：好！我强制自己要安下心来。可不久又发生一些不愉快的事，趁龙志毅部长不在部里时，我又再次提出要求，最终实现了自己的愿望。1987年2月，我回到了贵州省社会科学院。

回到社科院，十年磨一剑。1999年，我的第一部著作《中国苗学》（60万字）正式出版。我将《中国苗学》送至龙志毅老领导府中，他拿着书对我说："朝江同志，我听说你已经离异，一个人带着孩子，你这本书是怎么写出来的？"我回答："大部分是晚上写的。"龙志毅老领导又说："你有点固执啊！这也是我们少数民族干部的缺点。既然已回到社科院，都出版书了，就好好干！"

后来，我的《中国苗族哲学社会思想史》《世界苗族迁徙史》《战争与苗族》陆续地出版，我都是第一时间签名送至龙志毅老领导府中。可他搬迁新居后，每一次送书时都是保姆开的门，保姆或说老领导不在，或说老领导在休息。

2008年12月11日，贵州省国际文化交流中心在贵阳林城饭店召开我的《苗学通论》（100

---

① 本文原题目为《悼念龙志毅同志》。

万字）出版发行座谈会，时任贵州省人大常委会副主顾久，原贵州省省长王朝文，贵州省政协原主席龙志毅，原贵州省人大常委会副主任杨序顺，以及专家学者共40余人出席发行座谈会。龙志毅老领导捧着我赠送他的《苗学通论》说："我今天是专门冲着这部书的作者来的。朝江同志原来是我们省委组织部的干部，他亮丽转身，由一名党政干部转变为专家学者，他是机关党政干部中转型最成功的一个，我特别要赶来向朝江同志表示祝贺！我们当初是作他的思想工作不让他走的，但他有自己的追求和理想。事实证明，朝江同志的选择是对的。"

我当初的固执，不顾及影响，于老领导"不准你提回社科院"而不顾，千方百计想方设法调回社科院，辜负了老领导的栽培与期望。我回到社科院后之所以一头埋在书堆里，也是想从另一方面回报组织上对我的多年培养，不给组织部丢脸，不给关心我的老领导丢脸，这一直是我坚定的信念。

由于弃政从学，我面对面听取龙志毅老领导教诲的机会不多，但我总感觉到，他特别关心每一位干部，他严肃，有担当，说话很实在。我因为违背了他的要求与期望，而不敢面对他。

从2008年12月的那次《苗学通论》出版发行座谈会后，我再也没有机会见到龙志毅老领导。后来又每次送书时我都希望能进屋拜望老领导的，但都被保姆婉言谢绝了。

今突然闻知老领导逝世，我的心情是沉痛的。我今天一定要去景云山殡仪馆，看老领导最后一眼，送老领导一程。

龙志毅千古！老领导走好！

2022年1月2日凌晨2时

一四四　悼念廷贵[①]

昨天，惊悉李廷贵教授在家乡凯里不幸逝世，甚为悲痛！

今晨，认真拜读了龙文玉老州长致李廷贵先生吊唁信，龙老州长对李先生的充分肯定与悼念之情，代表了中国苗学界的心声。李廷贵教授首创中国苗学功不可没！

我和李廷贵教授相识于1988年，当时他从中央民族大学哲学系副主任调任贵州民族学院代院长。廷贵教授是黔东南凯里的苗族，他调回贵州后，积极筹备成立贵州省苗学研究会。在他主持和一批苗族同胞的张罗下，1988年11月，贵州省苗学研究会在我的老家黄平县召开成立大会。我因为爱人生产而未能出席。

贵州省苗学研究会的成立，我反复思考，为什么把研究苗族称为苗学？研究苗族能成立一门学科吗？苗学学科的研究对象、理论体系、研究方法、基本框架等问题如何处理，并连续公开发表了十余篇苗学理论研究文章。

大概是1990年的下半年，廷贵教授得知我准备撰写《中国苗学》时，他约我去贵州民族学院见面，他听取了我的想法后表示大力支持，并提出了一些具体的建议意见。从某种意义上，正是得到廷贵教授的鼓励和支持，我才壮起胆子撰写《中国苗学》的。

那时候都是爬格子，没有电脑。我每写完一章，都送廷贵教授审阅。陆陆续续，历时7年多，1998年，60万字的《中国苗学》书稿全部完成。我邀请廷贵教授为《中国苗学》写序，他爽快地说：我是要写的。

斯人已逝，言犹在耳。在这里，我把李廷贵教授为《中国苗学》一书撰写的书序推荐给大家。见其文如见其人。

[①] 本文系作者专门为悼念李廷贵教授而写。

苗学学科的百科全书①

朝江同志把《中国苗学》书稿捧给我，让我读，让我做些修改。我认真地读了，也认真地作了一些文字上的修饰。现在，掩卷沉思。首先想到的是朝江同志的执着精神与顽强毅力。他用10年的时间，广泛收集资料，博采众家之言，日以继夜撰写，终于把第一本苗学专论奉献给读者，难能可贵，令人佩服。

苗学。顾名思义，就是研究苗族的学问，约而言之，就是以苗族为研究对象的学科。举凡苗族的政治、经济、文化和族体、支系、历史源流、语言、文字、文学艺术、军事、医学以及民风民俗都属于苗学的研究内容。对于苗族的研究，由来已久，可以说，自有象形文字的时间起就有关于苗人的记录。而作为苗学学科的正式命名，以1988年11月贵州苗学研究会的成立并卓有成效的研究为标志。现在，由于有大量研究成果面世，又有大批研究人员投入，所以，苗学学科已为人们所接受，并成为一门世界性的热门学科。

如果说。对于苗学的研究，过去尚处于调查报告和文章以及"单项"著作的话，那么，朝江同志的《中国苗学》则是从整体上"全方位"加以论证，使读者从中能了解苗学的全貌。可以这样说，《中国苗学》是苗学学科的百科全书，而且是第一本，这就是本书的重要价值所在。

《中国苗学》的第一个特色是资料丰富，取材严谨。"书史"中的文献和考古资料，千姿百态，洋洋大观；"心史"中的古歌、传说以及田野调查资料，更是异彩纷呈，目不暇接。全书完全以材料说话，从材料引出必然的结论。读之，趣味无穷，令人折服。

《中国苗学》的第二个特色是篇幅宏大，结构合理。全书近60万字，内容涉及苗族的政治、经济、文化、军事等方方面面的资料，都做到了恰当排列，正确叙述，论之有据，言之成理，章章连环，节节相扣，故而引人入胜。

《中国苗学》的第三个特色是"史""实"结合，逻辑性强。本书在写史时，以文献和考古资料印证，同时用"事实"说话，非常注意"史"与"实"的结合。正是在此基础上，研究了苗学领域内各门具体学科的历史沿革，进而从总体上研究了苗学的发展规律，历史的逻辑与学术的逻辑融会贯通，洋洋洒洒，一气呵成。

苗族历史悠久，苦难深重。其社会历史发展的极不平衡性和缓慢性、曲折性、动荡性以及反抗斗争的频繁性，在世界各民族中是最有代表性和典型性的。苗族迁徙频仍、吞吐量大，许多成员融入汉族和其他民族。也有他族成员融入于苗族

---

① 本文是贵州民族学院李廷贵教授为《中国苗学》所写的序。标题系采用作者文中的一句话。

之中，所以，支系众多，加之文采丰富，古风独特，因而举世瞩目，吸引了大批的参观者与研究者。这对于今天的苗族人民，是一个发展自己的最好机遇。

　　基于此，朝江同志的《中国苗学》，既是抛砖引玉，又是导向之著，其意义和影响将是巨大而深远的。

　　读罢《中国苗学》，感慨良多，特书几笔，权当作序。

李廷贵

从李廷贵教授的书序中可窥见：1.作者对宏观苗学的深度把握；2.作者对后学的扶掖之情；3.作者对创立苗学学科的坚定信念和决心。

　　谨以此文，悼念尊敬的李廷贵教授！

　　廷贵走好，先生千古！

一四五 回忆老杨[①]

4月10日，我和爱人要去黄平老家清明上坟。一清早，我们就打的到贵阳客运东站，准备赶开往黄平的第一部班车。到东站一下的士，我便惯性地拿出手机打开来看，一下看到马大姐发来的短信，得知老杨（克明）已于当日凌晨3点38分驾鹤西去。我的腿一下就软了。虽然生老病死是自然规律，但我的心还是凉凉的。我们又一位好同学离开了我们。

老杨，是我们贵大75级哲学系的同窗，大家都尊称他为老杨或老杨哥，从1975年上贵大一直沿袭称呼到如今。75级哲学系的50个同学，从相聚相识在学校，或毕业离校分开后，从来都没有闹过什么大的矛盾，都是亲密无间的。进校不久，大家就根据年龄来互相称呼。年龄偏大的，用老字来尊称，比如：老李（安福）、老何（同明）、老姚（玉林）、老杨（克明）等；年龄偏中的，用名不用姓来称呼，比如：保林（罗）、灿江（刘）、朝江（石）、支前（韩）、小平（梁）等；年龄偏小的则用小字来称呼，比如：小吴（卫平）、小顾（安芬）、小陶（彩珍）、小熊（建国）、小何（晓林）等。

老杨是我们班的第四大哥（第一是李安福，第二是何同明，第三是姚玉林），他们四位就是像大哥的样子，成熟稳重、学习努力、肯帮助人。特别是老杨，更是和大家打成一片。他是老三届高中生，基础比较好，接受能力比较快，他经常帮助同学理解一些哲学命题。他带薪读书，时不时邀约几个同学到花溪饭店改善生活。周末星期天，有同学赶不到公交回花溪，到老杨家打地铺。

我还清楚记得，1978年毕业时，杨昌勇被分配回家乡，到凯里报到后还未上班，他又返回了贵阳，找到我说他思想不通，我安慰了他，但他思想还是不通，我把他带到老杨家，老杨和马大姐把我们留下来吃晚饭。老杨一边劝昌勇喝酒，一边做他的思想工作：现在是没有办法了，还是安心干，好好干，以后大家同学想办法……

毕业不久，地区同学来这大都先与老杨哥联系，每次他总是叫我们去作陪吃饭，那时候大家工资都不高，有一次，我走到柜台想买单，老杨立即过来批评我，朝江干啥？下次再轮到你买单，快回到座位上去。实际上，同学们来了只要是先与他联系，他是从来不让别的

[①] 本文系作者回忆大学同学杨克明的生活片段，用以悼念老同学。

同学买单的。

  老杨的哲学理论和教学水平是比较高的，应该说评个教授没问题，但他退休时还是个副教授。我曾提醒过他，老杨，把教授评了吧！他说没有核心期刊文章，我说，您写，我来帮您找地方发，他说，我不写，我是教书育人的，只要学生喜欢我的课，使他们学到点知识，学会为人处世，我就知足了，教不教授无所谓。大家退休后，我们班在筑同学在罗保林、简连中的积极倡导和主持下，每一个月或最多两个月都要聚会一次，老杨几乎就没有缺席过。他尽管身体不太好，但每次他手握拐棍，或由马大姐携扶来与大家同学见面。就在半个月前，我们班同学又在河滨公园旁老兵之家聚会，召集人简连中对大家说，昨天老杨还说要来的，今天中午马大姐打来电话，说老杨有点不太舒服，来不了了。大家都说抽时间去看看老杨哥。有人建议，过完清明都上完坟了，大家一同去金阳看望老杨。但老杨没有等到大家去看他，他就撒手走了。

  老杨走好！克明千古！

一四六 绪凡点滴[①]

每天起床后,我都习惯性地打开手机来看,突然看到洪明毅《龙绪凡同学走好》的悼文,我反复读了两遍,又打电话向凯里同学求证,确实龙绪凡走了,旧州中学老三届又少了一位同学。生者努力,逝者安息。这是自然规律,谁也违背不了。

读旧州中学时,龙绪凡是初三38班,我是初一42班,我对他的印象就是人长得帅气,属于女同学喜欢的那一种小男生,在校或离校的初期,基本就没有什么接触。

我们第一次正面谈话或接触,始于1976年的春节,我当时从贵州大学放寒假回家,他当时已从华中工学院毕业,志愿要求回乡当农民,大概是在旧州老里坝担任大队长或者党支部书记什么的。一天吃完晚饭后,他打着手电筒突然来到寨勇我的家。如果不是他自我介绍,我都认不得他是龙绪凡了。当时的他已经是"大红大紫"的人,都知道他大学毕业坚决要求回乡当农民,是当时省、州、县树立的一个榜样,一个先进的典范。

进屋寒暄几句坐下来后,他第一句就说,朝江同学,你大学毕业后有什么打算?我回答他,才刚进校,还没有什么打算。他说,农村是广阔的天地,大有作为,建议你毕业后回到农村来,咱们好好干,改变家乡的落后面貌。我回答他,现在还早,等毕业后再说。我们的谈话大概就是10分钟,他说还有事,就匆匆打着电筒离开了寨勇。我当时十分敬佩他。

几年后我从贵大毕业分配到贵州省社会科学院,又调贵州省委组织部和到惠水任县委副书记。在惠水期间,有一天我下乡去了,第二天上班,县委办公室的同志递给我一张纸条,上面写着龙绪凡三个字。办公室同志告诉我说,有一个中学的同学来找过我,并打电话到摆金,区里说我下到乡下去了,这位同学就留下纸条走了。我知道是龙绪凡来找我了,但我却无法联系上他,那个年代还没有手机。

又过了一些年,龙绪凡突然来到我社科院的办公室。我问他现在在哪里?有工资发没有?他说在一家国防厂矿,有工资了。我又问他是不是曾经到惠水找过我。他先说记不得了,后又说好像有这回事。我又问他到惠水找我到底有什么事?他说不谈了,已经过去了。我又再问他,他才勉强说,反正我的政策已经落实了,不要再提过去了。我对他说,你到贵阳来

[①] 本文系作者回忆中学同学龙绪凡的点点滴滴,用以悼念老同学。

想见哪些同学或朋友，下班后请他们过来见面和吃饭。他说，不不不，我还有事。我再三说，他仍坚持说有事，我只好尊重他了。这次我们谈话1个半小时左右，他起身说还有事要走，我只好把他送出社科院大门。

从早年春节期间到我家和若干年后到我办公室，我没觉得龙绪凡同学思维与常人有什么不同。只是觉得他太客气了，怕给同学带来麻烦。

这之后的几年，龙绪凡同学又来到我办公室几次（至少又来过两次，每次留他吃饭都不行，我说我就住在社科院，到我家坐坐他也不去）。大概是第二或第三次来社科院，我才感觉到他与前两次见面不同了。他说他要引进几架直升飞机，在旧州家乡搞空中游。他说机场是现成的，不使用起来多可惜。我问他这件事有把握吗？他说没有问题，正在和发改委谈，有老板愿意来投资。我当时还劝他，要慎重些，不要被骗子骗了。如果确有这回事是好事，绪凡你没有资金，也没有这方面的经验，最好不要介入。他说，我有技术嘛，并且越说越带劲。这时候使我突然想起，有人曾对我说过龙绪凡的思维有点超前，有点与常人不同。我看他信心勃勃，也不好再说什么了。留他吃饭，他又以有事相推脱。他来我办公室至少四次，就是留不住他吃餐饭，我还误解他格外老同学。

去年7月旧州中学老三届离校50周年聚会，我们又见面了，他穿着得体，身体很好，看起来健壮且年轻，他还对我挽起袖子，紧握拳头，就如同一个体操运动员。在联欢会上，他还吹笛子伴奏，姿势很好看，就像是一个专业人才。我们在舞阳生态园篝火晚会结束后，说愿意走路的我们走路回城，龙绪凡和我等四人走在一块，一路走一路摆，他还说到他发现一种中草药，非常有开发价值，问我能不能找到老板来投资等。但是万万没想到，还不到一年时间，龙绪凡同学就驾鹤西去了。

我反复看了洪明毅的悼念文章，才了解到了一个真正的龙绪凡，他年轻时受时代潮流所驱使，做了一回响当当的人物，实际上却成为了那个时代的牺牲品；他的晚年过得十分不好，失去工作，离异单身，吃斋饭，最后客死他乡。除一款手机，竟身无分文。作为老三届同学，我对他丝毫没有帮助，他在生死路上挣扎，我还一点都不知道。他来过社科院几次，我居然没有发现他生活上的窘境，没有向他伸出同学的友谊之手。今生今世，愧对龙绪凡同学了！

绪凡走好！

绪凡千古！

一四七 联谊纪实[①]

2019年4月18日至20日，由陈沛新、李伟、杨厚宽三位老战友发起和组织，原铁道兵第八师三十九团8连的一部分战友，在电都湖北宜昌举行了第一次战友联谊会。参加联谊会的战友有：李伟、张桂林、龙永真、柒卫俊（女）、李国振、张楚斌、王国强、张治文、石朝江、黄永芬（女）、王永海、陆学龙、葛元新、赵文学、李跃进、张广龙、朱国正、陈沛新、杨厚宽、朱启发等20人（其中，柒卫俊、黄永芬系军嫂，朱启发系北京军区转业的一位团长，这次应邀专门为我们战友联谊会摄影）。

有的战友17日就赶到了湖北宜昌，大部分是18日报到。18日晚餐前，由陈沛新战友主持，在宜昌香江一号大酒店举行了一个简短而又十分有意义的联谊座谈会。首先，陈沛新提议大家起立，齐唱《铁道兵战士志在四方》，战友们的心情特别激动，歌声嘹亮，仿佛又回到了十七八岁的青春年华。然后，由龙永真致欢迎词，他代表大家向陈沛新、李伟、杨厚宽三位战友倡议和组织钢八连的战友联谊会表示衷心的感谢！对钢八连的战友从全国各地赶到宜昌参加聚会见面表示热烈的欢迎！他简要地回忆了钢八连的历史、钢八连的来历、钢八连所创造的奇迹等。他还激情唱起了《钢八连连歌》：

> 钢八连，钢八连，
> 发扬老传统，专打攻坚战。
> 打隧道，赛猛虎，一往无前。
> 迎着困难，迎着艰险，冲呀冲向前！
>
> 排除大塌方，战胜地下水，
> 征服乱石洞，凿穿特坚岩。
> 机智灵活，顽强勇敢。
> 为革命，为人民，永远向前！

[①] 本文系在湖北宜昌参加原铁道兵八师39团八连战友的随笔，原题目是《钢八连战友联谊会纪实》。

龙永真热情洋溢而又充满着铁道兵气壮山河的讲话，使大家的心一下回到四五十年前的钢八连的战斗生活。那金沙江畔的水涛声、大巴山的日日夜夜、河北围场的寒冬腊月、引滦入津的火热工地等，钢八连的战友都记忆犹新，历历在目，仿佛就发生在昨天。

最后，由朱国正代表老战友讲话，他说：我们原铁八师39团8连是一个具有光荣传统的钢八连，它是由1936年的赵城游击大队改编成立的。在战争年代，钢八连攻无不克，战无不胜，曾被授予"攻如猛虎，守如泰山""铜墙铁壁"等的光荣称号。在和平建设时期，肩负着建设共和国交通大命脉的重任，我们钢八连参加了近10条铁路干线的建设，曾荣立过集体二等功，被授予"多伦道上的好八连"等。而后大家共进晚餐，战友们频频举杯，互相敬酒，相互祝福！

19日一天，我们战友一行参观了世界第一水利工程三峡大坝。一路上，大家有说有笑，畅谈战友情，回忆钢八连的战斗生活。还不断的有战友通过电话、视频讲话或微信、短信向钢八连战友聚会表示慰问并热烈祝贺！老战友们一个个像老顽童似的，心情特别愉快，一天的时间都觉得过得太快了。下午6时回到宜昌香江一号大酒店，20人围坐一张大桌，李伟首先向大家通报了全国各地战友发来微信、短信或打来电话视频讲话祝贺战友会的情况，他打开视频，让大家聆听了钟立飞老连长的语音讲话："八连的战友们，今天是战友聚会的好日子，我因身体原因，不能前来与战友们见面，请谅解！祝各位战友及夫人身体健康，平平安安，生活愉快！"

刚听完老连长的语音讲话，远在四川攀枝花的老副指导员秦国越打来电话，他向钢八连战友聚会表示热烈的祝贺，还一对一地讲话。四川战友陈庭章、杨庭荣、陈世钧，广东战友李启能、陈鑫森、王新、黄务秋、周锦伦，辽宁战友付涛、马小平，湖北战友王洪国，江西战友全道昌等等也都和我们线上互动。晚餐时，战友们一一作了自我介绍，有的战友还即兴表演了节目，或唱歌，或说一句笑话，或摆一个故事等。我们频频举杯，互相敬酒，相互祝福！

20日一天，我们战友一行游玩了国家AAAAA级旅游景区三峡人家。三峡人家，依山傍水，风景如画。传统的吊脚楼点缀于山水之间，久违的古帆船、乌篷船安静地泊在三峡人家门前，溪边少女挥着棒槌在清洗衣服，江面上悠然的渔家在撒网打鱼。我们在三峡人家还观看了两场精彩的文艺演出：一场是专门表演土家族古朴的结婚典礼，一场是表现古老的巴人文化。如同前一天一样，大家一面参观游玩，一面畅谈战友情谊。不时又有战友打来电话，熟悉的都抢着手机讲话，情意浓浓。

今天，虽然铁道兵已经告别了"八一"军旗，但铁道兵的丰功伟绩将永远载入史册。英雄的钢八连将我们的心紧紧地联系在了一起。告别了铁道兵生涯，战友们各在天南海北。大家都在铁道兵精神的塑造和激励下，都在各自的岗位上做出了很大的成绩和贡献。有的做了企业家，有的当了人民教师，有的从事科研，有的步入仕途，有的回到了农村或工厂，有的还留在改制后的铁道部工程局……可如今，大家都到了杖乡之年、杖国之年，个别老首长甚至到了杖朝之年。中国人俗称"米寿八十八,茶寿一百零八"。祝福各位老首长、老战友"何止于米,相期以茶"。活过八十八,再奔一百零八。

20日晚上,钢八连的战友们畅谈了许多许多,谁也不愿意先回去休息,因为第二天大家又得匆匆地离去。人间之情最重战友情,战友是生死之交、生死之情。最后,钢八连的战友共同议定了下一年战友联谊会的部分活动形式与原则。

21日早餐后,钢八连的战友们依依不舍,互相祝福,互相拥抱,然后又各自踏上了归途。

一四八 聚会侧记①

20世纪五六十年代，黄平旧州中学在贵州省享有一定的知名度。花园式的校园，苏式的教学楼，一流的师资队伍，高质量的教学水平。虽然只设初中部，学生不足300人，但却培养出了一批国内知名的社会主义建设人才。

旧州中学"老三届"，是指1963—1965年考取旧州中学在读的六个班，即初三的37班和38班，初二的39班和40班，初一的41班和42班。这批学生几乎与共和国同龄，他们受到了最严格最正规的学校教育。正当他们如饥似渴地读书的时候，突然发生了"文化大革命"，打断了他们的求学之路。

1968年秋，他们响应"上山下乡"的号召，城市居民学生上山下乡，农村学生返回农村，清一色地完成为了向"知青"身份的转换。

后来，这批"知青"中有的当了代课老师，有的进厂当了工人，有的参加湘黔铁路建设，有的当了兵，有的当了工农兵大学生，有的则继续留在农村。虽然各人的命运不同，但这一代人却有一个共同点，特别勤奋、努力！无论是城市或乡村，干活的拼命，上班的玩命。他们从不计较个人得失，干啥都是任劳任怨。

如今，特别勤奋的一代人老了，"老三届"同学都在70岁上下了，主要定居在旧州、黄平、凯里和贵阳，也有少量同学定居在省外。他们正享受着晚年的天伦之乐！

2018年7月，旧州中学"老大届"组织离校50周年聚会，到会的老师有3人（周堂跃、李云中、岳兴旺），学生142人。许多师生是离校50周年后第一次见面，真正是"久别重逢，情逾骨肉"。

2020年庚子年，因为新冠疫情，人们蜗居，外出受限制。金秋十月，疫情基本解冻，国庆长假，又见全国景点爆满，全国公路堵车成长龙。

凯里同学陈书珍等倡议，避开国庆车人流高峰，10月10日至14日，旧州中学老三届同学回乡小聚一次，主要是见面、叙旧情和续友谊。

倡议发出以后，定居贵阳同学响应的有11人，定居凯里同学响应的有15人。黄平同学得知信息后，学长刘文学、石光诚邀大家在黄平玩上两天，一人招待一天。刘文学还把食

---

① 该文系作者对旧州中学"老三届"同学聚会的侧记。

谱发给大家，同学情谊之深可见一斑。

10月10日上午，贵阳、凯里同学分别出发，应邀直奔刘文学府。凯里同学11点到达，贵阳同学12点到达。刘府坐落在离黄县城3公里的公路边上，是一栋三层楼的单独建筑，前后都有院坝。

刘文学夫人和石光夫人已把食物准备好，同学们一下车，就吃上了家乡的米粉。下午，同学们或结群摆谈，或打小麻将，或在田坎边上散步，尽情享受着同学聚会所带来的欣喜和欢乐！晚饭，更为丰富和美味，不能喝酒的同学以茶代酒，大家频频举杯。晚上，统一到县城宾馆去住宿。本来许多同学在县城都有住处，但是，大家都非常珍惜同学见面的时间，都基本在宾馆里住，继续摆谈，继续打麻将，或者结队逛家乡夜市。

11号上午，统一在宾馆楼下早餐后，石光特别打招呼，一个也不能少，继续前往刘文学家，一部分同学乘车，一部分同学愿意走路，又赶回到刘文学府。上午还是自由活动，闲谈、麻将或散步。

下午，一些同学要去飞云洞，一些要去看黄平飞机场，一些要去冷屏山。我参与冷屏山一行。车子有限，严国祥先送4个同学到冷屏山，又回来拉我们第二趟。冷屏山太漂亮了，我还是第一次知道家乡黄平也有石林。一个车一个驾驶员，上山跑两趟，下山当然也跑两趟。

值得一提的是，因车坐不了，夏华成和胡一平是走路去的冷屏山，又走路回来，由于不知道他俩步行上山，在山上也未遇见他们，因此车子也未去接他们，他俩少说也走了20多公里。虽然已经是70岁以上的人了，但他俩的身体还硬朗着呢！

晚饭，石光家请吃的老鸭炖猪皮，也把许多同学的肚皮吃得鼓鼓的。晚上还是统一到县城宾馆去住宿，闲谈、麻将、结队散步，反正是大家都舍不得分开。

12号，参加小聚的同学说是反请刘文学、石光两家，而实际上，是借刘文学府大家再玩一天。计划不如变化，原最初计划黄平玩一天，旧州玩一天，凯里玩一天，结果三天都泡在刘文学府上了。

12号的上午和下午，从贵阳、凯里去的41和42班的同学，集体请了假，41班的王登荣召开两个班的同学吃午饭会面，然后又到县行政中心的草坪上玩和照相。这次实际上是两批同学聚会。一批是贵阳、凯里的一些同学们赴刘文学府聚会，一批是原41和42班的部分同学聚会。两批同学聚会都非常高兴和愉快。

12号的上午和下午属于原41和42班同学的聚会时间，晚饭必须要赶到刘文学府来吃，召集人陈书珍说了，这是我们反请刘文学、石光两家，不到就是没有礼貌，当然，我们都得要遵守。晚饭吃的主菜是辣子炒牛筋。同样地，许多同学也把肚皮吃得圆圆的。

13号早餐后，同学们依依不舍告别，相约下次聚会一个也不能少。有的返回贵阳，有的返回凯里，有的要去原来的知青点看一看……

高尔基说过："快乐，是人生中最伟大的事。"人活在心态。蓦然回首，人生都已到了晚年。我们是与共和国同龄的一代人，确实老了，但也值了！今生今世，我们努力过也奋斗过。

一四九 合川之行①

合川，因嘉陵江、涪江、渠江三江交汇而得名，原为四川省合川县，后为重庆合川市，现为重庆市合川区，人口156万。

合川有我们许多原来的铁道兵战友，他们是1965年当兵的，属于老兵了，我1969年当兵，相对这一批老大哥，属于新兵了。

2020年9月22至24日，应合川战友的邀请，成都、贵阳的战友赴合川团聚，大家分别40多年了，许多战友还是第一次见面，这是一次非常有纪念意义的战友聚会。

22日早上，成都和贵阳的战友几乎同一时间乘高铁出发。成都的战友于当日上午10时20分抵达合川。他们是：杨庭荣、张友木、宋泽安、张英芳、陈贤清、唐先金、黄必根、曾庆章等八人。

贵阳的战友即石朝江和黄友明，我们携夫人乘高铁于当天上午10时36分抵达合川，我们下车时，合川的吕远友和成都的战友都在车站出口处等待我们了。

吕远友引着我们乘公交车到合川古街三棵树酒楼，合川的战友们已在那里等候多时了，战友见战友，有的握手问候，有的拥抱亲热，高兴得无以复加。

合川的战友是段俊文、刘大用、冉鸿明、陈世钧、吕远友、鞠正云、陈有玲。席间，有的战友喝点小酒，有的以茶代酒，频频举杯，互相祝贺，互相问候，追忆当年，感情绵绵。

吃过中午饭后，战友们到江之语茶楼饮茶叙旧，瞭望江水，饮茶当歌，战友们有说不完的话，叙不尽的情。大家回忆云南大河口的艰难日子，回味打秦岭大巴山隧道的日日夜夜，相互介绍离别40多年来的生活简况，特别是吕远友，时不时地说个笑话、做个鬼脸，逗得下家哈哈大笑。

第二天上午，合川的战友带领我们游览了道鸭嘴码头，风景太美了，空气太好了，大家赞不绝口。一路游玩，一路摆谈，一路照相。

下午，合川的战友带领我们登上了游轮，坐船欣赏合川美丽的城市风光，大江东去，两岸边是一栋栋高高的现代大楼，城区几座美丽的大桥尽收眼底。

---

① 该文系作者重庆合川参加铁道兵战友聚会的笔录。

吃罢晚饭，合川的战友送我们至下榻的宾馆。因为第二天我们就要返程了，大家在宾馆楼下，依依不舍，久久不愿离去。合川的战友说第二天要送我们到车站，我们坚持怎么也不要他们送了，因为连续陪玩两天大家都累了。话别说得最多的一句话：大家多多保重！成都见！贵阳见！

24日上午，成都的战友是7点过的车票，他们早早就起床了，在过道上大声喊着再见，就匆匆地赶到火车站了。黄友明我们两家是下午2点过的车票，我们睡了一个懒觉。

我们起床吃完早餐后，刘大用战友已经赶到宾馆，坚持要带我们游览合川古城。他已经76岁了，我们不忍心让他再累，他说他每天都要坚持走两万步，早起已经走了1万步了，再陪你们走1万步没问题。

于是，大用战友又陪我们两家逛合川古城，带我们买合川土特产。女人是最喜欢买东西的，两个家属一人买了一件连衣裙，一人买了十包合川桃片干。

大用战友说下午要送我们到火车站，我们坚持怎么也不要他送了。

告别了！合川的战友！我们期盼不久在贵阳见到你们！

一五〇 聚会散记[①]

金秋时节，原黄平旧州中学老三届的一部分老师和同学，相聚在贵阳，欢乐在筑城，大家可高兴了，度过了十分快活的三天两夜。

退休了身体还好，我们正处在人生最最幸福的阶段。无忧无虑，想吃就吃，想玩就玩，想走就走。无须再顾虑什么？快快乐乐地度好每一日，欢欢喜喜地过好每一天，这就是我们七旬上下一代人最最重要的任务。

两年前，凯里和黄平的同学相互邀约贵阳的同学回乡聚会，贵阳的一部分同学应邀前往，特别是在刘文学家欢欢喜喜、热热闹闹，硬是折腾了三天。贵阳的同学也邀请凯里和黄平的同学适时到贵阳作客。

相思点点，夜夜期盼，期盼着相逢。这一天终于到来了。

10月8日上午，凯里和黄平的部分同学统一从凯里乘火车出发，贵阳同学杨梅琴、石朝江在贵阳火车站等候，接到凯里、黄平同学后即从火车站乘地铁至北京路骏怡连锁酒店，贵阳的其他同学已在酒店等候多时了，见面后握手的握手，拥抱的拥抱，问寒又问暖，甭提大家多高兴了。

凯里和黄平的同学在下榻的酒店入住后，同学们便在酒店旁边吃了简易的中餐，然后从侧门步行至黔灵山公园。大家一路上有说有笑，时而合影，时而录像，时而舞蹈，时而搭肩并行，有的同学追忆起快乐的中学生活，还有的同学尽找话题逗大家笑，逗大家乐！

不知不觉，同学们来到了黔灵山麒麟洞，大家都说要在这里多待一会儿。麒麟洞位于黔灵山公园内，因洞内奇石形态酷似麒麟，因此得名"麒麟洞"。我国抗日战争和解放战争期间，发动西安事变逼蒋介石联共抗日的张学良、杨虎城两位将军，曾先后在这里囚禁过。因此"麒麟洞"闻名中外，现在是贵州省爱国主义教育基地。

同学们仔细地在麒麟洞参观，据资料介绍，1936年12月12日，张学良、杨虎城将军联合发动"西安事变"。事变和平解决后，张、杨被长期囚禁。1941年5月，囚禁在贵州修文阳明洞的张学良将军因患阑尾炎到贵阳中央医院手术后，被囚禁于麒麟洞白衣庵内。张学

[①] 文本系黄平旧州中学部分同学在贵阳聚会时所记。

良住在左边的小房，赵四小姐和女佣住在右边的小房。后来，因麒麟洞距市区较近，知道张学良在贵阳的人越来越多，1942年2月，特务刘乙光请示戴笠后，将张学良转移到距贵阳百里之外的黔北古驿开阳县刘育乡。

在麒麟洞，洪明毅同学从夏虎成同学发来的短信中，得到了郭正云老师的电话，从1968年后，同学们就再也没有见到郭老师。洪明毅立即拨通了郭老师的电话，原来郭老师从贵州民族大学附中退休后住在花溪。同学们抢着和郭老师通话，她虽然81岁高龄了，但说话的声音很响亮，思维很清晰。同学们请郭老师下午6点钟到盐务街豪丽酒楼来见面，她高高兴兴地答应了，她说她女儿就住在盐务街。

参观完麒麟洞，同学们来到了黔灵湖边，在黔灵湖边的平台上，同学们又逗留了一个多小时。大家跳舞的跳舞，照相的照相，有的谈心，有的交流，有的同学逗猴子玩。

下午6点过后，同学们步行到盐务街豪丽酒楼聚餐，由贵阳的同学们宴请，为凯里和黄平的同学接风扫尘。83岁高龄的周堂跃老师没有参加白天的活动，但他已从金阳提前赶到了豪丽酒楼等候。同学们见到周老师，可高兴极了，大家纷纷向周老师嘘寒问暖。洪明毅同学又拨通了郭正云老师的电话，郭老师说她已从花溪赶到了盐务街她女儿家，离豪丽酒楼很近，几分钟就走过来了。洪明毅、吴天兰、石朝江立即走出酒楼大门去接，没过几分钟，即见到郭老师健步穿过盐务街向豪丽酒楼走过来，我们开始都没有认出来，试探着问：您是郭老师吗？郭老师说：是。我们都不敢相信来者即是郭正云老师，我们与郭老师已经是半个多世纪没有见面了，没想到她看起来还那么年轻和健康，其实郭老师就长我们只七八岁，她看起来只和我们同学差不多。我们带郭老师来到包房，同学们拍起了掌声，郭老师首先紧紧地和周老师握手，然后又一一与同学们握手，见到离别50多年的郭正云老师，大家都非常高兴。

席间，同学们频频举杯，祝我们尊敬的周老师、郭老师健康长寿！同学们互相祝福，互相问候！大家都沉浸在无比的幸福和快乐之中。

第二天，即9号早上，杨梅琴带凯里和黄平的同学吃早餐后乘地铁到火车站，贵阳的同学也纷纷在8点钟前赶到火车站。同学们都到齐后，统一乘坐203公交车，到花溪十里河滩云溪别苑玩。大家先在十里河滩照相、排练节目，10点到云溪别苑，别苑已经把会场、音响等准备好了。

同学们一进入会场，节目组的吴天兰、杨梅琴、洪明毅立即拿起话筒，同学们似乎又回到了青少年时代，表演了击鼓传花、打枪投降、老鹰捉小鸡、零零七等自编自演节目。比如，击鼓传花，即一人背朝大家击鼓，大家即开始传花，鼓停花在谁的手中，谁就要表演一个节目，或唱歌或说一句笑话或发表一段祝词等。郭正云老师参加了第二天的活动，只第三轮，张文忠手中的鼓声一停，花正好传在郭老师的手中，郭老师慷慨地发表了演讲，她说没有想到能见到这么多同学，非常非常高兴，希望大家生活愉快、天天开心、家庭幸福、身体健康！表演完节目后，同学们成双成对，跳起了交际舞，整个会场沉浸在一片欢乐的笑声中。

吃完中午饭后，喜欢打麻将的打小麻将，喜欢散步的游玩十里河滩，喜欢交心的畅谈友谊和感情。

第三天即10号上午，原计划是要去游玩小车河湿地公园的，但天公不作美，下起了小雨，只好改在花果园山林家宴室内活动，主要是互相交流或打点小麻将。中午在山林家宴吃中餐，吃完中餐后，快乐的老三届部分同学聚会即结束，凯里和黄平的同学大部分即踏上了归程，分别时大家都依依不舍。还有三位凯里同学有事要办，他们要晚一两天才走。

多才多艺的吴天兰同学，她把这次聚会的照片、视频等精心制作成两件分享作品，一件叫《爱的月光》，一件叫《阿拉里呦》，许多同学也制作了抖音，留下了筑城聚会的幸福和欢乐！

我们曾经在刘文学的别墅折腾了三天，文学兄未来多少有些遗憾。夏华成在群中代表贵阳同学赋《太遗憾》诗一首：

文学不来光点赞，个个摇头叹遗憾。
如果你来味更浓，可惜想你成空盼。

刘文学同学在群中赋《致谢》诗一首：

情深意重不遗憾，承蒙相邀致感谢。
石光文忠作代表，祝愿诸位尽情欢。

刘文学又发《祝同学贵阳聚会玩尽兴》诗：

感谢金秋邀黔会，翁傀遇事无暇眷。
祝愿诸君玩尽兴，待后相聚再作陪。

林本智同学也从家乡旧州发来《相聚》诗一首，祝同学们开心快乐！

同学相聚贵阳府，黔灵公园抖一抖。
七十翁妪当十七，欢歌笑语一路舞。
徐娘半老风韵靓，翁郎潇洒气度有。
往事回味谈风声，情谊相聚杯中酒。

许多同学从旧州、黄平、凯里、昆明、四川、深圳等地发来贺电或点赞！我们部分老师和同学在贵阳相聚与欢乐，各地的同学也在分享着我们的幸福与愉快。这就是老三届同学纯真的友谊与感情。

　　生、老、病、死是自然规律，谁也逃避不了。希望各位老师和同学们保重身体！还是那句老话："何止于米，相期以茶。"多数人活过米寿八十八，少数个别人向茶寿一百零八迈进。国家有梦想，我们个人也要有梦想。

　　再见吧！老师和同学，期盼着我们下次再欢聚！

注：

　　1. 参加筑城聚会的人员

　　老师有：周堂跃、郭正云；

　　凯里的同学有：陈书珍、彭光英、何荣光、潘建英、黄坤秀、蒋碧英、徐治荣、严国祥、洪明毅、陈正平、孙学亮；

　　参加聚会的黄平同学有：石光、张文忠、陈岗（莫燕）；

　　参加聚会的贵阳同学有：杨梅琴、吴天兰（吴建伟）、杨金辉、陈书芳、刘家英、罗建珍、吴绍英、刘华馨、卢树林、胡一平、夏华成（邵万荣）、潘文清（杨昌萍）、石朝江（黄永芬）。打括弧者为家属。

　　2. 老三届同学聚会，受聚会人数限制，本着完全自愿的原则，只在同学群中发通知，愿者即报名，所以只是部分同学聚会。特此说明。

一五一 一封书信[①]

今天居民楼停电，写不成东西，躺在床上用手机给苗族青年网的同胞们写封信。我说五个问题，如果有错请批评指正！

一、民族要团结，不要内耗

苗族作为一个历史悠久、文化积累深厚的族群，对早期中华文明做出过卓越的历史贡献。因为其先辈在古代战争中遭受败绩，苗族从东到西从北到南辗转流徙，甚至一部分迁徙至海外。苗族在逆境中生存下来是很不容易的。直至中华人民共和国成立后，苗族才真正地成为了国家的主人。王朝文老省长在担任贵州苗学会会长时就告诫我们，对今天的幸福生活要倍加珍惜。

中华56个民族要加强团结，坚决维护国家统一，这是第一位的。各个民族内部也要加强团结。团结好的民族对内有凝聚力，对外形象好，且有利于民族的发展繁荣。也就是说，我们除了和其他兄弟民族要加强团结外，苗族内部也一定要加强合作，不能搞内耗内斗，内斗受损失的是民族。

也许有人会问，你前段时间的学术商榷是不是内斗。我回答：不是。学术商榷是为了澄清一些学术理论、学术方法以及学术观点，是为了挽回外界对一个民族形象的印象。

二、要自觉地维护各级苗学会

苗族聚居的省、州、县大多都成立了苗学会。这是苗族唯一经过批准成立的合法的群众性团体。从某种意义上讲，苗学会代表着苗族。作为苗族同胞，我们每一个人都有责任自觉地维护省、州、市、县苗学会，维护苗学会就是维护一个民族。

当然，苗学会这个团体是由人来组成的，任何一个人都会有自己的某些缺点或不足。

[①] 本文原题目是《写给苗族青年的一封信》。

对同胞的某些缺点或不足，只要不妨碍大局，我们都要尽可能地包容，或在内部善意地指出来，不要不负责任地诋毁。因为苗学会是我们的家。

是的，我一方面因为自己写东西需要时间（这是主要原因），另一方面也因为反对别个领导而辞去省苗学会常务副会长，但对苗学会安排给我的任务，从来都是全心全意地完成，苗学会邀请开会，挤出时间我也要去参加，参加的目的就是表示支持。

三、希望大家都做有志青年

青年人是国家的未来，是民族的未来。希望工作生活在各条战线的苗族青年，都要做一个诚实的有抱负的人。

三百六十行，行行出状元。无论在机关在学校在企业在农村，都争取在自己从事的行业上做得更好，都要让人们看到，苗族人是好样的，苗族人是积极向上的，苗族人是讲信用、好相处的。

四、无论写文章或发表言论都要特别严谨

中国是社会主义国家，我们又处在网络的时代，我们一定要加强自己的政治修养、政治悟性，写文章或者发表言论都一定要特别严谨，千万不能犯政治原则性错误。在充分积累资料的前提下，纯学术问题可以去创新去开拓，去开辟属于自己的一块土地，否则，学术研究又怎么能创新发展呢？

五、希望苗族青年要勤于读书

歌德说过："读一本好书，就是和一位品德高尚的人谈话。"无论从事什么工作，什么行业，勤于读书都是必不可少的。读与本职工作相关的书，读修身养性方面的书。要有读书计划，要有读书笔记和心得，要在读书中寻找乐趣，寻找知识和力量。

祝大家在新的一年身体健康、工作顺利、家庭和睦、心情愉快！事业红红火火！

石朝江 2021 年 1 月 15 日

一五二 回应质疑[1]

×××先生在网络上针对我的研究说："所谓的东蒙，在汉文古代文献上只有东夷并无东蒙，东蒙是他自己编造的。所谓伏羲女娲兄妹结婚是苗族始祖神话也是附会的，苗族三大方言兄妹结婚神话中的兄妹的名字，苗语并不叫伏羲女娲，世界上有不少民族都有兄妹结婚神话，其名字并非叫伏羲女娲。关于长江三角洲七千多年河姆渡出土象牙雕刻的鸟纹，是双鸟朝阳并非双头鸟。"

现在，我就对这位不见露名的质疑者所提出的三个所谓问题，作出以下的回应：

一、关于"东蒙"的问题

（一）"东蒙"名称的由来

关于"东蒙"名称的由来，我们可以从史籍记载、专家考证和苗族心史传说来论说。中国自有文字记事以来，就有关于苗民居于我国东方的记载。

《山海经·海内经》："有人曰苗民，有神焉，人首蛇身，长如辕，左右有首，衣紫衣，冠旃冠，名曰延维。"

《山海经·大荒北经》："有毛民之国，依姓，食黍，使四鸟。"

《山海经·海外东经》："有东口之山，有君子之国。"

《山海经·大荒东经》："东海之外，大荒之中……有大人之国。""东海之外大壑，少昊之国。"

以上记载显然都是指向上古时期居住在东方的古苗人，是指向伏羲太昊、少昊的时代。我们又看专家们是怎样研究考证的。

---

[1] 本文系对无名者的质疑的回应。

翦伯赞、郑天挺在《中国通史参考资料》中注曰："君子国，不死国，相传是东方夷国。"[1]

范文澜在《中国通史简编》中说："居住在东方的人统被称为'夷族'。太皞是其中一族的著名酋长。太皞姓风，神话里说他人头蛇身（一说龙身），可能是以蛇（或龙）为图腾的一族。"[2]

郭沫若在《中国史稿》中则说："太皞，号伏羲氏。据说'伏羲作卦'，已是父系氏族社会的事了……传说太皞是风姓，应同九夷中的风夷有更直接的关系。风夷在夷人氏族部落中居于首要地位，因而太皞又是所有夷人想象中的祖先。"[3]

翦伯赞、郑天挺认为君子国是"东方夷国"，范文澜、郭沫若认为伏羲与太皞是同一的，是居住在东方被称为"夷族"或"夷人"的祖先。他们所说的"东方夷国""东方夷族""东方夷人"，都是指向7000多年前的"伏羲太昊部族"，而不是指夏商周时才形成的"华夷五方格局"中的"东夷"，因为伏羲太昊时期还没有"东夷"的概念，也还没有华夷之区别。"东夷"是华夏族人主中原后才出现的称呼。

苗族从古至今，自称为"蒙"。王献唐的考证更直接，他在《炎黄氏族文化考》中考证了蒙（苗）人的来源，他说："伏羲亦作伏牺……蒙阴一带，初皆蒙族聚处之所……所居之地名蒙，所处之山亦名蒙……伏羲后裔，周有密须四国，为东蒙主……知东蒙一带，固伏羲子孙旧壤也。伏羲之后，有东蒙氏……东为方名，殆对宋国诸蒙在西者而言，又知蒙为伏羲族氏矣。族以蒙名，所居之地，故以名蒙。蒙在东方，故言'东蒙'，合地名氏名以证伏羲，知伏羲为蒙族"。[4]

我们再看苗族是怎样传说的。

苗族民间一直流传着蒙部落的传说。苗青在《战争与西部苗族大迁徙》中运用苗族口碑资料说："在那悠悠昊天的东方寰区，在那茫茫旷世的大地中间，有两条河，一条叫浑水河，一条叫清水河……据苗族先辈的老人们代代相传下来，最早住在浑水河和清水河流域大平原里的，是一个叫'蒙'（hmongb）的大的部落部族。这个大的部落部族，居住地域方圆数千里……这'蒙（hmongb）'的名称算是最古老的了。"[5]可见，苗族口碑史直接说最早居住在浑水河和清水河流域大平原里的，是一个叫'蒙'的大部落部族。

上古时期居住在东方的族群自称为"蒙"，历史学家考证为"东蒙"，苗族口碑史说最早居住在黄河和长江流域大平原里的，是一个叫'蒙'的大部落部族。这就是"东蒙"名称的由来。

---

[1] 翦伯赞、郑天挺：《中国通史参考资料》第120页，中华书局，1962年版。
[2] 范文澜：《中国通史简编》第88—89页，人民出版社，1965年版。
[3] 郭沫若：《中国史稿》，第111—112页，人民出版社，1976年版。
[4] 王献唐：《炎黄氏族文化考》第297—307页，青岛出版社，2006年版。
[5] 洞庭西子·苗青：《苗族文学论稿》第289—290页，现代出版社，2015年版。

(二) 我为什么要使用"东蒙"这个名称

司马迁《史记·太史公自序》曾明言："余闻之先人曰：伏羲至纯厚，作《易》八卦……于是卒述陶唐以来，至于麟止，自黄帝始。"司马迁明确告诉后人，他只写"上起黄帝，至于麟止"的历史，之前还有伏羲作《易》八卦。

随着研究的不断深入和考古资料的不断发现，我国学界一部分人认为，中华文明不止 5000 年，而是 7000 年。汉族和苗族是中国两个最古老的族群，不仅汉族的族属渊源可以往前追溯，而且苗族的族属渊源也可以往前追溯。也就是说，汉族的历史渊源不止于炎黄，苗族的历史渊源也不止于蚩尤九黎。

根据我的研究发现，如果再沿用徐旭生的炎黄、东夷、南蛮三大源头论来研究中国 7000 年历史，显然是行不通了。炎黄、东夷、南蛮只是源流，还不是源头。目前真正可考的源头只有两个，一是上古居于东部的自称为"蒙"的部落部族，二是上古居于西部的"氐羌"部落部族。炎帝黄帝源于西部"氐羌"，蚩尤九黎源于东部"东蒙"。夏商周时期被称为"东夷"的人们，是东蒙人九黎未参战未南下的那一部分，春秋战国前后全部地融入了华夏族。东蒙人九黎参战而南下的那一部分，先被称为三苗，后又被称为南蛮。这样来梳理中国的早期历史，梳理苗族的早期历史，脉络就清晰了，而且是有大量的资料佐证的。

这就是我为什么要使用王献唐最先提出的"东蒙"这个名称的原因所在。"东蒙"不是我编造出来的。

二、关于伏羲女娲的问题

这个问题在我的研究中已经阐述得很清楚了。

苗族三大方言都有《洪水故事与兄妹结婚》的创世神话。西部方言苗族对洪水的患难兄妹或直接称伏羲与女娲，或称智莱和易明，东部方言苗族或称伏羲与女娲，或称傩公与傩母，中部方言苗族称姜央兄妹，或称相两和相芒。

伏羲女娲与苗族到底有没有关系，我在此借用历史学家的研究考证来说明。

芮逸夫通过在湘西的实地调查，在民国时期中央研究院主办的《人类学集刊》第 1 卷第 1 期撰文，题目为《苗族洪水故事与伏羲、女娲的传说》。他说："现代的人类学者实地考察，才得到这是苗族传说。据此，苗族全出于伏羲与女娲。他们本为兄妹，遭遇洪水，人烟断绝，仅此二人存。他们配为夫妇，绵延人类。"[①]

马长寿在《苗瑶之起源神话》中说："中原神话中的包羲（伏羲）与女娲原为楚籍，系楚中苗族创世之祖……自中原与楚苗交通后，汉苗文化交流，于是楚苗之古帝王及主神，不

[①] 载中央研究院主办《人类学集刊》1938 年第 1 卷第 1 期。

特通行于苗族,汉族亦从而假借之。时代匡远,于是中原人士不复知伏羲女娲为楚苗之始祖矣。盖汉族之假借苗族伏羲神农为古帝王,亦犹苗傈之祀孔子,与夫汉族之以瑶祖盘古为开辟之神,其例相同。"

石宗仁教授在《荆楚与支那》中说:"我国著名学者闻一多、徐旭生、凌纯声、芮逸夫、马学良、马长寿等,均认为伏羲女娲是苗民的始祖。对此,笔者已在《苗、楚的始祖伏羲女娲》中作了论证。除了前辈学者的论述与实地调查外,清代的《峒溪纤志》《宝庆府志》及贝青乔的《苗俗》等地方志,均有伏羲女娲为苗民始祖的记述,并受到苗民虔诚至极的供奉和祭祀。由于伏羲女娲是苗民的始祖,因而在苗族民间有'神话传说故事''宗教祭祀还傩愿'傩公傩母史诗,精美的木雕'有首无躯的男女神偶'等多种文化形态,共同对伏羲女娲始祖地位的颂扬。"①

闻一多在《伏羲考》通过研究得出四个结论:第一,伏羲、女娲为人首蛇身,这是上古时代的图腾遗迹。他认为伏羲氏族是蛇部落或龙部落。他说:"从伏羲、女娲人首蛇身(或龙身)外表形象的神话来看,不但是褒之二龙以及散见于古籍中的蛟龙、腾蛇、两头蛇等传说的共同来源,同时它也是那人首蛇身的二黄——伏羲、女娲和他们的化身——延维或委蛇的来源。"第二,伏羲、女娲是葫芦的化身。闻一多在引用了伏羲、女娲与葫芦关系的各种传说之后指出:"综观以上各例,使我们想到伏羲、女娲莫不就是葫芦的化身,或仿民间故事的术语说,是一对葫芦精。于是我注意到伏羲、女娲二名字的意义。我试探的结果,伏羲、女娲果然就是葫芦。""至于为什么以始祖为葫芦的化身,我想是因为瓜类多子,是子孙繁殖的最妙象征,故取以相比拟。"第三,伏羲、女娲是兄关系,在特殊情况下结为夫妻,使人类不断滋生繁衍。第四,伏羲、女娲本当是苗族的祖神。②

三、关于双头鸟的问题

第三个问题太简单不过了。我在研究中说:"河姆渡遗址的发掘物陶器上有双头鸟的纹饰,同现今黔东南苗族蜡染双头鸟的纹饰是一模一样的。"

质疑者挑刺说:"关于长江三角洲七千多年河姆渡出土象牙雕刻的鸟纹,是双鸟朝阳并非双头鸟。"我不知道双鸟朝阳和双头鸟有什么本质上的差别。地下的发掘物,名称是人取的,难道双鸟朝阳不是双头鸟吗?

---

① 石宗仁:《荆楚与支那》第130页,民族出版社,2008年版。
② 闻一多:《伏羲考》,上海古籍出版社,2006年版。

一五三　又一封信[①]

尊敬的ⅩⅩⅩ先生：你好！

我想以谈心交心的方式，和先生交流以下一些问题。有错请你批评指正！

1. 我寄语苗族青年要团结，自己不会带头去闹不团结。学术商榷是为了追求更高层次上的团结，你也认为学术争鸣是正常的，还列举了苏格拉底和亚里士多德的故事，说明你是愿意学术争鸣和商榷的。如果你愿意，春节期间我宴请你，开诚布公地谈谈心。我殷切希望不要因为我们两个人的关系而影响了民族内部的团结，一定得想办法消除我们之间的隔阂和误会。你是哥子，我相信你。如果你我都不能团结，我们一生的努力算是白费了。何况我们还曾经是几十年的知己好友、黄平老乡。

2. 先生如果发现我的研究有问题，请先生采用学术争鸣学术商榷的方式公开向我指出来，我的十余部著作及600多篇文章，都是你争鸣商榷的靶子。我们都是搞学术研究的人，要有学者的风范，学人的情调。

3. 你我都不在苗学会了，但要关心和支持苗学会的工作，因为她是苗族唯一经过批准成立的合法性组织。不要因为我们自己的原因给苗学会带来麻烦，也不要对学会发一些不利于团结的言论。

4. 你我作为学人，一定要珍惜和爱护好自己的身份，尤其要增强自身免疫力，要防止被他人捧杀。过分的吹捧会毁掉一个人，比如，苗学泰斗或是苗族寨老的称呼。学人，要低调做人，要静下心来做好自己的研究，而不是追求那些没有实际意义"头衔"。

5. 你也不是苏格拉底，我也不是亚里士多德，我们就是农民工进城，就是苗学的爱好者和追求者。我说点实际的，先生转行搞研究已近20年，一定要有自己的传世佳作、理论建树，否则百年以后，人们都不知道先生为何人了。

6. 作为曾经的知己好友，我奉劝先生一定要总结经验教训，写文章发言论不能太随便，要非常严谨。政治问题要把握好对敏感问题不要去碰，学术问题大胆探索，开拓属于自己的一块天地，使自己在苗学的某个领域，成为一个真正的专家，成为一个敢于大声说话的专家。

[①] 本文系写给一位曾经的好朋友的信。

也就是说，要在学术上有自己的一席之地，要在某些领域有一块属于自己的学术自留地。

7. 作为一个学者，要低调做人，高调做事。一定要务实，不要去务虚。脚踏实地地办点实事，如著书立说、调查研究、培养人才等等。

8. 开诚布公，把话说开就好，这是我们苗家的习惯，也是我们苗人的性格。曾经的好朋友才会这样和你说心里话，也才会这样规劝你。

我乐见先生对我有所忠告，正确的我一定采纳吸收，不正确的我也会引以为戒，误会的我也会给你一个答复。

致以

敬意！

黄平老乡，曾经的知己朋友
石朝江
2021 年 1 月 12 日

一五四 如履平川①

2022年7月7日至8日，贵州省文史馆组织第三季度馆员、特约研究员学习活动，内容是考察贵州桥梁建设，召开"贵州是平的"主题研讨座谈会。

7月7日上午9时从省文史馆出发，第一站驱车前往考察红枫湖三桥，参观贵州交通博物馆。第二站下午考察平塘大桥，参观贵州桥梁博物馆，并召开研讨座谈会。第三站7月8日上午考察罗甸大小井大桥，午餐后返回贵阳。

通过一天半的考察学习，馆员、特约研究员及与会人员都深深地被贵州交通桥梁的巨大变化所震撼了，都深刻领悟到了为什么说"贵州是平的"。因为贵州的高速、高铁、航空、航运立体交通建立起来了，今天在贵州出行，如履平川。为什么说贵州是"世界桥梁博物馆"？因为世界高架桥前10名中就有5座在贵州。

参观考察红枫湖三桥，即老花鱼洞大桥（建成于1981年）、花鱼洞大桥（建成于1991年）和红枫湖大桥（建成于2004年）。在不足百米处的地方，三座现代化大桥分别横跨于红枫湖碧波之上。它们是贵州交通建设的一个缩影，见证了贵州交通的巨大变化。

参观考察红枫湖三桥，使我想起了家乡黄平重安江的三朝桥。三朝桥即清朝修的铁索桥，民国修的抗战桥，共和国修的钢筋混凝桥，三朝桥也在重安江不足百米处的地方跨江而过，成为湘黔交通的要塞。重安江三朝桥比起红枫湖三桥，体量上有所区别，但也反映出了时代的巨大变迁。

明代王阳明被贬谪贵州。"连峰际天兮，飞鸟不通。游子怀乡兮，不知东西。"王阳明先生曾如此感叹贵州的交通闭塞。数百年来，千山万壑无情地阻挡着贵州前进的步伐。可如今，贵州高速公路"县县通"，农村公路"乡乡通""村村通"，加之国际机场、支线机场、高速铁路、城际快铁、城市轨道交通等现代化立体交通的崛起，使得黔地经济社会实现"井喷式"发展，贵州也撕掉了绝对贫困的标签。

众所周知，贵州八山一水一分田，被誉为山的王国。可有人说，贵州的山：乌蒙磅礴，苗岭逶迤，大娄山耸峻，梵净山雄奇，万峰林俊美，云台山瑰丽。云层叠嶂，岩奇石秀，构

---

① 本文原题目是《"贵州是平的"——贵州文史馆员考察记（一）》，载《贵州政协报》2022年7月20日。

成一片涛翻浪卷的山海；贵州的水：众多的激流、壮观的瀑布、灵秀的湖泊和舒爽的温泉，汇成迷人的水景资源。江河湖泊与山川峡谷交相辉映，相得益彰；贵州的林：茂密幽深，千姿百态，有植根山岩的青松，有盘踞水中的奇树，还有绵延起伏的竹海，或古树参天，雄伟壮观，或亭亭玉立，青翠欲滴。

"贵州是平的"，并不是贵州把千山万壑填平了，而是贵州的高速路、高铁线把贵州拉平了，拉直了，拉近了，今天在贵州，无论是走出去或迈进来，如履平川，一路飞奔，交通可谓四通八达。再也不用爬高坡下深坎了，再也不用走那歪歪曲曲的二三级公路了。

贵州东西南北中，贵阳处正中，20世纪90年代前，从县、市、区到省城贵阳，大部分需要一至两天，最远的需要三天甚至四天，现在走高速路，大部分只需一至两三个小时，最远的也只需要四五个小时；坐高铁就更快了，过去从凯里乘汽车到贵阳，需6—7个小时，现在从凯里乘高铁到贵阳，只需要35分钟就到达了。

我还清楚地记得，20世纪70年代中期我读贵州大学时，从老家黄平旧州乘客车至贵阳，早上7点钟从黄平旧州出发，一路颠簸，要到下午7点钟左右方抵达贵阳，要走上12个小时左右。而现在从旧州到贵阳，或从贵阳到旧州，走贵黄高速路只需要1小时20分钟就可以到达了。

"贵州是平的"，是说贵州已经完完全全旧貌换新颜了。据《人民日报》报道，截至2020年底，贵州高速公路通车里程达7607公里，高速铁路通车里程达1527公里。一条条公路、铁路相互串联，一座座桥梁在深山峡谷中架起，一个个隧道在重山峻岭中贯通。高山深峡谷，天堑变通途。贵州民航旅客年吞吐量达3000万人次之多。昔日"地无三尺平"的贵州变得四通八达、畅通无阻。综合立体交通体系的基本形成，让贵州的旅游人气更旺、特色产业更丰富，也为经济社会高质量发展注入了全新的动力。

"贵州是平的"，还蕴含着贵州的后发优势已经发挥出来，与全国的差距越来越小。贵州儿女奋勇"黔"行，谱写出现代化建设的新篇章。我们衷心地祝福：贵州发展越来越快！黔山秀水越来越美！贵州人民生活越来越好！

一五五 时代楷模[①]

众所周知,贵州省平塘县是我国探秘宇宙、天文科考的高地。500米口径球面射电望远镜成功落户平塘县克度镇大窝凼,并于2016年9月25日正式建成启用。当时习近平总书记发来贺信并将其称"中国天眼"。

7月8日上午,我们贵州文史馆馆员、特约研究员一行,考察参观了全国爱国主义教育基地——南仁东纪念馆。"中国天眼"正式落成启用,可"中国天眼"之父南仁东先生终因积劳成疾,于2017年9月逝世。这是中国天文学界的一个重大损失。

据工作人员介绍,南仁东纪念馆是建在北京的,可贵州人民不忘南仁东的辛勤付出和重要贡献,要求将南仁东纪念馆复制到贵州,从纪念馆的展陈内容到纪念馆的外观建筑等,与北京的南仁东纪念馆是一样的。是的,贵州人民很记情,不忘记南仁东先生的。他把自己的一生贡献给了祖国,也贡献给了贵州人民。

据相关资料介绍,南仁东是我国著名天文学家,是国家重大科技基础设施建设项目——"中国天眼"500米口径球面射电望远镜工程(简称FAST)的发起者和奠基人,他主导提出利用我国贵州省喀斯特洼地作为望远镜台址,从论证立项到选址建设历时22年。他主持攻克了一系列技术难题,为FAST重大科学工程的顺利落成发挥了关键作用。他不计较个人名利得失,长期默默无闻地奉献在科研工作第一线,与工程团队一起通过不懈努力,迈过重重难关,实现了中国拥有世界一流水平望远镜的梦想。

从FAST论证立项到选址建设的22年中,南仁东先生大部分时间是在贵州度过的。作为项目首席科学家、总工程师,负责编订FAST科学目标,全面指导FAST工程建设,并主持攻克了索疲劳、动光缆等一系列技术难题。

1995年,南仁东第一次带队到贵州人迹罕至的大山深处考察选址。他带着300多幅卫星遥感图,拿一截竹竿当拐杖,走过了几十个大大小小的村寨,几乎走遍了贵州的所有洼地。为寻找合适的台址耗用了12年的时间,南仁东也从壮年步入了花甲。

2010年,FAST工程经历了一场近乎灾难性的考验,即索网疲劳试验不过关。那段日子,

[①] 本文原题目是《"时代楷模"——贵州文史馆员考察侧记(二)》。

南仁东整晚睡不着觉，他毅然决定亲自主持攻关。700多天，几十家生产企业，一百多次失败，终于在南仁东主导下研制出了满足FAST要求的钢索。这项自主创新的技术，也已经应用到港珠澳大桥等重大工程中。

在南仁东纪念馆，我们没有看到他生前有什么豪言壮语和特别之处，却看到他大量深入工地的图片和文字说明，他和工人们工作生活在一起。在FAST工地，他曾给云南来的布朗族工人每人买了一身运动服，还经常带些瓜果之类送给工人兄弟。晚饭后，他会经常到工人的宿舍坐坐，聊聊家常。他还记得许多工人的名字和他们的工种，知道他们的收入，甚至知道他们的一些家庭琐事。

同事对南仁东是这样评价的：有时脾气不算好，却不专横；有时候会固执己见，但重要的技术决策却充分听取其他同事的意见。他特别容易发现同事们的技术闪光点，常常鼓励大家进行发散性思维和头脑风暴，他说："FAST这样的工程，就是需要这样的智慧。"在他的影响下，FAST团队获中央国家机关五一劳动奖状和中国科学院先进集体荣誉称号。

南仁东曾说："FAST如果有一点瑕疵，我们对不起国家。一项关键技术突破不是我个人的成绩，它是一大群人的拼搏和努力。"

二十二年，做成一件大事。FAST 500米直径天文望远镜使我国成为世界最大太空望远镜强国。

南仁东，这位把最美好的年华都奉献给中国天文事业的科学家，生命不息、奋斗不止，为了FAST燃尽了生命最后的火花。2017年9月15日晚，南仁东因肺癌逝世，享年72岁。

2017年11月，中宣部追授南仁东"时代楷模"荣誉称号。在得知这一消息时，他的夫人给时任国家天文台台长发来一条催人泪下的短信：

> 我的先生南仁东一定不曾奢望会得到这样一份至高的荣誉称号。他就是千千万万中国知识分子当中的普通一员，普通得不能再普通；他不曾有过任何豪言壮语、宏图大志，他只是恪尽职守，终其一生完成了他应该完成的那一份工作。是这个伟大的时代成就了他，使他点点滴滴平凡的工作和生活折射出不平凡的光辉；是博大精深的中华文化滋养了他，养成他淡泊名利、坚持真理、一诺千金、善良勤劳的优秀品格；是无数科技泰斗教育和影响了他，给予他渊博的学识，铸就他敢为人先、迎难而上、坚韧不拔的科学精神。他就是您的邻居、朋友或同事。他身体力行的不过是这个伟大时代赋予每一个中国人的职责。这块奖牌不仅凝聚着祖国和人民对他一生品格和成就的肯定，更凝聚着祖国和人民对每一位普通劳动者的期待，捧在手里沉甸甸的。不是英雄造时势而是时势造英雄。让我们每一个人都从点点滴滴做起，为实现中华民族伟大梦想，继续砥砺前行。

从南仁东夫人的信中，我们可以看得出，"时代楷模"南仁东：燃尽生命，只为天眼；

看似普通，实则不凡。

2018年12月18日，党中央、国务院授予南仁东"改革先锋"称号，颁授改革先锋奖章，并获评"中国天眼"的主要发起者和奠基人。

2019年9月17日，国家主席习近平签署主席令，授予南仁东"人民科学家"国家荣誉称号。

一五六　西苗故里①

2014年，我赴云南考察调研，文山州苗学会会长王万荣问我，石老师，你知道仁怀后山吗？我说，听说过仁怀有个后山乡，那里的苗族跳的芦笙舞"滚三珠"，是反映苗族的迁徙历史的。王会长说，我们文山的苗族，祖辈留下话来，说仁怀后山是我们苗族分支迁徙的地方，祖先们当时在那里还种了一棵树，我想抽时间去仁怀后山考察调研，祭拜祖先分支迁徙的神秘之地，去看祖先种的那一棵树还在不在？我回答王万荣，你把时间定好，来贵州我一定陪你去仁怀后山。后来，王会长他们自己开车去了后山，没有惊动我。我因为研究工作很忙，直到这次应邀参加省苗学会学习考察，才第一次来到了神秘的后山。

通过昨天一天的实地考察，我的感受很多。我想谈谈自己的几点想法，仅供仁怀市委、市政府参考，也供省苗学会参考。不对的地方请批评指正！

一、"西苗故里"定位好，非常有特色，非常有针对性

我不知道为什么要取名为"西苗故里"，不知道取名背后的有什么故事。但我认为，取名"西苗故里"非常有特色，非常有针对性。

苗族分为三大方言，即西部方言，中部方言和东部方言。顾名思义，"西苗"即指西部方言的苗族。"西苗故里"即指西部方言苗族曾经迁徙定居过的地方。这里的"故里"不是指发祥地，是指祖先曾经生活居过的地方。所以，我认为取名"西苗故里"非常准确，定位非常好。这与王万荣会长上述所讲的情况是完全吻合的。仁怀后山确实是西部方言苗族分支迁徙的神秘之地、神圣之地。

我们知道，苗语分为三大方言区，也就是三大支系，这与苗族的历史遭遇有关。《史记·五帝本纪》载："放驩兜于崇山……迁三苗于三危……"《山海经》载："有苗之民叛入南海。"史籍记载的"放于崇山""迁于三危"和"叛入南海"这三大部分，就是组成"三苗国"的三大宗支苗人部族，即"古三苗"。

---

① 本文系在仁怀市"西苗故里"座谈会上的发言稿。

当代苗族现也分为三大宗支,即"西部方言""东部方言"和"中部方言"。苗族三大方言区我们称之为"今三苗"。根据中国史籍记载及民族人类学的研究成果,"今三苗"(三大方言)源于"古三苗"。即:川黔滇方言(西部方言),源自尧"迁三苗于三危"的那一支;湘西方言(东部方言),源自尧"放驩兜于崇山"的那一支;黔东南方言(中部方言),源于舜时"叛入南海"的那一支。

燕宝先生在《苗族族源初探》中列举史籍资料记载后说:"看来,'叛入南海''放入崇山'和'迁于三危'这三部分,就是组成'三苗国'的三大宗支苗部族,即'古三苗'。无巧不成书,今天的苗族,也分为三大宗支,即川黔滇方言、湘西方言和黔东南方言。我们称之为'今三苗'。"①

"今三苗"源于"古三苗",已经获得了大量的人类学资料证明。西部方言苗族是尧"迁三苗于三危"的那一支的后裔。迁于三危的这一支三苗,在三危生活一段时间后,又从三危南下巴蜀,西进川滇黔交界。西部方言这支苗族经历了由北而南而西北而西南的大迁徙路线,是迁徙中走得最快最远的一部分,于明清时期就跨越了国界,进入东南亚半岛。20世纪70年代,美国发动东南亚战争,战争结束,10多万苗族难民又漂洋过海,远迁美洲、欧洲、大洋洲,使苗族变成了一个世界性的民族。

中部方言苗族是"叛入南海"那一些"古三苗"的后裔,他们叛入南海后,到春秋时代成为吴国的主体居民,战国时代吴被越所灭,这支苗民便陆续向西迁徙,最后来到黔东南定居。

东部方言这一支苗族,是"放驩兜于崇山"那一支古三苗的后裔。他们说驩兜是他们的英雄祖先。这一支苗族后来成为楚国的主体国民。由于这支苗族较多地吸收了中原的华夏文明,使之与其固有的苗巫文化合流而产生了中国历史上灿烂辉煌的楚苗文化。东部苗族在今三苗中受汉文化影响的痕迹,确实要比其他两支明显得多。

二、打造"西苗故里"的主旨是什么?

西部方言,主要通行于贵州的中部、南部、西部、北部和川南、桂北以及云南全省。操这种方言的苗族人口最多,约350万人。国外苗族主要操西部方言。如果加上境外的苗族,操西部方言的人口超过500万人。海外苗族虽然都加入了所在国家的国籍,但他们不忘中国祖源故乡,每年都有人来东方中国寻根。

西部方言苗族被誉为蚩尤的直系后裔,他们传唱的古歌、祭祀歌、诗歌、神话等,都是战争题材的。后山苗族的"滚三珠",就是反映苗族的战争与迁徙。如前所述,西部方言苗族经历了由北而南而西北而西南而海外的大迁徙与大流离,迁徙文化在西部方言苗族中反

---

① 燕宝:《苗族族源初探》,载《民间文学论坛》1987年第2期。

映得特别突出。

我建议,"西苗故里"专注打造苗族的迁徙文化。要建一个具有苗族特色的上规模的"世界苗族迁徙博物馆",定位为"苗族从后山走向世界",围绕世界苗族迁徙文化来做好文章。因为苗族长时期(5000年)、远距离(从东半球到西半球)的大迁徙与大流离,在世界2000多个民族中罕见。打造苗族迁徙文化是一大亮点。

三、三大方言区各打造一个苗族历史文化品牌,共同讲好苗族的故事

根据我的研究,也是综合了学术界的研究成果,苗族是神州土著,是中国一个极其古老的族群。在上古时期,它经历了三个重要的历史阶段:一是"东蒙"与伏羲太昊:苗族的启蒙时期;二是"九黎"与蚩尤战神:苗族的英雄时代;三是"三苗"与驩兜流放:苗族的衰退时代。

现在,东部方言区的重庆市彭水县,已经率先打造了蚩尤九黎城,突出彰显了苗族的英雄时代,迎来了不少的游客。蚩尤九黎城已经成为祭祀中华三大文明始祖蚩尤的神圣殿堂。当然,任何苗区都可以打造蚩尤九黎文化,但我认为,根本就不可能与彭水蚩尤九黎城相比了。蚩尤九黎城是目前国内外最大、最具有特色的苗族建筑群。九道门、九黎遁道、九黎宫、九黎部落、九黎神柱、九黎文化广场、九黎书院、九黎演武场、九黎宫九层楼、九层楼九十九米高、九黎美食一条街、九黎大酒店等等,都寓意"九黎""九夷"。其中的九道门、九黎宫、九黎神柱被列入大世界吉尼斯世界纪录之最。彭水在蚩尤九黎文化品牌的打造上,已经占领了制高点。

我建议,西部方言区的仁怀市,打造"世界苗族迁徙博物馆",彰显苗族辉煌而悲壮的历史。仁怀后山"世界苗族迁徙博物馆",没有必要像彭水蚩尤九黎城那样投入大量的财力物力人力,而要建立一栋具有苗族特色的上规模的"世界苗族迁徙博物馆"。要精心谋划和实施,讲好苗族辉煌而悲壮的历史,吸引海外苗胞来寻根,吸引国内外游客来探秘。建议省苗学会,协调中部方言区的凯里市,打造"伏羲女娲博物馆",突出彰显苗族启蒙时期的历史与文化。

东部方言区的"蚩尤九黎城",西部方言区的"世界苗族迁徙博物馆",中部方言区的"伏羲女娲博物馆",互相配合补充,就可以使苗族的文化旅游品牌迈向一个新的台阶。

一五七　正确认识[①]

苗族从上古走来。历史悠久，积淀深厚，文风古朴，人民热情。

鉴古方能知今，继往方能开来。爱我中华必知我中华，爱我民族也必知我民族。怎样正确认识苗族悠久的历史与文化？我认为至少要做到以下几个必须：

一、必须要弘扬民族的团结友爱精神，加强中华民族的大团结

苗族先民蚩尤九黎曾经是雄居祖国东方的一个强大部落，对中华早期文明做出了卓越的历史贡献，后来虽然在古代部落战争中遭受败绩，九黎余部从中原到中南，其后裔又从中南到西南，一部分甚至从中国到东南亚，从东半球到西半球。虽然民族灾难深重，但是，苗族人民酷爱和平。从历史来看，除了反对历代封建王朝的残酷压迫和剥削外，苗族从来就没有与任何一个民族闹翻过。苗族从东北方迁徙至西南方后，与西南方各民族（布依族、侗族、土家族、水族、仡佬族、壮族、彝族、白族、蒙古族、满族等）朝夕相处，互相学习，互相帮助。任何民族或任何人，只要真心与苗人相处，无论何族何人，苗人均待之如兄弟，至诚至善。

有史料说苗族"三十年一小反，六十年一大反"。那是为了民族的生存，反的是封建王朝的残酷压迫和剥削。苗族议榔词就说："官家不要我们活，官兵不要我们在。为反官家而议榔，为反官兵而议榔。"张秀眉领导的"咸同苗民大起义"，就提出"不杀一个好汉人，不放过一个苗奸"。正如列宁说的："只是因为他们已经忍不住了，只是因为他们不愿意不声不响也不反抗就死掉。"官逼民反，所以苗民才被迫起义。可1949年中华人民共和国成立后，苗族人民拥护中国共产党的领导，其根本原因是引发苗族人民起义斗争的社会因素已经消失了。中国共产党奉行民族平等、共同发展繁荣的政策。我们作为一个古老民族的成员，就是要坚决维护中华民族的大团结。

[①] 本文原题目是《正确认识苗族的历史与文化》，"三苗网"2022年6月14日推出。

二、必须要立足于提升民族的自信、自尊和自爱

由于苗族先民在古代部落战争中遭受败绩，数千年来，苗族一直在迁徙或逃亡，苦难深重。这对整个民族的心理不能说没有影响。比如我们的苗族同胞，包括我自己在内，为人处世比较谨小慎微，不善言谈交流，不敢冒险；做事忍耐性差，看不惯的东西爱讲，说不来假话，也比较固执。比如我自己，1978年大学毕业分配到贵州省社会科学院，1980年调贵州省委组织部，1982年提组织部办公室副主任，1984年作为第三梯队干部任中共惠水县委副书记，本来是可以走仕途的。但最终我选择不走仕途而走科研，在惠水任职期满我就坚决要求调回社科院搞科研，由党政干部转变为科研人员。这是由我的某些性格缺陷决定的。当然，选择科研我没有后悔。

正确认识苗族的历史与文化，就是要学史明智，以史育人，就是要把历史看作是弥足珍贵的精神财富。既反对历史虚无主义，也反对厚古薄今；既反对妄自尊大，也反对今不如昔的自暴自弃。我弃政从学，坚决要求调回社科院，就是为了要梳理苗族的历史与文化，以唤起民族自觉，努力提升民族的自信、自尊和自爱。我的初心未必能够达到。但是，我们应该看到，通过众多苗汉知识分子的共同努力，苗族悠久的历史及厚重的文化，已为越来越多的人所了解和认可，苗家人的思想观念也在潜移默化中逐渐转变。

三、必须要正确认识本民族的优点和缺点

苗族文化由于历史的积累，它的内容极为丰富和庞杂。又由于种种原因，始终未能形成自己统一通用的文字，浩繁的民族文化多以口传的形式流传于民间。尽管人们不识字或识字不多（指汉文），但祖孙父子、邻里乡亲，耳提面命，代代相因，却能出口成章，成为人们言语的标准和行为的准则。我们应该看到，苗族文化既维系了本民族的生存与发展，又为中华民族文化增添了光彩，但它又在一定程度上限制了自己的发展。把本民族的文化说得完美无缺，这是不符合实际的，也是盲目的；把本民族文化说得一无是处，也不符合实事求是的态度。

丰富而庞杂的苗族文化，需要从客观的历史事实出发，从振兴民族，实现四化的需要出发，实事求是地加以分析，区分出哪些是精华，应该继承发扬；哪些是糟粕，应该剔除、抛弃。这是需要下功夫才能完成的任务，不是喊几句口号，说几句话就能奏效的。但从唤起民族自觉，振兴、繁荣民族的需要出发，这项工作又是必须要做的。1949年以来尤其是改革开放以来，许多学者，尤其是本民族的专家学者，已经在这方面作了许多尝试，也取得了一些效果。但还很不够，需要有更多的民族成员加入到这项工作中来，需要民族的大多数成员都自觉地大力弘扬本民族文化的精华，自觉地剔除和抛弃本民族文化中的糟粕。

四、必须要努力学习新知识，自觉接受外族文化的积极因子

一个民族的进步与发展，是在对自身文化不断地推陈出新，又不断地吸收先进文化的过程中取得的。我们不但要研究本民族文化的扬弃问题，还要研究如何吸收其他民族的先进文化。由于苗族长期处于不同的特别环境和生活条件下，总的来说，苗族文化自身还是一个较为封闭的体系，如果不吸收其他民族的优秀文化来不断充实自己，就难以发展和进步，难以跟上时代的步伐。

事实上，中华民族几千年来朝夕相处，你中有我，我中有你。如何吸收其他民族优秀文化因子，这既是一个理论问题，又是一个实践问题。它需要一个民族大多数成员的悟性与自觉。吸收其他民族文化的因子，就是要广泛及时地学习和吸收优秀的文化成果，即先进的科技、生产力和先进的思想。当然一个民族不能现成地接受异质文化，而是以自己特有的方式，结合实际地吸收有益的部分。

一五八 乌江研究[①]

筹备成立贵州省乌江文化研究会，我认为非常必要，贵州学界是应该补上这一课，应该充分挖掘乌江文化资源，为贵州社会经济文化发展服务。

一、乌江是贵州的母亲河，是贵州最大的一条河流。它发源于贵州威宁香炉山，穿越大半个贵州至重庆涪陵而注入长江，是长江的源头之一，全长 1037 公里。乌江见证了贵州的历史发展，具有重要的历史地位及其意义。贵州社会经济文化发展，不能缺失了对乌江文化的研究。

二、在漫长的中国历史时代，乃至新的历史时期，乌江文化还是贵州学术研究的一个神秘渺茫的地域，其丰富的历史文化内涵尚未得到很好的挖掘，其重要的历史地位也未能得到充分的揭示。据介绍，位于重庆涪陵的长江师范学院，于 2002 年创办了乌江流域社会经济文化发展研究中心，该中心以乌江文化为内容申报国家社科基金项目，至今已获准立项 8 项，而贵州全省以乌江文化申请国家社科基金，至今仅获准 1 项。而乌江河流四分之三长在黔地，只有不足四分之一长在渝东。

三、研究乌江文化意义重大。比如，研究乌江流域的历史地理地位及其意义，即可研究乌江流域的考古地理意义，历史政区地理意义，历史交通地理意义，民族融合地理意义，文化交流地理意义，军事冲突地理意义，商业流通地理意义，农业农耕地理意义等等。总之，贵州乌江文化研究内容广泛，是一个亟待开发的富矿。

四、寄希望于乌江文化研究会大有可为。笔者今年已经 72 岁了，研究方向已经定位，不可能再涉及一个全新的领域。寄希望于乌江文化研究会团结全省有志的中青年学人，充分挖掘乌江文化富矿，将其丰硕的研究成果公之于众，为贵州的社会经济文化发展做出贡献。

[①] 本文原题目是《贵州要加强对乌江文化的研究》，系作者在省文旅厅召开的乌江文化研究会筹备座谈会上的发言。

一五九　文明星火[①]

第一场　创世史歌

　　我国古代东方有个君子国
　　君子国的首领号伏羲
　　伏羲为百王之先三皇之首
　　伏羲开中华文明之先河
　　观天象　制历算
　　结网罟　驯家禽
　　兴庖厨　行医药
　　画八卦　刻书契
　　定姓氏　制嫁娶
　　兴管理　造干戈
　　化蚕制衣　制乐创歌
　　建都宛丘　以龙纪官
　　伏羲泽被苍生
　　打开早期人类文化宝库的大门
　　令中国人从原始愚昧迈进文化之旅
　　中国龙腾起在世界的东方
　　中华民族始称为龙的传人

[①] 本文系作者为苗族史诗剧《文明星火》撰写的主题歌和内容。

第二场　英雄史歌

东蒙伏羲太昊氏以龙作官名
其族裔少昊氏以鸟而治政
少昊氏衰落后
蚩尤九黎发展起来
九黎族最早进入中部地区
蚩尤制五兵造九冶
发明兵器
蚩尤对苗民治以刑
发明刑法
蚩尤幻变多方
发明宗教
在通往华夏族形成的道路上
发生过三次大规模的部落战争
九隅之战蚩尤逐炎帝出九隅
阪泉之战促成黄炎联盟
涿鹿大战九黎族惨败
蚩尤虽败犹荣
蚩尤做中华民族始祖
功不可没
永垂千秋

第三场　迁徙史歌

逐鹿中原
蚩尤惨败
九黎余部开始历史性南迁
三苗、九黎，一族两名
尧、舜、禹三代一直没有停止
征伐"九黎"后裔"三苗"的行动
尧"窜三苗于三危""放驩兜于崇山"
"舜征三苗""分北三苗"
最后大禹彻底打垮三苗

数千年来
苗族从华东到中原
从中原到中南
从中南到西南
一部分又从中国到东南亚
又一部分从东半球到西半球
苗族成为了一个世界性的民族

第四场 楚国颂歌

春秋战国
苗族是楚国的主体居民
楚国是五霸七雄中
幅员最大人口最多的国家
历史学家称苗族的楚国统一南方
爱国诗人屈原
根据苗族文化创作
《招魂》《九歌》《离骚》《九章》《天问》
被誉为"中华诗祖""辞赋之祖"
世界和平理事会通过决议
确定屈原为世界四大文化名人之一

第五场 共和国赞歌

公元1949年
中华人民共和国成立
中国历史开辟新纪元
苗族结束了迁徙漂泊的生活
"苗家无地方"已经成为历史
苗族人民翻身站立起来了
在中国共产党的领导下
苗家在政治、经济、文化等各方面
都发生了翻天覆地的变化
自从盘古开天地

三皇五帝到如今
中国共产党对苗族最好
是她帮助苗族人民结束了苦难的历史
我们要对今天的幸福生活倍加珍惜
倍加珍惜倍加珍惜

一六〇　甲秀讲座[①]

石赞清，字次臬，一字襄臣，贵州省黄平县旧州寨勇村人，生于清嘉庆十年（1805年），卒于同治八年（1869年）。在第二次鸦片战争中，石赞清的爱国行为扬历中外，先后受到咸丰皇帝、同治皇帝以及两宫太后多次表彰。曾任天津府知府、顺天府府尹、直隶布政使、湖南布政使及护理巡抚、太常寺卿、宗人府府丞、都察院左副都御史、工部右侍郎等，为我国晚清有影响的名臣之一。

一、励志求学　立志报国

清朝嘉庆十年（1805年）六月二十二日，石赞清出生于贵州省黄平县旧州镇寨勇村。石氏原籍山东省青州府寿光县（今寿光市），入黔始祖石荣于明初调北征南来到贵州，任指挥使驻守平越卫（今福泉），后移驻清平卫（今凯里炉山）。明朝兴世袭，石氏多代世袭指挥使，七世祖石邦宪升任湖广大总兵，十二世祖石英，又称石南溪，任都督大总兵，誉授荣禄大夫，十三世祖石文卿护理广西巡抚。清取代明，石文卿御甲带着两个儿子移居黄平旧州，繁衍了旧州石氏家族。石赞清系入黔始祖石荣之二十代孙。

《贵州通志·人物志·石赞清》载："曾祖某、祖某、考某，祖考皆赠资政大夫；妣某某氏，皆封夫人。"这与《石氏族谱》记载是相吻合的。1644年，清兵入关，明朝灭亡。石氏家族即开始由豪门走向衰落了。到石赞清的祖、父两代，石氏家族已经穷途潦倒。

石赞清两岁时，母亲唐氏即病逝。5岁时父亲石传山也去世了。三叔父石荣山收养了石赞清。石荣山是石氏家族中读过四经五书的人"知识分子"，他看到小赞清聪颖过人，很是喜欢，经常教他背诵一些唐诗宋词和《三字经》《千字文》，还给石赞清取名次臬，一字襄臣。石赞清念书成诵，叔父教他读书，只需读一两遍即背诵下来了。叔父视石赞清为己出，既要求严格，又关怀备至。石氏家族传说三叔父还专门备有一根小竹片，石赞清背诵时，读错一个字，都要挨叔父用小竹片打手心一次，读错三字以上都要罚跪。一次叔父让小赞清听写时，

---

① 本文系作者在"甲秀论坛"的讲座稿。原题目是《晚清名巨石赞清的故事》。

小赞清写错了两个字，被罚跪后，叔父躺在床上睡觉了，直到凌晨鸡叫，叔父醒来，看到小赞清还坐着在小方桌上写字。叔父要他上床睡觉，可他却坚持要叔父起来听写，叔父起来念了一百多个字，小赞清居然一个字都没有写错。三叔父石荣山的早期启蒙教育，对石赞清的一生起到了至关重要的作用。

后来，在贵阳贩卖黄平苗家斗笠的大伯石云山，带着两个马夫回黄平贩运斗笠，才知道自己的二弟去世了。大伯石云山决定将石赞清带到贵阳抚养，培养他读书。

大伯带着5岁多的石赞清和两个马夫沿着湘黔道返贵阳，来到平越（即今福泉）城下时，伯父叫两个马夫给马喂食喂水，他牵着石赞清绕平越城走了一周。伯父一边走一边对小赞清说，我们石家本来是山东青州府的，几百年前，一世主石玉庆参加了朱元璋的农民起义军，后来战死了。二世祖叫石荣，他于明朝初年调北征南来到贵州，因屡战立功，授职千户，曾经驻守过平越卫，后来又移驻清平卫。明朝的官员是准予世袭的，石家出了好多大官。七世祖石邦宪曾任湖广大总兵，十二世祖石英，即南溪公，也升任都督大总兵，誉授荣禄大夫。十三世祖石文卿，袭任总兵官，还任过广西护理巡抚。明清换代后，就是文卿公移居黄平旧州，才有了我们旧州石氏大家族。当时石赞清虽然年幼无知，但他还是隐约知道，石氏家族在明代是了不起的，出了好些人才，对国家有过贡献。他抬头对着伯父说："我长大了也要当一个大官，要做一个对国家有贡献的人。"

伯父送石赞清到位于现在的科学路一家小有名气的私人塾馆读书。塾馆的主人姓高，仅聘有一个姓毛的塾师。高馆长与毛塾师一道面试了石赞清。石赞清一下子背诵了十来首唐诗、宋词，对《三字经》更是倒背如流。高馆长和毛塾师甚是喜欢。石赞清就这样入馆读了书。当时包括石赞清在内，塾馆里只有八个学生。石赞清的年龄最小。石赞清在短短的时间，成绩就超过了比他年纪大和早入私塾的另外七个塾生。

半年后，石赞清已经熟读三经五书，并且写得一手好字，八股文章写得越来越不错，深得毛塾师和高馆长的喜爱。

可是不久，石赞清伯父雇的两个马夫从黄平驮运斗笠在平越至龙里的驿道上被强盗抢了，只有人来报信，马夫及两匹马都下落不明，伯父焦急得生病了，才六岁的小襄臣居然承担起了上街贩卖黄平斗笠的任务。

毛塾师得知石赞清伯父临破产的情况后，他对高馆长说："石襄臣极为贫穷，但资质独特，放弃学业实太可惜，您将女儿许配他为妻，资助他求学，定能成名。"

高馆长接受毛塾师的建议，将4岁女儿许配于6岁的石赞清，全力以赴支持他读书。这之后，石赞清读书更加勤奋了。嘉庆十七年（1812），贵州学政主持全省童子试，石赞清报名应试，考试成绩为贵筑县第一名。后又通过府试、院试，就读了贵山书院。进入贵山书院读书的人，大多是贵州地方官吏、驻军或有钱人家的子弟，而石赞清凭着未来岳父高塾馆的鼎力相助而入庠。一日，书院考试，院长巡视考场时发现石赞清迟迟没有动笔，于是问他是何原因。石赞清回答说平素作文习惯打腹稿。院长一听不以为然，便讥消道："腹稿无佳文。"

石赞清委婉地反驳道："腹稿有佳音。"院长对石赞清不尊重师长的行为大为愤怒，泄愤地要老师将他的试卷"置之榜末"。可老师却据实改卷。结果张榜成绩时，石赞清得到了参与考试学生的最高分。这之后，贵山书院院长也喜欢上了石赞清，多次要求学子们向石赞清学习。

道光十五年（1835年），石赞清以优异成绩考上了举人。但他没有急于找事来做，而是一面帮助岳丈打点塾馆，教教塾生，一面认真攻读儒家经义，他的奋斗目标是要考大清国的进士。他没有忘记大伯父、三叔父对他的期盼，没有忘记岳父及毛塾师对他的教诲。他决心努力去实现自己对上一辈及恩师的承诺。

石赞清废寝忘食攻读儒家经义，一次妻子问他："襄臣，你读书何时到头啊？"石赞清回答："我读书毕竟中进士是个了局。"

功夫不负有心人。三年后，即道光十八年（1838年），33岁的石赞清考进士中榜二甲，以知县分发直隶任职。

当时直隶总督是皇亲国戚的琦善。这位旗人出身的封疆大吏，平生骄横跋扈，自己没有多少文化，从心里厌恶科甲出身的官员。同时，这位封疆大臣还有以貌取人、以地取人的偏见。在琦善看来，边远落后的贵州是出不了什么好官员的。当石赞清到总督署进谒琦善时，琦善接过石赞清呈递的名状后，十分蔑视地问，你就是从贵州来的石赞清？石赞清回答，是，大人。没想到琦善竟以其貌不扬，来自小小地方而不适合到直隶大地方当官为由，对石赞清加以无理斥责。

石赞清压住心中怒火说："大人所谓不称者，以学乎？职进士出身也；以才乎？职未尽任也；以貌，则职曾引见来？"石赞清的话用今天的白话文来说就是："你认为我不适合当官，是认为我没有学识，要知道我是进士出身的。你认为我没有才干，我还没有到任，你又怎么知道我没有才干呢？我不曾托关系求你谋一官半职，我的相貌长得怎么样又有什么关系呢？来自小小地方又怎么了？"琦善一听，犹如被人揭了隐私，顿时气得脸红筋胀。

石赞清走出直隶总督署大门，琦善总督的轻蔑深深地刺激了他。他很不甘心被琦善看不起，他一面走一面说：今生今世，我石赞清一定要做一个好官、大官，要让琦善你瞧一瞧。他暗下决心，不在直隶干出一点名堂来，决不回贵州见父老乡亲。

石赞清于道光十八年（1838年）中进士走出贵州，直至1860年，天津形势稍有稳定，在他伯父母、岳父母都已先后逝世多年后，他才报告朝廷获假回乡吊丧和丁忧，才踏上了阔别23年的故土。

二、矢死保城　情系天津

石赞清以进士分发直隶，先后任阜城、献县、正定、卢龙等知县，任芦台抚民通判、永定河北岸同知、顺天府治中、通永道、霸昌道等。石赞清在上述任上的业绩，我们放在第三个问题略谈。

咸丰六年五月，石赞清因政绩卓著授任天津府知府，这是他一生中最有价值的时期。

石赞清授任天津知府时，正值第二次鸦片战争爆发。第二次鸦片战争（1856—1860年），主要发生在北京、天津地区。大清国都北京被攻陷后，还发生了震惊中外的英法联军火烧圆明园的重大事件。

当时清政府防御对付外来侵略的军事活动屡战屡败，外交活动不断受挫，大清朝廷及官员几乎是"畏夷如虎"。在此期间，外来列强强加给大清国的不平等条约《天津条约》《北京条约》等先后签订。在那种国难当头、外侮亟甚的情况下，时任天津知府的石赞清，却表现出了一种令人肃然起敬的民族气节，表现出了中华民族不屈不挠、视死如归的硬骨头精神。

咸丰八年（1858年）五月，英法美俄联军为了从天津进攻北京，军舰自广州和香港湾出发，经舟山群岛、山东半岛和辽东半岛而兵临天津的门户。英法美俄列强力图攻陷天津、威逼北京，以逼迫大清国割地，共同瓜分中国。英法美俄联军军舰沿海北上，要侵入天津，必须首先攻破大沽炮台。大沽口炮台位于天津东南50公里海河入海口处，是入京之咽喉，津门之屏障。素有"南有虎门，北有大沽"之说。

当时清朝为了阻止英法美俄联军北上，在大沽炮台部署官兵3000余人，设炮位500余座，并在周围驻兵10000余人。派直隶总督谭廷襄、直隶布政使钱炘和在前线督战。本来，在兵力对比上，清军是占着优势的。但谭廷襄、钱炘和却畏敌如虎，一味求和。直隶提督张殿元屡谏，言夷人多诡诈阴谋，必须设险严防乃可，并炮位兵勇亦不宜群萃于海口一处。还有部将进言"某处可以御敌，某处可以接应，某处可以屯粮"。就连作为文官的石太守石赞清，也建言严守炮台，并绘制成图交谭廷襄。但直隶总督谭廷襄、布政使钱炘和竟是畏敌如虎的投降派，钱炘和竟对主战的提督张殿元哂笑道："朝廷命我辈来，真命我打硬仗乎？哄其去足矣！"总督谭廷襄派布政使钱炘和直上大沽口外英酋主舰上与敌会谈，他竟无耻向英酋媚言："有缘千里来相会，有话好说，有话好说。"

咸丰八年五月二十日，英法美俄见清军毫不防备，30余艘战舰，一齐向大沽炮台发起凶猛的进攻，500余座炮台一下全被炸翻，清军死伤无数。在阵前督战的直隶总督谭廷襄、布政使钱炘和等率先策马逃逸。长官既逃窜于前，兵士自无心恋战，于是，出现"大兵败后，遍地跑掉靴鞋无数"之状。从大沽到天津，百里间奔窜得栖栖惶惶，守土重责全然丢于脑后。那情势，正如后来天津诗人华长安所写："一溃军威不再扬，官兵逃散似飞蝗。"英法美俄联军几乎未伤一兵一卒，轻轻松松就占领了大沽炮台。

大沽炮台陷落，英法美俄军舰沿海河上驶，没有遇到任何抵抗，于二十六日到达东浮桥，占领了天津城下的三岔河口，一时津门"众情惶惶"。手无一兵一卒的郡守石赞清，对督战大员临阵脱逃十分愤慨。为了稳定津门人心，他带着夫人持剑进入衙门内，让差役在天津府衙内安置了两个大水瓮，即"置水二瓮于堂阶"，他对众人说："夷（指英法军）如入胁，则吾与妻死此矣。"《天津府志·宦迹》石赞清这种斩钉截铁，誓与津城共存亡的决心对津人鼓舞极大，当时便有人评价曰："此际阖郡惊扰、哭喊奔逃矣，其守城文武官员，概将眷属挪移，始终未逃者,仅府尊之家眷也。"(无名氏《天津夷务实记》见到知府大人能如此与民共安危,城中百姓人心始稍稳定。

英法俄美侵略军3000余人耀武扬威地开进了天津,知府石赞清痛心疾首。一日,石赞清不若经往赴敌,与英酋额尔金见面后,石赞清陈说大义,谕以祖国神威,要英军速以罢兵,以免自取灭亡。"慷慨而谈,颜色不变。"英酋额尔金虽未即听,然心中敬仰"此为好官,中国有人也"。

石赞清亲赴海光寺劝说英酋退兵,当然侵略者没达到其目的是不会退兵的。劝说无效后,石赞清回到府中,他决意带领天津人民对英法美俄的侵略行为予以坚决反抗。他组织天津知县尹佩玱、津门士绅辛绣圃等人多次密商,分头发动津民保家卫国,积极投入反抗外夷的侵略行为。一天上午,英军头目孟干,带着一名英国士兵牵着猎狗爬上了天津西城门,用望远镜窥探城内情形,津民发现后立即用砖头石块把他们打跑了。当天下午,孟干带着200多名英法士兵,把东门城锁砸开,穿过十字街直奔西门而来,伺机对上午抛砖头石块的津民报复。此事有人报告了知府,石赞清立即组织府内差役十余人,他持剑走在最前面,一路上发动津民手持器械,准备到西门来与英法侵略军拼命,穿过十字街,待到西门时队伍已由十余人增加到近千人。近千津民人人手持器械,把孟干带领的200多名英法士兵团团围住。孟干见状非常害怕,他低着头向石赞清求饶说:"石郡守,我们到西门来只是为了寻找那一条猎狗,没有别的意思,千万不要动武。"石赞清手持宝剑对孟干说:"你小子给我看好了,天津人民是不好惹的。中国的土地上不容你们侵略者横冲直撞!"孟干连连点头说:"我们就走!我们就走!"说完带着200多名英法士兵狼狈逃去。

英法俄美侵略军在天津侵驻近50日,直至《天津条约》签订,始陆续撤出。这期间,石赞清领导天津人民与英法俄美侵略军进行了不屈不挠的坚决斗争。当时便有诸多津人作了如实记录。无名氏《天津夷务实记》记载:"石氏遂与天津知县尹佩玱,募城勇千名,以资保卫天津城。"郝缙荣《津门实纪确对》记载:石氏遂"与民约背城一战……是时石太守在北街,仗剑率民,以待防御"。《天津府志·辛荣传》载:"誓与共保危城。"丁运枢《张公襄理夷务纪略》记述:"石太守,尹大令皆督率兵勇,屯北关内。"孟继坤《书事》载:"为解决武器之不足,石氏还专门出示收买鸟枪。"《津事回目》记述:"石太守矢死保孤城……石府尊赞清,与民约定背城一战。"无名氏诗《八首》其中一句"切齿郡守横宝剑"等,鲜明刻画出了石赞清的刚烈形象。

在侵略军军舰大炮威逼下,清朝廷对英法俄美进行了妥协和退让,与四国签订了不平等的《天津条约》,四国军舰始撤离天津及大沽炮台,南下广州。

四国列强以军舰大炮威逼签订的不平等《天津条约》,已经使中国丧失了许多主权,但外夷列强的胃口却越来越大。一年后,即咸丰九年(1859年)六月,英法两国借口条约不谐,给予他们的好处没有美俄的多,向清政府要求重新增加条款并进京换约。这不合乎情理的要求,理所当然地被清政府拒绝了。英法政府又命舰队第二次炮击大沽炮台。当时,由于清军事先做了严密的布防,而英法联军又没有探知到大沽口防务的虚实,贸然于6月25日发起进攻。这时,守卫炮台的中国官兵"郁怒多时,势难禁遏。各营炮位环轰迭击,击损夷船多只"。嗣后,英法联军又派出"小舢板20余只,满河游驶",并靠近南炮台,强行登陆,又遭到清军火枪的"连环轰击"。

英法舰队第二次炮击大沽炮台,大沽炮台的守将是直隶提督史荣椿,他直接镇守南岸中炮台,身先士卒,亲自发炮攻打敌舰,后来被敌舰炮弹炸成重伤。史荣椿在生命垂危之际,仍旧指挥部下奋勇抗敌,最后高呼"杀贼"而死。大沽口副将龙汝元镇守北岸炮台,奋勇当先,坚持亲自发炮,经久不下火线,不幸被敌炮击中,当即阵亡。在这次战斗中,军民共奋战,天津人民送饭送茶送水,还组织了担架队,把受伤的兵士抬下阵来。这一仗,虽然清军也付出了代价,但终究击沉击伤敌舰10艘,毙伤敌军近500人。英法舰队狼狈逃去,大沽炮台没有被英法联军攻陷,敌人企图第二次侵入天津,进京换约的阴谋没有得逞。这是第二次鸦片战争中国唯一的一次胜仗。

英法联军在大沽口战败的消息传到其国内,两国资产阶级疯狂地叫嚣要扩大侵华战争,叫嚷着要对中国实行"大规模的报复",要对中国海岸线全面进攻,打进京城,要将皇帝逐出皇宫。

1860年5月下旬,英法派出战舰和运输舰205艘(英舰173艘,法舰32艘)及军队25000余人(英军18000人,法军7000人),陆续到达上海。8月初,英法联军取海道北上。1860年8月19日,英法战舰集中强大的火力,第三次进攻大沽口。

由于清军上一年取得第二次大沽炮台一仗的胜利,从上到下都处于盲目乐观中。清政府负责海防的钦差大臣僧格林沁,也只集中兵力防守大沽海口,认为北塘是盐滩,英法联军登陆困难,因而没有设防。8月21日,英法联军伪装和谈,派兵从不设防的北塘弃舟登陆,从背后袭击大沽口炮台,造成清军的失利,炮台最终失守。

英法联军由海河长驱直入。驻守南岸炮台的僧格林沁当晚便将守军全数撤走,第二天撤至天津,而最终天津失陷后又撤至杨村,最后竟撤至离通州(今北京通州区)仅10华里的张家湾。

1860年8月下旬,25000英法联军强行进入天津。英法军占驻各官舍。"总督以下官多受辱,惟赞清偶然不屈"。敌下令所有中国官员让出衙署,由其首脑驻扎。许多官员纷纷避让。但宁死不屈的石赞清却不听这一套,他坚守府署,就是不离开。"夷分住官舍,唯赞清毅然不去,夷令其去,(赞清)曰:'取吾头以往,官舍不可让也!'"在他的坚持下,府署始终未被敌占去:"夷居天津数月,赞清终不离衙署。""除府尊石、县尊尹尚未离城外,余皆避躲远村。"《戊午英夷犯津纪》

石赞清坚持不离署衙,领导着天津人民与侵略者作斗争。英法派五百名持枪士兵,用轿子把石赞清从天津府抬到联军指挥部作人质。英军强行将石赞清知府扶坐肩舆劫往海光寺后,英酋额尔金通过巴夏礼翻译对石赞清说:"石郡守,非敢相难于你,闻有兵欲烧吾船,故假君为镇耳。"石赞清早将个人安危置之度外,他冲着额尔金大骂:"强盗!侵略者,你们的侵略行为最终必遭到彻底失败。"巴夏礼用中文说:"石郡守,不要生气嘛!"石赞清仍然大骂强盗!侵略者!怒斥英军的入侵行为,大骂时引手搏颈说:"速杀我,取吾头去。"英酋额尔金用英语说:"此大皇帝忠臣也。"他对石赞清更加敬佩。他让巴夏礼为石郡守备了丰盛佳肴,可石赞清不屑一顾,三日之中,"食不肯进,酒不肯饮,勺水不入口",宁死不屈。

知府石大人被英军逮去的消息迅速在天津传开,津民们义愤填膺。在天津知县尹佩玱、津门士绅辛绣圃等人的组织下,聚集了数十万人"日夜环轮舟",津民们呼喊:"还我石父母来!还我石父母来!"津民们情绪高昂,说如果石赞清有个三长两短,他们就要与英国人拼命。

英法军害怕,叫石赞清离去。石赞清说:"我是怎么来的,就应当怎么回去。"英法军只好再让500人为前导,用轿子将石赞清抬回天津府署。数十万天津人民欢呼"石父母归来!"

石赞清在被英法侵略者扣着人质期间,写了一首满江红,《余在夷营中·绝粒求死》:

生死关头,有什么迟疑不决,又何必旁观痛哭声声悲咽?海国直教银管误,天家且恐金瓯缺。恨潼关不守老哥舒,勋名裂。

段公笏,苏武节,睢阳齿,常山舌。算古今臣子,后先同辙。养气久无心可动,招魂只有恩难绝。戴头儿一个此间来,拼流血。

这是一首气壮山河的好词。他一面痛斥无能大员失守大沽炮台的误国罪责,一面忧虑京师之安危,同时还宣达了自己坚不可摧的意志——他就要像唐代怒以笏板击打策反之贼的段秀实那样,要像手持符节绝不降于匈奴的汉臣苏武那样,像咬碎牙齿誓死抗击叛敌的唐代名将张巡那样,像舌被割下仍大骂敌人的唐将颜杲卿那样,宁拼一死而绝不屈服于英法侵略者。

从敌营回署后,幕僚们前来府署看望石赞清。石赞清再作《满江红》一阕,题目为《有问夷营中情事者,作此答之》:

中外华夷,是与非,一言而决。管甚么天津桥下,水流呜咽。信国读书何所事,椒山有胆休教缺。倘当时一个念头差,身名裂。

敢自诩,坚名节;更那得,广长舌。仗天公垂念,还辕返辙。使酒曾拼千日醉,传餐已是三朝绝。恨楼兰未斩竟归来,空啼血!

在这阕词中,石赞清以著名民族英雄文天祥(文曾封为信国公)及明代肝胆出众的杨继盛(杨氏曾号椒山子)自励,自称本是一嗜酒的豪士,可在敌营却三日滴食未进,他对自己虽能以广长舌(善辩之舌)与敌作斗争却无力斩杀敌酋而深感遗憾。

上述两首满江红词，充分体现石赞清身处夷营、折节不屈、气壮山河的情态，洋溢着中华民族的浩然正气，令人敬佩。

石赞清在天津英勇抗击英法列强的行动传到热河，两宫太后"闻而嘉之"，谕旨曰：

> 天津知府石赞清在任年久，深得民心，此次绥辑地方尚能妥协，著加军机处记名，遇有直隶道员缺出，请旨简放。

在英法夷将石赞清礼貌送还后，津门局势暂时稳定，城内几乎未受外兵骚扰。石赞清获朝廷恩准给假六十天，回乡丁忧。此时他离开贵州已有23年，他的伯父母、岳父母都已先后辞世。

就在石赞清获假回黔吊丧期间，津民们有两个月时间未见到与之朝夕相处的知府大人。府衙幕僚们知道石赞清回乡吊丧的不多，但鉴于当时英法联军还侵占着天津，上方要求不要透露石赞清回乡吊丧丁忧的事情。一时间，津民们议论纷纷，各种传说迅速在天津人民中间不胫而走。流传得最多的是说石赞清在天津的爱国行动得到了咸丰皇帝的肯定，他将要被调任新的更重要的职务。也有人误传，说石赞清因为失察尹佩玱释放监犯下部议处，告老还乡养病了等等。津人们一时颇受震动。此时海氛未靖，外敌仍犯我津门，天津人民皆希望这位"洁己爱下，深得民心"的郡守留任天津。于是，津民们经过多次商议，决定派代表至天津道辕，要求挽留石赞清。（清）丁运枢《张公襄理夷务纪略》记载了津民上书挽留石赞清知府，挽留书如下：

> 窃自天津府知府石大公莅任以来，整躬率物，早传封鲊之廉；察吏安民，并化饮羊之俗。能使案无留牍，冤雪覆盆，诚古之良二千石也。今闻因病辞官，上书求退。某等凤承幪覆，仰荷栽培，如童蒙之投明师，恩深教诲；如婴儿之望慈母，愿切瞻依。卧辙争先，率同侪而留石奋；陈词恐后，效古人之借寇恂。此则出自众心，实难缄口者也。况正当服官之岁，偶抱采薪之忧，上紧医调，即能痊愈，何可使良吏告归，致令小民失望耶？为此不辞冒禁之嫌，敢做攀辕之请，公吁宪恩，据情转详。倘蒙仁宪之允诺，仍瞻太守之威仪，俾顺舆情，以孚众望，从此精神永固，免二竖之灾祲，定必捍卫有方，作三津之保障。临禀不胜祷祝待命之至！

从这份挽留书中，我们充分看到了天津人民对石赞清的爱戴之情。他们十分担心自己心爱的石大人被调任或者养老还乡，他们不愿意看到石赞清离开天津。特别是津民们误把石赞清回乡丁忧认为是因病辞官，上书求退，认为石赞清"况正当服官之岁，偶抱采薪之忧，上紧医调，即能痊愈"，不必"何可使良吏告归，致令小民失望耶？"天津人民认知石赞清"莅任以来，整躬率物，封鲊之廉，察吏安民，案无留牍，冤雪覆盆"。他们把天津府与天津人民的关系誉为"某等夙承帱覆,仰荷栽培,如童蒙之投明师,恩深教诲;如婴儿之望慈母,愿切瞻依"。当然,天津人民真情挽留石赞清,最最期待的是他"定必捍卫有方,作三津之保障"。津民们认为只有石郡守才能震撼外夷列强之淫威,才能领导天津人民捍卫津门。

天津人民如此真情挽留石赞清,作为石赞清的上司,自然亦会同有其思。直隶总督署据情上报朝廷。很快朝廷传下谕旨:"石太守准留天津。"天津人民闻讯大喜。"石大人留任了,石大人留任了!"津民们奔走相告,沉浸在无比的喜悦之中。天津人民还派出代表,"赴道辕叩谢"。(丁运枢《张公襄理夷务纪略》)

可不到半年,石赞清还是被调走了,咸丰十一年(1861年),石赞清超擢顺天府府尹。天津人民怀念石赞清之心情难于言表。当时津人郝缙荣作诗云:"冰冻河桥霜气苦,萧萧别马嘶前口。使君一去不可留,十万人家泪如雨。"《天津府志》记载:1861年清政府擢升石赞清为顺天府尹,"去任,绅民泣送数十里"。

本来,两宫太后著加石赞清军机处记名谕旨:"遇有直隶道员缺出,请旨简放。"朝廷却超擢石赞清为顺天府府尹,官阶也从正五品跃升为正三品,连破两级的重要提拔,在等级森严的大清是很少有的现象。

石赞清超擢为顺天府府尹不久,同治皇帝登极,为了树立忠贞死节之臣作楷模,以教化在位百官,特下了一道"圣旨"。"圣旨"中这样写道:

> 吏治与军务相为表里,吏治得人,则民安居乐业,军务自有起色。近年吏治废弛,封疆大吏以奔走逢迎者称为能员,其悃幅无华者往往目为迂拙,未列上考。昨已超擢天津知府石赞清为顺天府尹,用树风声,俾资观感。着各督抚留心查访,如有循良素著,朴实爱民者,即行专折保奏。

从上述两宫太后传谕"军机处记名"和同治皇帝"用树风声"两道谕令中可知,石赞清确系一名政绩卓著的清朝官员,他善于把爱国、忠君和体恤民众结合起来,成为了朝廷"用树风声"的典范。

石赞清以民族气节为重,在外来侵略者面前,英声义色,长国人志气,灭侵略者威风,其爱国行动受到了国人的高度颂扬。

清人严辰著有石赞清小传,收录在《感旧怀人集》中,其中有诗赞颂石赞清:"大名赫赫震重洋,信有人才石敢当。却噫京华分手后,尚留一面在三湘。"

清代著名诗人何绍基有诗高度赞扬石赞清的爱国精神,题目是《送石襄臣同年由湘藩擢太卿北上》。诗曰:

> 生死关头岂容易,迟疑不决乃常事。
> 屹然谈笑詟强夷,义色英声动天地。

郡符才绾遽尹京，又躐常级擢秋卿。
忽然出藩燕及楚，华星南指远更明。
朝廷用贤有绳尺，偶逢超践惊破格。
骞翔中外几旋转，近年唯有郑与石。
郑公初解湘上船，石公内擢翩如仙。

旧雨将离甫一醉，清风所破今三年。
同年气谊甚连贯，剀论谐词相点窜。
喜公雅度不疵假，令我迂怀增烂漫。
诗词余事见性真，世间浮躁徒纷纭。
他日提衡铸才彦，便持此鉴阅陶甄。
雪花初飞水光定，两岸青山一帆正。
无穷名业证初心，辉耀人寰成景庆。

"义色英声动天地。"何绍基对石赞清的爱国精神赞誉有加。"朝廷用贤有绳尺，偶逢超践惊破格。"诗人对朝廷给石赞清的破格提拔也高度之赞扬。

石赞清的爱国行动传回到贵州，贵州人民都以石赞清为骄傲。特别是一批文人，积极写诗撰文颂扬石赞清。清代贵州的著名文化人、沙滩文化的代表人物黎兆勋有诗云：

高允长揖中常侍，汲黯不拜大将军。
古人立朝峻风概，黔虽小国今有人。
石公一官自落拓，雁门太守歌天津。
此时太守不屈节，呵护烦明神。

一官自落拓，太守歌天津。太守不屈节，呵护烦明神。兆勋不仅高度颂扬石赞清，他还特别强调一句："黔虽小国今有人。"

沙滩文化的另一个代表人物黎庶昌在《工部侍郎石公神道碑铭》中说："同治未改元之岁，天子既黜八大臣不用，诛钮奸慝，思擢一二贞亮死守之臣以风示有位，于是超拜天津知府石公为顺天府尹……天下翕然颂帝德，知人也。"

清代贵州的另一著名文化人，被冠以"西南大儒"之名的莫友芝，咸丰九年致信石赞清，题目和首句是"襄臣郡伯大兄大人左右"，信中高度颂扬了石赞清的爱国和勇敢精神，视之为贵州人的骄傲，中华民族的骄傲！

凌惕安在《清代贵州名贤像传序·石赞清》中说："北京条约者，吾国外交史上极可耻可痛之事也。方事之亟，黔有人焉，誓以守殉职守，不屈不挠，足以表现吾国之民族性者，则石赞清也。"

三、廉洁威严 恪尽职守

石赞清以大清国进士分发直隶供职，在七品知县任上一干就是10年，直隶总督纳尔径额评价他"明练老成，认真公事，任内并无展参处分，堪以调署"。清朝廷编修的《石赞清列传》记载："道光二十八年卓异引见，得旨回任候升。"这是表彰和记录石赞清在任芦龙知县的政绩。"咸丰三年俸满保荐以应升之缺升用。"这是表彰和记录石赞清任芦台抚民通判的政绩。"五年署通永道办理海运，完竣下部议叙。""六年三月以办理顺天府粮台报销完竣，命军机处记名，遇有直隶知府缺出，请旨简放。"这是表彰和记录石赞清任通永道、霸昌道的政绩。当时作为清朝的中下级官员，石赞清尚获得如此殊荣，这是很不容易的。

由此可见，石赞清在任知县、抚民通判、顺天府治中、通永道、霸昌道的职上，就表现出了非凡的工作能力和敬业精神。

咸丰六年（1856年）五月，石赞清授任天津府知府。天津是大清国都北京沿海的东大门，负有护卫京畿的重要地理位置。清朝廷总是把最信任和最得力的官员授予天津府知府位上。石赞清作为来自边远贵州的官员，能被授予天津府知府，说明大清对他的能力的充分肯定和信任。

石赞清授任天津知府伊始，正值天津一带发生一场罕见的旱灾，津民大饥。史料记载石赞清筹谋治荒，他一面组织天津人民生产自救，一面将天津库粮平价卖给津民，并令粮食大户平价卖粮。对哄抬粮价、坑害灾民的投机商，坚决予以惩处。

石赞清亲临津民中调查，得知海河泛滥是天津人民的真正心患。决定兴工修堤，以防灾情。为了早日完工，他"辛苦奔波于河堤工地，风餐露宿于草丛洼间"。河堤修成，水归下流。天津人民为之唱道："为国为民天津府，刚毅不尧胸有主。"石赞清因治理海河有功，"受偿加道衔"。

石赞清体恤民情，凡亲民应为之事，他无不悉心体察，实践施行。津民申冤，他秉公判决，民自不冤。他封鲊之廉，察吏安民，在天津人民中享有"石一堂"之称。他厘剔奸拐，平市米银，令行禁肃，化暨海滨。他公日不遑，殚求民瘼，被天津人民誉称为"石父母"。

石赞清勤政为民，在英法外夷第二次侵入天津期间，他终不离署，工作日程总是安排得满满的。清不明著稿人《襄理军务纪略》刻本（四卷本），如实记录了石赞清知府的工作日程情况：

> 初八日，石府尊仍于城内朝阳观，立局团练，设筵邀集各首董，妥议章程，并传知各铺局，乃用发鼓号令。初九日，请发弹压大小告示。初十日，传知各局，造送练勇花名清册，呈送各衙门备查……十一日，职员李兆霖请将铺房作为'志

城立果局'公地……十三日,石太守发来札谕,内开:各局所用人夫薪火,每日发给,务须查查,造册收存,当即遵照办理……十五日,署颁发大告示六十张,小告示六十张,随派人按局分送张贴。大告示略云:照得津郡滨临海口,防范最关紧要。现奉宪谕,令办团练,按照旧章,自备资斧,相互联络,以期保守。所有练勇,不得外调。尔等务各同心协力,以资捍御,以保身人家……十九日,制军札天津,是时英法等国船只,停泊海口,绝无退志,张绅拟设防条陈,呈于石太守,适谭制军廷襄来津,太守将条陈代呈,其略云:现五国船只,逼近海口,筹御之策,莫要于炮台。炮台存,则我军占据地利,该国船只众多,万难驶入。炮台失,则该国反客为主,我军虽众,亦难制胜。兹饬人前往海口,绘成一图。海口南岸,炮台三座,直向海口,炮架向外,以击来船。北岸炮台一座,与南岸炮……

由此可看出,石赞清在天津知府的任上,十分尽职尽责,忠于职守。难怪得,天津人民那么拥戴他。"去任,绅民泣送数十里"(《天津府志》)。"十万人家泪如雨"(郝缙荣诗)。

作为一个来自边远贵州的农家之弟,石赞清对朝廷超擢他为顺天府府尹,他是没有思想准备的。走马上任后,在《谢授顺尹恩由》中,石赞清流露出了敬畏而又惶恐不安的复杂心情。他这样写道:"上谕:顺天府府尹著石赞清补授,臣当即设香案望阙叩头谢恩。臣黔中下士,知识毫无,渥沐三朝之遇,由进士即用知县,擢任知府,未效涓埃……不尽犬马之劳更菏……府尹有查吏安民之责,如臣橦昧,深擢费胜,唯有呼恳……亲睢宫训,庶地方一切公事得以有序秉承,以冀仰答高厚生成于万一……。"由此可见,石赞清是一个忠实诚恳而又谦逊的官员。他感谢朝廷的信任,又生怕自己的工作做得不好。

石赞清任顺天府府尹伊始,即遇大清国多事之秋。石赞清参与了两宫太后和恭亲王发动的"辛酉政变"。政变成功后,石赞清以顺天尹兼刑部侍郎。

石赞清是一个知恩图报、忧国忧民而又尽职尽责的一个好官员。他先后担任知县、知府十余年,对大清国中下层情况了如指掌,深知府、州、县官员的苦处。一旦他上升到可以面君和有奏章权的官位后,他决定要为府州县官员说说话,他这样做是需要胆量的。他《奏为量减州县处分以济时艰事》的大概意思是这样:他认为朝廷对府州县官员的处分太重,动不动就是撤职查办,弄得人心惶惶,人人自保,根本就很难静下心来干事。更为重要的是,朝廷下达的捐税、粮饷、兵役等任务太重,逼得府州县官员层层说假话。"数日多雨,则报水灾,数日不雨,则报旱灾,或报雹灾、报虫灾。大半皆豫为处分计也。一岁报灾,必岁岁报灾,即上司明知所报者半属虚伪,而因熟知其处分之严,故亦不深究。"石赞清建议:"皇上登极之始,自必豁免积欠,已无旧欠之虞,拟请截自同治元年为始,仍以十分为率,初次报销,按降罚分数处分;其二次报销,仍按分数降罚,加至降留,革留为止,不必撤任,务令戴罪微收,总俟新旧全完,方准复升调。"可看出,石赞清《奏为量减州县处分以济时艰事》,是一个敢于讲真话、切中时弊的好奏章。清朝廷编修的《石赞清列传》对此奏章内容有详细记载。该奏章原始手稿保存在中国第一历史档案馆。

同治一年（1862年）九月，石赞清调任直隶布政使。他根据自己曾署理永定河北岸同知和治理天津海河的经验，通过实地调查和研究，向同治皇帝呈报了《豫筹河患疏》的奏章，提出了一套完整的从根本上治理永定河的方案。该奏章全文收录在《畿辅通志》上。李鸿章就任直隶总督后，在《豫筹河患疏》的基础上向朝廷呈报了《变通整顿永定河章程疏》。

正当石赞清踌躇满志，要在治理永定河上发挥自己的聪明才智和做出贡献的时候，同治二年五月初，朝廷突然一纸调令将石赞清调任湖南布政使。后来石赞清才得知，是因为湖南巡抚毛鸿宾战太平军有功，迁任两广总督，湖南布政使恽世临代为巡抚。恽世临既得位，即上奏朝廷署湖南布政使，他极力举荐越次用湖南粮储道李明墀为布政使。湖南按察使仓景恬不堪恽世临培植亲信，特请病假回家去了。

同治三年，清朝廷派员驰赴湖南查办巡抚恽世临"招权纳贿、贪污公款"案。结果是，恽世临遭到了免职和惩办。

同治三年十二月，朝廷派出以大学士兼户部尚书倭仁为首的清廷高官考察团，赴湖南对石赞清进行大考。考察团员包括尚书倭仁、尚书宝鉴、尚书罗惇衍、左侍郎阜保、左侍郎宗霖桂、左侍郎吴廷栋、右侍郎崇伦、右侍郎董恂等十四人。考察结论为："该臣等查得湖南布政使石赞清，自同治二年六月到任起，任内经理各年各项钱粮，造具交盘清楚册结……石赞清亲典藩库，按款逐一弹兑，并无侵那亏空，除照例出具印结……石赞清接收前署布政使李明墀任内经理各年地丁兵饷等项银两交盘，并无短少情弊。取具藩司，接收册结，加结具题……与上届交盘案内实存相符，应毋庸议。"考核材料上倭仁等十四名一一署名。考核完后，第二年，即同治四年（1865年），石赞清护理湖南巡抚。

石赞清护理湖南巡抚后，于同治四年（1865年）四月二十三日，向清朝廷《奏报湖南各属雨水粮价情形由》，报告了湖南全省春季雨水粮价相关情况。他在该奏章中说："查核衡州、永州、宝庆、岳州、常德、辰州、永顺、沅州、郴州等府州属米价较上月增一二分不等；长沙、澧州、乾州、凤凰、永绥、晃州等府州属与上月相同；全省各属地方二月以后晴雨喧润得宜，时下早稻及时栽插，二麦次八第结实，杂粮蔬菜一律繁茂，民气恬熙，天方安谧。呈缮具二月粮价清单。"从该奏章看，石赞清护理湖南巡抚后，作为一个封疆大臣，他非常关心和重视民生问题，对全省粮价、雨水及粮食蔬菜栽种等情况了如指掌。

《石赞清列传》记载其同治"二年五月调湖南布政使，倡捐米粮济饷交部给奖"。这说明石赞清在湖南的供职是得到朝廷肯定的。"八月因金陵克复东南渐次肃清命祭告。"1864年8月，清军攻入金陵（今南京），东南一带渐次安定，朝廷命湖南护理巡抚石赞清祭告南岳。

同治四年（1865年）十月二十二日，石赞清调京任太常寺卿。湖南巡抚李瀚章向清朝廷疏陈《盘查前湖南布政使护理巡抚石赞清交待任内经手藩库地丁银两事》。该疏陈奏章指出："查得前司石赞清自同治四年闰五月二十一日回任起，至同治五年十一月十一日卸事前一日止，任内经理各项钱粮旧管新收共银二百二十九万二千八百四十二万两五钱八分六厘，开除共银二百一十二万四千七百七十九两七钱四分三厘,实在应存银一十六万八千六十二两八钱四分三厘。所有管收数目悉……前司石赞清任内应存地丁兵饷等项银两,按款盘查清楚,并无侵那亏空……"

四、不忘桑梓　奉献家乡

石赞清是从贵州的大山里走出去的,奠定了大山的品质,大山的风骨,他热爱贵州的山山水水,热爱贵州的各族人民。作为朝廷命官,他始终不忘自己的家乡,不忘贵州故土的父老乡亲,在力所能及的情况下,尽力为家乡奉献,尽力保护贵州的各族人民。《咸同贵州军事史》载有石赞清的照片,作者凌恒安在照片左侧写有"志切梓桑之石赞清",这是对石赞清热爱家乡、关爱贵州的高度概括。

石赞清不忘桑梓,奉献家乡,我们略举几例:

(一)向同治皇帝呈报《疏陈黔省剿抚》奏章

同治六年(1867年)六月,担任太常寺寺卿的石赞清向同治皇帝递交了《疏陈黔省剿抚》奏章,该奏章大部分被摘录在清朝廷修的《石赞清列传》中。奏章说:"窃贵州之贼,半为散练,半属难民,皆由官吏逼迫,以致作贼,苟延残喘。加以兵饷奇绌,历任疆臣,无术料理,遂致蔓延……谨拟管见八条,为我皇上陈之:

我们只列八条治黔方略标题如下:

1. 事权宜归并也。
2. 办理有缓急也。
3. 用兵有先后也。
4. 将帅宜选择也。
5. 饷糈当划定也。
6. 剿抚宜并用也。
7. 屯田宜举办也。
8. 牧令宜慎重也。

奏章说最后说:"以上各条,皆就黔省现在情形而言。虽办理之方未必尽详,然欲戡定黔省,大要亦不出此。"

从该奏章看出,石赞清作为一名黔籍京官,他非常热爱和关切自己的家乡。当时全国起义斗争如火如荼,清朝政府四面楚歌,向清朝皇帝疏陈这样的奏章是要冒着生命危险的。作为一个朝廷命官,虽然奏章中也有"剿匪肃清"等字样,但明白人都可看出,石赞清是不赞成对国内起义斗争实施残酷镇压的,他特别强调贵州之贼,皆由官吏逼迫,地方安危,系于牧令,贵州全省糜烂,带兵各员,横征暴敛,擅自杀戮,百姓无路可生,安能不作"盗贼"。他特别强调对贵州各民族起义要剿抚兼施,特别要整顿贵州各级官吏。

石赞清的《疏陈黔省剿抚》奏章,得到了同治皇帝的首肯,"并命军机大臣会同大学士九卿妥议"。(见清廷修的《石赞清列传》)石赞清治黔方略被朝廷采纳,由恭亲王奕䜣具体组织实施。《咸同贵州军事史》载有恭亲王照片,照片左侧写"有益于黔之清恭亲王奕䜣"。

(二)湘军围剿贵州民族起义正烈,石赞清奏请"裁减湘军"

《咸同贵州军事史》记载:"工部侍郎石赞清奏请裁减湘军,移月饷十三四万济黔。朝廷令贵州巡抚曾壁光议复,壁光请缓裁。"

我们知道,同治三年(1864),太平天国在清朝廷和外国侵略者的伙同镇压下失败了,曾国藩的湘军和李鸿章的淮军是立下了汗马功劳。同治五年,清朝廷开始调集大兵镇压贵州的少数民族起义,以湘军为主力。同年春,湖南巡抚李瀚章派湘军3万余人,以兆琛为统帅,由李元度、周宏印等率领,分道入黔。当湘军集中主力进攻黔北号军时,张秀眉联合侗族义军声援,绕到敌后合攻铜仁,又乘胜进击湘西,连破麻阳、沅州、晃州、黔阳、会同、靖州等城。同治六年,清朝廷因湘军屡为苗、号两军所败,将兆琛革职,改派记名布政使席保田为统帅,并统领援黔各军。席保田是个凶恶狡猾的刽子手,他步步为营,每侵占一处,血洗后方肯前进。凡湘军所到之处,血流成河。同治七年春夏,席保田和唐炯分别率领装备有洋枪洋炮的湘军和川军,合围进攻号军,号军根据地荆竹园、偏刀水、玉华山先后被攻陷,苗族义军北面的屏障被打开。接着湖南巡抚李瀚章又派提督荣维善、按察使黄润昌、道员邓子恒率领湘军精锐10000多人增援。同年12月,侗族义军主力被打败,苗族义军东面屏障又被打破。不久,苗族义军东面重要据点寨头又被攻陷,甘保玉战死。此后,战争转入了苗族聚居区,揭开了决战的序幕。

同治七年(1868年)七月,石赞清由都察院左副都御史调任工部右侍郎兼钱法堂事务。石赞清得知湘军重创贵州民族起义军后非常痛心,他居然"不识时务",奏请朝廷"裁减湘军"。作为一名老臣,朝廷没有怪罪于他,而是"令贵州巡抚曾壁光议复"。当时贵州还未完全平定,贵州巡抚曾壁光"请缓裁"湘军,要借助湘军平定贵州。

清朝廷不仅采纳贵州巡抚曾壁光缓裁湘军的建议,而且加派川军、桂军与湘军一道,大举向苗族起义军进攻。至同治十一年初,苗族起义军几乎伤亡殆尽。包大度、九大白、九松、岩大五、潘老冒、姜老拉等将领先后牺牲。四月初,张秀眉、杨大六和清军交战失败后被俘。

石赞清奏请朝廷"裁减湘军,移月饷十三四万济黔",是真的"不识时务"吗?不是的,他是不愿意看到朝廷对贵州人民的血腥镇压。综观石赞清一生的政治活动和政治观点,他历来主张对外来侵略者要狠、要斗争,对国内人民起义采用招抚的办法,不赞成朝廷实施残酷镇压。石赞清为官几十年间,我们始终没有查到石赞清在镇压国内起义斗争方面的资料记载。

(三) 石赞清奏为贵州各属速报殉难捐躯事

现中国第一历史档案馆收藏有一份石赞清就任工部侍郎时的手笔奏章,根据奏章内容,我们取其题目为:《石赞清奏为饬下贵州各属速报殉难捐躯事》。应该说,该奏章的内容不是工部的职责,但作为一个黔籍京官,石赞清热爱和关心贵州是一贯的。如前所述,同治五年石赞清擢任太常寺卿时,就陈疏治黔方略八条,为皇帝和朝廷所采纳,对稳定发展黔省发挥了重要的作用。石赞清改任工部侍郎后,于同治七年九月二十五日,又向皇帝和朝廷奏陈《为饬下贵州巡抚各属速报殉难捐躯事》。作为清廷的官员,石赞清肯定要站在大清朝廷的立场上说话。他认为,贵州自遭"乱"以来(笔者注:应指咸同年间贵州各民族起义),为国捐躯、捐资者不少,平"乱"后,应责成贵州巡抚、布政使,迅速查清捐躯、捐资者名单,由朝廷出面安抚,以励人心。石赞清《为饬下贵州巡抚各属速报殉难捐躯事》的奏章,全文如下:

> 石赞清片:再,贵州自遭乱以来,遇贼殉难捐躯者甚多,团练助饷捐资者亦不少。前因地方失陷,百姓半皆死亡,某也御贼被戕,某也毁家纾难,亲属既无人呈报,册籍亦无暇勾稽,是以奏报稍迟,恩施未编。今幸各属渐次收复,若不及时采访,随地清查,恐为日愈久,忠义将湮没而不彰,款项更纷繁难计。应请旨饬下贵州抚臣,督饬各州县于捐躯者迅速查报,俾得请旌请衅,以慰忠魂。于捐资者核实禀闻,俾加中额学额,以励人心。此亦广皇仁,伸士气之一端也。谨附片具陈伏乞圣鉴。谨奏。

由此我们可看出,石赞清虽然身在京城,但他的心却是连着贵州的,他始终没有忘记贵州的山山水水和各族人民。他充分利用自己可以直接面君和有奏章权,尽可能为贵州说话和为贵州民众办事。《咸同贵州军事史》称其为"志切桑梓之石赞清",是切合实际的。

五、皇帝赐祭文 两宫赐厚葬

石赞清在工部右侍郎兼管钱法事务的职上干得有声有色。每天总是起得很早,睡得很晚,废寝忘食地抓紧工作。

同治八年(1869年)五月,直隶遭受特大旱灾,灾情十分严重。三口通商大臣崇厚极力向同治皇帝和两宫太后力荐石赞清筹办直隶荒政,说他可"独任其难"。朝廷方虚心倚任,可工部却传来了石赞清已病卧在床的消息。

恭亲王奕䜣派来宫廷中最好的太医,并吩咐说:"一定要把石大人的病治好。"

同年7月，石赞清的病情不见好转。他立即上疏请求辞去官职，但未获批准，只赏假1月调理。8月，病情进一步恶化，又上疏请求辞职，才得以朝廷恩准。

同年九月二十四日，石赞清已预感来日不多，他让养子石承霖代笔留下了自己的遗书。全文如下：

奏，前工部侍郎石赞清跪，奏为，天恩未报，臣病垂危，伏枕哀鸣，仰祈。圣鉴事。臣前因气虚痰喘，屡次乞假嗣奏请开缺，蒙恩再赏一月，八月二十四因假满，陈请奉旨准其开缺调整沐。殊施之曲，逮实感激，难以名伏念。

臣黔南下士，由进士即用知县，擢升天津府知府，少循臣职所当为，遽荷帝心知。特简，内迁京尹，外涫藩保，不数年间，复由太常寺卿升任工部侍郎。目睹：升平之景象，方思勉策夫驽骀，何期福薄生，偶撄末疾，奋奋一息，自分万无生理。现在甘滇各边贼风未熄，江楚等地又报水灾，民困尚未更生，外患犹难骤定。臣伏愿皇太后、皇上轸恤时艰，勤求治理，俾中外交安，富强有效，则天下臣民幸甚。臣虽死之日，犹生之年，瞻望阙廷，神魂凄念。所有微臣感激依系下忱。谨口授擢，命臣子承霖代缮。伏乞皇太后皇上圣鉴。谨奏。

同治八年九月十四日

石赞清口述由子代笔的遗书，现在仍保存在中国第一历史档案馆。从遗书中可以看出，石赞清是一个知恩图报、重情重义的人。他的一生始终怀着一种感恩的心去做人做事。即便在他病危即将辞世，仍然关心着大清国的前途与命运。特别对外患犹难、江楚水灾、甘滇边乱等，仍然让他放心不下。他在遗书中，自述了由进士一路擢升至工部侍郎的过程。他感叹：天恩未报，臣不能为国为民尽力了。虽死之日，犹生之年，瞻望阙廷，神魂凄念。

同治八年（1869年）九月十五日，石赞清与世长辞了，享年64岁。

石赞清逝世的消息传来，朝廷及文武官员无不十分悲痛。同治皇帝派礼部尚书万青藜前来宣读皇帝所赐之祭文：

在公匪懈，凤嘉棐笃之忱，加礼饰终，特备哀荣之典。尔石赞清阕通积学，练达成材。方期克享遐龄，何意遽闻徂谢？朕用悼焉。爰达前劳，式颁嘉奠。于戏！赞星云之景运。业换青编，沛雨露之殊恩，辉增黄壤。尔灵不昧，尚克歆承当。[1]

万青藜同时宣读了两宫太后的谕旨：

---

[1]《黄平县志》卷十三。

> 前任工部侍郎石赞清，由即用知县服官直隶，素著循声擢卿二，勤慎廉洁克尽厥职。本年夏间因病屡经赏假，旋准开缺调理。兹闻溘逝，轸惜殊深著加恩照，侍郎例赐邱任内一切处分，悉予开复，应得邱典该衙门查例具奏，寻。赐得葬。①

万青藜还宣布朝廷赏葬银400两，祭银20两，赐厚葬。

作为一名大臣和外族官员，盖棺时能得到皇帝亲拟祭文作奠，两宫太后谕旨表彰，这在等级森严的封建社会是绝不多见的。

在这里，我们特别注意到两宫太后的谕旨："兹闻溘逝，轸惜殊深著加恩照，侍郎例赐衅任内一切处分，悉予开复。"也就是说，对石赞清任职内的一切处分皆予取清。我们细查朝廷对石赞清的处分，有三次（实际是两次）：一次是英法侵略者侵占天津时，将知府石赞清扣作人质，天津知县尹佩琀为了加强抗击侵略者的力量，释放了监犯。朝廷谕令："天津知府失察天津知县尹佩琀释放监犯下部议处。"当时人们对这个处分就有不同的看法；一次是石赞清超擢为顺天府府尹后，工作过于繁忙，同治元年命他旋充各省举人补行复试大臣，因迟至一日，竟交部议处。石赞清一生就遭到这两次处分。还有一次，同治三年七月，石赞清已由直隶布政使调任湖南布政使，直隶总督刘长佑奏："上年贼窜畿南，平乡等县失守，赞清等应有失防处分，惟各城失守后，率属登时攻复，功过尚足相抵。"朝廷恩予宽免。②作为一个身肩重担的大臣，一生中就只遭到两次小处分，这是很难得的。

黄万机研究员在为《晚清名清石赞清传》所写的序中说："石赞清服官三十余年，经朝廷大员多次考察，没有一斑污点，更是古今循吏中罕见者。"

石赞清在京逝世的消息传到天津，天津人民十分悲痛。天津举人李果泰等人，联名上书朝廷，呈请将石赞清入祀名宦。直隶总督李鸿章据情入请，1871年8月终获批准。

> 朝廷复书："石赞清，贵州进士，咸丰年时任天津知府。居官严毅，化险为平，真可谓中流砥柱，好恶同民者矣。已请旨入祀名宦祠。"③

石赞清的尸骸，1871年10月归葬于贵阳北郊红边里宅吉坝上。

在石赞清逝世二十年后，我国晚清时著名的外交家和散文作家，贵州遵义人黎庶昌（1837—1896年），特为石赞清撰就了墓志铭碑，刻碑立于贵阳宅吉坝石赞清墓前。墓志铭曰：

> 扰扰群生，孰能无死，泰山鸿毛，惟其所止。
> 止而得所，死则死耳，求死如饴，时或不死。

---

①《石赞清列传》。
②《石赞清列传》。
③《天津府志》。

大节炳完，如石公是，公之为政，学道爱人。
辅仁造士，群彦莘振，厘剔奸拐，平市米银。
令行禁肃，化暨海滨，公之所断，老吏若神。
曰石一堂，名自不冤，潞河漫漫，郡为冲壑。
公日不遑，殚求民瘼，露礦风梳，堤卑埝薄。
导水归流，民乃反作，公事上官，不为觳觫。
直道而行，仕已任彼，坦怀率真，亦厌苛礼。
御吏如奴，视民犹子，海疆变起，群吏望风。
天高其节，属国苏武，雅善谈说，名论波起。
杂以谈嘲，粲花齐委，文章游艺，饤饾一编。
庑堂香屑，谁与后先，天机云锦，馋巧组研。
风雅道变，极于是焉，红边郭外，逾越阡陌。
攒峰之阿，吉壤所宅，天实留此，永奠公魄。
刻铭表忠，用载史笔，表公大节，使并有考。①

黎庶昌把石赞清一生的事迹表述得淋漓尽致。很可惜，黎庶昌为石赞清撰就的墓志铭碑，20世纪60年代建贵阳制药厂时，与石赞清的坟墓一道，被毁于一旦。

天津人民是不会忘记石赞清的。2008年1月26日《天津日报》刊登缪志明的文章，题目是《天津知府石赞清》，文章指出："在天津近代史发端的那种国难当头、外侮亟甚的情况下，有位叫石赞清的天津知府，曾表现出了一种令人肃然起敬的民族气节，他面对外敌所进行的'石太守矢死保孤城'之种种不屈不挠的斗争，应属那段天津历史的耀眼亮点……天津人永远记住，在我们这块土地上，历史上有位叫石赞清的官员，在外寇面前曾大义凛然地发释出了可歌可泣的高贵品格与精神。"

黄平旧州石氏家族后裔石朝江、石莉撰写了《晚清名臣石赞清传》，2013年由中国文史出版社出版。欲详知石赞清的历史贡献与英雄事迹，请读《晚清名臣石赞清传》。

---

①《贵州通志·人物志》。

一六一 海岱文化[①]

众所周知，在中国历史的长河中，山东是中华文明中华民族最重要的发祥地之一，山东及其周边厚重的历史人文积淀被称为海岱文化，而居于以山东泰山为中心的古代人类被称为"泰族"。蒙文通在《古史甄微》中说："泰族者中国文明之泉源，炎、黄二族继起而增华之。"虽然我们考察的仅是后海岱文明，但仍倍感山东历史文化之厚重和深沉。

21日下午，我们第一站参观考察"王懿荣纪念馆"。王懿荣何许人？甲骨文之父也。当然不是说他创制甲骨文，而是说他第一个发现和抢救了甲骨文。

据相关资料介绍，王懿荣（1845—1900年）字正儒，山东省福山县古现村人。中国近代金石学家，鉴藏家和书法家，为发现和收藏甲骨文之第一人。光绪六年进士，授翰林编修、国子监祭酒，义和团攻掠京津，授任京师团练大臣。八国联军攻入京城，皇帝外逃，王懿荣遂偕夫人与儿媳投井殉节。王懿荣泛涉书史，嗜金石，撰有《汉石存目》《古泉选》《南北朝存石目》《福山金石志》等。

王懿荣诞生于一个官宦家庭，从清顺治四年至光绪六年，族中列翰林6人，进士27人，举人58人，贡生58人，被称为名门望族。可谓是，科第绵绵，天眷其后，世泽蝉联。

1899年，王懿荣患痢疾，家仆给他抓了一付药来，他发现了一味叫"龙骨"的药材，上面有人为的刻画符号，他经过认真研究，认为这可是就是殷商时期的文字。这一发现让他欣喜若狂，立刻花重金大量收购带字的龙骨。至光绪二十六年春，王懿荣共收集了1058片甲骨。

有学者统计，目前已经出土甲骨154600多片，其中大陆收藏97600多片，台湾地区收藏有30200多片，香港特别行政区藏有89片，此外，日本、加拿大、英、美等国家共收藏了26700多片。到目前为止，这些甲骨上刻有的单字约4500个，迄今已释读出的字约有2000个。

从字的数量和结构来看，甲骨文已经是发展到有较严密系统的文字了。王懿荣发现和抢救了甲骨文，但他还没来得及研究，就殉国了。后来研究甲骨文颇有成就的专家就有刘鄂、

[①] 本文原题目为《海岱文化考察散记》，系作者2022年8月在山东烟台参加"中国上古史重建研讨会"时所作。

罗振玉、于省悟、孙诒让、王国维、唐兰、郭沫若、李学勤等。

2017年11月24日，甲骨文顺利通过联合国教科文组织世界记忆工程国际咨询委员会的评审，成功入选《世界记忆名录》。

22日下午，我们考察坐落于栖霞市城北古镇都村的牟氏庄园。该庄园始建于清雍正元年，是北方首富牟墨林家族多代人聚族而居的地方。

据栖霞牟氏后人牟日宝在《牟氏庄园故事》中介绍，明朝初年，洪武开基。为了治理朱氏天下，朱元璋下诏，广招天下名士，量才而用。湖北省公安县牟敬祖，岁贡出生，应朝廷之诏，于洪武三年前往山东登州府栖霞县出任主簿，三年期满，入籍栖霞。由牟敬祖繁衍了栖霞牟氏家族。

栖霞牟氏从二至七世为平民，到八世兄弟八人，饱受困苦，穷则思变，发奋读书。八兄弟入仕者六人，从此家族开始中兴。牟氏家族从明末到清末的三百年间，共出进士10名，举人18名，贡生76名，县级（含从九品）以上官吏147人，最高官员为从一品。栖霞牟氏家族世代经营土地，一代又一代地扩充，至土改时已经拥有土地6万多亩，成为胶东赫赫有名的大地主。

栖霞牟氏庄园最兴旺时拥有房产两千多间，现保存厅堂楼厢四百八十多间，占地两万多平方米，是中国目前规模最大、保存最完整的封建领主庄园之一。1988年，被国务院确定为国家重点文物保护单位。

牟氏庄园是重重相叠的四合院，条条通道相间，层次清晰，主次分明。院内立体建筑多属二层楼房，房舍多是雕梁画栋、明柱花窗、浮雕图案，栩栩如生。庄园建筑鳞次栉比，十分富有特色。比如色彩斑斓的"虎皮墙"，用形状各异、色泽不同的河卵石垒砌而成。又比如"制钱莲花图""莲生贵子"等图案，精美绝伦，叹为观止。尤其是"穿堂门儿一线开""烧坑火洞在室外""烟囱立在墙外边"，被誉为牟氏庄园的"三大怪"建筑，更是耐人寻味，引人入胜。

总之，参观考察栖霞牟氏庄园，可以饱尝明清经典建筑的风貌。浪漫与庄严的气质，挑高的门厅和气派的大门，圆形的拱窗和转角的石砌，不打磨的石条粗犷凝重，一切都尽显雍容与华贵。

23日下午，我们参观考察人间仙境——蓬莱阁。它包括三清殿、吕祖殿、苏公祠、天后宫、龙王宫、蓬莱阁、弥陀寺等几组不同的祠庙殿堂、阁楼、亭坊等，统称为蓬莱阁。蓬莱阁创建于1070年的宋朝。它与滕王阁、黄鹤楼、岳阳楼一起并称中国古代四大名楼。众所周知，秦始皇访仙求药的历史故事和八仙过海的神话传说，给蓬莱阁抹上了一层神秘的色彩，因而自古以来即有"仙境"之称。

24日下午，我们驱车前往考察皇家养马岛。据说公元前219年秋，秦始皇东巡，经芝罘沿海东进。一天正午，人马来到莒岛对面，只觉人困马乏。突然，一阵风送来阵阵馨香、嘶嘶马鸣。众人放眼望去，只见岛上峰峦叠翠，草木葱茏，一群骏马在岛上嬉戏。秦始皇情不自禁赞道："好一个养马宝岛！"遂封此地为"皇家养马岛"，并下旨各地派人派马派员，进岛驯马，专供御用。后来，百姓不满秦始皇的统治，故去掉了"皇家"二字，直呼为养马岛了。

从养马岛上俯瞰海岛，大自然的鬼斧神工，雕琢出这片仙山琼岛的清灵与俊秀：岛前海面宽阔，风平浪静；岛后群礁嶙岣，惊涛拍岸；东端碧水金沙，是优良浴场；西端水深浪小，成天然良港。透过观澜亭明丽的窗口，向四周眺望，只见海天一色，浑然天成，苍茫的水面上渔帆点点，千舟竞发，犹如进入世外桃源。

参观考察完养马岛，我们又驱车来到中国地质博物馆烟台馆。该馆景观设计面积为7.9万平方米，共设十二个展厅或馆，即：总揽烟台万象的主题序厅，揭开地球奥秘的地球厅，探索生命之源的化石厅，寻秘黄金之都的黄金厅，纵观基础资源的矿产厅，徜徉生物世界的生物厅，鉴识木艺千秋的根雕艺术馆，领略造化天成的观赏石馆，缅怀甲骨之魂的——王懿荣馆，品味货币万象的钱币馆，透视内画神技的内画馆，悟道三象大观的石齐美术馆，诠释经典四大名著的根雕馆，隽就书画的文房四宝馆。

该地质馆以展陈烟台和山东的地质实物为主，同时也筛选性地展陈全国乃至世界各地的实物。比如在探索生命之源的化石厅，我们就看到了来自贵州关岭的古生物化石。由于时间关系，我们只是走马观花似的一掠而过。如果要探究地球、地质之奥秘，潜心研究与考察，非要一天或两天不可的。

此次研讨会的地点就在东海岸边的百纳瑞汀天越湾酒店，早晚都可以在海边散步，望着不断冲向海岸边的浪花，我想起了苗族古歌和史诗。

《苗族古歌》唱到："从前五支奶，居住在东方。从前六支祖，居住在东方。挨近海边边，天水紧相连。"《苗族史诗》唱到："在那生疏的年代，祖先住在何处？祖先住在欧整郎，波光激滟与天连。"苗族《迁徙史歌》反复唱到："从前老家乡，就在海边边。"苗族最古老的祭祖歌《吃牯脏歌》反复七次唱到东方老家乡："水牛乘着河浪走，水牛到海边日出处，富裕海边老家乡。"现在苗族包括迁徙到海外的苗族，老人过世后，都要请巫师操度其亡灵回到中国东部家乡与祖先团聚。

苗族不是南方之土著，这已经成为人们的共识。苗族最早的祖源故土就在黄海、渤海边。夏曾佑在《中国古代史》中考证说："古时黎族（指九黎部族及其先人）散处江湖间，先于吾族，不知几何年。其后吾族顺黄河流域而至，如此又不知几何年。至黄帝之时，生齿日繁，民族竞争之祸，乃不能不起，遂有炎帝、黄帝、蚩尤之战事。"蒙文通先生在《古史甄微》中认为，中国古民族显有三系之分，泰族祖居东方滨海地区，黄族出于西北，炎族则在南方。三族以风姓的泰族为最古。遂古之王者，多在东方沿海一带。风姓之族先于炎、黄二族而居于中国。中国文化即为三族所共建，而有先后主次之别，早期开化的大体过程是起于渤海，盛于岱宗，光大于三河。

蒙文通在他的另一部重要著作《古地甄微》中说得更明白："因疑苗族为中国文化之创

始者……于是我东方璀璨之文化,滋与于斯,而展于三河。正所谓因天时地利,而文化之兴,固自非偶然之故也。"他还说:"古之建帝都、封大国,皆自东而渐西,即汉族以外之民族。"

对于学界为什么称"东方人"为泰族,称伏羲太昊为泰皇、泰帝?为什么历代易王要封泰山?王大友在《三皇五帝时代》中考证说:"伏羲氏以豫西山地和汝水、涡水、白龟山、鲁山、舞阳贾湖和泰山为中心居邑。泰山于中国,并不是特别高的峻岭,为什么历代易姓而王,非要封告泰山呢?泰山之所以如此重要,是由于中国的文明教化,起始于泰岱三区一带的羲皇,以泰山一带为中华民族的发源地。盖中国原始民族起于东方,东方尤其泰、岱一带为其故土,木土水源,血统所出,泰山巍然,故凡得天下者,易姓而后,必告泰宗,示不忘本,尤其祭告宗庙之义。羲皇缘泰山而起,为泰地之皇,故又称泰皇。以泰山为祖国,泰地之君为泰皇。易姓封王,封告泰山,旨在取得合法王天下的正统权:王者承认自己为羲皇的继承者,黎民或异族血统方始承认其政权。"王大友先生的考证,是大体符合中国历史实际的。

司马迁在《史记·太史公自序》中曾明言:"余闻之先人曰:伏羲至纯厚,作《易》八卦……于是卒述陶唐以来,至于麟止,自黄帝始。"司马迁明确告诉后人,他只写"上起黄帝,至于麟止"的历史,之前还有伏羲作《易》八卦。司马迁还在《史记·六国表》中感叹说:"东方物之所生,西方物之成熟。夫作事者必于东南,收功实者常于西北。"我们认为此记载是符合中国早期历史实际的。

一六二 同学情深[①]

玉德仁先生与我是同窗同学，我们同读于贵州大学 75 级哲学系。他是我们班的第一任党支部书记。他虽是军队在职干部，却一点架子也没有，和同学们打成一片，结下了深厚的友谊。在校期间的一些故事仰或生活学习的场景，至今记忆犹新。

在校期间，德仁兄一直保持着军人的生活学习习惯，早上起床后要到学校足球场跑步或晨练，中餐后一定要午休，下午有课上课，没课即骑单车到花溪河游泳（一年四季都坚持，大风雨降大雪天除外），或者就是背着书包去后山……

我们进校后的第一个学期，受命赴安顺镇宁县搞社教工作队。我们 75 级哲学系同学分配在幕役、烈山两个公社，唯有我和杨昌勇（作为党代表）被抽调到化学系担任工作队组长，被分配到马场公社。社教期间，烈山、幕役两个公社的一部分同学，相约徒步去黄果树瀑布区游玩，他们在黄果树瀑布照下了我们班的第一张集体照片。40 多年后，德仁兄将这张照片晒在同学群上，大家都惊呆了，当时都是那么的年轻可爱，大部分同学都还是一张娃娃脸。后来同学们回忆，是余立群同学背的傻瓜相机拍的，余同学没有洗几张。所以许多同学参与照相都不知道有这张照片。这张照片大家都十分珍惜地收藏了。

在镇宁县搞社教整整一个学期，大家相聚在一起读书学习是第二个学期的事。当时贵大有一栋较大的红楼，全校学生不足一千人，基本上都住在这栋红楼里。

我住在红楼的时间不长，后来就搬去教职工宿舍音乐楼与黄平老乡潘文德同住（潘系退伍军人，在贵大化学系化工厂当工人）。这样，除了上课以外，我与我们班同学零距离的接触相对就少了。

大学三年，德仁兄与同学们结下了深厚的友谊，他特别乐于帮助同学，特别是农村出来的，班上许多同学都曾得过他的帮助。

我还清楚地记得，德仁同学经常穿的两件外装：一件是军队四个袋子的干部服，一件是被称为工人服的夹克（是其兄弟在矿山的工作服）。两件衣服穿起来都特别合身，特别帅气，尤其是穿干部服装。而我看中了他的工人服夹克，他也猜中了我的想法，他对我说：朝江，

[①] 本文系作者在大学同学网上推出的一篇怀念性文章。

你是不是很喜欢这件夹克？我说，是的。他说，这件夹克是我从广西带回来的，你喜欢我就送给你。我说你真舍得？他说有什么舍不得的，就把衣服甩给了我。在校三年，我大部分时间都是穿着这件衣服。

读大学三年，我花费重金150元(退伍费120元，母亲给我30元)。那时候大学不但免费，还有助学金，每个学生每月18.5元，发13.5元的饭菜票，发5元的牙膏等零用钱。学生食堂一般是一个星期能吃上一次肉。哲学系的同学带薪读书的多，大家相约定期的在花溪饭店改善生活，可我却不敢参与，因为我没钱做东。可我十天半月的也改善一次生活，那时我二哥在龙里大土当铁路工人，我来回徒步70来公里，就是为了去油润一下肠子。

大学三年，有的同学一边读书，一边谈情说爱，有的俏俏回家结了婚，可我想都不敢想，不敢和女同学谈话，一心一意只想读好书。

1978年9月，我们从贵州大学毕业后，德仁兄依然回到原单位遵义军分区干部科当干事，半年不到他即调贵州省军区政治部干部处当干事（连职），再一年后调广西南宁军分区干部科任干事（副营职），81年3月在南宁军分教导队任教导员（正营职），83年10月任南宁军分区龙州县武装部副政委，87年10月转业到广西壮族自治区物资厅任纪检组（监察室）副处级纪检员，95年区物资厅机构改革机关变企业，他主动打报告提前退休（当时区委区政府有文件政策允许）离岗直至现在。

1979年德仁兄从遵义军分区调贵州省军区时，我曾到省军区找过他并用了一次军用电话打去云南。到后来他突然失踪了，我们班的刘灿江同学还专门到省军区去打听，才得知他调回广西了，限于当时的通讯条件造成了很长一段时间的失联。80年代初广西南宁属边防御敌要地，德仁兄受命任龙州县人武部副政委。

在失去联系的40多年里，同学们一直在打听和寻找德仁兄，他也一直没有忘记贵大哲学系的同班同学，他千方百计设法要与同窗取得联系，最后他从贵大其他系的同学那里得知了我的手机号码。当他打来电话时，甭说我们多高兴了，足足谈了半个多小时。我给几位同学打电话，告诉他们说玉德仁同学找到了，他们又互通了电话。德仁兄很快加入我们班建立的微信群。从微信中得知德仁兄的许多信息和爱好，他喜欢打羽毛球，骑登山车，还参加南宁游泳协会（冬泳也参加），南宁老年书法协会，还亲自给孙子们剪头理发，喜欢种花养草，自家种植蔬菜等。

德仁兄有一个十分贤惠的妻子，他们从小青梅竹马，一起同班读的小学、中学，一块成长。68年玉兄参军入伍她下乡插队。1976年喜结良缘，夫妻俩恩恩爱爱，互相爱护和互相帮助，互相支持和互相理解，几十年如一日，携手共进，享受着美满的人生。

德仁兄还是一个大孝子，他从贵州调回广西，从武装部副政委的任上要求转业地方（在军队服役整整20年），1995年在广西物资厅要求提前退休，也都是为了照顾年迈多病的父母和岳父母。他和妻子为了尽孝，付出了极大的心血和努力，并在当地传之为佳话。

德仁兄在边防武装部工作时，还参加了对越自卫反击战。下面是他提供给我的一段文字：

人武部没有正规部队，可边防一线的人武部都配建基干民兵连，我龙武7个一级哨所全是基干民兵（待遇均系国防费开支，专职），也少不了带民兵排、连出境执行任务，主要是配合正规部队作战，也有因需要单独出击的。我和副部长曾带青山橡胶林场一个八二迫击炮连在境外执行最长近20天的特殊任务。其实在边防不论正规边防团或县人武部比内地部队都辛苦得多，没有节假日，出入无规律，随时待命，刮风下雨更得多加小心，防止越公安偷袭哨所。我在任的几年里，由于战事紧，的确是最艰苦的，边境告急，左边的凭祥法卡山才战事稍停，我龙州的扣茅山也准备同样规模的大作战。广州军区前指就设在龙州，故咱龙州武装部也非常之紧张，除了匹配作战方案，还得准备担架队（往前方送弹药，转运伤病员）。我们武装部此间就牺牲了一位军事科长，一位参谋和一位后勤助理员，广州军区授予二等功一名，广西军区授三等功的有几位战友。作为部领导的没有谁邀功。

由此可见，德仁兄在担任龙州武装部副政委期间，还参与了对越自卫反击战。作为边防武装部，承担的任务是非常非常繁重的。

1995年10月广西物资厅机构改革，由机关变企业，德仁同志打报告要求提前退休，离岗直至现在。躺在医院病床上无聊，索性在手机上写下了这篇小文章。如果德仁兄认为还可以，可作为以后《玉德仁敬录毛泽东诗词100首》的序言。如果不可以，可作为同学追忆文章附录在该书后面。

2023年2月19日

主要参考文献

著作类

[1] 马克思恩格斯全集 [M]. 北京：人民出版社，1975

[2] 马克思恩格斯选集 [M]. 北京：人民出版社，1972

[3] 马克思·摩尔根. 古代社会 [M]. 北京：人民出版社，1963

[4] 范文澜. 中国通史 [M]. 北京：人民出版社，1987

[5] 范文澜. 中国通史简编 [M]. 北京：人民出版社，1965

[6] 郭沫若. 中国史稿 [M]. 北京：人民出版社，1976

[7] 翦伯赞，郑天挺. 中国通史参考资料 [M]. 北京：中华书局，1962

[8] 张传玺. 中国古代史纲 [M]. 北京：北京大学出版社，1985

[9] 王桐龄. 中国民族史 [M]. 吉林：吉林出版集团有限责任公司，2010

[10] 林惠祥. 中国民族史 [M]. 上海：上海书店出版社，1912

[11] 吕思勉. 中国民族史 [M]. 长沙：岳麓书社，2010

[12] 王钟翰. 中国民族史 [M]. 北京：中国社会科学出版社，2010

[13] 苏秉琦. 华人龙的传人中国人——考古寻根记 [M]. 沈阳：辽宁大学出版社，1994

[14] 萨维纳. 苗族史 [M]. 贵阳：贵州大学出版社，2008

[15] 王献唐. 炎黄氏族文化考 [M]. 青岛：青岛出版社，2006

[16] 梁聚五. 苗族发展史 [M]. 贵阳：贵州大学出版社，2009

[17] 闻一多. 伏羲考 .[M]. 上海：上海古籍出版社，2006

[18] 吴泽霖，陈国钧. 贵州苗夷社会研究 [M]. 北京：民族出版社，2004

[19] 石宗仁. 荆楚与支那 [M]. 北京：民族出版社，2008

[20] 袁珂. 中国古代神话 [M]. 北京：中华书局，1960

[21] 秋阳. 蚩尤与中国文化 [M]. 北京：民族出版社，2015

[22] 姚政. 先秦文化研究 [M]. 成都：巴蜀书社，2004

[23] 王大友. 三皇五帝时代 [M]. 北京：中国时代经济出版社，2005

[24] 杨涓，杨庆林.中华民族通史论纲[M].北京：当代中国出版社，2012

[25] 十方子.黄帝战蚩尤[M].北京：中国戏剧出版社，2006

[26] 洞庭西子，苗青.苗族文学论稿[M].北京：现代出版社，2015

[27] 杨万选.贵州苗族考[M].贵阳：贵州大学出版社，2009

[28] 鸟居龙藏.苗族调查报告[M].贵阳：贵州大学出版社，2009

[29] 蒙文通.古史甄微.巴蜀书社[M].成都：巴蜀书社，1998

[30] 蒙文通.古地甄微.巴蜀书社[M].成都：巴蜀书社，1998

[31] 刘起钎.古史续辨[M].北京：中国社会科学出版社，1991

[32] 伍新福.中国苗族通史[M].贵阳：贵州民族出版社，1999

[33] 伍新福，龙伯亚.苗族史[M].成都：四川人民出版社，1992

[34] 伍新福.苗族历史探考[M].贵阳：贵州民族出版社，1992

[35] 伍新福.苗族史研究[M].北京：中国文史出版社，2006

[36] 郭克煜等著.鲁国史[M].北京：人民出版社，1994

[37] 过竹.苗族神话研究[M].南宁：广西人民出版社，1988

[38] 吴永章.畲族与苗瑶比较研究[M].福州：福建人民出版社，2002

[39] 塞缪尔·克拉克.在中国的西南部落中[M].贵阳：贵州大学出版社，2009

[40] 王万荣.苗族历史文化探考[M].昆明：云南民族出版社，1914

[41] 徐旭生.中国古史的传说时代[M].北京：文物出版社，1985

[42] 李学勤主编.中国古代文明与国家形成研究[M].昆明：云南人民出版社，1998

[43] 徐平，徐丹.东方大族之谜——从远古走向未来的羌人[M].北京：知识出版社，2001

[44] 吴小如主编.中国文化史纲要[M].北京：北京大学出版社，2006

[45] 徐晓光，吴大华.苗族习惯法研究[M].北京：华夏艺术出版社，2000

[46] 奉恒高主编.瑶族通史[M].北京：民族出版社，2007

[47] 线装经典编委会编.中国那些事儿[M].昆明：云南出版集团，2017

[48] 蒋南华.中华文明七千年初探[M].北京：人民出版社，2002

[49] 史继忠.中华五千年文化探索[M].贵阳：贵州民族出版社，1999

[50] 侯绍庄、史继中、翁家烈等.贵州古代民族关系史[M].贵阳：贵州民族出版社，1991

[51] 廷贵.田野文钞[M].北京：中国科学技术出版社，2010

[52] 徐晓光.中国少数民族法制史[M].贵阳：贵州民族出版社，2002

[53] 凌纯声，芮逸夫.湘西苗族调查报告[M].北京：商务出版社，1947

[54] 苗族古老话.湖南省少数民族古籍办公室编[M].长沙：岳麓书社，1990

[55] 徐静波、胡令远主编.东亚文明的共振与环流[M].上海：上海社会科学院出版社，1996

[56] 张岂之主编.中国传统文化[M].北京：高等教育出版社，2003

[57] 何捷.华夏始祖黄帝[M].贵阳：贵州出版集团，2010

[58] 皮克萨诺夫著；林陵译 [M]. 北京：中国民间文艺出版社，1981

[59] 杨兆飞. 西部苗族古歌 [M]. 昆明：云南出版集团公司，2010

[60] 万昌胜. 神话与传说 [M]. 北京：中国文联出版社，2015

[61] 何圣能. 苗族审美意识研究 [M]. 北京：人民出版社，2016

[62] 杨光华. 且兰古都的延伸 [M]. 北京：中国文联出版社，2006

[63] 田晓岫. 中华民族 [M]. 北京：华夏出版社，1998

[64] 织金县民委. 苗族丧祭 [M]. 贵阳：贵州民族出版社，1991

[65] 李平凡，颜勇. 贵州世居民族迁徙史 [M]. 贵阳：贵州民族出版社，2011

[66] 吕大吉，何耀华. 中国各民族原始宗教资料集成苗族卷 [M]. 北京：中国社会科学出版社，2013

[67] 吴一文，覃东平. 苗族古歌与苗族历史文化研究 [M]. 贵阳：贵州民族出版社，2000

[68] 周春元等. 贵州古代史 [M]. 贵阳：贵州人民出版社，1982

[69] 马学良，今旦. 苗族史诗中 [M]. 北京：中国民间文艺出版社，1983

[70] 陆兴凤，杨光汉等. 西部苗族古歌 [M]. 昆明：云南人民出版社，1992

[71] 田兵主编. 苗族古歌 [M]. 贵阳：贵州人民出版社，1979

[72] 何积全等. 苗族文化研究 [M]. 贵阳：贵州人民出版社，1999

[73] 李廷贵等. 苗族历史与文化 [M]. 北京：中央民族大学出版社，1996

[74] 潘定衡. 杨朝文等. 蚩尤的传说 [M]. 贵阳：贵州民族出版社，1989

[75] 田玉隆. 蚩尤研究资料选 [M]. 贵阳：贵州民族出版社，1996

[76] 田兵，施培中等. 苗族文学史 [M]. 贵阳：贵州人民出版社，1981

[77] 石启贵. 湘西苗族实地调查报告 [M]. 长沙：湖南人民出版社，1986

[78] 杨正保，潘光华. 苗族起义史诗 [M]. 贵阳：贵州民族出版社，1987

[79] 燕宝等. 张秀眉歌 苗族英雄史诗 [M]. 贵阳：贵州人民出版社，1987

[80] 胡启望，李廷贵. 苗族研究论丛 [M]. 贵阳：贵州人民出版社，1988

[81] 张晓. 西江苗族妇女口述史研究 [M]. 贵阳：贵州人民出版社，1997

[82] 过竹. 苗族源流史 [M]. 南宁：广西人民出版社，1994

[83] 龙伯亚. 近代武陵苗族斗争史 [M]. 贵阳：贵州民族出版社，1994

[84] 颜恩泉. 云南苗族传统文化的变迁 [M]. 昆明：云南人民出版社，1993

[85] 贵州大学历史系科研所. 清代贵州各族人民的五次大起义 [M]. 贵阳：贵州人民出版社，1978

[86] 中国第一档案馆等. 清代前期苗族起义档案史料 [M]. 北京：光明日报出版社，1987

[87] 苗青主编. 西部民间文学作品选 [M]. 贵阳：贵州民族出版社，1998

[88] 潘定智等编. 苗族古歌 [M]. 贵阳：贵州人民出版社，1997

[89] 高广仁，栾丰实. 大汶口文化 [M]. 北京：文物出版社，2004

[90] 徐中起等主编.少数民族习惯法研究 [M].昆明：云南大学出版社，1998

[91] 贵州通史编辑部.贵州通史 [M].北京：当代中国出版社，2000

[92] 浙江省社会科学院良渚文化研究中心.良渚文化探秘 [M].北京：民族出版社，2006

[93] 陈定秀.黔西南苗族研究 [M].贵阳：贵州民族出版社，1995

[94] 游建西.近代贵州苗族社会的文化变迁 [M].贵阳：贵州人民出版社，1997

[95] 龙子健等.湖北苗族 [M].北京：民族出版社，1999

[96] 白剑.文明的母地 [M].成都：四川人民出版社，2002

[97] 中国民间文艺研究会贵州分会编.民族民间文学论文集 [M].贵阳：贵州人民出版社，1984

[98] 苍铭.云南民族迁徙文化研究 [M].昆明：云南民族出版社，1997

[99] 庄寿雨.我知道的地名被遗忘的历史 [M].北京：时代文化出版社，2011

[100] 潘定智.民族文化学 [M].贵阳：贵州民族出版社，1994

[101] 阮居平编.贵州民间长诗 [M].贵阳：贵州人民出版社，1997

[102] 罗剑.六寨苗族口碑文化 [M].贵阳：贵州民族出版社，2004

[103] 杨鹃国.苗族舞蹈与巫文化 [M].贵阳：贵州民族出版社，1990

[104] 张坦.窄门前的石门坎 [M].贵阳：贵州大学出版社，2009

[105] 王炜民，郝建平.中华文明概论 [M].呼和浩特：内蒙古大学出版社，2005

[106] 陈斌，赵云生.苗族文化论 [M].昆明：云南民族出版社，1999

[107] 王健.现代文化的起源 [M].昆明：云南人民出版社，1993

[108] 中国西南民族研究会编.苗瑶族研究专集 [M].贵阳：贵州民族出版社，1988

[109] 李亦园.田野图像我的人类学研究生涯 [M].济南：山东书画出版社，1999

[110] 熊竹沅.楚辞 [M].贵阳：贵州民族出版社，2000

[111] 徐家干著.吴一文校注.苗疆闻见录 [M].贵阳：贵州人民出版社，1997

[112] 潘定智等编.贵州神话史诗论文集 [M].贵阳：贵州民族出版社，1988

[113] 吉首市民族事务委员会等编.苗族文化论丛 [M].长沙：湖南大学出版社，1989

[114] 燕宝编.贵州苗族民间故事选 [M].成都：西南交通大学出版社，1994

[115] 吴曙光.楚民族论 [M].贵阳：贵州民族出版社，1996

[116] 徐新建.从文化到文学 [M].贵阳：贵州教育出版社，1991

[117] 张耀曾主编.贵州少数民族古籍整理与研究 [M]，1988

[118] 李汉林.百苗图校释 [M].贵阳：贵州民族出版社，2001

[119] 清镇市民族宗教事务局等.红枫湖的苗家 [M].贵阳：贵州民族出版社，2001

[120] 贵州省苗学会惠水县分会.惠水苗族 [M].贵阳：贵州民族出版社，1996

[121] 湖南省少数民族古籍办.湖南地方志少数民族史料 [M].长沙：岳麓书社，1992

[122] 吴德坤，吴德杰搜集整理.苗族理辞 [M].贵阳：贵州民族出版社，2000

[123] 贵州省民族古籍整理办公室编.贵州少数民族古籍研究[M].贵阳：贵州人民出版社，2001

[124] 刘德荣执编.苗族民间故事[M].昆明：云南人民出版社，1988

[125] 中国民间文艺研究会理论研究部编.中国民间传说论文集[M].北京：中国民间文艺出版社，1986

[126] 燕宝整理译注.苗族古歌[M].贵阳：贵州民族出版社，1993

[127] 郎维伟.四川苗族社会与文化[M].成都：四川民族出版社，1997

[128] 清镇县民族事务委员会编.苗族十二组主歌[M].贵阳：贵州民族出版社，1991

[129] 刘金吾.中国民族舞蹈与稻作文化[M].昆明：云南人民出版社，1997

[130] 陈其南.文化的轨迹[M].沈阳：春风文艺出版社，1987

[131] 徐亚非等.民族宗教经济透视[M].昆明：云南人民出版社，1991

[132] 刘鸿武等.从部族社会到民族国家[M].昆明：云南大学出版社，2000

[133] 杨正文.苗族服饰文化[M].贵阳：贵州民族出版社，1998年

[134] 杨福泉.魂路[M].深圳：海天出版社，1999

[135] 清镇市民族宗教事务局.祭魂曲[M].贵阳：贵州民族出版社，1995

[136] 汤君纯主编.寻甸苗族故事选[M].昆明：云南民族出版社，1993

[137] 龚友德.中国少数民族道德史[M].昆明：云南人民出版社，1998

[138] 高福进.地球与人类文化编年文明通史[M].上海：上海人民出版社，2003

[139] 莫厚才，张家贵盘古新说[M].北京：中国文联出版社，2011

[140] 罗义群.苗族牛崇拜文化论[M].北京：中国文史出版社，2005

[141] 伍新福.湖南民族关系史[M].长沙：湖南人民出版社，2010

[142] 伍新福.苗族文化史[M].成都：四川民族出版社，2000

[143] 伍新福.评论与考辨[M].长沙：岳麓书社，2013

[144] 吴秋林.众神之域[M].北京：民族出版社，2007

[145] 李友谋.裴李岗文化[M].北京：文物出版社，2003

[146] 施宣圆等.中国文化之谜[M].上海：学林出版社，1985

[147] 冈田宏二.中国华南民族社会史研究[M].北京：民族出版社，2002

[148] 张兆和，李庭贵.主编梁聚五文集[M].香港科技大学华南研究中心出版，2010

[149] 周明阜等编撰.沅湘傩辞汇览[M].香港国际展望出版社，1992

[150] 何星亮主编.中国人类民族学百年重要著作提要[M].北京：知识产权出版社，2009

151] 徐晓光，文新宇.法律多元视角下的苗族习惯法与国家法[M].贵阳：贵州民族出版社，2006

[152] 吴国瑜.傩的解析[M].北京：中国戏剧出版社，2011

[153] 龙生庭等著.中国苗族民间制度文化[M].长沙：湖南人民出版社，2004

[154] 刘冰清等主编. 盘古文化研究 [M]. 北京：中国文史出版社，2005

[155] 洞庭西子苗青. 苗族文化论稿 [M]. 北京：现代出版社，2015

[156] 麻栗坡县民族事务委员会. 麻栗坡县民族志 [M]. 昆明：云南民族出版社，2001

[157] 石茂明. 跨国苗族研究 [M]. 北京：民族出版社，2004

[158] 杨善群，郑嘉融. 创世在东方 [M]. 上海：上海文艺出版社，2003

[159] 朱英，魏文享. 中国历史与文化 [M]. 北京：中国人民大学出版社，2010

[160] 蒋南华. 中华古帝研究 [M]. 贵阳：贵州人民出版社，2009

[161] 吴晓萍，何彪. 穿越时空隧道的山地民族 [M]. 贵阳：贵州人民出版社，2005

[162] 黎平主编. 蚩尤后裔黄平苗族 [M]. 北京：中国文联出版社，2004

[163] 中国民族博物馆. 西江千户苗寨历史与文化 [M]. 北京：中央民族大学出版社，2006

[164] 杨兴斋，杨华献. 苗族神话史诗选 [M]. 贵阳：贵州民族出版社，2000

[165] 刘锋，张少华等. 鼓藏节苗祭祖大典 [M]. 北京：知识产权出版社，2012

[166] 翁泽红. 贵州民族研究述要 [M]. 沈阳：万卷出版公司，2013

[167] 张应和田仁利. 苗族古籍总目提要 [M]. 北京：中央民族大学出版社，2009

[168] 吴正彪. 苗族年历歌和年节歌的文化解读 [M]. 北京：中国文史出版社，2006

[169] 罗义群. 苗族丧葬文化论 [M]. 北京：华龄出版社，2006

[170] 蒋南华. 中华文明源流新探 [M]. 贵阳：贵州人民出版社，2013

[171] 喻帆. 余秋雨黔东南纪行 [M]. 贵阳：贵州人民出版社，2009

[172] 洞庭西子苗青. 苗族文化研究 [M]. 北京：现代出版社，2017

[173] 李丰橓. 山海经最神奇的上古地理书 [M]. 北京：中国友谊出版公司，2015

[174] 纳日碧力戈，张晓. 苗学论丛（一）苗学研究回顾与展望 [M]. 北京：知识产权出版社，2017

[175] 雷升. 上一次文明 [M]. 北京：中国社会出版社，2000

[176] 冯天瑜，周积明. 中国文化的奥秘 [M]. 武汉：湖北人民出版社，1986

[177] 杨铭. 西南民族史研究 [M]. 重庆：重庆出版社，2000

[178] 段汝霖，谢华. 楚南苗志. 湘西土司辑要 [M]. 长沙：岳麓书社，2008

[179] 蒋南华. 中华传统天文历术 [M]. 海口：海南出版社，1996

[180] 罗有亮］古秀群. 红河苗学论文选 [M]. 昆明：云南民族出版社，2013

[181] 马关县苗族学会. 马关苗族 [M]. 昆明：云南民族出版社，2009

[182] 文山苗学发展研究会. 文山苗族 [M]. 昆明：云南民族出版社，2008

[183] 潘德林，姜学志. 安顺苗族 [M]. 德宏民族出版社，2017

[184] 全国政协文史与学习委员会. 苗族百年实录 [M]. 北京：中国文史出版社，2015

[185] 吴一文，今旦. 苗族史诗通解 [M]. 贵阳：贵州人民出版社，2009

[186] 鲁云涛. 民族文化与民族文学 [M]. 昆明：云南民族出版社，1991

[187] 政协雷山县委员会．雷山苗族鼓藏节[M].北京：中国文史出版社，2010

[188] 贵州省志民族志编委会．民族志资料汇编[M].苗族，1986

[189] 贵州省民族研究所编．民国年间苗族论文集[M].1983

[190] 罗荣宗．苗族歌谣初探[M].西南民族学院民族研究所，1984

[191] 花垣县民族事务委员会．花垣苗族[M].1993

[192] 贵州省剑河县文化局编．苗族古歌礼仪歌[M].1988

[193] 政协施秉县文史委员会．施秉文史资料第四辑[M].

[194] 隆林苗族编写组．隆林苗族[M].2002

[195] 湘西苗族编写组．湘西苗族[M].1992

[196] 融水苗族自治县人大常委会民族委员会编．苗族学术讨论会论文集[M]

[197] 杨光磊．张秀眉起义资料汇编[M].贵州省黔东南州文化局，1984

[198] 文经贵，唐才富．苗族理词[M].麻江县民族事务委员会，1990

[199] 宋戈.《媒体与乡村社会的文化变迁》[M].北京：中国传媒大学出版社，2017

[200] 王治东主编.《东夷文化论丛》[M].济南：山东人民出版社，2019

[201] 葛诗畅.《神爱》（上、下）[M].北京：中国联合文化出版社，2017

[202] 胡晓登.《研究研究者》[M].成都：西南交通大学出版社，2011

[203] 谭善祥编.《怪臣满朝荐》（上、中、下）[M].长沙：湖南人民出版社，2013

[204] 黄平县民族事务局等.《黄平苗族情歌》[M].贵阳贵阳：贵州大学出版社，2015

[205] 黔东南州文物局.《历史的见证 第三次全国文物普查黔东南重要新发现》[M].贵阳贵阳：贵州民族出版社，2010

[206] 陈浩主编.《好地方在山那边 苗族历史文化特展》[M].中国少数民族文化文物系列特展之三

[207] 安成祥编撰:《石上历史 黔东南碑刻研究丛书》[M].贵阳贵阳：贵州民族出版社，2015

[208] 龙世忠.《苗艺园耕四十年》[M].长春：吉林出版集团股份有限公司，2018

[209] 贵州省都匀苗学会.《都匀苗族》[M].长春：吉林文史出版社，2016

[210] 潘德林总纂，姜学志主编.《安顺苗族 黔东方言》[M].德宏民族出版社，2017

[211] 杜梦华编.《告诉您一个真实的蚩尤》（上、下）.山东省新闻出版局2009年聊城第005号

[212] 龙金碧主编.《感受边城》[M].北京：中央民族大学出版社，2009

[213] 吴玉宝等主编.《苗族传统娱乐休闲及其旅游开发研究》[M].重庆:西南交通大学出版社，2013

[214] 吴玉宝等.《武陵山区传统村落旅游开发研究》[M].长春：吉林人民出版社，2018

[215] 文山壮族苗族自治州苗学发展研究会.《中国西部苗族学习研讨会论文集》[M].昆明：云南民族出版社，2011

[216] 余未人.《远古英雄亚鲁王》[M]. 贵阳：贵州人民出版社，2018

[217] 余未人.《民间游历—贵阳的少数民族》[M]. 贵阳：贵州人民出版社，2014

[218] 余未人.《我的百年家族记忆》[M]. 贵阳：贵州人民出版社，2016

[219] 贵州省文史研究馆.《贵州竹枝词集》[M]. 贵阳：贵州人民出版社，2019

[220] 贵州省民族古籍整理办公室.《许士仁文选》[M]. 贵阳：贵州民族出版社，2017

[221] 俞潦.《乡音悠远》[M]. 北京：中央文献出版社，2010

[222]《回顾与创新 多元文化视野下的少数民族哲学》[M]. 中国少数民族哲学及社会思想史学会成立 30 周年纪念暨 2011 年年会论文集

[223] 潘连英.《画梦录》[M]. 北京：作家出版社，2001

[224] 城步苗族自治县苗学会.《城步苗学研究论文集》（内部资料）

[225] 吴承旺.《中国变革时代的哲学人文考量》[M]. 贵阳：贵州人民出版社，2012

[226] 谢玉堂.《论大舜》[M]. 济南：山东人民出版社，2010

[227] 谢玉堂.《甲骨文的由来与发展》[M]. 济南：山东人民出版社，2011

[228] 李荣太，周宏.《五千年英雄之护疆安邦》[M]. 郑州：黄河水利出版社，2017

[229] 田兴秀.《三本论》[M]. 昆明：云南人民出版社，2004

[230] 龙仙艳.《文本与唱本 苗族古歌的文学人类学研究》[M]. 北京：社会科学文献出版社，2018

[231] 张合荣.《夜郎文明的考古学观察》[M]. 北京：科学出版社，2014

[232] 潘家相.《八十自述》[M]. 北京：中国科学文化出版社，2018

[233] 贵州省文史研究馆编印：《四十年来文与史》[M]. 内部资料

[234] 杨炯蠡.《武陵梦》[M]. 贵阳：贵州科技出版社，2020

[235] 杨炯蠡.《旅海履痕》[M]. 贵阳：贵州科技出版社，2019

[236] 蚩中山主编.《蚩氏族谱》[M].2019

[237] 王瑛.《黔育芳华》[M]. 贵阳：贵州大学出版社，2020

[238] 伍新福编纂：《明实录南方民族研究史料》（一、二、三、四、五）. 长沙：岳麓书社，2021

[239] 石寿贵.《湘西苗族民间传统文化丛书》第一辑九卷本. 武汉：中南大学出版社，2019

[240] 石寿贵.《湘西苗族民间传统文化丛书》第二辑二十一卷本. 武汉：中南大学出版社，2020

[241] 西南军政委员会民族事务委员会.《西南民族工作参考文件》第三辑

[242] 畲族简史编写组：《畲族简史》（修订本）. 北京：民族出版社，2016

[243] 黄平自助游系列丛书之四：《蚩尤后裔黄平苗族》[M]. 北京：中国文联出版社，2004

[244] 石启贵编.《民国时期湘西苗族调查实录》（1—8 卷）. 北京：民族出版社，2009

[245] 何承伟总策划，李学勤总顾问：《话说中国》15 卷本. 上海：上海文艺出版社，2003

[246] 王跃文.《大清相国》[M].长沙：湖南文艺出版社，2012

[247] 何积全.《彝族古代文论研究》[M].北京：民族出版社，2012

[248] 贵州省政协文史与学习委员会、贵州政协报.《黔史纵横》[M].贵阳：贵州人民出版社，2013

[249] 中国先秦史学会等：《中国南方少数民族暨蚩尤文化研讨会论文集》[M].2015

[250] 中央民族大学等主办：《第二届中国南方少数民族暨蚩尤文化研讨会论文集》[M].2018

[251] 吉首市民族宗教事务局.《湖南省苗学会2018（吉首）年会论文集，《五溪》赠刊总第82期

论文类

[1] 侯哲安.伏羲女娲与我国南方诸民族[J].求索，1983.4

[2] 张碧波.三皇文化论[J].天水行政学院学报，2008.3

[3] 蒋南华.光辉灿烂的古代天文历法.梵净武陵—中华文明之源初探[J].贵州人民出版社，2015

[4] 马少侨."窜三苗于三危"新释[J].中央民族学院学报，1980.2

[5] 袁靖.略论中国古代家畜化进程[J].光明日报，2000.3.17

[6] 丁中炎."飞山蛮"初探[J].贵州民族研究，1985.3

[7] 蒋乐平.文明起源研究略说[J].考古与文物，1993.5

[8] 浙江省博物馆自然组.河姆渡遗址动植物遗存的鉴定研究[J].考古学报，1978.1。

[9] 龙海清.屈原族别再探[J].江汉论坛，1983.3

[10] 何驽.文献考古方法刍论[J].华夏考古，2002.1

[11] 河北武安磁山遗址[J].考古学报，1981.3

[12] 吴雪俦.苗族古史刍议[J].民族研究，1982.6

[13] 祁庆富.记述中华民族历史的开山之作[J].民族，2001.2

[14] 王大有.蚩尤氏在中华文明史上的杰出地位论纲[J].先秦史研究动态，1996.1

[15] 马长寿.苗瑶之起源神话[J].中南民族学院民族研究所.南方民族史论集，1996.2

[16] 贺国鉴.苗族原始社会的探讨[J].贵州民族研究，1981.3.

[17] 张应和.湘西苗族还傩愿源流考[J].吉首大学学报，1991.4

　　　周明阜.湘西巫傩民俗探微.民族论坛 1992.1

[18] 天木.《河姆渡遗址》[J].《贵州日报》，1997.2.24。

[19] 王子明.南博发掘阜宁陆庄遗址首次解开蚩尤部族良渚文化消失的千古之谜[J].扬子晚报，1995.7.25

[20] 容观虞.试谈长沙马王堆一号、二号汉墓的族属问题[J].民族研究，1979.1

[21] 段宝林．蚩尤考 [J]．民族文学研究，1998.4

[22] 陈靖．论苗族在中华民族形成和发展中的贡献 [J]．先秦史研究，1996.1

[23] 李廷贵、酒素．苗族"习惯法"概论 [J]．贵州社会科学，1981.5

[24] 张正明．先秦的民族结构民族关系和民族思想 [J]．民族研究，1983.5

[25] 易华．何处为夏 [J]．中国社会科学报，2016.2.23

[26] 张岳奇．"蚩尤"能否引作苗族族源 [J]．民族研究，1984.4

[27] 王凤刚．丹寨苗族鬼巫文化一瞥 [J]．苗侗文坛，1990.3

[28] 盛襄子．湖南苗族史述略 [J]．新亚细亚，13 卷 4

[29] 唐春芳．论苗族祖先蚩尤在中国历史上的功绩与地位 [J]．南风，1996.2

[30] 顾永昌．古代苗族迁徙问题初探 [J]．贵州民族研究，1980.1

[31] 王锦淮．试论黔东南苗族地区水稻种植结构的变迁 [J]．群文天地，2012.14

[32] 张宗培．原始农业考古的几个问题 [J]．农业考古，1984.2

[33] 杨鹃国．"康回"与苗族关系管窥 [J]．贵州民族研究，1985.3

[34] 严文明．中国稻作农业的起源 [J]．农业考古，1982.1

[35] 罗琨：阪泉之战与涿鹿之战在中华文明形成过程中的历史地位 [J]．先秦史研究动态，1996.1

[36] 欧志安．论湘西苗族医药 [J]．贵州民族研究，1983.1

[37] 王北辰．涿鹿、阪泉、釜山考 [J]．先秦史研究动态，1996.1

[38] 李先登．黄帝是信史 帝都在涿鹿 [J]．先秦文化研究动态，1996.1

[39] 龙伯亚，张永国．新民主主义时期苗族人民的革命斗争 [J]．贵州文史丛刊，1982.2

[40] 郑洪春．炎黄二帝的历史功绩及意义 [J]．先秦史研究动态，1996.1

[41] 孟世凯．从"涿鹿之战"看涿鹿先秦文化研究动态 [J]，1996.1

[42] 杨世章．苗族婚姻史诗"开亲歌"浅谈 [J]．贵州民族研究，1985.4

[43] 黄朴民．涿鹿之战论析 [J]．先秦文化研究动态，1996.1

[44] 李玉光，黄吉可．清咸同年间张秀眉领导的苗族农民起义 [J]．黔东南社会科学，1982.1

[45] 王祖武．在全国三祖文化学术研讨会上的闭幕词 [J]．先秦文化研究动态，1996.1

[46] 伍新福．湘西苗族人民辛亥反清起义始末 [J]．贵州民族研究，1982.2

[47] 全国首届涿鹿三祖文化研讨会纪要 [J]．先秦史研究动态，1996.1

[48] 成之魁．苗族"刻道"浅识 [J]．黔东南社会科学，1984.163、

[49] 燕宝．苗族族源初探 [J]．民间文学论坛，1987.3

[50] 翁家烈．苗族人民反帝斗争的光辉史章 [J]．贵州民族研究，1982.4

[51] 余秋雨．爬脉梳络望远古 [J]．当代贵州，2008.752、王光镐．论楚族的始称国年代．中南民族学学报，1985.4

[53] 杨汉先．贵州省威宁县苗族古史传说 [J]．贵州民族研究，1980.1

[54] 杨通儒. 王宪章参加辛亥革命事略 [J]. 贵州民族研究，1980.3

[55] 胡启望. 乾嘉苗民起义参加人供单简述 [J]. 贵州民族研究，1980.3

[56] 费孝通. 勤劳的苗家 悠久的历史 [J]. 贵州民族研究论丛. 贵州民族出版社，1988

[57] 全国哲学社会科学规划办公室网站. 史学与基因结合的新成果—岭南民族源流史成果简介，2012.3.9

[58] 李明天. 海南岛苗族人民反抗国民党反动派大屠杀的斗争 [J]. 贵州民族研究，1982.4

[59] 王慧琴. 关于苗族历史上的大迁徙. 中国民族史（一）. 中央民族学院出版社，1997

[60] 王慧琴. 清代乾隆年间苗族农民大起义. 贵州民族研究 [J]，1979.1

[61] 任昌华等. 涿鹿三祖文化简介 [J]. 先秦文化研究动态，1996.1

[62] 侯健. 论云南苗族迁徙及其文化的形成 [J]. 苗侗文坛，总47

[63] 岑秀文. 试论基督教对威宁苗族的影响 [J]. 贵州民族研究，1983.1

[64] 陈一石. 川南苗族古史传说试探 [J]. 贵州民族研究，1981.4

[65] 雷安平. 古代苗族哲学思想再探讨 [J]. 湘潭大学学报，1984.1

[66] 祥草. 一本书与一种忧虑 [J]. 书屋，2004.4

[67] 杨昌文、雷广正. 苗族古代社会的氏族制和"议榔制" [J]. 贵州民族研究，1983.2

[68] 蔡盛炽. 论苗族开发川东南的贡献. 苗学研究三. 贵州人民出版社，1994

[69] 岐从文. 贵州民族服饰的源流及其形式美 [J]. 贵州民族研究，1983.1

[70] 苗族古歌记载西迁地名与时间考. 苗族文化发展凯里共识. 中国言实出版社，2013

后 记

　　我的一生，和苗学研究很有缘，且执着，似走火入魔。我曾经对一些朋友说过，我热爱社科研究事业，年轻时在贵州省社会科学院是三进两出，最终坚定不移地选择学术研究作为自己的终身事业。我深信功名浮尘，文章千古。

　　一进一出：

　　1978年我大学毕业时，学校把我作为留校对象，但我硬是冲着要去当时刚刚恢复成立的贵州省哲学社会科学研究所。经过用人单位和主管部门联合考察，我如愿以偿，被分配到贵州省哲学社会科学研究所工作。可我刚刚到哲学社会科学研究所报到，就被借调到贵州省委宣传部干部处。实际上，宣传部是采用借调的方式调入一批年轻干部，我们同时借调的几位同志后来都留在了宣传部工作。

　　二进二出：

　　被借调在省委宣传部工作期间，我踏踏实实工作，但心里面还是想着社科院（其间贵州省哲学社会科学研究所已经升格为贵州省社会科学院），工作之余还建立学术资料卡片。后来，在社科院领导的支持下，我采取了先斩后奏的方式，不辞而别自行回到社科院。受到了批评，院领导出来担责，宣传部虽然不满意，但最后还是同意我回到了社科院工作。

　　可回到社科院工作不久，省委组织部成立青年干部处，我又被一纸调令调到贵州省委组织部，后来才知道，是省委宣传部向组织部推荐的。两年后，我被提拔为贵州省委组织部办公室副主任。又一年后，即1984年我作为第三梯队干部，下到基层担任中共惠水县委副书记。

　　三进不出：

　　我在惠水担任县委副书记满两年后，1986年8月又回到了贵州省委组织部。因为一些主客观方面的原因，主要是我热爱哲学社会科学研究，我就坚决要求调回社科院工作。最终，组织上同意了我的要求，实现了我从学的愿望。

　　1987年初，我从贵州省委组织部回到贵州省社会科学院。30多年来，我如鱼得水，做自己喜欢的工作，一头扎在书海里，下定决心梳理苗族悠久的历史和厚重的文化。我甘于清贫，乐于吃苦，耐得住寂寞。付出总会有回报，因为科研成果突出，被评定为社科二级研究员、享受国务院政府特殊津贴专家、贵州省管专家。

  由于热爱科研,我当初不顾一切要求调回贵州省社会科学院从事研究工作,辜负了组织上对我的培养和期望,但组织上对我是公正的。1995年,经过民主推荐和考察,我被任命为贵州省社会科学院党委副书记,后来因为我一直分管科研,自己写报告要求改任社科院副院长。当时省委副书记孙淦同志找我谈话,说由党内职务改为行政职务,外界会产生误会的。我回答,没关系的,我是搞研究的,党委副书记改为副院长更有利于科研管理和对外学术交流。我59岁时改非领导职务,任社科院巡视员,65岁退休。

  我出生于农村,是"文革"期间的初中生。我犁过田,插过秧,当过兵,当过代课教师,读的是工农兵大学,自知起点低、基础差,无论是读书或参加工作,我都只能付出更多的努力,都只能流出更多的汗水。几十年来,我基本上没有什么双休日,夜半三更起来写东西也是经常的事,我经常感觉到时间不够用。虽然累,但有成就感,心里也快乐着。我曾在一篇文章中写道:如果有来世,我还会再选择在社科院从事社科研究工作,因为从事研究工作可以自己掌握自己的命运,相对来说,也可以保持一颗平静的心。

  在我的成长过程中,曾经得到过许多领导和朋友的帮助和鼓励,我在此表示衷心的感谢! 同时又由于自己的自信和固执,无意之中伤害到一些领导和朋友,我在此也表示歉意!

石朝江

2022年3月20日

于贵阳甲秀楼寒舍

图书在版编目（CIP）数据

苗学通论再论 / 石朝江著；贵州省民族古籍整理办公室编. —— 上海：上海文艺出版社，2024
ISBN 978-7-5321-8792-8

Ⅰ. ①苗⋯ Ⅱ. ①石⋯ ②贵⋯ Ⅲ. ①苗族—民族文化—研究—中国 Ⅳ. ①K281.6

中国国家版本馆CIP数据核字(2023)第120299号

发 行 人：毕　胜
策 划 人：杨　婷
责任编辑：李　平　程方洁　韩静雯
美术编辑：周艳梅

书　　名：苗学通论再论
作　　者：石朝江
出　　版：上海世纪出版集团　上海文艺出版社
地　　址：上海市闵行区号景路159弄A座2楼 201101
发　　行：上海文艺出版社发行中心
　　　　　上海市闵行区号景路159弄A座2楼206室 201101 www.ewen.co
印　　刷：浙江中恒世纪印务有限公司
开　　本：787×1092 1/16
印　　张：49.5
插　　页：4
字　　数：1,107,000
印　　次：2024年8月第1版 2024年8月第1次印刷
Ｉ Ｓ Ｂ Ｎ：978-7-5321-8792-8/G.385
定　　价：280.00元
告 读 者：如发现本书有质量问题请与印刷厂质量科联系　T:0571-88855633